中国社会科学年鉴

中国新闻传播学年鉴 2018

CHINA JOURNALISM AND COMMUNICATION YEARBOOK

中国社会科学院新闻与传播研究所 编

中国社会科学出版社

图书在版编目（CIP）数据

中国新闻传播学年鉴. 2018 / 中国社会科学院新闻与传播研究所编. -- 北京：中国社会科学出版社，2019.7

ISBN 978-7-5203-4769-3

Ⅰ. ①中… Ⅱ. ①中… Ⅲ. ①新闻学 – 传播学 – 中国 – 2018 – 年鉴 Ⅳ. ①G219. 2 – 54

中国版本图书馆CIP数据核字（2019）第150027号

出 版 人 赵剑英
责任编辑 彭莎莉 王鸣迪
责任校对 林福国
责任印制 张雪娇

出 版 中国社会科学出版社
社 址 北京鼓楼西大街甲158号
邮 编 100720
网 址 http://www.csspw.cn
发 行 部 010 – 84083685
门 市 部 010 – 84029450
经 销 新华书店及其他书店

印刷装订 三河市东方印刷有限公司
版 次 2019年7月第1版
印 次 2019年7月第1次印刷

开 本 787×1092 1/16
印 张 51.75
插 页 18
字 数 1340千字
定 价 388.00元

图说 2017

会议 · 马克思主义新闻观

2017 年 4 月 14—16 日，马克思主义新闻观学术研讨会在湖南师范大学举行。

2017 年 4 月 22 日，“红色传承：马克思主义与中国新闻传播学”研讨会在重庆大学举行。

2017 年 5 月 9 日，“马克思主义新闻观教育与中国人民大学”专题研讨会在中国人民大学新闻学院举行。

会议 · 新闻传播史学

2017 年 8 月 18—19 日，中国新闻史学会 2017 年学术年会在郑州大学举行。

中国新闻史学会 2017 年学术年会开幕式。

2017 年 9 月 16—17 日，第六届新闻史论青年论坛暨北京大学新闻学研究会年会在吉首大学举行。

中国新闻史学会2017年学术年会全体会议代表合影。

会议 · 新闻学

2017年5月7日，由中国社会科学院新闻与传播研究所牵头组织的新闻学与传播学名词审定委员会终审会议在北京召开。

2017 年 6 月 17 日，“第五届尚社新闻论坛”在上海社会科学院国际社科创新基地举行。

2017 年 6 月 28 日，北京大学新闻与传播学院现代出版研究所举办“中国传统出版文化的传承与弘扬”研讨会。

2017 年 7 月 4 日，首届中国特色新闻学高级研讨班在清华大学举行开班仪式。

2017 年 11 月 3—5 日，第十届（2017）中国新闻学年会在西南政法大学召开。

2017 年 11 月 25 日，第二届中国新闻业研究圆桌论坛在中山大学举行。

2017 年 12 月 17 日，"人民共和国党报论坛"第十四届（2017）年会在中国传媒大学举行。

2017 年 12 月 25 日，"学习习近平新闻舆论思想，加快建设国际一流的新型世界性通讯社研讨会暨 2017 年新华社新闻学术年会"在新华社总社举行。

会议·传播学

2017年1月6—7日，"'一带一路'软力量建设高端论坛暨教育部人文社科重点研究基地跨学科智库联合体启动仪式"在中国传媒大学举行。

2017年5月13日，"第二届中国政治传播研究学术论坛"在中国传媒大学举行。

2017年5月27—29日，"中国认知传播学会2017年学术年会（第四届）暨国际认知传播高端论坛"在南开大学举行。

2017 年 6 月 18 日，“2017 中国传播创新论坛”在武汉大学举行。

2017 年 6 月 25 日，“传播与文化权力学术研讨会 2017 暨批判传播学年会”在北京大学召开。

2017 年 7 月 15—16 日，“文化与传播符号学会第二届学术研讨会”在贵州召开。

2017 年 10 月 14—15 日，“第十届中国青年传播学者论坛”在中国传媒大学举行。

2017 年 11 月 10 日，“2017 中国网络视频秋季高峰论坛暨中国短视频与直播联盟启动仪式”在中国传媒大学举行。

2017 年 11 月 11 日，第五届“舆情与社会发展论坛”在安徽大学举行。

2017 年 11 月 11 日，2017 新媒体国际论坛在上海开幕。

会议·新媒体

2017 年 1 月 8 日，2017 中国网络直播高端峰会在中国传媒大学举行。

2017 年 6 月 26 日，"《中国新媒体发展报告》（2017）发布暨新媒体发展研讨会"在北京举行。

2017 年 9 月 28 日，"2017 年《中国网络社会治理研究报告》发布会暨互联网治理研讨会"在北京举行。

会议·广告学

2017 年 10 月 28 日，第十届公关与广告国际学术论坛（10th PRAD）、第二届中国新闻史学会公共关系分会年会（2nd PRSC）暨第四期战略传播与公共关系工作坊在华中科技大学举行。

2017 年 12 月 7 日，暨南大学新闻学、广告学本科专业认证（第三级）中俄联合认证专家意见反馈会在曾宪梓科学馆国际会议厅召开。

2017 年 12 月 9 日，中国高等教育学会广告教育专业委员会 2017 年学术年会暨第 8 届中国广告教育论坛在河北师范大学举行。

2017 年 12 月 2 日，由中国社会科学院大学、中国青年政治学院举办的第四届“政治传播与社会发展”论坛在北京举行。

2017 年 12 月 9 日，首届视听传播高峰论坛在中国传媒大学国际交流中心举行。

2017 年 12 月 23 日，“计算传播学跨学科高峰论坛”在重庆大学举行。

2017 年 12 月 2 日，由中国社会科学院大学、中国青年政治学院举办的第四届“政治传播与社会发展”论坛在北京举行。

2017 年 12 月 9 日，首届视听传播高峰论坛在中国传媒大学国际交流中心举行。

2017 年 12 月 23 日，“计算传播学跨学科高峰论坛”在重庆大学举行。

会议·广告学

2017 年 10 月 28 日，第十届公关与广告国际学术论坛（10th PRAD）、第二届中国新闻史学会公共关系分会年会（2nd PRSC）暨第四期战略传播与公共关系工作坊在华中科技大学举行。

2017 年 12 月 7 日，暨南大学新闻学、广告学本科专业认证（第三级）中俄联合认证专家意见反馈会在曾宪梓科学馆国际会议厅召开。

2017 年 12 月 9 日，中国高等教育学会广告教育专业委员会 2017 年学术年会暨第 8 届中国广告教育论坛在河北师范大学举行。

2017 年 11 月 17—19 日，第四届“大数据传播”学术论坛及首届“社科大数据工作坊”在中山大学举行。

2017 年 11 月 18—19 日，中国新闻史学会网络传播史研究委员会全体理事会议暨 2017 年中国新媒体传播学年会在汕头大学举行。

2017 年 12 月 16 日，“网络社会的情绪传播”小型高端论坛暨第二届新媒体与社会心理学研讨会在广州举行。

会议·媒介融合

2017 年 8 月 18—19 日，“2017 媒体融合发展论坛”在深圳举行。

2017 年 12 月 16 日，“第五届媒介融合与创新论坛”于北京师范大学举行。

会议·国际传播

2017 年 1 月 14 日，“全球传播与公共外交理论建设高端研讨会”在华南理工大学召开。

2017 年 5 月 20 日，2017 中国战略传播论坛在北京大学举行。

2017 年 8 月 26 日，“2017 中国传播论坛暨金砖国家传媒国际研讨会”在厦门大学召开。

2017 年 11 月 4—5 日，第十届世界华文传媒与华夏文明国际学术研讨会在广东外语外贸大学召开。

2017 年 11 月 24—26 日，第九届跨文化传播国际学术会议在武汉大学召开。

2017 年 11 月 26 日，“2017 清华国家形象论坛”在北京举行。

2017 年 12 月 1—2 日，传播与中国·复旦论坛（2017）围绕“全球城市：传播与创意”主题在上海举行。

会议·新闻教育

2017 年 4 月 22 日，"媒介融合变革时代的新闻传播教育改革" 高峰论坛在浙江大学举行。

2017 年 12 月 9—10 日，安徽省第九届新闻传播学科研究生论坛在安徽大学举行。

2017 年 12 月 15 日，第二届全国新闻与传播专业学位研究生教育指导委员会第二次工作会议暨第二届 MJC 研究生教育工作研讨会在暨南大学召开。

培 训

2017 年 5 月 15 日，第十六期海外华文媒体高级研修班在暨南大学开班。

2017 年 7 月 8—15 日，中国暨南大学、美国乔治・梅森大学、英国 BBC 和美国密苏里大学联合举办第十期“传媒领袖讲习班”。

表 彰

2017 年 8 月 19 日，首届新闻传播学期刊优秀论文评选结果在郑州大学揭晓。

2017 年 9 月 28 日，“第七届吴玉章人文社会科学奖”暨“第六届吴玉章人文社会科学终身成就奖”颁奖典礼在中国人民大学国学馆举行，中国新闻史学会创会会长、中国人民大学荣誉一级教授方汉奇获得终身成就奖 。

2017 年 10 月 28 日，“2017 中国应用新闻传播十大创新案例”颁奖典礼在湖北举行。

2017年12月10日，第五届范敬宜新闻教育奖颁奖仪式暨新闻传播学科高峰论坛在清华大学举行。

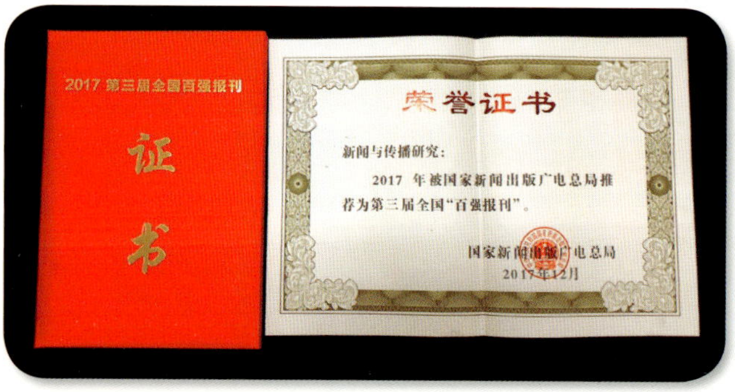
2017 第三届全国百强报刊

证书

荣誉证书

新闻与传播研究：

2017 年被国家新闻出版广电总局推荐为第三届全国“百强报刊”。

国家新闻出版广电总局

2017年12月

2017 年 12 月，《新闻与传播研究》被国家新闻出版广电总局推荐为全国“百强报刊”。

新 生

2017 年 5 月 20 日，中国新闻史学会中国特色新闻学研究委员会在清华大学成立。

2017 年 7 月 11 日，中共江苏省委宣传部、南京师范大学共建马克思主义学院、新闻与传播学院签约揭牌仪式在南京举行。

2017 年 10 月 3 日，中国人民大学国家传播战略研究中心宣布成立。

2017 年 11 月 5 日，中国传媒大学拉美传播研究中心揭牌成立。

2017 年 11 月 25 日，中国新闻史学会党报党刊研究委员会成立大会在南昌大学举行。

2017 年 12 月 24 日，“方汉奇基金”捐赠暨成立仪式在中国人民大学举行。

特 辑

《中国新闻传播学年鉴》第三届编辑出版研讨会

2018年6月15日，《中国新闻传播学年鉴》第三届编辑出版研讨会在厦门大学举行。会议由中国社会科学院新闻与传播研究所和中国社会科学出版社主办，厦门大学新闻传播学院、福建媒体发展与对外传播协同创新中心承办。会上十多位领导、学者先后致辞、发言。

厦门大学 赵铁

厦门大学新闻传播学院 郑树东

厦门大学新闻传播学院 阎立峰

清华大学新闻与传播学院 陈昌凤

中国社会科学院新闻与传播研究所 唐绪军

中国社会科学院新闻与传播研究所 钱莲生

中国社会科学出版社 彭莎莉

重庆大学新闻学院 董天策

华南理工大学新闻与传播学院 苏宏元

河南大学新闻与传播学院 李建伟

南京师范大学新闻与传播学院 顾理平

华中科技大学新闻与信息传播学院 何志武

郑州大学新闻与传播学院 张淑华

中国人民大学新闻学院 赵云泽

河北大学新闻传播学院 韩立新

安徽大学新闻传播学院 姜红

暨南大学新闻与传播学院 支庭荣

四川大学新闻学院 张放

参会代表合影

《中国新闻传播学年鉴·2018》编委会

编辑部

肖　洋（华东师范大学传播学院）
杨　青（暨南大学新闻与传播学院）
殷　琦（厦门大学新闻传播学院）
於渊渊（安徽大学新闻传播学院）
张　放（四川大学文学与新闻学院）
张淑华（郑州大学新闻与传播学院）
张　芸（河北省社会科学院新闻与传播学研究所）
赵　泓（华南理工大学新闻与传播学院）
赵云泽（中国人民大学新闻学院）
郑中原（武汉大学新闻与传播学院）
周婷婷（华中科技大学新闻与信息传播学院）

《中国新闻传播学年鉴》编辑部

地址： 北京市朝阳区潘家园东里 9 号国家方志馆 2 层中国社会科学院新闻与传播研究所

邮编： 100021

电话：（010）87791663　（010）65025792（兼传真）

E - mail： zgxcnj@163. com

编辑说明

《中国新闻传播学年鉴》是记录中国新闻学与传播学学科发展变化的大型年刊，忝列中国社会科学院创新工程项目“中国社会科学年鉴”品牌系列。

《中国新闻传播学年鉴》由中国社会科学院新闻与传播研究所主办、中国社会科学出版社出版发行，每年出版一卷。2018年卷是继本刊2015年创办以来连续出版的第四卷，全面、真实反映了2017年我国新闻学与传播学学科发展的实绩。

一、栏目设置

全书以15篇连缀成卷，内涵4个板块：历史篇、成果篇、综合篇和概况篇。

（一）历史篇

设“历史回眸”栏目，梳理和回顾了中国新闻编辑出版学科、中国新闻传播教育百年来的发展历程。

（二）成果篇

涵盖“研究综述”“论文选萃”“论文辑览”“国际交流”“学术出版”5个栏目，全方位反映了2017年我国新闻传播学研究的成果。

“研究综述”栏目分“学科综述”和“专题综述”两部分。“学科综述”对2017年我国新闻理论、应用新闻学、新闻传播史、广播电影电视、传播学理论、网络新媒体、传媒经济学、广告学等领域的成果进行了梳理和述评；“专题综述”主要刊发了马克思主义新闻观、媒介法规、舆情、政治传播、公共传播、国际传播、微传播、人际传播、华夏传播等专题2017年的研究成果。

“论文选粹”栏目摘编了十篇论文，这是中国社会科学院新闻与传播研究所第六届全国新闻传播学优秀论文遴选活动的成果，是从全国新闻传播专业期刊、综合性社科期刊、高校学报等一百多种期刊的一万多篇论文中筛选出来的。此外，还选摘了五十来篇有代表性文章的学术观点。

“论文辑览”栏目刊发了2017年《新华文摘》《中国社会科学文摘》《高等学校文科学术文摘》、人大复印报刊资料《新闻与传播》、《新闻学传播学文摘》转载的新闻传播学论文篇目。

“国际交流”栏目则呈现了中国学者2017年在国际期刊（SSCI期刊）发表论文的概况，同时对发表的论文的题目等予以摘登。

“学术出版”栏目特别选编了2017年度11本有代表性的中外学术著作的序跋、前言或编纂说明，整理了2017年我国出版的新闻传播学论著的书目。

（三）综合篇

涵盖“学术评奖”“科研项目”“学人自述”“学术动态”4个栏目。

“学术评奖”栏目涉及论著、论文、教学成果、人物等方面的评奖情况。

“科研项目”栏目汇集了国家社科基金、教育部、国家新闻出版广电总局三个国家级课题的立项、结项情况。

“学人自述”栏目主要刊载在新闻传播学领域取得突出成就、做出重要贡献的学人的治学经历和学术思考，以期从一个侧面反映“人”在中国新闻传播学科发展历史进程中的作用。本卷收录了31位学人的治学自述，其中：内地25位，香港地区3位（放在香港地区专辑里），台湾地区3位（放在台湾地区专辑里）。这些自述性文字均为学者本人亲撰或自述。

“学术动态”栏目包括“会议综述”“学术纪事”两个子栏目。“会议综述”特别选取了2017年度10个有代表性的学术会议；“学术纪事”对2017年我国新闻传播学界的大事件做了整理。

（四）概况篇

涵盖“高校学术概况”“研究机构及社团概况”“港澳台学术概况”“研究生学苑”“海外特辑”5个栏目。

“高校学术概况”栏目介绍了二十余家主要新闻传播学院系2017年在学术研究方面的情况。

“研究机构及社团概况”栏目介绍了社科院系统7家研究所和中央级媒体（新华社、人民日报社、光明日报社）3家研究机构、1家学会（中国新闻史学会）的发展情况。

“港澳台学术概况”栏目介绍了香港和台湾地区主要高校新闻传播学教学和研究机构的情况和学人自述等内容。澳门地区的资料暂缺。

“研究生学苑”栏目重在反映我国研究生教育的状况。主要收录了2017年度3篇优秀博士学位论文的内容提要，2017年博士学位论文篇目、博士后出站报告篇目和部分新闻传播学院（系）2017年研究生入学试卷。

“海外特辑”栏目重在反映2017年国外新闻传播学研究热点、国际新闻与传播学主流期刊热点扫描以及主要国际学术会议概况。

此外，卷首“图说2017”按图片内容分类编排。

二、编辑方式

（一）体式

本卷年鉴在编辑手段上兼具条目体和文章体。

条目（文章）的标题通栏编排；正文除“历史回眸”通栏编排外，一律双栏编排。

（二）排序

栏目内条目顺序因循空间和时间两个坐标轴排列。“论文选粹”栏目按论文发表期刊号排序，同一期刊号的按作者姓氏音序排列。“学术评奖”栏目不分级别，按奖项设置时间的先后排列；“学人自述”栏目按学者出生时间的先后排列，同一年份的按姓名音序排列；“序跋选粹”按图书出版时间的先后排序，图书书目先按内容大体分类，再按出版时间排序，同一月份出版的按图书名称音序排列；“研究机构概况”“高校学术概况”等栏目按机构、院系成立时间的先后排序；“研究生学苑”栏目按高校行政区划排序。

其他栏目按内容分类编排。

（三）署名

条目作者不在目录署名，一律放在文末。凡专为年鉴写作者，根据条目内容分别用“撰稿”“整理”标示，凡本刊摘转稿件的著作人用“作者”标示。

（四）检索

鉴于本书末专设人名、机构名及专有名词等的检索，本卷丰富了目录的层级信息，每条（篇）介绍到正文中的一级标题。

全书最后专设篇目详细呈现撰稿人、作者、供稿人、审稿人、供稿机构等信息，也体现本刊对著作人劳动成果的尊重。

《中国新闻传播学年鉴》编辑部

2018 年 12 月

#《中国新闻传播学年鉴·2018》简目

目 录

第一篇 历史回眸

第二篇 研究综述

学科综述

专题综述

第三篇 论文选粹

论文选摘

第四篇 论文辑览

第五篇 国际交流

第六篇 学术出版

序跋选粹

书目辑览

第七篇　高校学术概况

第八篇　研究机构及社团概况

研究机构概况

第九篇　学术评奖

第十篇　科研项目

第十一篇 学人自述

第十二篇 学术动态

会议综述

学术纪事

第十三篇 研究生学苑

第十四篇　港澳台学术概况

香港地区专辑

台湾地区专辑

第十五篇 海外特辑

附录：

第一篇
历史回眸

20世纪以来中国编辑出版学科发展历程回顾

20世纪以来中国新闻传播教育发展历程回顾

20世纪以来中国编辑出版学科发展历程回顾

中国大陆的编辑出版学专业已经发展成为了一个多层次、多规格的编辑出版教育格局①。经过对中国大陆的编辑出版学专业相关史料的分析研究发现，中国大陆编辑出版学专业大致可以分为三个阶段：萌芽期（1951—1978）、发展期（1978—1998）和成熟期（1998年至今）。

一、编辑出版学学科发展历程

（一）萌芽期（1951—1978）

编辑出版学的发展历史可以追溯到20世纪50年代。发展初期没有明确的学科设置和专业体系，编辑学和出版学“各自为政”，各自围绕本学科需要的人才培养要求展开教育。

1. 编辑学萌芽

早在1956年，中央工艺美院就开设了书籍装帧设计本科专业②。1959年3月，国务院科学规划委员会古籍整理出版规划小组决定在北京大学中文系设置古文献专业，针对当时古籍整理出版工作的需要培养古籍整理和编辑人才③。是为我国编辑学学科发展的萌芽。

2. 出版学萌芽

出版学高等教育的萌芽则可追溯到“文化大革命”之前。在1951年8月28日召开的全国第一届出版行政工作会议上，时任中宣部副部长、新闻总署署长的胡乔木做了题为“改进出版工作的几个问题”的报告。在报告中，他表示要将图书出版上升到国家意识形态层面，首次提出了要在高等院校中创设出版系，加强出版人才培养。④ 1955年11月，文化部出版事业局提出要在高等学校建设编辑系、美术装帧系、图书贸易系⑤。但以上种种设想，直到1960年文化学院开始招收编辑、出版、印刷工艺本科生才得以实现，虽然时隔不久文化学院即停办，出版学教育并未正式大规模开展，但这些设想和尝试仍然可以被视作出版学的开端和萌芽。

---

① 李建伟：《谈编辑出版学的学科地位》，《河南大学学报（社会科学版）》2006年第3期。

② 姬建敏：《中国编辑学研究60年1949—2009》，社会科学文献出版社2015年版，第183页。

③ 陈矩弘：《新中国出版史研究1949—1965》，上海交通大学出版社2012年版，第255页。

④ 张文红：《关于我国出版教育历史与未来发展的思考》，《出版广角》2018年第4期。

⑤ 李建伟：《谈编辑出版学的学科地位》，《河南大学学报（社会科学版）》2006年第3期。

（二）发展期（1978—1998）

1978年后，随着改革开放逐步推进，人们对科学文化知识的需求推动了文化产业的发展，也推动了编辑出版学进入大发展时期。

1. 编辑学的发展

1978年后，报纸、期刊和图书出版单位数量急剧增长，而专业的编辑人才却严重短缺，据1984年7月中共教育部党组统计，全国编辑人员已超过3万，以平均每人工作40年计算，每年自然减员至少有750人之多。这还不包括近年来文化事业和出版事业发展需要增加和补充的人才数量。另外，其他文科毕业生做编辑工作往往需要较长的适应期，大致为一年到两年。在适应期内一些人将被淘汰，成才率只有20%①。因此，当时的编辑教育不能满足业界对专业人才的大量需求，编辑学专业教育应运而生。

1982年，胡乔木提出要在北京大学和复旦大学试办编辑专业②。中共中央、国务院在1983年6月6日发布的文件中指出，摆在我们面前的严重任务是加强出版队伍特别是编辑队伍建设，要培养一支革命化、年轻化、知识化、专业化的队伍③。在中国传统出版业中，培养编辑人才靠师傅传带徒弟，这种方式已经不能满足新型编辑人才需求，生产方式逐步走向产业化，这要求现代出版教育也要面向专业化、批量化、层级化转型。著名宣传理论家胡乔木在1984年3月至6月期间多次提出要在我国部分高校试办编辑专业。教育部在1984年7月23日向胡乔木提出设立编辑专业，并提出了对设立编辑专业的认识问题、关于培养编辑人才的规格问题、关于培养编辑人才的层次及培养途径问题和关于办编辑专业的准备工作四个问题④。7月25日，胡乔木在致教育部的信中表示："编辑之为学，非一般基础课学得好即能胜任"⑤，表示支持高校设置编辑学专业。

北京大学、复旦大学和南开大学三所高校从1985年起开始招收编辑专业本科生，由此，我国编辑出版高等教育的发展篇章正式开启。各学校制定了针对本学校现状的培养机制和招生计划，比如南开大学，采用了四种招生计划，第一是2年某种专业基础课加2年编辑专业课的二二分段制，即从在校文科各系中选拔一批有志于出版事业的学生，从第5学期开始转学编辑专业；第二是直接招生，即以中文系的课程为主，压缩原课程的内容，加入编辑专业课程；第三是招转结合，从高考生中招生，属编辑专业的学籍，到校后请他们自选专业，然后把他们放到其他专业就读，学习2年各专业基础课，再返回编辑系上专业课；第四是另一种招转结合的方式，学生入校后先学习1.5—2年的编辑专业课和公共课，从第5学期开始让学生选修各系开设的相关专业课。依据编辑人才的知识需求，各学校制定了自己的培养计划和课程，例如，复旦

① 姚福申：《编辑专业课程设置和教材建设》，《编辑学刊》1987年第1期。

② 胡乔木：《中国当代出版史料（第6卷）前进中的曲折/编辑理论研究和编辑队伍建设》，大象出版社1999年版，第267页。

③ 《中共中央、国务院关于加强出版工作的决定》，《中华人民共和国国务院公报》1983年第13期。

④ 《教育部关于筹办编辑专业的报告》，《出版工作》1984年第10期。

⑤ 胡乔木：《中国当代出版史料（第6卷）前进中的曲折/编辑理论研究和编辑队伍建设》，大象出版社1999年版，第267页。

大学的编辑专业设在新闻系，开设的专业课主要包括：编辑学概论、编辑史、编辑应用文、辞书编辑、当代国外出版概况、现代化手段与编辑、编辑心理学和出版发行知识等，基础课主要包括：中文工具书使用、文献学、逻辑学、基础写作、文体概述、马列著作选读、哲学、外语、书法、古代汉语等，还针对学生培养需要开设了新闻业务和摄影两门课程①。编辑专业刚开办的时候遇到了种种问题，大体可以总结为：缺少教材、师资不足、资金短缺、没有设备。为了解决这些问题，在试办初期，南开大学的编辑学教师跑了十几个省，走访了数十家出版部门的老前辈，取得了办学的第一手资料，确定了全新的办学路子，解决了办学中的问题，使编辑学得以顺利开办和发展②。

北京大学、复旦大学和南开大学三所最初开办编辑学的高校的办学实践为其他学校提供了办学经验，从 1983 年到 1988 年，有 10 多所高校陆续办起了编辑、出版、印刷、发行等不同特色的本科专业，并开始了硕士研究生和双学士学位生的培养，在清华大学、武汉大学、河南大学和四川社会科学院等高等院校和研究单位挂靠相关的老学科、老专业招生③。以河南大学为例，1985 年 7 月，《河南大学学报》编辑学硕士研究生招生工作正式开始筹办。发布招生消息后，反响热烈，共收到了 108 名考生的考试申请，首次录取了 3 名考生。1987 至 1988 年期间又陆续招收了 3 名。1986 年起，又招收了 24 名编辑学课程进修生，拓展了招生方式。在授课过程中，缺少教材也是一大问题，教师在授课的基础上根据自己的研究方向开始编写教材。河南大学的编辑学教研团队编写了最初的一批编辑学教材，比如宋应离先生编写的《中国大学学报简史》和《中国期刊发展史》、王振铎先生和司锡明先生主编的《编辑学通论》、张如法先生编写的《编辑社会学》、李明山先生编写的《中国近代编辑家评传》以及王振铎先生和赵运通先生编写的《编辑学原理论》等，正是最初的这些编辑学教师的笔耕不辍，解决了编辑专业教学无教材的困难④。但由于这一时期编辑专业并未列入国家学位目录，无法授予编辑学学位，只能授予其他专业的学位⑤。

编辑学在其发展过程中，也遭遇了挫折。1989 年前后，最先开办编辑学的三所学校都遇到了问题。1989 年，复旦大学编辑学专业停办；北京大学将编辑学专业转至图书信息管理系；南开大学仅将其作为教研室继续保留⑥。

国家教委 1993 年印发的《普通高等学校本科专业目录》中首次将“050110 编辑学”列入一级学科“05 学科门类：文学”下的二级学科“0501 中国语言文学类”下，编辑学被列入国家教委的本科招生目录意味着编辑学成为了国家的正式学科。自此，编辑学进入了快速发展阶段。这一时期，编辑学专业在各地区各层次学校均有招生，且不限于本科招生，还包括双学位生、硕士研究生、硕士研究生课程进修班等。到 1997 年 3 月，15 所高校建立起了编辑学专业，其中本科 13 个，双学位制 2 个，包括北京大学、南开大学、清华大学、四川大学、南京大学、河南大学等国家重点院校。教师队伍规模也不

---

① 姚福申：《编辑专业课程设置和教材建设》，《编辑学刊》1987 年第 1 期。

② 赵航、张铁荣：《大学编辑专业教学初探》，《编辑学刊》1988 年第 4 期。

③ 王振铎：《编辑学理与媒体创新》，河南大学出版社 2010 年版，第 376 页。

④ 宋应离：《编辑学研究与编辑出版专业教育二十年追忆》，《中国编辑》2007 年第 1 期。

⑤ 同上。

⑥ 姬建敏：《中国编辑学研究 60 年 1949—2009》，社会科学文献出版社 2015 年版，第 186 页。

断扩大，其中专业教师173人，兼职教师70人，多为教授和副教授，教师层次也明显提高。教学和研究领域也得到了长足发展，各高校开设了50余门专业课程，据统计，全国约有数千人从事编辑学研究和教学，发表了数千篇论文，出版了数百种专著和几十种教材。相对完备的课程设置和优秀的教师团队培养出了1000多名本科和第二学士学位的毕业生①。

另外，在这一时期，我国编辑学研究也开始迅速发展，很多高校建立了编辑学研究机构，比如南京大学的出版科学研究所、河南大学的编辑出版研究所。高校学报的编辑学研究专栏为编辑学研究成果的发表和交流提供了传播渠道，如《河南大学学报》的“编辑学研究”栏目，《北京大学学报》的“编辑学研究”栏目。编辑学教师们的著书立说和学报的积极支持，为后来的编辑学研究打下了坚实的基础。

2. 出版学的发展

“文化大革命”后，为了弥补“文化大革命”时期造成的出版人才断层情况，我国出版学迅速发展。国家出版局于1978年9月向国务院上报了《关于建立北京印刷学院的请示报告》，报告中表示：“印刷技术落后，同我国印刷教育的薄弱是分不开的”“我国虽是一个有九亿多人口的大国，印刷职工有六十万人左右，但没有一所印刷高等学校”“发展高等印刷教育，建立一所印刷学院，为全国印刷科研、教育和生产单位培养专门人才，已为当务之急”。② 1978年12月28日，国务院批准了这个报告，印刷出版高等教育从此开始发展，分别在1980年和1987年成立了北京印刷学院和上海出版印刷专科学校，从此我国有了专门进行出版高等教育的学校③。

1982年12月，中宣部和文化部在北京联合召开全国出版工作会议，会议认为，加速建设一支革命化、年轻化、知识化、专业化的出版队伍，是开创出版工作新局面的必然要求④。根据会议精神，文化部向教育部致函，请求批准武汉大学设置图书发行专业。1983年4月1日，教育部复文批准，同年9月正式招收本科生，出版学正式开始发展。

国家教委1993年印发的《普通高等学校本科专业目录》中将“060205图书发行管理学”列入了一级学科“06学科门类：历史学”下的二级学科“0602图书信息档案学类”下。调整后，开设出版类专业的学校逐渐增加，包括北京印刷学院、天津轻工学院、武汉测绘科技大学、西安理工大学（原陕西机械学院）、株洲工学院、武汉大学和安徽大学等高校都开设了出版类专业，学制四年。

（三）成熟期（1998年至今）

1998年，教育部颁布了“普通高等学校本科专业目录”，其中将“编辑”“出版发行”“印刷技术”等编辑出版类相关专业统一为“编辑出版学”，学科代码为050304，设在“文学”学科门类的“新闻传播学类”二级学科下。与此同时，北京印刷学院出版系

---

① 姬建敏：《中国编辑学研究60年1949—2009》，社会科学文献出版社2015年版，第187页。

② 《国家出版局关于建立北京印刷学院的请示报告》，载《中华人民共和国出版史料15：1976年10月—1978年12月》，中国书籍出版社2013年版，第372页。

③ 魏玉山：《新中国出版教育简述》，载《中国当代出版史料（第6卷）前进中的曲折/编辑理论研究和编辑队伍建设》，大象出版社1999年版，第342页。

④ 《全国出版工作会议在京召开》，《出版工作》1983年第2期。

和河南大学文学院还获批招收新闻传播硕士生，研究方向为编辑、出版、发行，自此，编辑出版学在培养高层次专业人才方面也渐渐走入规范化。

2010 年 3 月，国务院学位委员会公布了出版硕士专业学位设置方案，2011 年将其列入全国研究生统一招生专业目录①，标志着我国正式开始培养出版硕士，在高水平应用型人才培养上又迈出了一步。

2012 年 9 月，根据专业实际发展情况，教育部特设增加了“网络与新媒体”和“数字出版”两个专业②。反映出我国编辑出版学适应了新媒介的变化，积极迎接数字化转型。

二、我国编辑出版学学科现状

我国的编辑出版学学科体系逐步完善，编辑出版学多专业、多层次、多渠道、多规格的教育格局和科学研究同步发展，并与出版产业相互支持、紧密配合，学科支撑逐渐强化。下文从学科体系、人才培养以及队伍建设等方面考察我国编辑出版学学科发展现状。

（一）学科体系

经过近 70 年的发展，我国编辑出版学的学科体系逐渐完善，从编辑出版学基础学科出发，围绕着编辑出版实际应用，与其他交叉学科相联系，形成了比较完备的主干和分支学科体系。

编辑出版学的基础学科即为编辑出版学的建立提供理论基础的学科，主要包括传播学、文化学、美学、社会学、经济学、心理学等。编辑出版学的交叉学科，即与编辑出版学在研究内容上有某些交叉或具有某些相通性的学科，主要包括新闻学、版本学、目录学、图书馆学、市场营销学等③。

编辑出版学的分支学科主要可以划分为理论、历史和应用三个层面。如图 1 所示，首先是编辑出版学理论，即从整体上把握各种编辑出版活动性质特征与规律的学科，着重研究编辑出版学原理；其次是编辑出版学应用，即从实践层面研究局部的具体编辑出版活动规律的分支学科；再次是编辑出版学历史，即研究与编辑出版活动有关历史的分支学科，有利于借鉴历史经验。

（二）人才培养

我国的编辑出版学教育，从办学情况、课程设置、学生培养角度展现我国编辑出版学人才培养现状。

1. 办学情况

通过专业工具检索及查阅相关高校本科招生目录得到的统计数据显示，截至 2017 年，我国共有 68 所高校在本科层次开设了编辑出版专业，按照地域划分见表 1。

---

① 《关于印发金融硕士等 19 种专业学位设置方案的通知》，教育部门户网站，http://old.moe.gov.cn//publicfiles/business/htmlfiles/moe/moe_823/201007/xxgk_92739.html，2010 年 5 月 13 日。

② 《教育部关于印发〈普通高等学校本科专业目录（2012 年）〉〈普通高等学校本科专业设置管理规定〉等文件的通知》，教育部门户网站，http://old.moe.gov.cn/publicfiles/business/htmlfiles/moe/s3882/201210/143152.html，2012 年 9 月 14 日。

③ 李建伟：《论我国编辑出版学学科体系建设》，《新闻界》2008 年第 2 期。

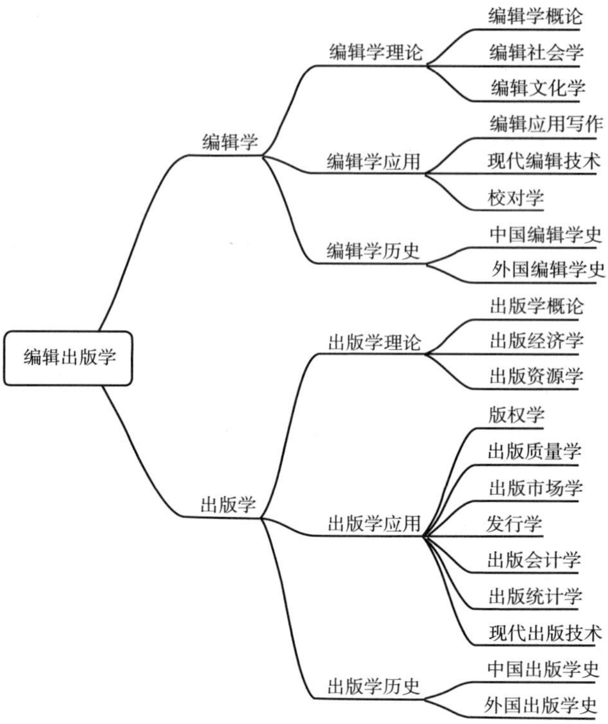

图 1 编辑出版学分支学科

表 1 我国高校开设编辑出版学本科专业情况一览 **单位：所**

地区	数量	开设学校
华东地区	23	浙江大学、南京大学、安徽大学、上海理工大学、华东师范大学、上海师范大学、杭州电子科技大学、中国海洋大学、青岛科技大学、济南大学、临沂大学、浙江工商大学、浙江万里学院、浙江传媒学院、合肥师范学院、南昌工程学院、浙江越秀外国语学院、安徽科技学院、山东工商学院、山东政法学院、宁波大红鹰学院、中国传媒大学南广学院、浙江工商大学杭州商学院
华南地区	9	华南理工大学、华南师范大学、广西师范大学、闽南师范大学、汕头大学、广东海洋大学、广西民族大学、北京师范大学珠海分校、广西民族大学相思湖学院
华北地区	12	北京大学、南开大学、中国传媒大学、北京师范大学、北京印刷学院、河北大学、河北经贸大学、山西师范大学、内蒙古大学、内蒙古民族大学、河北传媒学院、山西师范大学现代文理学院
华中地区	11	武汉大学、武汉理工大学、湖南师范大学、河南大学、湖北大学、湖北民族学院、湖北第二师范学院、衡阳师范学院、湖南商学院、湖北民族学院科技学院、湖南商学院北津学院
西南地区	5	四川大学、昆明理工大学、云南民族大学、云南师范大学商学院、云南师范大学文理学院
东北地区	6	辽宁大学、吉林师范大学、黑龙江大学、吉林工程技术师范学院、吉林艺术学院、吉林华侨外国语学院
西北地区	2	陕西师范大学、西北政法大学

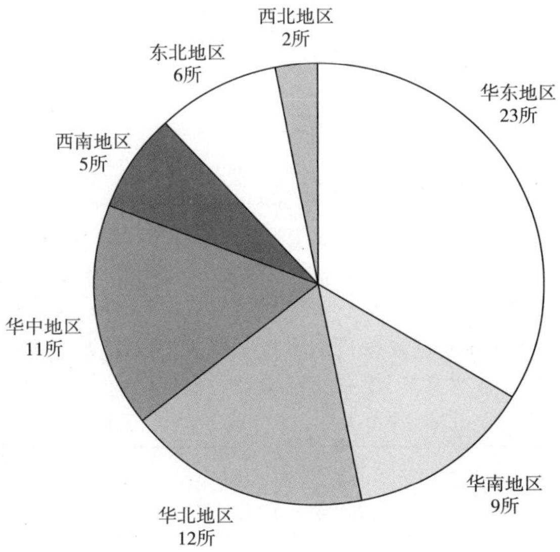

图 2　我国高校开设编辑出版学本科专业地域分布

通过表格和分布图可以直观地看出，我国开设编辑出版学专业的高校多数分布在华东、华北、华中地区，可见经济相对较为发达地区分布较集中。其中，“双一流”高校有 18 所，占 26%。另外，近几年来随着地方特色高校和民办高校编辑出版学的发展，使开设高校整体层次分布较为均衡。

2012 年，教育部特别增加了数字出版专业。通过查阅相关高校本科招生目录，截至 2017 年，我国开设数字出版专业学校情况见表 2。

表 2　我国高校开设数字出版本科专业情况一览

招生层次	开设高校
本科	武汉大学、中南大学、北京印刷学院、天津科技大学、西北师范大学、湘潭大学、曲阜师范大学、浙江传媒学院、四川传媒学院、西安欧亚学院、金陵科技学院、电子科技大学成都学院、辽宁传媒学院、绥化学院

从数字出版专业开设学校可以看出，相比较于传统编辑出版学，开设数字出版的高校更看重本专业的技术性，数字出版专业开设高校多集中在师范类院校及科技类等注重技术实操的院校。

关于硕士教育，教育部并未明确设置编辑出版学学科[①]，但由于各专业下属的研究方向没有明确界定，导致了目前我国编辑出版学专业学术型硕士多设立在诸如新闻学、传播学、图书馆学、文学等传统专业之下，以挂靠专业研究方向的形式来进行人才培

① 《授予博士、硕士学位和培养研究生的学科、专业目录》（1997 年颁布），教育部门户网站，http：//old. moe. gov. cn/publicfiles/business/htmlfiles/moe/moe_ 834/201005/88437. html，2015 年 6 月。

养。2010 年，国务院公布了出版硕士专业学位设置方案①，标志着我国出版硕士的人才培养建设正式启动。截至2017 年，我国有28 所高校开设了出版硕士，具体开设情况见表3。

表3 我国高校开设出版硕士情况一览

专业类别	开设高校
出版硕士	复旦大学、南开大学、武汉大学、南京大学、北京印刷学院、中国传媒大学、四川大学、华中科技大学、河南大学、河北大学、吉林师范大学、安徽大学、湖南师范大学（上述高校首获出版硕士专业学位授权点）；上海理工大学、华东师范大学、苏州大学、南昌大学、青岛科技大学、陕西师范大学、南京师范大学、辽宁大学、济南大学、暨南大学、华南师范大学、广东财经大学、广西师范大学、昆明理工大学、云南民族大学

关于博士教育，以2017 年各大院校博士招生简章为据，我国共有8 所高校招收编辑出版学研究方向的博士研究生（见表4）。

表4 我国高校招收编辑出版学研究方向博士情况一览

开设高校	所属院系	专业名称	研究方向	博导数量（人）
北京大学	信息管理系	图书情报与档案管理（编辑出版学）	1. 现代出版业研究 2. 出版产业与出版文化研究 3. 文献学研究 4. 媒介经营管理研究	2
南京大学	信息管理学院	编辑出版学	1. 出版理论与历史 2. 数字出版与文化产业发展 3. 出版经济与管理 4. 数字图书馆与新媒体	2
武汉大学	信息管理学院	出版发行学	1. 编辑出版学基础理论 2. 出版管理与营销 3. 新媒体与数字出版 4. 版权与版权产业 5. 出版史与出版文化	5
中国传媒大学	新闻传播学部	编辑出版	编辑出版理论与实务	5
中国人民大学	新闻学院	传媒经济学	数字化与出版转型研究	1
北京师范大学	新闻传播学院	中国现当代文学	现代出版与文化传播	1
浙江大学	文学院	中国现当代文学史	编辑出版与当代文化	1
南开大学	文学院	中国现当代文学	现代中国文学与传播	1

① 《关于印发金融硕士等19 种专业学位设置方案的通知》，教育部门户网站，http：//old. moe. gov. cn//publicfiles/business/htmlfiles/moe/moe_ 823/201007/xxgk_ 92739. html，2010 年5 月13 日。

由此可见，我国编辑出版学高等教育在博士层面不管是招生规模还是博导数量都远不及其他相近学科，相比本科及研究生专业设置，博士阶段的编辑出版学多设置在信息管理学院，而且研究方向倾向于信息层面和媒介层面。可见到了本学科研究的顶层科研教学阶段，研究和教学都比较注重出版产业层面研究。

2. 课程设置

我国编辑出版学本科课程设置可以分为基础与理论类、编辑出版应用类和编辑出版技术类三种类型，以武汉大学、河南大学两所代表性高校为例，以上三种类型开课情况分别见表5和表6。

表5　武汉大学编辑出版学本科课程设置①

课程类型	课程名称
基础与理论	信息管理与传播导论、信息经济导论、信息组织原理、出版学基础、编辑学原理、中国出版史、西方出版概论、知识产权法、数字出版概论、读者学
编辑出版应用	出版营销学、出版法律与政策、出版企业管理、出版经济学、网络编辑、出版财务管理、出版国际贸易、畅销书策划与运作、出版物市场管理、期刊策划与运营、专业与学术出版、出版电子商务、网络营销、儿童出版、教育出版产品与市场
编辑出版技术	高级语言程序设计、数据库管理与应用、信息系统设计与应用、出版装帧设计、网页设计和网站建设

表6　河南大学编辑出版学本科课程设置②

课程类型	课程名称
基础与理论	中国编辑出版史、网络与新媒体概论、新媒体版权、古代汉语、中国文化史、语法修辞学、外国文学、世界书业概况、现当代文学名家名作、版本目录学、传播学研究方法、唐宋词鉴赏、学术论文写作
编辑出版应用	出版物营销、编辑应用写作、图书编辑学、网络编辑实务、新媒体版权、出版经营管理、装帧设计、社会化媒体运营、公共关系学、畅销书策划与运作、新闻编辑、图书评论学、编校实训、网络舆情调查与分析、传媒经济学、期刊编辑学、出版文化经典导读、编辑出版前沿讲座
编辑出版技术	数字音视频编辑、图文排版技术、数字摄影与摄像

从这两所代表性学校的课程设置可以看出，编辑出版学本科课程设置相对完善，基本满足了学科基础理论的学习和应用，关于编辑出版的应用和技术课程也设置较多。

关于我国出版硕士课程设置，各院校围绕各自的编辑出版专业特色研究方向安排上

① 《编辑出版学专业本科人才培养方案》，武汉大学信息管理学院网站，http：//sim.whu.edu.cn/jx/bks/pyfa/2016-05-05/397.html。

② 资料来源：河南大学本科生培养方案。

课内容，在专业基础课的基础上，根据院校特色研究方向设置其他专业课和选修课[①]。比如河南大学的出版硕士课程，专业基础课包括出版学概论、出版文化前沿理论、数字出版等，专业课包括期刊出版、编校实务、出版物设计与生产、出版产业研究等，选修课包括国际出版、出版策划与市场推广、传媒经济研究、图书评论等[②]。除此之外，研究生培养采用导师制，导师根据研究课题和方向自行设置课程，其课程设置的灵活性较强。

3. 学生培养

各学校的编辑出版学高等教育依托本校特色资源，基本形成了各具特色的培养模式，探索出了一条符合各高校特点和培养理念的教育之路。比如河南大学编辑出版学的培养目标，便是依托其厚重的编辑出版研究历史和迅速发展起来的新闻传播学研究制定的，要求学生既具有编辑出版人才技能，又能适应不断发展的新闻传播媒介单位需求[③]。

除学校课程学习之外，各高校还积极与编辑出版产业实践单位合作，让学生进行实践学习，比如北京大学出版社和北京大学编辑出版专业、湖北省出版局和武汉大学出版科学系、河南大学学报编辑部和河南大学编辑出版学专业等。高校积极与出版产业实践单位之间的合作不仅为学生提供实习基地和实践指导，还开展了社长、总编直接走进课堂与学生交流等活动。

以上培养模式的确立和实践为业界培养出了一大批专业编辑出版人才，比如创建了福建省高校第一家编辑出版学本科教育的漳州师范学院，自 2007 年开始招生起，至 2013 年已招收了 500 多名学生，毕业生就业率年年高达 100%[④]。硕士层面，到 2007 年，招收编辑出版专业研究生的高校共有 20 所，毕业生总数 720 名，在读生 530 名[⑤]。试想，近 30 年，200 多所高校，培养出了多么庞大的人才群体，编辑出版学高等教育为我国出版业的发展提供了源源不断的专业化人才支持。

（三）队伍建设

科研团队和师资力量建设是学科发展的基础之一，没有科研人员，学科研究不会向前发展；没有师资，编辑出版学高等教育也不过是纸上谈兵。

关于科研团队的建设，编辑出版学科研团队出版了一大批编辑出版学研究论著，据不完全统计，从 1949 年到 2003 年，共出版编辑出版学专著和论文集 263 本[⑥]。关于师资力量，1985 年编辑学教育刚刚创立的时候，“专业教师不过 30 多人”，且大部分由中文系

---

① 李建伟、张锦华：《我国编辑出版专业研究生教育现状研究》，《河南大学学报（社会科学版）》2007 年第 3 期。

② 《河南大学硕士培养方案（专业型）2015 年修订》，河南大学研究生院，http：//grs. henu. edu. cn/jxpy/pyfa. htm。

③ 河南大学新闻与传播学院网站，http：//hdxc. henu. edu. cn/img_ list. jsp？ urltype = tree. TreeTemp Url&wbtreeid = 1056。

④ 姬建敏：《中国编辑学研究 60 年 1949—2009》，社会科学文献出版社 2015 年版，第 192 页。

⑤ 李建伟、张锦华：《我国编辑出版专业研究生教育现状研究》，《河南大学学报（社会科学版）》2007 年第 3 期。

⑥ 丛林：《中国编辑学研究述评 1983—2003》，齐鲁书社 2004 年版，第 501 页。

和新闻系转来。到2005年，“专业教师在1200人以上”[①]。据调研结果显示，全国编辑出版学高等教育师资团队中，教授占35%，副教授占26%。40%的高校具有博士学位的出版专业教师占教师总数的60%以上[②]。比如武汉大学出版发行系，有专职教师共15人，其中教授9人，占教师比例的60%，副教授4人，讲师2人，且有多名教师具有海外学历或访学背景[③]。以上都说明我国编辑出版学师资的学历和素质正逐步提高，形成了一支数量庞大的高水平师资团队。

三、结语

编辑出版学经过近70年的发展，在学科体系、人才培养和队伍建设上都取得了很大的成就。但就目前而言，编辑出版学还存在着一定的问题，比如学科建制不规范，学科体系不明晰，教育模式不能和业界形成良好对接等。期望编辑出版学在今后的发展中能有针对性地采取措施，以培养更多更专业的编辑出版人才，为我国出版业的长足发展提供源源不断的人才支持。

该文系2016年国家社会科学基金项目“新媒体编辑的叙事规律研究”（16BXW019）的部分成果。

撰稿：李建伟（河南大学新闻与传播学院教授，河南大学编辑出版研究中心研究员）
林　璐（河南大学新闻与传播学院硕士生）

① 刘拥军、李宏葵：《编辑出版学专业20年发展追溯》，《出版发行研究》2005年第2期。

② 施勇勤：《我国出版专业教育现状与发展对策》，《出版发行研究》2017年第1期。

③ 武汉大学信息管理学院网站，http://sim.whu.edu.cn/sz/jsxq/。

20世纪以来中国新闻传播教育发展历程回顾

从1918年10月北京大学新闻学研究会成立起至今，中国新闻传播教育走过了100年的发展历程。

100年来，中国新闻传播教育因时而诞、因需而进、因法而变、因耕而荣；在历史的积淀中前进，在时代的洪流中壮大，在社会的需求下转型，在理念的转变后完善，在科技的助力下升变，逐步回归学理、注重实践，走上了为媒体培养既有理论知识也有动手能力的新闻人才；面对新型媒体的出现而不断调整自己的教育理念、教育手段、教育方法；为顺应我们国家实现以经济建设为中心的转型而及时地更新自己的教学内容，有意识地在经济领域着力；主动适应社会对人才需求而逐渐扩大它的就业竞争力；在彰显特色、体现时代性的过程中，完成转型和新变，逐步走向国际化。

中国新闻教育总的趋势是发展向前，但也充满了起伏和曲折，先后经历了初创和发展、恢复和重启、发展和繁荣、多样化格局开始形成、国际化、新时代的转型等几个主要过程①。

一、历史流变

（一）学习·移植·效法

近代新闻业在中国诞生以来，民众、社会、知识分子等以事件的真实记录者、是非的评论者、民权保障者、民众疑惑解释者等若干方面要求之，独立、自由、公正、包容是新闻工作的职业精神和应有的使命担当。培养符合要求的新闻从业者，就成为了一个重要的社会议题。

事实上，具有近代意义的新闻事业和新闻学是我们“学习”“移植”“效法”国外同类之后的一种“产物”，尽管中华民族有五千年的文明史、文化史，曾经在多个学科领域，特别是在以儒学为代表的哲学等领域，创建了许多学科，领世界之先。

在新文化运动中，中国打开了一扇面向世界的大门，向西方学习是广大知识分子的时尚和学术领域的潮流。在新闻传播教育领域，因中国此前并无此学与此术，没有理论的积淀与实践的铺成，没有可以传承和效法的“历史经验与教训”，而当我们开门面对世界的时候，域外的新闻传播教育已经成为了一门比较完整的学科，这个学科连同新闻业一样，给国人带来了认知和思想的改变。所以，学习西方、移植和效法西方的新闻传播教育，是一种可以理解的选择。

中国知识精英群体在19世纪末20世纪初的社会变革运动中处于主导地位，他们崇尚

---

① 吴廷俊主编：《中国新闻传播史（1978—2008）》，复旦大学出版社2011年版，第552页。

知识，尊重教育，因此，新闻传播教育在中国的初期发展，没有经历是否必要等方面的讨论，而是顺理成章地被认可和接受。“学问绝无害于经验，而有助于经验也。”①

其时，有新闻界的代表人物认为在培养新闻人才方面，学校教育比报馆教育更为重要，“记者之职责甚重，而社会之希望于记者亦甚高……故由道德上理想上以造就报业人才，则报馆不如学校；学问与经验，两不宜偏废也。”② 较早接受西方新闻教育的蒋荫恩也认为：“要发展报业，要提高水平，根本的根本是要重视新闻教育，建立新闻教育的深厚基础。”③

一些留学欧美的报人也认为，“要使中国报业起而与世界报业相抗衡，首先需要培养有眼光、有见识、有社会责任感的报业专才。”④

当时，在中国开设有较多西方新闻机构，西方记者的身影也时常在中国大地出现，有关报纸（新闻纸）的讨论研究也成为国人的一种时尚。

1910年8月1日，《时报》的狄楚青及《神州日报》的于右任、王瘦岑、汪秉忠等人在南京发起成立“全国报馆俱进会”，为设立新闻学校而专门拟定了一份“组织报业学堂之提案”⑤，这被视为是我国建立新闻教育最早的一份意向书。

1920年，“全国报界联合会”提出了一份“新闻学组织大纲”，明确了创办新闻大学的宗旨：“造就新闻专门人才；促进全国新闻业之发达；补助国际舆论；输入新文化”⑥。

1900年，时任美国《纽约先驱报》记者的米勒被派到中国报道义和团事件，结识了不少中国政治领袖，对中国的国情也有了一定的了解。他看到了报业在中国发展的巨大空间，决定留在中国创办自己的报纸，米勒多次写信给密苏里新闻学院的院长沃尔特·威廉寻求帮助，希望在中国发展新闻教育，得到了密苏里新闻学院的响应。随后，在一些国际新闻教育人士的帮助、主持下，许多学校组织起研究时事的俱乐部和班级，在“一所学院里开设了新闻学课程⑦”。

1919年，鲍威尔又请来了自己在密苏里大学的校友毕德生来华，于1921年秋在上海圣约翰大学创立报学系，这被认为是中国大学正式创办新闻学系的开端。

在20世纪初叶，有国人求学海外，以日本为主，他们学习到了西方关于新闻教育的理论与实践，认为可以“为我所用”，他们回国后，开始效法西方尝试在国内进行新闻教育，是中国新闻教育萌生的“内因”之一。

（二）1918—1949：萌生·建构·传统

中国新闻传播教育的发端以1918年10月14日为标志。

1918年7月4日的《北京大学日刊》登出了一则引人注目的消息，预告“为灌输新闻知识、培养新闻人才”“本会将于下学年设一新闻研究会”。两天以后，该日刊又全文刊登了由校长蔡元培针对该会拟就的八条简章，简章中首先规定该会的名称为“北京大

---

① 戈公振：《中国报学史》，中国新闻出版社1985年版，第208页。

② 同上。

③ 蒋荫恩：《新闻教育感想》，《中国新闻学会年刊》1944年第2期。

④ 陈昌凤：《中国新闻传播史：媒介社会学的视角》，北京大学出版社2007年版，第182页。

⑤ 戈公振：《中国报学史》，中国新闻出版社1985年版，第212—213页。

⑥ 同上书，第213页。

⑦ 鲍威尔：《我在中国二十五年》，上海书店出版社2010年版，第12页。

学新闻研究会”，并确定研究的内容为六项：新闻之范围、新闻之采集、新闻之编辑、新闻之选题、新闻通讯法、新闻纸与通讯社之组织。研究时间定为每周 3 小时；申明该会“隶属于北京大学”①。

1918 年 10 月 14 日晚 8 时，“北京大学新闻学研究会”在北大理科第 16 教室（现沙滩马神庙北大旧址）正式开会成立。到会会员“数十人”。首先由蔡元培校长发表《北大新闻学研究会成立演说词》，他首先阐述了进行新闻学研究的必要性：“凡事皆先有术后有学。外国之有新闻学，起于新闻发展以后。在我国自有新闻以来，不过数十年……民国元年以后，新闻骤增，仅北京一隅，闻有 80 余种。……惟其发展之道，全恃经验，如旧官僚之办事然。苟不济之以学理则进步殆亦有限。此吾人之所以提出新闻学之意也。”接着他指出了新闻学与各种学科的关系：“欧美各国，科学发达，新闻界之经验又丰富，故新闻学早已成立。”所以，研究会要像《申报》那样“先介绍欧美新闻学”。最后，蔡元培强调新闻人应以严肃的态度对待新闻事业，养成良好的职业道德，否则不但“自毁其品格”，而且“贻害于社会”。而后，由“研究会”主任徐宝璜演讲《新闻纸之职务及尽职之方法》。自此以后，每逢星期一、三、五晚上 8 点至 9 点，全体会员便都聚集在理科 16 教室或文科大楼第 34 教室（现沙滩红楼北大旧址）或听课、或练习、或研究、或议事。半个月以后，邵飘萍开始授课，又增加了每星期日上午的 2 小时②。

“北京大学成立了新闻学研究会并在该校开始了新闻学的讲座。这是新闻传播教育在我国的肇始。这个时期的新闻教育是以报学为主的新闻传播教育”③，课程设置的主要目的是“让学生得到初步的新闻训练，以期他们把新闻事业树立成最具潜力的事业，成为促进公益及国际友好的砥柱”。

戈公振也认为，“北京大学新闻学研究会成立，这是中国第一个系统讲授并集体研究新闻学的团体，被称为中国‘报业教育的发端’”④。

从 1920 年至 1926 年，全国高校共创办了 12 个新闻系（科），初步形成了一个新闻传播教育的系统。

1920 年，上海圣约翰大学创办了新闻系。该系由美籍教授卜惠廉（W. A. S. Pott）提议设立，附于普通文科内。聘请当时《密勒氏评论报》（*Millard's Review*）主笔柏德生（D. D. Ptterson）担任系主任⑤，这是中国新闻传播教育最早开始的“移植”。1924 年，燕京大学新闻系初创，1929 年正式建系，完全效法美国密苏里新闻教育的模式，为中国新闻传播教育的起步、发展提供了参考坐标。

1929 年 9 月，复旦大学新闻系创立，开始建构大学新闻教育的模式和适合中国国情的新闻传播教育之路。

从 1920—1949 年，全国共有 59 个新闻教育机构，经历了“萌芽时期”“发展时期”“抗日战争和解放战争时期”三个时期⑥，有了高校、政党、媒体、民间、社会组织等举办的新闻传播教育，并建构起了中国新闻传播教育的初级模式。

---

① 《北京大学日刊》第 178 号，1918 年 7 月 6 日。

② 宁树藩：《中国新闻事业通史（第 2 卷）》，中国人民大学出版社 1996 年版。

③ 方汉奇：《新闻史的奇情壮彩》，华文出版社 2000 年版。

④ 戈公振：《中国报学史》，生活·读书·新知三联书店 1955 年版，第 259 页。

⑤ 李建新：《中国新闻教育史论》，新华出版社 2003 年版。

⑥ 方汉奇：《七十年来的中国新闻教育》，《台大新闻论坛》1994 年第 2 期。

（三）1949—1978：改造·新创·灾难

1949 年中华人民共和国成立以后，党和政府即开展了对旧教育、旧文化的改造并进行新的规划、布局，社会主义的新闻传播教育事业进入了一个新的发展阶段。对旧新闻传播教育的改造与扬弃，体现在中国人民大学新闻系、北京广播学院的创办等具有标志性意义的重大事件，苏联模式在这个时期曾经是一个效法的模式。

这一时期新闻传播教育一个明显的变化是对过去的否定。中华人民共和国成立前以美国为样板、模式建立起来的新闻传播教育体系由香花变为毒草。所有的新闻院系按党和国家的政策和意识形态需要而被收编、合并、重整与改造。例如，燕京大学并入北京大学，其新闻系成为北大中文系的一个专业，复旦大学新闻系虽然保留下来，但它的运作与以往有了很大不同。这样的转型与调整持续到了 1955 年中国人民大学新闻系的成立。1954 年，北京广播学院成立，专门培养电子媒介相关人才。

在中华人民共和国成立初期，中国新闻传播教育以苏联为师。到了 60 年代初，中苏关系恶化，一些新闻传播教育的专家，包括新闻传播教育单位也在实践中认识到苏联模式并非可以完全照抄照搬的，于是国家对苏式新闻传播教育做了一些修改，但基本理念及架构仍然是苏式的。

中华人民共和国成立后，中国新闻传播教育的调整大致经历了 1949—1952 年对旧新闻传播教育的接管；1953—1957 年的调整；1958—1966 年的发展 3 个阶段。但就实际情况而言，接管、调整、发展的工作是交叉互动进行的。

对于旧新闻传播教育机构的接管，是对整个旧教育机构进行整顿的一个组成部分。1949 年后，随着各大城市的解放，党和政府接管了原国民党政府的公立学校，逐步接办私立学校，接收由外国给予津贴的学校，改变和加强对这些学校的领导。在这一过程中，对一些学校的新闻系科同时进行整顿和改造。如对国民党直属的南京国民党中央政治大学新闻系，即连同该校一起接管封闭；对于一般的新闻传播教育机构，则及时进行改造和调整。当时这类新闻传播教育机构主要有北京的燕京大学新闻系、上海的复旦大学新闻系、圣约翰大学新闻系、民治新闻专科学校、中国新闻专科学校、苏州的社会教育学院新闻系、广州的国民大学新闻研究班、重庆的南泉新闻专科学校等。这些新闻传播教育机构，在旧中国总体上实行的是资产阶级新闻传播教育。新中国接管后，首先对它们的办学方针和教学内容进行初步改造，取消原有的旧政治课程，开设马克思列宁主义的政治理论课，如普遍设有《辩证唯物论与历史唯物论》《新民主主义论》等课，帮助学生初步学习了解“为人民服务”的正确政治立场、观点、方法。在教学方法上，注重理论和实际联系，组织学生参加农村土地改革和抗美援朝、保家卫国等政治社会运动，进一步改造思想，逐渐改革新闻学专业课内容，学习无产阶级新闻观点，并用以清理批判资产阶级新闻观点。

1952—1953 年，全国高等院校统一进行院系调整，党和政府加强了对新闻传播教育的领导和有计划的发展。调整的目的是优化结构，合理布局，把一些不符合办学精神的新闻传播教育单位撤销或经改制后并入其他学校，同时创办新的新闻传播教育机构。上海华东新闻学院、暨南大学新闻系、圣约翰大学新闻系、中国新闻专科学校等先后并入复旦大学新闻系，北京的燕京大学新闻系并入北京大学中国语言文学系，改设编辑专业（后改称新闻专业）。苏州的社会教育学院新闻系早在 1950 年春随该学院并入江苏文化教育学院后停办。重庆的南泉私立新闻专科学校于1950年停办。1950年在政府扶持下复校的上海民治新闻专科学校，到1953年秋停办。经过这次院校调整，不仅使分散的新闻传播教育机构得到合理的合并，教学管理力量更加集中和充实，而且进一步修正和制定了比较切合实际的新闻教学计划①。

1966—1976年，中国发生了“轰轰烈烈”的“文化大革命”。新闻传播教育像其他行业一样，并没有躲过这场“浩劫”，或言，由于沾了新闻这一意识形态鲜明的属性而遭受劫难更甚。

“文化大革命”开始后，许多新闻系的教师就被革命造反派师生送进“牛棚”，接受批斗。教师被强制劳动。“拔过草，扫过院子，推小车运过水泥和沙子，搬过砖，运过石头子儿，弯过钢筋，搅过混凝土，扫过厕所，清理过下水道里的污泥等②。”

经过相当长时间的停顿和瘫痪之后，1970年，北京大学招收第一届工农兵学员，复旦大学、广西大学等也开始招收工农兵学员进行新闻教育，但内容、方法、要求等与中华人民共和国成立初期是完全不同的。这是“文化大革命”后期新闻传播教育开设的情况。

（四）1978—2018：恢复·转型·国际

从1978年到2018年，中国新闻传播教育走过了中国迎来改革开放时代的40年的时光。恢复、升变、转型、国际是这40年的最典型的呈现。

1978年到1982年是恢复阶段。这一阶段除人大、复旦两校新闻系外，又陆续增办了郑州大学、安徽大学、中国人民警官大学、四川大学、山西大学、河北大学等6所大学的新闻系（专业），和1所培训在职人员的全国记协职工新闻学院。大学本科和大专一级的新闻传播教育单位达到12个。此外，还创办了一所中专——湖南广播电视学校。

在教学上，摆脱了长期以来“左”的思想的影响，突破了一些禁区，澄清了一些被搅乱了的新闻学观点，教学计划参考了“文化大革命”前的模式并稍有调整。

升变、转型体现在新闻教育改革迈出了新步伐。为适应各种现代化传播媒介的需要，各新闻院系调整了培养目标，拓宽了专业口径，开设了一批新课程，如传播学、公共关系学、社会心理学、新闻美学、新闻管理学、广播电视新闻制作、电视新闻摄影与编辑以及经济、法律、自然科学基础等课程。广大教师还注重教学内容和教学方法的改革，认真组织学生参加社会实践，重视学生实际能力的培养。各新闻院校根据自己的条件，探索不同的办学模式。如中国人民大学提出培养的新闻专业学生要“政治嗅觉灵一点，知识面宽一点，动手能力强一点，适应面广一点，后劲足一点”。在办学中“强调基础、重视实践”。注意发挥综合大学多学科互相渗透，文史功底好的优势。华中科技大学提出“打好专业基础，调整知识结构，培养动手能力，造就全能记者”。发挥本校文、理、工、管多学科优势，使传统的新闻文科型人才向多学科相互渗透的新闻复合型人才发展，造就一批懂科技、管理、经济，掌握现代化技能，会摄影、能开车的“一专多能”的新闻人才。中国传媒大学提出“拓宽知识面，加强口头表述训练，增加相关学科，文理渗透，力求一专多能、全面发展”的教育方针，发挥本校广播、电视多学科的优势，使学生由“编、采”向“编、采、播、评、控”多功能发展。

---

① 李建新：《中国新闻教育史论》，新华出版社2003年版。

② 刘泱育：《方汉奇传》，江苏人民出版社2016年版，第77页。

中国的新闻传播教育因为1989年政治风波出现了短暂的停滞乃至倒退，不过这一局面没有持续多久，中国新闻传播教育在1989年政治风波之后加快了发展步伐，特别是在国际化方面取得了突破性的成绩。

这一时期的新闻传播教育大胆借鉴国际上的做法，走国际化发展的道路，即面向世界发展中国的新闻传播教育，培养有国际视野、国际知识、国际水平、国际参与和竞争能力的新闻传播人才。

在国际化的浪潮之中，许多高校举办了新闻传播教育的国际研讨会，邀请世界级的专家到会交流，多方位进行沟通与合作，加快了中国新闻传播教育与国际的接轨和融合。国际化发展到2010年之后，由过去我们“走出去”为主发展成为了双向的交流，目前，有越来越多的外国学生来中国学习新闻传播教育。

（五）台港澳的新闻传播教育：同源·异变·新貌

台港澳地区同属中华大家庭。这些地区的新闻传播教育是中国新闻传播教育的一部分。历史事实昭示，台港澳的新闻传播教育与祖国大陆的新闻传播教育是同源的，在发展与流变的过程中，台港澳地区的新闻传播教育根据各自的特点发生了异变，并且经过岁月的淘洗与积淀之后，它们都有了各自的新貌。

1. 台湾的新闻传播教育

台湾的新闻事业始于19世纪末。1895年，台湾的第一张近代报纸《台湾府教会公报》创刊，揭开了台湾新闻事业史发展的第一页。但台湾的新闻传播教育起步较晚。

台湾的正规新闻传播教育始于1951年。是年，国民党军队的领导机关在台湾创办政工干部学校。这是一所大学性质的学校，学制4年。学校里设有新闻系，每年从高中毕业生中招收学员，毕业后全部分到国民党军队中去，从事新闻或政工工作。第一期招生选定了100名为新闻组的正式生，这是在台湾最先接受新闻传播教育的青年学生。因此，政工干校（后更名为政治作战学校）可以说是台湾新闻传播教育的发祥地。

台湾的新闻传播教育在1949年前和大陆的新闻传播教育一脉相承，受美国新闻传播教育的影响比较大，1949年以后的新闻传播教育是自由主义主导下的新闻传播教育。1988年开放报禁，台湾政治走向民主化、媒介市场竞争激化，加速了新闻传播教育的发展。教育目的是为社会培养传媒工作者、教师和研究人员，课程层次包括大专、本科、硕士、博士，或授予学位、文凭，或为短训。课程内容强调思维训练与专业技术并重，传播学是课程的有机组成，专业性处于主要地位。教师大多有博士学位，大部分教师有过在美国修读的经历。新闻传播院系有较大的自主性，在校方同意下院系可自行设置和更改课程。台湾的新闻传播教育自开放报禁以来蓬勃发展，连曾拒绝新闻传播教育的台湾大学也成立了硕士课程。

国民党迁台初期，台湾大学的新闻传播教育未立刻恢复，只有国民党“政治部”在1950年开办一些课程，为它的宣传系统培养干部（袁昶超，1957）。台湾编辑协会在1953年催促台湾大学开办新闻系，但台大以哈佛为师，认为新闻是“术”而不是“学”，最后拒绝兴办。翌年，政治大学复办新闻研究所，一年后恢复大学本科。经过几十年的发展，政大已经成为台湾新闻传播教育最重要的中心。

20世纪90年代是台湾新闻传播教育发展最蓬勃的时期。自从国民党在80年代末解除戒严与开放报禁以后，台湾民主化及经济发展迅速，新闻媒介数量激增，传播业走向多元，对新闻传播人才需求殷切，新闻传播教育得以蓬勃发展。这一时期，台湾对大学教育较重视，许多新大学陆续创立，这些新大学和原有的大学在90年代以后纷纷建立新闻传播院系。台湾大学在1991年也终于改变初衷，依哥伦比亚大学的模式创办新闻硕士课程。除了大学新闻传播教育外，台湾也有一些规模不小的新闻专业学校和由大学及附属媒体开办的短期训练课程。

台湾新闻传播教育的课程分三大类别：一是人文通识课程，二是传播学的理论课程，三是专业实务课程。台湾地区的新闻传播的课程发展经历和美国很像，也是由报学开始扩及传播学、多媒体课程以及学术研究课程。无论是教学或研究，都愈来愈强调从社会科学的角度来剖析新闻、传播行为与现象。事实上，台湾在90年代之前建立的系所多以“新闻”“大众传播”命名，其后则以“传播科技”“传播管理”“视觉传播”等为名，反映出科技的冲击和业界的需求。

由于社会、科技及学科不断变化，台湾的新闻工作者与教育者也在思考新闻传播教育的发展方向。不少业界人士认为新闻系毕业生在校所学脱离现实，如何配合业界要求成了迫切的问题。学界的问题焦点则放在“专”与“博”的平衡，有些学者觉得以媒介性质区分的课程已不适用于媒介整合的信息时代，应加强通识教育，启发学生独立发展能力，也有学者认为解决之道是向学生提供“问题导向”和“情境应变”的知识，进而训练他们分析环境和探索问题的能力①。

2. 香港的新闻传播教育

香港的新闻传播教育起步比大陆晚。

香港第一所新闻专业学校是在1927年成立的香港新闻学社，第二所是1932年创办的生活新闻学院。其后，日本侵华逼使著名报人及教育工作者成舍我、邹韬奋、胡政之等南下香港。香港本地新闻工作者与一些南下的同行在1939年创办了中国新闻学院。到了50年代，香港人口激增，香港政府才在它的夜校系统设立新闻文凭课程，聘请一些南下的著名知识分子任教。同一时期，大陆南来的教育工作者也在香港筹办大专学院，其中新亚书院及联合书院都设有新闻系。到了1963年，新亚、联合和崇基三所书院合并成为香港中文大学，但却撤销原来的新闻系，一直等到1965年才重新开办两年制的新闻传播课程，到1974年才恢复为四年制新闻课程（梁伟贤，1992）。

香港新闻传播教育的课程基本上也是以美国为师，强调通识教育与专业教育并重。绝大多数老师都在美国接受研究所教育，倾向接受自由主义和专业性的理念，对新闻自由和传播权等概念都有所执着。

1951年，香港才有了正规的新闻传播教育机构。香港开设新闻传播教育的情况及主要新闻传播教育机构介绍如下：

1927年，著名小说家黄天石创办了“香港新闻学社”，但只办了两届，于1931年结束。

1936年，关楚璞等创办“生活新闻学院”，其形态与新闻学社甚为类似，但学生都在夜间上课。

1939年，中国领导下的中国青年新闻记者学会香港分会，在香港创办了中国新闻学

① 根据台湾政治大学罗文辉教授提供的资料改写。

院，进行短期新闻传播教育。领导该院的历届负责人及教师有范长江、胡愈之、恽逸群、郭步陶、金仲华、刘思慕、萨空了、羊枣、楼适夷、陆诒等人。香港在1947年才有专门的新闻传播教育机构，即香港达德学院的新闻专修科。

1951年，香港高级汉文夜学院问世，内设文科、商科与新闻科。新闻科有袁昶超等较有名气的师资，教学设施比较简陋，由于生源枯竭，4年后停办。

1953年，报人黎嘉潮创办“远东文商专科学院”，设有新闻速成班及新闻系，新闻速成班不久停办，但新闻系却维持了相当长的一段时间。直到1963年香港中文大学新闻与大众传播系的创办，才开始正规新闻传播教育机构的历史。此后，浸会大学创办新闻学院、珠海大学新闻系于1968年创办，树仁学院新闻系于1971年创办。

1965年，香港中文大学正式成立新闻系，1974年改名为新闻与传播学系，提供4年一贯制课程；1976年再创两年制研究生课程，余也鲁、朱立、陈韬文等相继担任该系主任。

除中文大学外，香港设有新闻系的大学尚有浸会学院、树仁学院、珠海学院、能仁学院、远东书院、信义宗书院、精华书院、联大书院等。

1997年香港回归之后，香港多所公立和私立大学都继续或者新开设了新闻与传播院系，包括香港浸会大学传理学院、香港中文大学新闻与传播学院、香港城市大学媒体与传播系、香港大学新闻与传播研究中心、香港树仁大学新闻与传播学系（私立）和香港珠海学院新闻及传播学系（私立）。

香港城市大学媒体与传播系成立于2008年7月1日，其前身是英文与传播系中的传播部分。开设的学位课程包括：媒体与传播学士、整合策略传播学士、数码媒体广播学士（与传意媒体学院合办）、传播与新媒体硕士、整合营销传播硕士、传播学哲学硕士/博士。香港城市大学媒体与传播学虽然不及其他院校历史悠久，也无校友网，但因为没有历史包袱且拥有巨大的资源，所以能在很短的时间里根据新的传播教育趋势和产业对人才的新要求建立较全面的融合传播教育模式及最先进的数码支援和研究设施。该系所有的学位课程都是融合型的，并且都将新媒体技术贯穿于所有专业方向。其整合策略传播学士和整合营销传播硕士课程融合广告、公共关系和市场营销；与创意媒体学院合作的数码媒体广播学位课程融合传播艺术和新闻广播；而传播与新媒体硕士学位课程则强调在所有大众传播活动中新媒体技术的应用和传播手段及内容的创意。此外，在相对传统的媒体与传播学士课程中采取各个专业方向大融合的模式，要求学生必修说服传播、视觉传播、新媒体传播、媒体写作、传播理论、研究方法、国际传播、媒体法规与伦理等共同的基础课，同时在选修课中，要求学生必须在新闻出版、电视广播、公关/广告和新媒体四个专业方向中选修至少两门课，然后再根据自己的兴趣和专长在某个方向中加修二至三门课从而增强专业方向的深度。在电视新闻实训一类的综合技能课中，训练学生掌握从摄、采、编、播到串流上网等一条龙的技能，同时要求学生用中（普通话、粤语）英双语写作和播报。该系在香港首创了每周数次固定播出半小时新闻节目的校园高清电视台，通过校园闭路电视网和互联网进行播放。该电视台得到凤凰卫视、亚洲电视、台湾中天电视台和数家报纸的支持，完全按正规电视台的模式运行，以训练学生拥有电视、文字、新媒体（包括网络和手机播放技术）以及管理的综合能力①。

---

① 根据香港城市大学何舟提供的材料改写。

3. 澳门的新闻传播教育

比较而言，澳门的新闻业和新闻传播教育滞后于祖国大陆及台湾、香港地区。在澳门的新闻传播工作者中，以往只有少数曾经受到专业的学术性训练，而且大多数是中国大陆、台湾和香港的大专院校新闻系、传播学系的毕业生。

直到1991年，澳门大学的中文和英语专业课程才开始为澳门的新闻传播事业培养人才。澳大中文系开办了一个名为应用中文与中文传播学士学位课程，澳大的英语专业课程亦在同一时间里开办了一个名为英语传播学士学位课程。

澳门大学传播系是澳门第一家新闻与传播的高等教育院系。澳门大学传播系于2004年正式成立，但澳大的新闻与传播教育最早可追溯到1991年。当年，澳门大学开设了英文传意学士课程（English Communication Program）同应用中文与中文传意学士课程（Applied Chinese and Chinese Communication Program），分别附设在英文系同中文系下面。

2004年，经过多年的酝酿和准备，中文系与英文系下属的两个传播专业正式归并成立了传播系。从此澳大新闻传播教育开始走向更为专业的轨道。

澳门大学于2001年正式开设传播与新媒体硕士学位课程。课程设置两年，第一年修八门专业课程，第二年专注写硕士论文，全部课程实行英文授课，撰写英文论文。到2009年，传播系又首次招收了博士生。

回归后，澳门大学新闻与传播教育的另一项重要工作就是结合澳门本地情况，因地制宜地实行课程改革，使之逐步专业化、系统化与国际化。

回归后，澳门高等教育面临的最关键问题是如何致力于培养与澳门“一国两制”发展相适应的新型专业知识人才。澳门的新型人才首先是要“爱国爱澳”；其次是要将扎实的理论知识与完备的实践技能相结合；再次是要将有竞争力的专业水平与较高的人文文化素养相结合；最后是将立足澳门与走向国际相结合。

在专业水平培养方面，澳大传播系致力于理论知识与技能实践的综合培养，特别是本科教育，投入了相当大的精力和资源培养学生的专业技能水平。回归以后，澳门大学投入大量资金购置先进设备，建立了澳门新闻与传播高等教育的第一个影视及多媒体制作实验室。传播系学生的出版物 *Umac Bridges*、《传人类》和影视作品“Gateway”“Macau Face”等都是澳门大学知名品牌。传播系每年还举办一个大型的“传播周”活动。

在国际化方面，传播系不单接收国际学生，还与海外大学建立了一系列交流生计划项目，传播系每年还组织学生参与海外学术讲座和交流活动。

澳门大学自2001年国家批准内地招生以来，传播系也承担了培养内地生的任务。每年招收20多名内地学生来澳门学习新闻传播学①。

二、史论理析

（一）全国新闻教育座谈会召开：审局·规划·改革

1983年5月，中共中央宣传部和国务院教育部在北京联合召开了中华人民共和国成立以来的第一次全国新闻教育工作座谈会，着重讨论了我国新闻教育的发展规划和新闻

① 根据澳门大学吴玫博士提供的材料改写。

教育的改革问题。一个学科能够得到中宣部和教育部的联合“关注”，实不多见。

座谈会上，国内知名的新闻教育工作者、新闻教育的管理者及新闻教育政策的制定者等有关人士共商新闻教育的大事。

与会者认为，改革开放以来的形势发展给新闻事业提出了新的要求。有计划、有步骤地培养一大批合格的新闻人才，充实、壮大新闻队伍，已经成为新闻事业面临的一个极为重要的问题。新闻教育座谈会总结探讨了我国的新闻教育，特别是会前几年的新闻教育的成败得失，也从我国新闻事业的发展及新闻教育自身发展规律出发，给未来的新闻教育指明了方向。会后，中共中央宣传部、国务院教育部于 1983 年 9 月 10 日给各省、直辖市、自治区党委宣传部、文教办、高教（教育）厅（局）、有关高等院校、中央各新闻单位发出了《关于加强新闻教育工作的意见》的通知。通知就加强和促进我国新闻教育的发展提出以下意见：

一、加速发展新闻教育，有计划有步骤地培养新闻干部。

具体办法和要求是：

1. 扩大招生人数；

2. 增设新的专业点；

尽快筹建中国人民大学新闻学院，使之逐步成为全国新闻教育中心。

3. 改变专业单一化的状况；

4. 多层次地培养新闻干部；

5. 加强在职新闻干部培训工作。

二、积极进行新闻教育改革，不断提高教学质量。

会议认为，一个合格的新闻院系毕业生，应该具备以下基本条件：1. 具有无产阶级党性，对社会主义新闻工作有高度的责任感；掌握马列主义基本原理，了解党的方针政策；有良好的道德品质修养，作风正派。2. 掌握新闻工作的基本规律和方法；能密切联系群众，善于调查研究；有比较敏锐的观察、分析问题的能力和较高的写作水平，博学多识。3. 身体健康。

据此，新闻教育需要进行以下改革：

1. 加强对学生的思想政治教育，把德育放在首位；

2. 从实际出发，改革招生、分配制度；

对于急需新闻人才的一些边远地区，可以实行定向招生、定向分配。新闻单位和有关部门也可以适当投资，委托新闻院系培养学生。

3. 加强教学工作，改革教学内容和方法；

4. 积极开展科学研究，尽快编写出全套新闻学教材；

5. 加强师资队伍的建设，大力提高教师水平。

这次新闻教育座谈会的召开，勾画出了中国新闻传播教育的理想蓝图，凝聚了新闻教育领导者、新闻教育管理者、新闻教育实践者的集体智慧。在此后的一个时期里，以这次座谈会的内容和会议上形成的共识为基本原则的、由国家有关部门向各省、自治区、直辖市等下发的“红头文件”成了指导新闻教育发展的纲领性文件，中国新闻教育能在 1982 年左右恢复到“文化大革命”前的水平，在 1983 年后迎来一个新的办学热潮，与这次座谈会不无关系。

（二）中国新闻史学会新闻传播教育史研究委员会成立——研究·修史·探路

中国新闻史学会是中国新闻传播教育界唯一的一级学会，到2018年，这个学会辖下的二级学会将近20家，涵盖了新闻传播教育的所有领域。其中，新闻传播教育史研究委员会是这个学会中以研究“新闻传播教育”为主的一个二级分会。

2008年10月24日，以主要研究中国新闻传播教育的历史、发展、流变、特点、规律、人物、院校（系）、展望等为主要内容的中国新闻史学会新闻传播教育史研究委员会在北京成立。这个学会的主要任务就是研究中国的新闻传播教育，在历史和中外新闻传播教育的坐标体系中寻找当今中国新闻传播教育的准确定位和理想的发展路径。华中科技大学吴廷俊教授当选为学会首任会长，另有7位教授当选为副会长。

媒体报道说，这个学会的成立是“一切为了中国的新闻传播教育。”①

中国新闻传播教育史学会是在中国的新闻传播教育发展到一个特殊的历史时期成立的。纵向看，经历了90余年发展历程的中国新闻传播教育有了自身的升变要求。横向看，世界新闻传播事业和世界新闻传播教育在带给中国新闻传播教育一些有益的启发和启示的同时，也加深了国人在此事上的紧迫感、危机感、责任感、使命感。从实际情况看，进入21世纪的中国新闻传播教育出现了许多新的变化和新的趋势，新闻传播教育界有了比较强烈的对此问题进行研究，以使它科学发展的愿望，对一些发展中出现的问题有了分析其原因、给予正确疏导和解决的要求。整个社会办学层次的多元化在提供给新闻传播教育更广阔的土壤的同时，也提供了诸多的研究题材，同时也有不少疏于管理、教学失范、鱼龙混杂等问题出现，教学秩序不能保证，教学水平良莠不齐等成为了必须要面对的问题。中国新闻史学会新闻传播教育史研究委员会就是带着这样的使命应运而生的，它是中国大陆第一个以中国新闻传播教育史为研究对象的组织。

中国新闻史学会新闻传播教育史研究委员会对中国新闻传播教育史进行了系统、条理、全面的研究。它要理析其中所有的组成、要素、结构；它要对新闻传播教育领域的一些重要课题进行学术攻关；它要为中国新闻传播教育未来的发展探路。学会确立了“依法办会、民主办会、学术办会、勤俭办会、奉献办会”的指导思想，团结全国乃至世界新闻传播教育界的同仁，凝聚大家的智慧和研究力量，总结和反刍历史、描述和探求未来、交流与合作谋事、横向与纵向的结合等是与会代表经过讨论后达成的共同愿望。加强新闻传播教育史资料收集、整理工作；加强对新闻传播教育机构及著名新闻传播教育家的个案研究；广泛开展外国新闻传播教育史的研究；密切关注考察中国新闻传播教育的现状等4个方面的工作，是学会成立以后重点开展的学术研究和主要工作。编撰《中国新闻传播教育年鉴》是学会最有“历史意义”“时代意义”“创新意义”的工作，《中国新闻传播教育年鉴》2016、2017、2018版连续3年出版，提供了完整的有关中国新闻传播教育的信息与资料，还对对于新闻传播教育有贡献的专家进行访谈，对新任院长的工作思路等进行及时报道，还清了历史旧账，关注了当今现实、完善了文献资料②。

---

① 李建新：《一切为了中国的新闻传播教育——访中国新闻传播教育史学会会长吴廷俊教授》，《新闻与写作》2009年第1期。

② 张昆：《中国新闻传播教育年鉴2017》，武汉大学出版社2017年版。

（三）民族新闻传播教育：必要·多元·补充

1. 基本情况概述

中华民族是多民族、多文化、多语言的大家庭。中国新闻传播教育也是一个多种新闻传播教育相互包容、相互借鉴、互为补充而组成的“大家庭”。

我国少数民族新闻传播事业兴起于 20 世纪初叶①。民族新闻传播教育就是伴随着民族新闻传播事业的出现和发展而起步的，但相对于民族新闻事业的出现，民族新闻传播教育的起步要晚一些。20 世纪 30 年代末是它的发轫时期。

1939 年 9 月，新疆日报社的中共党员先后举办了三期新闻技术训练班，第一期和第二期是连续招生，主要是培训新闻技术骨干，第三期于 1941 年招募的都是在职的新闻工作者。这一时期分初级班和高级班，初级班以训练技术人员为主，高级班以培训编辑、记者、电讯、报业管理人才为主。学员既有汉族，也有少数民族。这是新疆地区新闻传播教育的开端，也是我国民族新闻传播教育之滥觞②。

全国 15 所民族院校，不仅全部分布在少数民族地区，特别是西部地区，而且主要承担着为民族地区培养人才的使命。民族院校的新闻传播教育，毫无疑问是少数民族新闻传播教育的主体，突出地体现出少数民族新闻传播教育的特点和规律③。

比较正规的民族新闻传播教育，是 1961 年创办的中央民族学院新闻研究班。此前的 1956 年，在拉萨木汝林卡（今拉萨一中）办有新闻训练班，招收藏族、回族学员 200 多名。1965 年，西藏日报社计划办一期新闻训练班，由中央民族学院代培，并于 1966 年开学。这个班共 47 名学员。这些学员是从拉萨中学、西藏民族学院选拔的。在这一前后还有一些大学也培养过一些少数民族新闻工作者。这可视为是民族新闻传播教育的早期的探索和实践。

1984 年，经国家教委批准，在中央民族学院（现名中央民族大学）创办学制为 4 年制的新闻专业，由汉语言文学系领导。主要招收来自民族地区的少数民族学生。设有新闻教研室、摄影实验室。开设的专业课和专业选修课有：新闻理论、新闻事业概论、中国新闻史、外国新闻事业、新闻采访学、新闻写作学、报纸编辑学、新闻评论学、广告学、摄影理论与实践、广播电视业务、中国摄影史、新闻心理学、舆论学、报告文学概论、摄影美学、新闻美学等；此外，还设有计算机常识和应用、公共关系学、传播学等新兴的实用课程，以培养具有专才和通才素质的适应当前新闻传播和经济、社会发展需要的人才。

随着我国新闻传播教育事业在教育事业发展中的深化和普及，民族新闻传播教育在改革开放以后有了很大的发展，特别是伴随着 1984 年的全国新闻教育座谈会、1998 年我国院校扩大招生以及 2002 年以后全国新闻传播教育出现“井喷”式发展的大好形势，民族新闻传播教育在短短 40 多年的时间里取得了长足发展。除中央民族大学的新闻传播教育之外，在民族地区设有新闻专业的院校，还有广西大学新闻系、宁夏大学中文系新闻专业、新疆大学中文系新闻专业、内蒙古大学汉语系新闻专业、

---

① 白润生：《中国少数民族新闻传播通史》，中央民族大学出版社 2008 年版。

② 同上。

③ 周德仓：《少数民族新闻传播教育之民族特色》，《今传媒》2017 年第 2 期。

内蒙古新闻专科学校、吉林大学中文系新闻专业、吉林省广播电视学校、延边大学新闻专业、金筑大学新闻专业、广西农垦职工大学新闻专业、四川大学新闻系、四川师范大学中文系编辑学专业、贵州大学中文系新闻专业、贵州广播电视学校新闻采编专业、云南大学中文系新闻专业等，这些院校不断招收少数民族学生，为民族地区培养新闻人才。

目前，西南民族学院、广西民族学院、贵州大学等都相继开设了新闻课程，设立了新闻专业或者成立了新闻传播院系。

2. 对发展民族新闻传播教育的几点思考

第一，合理利用好经济学的所谓“后发优势”，大胆学习、借鉴国内外一切可以为我所用的新闻传播教育的先进模式，经过地方化后走出民族新闻传播教育的新路。

第二，充分利用国家给予民族地区的优惠政策和西部大开发的各项优惠政策，在新闻传播教育的两个关键点——师资和资金方面寻求最理想的配套。在师资上从全国乃至世界范围寻找合适的人选，在资金上求得必要的保证。

第三，利用近年来民族新闻研究所取得的丰硕成果，在民族新闻的教学中多加入有民族特色的东西，走新闻传播教育大众化和民族化相结合的路子。

第四，顺应世界新闻传播教育发展的潮流，培养有综合素质和综合水平的复合型人才。有条件或者创造条件开设一些跨学科的课程，增加公共关系课程的比重，注重人文与社会科学的基础知识及其前沿研究成果的吸收和转化。

第五，注重培养学生媒介经营、媒介管理、媒介创新的能力。这既是民族新闻传播教育急需解决的问题，也是我国整个新闻传播教育界面临的一大难题。

第六，进行民族文化、民族历史、民族特色等方面的教育，让民族地区的学生能够真正地了解自己的民族及其文化、历史等，使他们能根植于民族文化的厚土之中，在了解家乡、热爱家乡的情感基础上，宣传家乡、服务家乡。否则，民族新闻传播教育就失去了它应该追求的东西。

（四）新闻传播学博士后教育：拓疆·兼修·超越

中国新闻传播教育博士后的培养，是中国新闻传播教育的从本质意义上的拓疆，它把新闻传播教育向前推进到了一个新的层面，是一种完全不同于学历学位教育的一种教育模式。这种教育模式的一个非常鲜明的特点就是“研究”，一切工作以“研究”为抓手而展开。

中国新闻传播学博士后的培养始于1998年。是年，经国家人事部和全国博士后管委会批准，复旦大学新闻学院设立新闻传播学博士后流动站。1999年，我国第一批新闻传播学的博士后进站学习。新闻传播学博士后流动站设站的目的是旨在培养、吸收和造就高层次的优秀新闻人才，为国家新闻领导部门、新闻决策部门、新闻管理部门、新闻业务部门、新闻教育部门及中国传媒和世界传媒业培养高级新闻人才①。

博士后的主要任务是研究。完成由学习者到研究者的转变是博士后研究和培养中应该明晰的一个问题。博士后的培养有以下几个方面的标准和内容②：

---

① 李建新：《由学习者到研究者的完全转变》，《新闻战线》2005年第7期。

② 李建新：《中国新闻传播学博士后培养的缘起、流变与目标》，《新闻春秋》2014年第1期。

1. 以研究者的标准进站

博士后的录用不是以考试的形式，代之以本人申请、专家推荐、设站单位考核、管理部门把关认定和批准等相结合的方式。其中，能否取得进站的资格，申请者的研究成果、是否有研究课题，体现出来的研究能力、研究潜力占相当大的比例。

2. 以研究者的要求做事

博士后没有课，不必因循在校学生“三点一线”的模式，其管理也完全靠自觉。博士后在站期间就是进行课题的研究。每一个进站的博士后，在进站申请的时候，会填写一个十几页的表格，而其中一个主要内容就是你有什么研究课题。在站期间，每一位博士后都要在国内或国际的核心刊物上发表论文，还要尽可能多地出成果。

3. 以全面兼修来拓展研究的范围和完成超越

博士后中的多数人有过工作的经历，他们知道自己欠缺哪方面的知识，他们也知道自己将来要从事哪方面的工作，需要哪方面的知识，因此大多数人在进站后会有目的地兼修一些课程。

在国家有关博士后培养的文件中有“博士后研究制度是人才开发的重要措施”“是培养高级专门人才”“学术交流，博采众长”“创造、创新”等文字，通过对这些文件和文字的解读不难发现，博士后培养的一个重要使命就是超越。

（五）学科认知：感悟·思辨·愿景

中国新闻传播教育100年，有大学、社会团体、民间、新闻媒体、报业经营者、政党、中外合作组织等创办和运营的多种类型的新闻传播教育，有许多名人名师，也有不少的新闻传播教育理念产生。

中国新闻传播教育的拓荒者之一徐宝璜认为，新闻教育培养的学生应该“立在社会之前、创造正当之舆论”，应“谨慎据实直书”，应代表国民舆论而不是党派利益①。

“大学新闻教育要注意社会环境的需要”，持这一思想的是复旦大学新闻系谢六逸等人。谢六逸是复旦大学新闻系首届系主任。在他1929年9月—1938年8月担任复旦大学新闻系系主任期间，主张新闻教育要“理论与实践并重，教学与科研并重”，鼓励学生钻研新闻学术研究，出版新闻学书刊。谢六逸认为：“大学是一国的最高学府，最高学府不能独立地完成某学术上的研究，殊令人有‘大学无用’之感。”② 因此，他对大学的最高使命提出两点要求：其一，各种学术研究的完备；其二，注意社会的环境需要③。

“新闻专业的学生要做猴子，不要做绵羊”！④ 这一思想的代表人物是陈望道。陈望道是为数不多的早期中国革命家和新闻教育家，他最早翻译了《共产党宣言》，他认为新闻记者应该具有降妖除魔的猴子的代表“孙悟空”的特质，不能像羔羊一样，不敢抗争，任人宰割。

---

① 徐宝璜：《新闻学》，北京大学出版部1919年版。

② 李建新：《中国新闻教育史论》，新华出版社2003年版，第113页。

③ 同上。

④ 陈桂兰主编：《薪继火传》，复旦大学出版社1999年版。

"新闻教育是综合性的教育"![1] 持这一观点的代表人物是顾执中。顾执中1928年在上海创办了一所以培养新闻人才为主要目的的学校——民治新闻专科学校，到1953年最后一批学生分配完毕，历时25年，是民国时期比较有影响力的一所新闻学校。经过二十多年的实践与摸索，顾执中在其后来的总结中深刻地体会到，新闻教育应该是综合性的教育。他的观点是"新闻事业既成为专业职业，新闻工作员也需要专门人才，这种专门人才的培养，就是新闻工作员的教育问题……新闻学不只是研究新闻纸的理论，而是研究整个新闻事业理论和实际，所以新闻工作员的教育，可以分为新闻教育的理论和新闻教育的实际两项分别讨论。"

"入太庙，每事问"![2] 这一思想的代表人物是成舍我。"太庙"包罗的东西太多，也太有玄机，要真正能学得其中一二，就要"每事问"。他要求学生对一切陌生的东西感兴趣，要敢于提出问题，提出质疑，要有探赜索隐的治学精神，同时作为一名记者，就要有坚持真理、追求真实、报道真相的责任与义务，纵然是"太庙"禁地也不应挡住记者发现"新闻点"的视角，也不能捂住记者采访新闻的"新闻嘴"。

"靠感性试水，用理性固基"![3] 倡导并践行这一理念的是知名报人赵敏恒。赵敏恒早年以记者工作名世，后来以新闻教育而出彩。他于1944年出版的《采访十五年》虽然不是探讨新闻教育的专著，但也从中透露出许多新闻教育的信息。这些信息昭示了民国时期报人对新闻教育的看法和要求。

"敦品励学"是国民党创办的政治大学新闻教育的理念[4]。1935年9月，国民党中央常委会决议在中央政校设立新闻系，马星野负责筹建工作，政治大学新闻系的"目标是培养真诚纯洁的青年，成为大公无私，尽忠职守的新闻记者……信仰三民主义，忠爱国家民族，并以促进自由世界人士之团结与了解的目标。深信新闻道德重于新闻的采编技术。新闻系之教育使命就是要'敦品励学'，发扬以往的光荣传统，开拓灿烂的未来"。

近现代以来，新闻传播教育成为了一门显学，也有不少新闻传播教育的理念为人所知，新闻传播教育要"创造需求""要教会学生造一份工作而不是找一份工作""学养·厚基·知情·固本"[5]"多挖深井""新闻传播教育应注重培养学生批判性、思辨性的思维方式，给学生更多独立的空间，一定要在实战中学习寻找感悟当代新闻传播的真谛""要站在观察全球全社会的高度，具备信息收集、知识把握、跨文化交流的能力；要针对新闻传播学科体系庞大、综合性强的特点，努力以哲学的思维进行高度提炼和整体建设""新闻传播教育需要高投入"等。

（六）新闻传播教育的新呈现：共建·评估·科技

伴随着社会和时代前进的步伐，特别是经过40年的改革开放，中国新闻传播教育的发展也有了新的景观，在共建、评估、科技3个方面有明显的体现。

---

① 顾执中：《报人生涯》，江苏古籍出版社1987年版。

② 陈平原：《舆论家的态度与修养——作为北大学生的成舍我》，载中国人民大学港澳台新闻研究所编《报海生涯——成舍我百年诞辰纪念文集》，新华出版社1998年版。

③ 赵敏恒：《采访十五年》，天地出版社1944年版。

④ 谢然之教授九秩华诞祝寿文集编辑委员会：《新闻与教育生涯》，东大图书公司2000年版，第14—15页。

⑤ 范敬宜：《总编辑手记》，人民日报出版社2010年版。

1. 省部共建成为一种新的模式

"省部共建"模式由上海市委宣传部和复旦大学率先"试水"。

2001 年 12 月 24 日，上海市委宣传部与复旦大学达成协议，决定共建复旦大学新闻学院，协议从共建的目标、任务、共建形式、职责、经费、附则六个方面对作为甲方的中共上海市委宣传部和作为乙方的复旦大学的权责关系进行了详细的规定，正式开创了我国"'部校共建'新闻人才培养模式"的先河。

"部校共建主要内容包括四块，一是引进业界导师到学院来上课，安排学生到媒体实习；二是学院老师到媒体挂职；三是学界与业界进行媒体项目融合，相互提供指导和帮助；四是通过共建为社会和媒体提供与新闻传播有关的培训教育。"① 2013 年 12 月 20 日，中宣部、教育部在复旦大学召开现场会，总结推广复旦大学部校共建新闻学院的做法，并指导 10 个省市党委宣传部门与高等学校签署共建协议。会议当天，包括北京市委宣传部与中国人民大学、江苏省委宣传部与南京大学、山东省委宣传部与山东大学、安徽省委宣传部与安徽师范大学、湖北省委宣传部与武汉大学、广东省委宣传部与暨南大学、吉林省委宣传部与吉林大学（2014 年 3 月 22 日，由吉林省委宣传部和吉林大学共建的吉林大学新闻与传播学院成立）、四川省委宣传部与四川大学（2014 年 4 月 30 日，双方成立共建新闻学院院务委员会，并通过了共建新闻学院 2014—2018 五年规划）、海南省委宣传部与海南师范大学、重庆市委宣传部与重庆师范大学（4 月 28 日，由市委宣传部和重庆师范大学共建的重庆新闻学院正式成立）在内的 10 个省市党委宣传部门与高等学校签署了共建协议。

随后，部校共建进入高峰期：2014 年 2 月 18 日，由江西省委宣传部与南昌大学共建的南昌大学新闻与传播学院正式成立；4 月 4 日，湖南省委宣传部与湖南师范大学商讨"部校共建新闻学院实施方案（草案）"，正式开启共建工作；4 月 9 日，内蒙古自治区党委宣传部与内蒙古师范大学共建传媒学院签约；4 月 29 日，《光明日报》与中国政法大学共建光明传播学院；5 月 4 日，河北省委宣传部分别与河北大学、河北师范大学签署共建新闻学院协议；5 月 8 日，甘肃省委宣传部与西北师范大学共建新闻学院；5 月 28 日，新华社与北京大学签署共建新闻与传播学院协议；6 月 26 日，山西省"部校共建卓越新闻传播人才培养基地"合作协议举行签约仪式，山西省委宣传部、省教育厅与山西大学、山西日报报业集团、山西广播电视台和山西传媒学院进行共建；6 月 27 日，云南大学新闻学院成立，由中共云南省委与云南大学共建；7 月 7 日，北京师范大学与光明日报社商讨共建新闻传播学院，双方商定，由双方联合成立领导小组和工作小组，加强新闻传播学院的顶层设计，完善组建方案，制订具体工作计划，加快新闻传播学院的筹建步伐；7 月 8 日，广西壮族自治区党委宣传部与广西大学共建新闻传播学院；7 月 11 日，浙江省委宣传部与浙江大学签署共建传媒与国际文化学院协议，成立部校共建传媒学院院务委员会；7 月 23 日，贵州省委宣传部与贵州师范大学共建传媒学院举行签约仪式并召开第一届院务委员会第一次全体会议；9 月 17 日，天津市委宣传部与天津师范大学举行共建新闻传播学院工作启动仪式；9 月 25 日，人民日报社与清华大学共建新闻与传播学院举

① 王健、刘鹏：《融合学界业界资源 共建新闻人才摇篮——复旦大学新闻学院院长尹明华访谈录》，《新闻记者》2014 年第 10 期。

行签约仪式……①

2017年12月18日下午，“深化部校共建新闻学院工作推进会暨签约仪式”在上海市委宣传部会议室隆重举行，上海市委宣传部与上海交通大学、同济大学、华东师范大学以及上海大学四所高校同时开展“部校共建”。

2. “学科评估”体现新闻传播教育新的格局和变化

从1994年开始，教育部对新建、升格院校、专业进行教学工作合格评估；对办学历史长、师资力量雄厚的重点大学进行教学工作优秀评估；对介于这两者之间的高校进行教学工作随机性评估。新闻学是专业评估的试点专业之一，其目的是“以评促建、以评促改、评建结合、重在建设”，要通过教学评估促进学校改善办学条件，提高教育质量，加强教学管理，加快师资队伍建设，提高科研水平等。评估包括5个方面：1. 办学指导思想、定位和改革思路；2. 办学条件，包括实验室设备、图书资料等；3. 教学改革举措；4. 教师队伍建设；5. 学生的综合素质和教学效果。

2017年12月28日，教育部学位与研究生教育发展中心公布全国第四轮学科评估结果。新闻传播学具有“博士授权”的全部17所高校以及部分具有“硕士授权”的高校等81所高校参加了评估。

无论是“评”还是“估”，都有一定的“规矩”所依，但面对一个变化迅猛且与其他学科融合日甚的学科，评估标准的制定、材料的核审、专家的选择、对学科外延边界的合理判断等均难求其详、难求其全，因此，对于“评估”的结果，除了大家“基本认同”之外，也有一些不同观点。

评估结果显示，新闻传播教育界的“南北两镇”随着复旦大学下降一个档次而不复存在，中国传媒大学依托整体的优势和广播电视学科的优势而成为了A+学科；华中科技大学与复旦大学并列第二，体现出了这所以理工科见长的高校在新闻传播教育方面又登上了一个新的高峰；清华大学、上海交通大学同样作为有强大的理工科背景的高校排名靠前，无疑是透露出了新闻传播教育的一个发展方向；近几年发展势头迅猛且为大家所熟知并看好的学校，并未被“评估”的结果“看好”，上海大学由上海第二降为第四；在领先方阵中，A-/B+两档，有不少专家认为差别不是很大。

今后完善“评估”体系，以一个尽可能完善的“评估”标准“统一要求大家”，尽可能减少“估”的权重，也是学界的一种呼吁。

3. 科技助力新闻传播教育的发展

步入21世纪，中国新闻传播教育发展快速且不断升变。信息科学、智能科学、计算机应用、大数据等科技元素，越来越多地成为了升变中国新闻传播教育的元素。其中，“媒体融合实验室”建设是中国新闻传播教育步入媒介融合时代的一种新的创建和教学发展态势。

大数据、人工智能、VR等成为了中国新闻传播教育近年来的热词。

2017年3月30日，“新闻出版大数据用户行为跟踪与分析实验室”及“国家新闻出版广电总局新闻出版大数据应用重点实验室合作联盟”在北京师范大学举办。联盟对新闻出版大数据用户行为跟踪与分析实验室提出了三点希望：一是要坚持交叉特色，为提

① 王大丽、吴廷俊：《中国新闻教育新热潮：部校共建新闻学院》，《新闻大学》2015年第1期。

升学校学科优势服务依托学院优势学科和校内优势资源；二是要坚持责任意识，实验室要将新闻出版用户行为大数据跟踪的成果，快速转换为指导现实的理论技术和操作模式，助推新闻出版行业向全媒体全产业链延伸，助力打造科学合理的新闻出版产业格局；三是要坚持全局眼光，为国家新闻出版事业健康发展、推动社会主义文化大发展大繁荣做贡献。

2017 年 9 月 5 日，北京市媒体融合发展重点实验室“融媒体创新传播实验室”首次研讨会在北京师范大学举行，期待实验室日后能够围绕媒体融合课题，促进产学研深度融合、各方面资源整合，形成一批可复制、可推广的成果。“融媒体创新传播实验室”的成立标志着产学研一体化强强联合，形成专业、研究、实践的合力互补，在全国率先形成探索预研、技术攻关、应用实践三步走的媒体融合发展研究和成果的转换机制，为媒体融合提供有力人才与技术支持。

2017 年 9 月 16 日，北京师范大学新闻传播学院与微软、封面新闻成立全国首家人工智能与未来媒体实验室，该实验室是全国首个关注“AI + 媒体”的实验室，主要研究方向为人工智能时代媒体信息的生产、传播和交互，以及媒体行业的发展趋势。

2017 年 10 月 23 日，中国人民大学新闻学院与今日头条共建高校新媒体实务课程共享平台正式成立，该平台将致力于建设一套适应目前新媒体环境的实务课程体系，并面向全国新闻传播院校师生开放，各高校相关专业可自行采纳课程并参与课程建设，希望以此形成一个学界和业界深度合作的教学改革创新机制，为互联网 + 背景下高校新闻传播学科的教学改革探索、加强学界和业界的沟通与合作进行有益的尝试。

（七）新闻传播教育发展的助力与褒扬：奖励·评奖·基金

中国新闻传播教育的发展，需要社会各界的助力，也需要学界内外的奖励褒扬，这些助力与褒扬，有着巨大的肯定、鼓励、导引作用。对中国新闻传播教育进行助力与褒扬的社会组织与个人有许多，举其要者有“吴玉章奖”“范敬宜新闻教育奖”“方汉奇基金”等几类。

1. 吴玉章奖

为纪念无产阶级革命家、教育家、历史学家、语言文字学家、中国人民大学第一任校长吴玉章同志，中国人民大学于 1983 年决定设立吴玉章奖金。吴玉章奖金包括了马克思主义理论、教育学、历史学、语言文字学、新闻学、经济学和法学 7 个学科。

吴玉章奖金的主要用途：奖励国内有重大影响的高水平人文社会科学论著。

新闻传播学界的学者方汉奇、郑兴东、姚福申、蓝鸿文、程曼丽、唐绪军、彭兰、赵玉明、郑保卫、陈力丹、胡泳、吴廷俊、郭庆光、杨海军、杨保忠、王润泽等先后获得这一奖项。

2. 范敬宜新闻教育奖

“范敬宜新闻教育奖”是以清华大学新闻与传播学院首任院长范敬宜命名的奖项，是我国第一个新闻教育类奖项。

范敬宜曾任《经济日报》《人民日报》总编辑，从 2002 年至 2011 年去世，一直担任清华大学新闻与传播学院院长，亲自为学生上课、批改作业，学生亲切地称其为“范爷爷”。他提出“素质为本、实践为用；面向主流、培养高手”的新闻办学方向，也为新闻教育提出了新的思路。

“范敬宜新闻教育奖”由“范敬宜新闻教育基金”于2013年设立，每年评选一次，分设新闻学子奖、新闻教育良师奖和新闻教育良友奖三个奖项。基金由人民日报社、经济日报社、国家外文局、山东大众报业集团、辽宁日报传媒集团、海南日报报业集团和清华大学新闻与传播学院共同发起成立。

3. 方汉奇基金

2017年岁末，“方汉奇基金”的设立成为了中国新闻传播教育100年历史上值得铭记的一件大事。

2017年12月24日，中国人民大学举行“方汉奇基金”捐赠暨成立仪式。方汉奇教授把2017年9月28日荣获第六届“吴玉章人文社会科学终身成就奖”的奖金100万元捐赠出来，设立了“方汉奇基金”，其目的是“用于支持并推动中国人文社会科学研究，尤其是新闻学、新闻史研究”“支持新闻史学会建设和新闻传播学研究”，中国人民大学新闻学院同时募集人民币20万元，支持“方汉奇基金”。

方汉奇教授是我国当代著名的新闻史学家、中国人民大学荣誉一级教授，从事新闻史研究60年，是新中国新闻史学科奠基人之一。

方汉奇在现场发言时表示，新闻学是一门实践性很强的学科，需要不断借鉴学习历史上的经验教训。从某种意义来说，新闻史的研究工作者是新闻事业的守望者。

三、经验教训

中国新闻传播教育能够走过100年的里程，是几代人努力的结果，也是有担当的新闻传播教育工作者不断探索和奋斗的结果。

中国的新闻传播教育还将在新的历史起点上继往开来。100年的历史告诉我们，中国新闻传播教育要发展，一定要借鉴历史的经验教训，同时要不断调适我们的发展理念，还要有不忘初心的行动。

反刍、总结中国新闻传播教育100年的历史，经验与教训有以下几个方面：

1. 传承优良传统

“传统是围绕人类的不同活动领域而形成的代代相传的行事方式，是一种对社会行为具有规范作用和道德感召力的文化力量，同时也是人类在历史长河中创造性想象的沉淀。因而一个社会不可能完全破除其传统，一切从头开始或完全代之以新的传统，而只能在旧传统的基础上对其进行创造性的改造。”①

中国新闻传播教育教育走过100年，在对外国新闻传播教育的做法进行扬弃之后，形成了自己的传统与特色，这种传统与特色从中国的国情出发，包括了民族、文化等方面的特点。如在人才培养方面，我们应该坚定不移地秉持“实用性人才”培养的理念与模式，培养学生的综合竞争力，坚信并始终认为一个好记者，首先要对人、对社会有强烈的好奇心，有服务社会的热情，要有过人的语言能力，还要具备在规定时间里及时、准确、出色地完成任务的能力。

再如，传统的新闻传播教育中，注重启发和调动学生的学习自主性，鼓励他们在认

① ［美］爱德华·希尔斯：《论传统》，傅铿、吕乐译，上海人民出版社1991年版，译序第2页。

真准备的前提下大胆发表自己的看法。在课堂上，学生可以平等地同教师与其他学生讨论与争鸣，保留以师带徒的传统教学方法等。

2. 学制设置应该多样化

中国早期的新闻教育学制并没有一定之规，呈现出多样化特点。圣约翰大学报学系、燕京大学新闻系效仿美国密苏里新闻学院，采取4年制本科，北京平民大学新闻系在4年学制前还要读两年预科班，大夏大学等则把自己的新闻教育定位为专科，一年或者两年就可以毕业，世新大学新闻学校等是职业培训类型的学校，《申报》办的新闻教育注重技能培训，是“内部粮票”，政党新闻教育侧重对各种党务宣传的需要等。

3. 对新闻传播教育要有一个正确的认识并高度重视

新闻教育能够诞生，离不开蔡元培等先辈对该“学科”的高度重视，能够发展，也依赖于许许多多关心热衷新闻传播教育人士的坚持和努力，而新闻传播教育的发展出现曲折甚至倒退，一定是我们对新闻传播教育的认识和行动出现了偏差。

在早期的新闻传播教育中，一些人敢于大胆地提出他们的新闻传播教育思想和理论，敢于尝试不同的教育与教学体制，敢于在不具备条件的情况下因地制宜、创造条件进行新闻传播教育，敢于否定自我等，这些实践和历史都是新闻传播教育很好的“历史教材”。

近年来，特别是新闻传播事业步入“媒介融合”，新媒体渐成主流的时代背景下，中国新闻传播教育界的学者经过研究和分析，对新闻传播教育有了新的认识，认为当代的新闻传播教育不是“技术教育”，不是“廉价教育”，不是“孤立教育”，不是“速成教育”，也不是“僵化教育”，更不能是“功利教育”。成功的新闻传播教育应该是“专业教育”“伦理教育”“人文教育”“通识教育”“全人教育”和“终身教育”，并在这一理念之下进行了调整。

4. 增强新闻传播教育的科学性

从历史的进程中看，我国新闻传播学教育的发展曾经出现过一些问题，主要表现为：一方面，过分注重外延扩张，内涵发展较为缺失，如1995—1999年，5年中新增新闻学与传播学类专业点50多个，平均每年增加10个左右，2000—2004年，5年中新增新闻学与传播学类专业点335个，平均每年增加70个左右，2005—2007年，每年平均增加的数字突破了100个。然而，相应的许多措施跟不上，导致许多新闻与传播院校经费不足，师资不够，教学工作不能正常有序地进行。另一方面，超常规发展带来人才培养的供大于求；管理和监督不严，高层次人才培养质量堪忧；课程设置不尽合理，专业精神在新闻教育中迷失；整体的无序性，与实践脱节，影响了教育的质量和声誉；新闻传播学的研究仍需规范，研究的方法和理论还需要不断创新。主要的举措可以是：调整结构，内涵挖潜，促进新闻传播学教育的可持续发展；适应市场，以需求为导向，大力培养复合型人才；面向时代，紧跟现实，全面繁荣新闻传播学研究。

5. 走专业与职业相结合的发展之路

历史的经验多次证明，新闻传播教育总是落后于新闻传播事业的需求，落后于社会的需求，落后于广大受众的需求等。新闻教育培养出来的学生学术底蕴不够，科技含量不足，虽然上手快，但发展的后劲不足的问题比较严重。

为此，新闻传播教育要以“新闻传播观念的转变”“现代新闻传播模式和方法的训练”“现代新闻传播设备和技术的掌握”“新闻传播经营管理人才的培养”等为抓手，进行专业与职业相结合的教育。在“强化基础，注重实践”“宽口径，厚基础”“文科与理科渗透，艺术与技术结合”“建立产学研联盟”“实施素质教育，培养创新能力”“立足国内，放眼世界”“面向国际化，面向数字化，面向个性化”等具体目标下，以确实可行的行动来向理想的目标靠近。

6. 教授治学、给学校以更多的自主权与主动权

国内新闻教育条条框框比较多，行政指导比较多。一些“外行”占据着领导岗位，这在教育和高校日益行政化、权力化的今天，无疑加强了权力的砝码而降低了教授等专业人士的权责。这是与传统规律和国际新闻传播教育规律相违背的。

应该相信教授不仅可以上好课，做好科研，也具有高管理能力和水平。事实已经证明，教授治学是新闻传播教育科学、和谐发展的必要前提、基础和保证。

7. 加强对新闻传播教育内在规律性的研究，寻找学科发展的正确道路

早在1927年出版的戈公振先生的著作《中国报学史》一书即开列篇章介绍中国的新闻教育。此后出版的一些著作和学术论文也对中国的新闻教育做过研究介绍。

在一段相当长的时间里，“新闻无学”“新闻无术”的思想左右着人们对新闻传播教育的看法。这些认识的偏差之所以会出现，主要原因在于新闻学研究和新闻传播教育尚未拿出令人信服的成果来以正视听。经过新闻研究人员和新闻传播教育工作者的努力，在100年的时间里，不仅丰富完善了新闻学作为一门学科的存在，也科学地诠释了新闻传播教育的必要性和重要性，从新闻学科的内在规律出发，建立起了新闻传播教育的合理结构框架，使新闻研究和新闻传播教育日臻完善。这种对新闻传播教育本质规律的探求，正像马克思主义对事物的客观规律的探求一样，把握住了事物发展的要素，是新闻传播教育走向科学合理的保证之所在。

8. 加强对新闻传播教育家的研究

在百年中国新闻传播教育史上，曾经涌现过一大批以徐宝璜、邵飘萍、汪英宾、戈公振、顾执中、成舍我、谢六逸、陈望道、马星野、郑贞铭、李瞻、蒋荫恩、王中、安岗等为代表的新闻教育家。而方汉奇、赵玉明、丁淦林、何梓华、吴廷俊、洪一龙、罗以澄等则是近几十年来为中国新闻传播教育的发展呕心沥血、奉献智谋、开拓创新、寻找突变并为学界所公认的新闻传播教育家。

他们在新闻教育的园地里辛勤耕耘、孜孜以求、登台传经送宝、灯下著书立说，广树桃李，各领风骚，为中国新闻传播教育的发展做出了积极的贡献。

9. 通才教育的倡导、科技知识的强化和人文精神的注入

在100年的发展历史、特别是改革开放40年来的发展变化中，中国的新闻传播教育始终在调整变化中发展。其中，通才教育的倡导、科技知识的强化和人文精神的注入是3个主要和突出的方面。

所谓通才教育就是以培养通才为目的的教育，这种教育着眼的是建树学生全面而广泛的认知能力、知识和技能的纵深储备、宽泛的工作适应能力、在未来发展中具有的巨大的可塑性。

为了培养能够适应现代传媒的人才，我国新闻传播教育加强了科技知识的灌输，一改以往的纯“文科”课程设置。如不少院校要求新入学的学生要学习高等数学、概率统计、大数据新闻报道、计算机原理和应用、影视艺术制作的技能、美术等，而现代传播技术的高科技也能够比较及时地出现在新闻传播的教学当中，如网络技术、文字处理技

术、基于数字化的数据处理、图片处理、摄影、摄像、多种媒体在互联网上的交互和融合、数据库的建立、文献的搜索等。

现代新闻传播教育重视科技，但不能将新科技绝对化和迷执化。相反地，新科技的要求也凸显了人文和基本语文训练的重要性。否则只会“垃圾入，垃圾出”。因为无论科技发达到何种程度，它也只是一个辅助性的工具，传播制作的现代化并不代表新闻本身的含义。要采写出上乘的新闻作品，人文知识是根本保证之一。对人文知识的掌握，对传统文化的认知，对新闻工作者所必备的素养的养成而言，是须臾也离不开人文知识的。这似乎又回到了新闻传播教育几十年所走过的老路上了，但历史已经证明这是正确的东西。没有把创意、文采、思想、意境和视野输入先进的计算机、摄录机里，得出的只是苍白的低劣成品。

该文系2017年度国家社会科学基金项目“中国新闻传播教育100年的文献资料整理与史论理析”（项目批准号：17BXW003）的研究成果之一。

撰稿：李建新（上海大学新闻与传播学院教授）

第二篇
研究综述

学科综述

中国新闻学研究2017年综述

中国应用新闻学研究2017年综述

中国新闻传播史研究2017年综述

中国广播研究2017年综述

中国电视研究2017年综述

中国传播学研究2017年综述

中国新媒体研究2017年综述

中国传媒经济学研究2017年综述

中国广告学研究2017年综述

中国编辑出版学研究2017年综述

专题综述

马克思主义新闻观研究2017年综述

媒介法规研究2017年综述

政治传播研究2017年综述

公共传播研究2017年综述

微传播研究2017年综述

中国舆情研究2017年综述

中国人际传播研究2017年综述

华夏传播研究2017年综述

中国新闻学研究 2017 年综述

一、学科及其方法论建设

本年度有关新闻学科建设的诸多理论表达，都直接或间接地因应了习近平“在哲学社会科学工作座谈会的讲话”（2016年）中提出的要求与构想，该“讲话”将包括新闻学在内的十一个人文社会学科并列为“对哲学社会科学具有支撑作用的学科”，提出要以我国实际为研究起点，构建具有中国特色和普遍意义的学科体系、学术体系、话语体系，形成我们自己的特色和优势[①]。《挖掘新闻学的中国特色》一文认为：每一种人文社会学科都有其普遍性，即学科共同的理论、通用的方法、解决只有本学科才能解决的问题，但在不同的文化时空条件下，同一学科表现出的差异更具魅力。因此，从理论上讲，打造具有中国特色和普遍意义的新闻学体系是可行的，也是必需的，因为把中国实践总结好，就有更强能力为解决世界性问题提供思路和办法。“自由、客观、真实，是西方新闻业的三大支柱，是构建西方新闻学科、指导新闻实践的价值基础。中国新闻业在实践中，根据本国文化和社会历史的不同，在追随三大价值理念的同时，也慢慢产生了中国新闻业的核心理念，那就是‘沟通’‘议政’‘教化’等。‘沟通’是中国新闻传播业的核心价值理念（非严格学术意义上的概念，仅取其理想型之意），自近代以来逐渐形成，在发展中逐步适应中国社会结构、文化传统和历史发展；是中国新闻价值、媒体功能取向、新闻理论构建的基础。”该文指出：中国新闻人之所以未将“自由”作为新闻业的第一要务，首先是由中西方文化差异所决定，自由对应的是平等独立，它是西方文化的核心价值，沟通对应的是和谐秩序，系属东方文化的核心价值，两者各有千秋；其次是因为中国历史上没有形成强大的自由阶层，没有中间力量或中产阶级，因此中国媒体的核心价值理念中，最早形成且最有社会基础的就是“沟通”[②]。

《在文化合力中推进新闻学话语体系建设》一文，从坚持马克思主义新闻观、利用已有文化资源和立足时代高度、关注新闻话语和政治话语的分工协调、推动人文主义和科学主义以及人文性话语和科学性话语的融合四个方面，论证了建构中国新闻话语体系的正确路径。作者表示：“有的学者主张，在话语和话语权的构建上，要把思想性话语同学术性话语融合起来。我的意见不同，我认为新闻话语应同政治话语有适当分工，同时二者又有较好的协调。新闻学自问世以来，由于强烈的意识形态属性，无论在西方国家还是在东方国家，其话语的政治色彩都极其鲜明。在这种情况下，新闻话语和政治话语有时难以区分甚至不予区分。”“我们现在既以

---

① 习近平：《在哲学社会科学工作座谈会上的讲话》（2016 年 5 月 17 日），2016 年 5 月 18 日新华社电。

② 王润泽：《挖掘新闻学的中国特色》，《中国报业》2017 年第 10 期。

创建中国新闻话语体系为己任，应该一开始就注意和努力，争取把新闻话语同政治话语等区分开来，尽量把不同学科的话语边界划清楚一些。”①

有研究者对新闻传播学学科建设中存在的若干问题提出了批评和建议，认为：党中央提出中国特色社会主义，是一个宏观的概念和理论体系，不能按此逻辑，什么都套上一个“中国特色的××”，否则就成为一种形式主义了。新闻传播学就是新闻传播学，不应把同一个学科划分某阶级、某党派、某民族、某国家的新闻传播学。该文指出：现在新闻传播学教学和研究中存在一种较为普遍的情况，即讲课或写文章满篇都是外国学者的理论。学术研究运用学术理论论证所要研究的问题，使用诸多来自外国的理论可以理解。现在的问题是，这些理论应根据中国的实践和中国的环境加以讲述，要用中国的实践说明、发展、修正已有的理论假设或公式。现在这方面我们做得较差，生吞活剥的现象比较严重。关于本学科的评价标准，作者在文章中明确表示：反对以所谓“核心期刊”的论文发表作为衡量学术成果是否有水平的标准。提倡研究规范是对的，但核心期刊条件的设定多此一举，只是方便了行政机关对学术研究的管理与控制，至于学术研究是否取得了进展，其实是不清楚的。建议实行代表作制，重在看论著本身的学术水平。另外，以获得多少课题经费作为考核条件，也很不合理，课题经费多少完全不能说明学术水平。人文－社科的很多研究主要是精神劳动，消耗精力很大，实际物质支出并不多，目前的课题经费使用不承认精神劳动是劳动，只能用于物质的支出，少量劳务费也是对简单劳动的支付，这种错位不纠正，难以激发人文－社科研究的积极性②。

上述文章发表后，有研究者撰文商榷。文章指出，作者对中国特色新闻学提出的特定背景、新闻学的继承与创新以及建设中国特色新闻学的正当性等问题进行了探讨。该文论辩称：中国特色新闻学主要指狭义层面的新闻学，即中国特色社会主义理论新闻学，它是新闻学的一个研究领域，是以马克思主义新闻观为指导的阐释当代中国新闻事业和新闻舆论工作规律的新闻学。把作为一个研究领域的中国特色新闻学，与作为一个学科的新闻传播学对立起来有待商榷。至于中国特色新闻学能否成为一个独立的学科，要看它是否具有确定的研究对象、构成内容、基本范畴、基本原理并建构成科学的理论体系。中文著述中介绍西方新闻学的经典理论就有“客观新闻学”“精确新闻学”“公共新闻学”“新新闻主义新闻学”等，提出中国特色新闻学因而也不应是“非分之想”，它并非要取代新闻传播学，而是要丰富新闻传播学研究的多样性，进一步加强马克思主义在新闻学中的指导性作用③。

近年来，进入新闻组织或新闻活动内部的参与观察是国内新闻学界颇为时兴的一种研究方法。本年度，有多位研究者发表文论，对这一方法施用于新闻领域的价值、效果、局限、存在的问题等进行了讨

① 童兵：《在文化合力中推进新闻学话语体系建设》，《现代传播（中国传媒大学学报）》2017 年第 6 期。

② 陈力丹：《新闻传播学学科建设若干问题的思考》，《新闻记者》2017 年第 9 期。

③ 宫京成：《正确理解中国特色新闻学需要探讨的几个问题——兼与陈力丹教授商榷》，《新闻记者》2017 年第 10 期。

论和反思[①]。有研究者指出：主要采用参与观察方法的新闻民族志研究所揭示的新闻生产的“秘密”，是新闻学知识积累的重要来源。当今数字技术正在深入影响新闻业，在此背景下，“在新闻室做田野”仍有其充分的价值，但在方法实践层面上，不同路径和不同环节都需要做出适应性的调整。例如，田野中的观察方式需要适应新闻工作的空间和时间的变化。以往记者们彼此交谈的嘈杂场面已较少出现在新闻室中，相应的业务讨论更多通过邮件组、社交媒体完成。记者们多数时间埋首于电脑前，研究者只能注视到他们面对电脑屏幕的背影；研究者在新闻室内固定时间的观察可能会遇到大量难以观察到的事，因此，不仅要在传统的观察方式之外利用新媒体技术延伸观察的范围，还应将传统的民族志方法与社会网络分析结合起来，对在线实践社区进行网络民族志（Network Ethnography）的研究[②]。有研究者以其博士论文《编辑部场域中的新闻生产——〈南方都市报〉个案研究（1995—2005）》为例，阐述了建立“问题意识”是运用田野调查方法研究新闻媒体的关键逻辑起点，在田野观察过程中，要有效把握好“主位”和“客位”的关系，既进入田野获得在场的真切感受，又要在研究中保持对田野的批判观察和独立反思。他还从重新定义“新闻”、探寻新的研究问题、聚焦“新行动者”、强化政经路径四个方面，针对国内的新闻生产社会学研究给出了建议[③]。

二、马克思主义新闻史论研究

本年度的马克思主义新闻史论研究成果，包括史实考辨、原著解读和理念建构三个方面的内容。有研究者以国共两党关系变化为视角，考察了从中国共产党诞生到民国南京政府终结近三十年间中共新闻宣传的五次明显转折，即：第一次转折，从反对“其他一切党派”转向“国共合作”；第二次转折，从“国共合作反帝反封建”转向“推翻国民党统治”；第三次转折，从“推翻国民党统治”转向“国共合作抗日”；第四次转折，从“国共合作抗日”转向“组织联合政府”；第五次转折，从“组织联合政府”到“打倒蒋介石”。这五次及时的转折，体现了共产党的新闻宣传“与时俱进”的政治品格，是中国共产党政治上不断成熟的表现，更是老一辈革命者对马克思主义在中国独特社会环境里的灵活应用[④]。

《新华日报》是中共抗战时期和解放战争初期创办的大型机关报，学界对该报定址于重庆时期的活动进行了大量研究，但是对来渝之前的武汉《新华日报》考察不多，尤其是对王明担任长江局书记期间负责《新华日报》的情况涉猎甚少。有研究者通过对武汉时期《新华日报》新闻报道的检视，探查了王明与中共中央在城市

① 参见张志安《新闻生产社会学视角下的田野观察和案例研究——从博士论文〈编辑部场域中的新闻生产〉谈起》，《新闻记者》2017 年第 5 期；张伟伟：《田野调查的身份转变与调适——新闻生产田野观察的方法学反思》，《新闻记者》2017 年第 5 期；李赛可：《在希望的田野上步步深入——基于地方新闻网站红网之民族志研究的反思》，《新闻记者》2017 年第 5 期；刘颂杰：《新闻室观察的“入场”与“抽离”——对财新团队参与式观察的回顾及思考》，《新闻记者》2017 年第 5 期；郭建斌：《雾锁“田野”——如何在媒体机构内做田野调查——兼对〈什么在决定新闻〉的方法学梳理》，《新闻记者》2017 年第 5 期；孙信茹：《田野作业的拓展与反思——媒介人类学的视角》，《新闻记者》2017 年第 12 期；秦朝森：《网络民族志的研究——以山东乡村的基督教传播实践为例》，《新闻大学》第 4 期；白红义：《在新闻室做田野——作为方法的新闻民族志研究》，《现代传播（中国传媒大学学报）》2017 年第 4 期。

② 见本页注①中白红义的论文。

③ 见本页注①中张志安的论文。

④ 倪延年：《民国时期中国共产党新闻宣传的五次转折及其动因分析》，《新闻大学》2017 年第 6 期。

办报理念上的分歧及对报纸言论的影响，并对中共六届六中全会后《新华日报》在周恩来的指导下重回正确轨道的情况进行了梳理。其研究呈现了抗战背景下国统区党的新闻工作的复杂性和艰巨性。《新华日报》作为在国统区创办的中共报刊不但要与抗战敌对势力、妥协势力做斗争，同样还要应对来自党内的分歧和挑战。该报从分歧到纠正的转变，也进一步表明“党媒姓党”，任何组织和个人都不能用党报行一己私利，更不能将党报作为与中共中央对抗的工具①。

有研究者对我国马克思主义新闻理论体系建构的若干问题进行了论证和解析。《我国马克思主义新闻理论体系建构的知识演进路径考察》一文概括了我国马克思主义新闻理论体系建构所经历的三个发展阶段，即：延安整风时期“辩证唯物主义”语境下的“党报范式”建构、改革开放后“新闻规律”旗帜下“新闻事业范式”的建构和当前“交往实践观”视域下“新闻生产范式”的建构，认为这三次建构分别形成了马克思主义新闻理论体系的党报范式、新闻事业范式和正在形成中的新闻生产范式。这一知识演进的过程，是中国新闻学术自觉和理论自觉形成的过程，也是中国内涵的概念生成和思想创造体系建构的过程②。《遮蔽与解蔽：突破马克思主义新闻观的理解困境》一文分析了当下学界对马克思主义新闻观的认识存在的偏差和理解困境，例如基本概念混淆、定义方式多样、内涵解读多重、研究层面不深等问题，指出：这些问题出现的原因是多方面的，但主要根源还是对马克思主义本身这个基本功练得不扎实。不能只是习惯于从马克思主义经典中寻找关于新闻传播活动的具体论述，仅仅从这个狭义的视角理解马克思主义新闻观，更重要的是自觉运用马克思主义立场、观点、方法这个广义视阈来认识新闻传播活动的根本问题，理解和把握马克思主义新闻观，实现马克思主义新闻观研究的狭义与广义的视界融合③。

中共十八大以来，以习近平同志为核心的党中央，对党的新闻舆论思想做了近一步的弘扬和发展。有研究者归纳了习近平的新闻舆论工作理念所具有的“时代性”“系统性”“创新性”和“合规律性”等特征。其中的系统性特征，首先体现在正确认识和揭示党的新闻舆论工作在中国特色社会主义建设事业这个大局中的性质、地位、功能、作用和发展方向上，同时还表现在系统地提出了开展新闻舆论工作的方式方法上，这些方式方法概括起来可分为四个方面：一是提倡坚持“以正面宣传为主”的方针，大力弘扬和宣传先进典型的方法；二是提倡“贵耳重目”的实事求是、调查研究的方法；三是提倡以正面宣传为主与舆论监督相结合的方法；四是提倡开展媒体融合背景下的新闻舆论工作协同创新的方法④。《论习近平舆论监督阐述的创新意义》一文讨论了习近平舆论监督阐述的创新意义与创新内容，文章的结论是：习近平总书记相关舆论监督的阐述中，舆论监督主体、监督导向、监督模式均产生了新的发展变化，它与时俱进地阐明了“舆论监督和正面宣传相互统一”的监督原则、“把握时效度和新闻规律”的监督方法、“闻过则喜，自觉接受舆论监督”

① 齐辉、王雪驹：《“党媒姓党”的历史诠释——武汉时期〈新华日报〉与中共中央的分歧及其纠正》，《新闻记者》2017年第2期。

② 齐爱军：《我国马克思主义新闻理论体系建构的知识演进路径考察》，《新闻与传播研究》2017年第7期。

③ 胡靖：《遮蔽与解蔽：突破马克思主义新闻观的理解困境》，《新闻与传播研究》2017年第12期。

④ 雷跃捷：《习近平新闻舆论观的四个基本特征》，《现代传播（中国传媒大学学报）》2017年第10期。

的民主作风以及“守土有责、守土负责”的监管策略和构建“民主监督、法律监督、舆论监督有机结合”的监督体系的总体要求，为互联网时代背景下当代舆论工作的发展提供了重要的方向性指引。例如，在过去很长一段时期中，舆论监督特指主流媒体的媒介监督，随着互联网特别是自媒体的发展，习近平总书记在近几次全国宣传工作会议上采用了“新闻舆论工作”的新提法；传统的“新闻宣传工作”更侧重于主流媒体，宣传的主体是特定的，而“新闻舆论工作”的“舆论”主体既涵盖了传统媒体舆论，也包括网络舆论、社会舆论，及时因应了舆论监督主体的泛化与扩展。再如，习近平总书记明确指出“把权力关进制度的笼子里，一个重要手段就是发挥舆论监督包括互联网监督作用”，将互联网舆论监督作为舆论监督的一个组成部分，并强调了互联网舆论监督的特殊作用①。

除上述文论外，本年度发表的马克思主义新闻史论研究成果，还涉及“准确理解马克思的新闻出版自由思想”“从《共产党宣言》看马克思主义新闻观的特质与意义”“马克思主义新闻观对新闻编辑的指导意义”“当前我国马克思主义新闻观的核心观念及其基本关系”“新媒体环境下党管媒体问题”“‘政治家办报’思想的理论渊源与时代内蕴”等议题②。

三、新闻体制研究

自1978年改革开放后，中国传媒经历了从党报（台）体制向“事业单位，企业化管理”的过渡，而后又借力文化体制改革进入“分类管理、转企改制”阶段。在这种体制“转轨”或“创新”的过程中，市场机制的介入所诱发的体制层面的一系列变革颇受关注。有研究者通过历史回顾与文献分析，系统考察了1978年以来中国传媒体制改革中“市场化”观念的演进过程及其促生机制，以求更加具象地再现三十余年来中国传媒体制改革中的市场化改革观念及其话语的形成与构建过程，更加深刻地理解中国传媒体制改革的动力机制与脉络走向。其研究发现是：从20世纪80年代中后期为推动传媒单位获得自主权而提出“体制改革”，到20世纪90年代市场化改革共识的达成，再至21世纪初市场化改革持续深化下对改革路径的反思与超越，中国传媒体制改革中“市场化”观念的演进过程呈现为官方与民间合作博弈下的观念塑成。在这一过程中，官方意识形态赋予其合法性基础，民间观念意识则提供经验知识与可选方案，从而使得市场化改革观念最终成为体现传媒体制改革实践原则和规范的基础性与统领性意识形态；而传媒体制改革观念的进一步转变与创新，既有待于经济、政治等一系列社会改革的推进与传媒体制改革实践的继续深入，也要更加重视传媒实践者与研究者在传媒体制改革中的思想解放与理论创新上的突破，以之为观念革新与发展提供源源

---

① 高红玲、金鸿浩：《论习近平舆论监督阐述的创新意义》，《现代传播（中国传媒大学学报）》2017年第11期。

② 这些论文有：苑秀丽：《准确理解马克思的新闻出版自由思想》，《新闻与传播研究》2017年第10期；石大东：《从〈共产党宣言〉看马克思主义新闻观的特质与意义》，《新闻大学》2017年第1期；蔡雯：《马克思主义新闻观对于新闻编辑的指导意义——编写马克思主义理论研究和建设工程教材的一点思考》，《当代传播》2017年第5期；杨保军：《当前我国马克思主义新闻观的核心观念及其基本关系》，《新闻大学》2017年第4期；段鹏：《新媒体环境下党管媒体问题探析》，《现代传播（中国传媒大学学报）》2017年第5期；沈正赋：《“政治家办报”思想的理论渊源、嬗变历程与时代内蕴》，《现代传播（中国传媒大学学报）》2017年第2期。

不断的动力[①]。

随着互联网资本的不断介入，新闻传媒领域中的混合所有制新格局正悄然成型，由此带来中国传媒业的所有制结构发生变化。有研究者撰文梳理了这种混合所有制的不同成分，包括：1. 国有和民营的混合资本形式，以新华智云科技有限公司、第一财经为代表；2. 民营和民营的混合资本形式，以新浪微博、南华早报为代表；3. 国营与国营混合的形式，以上海报业集团和人民网合作建设的移动资讯类客户端“唔哩”为代表；4. 民营与国营混合的形式，以奇虎360与北京电视台合办的新媒体“北京时间”为代表，其中民营资本的奇虎360控股；5. 民营企业投资的所有制形式，包括完全单独民营所有制和混合民营所有制形式两种，以华人文化作为唯一投资人，注资6亿元建设的梨视频为代表；6. 自媒体贡献的个体所有制形式，以微信公众号为主体。该文的观点是：混合所有制的理想状态是各自独立发展，彼此有序关联，不相妨碍，其根本性的规律是共同价值的各自最大化，而不是统一化，不是为所有创造活动引进一个目的。新闻体制的制定与完善是为了形成更好的秩序，使每一种所有制形式的利益彼此不冲突。无论是过去单一的国有制还是现在的混合所有制，党管媒体的原则决不能动摇。当然，不同的所有制，党管媒体的方式有所不同。对于过去国有制的媒体，党管媒体有一套相对成熟的体制、机制，而在混合所有制下，党管媒体如何更有成效，还需要不断探索[②]。

20世纪80年代是我国改革开放的重要时期，也是我国外宣制度构建和体制重塑的一个关键时期。有研究者从新制度主义理论的视角，采用文献研究和口述访查的方法，对这一时期的外宣制度变迁进行了考察和探究，发现20世纪80年代的中国外宣制度建构呈现出一种协调性制度偏好，是经历了“文化大革命”之后的一种制度再生，共时性因素、压力因素和个人因素都在其中产生了重要作用。文章认为，在当前我国外宣的制度研究中，首先应当着眼制度的变迁形成，可以援用新制度主义主要范式之一的历史制度主义的理论作为分析工具，该理论主张，制度变革的促因是“在内部要素和外部力量推动下，主流制度开始对环境产生不适应，替代制度不得不慢慢成为主导，引发制度的变迁”，其渐进转型的过程主要有“替换”“层叠”“转移”“转变”“衰竭”五个阶段。目前国内对外宣历史的研究，多是关注其中某一具体领域进行专题性的考察，如媒介机构发展与新闻传播变革等方面的主题，以国家为主体研究外宣的宏观制度的成果较为匮乏，尤其是中华人民共和国成立以来外宣制度的变化纷繁复杂，领导机制与机构不断变迁，每一阶段外宣机构所归属的部门、层级都不尽相同，各执行部门如外文局、新闻局等机构也不断变更整合，外宣的主要矛盾不断变化，在不同阶段会发挥不同作用。采用历史制度主义理论研究外宣制度的变革，在此类研究中不失为一种颇具逻辑且有效的解读方法[③]。

新闻体制的建构及变迁与国家的媒体政策范式密切关联，在某种意义上政策本身就是体制的内在成分，是维系和牵引体制运转的“系统软件”。有研究者描述了

① 殷琦：《1978年以来中国传媒体制改革观念演进的过程与机制——以“市场化”为中心的考察》，《新闻与传播研究》2017年第2期。

② 郭雅静：《论中国新闻传媒业的混合所有制》，《新闻大学》2017年第3期。

③ 周庆安、关涔：《协调性偏好与制度再生：20世纪80年代我国外宣制度史管窥》，《现代传播（中国传媒大学学报）》2017年第9期。

当代中国媒体政策变化所经历的三个范式，即：政治一统政策范式（1949—1978）；混合治理政策范式（1978—2013）；融合治理政策范式（2013至今）。他们的看法是，三种政策范式中政治利益始终是不变的导向，但各范式又各有侧重。第一种政策范式以政治导向为主，主要追求政治利益；第二种媒体政策范式为物理式的混而不融；第三种媒体政策范式力图实现政策之间的化学融合，而融合意味着妥协，相关政策的调整也必然面临各种利益的调整。“融合政策范式时期才刚刚起步，当下的工作更多是在管理与思维的创新中解决第二个时期遗留下的问题和现在的新问题，现阶段的问题远远多于已知对策，未来有太多的不确定性，需要更多的探索与改革，这需要有权力高度集中的强硬领导人，同时也更需制度的创新。”①

另有若干研究成果，对国外新闻体制或制度的相关情况作了考察和评介，呈现了这一研究方向的外向视野②。例如，有文章阐述了西方媒介问责的历史遗产及其当代发展，指出：西方的媒介问责概念具有历史和当代、理论和实践的多重面相，它从社会责任论下的可问责性开始，讨论媒介问责的历史继承性，继而从传播政策的角度讨论它的当代逻辑，以及在媒介治理语境下的现实发展。媒介问责机制并没有统一的范式，但是纠纷解决机制、道德规范的界定、公共参与机制构造了当代媒介问责的基本框架③。有论文首先回顾了历史上美国反宣传法案的实施案例，然后对美国总统2016年底签署的反宣传法案进行了考察和评析。该法案要求建立一个信息分析和反应中心，负责发布相关事件的真实正确信息，并向那些从事信息分析和收集、对抗外国谣言的公民、记者、社会群体、非政府组织及研究机构提供资金支持。作者认为：“美国正在试图通过这个反宣传法案，完成信息传播平台传播权的一次转移，目标是让新闻真实与否由算法说了算，而普通人听算法的，算法听掌控算法的精英们的。”④

四、新闻法治研究

本年度发表的新闻法治方向的研究成果，主要限于法院裁判述评、法律适用分析或法定规范释解等司法类议题，聚焦于新闻传播立法的专题论文则付诸阙如。

有研究者撰文，以汪峰系列名誉权纠纷案为例，分析了新媒体环境下评论侵权抗辩事由可能的取舍趋向。该文提出，在前述系列名誉权纠纷案的一审和二审裁判中，“公正评论”这个学理上的抗辩事由第一次被写进判决书，这是评论侵权诉讼的一个里程碑。由于我国现行法的局限性，判决书也出现了诸多前后不一致和模糊之处。在如今新媒体环境下，随时随地可以发表评论和意见的状况已经成为现实的存在，言论自由的表达有了更多实现的物质基础，“旧有的法律法规已经不能有效地处理言论自由和名誉权之间的矛盾，引进更加具有时代特色的法律理念并重新制定法律法规或者司法解释就成为了一项

---

① 刘健、陈昌凤：《中国当代媒体政策的范式变迁》，《现代传播（中国传媒大学学报）》2017年第10期。

② 参见何勇《西方媒介问责的历史遗产和当代解释》，《现代传播（中国传媒大学学报）》2017年第2期；陈绚、张劲林《美国反宣传法案与自媒体虚假新闻标记研究》，《国际新闻界》2017年第1期；叶俊《美国的新闻干预主义：起源、本质及其作用机制》，《新闻与传播研究》2017年第11期；张世海《论前苏联的新闻体制与国家管理效能》，《新闻大学》2017年第1期；贺明华《美国新闻传播教育认证标准的再修订解析》，《现代传播（中国传媒大学学报）》2017年第10期。

③ 见本页注②何勇的论文。

④ 见本页注②陈绚、张劲林的论文。

急迫的任务。从事实中区分出评论、继而界定什么是‘公正评论’，到最后再用‘诚实意见’取代‘公正评论’，应是一个可期的名誉侵权及其抗辩事由的演进路线图。”①

近年来，通过刑事程序追诉损害商业信誉、商品声誉罪已俨然成为公司等商业机构对抗批评者的强大武器。有研究者对此发表了“基于舆论监督视角的损害商誉罪的裁判适用”研究成果，认为“要有效认定损害商誉罪的刑事责任，在理论上有若干难点值得探究，这在适用于非竞争者时尤为突出。”这些难点包括：1. 行为和结果的关联性十分复杂和不确定，刑法介入难度大；2. 商誉权益人的可信度往往更高，刑法介入无必要性；3. 非竞争者的评价往往属于舆论监督。如果不能正确处理上述难点问题，就很容易把对商事主体的合理质疑、抱怨、批评，及言辞与事实之间存在的由于过失而产生的客观错讹上升为“捏造并散布虚伪事实”，把普通民事侵权上升到刑事犯罪的高度，从而扰乱舆论监督的正常氛围。此罪至少应尽量避免适用于不涉及商事竞争的情形，因为此类主体在舆论场上的影响力一般会显著低于被批评者②。

有研究者撰文梳理了我国新闻传播诽谤诉讼中证明责任分配规则的变化历程，指出：自 20 世纪 80 年代至今，我国民事诉讼证明责任分配经历了不存在、法官自由裁量、规范法定三个阶段，新闻传播诽谤诉讼也随之表现出明显的阶段性特征，而侵权责任构成要件的证明责任从倒置给新闻传播者转变为由原告承担，新闻传播者的高败诉率由此发生逆转。作者确信：“新闻传播诽谤作为过错责任归责原则下的一般侵权，在可预见的未来不会改变，经过 30 多年探索确立的证明责任分配规则也不会轻易改变，原告仅凭提供一份报道就坐等胜诉的情形很难在中国司法史上大规模重演。”该文还建议最高人民法院应着手对新闻传播诽谤诉讼进行专项司法解释的制定工作，并对以前的司法解释进行清理，当务之急是明确废止与《民诉法解释》中法定证明责任分配规则相矛盾、适用推定过错的《解答》第 7 条第 4 款、第 8 条第 3 款和《解释》第 9 条第 2 款第 2 项。

2017 年 5 月 2 日，国家互联网信息办公室发布了新修订的《互联网新闻信息服务管理规定》，围绕该规定涉及的核心规范——互联网新闻信息服务许可制度的适用范围引发了广泛的争议。有研究者著文对之作了文本和学理分析，明确指陈根据该规定第五条、第六条和第十条等条款的规定，互联网新闻信息许可制度的适用对象只能是互联网新闻信息服务机构而非个体。对公民个体来讲，由于表达意见、参与公共事务是个体享有的基本权利和自由，各国一般遵循的基本原则是，除了在法律中列明一般的要求，比如中国法律、行政法规里通常能看到“九不准”内容限定，一般不对个体在要表达什么或不表达什么设置事先限制，即不对个体的言论进行像对企业那样的“事先审查”，只对个别违法者进行事后的民事、刑事和行政法方面的处罚。从这个角度来讲，作为法律效力低于一般行政法规的规范性文件，《互联网新闻信息服务管理规定》不应该、也无权以许可的方式，直接限制个体依据最高位阶的宪法而享有的基本权利和自由③。

① 窦锋昌：《新媒体环境下评论侵权抗辩事由的演进——以汪峰系列名誉权纠纷案为例》，《新闻大学》2017 年第 4 期。

② 缪因知：《损害商誉罪适用研究——自舆论监督的视角》，《法治研究》2017 年第 2 期。

③ 王四新：《许可与自由：〈互联网新闻信息服务管理规定〉核心概念解读》，《现代传播（中国传媒大学学报）》2017 年第 9 期。

还有数篇考察、评析域外新闻法治状况的论文，关注和讨论了“欧盟治理种族歧视或仇恨言论的立法现状、动因及不足”“德国最有争议的新闻法草案”“美国新闻报道的反不正当竞争法保护及启示”等议题①。其中有论文详细解读了美国采用州反不正当竞争法热点新闻挪用规则（Hot News Misappropriation）和联邦版权法二种模式保护新闻报道的情况，建议我国反不正当竞争法的立法借鉴美国新闻报道保护法律制度并结合我国法制实务，采用列举式对新闻报道挪用行为进行规制，这种规制应当仅仅适用于对原告新闻报道进行持续性和竞争性发布的竞争者，而不应当包括偶尔性挪用原告新闻报道的自媒体②。

众所周知，国内媒体是经济犯罪案件高发的领域，但是此前很少被作为学术问题来探讨。本年度，有研究者在期刊开设“媒体人经济犯罪经典案例评析”专栏，先后选择了12例国内媒体经济犯罪代表性案件，分析其详情，揭示贪腐行为在媒体内部和外部高发的背景和原因，以为完善新闻媒体管理制度提供镜鉴③；《新闻界》杂志也连续多期刊载了由其领衔的研究团队合作撰写的新闻涉讼案例评析文章。这种核心作者与学术期刊以专栏为载体的“接力叠加式”学术传播，对于新闻法治的知识累积和学理普及颇多助益④。

---

① 白贵、邸敬存：《欧盟治理种族歧视或仇恨言论立法之现状、动因及不足探析》，《新闻大学》2017年第2期；乔新生：《如何看待德国最有争议的新闻法草案》，《青年记者》2017年第22期；李国庆：《美国新闻报道的反不正当竞争法保护及启示》，《知识产权》2017年第6期。

② 见本页注①李国庆的论文。

③ 展江、李婷婷：《台长何以高危？——媒体人经济犯罪经典案例评析（一）》，《青年记者》2017年第1期；展江、周书环：《一名记者站副站长的三宗罪——媒体人经济犯罪经典案例评析（二）》，《青年记者》2017年第4期；周书环、展江：《“金手指”们如何日进斗金——媒体人经济犯罪经典案例评析（三）》，《青年记者》2017年第7期；展江、周书环：《“报业奇才”黎元江：媒体转轨“牺牲品”？——媒体人经济犯罪经典案例评析（四）》，《青年记者》2017年第10期；周书环、展江：《“中学教辅第一报”案与量刑之困——媒体人经济犯罪经典案例评析（五）》，《青年记者》2017年第13期；展江、周书环：《“达摩克利斯之剑”为何落下——媒体人经济犯罪经典案例评析（六）》，《青年记者》2017年第16期；展江、李婷婷：《连老师和报社同仁也敢诈骗的记者——媒体人经济犯罪经典案例评析（七）》，《青年记者》2017年第19期；周书环、展江：《记者站站长能否以单位受贿入罪？——媒体人经济犯罪经典案例评析（八）》，《青年记者》2017年第22期；李婷婷、展江：《畅销晚报发行链条上的大蛀虫——媒体人经济犯罪经典案例评析（九）》，《青年记者》2017年第25期；展江、李婷婷：《党报总编的“卖头版头条罪”？——媒体人经济犯罪经典案例研究（十）》，《青年记者》2017年第28期；李婷婷、展江：《迷失在三种身份混杂中的“体媒一哥”——媒体人经济犯罪经典案例评析（十一）》，《青年记者》2017年第31期；展江、李婷婷：《网友为何替杂志社社长鸣冤——媒体人经济犯罪经典案例评析（十二）》，《青年记者》2017年第34期。

④ 展江、王锦东：《公众人物抗辩意义何在？——梁惠民诉〈财经〉杂志案再审思》，《新闻界》2017年第1期；李婷婷、展江：《印度媒体腐败与治理初探——以2009年大选中的“有偿新闻”为例》，《新闻界》2017年第2期；王锦东、展江：《“贼喊捉贼”是否侵犯商誉？——奇虎企业诉阮子文侵犯法人名誉权案解读》，《新闻界》2017年第3期；展江、王锦东：《肯德基为何胜诉微信公号诽谤案？——法人名誉权纠纷中的自媒体注意义务初探》，《新闻界》2017年第5期；王锦东、展江：《赔礼道歉能抚慰“伤心”的企业法人吗？——由阿里巴巴等诉自媒体人葛甲案的判决谈起》，《新闻界》2017年第7期；展江、雷丽莉：《大企业本地打官司迹近全胜合理合法吗？——农夫山泉、娃哈哈系列法人名誉权案件评析之一》，《新闻界》2017年第8期；雷丽莉、展江：《法院如何认定媒体报道“基本真实”？——农夫山泉、娃哈哈系列名誉权案件评析之二》，《新闻界》2017年第9期；展江、雷丽莉：《记者有权进入看守所拍摄犯罪嫌疑人吗？——兼议黄大鸿诉央视等侵犯名誉权、肖像权案中的抗辩问题》，《新闻界》2017年第10期；展江、殷东贵：《微信公众号在商誉侵权纠纷中不堪一击？——基于农夫山泉、娃哈哈2015—2016年系列诉讼的分析》，《新闻界》2017年第11期；李婷婷、展江：《经济犯罪高企背景下的记者身份与刑法责任探究》，《新闻界》2017年第12期。

五、新闻伦理研究

传播全球化时代，任何区域性的新闻报道都可能具备跨国、跨文化的着陆点，要在新闻采写、传播过程中尊重当地的媒体规范，避免不当冒犯采访对象或传播对象，就有必要了解各地的媒体伦理准则。与此同时，也有中外学者开始尝试从各国媒体伦理规范文本的角度切入，分析共识性条文，为建构全球媒体伦理的研究寻找新的视角和现实参考。有研究者通过对全球134篇媒体伦理规范的内容进行分析后发现：世界上多数国家在保护消息来源、保护隐私、更正、明确新闻界限、避免利益冲突、保障表达自由和新闻自由、准确、以正当方式获取信息、独立、禁止剽窃抄袭等十项原则上达成了较高的共识；但也有与国情相关的特殊条款，如良心条款、同行关系和民族文化条款等，对这些条款的关注，有助于反思我们在制定媒体伦理规范时疏忽的细节和有待完善的理念①。

上述研究成果的第一作者于本年度编著出版了《全球媒体伦理规范译评》（社会科学文献出版社，2017年）一书。有学者在为该书所写的述评中指出：在“媒体伦理”这一研究领域，还只有个别、零星国家媒体伦理规范的译本。而这种译本与评析正是媒体伦理研究的基本材料。当我们的视野打不开，看不见其他国家的媒体伦理实践时，相关研究只能停留在浅层次的探索中。媒体伦理学的研究，与其他学科一样，是不可能闭门造车的。我们探讨媒体伦理案例、反思伦理理论、建构媒体伦理体系，都需要借鉴国内外的研究成果。翻译、整理、评析全球各国的媒体伦理规范是一件很有价值的工作。《全球媒体伦理规范译评》填补了我国媒体伦理研究领域的一大空白，拓展了媒体伦理研究的新空间②。

有研究者采用问卷调查的方式，对国内9所重点高校传媒实习生进行了“对常见媒介伦理争议行为的态度及其影响因素”的调查，其调研发现：传媒实习生群体对各类媒介伦理争议行为的整体接受度较低，其中对“免费馈赠”和“商业炒作”的接受度最低，对“兼职”和“偷拍暗访”的接受度其次，对“付费采访”和“介入式报道”最包容。在对具体争议行为的态度方面，实习生最不接受的行为有“接受现金馈赠”“接受免费旅游”和“接受礼品或礼券”；最能接受的争议行为有“和潜在消息源拉关系”“参与报道领域相关民间或行业组织”和“参与报道领域相关社会运动”。而受新闻教育程度、实习从业环境、实习经历等因素对实习生群体的媒介伦理态度具有显著影响。受新闻教育时间越长，对媒介伦理争议行为的接受度越低，说明了高校新闻传播专业教育对媒介伦理培养的有效性和重要性。来自实习生相互影响的同侪效应和来自正式员工影响的示范作用，在数据结果中呈现出显著性；正式员工这个榜样群体对实习生媒介伦理态度的影响力略高于实习生同侪群体；与在中央级媒体实习的实习生相比，在省、市、县级媒体实习的实习生更容易接受媒介伦理争议行为，其原因可能系目前中央级媒体的生存环境较好、纪律较严格，有助于实习生形成对媒介伦理争议行为的抵制③。

① 牛静、刘丹：《全球媒体伦理规范的共通准则和区域性准则——基于134篇媒体伦理规范文本的分析》，《新闻记者》2017年第10期。

② 张昆：《拓展媒体伦理研究的新空间——〈全球媒体伦理规范译评〉读后的思考》，《新闻与写作》2017年第11期。

③ 韩晓宁：《传媒实习生群体对媒介伦理争议行为的态度及影响因素研究》，《国际新闻界》2017年第10期。

有研究者发表论文，讨论了中国新闻职业道德准则中的“阐释”问题。该文的持论是：道德证成的方式是阐释，道德共同体的论证方式也是阐释。道德的阐释要恰当、适度，与“恰适阐释”相对立的是“强制阐释”。作者提出了“恰适阐释”的六项标准：第一，对新闻道德共同体的“共同善”与“共同利益”作出阐释；第二，对新闻道德共同体成员的新闻理念与情感归属作出阐释；第三，对新闻道德共同体成员必须遵守的规则作出阐释；第四，对新闻道德共同体的专业主义话语、准入条件和工作边界作出阐释；第五，对新闻道德共同体应该遵守的新闻传播规律作出阐释；第六，对新闻道德共同体的结构性外部关系（而非功能性外部关系）作出阐释。至于新闻职业道德的强制阐释，则主要表现在四个方面：第一，立场阐释代替规律阐释，以大而无当的目的论冲淡了新闻传播界的“共同利益”认同；第二，道德的内生性阐释被忽视；第三，新闻的核心理念和工作边界阐释不清，以宣传核心取代新闻核心；第四，对维护实质正义的道德形式正义的阐释要么缺失，要么偏颇，将新闻活动和新闻作品中的道德性要求从整体正义中剥离，从而潜伏严重的非正义后果①。

六、舆论与媒体监督研究

国际关系的不断调整，互联网的广泛应用，国内社会的持续转型，致使舆论主体的表达意愿、表达方式、表达通道均发生了深刻的变化，舆论的丰富性和复杂性较之以前也大大增加，它既为舆论研究提供了深厚的现实土壤，也对既有的舆论学阐释体系构成了明显的挑战。有研究者在其研讨“深化与拓展舆论学理论研究”的论文中概括了多年来我国舆论研究明显的不足，即：首先，研究视域比较单一，舆论学作为多学科交叉融合之研究领域的特色体现得不够充分；其次，研究导向偏重应用性，真正有学理深度的议题建构和问题开掘远远不够；再次，由简单沿用以文史哲等传统人文学科为主的思辨方法到初步形成了一套定性分析与定量实证相结合的方法系统，但在方法运用的适配性和新方法应用方面还存在较大的改进空间②。有研究者撰文重点探讨了舆论学科知识体系的建设问题，主张在理论体系上吸纳多学科理论并不断检验和发展原有理论，拓宽舆论学研究范畴；在方法体系上重新审视现有研究方法的不足，引入多元研究方法反复论证问题，构建综合舆论研究框架；加强舆论学在现实社会中的应用研究，发展舆论管理的实务教育；除此之外，还需要合理的人才培养体系和组织资源的支撑③。

有研究者探讨了“新闻舆论的传播规律”，其论文作出了如下的归纳：新闻舆论的传播规律之一，是在媒体意见与新闻事实的协调中进行传播；规律之二，是在媒体舆论与公众舆论的互动中有效传播；规律之三，是算法技术和内容推送之间存在着辩证关系。作者认为，新闻媒体宜以报道事实的特殊方式传播自己的意见。事实上越是具有优良的品质，就越是有利于形成体现正能量的积极且强劲的舆论。所谓事实具备优良品质，是指：1. 具有较高的新闻价值，利于引起公众关注和满足公众新闻需求；2. 具有较高的认识价值，利于公众辨明是非利害和提高对事物的认识

① 肖燕雄、李淑华：《共同体证成及规范表述——中国新闻职业道德准则中的“阐释”》，《国际新闻界》2017年第10期。

② 丁和根：《舆论学理论研究的深化与拓展》，《新闻大学》2017年第5期。

③ 谢耘耕、万旋傲：《关于中国舆论学知识体系建设和人才培养的思考》，《新闻大学》2017年第5期。

和判别能力；3. 具有较高的社会价值，利于激浊扬清和公众凝心聚力。上述具有优良品质的事实，多属正面题材。对正面题材进行报道即正面宣传。但正面宣传产生负面效果的情况并不鲜见，这与报道者的思维方式、叙事方式、媒体文风等密切相关。对于“事实具备优良的品质”，不可作片面和狭隘的理解。舆论监督类报道所依据的事实，虽然是负面的，但它们具有极高的认识价值和反思性意义。只有不具备新闻价值、社会价值和认识价值的事实，才是不具备优良品质的事实①。

关于“舆论是否可能”的问题，一直受到广泛争议。有研究者撰文借鉴丹尼尔·戴扬（Daniel Dayan）将“可见性”作为媒介研究路径的新思路，提出与其争执不休于“舆论是否可能”，不如认真思考“舆论是如何‘可见’的”。以“可见性”去重新审度“舆论”的三个要素——主体、客体和本体，其内涵与特征也将与传统观念有所不同，传统教科书中的舆论观也许就有了被“再书写”的必要。在该文看来，当新媒体时代私人空间与公共空间之间的界限不再分明，后现代社会背景下的民主更强调维护因此而带来的种种差异。“可见性”便成为一种“评估传播媒体是否包含多元声音的一种判断标准，从“可见性”的维度中去理解舆论，“可见”的就不仅是大多数人的理性观点，也可以是每个人的“自由言说”和情感表达；不仅是触及社会群体利益的“公共事务”，也可以是基于个体利益诉求的“个人事务”；不仅是大众媒介的“专业表演”，也可以是个人充分设计的“自我展演”；不仅是某种明确的话语表达，也可以是难以名状的社会情绪和态度；不仅是有共同倾向的意见整合，也可以是动态而多元化的观点碎片。人们关注的不仅仅是论辩的合理性或共识的普遍性，更是透过众多不同的公共领域不间断的叙述和对自我存在的再描述，能够逐渐增强整个社会的认同力量②。

有研究者撰文重新检视了聂树斌案中舆论监督的历程，指出：舆论监督发挥了推动案件进程和司法改革进程的作用，但从该案出现“一案两凶”至改判聂树斌无罪的多年等待中，也显现出长期以来舆论监督存在的问题。这些问题包括事发当地媒体不作为和中央媒体缺位、对“党报不得批评同级党委”规定的误读，以及所谓舆论监督就是负面新闻的错误认识。作者指出，聂树斌案中诸多关键疑点被一再拖延，长期得不到复查和矫正，直到河北省政法委书记等“大老虎”落马，案件的干扰因素才被排除，这是导致案件久拖不决的重要原因之一。而在聂树斌案重审、复查等关键节点，《河北日报》等当地媒体对此从未做出相关报道，没有发挥舆论监督功能。舆论监督一直是地市党报的薄弱环节，对涉及地方高官和地方重大问题往往不敢揭露，这种不作为与媒体长期以来对“党报不得批评同级党委”的宣传纪律的误读有关。1953 年广西发生了“宜山农民报事件”。《宜山农民报》在一篇评论中点名批评了宜山地委，中宣部对此作出“党报不经请示不得批评同级党委”的《复示》，而几十年来由此带来的对批评主体的“各种不得批评”，就是对这一政策的误读。首先中宣部的指令仅仅规定党报“不经请示不准擅自在报纸上批评党委会”，这意味着不是不能批评，而是批评需要经过请示才可以。其次，中宣部在《复示》中肯定了广西省委宣传部所提到

① 丁柏铨、任桐：《“新闻舆论的传播规律”初探》，《新闻记者》2017 年第 12 期。

② 姜红、开薪悦：《“可见性”赋权——舆论是如何“可见”的》，《苏州大学学报（哲学社会科学版）》2017 年第 3 期。

的“同级党委委员个人，或同级党委部门，如组织部、宣传部等是可以在报纸上直接批评的”这一提法。因此中宣部文件实际上是赋予了新闻媒体尤其是党报对同级党委部门以及党委成员个人进行批评监督的权力①。

七、应用新闻学研究

互联网时代，传媒业要想通过对核心技术逻辑的把握实现业务发展的弯道超车，很大程度上依赖于前沿性技术、颠覆性技术的引进与创新性应用。有研究者撰文以VR（虚拟现实）技术对新闻传播业态的重构为例，阐述了“技术进步不仅形塑着整个传媒业的业态面貌，也在微观上重塑着传媒产业业务链”的观点。作者认为，VR技术的应用，让第一视角新闻具备可实现性，其最大的特点在于让用户突破空间的限制，有身临其境的体验。比如《纽约时报》的VR新闻作品《流离失所》，将观众带到动荡的中东，如现场般感受战争对儿童、平民的生活带来的影响。VR新闻更适用于对大事件直播或重要事件的解释性报道，它不一定以一个全能而独立的新闻报道形式存在，或许会以融合性报道的形式出现，同现有媒介一道建立起“中央厨房”式的全媒体平台，满足受众日渐多样化的信息需求。但并不是所有的新闻报道均适合VR，大多数场景并无必要采取VR报道——制作和阅读成本更高，VR报道无法体现优势。如一般的城市新闻、时政动态、社会新闻、经济政策动向等，几乎都不适合VR。对于这些新闻，人们只关心“发生了什么事儿”，VR新闻反而增加了阅读负担。在作者看来，VR新闻要想在今后得以广泛运用，自身还存在一些问题急需解决：一是制作成本大，盈利模式模糊；二是真实与客观，用户难以判断；三是有价值信息的遗失。此外，VR新闻是否容易提升用户的时空紧张感，是否会挤压用户现实交流的时空，是否会在新闻伦理等方面造成冲击，这些都是VR新闻需要考虑的问题②。

在新媒体的公共传播语境中，数据新闻以其独树一帜的事实呈现方式而备受关注。《数据新闻：一种社会科学研究的新闻论证》一文，对学界和业界将数据新闻视为“讲故事”的普遍认知，作出了否定性的论证，认为数据新闻并非新闻叙事而是一种社会科学研究式的新闻论证。该项研究的考察对象既包括全球数据新闻的历年获奖作品（2012—2017年），又包括全球第一本数据新闻在线教材《数据新闻手册》和英国《卫报》数据新闻记者Simon Rogers的专著*Facts Are Sacred*：*The Power of Data*中的所有案例；既包括BBC、《纽约时报》《卫报》等世界级媒体的数据新闻案例，又包括我国央视、财新网等国家级媒体的数据新闻案例。论文作者从数据新闻的目的与功能、追寻事实的方法、文本的组成部分以及表达方式等方面，解析了此类“新闻”扫描式数据搜集、分析与呈现等特性，并从总体上归纳了此类新闻所具有的社会科学研究“科学环”的逻辑特征③。

2013年1月4日，《人民日报》创办该报首个评论版。有研究者采用内容分析法，抽取2013年至2016年四年来该版发表的709篇评论为样本，通过编辑策划与评论实践的比较研究探寻评论版在营建公共空间上的效果。其研究发现，评论版确实在某种程度上为公众拓展了一个渐趋开

① 靖鸣、万晨：《舆论监督在聂树斌案中的重要作用与缺憾》，《新闻爱好者》2017年第1期。
② 喻国明、张文豪：《VR新闻：一种新新闻形态的考察》，《新闻研究导刊》2017年第10期。
③ 曾庆香：《数据新闻：一种社会科学研究的新闻论证》，《新闻与传播研究》2017年第12期。

放的促进理性表达和共识达成的公共空间。该项研究将评论的选题态度分为三大类，分别是歌颂赞美、反对批评、研究建设。“歌颂赞美”和“反对批评”分别表示作者对一个事件持单一并明确的“赞扬”或“反对”的情感立场；持“研究建设”态度的选题，侧重于分析利弊、优势与不足，大段篇幅用于原因、影响、措施的分析上。统计结果显示，“研究建设”以绝对优势占据了选题态度的大部分比重，达到72%；“反对批评”的态度占比达到22%；“歌颂赞美”态度的选题占比最小，为6%。可以说，《人民日报》评论版的实践，为我国其他各大媒体评论的发展提供了一定的借鉴。两位研究者同时也坦言，该报评论版的发展依然可以在实践中进一步完善，一是适当均衡选题比重，二是可由舆论制定评论话题，三是适当加强交锋力度①。

新闻漫画以形象化的手段针砭时弊，幽默风趣，通俗易懂，是深受公众喜爱的一种新闻体裁，但国内的新闻漫画当下却进入了发展的瓶颈期，很多媒体没有专职漫画美编，漫画专版和漫画专栏等陆续停办，适于用漫画形式表现的新闻题材也变成电脑制图。有论文归纳了国内新闻漫画现存的十个问题：多雷同，少创新；多想法，少技法；多粗糙，少精品；多搞笑，少幽默；多文字，少形象；多嘲弄，少辛辣；多抄袭，少原创；多媒体，少平台；多老年，少青年；多急就，少探究。该文同时也提出了处理好新闻漫画创作的十大关系：即宣传口径与个人观点的关系，继承传统与创新发展的关系，传统漫画与现代动漫的关系，纸质媒体与网络媒体的关系，一稿一投与一稿多用的关系，平时创作与参加比赛的关系，媒体发表与市场运作的关系，公益活动与知识产权的关系，漫画编辑与漫画作者的关系，手绘作品与电脑制作的关系②。

2016年，西方新闻业经历了史无前例的信任危机，将情绪置于真相本身之前的“后真相时代”，为虚假新闻的滋生提供了温床，但也触发了“事实核查新闻”这一颇受关注的创新新闻样式的增速扩展。有文章梳理了事实核查新闻在美国兴起、发展的社会语境与传播生态，及其蔓延至欧洲后的另样形态。根据该篇文章的介绍，事实核查（fact-checking）起源于新闻组织对报道刊发前存续的现象或事件的调查核实。但是近年来新闻的事实核查经历了一次“结构性转变”：核查主体从专业的新闻从业者增加了依托数字媒体的公民新闻参与，核查的时间从仅限于新闻发布之前，变为由发布者之外的第三方主体在新闻发布之后自主启动，核查的内容/结果由限于编辑部内部变为公布于众，新闻事实核查逐渐从从属地位脱离出来形成独立的新闻样式。也就是说，从新闻事实核查演变为事实核查新闻。就目前美国的新闻事实核查机构与从业者而言，具有以下几个特点：第一，主要以政治家言论为核查对象；第二，只核查事实不核查观点，重点考量事实的“可核查性”。第三，事实核查新闻操作规则注重科学性。核查机构常用谷歌和LexisNexis等新闻数据库跟踪值得核查的言论；在撰写核查报告时，美国从业者倾向于撰写篇幅较长的解释性文章，引用多位专家的话，单篇字数经常超过1000字，会详细列出采纳的信息来源。第四，明确区分新闻机构核查者和政治机构核查者。目前除新闻从业者之外，一些具有政

① 张心怡、赵振宇：《渐趋开放的公共空间——〈人民日报〉新创评论版特色研究》，《新闻大学》2017年第3期。

② 郑辛遥：《简析中国新闻漫画发展的问题及对策》，《新闻记者》2017年第7期。

党立场的团体也开始提供政治核查内容、推广或是批评事实核查从业者的工作；但很多职业核查者将自己和这些具有党派立场的核查者区分开，不愿引用他们的成果，甚至不愿和他们参加同样的活动和会议。第五，事实核查机构与媒体、社会之间存在互惠关系。很多事实核查机构并不会直接核查记者或新闻机构的报道，但有的会核查评论员、专栏作家和主笔等传媒界名人的表述。相较于美国的核查机构多依附于既有新闻媒体，除西欧之外，欧洲其他地区的核查机构并不属于媒体，他们要么是独立机构，要么是附属于一些公民社会组织项目。一些网站拒绝将自己标榜为新闻机构，而是将事实核查视为政治和媒体改革的手段①。

八、新闻史学研究

近年来，国内新闻史研究显现了长足进步，取材丰富，著述丰硕。有研究者撰文对中华人民共和国成立以来的新闻史研究成果所援用的理论、方法进行了梳理和反思，其研究发现，中国新闻史的书写，经历了从以“线性”思维为表征的“革命范式”，到从反思“革命范式”出发，强调体现“互动”过程的“现代化叙事”，并由此向历史学、社会学等社会科学提出观念、理论和方法论要求，倡导构建“互构”“叙事”的“社会史视角”的脉络变化。这种变化，凸显了新闻史本体意识的回归，建构着研究者的“主体性”②。

在中国近代新闻思想的形成过程中，《泰晤士报》是一个被反复言说和运用并贯穿于整个近代历程的西方资源。有研究者撰文将其置于近代中国新闻思想史的视野之中，考察了国人对该家英国报纸的言说用意及其重心转移。该文的梳理显示：在晚清时期，国人对于《泰晤士报》的使用主要集中在其舆论功能上，由此该报成为“新报”构想之模板；在民初党争之下，主要突出其言论独立、经济独立的价值；在中国资本主义“黄金时代”，《泰晤士报》则成为人们反思新闻商业化、报纸与政府关系等问题的对象；至抗战后国共政争时，则由于阶级话语和党派话语而被赋予反面的意义。作者强调：《泰晤士报》这一“他者”进入中国语境并被使用，对其意义和价值的诠释，主要是源于本土语境之出发与需要。因此问题的重心并非是否存在误解，而是如何以及在何种意义上加以使用。也是在此层面，《泰晤士报》不仅仅是一个“他者”，而是直接参与到中国近代新闻思想史这一主体的建构之中③。

中国近代新闻学曾经深受西欧、美国、日本乃至苏联等域外新闻学的影响。其中来自日本的影响具有明显的双重性质，一是日本自产的新闻观念的影响，一是经由日本这一中介传入的他国新闻观念的影响。有研究者以国内第一代新闻学人邵飘萍所著《实际应用新闻学》和《新闻学总论》为蓝本，以任白涛所著《应用新闻学》为参照，对两者的著述所受日本影响作了较为详细的文献考察。其研究表明，邵飘萍著作有60%以上，任白涛著作有70%以上，参照了相关日本学者的著述，实属编译之作，原创性有限。日本明治、大正时期的新闻学多取法美国，因此也可以说，邵飘萍、任白涛的新闻学与徐宝璜的新闻学具有相当的同源性④。

① 周炜乐、方师师：《从新闻核查到核查新闻——事实核查的美国传统及在欧洲的嬗变》，《新闻记者》2017年第4期。

② 王晓梅：《反思与重构：对中国新闻史研究和书写的一种观察》，《新闻与传播研究》2017年第9期。

③ 唐海江、丁捷：《中国近代新闻思想史上的“泰晤士报”》，《国际新闻界》2017年第10期。

④ 周光明、张凤熙：《邵飘萍新闻学著述所受日本影响的文献考察》，《新闻春秋》2017年第2期。

《东方杂志》是商务印书馆出版发行的一本综合性期刊，创刊于1904年，终刊于1948年，历经清末、北洋军阀和国民党统治时期等不同阶段，几乎见证了20世纪上半期中国的社会历程，被誉为中华人民共和国成立前最长寿的期刊，其内容所涉广泛、包罗万象，具有较高的学术研究价值。有论文检视了近16年来国内研究《东方杂志》的专著、学位论文和期刊文章等相关成果，对其主要论题、研究视角、研究方法和研究内容等作了较为全面的梳理，总结了已有研究取得的成绩与存在的不足。该文指出：21世纪以来关于《东方杂志》的研究无论从数量与质量，还是广度与深度上均呈现向好的趋势，尤其是2010年以后渐有“爆发”的态势，但在具体研究中也存在一些或新或旧的普遍性的问题，主要包括：1. 多视角借取刊物的文献资源进行外部性研究的成果涌出，而对刊物本体性的内部研究不足；2. 基于对主要人物与重大事件的考察，较为系统地构建了刊物在中国近现代思想启蒙与传播进程中的意义形象，但是如何准确定位与全面刻画其形象还需进一步的细化分析；3. 全方位、广视角的研究架构已初露端倪，当务之急是解决冷热不均的现象，尤其是平衡研究时段上前期充裕、后期不足的缺憾。作者认为：通盘考察《东方杂志》自身的文献体量与历史价值、研究议题的广泛性与可拓展化、研究学科的多重性与可融合化、研究队伍的成熟度与可持续化等学术研究要素，一门新兴、独立的“《东方杂志》学”专属研究科目已呼之欲出①。

长期以来，我国有关新闻宣传体系史的研究很少关注其所传输的话语在基层如何生产意义，又如何付诸社会实践。有研究者采用文化社会学的路径，通过话语分析、口述史和田野调查，分析了中华人民共和国成立之初读报小组运动中的集体阅读行动及其对社会的影响。其研究结论是：读报小组为消除文盲、提高民众知识水平而做出的贡献是不可否认的，但学了什么、学到什么程度或许并非关键，更重要的是，它和其他丰富多样的社会教育活动一起，让人们意识到，必须密切关注和紧跟国家政策，否则就会“落后”；报纸上规定的正面模范和反动典型及其判定标准和行为规范，使读者在脑海中形成一张日常生活的政治意义地图并据此行动。此外，读报小组利用业余时间和非工作空间集体的解读与其他各类政治运动一起使国家话语波及，并在极大程度上支配了私人的生活世界。或许影响最为深远的是，在后来的中国社会，无论读报小组这一形式是否继续，及时和准确地获得日常活动所需的政治类认知并付诸行动，成为中国民众生活中最为重要的一部分②。

值得一提的是，《党史博览》刊文回顾了习仲勋在1982年对一篇反映当时新闻宣传不当做法的内参稿件所写批示的有关情况。该文介绍，1981年底，《北京日报》内参部记者和报社通讯员共同采访撰写了一篇题为《先进人物招架不住“一窝蜂”式的采访》的内参稿件，其主要内容是：北京无线电元件三厂车间副主任燕军，是全市自学成才的最年轻的工程师，先后获得北京市劳动模范、技术革新能手和全国新长征突击手等荣誉称号。尽管他的事迹已先后在《工人日报》《北京日报》《支部生活》等多家报刊上登载，电台、电视台也进行了播放，但某种“宣传精神”所致，一段时间内，又有许多新闻单位蜂拥

① 洪九来、张硕洋：《21世纪以来〈东方杂志〉研究综述》，《中国出版史研究》2017年第3期。

② 周海燕：《意义生产的“圈层共振”：基于建国初期读报小组的研究》，《现代传播（中国传媒大学学报）》2017年第9期。

而至。这种“一窝蜂”式的采访，让燕军和他所在的单位应接不暇，甚至有些招架不住的难言之苦。该内参先经当时的中共中央委员会主席胡耀邦批示：“请中宣部严加控制。”其后当时的中共中央书记处书记习仲勋又做出了较长批示：“对于一个先进人物采取招架不住‘一窝蜂’式的采访，相继不断地拍电视、拍电影、拍照片，使许多职工当群众演员，兴师动众，使群众不满，厂方接待单位应接不暇，影响生产，又使先进人物负担过重，脱离群众，脱离实际，也影响他们的工作和学习，这也是一种不正之风。回顾以往历史，常因这些情况毁掉一些劳模和先进人物。联系到近来一文，介绍了欢迎女排和一些不必要的茶话会、接见、照相等，把耀邦同志八一年新年茶话会上‘一杯清茶代酒’的好风气又忘得一干二净了。似应由中宣部拟定几条，通知各级党委，注意这个问题，正确对待宣传工作，提倡实事求是的恰如其分的宣传，不搞形式主义，要讲究宣传效果，树立起一个好的作风。”①

应该说，到目前为止，国内当代新闻传播史的研究在总结成绩、呈现进步和记述先进方面，业已积累了丰富的书写经验和充分的理论自觉，相较之下，对既往教训、欠缺和不足的系统检讨与深刻反思尚有一定的拓展空间。

撰稿：宋小卫（中国社会科学院新闻与传播研究所研究员）

中国应用新闻学研究2017年综述

本文分析2017年发表在新闻传播学中文刊物上的应用新闻学研究论文，以期反映2017年相关研究的主要特点。研究发现，2017年应用新闻学研究关注的焦点包括：人工智能等技术运用与新闻生产变革、宣传调适与专业媒体话语模式变化、特定人群与事件的媒介呈现特点及机制、反转新闻与网络谣言、隐私问题的治理、后真相时代的传播挑战及其应对等。总体而言，这一年的研究更为关注应用新闻传播实践中的现实问题，更多考察新闻生产中的技术变量，更加强调新闻业研究中的概念借鉴和理论运用。

一、人工智能等技术运用与新闻生产变革

2017年被认为是“人工智能元年”，“关于人工智能即将颠覆人类各种各样工作岗位的预言不绝于耳”。有研究者在此背景下探讨了人工智能对新闻业可能的贡献和局限②。他们认为，尽管人工智能带来新闻传播的新速度、“语音交互”等新体验、“个性化推荐”的分发机制，但它无法挖掘事实背后的复杂真相、难以对现实提供深度解释。一项研究梳理了Quill等国内外自动化写作产品的发展情况③，总结了自动化新闻生产的操作方式：用结

---

① 李守仲：《习仲勋对〈先进人物招架不住“一窝蜂”式的采访〉的批示》，《党史博览》2017年第9期。

② 张志安、刘杰：《人工智能与新闻业：技术驱动与价值反思》，《新闻与写作》2017年第11期。

③ 许向东、郭萌萌：《智媒时代的新闻生产：自动化新闻的实践与思考》，《国际新闻界》2017年第5期。

构化数据生成稿件、挖掘用户数据以形成个性化稿件、利用记者数据模型生成稿件。他们也指出，自动化新闻有“加快新闻生产速度、有效生产个性化产品”等优势，但也有“无法解释事件发生原因”等局限。

除了智能新闻业外，沉浸媒介、数据新闻都体现了传媒业变革中技术的重要性。在沉浸媒介中，“媒介是人的延伸”的观点得到体现①。有研究者认为沉浸式媒体扩展了媒介概念的内涵和外延，既体现了“一切皆为媒介”的时代特征，也使得“人与媒体合二为一”成为可能②。她指出，“沉浸媒介”重新定义了“媒介”：在传播路径上打通媒介内外空间，在传播效果上重沉浸、体验和感知，在人与媒介关系上呈现“泛众”“共享共创”等特点。有研究者则从哲学角度探讨了VR，并将其定义为借助计算机技术生产的数据化虚拟空间，指出其根本功能是“利用电子信息媒介让使用者获得等同于在外界物理空间或理想化幻觉空间中的感官体验”③。研究者们还关注了VR研究现状：2016年随着VR的到来热潮，相关论文数量呈现爆发式增长，其中八成研究来自自然科学领域。

数据新闻仍旧是应用新闻学研究的重点，2017年研究者们对数据新闻进行了更明晰的概念梳理和更深入的讨论。有研究者通过文献检索，梳理出“数据新闻”的历史沿革、发展脉络，并厘清其定义④。据其总结，数据新闻有两个源头：一是美国学者菲利普·迈耶在20世纪60年代提出的“精准新闻”理论，它的意涵之一是倡导用社会科学研究方法进行新闻采写；二是从20世纪50年代兴起的“计算机辅助报道”，它强调使用计算机、数据分析来处理新闻。前者更为注重科学分析，后者更为注重技术运用。研究者也提出，现有的“数据新闻”定义多强调工具性、创新性、生产流程标准化等特点，缺少对“新闻性”的强调。这显示出数据新闻技术化、工具化的特征。有研究者则在“精准新闻”视域下，把数据新闻看作“社会科学研究”，并根据研究目的和功能把它分为“整体呈现型”“问题分析型”“已然预测型”和“模型定制型”四大类⑤。有研究者则分析了数据新闻对传统新闻报道带来的改变⑥。在报道时效上，数据新闻由于能进行预测性报道，改变了新闻报道“新近发生事实”的定义。在报道内容上，数据新闻不同于传统报道的表层现实呈现，能够通过分析发现异常性、反映新闻事实中的深层现实。

二、宣传调适与专业媒体话语模式变化

近年来，专业媒体在社交媒体平台上的传播语态、话语模式发生较大革新，引发研究者们注意。有研究者观察到传统主流媒体的官方社交账号甚至媒体本身正在兴起一种社交式风格、互动式的新语态。研究者指出，新闻语态变化的影响机制是：Web2.0技术促成了社交媒体的产生，从而使新闻语态发生革新。其研究纵向回顾了传播语态的变迁过程：从“官方宣传式”语态逐渐过渡到80年代反映个人思考的“媒体人语态”和90年代的“平民化”语态，再到21世纪以来的“互动语

① McLuhan, Marshall, *Understanding media: The extensions of man*, MIT press, 1994.
② 李沁：《沉浸媒介：重新定义媒介概念的内涵和外延》，《国际新闻界》2017年第8期。
③ 刘宏宇、袁子涵、郑晴怡：《认识VR实质的哲学进路》，《国际新闻界》2017年第11期。
④ 吴小坤：《数据新闻：理论承递、概念适用与界定维度》，《新闻与传播研究》2017年第10期。
⑤ 曾庆香、陆佳怡、吴晓虹：《数据新闻：一种社会科学研究的新闻论证》，《新闻与传播研究》2017年第12期。
⑥ 吴小坤、童峥：《数据新闻对传统新闻价值的突破与重构》，《新闻与传播研究》2017年第4期。

态”，这些语态的变化反映了不同时期的叙事态度。[①]

实际上，传播语态、叙事方式都是话语的重要组成。值得关注的是，《人民日报》的微博、微信在话语模式上做了较多探索。有研究者比较分析《人民日报》官方微博账号“@人民日报”和《人民日报海外版》微信公众号“侠客岛”的内容，发现《人民日报》官方微博主要诉诸情感，营造与民众的亲密感；“侠客岛”则诉诸理性，建构新的政治景观。这两种范式形成有效互补，体现了执政党传播体系分层化的趋势。他们认为，此变化动因不是经济利益或专业主义，而是政治调适需要。他们运用 Dickson“政权调适”[②]、葛兰西“文化领导权”[③] 等理论进行分析，指出执政党需要从政权调适的话语层面重构传播体系，以在不舍弃现有政治体制的前提下，适应变迁的社会政治环境。[④]

有研究者分析了《人民日报》的社交媒体账号，其研究考察了《人民日报》2015 年的微信公众号推送内容，发现其选题丰富，信息来源多样，表达方式上感情饱满、活泼易懂，符合大众化口味。[⑤] 他们还对 15 位用户进行了访谈，发现其中有 13 位用户是通过朋友圈分享、他人介绍和微信名片推荐等社交关系渠道进行接触，11 位用户表达了对该微信公众号整体满意的态度。对于那些爆款文章的出现原因，田丰作为《人民日报》的微信编辑，认为创意、情感、时机是微信文本成为“爆品”的三个要素[⑥]。

此外，有研究者发现三大中央级主流媒体在用短视频报道两会时，运用近景和特写的比率较高[⑦]。他们认为，视听语言有助于增加观众的情感参与，体现了报道者增加观众卷入度的努力。有研究者对五份报纸进行分析，以探究我国传统媒体报道模式的特征和差异。结果显示，官方媒体和政经题材的报道更重视喉舌模式、干预模式，而市场化媒体和社会性题材的报道更重视监督模式、客观模式。他们分析认为，我国的官方媒体在表现出高度的宣传报道特征的同时又高度地娱乐化、煽情化，这种双重性的存在对学者们研究我国媒体时通常使用的“机关报对立市场报”的二元框架的合理性提出了挑战[⑧]。

三、特定人群与事件的媒介呈现特点及机制

研究者们也关注了媒体对特定人群的标签化、主观化呈现，并把新闻呈现方式与政治、文化等因素相勾连。有研究者分析新浪微博中的流动工人的形象，发现相关微博提及流动工人多涉及“社会问题”和“返乡回家”框架，而对流动工人“贫苦知足”的特点和“就业发展”的状况却

① 陈昌凤：《社交时代传播语态的再变革》，《新闻与写作》2017 年第 3 期。

② Dickson, Bruce J., *Democratization in China and Taiwan: The Adaptability of Leninist Parties*, Oxford University Press, USA, 1997.

③ Gramsci, Antonio, *Selections from the Prision Notebooks of Antonio Gramsci*, London: Lawrence and Wishart, 1971.

④ 龙强、李艳红：《从宣传到霸权：社交媒体时代“新党媒”的传播模式》，《国际新闻界》2017 年第 2 期。

⑤ 岳森、黄琬丽：《〈人民日报〉微信公众平台的传播与用户行为研究》，《现代传播（中国传媒大学学报）》2017 年第 5 期。

⑥ 田丰：《做好微信编辑的“一二三”》，《新闻与写作》2017 年第 3 期。

⑦ 张梓轩、梁君健：《因袭与重塑：移动传播时代的新闻视听语言特征研究——以三大央媒两会短视频报道为例》，《新闻大学》2017 年第 5 期。

⑧ 王海燕、科林·斯巴克斯、黄煜、吕楠：《中国传统媒体新闻报道模式分析》，《国际新闻界》2017 年第 6 期。

少有关注[①]。并且，微博文本对流动工人议题的呈现方式较为煽情化，关注时间周期化，多集中在春节和劳动节期间。有研究者发现媒体对新生代流动工人的报道中，政策导向明显，且有污名化倾向[②]。有研究者分析了农村留守儿童的媒体形象，发现其形象固化为："独立坚强的小大人、缺爱少教的捣蛋鬼，衣衫褴褛的小可怜"[③]。

新闻报道中，"是谁在贴标签，给谁贴标签"体现了"社会权力格局的调整与争夺"[④]。研究者们从媒体建构和社会权力的角度探讨特定人群和事件的媒介呈现问题。有研究者通过分析《人民日报》中流动工人形象和政策变迁的关系，发现报道倾向与公共政策尽管不完全同步，但有不小关联[⑤]。例如2001年后，随着相关政策开始引导及鼓励流动工人的大规模流动行为，媒体对流动工人的报道趋向多元化。有研究者对2011年至2015年新浪网中的"剩女"报道进行议题性质、内容、主体形象分析，发现此群体的媒介形象是其社会形象的再现[⑥]。同样是"剩女"媒介形象研究，有研究者则通过分析《中国妇女报》在2007—2014年期间对"剩女"的报道。研究发现，"剩女"媒介形象主要受国家政策、人口普查结果等因素影响，并指出"剩女"概念建构的背后，是社会权力导致的议程设置和话语霸权[⑦]。

除了特定人群，研究者们也关注了媒体对特定事件的呈现特点。有研究者纵向研究了中华人民共和国成立以来，新华社特大事故报道中指称词的变化，归纳出事故不幸者形象经历了"阶级斗争工具化""被政治斗争空白化""服务于共同体召唤而自然化""服膺于经济发展的优先性而庸常化""服从于稳定性的前提而他者化"的变迁。研究者认为，上述形象的变迁反映了不同时代的"权力秩序"和"文化结构"[⑧]。有研究者还分析了三份报纸在2000年到2015年期间对特大事故的呈现，发现媒体框架高度官方化，如救援框架较多[⑨]。研究还发现在此总体趋势下，媒体的立场会影响其呈现框架：官方媒体注重宣传功能；市场化媒体侧重民生立场、个体故事；行业报则关注对体制的问责和对行业的反思。

此外，研究者们还探讨了媒介形象研究中的操作方法。有研究者提议，研究者应避免将其对媒介形象的预判代入内容分析过程[⑩]。与之呼应，有研究者采用数据导向、无干预主题建模，用"自然语言处理文本挖掘技术"和"人工内容分析"相

① 沈玉彬、于丽丽：《农民工形象的新媒体再现》，《新闻研究导刊》2017年第8卷第8期。

② 李明文、杨枭：《媒体对新生代农民工形象建构存在的问题及改进路径》，《今传媒（学术版）》2017年第6期。

③ 安帮建：《农村留守儿童媒介形象研究》，《西部广播电视》2017年第15期。

④ 林凌、朱芳婷：《新闻反转背后的逻辑》，《新闻战线》2017年第7期。

⑤ 曾润喜、刘琼：《公共议题的媒体建构与政策变迁：基于农民工媒介形象》，《现代传播（中国传媒大学学报）》2017年第4期。

⑥ 董天策、王慧超：《"剩女"媒介形象是反映现实还是人为建构？——新浪网2011—2015年"剩女"报道研究》，《新闻界》2017年第11期。

⑦ 张雯、余红：《平权的假象——媒体"剩女"形象建构的纵向研究》，《中国青年研究》2017年第5期。

⑧ 闫岩、邹文雪：《从"工友"到"他们"：建国以来特大事故对象指称词的变迁（1949—2016）》，《新闻与传播研究》2017年第8期。

⑨ 同上。

⑩ 董天策、王慧超：《"剩女"媒介形象是反映现实还是人为建构？——新浪网2011—2015年"剩女"报道研究》，《新闻界》2017年第11期。

结合的形式对社会化媒体中公共事件的呈现框架做比较分析①。

有研究者研究了“转基因”等科学议题传播中的“非科学化”趋势，并从传者和受者两方面分析其原因②。研究分析，记者为吸引眼球夸大其词，为体现“中立”而赋予主流和非主流的观点相同报道权重，总体上是缺乏专业知识导致报道偏差。公众在面对科学类信息时，也不一定有足够背景知识对其进行准确理解。并且，一部分公众倾向于用新信息证明和强化既有立场，或者服从意见领袖、所属群体的观念。此外，科学议题传播的扭曲也与其自身特点有关：议题的未知性带来不安全感，使得人们容易形成“自我保护”的情绪和立场。与之相对，伪科学则迎合了人们偏好的认知框架，因此更容易被接受。

四、反转新闻、网络谣言及个人隐私问题与治理

应用新闻业出现新现象的同时，也带来了新问题。研究者们探讨了反转新闻、网络谣言、数据隐私等问题，并从新闻生产模式、社会心理、法律救济等角度对其进行剖析和思考。这一年，“新闻反转”现象引发研究者们关注。有研究者探讨了“新闻反转”和“假新闻”之间的区别：假新闻所依据的“新闻事实”是虚构的，而反转新闻所依据的“新闻事实”是不断订正但客观存在的③。有研究者也认为反转新闻是新闻真相的“过程化呈现”④。研究进一步分析，反转新闻的内容体现了现阶段新闻报道中对情感和观点的看重，反映了大众的已有认知模式，其焦点话题投射了深层次社会现实。他把反转新闻放在新闻业的大环境下分析，指出其是“原有新闻模式遭受冲击、新的模式尚未建立”阶段的产物。有研究者从技术角度分析反转新闻出现的原因⑤：技术进步降低信息传播门槛、图片音频等技术形式对新闻进行包装再造、网络技术带来信息碎片化传播、媒体为博取点击率放宽把关。

从上述研究来看，反转新闻、假新闻、网络谣言三者关系较为密切。有研究者总结了网络谣言特点：迎合网民的恐惧、欲望，诉诸地域、身份、心理认同感等⑥。有研究者从社会心理学的角度阐释了美国大选中部分公众接受假新闻的原因⑦。他们指出，假新闻流行是由于在社会矛盾激化情况下，它佐证了部分受众的预设观念，并有助于集体情绪的宣泄。在此情境下，假新闻成为社会抗争工具。值得一提的是，“事实核查”对于打击假新闻、治理网络谣言具有重要作用。有研究者梳理了事实核查在西方的发展情况、操作形式、呈现特点⑧。有研究者分析了事实核查的传播

---

① 张伦、钟智锦：《社会化媒体公共事件话语框架比较分析》，《新闻记者》2017 年第 2 期。

② 彭兰：《人人皆媒时代的困境与突围可能》，《新闻与写作》2017 年第 11 期。

③ 王君超、刘沫潇：《论新闻的“反转”》，《新闻战线》2017 年第 5 期。

④ 宋祖华：《新闻真相的别样呈现：反转新闻与新闻真相关系的再思考》，《新闻界》2017 年第 12 期。

⑤ 林凌、朱芳婷：《新闻反转背后的逻辑》，《新闻战线》2017 年第 7 期。

⑥ 金璇、赵玉现：《共治视角下的网络谣言分析——微信平台谣言治理实践》，《新闻与写作》2017 年第 6 期。

⑦ 史安斌、王沛楠：《作为社会抗争的假新闻——美国大选假新闻现象的阐释路径与生成机制》，《新闻记者》2017 年第 6 期。

⑧ 周炜乐、方师师：《从新闻核查到核查新闻——事实核查的美国传统及在欧洲的嬗变》，《新闻记者》2017 年第 4 期；张滋宜、金兼斌：《西方媒体事实核查新闻的特点与趋势》，《中国记者》2017 年第 1 期。

失灵现象并对其分析①。他们认为此现象既表现出受众情感主导、认知简化的特点，也体现出新闻业职业控制和公众参与新闻生产的矛盾，以及新兴力量对既有政治、经济秩序的反制。

此外，网络隐私问题继续引发研究者们的关注。有研究者指出，算法的个性化信息推送把用户置于“监视”之中：想要定制信息，就得先泄露自己的信息②。据研究者分析，新闻报道所依托的数据，在新闻的公共性、数据适用性等方面与隐私权、商业利益等存在内在冲突③。人工智能时代，网络隐私问题变得较为复杂。有研究者从法律层面探讨了人工智能中的隐私保护问题。文章提到“信息隐私”“空间隐私”“自决隐私”三种个人隐私遭受潜在威胁，并指出相应行为的法律性质，探讨了法律救济方式④。

五、后真相时代的传播挑战及其应对

“后真相”是 Steve Tesich 于 1992 年在美国《国家》杂志上首次提出的概念。《牛津词典》将其解释为：相较客观事实，情感和理念对舆论影响更大。此现象在美国大选、英国脱欧过程中得到集中体现，并被《牛津词典》选为 2016 年年度关键词⑤。国内的新闻生产和传播业也体现出“后真相”时代的“情感化”倾向。有研究者从信息生产和消费的角度解释“重情感体验”的当前信息消费趋势。其研究援引菲利普·科特勒对消费社会行为“量”“质”“情感”的三阶段划分，指出在海量信息、高质量信息不再缺乏的现状中，人们开始注重“情感交流”“人际互动”的信息功能。由此表明，“情感消费”的信息消费方式正在崛起⑥。有研究者从信息接受和传播机制的角度解释了情绪化传播的兴起原因：社交平台中信息的多元化和复杂化让普通受众难以从事实和价值的角度筛选信息，因而只能根据情绪和直觉来选择。此外，基于网络人际关系传播渠道，与情绪相关的话题内容更容易得到传播⑦。有研究者从“社群化”传播角度洞察新闻生产中的情感问题⑧。相关研究指出，由于互联网兴起等因素，媒体从服务大众转向服务特定群体，导致传播的社群化。

研究者们还关注到新闻的“社群化”传播及其导致的“回声室”现象。有研究者指出，在传媒业愈来愈多元、意见和视角愈来愈多样的同时，媒介生态变得更为分裂，社会共识更难达成⑨。公众信任“群体”而非“媒体”，仅关注和接受与自己群体价值观相契合的信息，容易形成“回声室效应”。有研究者⑩的研究为“回声室效应”提供了实证支持。研究通过分析 2016 年的网络舆论发现，网络上出现极化舆论放大、民粹主义思

① 周睿鸣、刘于思：《客观事实已经无效了吗？——“后真相”语境下事实查验的发展、效果与未来》，《新闻记者》2017 年第 1 期。

② 郝雨、李林霞：《算法推送：信息私人定制的“个性化”圈套》，《新闻记者》2018 年第 2 期。

③ 吴小坤、童峥：《数据新闻对传统新闻价值的突破与重构》，《当代传播》2017 年第 4 期。

④ 邵国松、黄琪：《人工智能中的隐私保护问题》，《现代传播（中国传媒大学学报）》2017 年第 12 期。

⑤ Kreitner, Richard, “Post-Truth and Its Consequences: What a 25 - Year-Old Essay Tells Us About the Current Moment”, *The Nation*, November 20, 2016.

⑥ 喻国明：《社交网络时代话语表达的特点与逻辑》，《新闻与写作》2017 年第 7 期。

⑦ 彭兰：《人人皆媒时代的困境与突围可能》，《新闻与写作》2017 年第 11 期。

⑧ 张华：《“后真相”时代的中国新闻业》，《新闻大学》2017 年第 3 期。

⑨ 潘一凡：《众媒时代：多元的媒介新生态》，《新闻大学》2017 年第 3 期。

⑩ 李良荣：《新生态新业态新取向——2016 年网络空间舆论场特征概述》，《新闻记者》2017 年第 1 期。

潮加强的趋势。这和此时专业媒体影响力下降也有关联。有研究者总结了传统新闻生产模式遭受到的具体挑战：新闻专业主义规则被技术改变、大众媒体的信息垄断和议程设置的能力被网络信息削弱等[①]。

这一系列挑战促使新闻从业主体对自身合法性进行建构。有研究者关注到媒体的危机话语建构[②]。其研究通过分析不同类型媒体宣言，指出停刊宣言中的“新闻理想”，改版宣言里的呼吁“坚守”，创刊宣言中的“情怀、创新”，都体现了媒体应对危机的“正当化”话语建构策略。有研究者引入“合法性”概念及分类[③]，在此基础上分析48篇“新年献词”，考察了媒体建构职业权威的方式[④]。他们发现党报通过使用“人民”“社会”等要素进行“执政合法性”建构，而市场化报纸则通过提及专业规范、转型成果、历史源流等要素，分别建构“道德、绩效、历史合法性”。他们还指出，合法性建构既有文化价值功能，建立大众对新闻业的价值规范认知，也发挥象征资源功能，体现媒体的改革诉求。

总体而言，面对后真相时代的挑战，研究者们更加意识到新闻业的重要性。有研究者从社会需求的角度阐释新闻业价值，并呼吁打破阻隔，使公共信息传达到每个个体[⑤]。有研究者则从“公共生活”层面强调新闻业的不可或缺：各群体表述交流诉求，巩固联结，协调行动的活动必须有共享的事实性信息做基础[⑥]。他们认为，新闻从业者既是一个职业的共同体，也是一个阐释的共同体。

撰稿：张志安（中山大学传播与设计学院教授，中国新闻史学会应用新闻传播学研究会会长）

江晓雅（中山大学传播与设计学院科研秘书、大数据传播实验室项目助理）

---

① 甘露：《传统新闻生产模式的五大挑战》，《新闻与写作》2017年第5期。

② 白红义、李拓：《新闻业危机应对策略的“正当化”话语：一项基于中国媒体宣言的探索性研究》，《新闻大学》2017年第6期。

③ Suchman, Mark C., “Managing Legitimacy: Strategic and Institutional Approaches”, *Academy of Management Review*, 1995, 20 (3): 571-610.

④ 张志安、章震：《媒介融合语境下新闻职业权威的话语建构——基于48家媒体2016年新年献词的话语研究》，《现代传播（中国传媒大学学报）》2017年第1期。

⑤ 彭兰：《人人皆媒时代的困境与突围可能》，《新闻与写作》2017年第11期；张华：《“后真相”时代的中国新闻业》，《新闻大学》2017年第3期。

⑥ 潘忠党、陆晔：《走向公共：新闻专业主义再出发》，《国际新闻界》2017年第10期。

中国新闻传播史研究2017年综述

2017年是中国新闻传播史研究彪炳史册的一年。一年来，中国新闻传播史研究沿着持续健康的道路向前迈进。抗战新闻传播史在纪念中国全面抗日战争80周年之际朝着更加深广的层面继续开拓，形成一个崭新的研究局面。中国新闻传播史各大领域的研究均有所进步，除了传统的报人报刊研究外，新闻传播思想史的研究亮点颇多。中国新闻传播史研究者更加主动、有意识地将新方法、新角度引入学界，不断开拓新的研究领域，学术版图进一步扩大。中国新闻传播史研究队伍不断扩大，在总结和反思中国新闻传播史研究历史和现状中，不断推动着中国新闻传播史研究向纵深发展。

一、抗战新闻传播史研究持续升温

1937年7月7日，卢沟桥事变，中国抗日战争全面爆发。值此中国抗日战争全面爆发80周年之际，抗战新闻传播史研究热度不减，持续升温，受到国家社科基金项目资助研究的力度加大，研究平台不断得到巩固，研究成果累累。

据统计，2017年获批的国家社科基金项目中，以抗战新闻传播史为主题或与其相关的项目共计10项，较2016年有大幅提升。①

抗日新闻传播史研究平台不断巩固，发挥学术影响力。2017年12月9日，第三届中国抗战新闻传播史学术研讨会在重庆大学召开，论坛以“传播媒介与抗战救亡”为主题，旨在纪念全面抗战爆发80周年。这次会议主要的议题有抗日战争与中国新闻传媒事业的转型研究、抗日时期中国报人的职业选择、社会流动及其报业实践研究、抗战时期的媒体、社会与大众生活研究、抗日时期大后方的信息传播、社会动员与抗战救亡研究、抗战时期的新闻传播、国际传播与国家形象研究、日本侵华的新闻侵略与殖民传播研究、抗战新闻史研究新的史料、问题与方法等。

在研究者的不懈努力下，抗战新闻传播史研究继续从新角度探析战时新闻宣传活动。《抗战外宣的主力军与领军人：“国宣处”与董显光、曾虚白》一文，考察了国民党中宣部国际宣传处在抗战时期开展的对外宣传工作，并提出由于国民党中宣部副部长董显光和该处负责人曾虚白

---

① 2017年获批的新闻传播学国家社科基金一般项目中，与抗战主题相关的有：《抗战后期四大党（官）报文艺副刊整体性比较研究（1942—1945）》（淮阴师范学院李相银）、《抗战时期中国共产党在对日宣传战中的中流砥柱作用研究》（中国传媒大学赵新利）、《近代日本对华新闻调查活动研究》（河南大学史洪智）、《“七七事变”前东北新闻界对日本新闻侵略的抵制研究》（哈尔滨商业大学王翠荣）、《日本对近代内蒙古东部地区的新闻侵略研究》（内蒙古大学娜仁格日勒）、《香港进步报刊的统战宣传研究（1927—1949）》（广州大学田秋生）、《日俄两国对近代东北的侵略与舆论争锋研究（1894—1932）》（山西大学李彩霞）；获批与抗战主题相关的青年项目有：《日本馆藏侵华时期各国新闻舆论缀集研究（1931—1945）》（湖南工业大学范晓露）、《中国共产党揭露侵华日军暴行的报刊资料整理与研究（1931—1945）》（南京大学王楠）。另外，获批的与抗战主题相关的国家社科重大项目有《多卷本〈延安时期新闻传播文化史〉》（西北大学王春泉）。

与蒋介石夫妇的特殊关系，国宣处成为一个“小机构大使命”“直通天庭”的“畸形机构”；在董、曾二人的指导下，该处为抗战宣传做出了重要贡献。[①]《抗战前后国民党在港澳宣传活动之考察》一文，探析了抗战前后国民党在港澳的宣传活动，并指出由国民党海外部港澳总支部、国宣处、中央通讯社组成的宣传网络，因为自身不可逾越的组织架构缺陷和派系斗争问题，严重滞碍了宣传效能的发挥。[②]有研究者着重考察了从抗日战争开始前一直到抗战结束，中国的新闻宣传口径从“推翻国民党反动政府”到“国共合作共同抗日”，再从“和平民主建国”到“打倒蒋介石”的历时性转折。[③]《从自相矛盾到全面依附：太平洋战争爆发前国民党抗战舆论中的美国观（1937—1941）》一文，通过《中央日报》分析当时国民党抗战舆论中的美国观，总结出其中的变化过程：从自相矛盾、进退失据到冷静猜忌、赌徒押宝，国民党发展出全面依靠美国的舆论趋向更像是“病急乱投医”式的选择。[④]抗战期间，日本在华新闻传播活动研究在新史料的挖掘下，出现新成果。《“皇国”的迷思：近代日本在华记者的情报活动——以末次政太郎及其〈末次研究资料〉为中心的考察》[⑤]一文利用新史料，还原末次政太郎的人生经历，并以其在华新闻情报活动为中心，探究近代日本在华记者走上情报间谍道路的原因。有研究者提出，“他者化”叙事是殖民报刊新闻呈现的典型特征，这在近代日本在华所办报纸中有着鲜明体现；作者试图通过日本人在华所办《盛京时报》和《泰东日报》的伪满洲国“建国”报道，呈现其霸权话语机制下的“他者化”新闻叙事策略及潜藏于其中的历史逻辑。[⑥]有研究者关注日本人在香港创办的第一份报纸《香港日报》，考察其作为日本侵略者官方刊物时的策略和行动，从中了解日本统治香港的主要措施以及当时香港的社会民生状况。[⑦]另外，抗战期间，中国共产党党报史研究也受到重视。《走向群众：〈晋察冀画报〉研究》[⑧]和《延安时期〈边区群众报〉女性报道研究》[⑨]这两篇文章以共产党创办的报纸为研究对象，分析在具体的新闻实践活动中，如何体现党的新闻舆论思想的指导作用。《“党媒姓党”的历史诠释——武汉时期〈新华日报〉与中共中央的分歧及其纠正》一文通过对武汉时期《新华日报》新闻报道的分析，还原王明与中共中央对城市办报理念的分歧及对报纸言论的影响，揭示其背后的内在原因，并对中共六届六中全会后《新华日报》

① 吴廷俊：《抗战外宣的主力军与领军人：“国宣处”与董显光、曾虚白》，《兰州大学学报（社会科学版）》2017年第1期。

② 刘家林、王明亮：《抗战前后国民党在港澳宣传活动之考察》，《新闻春秋》2017年第3期。

③ 倪延年：《抗战前后共产党新闻宣传口径的历史性转折与启示》，《现代传播（中国传媒大学学报）》2017年第12期。

④ 王保平、涂晓华：《从自相矛盾到全面依附：太平洋战争爆发前国民党抗战舆论中的美国观（1937—1941）》，《新闻春秋》2017年第2期。

⑤ 俞凡、谢小建：《“皇国”的迷思：近代日本在华记者的情报活动——以末次政太郎及其〈末次研究资料〉为中心的考察》，《新闻与传播研究》2017年第6期。

⑥ 梁德学：《近代日本人在华中文报纸的殖民话语与“他者”叙事——以〈盛京时报〉〈泰东日报〉的伪满洲国“建国”报道为例》，《新闻大学》2017年第3期。

⑦ 刘书峰、李奕言：《策略、行动与宣传：中日战争与〈香港日报〉》，《新闻春秋》2017年第3期。

⑧ 曹培鑫、赵鹏：《走向群众：〈晋察冀画报〉研究》，《现代传播（中国传媒大学学报）》2017年第5期。

⑨ 田颂云：《延安时期〈边区群众报〉女性报道研究》，《当代传播》2017年第5期。

在周恩来的指导下重回正确轨道的情况加以梳理。①

二、报刊报人研究稳步向前

报刊报人研究，一直以来是中国新闻传播史研究的重点与落脚点。2017年报刊报人的研究呈现稳步向前、愈发深入的态势，表现出以下两个较为显著的特点。

（一）报刊研究考究细致，个案丰富

近代在华外报研究在新史料的运用下，研究取得突破。有研究者对中国古代报纸与近代报纸的前后比照中，发现《察世俗每月统记传》实现了读者对象的大众化、风格的通俗化，并以“新知”为主要传播内容，故对其后中国近代报刊的发展产生影响，这些“近代化”因素也使确定《察世俗每月统记传》为近代报纸和近代新闻事业开端的理由更为充分。② 也有研究者运用新史料对该报的出版时间进行了细致考察，认为由于《察世俗每月统记传》原件、复制品和微缩胶卷散佚世界各地，给研究者带来极大不便，导致研究错讹之处较多，尤其出版时间最明显，研究者运用美国哈佛大学燕京学社图书馆馆藏现存最后一期“道光壬午年二月”《察世俗每月统记传》，认为：该刊于农历1822年二月还在继续出版；同时1839年《马礼逊回忆录》表明：《察世俗每月统记传》至迟于1822年6月已经停刊。因此，《察世俗每月统记传》创刊于1815年8月5日（七月初一），终刊于1822年2—6月。③ 近代在华外文报研究也取得新成果，如《在华外报与“中国国民性”话语生产探源——以〈广州记录报〉和〈中国丛报〉为例》④ 和《谁是“野蛮人”？——19世纪早期在华英文外报议题研究》⑤。尤其英文《广州记录报》研究取得突破。该报作为广州第一份近代化报刊，不仅是近代中国第一份英文报刊，而且是鸦片战争前后中国最重要的商业报刊。但在目前各种新闻史籍著述中，其基本情况的介绍却错谬甚多，如该报中文名称就有四种之多，创办者有三种说法。研究者以《广州记录报》缩微胶卷为新史料，介绍其创刊过程、编辑方针、主要内容、编排特色等概况；论述其在践行和传播新闻出版自由理念、出版增刊号外，注重革新版面和多样经营等方面的开创性贡献。研究认为：《广州记录报》不仅在中国新闻传播发展史具有奠基地位，成为近代中国英文报业的开端；而且在世界新闻传播发展史上具有重要的开拓意义，其积极发挥联通中外的社会作用，紧密地将中国纳入了世界信息交流的新闻网络，成为世界近代化报刊走向中国并在中华大地落地生根的关键环节之一。⑥

新闻传播史研究者对近现代国人报刊的研究在研究对象和内容方面视角多样，涉及不同报纸的发展历程、新闻报道、办报方针、文艺副刊等内容。如《〈渝报〉与西南地区近代新闻传播事业的展开——兼论“复古即维新”问题》一文聚焦西南地区近代报刊发端的《渝报》，认为该报与当时时务报刊一道，为晚清知识分子介

---

① 齐辉、王雪驹：《“党媒姓党”的历史诠释——武汉时期〈新华日报〉与中共中央的分歧及其纠正》，《新闻记者》2017年第2期。

② 许莹：《〈察世俗每月统记传〉“近代化”特征探究》，《新闻春秋》2017年第4期。

③ 邓绍根：《〈察世俗每月统记传〉出版时间考》，《中国社会科学报》2017年5月4日第3版。

④ 谢庆立：《在华外报与“中国国民性”话语生产探源——以〈广州记录报〉和〈中国丛报〉为例》，《新闻记者》2017年第7期。

⑤ 谢庆立：《谁是“野蛮人”？——19世纪早期在华英文外报议题研究》，《新闻大学》2017年第12期。

⑥ 邓绍根：《近代中国英文报业的开端——〈广州记录报〉初探》，《新闻与传播研究》2017年第8期。

入国家政治生活，突破由君王统掌严控信息这一传统的政治传播体制提供了可能。宋育仁“复古即维新”论将新的变化和知识纳入儒学框架中去，从而创造出一种以现代世界变化为背景的经学知识，来实现儒学的自我转化，为晚清社会的革新提供历史的根据。[①]《清政府查禁〈民报〉问题探析》一文分析中国同盟会东京总部的机关报《民报》被清政府查禁的政治背景、缘起、举措及影响。该文指出《民报》在国内流传的渠道没有完全截断，革命书报的影响力不容忽视，严令峻法并没有能够遏止革命思想在国内的传播与动员。[②]《从“四不”到“二不”：探析新记〈大公报〉办报方针表述改变的背后》一文指出“四不”方针是大公报人基于早期经验的总结，“二不”方针（即“不私、不盲”）是大公报人基于抗战现实而于1943年作出的新的调整和概括。新记《大公报》在抗战中提出“国家中心论”，维护以蒋介石为中心的国民政府；也正是因为坚持这一立场，它在抗战后和国民政府逐渐疏离，提出第三条道路，在香港复刊。[③] 此外，还有《中国报纸时评的早期探索与成功实践——上海〈时报〉时评研究》[④]《训政理念下的革命文学——南京〈中央日报〉(1929—1930) 文艺副刊之考察》[⑤]《〈陕西国民日报〉的国民革命新闻观》[⑥]《国内国际政治对重大外交事件报道的建构：〈中央日报〉〈新华日报〉美国副总统华莱士访华报道研究》[⑦] 等。

（二）报人研究个体与群体兼顾

新闻传播史研究者对报人的研究，一般结合时人关系与社会语境，在深化具体个案的考证的同时，呈现了当时报刊等媒介创办、发展、改革、突破以及终结的具体过程，也说明了时代的特征及其发展趋向。如《张闻天的新闻实践研究》一书，以时间为轴，历时性地介绍张闻天从尝试编辑工作、初次创办刊物到整顿机关报刊、重视理论刊物再到关心和指导地方报刊等新闻工作经历，并总结了张闻天新闻工作的价值、特点及启示[⑧]；《戈公振新闻思想研究》一书剖析了戈公振新闻本位、新闻法制、新闻教育、自由主义、新闻编辑、媒体经管等新闻思想的各个维度，全面展示了戈公振新闻思想的丰富内涵和时代特征。[⑨] 相关主题的论文还有《从职业无意识到职业认同——范长江职业认知与职业精神的发育与建构》[⑩]《范长江离开〈大公报〉的原因探析》[⑪]《被误读的报人汪康

① 王仙子：《〈渝报〉与西南地区近代新闻传播事业的展开——兼论“复古即维新”问题》，《新闻与传播研究》2017年第12期。

② 安东强：《清政府查禁〈民报〉问题探析》，《新闻与传播研究》2017年第4期。

③ 王咏梅、刘宪阁：《从“四不”到“二不”——探析新记〈大公报〉办报方针表述改变的背后》，《新闻与传播研究》2017年第2期。

④ 余玉：《中国报纸时评的早期探索与成功实践——上海〈时报〉时评研究》，《新闻大学》2017年第2期。

⑤ 张武军：《训政理念下的革命文学——南京〈中央日报〉(1929—1930) 文艺副刊之考察》，《中山大学学报(社会科学版)》2017年第1期。

⑥ 李文、贺才钊：《〈陕西国民日报〉的国民革命新闻观》，《新闻春秋》2017年第2期。

⑦ 钟新、张子晗：《国内国际政治对重大外交事件报道的建构：〈中央日报〉〈新华日报〉美国副总统华莱士访华报道研究》，《新闻春秋》2017年第3期。

⑧ 杨永兴：《张闻天的新闻实践研究》，光明日报出版社2017年版。

⑨ 蔡斐：《戈公振新闻思想研究》，中国传媒大学出版社2017年版。

⑩ 樊亚平、丁冬女：《从职业无意识到职业认同——范长江职业认知与职业精神的发育与建构》，《兰州大学学报(社会科学版)》2017年第1期。

⑪ 樊亚平：《范长江离开〈大公报〉的原因探析》，《新闻大学》2017年第3期。

年：从新闻学研究和历史学研究的比较谈起》①《抗战时期报人陈博生新闻实践活动初探》②《新闻史知识生产视野下的林白水研究》③《一个基督徒的家国情怀与新闻生涯：张雪岩的人生道路》④《中国新闻职业化的战后际遇——以成舍我的经历为中心（1945—1949）》⑤《在理想与现实之间：马星野与〈自由中国〉关系的初考察》⑥ 等。

社会团体与组织是新闻传播史研究的热点课题，对报人群体和组织的考察增多，且表现出几个特征：一是从报人自身的选择与追求来看，研究者尝试总结报人的政治立场、职业诉求及身份认同等内容。《转向大众：晚清报人的兴起与转变（1872—1912）》一书着眼于晚清中国知识精英借助报刊论政的历史现象，探讨他们如何从边缘走向中心，在此过程中他们的政治思想和对报刊媒介的理解有着怎样的变化等，试图回答报刊言论对晚清的政治改革与政治文化塑造产生的深刻影响等问题。⑦ 论文《职业诉求与政治表达：抗战时期的“九一”记者节》研究得出记者节及其年度盛会，为新闻界的职业言说与政治诉求提供了一种特殊的时空背景，新闻从业人员借助职业符号和职业话语，表达政治意愿，争取言论自由，既迎合改善战时新闻工作的需要，又有利于维护民主、反对独裁和坚持抗战，由此实现新闻与政治的双赢。⑧《近现代不同立场办报之人的身份认同——以梁启超、于右任、李大钊、史量才等人撰写的报刊发刊词为主的考察》一文，选取资产阶级维新派报人、资产阶级革命派报人、无产阶级报人、商业报（大众报）人中的典型代表，通过研究他们撰写的报刊发刊词进而探讨他们的身份认同。该文发现这些报人的身份认同，呈现为政治职业认同状态和新闻职业认同状态，政治性媒体的从业者不及商业媒体人更为接近其新闻专业状态，抗拒性认同和规划性认同是新闻职业认同的核心元素。⑨

二是从报人群体的内部组织来看，研究者尝试探究机构运营、组织规划、网络关系等方面的内容，其中报人间的阶层交际圈、人脉关系链的作用与影响被凸显出来。《旧关系与新组织：从〈时务报〉看中国同人报的内在困局》一文以《时务报》的迅速建成和内部纷争为个案，探讨同人报刊在近代中国社会背景下陷于规则的内在难题与困境。时务报馆同事间产生纠葛，以人脉关系链接的同道中人不断卷入，被动牵扯或主动过问直至席卷了几乎整个维新阵营，甚至整个士林，乃至从维新设计之争蜕变成赤裸裸的人事倾轧。⑩《跨出口岸：基于“士林”的〈时务报〉全国覆盖》中提到，正是得助于“士林”这个在全国既在且遍在的关系网络，以《时务报》为代表的“士

① 刘新利：《被误读的报人汪康年：从新闻学研究和历史学研究的比较谈起》，《新闻界》2017 年第 6 期。

② 裴桐、齐辉：《抗战时期报人陈博生新闻实践活动初探》，《新闻春秋》2017 年第 4 期。

③ 毛章清：《新闻史知识生产视野下的林白水研究》，《现代传播（中国传媒大学学报）》2017 年第 9 期。

④ 王绿萍：《一个基督徒的家国情怀与新闻生涯：张雪岩的人生道路》，《新闻春秋》2017 年第 2 期。

⑤ 唐海江：《中国新闻职业化的战后际遇——以成舍我的经历为中心（1945—1949）》，《新闻与传播评论》2017 年第 1 期。

⑥ 王继先：《在理想与现实之间：马星野与〈自由中国〉关系的初考察》，《现代传播（中国传媒大学学报）》2017 年第 8 期。

⑦ 李礼：《转向大众：晚清报人的兴起与转变（1872—1912）》，北京师范大学出版社 2017 年版。

⑧ 赵建国：《职业诉求与政治表达：抗战时期的“九一”记者节》，《新闻与传播研究》2017 年第 7 期。

⑨ 肖燕雄、卢晓：《近现代不同立场办报之人的身份认同——以梁启超、于右任、李大钊、史量才等人撰写的报刊发刊词为主的考察》，《新闻界》2017 年第 3 期。

⑩ 朱至刚：《旧关系与新组织：从〈时务报〉看中国同人报的内在困局》，《现代传播（中国传媒大学学报）》2017 年第 2 期。

大夫之报”才能超越商业网络的局限，迅速借用到可观的人力资源，稳定地跨出口岸、深入内陆。①《民国时期记者社会网络特征与运作动力》一文认为民国时期记者社会网络在情感和理性的双重驱动下，网络内部体现了泛家族取向、“搭桥”的显著效用、弱联系的强大力量，以及选择机制和社会影响造成的同质现象，而网络内外则形成了区别对待的矛盾态势。民国时期记者社会网络运作对新闻实践产生影响，即在便利信息获取和提高职业化程度的过程中滋生了一些不良作风，有损记者形象和新闻客观。②《论民国新闻记者交际费用的来源、使用与影响》一文分析记者交际费用的独特作用及发展变化，认为这不仅直接影响记者采写活动的得失成败，而且还细腻而流动地渗透入新闻生产的每个环节，深刻而微妙地制约着新闻生产的表现形态和新闻事业的社会影响。③

三是从报人群体所处的外部环境及宏观背景来看，相关研究有论文《规范与限制：国民党新闻团体政策之考察（1927—1937）》，该文认为国民党对新闻团体采取分而治之的政策，将其整合到党国政体的架构之中，客观上在提倡与规范新闻团体方面起到推动作用，扩大了新闻界的活动空间，加速了中国近代新闻职业化进程。④《南方局报人群体兴起历史轨迹考察》一文考察南方局报人群体的兴起、发展的历史轨迹，南方局充分利用有利形势和新闻统战基础，成立“青记”“国新社”，并通过办学、办报等手段培养后备人才，扩大新闻队伍，在国统区逐步形成以中共党员报人为核心、进步报人为纽带、中间立场报人为外围的南方局报人群体，呈现出明暗交织、多层推进的三线办报格局。⑤

三、新闻传播思想史研究活跃非凡

今年的新闻传播思想史的论文中，多篇文章涉及古代新闻传播史。这些研究聚焦于露布、歌谣等古代的具有政治色彩的传播活动，大多以传播学的理论或视角审视古代的各类传播活动，并探寻其政治上的功能或意义。《古代传播媒介“露布”政治功能考察》一文在考察了古代“露布”这种传播方式演变过程的基础上，分析了露布的政治传播功能。⑥研究者在《“传播”即“政治”——“政治传播”视角下的中国传播史研究框架》中，提出中国大众传播媒介的生态始终融合在政治生态中，各个时期的政治结构是大众传播媒介的底层结构，其所呈现出来的各种现象是当时政治活动的一种反映。中国大众传播史在各个历史时期不同程度地诠释着“民主”“专制”“新知”“启蒙”“解放”“革命”等政治核心话语。具体表现为大众传播媒介的诞生和演进是在“民主”和“专制”两种框架的碰撞下演绎叠进的；在社会制度交割的关键时期大众传播媒介总是扮演着“新知”“启蒙”与“解放”的工具之角色。⑦《“歌以咏政”：作为舆论机制的先秦歌谣及其政治传播功能》一

---

① 朱至刚：《跨出口岸：基于“士林”的〈时务报〉全国覆盖》，《新闻与传播研究》2017年第10期。

② 庞慧敏、常媛媛：《民国时期记者社会网络特征与运作动力》，《新闻与传播研究》2017年第8期。

③ 路鹏程：《论民国新闻记者交际费用的来源、使用与影响》，《新闻大学》2017年第2期。

④ 虞文俊：《规范与限制：国民党新闻团体政策之考察（1927—1937）》，《现代传播（中国传媒大学学报）》2017年第7期。

⑤ 吴自力：《南方局报人群体兴起历史轨迹考察》，《新闻与传播研究》2017年第7期。

⑥ 赵云泽、楚航：《古代传播媒介“露布”政治功能考察》，《新闻春秋》2017年第1期。

⑦ 赵云泽：《“传播”即“政治”——“政治传播”视角下的中国传播史研究框架》，《兰州大学学报（社会科学版）》2017年第4期。

文以“歌舆”指代用歌谣这种艺术形态表现出来的舆论。先秦歌谣的世俗性、现实性和政治性，使之成为一种重要的舆论机制。中国特色的“采诗观风”制度更使歌谣很早就服务于政治。先秦歌谣在政治表达、宣传教化、政治监督、舆论动员以及权力博弈中都发挥着重要的作用，这也使得它在人类早期的文化与政治史上独具特色。[①]《“言语”文化兴起与清末社会之变——以口语传播为中心的思考》一文聚焦于清末的政治生活领域中的宣讲、演说等，将这些“言语”活动的兴起与社会结构的改变联系在一起，提出在“言语”活动当中，民众的平等意识萌发；茶馆、戏院、公园作为公共场域的公开性、开放性与参与性，实现了“市民社会”的整合。面对面直接交流所隐含的传播主体与受众交往关系的密切，意味着以公共场域为纽带的相较平等社会关系的建立成为可能。[②]同样是聚焦于晚清的政治活动，有学者则将目光放在了晚清的书院和报人上，在《晚清书院读报活动与时务新知的传播》一文中提出教会书院是传播新式报刊的重要途径。维新前后，地方大员对书院和报刊的重视促进了“报刊作为思想纸和知识纸的价值”被书院师生认可。书院师生的读报活动具有公共和私人阅读相结合的特点，报刊、书院和学会的互动进一步推动了书院师生思想观念的转变。[③] 报刊阅读史研究也有所发展。《意义生产的“圈层共振”——基于建国初期读报小组的研究》一文分析了中华人民共和国成立之初读报小组运动中的集体阅读行动及其对社会的影响。研究指出，读报小组通过集体阅读、讨论和写作，形成了“圈层共振”的集体意义生产机制，使民众在脑海中形成一张日常生活的政治意义地图并将其付诸社会实践；这种利用业余时间和非工作空间的新闻集体解读、传播方式，使国家话语波及并在极大程度上支配了私人的生活世界；从此，通过阅读新闻及时和准确地获得日常生活的政治类型学认知并付诸行动，成为中国民众生活中最为重要的一部分。[④]

新闻传播史研究者对中国近代以来重要观念、知识的生产传播的考察，一直是近年来学术界研究的热点。这种研究路数侧重于对观念、知识的生产和传播的历时性考察，重点在于解释一项观念或知识的形成演变与近代中国社会的联系所在。《现代中国“劳动”观念的形成：以1890—1924年为中心》一文认为，“劳”字的苦痛与功劳二意，以及孟子劳心劳力与秩序设计的传统思考，为转变提供了知识背景。1890年代前后以陈炽为代表的生产观，以及梁启超论及新民时的生利分利观，则为转型之近代准备。进入20世纪后，新思潮的传播进一步推动了现代“劳动”观念的形成。其间遇到劳心劳力等传统模式的韧性抵抗，但逐渐形成基于科学思维的脑体分类新描述。在与工作等观念的互动碰撞中，劳动逐渐改变苦痛、卑贱形象，转为快乐、光荣甚至神圣之事，并形成一套新的观念系统，最终融入迈向历史的革命叙述。[⑤]《民国时期的电视知识生产》一文，主要探讨在民国时期与电视相

① 潘祥辉：《“歌以咏政”：作为舆论机制的先秦歌谣及其政治传播功能》，《新闻与传播研究》2017年第6期。

② 程丽红：《“言语”文化兴起与清末社会之变——以口语传播为中心的思考》，《学术月刊》2017年第8期。

③ 蒋建国：《晚清书院读报活动与时务新知的传播》，《学术月刊》2017年第4期。

④ 周海燕：《意义生产的“圈层共振”：基于建国初期读报小组的研究》，《现代传播（中国传媒大学学报）》2017年第9期。

⑤ 刘宪阁：《现代中国“劳动”观念的形成：以1890—1924年为中心》，《现代传播（中国传媒大学学报）》2017年第3期。

关的知识进入中国的过程中，不同的学者在不同的层面对其进行解释，总的来讲，这些解释紧扣“电视”二字的字面意义，将其视作“千里眼”“顺风耳”等古代神话想象的替代，同时又离不开电视技术本身的实际，由此构成民国时期特殊的知识生产点。① 有研究者将《泰晤士报》视作“一个被反复言说和运用并贯穿于整个近代历程的西方资源”，重点分析不同时期“国人言说用意及其重心转移”。具体来讲，晚清时期，国人主要将其作为“新报”的构想参照；清末民初党争中突出其“独立报业”的面向；20 世纪二三十年代后的新闻职业进程化中，则偏重反思其商业化利弊。至战后国共两党政争期间，《泰晤士报》演变为阶级话语中的批判对象。②《传播的理论与理论的传播：传播学史研究及其知识社会学方法》一文以知识社会学作为研究方法，传播学的新历史不仅是对既往传播思想史、传播研究史的事实发掘，更具有创生传播思想、开拓传播研究新路径的现实功能。③

研究者也不断对传播学中的经典概念理论做学术史的回顾和反思，力图厘清传播理论的发展历史，从而更清晰地认识和使用理论。《2014—2016 年中国的传播思想史研究》一文将中国的传播思想史研究分为以下六大模块进行归类和简要论述，这当中有范式转换的新话语、概念旅行的再考证、辉格史观的再阐释、批判叙事的再生产和历史书写的再校勘，试图从学科身份和学术语境的多元叙事还原传播思想史的知识地图和思考脉络。④《一项经典研究的诞生：知沟假说早期研究史的知识社会学考察》一文，借助知识社会学视角，从内部主义和外部主义两种取向出发，重新解释美国早期“知沟假说”的提出背景与理论推广过程。研究发现，从外部视角来讲，知沟假说的提出受到了 20 世纪 60 年代美国社会改革运动和教育学研究的重要影响，可以被视为传播学对“伟大社会改革”的一次直接介入；从内部视角来讲，知沟假说作为一项研究议题，之所以可以获得较大发展，与明尼苏达小组的学术推广工作，以及美国北部农业州各赠地学院的参与息息相关。⑤《议程设置理论与研究 50 年：溯源 · 演进 · 前景》一文主要从概念溯源、理论框架、研究方法和现状前景四个方面对议程设置 50 年的发展进行梳理。该文指出从传统议程设置到属性议程设置的理论演进，对传播学的理论发展产生重要的影响；面对媒介融合为主导的传播环境变化，议程设置理论也在进一步发展完善，形成了议程设置理论第三层次——网络议程设置。⑥ 以往这一领域的研究主要集中在美国经验功能学派上，今年出现了数篇文章将视野转向欧洲，研究马克斯 · 韦伯等学者的相关思想。这些文章主要有《“自下而上”的传播思想史研究：如何可能？——以罗伯特 · 达恩顿为例》⑦《20 世纪早期的新媒介：韦伯对商

① 刘晓伟：《民国时期的电视知识生产》，《新闻界》2017 年第 10 期。

② 唐海江、丁捷：《中国近代新闻思想史上的“泰晤士报”》，《国际新闻界》2017 年第 10 期。

③ 王金礼：《传播的理论与理论的传播：传播学史研究及其知识社会学方法》，《南京社会科学》2017 年第 2 期。

④ 陈卫星、黄华：《2014—2016 年中国的传播思想史研究》，《国际新闻界》2017 年第 1 期。

⑤ 董晨宇：《一项经典研究的诞生：知沟假说早期研究史的知识社会学考察》，《国际新闻界》2017 年第 11 期。

⑥ 史安斌、王沛楠：《议程设置理论与研究 50 年：溯源 · 演进 · 前景》，《新闻与传播研究》2017 年第 10 期。

⑦ 连水兴：《“自下而上”的传播思想史研究：如何可能？——以罗伯特 · 达恩顿为例》，《现代传播（中国传媒大学学报）》2017 年第 4 期。

业报纸的媒介社会学研究》[1]《从“控制工具”到“交往媒介”：论新一代法兰克福学派学者芬伯格的传播技术观》[2]《思想的阴影：西方传播学古希腊渊源的批评性考察》[3]。

四、新闻传播专题史研究运用新视角

新闻传播史研究者以报纸杂志上的媒介内容为支撑，对特定人物或特殊的社会历史群体进行的研究向来较多，但随着研究新视角的运用，研究领域不断得到拓宽。

2017 年关于女性与媒介、女性与舆论自由、女性的被消费等的研究，成为新亮点。“自由女”、国民大会女代表等女性群体走入研究视野，她们作为特殊的媒介形象与历史记忆，有着较为重要的研究价值。《“自由”的边界：民国民法颁行初年广州的“自由女”报道》一文，选取《中华民国民法》颁行初年广州商办报纸中，最具代表性的《越华报》社会新闻中关于“自由女”的报道，从一个微观角度剖析报业所涉“自由”的多层内涵及其态度，发现商业办报积极追求的“自由”实为指向自身利益的舆论自由，实际获得的“舆论自由”则为社会舆论自由，而这个社会舆论自由权却不必然意味着公正表达，也无意推动包括女子婚恋自由在内的其他一些自由诉求。[4]《新女性与旧道德：晚清女学与舆论纷争——以私娼梁亚玲假冒女学生事件为视点》一文关注 1906 年岭南各大报刊集中报道私娼梁亚玲假冒女学生事件，探讨清季女学与女德之间的矛盾，女性解放与世俗偏见之间的矛盾，再现被符号化的女学生在清季女学之中的真实状况，以此揭示出女学在清季启蒙运动中的符号性，以及新式知识分子认知缺陷对女性解放的桎梏。[5]《1940 年代国民大会女代表的媒介形象研究》一文指出 1940 年代国民大会女代表呈现的是高度刻板化的女性形象，媒介试图将参政女性的作用降低为满足男性感官享受与权利点缀，反映了媒介、性别与政治之间复杂的权力关系。参政女性被客体化、他者化的困境在民国初时就已显现，随着商品化的发展，女性的身体重新获得关注，成为一种“视觉资源”，这成为参政女性头上的“达摩克利斯之剑”，是参政女性必须突破的困境。[6] 此外，还有《民国〈妇人画报〉现代女性的视觉建构》[7]《传教士女性启蒙文学译介与中国妇女现代启蒙》[8] 等，关注媒介中的女性形象，探讨特定时期或特定对象的女性群体与社会发展之间的互动关系。

新闻传播专题史研究逐步增多，研究对象多元化，涉及新闻图像、壁画、漫画、连环画、动画、小说和电视剧等，研究者尝试进行多维度的解构与重构。《左图右史与画中有话：中国近现代画报研究(1874—1949)》一书，首次全面系统地论

---

① 李敬、强萤：《20 世纪早期的新媒介：韦伯对商业报纸的媒介社会学研究》，《现代传播（中国传媒大学学报）》2017 年第 8 期。

② 李志敏：《从“控制工具”到“交往媒介”：论新一代法兰克福学派学者芬伯格的传播技术观》，《国际新闻界》2017 年第 3 期。

③ 单波、侯玉：《思想的阴影：西方传播学古希腊渊源的批评性考察》，《新闻与传播研究》2017 年第 12 期。

④ 胡雪莲：《“自由”的边界：民国民法颁行初年广州的“自由女”报道》，《新闻与传播研究》2017 年第 5 期。

⑤ 黎藜：《新女性与旧道德：晚清女学与舆论纷争——以私娼梁亚玲假冒女学生事件为视点》，《新闻与传播研究》2017 年第 1 期。

⑥ 耿春晓：《1940 年代国民大会女代表的媒介形象研究》，《新闻界》2017 年第 9 期。

⑦ 季芬：《民国〈妇人画报〉现代女性的视觉建构》，《新闻界》2017 年第 7 期。

⑧ 赵彦乔：《传教士女性启蒙文学译介与中国妇女现代启蒙》，《中国地质大学学报（社会科学版）》2017 年第 6 期。

述中国近现代画报发展演变的历史及其与社会现代化进程的历史互动，充实了中国新闻事业史研究中有关画报研究的学术阵地，为当今图像化时代提供了具有历史意义的注脚。[①] 论文《丑陋的嘴脸：〈新中华画报〉图像新闻分析》通过量化研究的手段，从《新中华画报》图像新闻的生产场域、构成场域和传播场域揭示其使用新闻图像的传播意义的目的，对《新中华画报》图像新闻“原境”进行重构和分析。[②]《纠偏与规训：建国初期的连环画媒介批评》一文中提到中华人民共和国成立初期的连环画媒介批评具有封闭性的“控制循环”特征，通过批评话语的不断强力纠偏，主流话语成功实现了对连环画媒介的政治规训，确保了其在《讲话》指针下的政治正确。[③] 《从“傅满洲”到“陈查理”：20世纪西方流行媒介上的中国与中国人》一文分析了从1913年开始相继问世的、以傅满洲和陈查理为主要人物的小说、漫画、电影、电视剧等各类流行媒介文本，一贬一褒的这两个中国人物的形象，形成了西方人流行观念中对中国人的刻板印象。这种以二元对立结构操演中国形象的话语策略值得探讨。在当下的全球文化情境下，打破西方强势话语的关键在于回归历史、消解二元对立，从而实现国家形象塑造的“后结构转向”。[④]《真实性的媒介化生成：近代中国都市现代性中的图像实践——以报刊新闻摄影为中心》一文中研究者认为新闻摄影延续了面向现实的写实主义，并以机械成像的方式提供了一种新的看世界的方式，外部世界以透明化方式获得了新的权威；以摄影机械为支撑的新闻真实性，重塑了新闻画中存留着的书画同源、志奇志怪等再现风格和叙事传统，由此成为人们调整自身主观感受、面向现实想象、建构交往关系的内在理据。[⑤]

一些研究者着眼于报纸与地方的互为构成，从新视角和新概念去梳理城市记忆与媒介作用，探索媒介与城市、与现代民族国家之间的相互运作关系。有研究者考察初期《申报》“耳目所周”所指向的上海，发现《申报》把上海的城市性确定为“贸易之场”“中华一大码头”，从而消解了其原有的政治和文化意义，“上海”变为一个单向度的商业性城市；以“出奇异便工力眩耀人之耳目”的“愈矜奇”，为上海城市文化定下基调，以展示其采用西方文明所带来的日新月异。[⑥]《“可见的”共同体：报纸与民族国家的另一种叙述》一文中，研究者借助人文地理学“地方可见性”概念，认为报纸发明了“新闻”，使国家从一个抽象空间，变成由现实事件构成、持续运动、拥有生命力的具体地方，从而在读者的日常生活中显现为可以诉诸情感和意义的“可见的共同体”。[⑦] 论文《城市与媒介：1936年〈大公报〉南迁的文化解读》指出，尽管沪版带有海派化的倾向，《大公报》文人论政的精神特质始

---

① 吴果中：《左图右史与画中有话：中国近现代画报研究（1874—1949）》，北京大学出版社2017年版。

② 韩丛耀、张玉洁：《丑陋的嘴脸：〈新中华画报〉图像新闻分析》，《新闻春秋》2017年第3期。

③ 张勇锋：《纠偏与规训：建国初期的连环画媒介批评》，《现代传播（中国传媒大学学报）》2017年第1期。

④ 常江：《从“傅满洲”到“陈查理”：20世纪西方流行媒介上的中国与中国人》，《新闻与传播研究》2017年第2期。

⑤ 孙藜：《真实性的媒介化生成：近代中国都市现代性中的图像实践——以报刊新闻摄影为中心》，《学术研究》2017年第6期。

⑥ 黄旦：《“奇闻异事，罔不毕录”：上海“城”的移动——初期〈申报〉研究之二》，《学术月刊》2017年第10期。

⑦ 卞冬磊：《“可见的”共同体：报纸与民族国家的另一种叙述》，《国际新闻界》2017年第12期。

终延续不辍，从而在“商人办报”一统天下的沪上报界，彰显了“文人办报”的可贵品质。《大公报》是文人论政与商业精神相结合的范例，作为津沪同刊的全国性大报，报纸的视野、报馆的格局不断提升，南北同声相应，进一步巩固了其在国内舆论界的地位。①

五、外国新闻传播史研究逐步推进

2017年外国新闻传播史研究，虽然成果不多，但有些成果是按照去年计划逐步推进，渐获成效的。如陈力丹主持的“欧洲五国新闻传播史”计划，继去年出版《英国新闻传播史》后，今年相继出版了《德国新闻传播史》② 和《法国新闻传播史》③。当然，也有外国新闻传播史著作被翻译成中文出版。如汤姆·斯丹迪奇（Tom Standage）在《维多利亚时代的互联网》一书中回溯历史，梳理了维多利亚时代的电报系统，还原人类历史上的第一次互联。他认为电报的发展同样经历了发明、推广、被怀疑、被追捧最后被取代的过程，互联网时代中的黑客、网银、网恋等都可以在维多利亚时代找到原型。④ 去年，陈力丹等人依托《新闻界》的平台，接连发表数篇文章介绍各国新闻业，今年也有相关成果发表。此外，他主持的“马克思主义新闻观小百科”专栏论文也有涉及外国新闻传播事业。如论文《从双百年政治动荡中走过来的秘鲁新闻传播业》，回顾了秘鲁两百年的新闻业历史，指出秘鲁的新闻业经常受政治运动的影响不能正常发展，直到1980年后，秘鲁政局逐渐稳定，新闻业也步入正轨。⑤《恩格斯：世界性报纸〈汉堡回声报〉》一文，介绍了19世纪后期德国社会民主党最大的地方党组织机关报《汉堡回声报》。⑥

日俄两国的新闻传播史研究受到研究者更多关注。如《日本黄色新闻潮与报业煽动机制》一文集中讨论了明治中后期日本报界以《万朝报》和《二六新报》为代表的日本黄色新闻潮，指出日本当时特殊的环境造就了黄色新闻潮的爆发。日本的黄色新闻报极具煽动性，而日本社会和报界却缺乏对它的反思，这种煽动性的基因移植存留在日本报纸当中，到了第二次世界大战时期还在发挥作用。⑦ 还有学者研究了日本在第二次世界大战时期的“大陆花嫁”政策和日本国内的舆论宣传，“大陆花嫁”指的是入殖中国东北的日本“满洲移民”“满蒙开拓青少年义勇军”的配偶。文章描述了“大陆花嫁”政策的提出和实施过程，主要分析了以日本《家之光》杂志为代表的日本新闻界对“大陆花嫁”政策的宣传和这些女性在华生活的报道。⑧《俄罗斯高等新闻教育：历史溯源、变迁及特点》一文从俄罗斯高等新闻教育的源头出发，全面梳理了俄罗斯高等新闻教育的历史，指出俄罗斯高等新闻教育源自20世纪20—30年代的苏联共产主义新闻学院，以实践为导向的这个学院有强烈的政治色彩；40年代后，苏联大学里学术主导的混合式新闻教育模式成为主流。苏联解体后，俄罗斯高

① 徐基中、吴廷俊：《城市与媒介：1936年〈大公报〉南迁的文化解读》，《新闻与传播研究》2017年第11期。

② 吴璟薇：《德国新闻传播史》，人民日报出版社2017年版。

③ 陈继静：《法国新闻传播史》，人民日报出版社2017年版。

④ ［英］汤姆·斯丹迪奇：《维多利亚时代的互联网》，多绥婷译，江西人民出版社2017年版。

⑤ 王萌萌、陈力丹：《从双百年政治动荡中走过来的秘鲁新闻传播业》，《新闻界》2017年第10期。

⑥ 谭璇璇、陈力丹：《恩格斯：世界性报纸〈汉堡回声报〉》，《新闻界》2017年第9期。

⑦ 王润泽、王鲁亚：《日本黄色新闻潮与报业煽动机制》，《现代传播（中国传媒大学学报）》2017年第9期。

⑧ 孙炜：《“大陆花嫁”生活与日本国内的舆论宣传》，《史学月刊》2017年第9期。

等新闻教育再次转型。在保留苏联时期新闻教育特色的同时，逐渐形成文学中心主义依旧、注重基础教育以及独具特色的本土学派。[①]

六、回顾新闻传播史研究历史与现状

2017年中国新闻传播史研究稳步向前，基础性研究取得丰硕成果，各类新方法、新角度的尝试也有所收获。其中一个重要的原因就是学界对新闻传播史及其研究的回顾，反思愈发成熟。

2017年5月4日，《中国社会科学报》新闻传播学专版发表了反思中外新闻史研究的专文《时代变迁下的外国新闻史研究》和《中国新闻史研究的“隐忧”与变革》。前者认为：在我国，有关外国新闻史的研究已逾百年，经历了从描摹到阐释、从意识形态话语到学术话语的过程，也见证了科技发展和社会变局大背景下的媒体变迁。该文将中国的外国新闻传播史研究分为三个阶段，其中报刊史研究是起点；20世纪80年代开始，研究的视野从新闻扩展到传播，外国新闻史研究体系形成；近几年外国新闻史研究的理念逐渐改变，与全球传播合流。[②] 而后者指出：当代中国新闻史研究虽然有“隐忧”，但不必过于担心，因为中国新闻史研究已经发生了内在的变革，新闻史研究者在扎实做好史料收集整理工作的同时，也在不断创新研究思维，并致力于构筑具有中国本土化特点的新闻史研究范式。[③] 这两篇文章产生良好的社会反响，后被《新华文摘》全文转载。

2017年9月15日至18日，“第六届新闻史论青年论坛暨北京大学新闻学研究会年会”在吉首大学召开，会议主题为“多元·融合·发展：新闻史论研究的视野与定位”。《论“新闻史的脉络”和“新闻史多角度书写”》一文提出新闻史的“脉络”是新闻事业要素与社会生活要素在互动发展过程中的时间次第顺序及其表现形式。新闻史的研究和书写应该也必须创新（可以也应该从不同侧面、角度、划分阶段等书写不同的新闻史），必须以更加开放的姿态借鉴、吸收其他学科的研究方法和成果，彻底摒弃以贴政治标签为基本特征的“阶级斗争研究范式”，使新闻史研究和书写回归“学术研究”的正确轨道。[④]《重思中国新闻史：基于传统与现代双向规约的历史图景》一文提出“现代”之历史诉求与“传统”的调适选择成为左右中国新闻史的两股方向的不同力量，在这两股力量的双向规约下，中国新闻传播史呈现出如下六个历史时期：传统生存期（1815年前）、现代化探索期（1815—1911年）、现代化整体肇启时期（1912—1927年）、现代化多路呈现期（1927—1949年）、现代化挫折期（1949—1976年）与现代化重启期（1976年至今）。[⑤]《反思与重构：对中国新闻史研究和书写的一种观察》一文归纳了中国新闻史的研究和书写，认为其经历了从以“线性”思维为表征的“革命范式”，到从反思“革命范式”出发，强调体现“互动”过程的“现代化叙事”，并由此向历史学、社会学等社会科学提出观念、理论和方法论要求，倡导构建“互构”“叙事”的“社会史视角”

---

① 贾乐蓉：《俄罗斯高等新闻教育：历史溯源、变迁及特点》，《现代传播（中国传媒大学学报）》2017年第8期。

② 程曼丽、赵晓航：《时代变迁下的外国新闻史研究》，《中国社会科学报》2017年5月4日第3版。

③ 王润泽、杨奇光：《中国新闻史研究的“隐忧”与变革》，《中国社会科学报》2017年5月4日第3版。

④ 倪延年：《论“新闻史的脉络”和“新闻史多角度书写”》，《新闻春秋》2017年第1期。

⑤ 吴廷俊、阳海洪：《重思中国新闻史：基于传统与现代双向规约的历史图景》，《绵阳师范学院学报》2017年第9期。

的脉络变化。[①] 此外相关研究还有《香港新闻史研究的回顾与前瞻》[②] 等。

另外，2017 年中国新闻传播史研究成绩的取得也离不开新闻传播学者们的集体努力。新生代的学人不断涌现，丰富壮大新闻传播史的学术队伍，学术机构也在茁壮成长。是年 8 月，中国新闻史学会 2017 年学术年会在郑州召开。陈昌凤会长致辞特别阐述了此届年会的历史意义，"今年正值中国新闻史学会成立 25 周年。……学会发展的 25 年，适逢中华盛世。乘着改革开放的东风，中国的新闻与传播学界欣欣向荣！学科的发展、学会的进步，体现的是中国国家的逐渐富强、是中国高等教育的兴旺，反映的是中国新闻与传播学科的足迹。学会作为中国新闻与传播学界唯一一个国家一级学会，学术视野不断扩大，设置的二级学会从新闻史研究扩展到了新闻学与传播学的各个领域。"这次会议以"全球视野·中国体系——面向未来的新闻与传播学研究"为主题，设有 1 个主题论坛、18 个分论坛、27 个分会场，共举行各类活动近 40 场。来自海内外的 329 个机构的 1300 余名专家学者群贤毕至，规模宏大，盛况空前。《人民日报》报道认为：这是该学会成立 25 年来人数最多的一次年会，并首次邀请国外学者出席。此次学术年会第一次完成了中国新闻传播学界从形式到内容的整合，由此形成的联动范式，将长期主导本领域。与会者称叹：这次大会是中国新闻与传播学界的一件大事，是一次史无前例的创举，也是当今时代背景下的学术盛会；也从一个侧面反映了中国哲学社会科学的蓬勃生机。此次学术学会向中国学界全方位展现了新闻传播学研究队伍和实力，载入历史。

撰稿：邓绍根（中国人民大学新闻学院教授、博导，中国新闻史学会联席秘书长）
张文婷（暨南大学新闻与传播学院博士生）
李兴博（暨南大学新闻与传播学院博士生）

中国广播研究 2017 年综述

2017 年全球媒体面临着向智能化、移动化、社交化、视频化及盈利化的转型。为顺应时代潮流，以广播为代表的传统媒体进行了相应的变革与调整，从中观层面的生产体制、产业形态、经营管理到微观层面的语态变革、节目创新，涉及内容、场域、技术、管理等范畴。纵观 2017 年对广播的研究，旧有的话题研究有所深化，研究领域有所延展。具体而言表现为，第一，广播的"媒体融合"依旧是业界与学界所关注的课题，除了探讨融合的机制、路径、方式外，更多的是将广播置于"融媒体时代"这个背景下探索发展之道。第二，探索广播在固守声音媒介本分的基础

① 王晓梅：《反思与重构：对中国新闻史研究和书写的一种观察》，《新闻与传播研究》2017 年第 9 期。
② 周海娟：《香港新闻史研究的回顾与前瞻》，《现代传播（中国传媒大学学报）》2017 年第 5 期。

上，如何利用互联网等新兴媒体技术进行大胆创新，以迈向数字化、智能化、视频化、盈利化的发展道路。第三，聚焦广播如何以互联网思维与理念为指导，推动其在发展路径、市场推广、运营模式等方面的转型与创新。第四，增加了对功能性广播的关注与探讨，对广播在旅游、公益、个人生活等方面的功用进行了具体案例分析。第五，丰富了广播史研究内容与方法，完善了广播教育体系。总而言之，2017年我国广播扯起前进的风帆，为做强做大主流舆论、推动媒体融合发展、发展壮大网上舆论阵地、规范传播秩序[①]交上了较为满意的答卷。

一、广播媒体融合进入深水区与融媒体探讨

2014年至今，广播媒体融合的推进已有三个年头，从浅层相加到深度相融，再到如今广播媒体融合已进入深水区。有学者从世界广播媒体融合进程出发将其划分为三个阶段，分别是建立网站与新媒体的初步融合阶段；扩展平台和渠道，进军移动新媒体，对广播进行数字化改造的中度融合阶段；对媒体组织形态进行改造，进入深度融合阶段。[②] 换句话讲，如果说在2017年前，业界与学界考察重点是媒体融合的普遍规律，对于广播媒体融合的具体操作及特殊规律探讨不够深入的话，那么2017年后有个可喜的转变，即有学者对后者展开了进一步的研究与探索。具体表现为：宏观层面上，对融合后的生产体制、发展战略及路径、经营管理等方面做出规划与部署；微观层面上，以融媒体时代为背景，对广播的业务体系、传播模式、品牌生态等展开探讨。

广播媒体融合的难点何在？如何从宏观层面上做好战略部署与选择合适的发展路径？对于这个问题，各学者达成共识，即坚持广播的本体地位，将广播变成新型媒体，而非“新媒体”，但就具体方面如何开展各方众说纷纭。

一种意见是将广播媒体融合看作是一个系统的工程，从“管理”角度提出思考，从制播流程、内容把控、绩效考评三个方面的管理入手，探讨广播在媒体融合实践中应该注意的问题。[③] 首先是制播流程方面，在明确广播自身角色定位与发展路径，即新闻立台、做强做大主业、打造中央厨房的基础上，实现对传统广播采编流程的再造与调度多平台分发；其次是强化新闻把关，对内容分发实行多级负责制与多级审核制，与此同时，注重受众反馈，对于网络舆情实时监控；最后，在绩效管理上进行制度创新与合理安排，将媒体融合纳入领导层考评体系及节目的综合评价体系，调动一线人员如记者、编辑的积极性。

有学者从美国国家公共广播电台的媒体融合实践案例出发，提出创新传统品牌节目，促进媒体内容深度融合及加强与不同媒介融合，丰富网络传播渠道[④]这两条发展路径。另有学者在借鉴西方媒体超级融合编辑部的思想基础上，从顶层设计、新增长点及突破点方面对国内广播媒体融合改革的业务操作模式“中央厨房”运作方式与当下的机构体制、技术系统、激励

---

① 搜狐网：《中办、国办再次发布传承弘扬中华优秀传统文化的文件》，https://www.sohu.com/a/142233354_556629，2017年5月21日。

② 刘笑盈、康秋洁：《媒体融合背景下的世界广播》，《中国广播》2017年第7期。

③ 刘华栋：《论广播在媒体融合实践中需要注意的三类管理问题》，《中国广播》2017年第5期。

④ 谢慧星：《主动谋变，构建广播融合发展新格局——以美国国家公共广播电台（NPR）媒体融合为例》，《声屏世界》2017年第4期。

机制的适配性[①]展开探讨。首先，对于机制方面根据功能定位不同有两种发展模式，一种是以内容生产的中枢部门为主体，自上而下统筹电台的生产资源完成信息制作与分发；另一种是作为公共服务部门，将技术与运营部分外包给专业公司，专心做信息产品。其次，对于广播技术系统的适配性，与机制类似也有两种模式可选，分别是技术外包与自主研发，后者有利于电台掌握技术主动权及加深对渠道与终端的了解，国内外已有成熟的案例可供借鉴，分别是 BBC 的 IPlayer（网络播放平台）与中央人民广播电台的广播云采编系统、上海东方广播中心的阿基米德客户端；最后也是最为关键的是除了传统的音频内容考核外，对于视频、图片等建立相应的考评机制，以鼓励并刺激采编人员投入更多的精力进行全媒体内容生产，使得中央厨房真正发挥“一次采集、多种生成、多元传播”的作用。

在借鉴他山之石的同时，业界从自身的实践探索出发，总结了广播媒体融合的经验与感悟。以中央人民广播电台为例，总结出五条经验：其一，明确融合发展的理念与内涵，即创建新型广播与信息生产集约化、效益最大化；其二，整合资源，提高传播新形态下的广播生产力，具体表现为三方面，生产流程平台化，传播渠道全能化，生产布局合理化；[②] 其三，以央视全媒体传播系统云平台为支点，引领技术创新；其四，以产品思维指导内容生产，挖掘广播声音属性的巨大潜力，对广播剧、纪录片、评论等进行二次开发与创作；其五，以顶层设计、内部激励机制驱动融合发展。此外，还有学者总结了各电台运营的成功经验，如拓展连接渠道，建设融媒体平台以及商业模式向社群经济转型、跨界销售、内容与服务的链式营销[③]等方式，以挖掘社群价值、聚拢人气，并借鉴节目众筹等方式，以创新收费模式。[④]

另一种意见是将广播媒体融合看作打造“思想媒体”的重要契机。所谓“思想媒体”，即坚守新闻立台的理念，以主流思想为出发点，以民本思想为落脚点，在新闻传播中，通过信息解读和观念表达来实现传播理想的媒介形态。[⑤] 具体实施步骤分为两步，第一步是以“碎片化”的新媒体生产方式产制广播新闻对听众进行入脑入心的渲染；第二步是将受众观点纳入到节目生产环节中，使产受双方思想充分碰撞与交融。与“思想媒体”的观点相类似，有学者提出基于传统广播公信力和声音迅捷特点进行融合传播以及基于增强声音特色的正能量传播，[⑥] 并以广播媒体对一些突发事件新闻报道以及用户生产内容与新技术应用为例，说明广播在融合传播中的优势。此外，信息传播的融合仅仅是一方面，广播媒体融合还需要整合营销、系统保障与协同创新来集合推动。整合营销是对融合传播、工作室、特色活动与社群互动的资源整合与营销推广；系统保障则包括两方面，升级技术硬件与人才培养软件；协同创新包括对管理、技术、业务、项目、人力、媒体资源、组织等的协同与调度，以实现媒体融合效果的最优化。

除了以上对广播媒体融合宏观层面的探讨外，2017 年对于该话题的研究多以“融媒体”时代背景为前提与关照，对广

① 夏恩博：《“中央厨房”生产模式与广播融媒体改革的适配性探讨》，《中国广播》2017 年第 8 期。
② 闫晓明：《坚持融合发展，建设新型广播》，《新闻战线》2017 年第 3 期。
③ 申启武、王灿：《广播媒体：以创新融合促转型升级》，《新闻战线》2017 年第 1 期。
④ 陈瑶：《移动互联时代广播的媒体融合路径》，《中国广播电视学刊》2017 年第 2 期。
⑤ 申启武：《让广播绽放思想的光辉——关于广播媒体融合发展的一些思考》，《中国广播》2017 年第 3 期。
⑥ 黄信：《移动互联条件下传统广播的深度融合》，《中国广播》2017 年第 4 期。

播的定义、业务体系等进行研究。首先，何谓融媒体时代下的广播？广播在新时代下其内涵与外延有无变化？对此，学者认为今日之广播，已是“传统广播+互联网广播”的融合体，而不再仅指传统的电台广播，更不能称为“大众媒体”。[①] 因此对广播应重新界定，即广播是由专业的媒体机构制作的，具有定时与连续性特征的节目，其传播平台与介质分别由广播与互联网平台及传统的频率与电缆光缆等有线、无线网络组成，接收终端多元化，除收音机外，还包括手机、电脑、便携式接收终端、车载接收终端、数字电视等设备。在此，需要注意新闻传播学意义下的广播与技术语境下的广播不同，主要在于传播主体的专业化，节目的定时化与连续化，不符合此特征的“广播”只能算作有声读物或产品，其供应方也仅能算是音频节目的制作者。

其次，在融媒体时代下广播业务该如何展开？传播模式、语态有何变化？品牌经营等该如何布局？对此，学者提出要建设融媒体广播业务完整生态链，该生态链从顶层设计方面布局广播的五大平台，分别是新媒体广播发布平台、融媒体广播内容生产平台、融媒体广播互动平台、客户关系管理（CRM）数据管理平台和数字营销广告交易平台，以实现传统广播和新媒体之间在通道、内容、经营、业务、生产和数据上的融合，形成融媒体广播的生态闭环，从而逐步实现传统广播向融媒体广播转型。[②] 融媒体时代广播主要表现为移动互联网广播，其传播模式及语态也带有了互联网的痕迹。具体表现为传播速度迅速、信息海量化；内容制作更多表现为UPGC模式，用户参与式文本越发重要；受众参与互动加强，传播与交流并行；用户个性化突出，凸显以人为本、人性化传播；[③] 碎片化的消费[④]为主。为适应传播模式的转型，广播媒体应该从理念、形式、内容与技术方面进行创新。对于品牌建设而言，融媒体时代，广告主与媒体视角、听众与公众视角共同构成的双重品牌生态视角转为四重视角，新增了员工视角下的雇主品牌（基于离职潮的背景）以及竞争品牌视角下的成分品牌和耦合品牌（基于互联网音频产业迅猛发展的背景），广告主与媒体视角中多了整合营销传播服务品牌与数据分析结构品牌，其视角也有拓展，广告服务呈“整合”化趋势且提升了数据诉求；听众与公众视角中多了App品牌、平台品牌、终端品牌，其视角也发生嬗变，即频率品牌入口被削弱、内容品牌被强化；品牌生态关系由原先的单向、线性、稳定走向多向、非线性、间断性平衡；品牌生态格局也由低密度走向高密度频道。[⑤] 为适应新形势，广播品牌战略应有所调整，一方面，以“金手铐”（给员工以股权，共享企业收益）与自由激励机制留住人才；另一方面，加强对自身数据的掌控，拓展渠道，优化节目内容，做强集团品牌，开发衍生品牌，同时，借助外力，寻找品牌合作，以形成联动效应。

还有学者另辟蹊径，对广播媒体融合所产生的实际问题进行了思考。例如，由于媒体融合的需要，信息采集已从原先专业采编人员为主过渡到越发依赖于用户生产内容，如此一来，内容本身的客观性、

① 艾红红、冯帆：《“广播”定义新探》，《中国广播电视学刊》2017年第3期。
② 赵凡、林慧：《融媒体广播生态业务体系的建设思路》，《中国广播电视学刊》2017年第2期。
③ 连新元：《新媒体语境下的广播语态变革》，《中国广播电视学刊》2017年第3期。
④ 靳珂：《融媒体环境中广播传播模式及形态的创新》，《青年记者》2017年第20期。
⑤ 陈俊、余明阳、王思宇：《融媒体时代广播产业的品牌生态探索》，《中国广播电视学刊》2017年第2期。

完整性、准确性及可信度有了一丝安全隐患，对此学者开出了药方：一是增强对用户的身份验证的智能管理，根据可信度高低为用户定级，对可信度存疑的用户信息发布严格审核管理；二是通过对用户行为数据的挖掘与分析，将其划分为不同的优先等级，进而实现精细化和动态化管理；三是以内容分析方法为手段，对用户生产内容从表现形式和内容安全性方面进行自动过滤和筛选，找出符合广播节目所需的素材资源①。与此同时，广播媒体融合也面临着巨大的挑战，主要来自三个方面，分别是技术、市场、自身，都制约着媒体融合的进一步发展。此外，媒体融合一直以来都是以省级及以上广播媒体为蓝本，对于县级广播该如何应对方面的研究相对欠缺。有学者从县级广播媒体融合发展路径的角度入手，提出思考：首先，在制度层面优化改革，使媒体融合联动起来，共谋发展；其次，以本土为依托，找准定位，塑造品牌；再次，服务本土，贴心服务；最后，扩充本土渠道，探索融合切入点。②

二、从众媒走向智媒的广播媒体实践探索

在全球媒体向智能化转型的时代背景下，广播作为其中重要的一环，其成败影响着整个媒体产业的动向。概而言之，2017年广播媒体借助互联网等新型技术，一方面走向智能化、视频化、盈利化的发展道路；另一方面，与互联网充分相融，以工作室模式作为转型升级突破口，拓展音频市场。

对于智能化的“未来广播”，其核心是音频供给与用户需求的高度智能匹配。例如今年广播媒体与互联网等新媒体共同研发AI技术在音频传播领域中的新应用，开发了基于百度CarLife车载平台，为车主打造便捷的车载连接音频娱乐体验；中央人民广播电台官方音频客户端中国广播与小米达成战略合作关系，成为首批小米人工智能音箱合作伙伴，为用户持续打造丰富便捷的智能家居娱乐体验；第五代微软小冰将作为FM893主持人，长驻电台主持节目，这也是全国首家与人工智能达成全面合作的电台。这些人工智能技术改造广播传统生产模式，解决行业痛点，探索新兴业态，让新技术为广播发展赋能。③

广播媒体智能化除了人工智能应用以外，还包括场景化服务与重构、沉浸式传播、视频直播等范畴。例如有学者认为未来新型广播的形态有两种，即场景导向的移动互联网广播和基于广播“两微一端”形成的多媒体平台。对于前者而言，场景是接入用户的关键，构造移动广播场景可从满足欲望、响应需求、创造价值三方面着手，对伴随性音频内容需求的时间段、场所，甚至是对活动状态、情感需求利用大数据画像进行精确识别与分类，④ 精准定位用户需求，根据其不同“情景”（动态与静态）与“心境”（心情状态）推送相应的内容，提高对用户生活嵌入度及使用黏度。如果说对场景挖掘是广播媒体智能化的落脚点，那么“沉浸式传播”则是广播内容制作与传播转型的原点以及传播行为变现的核心。⑤ 而要使“沉浸式传播”充分渗入，一方面需要以该理念为

① 陈起来、武开有：《基于广播融媒体内容生产平台的UGC安全控制策略》，《中国广播》2017年第7期。

② 王森：《融媒体时代区县级广播发展路径探析》，《声屏世界》2017年第6期。

③ 搜狐网：《盘点2017年中国广播十大行业新闻》，http://www.sohu.com/a/213792984_738143，2017年12月31日。

④ 谭天、夏厦：《场景重构与用户延伸——打造互联网时代新型广播》，《中国广播》2017年第5期。

⑤ 孟伟、李杰：《沉浸式传播视角下广播内容转型的理念探索》，《现代传播（中国传媒大学学报）》2017年第12期。

指导重新设计内容要素；另一方面需要“借力”，借社交媒体等新媒体的力，与听众建立连接，并在与听众实时互动过程中将“参与、共享、分享、激烈与刺激愉悦体验”等沉浸式传播理念的环节渗透其中。对于后者，需要转换对广播声音媒介的刻板印象，将其开发成图文并茂、音视频齐全的多元化媒介平台。除基于内容的弱连接外，还需建立关系连接并提供用户服务。

一直以来，广播作为声音媒介的标签属性，使其发展受限，如今随着互联网、智能终端等新型媒体技术发展，为广播可视化带来机遇。搭载“视频直播”的直通车，广播电台直播间“后台”得以展现在受众面前。“看得见的广播”有三大核心要素：演播室、信息内容、主持人①。三者分别是广播可视化的场景、呈现主体及鲜明特色。目前广播视频直播广泛应用于交通、户外直播等领域。具体而言，可通过微信公众号链接、自主拥有的客户端等设置视频直播入口，来提升用户的新鲜感，拓展视频受众市场，为传播带来增量。② 但是需要注意广播与网络视频直播融合的风险包括内容与播出技术风险、网络攻击与盯梢、声音祛魅③等风险。除了智能化、可视化以外，广播媒体产品的盈利化也是未来的发展趋势。有学者总结了广播内容变现④的四种模式：其一，构建三方市场，进行精准营销，即将受众的注意力打包销售变现，第三方精准定位目标用户；其二，延伸 IP（知识产权），赚取交叉补贴；其三，对产品升级，免费与收费模式并行，使受众养成对优质产品视听收费习惯；其四，社群经营，建立品牌知名度、美誉度。

三、互联网思维下的转型与创新

如果说广播智媒化是技术变革驱动的结果，那么广播在互联网思维下的转型与创新则是理念驱动的体现。与去年着眼于“互联网＋”视域下的广播技术变革不同，2017 年广播与互联网融合与广播转型的研究走向实施层面，具体表现为发展路径、音频市场开发及工作室模式探讨。

关于广播转型的发展路径有两种声音，一种主张“做互联网优质内容的生产者”⑤，另一种主张“做智慧型内容服务方”⑥。持前者观点的学者认为优质内容是广播立足之本，是与听众建立紧密联系、吸引广告投放、流量变现的基础。而对于如何生产优质内容，有学者提出建议：顺应知识付费的浪潮，在音频节目端上面向各领域如音乐、旅游、财经、健康等成立知识互动社区；深挖传统文化资源，讲好中国故事；加强与高校、互联网等业界合作共同开发节目；对优质 IP 内容进行改编与再创作。持后者观点的学者则认为随着网络音频产品的丰富与普及，传统广播面临巨大的竞争压力，内容生产者的光环效应不再，广告市场营收下降。因此，需要另谋生路，开展线下活动成为了广播转型的突破口。具体而言，学者以“咪豆音乐节”为例，描绘广播智慧型服务蓝图。其一，利用先进媒体技术如大数据等，对用户需求与喜好进行精准把控；其二，以全媒体矩阵提供跨区域信息；其三，关注本土音乐，塑造可持续偶像；其四，多渠道

① 方锐：《从用户需求角度谈广播可视化的操作路径》，《中国广播》2017 年第 12 期。
② 葛向阳：《技术与思想的集合必将改变广播》，《中国广播电视学刊》2017 年第 1 期。
③ 汪群均：《广播与网络视频直播融合的作为与风险》，《中国广播》2017 年第 8 期。
④ 李玥：《广播内容产品化创新策略探析》，《中国广播》2017 年第 6 期。
⑤ 尹航：《传统广播电台的转型之路：做互联网优质内容的生产者》，《中国广播》2017 年第 2 期。
⑥ 徐文荣、华焰、龚悦：《从传统内容供应方转变为智慧型内容服务方的广播转型》，《中国广播》2017 年第 12 期。

售票平台，提供便捷、快速的支付渠道。与此同时，开发休闲旅游娱乐产业链，提供配套服务；优化用户体验与沉浸式服务；精心经营核心用户群，增强粘合度。

关于广播转型有一种呼声即将传统广播电台转型为互联网音频以实现流量变现。目前，传统广播的传播模式与理念已与互联网时代不适应，有诸多痛点，[①] 如线性直播与碎片化时代平台化点对点传播的差距；广告形式单一与客户实际需求不相匹配的矛盾；目标受众不清晰，节目设置与频道专业化程度不强；内容生产流程、人才选拔、激励机制亟待改革；传播效率不高且不好量化体现。但广播劣势同时也是优势，广播节目是由专业化的组织机构制作的，是团队集群作战的产物，具有规模效应。因此，广播转型可博采移动互联网媒体之所长，扩大传播优势，[②] 如抢占微博微信入口，第一时间发布最新资讯，后发电台跟进；精准投放，以优质的内容制作打动用户；运用电台主持人的影响力，发展粉丝经济；以互联网思维理念做节目，向可视化、个性化、场景化进军。与此同时，推动大音频市场开发，“抓头连尾”，抓住市场头部，抓住现象级的音频内容，推动音频知识产权链条开发；连接尾部市场，把碎片化的内容通过技术手段整合起来，形成可以进行规模级商业转化的长尾。[③]

2017 年诸位学者纷纷将广播转型与创新的突破口放在小“责任田”工作室上，以一些成功运作的实践案例，管窥广播模式探索的新动向。首先，明确何谓“广播工作室”，它是近年来出现的以主持人或品牌节目为营销点、以商业化管理方式为基础的广播产品生产模式，其出发点是打破传统广播机构“自产自销”的闭环，通过激发团队自身动力并吸纳外部资源的方式，努力生产出丰富且优质的广播产品。[④] 从制度经济学角度来看，广播工作室是对旧有行政体制的制度变迁，用一种收益更高的制度替代另一种收益较低的制度，[⑤] 并且针对当下内容生产僵化的现状，通过对传统节目进行产品化改造，让内容产品开始真正回归商品属性，以此推动广播的供给侧改革，是对现有媒介属性的功能突破（从单纯提供信息到提供服务）和方法转型，未来发展方向是将工作室模式主流化、常态化、规范化、制度化。[⑥] 众多广播电台对“广播工作室”模式展开探索，结合自身经验提出各自的发展路径、问题与建议。目前较为成熟的工作室模式是主持人工作室，采用制播分离机制，主要有内容生产型工作室与内容与广告兼顾型工作室[⑦]两类。两者都是广播电台内部权力下放以激励创新的产物，皆通过项目运作的管理方式走向市场。不同之处在于前者以节目为核心产品，例如中央人民广播电台的“海阳工作室”；后者将广告与赞助商信息植入节目制作中来，两者兼容，如湖北广播电视台交通广播部的“地产家居工作室”。在媒体融合时代，广播工作室的发展目标是在广播电台这个大平台基础上融合各横向小平台满足受众碎片化信息

---

① 孙向彤：《短音频——广播音频变现的支点》，《中国广播》2017 年第 6 期。

② 陈濛、蒲璐璐、夏萌、沈筱微：《从互联网音频市场看广播与移动互联网的融合》，《中国广播电视学刊》2017 年第 5 期。

③ 方乐：《音频广告程序化购买市场分析及对国内广播产业的启示》，《中国广播》2017 年第 12 期。

④ 《中国广播》编辑部：《广播工作室划小“责任田”探索新机制》，《中国广播》2017 年第 5 期。

⑤ 王丽、张斌：《广播工作室激活广播》，《中国广播》2017 年第 5 期。

⑥ 王彬：《工作室模式，广播转型升级的突破口》，《中国广播》2017 年第 5 期。

⑦ 王丽、张斌：《广播工作室激活广播》，《中国广播》2017 年第 5 期。

汲取的需求，及深挖垂直平台，在专业领域深耕。成功运作案例如河北交通广播“郑毅汽车工作室”，管理体制是依靠顶层设计，打破层级，实行台、频率双向管理模式；传播渠道方面，以线上、线下、活动和新媒体四位一体进行多元传播；经营推广方面，采用整合营销方式，进行一体化传播。总之，广播工作室的推广与运作，需要制度层面的配套与协调，频率内部给予相应支持，以优秀人才带领与启动“项目”；与此同时，解决“身份尴尬”问题，明晰“权责利”，由散兵作战的“过渡模式”逐步转变为完全市场化产业化主体①。

四、功能性广播：广播功用的深入挖掘与社会责任的实现

功能性广播是以满足特殊受众的需要而开发的有针对性的广播节目，例如河南电台教育广播针对“失眠”开发的催眠节目“一只羊”②。该类广播功能明确、受众定位清晰、专业化程度强，节目制作精良，尤其是应和媒体融合的时代背景，是对传统电台功能、资源、平台、经营等方面的再开发及转型。2017 年对功能性广播的研究范畴主要为旅游、公益两方面。

（一）如火如荼的旅游广播

2017 年全国“两会”政府工作报告中明确提出，要“完善旅游设施和服务，大力发展乡村、休闲、全域旅游”③。为应国家“五位一体”的战略部署，尤其是生态文明的建设需要，全国各地广播电台纷纷成立了专业的旅游频率，以打造当地旅游品牌，宣传旅游文化，优化旅游资源。当前旅游广播的存在形式为三种：一是独立的旅游频率；二是在其他广播频率里开办旅游节目；三是介于两者之间，互联网广播平台的旅游节目。旅游广播发展所面临的问题为节目内容同质化、场景化挖掘不够、新媒体互动手段单一、线上与线下活动的断层现象严重。学者对此开出七味药方：回归声音属性，突出旅游本质，立足本土与深耕文化，打造周边并延伸相应产业链，丰富线下活动并建立听众社群，立体传播丰富传播手段，实行服务场景化、精准化。④

除了总体的分析外，学界与业界从各地旅游广播运作的经验与问题着手，提出了发展路径、建议。吉林旅游广播通过深挖本地文化资源，整合文化套餐、开发经典有声读物、传统“酒文化”及旅游与文化相得益彰，走出一条“文化搭台，旅游唱戏”的路子，实现“文化伴游”，取得社会效益和经济效益“双赢”⑤。河北旅游广播与吉林类似，也是以本地历史文化为主打，通过文化节目创作与多媒体传播，辅以线下产品与服务以及文化公益⑥等活动，塑造该地的旅游文化品牌。贵州与江西的旅游广播则通过品牌活动凝聚广播魅力，前者通过寻求跨地域、多行业联动、整合线上与线下、服务增值等方式在运营方面创新⑦；后者通过准确的品牌形象设

① 郑毅：《论融媒体背景下广播工作室运行机制的创新——以河北交通广播“郑毅汽车工作室”为例》，《中国广播》2017 年第 5 期。

② 付天喜：《“一只羊”开启功能广播新转型》，《传媒》2017 年第 10 期。

③ 刘荣荣：《全域旅游：做足“旅游 +”文章》，新华网，http://www.xinhuanet.com/travel/2017-03/14/c_1120621282.htm，2017 年 3 月 14 日。

④ 王宇、刘哲铭：《旅游广播的现状、问题及创新》，《中国广播》2017 年第 4 期。

⑤ 周伟、李泽育、袁博、白月：《文化搭台旅游唱戏——吉林旅游广播引领文化“慢生活”》，《中国广播》2017 年第 4 期。

⑥ 张甜、孙文洁：《打造文化品牌，提升媒体价值——以河北旅游文化广播为例》，《中国广播》2017 年第 4 期。

⑦ 余伟：《“互动互联”的旅游广播发展之路》，《中国广播》2017 年第 4 期。

计与有标识度的声音产品，围绕“旅游”生产节目，精心挖掘节目和主持人优势，以多屏传播方式塑造品牌形象，同时以品牌活动为载体，策划“旅游”主题活动，增强用户对旅游广播的依赖度①。广东佛山电台的“自助声导游”项目以广播媒体融合为契机，将佛山电台的品牌资源、声音优势与新媒体技术相融合，形成了市场推广、场景定制、内容制作、硬件搭建、活动营销线上广播宣传的一整套“互联网+旅游”的项目方案，② 以科技带动人文旅游，推动广播融合创新。

（二）公益广播与帮扶：广播的社会责任与担当

习近平总书记在2017年新年贺词中说，“新年之际，我最牵挂的还是困难群众。要让全党全社会继续关心和帮助贫困人口和有困难的群众，让改革发展成果惠及更多群众，让人民生活更加幸福美满”。公益广播应时代背景而生，是弘扬“真、善、美”社会正能量的传播。我国公益广播实质上是广播帮扶类节目的一种形式或补充，是经济发展到一定阶段的产物，是弘扬社会正能量，帮扶救困、服务社会的传播平台与身体力行参与慈善的公益力量。③ 以国内比较有影响力及代表性的中央人民广播电台华夏之声《公益华夏》为例，它以讲述公益故事、传播公益理念为宗旨，栏目定位围绕公益主体设置节目内容，做专业公益传播平台，推动公益机构合作发展。与此同时，充分调动全媒体传播手段，注重新媒体平台传播如“两微一端”及视频直播、出版事业跟进与优质内容二次开发，并参与主办大量社会活动如慈展会报道、进大学校园宣传推广等，以最大程度扩大节目社会影响。④ 此外，还有扶危救困、传播正能量、宣传公益组织、推动公益项目、践行专业慈善的上海东方广播中心东方都市广播的慈善节目《情义东方》⑤，也有专注帮扶某一困难群体——留守儿童，开展线上线下活动强化宣传引导贵州综合广播公益节目《留守儿童来信了》⑥；既有通过制度的建设与完善，让善款精准透明的湖南交通频率《一帮一爱心大行动》⑦，也有贵州交通广播《952找到啦》，从项目到平台，从节目到实体店，合纵连横不同业界在互助共赢中不断提升媒体的公益形象，探索出一条与众不同的爱心帮扶之路⑧；以及全省电台接力联动直播形成活动矩阵、搭建区域广播大报道平台，确保广播公益行动可持续性与融媒体深度合作传播的辽宁广播电视台交通广播《日行一善·爱接力》年度大型公益活动⑨。

---

① 曾学优：《融媒体背景下江西旅游广播品牌建设的探索》，《中国广播》2017年第4期。

② 谢斯玮、谢海欧、麦康世：《科技+人性化服务，打造区域旅游广播热门产品——浅析广东佛山电台自助声导游项目》，《中国广播》2017年第4期。

③ 覃继红、饶雷：《公益帮扶，广播先行》，《中国广播》2017年第1期。

④ 梁卫浩：《传播，让公益更有力量——以中央人民广播电台华夏之声〈公益华夏〉为例》，《中国广播》2017年第1期。

⑤ 关峰：《〈情义东方〉：探索广播媒体参与公益帮扶之路》，《中国广播》2017年第1期。

⑥ 王玺、谭国栋：《关注留守儿童展现媒体责任——浅析贵州综合广播公益节目〈留守儿童来信了〉》，《中国广播》2017年第1期。

⑦ 唐建军：《以媒体的公信力构建广播公益平台——浅析湖南交通频率“一帮一爱心大行动”》，《中国广播》2017年第1期。

⑧ 赵瑜、刘述平：《浅谈电台帮扶节目的衍生发展——以贵州交通广播“952找到啦”为例》，《中国广播》2017年第1期。

⑨ 南秀婷：《整合资源创新模式，传递社会主义核心价值观——记〈日行一善·爱接力〉辽宁全省交通广播联盟大型年度公益行动》，《中国广播》2017年第1期。

与此同时，公益广播帮扶也存在一定问题，具体为帮扶对象和领域高度雷同，容易落入庞杂、混乱的局面，帮扶效果往往虎头蛇尾，志愿者的非专业性及缺乏资金监管。对此，可从制度性建设角度入手，进行服务体系建设，以节目拓展全年的帮扶类公益活动；注重组织体系建设，强化基层信息采集和志愿服务活动；进行培训体系建设，开展应急知识科普及系列培训活动；建设保障体系，推出志愿者保险；最后是制定常态下和应急状态下的双向多向互动的信息联动运行体制建设。①

五、广播史学研究与教育体系日渐丰富与完善

2017 年对于广播史的研究成果不是很多，但是角度新颖，主要从三个方面展开：其一，以史学视角关照广播史学理论并提出新的研究方法；其二，广播学科史研究重启专业化视角，中国广播教育史研究为广播教育指明方向；其三，《中国抗战广播史料选编》出版，弥补了抗战时期中国广播史研究的空白，对中国抗战的研究也大有助益。

广播史作为一门行业史，集合了广播学与史学两个研究领域。对广播史研究的目的并不仅仅是从史料堆里“扒资料”，还有很深厚的现实关照意义，用赵玉明教授的话讲就是要探讨、梳理其产生与发展的历史进程，挖掘发展规律，总结历史经验，从而为其进一步发展提供借鉴。当下对广播史的研究更多体现的是一种传统史学中官修史书的“自上往下看”的史学理论视角，广播史分期与政治史分期高度吻合，马克思唯物史观有深远影响，与之相对应，自下而上的“平民”（听众）视角、社会生活史的观察维度较欠缺，西方史学观影响较微弱。广播史学的研究方法多以中国传统史学方法中的史料收集、史料辨伪、史料校勘以及史实考证为主，从而发现、梳理广播史史实②；近几年渐现西方史学的踪迹，如口述史学、计量史学、与其他专业史相结合等方法有一些运用但未成气候。鉴于此，需要对广播史研究做理论与方法的创新。

具体而言，理论方面，以西方当代新史学，尤其是年鉴学派为参考，以多元史学视角如经济史、文化史、文明史等学科交叉融合的角度分析广播与当下社会发展的关系，可以辅之以后现代主义思潮关照广播史研究；研究方法方面，除口述史学、计量史学及跨学科研究方法外，比较史学、影视史学、文化史的研究方法皆可借鉴。与此同时，需要注意马克思唯物史观作为根本不能动摇；史实作为史学研究的框架与血肉，要多加重视，可从新历史考证学那里汲取“营养”，以使史实材料更丰富与更贴近历史真实；广泛结合与借鉴自然科学及社会科学的研究方法，如计量研究方法和数据材料，将广播史学研究进一步传播学化、广播学化，形成新广播史学研究流派。最终形成以广播媒介的发展规律及中国广播发展的特殊历史背景为依据，以马克思主义为指导，借鉴中西方较为成熟的、应用广泛的、适合广播史学研究的史学理论与方法，融会贯通，在实践中不断探索、发展、完善，并最终形成具有自身特色的理论与方法体系③。

有学者认为可以“民国框架”为关照，以国家、社会的现代化进程为线索，以中国特有历史时期内的各要素互联互动为对象推动当下广播史研究范式转换。所谓“民国框架”即指 20 世纪上半叶特定

---

① 刘霜：《广播帮扶类栏目的制度化建设》，《中国广播》2017 年第 1 期。

② 高铁军：《史学视阈下的广播史学理论与方法创新》，《中国广播电视学刊》2017 年第 1 期。

③ 同上。

时代下的中国社会的政治制度、经济系统、文化结构、心理状态、精神氛围等内容的复合体。将广播置于“民国框架”下考察，能起到对其实体的重新拆装，对其理路的还原把握之效[①]，既能转换视角又能拓展内容，且能树立起以史实为依据，以社会科学的实证研究为基础，以本土化为指向的，具有一定学术品质的研究平台。具体研究方面，可借鉴各种以民国“冠名”的其他学科如民国文学史、民国教育史等的研究成果。但同时也要注意“民国框架”下的广播史研究所面临的理论与方法上的盲点与困境，如历史分期不一、政治语境转换与时期划分线索难寻等问题，这需要各方达成共识，在探索中寻求解决之道。

除了上述对于广播作为媒介的历史研究外，还有学者另辟蹊径从中国广播教育史的角度分析未来广播教育走向。从20世纪20年代到30年代发轫于技术与职业培训的广播教育，直至1958年建立北京广播专科学校，广播教育开始走向专业化、学科化，随后与电视教育融合，再到如今已形成多学科、多层次、多规格的广播电视教育格局。目前广播教育随着广播本身“式微”，不再作为单独专业独立存在，面临着课程设置缺乏学科特色[②]，重内容而轻技术操作的问题，且囿于当下学科建设、理论与实践、技术革新与传统教育等的矛盾，广播教育“前景”堪忧。对此，广播教育亟须“调转马头”，以媒体融合等行业变革为契机，与时代潮流共振，适应当下形势更新培养目标与知识体系；紧扣广播声音属性，将歌剧、音乐、戏曲等听觉艺术囊括入广播教育课程体系，细化广播教育方向；与此同时，以工作坊等形式培养学生的动手实践能力，最终培养出有理论素养、实践操作技巧及创新精神的广播人才。

2017年是“七·七事变”开始全民族抗战80周年，恰逢此时，《中国抗战广播史料选编》出版既是对中国人民抗日战争的纪念，也弥补了广播史该时期研究的空白，是“功在当代，利在千秋”的大事。该著作包含七个部分，分别是“抗战广播书摘”“抗战广播文汇”“抗战广播讲演选载”，以及其他广播史料、抗战广播大事年表、附编和有关书评、研究文章，第七部分为参考书目及文目。[③] 此外，该著作在诸多领域有所突破，其一，用翔实的史料论证了中华民族“十四年抗战”史，大量收录了1931—1937年的诸多史料；其二，史料来源多元，除了政府官方资料，还囊括了中国大陆和台湾地区学者多部著作中有关抗战广播的章节；其三，视角多元，除正史叙述，还有民间对该时期广播的回忆；其四，史料丰富，既有档案文件等直接史料，又有对其他学者收集整理过的史料进行的筛选收录，还包括了亲历者的回忆文章以及讲演稿等[④]。

总而言之，2017年中国广播研究硕果累累，研究领域有所拓宽，研究议题颇具时代特色，如广播可视化研究；围绕特定议题出现了一批集成化的研究成果，如“广播工作室模式”研究、“旅游广播”及“公益广播”研究；旧话题被引入了新的研究视角及范式，获得了重新阐释并深化，如广播史研究。然而，有些研究存在议题趋同化，缺乏新意，过于迎合时代的问题，如以全媒体及新媒体环境为背景的广播研究及其与媒体融合的研究就占了研究成果的三分之二；此外，实用性的对策研究占

① 谢鼎新：《广播学科史的重写：民国框架下的研究初探》，《现代传播（中国传媒大学学报）》2017年第5期。
② 高贵武：《厘清历史脉络，调正培养方向——中国广播教育的发展沿革》，《中国广播》2017年第11期。
③ 《中国广播》编辑部：《〈中国抗战广播史料选编〉出版》，《中国广播》2017年第7期。
④ 高铁军：《功在当代，利在千秋——评〈中国抗战广播史料选编〉》，《中国广播》2018年第2期。

半壁江山，理论探讨研究相对不足；研究方法不严谨，思辨性研究、案例推导式的研究为主，实证性研究较少；经验总结类研究为主，较缺乏批判视角。对此，有赖广播研究者发挥创造性思维，在密切关注媒体发展趋势的同时，对其他相关议题给予一定考量，提高理论素养，汲取科学研究方法营养，促进学术研究的严谨性与科学性。与此同时，还应以中国广播现状及社会现实背景为依据，拓宽研究视野，以多元视角如文化研究视角、传播政治经济学视角等审视广播研究，深化广播研究的深度。

撰稿：殷　乐（中国社会科学院新闻与传播研究所研究员）
郭　倩（中国社会科学院研究生院博士研究生）

中国电视研究 2017 年综述

2017 年 5 月出台的《国家“十三五”时期文化发展改革规划纲要》强调，从媒体传播结构、技术、内容等全方位构建现代传播体系，推动传统媒体与新媒体的深度融合，这为电视媒体在媒体融合时代中的转型指明了方向，这也表明“融合”与“创新”依然是 2017 年传统媒体发展的主流趋势。在该政策指引下，广电媒体的媒体融合实践令人称赞，广电“中央厨房”运营机制从点到面拓展，“台 + 网 + 端 + 微”格局雏形基本形成。显然，融合发展已是大势所趋，但是电视媒体在融合过程中并没有被消融，反而重塑自身形态、重构传媒业态及深化社会影响，“电视已死”的争论彻底消失。近年来，融媒时代中的电视媒体成为电视研究的新焦点。通过梳理文献发现①，2017 年电视相关研究虽然与往年相比呈下降趋势，但整体质量较往年有所提高，研究逐渐深入并趋于理性，提出许多新问题，出现许多新面向与新探索，主要聚焦于技术、文本、社会三个面向的电视发展形态及传播特点，体现了对电视媒体的技术思考和对价值与品质的追求。

一、基于技术与生产的电视研究：技术的理性思考

当前，社交媒体应用、移动互联网、大数据及人工智能等新技术正在重新定义电视的运作方式和传播模式，这是驱动电视媒体迫切转型的直接技术动因，那么在新技术应用下，电视的媒体融合之路如何？融合之后电视形态呈现什么特点？整个电视新型业态又如何？这些都值得我们去关注，通过梳理相关文献，我们发现学者们对这些问题也都一一做出了回应。

（一）媒体融合研究：融合路径趋于深化与理性

媒体融合虽然已经不是一个新话题，但在 2017 年的电视研究中仍然势头不减，

① 检索方法注释：本文通过在中国知网检索“广播电视”“电视”等关键词发现，2017 年相关论文分别为 3971 篇和 18502 篇，数量均为 2016 年的一半。之后主要针对 2017 年 1 月至 12 月的《新闻与传播研究》《国际新闻界》《现代传播（中国传媒大学学报）》《新闻记者》《新闻大学》《当代传播》《电视研究》《中国广播电视学刊》《新闻战线》《青年记者》等新闻传播学核心期刊的电视研究论文进行二次检索，最终筛选出 346 篇相关文献对其进行梳理分析。

知网中2017年“媒体融合”的关键词搜索结果共显示4129条，与2016年相比呈大幅上扬之势。就具体研究内容而言，除了之前从用户、内容、传播渠道、业态发展及机制体制等层面来探讨媒体融合存在问题及发展路径外，2017年的媒体融合研究更深入且趋于理性，呈现提出问题—找出原因—解决问题的研究路径。

在媒体融合的实践探索中，新技术及其应用成为电视媒体转型的重要发力点，因此“大而全”的媒体矩阵拔地而起，然而在该过程中，不少研究者已经注意到一些问题并揭示其原因：一是从融合现状看，传统媒体在融合过程中跟着技术跑并失去自我，反而被社交媒体溶解[①]；二是从广电媒体内部看，转型掣肘在于难以突破体制惯性[②]。但其根源都在于电视媒体的融合实践流于表面且未意识到基因转化与突变的重要性。

显然，学界已经在媒体融合的核心在于新旧媒体基因耦合这一观点上达成共识，然而对于融合过程中电视媒体与互联网的关系，学者们却各执己见。一种观点认为应为电视注入互联网基因以深化媒体融合，电视媒体应由“+互联网”向“互联网+”思维转型，即“利用互联网技术，在母体之外通过一系列方式来改善传播效率、提升传播影响力”[③]。在该逻辑下，有学者认为目前电视媒体已经在内容生产、内容传播与内容接受等方面的互联网化趋势明显[④]。然而，另一种观点在肯定媒体融合之根本在于互联网与电视的基因重组与融合的基础上着重强调融合并非单向度的过程，电视也具有独特优势，具有节目内容权威、线性传播的陪伴性更强、高清流畅沉浸式技术成熟、管理体制规范化、广告品质高等成功基因，互联网视频应采用反向学习思维植入“电视基因”[⑤]。总而言之，媒体融合是一个双向学习过程，电视媒体应立足于自身专业优势，批判性地借鉴互联网的成功基因，从而促使电视媒体从“相加”向“相融”迈进并深化，最终实现合二为一。

然而，融合理念的形成并非一蹴而就，需要融合评价体系的指引，如何构建融合力评估体系成为业界与学界关注焦点。关于构建融合力评估体系的研究主要分为两个脉络：脉络之一是业界学者基于已有理论框架与实践经验提出新的评估方法、指标，并直接主观地赋予指标权重，但这类学理性研究大多从社会学与传播学视角提出概念化指标，至于在大数据蓬勃发展的当下这些指标的普适性及效果如何仍需要实践验证。然而，另一研究脉络似乎对此做出回应，一些研究开始探索利用大数据分析方法对融合评估的指标概念进一步量化，而非采用简单抽样调查，从而科学、系统、动态地评价融合传播效果。有学者在概念化评价体系的基础上，采用向量自回归模型对指标权重进行验证，并认为电视媒体的收视率指标与网络媒体传播力指标具有显著相关性[⑥]。然而，无论在哪个研究脉络下，“指标的权重设置”[⑦] 是保证评价体系科学性与准确性的

① 彭增军：《穿新鞋走老路：数字时代传统媒体的“创新”为何会失败》，《新闻记者》2017年第5期。

② 周逵：《生态与心态：中国广电新媒体平台建设与发展之困》，《新闻记者》2017年第7期。

③ 问题、王小龙：《从“+互联网”到“互联网+”电视媒体融合路径探讨》，《现代传播（中国传媒大学学报）》2017年第9期。

④ 冷淞：《电视媒体的“互联网化”观察：基于视听内容的视角》，《现代传播（中国传媒大学学报）》2017年第8期。

⑤ 周凯：《反向学习：互联网视频植入“电视基因”》，《新闻界》2017年第12期。

⑥ 周勇、赵璇：《融媒体环境下视听传播效果评估的指标体系建构——基于VAR模型的大数据计算及分析》，《国际新闻界》2017年第10期。

⑦ 戴松、苏进跃：《媒体融合背景下电视节目融合力评估体系构建》，《电视研究》2017年第2期。

核心，尤其是融合力指标之间及其与电视媒体指标的权重关系是研究重点，然而专门在这方面的研究相对较少。

（二）电视形态研究：移动化、社交化、智能化

新技术对电视媒介形态与传播形态的重塑已经成为不争的事实，电视形态的研究也已经不是新话题，然而随着媒体融合的深化，电视形态的研究也呈现许多新面向，大致可以分为三个方面。

其一，认为电视媒体形态具有移动化特点，具体体现于网络直播与短视频这两类网络视频形态。学界普遍认为在“全民直播时代”，网络直播与短视频的发展促成“场景革命”的兴起，对于以视频起家的电视媒体而言具有重要启示作用。

从相关研究可以看出，网络直播与电视直播相比具有传播主体多元化、强社交属性、低成本等优势①。因此，有学者探讨网络直播优势背后的逻辑，认为其发展逻辑为“认知盈余”的价值生成②，核心在于受众注意力时空的突破，因此应将这一逻辑重返电视并激活电视直播的生命力。如此，电视直播与网络直播的互补形态如何？有研究基于实践提出应构建“电视＋网络直播”模式③，基于此的电视直播与网络直播互补形态呈现新特点，如“大屏权威播发＋小屏深度解读”的信息立体化呈现模式与“移动化直播＋凝练化表达”的多元化报道样态④。

关于短视频的研究则侧重于探讨短视频新闻形态在电视媒体中的误区及着力点，有学者认为，电视媒体与短视频在新闻领域的融合势在必行，但目前仅是将新闻内容由电视媒体直接平移到客户端，然而“新瓶要装新酒，要考虑到不同平台的不同需求和语态”，首先是理念的转型，将视频生产与用户“碎片化阅读”需求、观看场景融合相结合⑤。

其二，认为媒介技术重构传播形态，社交媒体的发展正重塑电视媒体，使后者更趋社交化。学者们对电视媒体的社交化特点观点不一。一方面，有学者基于实践案例来描述社交化现状以揭示电视媒体社交化的本质在于基于技术来实现信息的交流与分享，通过技术互动带动意义的互动，电视的跨屏互动技术促使用户通过社交媒体参与到电视节目话题的互动中，形成节目传播的“蝴蝶效应”⑥。但另一方面，也有学者对于目前的社交化转型的态度并不乐观，认为目前传统电视的社交化转型只是简单的从补齐互动匮乏短板的单一视角去操作，应该从思维、组织、技术、产业等多方面深层次革新⑦。此外，还有学者展望电视未来形态，认为“互播”是未来电视传播的图景，在新媒体技术的支持下，人际互动将再次转型为人机互动，让电视重返社会参与，最终实现多向互动⑧。

其三，认为随着智能化技术的日臻成熟，电视媒体的智能化特征也日趋明显，

---

① 谭天：《网络直播：主流媒体该怎么打好这一仗》，《人民论坛》2017 年第 1 期。

② 周勇、何天平：《“全民直播时代”：网络直播对电视发展的启示》，《新闻与写作》2017 年第 2 期。

③ 武慧峰：《电视新闻节目“电视＋网络直播”操作模式的研究与启示》，《当代电视》2017 年第 9 期。

④ 张世轩：《移动客户端与电视报道的形态变革——以重庆广电集团“第 1 眼新闻”移动客户端为例》，《新闻爱好者》2017 年第 10 期。

⑤ 张庆：《传统电视媒体进军短视频的误区与着力点》，《现代传播（中国传媒大学学报）》2017 年第 12 期。

⑥ 郜书锴：《论新媒体时代电视自救的三个“核心”概念——基于“电视之死”的学术争论与思考》，《浙江传媒学院学报》2017 年第 3 期。

⑦ 任昌辉：《传统电视社交化转型探析》，《当代电视》2017 年第 9 期。

⑧ 陈新民、马廷魁：《“人机互动”还是“人际互动”？——对电视社交化生存的多维度思考》，《现代传播（中国传媒大学学报）》2017 年第 2 期。

智慧广电已经成为满足人民美好生活诉求的关键。尤其是2017年7月20日国务院发布《新一代人工智能发展规划》后，正式将“人工智能”纳入顶层设计中，业界学者们纷纷要围绕这一特征对智能化技术、媒体与人之间的关系进行阐释。然而，学界对于智能技术在电视媒体中应用的态度则是矛盾的，既欣喜若狂又瞻前顾后。

一部分学者对智能技术在广电等传统媒体中应用的未来持中立态度。一方面，承认智能化技术确实促使传统媒体传播模式与受众体验的嬗变，如在人工智能、VR等技术作用下，传统媒体新闻趋于个性化定制、批量化生产、多重感受、全知视角、互动参与体验等特点，一定程度上实现了对人的解放。另一方面，也对方兴未艾的智能化技术应用前景陷入冷思考，认为其在技术、伦理、资金及规制等方面存在不足，不得不让人回归理性并重新审视智能技术对于传统媒体转型到底意味着什么，而“未来对人文光辉和美感的追求将是技术价值得以真正实现的核心之一”①。

另一部分学者则对智能技术在广电媒体转型中的作用抱有期望并对未来电视形态进行展望，认为广电媒体正从社交化走向智能化，未来广电生态系统呈现“以用户数据为核心”“以多元产品为基础”“以多个终端为平台”等特点，但也不局限于技术的智能化，而更趋向基于情感的强人工智能。②

（三）电视产业运营研究：平台化与集群化

在基于技术的融合浪潮推动下，电视媒体的产业属性愈加凸显，融合带来的不只是电视传播形态的变化，其背后的资本运营、生产业整合与重构也成为电视产业发展的主要议题。目前，学界一致认为融合的深化倒逼电视媒体产业模式嬗变并呈现许多新特点，主要集中于三个方向：

一是媒体融合时代中的电视产业经济为集成经济模式，整合并利用产业系统内外的资源，以“纵向”“横向”及“混合”三种方式形成创新结合体，如“中央厨房”媒体矩阵的形成③。

二是技术与商业思维融合下的电视产业运营模式多元化。一方面是基于技术的平台化运营模式，构建互联互通的平台，汇聚各种媒体、渠道、终端与资源，在此平台上打造“立体融合传播的生态化营销模式”④；另一方面是基于“用户为中心”理念下的运营模式，如“场景化运营”“社群化运营”及“新媒体化运营”等提法的出现，都是强调电视媒体“从经营电视转向经营用户”⑤，以电视节目为产品，观众转变为用户，融合电视与新媒体的优势，为产品与用户创造场景，从而满足用户需求的同时也优化电视价值⑥。

三是技术价值的实现最终要落实到产品变现与盈利，技术的蓬勃发展也促使电视媒体的盈利模式呈现新亮点，包括以T2O模式为突破口，向“广电＋电商”转型；以微信平台为代表，向“广电＋新媒体”转型；以产业化经营为重点，向“广电＋新业态”转型⑦，最终全方位打通线上线下盈利渠道。

---

① 殷乐：《智能技术在新闻领域的应用展望》，《青年记者》2017年1月上。

② 胡正荣：《智能化：未来媒体的发展方向》，《现代传播（中国传媒大学学报）》2017年第6期。

③ 喻国明、赵睿：《从“下半场”到“集成经济模式”：中国传媒产业的新趋势——2017我国媒体融合最新发展之年终盘点》，《新闻与写作》2017年第12期。

④ 肖凭、曾致、施薇：《台网融合模式下电视节目营销创新策略研究》，《电视研究》2017年第7期。

⑤ 徐楠：《社群化运营：电视媒体运营转型的重要模式》，《电视研究》2017年第9期。

⑥ 赵树清、尹逊钰、曾昕旻：《电视跨屏互动场景化营销研究》，《现代传播（中国传媒大学学报）》2017年第5期。

⑦ 魏艳文：《融合背景下的电视盈利模式创新》，《新闻战线》2017年第10期。

二、基于文本的电视研究：品质化与价值关怀凸显

技术加快了内容生产的速度，因此内容并不缺乏，但是优质与原创信息却凤毛麟角。因此，作为“文本”形态的电视节目成为学界关注的重中之重。2017 年电视节目形态是否发生了变化？各节目形态呈现了什么新特点？这些都是值得深思的问题。顺着这一思考逻辑对文献内容进一步梳理发现，整体而言，学者们对电视节目内容产制背后的技术逻辑及内容本身的价值与品质彰显关怀。

（一）电视新闻研究：技术狂欢与价值引领

在媒体融合大潮下，电视新闻成为电视传播领域中最为活跃的部分，研究电视新闻成为掌握电视媒体融合动向的前哨阵地。目前，学界普遍认为中国电视新闻业的转型已经起航，那么当前电视新闻的内容生产究竟有何创新？一类观点扎根技术来探讨电视新闻的新特点，有学者认为新闻视频创作有电影化趋势，主要体现在电视新闻对于视频叙事逻辑、新闻可视性及视频设计创作感的推崇①。如果这是对电视新闻生产视觉化的初步探讨，那么还有学者通过电视新闻、可视化新闻、VR 新闻这三种主流视觉化新闻的生产方式与特征来揭示新闻生产的视觉逻辑变迁规律，新闻生产的体验性、精确性与民主性深化②。另一类观点则回归内容价值思考，认为电视新闻不仅采用宏大叙事范式来报道“硬新闻”，也开始关注从小视角切入报道深度挖掘事件相关背景，③ 通过故事化叙事手法，聚合“正能量”以凸显人性关怀，辅助“硬新闻”报道，尤其以地方台的融媒体实践探索为主，在同类型报道上打出差异牌，全方位还原新闻事件，因为好的新闻报道要“上接天线、下接地气”④，这也凸显了传统媒体对新闻价值引领的不懈追求。

（二）电视剧研究：泛娱乐化与回归现实

2017 年中国电视剧研究的广度依旧，既有立足宏观视角对中国电视剧进行文化、艺术、批评等层面的评价与概括，也有对不同题材电视剧叙事、主题、人物形象及社会文化语境的微观深层探析。相关论文主要集中于从微观层次探讨电视剧文本发展的新特点及其原因。从内容创作来看，跨媒体叙事的应用又有新调适，有学者挖掘跨媒体叙事逻辑认为其具有“延展性”和“可挖掘性”，⑤ 前者强调电视文本内容的传播，后者则关注文本内容的再生产。在此框架下又衍生出新的研究点，有学者侧重关注电视剧与游戏的跨文化叙事，认为电视剧创作呈现游戏化倾向，即游戏题材及叙述特征、元素在电视剧中的迁移，⑥ 其题材有从古装玄幻剧向现实剧转型的趋势，⑦ 就其原因学界主要从商业与文化两个层面渐次展开探讨，一方面在于电视剧制作机构就“以 IP 为主导的全产业链开

---

① 孙振虎：《视频新闻创作的电影化倾向》，《新闻与写作》2017 年第 2 期。

② 常江：《蒙太奇、可视化与虚拟现实：新闻生产的视觉逻辑变迁》，《新闻大学》2017 年第 1 期。

③ 雷跃捷：《媒体转型期电视新闻的艰辛探索——第二十七届中国新闻奖电视和视频类参评获奖作品评析》，《中国记者》2017 年第 11 期。

④ 闫乃之：《电视新闻“走基层”报道中的情感叙事——以央视新闻频道〈零点后的中国〉系列报道为例》，《新闻与写作》2017 年第 4 期。

⑤ 李健、李菁：《电视剧跨媒介叙事——基于“可挖掘性”模型的第二屏电视应用设计》，《全球传媒学刊》2017 年第 3 期。

⑥ 张国涛、孟雪：《电视剧创作中的游戏化倾向探析》，《中国电视》2017 年第 12 期。

⑦ 郑向荣：《电视剧创作“游戏化”现象刍议》，《中国电视》2017 年第 12 期。

发”达成共识[①]；更深层原因在于深受青年亚文化影响的年轻人普遍具有较高的审美需求[②]，而且青年亚文化在文化结构中呈“去边缘化”趋势。

从内容题材来看，有学者认为在泛娱乐化的电视创作环境中，电视剧题材正逐渐回归现实主义传统，开始关注审美现代性的“本质现实主义”[③]，在写实的基础上侧重于对社会现象的回应及时代命脉的把握，这充分体现了对电视剧的广泛社会基础与社会反映能力的回归性思考。

虽然新时代电视剧研究呈现许多新面向，但依然有一些理性声音来审视和反思电视剧繁荣背后的焦虑，学界主要从文化研究视角对于电视剧生产机制中存在的性别、民族、农村等社会问题提出质疑，如认为主旋律剧中女性形象的刻板印象与国家大国形象的建构背道而驰[④]。也有学者立足艺术视角，认为电视剧过分强调感觉刺激而忽视艺术表现力，电视剧创作肤浅，对现实生活艺术性讴歌欠缺[⑤]。因此，应该对电视剧日常生活的表述进行审视和批判，否则日常生活话语的艺术空间则会显得苍白无力[⑥]。

（三）综艺节目研究：关怀文化品质

如果说2016年电视综艺节目研究过于唱衰真人秀等电视模式节目，而对新路径及未来态势不够自信的话，那么2017年在习近平总书记有关文艺工作重要系列讲话精神的指导下，学者们对于综艺节目发展的研究整体呈现新的乐观态势。

在综艺节目同质化与泛娱乐化现象严重的背景下，当前电视综艺节目的特点与发展态势如何？学界普遍认为综艺节目在洗尽铅华之后趋于理性发展，与之前的娱乐狂欢相比，更加注重节目文化品质的追求。而“慢综艺”节目形态的出道为基于文化品质的综艺节目发展提供了方向。显然，对“慢综艺”节目形态的解析对于把握当前综艺节目发展态势至关重要。

目前，关于“慢综艺”学界还没有统一界定，但一些学者的观点值得注意，如认为“慢综艺”是与竞技类等“快综艺”相对出现，没有脚本和导演干涉的明显痕迹，“以通过节目传达生活态度与文化内涵来吸引观众”[⑦]。

还有学者通过案例分析进一步归纳了当前“快综艺”的类别，认为主要包括：传统文化类节目，唤起受众深层传统文化记忆，契合了人们对深度文化的渴求，如《朗读者》《见字如面》《中国情书》；模拟生活类节目，以体验式真人秀的节目形式唤起受众情感共鸣，如《向往的生活》等一系列节目的涌现；户外旅游类节目，走出演播厅，将节目置身于日常生活环境，如《花儿与少年》《中餐厅》等节目。[⑧]

基于此，一些学者从微观层面探寻“慢综艺”兴起的原因及影响，认为“慢综艺”兴起是国家顶层设计、市场需求、文化传播与情感互动共同作用的结果，一改以往娱乐至上的理念，补全了电视娱乐化趋势中缺席的文化属性，建立在受众个体内心情感归属与价值期待上，也对家庭

① 张斌、莫茵：《国产剧与电子游戏：从文本改编到产业联动——以〈古剑奇谭〉与〈花千骨〉为例的讨论》，《中国电视》2017年第10期。

② 高亢：《论青年亚文化对我国IP电视剧产业格局的建构》，《吉首大学学报（社会科学版）》2017年S2期。

③ 战迪：《当下电视剧创作的现实主义取向及其对“社会温度”的建构》，《中国电视》2017年第4期。

④ 陈宁、黎宸雨：《当代主旋律电视剧中的性别话语与制约机制》，《南开学报（哲学社会科学版）》2017年第6期。

⑤ 任学安、胡智锋：《困境、创新与责任：多维定位下的传统主流媒体——2017〈现代传播〉年度对话》，《现代传播（中国传媒大学学报）》2017年第1期。

⑥ 李庚：《当代中国电视剧的日常生活叙事话语》，《现代传播（中国传媒大学学报）》2017年第6期。

⑦ 孔令顺、李娜：《综艺娱乐：从野蛮生长到理性发展》，《电视研究》2017年第8期。

⑧ 殷俊、刘瑶：《“慢综艺”：电视综艺节目的模式创新》，《新闻与写作》2017年第11期。

文化的激活与传播存在深层影响[①]。

关于“慢综艺”未来发展路径的探讨，学者们观点不一。一种观点提倡立足电视文化生态提倡树立“慢综艺”的品牌和文化升级，这为电视综艺节目的可持续发展提供新方向[②]。然而另一种观点则认为，尽管“慢综艺”这股清流符合受众体验与需求，但仍然要保持发展内容优质创新才能避免转瞬即逝的命运。尤其对文化类综艺节目发展的探讨，有学者认为应对传统文化秉持“留存、体验、创造”三个层面理念，“深层开掘文化的标本价值，深度体验文化的灵动呈现，深刻思考文化的未来走向”[③]。

（四）纪录片研究：讲好中国故事

借力融媒体思维与模式来探索纪录片转型之路似乎已经成为业界的必然选择。在这一大背景下，2017 年纪录片的相关研究也出现新转向，从技术、内容与文化传播几个维度集中探讨纪录片现状及发展路径。首先，2017 年学界增加了对纪录片的技术思考，探讨技术对纪录片形态和美学效果的影响，一些学者将新媒体时代的纪录片与传统纪录片进行比较发现 VR 纪录片与传统纪录片在本体上的区别在于创作时对于视觉与听觉的要求高，叙事方式与镜头语言更具虚拟性与互动性，因此在用户体验上也更具沉浸感[④]。那么 VR 纪录片是否会颠覆传统纪录片？有学者则认为，VR 纪录片是一种有待定义的新事物，它暂时还未瓦解传统纪录片的身份，但是给纪录片身份的思考提供了新语境。[⑤] 其次，关于纪录片内容方面的研究除了创作理念、审美视角等本体性研究外，关于题材方面的探讨较多，尤其在政论题材方面纪录片的研究引人关注。最后，还有学者从内容的传播与制作层面着手，通过案例分析来揭示政论纪录片崛起的重要原因：一是从宏大叙事的微观切入来讲述百姓自己的故事；二是以丰富的具象表达来解读抽象观点与论题；三是借助于新媒体平台形成现象级传播。[⑥] 而关于政论片的传播效果，有学者从受众视角出发认为政论片从视听体验、情感共鸣、国族认同及跨屏遍在等层面建构属于民众的集体记忆[⑦]。

整体而言，2017 年电视节目研究较为丰富，但就整体质量而言还不够高，大多数文章结合电视媒体融合中的具体实践来对电视内容生态进行概括和总结并探寻可行的创新路径，但缺乏理论支撑，如对电视剧叙事能力创新的学理性探讨还有所欠缺，大多研究都还停留于对当前现状及特点的描述及对策的泛泛而谈，而未从深层次上进行反思和审视。

三、基于社会的电视研究：电视媒体与社会形态相互建构

电视作为主流传统媒体是信息社会环境的重要组成部分，对于电视的社会影响研究已经不是一个新话题，媒体融合时代中电视媒体对受众的影响也呈现新趋势，新的电视传播文化逐渐形成，从而一定程度上影响社会形态。2017 年相关研究主要集中于对媒介使用主体与政治的影响研究。

① 李春雷、曹芝慧：《电视节目对家庭文化的分解与激活——以〈中国诗词大会〉为范例的思考》，《电视研究》2017 年第 7 期。

② 宋瑞：《快节奏荧屏下的“慢综艺”》，《新闻知识》2017 年第 6 期。

③ 胡智锋、徐梁：《留存、体验、创造：电视节目应对传统文化的三种理念》，《艺术评论》2017 年第 4 期。

④ 何苏六、徐锦：《媒体融合背景下纪录片的新图景》，《中国广播电视学刊》2017 年第 3 期。

⑤ 杨击：《视觉技术与感知安全：新媒体语境中纪录片身份再聚焦》，《新闻大学》2017 年第 6 期。

⑥ 高贵武、郝君怡：《新媒体时代政治传播的视觉表达——评纪录片〈将改革进行到底〉的创作与传播》，《新闻与写作》2017 年第 10 期。

⑦ 刘煜：《论当下政论纪录片对集体记忆的建构路径》，《当代传播》2018 年第 2 期。

（一）电视媒体使用测度

电视对媒介使用主体影响的探讨大多聚焦于技术革新提升受众的能动性，然而技术在赋予受众话语权的同时也加强了媒介工业对受众的控制，因此有学者尝试打破技术赋权的乐观想象。以儿童与青少年群体为主要研究对象，有学者认为，随着青少年获取信息的渠道多元化，他们在社会化过程中面临更多诱惑与误导，因此各类电视节目应将青少年亚文化的边缘性、颠覆性和批判性融入社会主流价值观中，承担引领青少年思想价值的重任①。还有学者则立足于文化视角呼吁电视媒体应尊重儿童的参与权，同时也强调网络技术的发展强化了儿童的主体意识为其深度参与电视提供了可能。② 此外，对于电视对男性与女性气质影响的研究逐渐走向折中，其中对男性气质的社会建构功能及意义的探究也更为积极，③ 这表明电视媒体也在重构社会性别秩序使其更趋平衡与稳定。

（二）电视媒体政治研究的新转向

电视与政治具有天然联系，因此电视形态的衍变对于政治的影响也呈现一些新特点，但总体而言在政治影响力中仍占主导地位。

从国内层面来看，有研究者指出新媒体时代“电视问政”现象的亮点在于引入“互联网 +”理念与技术，利用大数据来精准分析问政问题，也增大了公众舆论压力，倒逼“电视问政”发挥实质效应④。那么“电视问政”现象的互联网化是否会削弱电视对政治的影响力？有学者采用量化分析以对这一问题进行回应，研究结果显示，电视媒介对于政治信任的建构发挥积极正向作用，然而网络媒介与政治信任之间则呈现负向交互作用⑤。

从国际层面来看，2017 年习近平总书记在十九大报告中再次强调，“推进国际传播能力建设，讲好中国故事，展现真实、立体、全面的中国，提高国家文化软实力”⑥。由此可见电视对政治的影响主要通过文化传播来体现，即电视的国际传播能力建设。如何在“一带一路”中通过电视媒体讲好中国故事来占领舆论制高点与树立大国形象成为学界关注的焦点。除了从微观层面围绕各种电视文本形式来探索电视国际传播的创新路径及环境外，学者们尤其对“一带一路”沿线国家的特定受众具有学术敏感性，有学者在针对中国影视作品在东非的数字化传播研究中认为，“应努力发掘与东非国家的文化共性，尽力加强与当地受众之间的文化联系”⑦，还有学者对韩国纪录片《超级中国》进行文本分析发现，政府通过文本中的外交复合关系隐喻建构，可以向本国公众传递其他国家的外交政策信息，促使公众与政府就外交政策达成国家认同⑧。这表明在国际传播过程中，国际环境与电视媒体相互建构，电视无论向国内传达外交政策还是在国际树立大国形象都要关注民众诉求。还

① 谭成才：《电视综艺节目对青少年思想价值引领作用刍议》，《当代电视》2017 年第 9 期。

② 卜卫：《电视应尊重儿童参与权》，《中国广播电视学刊》2017 年第 6 期。

③ 彭曙光：《电视有声语言传播中的男性气质与其社会建构》，《现代传播（中国传媒大学学报）》2017 年第 8 期。

④ 孟保安、黄丹玮：《新媒体时代，“电视问政”如何“问”出深度、锐度?》，《中国记者》2017 年第 1 期。

⑤ 程中兴、廖福崇：《“大交通”时代的媒介形态与政治信任：基于世界价值观调查的统计分析》，《新闻与传播研究》2017 年第 6 期。

⑥《实录：习近平总书记在党的十九大的报告》，中国青年网，http：//news. youth. cn/sz/201710/t20171018_10888424_ 4. htm，2017 年 10 月 18 日。

⑦ 郭镇之、梁悦悦、李亚东：《中国影视作品在东非的数字化传播》，《中国电视》2017 年第 1 期。

⑧ 赵鸿燕：《外交复合关系的隐喻建构——基于韩国纪录片〈超级中国〉的案例分析》，《国际新闻界》2017 年第 4 期。

有学者从宏观层面的国际视角入手，探寻中国的“一带一路”话语权与大国形象建构路径，如有学者从对外传播学史视域来分析国际传播能力构建方向：一是了解并对接沿线国家发展战略及民意；二是要基于舆情研判讲好中国故事和“一带一 路”故事；三是强调中国对外传播多元主体的能力共建。①

四、关于电视研究问题的探讨

总体来看，2017 年电视学科的研究既存在创新但仍有不足，以下主要从几个方面提出研究中值得关注的问题，以供学界同仁参考借鉴。

（一）版权保护研究

除了上述研究议题外，电视版权研究也陆续有文章发表，但是整体而言还是相对较少。电视媒体的版权意识刚刚兴起，大部分学者基于“内容为王”的原则，认为版权是广电媒体的核心竞争力，通过发挥好这一优势来驱动整个广电媒体转型。随着媒体融合的深化，相关研究也呈现出许多新面向：如有学者从场域理论视角来探讨不同电视节目模板的版权保护，认为应该明确版权归属中的主体关系②；又如近年来学界不断发起保护新闻信息类节目版权的呼声，有学者从内容生产视角着手认为广播电视新闻产品均含有制作者的劳动和智慧，具有一定创造性，制作者的智慧理应受到知识产权的保护③。还有学者尝试从法律层面探讨外在技术形态变化而引起的版权法适用问题④。虽然电视版权研究呈现许多新特点，但是整体上学者的关注还是相对较少，而且探讨也不够深入，未来可以对不同电视形态的版权保护与运营路径进行探讨，也可以采用跨学科的方法来进行研究。

（二）电视专业教育研究

在全媒体时代，传统的新闻传播学教育理念已经不能适应电视媒体发展的需求，传媒教育是整个电视内容生产的核心，但是目前电视媒体从业者的流失对于传媒教育也产生很大冲击，虽然目前业界对传媒教育转型方面的实践不少，但是却很少从学理层面探讨转型过程中的问题，如传媒学科作为实用性的学科可能会过度关注专业学生应用技能的培养，但是如何在学与用之间实现平衡是学界未来思考的问题，如何能从学与用两方面来培养全媒体人才也是未来思考的问题，人才培养方式的转型是电视媒体转型的关键。

（三）电视理论研究

媒介实践的价值并不仅限于新技术应用而在于旧理论的调适与新理论的再造。2017 年电视研究与之前相比在理论方面有进一步拓展，更趋于理性。这一特点在媒体融合研究中尤其明显，如通过对公共领域时空构建理论⑤、媒介融合系统理论⑥的拓展来重构传播体系与生产体系。此外，还有学者则借鉴人文艺术领域的“媒介间性”理论来重新审视媒体融合路径⑦。此外，其他议题的研究也有理论化的端倪，如在国际传播研究中引入文化自觉理论与周边理论来探讨未来路径的建构。但是整体而言，学

---

① 程曼丽：《中国对外传播的历史回顾与展望（2009—2017 年）》，《新闻与写作》2017 年第 8 期。

② 邓秀军、刘静：《电视节目模板网络分享场域的版权保护机制研究》，《中国广播电视学刊》2017 年第 7 期。

③ 张春朗：《新媒体环境下广电版权保护与运营研究》，《中国广播电视学刊》2017 年第 7 期。

④ 茹竞岩、彭洪庆：《影视类聚合平台链接侵权构成分析——广电媒体版权维权思路》，《中国广播电视学刊》2017 年第 7 期。

⑤ 云国强、吴靖：《重新寻找公共领域：时间、空间与“广播”的生产》，《新闻与写作》2018 年第 6 期。

⑥ 王菲：《中国电视台媒介融合中的内容生产体系构建》，《国际新闻界》2017 年第 12 期。

⑦ 宫承波、郝丽丽：《间性思维视野下的中国媒介融合发展路径分析》，《当代传播》2017 年第 5 期。

理性的研究仍然凤毛麟角，一方面，大多数研究还局限于经验的总结与态势的评估，即使提出建议也是泛泛而谈并没有上升到理论高度；另一方面，研究都局限于传播学与新闻学理论的阐释，对其他学科领域理论的借鉴与尝试较少，尤其是在电视节目研究中，研究都具有模式化，缺乏新意与深度。

（四）电视方法研究

来自电视业态与实践中的上述变化必然也会体现在相关研究领域，打破了学科之间的壁垒，引入社会学、人类学、金融学等跨学科研究方法与研究视角，而非局限于新闻与传播学领域，因此在多学科的介入下电视相关研究呈现以问题为导向的知识融合生产过程。一是电视研究领域学者对实证方法的运用日趋成熟和科学化，2017 年电视研究中的不少论文都用到实证研究方法，值得注意的是 Python 这种信息处理方法被用来拓展传播学的内容分析。二是虽然学者们都推崇量化研究，但是质化研究方法的探索也在深化，近年来有再次将电视研究引入民族志研究方法的趋势，有学者认为应在瞬息万变的新闻供应生态中展开第二波民族志研究，并对其早期正统观点予以反思与调适，进入新闻室做田野的方法在新媒体环境中依然有效，如将社会行动者网络、场域等分析工具引入新闻研究中，从而拓展了以客观经验主义为主导的媒介研究方法。三是跨学科合作研究成为未来发展方向，电视业态中的融合实践也消融了学科之间的壁垒，“跨界”研究也成为一种时尚，拓展了电视研究方法，如有学者采用金融学中的格兰杰因果检验及线性回归模型来度量互联网与电视之间的相互影响，[①] 从中也可发现有金融与统计学的学者参与，这与传播学中常用的抽样调查相比更具科学性和精确性，融媒体平台逐渐成为电视媒体的延伸，学科之间的融合也成为研究的发展趋势。混合研究方法在电视媒体研究中已经崭露头角并且也成为趋势，但总体而言，电视研究方法还是比较常规、陈旧，有些研究看似引入新概念，但并没有在与中国现状结合后而进行调适，对于新概念与中国现状结合并没有过渡，而是直接拿来用，实则在研究内容上没有任何新意，新瓶装旧酒，学者的创新意识不强，而且研究只是泛泛而谈并不深入。

撰稿：殷　乐（中国社会科学院新闻与传播研究所研究员）
高慧敏（中国社会科学院研究生院博士研究生）

中国传播学研究 2017 年综述

本文从宏观与微观两个维度回顾 2017 年的中国传播学研究。在宏观层面上，本文选取 2017 年传播学最具影响力且综合影响因子最高的五本大陆新闻传播专业学术期刊《新闻与传播研究》（1.747）、《国际新闻界》（1.492）《新闻记者》（1.201）、《新闻大学》（0.849）《现代传播（中国传媒大学学报）》（0.639），利用 CNKI 自带的数据与工具资源绘出知识图谱，窥见 2017 年传播学研究的整体特征。当然，宏

① 陈淼、王云峰：《当前互联网对电视媒体影响的实证研究》，《现代传播（中国传媒大学学报）》2017 年第 9 期。

观统计难以探查传播学者在具体议题上的观点和见解，且由于统计工具的缺陷以及样本选择的局限，该统计没有纳入综合期刊中的新闻传播栏目以及港澳台学者的研究成果。为弥补这一疏漏，本文在第二部分将人工筛查2017年发表在中国大陆与港澳台地区中文学术期刊中的传播学研究，并按照问题意识、研究方法与路径、研究结论为标准进行筛选，兼顾主体聚类，总结出2017年传播学研究的核心议题和重要成果。

一、2017年传播学研究知识图谱

据统计，2017年发表于上述五大期刊中的学术文章共计960篇，其中《新闻与传播研究》92篇，《国际新闻界》123篇，《新闻记者》176篇，《新闻大学》116篇，《现代传播（中国传媒大学学报）》453篇。利用工具可得出各期刊关键词共现词网络图谱如图1至图4所示①。其中，节点大小与括号中的数字表示该词出现的频次。

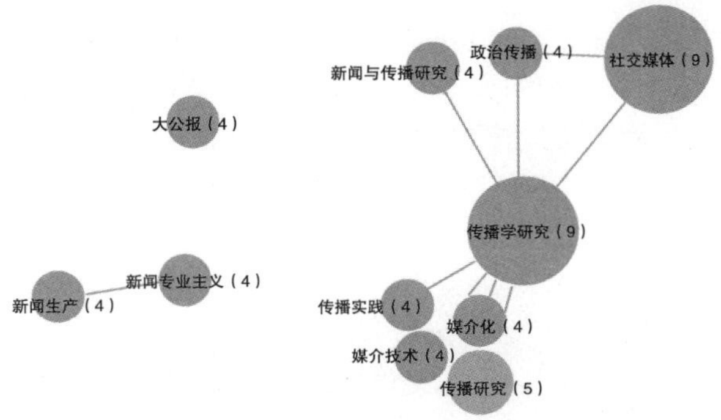

图1　2017年《新闻与传播研究》文章共现词网络

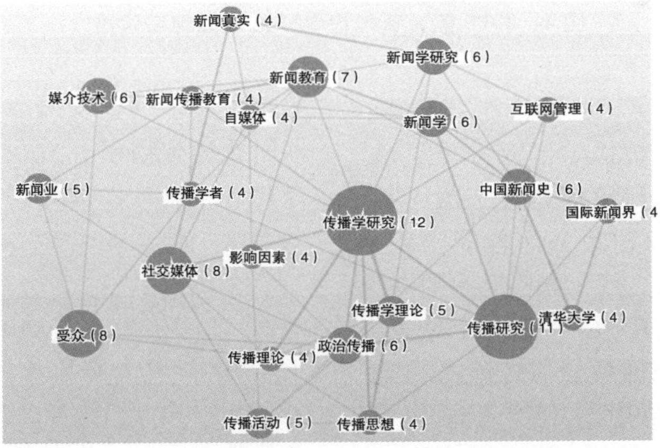

图2　2017年《国际新闻界》文章共现词网络

① 由于知网关键词共现网络分析的篇幅上限为200篇，而2017年《现代传播（中国传媒大学学报）》的刊载量超过了这一上限，因而无法利用这一工具分析《现代传播（中国传媒大学学报）》的关键词网络。

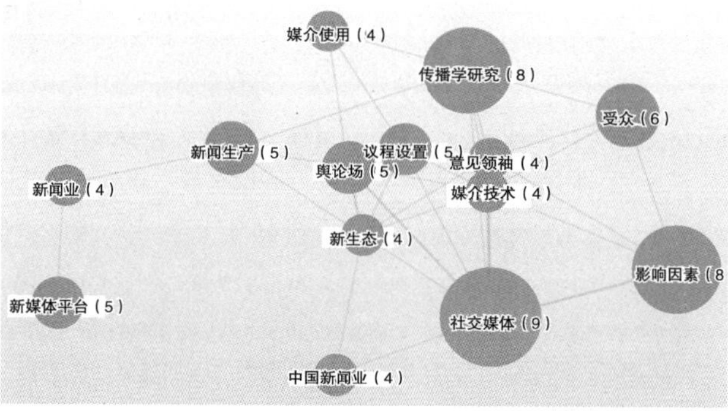

图 3　2017 年《新闻大学》文章共现词网络

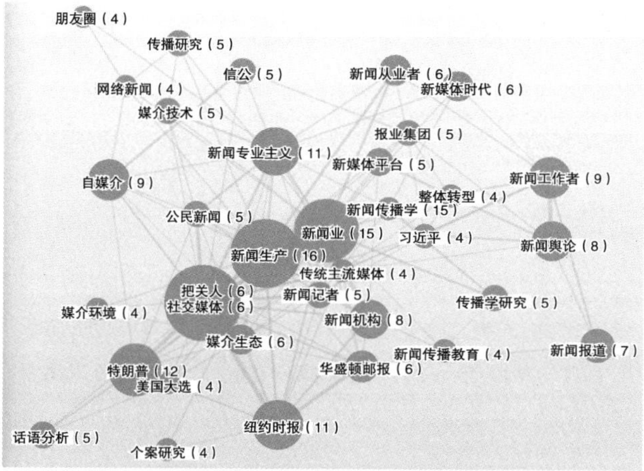

图 4　2017 年《新闻记者》文章共现词网络

从关键词网络中可以看出，在 2017 年的新闻传播领域中，传播学研究占据了最大的节点，仍然是学科中的研究主流。其探讨的话题包括了政治传播、传播理论、媒介技术、受众研究、社交媒体、自媒体、话语分析等多个研究领域与研究对象。图 5绘出了 2017 年新闻传播研究的高频关键词及出现频次，其中“中华人民共和国”频次最高，为 70 次；“社交媒体”其次，出现了 37 次；“媒体融合”“传播学”“传统媒体”紧随其后，分别为 32 次、29 次、26 次。综合以上关键词以及五本期刊外的其他有价值的学术文章，本文将 2016 年的传播学研究主要划分为以下几个研究主题并逐一详述：媒介与民族认同、互联网时代的传播研究方法论、媒介技术与媒介化、经典传播理论再研究、自媒体与网络舆论、社交媒体批判。

二、2017 年传播学研究的重点议题

（一）媒介与民族认同

2017 年，“中华人民共和国”成为新闻传播研究的高频关键词，可见着眼于民族国家的研究仍居主流。历史学著作《重塑中华》即从思想史与新文化史的角度考察了现代中华民族观念的形成、传播与演变，及其社会认同的意涵。与后现代逻辑下的“想象的共同体”不同，该书倾向于

将民族视为具有共同点的实体①。中华民族观念从“自在”到“自觉”过程中的一个重要变化，是语言沟通、通信条件和现代媒体的改善。报纸这一媒介，凭借广泛流通的新闻深入读者的日常生活，使不同地区的人们拥有了共同话题，赋予了交谈新的性质和意义。通过阅读行为与交谈实践，民族国家从一个抽象空间变成了具体地方，实现了从“想象”到“可见”的转变②。

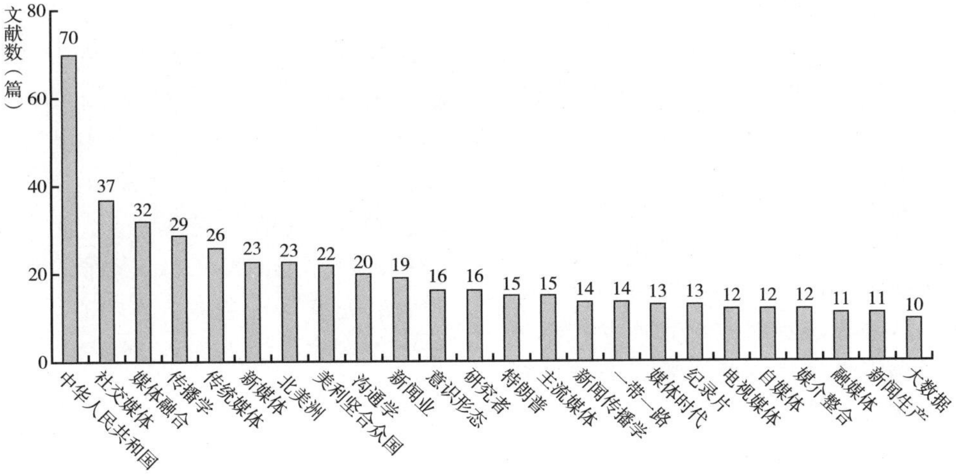

图 5　2017 年新闻传播研究五大期刊关键词分布

革命年代，报纸依然是政治共同体形成的重要机制。中华人民共和国成立初期，“读报小组”是“宣传网”运动的一部分，通过组织人民群众集体阅读报纸，传达政令，发动思想，推动各项活动的有序进行。这场国家话语主导、农民参与互动的集体意义生产呈现出了一种“圈层共振”的过程，它与其他社会教育活动一起，使得政治话语渗透进日常生活③。

到了互联网时代，新媒体营造的空间感将过去分而治之的社会功能整合到一起，边界被消融和驯化，使得过去不相关的思维和行为逻辑被打通。2016 年的帝吧出征中，粉丝群体的政治征伐和自我表演并未受官方领导，却在效果上暗合了国家政治——强化了民族主义情感。国家被隐喻成具有人格气质的明星，粉丝行为逻辑、游戏行为逻辑与民族主义的行为逻辑被勾连在一起，从而诞生了一种新型的网络民族主义——粉丝民族主义④。

（二）互联网时代的传播研究方法论

细数 2017 年新闻传播研究的高频词，不难发现社交媒体/传统媒体/新媒体的分野依然是学术界关注的焦点。信息传播技术的变革不仅让新闻传播的研究对象瞬息

---

① 黄兴涛：《重塑中华：近代中国“中华民族”观念研究》，北京师范大学出版社 2017 年版。

② 卞冬磊：《“可见的共同体”：报纸与民族国家的另一种叙述》，《国际新闻界》2017 年第 12 期。

③ 周海燕：《意义生产的“圈层共振”：基于建国初期读报小组的研究》，《现代传播（中国传媒大学学报）》2017 年第 9 期。

④ 刘海龙：《像爱护爱豆一样爱国：新媒体与“粉丝民族主义”的诞生》，《现代传播（中国传媒大学学报）》2017 年第 4 期。

万变，也在方法论层面提出了挑战。2017年创刊的《互联网历史》（*Internet Histories*）学刊在创刊号中便抛出了“互联网是什么”的疑问。它可以是一种技术形态，也可以是内容和社会空间，亦可以是立足于本地的经验①。对于海内外学者而言，互联网还提供了一条探底中国的学术路径，使之得以突破政治、市场、社会的表层，深入普通人的生活经验与日常实践，“深度互联网研究”呼之欲出。

从线下到线上，以往依靠身体在场的民族志研究面临着情境转换的挑战，包括观察的方式从具体形象转向抽象符号、研究对象从现实社区转向网络社群，这意味着研究者需要在多种时空中来回穿梭。不过，网络民族志只是传统民族志的一种新形态，民族志的“深描”使命犹在，讨论应超越具体的方法层面，回归问题之中②。所谓“深”，即在于深入日常、深入历史、深入反思。但是，“深度研究”并不排斥“浅描”（thin description），从“解释”转向“浅描”，意在放弃研究者的“傲慢与偏见”，以一种开放而谦逊的态度看待科学的局限性，承认差异，避免对理论的盲目崇拜③。

而中国本土，除了产出鲜活的经验，还能提供什么？有研究者有感于自身的治学经验，找到了中国传统的直觉智慧与社会科学的严谨逻辑的相通之处。以苏轼的《题西林壁》为引，作者探讨了国际传播与新闻史研究中多重真实的建构、局内人与局外人的观点相互渗透、常与变、同与异的相对与辩证。归根结底，中国的传播研究，在专业化方面虽应以西方为师，但也应反省理论与母文化的契合度，沟通融合在地经验和全球视野④。

（三）媒介技术与媒介化

近年来，“媒介化”成为传播理论研究的热点概念，这一肇始于欧洲的学术流派主张以“媒”为中心，而非美国传统中的以“传”为中心。它上可升华至媒介哲学，下可接地到驯化（domestication）等日常生产与消费流程。比如，基特勒（Friedrich Adolf Kittler）宣称“媒介决定我们的处境”⑤，超越人本中心立场和社会文化决定论，试图重新诠释媒介技术史。2017年，《留声机、电影、打字机》中译本在大陆出版，台湾学术期刊《传播研究与实践》也发表了专题文章，钩沉基特勒的媒介思想。和德布雷相似，基特勒延伸了“媒介”的概念范围，将其视为“存储、传输以及处理的通用原则”，是技术手段、过程与网络的交互共构，因而整个人类历史记录都成为媒介研究领域，而不拘泥于报纸、广播、电视等技术媒体诞生以降⑥；“技术媒介”概念的提出结合起之前彼此区分的媒介科技和传播管道，尝试在不同类型的媒介之间建立起“一般性联结”，避免仅从“讯息传播的时空跨度”或“技术上或物质上的创新”来定义“媒介”⑦。

麦克卢汉在基特勒的学术脉络中是一

① Abbate, J., “What and Where is the Internet? (Re)defining Internet Histories”, *Internet Histories*, 2018 (1), pp. 8 – 14.

② 郭建斌、张薇：《“民族志”与“网络民族志”：变与不变》，《南京社会科学》2017年第5期。

③ 杨国斌：《中国互联网的深度研究》，《新闻与传播评论》2017年春夏卷。

④ 李金铨：《传播研究的时空脉络》，《开放时代》2018年第3期。

⑤ Kittler, F. A., *Gramophone*, *Film*, *Typewriter*, Trans by Winthrop-Young, G. & Wutz, M., Stanford, CA: Stanford University Press, 1999, p. xxxxix.

⑥ 唐士哲：《作为文化技术的媒介：基德勒的媒介理论初探》，《传播研究与实践》（台北）2017年第2期。

⑦ 蔡博方：《从基德勒与鲁曼的相互参照：从社会理论视角出发的一次交流》，《传播研究与实践》（台北）2017年第2期。

个绕不开的人物，但二人在“媒介如何决定”这一点上存在根本分歧。麦克卢汉所主张的媒介的决定力量在于其作用于感知系统，引发感觉经验的转换；但基特勒则认为媒介的技术逻辑与人类感知经验的同步只是一种偶然，媒介所传递的信息在于技术结构能够改变媒介的结构与意义，因而他所分析的乃是因媒介技术而成为可能的“论述网络”（discourse network）①。

以媒介为中心的研究路径难免受到“技术决定论”的指控。不过，以彼得斯（John Durham Peters）为首的学者则呼吁重新反思技术决定论，搁置既有的偏见，在“禁区”里挖掘丰富的思想资源②。类似的观点得到了国内学者的响应。技术决定论不等同于媒介乌托邦，真正的技术决定论意在强调人类被悬置于媒介技术营建的环境之中，因媒介技术的变革而重构，而这才是真正用传播学的方式理解世界的独特路径③。

（四）经典传播理论再研究

议程设置、意见领袖等理论概念依然是2017年传播学研究的重要节点。对经典理论假设在新时期、新语境下的再检验是传播学常议常新的话题。当然，证实或证伪本身并非终极目的，再检验的意义在于为理论的适用范围划定边界以及从中发现新的问题。议程设置理论在中国语境中的运用即是如此。研究发现，在2013—2016年“两会”期间的养老问题上，政府的议程设置需要通过媒体才得以完成，但媒体对政府议程的报道是有选择的，他们会相应“无视”“扩大”“变异”部分政府议题；而且媒体的议程也能在一定程度上影响政府的议程，两者呈现出多元的动态关系④。而一项针对2013年北京地区的研究则无法从经验层面证实大众媒体的议程能够影响受众议程，但是不同时间段的媒介议程之间高度相关。两相对比，或许更值得探讨的是政府—媒体—公众三者之间的关系，当政府—媒体之间的议程设置互动频繁、媒体报道内容保持着高度的稳定、却又无法有效地为受众设置议程时，大众媒体的没落之势也就不难理解：他们“无视社会现实变化，也无视受众真正关心的社会议题”⑤。

当信息的接收者认为信息具有负面属性时常常会出现第三人效果，反之则会出现第一人效果。而假定影响模型对于信息的正面或负面属性没有要求，能够用以预期某一信息对他人的影响，进而为自身行动提供参考。这给第三人效果从认知到行动面向的延伸提供了可能。研究证实在面临劝服性网络动员信息时，除了自身受到的影响之外，对于他人网络参与和信息搜寻的预期将很大程度上影响个人网络公共参与的意愿，自我假定影响不论对于个人行为调试还是公共参与都具有显著影响⑥。

互联网时代的意见领袖也发生了分化和变异，催生了非传统意义上的意见领

① 黄顺星：《媒介史的末世预言：基德勒与麦克卢汉论技术媒介》，《传播研究与实践》（台北）2017年第2期。

② Peters, J. D., “‘You Mean My Whole Fallacy is Wrong’: On Technological Determinism”, *Matrizes*, Vol. 11, No. 2, 2017, pp. 13–33.

③ 胡翼青：《为技术决定论正名：兼论传播思想史的新视角》，《现代传播（中国传媒大学学报）》2017年第1期。

④ 李红艳、葛瑶：《回应、缺席、放大与变异：政府议程与媒体议程关系研究——基于2013—2016年“两会”养老话题的分析》，《新闻与传播评论》2017年春夏卷。

⑤ 陈阳：《议程设置理论在北京的一次检验——基于CGSS（2013）数据的研究》，《国际新闻界》2017年第10期。

⑥ 聂静虹、王博：《“他人信息搜寻”的预期：基于假定影响模型的网络微观动员研究》，《新闻与传播研究》2017年第5期。

袖——草根精英。他们不依靠在现实生活中的身份与声望，而是通过活跃于网络论坛与社交平台，增加自身的影响力。入驻时间越早、社交与内容生产越频繁，所积累的等级和资本就越高，成为意见领袖的可能性也就越大[①]。网络论坛中草根精英的等级往往在看帖和回帖的过程中发生中介作用，对其他用户的参与度也产生着显著的正向影响；而一旦他们在网络论坛中被认可并被公布为意见领袖，其作用反而被弱化，加速了意见领袖群体的分化，足见网民心态的复杂和微妙[②]。当我们强调意见领袖对他人的强大影响时，意见领袖群体内部的互动及其效果同样值得关注。在中国的社交平台上，政治立场仍然是意见领袖之间关注和互动的主要原则，新浪微博中的民主、自由人士是主要的互动群体，"左"派力量相对薄弱。意见相对明确、表达相对激烈的人远比中立群体互动频繁，两极式的观点更加突出和明显，因而互动在本质上仍然是一个既有政治倾向的问题[③]。

（五）自媒体与网络舆论

"舆论"一词在中国语境中的意义不同于西方，它不再意味着公民参与对于统治权力的制衡，而是一个有对错、可引导的意识形态工具。"舆情"便是这种形势下舆论的"控制性变种"，它源于管理和控制的需要，对舆论加以收集和分析，以期实现妥善管控。已成产业规模态势的"舆情"广泛分布于党政机关、官方媒体、大学及研究所，但其监测制度本身包含着逻辑悖论。学界对这两个概念的混用，实际上混淆了两者的重大区别：舆情的认识主体是社会统治者，而舆论的认识主体则是公众[④]。

舆论常常是社会抗争的重要助力。但随着媒体的舆论掌控在不断增强，使得国内媒体的报道在选题上倾向于相对安全的环保抗争，在话语上倾向于和谐的对话框架，转载官方通告或央媒通稿成为社会抗争事件的报道常态，媒介镜像趋于静态[⑤]。当民众基于利益诉求的自主"表达"难以得到政府的有效"倾听"与回应、无法实现政治沟通的良性循环时，借助网络舆论倒逼政府则成了相对可行的办法[⑥]。抗争者的策略在于，借由新媒体工具发起的传播实践激发新旧媒介之间的循环传播，影响传统媒体的报道框架，最终获得社会同情与官方信任[⑦]。不过，在社交媒体上引发围观、形成热点的前提在于，抗争实践足够吸引眼球。于是，戏剧性的、消费性的、参与性的"表演式抗争"作为一种抗争诉求的底层行动方案和政治实践应运而生[⑧]。

① 崔凯、刘德寰、燕熙迪：《时间累积、用户行为与匿名社区资本——基于豆瓣网网络爬虫数据的分析》，《青年研究》2017年第1期。

② 张卓、高维和：《网络意见领袖的分化与草根精英的崛起——基于网络游戏论坛的理论与实证检验》，《新闻与传播研究》2017年第3期。

③ 庞云黠、苗伟山：《意见领袖的结构极化研究：以新浪微博为例》《传播与社会学刊》（香港）2017年第42期。

④ 胡泳、陈秋心：《舆情：本土概念与本土实践》，《传播与社会学刊》（香港）2017年第40期。

⑤ 陶振超：《社交媒体的动员力量：网络机会模式之观点》，《新闻学研究》（台北）2017年第131期。

⑥ 杨逍：《倾听：当前中国政治沟通的薄弱环节——以140个诉求表达事件为例》，《国际新闻界》2017年第2期。

⑦ 周裕琼、杨云康：《中国社会抗争的媒介策略：基于环保与征地事件的综合比较分析》，《传播与社会学刊》（香港）2017年第40期。

⑧ 刘涛：《身体抗争：表演式抗争的剧场政治与身体叙事》，《现代传播（中国传媒大学学报）》2017年第1期；刘涛：《符号抗争：表演式抗争的意指实践与隐喻机制》，《中国地质大学学报（社会科学版）》2017年第4期。

相比于西方公共领域和市民社会对“理性交往”的普遍推崇，情感和大众文化常常被认为无益于培育高度参与性的公众。但揆诸中国历史，社会情感的道德真实性往往比现代西方的理性沟通更具规范力量，理智与情感也并不总是相互排斥。及至当下现实的媒介与社会生态，情感抗争常常是特定政治机会考量下理性选择的结果，与发生地域、事件规模、抗争者身份、资源、利益相关度等变量相关。理性与情感之间也可以相互转化和融合，理性—情感—理性的动员方式成为抗争动员的新常态①。

尽管国人并不看好互联网时代的“众声喧哗”，也不得不承认沸腾的集体主义情感常常是政治参与的有力推手。新浪网的社会新闻中就存在着明显的“愤怒”偏好，且与新闻的传播热度之间正向相关②。留守儿童议题之所以能够进入公共视野，正在于媒体呈现的底层“痛苦”引发了“道德震撼”和超越阶层的公众“同情”，弥漫于网络空间的情感体验为制度和社会层面的改变提供了某种可能。不过，由于权力结构的不平等，底层“痛苦”所激发的关切只是短暂和偶然的，其获得同情的机会结构正在萎缩：一方面，公众面临着“同情疲劳”，大量的底层“痛苦”情感提高了公众的同情“阈值”，边际效益递减，导致只有更剧烈的“痛苦”才能获得媒体和公众的关注③；另一方面，自2013年以来，网络动员的情感逻辑受挫，悲情、戏谑、愤怒、怨恨等主导情感往往被冠以负面情感、非理性、煽情等标签。作为社会规训技术的文明话语成为网络治理的新思路，致力于消解情感在网络动员中的作用，重构社会的情感结构。在国家力量的强势主导下，网络文化中的抗争性网络事件正经历着向共识性新媒体事件演变的结构转型④。

（六）社交媒体批判

近年来，对于社交媒体的资本批判成为传播政治经济学研究的重点。在新近出版的《分享的时代》（*The Age of Sharing*）一书中，作者约翰（Nicholas A. John）认为，分享已经成为我们赖以生存的隐喻。英文的“分享”观念在计算机语境下有其独特的历史脉络，它源于1950年代后期电脑计算中的“时间分配”与“磁盘分配”，随后“传播”的意义被纳入“分享”观念中；Web 2.0时代以来，尤其是社交媒体崛起后，它更与平等、无私、给予等观念相勾连，成为积极参与社会关系的象征和充满正面意涵的劳动方式⑤。中国的字幕组文化便是在文化产品全球流通的背景下，一部分无名劳动者跨域流动与合作而产生的。他们自愿应征而来，在高效的运作方式下，无偿将劳动成果与网民分享。这份自愿、荣誉、共享和协同的青年公益文化，体现了一种共产主义工作伦理的回归⑥。不过，字幕组生存的挑战在于，它对现代文化产品贸易核心规则的版权预设——人们需要经济报酬的奖励以进行智力或艺术

① 郭小安：《社会抗争中理性与情感的选择方式及动员效果——基于十年120起事件文本的统计分析（2007—2016）》，《国际新闻界》2017年第11期。

② 徐翔：《新浪社会新闻传播中的“情绪偏好”效应与特征研究——基于新浪社会新闻的网络挖掘与实证分析》，《国际新闻界》2017年第4期。

③ 袁光锋：《感受他人的“痛苦”：“底层”痛苦、公共表达与“同情”的政治》，《传播与社会学刊》（香港）2017年第40期。

④ 杨国斌：《情之殇：网络情感动员的文明进程》，《传播与社会学刊》（香港）2017年第40期。

⑤ John, N. A., *The Age of Sharing*, Cambridge, UK; Malden, MA: Polity Press, 2017.

⑥ 张斌：《中国字幕组、数字知识劳（工）动与另类青年文化》，《中国青年研究》2017年第3期。

上的创造——构成了威胁和挑战①。因而，字幕组或被关闭或被收编的命运也就在意料之中。

当“分享”的修辞力量成为一种迷思，就可能走向其反面，美化商业买卖，服务于新型的剥削机制。资本主义模式下劳动的本质特征在于“掩盖（obscuring）并获取（securing）剩余价值”②，而劳动者的自愿顺从是最关键、最有效的方式。互联网产业把这种“同意”的生产发挥到了极致，他们将内容生产以“共享”“参与”“民主”等名义交给用户去自由劳动，最大程度上激发了后者的创造力，如此一来，互联网中的自我表达、信息分享、知识生产、粉丝参与等情感劳动为其背后的平台创造着巨大的经济收益，让生活变成商品、社会变成工厂。这套动员机制和劳动剥削非常隐蔽，依靠互联网技术结构的设计、商业意识形态的“询唤”得以实现，数字资本的剥削之路因而畅通无阻③。不过，从文化的视角来看，批判商业机构挪用“分享”观念的人，他们对“分享”的理解和想象与商业机构并无二致——都假设了“分享”的积极意涵。这种神话“分享”的观念本身也值得反思，它隐含的是公共领域的扩张和私人领域的萎缩，从而造成“自我”空间的压缩④。

三、总结

本文通过以上学术研究成果简要概括了2017年传播学领域的研究动态，篇幅所限，难以尽录。总体来看，2017年中国的传播学研究敏锐洞察到了理论与现实生活中出现的新技术、新现象、新问题，并给予了一定的探索与回应。随着互联网的日益结构化，早期研究中的乐观基调渐趋消失，代之以警惕和审慎的批判眼光。不过这种批判仍然是在中观或宏观的位置上开展的，缺乏对于具体现象更为深入和丰富的考察，尤其在文化层面的直达现象肌理的研究仍然不足。随着人工智能、虚拟现实等技术的应用与普及，传播学界面临着层出不穷的“新花样”，如何看待整个社会无处不在的信息化，如何审视技术与社会的关系，都是这一学科所必须面临的挑战，而如何在瞬息万变的现象中，寻找到这一学科的立身之本，“以不变应万变”，则是所有传播学者共同的学术使命。

撰稿：刘海龙（中国人民大学新闻学院教授）
方　惠（暨南大学新闻与传播学院讲师）

① Gillespie, T., *Wired Shut: Copyright and the Shape of Digital Culture*, Cambridge, MA: MIT Press, 2007, pp. 22 - 23.

② Burawoy, M., *Manufacturing Consent: Changes in the Labor Process under Monopoly Capitalism*, Chicago, IL: University of Chicago, 1979, p. 30.

③ 林颖、吴鼎铭：《网民情感的吸纳与劳动化——论互联网产业中“情感劳动”的形成与剥削》，《现代传播（中国传媒大学学报）》2017年第6期；吴鼎铭：《网络“受众”的劳工化：传播政治经济学视角下网络“受众”的产业地位研究》，《国际新闻界》2017年第6期。

④ 李立峰：《借语言建构和理解科技——评 Nicholas A. John, *The Age of Sharing*》，《二十一世纪》2017年第162期。

中国新媒体研究2017年综述

2017年7月20日，国务院发布《新一代人工智能发展规划》[①]，正式将“人工智能”提升至国家战略，也在政策层面正式为我们吹响了进军“智媒”时代的号角。而随着人工智能、移动互联网、物联网等技术的进一步成熟，媒体的智能化进程也获得了源源不断的动力——一个全新的媒体智能化的“智媒”时代已经来临。

媒体的智能化，一方面消融了传统传媒业的固有边界，另一方面正在重塑传媒业的原有生态。在这种“消融”与“重塑”的大背景下，2017年的新媒体研究[②]也出现了一些新的面向与新的热点。

一、智能化媒体：新媒体研究的新面向

近年来，社会化媒体应用、移动互联网、大数据、云计算等技术的广泛应用构成了互联网泛在智能发展的基础，而人工智能、物联网、VR/AR等技术的发展则成为驱动媒体智能化的直接技术动因，并最终使“智媒”成为未来媒体发展的一种主要趋向。

智能化媒体时代，传媒业将发生哪些关键变化？有学者认为，各种新技术将在推动媒体智能化的同时，也在推动新一轮传媒业生态的重构。[③] 其中，用户平台、新闻生产系统、新闻分发平台及信息终端是生态变化的几个关键维度。还有学者也认为，智能化将成为未来传播模式创新的核心逻辑，不仅将形塑整个传媒业的业态面貌，也将在微观上重塑传媒产业的业务链。例如，传感器在挖掘信息的深度和广度、提升信息和数据的准确性方面有着传统信息来源无法比拟的独特优势，为优化新闻信息源起到了关键性作用；机器人写作则不仅大幅度提升了新闻生产速度和数量，而且能够消灭人为的技术差错并降低生产成本。[④]

在人工智能技术对传媒业的渗透中，智能推荐机制应用，是目前最为典型的代表，也成为2017年新媒体研究的焦点。而大数据、物联网等新技术的研究，也越来越多地被置于智能化媒体的视角下。

（一）智能推荐机制带来的多向思考

目前最有代表性的智能推荐机制是算法机制。算法机制可以在信息超载的时代，帮助我们以更高效的信息处理模式去解读信息和应用信息，因此它相对于传统的新闻生产和分发机制，具有高效、精确、整体性等诸多无法替代的优势。然而，在算法机制大行其道的同时，越来越多的学者也开始意识到隐藏在其中的风险与陷阱，并从人与技术、工具理性与价值理性的关

① 参见 http://www.gov.cn/zhengce/content/2017-07/20/content_5211996.htm。

② 新媒体研究文献的检索方式如下：首先检索2017年《新闻与传播研究》《国际新闻界》《新闻大学》《现代传播（中国传媒大学学报）》《新闻记者》《当代传播》《人大报刊复印资料·新闻传播》等期刊上全部新媒体研究论文；在此基础上提炼出一些关键词，如“算法”“直播”等进行第二次检索；最后，以我国一些著名新媒体研究学者为关键词进行第三次检索。

③ 彭兰：《未来传媒生态：消失的边界与重构的版图》，《现代传播（中国传媒大学学报）》2017年第1期。

④ 喻国明、兰美娜、李玮：《智能化：未来传播模式创新的核心逻辑——兼论“人工智能+媒体”的基本运作范式》，《新闻与写作》2017年第3期。

系层面，来反思当下这种新闻实践。

虽然算法是一种计算机程序，但在其自动决策过程中，许多人为因素都会内嵌在算法规律之中，例如判断标准的选择、数据提取、语用分析和结果解读等①。因此，它并不像其经营者所声称的那样："没有采编人员，不生产内容，没有立场和价值观，运转核心仅是一套由代码搭建而成的算法。"有学者就通过内容分析的方法考察了90名大学生使用"今日头条"的三周新闻推送记录，进而发现了新闻价值观念已内嵌于其算法机制的代码设计和编写之中。② 其中，"场景、内容、用户偏好和平台优先级"构成了"今日头条"新闻价值观念的四要素。

算法机制内嵌特定的新闻价值观，这个本身并没有错，也不必刻意隐瞒。但问题在于，记者、编辑等传统把关人在进行信息筛选时所遵守的职业规范和新闻伦理并不约束算法工程师或程序员，而后者所从事的工作则深刻影响着新闻生产、分发和消费。除此之外，一些研究者认为，基于算法机制的新闻内容定制及聚合，不仅限制了大多数用户获取新闻内容的范围及领域，造成了用户在新闻内容选择上的消费主义倾向③；还挑战了传统新闻业的"公共性"，带来"信息的闭环"④，使用户置身于"信息茧房"，进而造成人与人之间的区隔⑤。因此，如果完全依靠机械的数据和机器的计算进行新闻推送，势必会导致人的扭曲和异化⑥。

面对种种潜在的风险，学者们纷纷呼吁在算法机制中发挥人的主体性。有学者认为，算法机制具备工具理性特点，但它目的至上，忽略了价值理性中那些义务、尊严、美等信念。因此建议通过人机交互加强智能算法中人的主体性，即通过人+机器、机器帮人，让人工智能更好地体现人的主导性和价值观，最终实现技术理性与价值理性共融。⑦

有业内人士也有着大致相同的看法，认为在与技术的共谋过程中，需从内容生产者的专业主义和伦理出发，并建立起内容与算法的共同合作，才能避免因个性化定制、同质内容的不断推送而带来的信息的"过滤泡沫"（filter bubble）和意见的"回音廊"（echo chamber）效应。⑧

算法机制往往是与社交机制结合在一起而展示其智能化威力的，而对于算法机制的广泛应用（包括不断地革新）也最早起源于社交媒体。例如，Facebook于2006年推出了使用算法的News Feed项目并大获成功。一些研究者以"Facebook偏见门"事件为个案，剖析了平台型媒体动态新闻推送的算法机制。⑨ 他们认为，Facebook的算法是一种基于用户社交关系的协同过滤机制。而目前来看，在经历了几次算法升级调整之后，特别是在经历了"偏见门"之后，Facebook更加重视"人与算法之间的关系"，也更加强调其以社交关系

① 方师师：《算法机制背后的新闻价值观——围绕"Facebook偏见门"事件的研究》，《新闻记者》2016年第9期。

② 王茜：《打开算法分发的"黑箱"——基于今日头条新闻推送的量化研究》，《新闻记者》2017年第9期。

③ 赵春光：《新闻内容定制化中的伦理问题》，《编辑之友》2017年第9期。

④ 算法机制会根据用户的点击默认用户对该内容感兴趣，并给用户推荐相似内容；相似内容的大量推送导致用户点击量越多，而点击量的增加造成推荐系统的持续推荐，由此形成一个顽固的循环。

⑤ 姜红、鲁曼：《重塑"媒介"：行动者网络中的新闻"算法"》，《新闻记者》2017年第4期。

⑥ 郝雨、李林霞：《算法推送：信息私人定制的"个性化"圈套》，《新闻记者》2017年第2期。

⑦ 陈昌凤、石泽：《技术与价值的理性交往：人工智能时代信息传播——算法推荐中工具理性与价值理性的思考》，《新闻战线》2017年第9期上。

⑧ 刘胜男：《算法时代"好内容"的定义》，《新闻与写作》2017年第6期。

⑨ 方师师、周炜乐：《艰难转型中的新闻业——皮尤、路透新闻业报告综述》，《新闻记者》2017年第7期。

为底层的算法机制，甚至第一次发布了其基于社交关系的算法理念——“3F原则”（Friends and Family First）——友谊、家庭大过天。尽管Facebook通过不断强调其新闻信息是来于用户的社交网络，而弱化平台自身的偏向引导关系，但通过该研究，可以发现这种社交机制依然有可能会在当前的社会条件下产生算法审查、信息操控与平台偏向，从而影响受众态度；更有甚者，它对传统的新闻价值观也带来了严峻的挑战。

智能推荐机制的另一种表现是“聊天机器人”，不同于算法推荐，采取“聊天机器人”进行新闻推送的方式，改变了读者需要自己在大量分类信息中筛选寻找的模式（即使已经有了一轮个性化推荐），同时增强了读者的参与性和对新闻事实的探索。①

有学者敏锐地关注到“对话机器人”（也即聊天机器人）在传媒业的应用发展，并对其在新闻生成、传播、互动各个环节的应用现状进行了梳理。他们认为，对话机器人作为一种人工智能新闻的具体体现，其使用便捷、授权简单、界面清晰、即时交互等种种特性已经使其具备了成为一项日常技术的巨大潜力，并且区别于传统网页、APP等，展现了丰富的资源集成和调配的可能。因此，为未来传媒业媒介融合与经营模式转型提供了更多可能进路。②

有学者则认为，“对话机器人”的核心运算逻辑在于通过信息抓取技术从互联网上广泛采集信息，再借助社交关系或者算法匹配，实现信息的二次分配。因此，通过实现“新闻内容”与“对话模式”的有效结合，它带来了新闻分发模式上的新变革。而随着技术的升级和“对话”的形式不断深化，未来，这种分发技术很可能反向促动内容生产的智能化。③

实际上，“对话机器人”已在2016年迎来了大爆发，Skype、Line、Facebook的Messenger都引入了聊天机器人程序，而随着这些社交平台的机器人程序对媒体开放，BBC、《纽约时报》、Forbes、《卫报》等传统媒体机构，也开始以机器人对话的方式将新闻资讯呈现给受众。传媒机构已经意识到，作为人工智能技术在新闻领域的一种具体应用形式，这将是新闻业下一个的未来战场。④

（二）面向智能化时代的大数据、物联网研究

虽然目前我们对大数据的应用尚处在早期发展阶段，但随着人类进入数字化生存时代，大数据已成为无形的有价资源，也必将改变社会各个领域的发展方式和进程。

一些学者认为，媒体通过运用大数据调查方式，可以全面呈现社会事件，从而披露不为人所察觉的细节，使居于一隅的人们有一种超出局部观点和眼界的全知视角。⑤一些来自业界的学者则以浙报集团“媒立方”近年来的智能化转型实践为例，就大数据与人工智能技术对媒体内容生产和传播渠道建设的现实影响进行了分析。⑥他们认为，“媒立方”运用大数据技术，

① 参见http：//www.pingwest.com/baidu－news－want－to－talk－to－you/。

② 赵睿、喻国明：《“赛博格时代”的新闻模式：理论逻辑与行动路线图——基于对话机器人在传媒业应用的现状考察与未来分析》，《当代传播》2017年第2期。

③ 王晓培、令倩：《“聊新闻”：新闻对话机器人对新闻分发方式的再定义》，《现代传播（中国传媒大学学报）》2017年第12期。

④ 参见http：//news.qq.com/original/quanmeipai/liaotianjiqirenjianshi.html。

⑤ 许志强、王家福、刘思明：《物联网＋大数据：数字媒体变革的思考与未来媒体进化》，《电视研究》2017年第11期。

⑥ 陈佳佳、王蕊、朱沙磊：《大数据与人工智能背景下的媒体智能化转型——浙报集团“媒立方”如何改造内容生产流程》，《传媒评论》2017年第7期。

一方面通过新闻线索的快速获取、高效的信息整理以及内容创作能力提升，进而实现了内容生产的智能化；另一方面，则通过智能化的内容分发，以及内容与渠道的融合（即将“载体”融于“渠道”，从传统媒体以载体为单位生产内容，转型成为互联网媒体的以类型为单位生产内容），而实现了传播渠道的自动化。

有学者通过大样本调查同样发现，大数据等新媒体技术一方面对新闻业产生的结构性解构：新闻使用的时间结构与空间情境已发生结构性变化，不仅社交网络成为新闻生产、传播、获取的主要平台，信息过载的表象也在破坏着新闻公信力，并提升了社会注意成本；另一方面也在建构着未来的新闻业：大数据为新闻产业整体转型提供了机遇，不仅数据分析成为新闻从业者重要的方法论，使用者创造数据也改变了新闻生产流程与受众研究方法。①

物联网以其全面感知、可靠传递、智能处理的技术特性，将人与万物置于全方位信息交互的网络之中，这不仅能给物质世界带来结构性的时空重塑，也将会对整个社会的信息传播过程产生深刻影响。对物联网推动的智能化及对传媒业的影响，有学者认为，物联网不仅通过增加信息资源的来源、扩大新闻生产主体的方式使信息生产的形式得到延伸②；还将通过遍布传播终端，以及媒介终端的场景化、智能化的方式使媒介与社会的融合更加深入。另一些学者则具体指出，当越来越多的智能物体存在于人的身体上（如智能手机、可穿戴设备以及其他的传感器等）以及人的生活环境中（如智能家居物品），各种与人相关的物体的数据，便成为人的行为、需求及状态等的一种外化或映射。③ 物可以提高人的“可量化度”与“可跟踪性”。人的空间位置、身体状态、运动状态甚至心理反应，在未来都可以通过传感器或其他智能设备来探测或描述，这为基于个人的即时场景的信息生产与推送提供了依据。因此，未来的用户研究，将需要更多地借助“物”来理解人。

“正如数字化前期的移动互联信息技术产生了相应的传播形态一样，物联网与大数据的社会化应用也必将造就新型的传播形态与商业模式。”④ 但总体而言，受到实践本身的限制，传播学在这些新方向下的研究，仍然属于起步阶段，研究的丰富性与理论层次都有待进一步提高。

二、边界消融：学科融合背景下的社会化媒体研究

新媒体的不断发展，不仅使得传统媒体时期的传播边界，因新技术造就的场景交叉而走向模糊，传统的传者与受者、真实与虚拟、公域与私域、生产与消费，甚至人与机器之间的各类边界也开始渐次消融。

来自行业和实践中的这些变化，最终反映到相关研究中，也使得学科与学科之间那看似顽固的界限在技术的撞击下开始消融。一方面，网络的链接和知识的连接正在摧毁机构化和人为建构的学科边界；另一方面，诸如人类学、社会学等各个学科借助本学科的学术资源已经实际上开始了对传播问题的深度介入。传播现象——

① 刘德寰、李雪莲：《大数据重塑新闻业》，《中国出版》2017 年第 5 期。

② 董广安、吕冰汝：《物联网技术的传播应用及其伦理挑战》，《现代传播（中国传媒大学学报）》2017 年第 9 期。

③ 彭兰：《未来传媒生态：消失的边界与重构的版图》，《现代传播（中国传媒大学学报）》2017 年第 1 期。

④ 许志强、王家福、刘思明：《物联网 + 大数据：数字媒体变革的思考与未来媒体进化》，《电视研究》2017 年第 11 期。

特别是新媒体时代的传播现象——已不再是某个学科的专属领域，而关于传播现象的研究，也在多学科的介入下呈现为一种以问题为导向的共融式的知识生产过程，在微信、微博等社会化媒体的研究中，这种特点表现得更为突出。

（一）多学科、多视角交织下的微信研究

近年来，学者们纷纷聚焦于“微信”——这一当前社会的标志性媒介技术——对中国社会生活的影响，“微信呈现了一种公域与私人、现实与虚拟、线上与线下混杂互嵌的移动场景，也由此开启了人类一种崭新的存在方式”。[①] 由此，微信也成为新媒体研究中一个“消融”现象的最好表征，特别是今年的微信研究，不仅持续成为传播学的研究热点，更得到了来自其他学科的深度介入。

社会学、人类学、传播学等领域的研究者在某些方向的研究，有异曲同工之处，也在相互渗透、相互影响。

一些人类学者认为，数字化交往过程是今天人类交往发展的核心部分，而从交往的发展脉络来理解，以微信为代表的新媒体所带来的新的社会变化是：推动了社会团结的机制从过去的“社会”向今天的“群”形式演变，并由此而重建了人际交往格局[②]。

另有学者同样关注到了网络化交往中“群”的现象，认为多得不可胜数的微信群，是一种人们对于虚拟化群体生活的偏好，它们无意之中虚拟化地满足了文化对于“群”的亲和力。[③] 从文化的意义上而言，微信作为一个虚拟互动的交流平台，它可以使得受到现代性生活方式的影响而日益分散开来的个体重新凝聚起来。因此，尽管微信群的存在看起来是复制现代社会自我分化的模式，但由于这些微信群之间可以进行个人的无边界或跨界的交流，因而使得众多的微信群最终相互联系在一起。

对此，有学者有着相同的观点，借助斯宾塞的社会作为超有机体和不断分叉的隐喻，认为社会愈是细密分化，微信的整合功能就愈显强大——这一过程并不需要强制与命令，它来自于社会机构、商家与个体需要之间的契合关系，来自于个体具有能动性的实践，以及由微信空间所带来的衍生性的文化需要。[④]

微信不仅是一个虚拟化的时空结合的场域，同时也是知识汇聚与交流的场域，而基于互联网的微信书写，正在使得知识生产的模式发生着某种转向。有学者认为，“微信界面”的建构有望突破传统田野工作和民族志书写的诸多限制，从而以新的视角和技术路径认识他者、反思自我。[⑤] 他进而通过对 XT 水灾的微信民族志研究得出，不同于传统的“行动与互动”机制，“行动与事件/信息之纠缠”[⑥] 的机制已成为网络社会更为基础或日常的社会互动机制。

有社会学者以大学生和新生代农民工两个群体的微信社交为研究对象，将“生命时间”作为理解不同群体网络社交差异的一个理论视角，进而发现在不同生命时

① 孙玮：《微信：中国人的“在世存有”》，《学术月刊》2015 年第 12 期。

② 姬广绪、周大鸣：《从“社会”到“群”：互联网时代人际交往方式变迁研究》，《思想战线》2017 年第 2 期。

③ 赵旭东：《微信民族志时代即将来临——人类学家对于文化转型的觉悟》，《探索与争鸣》2017 年第 5 期。

④ 陈学金：《微信技术与文化：一种社会人类学的分析》，《思想战线》2017 年第 2 期。

⑤ 刘忠魏：《微信民族志：XT 水灾的微信民族志构想》，《思想战线》2017 年第 2 期。

⑥ 指以互联网的诸界面为基础，聚合了各类行动者和参与者，围绕“事件/信息”的即时性和多样性互动所形成的一类超巨互动（super-interaction），这种互动具有即时性、多主体、多中心、多样态特征，并常常伴有人口卷入的巨大规模和不确定性。

间与社会资本交互作用下，大学生群体呈现出“枝杈型”的当下行动与未来发展关系模式，即存在多种的增长点和发展可能性；而新生代农民工群体则体现为“线性”模式——他们眼下所做的事情和其经济目标追求之间的关系相对明确，不仅其微信社交更多被限制在休闲领域，也限制了其未来发展的多元路径可能性。① 这两个群体的不同微信实践与时间感受模式，正是其数字鸿沟得以形成的一个现实逻辑。

上述来自不同学科的研究，为“微信”这个被天然地认为属于传播学传统领地的研究，带来了多样的方法、分析视角和理论视野，从而在充实新媒体研究内涵、加深我们对微信这一新媒体时代代表性技术现象理解的同时，也必然会在研究视野和范式上为传播学的新媒体研究提供一定的启发和借鉴。

传播学研究者对于微信的研究，也在一定程度上向社会学等领域延伸。有学者着眼于微信使用中不同年龄层群体之间的数字代沟问题。他们通过亲子配对问卷调查以及朋友圈内容分析，发现在绝大多数家庭中，亲子两代人之间的数字代沟都是普遍存在的：他们对微信中信息的选择、获取和认知等方面都有着很大的不同，并由此而带来了明显的知识沟。但值得欣慰的是，他们的家庭关系没有因为数字代沟的存在而恶化，相反，微信为家庭中“数字反哺”的发生提供了一个很重要的场域。②

有学者将视线投向“红包”这个在2014年初推出后便迅速风靡的微信的具体应用。③ 有研究团队通过对全国各地102位受访者的深度访谈，发现微信红包虽然仍然受到现实中的关系模式的影响，但其编织的关系网可能大大超出传统红包涉及的关系网，因此，微信红包对于社会资本积累的作用更为明显。在这个意义上，可以说“微信即社会，红包即关系”。

还有学者则关注到微信“表情”——这个在大学生群体中极为流行的网络交流符号，通过问卷法和半结构化访谈调查，发现大学生群体对微信表情的使用意愿和实际发送频率普遍较高。软化聊天的语气；形象、生动地表达当下的情绪、情感；活跃聊天的氛围，使对话更有意思等是他们使用表情的主要心理动机。而性别、互动对象、同伴压力、亚文化偏好等因素对表情的使用与满足影响明显。④

即使是纯传播学领域中的微信研究，也在研究视角与理论框架运用方面有了新的突破。

有学者通过对微信公众号推文所进行的框架分析，发现这些推文具有超文本的结构特征，发布时间、排版方式、标题摘要、发布者和来源等都是它的主要构成要素，而阅读、点赞、评论和转发则在不断解构和持续重构这些文本。因此该学者认为，微信公众号传播的内容不能再被称作新闻，而应该被界定为信息。⑤ 这些社交媒体上的内容是不是新闻，尚待进一步探讨，但这些研究至少说明，由于社交媒体独特的平台特性已在一定程度上模糊了新

① 刘谦、陈香茗：《微信中的生命时间——对大学生和新生代农民工群体数字鸿沟研究的一个维度》，《社会学评论》2017年第2期。

② 林枫、周裕琼、李博：《同一个家庭不同的微信：大学生VS父母的数字代沟研究》，《新闻大学》2017年第3期。

③ 彭兰：《微信红包中的社会图景》，《山西大学学报（哲学社会科学版）》2017年第4期。

④ 匡文波、邱水梅：《大学生的微信表情使用行为研究》，《国际新闻界》2017年第12期。

⑤ 邓秀军、申莉：《反转的是信息而不是新闻——框架理论视阈下微信公众号推文的文本结构与内容属性分析》，《现代传播（中国传媒大学学报）》2017年第1期。

闻与信息之间的边界。

有学者通过对@人民日报（《人民日报》的微博平台）和“侠客岛”（《人民日报海外版》的微信公众号）的研究，发现它们的传播范式很大程度上背离了传统宣传主义，而是建构出一种吸纳专业主义、煽情主义等不同范式元素的“杂糅化”形态：或通过营造与民众亲密性，或通过建构新的政治景观，从而以不同方式处理宣传使命和获取民众支持这一双重关系。这种差异，既体现了执政党致力于建构分层化传播体系、进行传播调适的努力，也反映出其治理理念从“宣传主义”向“霸权主义”的转变。[①]

（二）社会化媒体研究的新视角与新进展

除了微信外，对社会化媒体整体的研究，也在更趋多元，在视角的扩张中，我们也可以看到传播学研究对其他学科的借鉴，或向其他领域研究的延伸。

尤为值得欣喜的是，传播学也积极地引入其他诸如计算机科学、信息科学领域产生的最新成果，以为我所用。其中，以发表于《国际新闻界》第4期上一系列文章最具代表性。

有学者系统性梳理了国内外社会化媒体传播效果研究，并总结了一套效果测量与评估的指标体系。[②] 有学者则尝试将信息科学中的情感分析方法引入社会化媒体效果研究领域。[③] 他们以新浪微博为例，重点介绍了一种基于分类序列规则的微博文本情绪分类方法，从而为社会化媒体效果研究引入跨学科方法提供了有益的借鉴。另有学者展现了基于大数据方法的解释性研究，通过抽取某大型社交网站60万对好友关系，考察了个体特征、对偶特征以及网络结构特征对在线关系构建的影响。[④] 还有学者则以 Twitter 上癌症相关推文为例，运用大数据方法，抓取了 Twitter 上有关癌症的海量文本，不仅分析了癌症讨论的语义网络与情感网络，还初步探讨语义分析对网络公众通过社交媒体集体建构癌症相关知识的意义，以及对健康传播实践的可能影响。[⑤]

从公共领域角度切入的社会化媒体研究，一直是传播学领域的研究重心之一，2017年的相关研究，也在这个方向上延续与深化。

一些学者基于新浪微博的数据挖掘，发现公共讨论因社会化媒体而产生了一些重要变化：情感代替理智成为微博公共讨论的中心。然而理智和情感在这里并不是对立的——公共空间与私人空间边界的消解使得理智与情感不再截然对立——一方面情感和逻辑论证成为达成公共利益诉求这一最终目的的两种并行手段；另一方面，对于网络主要节点而言，情感和公共利益诉求共存，都被用来动员粉丝或加强社交网络的紧密联系。[⑥]

还有些学者从科学家这样一个特定群体来研究社会化媒体中的公共参与。[⑦] 他

① 龙强、李艳红：《从宣传到霸权：社交媒体时代“新党媒”的传播模式》，《国际新闻界》2017年第2期。

② 王秀丽、赵雯雯、袁天添：《社会化媒体效果测量与评估指标研究综述》，《国际新闻界》2017年第4期。

③ 王玮、温世阳：《情感分析在社会化媒体效果研究中的应用——基于分类序列规则的微博文本情绪分析》，《国际新闻界》2017年第4期。

④ 张伦：《个体在线网络关系构建影响因素研究》，《国际新闻界》2017年第4期。

⑤ 韩纲：《社交媒体健康信息的语义分析：以推特上癌症相关推文为例》，《国际新闻界》2017年第4期。

⑥ 卢嘉、刘新传、李伯亮：《社交媒体公共讨论中理智与情感的传播机制——基于新浪微博的实证研究》，《现代传播（中国传媒大学学报）》2017年第2期。

⑦ 金兼斌、徐雅兰：《科学家网络公共参与行为模式及其公共协商程度》，《中国地质大学学报（社会科学版）》2017年第3期。

们对科学家在微博平台的公共参与进行的实证研究发现，科学家群体在微博公共参与方面并未呈现出明确的统一特点和规范。相反，在不同公共事务中，不同类型的科学家，其公共参与的方式与公共协商程度都存在着诸多差异。网民作为“即逝公众”很难进行理性讨论的顾虑，在一定程度上也存在于科学家群体中，最直接地体现为科学家网络公共参与的公共协商程度整体并不高，且持续关注并参与某一公共事务协商的人很少。

社会化媒体上公众的传播行为特征也成为学者们关注的重点。有学者把视线投向公众的谣言传播行为，他们通过对东北虎致游客伤亡事件的新浪微博谣言文本的实证分析，结合当下媒介环境的变化，引入“传播影响力”因素，修正了奥尔波特和波斯特曼提出的谣言传播公式：谣言的流通量 = 事件的重要性 × 事件的模糊性 × 传播者影响力/公众批判能力（Rumor = Importance × Ambiguous × Transmitter Influence/Critical）。①

另有学者着眼于影响公众传播行为的情境因素，通过考察大学生群体在人人网、QQ、微博、微信等社交媒体上的行为，发现情境变量通过解决问题的情境动机显著影响传播行为，这意味着通过情境变量预测的传播行为来区分公众类型，并采纳相应的传播方案，将成为建立良好的组织——公众关系的有效途径。②

而有学者则侧重网民的从众心理和从众效应研究，以国外的拼趣（Pinterest）③为研究平台，以拼趣用户对于画面的感性选择为载体，运用实验法检测了个人信息披露、社会认同、信息处理集中度和信息处理忧虑度对拼趣用户从众行为的影响。研究结果证实了信息处理集中度和信息处理忧虑度对网民从众行为的显著影响。④

同样是运用实验法，有学者则通过 2（沟通内容：弱化型，重塑型）×2（话语基调：网络型，传统型）被试间设计，揭示了话语基调在基于社交媒体而存在的“类危机”沟通策略中的重要作用，并解释了话语基调、沟通内容及组织声誉在类危机语境下对受众愤怒情绪的影响机制：网络型话语基调较传统型话语基调能更显著降低“类危机”对组织声誉的负面影响；组织声誉在话语基调对愤怒情绪的影响中起中介作用，高组织声誉能够降低愤怒情绪；沟通内容调节话语基调对愤怒情绪的影响。⑤

一些学者注意到，作为全球规模最大的社交平台的“Facebook”近年来将其触角伸向新闻业，通过推出“即时文汇”（Instant Article）、“通告”（Notify）和“讯号”（Signal）三大应用软件（APP），构建了基于社交媒体平台的新闻产品矩阵。在这个过程中，Facebook 凭借庞大的用户基数和高度的用户黏性，控制了新闻信息流向受众的主要渠道，进而颠覆了新闻业传统的利益格局，将传统主流媒体渐次收编为互联网技术公司的内容提供商。Facebook 进军新闻业一方面推动了社交媒体与传统主流媒体的融合，为重塑新闻业

① 王倩、于风：《奥尔波特和波斯特曼谣言传播公式的改进及其验证：基于东北虎致游客伤亡事件的新浪微博谣言分析》，《国际新闻界》2017 年第 11 期。

② 李贞芳、方新子、刘练：《影响社交媒体公众传播行为的情境因素——基于问题解决情境理论的视角》，《新闻大学》2017 年第 2 期。

③ Pinterest 成立于 2010 年，总部设在美国旧金山，主要使用群体为欧美年轻人。截至 2016 年 10 月中旬，其每月的全球访问量达 1.5 亿人次，已成为全球最大的图片分享网站。

④ 沈玢：《社交媒体时代的从众效应研究——以拼趣为例》，《新闻大学》2017 年第 3 期。

⑤ 陈经超、吴倩：《社交媒体“类危机”沟通策略效果研究》，《新闻与传播研究》2017 年第 12 期。

开拓出新的路径；另一方面则带来了传播权力的转移，使以 Facebook 为代表的技术寡头成为控制公共生活和媒介生态的决定性力量，并使互联网公共领域呈现出“再封建化”的趋势，从而有可能“吞噬”包括新闻业在内的整个世界。[1]

三、重塑：业态重构与学科再造

新媒体技术给传媒产业带来的变革是全面而深远的。智能化时代意味着传媒业原有边界的进一步消解，一个极大扩张的传媒业新版图将在新的角逐中形成，新的生态也是在这样无边界的大格局中重构的。[2]

传媒业态的上述变化必然会反映到研究领域。实际上，“互联网技术因其复杂性及规模化等特征，越来越具有自主性，势必在知识领域引发诸如知识海量与无知递增、经验研究与规范研究、知识总体化与碎片化等多重的张力”[3]。由此，以问题和实践为导引，不仅“整个新闻传播研究的概念框架、思想观念和知识体系都需要重构”，“新闻传播学教育和研究的未来方向也应随之调整”[4]。在这种情况下，新媒体研究乃至整个新闻传播学科的再造已不可避免。

（一）直播、VR、网红与粉丝：产业与文化的重塑

过去一年里，我国 4G 用户的持续攀升和基础网络服务的提速降价，直接推动了网络直播和短视频的爆发式增长。由此，信息获取形式的视频化已成为未来网络内容发展的一大主流趋势。

业界对网络直播表现出了很大的热情与期待。一些业界人士认为，网络直播特别是移动直播的受众，代表着社会的未来，应该成为传统媒体努力覆盖的对象。[5] 像“光明网”这样的传统网络媒体，通过整合传播，以覆盖广大受众为取向，以产品为轴心，重组自己的优势资源，与各大直播平台形成密切合作关系，扩大受众范围，既保证了节目内容的健康向上，又让参与直播的合作方获得最佳的传播效果。

由人民网研究院组织编撰的《中国移动互联网发展报告（2017）》也指出，实际上，在众多直播平台摸不清出路的时候，后发制人的媒体直播已逐渐走出一条思路清晰的双赢发展道路——直播平台可以借助媒体的专业团队提升内容质量，媒体也可以通过直播平台的巨大流量获得传播效果。[6]

网络直播的快速发展，对传统新闻业和传媒产业意味着什么？是否能够成为另一种发展契机？这成为一部分学者集中思考的问题，学者们纷纷给出了自己的答案。

有学者运用戈夫曼的拟剧论来解释网络直播平台的商业化发展趋势。[7] 有学者认为，网络视频直播平台本身就是一个剧场，用户的前台与后台意识在自我呈现过程中得到强化，其角色意识越强，需要的舞台设施和包装道具就越多，商业资本入侵的机会也就越多。当这一平台成为角色扮演的广阔空间时，人们就开始消费自己建构的互动场，进而建构与现实生活领域平行的媒介场。

---

① 史安斌、王沛楠：《传播权利的转移与互联网公共领域的“再封建化”——脸谱网进军新闻业的思考》，《新闻记者》2017 年第 1 期。

② 彭兰：《未来传媒生态：消失的边界与重构的版图》，《现代传播（中国传媒大学学报）》2017 年第 1 期。

③ 唐海江：《互联网革命与新闻传播学科重构之反思——一种技术自主性的观点》，《社会科学战线》2016 年第 7 期。

④ 吴飞：《新闻传播研究的未来面向：人的主体性与技术的自主性》，《社会科学战线》2017 年第 1 期。

⑤ 杨谷：《在移动互联网中扩大知识分子朋友圈——以手机直播为例》，《新闻战线》2017 年第 17 期。

⑥ 参见《移动互联网蓝皮书：后发制人的媒体直播》，《新闻记者》2017 年第 7 期。

⑦ 王长潇、李爽：《网络视频直播平台发展及其对商业场域建构的影响》，《当代传播》2017 年第 1 期。

有学者则通过一项全国范围内的在线问卷调查，精确描述网络视频直播用户的基本构成、行为特征与感知评价。① 该调查显示，网络直播已有了相当大的用户市场规模，因此运用这一新形态展开传播具有较为广阔的空间；同时也发现其用户群体并未稳定——既有用户流失，也有潜在用户加入，因此，在目前“创新扩散”的动态过程中，视频直播依靠怎样的服务和特色吸引用户，就成为这一新型应用发展中的关键问题。

研究者也观察到，网络直播与综艺节目的嫁接，催生了新的内容生产模式。有学者认为，由于网络直播的发展缺乏优质内容支撑，而综艺节目又想借助网络元素扩大受众群体，所以两者的结合成为必然。② 未来一段时间，只有将网络直播作为一种建构元素纳入综艺节目的内容制作环节，形成崭新的网络直播 + 综艺节目类型，才能放大节目效果、创获收视效益、打造产业链条。而有学者通过研究发现，相比于“娱乐放松”需求，“表达社交”需求更能促进对网络直播的使用与互动行为。③ 由此提示，媒体报道与业界讨论所构建的网络直播“娱乐”形象似乎并不足以保证其长远发展，网络直播能否满足用户在“表达社交”乃至“个人提升”方面的多样需求，可能是影响其发展的重要因素。

有学者从另外一个角度分析了移动直播发展的动因，认为移动直播、VR/AR 等技术的应用，为人们创造了新的“现场”与建立在这一基础上的“在场”，其影响在新闻报道和社交这两个领域表现得尤为突出。④ 在新闻领域，移动直播为媒体用户“进入”重大新闻事件现场提供了可能，形成了更广泛的“在场感”。而社交性的直播，则在很大程度上是个体在私人空间性质的现场进行的表演，在场感与陪伴感是这类直播的吸引力之一。

研究者也认为，网络直播为传媒业态的重塑提供了一种可能。有学者认为，从新的社会价值坐标系来看，一方面，直播技术增加了社会的流动性（以草根为主体的直播形式是对传统视频中由精英阶层、组织化传播体系、报道重要事件和重大场景的传播形式的颠覆。⑤ 因此，不仅有益于社会生活中精英文化与草根文化的多元对话，这种新的形态也促进了社会文化的活力以及阶层之间的理解和互动）。另一方面，打破了围观与参与表达的界限，并由此扩大了人的自主选择权。由此，基于对直播价值的理解，直播未来或许将成为网络场域中最具革命性的一种传播形态。

与直播一样，肇始于 2015 年初的“VR 新闻”⑥，也可以带来全新的“在场感”，近两年它也得到快速的发展，特别是 2016 年两会期间国内媒体的 VR 新闻报道实践，成为当时广受媒体和受众关注的一大热点。

---

① 周葆华：《谁在使用视频直播？——网络视频直播用户的构成、行为与评价分析》，《新闻记者》2017 年第 3 期。

② 张绍刚、郑石：《网络直播 + 综艺节目创设与发展的可行性分析》，《当代传播》2017 年第 1 期。

③ 周葆华：《谁在使用视频直播？——网络视频直播用户的构成、行为与评价分析》，《新闻记者》2017 年第 3 期。

④ 彭兰：《移动互联网时代的“现场”与“在场”》，《湖南师范大学社会科学学报》2017 年第 3 期。

⑤ 喻国明：《从技术逻辑到社交平台：视频直播新形态的价值探讨》，《新闻与写作》2017 年第 2 期。

⑥ VR 与新闻结合的滥觞源自美国甘尼特公司旗下的《德梅因纪事报》。2015 年初，他们用 VR 技术向观众交互呈现了美国爱荷华当地一个农场家庭的变化，此举引发了 VR 技术在新闻界运用的潮流。参见喻国明、张文豪《VR 新闻：一种新新闻形态的考察》，《新闻研究导刊》2017 年第 1 期。

有学者采用话语分析的方法，探析了美英主流新闻业界2015—2017年间对于VR的认知，所经历的从“技术导向”到“理念导向”的转变过程。这些转变反映出VR对于传统新闻理念的冲击：VR新闻需要建立一种有别于传统新闻的真实性原则，致力于将用户的“体验真实”融入传统新闻的“本质真实”的内涵之中；VR新闻必然要摒弃传统新闻的线性叙事模式，进而探索确立一种“融入—探索—反思”的新的叙事逻辑；VR新闻需要对新闻价值评判体系做出革新，基于自身对于新闻接受的时空关系的改变，强化“心理/情绪”因素在新闻价值评判标准中的重要性。[①]

VR新闻的“沉浸”特性，今年尤受研究者关注。例如，有学者认为，作为沉浸新闻的VR新闻意味着：纪录与创造同时进行，传播与接受过程相互沉浸；感性与主观占据要位，人性与个性相互沉浸；信息制作与社交定位彼此渗透，虚拟与现实相互沉浸；产品与工具合二为一，新闻与娱乐相互沉浸。[②] 也有学者将浸入式体验的含义与意义做了进一步的延伸：“浸入式的媒体体验不等于VR。它不仅仅是一种感官感受或者一种表达形式。浸媒时代，媒体对用户的价值是提供信息增量、视角增量和体验增量。”[③]

但另一方面，也有研究者对VR新闻能否摆脱记者编辑的把关提出了疑问，“为了给观众带来身临其境的感觉并尽量避免干扰观众的注意力，很多VR新闻视频中的镜头是‘消失的’，让观众以为自己就在第一现场，看到的就是客观现实。然而事实上，记者编辑仍在起着重构现实的作用，其议程设置、把关人的角色也仍然在。”[④]

移动互联网的快速发展，一方面激发了传媒产业的发展想象；另一方面，也在推动着网络时代商业模式的不断拓展——特别是在资本的助力下，推动了“网红经济”近年来在产业化的道路上成熟和完善。

有学者通过对网红发展史的梳理，认为虽然网红作为一种网络现象，早在互联网诞生之初就已存在，但在商业力量一路推动下，网红已从当初的偶发行为走向产业化，乃至成为当下重要的经济“风口”。而未来，网红将走向专业化生产的方向。[⑤]

网红消费作为网络社会的衍生现象，既展现了技术迭代的力量，也展现了消费社会的变迁。[⑥] 网红消费作为网络社会的衍生现象，是粉丝文化的一种表征。粉丝，一方面可以说是直播技术与网络经济的副产品，另一方面又有着自己的独特空间。尤其是近年来，伴随着一些不断发生的引人瞩目的网络事件，粉丝已在一定程度上形塑着中国的网络文化。

“帝吧出征Facebook”即是2016年一件由粉丝发动的颇有影响的网络民族主义事件。“出征”的参与者，是一个特殊的粉丝群体——被杨国斌称为“英雄的民族主义粉丝”[⑦] ——主要是90后和千禧一代

① 常江、徐帅：《从“VR＋新闻”到“VR新闻”——美英主流新闻业界对虚拟现实新闻的认知转变》，《新闻记者》2017年第11期。

② 李沁：《沉浸新闻模式：无界时空的全民狂欢》，《现代传播（中国传媒大学学报）》2017年第7期。

③ 周晓鹏：《未来媒体、技术与艺术的结合》，《新闻与写作》2017年第1期。

④ 朱瑞娟：《连接与隔离：虚拟现实新闻叙事的伦理风险》，《新闻界》2017年第4期。

⑤ 胡泳、张月朦：《网红的兴起及走向》，《新闻与写作》2017年第1期。

⑥ 王月：《消费社会的转型：从消费明星到消费网红》，《现代传播（中国传媒大学学报）》2017年第2期。

⑦ 杨国斌：《引言：英雄的民族主义粉丝》，《国际新闻界》2016年第11期。

的青年，他们中间很多是网游玩家或是“爱豆”（idol）粉丝。针对这一事件，《国际新闻界》（2016年第11期）组织了一个“帝吧出征与网络民族主义”研究专题。有学者在此基础上，从传播学的角度探讨了传播技术对民族主义的影响。① 发现新媒体技术不仅改变了民族主义运动的表达方式、组织动员方式、实施方式，而且还消融了政治运动、追星、游戏、个人身份建构等行为的边界，使得民族主义以“粉丝民族主义”的新面貌出现。反过来，新一代网络民族主义者也在时间、空间和语言三个方面成功地驯化了新媒体，使之成为民族主义的一部分。对此类现象不宜做简单否定，应该看到新媒体技术、商业文化与民族主义之间的复杂关系，从文化的视角去观察新一代民族主义者对新媒体的驯化。

除了网红、粉丝等文化现象外，传播学者对网络中其他文化现象的研究也进入深层次。例如，有学者对网络流行的“丧文化”的研究指出，“丧文化”具有习得性无助理论所阐释的表征，其心理诱因则来自生存环境和生活压力。② 除了颓废、麻木之外，“丧文化”同时也具有更为复杂的“亚文化光谱”，蕴藏着自我强化、狂欢、戏谑、抗议、消解、反思、自我否定等丰富的文化内涵。网络文化的多样性，也会给研究者提供更多新的研究空间。

有学者基于存在争议性的“新闻游戏”现象，分析了“融合文化”对新闻业的生产方式、叙事方式以及主体关系带来的变革和影响。他们认为，这种具有多重主体参与、文本生产开放、跨媒介叙事等特征的“融合文化”构成了“共绘”新闻图景时代的文化基础，因此，新闻业应该在保持开放心态、适应融合带来的全新变化的同时，认识到“融合文化”背后来自资本、技术和权力的控制问题，警惕新闻业边界模糊的危机，维系新闻职业权威和专业底线。③

（二）隐私、信息安全与全球互联网治理：网络秩序的重构

关于互联网秩序的研究，一直是新媒体研究的重点之一。2017年，这个领域的研究进一步聚焦于几个关键问题。

互联网用户的隐私保护和信息安全问题，一方面与技术的不断进步及其对互联网信息传播生态的影响息息相关，另一方面又随着技术的发展而表现出不确定性的特征。于是，它们在舆论和立法层面备受关注，不仅网民表现出摇摆于开放与规制的矛盾心理，管理者也将其作为制定互联网政策和网络治理而需要厘清的核心问题。

实际上，中国社会科学院舆情实验室进行多次调查结果显示：个人隐私保护是民众认为中国互联网治理中首要解决的问题之一，而民众同时又认为当前中国的网络隐私保护方面还有不足之处。④ 这也说明了隐私保护与信息自由（数据流动）之间的矛盾性和竞争关系：数据流动自由度的扩大必然会增加个人隐私泄露的风险，而隐私保护尺度的收紧也必然加重数据自由流动的限制。⑤ 网民在自我信息披露时

---

① 刘海龙：《像爱护爱豆一样爱国：新媒体与“粉丝民族主义”的诞生》，《现代传播（中国传媒大学学报）》2017年第4期。

② 杜骏飞：《丧文化：从习得性无助到“自我反讽”》，《编辑之友》2017年第9期。

③ 毛湛文、李泓江：《“融合文化”如何影响和改造新闻业？——基于“新闻游戏”的分析及反思》，《国际新闻界》2017年第12期。

④ 殷乐、李艺：《互联网治理中的隐私议题：基于社交媒体的个人生活分享与隐私保护》，《新闻与传播研究》2016年增刊。

⑤ 徐艺心：《互联网用户隐私保护的环境特点及制度走向》，《当代传播》2017年第2期。

这种内心对隐私有独特的认识以及矛盾心理最终形成了一种"隐私悖论"。

有学者对近年来英语学界涉及新闻传播学、法学、情报学、信息科学等学科的"隐私悖论"研究进行了梳理，发现"隐私悖论"现象普遍存在于用户对社交网站的使用之中，自我披露带来的实际益处是造成这一悖论的主因，对这一悖论的应对更多地需要网络用户自觉主动的隐私保护行为。而"隐私悖论"现象说明，在网络时代，"个人信息不得非法公开"的被动隐私含义难以成立，信息公开与否已经不能成为判断隐私的标准。对信息的主动控制，尤其是控制谁能看到自我披露的信息已经成为隐私含义的核心，用户对已经披露公开的信息依然具有合理的隐私期待——用户在公开个人信息时并未完全放弃隐私，而是依然想对其公开范围保有控制。①

2016 年 11 月，我国颁布的《网络安全法》，正式确认了个人对其网上个人信息的"删除权"（又称"被遗忘权"，the right to be forgotten）："个人发现网络运营者违反法律、行政法规的规定或者双方的约定收集、使用其个人信息的，有权要求网络运营者删除其个人信息。""删除权"是另一个与网民的隐私和信息安全息息相关的重要问题。

有学者认为，相较于政府和网络服务商等信息控制者拥有权力、资金和技术上的优势，相对弱势的个人可以通过删除权，更有能力控制网络上的个人信息：一方面实践于个人信息的自决权，另一方面亦可维护个人隐私等人格权。② 有学者则将这一问题放在中欧对比的视野下加以分析，指出我国《网络安全法》规定的"删除权"绝非对欧盟《一般数据保护条例》中"删除权"的"引入"，而是基于中国实际国情和"秩序观"视野下的制度创新，两者只是"貌合"，却存在价值观念上的"神离"。③

互联网治理的研究中，全球互联网治理问题是近年研究热点。2016 年 12 月，国家网信办发布《国家网络空间安全战略》，2017 年 3 月，外交部和国家网信办共同发布《网络空间国际合作战略》。这些都是我国积极参与全球互联网治理的体现。相关研究也在随实践的进展而推进。

面对这些新趋势，中国应该在关键资源管理权的顶层设计中争取更多话语权，同时企业和社会团体等私人部门也应该积极参与全球互联网治理。

全球互联网治理继续面临一系列挑战，如寻求共同的或可以共享的利益，管理不对等的权力，调停文化多样性和价值观冲突等。有学者认为，互联网技术通过对时空以及本地概念的改写，构建了新的文化形态和新型文化身份，但文化差异和潜在的文化冲突并未消失，反而在一定意义上加速了文化群体间的文化冲突。④ 因此，在互联网治理的进程中，必须要重视这种新的文化身份的建构模式和潜在文化冲突所带来的影响。

（三）学科再造：新媒体研究待突破

在传播学领域，近年来新媒体研究处于一种显要位置，不仅投入的学者、产出的论文较多，也在一定程度上引领着整个学科的发展。然而，这种投入和产出并不一定意味着其在知识生产上的贡献也成比例地增长。

纵观今年新媒体研究，一方面可以欣

① 李兵、展江：《英语学界社交媒体"隐私悖论"研究》，《新闻与传播研究》2017 年第 4 期。

② 殷乐、李艺：《互联网治理中的隐私议题：基于社交媒体的个人生活分享与隐私保护》，《新闻与传播研究》2016 年增刊。

③ 周冲：《个人信息保护：中国与欧盟删除权异同论》，《新闻记者》2017 年第 8 期。

④ 梁虹：《互联网治理的挑战：技术与文化身份的视角》，《新闻与传播研究》2016 年增刊。

喜地看到，传播学与其他相关学科正在实现着双向进入。正如前文所述，不仅人类学、社会学者已深度介入新媒体研究；传播学者也积极将计算机科学、信息科学等领域产生的最新成果应用于新媒体研究。这种努力已经取得可喜的成果，例如有学者凭借新媒体研究论文——《微信：中国人的“在世存有”》，获得第六届（2017年度）中国软科学奖（社会研究奖项）。在某种意义上，这个奖项也是对传播学研究的认可。

而另一方面，不容忽视的是，新媒体研究的传统弊病依然盘桓不去。首先，为数不少的新媒体研究，要么研究方法不够严谨，缺乏社会科学本应具有的规范性；要么仅仅停留在对某些个案或某种传播现象进行描述的层面，而没有利用新工具、新方法进行严谨的解释性、预测性学术研究。

其次，从知识图谱的视角来看，新媒体研究的扩散既没有沿着学术文献进行，也未沿着学者的社会网络进行，而是研究者通过各种渠道感知到新媒体是社会研究热点后，结合自身学术专长或兴趣开展独立研究。而且，这些研究中只有少数是建立在前人研究基础上，缺少学术对话和学术合作。因此，与其说是新媒体研究知识的扩散，不如说是“热度”的扩散。在这个意义上，新媒体研究的知识共同体尚未真正形成。①

最后，部分新媒体研究的研究目的依然过于倚重实际指导性和应用性，从而导致研究中“对策话语泛滥”②。这种状况，因其实际上包含着“权力结构自我复制和再生产的内在话语逻辑”，如果持续下去，只会造成一种“在多种权力的共同运作下继续制造虚假的繁荣”，而很难真正带来该领域知识总量和理论贡献的增加。③ 长此以往，正如有学者所言，新媒体时代，不改变这种自说自话、自娱自乐的“内眷化”（involution）状态，传播学研究恐怕将被淹没在众多学科的传播研究中。④

实际上，新媒体研究不仅要面对这些老问题，更需面对因智媒时代的来临、新媒体技术快速的迭代进化而出现的新困难。例如，在新媒体时代的新传播实践会带来空间变革，人们的时空观、社会关系、各种观念的排序都因为媒介的嵌入而发生着变化，人的互动在网络时代被介质化了。因此，新媒体时代的媒介逻辑将从以时间面向为主导、以传播效果为目标的单向技术逻辑转化为基于日常生活的以空间面向为主导的多元实践逻辑。与此相对应，未来的媒介研究应聚焦如何联结网络空间中的互动关系，探索打通时间和空间问题的路径。⑤ 又如，人类新闻生产的视觉逻辑也在发生着变化：从“蒙太奇”到“可视化”，再到“虚拟现实”。这一逻辑的变迁受到计算机和互联网领域前沿技术的驱动，不断对人类借由新闻认知外部世界的方式，以及传统新闻的基本观念、价值标准和专

---

① 张小强、桂佳汇：《中国大陆“新媒体研究”创新的扩散：曲线趋势、关键节点与知识网络》，《国际新闻界》2017年第7期。

② 曲飞帆、杜骏飞：《超越功能主义范式的中国新媒体传播研究——以2015年以来的研究文献为例》，《当代传播》2016年第5期。

③ 潘忠党、刘于思：《以何为“新”？“新媒体”话语中的权力陷阱与研究者的理论自省——潘忠党教授访谈录》，《新闻与传播评论》2017年春夏卷。

④ 孙玮：《从新媒介通达新传播：基于技术哲学的传播研究思考》，《暨南学报（哲学社会科学版）》2016年第1期。

⑤ 周翔、李镓：《网络社会中的“媒介化”问题：理论、实践与展望》，《国际新闻界》2017年第4期。

业主义，进行着破坏和重构。[①] 再譬如，专业主义的坚持与升级、公民媒介素养的扩展、人与人连接模式的优化、人与机器的协同以及机器时代新的约束与伦理，都是在智能时代创造一个更好的新闻业的可能路径，同时也是智能时代为传媒业提出的新命题。[②]

那么，面对上述种种问题和困难，在智媒时代，我们如何提升新媒体研究的质量以实现真正的学术繁荣？这首先需要从整体上提高和完善自身的研究方法、研究范畴和理论体系，进行跨学科的审视和合作研究，不断学习、借鉴和引入其他学科的理论和研究方法。

此外，正如有学者所提示的，新媒体的研究者还需回到新媒体研究的逻辑起点，在本体论和认识论层面对“新媒体”概念进行必要的反思：很多对“新媒体”的研究，以特定的媒介或技术特质（attributes）区隔“新”与“旧”，并将由此界定的历史断裂作为当然。[③] 这种围绕“新媒体”产生的认知谬误，还应当归结为“新媒体”研究者对理论的抽象层次不够，尚存在进一步的提升空间。

有学者则指出，以往的新媒体研究不注重研究互联网与普通人的经验和社会实践，没有人的故事。“而互联网、新媒体、社交媒体等等，不仅是技术和媒介的问题，更是人的生存状况的问题。”[④] 因此，需要加强“互联网深度研究”，即通过对人的经验和社会实践的研究，加深对人的主观和内心世界的探索和发掘。讲人的故事（尤其是在主流文化、媒体和政治生活中缺少声音的弱势群体、少数族裔、边缘人群），是对人的主体回归的一种努力。

沿着两位学者的思路，如果我们回归到“诸如人类如何展开传播、传播如何成为社会或文化生成与发展的基本过程等大的理论前提”[⑤]，并在此基础上发现“真问题”、解答“真问题”。那么，处于“消融”与“重塑”共在状态的层出不穷的新媒体现象及其研究，对于急于打破“内卷化”的传播学学科而言，又何尝又不是一种契机呢？

撰稿：苏　涛（云南民族大学文学与传媒学院讲师，网络与新媒体教研室主任）
彭　兰（清华大学新闻与传播学院教授，新媒体研究中心主任；湖南师范大学潇湘学者讲座教授）

---

① 常江：《蒙太奇、可视化与虚拟现实：新闻生产的视觉逻辑变迁》，《新闻大学》2017 年第 1 期。

② 彭兰：《更好的新闻业，还是更坏的新闻业？——人工智能时代传媒业的新挑战》，《中国出版》2017 年第 24 期。

③ 潘忠党、刘于思：《以何为“新”？“新媒体”话语中的权力陷阱与研究者的理论自省——潘忠党教授访谈录》，《新闻与传播评论》2017 年春夏卷。

④ 杨国斌：《引言：英雄的民族主义粉丝》，《国际新闻界》2016 年第 11 期。

⑤ 潘忠党、刘于思：《以何为“新”？“新媒体”话语中的权力陷阱与研究者的理论自省——潘忠党教授访谈录》，《新闻与传播评论》2017 年春夏卷。

中国传媒经济学研究2017年综述

人工智能嫁接互联网技术强势入驻传媒业，尤其在人机交互与内容生产方面表现亮眼，让曾经兴盛百有余年的传统传媒产业进入前所未有的高速进化周期，传统的学术逻辑与业务操作范式已难以适应并有效预测新的媒介发展趋势。互联网赋能的全景传播模式下，国内外媒介经济学研究议题紧密追踪业界实践、组织重构和产业转型，尝试用技术的眼光、互联网的思维重新对接理论逻辑和历史转向，重新定位和思考当下的传媒产业转型与社会发展。移动互联网标配下，各种网络连接具有了人机传播的属性，形成多维度价值匹配；产品的价值变现领域覆盖经济回报、政治诉求和文化认同……这其中的变现要素除了传统的内容要素、形式要素，关系要素和场景要素成为新一轮价值变现神器。经过二十多年的快速发展，互联网的发展已经由"上半场"进入"下半场"。与互联网的上半场借助人口红利进行的规模化发展不同，差异化服务和创新性发展将成为互联网"下半场"的运行模式①。数据化与智能化作为当下技术驱动的双翼，传媒变革已经从小范围的"边缘突破"式创新向更具规模的"产业大融合"推进，这将广泛而深刻地影响互联网"下半场"的衍化路径和媒介—社会生态的方方面面，2017年的传媒经济学研究正是在这样的大背景下展开的。

一、理论范式研究不断创新，应用范式研究逐步加强

目前，我国的传媒经济与管理研究基本与传媒业的整体发展相适应，理论研究也正经历着多维度、多视角、多范式的融合创新。移动互联时代的传播研究已经突破了大众传播学和新媒体研究的基本范畴，与社会学、符号学、认知行为科学、发展心理学等学科研究呈现出融合交叉的趋势，多学科研究方法被不断应用于传媒经济研究领域。有学者对国内外发表的相关传媒经济研究的成果进行统计后发现，应用型范式研究逐步加强、研究和关注议题日益多元、理论范式研究不断创新，尤其在理论范式研究的应用中出现了不少对经济理论的传媒创新。② 有学者在2017中国传媒经济与管理年会主题发言中指出在传统媒体已然无法主导世界传播新秩序的情况下，网络空间将是影响世界传播秩序变迁的最重要因素。这不仅是一种世界传播的新体系，一种研究的新视角，也是一种新的研究范式③。学界正日益达成共识，各国政府作为全球网络空间治理主体需要积极参与并逐步完善全球网络空间安全战略，以期构建更加平衡、公正的全球治理新格局。有学者认为，建立叠加型传媒机构是未来媒介发展的基础，只有科学地把握传媒技

① 喻国明：《互联网"下半场"的操作关键：边缘创新与价值准则》，2017中国传媒经济与管理年会暨第二届江苏传媒产业发展论坛大会发言。

② 杭敏：《数据时代传媒经济学研究的反思与前瞻》，《新闻与写作》2018年第5期。

③ 田莺：《数据化、智能化：互联网"下半场"的逻辑与进路——2017中国传媒经济与管理年会综述》，《新闻界》2018年第3期。

术革命的规律，才能既掌控传媒发展的关键，也可以有效发挥传媒功能。对标当下互联网的高速发展，以传播速度与传输安全性见长的量子传媒将成为传媒经济学研究的新课题。[①] 有学者提出媒体间性思维是思考当下媒体融合发展的一种有益维度，可以在媒介融合的大背景下从文化角度去探讨理论的对话与交融，可以使得媒介融合的理论走出技术决定论的束缚，[②] 从人文艺术视角来穿透媒介边缘，从而关注新旧媒介相互作用而产生的传播效应，而非媒介融合视域下通过技术和资本加持如何实现自身进化。有学者通过定义大数据与融媒时代“联产品”（joint product）特点，对传媒产品生产成本理论进行创新，通过观测分离点（split out point）、收支平衡点（break-even point）等来重新规划与组织传媒生产。[③] 这些都是从理论范式层面所进行的创新性思考。

国内外传媒经济研究采用最多的仍是应用型范式研究，且研究议题紧密追踪产业发展和组织转型。常用研究工具主要来自管理学、社会学、心理学与传播学学科。随着技术发展呈现的数据化与智能化发展趋势，技术驱动下的传媒应用如 VR、AR，融合新闻与人工智能[④]带来的传媒产品研究、传媒经济发展与相关产业转型等多样化议题成为学者们关注的研究热点。

总之，2017 年的传媒经济学研究呈现出显著的多元观察视角与内生跨学科特质，体现了理论范式研究不断创新，应用范式研究进一步加强的趋势。

二、媒介融合与传统媒体转型

（一）媒介融合研究：技术视角与批判性反思

数据化与智能化是传媒产业发展的核心内驱力，不但重新定义了媒介经济的本质，而且渗透进社会大系统运作当中，使传媒成为社会系统中无法独立区分的有机体。媒介融合研究紧跟时代发展，涵盖传媒经济学研究的前沿课题和热点问题。研究者对大数据、云计算、人工智能等新媒介技术的高度关注，对不同学科的知识体系的借鉴以及大数据的应用为传媒经济学开阔了研究的进路。

有学者对中国传媒产业的融合发展进行了大规模调研，辩证分析了传统媒体与新兴媒体产业融合发展的状况与问题，如传统媒体产业转型与融合发展存在误区，媒体思维与产业思维的融合需要进一步深入、产业融合发展战略格局有限、诸多传媒产业融合中的运营创新并未击中用户痛点，缺乏持续发展能力等。在此基础上，该学者从内容生产能力、数据驱动、产权结构多元化等角度分析了传媒产业融合发展的相关要素，并对传媒产业融合发展路径进行了探讨。[⑤]

随着媒介结构日益复杂，数字化、社交化和移动化浪潮下的技术变革成为传媒经济研究持续的关注热点。目前，对于传媒研究的“热点”多集中在对传媒产品的研究上，这在实践上是对的，也是受众和传媒经营者都关注的，但是在理论上是肤浅的，缺少对传媒本质的探讨、缺少理论

---

① 杨勇、董紫薇、周长城：《大数据引领媒体融合未来——2017 年第六届中国传媒经济年会综述》，《现代传播（中国传媒大学学报）》2017 年第 12 期。

② 宫承波、郝丽丽：《间性思维视野下的中国媒介融合发展路径分析》，《当代传播》2017 年第 5 期

③ 杭敏、皮卡特：《数字时代传媒产品的经济学特性研究》，《现代传播（中国传媒大学学报）》2017 年第 2 期。

④ 喻国明、姚飞：《试论人工智能技术范式下的传媒变革与发展——一种对于传媒未来技术创新逻辑的探析》，《新闻界》2017 年第 1 期。

⑤ 严三九：《中国传统媒体与新兴媒体产业融合发展研究》，《新闻大学》2017 年第 2 期。

联系实际的动态分析和有效引领业态发展的思路导向与框架前行。源于业界土壤的不同，中国的媒介融合研究与西方此类研究存在研究视角的显著差异。如果说，国外的研究将“媒介融合”作为一种内容产业创新和进化的自然过程，是实现规模经济和范围经济的产业实践，那么国内的研究则具有明显的“功能主义”特征①，其研究大都处于“传统媒体救亡图存”和向着“大而全”愿景重建传统媒体话语主导权的思维框架之中，除一些学者基于Richardson投资模型研究传媒IPO后的高绩效成因②，或者通过二手数据分析法研究传媒上市公司内部治理结构与融资结构关系③，除此之外鲜有经济学与管理学范式下的研究者成果。有学者在分析我国媒介融合的理论和实践路径危机后指出当下媒介融合研究主体的局限性，并提出如何用熊彼特的创新理论改变媒介生产函数来理解和指导我国媒介融合实践，以实现当年都市报的创新发展和市场占领④。

互联网产业具有基础性产业特征，对相关产业呈现出明显拉动作用。有学者研究了互联网产业对文化产业的关联影响，揭示了京沪粤苏浙五省市的产业关联情况⑤。但是，财税政策对传媒产业发展的影响，特别是动漫、游戏等新兴产业对传媒产业的相关性研究目前还相对较少。

人工智能带来创新引发传媒产业结构变化的同时，也带来一系列的负面影响，尤其是社交媒介与智能推送机制的不断升级与人文理性问题得到学者们的广泛关注。有学者提出科技创新急速发展的时代，我们亟须理性认识人与人工智能的关系，防止新闻过度娱乐化、技术创新解构人类的传统伦理以及传播政治经济学视域下的数字劳工问题等。传播政治经济学视域下，互联网消解了主体的反抗与批判意识，对受众进行深层次的无形控制，它使得受众习惯了互联网营造的虚拟“景观社会”，更多的是沿袭IT资本设计的技术方向来主导生活模式，而丧失了对本真生活的渴求。因此，相关媒介经济与社会发展此类的研究议题也逐渐引起媒介经济学与社会学者的关注。⑥ 总体观之，传媒经济研究中，以批判视角来关注传媒经济发展对新闻的内容生产与社会信息流通、媒介消费研究与媒体—社会发展研究等方面的成果明显不足，在今后的研究中亟待加强。

（二）产业边界模糊化：传统媒体的商业模式重构

传媒产业边界逐渐模糊，媒介产业融合也逐步进入纵深阶段。鉴于互联网技术与政策、资本的加持，媒介融合发展的主流路径逐渐清晰，平台化发展成为传统媒体转型的首选方案。目前，媒体平台化运作正在重构传媒生态，成为信息内容的制作中心、分发流转的集散中心、用户实时的互动中心以及各类信息的监控中心，正在逐步实现全方位的生态融合。例如新闻业与游戏深度融合便跨越了不同媒介的生态系统，跨越两个产业的文化差异，新闻游戏能将信息通过互动游戏呈现出来，更

---

① 黄旦、李暄：《从业态转向社会形态：媒介融合再理解》，《现代传播（中国传媒大学学报）》2016年第1期。

② 张辉锋、王田：《传媒业IPO后高绩效的成因分析——基于Richardson投资模型》，《国际新闻界》2017年第9期。

③ 丁汉青、蒋聪滢：《传媒上市公司内部治理结构与融资结构关系研究》，《国际新闻界》2017年第3期。

④ 曾培伦：《熊彼得创新理论视域下的中国媒介融合路径危机》，《新闻与传播研究》2017年第1期。

⑤ 丁和根、丁汀：《京沪粤苏浙互联网产业对文化产业的影响研究——基于五省市2012年投入产出表的实证分析》，《当代传播》2017年第1期。

⑥ 陈力丹：《互联网的非线性传播及对其的批判思维》，《新闻记者》2017年第10期。

加深刻地揭示信息的内在联系，也是传媒产业经济发展的新增长点。[①]

目前，新兴媒体的收入增长弥合了传统媒体的营收萎缩，并带动传媒产业的整体发展。不断变革的业态发展加速整合了社会资本运作、传媒资源再造以及各渠道联合，传媒产业已经成为国家重点支持、各地大力扶持的重点产业。我国《国民经济与社会发展第十三个五年规划纲要》明确指出发展现代互联网产业体系，到2020年我国文化产业要成为国民经济的支柱产业。在GDP增速放缓的背景下，据《2018中国传媒产业发展报告》指出，2017年中国传媒产业规模产值达1.89万亿元人民币，较上年同比增长16.6%。其中，移动互联网业务占据半壁江山。[②] 伴随新媒介技术的发展与普及，数据化和智能化趋势逐步深入，新兴产业和商业模式冲击并颠覆着传统媒介的运营与商业模式，作为应对之策，传统媒体纷纷转型，探索传媒产业链的再造和商业模式创新，试图重构传媒产业的新格局。随着互联网发展进入"下半场"，媒介融合诉求由"大而全"转向"小而精"；媒介融合路径逐渐明晰，形成了以智能化内容提供、新闻+服务、数字化平台建设为核心的三种路径，[③] 以用户为节点构建产业链的"媒体+电商"模式、以品牌影响力为基础打通产业链的"线上+线下"模式、立足地域优势资源整合"媒体+产业"模式、利用平台延伸产业链的"媒体+服务"模式、"媒体+创业"模式等。

（三）从博弈消长到协同创新：融合转型中的传媒产业发展新趋势

互联网公司逐步在内容生产、内容分发、平台建设等领域重构传媒生态并逐步掌握话语权，有学者将这种状态称为智媒时代的来临。智能化媒体凭借新的媒介技术优势实现对新闻业领地的"冲击"与"蚕食"。以今日头条为代表基于用户兴趣图谱的"算法型内容生产"（AGC）模式强势崛起，不可避免地带来专业媒体与媒体人的价值重塑，这将是一个传统传媒业边界消失、格局重塑的时代。[④] 自动化新闻进入传统媒介的内容生产渠道，这不仅提升了新闻生产与传播效率，还拓宽了新闻报道的范围，有效凸显了个性化新闻，更使得智媒化时代的记者专业技能和职业分工有所改变。[⑤]

文化传媒消费市场在媒介融合、产业融合和消费升级中带动深刻的结构性转换，技术、资本、市场和政策四股产业驱动力在力量此消彼长，不断博弈中进一步呈现协同创新的趋势。金融资本的整合运作逻辑已取代过去精细化运营逻辑，成为驱动传媒消费产业发展和创新的底层逻辑，它倒逼内容生产机制并对传播场域资源配置发挥深刻影响。市场监管趋严，政策风险加剧，风险定价因素在板块估值中影响凸显。[⑥] 万达系在资本市场的戏剧性表现则是文化传媒投资风险在当下综合性风险管理下的生动注释。

在传媒产业盈利能力上，知识付费成为传媒盈利的新增长点，场景消费展现出

---

① 张建中、王天定：《迈向新的媒体融合：当新闻遭遇游戏》，《现代传播（中国传媒大学学报）》2016年第11期。

② 崔保国主编：《传媒蓝皮书：中国传媒产业发展报告（2018）》，社会科学文献出版社2017年版。

③ 喻国明、赵睿：《从"下半场"到"集成经济模式"：中国传媒产业的新趋势——2017我国媒体融合最新发展之年终盘点》，《新闻与写作》2017年第12期。

④ 彭兰：《未来传媒生态：消失的边界与重构的版图》，《现代传播（中国传媒大学学报）》2017年第1期。

⑤ 许向东、郭萌萌：《智媒时代的新闻生产：自动化新闻的实践与思考》，《国际新闻界》2017年第5期。

⑥ 陈端、张浩：《中国传媒市场格局和态势研判》，《新闻战线》2017年第9期。

巨大的盈利潜力。[①] 任何创新都存在生命周期，在互联网上半场人口红利逐渐消失，市场与广告需求总量基本恒定的条件下，2017 年内容创业发展总体遇冷，但高端个性化的知识付费模式却一路高歌猛进，成为内容盈利的蓝海市场。在后用户红利时代，移动互联文化内容消费升级红利的衰减推动文化传媒产业增长逻辑的深刻转型。

总的说来，传媒产业发展呈现以下趋势：一是传媒政策进一步向市场化引领，主要表现在国有资产监督管理制度、“特殊管理股份”试点、现代文化市场系统和股权等方面。[②] 二是传媒产业格局面临新一轮调整，互联网巨头还在不断发展壮大。三是区域化整合加强，基于新媒介技术的创新转型不断推进。四是基于社会信息消费生态的创新不断，传媒产业呈现集成经济态势，并形成核心产业横向集成、关联产业纵向集成、外围产业混合集成的大融合趋势[③]。

近年来，中国的媒体和互联网公司还积极拥抱世界传媒的丰厚资本与内容市场，例如 *China Daily* 的国际影响力打造、新浪的海外上市、阿里巴巴的影视扩张和快手的海外业务推广都呈现出明显的国际化倾向。传媒业不断通过平衡政府、技术、资本三者之间的关系开拓盈利空间，依靠创新技术与管理延伸产业价值链；通过完善媒体与信息生产与流通的相关产权制度，积极推动金融和资本的证券化，着力打造全新的国际化传播格局，以推动我国媒介生态系统的重构。

三、新媒介技术生态下的广告、影视、直播与短视频产业发展

（一）广告产业：产品形态日益多元，市场格局基本稳定

《2018 中国传媒产业发展报告》显示，中国网络广告市场规模超过 3800 亿元，广告行业总经营额 6896 亿元。尽管形势复杂，但全行业呈稳中有升势头。一方面，行业内新的业态、新的模式、新的技术不断出现；另一方面，已有的业态与模式呈现的错综复杂局面也进一步加剧[④]。资本逻辑依旧在其中扮演重要角色，中国广告产业的发展更多依赖于跨国广告巨头的推动，而非自身携带国际化的基因，中国广告业想要走出国门还需不断增强自身内功[⑤]。互联网公司重创传统广告市场，生活圈线下媒体实现快速增长，影院媒体与信息流广告逆势崛起。有学者依据大数据原理、社交媒体属性、信息流广告特征对社交媒体广告分析后发现信息流广告可以对用户实现“精准操控”和“关系传播”、实现受众赋权（将受众深入卷入广告中，邀请受众参与“广告内容”生产），并且可以提供各种主体博弈的话语空间。[⑥] 近几年，在“结构调整”与“转型升级”的大背景下，2017 年的中国广告业面对着更加复杂的形势与挑战。有学者考察了大数据兴起以来广告职业的内部分化与外部竞争后认为，广告职业的内部地位差异正在由国际 4A 与本土公司之间，转移到新兴技术型公

① 陈端、张浩：《中国传媒市场格局和态势研判》，《新闻战线》2017 年第 9 期。

② 于苗苗：《传媒产业发展现状及趋势研究》，《中国报业》2017 年第 20 期。

③ 喻国明、赵睿：《从“下半场”到“集成经济模式”：中国传媒产业的新趋势——2017 我国媒体融合最新发展之年终盘点》，《新闻与写作》2017 年第 12 期。

④ 崔保国主编：《传媒蓝皮书：中国传媒产业发展报告（2018）》，社会科学文献出版社 2018 年版。

⑤ 许正林、闫峰：《当前世界发展中国家广告产业发展态势及其中国机遇分析》，《现代传播（中国传媒大学学报）》2016 年第 10 期。

⑥ 牛耀红：《操控、赋权、话语空间：理解社交媒体广告的三个维度——以微信信息流广告的三个维度》，《编辑之友》2017 年第 10 期。

司与传统广告公司之间；技术性人才的涌入为广告行业带来拼贴式的人才景观；在外部力量方面，媒体与客户对职业管辖权的竞争集中于对媒体资源和数据资源的占有，广告职业唯有重建权威知识体系、重建职业主义，才能在边界冲突中掌握主导权。①

伴随技术生态的不断进化，广告遭遇数字传播的结构式冲击。技术同时改变了广告的业态和生态，其运营机制正从"低附加值营销"向"高附加值数据服务"和"多元化的用户体验"衍化，因此，广告产品形态也愈加多元。其中，占据产业风口的沉浸式广告正向着更为隐形、更人性化的方式演进。有学者提出沉浸式广告的本质是一个动态协作共享的智能程序，具有"因时而生"和"因人而生"的特点，人人参与通过体验式消费和泛在分享，从而改变整体广告的形态和效果。② 面对新兴的自媒体广告对于品牌的传播力度和产品的购买转化率等问题，有学者从声誉机制入手，针对其文字广告和视频广告分析现有自媒体广告的商业模式，并以新《广告法》为依据探讨自媒体广告传播商业信息的合法性，以及其在精准营销转化率方面的优势和构建品牌核心价值的弊端。③

在研究方法上，有学者结合眼动实验和认知心理学的研究方法就逐渐兴起的网络自制剧植入式广告传播效果的影响机制进行研究。其研究结果颠覆国内外相关学者的先前假设，即显著度高的植入式广告反倒回忆效果更好，品牌态度评价更高。④针对电视媒体的广告效果与商业投放规律，有学者通过厦门广电提供的本土真人秀《最美和声》节目的机顶盒收视数据，在斯瓦米纳坦和肯特（Swaminathan & Kent）2013 年研究的基础上，重新验证了位置、顺序、长度对广告收视率的影响。⑤

（二）影视产业：发展加速，社会效应和经济效益同步显现

据《影视蓝皮书：中国影视产业发展报告（2018）》显示，2017 年中国影视文化产业继续保持高速发展态势，电影产业进入新的快速发展时期，并且达到了通过电影质量提升电影票房的驱动力优化预期目标。全年票房超过 1000 万元的影片口碑排名中，艺术片占据半壁江山；在票房不超过 1000 万元的影片口碑中，小成本艺术性电影的优势凸显；口碑第一的《二十二》破纪录片票房纪录，也是投资回报率最高的电影之一。一直以来，华莱坞电影尝试以一种系统化、全景式的视角，从不同的文化层面展示中国元素，完成影视呈现。在国际化、全球化的传播视野下，华莱坞电影突破地域限制，为民族电影工业和海外电影工业的发展带来多元化的电影观点和新启发。⑥

资本逻辑依然是影视产业主导的研究视角，在广泛的金融资本渗透与政府政策支持下，影片供给侧改革初见成效，影片质量有所提高，电影市场的活力不断释放。为破解影视公司成本压力，明星资本化引发关注与争议。虽然明星股东化可以有效破解影视公司的资金难题，但过于注重资

---

① 周丽玲、陈欢、陶如意：《职业重建：大数据冲击下广告职业的内部分化与外部竞争》，《新闻大学》2017 年第 2 期。

② 李沁：《沉浸广告模式：大数据时代的广告的逻辑颠覆与概念重构》，《当代传播》2017 年第 5 期。

③ 张慧子：《从声誉机制看自媒体广告商业模式、精准、互动：数字广告公司业务模式的重构》，《现代传播（中国传媒大学学报）》2017 年第 10 期。

④ 周雯、黄倩、丁妮：《显著度对网络自制剧植入式广告的传播效果研究》，《现代传播（中国传媒大学学报）》2017 年第 12 期。

⑤ 李莎、赵辉、林升栋：《电视节目插播广告收视率的逐秒分析——长度、顺序、位置的影响》，《新闻与传播研究》2017 年第 3 期。

⑥ 丁和根、黄贺铂：《技术驱动与全球视野：传媒经济与管理研究新趋向》，《编辑之友》2018 年第 1 期。

本会导致对内容本身的忽略，这已成为近两年影视行业发展的痛点。[①] 影视产品、消费流程与服务等各环节呈现数字化与智能化发展趋势。网络影视剧蓬勃发展，并在影片质量和票房表现上获得较大突破。有学者通过票房与明星效应之间关系的回归模型分析了明星影响力与票房呈正相关，明星的人气确能带动观众消费。[②] 但在经济指标和资本逻辑被逐步放大，人文产业的社会功能不断弱化的大环境下，过分的商业化导致的影视产品的人文情怀缺失与影片质量下降时有发生，同质化、娱乐化与低俗化作品呈现抬头之势。因此，多屏联动背景下，开发具有强渗透性和延展性的优质 IP 内容及如何将内容快速有效并有针对性地送达目标受众，提升用户体验，对不同渠道目标受众的精准营销尤显重要[③]。

（三）网络直播与短视频异军突起，或带动新兴盈利模式

据《2017—2018 中国在线直播行业研究报告》显示，2017 年中国在线直播用户规模达到 3.98 亿，中国短视频用户规模增至 2.42 亿。互联网的全面发展、智能手机的普及和资本的强势注入，使得直播与短视频逐渐呈现全民化平台发展的趋势。有学者基于技术和管理双重逻辑下的中国短视频产业分析和未来 5G 技术创新扩散的预测分析认为，短视频将成为网络社会互动的基础文本单元，中国手机网民的社交方式将从读图时代转向短视频时代。[④] 在政策、技术与需求合力描绘的产业繁荣前景吸引着各方资本的竞相加入，“快手”和“抖音”两大头部平台发展迅速并催生了内容创业的新型网红经济模式。由此，“网红”经济发展逐渐呈现产业化趋势，由个人操作演变为团队、集体经营[⑤]。有学者认为网络直播热潮是参与式文化的普适与泛化引发的，便捷的参与及情绪的表现、实时的互动以及可以霸屏弹幕功能，使得网络直播成为一场集体参与的视听狂欢。[⑥] 有学者从内因、外因两个方面及多个角度分析了网红 papi 酱火爆的原因，并从内容、产品、变现渠道、IP 构建等方面进一步探讨网红经济的未来发展。[⑦]

随着垂直化的直播和短视频平台的兴起，网络直播与短视频的产品类型与服务向各个领域延伸。据《2017 移动广告行业报告》显示，继 2016 年的行业爆发后，移动效果广告点击总量相比 2016 年增长超过 17 倍且视频直播行业移动广告点击量占比 30.4%。直播与电商、在线教育等产业的深度融合与智能硬件的并肩发展有望成为新兴商业模式。有学者以网络直播为基点，对网络直播 + 综艺节目的类型和形态、节目发展方向和创设难点等问题进行了探讨。[⑧] 还有学者探究如何充分利用网络直播推动出版业发展，构建出版业网络直播的“场域”营销模式。[⑨] 总而言之，网络直播与短视频发展呈现多元趋势，或带动多种商业模式的发展。

---

① 陈端、张浩：《中国传媒市场格局和态势研判》，《新闻战线》2017 年第 9 期。

② 郭新茹、黄纾沁：《从 IP 到品牌、明星效益和中国票房》，《现代传播（中国传媒大学学报）》2017 年第 12 期。

③ 李艳峰：《融媒体环境下纪录片 IP 开发与生态合作研究》，《现代传播（中国传媒大学学报）》2017 年第 6 期。

④ 周逵、何苒苒：《技术与管理双重逻辑下的中国短视频产业市场图景——基于 5G 技术创新扩散的前瞻性分析》，《电视研究》2017 年第 12 期。

⑤ 唐绪军、黄楚新、王丹：《中国新媒体发展趋势：智能化与视频化》，《新闻与写作》2017 年第 7 期。

⑥ 王春枝：《参与式文化的狂欢：网络直播热潮透析》，《电视研究》2017 年第 1 期。

⑦ 谢妍：《短视频创新：内容引领网红经济新模式——以 papi 酱为例》，《电视研究》2017 年第 6 期。

⑧ 张绍刚、郑石：《网络直播 + 综艺节目创设与发展的可行性分析》，《当代传播》2017 年第 1 期。

⑨ 吴雯、周荣庭：《出版业网络直播的“场域”营销研究》，《编辑之友》2017 年第 9 期。

四、智媒时代的媒介内容生产与消费研究

智媒时代是一种全新的协同共享时代。人工智能与大数据技术强势渗透内容生产流程，不断推进并凸显传媒业在智能化发展方面的竞争优势。自动化的新闻生产模式颠覆了传统的新闻生产模式，沉浸式广告和信息流广告冲击传统广告的操作范式，视频门槛的不断降低和移动终端设备的普及催生了当下的网络直播和网红经济。社会消费品零售总额近 5 年的年均复合增长率达到 10.82%，特别是文化、信息、旅游等领域的消费成为新的经济增长点。2017 年中国居民消费支出中教育、文化和娱乐支出的比重达到 11.4%。[①] 值得关注的是受众强烈的参与需求不仅改变了媒介产业的存在方式，而且成为智媒时代媒介生产和消费方式的重要转折点。[②] 大数据、物联网、智能算法与深度学习等技术的相互关联正在并将继续缔造新媒介的传播生态与产业的传播景观，这对媒介内容生产与受众消费行为产生广泛与深刻的影响。“C 一代” （connection and cross-platform）受众对传媒产品的使用行为与产品诉求变化明显。技术变革既降解了原有的媒体盈利模式，也创造了新的媒介消费路径。基于关系网络形成的圈属群落消费和基于场景形成的沉浸式消费（如沉浸式新闻和沉浸式广告）正在成为当下增长迅猛的媒介消费方式。目前内容创业的盈利模式分为通过内容的直接盈利模式与通过电商与社群经济方式的间接盈利模式两种。未来媒体的传播形态应该是基于各种关系资源的场景应用个性化。鉴于新的媒介产销模式和文化消费升级，有学者提出新媒体经济的本质是关系，即新媒体的经济形态是关系经济，新媒体经济是通过关系产品、转换机制和共享价值来实现其经济效益。[③] 这对重新理解技术是如何潜入人的生活，重新界定人与媒介、人与社会的深层关系提供了一个不同的观察视角。传统媒体与新兴媒体内容的融合研究等议题中涉及的受众议题、内容生产体系建构、用户关系重塑、盈利模式再构是研究者们关注的热点领域之一。与此同时，互联网公司的盈利模式逐步从早期的点击率和用户数转向建立高转化率的线上线下整合生态系统。有学者提出转化率的高低决定了媒体的市场价值，成为继注意力之后建构媒体转型发展模式的关键因素。[④] 以此为基础，该学者继续探讨了传统媒体的转化率与广告收入之间的关系、转化率水平与媒体市场价值之间的关系、用户消费行为整合服务水平与转化率之间的关系等。

五、传媒规制的现状与困境

随着中国传媒产业的发展，学界和业界对传媒产业规制的研究保持着持续的关注。政策规制在当下语境下被认为是影响媒介融合的首要因素，是应对现实传播格局不断互动和演化的规则体系。当下，全世界的传媒体制呈现由偏政治因素考量向自由化与商业化转型的趋势。结合近几年的规制研究，未来传统媒体依旧是研究者侧重关注的主体，但是新媒体也逐步成为融合规制改革中备受关注的研究对象。

媒介融合具体规制的探讨与产业结构调整的规制诉求是研究者探讨的主要议题，如媒介融合规制的现状研究[⑤]、规制框架

---

① 崔保国主编：《传媒蓝皮书：中国传媒产业发展报告（2018）》，社会科学文献出版社 2018 年版。

② 刘庆振：《媒介融合新业态：智媒时代的媒介产业重构》，《编辑之友》2017 年第 2 期。

③ 谭天：《新媒体经济是一种关系经济》，《现代传播（中国传媒大学学报）》2017 年第 6 期。

④ 赵曙光：《致命的转化率：注意力之外的决定性因素》，《现代传播（中国传媒大学学报）》2017 年第 11 期。

⑤ 冉华、窦瑞晴：《我国媒介融合规制研究的现状——基于文献计量学的分析》，《新闻大学》2017 年第 2 期。

与价值取向①，组织结构创新和产业发展战略转型②研究、英美等发达国家媒介融合的政策变迁与创新举措等。

随着市场化改革路径的深入，当前市场化改革路径上存在的一些问题，特别是对公众力量和公众利益考量的缺失逐步得到正视与反思。有学者认为新制度经济学为该领域研究拓宽了研究路径：超越简化的“公”与“私”二分法分析传播制度与政策，才能深入地探讨多样制度的可能性。③

作为一个综合制度体系，我国传媒经济规制决策的难点与世界各国面临的决策难点一致，即在政治利益和经济利益的结盟下权衡复杂多元的社会目标和经济目标。有学者基于互联网媒体与电视媒体规制的比较研究得出互联网媒体规制在市场结构、规模经济和市场行为方面的经济效果均优于电视媒体规制，并在此基础上建议媒介规制方式应由严苛的结构规制转向针对行为的规制，同时坚持有序放松结构规制、激活社会投资与有效机制的规制导向。④

六、结语

纵观当下，各维度中的破坏式创新层出不穷，媒介技术的迭代发展不断加速着媒介生态的演变。作为基础性产业，传媒产业的边界日益模糊化、传媒价值不断提升、传媒功能不断延伸，呈现出一些日新月异的传播特征，催生了多领域、多业态的全新商业模式，引发了社会结构性变量的深层互动。数据化与智能化为代表的技术变量正广泛而深刻地影响互联网“下半场”的衍化路径和媒介—社会生态的方方面面，传媒变革已经从小范围的“边缘突破”式创新向更具规模的“产业大融合”推进。在此背景之下，2017 年传媒经济学研究紧跟时代发展和业界关切，较好地实现了学界与业界的良性互动，学科研究呈现出显著的多元观察视角与内生跨学科特质并最终形成一批高质量的研究成果，体现了本学科理论范式研究不断创新和应用范式研究进一步加强的趋势。相关研究议题对标当下媒体发展与产业转型，选题丰富且相对聚焦，这既表明了传媒经济学研究的重心，也呈现出更加多元、更加丰富的研究选择正吸引着学界与业界的持续关注，学科研究正进入不可多得的黄金时代。

撰稿：丁和根（南京大学新闻传播学院教授）
田　莺（南京大学新闻传播学院博士生）

① 殷琦：《1978 年来中国传媒体制改革观念演进的过程和机制——以“市场化”为中心的考察》，《新闻与传播研究》2017 年第 2 期。

② 严三九：《中国传统媒体与新兴媒体产业融合发展研究》，《新闻大学》2017 年第 2 期。

③ 郝雨、王铭洲：《新制度经济学体系下的传媒制度成本控制理论及方略》，《现代传播（中国传媒大学学报）》2017 年第 2 期。

④ 易旭明：《媒体融合背景下的中国传媒产业规制转型——基于互联网媒体与电视媒体规制效果比较的视角》，《新闻大学》2017 年第 5 期。

中国广告学研究2017年综述

一、高校广告学研究概况

从学术期刊广告学论文数量看，中国传媒大学、武汉大学、北京大学、四川大学、中国人民大学等高校排名靠前。其中，中国传媒大学、武汉大学增量比较大。中国传媒大学广告学院是研究生力军，2016年为48篇，2017年为62篇。武汉大学2016年为42篇，2017年为51篇。说明这两个学校继续发挥自己优势，正在形成学科发展优势（参见表1）。①

表1　2017年高校广告学研究的学科、论文数量与主要作者概况

序号	高校	数量(篇)	所涉学科	主要作者
1	中国传媒大学	62	新闻传播	丁俊杰、马澈、邵华冬、张弛
2	武汉大学	51	新闻传播	姚曦、程明、廖秉宜、李娜
3	北京大学	23	新闻传播、市场营销、管理学	陈刚、祝帅、刘世雄、王雪芳、宋美霖
4	四川大学	22	新闻传播	杨效宏、饶广祥、刘玲
5	中国人民大学	18	新闻传播、公共管理	王玉凯、王宇飞、张檬

以篇名为“广告”对中国期刊网的2017年论文检索，获得在核心刊物、CSSCI期刊上发表的广告学论文共计614篇，比2016年715篇减少了101篇。根据中国社会科学院“顶级”“权威”“核心”期刊目录的索引，在“顶级”刊物发表的广告学论文有4篇，分别发表于《管理世界》《新闻与传播研究》，数量与2016年持平。其中，作为新闻传播学刊物的《新闻与传播研究》有2篇。4篇论文为：《视觉隐喻广告对消费者注意和再认效果的影响研究》《手机公益广告对受众道德身份和亲社会行为的影响研究》《电视节目插播广告收视率的逐秒分析——长度、顺序、位置的影响》《貌合神离：中英文同款广告的符号和眼动分析》，着重定量研究、传播效果研究（参见表2）。

以中国社会科学院认定的7家新闻传播学核心期刊为例，以篇名“广告”一词检索，2017年新闻传播学学科“权威刊物”《国际新闻界》4篇，“核心刊物”发表广告学论文数量总计为34篇，而2016年为42篇。其中，《中国广播电视学刊》16篇，《中国出版》《现代传播（中国传

① 为便于研究，本文在中国期刊网（www.cnki.net）索引的广告学论文，均以篇名“广告”一词为主，或兼顾其他关键词进行的检索。本表统计以2017年发表的广告学论文为主，主要作者名单及其单位署名，根据其文章发表刊物影响力级别，或引用数量、下载数量确定。多个作者的，选择第一作者或第一作者、第二作者作为主要作者代表。

媒大学学报)》《编辑之友》各为5篇,《新闻记者》2篇。另外,《新闻大学》4篇,《广告大观(理论版)》50篇(相关广告类论文加起来不止这个数目),《全球传媒学刊》2篇。这些新闻传播学期刊展示了新闻传播学界对广告学研究的大致情况(参见表3)。

表2 2017年发表在顶级学术刊物的广告学论文概况

级别	刊名	主办单位	广告学论文
顶级	新闻与传播研究	中国社会科学院 新闻与传播研究所	1. 李莎、赵辉、林升栋:《电视节目插播广告收视率的逐秒分析——长度、顺序、位置的影响》,2017年第3期。 2. 林升栋、刘琦婧、赵广平、李松、刘宇航等:《貌合神离:中英文同款广告的符号和眼动分析》,2017年第11期。
顶级	管理世界	国务院发展研究中心	1. 张红宇、罗霄、蒋玉石、柳萌:《视觉隐喻广告对消费者注意和再认效果的影响研究》,2017年第11期。 2. 戴鑫、卢虹、文豹堂、杨雪、倪立坤:《手机公益广告对受众道德身份和亲社会行为的影响研究》,2017年第7期。

表3 2017年发表在新闻传播学核心期刊与相关学刊的广告学论文概况

级别	刊名	主办单位	论文数量(篇)
权威	国际新闻界	中国人民大学	4
核心	现代传播 (中国传媒大学学报)	中国传媒大学	5
核心	中国科技期刊研究	中国科学院自然科学期刊编辑研究会 中国科学院文献情报中心	0
核心	编辑之友	山西出版集团	5
核心	编辑学报	中国科学技术期刊编辑学会	1
核心	中国出版	中国新闻出版传媒集团	5
核心(增补)	中国广播电视学刊	中国广播电视协会	16
核心(增补)	新闻记者	文汇新民联合报业集团上海社会科学院新闻研究所	2
一般	新闻大学	复旦大学	4
一般	广告大观(理论版)	北京大学	50
一般	全球传媒学刊	清华大学	2

二、网络新媒体广告、公益广告研究是广告学研究热点

据中国期刊网统计,2017年广告学研究主要集中在:网络新媒体广告(>300篇)、公益广告(291篇)、消费者(82篇)、广告主(79篇)、电视广告(53篇)、广告设计(49篇)、广告法(45篇)

等方面。[①] 公益广告研究集中在电视公益广告。虽然数量很多，但是在理论探讨研究上，没有较大突破，主要集中在宣传视角、文化视野。消费者研究主要集中在文化视角，诸如女性消费、男色消费、青年消费（含大学生）、节日消费、后现代消费等研究视角，对消费主义与传媒文化景观带有批评性质。[②]

CNNIC 第 41 次《中国互联网络发展状况统计报告》显示，2017 年中国网络广告市场规模为 2957 亿元，年增长率 28.8%。网络新媒体广告研究成为研究热点与传播显学势在必行。主要研究点如下：

一是网络广告宏观发展分析。《2017 年中国网络广告发展报告》指出，移动广告已是网络广告发展主流，信息流广告成为广告主新宠的网络广告形式，BAT 和蓝色光标等公司引领中国网络广告发展方向，通过算法精准传播营销，使广告货币化成为广告技术生态圈的发展趋势。虚假点击、网络违法广告现象严重，网络广告监管与治理任重而道远。[③]《2017 年传媒产业发展趋势》通过对互联网下半场、媒体融合进入纵深阶段、内容为王与渠道为王之争、BAT 版图的变化解读、传媒资本博弈等问题的梳理，展现了中国传媒产业发展趋势。[④] 利用 Logistic 回归模型可以推算出我国广告产业正处于成长后期，并且很快会进入成熟期。现阶段我国广告产业竞争格局有所变化，资本与技术成为推动产业发展的主导力量。[⑤]

二是对计算广告的学理分析。《计算广告学：智能媒体时代的广告研究新思维》主要包括计算广告学的理论构建和前沿问题两大主体部分，是有关计算广告的假设、思维、理念、共识、方法、路径的范式、技术范式与技术经济范式。[⑥] 计算广告通过运用技术和数据手段实现情境、广告和用户三者之间的匹配以实现业务重构。[⑦] 社会计算理论是计算广告学的支撑框架，形成以大数据、网络信息技术为核心的计算广告范式，推动广告与用户情境的传播价值链匹配。[⑧] 计算广告提供了规模化、精细化和程序化的注意力分配方式，其技术、数据和市场三个关键力量影响数字媒体的广告变现策略，重构其经营模式。[⑨] 同时，广告产业层面出现流量作弊和寡头垄断的问题，其精准营销、广告效果归因以及程序化创意存在不合理性，侵犯公众权益、公众隐私以及被算法“控制”。[⑩]

三是原生广告研究。以结构主义理论为基础，深入研究了原生广告文本结构与内容生成机理，认为原生广告叙事结构有

---

① 检索日期：2018 年 12 月 5 日 23：30。

② 参见季水河、沈丽琴《消费景观与文化工业：时尚广告的速度崇拜批判》，《湖南师范大学社会科学学报》2017 年第 4 期；周春发：《“男色消费”——男星代言女性化妆品广告的消费文化探析》，《文化与传播》2017 年第 1 期；连水兴：《从消费社会到公民社会：一种广告研究的范式转换》，《广告大观（理论版）》2017 年第 1 期。

③ 王凤翔：《2017 年中国网络广告发展报告》，《中国新媒体发展报告蓝皮书（2018）》，社会科学文献出版社 2018 年版。

④ 丁俊杰、刘珊：《2017 年传媒产业发展趋势》，《新闻与写作》2017 年第 6 期。

⑤ 姚曦、李春玲：《Logistic 模型曲线的中国广告产业发展阶段判断及预测》，《华侨大学学报》2017 年第 1 期。

⑥ 刘庆振、赵磊：《计算广告学：智能媒体时代的广告研究新思维》，人民日报出版社 2017 年版。

⑦ 刘庆振：《计算广告：“互联网 +”时代的广告业务流程重构》，《中国广告》2017 年第 6 期。

⑧ 颜景毅：《计算广告学：基于大数据的广告传播框架建构》，《郑州大学学报（哲学社会科学版）》2017 年第 4 期。

⑨ 马澈：《计算广告对数字媒体的影响：基于技术、数据和市场的重构》，《中国出版》2017 年第 24 期。

⑩ 马澈：《关于计算广告的反思——互联网广告产业、学理和公众层面的问题》，《新闻与写作》2017 年第 5 期。

叙事元、沟通元和场景元3个元素。三者之间呈逐步归并、相互联接的关系，共同形成原生广告内容生产的内在机制。① 学界对微信平台与知乎日报进行了探讨②。

四是网络广告法律规制。对修订的2015年广告法与网络广告发展之间的矛盾研究，成为一个热点。《平台之治：网络时代的广告法》对互联网信息服务提供者的义务模式做了深入全面分析，指出互联网信息服务提供者的义务是一个行政法上的第三方义务，其义务模式与通行模式有所区别。这在学界尚属首次。③ 特别强调抛弃清晰的有偿性标准，转向信息内在性质标准，是导致互联网广告和非广告信息界限模糊的根本原因所在④，强调将广告经营者、广告发布者对内容的义务由“核实”变为“核对”，规制网络广告发送发布的形式。⑤

五是广告网络场景营销研究。有学者指出，移动互联场景广告将消费者、商品形式、消费理念、服务体验、审美情趣与社交互动融合，创造传播理想情景，实现商品意义再生产与消费欲望再创造，从而广告形态理念从宣传模式转变为体验模式，意义生产从单一化转变成流动的多元化。⑥

三、从产业发展独特性、创意传播与中国元素的视角进行广告研究

内容产业具备独立于文化产业的研究视角与研究体系，有研究者强调了广告在内容建设的系统地位以及在数字媒体方面的重大作用，从“家庭信息平台”到“尼尔森网联”，从“中国广告图史”到“中国广告博物馆”，从“内容产业”到“内容银行”，实现了从学术概念到产业实践的突破。有研究者指出，数字媒体技术应用在催生新媒体产业发展的同时也促使内容从产品再到产业，实现真正的规模化发展。伴随着内容产业不断发展，这个产业内部出现独有的特点与现象，强调了内容产业中IP具有双刃性、虚拟经济性、资本的逐利性、交易的风险性与必要性并存等特点。⑦ 有研究者发现，IP内容产业链从传统单一、线性的产业链转为共创共享的产业链条圈，IP内容运营实现了技术驱动、用户驱动、网红驱动、产品驱动的创新发展，通过价值分享实现IP内容产业有形商业价值和无形认同价值的获得。⑧

在广告创意基础上强调智能化传播、创意传播。有研究者认为，智能化的内容管理和生产的技术（如：内容管理的技术、程序化创意的技术），改变了很多过去的作业模式，优化了创意模式。⑨ 一项研究阐述了创意传播管理的提出和发展过程，指出从思想到理论再到方法的变化路径。该研究强调着眼于互联网技术与社会的角度，提出该理论发展的背景是从工业社会到数字社会的过渡阶段，并系统阐释

---

① 李国宇、刘西平：《原生广告的叙事结构及其关系研究》，《广告大观（理论版）》2017年第5期。

② 参见韩亚峰《浅析社会化媒介中的原生广告与内容营销——以微信平台为例》，《大众文艺》2017年第17期；廖秉宜、何怡《原生广告的概念辨析与运作策略——以知乎日报原生广告为例》，《广告大观（理论版）》2017年第5期。

③ 姚志伟：《平台之治：网络时代的广告法》，《浙江大学学报（人文社会科学版）》2017年第6期。

④ 姚志伟：《新广告法规中互联网广告概念的合理性辨析》，《湖南师范大学社会科学学报》2017年第6期。

⑤ 姚志伟、王媛媛：《冲击与应对：互联网时代的广告法》，《浙江传媒学院学报》2017年第2期。

⑥ 吴鼎铭、石义彬：《意义与欲望的再生产：场景视阈下的网络广告创新研究》，《广告大观（理论版）》2017年第3期。

⑦ 刘珊、黄升民：《再论内容产业：趋势与突破》，《现代传播（中国传媒大学学报）》2017年第5期。

⑧ 段淳林、吕笑：《“大数据+”与IP内容运营及价值分享》，《现代传播（中国传媒大学学报）》2017年第4期。

⑨ 陈刚：《智能化下的广告业》，《中国广告》2017年第5期。

这种数字革命的三个阶段，即从传播方式到生活方式再到生产方式，认为广告研究必须要超越自身，重新阐释，在创意传播管理的框架内重新思考，并从操作模式角度对创意传播管理新变化进行了解释。①

当今，凝聚着中华民族精神和传统文化智慧的中国元素、中国特色的符号形象及风俗习惯，在广告传播中有越来越多的呈现，也成为广告学研究重点。有学者认为，将中国元素运用于广告创意是一种文化自觉，是读图时代中国式创意营销的崭新亮相。倡导创意营销是一种文化自主，中国元素成为广告创意的主要表达符号和信息载体，极大提高了广告表现的精神文化内涵及广告营销的独特张力。中国元素广告创意营销运动是一种文化潮流，为中国广告业沿着自主创新的文化产业道路发展指明了方向。② 有学者提出，前工业化时期中国元素是以一种“他者的景观”出现在西方视野中，当代广告将中国元素从时装、音乐等艺术设计应用中提炼出来，成为一个广泛应用的热词；强调中国元素内涵从广告符号化表现回归事物与价值维度，通过开放性、复杂性和生产性实现中国元素的国际表达目标。③

四、广告学界业界对广告发展与广告教育、广告理论的探讨

随着数字技术在广告业中的应用、产业发展模式急剧变革，广告理论研究与广告教育实践秉承国际视野与中国立场，在发展中逐渐彰显出中国特色，探索广告业以及数字时代新闻传播的发展规律，不断促进广告研究的理论创新。为此，“中国广告与传播教育的转型与创新”“新时代的广告暨发展广告学论坛”“‘建构与突破——中国广告业的创新与发展’全国广告学术研讨会”“中国高等教育学会广告教育专业委员会2017年学术年会暨第八届中国广告教育论坛”对新技术、新媒体、新传播生态下“广告教育与人才培养”“广告理论发展”等议题进行了研讨。

面对互联网技术带来的整体性变革，广告面临理论创新与教育模式改革，广告教学重新审视广告教育改革的关键、方向以及存在的难点，实现广告教育数字化转型，强调应用教学必须把广告理论与数字营销实践相结合，探索适应自身发展特色的模式④。有研究者认为，当前广告教育与人才培养一味强调广告文本外部权威的重要性，忽视了广告文本内部的理性力量对于广告以言行事的作用，由此导致广告人才应有的知识结构、能力结构及基本素质单一化。⑤ 有研究者采取学科制度的分析框架，来解读美欧广告学演进的历程，认为美国广告学在其发展的历史过程中，通过学科制度的规范性建构，尤其是学科制度内在建制与社会建制的交互强化，促进学科的发展完善，从而形塑起美国广告学的全球学科霸权地位；欧洲广告学则是在传播学的学科框架下，基于学科理智的内在驱动与学科制度社会建制重点要件的突破，从而获至其尊享全球的话语资格与话语权力。该研究者强调中国广告学的学科发展，需要学科制度建构的反思与相关经验的借鉴。⑥

---

① 陈刚：《思想、理论与方法——创意传播管理的发展》，《广告大观（理论版）》2017年第4期。

② 孟令光、杨海军：《中国元素广告创意营销的文化学解读》，《传媒》2017年第9期。

③ 刘佳佳、丁俊杰：《广告话语对中国元素概念的建构与反思：一种历史演进的视角》，《浙江传媒学院学报》2017年第6期。

④ 陈刚：《关于广告教育数字化转型的思考》，《新闻与写作》2017年第10期。

⑤ 罗金成：《广告教育的学理分析及实践反思》，《玉林师范学院学报》2017年第4期。

⑥ 曾琼：《美欧广告学的演进：基于学科制度的视角》，《现代传播（中国传媒大学学报）》2017年第2期。

考察相关广告学论文，除了发展广告学有历时性形成的理论成果外，大多借鉴相关理论进行广告研究，如定位理论、文本理论、文化理论、修辞理论、视觉理论、艺术表现理论、符号理论、批评理论、功能理论、公共领域理论①、互动仪式链理论、关联理论、市场营销理论、产品周期理论、长尾理论等。

五、社科基金、自然科学基金等项目带动广告学研究

2017 年国家社科基金广告学立项 3 项，均为一般项目。1 项广告图像研究，2 项广告规制研究，立足点均为网络新媒体广告（参见表 4）。3 项立项产生以下成果：《“图像驱动”与“故事驱动”：少儿绘本出版的双重动力》《广告传播的“语—图”叙事解析》《论广告图像的形象性表现》（17BXW087）、《原生广告的叙事结构及其关系研究》（17BXW092）、《赋权与重构：区块链技术对数据孤岛的破解》《互动·自动·变动：数字时代广告营销的创意特质》（17BXW094）。

表 4　2017 年国家社科基金新闻传播学学科广告学项目概况

项目名称	主持人	工作单位	项目类别	批准号
广告图像研究	周子渊	九江学院	一般项目	17BXW087
新《广告法》与网络广告长效治理机制研究	刘西平	南昌大学	一般项目	17BXW092
中国新媒体广告规制研究	周茂君	武汉大学	一般项目	17BXW094

以“广告”一词为篇名，检索 2017 年中国期刊网“国家社会科学基金”的论文，只有三分之一的学术成果是以社科基金成果的形式呈现的。从新闻学与传播学视角研究的，主要有：《Logistic 模型曲线的中国广告产业发展阶段判断及预测》（14AXW012）、《困境与转型：大数据时代中国广告产业的发展》（15BXW080）、《从策略传播管理到数据沟通管理——大数据诱致广告运作制度的变迁》（15BXW085）。其他学科研究，主要有：《植入要素与受众特征对植入式广告记忆类型的影响》（15AGL010）、《带预算约束和质量分的关键词广告》（BTJ008）、《美国网络广告的法律治理》（17BFX166）、《安全套广告的伦理争议与改革策略》（17BZX020）、《文化的维系：央视春晚公益广告〈包住篇〉的符号学解读》（15BXY075）。

国家自然科学基金、国家科技支撑计划、教育部人文社科项目、相关部委项目、省级社科基金、省级教育部门基金与高校基金项目等，有关广告学研究的成果不少。通过对中国期刊网的检索，以“广告”为题目的自然科学基金项目成果有 63 项，国家科技支撑计划有 2 篇，教育部人文社科项目 1 项。② 自然科学广告学项目主要集中在管理学、计算机应用、心理学、市场营销学等学科，形成以下研究趋势：一是注重对广告的效果研究，代表作有：《貌合神离：中英文同款广告的符号和眼动分析》《视觉隐喻广告对消费者注意和再认效果的影响研究》《“直白”还是“含

① 张殿元：《融通、拓展及其影响：新媒体时代广告的公共性建构——基于哈伯马斯公共领域理论的分析》，《新闻界》2017 年第 11 期。

② 检索日期：2018 年 12 月 7 日。

蓄”？基于卷入度和图文修辞方式的广告效果研究》《基于眼动的创意广告重复效应研究》《基于眼动技术的互联网广告效果研究》《在线视频中嵌入广告位置对广告注意程度的影响研究》。二是口碑品牌研究，代表作有：《受众心理落差与口碑传播对广告策略的影响》《基于要素品牌战略的间接广告补贴和动态合作广告策略研究》《高冷还是温情？温暖程度对消费者奢侈品广告态度影响》。三是市场营销研究，代表作有：《不同推介模式下网络零售商广告策略研究》《制造商定向广告与零售商定向定价关系研究》《考虑广告效应的非股权众筹产品价格和质量决策研究》《企业定向广告的竞争效果及模式选择研究》《考虑延时效应的供应链动态合作广告策略研究》。

六、在校博硕士生广告学研究概况

博硕士广告学论文成果较为丰硕。据中国期刊网以篇名“广告”词检索显示，2017 年博士硕士广告学论文成果达 569 篇（中国传媒大学、北京大学等高校没有显示），略高于 2016 年的 538 篇，研究主题主要集中在公益广告（34 篇）、消费者（27 篇）、电视广告（26 篇）、法规法制（21 篇）、商业广告（18 篇）、网络广告（18 篇）、广告主（17 篇）、应用研究（15 篇）、传播效果（14 篇）。涉及新闻学（64 篇）、传播学（49 篇）、设计艺术学（37 篇）、外国语言学及应用语言学（36 篇）、意欲语言文学（23 篇）、企业管理（17 篇）、工商管理（10 篇）等学科。

从下载次数来看，博硕士生比较关注网络广告、新媒体广告、广告史研究①。下载次数超过 1000 次的学位论文有 9 篇，而 2016 年只有 5 篇。其中，超过了 2000 次的广告学博硕士论文有《网络自制综艺节目植入式广告创新研究》《中国当代品牌文化传播变迁研究——基于广告传播的视角（1978—2015）》《网红微博营销策略对其广告微博的传播效果的影响研究》3 篇，超过了 1500 次的有《我国网络广告监管研究》《中国广告企业发展进程研究（1978—2016）》等论文，学位授予单位为郑州大学、华东师范大学、浙江大学、吉林大学与华东师范大学。2016 年排名前五的都是硕士学位论文，2017 年有 3 篇博士论文、2 篇硕士学位论文（参见表 5）。

表 5　下载次数超过 1000 次的 2016 年博硕士论文概况

序号	论文题目	作者	学位授予单位	学位	下载次数
1	网络自制综艺节目植入式广告创新研究	叶睿琳	郑州大学	硕士	2587
2	中国当代品牌文化传播变迁研究——基于广告传播的视角（1978—2015）	阴雅婷	华东师范大学	博士	2104
3	网红微博营销策略对其广告微博的传播效果的影响研究	徐薇洁	浙江大学	硕士	2030
4	我国网络广告监管研究	席　琳	吉林大学	博士	1810
5	中国广告企业发展进程研究（1978—2016）	孟令光	华东师范大学	博士	1511

① 检索日期：2018 年 12 月 5 日 21：50。

其中，被引次数超过1次的博硕士论文为124篇，为博硕士论文总数的21.79%，比2016年的近10%有很大增长。其中，被引次数7次的有《我国网络广告监管研究》1篇，被引4次的有《中国广告企业发展进程研究（1978—2016）》《基于微信平台对交互式平面广告的设计研究》《移动互联网背景下场景理论在植入广告中的应用研究》等3篇论文，被引3次的有6篇，2次的有16篇。其中，被引的大多为新媒体广告、网络广告论文，硕博士研究旨趣明显。

撰稿：王凤翔（中国社会科学院新闻与传播研究所副研究员）

中国编辑出版学研究2017年综述*

《关于2017年深化经济体制改革重点工作的意见》指出，2017年是实施“十三五”规划的重要一年，是供给侧结构性改革的深化之年①，我国编辑出版学也随之发展和进步，本文以2017年编辑出版学优秀论文关键词为研究文本，总结2017年编辑出版学十大热点研究方向。

在中国期刊全文数据库中，分别对《编辑之友》《编辑学报》《出版发行研究》《科技与出版》《中国科技期刊研究》《出版科学》《中国出版》《现代出版》8种编辑出版类CSSCI来源期刊和《中国编辑》《编辑学刊》《出版广角》3种编辑出版类CSSCI拓展版来源期刊2017年全年所刊载文章和中国新闻史学会编辑出版研究分会评选的“2017年全国编辑出版学优秀论文奖”获奖论文进行检索，并对非学术论文进行筛选，筛选后合计2687篇，记录其关键词，共计10714个，用SPSS软件对关键词进行频率描述统计，筛选高频关键词10个。统计关键词出现频次的高低有助于掌握该领域研究的重点和热点。下文依据关键词词频高低顺序总结出2017年编辑出版学研究的十大热点话题并进行文献综述。

一、2017年编辑出版学十大热点研究综述

（一）媒介融合

党的十八大以来，党中央高度重视传统媒体和新兴媒体融合发展，习近平总书记多次在不同场合强调要利用新技术新应用创新媒体传播方式。2017年编辑出版学研究中，对媒介融合的研究主要集中在以下两个方面：一是媒介融合背景下的出版业转型，二是新媒介环境下编辑能力的提高。

关于媒介融合背景下的出版业转型，有研究者对媒介融合时代传统图书出版转型的现状进行了研究，认为传统图书出版业在内容、渠道、组织管理和融合发展报纸四个方面已经做了一些有益的尝试和探索。② 有研究者认为，传统出版业在媒介融合的背景下面临着一定的挑战，出版者

* 该文基于2017年编辑出版学优秀论文关键词词频分析。

① 《国务院批转〈关于2017年深化经济体制改革重点工作的意见〉》，中央政府门户网站，http：//www.gov.cn/xinwen/2017－04/18/content_ 5186902.htm，2017年4月18日。

② 李莹：《“互联网＋”时代传统图书出版融合发展研究》，《编辑学刊》2017年第5期。

应该植根专业行业，在出版传统专业书籍的同时利用数字化出版技术进行数字化的传播。[①] 有研究者认为，传统出版存在着诸多不足的同时，新兴出版在发展过程中也暴露出了螺旋效应凸显、谣言滋生、刻板偏见升级、文化价值观消弭等负面问题。针对以上问题，传统出版企业必须依靠传统出版的内容优势，走向融合业态。同时，企业还应强化数字版权管理机制，改革融合人才任用体制，调动企业并购整合机制，改革管理体制，创新经营机制，打造具有良好舆论引导能力和市场竞争能力的新型出版集团。[②]

关于新媒介环境下编辑能力的提高，有研究者对媒介融合视域下的编辑功能进行了研究，认为在媒介融合背景下，编辑功能进一步得到强化，编辑内在功能和外在功能都有着一定的转变，与此同时，编辑功能的组织形态和关系也在不断调试和整合，呈现出新的特征和发展趋向。[③] 因此，编辑应该通过一系列转变来提高编辑力。有研究者认为，媒介融合环境下，编辑能力转型包括编辑策划、资源整合、加工和传播等多项能力的转型，优秀的编辑应该经过长时间的专业训练，提高自身专业素质。同时，高校在编辑人才培养上也应该进行转变。[④] 有研究者认为，媒介融合时代的编辑客体趋于复杂，对于编辑的主体性也有着更高的要求，因此适应时代要求的编辑人才培养必须有所创新，在培养目标、培养模式和培养机制方面都需要创新和转变。[⑤]

（二）大数据

大数据是以容量大、类型多、存取速度快、应用价值高为主要特征的数据集合，正快速发展为对数量巨大、来源分散、格式多样的数据进行采集、存储和关联分析，从中发现新知识、创造新价值、提升新能力的新一代信息技术和服务业态[⑥]。

2017 年，很多研究者从不同的角度出发对大数据在出版行业中的应用进行了研究。有研究者研究了图书出版领域大数据的应用，基于国内外图书出版的大数据应用实践提出了用大数据辅助策划的措施。[⑦] 有研究者分析了新闻出版领域大数据应用模式，基于出版流程的五大基本环节，提出大数据在出版产业的应用模式，包括选题策划的精准化、内容生产的智能化、编排制作的高效化、出版物营销推广的最优化和市场服务的增值化。[⑧] 有研究者研究了学术出版领域大数据的应用，认为在大数据时代学术出版生态悄然转变，学术出版单位应转变观念、找准定位，积极借力新技术，创新出版模式，再造传统出版流程，创造学术出版新辉煌。[⑨]

（三）全民阅读

2016 年 12 月，国家新闻出版广电总局印发了《全民阅读“十三五”时期发展规划》，推动全民阅读常态化、规范化发展，这是我国制定的首个国家级“全民阅

① 张宏：《浅析传统出版业变革之下的挑战与出路》，《科技与出版》2017 年第 6 期。

② 段鹏、孔令皓：《出版业态融合与体制机制创新》，《现代出版》2017 年第 1 期。

③ 杜传贵：《论媒介融合视域下的编辑功能》，《中国编辑》2017 年第 7 期。

④ 段乐川、杜传贵：《论媒介融合环境下的编辑力》，《出版科学》2017 年第 3 期。

⑤ 王志刚：《媒介融合视域下编辑人才培养反思》，《中国编辑》2017 年第 3 期。

⑥ 《国务院关于印发促进大数据发展行动纲要的通知》，中央政府门户网站，http：//www.gov.cn/zhengce/content/2015 -09/05/content_ 10137.htm，2015 年 9 月 15 日。

⑦ 孙晓敏：《浅谈大数据在图书出版中的应用》，《中国编辑》2017 年第 5 期。

⑧ 张博、雷锦、楼文高：《新闻出版领域大数据应用模式研究》，《出版发行研究》2017 年第 12 期。

⑨ 谢寿光：《大数据时代的学术出版》，《中国编辑》2017 年第 4 期。

读”规划[①]。因此，纵观2017年编辑出版学在全民阅读方面的研究，主要集中在全民阅读的立法和推广两方面。

关于全民阅读的立法，有研究者认为，全民阅读已经上升为国家战略，全民阅读正在我国广泛推广，但我国全民阅读工作面临着一系列问题，立法工作势在必行。[②]因此，部分研究者从国内外现有全民阅读立法案例出发进行研究，总结经验，为全民阅读立法提供理论基础。有研究者对江苏省的全民阅读立法进行了研究，从“立法、普法、用法、执法”4个方面归纳了江苏立法经验，为加快推进书香中国法治化建设提供参考。[③] 有研究者对日韩现有全民阅读法律进行了研究，发现日韩两国在少年儿童阅读、特殊人群阅读和图书馆资源利用等方面有着成熟的实践经验，可以立足我国实际情况，借鉴其优秀经验，推动我国全民阅读立法更好发展。[④] 部分研究者对全民阅读立法提出了一些有建设性的建议和措施，有研究者认为公共图书馆承担着全民阅读的社会责任，这又与全民阅读立法相契合，应用立法方式助力公共图书馆履行社会责任。[⑤] 有研究者认为，在全民阅读时代，应该用立法方式调节出版市场，引导良性竞争，保护良好的市场秩序，从而促进中国出版产业发展。[⑥]

关于全民阅读的推广，有研究者认为全民阅读与阅读推广是相辅相成、不可割裂的关系。[⑦] 部分研究者基于数字时代的背景对全民阅读推广存在的问题和解决措施进行了研究。有研究者认为，数字化时代的碎片化浅阅读存在着种种弊端，需要通过理念、设施和新媒介引导全民阅读走向深阅读。[⑧] 有研究者认为，数字时代的来临对全民阅读产生了多元化影响，应该借助数字化的东风开拓新的阅读方式、渠道和路径等，激发和培养国民的阅读兴趣从而提高全民阅读率。[⑨] 有研究者发现“秀展阅读”等阅读可视化方式对传统阅读方式进行了影像化改造，更容易使受众接受，进一步推广全民阅读。[⑩]

（四）“互联网＋”

“互联网＋”利用信息通信技术，让互联网与传统行业进行深度融合，从而创造新的发展生态，出版业要顺应时代，积极拥抱“互联网＋”，让产业焕发出新的生机和活力[⑪]。2017年编辑出版学在关于“互联网＋”的研究中，主要集中在“互联网＋”对传统出版业的影响和对编辑人才的新要求两方面。

有研究者认为传统出版业应该正确认识“互联网＋”对传统出版业的各个环节所带来的冲击，要求传统出版业基于“互联网＋”思维建立新的平台，连通出版各环节，还要正确把握转型的度，明确

① 《全民阅读“十三五”时期发展规划》发布，新华网，http：//www.xinhuanet.com/politics/2016－12/27/c_129421928.htm，2016年12月27日。

② 徐升国、张文彦、张润莉：《阅读立法与全民阅读法制化》，《科技与出版》2017年第12期。

③ 徐同亮：《江苏全民阅读立法经验与启示》，《科技与出版》2017年第12期。

④ 高凛：《日韩全民阅读立法的经验及对我国的启示》，《科技与出版》2017年第12期。

⑤ 刘雪花：《全民阅读立法与公共图书馆的社会责任》，《中国出版》2017年第4期。

⑥ 刘俊宜：《全民阅读时代关于促进中国出版产业发展的立法思考》，《科技与出版》2017年第12期。

⑦ 王涵、曹芬芳、叶阳：《全民阅读视角下精品阅读推广研究》，《出版发行研究》2017年第11期。

⑧ 章祺：《浅析数字时代“深阅读”》，《中国出版》2017年第5期。

⑨ 潘文年、董丹钰：《数字化背景下全民阅读路径深化与拓展》，《中国出版》2017年第2期。

⑩ 姜海、周逍：《全民阅读的可视化转向——基于“秀展阅读”的视觉实践性研究》，《编辑之友》2017年第9期。

⑪ 《关于“互联网＋”，李克强总理的10个说法》，中央政府门户网站，http：//www.gov.cn/xinwen/2016－07/04/content_5087988.htm，2016年7月4日。

哪些“可为”，哪些“不可为”。[①] 有研究者对“互联网+”视域下传统期刊的转型进行了研究，认为优质内容和品牌口碑是传统期刊的优势，但也存在着载体单一、呈现方式有限、内容生产精准性低和体制不完善等诸多问题，并从平台、团队、长尾效应、体制机制和盈利模式等多个角度提出对策。[②] 有研究者认为，在“互联网+”背景下，传统出版社应该基于多维用户需求，利用优质内容进行内容服务体系构建。[③]

“互联网+”的持续发展，需要适应新趋势的新型编辑出版人才。关于“互联网+”背景下编辑人才的素质和培养问题，亓国认为，“互联网+”环境下对编辑有着新要求，包括用户意识、大数据意识、跨界合作意识、创新意识和营销意识等新意识，并需要拓展信息筛选与整合和互联网应用等新能力。[④] 有研究者提出了学术出版经纪人的概念，认为学术出版经纪人是对“互联网+”时代学术期刊编辑的全新职业定位，不仅需要掌握数字出版的技术和方法，还需要提高基本素质与基本能力，加强传播能力建设。[⑤] 有研究者从我国编辑出版学专业高等教育发展现状出发探析了编辑出版人才培养的问题和对策，认为编辑出版学高等教育在培养体系、研究理念、理论教育和实践操作上都存在着问题，并在学科定位、理论体系、人才培养目标、课程体系以及师资团队建设层面提出了相应的解决措施。[⑥]

（五）VR（虚拟现实）技术

工业和信息化部（以下简称工信部）电子信息司副司长吴胜武在“2017 国际 VR/AR 技术与产业大会”上表示，为加快推动我国虚拟现实产业发展，下一步工信部将在多个方面开展工作，并推动全国区域协同联动发展，加快 VR 产业的行业交流和国际合作[⑦]。VR 技术在出版业有着广泛的应用空间，2017 年的相关研究中，主要分为两个方面：一是 VR 技术应用于传统出版业，二是 VR 技术应用于数字出版产业。

VR 技术和传统出版业的关系方面，有研究者认为传统出版应用 VR 技术的价值在于优势互补，为传统出版业的发展注入活力与提供新动力，借助 VR 的技术优势，增强出版业的文化传播力。[⑧] 有研究者认为，传统出版业要依托 VR 技术促进转型升级，必须做到四个转变：首先应转变出版理念，深度了解 VR 出版；其次应转变出版业生产方式，建立 VR 素材数据库；再次需要从内容表现形式的转变来带动用户的阅读方式的转变；最后促进专业编辑人才培养，转变编辑角色。[⑨]

VR 技术和数字出版产业的关系方面，各研究者从不同角度对此问题进行了研究。有研究者研究了 VR 技术在数字教育出版平台中的应用及发展策略，提出了 VR 技术对于数字教育出版平台的积极作用，并

---

① 别必亮：《“互联网+”形态下传统出版的蝶变转型思考》，《现代出版》2017 年第 6 期。

② 周子恒：《“互联网+”时代下传统期刊转型研究》，《中国出版》2017 年第 7 期。

③ 王惠、殷海军、李莉：《基于多维用户需求的内容服务体系构建》，《出版发行研究》2017 年第 5 期。

④ 亓国：《“互联网+”环境下编辑应具备的意识及能力》，《出版科学》2017 年第 4 期。

⑤ 陈未鹏：《学术出版经纪人：“互联网+”时代学术期刊编辑职业新定位》，《出版科学》2017 年第 1 期。

⑥ 李建伟、杨阳：《“互联网+”时代下我国编辑出版学专业高等教育发展现状及问题探析》，《中国编辑》2017 年第 9 期。

⑦《工信部七项举措助推 VR 产业发展》，新华网，http：//www.xinhuanet.com/info/2017－06/25/c_136392654.htm，2017 年 6 月 25 日。

⑧ 石蓉蓉：《论 VR 技术在传统出版业中的应用——价值、困境与路径》，《编辑之友》2017 年第 6 期。

⑨ 张洪生：《关于虚拟现实技术促进传统出版转型的思考》，《科技与出版》2017 年第 10 期。

提出现阶段 VR 技术对于数字教育出版平台存在着成本较高、优质内容匮乏和用户体验不佳等问题以及解决措施①；有研究者认为把虚拟现实技术结合大数据在市场营销方向应用，可以升级营销体验，使其更有立体性、交互性和沉浸性②；有研究者针对虚拟现实和童书出版进行了深入研究，认为其内容方式符合儿童认知心理，呈现方式有利于增强阅读体验，传播致效机制有利于既有 IP 资源的转化利用，其成本和价格水平也符合童书市场的发展潜力，并对童书出版产业的未来发展做了展望③；有研究者对 VR 技术在杂志出版的应用进行了研究，以康泰纳仕（中国）的 VR 业务为例，新技术极大地增加了内容生产者向受众传递信息的维度，而且受众很喜欢这种沉浸感、超真实的体验。④

（六）学术不端

2016 年 6 月，教育部发布《高等学校预防与处理学术不端行为办法》，严格对学术研究进行规范，预防学术不端行为⑤。2017 年编辑出版学研究中，学术不端问题也是研究热点之一。

对学术不端的判定和监测问题，有研究者提出基于多源异构大数据对学术不端进行监督和监测；有研究者从法律角度对学术不端问题的判定进行了研究和分析。⑥对于学术不端的防范和打击策略，各研究者提出了不同的策略。有研究者认为需要合理使用 AMLC 及其检测结果来防范学术不端行为⑦；有研究者认为应该利用学术期刊出版协议的追责功能来从法律证据意义上控制学术不端。有研究者以英文期刊 *Journal of Sport and Health Science* 为例探析了英文学术期刊防范及控制学术不端的实践与思考，认为防范学术不端需要学习国际标准伦理规范并制定全面详尽的工作守则。⑧

（七）实体书店

2016 年 6 月，中宣部和国家新闻出版广电总局等国家 11 部委联合印发《关于支持实体书店发展的指导意见》，对实体书店的主要任务和改革发展做出了整体规划⑨。2017 年编辑出版学对实体书店的研究主要集中于两个方面：实体书店的生存发展和转型升级。

实体书店的生存发展上，有研究者以西西弗书店为例探析了网络时代实体书店的生存之道，认为应以书为核心转向以人为核心，从单一售书转向多元业态经营模式，将书店办出特色、办出“粉丝”，利用粉丝效应持续吸引读者和消费，利用自媒体进行服务、技术与营销的升级。⑩ 有研究者以日本的实体书店为例，探析全民阅读时代实体书店的生存发展举措，首先是与大型电子销售平台争夺市场；其次是

① 何国军：《VR/AR 技术在数字教育出版平台中的应用及发展策略》，《中国出版》2017 年第 21 期。

② 梁建飞：《数字出版产品营销模式创新研究》，《出版科学》2017 年第 3 期。

③ 李广欣、武锐燚：《虚拟现实技术与童书出版发展》，《现代出版》2017 年第 4 期。

④ 刘浩：《从概念到现实——浅谈 VR 及 AR 技术在杂志领域的应用》，《科技与出版》2017 年第 10 期。

⑤ 《教育部发布〈高等学校预防与处理学术不端行为办法〉》，中央政府门户网站，http：//www.gov.cn/xinwen/2016 -07/19/content_ 5092690.htm，2016 年 7 月 19 日。

⑥ 鲁晓峰：《基于多源异构大数据的学术不端监督有效性研究》，《中国编辑》2017 年第 12 期。

⑦ 肖骏、谢晓红、王淑华：《论学术不端的深度防范》，《编辑学报》2017 年第 4 期。

⑧ 张慧：《英文学术期刊防范及控制学术不端的实践与思考——以〈Journal of Sport and Health Science〉为例》，《编辑学报》2017 年第 5 期。

⑨ 《11 部门联合印发〈关于支持实体书店发展的指导意见〉》，中央政府门户网站，http：//www.gov.cn/xinwen/2016 -06/18/content_ 5083377.htm，2016 年 6 月 18 日。

⑩ 方颖芝：《浅议网络时代实体书店的生存之“道”——从上海西西弗书店的经营理念谈起》，《出版发行研究》2017 年第 4 期。

改造销售模式，在实体书店销售电子书籍；最后是再造书店的功能，延伸阅读空间与功能。此外，他们也提出了日本实体书店的生存发展之道对我国实体书店的借鉴意义，认为在当下新的生态环境中，实体书店应始终坚持以“实体书店”为核心的理念。[①]

实体书店转型升级方面，有研究者提出了转型升级过程中存在的突出问题，包括书店定位不准确、转型升级模式路径不清晰、多元经营中主业功能弱化、规划性人才和复合型高端经管人才严重短缺以及地区发展不平衡现象加剧等问题，并对此提出了针对性的发展建议。[②] 有研究者基于“书—店”二维矩阵视角，以上海的实体书店为例，分析了我国实体书店战略转型的关键点及其举措，提出实体书店转型的几点可行性建议，包括：提升书店管理的科学性，全方位改善顾客的购书体验，吸引顾客的注意力；增强营销宣传能力，创新营销宣传思维，实现多元化经营；坚持以顾客为中心，准确把握顾客需求，提供其需要的产品和服务；健全书店行业的文化传承机制，增强文化地标的社会功能，赋予书店“人”的灵魂；建立基于场景的展示平台，利用全息投影等视觉技术向顾客阐释全新的书店场景体验。[③] 有研究者认为应从社会生态系统视角对实体书店转型问题进行思考，实体书店的转型应从社会化和差异化两个角度出发，最终打造出人民群众喜爱的实体书店形式，形成良好的全民阅读氛围，提升文化软实力，丰富人们的精神文化需要。[④]

（八）工匠精神

2017年编辑出版学对工匠精神的研究主要集中在编辑工作的工匠精神弘扬和培育等方面。有研究者从词源学和语义学的角度对编辑的工匠精神的概念进行了研究，认为“编辑”活动本质上也是一种“工匠”活动，它也具有特定的手工技艺性和“匠心”。[⑤] 关于编辑工作和工匠精神的核心要求，各研究者有着不同的观点。有研究者认为工匠精神是编辑的核心职业要求，是编辑的重要职业素质，是出版品质的魂魄和编辑的价值体现，打造传世精品，需要重唤工匠精神。[⑥] 有研究者提出编辑工匠精神的核心是外在的专业求精与内在的职业素养，在出版流程的各个环节都应内外兼修，发挥工匠精神。[⑦]

在新媒介高速发展的背景下，编辑工作呼唤工匠精神的复归，很多研究者对于如何培育工匠精神提出了自己的见解。有研究者在“互联网+”的技术背景下对编辑活动的工匠精神进行了研究，认为在“互联网+”背景下发扬工匠精神需要特别注意突破思想窠臼，积极利用新技术进行编辑出版工作。[⑧] 有研究者对全媒体视域下培育学术期刊编辑工匠精神的路径进行了研究，认为全媒体时代赋予了学术期刊编辑工匠精神新的内涵，应该树立学术意识、责任意识和把关精神，一丝不苟地把工匠精神落到实处，培养精益求精的学

---

① 高昊、陈佳沁：《全民阅读时代实体书店生存发展举措——以日本实体书店为例》，《中国出版》2017年第6期。

② 陈含章：《当前实体书店转型升级存在的突出问题研究》，《科技与出版》2017年第7期。

③ 任健、纪瑜：《从上海样本看我国实体书店战略转型的关键点及其举措——基于“书-店”二维矩阵视角的分析》，《出版发行研究》2017年第7期。

④ 阳雨秋：《社会化、差异化：实体书店的转型逻辑与支持策略》，《现代出版》2017年第2期。

⑤ 李金正：《论编辑“工匠精神”的失落与复归》，《出版发行研究》2017年第4期。

⑥ 王立翔：《工匠精神是编辑的核心职业要求》，《中国编辑》2017年第5期。

⑦ 栾学东、赵玉山：《新时代呼唤编辑工匠精神的回归》，《中国编辑》2017年第12期。

⑧ 李静：《论“互联网+”时代编辑活动中的工匠精神》，《出版科学》2017年第2期。

术编辑。[1] 有研究者从编辑出版人才教育方面出发，提出编辑出版教育要注重培育现代工匠精神，要通过理论思想和具体实践两方面培养新时期编辑出版人才的工匠精神。[2]

（九）IP

近年来对 IP 的开发利用逐渐成为热门，网剧、手游和漫画等方式都是对网络文学等原有 IP 的二次创造。有研究者认为 IP 价值的开发贯通了各媒体平台，借助粉丝经济发展成为传媒业的新型合作关系。[3] 纵观业界的 IP 开发，网络文学 IP 是被开发程度最大、粉丝群体最广的 IP，有研究者对网络文学 IP 运营与影视产业发展进行了研究，认为由于资本溢出、粉丝效应、“互联网 +”和平台生态等要素的驱动，网络文学 IP 成为影视产业发展的重要内容源。[4] 但是，在网络文学 IP 改编如火如荼发展的同时存在着一定的问题和积弊，有研究者认为，网络文学改编存在着私自改编、越权改编和肆意改编等问题，现行版权法主要针对传统纸质文学作品保护，对于网络文学的保护还不完善，并从网络环境、权利主体、责任承担和国家立法层面提出了相应对策。[5] IP 开发的同时也带来了传统出版业产业链的革新和重构，有研究者认为，IP 的改编解构了传统产业链中的价值链、供需链和空间链，传统出版业应对产业链各环节有针对性地进行重构。[6]

（十）“走出去”

《标准联通共建“一带一路”行动计划（2018—2020 年）》提出在“一带一路”建设上推动人文领域标准化合作，促进文明交流互鉴[7]。其中，出版业是很重要的一环。很多研究者对“一带一路”倡议下的出版“走出去”进行了研究，有研究者分析了中国出版业“走出去”的重要意义，并着重分析了“一带一路”如何助推中国出版业积极“走出去”，以及在这种历史机遇下中国出版业如何“走出去”。有研究者认为，在“一带一路”背景下，中国图书走出去应该着重发展中国对外汉语图书、经典文学作品和中医药图书等出版物，通过这些关注度较高的图书带动中国图书更好地“走出去”。[8]

另外，不同类型出版物“走出去”也是 2017 年中国出版“走出去”的热点研究方向，主要包括传统典籍和童书两个内容领域。传统典籍“走出去”方面，有研究者以美国两家学术出版社对《黄帝内经》的出版为例，研究了国外学术出版社对我国科技类典籍出版的作用，并认为通过与国外优秀学术出版社的合作，借助其优势资源，扩大出版途径，可让我国科技类典籍得到更广泛的传播。[9] 有研究者通过对唐诗宋词海外翻译出版的研究看中国传统典籍的海外经典化，认为中国学者应根据传统与现实的需要对传统典籍进行现代阐释，并在与海外学者的合作译介和学

① 李笑雪：《全媒体视域下培育学术期刊编辑工匠精神的路径》，《出版发行研究》2017 年第 9 期。

② 王彦祥：《论编辑出版教育与工匠精神培育》，《中国出版》2017 年第 14 期。

③ 刘兆明：《版权再造：IP 开发的三种模式》，《编辑之友》2017 年第 9 期。

④ 秦枫、周荣庭：《网络文学 IP 运营与影视产业发展》，《科技与出版》2017 年第 3 期。

⑤ 李华成：《网络文学 IP 改编的“乱”与“治”》，《科技与出版》2017 年第 3 期。

⑥ 徐艳、刘羽：《IP 热背景下的传统出版业产业链重构》，《中国出版》2017 年第 15 期。

⑦ 《标准联通共建“一带一路”行动计划（2018—2020 年）》，中国一带一路网，https：//www. yidaiyilu. gov. cn/zchj/qwfb/43480. htm，2018 年 1 月 11 日。

⑧ 李明轩、王田：《“一带一路”下图书“走出去”的出版设想》，《出版广角》2017 年第 23 期。

⑨ 殷丽：《国外学术出版社在我国科技类典籍海外传播中的作用——以美国两家学术出版社对〈黄帝内经〉的出版为例》，《出版发行研究》2017 年第 4 期。

术交流中权衡双方，以促进海外读者对传统典籍的理解和接纳。[①] 童书出版“走出去”方面，有研究者认为我国童书出版“走出去”有着重大的战略意义，可以扩大中国童书业、中国作家和中国文学的影响力。[②] 有研究者以安徽少年儿童出版社的童书出版“走出去”实践为例，分析了我国童书出版“走出去”现状，通过战略引领“走出去”，形成由产品“走出去”到项目“走出去”，再到资本“走出去”和产业“走出去”的渐进模式。[③] 但有研究者认为，中国童书出版“走出去”还存在着市场话语权不足、内容原创力不够、出版“走出去”机制不完善等方面的问题，对此，需要通过积极参加世界知名童书展、打造本土童书展、深度融合出版模式、加强对人才的培养等方法推进中国童书出版更好地“走出去”。[④]

二、结语

总体来看，2017 年编辑出版学的研究顺应了新媒介技术和编辑理念的发展，针对业界热点进行了一系列相关研究，国家政策的出台和实施为编辑出版业提供了政策保障，也为学术研究提供了理论支持。期望在新的一年中，研究者们能在热点研究之上进行进一步的深入研究，为业界实践提供理论基础和支持，以助力编辑出版业更好的发展。

撰稿：李建伟（河南大学新闻与传播学院教授，河南大学编辑出版研究中心研究员）
林　璐（河南大学新闻与传播学院硕士生）

① 黄立、白冰：《从唐宋词海外翻译出版看中国传统典籍的海外经典化》，《编辑之友》2017 年第 8 期。
② 谭旭东：《我国童书“走出去”的战略意义》，《出版广角》2017 年第 18 期。
③ 王利：《新时期中国童书“走出去”的实践和创新》，《出版广角》2017 年第 17 期。
④ 申琳：《中国童书如何更好地“走出去”》，《出版广角》2017 年第 23 期。

马克思主义新闻观研究2017年综述

在党的新闻舆论工作座谈会精神推动下，2017年马克思主义新闻观研究继续作为学术热点被学术界广泛关注。综观2017年马克思主义新闻观研究，可以看到习近平总书记的新闻舆论观作为学术热点呈现体系化趋势，马克思主义新闻观研究深度发展，马克思主义新闻理论研究向“三个体系”迈进，马克思主义新闻思想研究稳中有进。

一、习近平新闻舆论观研究体系化

党的十八大以来，习近平总书记在讲话、贺信、批示中，对新闻舆论工作作出系列论述，提出了一系列新要求，对新闻舆论工作朝着社会主义方向发展起到了重要的指导性作用。习近平总书记的新闻舆论观备受学界关注。有研究指出，习近平总书记的新闻舆论观具有“时代性”“系统性”“创新性”和“合规律性”的特征。① 有研究认为，习近平总书记发表了一系列与党的新闻舆论和宣传思想工作相关的重要讲话，提出了一系列新思想新观点新论断，创造性地丰富和发展了马克思主义新闻舆论理论宝库，是当代中国马克思主义的重要组成部分。②

有学者对习近平总书记的新闻舆论观的重要作用予以了高度肯定。有研究提出用习近平新时代中国特色社会主义思想指导新闻舆论工作。③ 有研究认为，习近平总书记2016年在党的新闻舆论工作座谈会上发表的重要讲话，为党的新闻舆论工作提供了强大的思想武器与根本遵循。④

有学者对习近平总书记的新闻舆论观的精髓及其指导作用作了论述。有研究认为，习近平总书记关于新闻舆论和宣传工作系列重要讲话的核心与精髓在于“牢记人民至上，确保党媒姓党，坚持党性人民性相统一”。⑤ 有研究结合习近平总书记对广大新闻工作者提出的“坚持正确政治方向、坚持正确舆论导向、坚持正确新闻志向、坚持正确工作取向”这一新要求，指出了我国新闻工作者新闻志向的几个表现。⑥

有学者从话语权角度对习近平总书记的新闻舆论观进行了剖析。有研究认为，新闻舆论是一个政党掌握话语权的重要载

---

① 雷跃捷：《习近平新闻舆论观的四个基本特征》，《现代传播（中国传媒大学学报）》2017年第10期。

② 林如鹏、支庭荣：《习近平新闻思想：当代马克思主义新闻观的重大创新》，《暨南学报（哲学社会科学版）》2017年第7期。

③ 尹韵公：《用习近平新时代中国特色社会主义思想指导新闻舆论工作实践》，《世界社会主义研究》2017年第9期。

④ 王卫明、许阳：《习近平关于新闻舆论工作讲话的内在逻辑与贯彻方向》，《河南理工大学学报（社会科学版）》2017年第3期。

⑤ 郑保卫：《牢记人民至上 确保党媒姓党 坚持党性人民性相统一——论习近平总书记关于新闻舆论和宣传工作系列重要讲话的核心与精髓》2017年第1期。

⑥ 沈正赋：《新媒体时代新闻工作者新闻志向的建构与坚守》，《当代传播》2017年第2期。

体，习近平总书记的新闻舆论观在掌握话语权、引导舆论走向的基础上，有一些重要突破。[①]

除上述研究以外，学者们还从其他角度予以研究。如，有研究对习近平总书记对网络意识形态工作的相关论述作了探讨，[②] 有学者研究了习近平总书记媒体表达艺术，[③] 有研究对习近平总书记提出的"48字方针"作了论述，[④] 有研究论述了习近平总书记的新闻舆论观的思想政治教育价值。[⑤]

二、马克思主义新闻观概念研究得到重视

在马克思主义新闻观研究的热点年度里，有学者对马克思主义新闻观的相关概念作出了辨析。有研究认为，"新闻观"是关于新闻"是什么"特别是"应是什么"以及"应该如何做新闻"的根本性和系统性的看法。[⑥] 作者在另一篇文章中界定了马克思主义新闻观内涵，并在此基础上指出当前中国马克思主义新闻观的核心观念主要是"党性原则观念、人民中心观念、新闻规律观念和正确舆论观念"。[⑦]

有学者就马克思主义新闻观中的名词进行了译文考证。如，有学者对源于俄文的马克思主义新闻观名词原文、中译文和英译文进行了比对分析，找出了原文翻译及其与现有中文概念的出入之处。[⑧] 有学者从《共产党宣言》入手，描述了马克思主义新闻观的特质与意义。[⑨]

上述研究表明，马克思主义新闻观在概念上已有一定突破。研究者不再局限于笼统的概念和固有的名词，而是走向深入，力图规范概念，反映原貌。就此，童兵指出，深化马克思主义新闻观研究要"上天入地"，既要研究作为新闻观理论基础的马克思主义哲学原理，也要关注马克思主义新闻观产生和发展的经济政治背景，立足中国社会实际和中国新闻传播的现实环境。[⑩]

三、马克思主义新闻观教育深入探索

在概念本身研究深化的同时，马克思主义新闻观教育研究也在推进。有研究考察了当下中国大学生对马克思主义新闻观的认知以及态度取向。[⑪]

"部校共建"构筑出部门、新闻院校和主流媒体联动的新闻人才培养模式，是当下中国新闻教育界一股持续升温的热潮。对此，有学者对"部校共建"模式下的马克思主义新闻观教育做了研究。有研究认为，马克思主义新闻观教育是"部校共建"的核心环节，"部校共建"对于加强

---

① 龚莉红：《习近平新闻舆论话语权思想研究》，《江苏社会科学》2017年第1期。

② 刘亚琼：《习近平网络意识形态工作方略研究》，《中国广播电视学刊》2017年第7期。

③ 田宏明：《新闻舆论工作"道"和"术"的统一——重温习近平"2·19"重要讲话精神》，《新闻战线》2017年第3期。

④ 谢石生：《习近平"48字"新闻舆论观的多维解读》，《中国广播电视学刊》2017年第7期。

⑤ 魏晓红：《习近平新闻舆论观的思想政治教育价值》，《理论观察》2017年第1期。

⑥ 杨保军：《论"新闻观"》，《国际新闻界》2017年第3期。

⑦ 杨保军：《当前我国马克思主义新闻观的核心观念及其基本关系》，《新闻大学》2018年第4期。

⑧ 陈力丹、姚晓鸥：《源于俄文的马克思主义新闻观名词原文、中译文和英译文比对分析》，《新闻与传播研究》2017年第5期。

⑨ 石大东：《从〈共产党宣言〉看马克思主义新闻观的特质与意义》，《新闻大学》2017年第1期。

⑩ 童兵：《"上天入地"：深化马克思主义新闻观研究》，《新闻与写作》2017年第1期。

⑪ 张涛甫、王智丽：《政治社会化视域下大学生对马新观的认知与态度的实证分析》，《兰州大学学报（社会科学版）》2017年第4期。

和改进马克思主义新闻观教育具有实践意义。[①] 还有学者对高校马克思主义新闻观教育做了探索。[②]

对于马克思主义新闻观与新闻人才培养，有研究认为，将马克思主义新闻观教育与社会调研、新闻实践相结合，能够取得比单纯学习理论更好的效果。[③]

四、中国特色新闻学研究异军突起

马克思主义新闻理论与马克思主义新闻思想、马克思主义新闻观并不完全等同，它更多的是指在马克思主义指导下如何构建新闻学理论体系。尽管相关理论一直在发展中，但学者对上述这组概念却很少做出区分。

有学者意识到这一问题，并对马克思主义新闻理论体系建构进行了知识演进路径的考察。有研究认为，我国马克思主义新闻理论体系的建构经历了延安整风时期“辩证唯物主义”语境下的“党报范式”的建构、改革开放后“新闻规律”旗帜下“新闻事业范式”的建构、当前“交往实践观”视域下的“新闻生产范式”的建构三个发展阶段。[④] 有研究则探讨了大数据背景下马克思主义新闻理论的承接与嬗变问题，作者从真实性、群众观点、工作方法、“耳目喉舌论”、舆论指导方式五个维度入手进行了分析，并对大数据及数据新闻进行批判性的反思，提出新的时代背景下，马克思主义新闻理论应坚守的几点基本原则。[⑤]

马克思主义新闻理论研究进化升级的突出表现是，中国特色新闻学研究异军突起。有研究认为，中国特色新闻学的学术追求是马克思主义新闻理论时代化、新闻学术体系中国化、新闻研究视野国际化、新闻传播体系现代化和新闻舆论基调主流化。[⑥] 有研究认为，在马克思主义新闻观基础上构建中国特色新闻学，最重要的是必须解决对马克思主义、对马克思主义新闻观的真懂真信问题。[⑦]

也有学者对中国特色新闻学遍地开花的研究提出了反思。有研究认为，这一过程中，有些基本问题需要廓清。作者认为，中国特色的新闻学，应该包括从理论到历史、从实务到经营管理的各个面向的内容，这样才能建构出丰富而立体的学科体系。[⑧]

有研究认为，“中国特色”具有特定的政治内涵，新闻学界提出建构中国特色新闻学有特定的背景，新闻学的意识形态属性决定了建设中国特色新闻学的正当性。[⑨] 有研究提出，要从“一个核心”“两个基础”和“三大关系”入手，创新中国特色新闻学话语体系。[⑩]

与此同时，相关学术会议、调研、学会组织也较多。如中国社会科学院新闻与传播研究所开展的马克思主义新闻学学科建设调研，中国新闻史学会、清华大学、

---

① 王敏：《“部校共建”模式下的马克思主义新闻观教育研究——以武汉大学新闻与传播学院为例》，《教师教育论坛》2017 年第 9 期。

② 吴鼎铭：《高校马克思主义新闻观教学体系的理念与设计研究》，《东南传播》2017 年第 8 期。

③ 蔡雯：《将马克思主义新闻观教育落实到新闻人才培养中》，《新闻战线》2017 年第 15 期。

④ 齐爱军：《我国马克思主义新闻理论体系建构的知识演进路径考察》，《新闻与传播研究》2017 年第 7 期。

⑤ 胡曙光：《大数据背景下马克思主义新闻理论的承接与嬗变》，《新闻战线》2017 年第 2 期。

⑥ 柳斌杰：《构建中国特色新闻学的几个问题》，《全球传媒学刊》2017 年第 3 期。

⑦ 崔士鑫：《从“真懂真信”出发 构建中国特色新闻学》，《新闻战线》2017 年第 13 期。

⑧ 陈昌凤、虞鑫：《“家国”与担当：中国特色新闻学的使命》，《青年记者》2017 年第 25 期。

⑨ 宫京成：《正确理解中国特色新闻学需要探讨的几个问题——兼与陈力丹教授商榷》，《新闻记者》2017 年第 10 期。

⑩ 叶俊：《构建中国特色新闻学话语体系》，《中国社会科学报》2017 年 4 月 20 日。

中国人民大学、湖南师范大学、陕西师范大学等高校或学术组织都举办了马克思主义新闻观学术会议，中国新闻史学会成立了中国特色新闻学研究会、党报党刊研究委员会等相关二级学会。

马克思主义新闻思想是马克思主义新闻观的主要来源，对马克思主义新闻思想的准确把握有助于更好地理解马克思主义新闻观的核心内容和要求。2017 年，对马克思主义新闻思想的研究总体上并未有大的发展，有的文章停留在原有一些概念、思想的讨论上，也有一些学者提出了一些新的论述。

五、马克思主义经典作家思想研究向前推进

这一年，多家学术期刊继续或新推出了“马克思主义新闻观”名词专栏，就马克思主义新闻思想史上的一些重要概念作了考据与解读。

马克思的舆论思想、新闻出版自由思想研究有了深化。有研究对马克思的舆论思想做了系统研究。[①] 有研究在勾勒背景基础上指出了马克思的出版自由思想的实质内容。有研究提出，要准确理解马克思的新闻出版自由思想。作者认为，马克思的新闻出版自由思想经历了从反对普鲁士的封建书报检查令到批评认识和评价资本主义新闻出版自由，再到由唯心主义向唯物主义的转变的发展过程，最终马克思认识到并不存在普遍适用于所有等级的新闻出版自由。[②]

中国共产党新闻思想是马克思主义新闻思想中国化的产物，亦是马克思主义新闻观的重要来源，相关研究也未间断。有研究探讨了改革开放以来中国共产党的舆论监督观；[③] 有研究提炼出新民主主义革命时期中国共产党新闻舆论思想形成的深厚历史内涵；[④] 有研究对毛泽东新闻思想中的群众观做了研究；[⑤] 还有学者研究了政治家办报思想[⑥]、李大钊新闻思想[⑦]和胡乔木的新闻思想[⑧]。

总体而言，2017 年马克思主义新闻观研究呈现出以下特点和趋势：一是马克思主义新闻观研究热度持续上升，作为其核心来源和最新思想的习近平总书记的新闻舆论观最受关注；二是马克思主义新闻观研究队伍有所壮大；三是马克思主义新闻观简单化、片面化、口号化、形式化仍不同程度存在，有的并未弄懂马克思主义新闻观而停留在低水平思辨研究阶段，有的是为适应形势或趁热点而做研究，也有一些研究仅把此作为研究对象，并未正确运用马克思主义立场、观点和方法。但整体而言，学者们对于马克思主义新闻思想、马克思主义新闻理论等进行了深入探索，推动着我国马克思主义新闻观研究更上台阶。

撰稿：叶　俊（中国社会科学院新闻与传播研究所助理研究员）

---

① 王灿发、邢祥：《马克思、恩格斯舆论思想内涵研究》，《新闻与传播研究》2017 年第 8 期。

② 苑秀丽：《准确理解马克思的新闻出版自由思想》，《新闻与传播研究》2017 年第 10 期。

③ 丁柏铨：《论改革开放以来中国共产党的舆论监督观》，《南京社会科学》2017 年第 10 期。

④ 周建瑜：《简析新民主主义革命时期中国共产党新闻舆论思想的形成》，《中共四川省委党校学报》2017 年第 2 期。

⑤ 郭小良、吕夏宇：《试论毛泽东新闻思想群众观的思想渊源和理论内涵》，《延安大学学报（社会科学版）》2017 年第 3 期。

⑥ 沈正赋：《“政治家办报”思想的理论渊源、嬗变历程与时代内蕴》，《现代传播（中国传媒大学学报）》2017 年第 2 期。

⑦ 阳海洪：《论李大钊的国家理念与新闻思想转型》，《南昌大学学报（人文社会科学版）》2017 年第 4 期。

⑧ 李果：《胡乔木与改革开放初期党的新闻宣传工作》，《南方论刊》2017 年第 4 期。

媒介法规研究 2017 年综述

2017 年的媒介法规研究首先有对传统理论研究的深入与拓展。比如有学者从文化因素考虑，指出我国从传统社会向现代化社会转型中必然会出现媒介法治问题，从整体上促进现代化转型才能提升传媒法治水平。[①] 有学者指出传媒的政治性是不可回避的现实，应将传媒的政治性纳入法律规制，以法治的方式维持其良好运转，使其表现为人民性。[②]

更多学者的关注焦点立足当下，从新的时代特征出发剖析媒介法治的发展。比如新媒体时代，信息权利与信息义务如何寻求平衡之道？在大数据、人工智能广泛应用的背景下，新闻传播业在法律制度方面如何前瞻性地作出相应的理论探索与应对？在虚拟环境与现实世界相互高度渗透的情形之下，社会治理水平应如何提升？国家治理体系应如何建立？这些命题已成为 2017 年媒介法规研究的增长点和重点。

一、隐私权与个人信息保护问题研究

随着大数据时代的到来，公民的个人数据、隐私信息不可避免地进入公共领域，典型案例相继发生，问题凸显的同时也使相关研究更具现实意义。

隐私权保护问题有其辩证逻辑，需加以平衡性的思考。有学者指出数字化生存环境要求公民必须置换个人的部分隐私数据从而获得必要的服务，而隐私数据的大量置换又导致现实和潜在的侵害随时可能发生。[③] 有学者分析了我国互联网企业在被遗忘权全球执行中可能面临的消极影响，提醒需谨慎研究和对待这项权利。[④] 有学者通过多方面分析过度保护隐私的负面效应，提出对于数字隐私保护，具体规定优于一揽子政策，事后救济优于事先防范，顺其自然优于步步惊心，鼓励人们培养动态身份意识优于鼓励人们封闭自己。[⑤]

在个人信息保护日益成为各国关注焦点的背景下，我国学者开始将更多目光转回国内，推动立法本土化研究。有学者提出我国个人信息保护宜采用“基本法 + 特殊法”的立法保护机制。[⑥] 有学者揭示出个人信息权的确立具有价值层面和规范层面的双重价值，但指出其价值的发挥将取决于未来如何用价值融贯逻辑严密的具体法律规范加以规范。[⑦] 有学者认为我国确认个人信息权立法的重点是基本权利地位已具备理论和现实基础，对于公权力机关的规制应是当前立法的重点。[⑧]

有学者指出大数据极大地扩张了侵犯

---

① 李丹林：《传媒法治、现代化转型与文化变革》，《南京社会科学》2017 年第 4 期。

② 陈柏峰：《当代传媒的政治性及其法律规制》，《法治与社会发展》2017 年第 3 期。

③ 顾理平：《大数据时代公民隐私数据的收集与处置》，《中州学刊》2017 年第 9 期。

④ 吕加岭、刘阳：《被遗忘权全球执行对互联网企业的消极影响及对策研究》，《海南金融》2017 年第 8 期。

⑤ 何雪莲：《隐私的辩证：被遗忘还是被观望?》，《南京社会科学》2017 年第 7 期。

⑥ 陈奇伟、刘倩阳：《大数据时代的个人信息权及其法律保护》，《江西社会科学》2017 年第 9 期。

⑦ 郝思洋：《个人信息权确立的双重价值——兼评〈民法总则〉第 111 条》，《河北法学》2017 年第 10 期。

⑧ 邓莉：《大数据下个人信息权的基本权利立法模式——兼论对个人信息权的限制》，《法治论坛》2017 年第 3 期。

隐私的深度、广度及严重程度，同时也加深了人们对于隐私权的认识。① 面对大数据时代隐私权保护的新挑战，也有了更多对未来的思考。有学者分析认为个人数据权的普遍性、双重性及可扩展性等法律特征，决定了个人数据财产权保护的必然性，因此个人数据财产权保护将是未来研究重点。② 有学者预言未来一般意义上的隐私权将具有更强的开放性，而且势必随着信息技术的发展而不断增加其内容，而无论是一般意义上的，还是具体意义上的隐私权问题研究都始终面临着不断将隐私权的保护对象和权利内容体系化的问题。③ 有学者推测以“分情况对待，数据存储分散化，平台责任合理化”为原则的保护模式代表着互联网用户隐私保护的制度走向。④

二、网络诽谤问题研究

涉及名誉权侵权，有学者就如何在企业商誉权与个人表达权之间厘定出合理界限、如何认定评论是否构成侵权以及如何协调商誉权和对企业的舆论监督权展开话题研究。⑤ 有学者则对不特定群体名誉受损中个人名誉权保护的相关案例进行分析，归纳出该类型案件应根据涉案言论指向性要件、受害人确有名誉被损害的事实、行为人行为违法行为与损害后果之间有因果关系、行为人主观上有过错来认定是否构成侵害名誉权的责任，通过对规范的进一步细化，得到了厘清集体或群体名誉受损时成员或个体能否主张或如何主张侵权责任的逻辑关系的方法论。⑥ 还有学者就名誉权中的英雄人物人格权益的法律保护进行研究，认为侵害名誉权的行为不以侮辱、诽谤为限，还包括“贬损、丑化或者违反社会公共利益、社会公德的方式”以及其他行为类型。⑦ 针对一个新的商业诽谤法规则——禁令，有学者结合“考拉诉中国经营报社”案中的“禁止令”，指出事先限制的特定价值，同时还就新闻传播领域“禁止令”制度的适用性展开了探讨。⑧

对诽谤诉讼的处理，有学者从其历史演进和证明责任分配的转变进行研究，指出我国的民事诉讼证明责任分配经历了不存在、法官自由裁量、法定这三个阶段。并在证明责任分配的转变中肯定了违法行为和过错是诉讼中的重要证明客体，过错不存在，侵权责任也不能成立。⑨ 有学者梳理了有关网络侵权案件的审理思路，她认为在对自媒体中的言论定性时应把握相对宽容、整体判断、网络互骂不适用“正当防卫”三种原则，应更宽松地把握“公

---

① 徐明：《大数据时代的隐私危机及其侵权法应对》，《中国法学》2017 年第 1 期。

② 相丽玲、高倩云：《大数据时代个人数据权的特征、基本属性与内容探析》，《情报理论与实践》2018 年第 9 期。

③ 张建文：《被遗忘权的场域思考及与隐私权、个人信息权的关系》，《重庆邮电大学学报（社会科学版）》2017 年第 1 期。

④ 徐艺心：《互联网用户隐私保护的环境特点及制度走向》，《当代传播》2017 年第 2 期。

⑤ 王锦东、展江：《“贼喊捉贼”是否侵犯商誉？——奇虎企业诉阮子文侵犯法人名誉权案解读》，《新闻界》2017 年第 3 期。

⑥ 陈昶屹：《不特定群体名誉受损中个人名誉权保护的裁判规则研究——从“驻马店人歧视案”说起》，《法律适用（司法案例）》2017 年第 10 期。

⑦ 何江恒：《英雄人物人格权益的法律保护——葛某某、宋某某分别诉洪某某名誉权、荣誉权纠纷案》，《法律适用》2017 年第 24 期。

⑧ 杨秀：《禁止令与新闻传播程序法的发展——以“网易考拉诉〈中国经营报〉首次获禁令支持”为例》，《编辑之友》2017 年第 5 期。

⑨ 宋素红、罗斌：《我国新闻传播诽谤诉讼的历史演进——基于证明责任分配角度的研究》，《新闻与传播研究》2017 年第 1 期。

正评论”原则。[①]

对于网络虚拟主体的名誉权保护这一新兴问题上，有学者研究了侮辱网络虚拟身份的刑法规制，认为网络虚拟身份具有匿名性、现实性、多元性等特点，理论界认为其有财产权属性和人格权属性，并最终得出如何定义侮辱网络虚拟身份。[②] 有学者在其关于网络虚拟名誉及其民法保护的研究中，提出唯一对应说、再现说、身份说，认为虚拟主体所承载的是现实民事主体的名誉权，并具同等的保护价值。[③]

三、网络版权问题研究

在媒介融合发展的过程中，新旧媒体的博弈不断加剧。一些学者认为我国新闻资讯产权保护应尽快完善产权保护机制，健全司法保护体制，切实提高参与方的版权意识，构建合作共赢机制。[④] 也有学者指出“新闻版权”问题实质在于寻求新的新闻获利权的实现方式，用确立数据库版权的方式来解决关于新闻获利权的争议，能够为版权的充分利用和恰当保护提供有效支持。[⑤] 有学者认为传统媒体的新闻版权价值没有得到应有的体现，新闻聚合服务商与传统媒体间没有形成合理的利益共享模式，著作权制度的完善有助于引导二者进行合作并对共同收益进行合理的分配。[⑥] 还有学者借助雷曼德两种版权叙事视角，对新老媒体的版权正当性和合法性话语进行深入讨论，从三个角度对我国新闻版权保护制度改革提出建议。[⑦]

我国现行《著作权法》已难以适应新媒体传播技术的发展，著作权领域不断产生新的问题，对我国现有的著作权法保护体系造成巨大冲击。有学者指出我国现行《著作权法》的立法缺陷，造成传播权、复制录制权、信息网络传播权都无法控制网络传播行为，他们认为广播组织权制度应建立在技术中立基础上，强调对有线或者无线广播、交互式传播或者非法交互式传播赋予平等保护。[⑧] 有学者认为我国应当扩展广播组织权的主体范围，赋予网播组织以广播组织权的主体地位。[⑨] 还有学者则对人工智能创作成果是否应当受到版权法的保护及其保护路径问题进行了探讨。[⑩]

针对版权保护的“囚徒困境”，学者们积极探讨网络版权治理的新规则和新出路。有学者认为网络版权保护既是法律问题，也是普法宣传和教育的问题，我国要实现对网络版权的有效保护，不仅要加强法律体系建设，更要加强法律意识的宣传教育。[⑪] 有学者积极倡导自治规则和法律规则的共同调整，主张用法律规范将自治

① 李颖：《网络侵犯名誉权案件的审理思路和主要问题——以方舟子与崔永元互诉侵犯名誉权案为例》，《法律适用（司法案例）》2017 年第 10 期。

② 刘夏：《侮辱网络虚拟身份的刑法规制研究》，《理论月刊》2017 年第 8 期。

③ 葛江虬：《论网络虚拟名誉及其民法保护》，《河南大学学报（社会科学版）》2017 年第 4 期。

④ 张振亭、江琦珍：《新闻资讯产权保护“囚徒困境”与破解之道——基于中外比较的视角》，《编辑之友》2017 年第 10 期。

⑤ 宋建武：《新闻版权即新闻获利权——兼论以数据库版权解决新闻版权问题的可能性》，《现代传播（中国传媒大学学报）》2017 年第 11 期。

⑥ 梅术文：《“谷歌税”的著作权意蕴及其展望》，《编辑之友》2017 年第 8 期。

⑦ 彭桂兵：《“今日头条”事件中版权论证的话语研究——兼议新闻版权保护制度改革的路径》，《现代传播（中国传媒大学学报）》2017 年第 7 期。

⑧ 赵双阁、艾岚：《流媒技术对我国传播组织权制度的挑战》，《传媒观察》2017 年第 5 期。

⑨ 戴哲、张芸芝：《网播组织的著作权法保护问题研究》，《编辑之友》2017 年第 8 期。

⑩ 孙那：《人工智能创作成果的可版权性问题探讨》，《出版发行研究》2017 年第 12 期。

⑪ 梁佳、杨敏：《我国网络版权保护体系的不足与完善路径探讨》，《出版发行研究》2017 年第 10 期。

过程中行之有效的成熟运作模式固定下来，维护网络空间的有序运行。[①] 在深入分析媒介融合对版权机制影响的基础上，有学者从生产、流通、消费三环节入手，分别研究授权机制、交易机制、保护机制在媒介融合时代如何及时应对与调整，为版权机制的不断完善与有效运行提出若干建议。[②] 有学者则从国家、平台、用户三个层面对平台生态时代的网络版权治理可能性进行探讨。[③]

四、网络空间表达与治理问题研究

有关网络空间表达与治理是国家和学者共同关注的热点问题。有学者提出网络思想市场，指出互联网平台上观点的自由竞争容易演变为对言论自由的滥用并造成对其他法益的侵害，而国家要通过法律规制责任主体，以避免这种思想市场失灵。[④] 有学者运用文本和学理分析，对《互联网新闻信息服务管理规定》的核心概念进行解读，认为互联网信息许可制度针对的是互联网信息服务机构，而不是个体。[⑤]

围绕网络言论追责问题，有学者认为对网民批评性表达的责任追究应严守“实害性结果”的标准，以体现权力的谦抑品质。[⑥] 有学者对网络谣言和虚假信息、公共秩序和社会秩序、涉众事件和群体事件进行辨析，提出社会秩序稳固的刑法保障应依靠规则理论体系的更新来实现。[⑦] 有学者纵向梳理了网络删帖行为的历史沿革，并横向比较分析中西方政府的删帖行为，认为网络删帖是国际通用的网络管控手段，指出如果对这种管控手段运用不当，容易引起网络舆论反感，激化社会矛盾，因此必须建构起网络删帖的边界。[⑧]

在域外相关问题的研究方面，有学者以美国的被遗忘权对网络中立博弈为视角，深入剖析互联网传播权利发生冲突时应如何进行选择和权衡。[⑨] 有学者对欧盟及其主要成员国治理种族歧视或仇恨言论立法问题进行了探析，认为欧盟及其主要成员国对“亵渎宗教”言论管理失当，引发社会冲突。[⑩] 还有学者有针对性地考察了美国应对网络恐怖信息的策略，并分析了当前网络恐怖主义在我国的发展现状，提出我国在网络恐怖信息处置方面的策略优化方向。[⑪]

五、网络安全问题研究

随着网络安全问题频发，我国对于网络安全的治理越来越重视。在网络安全内容方面，有学者从网络安全的领域、对象、内容和方式等问题症结入手，分析了网络安全治理的机遇与挑战、议题领域与权力博弈。[⑫] 有学者从对当前的网络安全现状进行描述和分析中进一步研究和分析网络安全对公共安全、国家安全的嵌入态势和

---

① 沈非：《我国 UGC 版权侵权治理机制之优化——以美国 UGC 规则为样本的考察》，《编辑之友》2017 年第 3 期。
② 黄先蓉、刘玲武：《媒介融合背景下版权机制完善与有效运行》，《出版发行研究》2017 年第 12 期。
③ 黄嘉慧、黄汉章：《平台生态时代网络版权治理新规则》，《出版发行研究》2017 年第 1 期。
④ 张治中：《网络思想市场的失灵与法律控制》，《当代传播》2017 年第 2 期。
⑤ 王四新：《〈互联网新闻信息服务管理规定〉核心概念解读》，《现代传播（中国传媒大学学报）》2017 年第 9 期。
⑥ 陈堂发：《网民批评性表达追责应体现权力谦抑品质》，《贵州省党校学报》2017 年第 5 期。
⑦ 陈伟、熊波：《网络谣言型涉众事件的刑事归责理论之匡正》，《现代传播（中国传媒大学学报）》2017 年第 11 期。
⑧ 靖鸣、江晨：《网络删帖行为及其边界》，《新闻界》2017 年第 7 期。
⑨ 董媛媛：《论互联网传播权利的冲突和选择》，《现代传播（中国传媒大学学报）》2017 年第 3 期。
⑩ 白贵、邸敬存：《欧盟治理种族歧视或仇恨言论立法之现状、动因及不足探析》，《新闻大学》2017 年第 2 期。
⑪ 董媛媛、张明言：《论网络恐怖信息的传播及其应对策略》，《新闻大学》2017 年第 1 期。
⑫ 任琳、吕欣：《大数据时代的网络安全治理：议题领域与权力博弈》，《国际观察》2017 年第 1 期。

应对策略。[①] 有学者通过对信息安全、网络安全、网络空间安全三者异同点的分析，强调了网络安全及网络空间安全对当今时代更广泛、更精确的适用性。[②] 有学者从网络安全信息的概念入手，通过语境分析、基本概念、国内外立法模式分析对“网络安全信息”做了更为精确的界定。[③]

在网络安全治理的参与主体方面，有学者从政府角度出发，建议各部门破除部门利益，打通数据和信息壁垒，建立数据共享平台，提高网络安全防范能力。[④] 有学者从新闻媒体工作者角度出发，通过审视大数据背景下新的媒体环境以及新闻媒体工作者在维护国家信息安全方面所面临的问题，提出了新闻媒体工作者的媒介素养提升路径。[⑤] 有学者基于公众参与的智媒时代所伴随的网络安全问题，提出了自主积极媒介素养、积极大数据利用以及消极大数据监控结合的系统治理模式。[⑥] 在智媒时代，公众参与下的网络安全出现问题时，有学者指出要从多方面入手，促使公众参与真正成为推动社会发展的力量。[⑦]

在法律治理体系方面，有学者在明晰各社会主体应积极参与网络谣言治理的基础上，分析我国现阶段网络谣言的法律治理体系及《网络安全法》带来的现实变化。[⑧] 还有的学者对《网络安全法》中既相对独立又密不可分的四种关键制度进行了解读。[⑨] 另外，也有学者在对网络安全法律体系的重要程度、现阶段我国的信息安全立法结构进行分析的基础上，进而指出要建立符合国家信息安全战略需求的法律体系。[⑩]

撰稿：邹　举（南京师范大学新闻与传播学院副教授）
顾理平（南京师范大学新闻与传播学院教授）

① 李晓宏：《网络安全对公共安全、国家安全的嵌入态势和应对策略》，《网络安全技术与应用》2017 年第 10 期。

② 陆武：《信息安全、网络安全与网络空间安全探讨》，《计算机与网络》2017 年第 23 期。

③ 周瑞钰：《信息共享机制下的网络安全信息界定》，《北京邮电大学学报》2017 年第 6 期。

④ 张维炜：《网络安全监管应打破部门壁垒建立数据共享平台》，《中国人大》2017 年第 23 期。

⑤ 耿益群、杨濛：《国家信息安全与我国新闻媒介工作者媒介素养提升》，《现代传播（中国传媒大学学报）》2017 年第 4 期。

⑥ 暴文婷、邵宾玉、闫欢：《智媒时代基于公众参与的网络安全治理策略》，《中国广播电视学刊》2017 年第 11 期。

⑦ 闫欢、靖鸣、刘家豪：《智能媒体时代网络安全隐患与治理策略》，《新闻爱好者》2017 年第 11 期。

⑧ 梁思雨：《网络安全法视域下的网络谣言治理》，《信息安全研究》2017 年第 12 期。

⑨ 续俊旗：《网络安全法中的关键制度解读》，《人民法治》2017 年第 9 期。

⑩ 廖素平：《信息时代网络安全监管法律体系建设研究》，《法制博览》2017 年第 31 期。

政治传播研究 2017 年综述

与 2016 年相比，2017 年中国的政治传播研究继续保持了数量庞大、议题相对集中又多元弥散的态势，紧密联系中国实际、服务中国大局是突出特色。2017 年的主要议题包括：政治传播基础理论和政治传播史研究、中国的对外政治传播研究（含国际话语体系中的话语权及中国话语体系建设研究）、马克思主义意识形态领导权及核心价值观传播研究、马克思主义在中国的传播研究、共产党人新闻舆论思想研究、舆论/舆情研究、互联网治理研究、新媒体政治参与研究、政务新媒体研究、媒体政治传播业务实践研究、政治话语研究等。以下分十一个具体议题述之。

一、政治传播基础理论及政治传播史研究

2016 年，"新媒体时代"和"后真相时代"构成讨论政治传播理论研究发展路径的显著背景。在新媒体这一媒介场景之下，政治传播相应的变革和调适①、政治传播的视觉修辞转向②、公众议程与媒体议程和政策议程间关系的新变化③、自媒体的政治传播功能④、议程设置的行动特征⑤、时政新媒体的政治传播模式⑥以及"粉丝民族主义"⑦等议题都得到了讨论。

就政治传播史研究而言，国内外不同历史时期的政治传播活动都有所涉及，又以对中国尤其是近现代时期中国共产党的政治传播活动研究最多。就对国内政治传播历史的研究而言，按照时间线索，古代时期讨论的议题包括先秦歌谣所具有的政治表达、宣传教化、政治监督、舆论动员以及作用于权力博弈等功能⑧、"嘉禾"由于其被赋予的特殊符号意义对于元魏政治的影响⑨、祭孔大典在构建对政治合法性的认同中所具有的作用⑩，以及时空偏向的媒介在实现古代政治传播和社会控制方面的作用机制⑪等。晚清及民国时期的研究主要涉及报刊舆论在特定历史时期或历史事件中的

---

① 宰政：《新媒体视野下政治传播的变革与调适》，《中国报业》2017 年第 4 期。

② 刘晶：《政治视觉修辞研究引论》，《东南学术》2017 年第 1 期。

③ 潘雅婷、杨永恒：《中国新媒体时代下的政策议程设置——以天津"8.12"爆炸事件为例》，《中国行政管理》2017 年第 9 期。

④ 张爱军、刘姝红：《自媒体的政治传播功能研究》，《现代传播（中国传媒大学学报）》2017 年第 12 期。

⑤ 万方：《自媒体议程设置的行动特征与政府角色定位——基于整体性视角的分析》，《中国行政管理》2017 年第 10 期。

⑥ 吴飞、龙强：《政治的幻象：时政新媒体的传播模式与困境》，《现代传播（中国传媒大学学报）》2017 年第 7 期。

⑦ 刘海龙：《像爱护爱豆一样爱国：新媒体与"粉丝民族主义"的诞生》，《现代传播（中国传媒大学学报）》2017 年第 4 期。

⑧ 潘祥辉：《"歌以咏政"：作为舆论机制的先秦歌谣及其政治传播功能》，《新闻与传播研究》2017 年第 6 期。

⑨ 周能俊：《"嘉禾"符瑞对元魏政治的影响——以北魏承明元年齐州"嘉禾"事件为例》，《宁夏社会科学》2017 年第 5 期。

⑩ 王闯：《政治传播视野下的祭孔大典与认同建构》，《新闻爱好者》2017 年第 2 期。

⑪ 徐燕斌：《中国古代的政治传播与社会控制述略——基于媒介史的视角》，《现代传播（中国传媒大学学报）》2017 年第 10 期。

重要作用，① 相关研究以不同的案例印证了清末民初报刊强大的舆论动员和舆论监督能力，以及不同政治力量对于报刊舆论的积极运用或是压制。这一时期的政治传播史研究也关注了特定社会运动的政治传播功能，如关于清末民初的“文字下乡”运动，研究认为这是社会教化的一种手段，也具有为社会宣传和政治传播铺路的功能②。

对近现代时期中国共产党政治传播活动的研究蔚为大观，主要分为四个方面：一是对特定共产党媒体的研究，如对《共产党》月刊③、《先驱》半月刊④、《晋察冀画报》⑤《八路军军政杂志》⑥ 和红色中华台⑦的研究等。二是不同时期党报党刊的传播策略研究，如关于中共早期由对“理论”“主义”的宣传走向以对时事的评论传达纲领主张这一宣传策略的转型过程⑧、土地革命时期在兵士运动中的对敌策反宣传策略⑨等。三是梳理形态多样的中共政治传播实践及其积极作用。如革命时期的读书会对马克思主义的传播⑩、红色歌谣在红军长征中的宣传动员功能⑪、中华人民共和国成立初期的读报小组之于“圈层共振”的集体意义生产机制⑫、中华人民共和国成立初期针对连环画的媒介批评作为新政权确立文化领导权的方式之一⑬、土改运动中各类斗争和规训的仪式在构建新政权的合法性和权威性以及构建政治认同中的作用⑭等。四是中共新闻宣传实践及新闻思想的历史梳理，如对民国时期中国共产党新闻宣传的五次转折及其动因的分析⑮、对延安时期党管媒体的历史经验总结⑯、对“党媒姓党”的历史阐述⑰、对中共高级领导人的新闻宣传工作领导经验的历史总结⑱以及对共产党思想的海外传播进行的个案分析⑲。总体而言，

---

① 参见陈英程《从“和平宣传”到孙逸仙“伦敦被难”：兴中会与清廷使节的舆论斗争（1896—1898）》，《新闻与传播研究》2017 年第 4 期；曾黎梅：《边疆危机与清末社会动员——以“片马事件”的舆论参与为例》，《新闻与传播研究》2017 年第 10 期；韩剑尘：《日俄战争背景下晚清媒体海权意识之勃兴》，《江汉论坛》2017 年第 10 期。

② 潘祥辉：《“送字下乡”：晚清及民国时期扫盲运动的传播社会学考察》，《浙江学刊》2017 年第 5 期。

③ 马宁：《中国共产党历史上的第一个党刊——〈共产党〉月刊出版发行始末》，《出版发行研究》2017 年第 10 期。

④ 何梦茹、刘帆：《中国社会主义青年团的第一份机关刊物——〈先驱〉半月刊的贡献及其影响》，《出版发行研究》2017 年第 8 期。

⑤ 曹培鑫、赵鹏：《走向群众：〈晋察冀画报〉研究》，《现代传播（中国传媒大学学报）》2017 年第 5 期。

⑥ 潘大礼、蔡志娥：《〈八路军军政杂志〉对八路军干部教育的贡献》，《出版发行研究》2017 年第 2 期。

⑦ 陈信凌、谭琪红：《红色中华新闻台研究三题》，《新闻大学》2017 年第 5 期。

⑧ 张朋：《竞争舆论与“向导”青年：中共早期党报 宣传策略的转折 ——以〈向导〉与〈努力〉的论争为视点》，《新闻大学》2017 年第 1 期。

⑨ 任伟：《土地革命时期红军对敌宣传动员的策略与技巧——以兵士运动为中心的探讨》，《中共党史研究》2017 年第 8 期。

⑩ 樊宪雷：《革命时期的读书会》，《党的文献》2017 年第 3 期。

⑪ 王克霞、赵冉：《论红军长征中的思想宣传工作——以红色歌谣为中心》，《毛泽东思想研究》2017 年第 2 期。

⑫ 周海燕：《意义生产的“圈层共振”：基于建国初期读报小组的研究》，《现代传播（中国传媒大学学报）》2017 年第 9 期。

⑬ 张勇锋：《纠偏与规训：建国初期的连环画媒介批评》，《现代传播（中国传媒大学学报）》2017 年第 1 期。

⑭ 崔一楠、谭晓旭：《革命与象征：川西北土改运动中的仪式政治》，《党史研究与教学》2017 年第 5 期。

⑮ 倪延年：《民国时期中国共产党新闻宣传的五次转折及其动因分析》，《新闻大学》2017 年第 6 期。

⑯ 韩伟：《延安时期党管媒体的历史经验》，《党的文献》2017 年第 5 期。

⑰ 齐辉、王雪驹：《“党媒姓党”的历史诠释——武汉时期〈新华日报〉与中共中央的分歧及其纠正》，《新闻记者》2017 年第 2 期。

⑱ 杨正军、丁晓强：《百色起义前后邓小平领导政治宣传工作评析及启示》，《毛泽东思想研究》2017 年第 4 期。

⑲ 杜洁：《毛泽东思想在 20 世纪泰国的传播与影响》，《毛泽东思想研究》2017 年第 1 期。

已有研究从多种维度、用多样化的案例勾勒了中共丰富、细致和卓有成效的新闻宣传实践，并以为今日中国共产党的新闻舆论事业提供参考为目的。

近现代时期对于国民党的政治传播活动以及国共两党的新闻舆论斗争/合作现象也有一定程度的关注。研究对南京国民政府成立后国民党对党旗、国旗等政治象征符号的运用以及塑造认同①、抗战时期国民党“共赴国难”主张的话语内涵②、全面溃败后国民党文宣系统对于“西安事变”和“丢失大陆”历史事实的书写策略③等议题都进行了基于历史分析的考察。

2017年的政治传播史研究以国内为主，兼及国外，并主要集中于日本、苏联和英国。就日本方面，相关研究以日本针对中国的反动情报和舆论宣传活动为主要分析对象，如近代日本在华记者的情报活动④、侵华日军的宣传战⑤、日本陆军在华开展的新闻舆论操纵工作⑥等，另有对日本共产党中央机关报《赤旗报》的研究。⑦就苏联方面，议题包括布尔什维克党报形成的历史过程⑧、斯大林时期的书刊检查制度⑨、苏联新闻体制的发展脉络及其对于苏联国家治理的危害⑩等。涉及英国的研究主要讨论了一战时期英国反德宣传的策略⑪以及政治漫画的舆论引导功效⑫。同时，有研究还对抗战时期《泰晤士报》关于日军南京暴行的报道进行了分析，肯定了这些报道的文献和史料价值⑬。

二、对外政治传播研究

有研究总结了国际传播理论发展经历的3个主要阶段⑭，建构了国际传播力的评估指标与传播路径⑮。从实践经验来看，符号选择与信息编码不恰当、传播手段单薄以及受众误读是当前对外传播的主要难点⑯。新概念、新范畴、新表述联动是创新外宣话语体系的有效路径⑰。研究分析了中国价值观念国际传播的预期目标⑱、

---

① 周游：《塑造党国之民：抗战前南京国民政府对党旗、国旗的政治运用》，《华东师范大学学报（哲学社会科学版）》2017年第6期。

② 陈任远：《抗战时期国民党“共赴国难”主张论析》，《中州学刊》2017年第4期。

③ 刘晓艺：《“西安事变”与“丢失大陆”：失败者怎样书写历史——兼谈国民党文宣系统的“曲释”操作》，《文史哲》2017年第3期。

④ 俞凡、谢小建：《“皇国”的迷思：近代日本在华记者的情报活动——以末次政太郎及其〈末次研究资料〉为中心的考察》，《新闻与传播研究》2017年第6期。

⑤ 许金生：《侵华日军的宣传战——以日军第11军的纸质宣传品宣传为中心》，《民国档案》2017年第3期。

⑥ 郭循春：《日本陆军对华新闻舆论操纵工作研究（1919—1928）》，《民国档案》2017年第4期。

⑦ 谢灵佳：《日本共产党中央机关报——〈赤旗报〉》，《新闻界》2017年第7期。

⑧ 陈力丹：《俄国布尔什维克党报体制的形成》，《新闻知识》2017年第9期。

⑨ 李淑华：《斯大林时期书刊检查制度》，《俄罗斯东欧中亚研究》2017年第4期。

⑩ 张世海：《论前苏联的新闻体制与国家管理效能》，《新闻大学》2017年第1期。

⑪ 刘英奇：《我们为什么对德宣战——一战期间英国反德宣传策略分析》，《历史教学（下半月刊）》2017年第12期。

⑫ 施海泉、陈娟：《图像传播与舆论引导：论十八、十九世纪之交英国政治漫画的媒介特性》，《新闻知识》2017年第10期。

⑬ 郭永虎、闫立光：《抗战期间〈泰晤士报〉关于日军南京暴行报道探析》，《党的文献》2017年第6期。

⑭ 刘琛：《国际传播理论及其发展的主要阶段与反思》，《中国人民大学学报》2017年第5期。

⑮ 刘肖：《国际传播力：评估指标构建与传播效力提升路径分析》，《江淮论坛》2017年第4期。

⑯ 金正昆、陈斐斐：《当代中国对外传播难点探析》，《观察与思考》2017年第1期。

⑰ 刘涛：《新概念 新范畴 新表述：对外话语体系创新的修辞学观念与路径》，《新闻与传播研究》2017年第2期。

⑱ 项久雨：《中国价值观念国际传播的三大目标》，《人民论坛》2017年第19期。

社会主义核心价值观国际传播的内容①、传播价值与路径②以及命运共同体议题的传播方略③及其“一体同心多元”的尺度体系的影响因素④。就对外政治传播的具体手段而言，图像社交平台所具有的媒介先进性证明它是国际传播的理想平台之一⑤，增加直播、视频报道的数量、适当发布更生活化的内容、立体展示习近平总书记形象、增强报道的贴近性和人情味有助于提升海外社交媒体传播效果⑥。以转喻策略为主导、凸显特定叙述元素、意识形态渲染等图文翻译的修辞技巧有助于准确传达外宣文本内涵⑦。在对国外个案的分析中，有关安倍政府对外宣传战略的研究指出，安倍政府在对外宣传中最关注的是领土和历史问题，其外宣行为具有一定欺骗性，对此中国应加以注意并有所应对⑧。

国家形象研究是对外政治传播研究领域的一个热点议题。研究认为国家形象是国家软实力的重要载体，是国家参与国际竞争的主要手段⑨，将对对外关系产生重要影响⑩。在有关国家形象研究的理论层面，有研究辨析了国家形象、政党形象与执政形象三者间的关系，认为在当今中国，中国共产党的“执政形象”建设是协同3个形象提升的突破点。⑪ 研究认为国家形象并非一成不变，国家形象的传播策略也会受到国家形象在认知中不断变化的影响，并提出了国家形象互动模型。⑫ 同时，也有研究指出目前国家形象建构策略研究中表现出的媒介中心主义、忽略国家形象对外传播多渠道的问题⑬。此外，国家形象建构的话语塑造⑭、跨文化国家形象构建的生成逻辑⑮、视听话语中的情感卷入和情感共鸣对国家形象传播的作用⑯等议题都受到了关注。策略层面，有研究指出在国家形象的对外传播中，应塑造立体、真实的国家形象⑰，将文化纳入国家形象的首要考虑范围，采取普遍主义原则进行国家形象建构。⑱ 关于东盟国家⑲、东北亚⑳、

① 项久雨、张业振：《关于中国价值观国际传播的若干思考》，《马克思主义理论学科研究》2017年第5期。

② 张铤：《社会主义核心价值观国际传播的价值与路径》，《中国广播电视学刊》2017年第11期。

③ 袁靖华：《中国的“新世界主义”：“人类命运共同体”议题的国际传播》，《浙江社会科学》2017年第5期。

④ 邵培仁、周颖：《国际传播视域中的新世界主义：“命运共同体”理念的流变过程及动力机制研究》，《浙江社会科学》2017年第5期。

⑤ 周翔、韩为政：《利用图像社交媒体提升中国国际传播力研究》，《中州学刊》2017年第3期。

⑥ 朱智宾、蒋玉鼐：《国家领导人海外社交媒体报道效果评估与优化思考——新华社、人民日报、央视2017年上半年习近平总书记Twitter报道观察》，《中国记者》2017年第11期。

⑦ 陈风华、刘春华：《外宣传播语境〈习近平谈治国理政〉图文翻译的修辞特征》，《出版发行研究》2017年第9期。

⑧ 黄大慧：《试析安倍政府的对外宣传战略》，《现代国际关系》2017年第6期。

⑨ 曾妍：《微时代对外传播中国家形象塑造探析》，《新闻知识》2017年第12期。

⑩ 张蕴岭：《国家形象是一种软实力》，《世界知识》2017年第23期。

⑪ 邓杰：《国家形象、政党形象和执政形象之关系论析——政治学视野下的当代中国国家形象理论研究》，《青海社会科学》2017年第4期。

⑫ 张昆、王创业：《时空维度下的国家形象模型探析——基于认知互动的视角》，《新闻界》2017年第5期。

⑬ 张昆、王创业：《疏通渠道实现中国国家形象的对外立体传播》，《新闻大学》2017年第3期。

⑭ 刘影：《话语、国家形象与中国崛起——论中国国家形象的话语塑造》，《理论月刊》2017年第1期。

⑮ 吴献举：《国家形象的跨文化生成逻辑及传播策略》，《中州学刊》2017年第5期。

⑯ 栾轶玫：《视觉说服与国家形象建构——对外传播中的视听新话语》，《新闻与写作》2017年第8期。

⑰ 项久雨、姚兰：《文化视域下中国形象对外传播的基本向度》，《江淮论坛》2017年第5期。

⑱ 张伟：《国家形象的文化塑造——基于价值认同的视角》，《理论视野》2017年第3期。

⑲ 汤晓山：《国家形象的视觉元素建构探析——以中国国家形象在东盟国家的传播为例》，《传媒》2017年第23期。

⑳ 张铁云：《政治偏向与媒体偏向的双重奏：东北亚共同体内民众建构彼此国家形象的非理性倾向探究——基于以中国和日本为中心的考察》，《新闻界》2017年第9期。

非洲[①]等区域的国家形象传播个案研究丰富了国家形象研究的案例。

互联网在国家形象建构中扮演的角色得到了研究者特别的重视。有研究认为网络社会中个体“点对点”的交往方式使得国家形象传播转为全民参与的共同行为[②]，社交媒体对内容和关系的双重生产与新闻信息的迭代生产需要外宣媒体打破单向的新闻生产流程，建构用户互动模式[③]。有研究指出了网络舆论意见领袖在国家形象建构中的重要作用，建议鼓励著名科学家、著名文体明星等开通国际通用社交媒体账户并发布国家资讯、引导网民[④]。此外，不同媒介形态或媒介产品对国家形象的塑造现象也得到了细致的分析，如足球赛事与足球明星对国家形象的塑造[⑤]、涉华电影小说中中国形象的跨媒介互文性建构[⑥]、流行歌曲对非洲青年群体认知和理解中国国家形象的影响机制[⑦]、德国教科书对中国国家形象的本我视角解读[⑧]、熊猫外交对中国国家形象改善的贡献[⑨]、华莱坞电影呈现的不完美的中国形象[⑩]等。政党形象研究[⑪]、政府形象研究[⑫]、领导人形象研究[⑬]等与国家形象研究密切相关的议题也受到了一定关注。

讲好中国故事是促进国际传播的重要方法[⑭]，在这一议题之下有大量策略研究成果，如内容选取[⑮]、海外媒体“二次传播”[⑯]等。纪录片被认为是优秀载体，要在总结和继承优良传统的基础上创新叙事题材、元素、视角，成为世界了解中国的窗口。[⑰]从历史经验来看，延安故事对当今讲好中国故事具有启发意义：明确故事主题和主体、选好讲故事的人、中国共产党强有力的领导与巧用国际局势扩大传播效果有助于讲好中国故事。[⑱]“一带一路”

① 谭哲理：《中国在非洲的形象取决于“非洲的中国成功故事”》，《当代世界》2017 年第 12 期。

② 马志远：《国家形象宣传片的传播与网民参与》，《传媒》2017 年第 7 期。

③ 王斌、戴梦瑜：《迭代生产与关系建构：社交媒体中的国家形象塑造机制》，《兰州大学学报（社会科学版）》2017 年第 5 期。

④ 梁云、张淼淼、佟毅：《社交媒体视角下的“一带一路”沿线国家中国形象分析——基于社交网站 VKONTAKTE 的中国报道》，《新疆师范大学学报（哲学社会科学版）》2017 年第 5 期。

⑤ 王鸣捷、张雯：《足球文化对国家形象产生的影响》，《现代传播（中国传媒大学学报）》2017 年第 4 期。

⑥ 梁志芳、刘首兵：《中国形象的跨媒介互文性建构——基于 1930 年代涉华电影与小说的对照分析》，《现代传播（中国传媒大学学报）》2017 年第 2 期。

⑦ 常江：《流行歌曲与中国形象的跨文化认知：基于对苏丹青年群体的深度访谈》，《新闻界》2017 年第 6 期。

⑧ 王志强、陈富：《德国中学历史教科书中的中国形象——以巴登符腾堡州为例》，《德国研究》2017 年第 4 期。

⑨ 赵丽君、郑保卫：《国家形象视角的“熊猫外交”研究》，《新闻爱好者》2017 年第 12 期。

⑩ 林丽：《华莱坞影像下的中国想象——基于国际 A 类电影节最佳影片的分析（1980—2016）》，《新闻爱好者》2017 年第 6 期。

⑪ 杨莉芸：《网络时代中国共产党执政形象建设：困境与路径》，《毛泽东思想研究》2017 年第 5 期。

⑫ 李旻、刘雅楠：《自媒体环境下政府形象的树立与优化——以 2015 年社会热点及重大体育事件为例》，《江西社会科学》2017 年第 3 期。

⑬ 刘晶：《论国家领导人形象的柔性传播》，《中州学刊》2017 年第 2 期。

⑭ 武志军：《讲好中国故事、传播好中国声音——习近平关于做好对外宣传工作的新思想新论断》，《党的文献》2017 年第 5 期。

⑮ 潘新：《〈中国正在说〉：地方卫视讲好中国故事的四个维度》，《中国记者》2017 年第 10 期；梁鸿鹰：《讲好中国故事：当代文艺与人类命运共同体构建》，《理论视野》2017 年第 8 期。

⑯ 姚旭、展姿：《讲好中国故事塑造国家形象》，《新闻爱好者》2017 年第 2 期。

⑰ 刘晶、陈世华：《“讲好中国故事”：纪录片的“中国叙事”研究》，《现代传播（中国传媒大学学报）》2017 年第 3 期。

⑱ 邓杰：《“延安故事”对讲好“中国故事”的启示》，《人民论坛·学术前沿》2017 年第 14 期。

话语传播中的纪录片文本创新①、融媒体报道实践②、外媒政治报道与经济报道的倾向性差异③、话语建构与传播④、对外传播路径创新⑤等议题也得到了关注。

主流媒体的宣传策略是有关对外政治传播研究的另一重要议题。研究认为，电视国际传播旧问题与新机遇同在。⑥ 研究认为应改变“分而治之”的旧有传播格局⑦、全媒体融合传播⑧、“借嘴说话”传声⑨、创新国际传播方式⑩、大力发展视频通讯社并加快社交化转型⑪以提升主流媒体的国际传播力。同时，少数民族语言媒体具有内宣即外宣的特征，能够对我国以中央级媒体为主导的国际传播体系形成有效补充，对国际传播资源合理布局有重要意义。⑫

三、国际话语体系中的话语权及中国话语体系建设研究

这一主题之下的研究更多偏对策性分析。研究对建立中国话语体系的重要性和迫切性进行了较为充分的论证。⑬ 就其面对的现实情境而言，“西强我弱”的国际话语格局尤其是西方话语的霸权地位是中国建立国际话语权面对的重大阻力⑭，这是既有研究中的普遍共识。因此，对于如何理解中国道路进而构建中国特色话语体系、提升中国国际话语权的探究，也始终隐含着对西方话语体系的观照。

就中国建立国际话语权的具体路径而言，有研究者认为当代中国价值观念的对外传播是中国国际话语权建设的重要内容和基本途径⑮，中国话语需要建立的核心价值观并将国家、社会与个人等不同层面的价值观辩证统一起来⑯。有研究认为应自觉把握“文化自信”的价值内核⑰，也有研究强调中国传统文化在提升中国国际话语权建构中的基础性作用⑱。建立中国话语权的另外一种操作思路则是由过去注重“世界如何看中国”转向“中国如何看世界”，即具有自主性地输出一套源于中

---

① 于钦密：《“一带一路”纪录片国际传播文本创新的四大路径》，《传媒》2017年第24期。

② 张倩：《“一带一路”融媒报道盘点：看精品力作如何出新出彩》，《中国记者》2017年第6期。

③ 孙有中、江璐：《澳大利亚主流媒体中的“一带一路”》，《现代传播（中国传媒大学学报）》2017年第4期。

④ 高丽华、吕清远：《话语实践：“一带一路”的国际话语建构与传播》，《宁夏社会科学》2017年第6期。

⑤ 史安斌、盛阳：《“一带一路”背景下我国对外传播的创新路径》，《新闻与写作》2017年第8期。

⑥ 李宇：《新兴媒体环境中电视国际传播的特点、机遇与变革》，《电视研究》2017年第2期。

⑦ 郭全中：《从CGTN开播谈改进外宣工作》，《传媒》2017年第1期。

⑧ 周文韬、贾亮：《外宣：将国家比喻为一个人、与真挚、真实的人打交道效果最好——以中国国际广播电台英语广播讲好中国故事的创新传播为例》，《中国记者》2017年第9期。

⑨ 江和平：《围绕国际关注关切深化对外融合传播——CGTN十九大外宣报道开启国际传播新时代》，《电视研究》2017年第12期。

⑩ 吴克宇：《试论CGTN国际传播理念与传播方式的转变》，《电视研究》2017年第9期。

⑪ 申勇、石义彬：《主流媒体国际传播力构建实践与路径——以中央电视台为中心的考察》，《中国广播电视学刊》2017年第4期。

⑫ 张允、刘阳子：《媒体融合背景下边境地区媒体国际传播能力建设研究》，《电视研究》2017年第2期。

⑬ 张康之：《中国道路与中国话语建构》，《国家行政学院学报》2017年第1期；张宏志：《以中国论述说服世界——关于构建中国国际话语权的思考》，《党的文献》2017年第4期。

⑭ 王永友、史君：《新媒体环境下西方意识形态渗透的实质、方式与应对策略》，《马克思主义研究》2017年第2期。

⑮ 邓纯余、徐柏才：《论当代中国价值观念的国际话语权》，《马克思主义与现实》2017年第6期。

⑯ 赵士发：《价值观与当代中国话语体系的构建》，《理论视野》2017年第3期。

⑰ 张西立：《中国话语与中国实践》，《国家行政学院学报》2017年第1期。

⑱ 赵庆寺：《中华传统文化与中国国际话语权的建构路径》，《探索》2017年第6期。

国社会真实政治实践的价值理念①。

就中国话语建构的实践而言，有研究基于对习近平相关讲话的话语分析，探讨了全球治理“中国方案”的话语实践，总结出“人类命运共同体”话语、“包容性发展”话语、“创新”话语和“主导者”话语这4个方面对全球治理“中国方案”基本理念的建构。②

四、主流意识形态领导权及核心价值观建设研究、马克思主义在中国的传播研究

对主流意识形态领导权的讨论普遍涉及当前主流意识形态面对的挑战分析，主要包括西方国家话语霸权、国内多样化社会思潮、主流意识形态话语自身内容滞后及传播方式单一等③。有研究还讨论了世俗化对当前主流意识形态带来的挑战，研究认为，“庸俗化等话语解构主流意识形态话语权的国家权威性、消解主流意识形态话语权的社会整合力、悬置主流意识形态话语权的政治认同感”。④ 基于上述挑战分析，已有研究提供了相关的解决方案，如在技术层面上，用好大数据、抢占全媒体，营造有利的舆论环境；思想内容上，用理论说服群众，为争取互联网舆论提供强大支持；传播方式上，积极进行话语转换和创新，发挥主流意识形态的思想感召力。⑤ 网络意识形态建设作为主流意识形态领导权建设的重要内容之一得到了特别的重视。有研究总结了网络意识形态建设的认识误区，并提出理念重构、制度建设、机制构建3条路径。⑥ 已有研究也特别关注了新媒体场景下主流媒体的社会主义意识形态建构问题，主张创新移动传播话语体系，面向生活世界搭建马克思主义大众化的媒介通路⑦。

关于社会主义核心价值观传播研究，以对策建议居多。如强调要创新核心价值观大众化的理念、方法和思路，由过去的宣传灌输转向文化传播⑧；合理利用新媒体，助力核心价值观传播⑨。有研究提出要建立核心价值观话语体系的评判标准、追踪机制、融合平台和舆情体系建设⑩，并主张将社会主义核心价值观融入网络文化治理之中，加强大数据条件下社会主义核心价值观的网络话语体系建设、网络危情预警机制建设和保障机制建设⑪。

马克思主义在中国的传播研究主要涉及马克思主义中国化、大众化的问题。有研究探讨了在西方资本主义现代性话语、苏俄化马克思主义现代性话语、中国化马

---

① 王维佳：《中国对外传播话语体系面临的时势与挑战》，《国家行政学院学报》2017年第3期。

② 郭璇：《全球治理的“中国方案”与中国话语的建构》，《浙江社会科学》2017年第5期。

③ 周耀宏：《新媒体场域下社会主义意识形态话语权的建构》，《理论探讨》2017年第2期；张波、徐静：《马克思主义意识形态话语权“高势位”建设机制研究》，《湖北行政学院学报》2017年第2期；吴琼：《我国主流意识形态话语困境及提升路径》，《科学社会主义》2017年第1期。

④ 王芳：《论当代世俗化语境中主流意识形态话语权的挑战及应对》，《中共浙江省委党校学报》2017年第4期。

⑤ 李江静、徐洪业：《互联网舆论场演化机理视角下的主流意识形态建设》，《江海学刊》2017年第5期。

⑥ 张志丹：《新媒体时代我国网络意识形态建设：危局、误读与突围》，《河海大学学报（哲学社会科学版）》2017年第1期。

⑦ 纪忠慧：《移动传播：主流媒体的社会主义意识形态话语建构》，《电视研究》2017年第10期。

⑧ 张造群：《从宣传灌输走向文化传播——增强社会主义核心价值观大众化有效性的路径》，《中华文化论坛》2017年第8期。

⑨ 黄淑贞：《借力新媒体加强社会主义核心价值观培育探析》，《新疆社会科学》2017年第6期；许瑶：《新媒体传播与社会主义核心价值观建设》，《武汉理工大学学报（社会科学版）》2017年第4期。

⑩ 赵小青：《社会主义核心价值观话语体系的解构与评判》，《毛泽东思想研究》2017年第5期。

⑪ 赵建超：《社会主义核心价值观融入网络文化治理的大数据策略探究》，《毛泽东思想研究》2017年第6期。

克思主义现代性话语的更替背景下新民主主义革命时期马克思主义中国化话语的历史嬗变过程，凸显了“现代性”话语在这一过程中的重要意义，进而提出以“特色现代性话语”为当下马克思主义中国化的发展进路。[①] 中共早期理论家李达所著《社会学大纲》被视为马克思主义中国化、时代化、大众化的范本，有研究总结了其历史贡献。[②] 中国梦被解读为当今马克思主义大众化的表现形态，马克思主义大众化则是实现中国梦的必然要求。[③] 也有研究总结了马克思主义大众化的具体传播技巧[④]和在新媒体环境下的传播机制。[⑤]

五、共产党人新闻舆论思想研究

研究重点关注了中共现任领导人习近平和早期共产党人的新闻舆论思想。对于习近平新闻舆论思想的研究，主要集中在论述习近平新时代中国特色社会主义思想对于新闻舆论工作的指导原则以及习近平的新闻舆论观、网络建设观和媒体社会责任观等。

研究认为，习近平新时代中国特色社会主义思想对于新闻舆论工作的重大指导意义在于牢牢掌握意识形态工作领导权；不断提高新闻舆论的传播力、引导力、影响力、公信力；尊重新闻、舆论、传播客观规律；将坚持正确舆论导向与“把人民的利益摆到至高无上的位置”紧密联系起来；推进国际传播能力建设；增强新时代传媒本领。[⑥] 对于习近平新闻舆论观的解读，研究认为，这是当代中国化的马克思主义新闻观最新成果，具有“时代性”“系统性”“创新性”和“合规律性”的特征。[⑦] 也有研究从基本内涵、主要特征、价值功能和路径选择等方面系统解读了习近平新闻舆论观。[⑧] 从习近平新闻舆论观出发，提出坚持党对新闻舆论工作领导的3个着力点：坚持新闻舆论工作的正确政治方向、新闻舆论工作要树立创新理念、提升新闻舆论工作的实效。[⑨] 在习近平网络建设思想方面，主要围绕对其网络信息发展观[⑩]、网络战略思想[⑪]、网络强国思想[⑫]、网络安全战略思想[⑬]、网络意识形态工作思想[⑭]的解读展开，如认为“网络意

---

① 董星辰、解丽霞：《革命历史时期马克思主义中国化话语建构的现代性认识》，《甘肃社会科学》2017年第3期。

② 苏小桦：《马克思主义中国化、时代化、大众化的时代强音——再论〈社会学大纲〉的创新维度和启示》，《毛泽东思想研究》2017年第5期。

③ 崔庆五、张书军：《马克思主义大众化助推中国梦的着力点探要》，《毛泽东思想研究》2017年第4期。

④ 黄凯锋、夏斌：《当代中国马克思主义大众化传播技巧的提升——基于实践探索的思考》，《上海师范大学学报（哲学社会科学版）》2017年第3期。

⑤ 葛学彬、李松林：《新媒体视角下马克思主义大众化传播现实困境与机制建设探究》，《理论月刊》2017年第4期。

⑥ 尹韵公：《用习近平新时代中国特色社会主义思想指导新闻舆论工作实践》，《新闻与写作》2017年第11期；丁柏铨：《习近平新时代中国特色社会主义思想对新闻舆论工作的指导作用》，《新闻与写作》2017年第12期。

⑦ 雷跃捷：《习近平新闻舆论观的四个基本特征》，《现代传播（中国传媒大学学报）》2017年第10期。

⑧ 谢石生：《习近平“48字”新闻舆论观的多维解读》，《中国广播电视学刊》2017年第7期。

⑨ 韩喜平、巩瑞波：《坚持党对新闻舆论工作领导的三个着力点》，《红旗文稿》2017年第12期。

⑩ 杨永志、汪闻涛：《习近平网络信息发展观的三大特色》，《长白学刊》2017年第5期。

⑪ 郝保权：《习近平网络战略思想论析》，《理论探索》2017年第6期。

⑫ 刘丽：《学习习近平总书记网络强国思想》，《领导之友》2017年第10期；温丽华：《习近平网络强国战略思想研究》，《求实》2017年第11期。

⑬ 王海稳、郑秋伟：《习近平网络安全战略思想探究》，《中共浙江省委党校学报》2017年第6期。

⑭ 刘亚琼：《习近平网络意识形态工作方略研究》，《中国广播电视学刊》2017年第7期。

识形态阵地观”“网络人民主体观”“网络空间命运共同体观”是习近平网络信息战略思想的旗帜特色、立场特色和战略特色。另外，有研究总结了习近平媒体责任观的十大内涵。①

对早期共产党人新闻传播舆论思想的研究集中于马克思、恩格斯、列宁、毛泽东和邓小平。研究对马克思和恩格斯论宣传、马克思恩格斯的新闻传播思想②、马克思有关“有机的报纸运动”③、报刊的社会地位和作用④的论述、恩格斯对报刊“国家化”⑤、党的出版物的任务⑥的论述进行了历史梳理。对列宁的新闻宣传舆论思想涉及较广，主要包括对其政治宣传思想⑦、意识形态建设思想⑧、关于“纯粹的报纸业务”的思想⑨以及国家对外传播观⑩的研究，还有列宁对新闻真实的论述⑪、对苏维埃报刊分配体制存在的问题的分析⑫等。研究也对毛泽东的宣传思想⑬、意识形态领导权、管理权和话语权思想⑭、对群众办报和全党办报的论述以及邓小平在革命战争年代的新闻活动和新闻思想⑮等进行了探讨。对早期共产党人新闻传播舆论思想的总结，对当代中国的国家对外传播实践具有重要的启示意义。⑯

六、舆论/舆情研究

这一议题多聚焦于互联网环境下的舆论/舆情研究，在基础理论、研究方法及舆论引导、舆论治理、舆论监督的实践等方面均有所涉及。

研究认为，社会舆论由新闻舆论与公众舆论两部分共同构成。⑰ 相较于作为外在因素的信息，公众自身既有的意识形态立场和诸如威权人格这样的心理特质对公众舆论具有更高的影响力。⑱ 研究认为媒介环境与社会语境改变使得舆论和舆情在概念厘定、传播过程和发展走向等方面，逐步呈现出不同程度的界限模糊、内容粘连状态，催促着舆论和舆情二者关系的改变和发展。⑲ 情感至上理论、框架效应理论、沉默的螺旋理论在中国网络表达语境

① 黄诚、包国强：《习近平的媒体社会责任观及其意义》，《中国广播电视学刊》2017 年第 7 期。

② 陈力丹：《马克思和恩格斯的新闻传播思想》，《新闻界》2017 年第 5 期。

③ 陈力丹：《马克思论“有机的报纸运动”》，《新闻界》2017 年第 4 期。

④ 陈力丹：《马克思论报刊的社会地位和作用》，《新闻界》2017 年第 12 期。

⑤ 熊壮：《恩格斯论报刊“国家化”会产生很大缺点》，《新闻界》2017 年第 3 期。

⑥ 林爱珺、李景钰：《恩格斯论党的出版物的任务》，《新闻界》2017 年第 6 期。

⑦ 窦凌、孙玉玲：《列宁的政治宣传思想及其启示》，《江苏大学学报（社会科学版）》2017 年第 3 期。

⑧ 苏超莉：《列宁意识形态建设思想的理论逻辑及其当代价值——基于意识形态建设过程逻辑的视角》，《中共浙江省委党校学报》2017 年第 2 期。

⑨ 杨晓娟：《列宁论“纯粹的报纸业务”》，《新闻界》2017 年第 9 期。

⑩ 杨晶、陶富源：《十月革命后列宁的国家对外传播观及其当代启示》，《中共宁波市委党校学报》2017 年第 3 期。

⑪ 陈力丹：《列宁论新闻真实》，《新闻界》2017 年第 6 期。

⑫ 史文静：《列宁：保障苏维埃报刊真正送达到基层》，《新闻界》2017 年第 8 期。

⑬ 陈力丹：《毛泽东论宣传》，《新闻界》2017 年第 8 期。

⑭ 王路坦：《毛泽东意识形态领导权、管理权和话语权思想探析》，《湖湘论坛》2017 年第 2 期。

⑮ 陈力丹：《邓小平在革命战争年代的新闻活动和新闻思想》，《新闻界》2017 年第 9 期。

⑯ 杨晶、陶富源：《十月革命后列宁的国家对外传播观及其当代启示》，《中共宁波市委党校学报》2017 年第 3 期。

⑰ 丁柏铨、任桐：《“新闻舆论的传播规律”初探》，《新闻记者》2017 年第 12 期。

⑱ 马得勇、张志原：《公共舆论的同质化及其心理根源——基于网民调查的实证分析》，《清华大学学报（哲学社会科学版）》2017 年第 4 期。

⑲ 金旭阳：《全媒体背景下舆论和舆情的关系辨析》，《传媒》2017 年第 19 期。

下依然适用。[①]

新技术为舆论、舆情研究提供的新手段和新方法得到了研究者的普遍关注。大数据、情绪分析和风险管理成为国内舆情研究的新趋势。[②] 有研究指出国内大数据应用于舆论的研究存在的不足，并提出应建立在理论指导下、综合应用多种方法提高研究信度与效度、通过情感分析促进相关研究。[③] 区块链强背书特点被认为是未来网络舆情分析技术的绝佳切入点，[④] 复杂系统论逐渐成为网络舆论研究的新范式。[⑤] 还有研究提出了微博意见领袖影响力评估算法并完成了微博消息预警模块的实现。[⑥]

与舆论/舆情研究密切相关的舆论引导研究也呈现出对互联网环境的高度关注。有研究提出了网络舆论引导的策略：建立网络舆论监控系统、确保公众的知情权、重视网络意见领袖的作用[⑦]；加速网络舆论管理制度及法律规范的制定[⑧]；重视隐性舆论引导[⑨]；发挥主流媒体引导作用[⑩]等。同时，也有研究置疑“引导舆论”的说法，认为应表达为“引导公众”。[⑪]

在舆论/舆情治理方面，互联网及新媒体舆论/舆情治理研究最为突出。有研究指出十八大以来网络舆论经历了从无序的大众政治模式向体制内精英主导的规范参与模式的转型，以及互联网舆论治理在技术平台、治理思路与手段、政治关注视角等方面的转型。[⑫] 舆论反转现象的成因及治理手段[⑬]、互联网舆论/舆情治理的法理基础[⑭]、互联网舆情治理特点[⑮]、微博舆情治理模式的利弊评判[⑯]等问题也受到关注。研究认为互联网在对舆论治理与引导提出新挑战的同时也催生了民主政治监督的新形式——网络政治监督[⑰]，公民在舆论监督中的主体地位得以回归[⑱]。网络舆论场[⑲]、突发事件舆情应对[⑳]、新时期新闻舆论工作[㉑]等议题也得到了一定程度的关注。

---

① 党明辉：《公共舆论中负面情绪化表达的框架效应——基于在线新闻跟帖评论的计算机辅助内容分析》，《新闻与传播研究》2017 年第 4 期。

② 丁晓蔚：《大数据、情绪分析和风险管理：舆情研究的现状评析和态势展望》，《南京社会科学》2017 年第 6 期。

③ 曾凡斌：《大数据应用于舆论研究的现状与反思》，《现代传播（中国传媒大学学报）》2017 年第 2 期。

④ 李泰安：《区块链重构网络舆论环境》，《传媒》2017 年第 21 期。

⑤ 曲飞帆、杜骏飞：《复杂系统论：中国网络舆论研究的范式转向》，《南京社会科学》2017 年第 11 期。

⑥ 李立煊：《基于聚类定量分析的微博舆情监测与预警》，《传媒》2017 年第 7 期。

⑦ 王若曦：《自媒体时代网络舆论引导力提升策略研究》，《中国报业》2017 年第 22 期。

⑧ 梁桂英：《做好舆论引导、还网络一片清朗》，《人民论坛》2017 年第 12 期。

⑨ 何志红：《第五媒体下隐性舆论引导的理论探索》，《中国报业》2017 年第 20 期。

⑩ 刘乐：《论自媒体时代网络舆论引导力提升策略》，《中国报业》2017 年第 2 期。

⑪ 陈力丹：《准确估量舆论、舆情的数量和范围》，《新闻界》2017 年第 3 期。

⑫ 孙卫华：《中共十八大以来网络舆情与治理的结构转型》，《天津师范大学学报（社会科学版）》2017 年第 3 期。

⑬ 徐敏：《“舆论反转”现象的成因及其治理》，《传媒》2017 年第 23 期。

⑭ 赵秋雁：《论社会舆情治理的法理基础和实施路径》，《北京师范大学学报（社会科学版）》2017 年第 6 期。

⑮ 詹婧：《互联网治理舆情呈现四大新特点》，《中国报业》2017 年第 3 期。

⑯ 张爱军、刘姝红：《微博政治舆情治理利弊分析》，《学术界》2017 年第 3 期。

⑰ 刘艳：《规范网络政治监督深化网络理政》，《中国井冈山干部学院学报》2017 年第 3 期。

⑱ 李延枫：《舆论监督：概念辨析与重新认识》，《新闻与传播研究》2017 年第 4 期。

⑲ 黄丽萍：《网络舆论场空间结构及其治理》，《中共杭州市委党校学报》2017 年第 3 期。

⑳ 肖文涛、曾煌林：《突发事件政务舆情回应：面临态势、困局与对策思路》，《中国行政管理》2017 年第 12 期。

㉑ 杜刚、徐友龙：《媒介执政：中国共产党领导新闻舆论工作规律的深化与发展》，《观察与思考》2017 年第 7 期。

七、新媒体政治参与研究

当今新媒体深度嵌入人们的生活，给政治参与带来了复杂深刻的影响。现有研究既关注媒介接触对政府信任的影响①、网络反腐②和政治表达③等议题，也关注新媒体对特殊群体的政治认同或政治参与的影响，探讨新媒体环境下公民政治参与对党执政能力建设的影响④。

在新媒体政治参与领域，多项研究关注网络空间集体行动/网络抗争/群体性事件和网络群体极化现象。有研究检验并构建了青年网络集体行动的社会心理路径，发现集体情绪、工具理性、身份认同和道德信念对网络集体行动影响显著⑤。有研究基于近年来典型的网络抗争性行动，解析公民网络抗争动员生成的演化机理与制约性条件。⑥ 还有研究分析了新媒体群体性突发事件演化的影响因素；⑦ 或研究政府应对网络群体性事件的政策工具。⑧

网络民粹主义也成为学者们关注的重点。研究发现我国网络民粹主义具有感染迅速但容易极化、载体多样但容易过分、联动复杂但容易极端等规律与特点⑨。有研究认为当前中国网络民粹主义是一种应激性的激进民意，它一方面建构了民本话语、平等话语和参与话语，另一方面解构了精英话语的合法性，凸显了情感动员的勾连作用，折射了民众对于共享发展成果的渴望⑩；也有研究从话语和权力的关系入手，视网络民粹主义为社会底层借助媒介技术赋权，以话语策略生产参与公共政策博弈的资本，聚合影响行政决策的权力。⑪ 针对网络民粹主义的治理，有学者建议从完善意见表达及利益诉求机制、建立健全协商民主平台、改进民主与科学决策、完善网络管理和治理、加强公民媒介素质与网民道德法制等多种途径入手。⑫

八、政务新媒体研究

政务新媒体研究主要以各级政府部门的政务微博、微信公众号、客户端、网站等政务新媒体为研究对象，针对其运营现状、传播过程与效果、积累的经验、存在的不足等，提出对策建议，尤以对政务微博的关注为多。研究发现政务微博最关注政治类、民生类议题，呈现出政治经济类宏观议题与民生社会类微观议题并行发展的特点，同时亦受到层级结构、职能权责、

① 薛可、余来辉、余明阳：《媒介接触对政府信任的影响：基于中国网民群体的检验》，《现代传播（中国传媒大学学报）》2017 年第 4 期。

② 肖扬伟：《新时期我国网络反腐发展的新趋势》，《中国井冈山干部学院学报》2017 年第 3 期。

③ 卢家银：《传统媒体与网络媒体：媒介新闻使用对青年政治表达的影响及政治效能的中介作用》，《新闻大学》2017 年第 3 期；何志武、吴丹：《从“他助”到“自助”：“心理不悦类”“邻避”冲突事件中的媒介选择、自我动员与集体抗争》，《新闻大学》2017 年第 4 期。

④ 王赫奕、王义保：《网络问政对党执政能力建设的影响与对策》，《甘肃社会科学》2017 年第 4 期。

⑤ 雷开春：《青年网络集体行动的社会心理路径分析》，《青年研究》2017 年第 4 期。

⑥ 倪明胜、钱彩平：《公民网络抗争动员的演化过程及其内在机理——基于近年来典型网络抗争性行动为例的经验研究》，《理论探讨》2017 年第 3 期。

⑦ 宋之杰、李鑫：《新媒体下群体性突发事件演化影响因素研究》，《现代传播（中国传媒大学学报）》2017 年第 3 期。

⑧ 李红星、王曙光、李秉坤：《应对网络群体性事件的政策工具分析》，《中国行政管理》2017 年第 2 期。

⑨ 曾豪杰：《我国网络民粹主义规律及其治理》，《理论月刊》2017 年第 6 期。

⑩ 刘小龙：《解构与建构：当前中国网络民粹主义话语的生成逻辑》，《中共浙江省委党校学报》2017 年第 4 期。

⑪ 何志武、宋炫霖：《话语赋权与资本博弈：公共政策场域的网络民粹主义》，《当代传播》2017 年第 3 期。

⑫ 曾豪杰：《我国网络民粹主义规律及其治理》，《理论月刊》2017 年第 6 期。

地域差异的影响。[①] 也有研究者聚焦于政务新媒体的发展战略与路径[②]，实现媒介与信息的整合[③]，重构政务新媒体传播的要素关系与框架[④]。

政务新媒体是建设服务型政府、推进政府治理现代化的重要工具。有研究者主张各级政府应强化对新媒介认知，将其与政府治理机制创新有机结合起来[⑤]，实现我国“微博问政”的制度化建设[⑥]；有的主张政务新媒体应走网上群众路线，以畅通民意表达、强化社会监督、提高行政效能，促进社会和谐稳定，推社会治理理论与实践的新发展。[⑦]

九、国内政治传播业务实践研究

2017 年政治传播业务实践的研究成果非常丰富。诸多研究对“两会”“十九大”“一带一路”“精准扶贫”等议题进行了专门分析，其中尤以“两会”议题最为突出，这与 2017 年全国两会报道盛况空前、创新不断密切相关[⑧]。关于“十九大”的报道研究，大都聚焦于如何创新表达[⑨]、宣传党的十九大精神[⑩]、突出核心意识[⑪]、营造良好的舆论氛围。[⑫] “一带一路”“精准扶贫”的传播业务实践总结与上述“两会”“十九大”的实质差别不大，在此不再赘述。

在 2017 年国内的政治传播业务实践中，“融”字成为贯穿众多议题的核心。研究大多聚焦于如何创新推进媒介深度融合[⑬]，创新媒体平台、媒介形态、产制模式，让前沿技术服务于传媒实践[⑭]；从内容、技术、生产流程三个层面探索融合创新的经验和规律[⑮]；利用“中央厨房”增强媒体

① 贾哲敏、赵吉昌：《北京市政务微博群集的现状与发展：议题图景与服务转型》，《电子政务》2017 年第 4 期。

② 高翔：《区域性移动政务新媒体云平台模式简析》，《传媒》2017 年第 5 期。

③ 郭俊辉：《政务新媒体的受众认同感影响因素研究——基于“浙江发布”微博与微信的对比分析》，《浙江学刊》2017 年第 4 期。

④ 仇志伟、郑建村：《移动互联时代政务新媒体的发展路径》，《传媒》2017 年第 24 期。

⑤ 钟伟军：《新媒介意识、制度规范与危机中的地方政府微博表现——基于 2016 年各地水灾的实证分析》，《江苏行政学院学报》2017 年第 5 期。

⑥ 伊士国、李杰：《论我国“微博问政”的制度化》，《新闻爱好者》2017 年第 4 期。

⑦ 杨国兵：《指尖上的社会治理：基于苏州“寒山闻钟”网络问政的实证研究》，《电子政务》2017 年第 7 期。

⑧ 张倩：《从 2017 全国两会“现象级”作品看重大主题宣传融媒报道应具备的几个意识》，《中国记者》2017 年第 4 期。

⑨ 贺俊浩、赵旭红：《以镇版之作和刷屏产品为十九大打 CALL——三大央媒十九大报道创新解析》，《中国记者》2017 年第 11 期；寿川：《展开砥砺前进的系列画卷——〈人民日报〉迎接十九大特刊地方篇评析》，《中国记者》2017 年第 10 期。

⑩ 鲍洪俊：《把好节奏、踩准节拍，凝心聚力铸自信——浙报集团迎接十九大宣传报道中的探索》，《中国记者》2017 年第 10 期；湖北日报传媒集团：《从三个维度着力 在深与实上突破——做好学习贯彻党的十九大精神宣传报道的实践和思考》，《中国记者》2017 年第 12 期；张宇强：《地方媒体准确全面做好“十九大精神”宣传的三个层面》，《中国记者》2017 年第 11 期；詹勇：《探索新时代评论创新发展之路：新华社十九大评论报道的认识体会》，《中国记者》2017 年第 12 期；李春良：《强化责任担当 引领文化自信——北京电视台十九大宣传报道及传播实践思考》，《电视研究》2017 年第 12 期。

⑪ 张西陆、罗彦军、曾妮：《南方 +：党端十九大报道如何突出核心意识，做出南方特色》，《中国记者》2017 年第 11 期。

⑫ 徐兆荣：《“共享”“获得感”喜迎十九大——从新华社部分迎接十九大报道谈起》，《中国记者》2017 年第 10 期。

⑬ 左志新：《在融合与创新中寻求发展——2017 年全国两会媒体报道综述》，《传媒》2017 年第 7 期。

⑭ 陈欣钢：《媒体融合环境下的政治传播创新策略——以全国两会融合报道为例》，《当代传播》2017 年第 3 期。

⑮ 张梓轩、李政、李倩：《央视新闻移动网：主流媒体基于移动智能终端的融合创新实践》，《中国记者》2017 年第 6 期。

传播力、引导力、影响力、公信力等。[①]还有研究聚焦媒体组织方式、业务流程上的改革，如在新闻生产组织上转变为自下而上与自上而下相结合，鼓励业务骨干带头负责采编运营数字端各频道、栏目，探索从传统报纸单兵作战转变为团队合作的内容生产组织方式，[②] 又如采编人员转型，对内容生产流程进行变革，不断延伸媒体服务功能。[③]

十、互联网治理研究

已有研究在互联网全球治理和国内治理的两个维度上展开。研究梳理了全球互联网治理主体的历史变迁[④]，指明了全球互联网治理面临的关键挑战，包括治理主体的竞争、治理规则的缺失、治理尺度的模糊、治理技术的逃避[⑤]，并尝试为中国指明进路，为世界提供中国方案。[⑥] 研究认为，长久以来互联网的治理权都被互联网先占国所主导，应对这些关键挑战还面临着持久性的国际力量博弈[⑦]。还有研究强调中国应当肩负起大国责任，通过提升国际话语权、把握规则制定权和构建行动共同体，携手各方力量共同应对全球互联网治理的关键挑战。[⑧]

关于国内的互联网治理，有研究分析了我国网络社会中存在的许多需要关注和解决的问题，如网络舆论中存在对立和不满情绪，网络突发事件频繁发生，网络社会领域出现了诸多危及公民生活、社会稳定和国家安全的违法犯罪问题。[⑨] 总体而言，已有研究大多认可政府主导下的多元主体协同治理模式。有研究提出要通过协商协调的手段联合政府部门、社会组织和个人对社会问题进行多元化治理，同时，要形成多元化治理主体之间的互动机制、调整治理规则、从国家战略层面进行顶层设计等。[⑩]

除此之外，网络安全问题受到特别关注，这也是习近平网络治理思想的重要组成部分。[⑪] 有学者梳理了网络安全治理议题、治理的目标，发现我国网络安全治理规则相对缺失，并指出国家参与网络安全治理的能力会受到技术性权力、解释性权力和制度性权力三种权力的影响。[⑫] 有研究从技术维度阐释国际网络安全规则创制中的国家（政府）制度性话语权力博弈，认为技术开发应用能力是网络安全领域中各行为主体话语权力的基石，政府话语权力博弈集中体现为国际网络技术标准的创制竞争。[⑬] 还有研究分析了网络意识形态

---

① 高秉喜：《让“中央厨房”为提升地市报“四力”助威——对全国地市报“中央厨房”建设的调查与思考》，《传媒》2017 年第 5 期。

② 左志新：《坚持党报使命 加快深度融合——浙江日报报业集团谱写融合发展新篇章》，《传媒》2017 年第 10 期。

③ 丁晶：《兰州报业“指点传媒”：探索融合背景下政务服务的创新之路》，《中国记者》2017 年第 6 期。

④ 邹军：《从个人管理到全球共治：互联网治理的历史变迁与未来趋势》，《现代传播（中国传媒大学学报）》2017 年第 1 期。

⑤ 罗昕：《全球互联网治理：模式变迁、关键挑战与中国进路》，《社会科学战线》2017 年第 4 期。

⑥ 陈家喜：《互联网发展与治理的中国方案——习近平网络治理思想研究》，《理论视野》2017 年第 7 期；侯云灏、王凤翔：《网络空间的全球治理及其“中国方案”》，《新闻与写作》2017 年第 1 期。

⑦ 罗昕：《全球互联网治理：模式变迁、关键挑战与中国进路》，《社会科学战线》2017 年第 4 期。

⑧ 同上。

⑨ 熊光清：《网络社会的兴起与治理变革：中国的问题与出路》，《学习与探索》2017 年第 9 期。

⑩ 张化冰：《中国互联网治理的困局与逻辑重构》，《学术研究》2017 年第 12 期。

⑪ 陈家喜：《互联网发展与治理的中国方案——习近平网络治理思想研究》，《理论视野》2017 年第 7 期。

⑫ 任琳、吕欣：《大数据时代的网络安全治理：议题领域与权力博弈》，《国际观察》2017 年第 1 期。

⑬ 刘小燕、崔远航：《国际网络安全规则创制与政府话语权博弈——技术维度的阐释》，《国际新闻界》2017 年第 11 期。

的形成、概念与特征，认为网络意识形态安全是现代网络安全的重要内容。[①]

十一、政治话语研究

研究发现，近年来，国家话语出现了时间和空间上的交叉融合，关照了主题与方法、经济与政治、官方与民间、传统与现代、现实与虚拟、国内与国际、区域与全球等多重维度。[②] 媒体在话语体系传播和争取话语权中占据重要地位。[③] 在研究方法层面，有研究提出计算机辅助大数据政治话语分析的方法。[④] 从历史维度看，特定时期的中国革命话语研究成果颇丰：民主革命时期共产党对“人民民主专政”话语的建构历程与历史经验[⑤]；抗战时期同题新闻的舆论动员规律分析[⑥]；革命历史叙事的时间构置及革命话语与人道话语的并置、冲突[⑦]；核心政治话语的历史演变与从“革命”到“改革”的话语转型[⑧]；革命话语体系向建设话语体系的转变[⑨]；“新中国”符号的话语建构与历史演变[⑩]；中国共产党发展话语的变迁[⑪]以及妇女解放的话语转变[⑫]等。

当今互联网时代政治话语传播语境发生的变化及其所面临的机遇与挑战成为政治话语研究的一大热点。研究发现，一方面，社会主义意识形态与舆论的原有话语关联发生变化[⑬]，传统宣传话语体系日渐式微[⑭]。另一方面，网络公共领域话语建构面临道德困境，[⑮] 网络语境为构建群众工作话语体系带来政治生态语境复杂、群众认同难度大、网络思潮和群体事件干扰多等问题。[⑯] 现实事件面临现实与虚拟的双重话语表达的现状。[⑰] 此外，也有少量研究着眼于具有时代特色的话语研究，如：“四个意识”话语的历史渊源与新内涵[⑱]、反腐败斗争的话语实践中的廉政话语研究[⑲]、公共事件中的“去政治化”话语表达[⑳]以及突发事件中的话语体系建

---

① 秦鼎哲、秦勇、李后强：《网络意识形态的特征及其安全建设初探》，《毛泽东思想研究》2017 年第 5 期。

② 陈汝东：《论中国国家话语的发展趋势》，《学术界》2017 年第 2 期。

③ 刘仲翔：《媒体传播与话语体系建设》，《国家行政学院学报》2017 年第 1 期。

④ 佟德志：《计算机辅助大数据政治话语分析》，《国家行政学院学报》2017 年第 1 期。

⑤ 黄寿松：《民主革命时期中国共产党对“人民民主专政”话语的建构及启示》，《现代哲学》2017 年第 6 期。

⑥ 肖燕雄、卢晓：《〈新华日报〉〈大公报〉〈中央日报〉同题新闻抗日话语分析》，《新闻与传播研究》2017 年第 9 期。

⑦ 瞿华兵：《政治文化与新时期初期人道主义革命历史叙事》，《内蒙古社会科学（汉文版）》2017 年第 3 期。

⑧ 唐爱军：《从“革命”到“改革”——论中国共产党意识形态的话语变迁》，《浙江学刊》2017 年第 4 期。

⑨ 王静：《改革开放以来中国共产党发展话语体系的建构与发展》，《理论与改革》2017 年第 4 期。

⑩ 胡国胜：《中国共产党“新中国”符号的话语建构与历史演变》，《党的文献》2017 年第 1 期。

⑪ 陈蓉蓉、吴学琴：《中国共产党发展进程中的话语变迁考察》，《学习与实践》2017 年第 8 期。

⑫ 李乾坤、王晶：《妇女解放主流话语的时代变迁与历史价值》，《中共杭州市委党校学报》2017 年第 6 期。

⑬ 刘春波：《网络舆论时代社会主义意识形态教育的话语危机及应对之策——基于意识形态与舆论的话语关联分析》，《湖北社会科学》2017 年第 6 期。

⑭ 徐小婷：《新媒体环境下政府话语体系的构建与形象传播》，《现代传播（中国传媒大学学报）》2017 年第 5 期。

⑮ 王凌、肖婕芳：《网络公共领域话语建构的道德困境与对策》，《宁夏社会科学》2017 年第 5 期。

⑯ 陈杰、何云庵：《互联网 + 时代：群众工作话语体系构建的价值、困境及路径》，《毛泽东思想研究》2017 年第 6 期。

⑰ 姜利标：《现实事件、网络话语和双重表达——以庆安事件微博传播为个案》，《青年研究》2017 年第 5 期。

⑱ 吴育林、李腾凯：《“四个意识”话语的新发展——从〈共产党宣言〉到“四个全面”战略期》，《贵州社会科学》2017 年第 3 期。

⑲ 于琴：《党的十八大以来党和国家领导人廉政话语研究》，《河南社会科学》2017 年第 4 期。

⑳ 李春雷、曹芝慧：《社会公共事件中民众“去政治化”的话语表达研究——基于南昌“象湖事件”的实地调研》，《新闻界》2017 年第 7 期。

构[①]等。

2017年国内政治传播研究特点是内容丰富、紧扣现实议题、凸显中国立场，延续2016年的研究主线又有所纵深和拓展，呈现出生机勃勃的景象。但同时，2016年存在的不足并未得到较大改进，依然留有遗憾：如基础性研究相对匮乏；研究创新性不足、同质性较高；研究方法单一；大量对策性研究缺乏扎实的论据和科学细致的论证过程；效果研究和受众研究匮乏；对于政治修辞研究、政治新闻研究、媒介制度研究等政治传播研究中的传统领域开拓不够；行政学派取向的研究居多，缺乏批判立场；学科来源狭窄，基本上集中于新闻传播学、政治学、历史学、党史研究等领域，其他关联学科如心理学、社会学和政治经济学等的缺失尤为明显。此外，由于研究视野局限，对于其他国家和地区及其不同历史时期、不同政治行为主体的政治传播活动关注有限。上述不足恰好也说明，政治传播研究是一块存有大量机会的学术沃土，大有可为。

撰稿：何　晶（中国社会科学院大学媒体学院教授、博导，
校政治传播研究中心主任，博士）
武　文（中国社会科学院大学媒体学院2017级研究生）
王美华（中国社会科学院大学媒体学院2017级研究生）

公共传播研究2017年综述

在经历了2016年度公共传播研究“集大成”之作频出的“尖峰时刻”之后，2017年度的公共传播研究处在理论和实践探索继续分头行动、分散进行的平稳推进状态。虽然公共传播并没有进入西方主流学术话语，但是在中国受新媒体话语的促动下，公共传播论题的相关论文数量和会议数量呈现持续增长态势。一方面，大传媒时代“新闻生活”从“大众传播到公共传播的范式转型”渐成共识；[②] 但另一方面，人们对“公共性”的理解，对公共传播的主体、意涵、语用指向、学科应用以及可能的“数字鸿沟”等问题依然面临困惑和争议，新媒体语境下公共传播的朝向和模式革新依然面临着“幻象”和困境之忧。

一、理论研究：公共传播的合法性建构与主体性思考

在既有成果和研究路径的基础上，2017年的公共传播研究试图对公共传播的基本概念和研究范式进行更为全面和深入的演绎。有学者把“公共传播”定义为“个体、组织等多元主体在由不同属性媒介组成的开放式传播网络中，围绕公共议题展开沟通对话而形成的知识、图像、符号和信息流”，认为它既是实践的观念，

① 李明：《突发事件治理话语体系变迁与建构》，《中国行政管理》2017年第8期。

② 张斯琦：《大传媒时代的“新闻生活”：大众传播到公共传播的范式转型》，《现代传播（中国传媒大学学报）》2017年第9期。

也是观念的实践，传播主体、渠道、空间的多样性和传播过程的公众参与、公共价值取向是其主要特征，① 并赋予公共传播关注社会问题和推动社会转型、是对我国长期以来大一统传播格局的调适和补缺、适应媒体融合趋势的贯通和协调力量等意义，把公共传播看作是对中国当下既有传播结构的“变革”力量和积极要素。②

有学者对“公共传播”的解释虽简明扼要，却言简义丰，将公共传播看作是“在特定社会条件下、遵循特定价值规范的传播活动，即具有平等身份的公民在开放的场所，遵循公开、公正、相互尊重和容纳等原则展开的涉及共同关心议题或相关利益的交往，它的指向是通过信息的交流、意见的交锋，以及关系的建立与维系而形成具有集合主体性（collective subjectivity）和行动力的公众（the publics），并以此影响表达和实现其意愿的公共政策。也就是说：传播的公共性，即是传播活动落实上述这些民主和理性的价值规范的倾向与程度，也是通过传播活动将这些价值规范与历史的经验场景相勾连（或接合，articulation）的倾向与程度”。③ 这一概念，不仅显示了公共传播和“传播的公共性”的互构关系，更明确了公共传播的主体、实践目标和实现路径，清晰地表达了公共传播的价值关怀和理论立意，并进一步阐明公共传播研究的“合法性”和当下意义——传播研究的触角正在伸向人类生活的各个范畴，公共传播的使命就是以此考察并理解人的主体和社会之构成元素和过程；它将生活世界或日常生活纳入了传播研究视域，聚焦公共生活，关注人们相互交往、关联、形成公众、以之展开行动的过程；传播学研究因此而不可或缺其规范维度，需要重新审视和强调其具有多重内涵的公共性原则。这一概念的获得与作者阐明的公共传播是“在经验观察坚实基础上的理论升华”如出一辙，意在强调公共传播理论和实践互融共生、相互促动的特征。

在概念总结之外，学者们对公共传播的主体、传播语境、应遵循的原则等也有一些零星的思考。从公共传播的行为主体看，一方面是公众参与和民主商议“有助于增强人们的政治兴趣，激发他们参与日常的政治讨论和地方选举投票”，进而“对提高政府权威以及培育现代公民特征等”有明显影响；④ 但另一方面，在互联网的虚拟社会影响及社会成员关系重构语境下，“公知”“自干五”“小粉红”等网络“新意见群体”交替出现，⑤“网络喷子”在网络空间中大行其道并恶化传播环境，⑥“中间阶层”的觉醒“使他们开始取代低年龄、低收入、低教育水平的‘三低人群’成为网络舆论的主力军和议程设置者”⑦。公共传播中“传播者身份的日渐复杂化及权力的过度扩大化，直接导致公共传播领域中各类人身攻击、舆论恶意误导等不良情况的频频出现”，⑧ 并出现了网络

---

① 冯建华：《公共传播：在观念和实践之间》，《现代传播（中国传媒大学学报）》2017 年第 7 期。

② 冯建华：《公共传播的意涵及语用指向》，《新闻与传播研究》2017 年第 4 期。

③ 潘忠党：《导言：媒介化时代的公共传播和传播的公共性》，《新闻与传播研究》2017 年第 10 期。

④ 闫文捷：《作为公共传播的民主商议及其意义——一项针对浙江基层商议实践的问卷调查》，《新闻与传播研究》2017 年第 11 期。

⑤ 何志平、卿志军、李明菲：《网络“新意见群体”演替现象的生态学解读与启示》，《现代传播（中国传媒大学学报）》2017 年第 9 期。

⑥ 窦东徽、罗明明、刘肖岑：《网络喷子：演变过程、产生机制及干预路径》，《现代传播（中国传媒大学学报）》2017 年第 10 期。

⑦ 单凌：《中间阶层的觉醒：中国舆论场新生态》，《新闻大学》2017 年第 3 期。

⑧ 赵钧湘：《公共传播时代传播者权力的过度扩大化》，《山西青年》2017 年第 20 期。

空间中独特的“中国式怨怼”现象。[①] 如何在公共空间和公共讨论中保持理性和形成规范，有学者对“情绪识别”的研究[②]和对弱势群体信息表达预警机制和疏导路径[③]的研究，具有启示价值。

二、面向实践：公共传播研究的领域地图及其特色呈现

在对公共传播“成名的想象”中，学者们进一步提出了大传媒时代“个人”被激活、公众的“新闻生活”被强调情景下传播研究范式需要从“大众传播到公共传播的范式转型”的问题。[④] 在这样的认识基础上，2017 年公共传播的研究领域和内容设定被赋予更加宽广的空间和维度，作为一种问题分析的理论范式和工具，不仅被广泛用于讨论公共关系、政治、危机、健康、公益、环境等传统型议题，并延展到意识形态、旅游、农村、企业、民族政策、周边传播[⑤]等不同向度的新话题上；并从扩展传播对象和传播主体的维度，强调新媒体语境下解决相关问题的公众参与路径和公共利益面向。2017 年的公共传播研究，在以下几个领域成果显著，特色鲜明：

（一）乡村传播：城乡二元对立语境下的空间转向

随着十九大报告“实施乡村振兴战略”的提出，学术研究因应现实需求在空间上的体现即为乡村传播的再次勃兴。2017 年《吾土吾民——农民的文化表达与主体性》[⑥]《中国农民工研究（1984—2014）》[⑦] 等专著和大量优秀学术论文的出现，是继近年城市传播研究兴起之后乡村传播对均衡城乡二元结构、改变城市话语体系“霸权”地位的回应和“补课”。

尽管还存在着“数字鸿沟的存在使得农村传播资源不足、传播渠道不畅、传播意识和传播能力缺乏”、[⑧] 农民的表达能力有限、农民维权成本过高[⑨]等众多问题，但媒介对农村现代化的塑形作用及乡村传播研究的价值还是得到了认可。有研究者提出，媒介与乡村文化实践具有内化为村民的生活方式、仪式、思维方式和价值观念等作用，研究乡村传播，有助于了解村民的情感结构；不仅如此，媒介在乡村还具有“团结”作用，使民谣、木偶戏、地方戏等传播行为成为一种具有集体倾向的社会行动，在经济全球化、城市化、市场化主导的当代生活中为农民赢得更大的生存空间——特别是对“团结媒介”的研究，不仅建构起新型乡村文化传播行为与政治经济活动的有机勾连，而且可以填补传播学研究的空白地带，为中国乃至世界的“传播实践提供新的范式”。[⑩]

在大量研究聚焦于传统媒介和新媒体对农村信息传播生态的影响之外，令人既难过又欢欣的是学者们对农村传播的问题发现和大胆言说。2017 年乡村传播的内容

---

① 李春雷、曹芝慧：《网络空间问题的探讨——基于首届新媒体与社会心理学术研讨的思考》，《现代传播（中国传媒大学学报）》2017 年第 3 期。

② 丁汉青、刘念：《情绪识别研究的学术场域——基于 CiteSpace 的科学知识图谱分析》，《新闻大学》2017 年第 2 期。

③ 袁爱清：《网络语境下弱势群体信息表达预警机制及疏导路径》，《现代传播（中国传媒大学学报）》2017 年第 7 期。

④ 张斯琦：《大传媒时代的“新闻生活”：大众传播到公共传播的范式转型》，《现代传播（中国传媒大学学报）》2017 年第 9 期。

⑤ 孙文文：《公共传播视域下的周边传播研究》，《浙江传媒学院学报》2017 年第 2 期。

⑥ 沙垚：《吾土吾民——农民的文化表达与主体性》，中国社会科学出版社 2017 年版。

⑦ 王春雷：《中国农民工研究（1984—2014）》，湖北教育出版社 2017 年版。

⑧ 郑晓迪：《传播“公共性”视角下的城乡数字鸿沟》，《华中农业大学学报（社会科学版）》2017 年第 4 期。

⑨ 岳楚炎：《当代中国农民利益表达机制的实证研究——以四川省某村为例》，《成都师范学院学报》2017 年第 6 期。

⑩ 沙垚：《寻找乡村传播的另一种意义》，《中国社会科学报》2017 年 3 月 23 日。

主体很多以反映乡村的凋敝、问题和人们对城市的向往为特征的。譬如有学者对留守儿童形象的“标签化”和成为影视节目的“陪衬”的批评,① 对农村地区群体规范、群体意识、群体压力所导致的从众行为对高婚嫁成本影响的思考,② 对农村地区基督教盛行的研究,③ 对农村“光棍”四处游猎找越南女子相亲缔结商品化跨国婚姻、形成政府婚姻管理的“灰色地带”及他们可能遭遇的越南新娘逃婚、悔婚或离婚等风险的研究④……如果说此前存在着“媒介在市场的裹胁下对农民、农村和农业问题的选择性放弃”⑤ 的话，2017 年关涉农村问题的媒介表现和研究成果可以看作是国家政策和新媒体发展双重驱动下传播理性的回归。

（二）性别政治：女性公共话语和权利表达的崛起

长期以来，女性在政治话语中是离场状态或处于弱势地位。但是在互联网信息技术赋权的公共传播中，女性的话语建构受到关注。⑥ 女性网络参政已成为当前政治民主化进程中的重要议题，女性参政模式从较为单一的制度性分配，逐步发展成为以“自我赋权”为核心的多元途径。⑦ 在 2017 年的性别话语中，虽然也存在着男性气质、男权话语等讨论，但更多的研究注意力给予了女性。有学者以新浪微博中“全面二孩”议题为例，研究了微博视域下女性在社会公共话题中的参与度、关注视角和话语表达特征，发现微博为女性参与公共话题讨论，尤其是从自身在现实中的特殊处境出发表达看法提供了重要平台。⑧ 当然，传统媒介中的女性问题也得到了关注，比如有学者以动画电影为切入口，探析了迪士尼女性成长动画电影的叙事范式；有学者以时尚杂志为切入口，对男性和女性时尚杂志中呈现的女性形象进行了比较研究；⑨ 还有学者以电影《我不是潘金莲》为例，分析女性在男权空间中的四处冲撞和反抗的无力感等。⑩

饶有意趣的是，一些以男性为对象的研究也开始尝试借用女性的观察视角进行解读，譬如将近年流行的“小鲜肉”一词放置在性别权力的视野中，把它看作是“性别角力”和女性地位提升后自身消费权利的表达，认为“传统的性别权力关系在我们这个时代已经发生了很大变化，掌握了经济自主的女性通过消费表达了自己对男性的审美需求，而‘小鲜肉’正是主动迎合这些需求的产物”。⑪

（三）危机传播：从现象出发的系谱化演进和渐趋纵深态势

危机和风险在公共传播研究中一直都是热门话题。2017 年的危机传播研究依然

---

① 刘丽丹、刘福利：《农村留守儿童形象的电视传播》,《当代电视》2017 年第 8 期。

② 何国胜：《群体传播视角下农村高婚嫁成本成因分析——以临夏回族自治州临夏县为例》,《传播与版权》2017 年第 6 期。

③ 秦朝森：《网络民族志的研究——以山东乡村的基督教传播实践为例》,《新闻大学》2017 年第 4 期。

④ 管成云、冯强：《商品化婚姻与中国农村光棍游猎式相亲的婚姻风险——基于“越南新娘”报道（2010—2016）的内容分析》,《现代传播（中国传媒大学学报）》2017 年第 11 期。

⑤ 赵丽芳：《放弃与干预——对农村传播问题的思考》,《新闻大学》2006 年第 2 期。

⑥ 杨霞：《新媒体视域下女性形象呈现与话语建构》,《现代传播（中国传媒大学学报）》2017 年第 9 期。

⑦ 华昊：《社交媒体空间女性声音的政治意涵》,《现代传播（中国传媒大学学报）》2017 年第 12 期。

⑧ 杨凤娇、陈曦、锁菁：《微博视域下女性在社会公共话题中的话语表达——基于新浪微博对“全面二孩”的讨论》,《现代传播（中国传媒大学学报）》2017 年第 2 期。

⑨ 胡春阳、杨雪晨：《男性、女性时尚杂志封面女性形象的对比研究——以〈时尚 Cosmo〉与〈男人装〉为例》,《新闻大学》2017 年第 5 期。

⑩ 罗干：《被利用的女性身份——谈〈我不是潘金莲〉的女性形象构建》,《传媒与教育》2017 年第 2 期。

⑪ 潘桦、李亚：《“小鲜肉”现象研究：基于性别权力的视角》,《现代传播（中国传媒大学学报）》2017 年第 9 期。

遵循着结合具体案例、从不同维度和视角展开讨论的惯例，在公共舆论中的负面情绪表达[①]、新媒体环境下危机事件从线下到线上的集体行动达成[②]、网络恐怖主义的动员特征和应对困境[③]、突发事件的“公共化”进路[④]、心理不悦类“邻避”冲突事件的发生过程和传播机制考察[⑤]等多个层次和维度展开。其中，谣言传播的研究成果尤为丰硕，如有学者对“关怀式谣言”新现象的关注[⑥]，有学者结合媒介素养理论对公众的谣言辨别能力及其影响因素的研究[⑦]，有学者对新闻和谣言关系的辨析[⑧]，有学者对微信半封闭的传播环境、“弥漫”式新闻传播模式对微信谣言产生影响作用的研究[⑨]，有学者从传播法的角度对网络谣言型涉众事件刑事归责的分析[⑩]，有学者对辟谣效果的影响及辟谣可信度调节作用的研究[⑪]等，从现象、要素、关系、成因、对策等多个维度，较好地展示了这一领域研究的系谱化演进和渐趋纵深趋势。

立足于新闻热点的众多案例在开展危机传播的研究中作为问题切入路径得到了更多应用。如有学者选择中华人民共和国成立以来的重大事故，对受难对象指称词的变迁进行分析，从中发现存在的阶段性变迁及其背后不同阶段的意识形态和权力特征；[⑫]有学者以140个诉求表达事件为例，发现当前中国政治沟通的薄弱环节是在“倾听”；[⑬]举国上下沸沸扬扬的“宁波动物园老虎咬人案”和“山东于欢刺死辱母者案”等个案和“邻避”冲突、网络群体突发事件、教育网络舆情危机等类型事件都有相应的研究关注，危机传播中网民情绪的表达、线上线下的互动模式、危机动员模式、社会舆情传播机制、网民的集体抗争及危机沟通策略的效果研究等均有着较为充分的讨论。

（四）公共关系：聚焦冲突与诉诸伦理

公共关系渗透于公共传播行为之中并作为制约因素和改善措施得到了广泛的研究重视。胡百精、高歌在梳理了百年来公共关系的历史演进之后提出，主流公众观在经历了“知情—驯化”的公众、“顽固—能动”的公众、作为“上帝”“中心”顾客或消费者公众、作为利益相关者的公众之后，互联网时代“作为对话和价值共创者的公众”出现，[⑭]这从一个侧面说明了当代公共关系“对话”和“合作”特征的确立。2017年的公共关系研究中，形象、冲突、伦理

---

① 党明辉：《公共舆论中负面情绪化表达的框架效应——基于在线新闻跟帖评论的计算机辅助内容分析》，《新闻与传播研究》2017年第4期。

② 刘晓燕：《从线下到线上：新媒体视阈下的集体行动研究》，《现代传播（中国传媒大学学报）》2017年第11期。

③ 翟秀凤：《网络恐怖主义的动员特征及应对困境》，《现代传播（中国传媒大学学报）》2017年第10期。

④ 于晗：《我国突发事件传播的“公共化”演化进路探索——评〈中国突发事件传播模式研究〉》，《传媒》2017年第18期。

⑤ 何志武、吴丹：《从“他助”到“自助”：“心理不悦类”“邻避”冲突事件中的媒介选择、自我动员与集体抗争》，《新闻大学》2017年第4期。

⑥ 余明辉：《打击“关怀式”谣言，从斩断利益链入手》，《工人日报》2017年12月19日。

⑦ 刘鸣筝、孔泽鸣：《媒介素养视阈下公众谣言辨别能力及其影响因素的实证研究》，《新闻大学》2017年第4期。

⑧ 宋祖华：《作为新闻的谣言：媒介融合背景下新闻与谣言关系的再思考》，《新闻大学》2017年第5期。

⑨ 郑勋：《谣言：“弥漫新闻”背景下半封闭式的传播》，《北方传媒研究》2017年第6期。

⑩ 陈伟、熊波：《网络谣言型涉众事件的刑事归责理论之匡正》，《现代传播（中国传媒大学学报）》2017年第11期。

⑪ 刘中刚：《双面信息对辟谣效果的影响及辟谣者可信度的调节作用》，《新闻与传播研究》2017年第11期。

⑫ 闫岩、邹文雪：《从“工友”到“他们”：建国以来特大事故对象指称词的变迁（1949—2016）》，《新闻与传播研究》2017年第8期。

⑬ 杨逍：《倾听：当前中国政治沟通的薄弱环节——以140个诉求表达事件为例》，《国际新闻界》2017年第2期。

⑭ 胡百精、高歌：《公共关系对公众的想象》，《新闻大学》2017年第6期。

等是关键词。在国家形象、政府形象等传统话题之外，农民工①、空巢老人②等弱势人群的媒介形象得到了进一步的研究关注。与公共传播外延的不断延展相关联，环境传播、旅游传播、企业传播和意识形态传播成为公共传播研究的新增长点，例如，学者们对媒体环境风险感知的研究③；对环境新闻记者与专业信源之间可能的“合伙人”关系模式的探讨④；对近年因善用新媒体进行形象传播的故宫博物院等“网红”旅游景点的关注⑤；对企业公共关系及其伦理资本的思考⑥。对意识形态及其新媒体传播渠道的关注和研究，可以看作是2017年的一个“亮点”。例如，学者们对纪录片中意识形态的研究⑦；对社交媒体时代“新党媒”的出现及其传播模式的研究⑧；以“帝吧出征”为例对新媒体技术对“粉丝民族主义”诞生及其内在关系的研究⑨；对阶层和利益冲突中“身体抗争”“表演式抗争”及其深层社会结构和互动关系的挖掘⑩；对互联网时代宗教组织有意识地使用和重构网络技术强化其既有的秩序和宗教观念以对抗“互联网民主的、去中心化的技术逻辑”和保持宗教权威的观察⑪；这些都是让人眼前一亮的成果。作为矛盾的解决方案，求真、务实、为善、和谐的伦理和规范建构被提出和倡导⑫，公共传播中不同传播主体所应承担的注意义务被强调⑬，强调伦理和规范要求分散体现在相关成果中，成为公共关系研究的“最大公约数”。

三、研究不足与未来的学科方向

作为公共传播研究的有机构成和典型范式，我国科学传播、风险传播与健康传播研究的现状和问题对公共传播研究具有启发意义。有学者在对以上3种内容范式进行理论溯源和研究现状的系统化考察中发现，学科之间的壁垒难以交融、政府视角被过分凸显、个体受众研究的不足、问题研究中的西方语境和可能的体制性局限等，都可能造成研究屏障。“只有深入研究科学传播、风险传播和健康传播的理论及其与中国实践的关系，并积极利用各种新的传播学理论和研究方法，尤其是利用涉及注意力、信息处理模式等认知理论和方法，我们才能对当下中国

---

① 曾润喜、刘琼：《公共议题的媒体建构与政策变迁：基于农民工媒介形象》，《现代传播（中国传媒大学学报）》2017年第4期。

② 杨党芳：《空巢老人在新闻报道中的形象——基于批评话语分析的发现》，《话语研究论丛》2017年第2期。

③ 余红、张雯：《媒体报道如何影响风险感知：以环境风险为例》，《新闻大学》2017年第6期。

④ 龚彦方、黄志远：《“合伙人”的外套：从环境报道记者与专业信源的关系反思新闻专业主义实践》，《现代传播（中国传媒大学学报）》2017年第6期。

⑤ 冯捷蕴、皇甫俊凯：《故宫旅游形象的新媒体研究——基于TripAdvisor在线游记的话语分析》，《现代传播（中国传媒大学学报）》2017年第5期；施旭升、苑笑颜：《仪式·政治·诗学：当代博物馆艺术品展示的叙述策略》，《现代传播（中国传媒大学学报）》2017年第4期。

⑥ 李华君、张婉宁：《企业公共关系伦理资本建构：真实与价值》，《新闻大学》2017年第5期。

⑦ 阎春来：《纪录片的意识形态问题》，《现代传播（中国传媒大学学报）》2017年第5期。

⑧ 龙强、李艳红：《从宣传到霸权：社交媒体时代“新党媒”的传播模式》，《国际新闻界》2017年第2期。

⑨ 刘海龙：《像爱护爱豆一样爱国：新媒体与“粉丝民族主义”的诞生》，《现代传播（中国传媒大学学报）》2017年第4期。

⑩ 王郅强：《底线或策略：“身体抗争”的行为逻辑——基于政策议程设置的视角》，《南京社会科学》2017年第1期；刘涛：《身体抗争：表演式抗争的剧场政治与身体叙事》，《现代传播（中国传媒大学学报）》2017年第1期。

⑪ 钱婕：《网络时代宗教知识权威的建构与消解——基于中国基督教会的研究》，《现代传播（中国传媒大学学报）》2017年第12期。

⑫ 李颖异：《求真、务实、为善——新媒体环境下组织公共关系实践伦理》，《国际公关》2017年第1期。

⑬ 黄楚新、彭韵佳：《公共传播视域下的注意义务》，《新闻与写作》2017年第7期。

在科学议题传播、风险议题参与与沟通以及健康事件传播等方面的困境有更加系统的把握和更加可行的（即便不是及时的和最终的）解决方案。而这一研究过程，也是我们创立和发展属于中国自己的科学传播、风险传播和健康传播理论的机遇所在”。①

但公共传播研究的当下问题不仅仅存在于学术研究如何和本土实践更好地互动、如何实现理论创新和建立方法论等困惑，还存在着相关理论研究主体地位的合法性建构与理论成果的教育转化、学科建制等一系列问题。只有解决了这些问题，作为当下传播学研究热点和学科转型不可回避议题的公共传播研究，才有可能更好地深入持续下去。

公共传播研究的兴起与媒介形态更替密切相关。“移动互联网为代表的新一代媒体具有与传统传媒完全不同的媒介生态环境——它通过与用户的生活、工作、娱乐发生密切联系来渗透入社会生态系统中，而不是以纯媒体形态出现。因此传统的‘媒介—受众’单一研究框架，根本无法涵盖新媒体生态的运作方式和传播环境，也就无法完整呈现今日受众媒介接触的方式和效果。”② 由此提出了“传播学研究范式创新”的问题。随着社交媒体、自媒体等崛起，传播学以“受众”为划分依据的“大众传播学”研究范式和学科范式已然过时，传播学研究必然转向以传播主体、平台和内容生产为区分依据的新历史阶段，并以此确定传播学研究的对象、领域和学科版图。大众传播向公共传播学科转向具有多重价值：（1）能够有效解决传播学研究与个体表达、隐私保护等悖论关系，将目光投向公共领域和公共议题，扩展和圈定合宜的研究区域。（2）能够超越大众媒体技能，如何和高等教育有更好的对接等。有学者提出，人文社会科学的传播体和自媒体、新闻媒体和商业网站或社交媒体、传统媒体和新媒体等诸种纠葛，将研究对象的确立建立在超越受众和平台的内容法则基础之上，凸显新闻传播学科公共关怀和社会干预的价值，是复杂媒体生态下传播学学科价值的重新发现和再出发。（3）不仅如此，公共传播是对传统大众传播的超越和被重新赋权，从大众和信息视域扩展到对公共生活的全面参与，从对人的关注上升到对“人—空间—行动—资源”等全面立体的研究，特别是对政府和公共机构的监督权利。（4）方法论上的更新，公共传播更为强调关系和互动，它改变了大众传播的“单向度”和简单维度，从而也增加了传播学研究的难度，跨学科、多目标、方法的科学性等成为必然要求等。

公共传播研究的不断成长提出了新闻传播学科转向的必然性要求，但必须以厘清基本概念、建构其合法性和获得广泛认同为前提。作为学科转向的方向，当前的公共传播研究还远远没有做好准备。需要完成和进一步思考的问题包括：公共传播定义的进一步明确和权威概念的确立；公共传播理论研究和实践的进一步融合、拓展和深入；公共传播与大众传播关系的进一步厘清；公共传播学科转向的合法性建构和新理论体系的建立、学科建制的完成——由此产生的问题包括如何打破传统的学科壁垒而实现多学科的融合，如何确立公共传播的学科内涵、外延、目标、方法，如何形成新的新闻传播学研究范式，如何从学科的知识体系转化为专业和实践技能，如何和高等教育有更好的对接等。有学者提出，人文社会科学的传播学转向的实现需要传播学也能够为其他人

① 贾鹤鹏、苗伟山：《科学传播、风险传播与健康传播的理论溯源及其对中国传播学研究的启示》，《国际新闻界》2017 年第 2 期。

② 喻国明、何其聪、吴文汐：《传播学研究范式的创新：以媒介接触与使用的研究为例——用户媒介接触与使用的研究范式及学术框架》，《新闻大学》2017 年第 1 期。

文社会科学输出自身的理论和方法。[①] 新媒介技术和公共传播研究的不断演进，为传播学的结构转型和进入新的历史时期不仅仅只是提供契机，也必须做好自身理论和方法上的准备。

撰稿：张淑华（郑州大学新闻与传播学院教授、副院长、博士生导师）
邓元兵（郑州大学新闻与传播学院副教授、硕士生导师）

微传播研究 2017 年综述

微传播是近年来网络传播研究上新出现的话题，伴随着微博、微信等微传播媒介而形成。微传播不仅影响着大众的生活和工作，也不断改变着媒体生态。一般而言，微传播是指依托互联网平台而产生的以短、小、快为主要特征，但又兼具传统媒体传播功能，以体现社交性、自媒体性、便携性和互动性为基本特征的新媒体传播形式，它集大众传播、人际传播和网络传播于一体，将信息生产与信息消费融为一体。当前受关注较多的微传播形式有微博（包括政务微博）、微信、微电影、微动漫等。[②] 截至 2017 年 12 月，我国网民规模达 7.72 亿，普及率达到 55.8%；我国手机网民规模达 7.53 亿，网民中使用手机上网人群的占比由 2016 年的 95.1% 提升至 97.5%。截至 2017 年 12 月，微信朋友圈、QQ 空间用户使用率分别为 87.3% 和 64.4%；微博作为社交媒体，2017 年继续在短视频和移动直播上深入布局，推动用户使用率持续增长，达到 40.9%，较 2016 年 12 月上升 3.8 个百分点。[③] 2017 年，微传播研究范畴和研究维度不断延展，文献数量连续 5 年呈现增长态势。以中国知网为例，用“微传播”为主题进行检索，各类文献共有 189 篇，其中：公开发行的期刊文章 147 篇、硕士学位论文 29 篇、报纸会议及其他文章共 13 篇。将搜集到的相关文献资料进行梳理，分为五个方面进行综述。

一、微传播在思想政治教育领域的作用

微传播的发展对于大学生思想政治教育来说是一把双刃剑，如何利用好微传播成为当前大学生思想政治教育工作者亟须认真考虑研究的问题。[④] 建构高校思想政治教育微传播模式，有助于全面审视并精准化解高校思想政治教育微传播的现实问题，进一步增强其微传播力和微传播的针对性与有效性，促进高校思想政治教育的内涵发展与质量提升，并实现其向学生的回归和立德树人根本任务的全面落实。要立足问题本原，以学生成长规律、思想政治工作规律、教书育人规律为基本遵循，以新媒体发展规律和现代微传播规律为科学指导，建构起高校思想政治教育微传播

① 张骋：《人文社会科学的传播学转向：如何可能》，《现代传播（中国传媒大学学报）》2017 年第 3 期。
② 李彦冰、杜剑峰：《当前微传播研究的几个问题》，《新闻知识》2015 年第 10 期。
③ 中国互联网络信息中心：《第 41 次中国互联网络发展状况统计报告》。
④ 王萍萍：《大学生思想政治教育微传播研究》，硕士学位论文，南京师范大学，2017 年。

“要素协同型”模式，精准设计建设微资源、培养微主体、丰富微信息、善用微媒介、鼓励微方式、把握微受众、注重微控制、培育微生态等八个微传播策略，增强高校思想政治教育微传播策略的针对性与有效性，进而提升教育的整体质量。① 教育者可以把微传播作为社会主义核心价值观教育的重要载体和平台，充分发挥其辐射力，拓展高校社会主义核心价值观教育阵地，拓展社会主义核心价值观在大学生当中的传播范围和影响力，进一步推进高校大学生文化自信的培育。② 感恩教育是高校德育工作的重要内容，做好大学生感恩教育是全面提高当前大学生综合素质的需要，更是培养新时期社会主义合格建设者和可靠接班人的需要。“微时代”的到来为开展大学生感恩教育既带来了令人担忧的严峻挑战，也带来了前所未有的重大机遇。我们既要勇敢面对挑战，又要善于把握难得的机遇，克服“微时代”负面影响，从而帮助大学生积极主动开展感恩教育，为树立当代大学生正确的“三观”打下坚实的基础。③ 有研究者认为，作为微传播时代的用户生力军，青年群体的行为方式、生活习惯以及价值生成都深深地打上了媒介的烙印。并为此提出：适度消费媒介、增强抵御能力、提升媒介素养不仅作为青年主体强化内动力的“三部曲”而存在，也要纳入当代传媒教育的重要议程。④

二、微传播在意识形态方面的效应

社会主义核心价值观的传播和认同是由意识形态领域向微观日常生活领域持续渗透的过程，微传播已成为信息化时代实现这一转化过程的重要载体。微传播已渗透到大学生的日常生活中，成为社会主义核心价值观传播的重要载体。微传播将大道理与微叙事相结合，实现价值观的“盐溶于水”；以利益点前置调动学生学习和践行社会主义核心价值观的积极性；由“漫灌”转变为“滴灌”，实现社会主义核心价值观的精准传播。在高校社会主义核心价值观培育的过程中，要构建微传播与主渠道相融合的立体网络，以“迭代创新”实现社会主义核心价值观内涵的深化拓展，借助“平台集成”构建深思考性与浅娱乐性结合的内容体系，以“端口对接”形成稳定融合的长效机制，使社会主义核心价值观内化为大学生日用而不觉的价值准则，实现其价值引领作用。⑤ 有研究者通过调查发现，大学生最喜欢在微信、微博、QQ、贴吧等国内主流社交平台分享自己的言论，而这类社交平台由于网友数目庞大而鱼龙混杂。在大学生所使用的发表看法平台中，其他各色网友也会发表自己的观点，形成了观点杂烩。大学生经常浏览、使用的网站大多为社交类，与其他网友相互分享观点，浏览其他网友不同观点较多，其对大学生有着潜移默化的影响。这给大学生意识形态安全带来严峻挑战，为此提出要注重掌握和利用微传播的特质，改进主流意识形态传播方式，加强大学生媒介素质培养，加强对微传播的监管等措施，以切实维护我国大学生的意识形态安全。⑥

---

① 韩文彬：《高校思想政治教育微传播模式建构研究》，硕士学位论文，山东大学，2017 年。

② 王蓓、赵亮、姜红明：《在社会主义核心价值观微传播中培育大学生文化自信》，《传播与版权》2017 年第 11 期。

③ 龙献忠、陈方芳：《“微时代”大学生感恩教育：挑战、机遇及对策》，《湖南社会科学》2017 年第 2 期。

④ 赵红勋：《微传播语境下青年群体的媒介行为与心理分析》，《当代青年研究》2017 年第 1 期。

⑤ 杨林香：《高校社会主义核心价值观培育微传播与主渠道融合研究》，《社会主义核心价值观研究》2017 年第 4 期。

⑥ 于孟晨、苏倩、孙钟伟：《微传播对大学生意识形态安全建设的影响及对策探讨》，《理论导刊》2017 年第 2 期。

微传播时代改变了社会主义核心价值观传播的途径与方式，出现信息化的传播途径和碎片化的传播内容。一方面，这种变化为社会主义核心价值观传播提供了契机，向人们呈现更加生动、形象的内容；另一方面，也增加了传播的难度和挑战。借助微传播的有利契机，在新的时代背景下，社会主义核心价值观要在传播途径上有所创新，利用好微平台；要在传播内容上不断丰富，实现传播内容的生活化、形象化和整合化，让受众“见微知著”，增强传播实效。① 微传播凝聚嵌合在人们日常生活中话语实践的力量，形成推动社会变革的新动力；网民借助新媒体平台打破了单一的传播格局，依靠微话语聚合的力量重构了新的文化权力关系；大量在传统媒体时代被压抑、被忽略、被边缘化的话语在微传播中得到了释放并形成话语权力，由此重塑网络舆情生态。微传播推动文化政治的崛起，其中进步变革的力量应该得到尊重和保护，而对于存在的问题，必须得到及时的治理和优化。② 信息碎片化是微博、微信等“微传播”场域中的一个重要特征，易在公众中激发出群体极化现象，导致信息的误读。有研究者通过对“罗尔事件”的网络民族志考察，还原事件主角罗尔“重男轻女”公众形象的建构过程，指出：信息误读背后既有信息不足的原因，也有情绪化的非理性因素，同时也有某种基于微博、微信运营的市场理性，这些因素交织在一起，共同构成微传播场域复杂的舆论环境。③ 有研究者围绕微传播时代的公民参与这一热点话题，分析了微传播时代的公民参与的结构性问题，如：参与主体的分化导致了参与的不均衡问题，公共空间离理想的公共领域还有很远的路要走，群体极化现象导致参与的非理性问题，把关人的缺失导致了参与的无序性问题等。并提出：加强偏远贫困地区网络基础设施并设立网络信息服务中心，服务老年群体，解决公民参与的不均衡问题，出台专门法规并完善制度措施，加强宣传教育培育公民参与意识，以及加强公民参与形式的补充与协调等建议。④

三、微传播对文化建设的影响

微传播对艺术的影响表现为：带来新的艺术表现形式；改变艺术的生产和营销方式；深刻影响受众的艺术感知方式。这都需要人们深刻反思微传播时代人、技术和艺术的关系。⑤ 有研究者分析了传统文化在微传播这一全新的媒介环境中必然面临新的机遇与挑战。微传播内容的碎片化弱化了传统文化的整体性与严肃性，催生了基于人际传播的参与文化，一定程度上契合与还原了传统文化的传统传播模式。同时，微传播空间的传统文化碎片会遵循一定的引力得以重聚：媒介化叙事、娱乐修辞、消费逻辑是内容重构的三个面向，而分享主义、传播仪式、交往实践则是重建我们与文化有机关联的三种途径，微传播平台带来了个人的主体性、主动性，实现了人际间的频繁互动和平等对话。形成一种能够兼顾传统文化本土性、伦理性与大众文化全球性、实用性，更健康、更具活力的新型现代文化。⑥ 有研究者认为，

---

① 申覃：《新时代社会主义核心价值观如何见微知著》，《学术前沿》2017 年 11 月上。

② 张爱凤：《网络舆情中的文化政治》，《新闻与传播研究》2017 年第 2 期。

③ 马旭：《“微传播”场域中的信息碎片化与误读——基于“罗尔事件”中一个细节的网络民族志考察》，《西南民族大学学报（人文社会科学版）》2017 年第 5 期。

④ 李文一：《微传播时代的公民参与和保障——以微博为例》，硕士学位论文，南京师范大学，2017 年。

⑤ 李彦冰：《微传播时代的数据迷恋及其对艺术的影响》，《中国会议》2017 年 5 月 1 日。

⑥ 陈彧：《碎片化与重构：微传播语境中的中国传统文化》，《探讨与争鸣》2017 年第 4 期。

"微传播时代改变了人们的生活方式，也改变了信息传播的方式。微传播时代，要抓紧构建河北省传统村落文化传播的微平台，与时俱进，改变原来的宣传理念和策略，摒弃过去单纯依靠政府和旅游推广的单项宣传模式已迫在眉睫，以受众为核心，尊重受众感官和体验，开发具有大数据整合分析能力的微平台传播势在必行。"① 而学校民族文化传承在微传播环境下面临前所未有的机遇和挑战，既承担建设社会主义文化强国和增加国家文化软实力的重要使命，又要在文化传播的新形式中保持中国文化特色。因此，教师应强化自身微载体运用能力，丰富学校民族文化传承的路径，在微传播环境下，增强民族文化传承的实践性，削弱微传播环境下多元文化价值观对民族文化的冲击作用，引导学生形成民族文化认同感，培养兼具民族精神和时代精神的新型人才。② 中国特色社会主义文化的发展，离不开革命文化的滋养，也离不开对革命文化的传承。红色文化"微传播"的主要内容包括革命历史、革命人物、革命遗存及革命精神，合理利用"微媒体"平台对红色文化进行传播，提高民众对红色文化的认同，对于当前社会主流意识形态的构建有着重要的实践意义。③ 微传播创建了红色文化传播的新载体，不仅有利于红色文化在信息时代的流动与传承，也有利于红色文化在现代性境遇下的重建与创新。在微传播语境下，要深刻认识红色文化微传播的现实意义，增强红色文化微传播的意识；厘清红色文化微传播的基本内容，突出红色文化微传播的重点；创新红色文化微传播的基本路径，提高红色文化微传播的实效，不断增强红色文化在微时代的吸引力、感染力、生命力④。

四、微传播舆情的效应及治理

微传播拓展了政府了解民意、体察民情的渠道，给政府执政、行政方面带来了很多便利，但同时因为传播过程中事件的真实性难以保证，也难以控制舆论，政府话语管理过程和方式方法也遇到巨大挑战。政府要抓住机遇，始终与时俱进，不断增强工作创新性，切实保障人民群众的知情权、参与权、表达权和监督权，才能在微传播时代赢得公信力，占得先机。⑤ 微传播的网络舆情传播速度快，分析其特点和传播机制，能够使政府及时了解民意和解决民众的切身利益问题；能够维护社会秩序，保障社会稳定；能够构建政府与公众之间的良好关系，对于推动经济社会的发展具有重要的现实意义。⑥ 近年来，舆情反转现象频发，受到学界、业界和社会公众的普遍关注。微信、微博等社交媒体作为当下选择使用率最高的信息平台，与舆情反转现象的发生、发展及特征规律的演变具有千丝万缕的联系。有研究者以双微传播环境为切入口和研究前提，借助传播学、社会学和社会心理学等理论知识，结合现实典型案例，对现阶段舆情反转现象的特征规律、形成机理、影响作用及解决对策进行了探究、梳理和整合。由于互联网技术更新速度越来越快，媒介环境日趋复杂，使得政府引导和监测社会舆情的任

---

① 王雪梅、王学嘉：《河北省传统村落文化的微平台传播》，《采写编》2017 年第 1 期。

② 卢尚月、李毅红：《微传播环境下的学校民族文化传承：功能阐释与路径探索》，《民族教育研究》2017 年第 3 期。

③ 黄汉昌：《弘扬红色文化要用好"微传播"》，《人民论坛》2017 年 11 月上。

④ 骆郁廷、陈娜论：《红色文化的微传播》，《江淮论坛》2017 年第 3 期。

⑤ 张玉洁：《微传播时代政府话语权分析》，《新闻与写作》2017 年第 4 期。

⑥ 石翠、王杨：《微传播舆情的特点及传播机制研究》，《新闻研究导刊》2017 年第 7 期。

务更加艰巨和繁重；而分析研究舆情反转的产生原因和发展规律，把握现阶段双微传播的环境特征和运作机制，解决好新时期的舆情问题，是当前得以正确、有序地引领舆论导向工作的重中之重，将有益于国家政务舆情工作、社会公共事务乃至整个社会精神文明建设的良性运转。① 而通过普通立法对网络平台的微传播进行依法规制，已成为社会发展的迫切需要，是依法治国在微传播领域的具体体现；并从树立网民法治思维、规范网民发言限度、明确网络媒体人采访底线、通过微传播立法保障言论自由四个方面进行了阐述。② 微传播有可能迅速产生“蝴蝶效应”，使网络舆情迅速形成、蔓延，加剧舆情分析的难度。为此，需要对社会舆论实施相应的“软调控”，从流量、信息来源、网络问政等角度，关注、监控社会舆论“微传播”，建立专门通道进行监控，完善对信息发布和传播权利的限定条款。③

五、微传播的信息安全

无论发展变化的速度与幅度如何，越来越轻便、越来越快捷，功能越来越齐全，操作越来越简便而且使用成本越来越合理，是“微传播时代”不可逆转的大趋势。而微信所代表的“微传播时代”并不是互联网发展的终结，更加迅速便捷的、能够满足大众通信新诉求的、信息安全问题更有保障的、商业应用更为广泛的、娱乐休闲更为简便有趣的即时通信工具会以新的姿态出现。有研究者从微传播的视角解析品牌社群的传播特征、传播内容、传播策略，探讨这一领域的相关理论与实践应用，并认为：创建品牌社群成为企业品牌战略的新方式，在品牌社群微传播过程中将催生社群经济，获得巨大的商业价值和社会价值，形成社群商业模式。④ 微传播时代数据的作用越来越受到用户的重视。数据对个体、企业、社会组织和新闻传播业都产生了深刻影响，这使用户对它的认知产生偏差并产生数据崇拜。数据崇拜所带来的隐忧表现在如下几个方面：一是侵犯公民的隐私权、名誉权；二是用户丧失网络匿名性特征；三是人成为商业的精确算计对象；四是加剧数字鸿沟并产生数据垄断。有研究者探讨了用户行为习惯与信息窄化之间的关联性，以及信息窄化在微传播环境下对用户信息获取产生的实质性影响。研究者采用文献分析法分析目前信息窄化现象及成因，通过问卷调查对用户的信息窄化感知进行实证分析，得出如下结论：信息窄化现象在一定程度上会影响人们对真相的认知，会将人的思维逐渐固定在一个狭窄的范围，导致虚假信息和谣言的传播。为削弱信息窄化的不良影响，用户应拓展自身知识结构和信息获取渠道，国家应强化互联网管理规范，引领网络信息传播的健康发展。⑤

六、微传播开发应用的前景

伴随着信息技术的普及和智能化技术的开发应用，新媒体推动着微博、微信等微传播领域的高速发展。微传播带来的信息传播方式，极大地改变了大众的阅读习惯和阅读方式。阅读领域发生了前所未有的变革。图书馆事业，特别是高校图书馆肩负着传承人类文明的重要使命，在阅读变革的大背景下，必须发挥好阅读推广的

① 刘旭彤：《双微传播舆情反转现象形成机理及对策研究》，硕士学位论文，山东大学，2017年。
② 石翠仙、郝向阳、呼广宇：《微传播的法治研究》，《产业与科技论坛》2017年第9期。
③ 汤晓迪：《让社会舆论“微传播”有序进行》，《人民论坛》2017年11月中。
④ 初云玲：《微传播视域下的品牌社群消费解析》，《赤峰学院学报（自然科学版）》2017年第11期（下）。
⑤ 彭丽、侯筱蓉：《微传播环境下的信息窄化用户感知分析》，《中华医学图书情报杂志》2017年第12期。

领头羊作用，结合新媒体，利用微传播，发挥自身职能，提升服务质量，优化阅读环境，加强读者阅读引导，以提高读者阅读兴趣、阅读质量。① 档案信息微传播在传播结构上，主要有档案信息、传播者、微媒介、用户、反馈渠道五个要素构成。与大众传播相比，构成档案信息微传播结构的五个要素不同程度地发生了微妙的变化。如档案信息主要是指广义的档案信息；传播者由传统档案机构——档案局馆、档案杂志社，扩展到高校、企业档案机构、档案中介服务机构和个人；传播媒介的变化更为明显，微传播主要依靠的是微媒介，如各种社交媒体和客户端，如微博、微信、Facebook、Flicker 或者档案 APP 等；用户也基本上限定在具有互联网信息素养的用户；最后，在反馈渠道中，档案微传播相对于大众传播具有更加多样、高效的传播渠道。正是由于以上这些变化，才使得档案信息微传播适应了社会发展的需求，因而具有旺盛的生命力。社交媒体的人际传播模式，奠定了档案信息微传播的传播模式。在社交媒体环境中，人际关系由传统的地缘人际关系转化升级为网络人际关系。档案信息微传播的传播模式也就由传统的大众传播模式转化为网络人际传播模式。档案信息微传播运营时，可根据主体自身情况选择自主运营、外包运营或联合运营模式。传播主体还应重点从组织建设、资源建设、运维、风险规避四个方面展开工作。② 微博、微信等微传播手段正成为博物馆开展文化传播和公众教育的新阵地。微传播平台的篇幅限制和人们对文字的接受态度，给博物馆的微传播带来了诸多限制。在受众自主选择的微时代，博物馆还可以通过对影像的利用来吸引受众达到更好的传播效果。直观、浅显易懂和视觉刺激都是影像的优势，利用这些优势，通过影像利用策略，达到吸引受众、扩大影响力、提高活跃度的目的。在移动互联飞速发展的今天，向读图时代的人们充分展示影像的力量，让微传播内容更加吸引受众，才能达到预期的传播效果。③ 随着网络的发展和双向传播的演进，当代艺术传播也遇到了拿来主义、历史虚无主义、艺术价值取向以及唯市场主义四个方面的困惑。微传播语境下，艺术传播的发展同样遇到困境与难点。微传播时代下，艺术传播有主体多元性、客体普及性和内容难控性三个特点。而突破微传播语境下艺术传播的困境，就要提高艺术工作者和艺术研究工作者的马克思主义艺术水平，就要加强对中国艺术发展的思考，就要培养艺术工作者深入生活的创作能力，就要增强艺术工作者处理艺术与技术的综合能力。④

随着移动互联网以及移动社交平台的发展，微传播时代到来。一种通过移动社交平台，利用社交方式自主创业的新商业经济模式——移动电商逐步崛起，即依托于微信的完善和普及。从 2013 年兴起至今，微商作为一个新兴行业异军突起，带来了一定程度的商业变革，同时也影响着我国经济的发展。有研究者运用市场营销、信息传播、网络通信技术、社会心理学等理论，针对目前微商的市场行情、发展趋势，以及这种通过分享裂变产生品牌传播及产品营销的分享经济在微信领域的营销传播等进行研究。探究微商群体在实际营销传播中品牌建设、操盘运营、团队管理、销售招商等营销传播策略，并试图预测转型新微商的发展趋势，为未来更多的微商

① 刘方：《微传播环境下的高校阅读推广策略研究》，《情报探索》2017 年第 2 期。

② 任琼辉：《档案信息微传播研究》，硕士学位论文，郑州航空工业管理学院，2017 年。

③ 郭斑：《影像的力量——博物馆微传播中影像利用策略分析》，《新媒体研究》2017 年第 14 期。

④ 王宇、童兵：《微传播语境下艺术传播的困境与突破》，《新闻爱好者》2017 年第 7 期。

创业人群提供相关参考。① 微传播时代，传播技术的变革和受众的变化使得广告营销环境发生了重大的变迁。面对新兴微媒介的冲击，传统媒体在融合转型中纷纷开设了微信公众号。当前微信公众号广告营销常见表现形式主要有：软文广告、Banner广告、互动广告、视频广告等，但广告营销效果良莠不齐。借鉴优秀公众号的广告营销经验，提出互动营销、事件话题营销、定制精准营销，以及加强数据研究、迭代优化内容等多方面的策略，促进微信公众号广告营销的发展。② 而微传播结合微博、微信的所有优点，在拓展门户网站大型体育赛事传播内涵、革新传播形式、分享互动频繁、打造裂变传播、增强用户体验与黏性、引领传播新形式等方面都发挥了重要的作用。③

总之，2017年的微传播研究较偏重于应用领域的研究，在微传播概念、特征及传播规律等基础研究上尚未突破，这与微传播研究是新兴学科相关。当下，微传播已成为传播学较为关注的研究方向。从学科建设角度看，微传播研究不能止步于现象描述与具体应用，要从普遍或者本质的角度去挖掘学科本质特征，考量其对中国特色传播学构建的影响，则更具现实性与学术性。

基金项目：国家社会科学基金项目“微传播的舆情分析与治理路径研究”（项目编号为：16Bxw056）。

撰稿：方金友（安徽省社会科学院新闻与传播研究所研究员）

中国舆情研究2017年综述

在大时代变迁与新技术迭代的深刻背景下，全面推进现代舆情研究既是学理阐释的强烈需要，也是智库建设的热切呼唤，更是国家治理现代化的客观要求。回望2017年，大数据、人工智能技术方法的广泛应用，为复杂社会网络中的舆情变动和舆论走向的分析研判提供了技术基础；人类社会生活方式“离线的高度在线化”，让学界持续聚焦于移动网络终端中的舆情表达；舆情研究愈发显著的“应用型”和“回应性”指向，显露出学术探讨与公共治理上的密切关联，针对协商民主与舆情表达关系的系统探索，亦显示出传播学、舆论学与政治学等对舆情研究的多学科贡献。

一、2017年舆情研究的基本景观和总体态势

进入中国知网，输入主题词“舆情”，共检索到2017年度发表的相关论文3937篇，与上年数据（3918篇）相比，成果量呈稳中有升态势。其中，网络舆情研究成果949篇，突发事件舆情研究成果194篇，新媒体舆情研究成果178篇，排在了发表

① 李华权：《“微传播”时代微商群体的微信营销研究》，硕士学位论文，吉林大学，2017年。

② 黄欢：《微传播时代微信公众号广告营销策略探析》，《传媒》2017年第2期（上）。

③ 臧文茜、蔡俊杰：《门户网站大型体育赛事微传播特征解析》，《当代传播》2017年第5期。

成果类型的前 3 位。从研究力量分布看，主要包括了华中科技大学、吉林大学、武汉大学、中国人民武装警察部队学院等高校，天津社会科学院舆情研究所等科研院所和人民网等媒体研究机构。从研究支持看，国家社会科学基金和国家自然科学基金依然是最重要的基金支持力量①。

同年，《中国社会舆情年度报告（2016—2017）》由人民日报出版社定期推出；在社会科学文献出版社出版的《中国新媒体发展报告（2017）》“热点篇”中收录了《中国互联网国际舆论发展报告》；华中科技大学出版社就“网络舆情与网络社会治理研究”专题推出了系列丛书 8 册。由中国社会科学院新闻与传播研究所编写的《中国新闻传播学年鉴》，则对舆情研究动向予以持续关注和介绍。

二、2017 年舆情研究的几个突出特点

（一）舆情研究的学理性思考在多维度和交叉视野中展开

先看概念探讨，学者们分别对舆情与舆论的概念异同进行了深度辨析②和动态化把握③；讨论了相关概念的准确使用范围④；分析了全媒体环境下相关概念关系的模糊变化的可能性⑤；提出了新媒体时代的舆情、网络舆情和“微圈舆情”概念关系⑥；探索了大数据时代如何进行网络舆情研究范式变革⑦；上述观点之间有共识、有差异亦有争鸣，表明围绕着核心概念、使用范畴、研究范式等基础理论问题，学界尚未形成公认的权威性看法。

同时，基于政治学、传播学、舆论学、社会学等学科交叉视野，有研究者将舆情概念、要素、运行机制、变动规律等探讨置于更加深广的社会背景下，力求系统讨论协商民主、网络协商民主与舆情合理性表达、协商民主与舆情工作、基层协商与舆情回应间的关系及相互影响⑧。

还有研究者尝试着将文化政治理论与新闻传播理论结合，把微传播兴起后的网络舆情纳入“文化政治”范畴，深入讨论了微传播过程中出现的新型文化权力关系⑨。

（二）揭示新时期舆情变化趋势、演化规律和传播样式

有研究者聚焦社会舆情，围绕舆论生成、舆情生态、关注领域、网络社群、社会关系、参与主体及社会情绪等，概括了当前中国社会舆情的新特点新变化⑩。

还有研究者深入互联网社会，或提出经十年发展，社会关注焦点从生存型矛盾向发展型矛盾转移，网络舆情热点呈现出社会镜像与新时代同行的网络舆情变迁新特点⑪；或得出网上意识形态主流态势呈

---

① 在中国知网上获取的论文篇数、研究机构分布、基金支持来源数据截至 2019 年 1 月 12 日 24 时。
② 丁柏铨：《对舆情概念的认知和思考》，《编辑之友》2017 年第 9 期。
③ 唐红：《比较视野下舆情概念的生成及内涵解析》，《编辑学刊》2017 年第 2 期。
④ 陈力丹：《准确估量舆论、舆情的数量和范围》，《新闻界》2017 年第 3 期。
⑤ 金旭阳：《全媒体背景下舆论和舆情的关系辨析》，《传媒》2017 年第 19 期。
⑥ 杨延圣：《微圈与微圈舆情解析》，《情报杂志》2017 年第 4 期。
⑦ 何凌南、赖凯声：《大数据时代的网络舆情研究范式变革》，《现代传播（中国传媒大学学报）》2017 年第 5 期。
⑧ 王来华：《论舆情工作与协商民主的结合与相互促进》，《天津社会科学》2017 年第 5 期；毕宏音：《网络协商民主研究的三维视角》，《天津社会科学》2017 年第 5 期；郭鹏：《基层协商与基层公共决策常态化对接机制建设初探》，《天津社会科学》2017 年第 5 期。
⑨ 张爱凤：《网络舆情中的文化政治》，《新闻与传播研究》2017 年第 2 期。
⑩ 李彪：《社会舆情生态的新特点及网络社会治理对策研究》，《新闻记者》2017 年第 6 期。
⑪ 韩运荣、何睿敏：《我国近十年网络舆情变迁特点》，《中国社会科学报》2017 年 11 月 21 日。

主基调向上向善局面的结论①。

也有一些研究者专注于特殊事件与网络舆情叠加互动下的舆情变动规律。有研究者提出，突发事件网络舆情演化包括舆情孕育发生、发展扩散、波动变化及衰减消亡过程。网络媒介、网民群体和舆情内容是突发事件网络舆情演化的动力要素②；有研究者强调，依据生命周期理论，以粒子思维为基础，可建构突发事件网络舆情四阶段粒子模型③；还有研究者讨论了热点事件网络舆情传播中的反沉默螺旋机制、反向政治认知机制④；也有研究者强调，依托群体性事件的网络舆情，正发生金字塔型到扁平型、精英主导到大众交互、线性互动到循环互动的结构化逆转⑤。

亦有部分研究者集中讨论了新媒体时代的舆情传播样式及影响。有研究者提出了微媒体舆情传播的关系化、显性与隐性、节点化、标签化和情绪化五大传播模式⑥；也有的研究者提出了基于新媒体主体身份认同的网络社交群体，能形成借助于新媒体平台进行中介性社会事项传播的“微圈舆情”⑦；还有研究者认为，在新媒体传播格局下，应通过分析不同舆情场域的传播互动，认识其推动社会共识形成的价值⑧。

（三）自然科学技术方法继续助力于舆情特别是网络舆情研究

面对科学精准阐释社会心理的“黑箱性”与“耦合性”，网络社会的“自组织性”和“匿名性”难题。有研究者指出，利用自然科学研究方法，建构舆情演变模型、传播技术模型，建立舆情监测预警和考评指标体系⑨，是近年来的学术努力方向，2017 年亦不例外。

学界引入工程技术方法，尝试建立基于 A－V－P 的网络舆情信息情感维度空间的模型⑩；基于 BA 网络和有界信任交互的二阶段舆论演化动力学模型⑪；基于多案例的突发事件网络舆情演化模型⑫；基于网络舆情的信息空间网络结构模型⑬；面向舆情大数据的网民情绪演化机理⑭；面向分层指标的网络舆情粗糙数据分析系统⑮；基于马尔可夫链网络涉警舆情热度趋势模型等。也有研究者探讨了当前在人

① 喻国明、李彪：《2017 网上意识形态主流态势分析——基于 2017 年 2—3 季度的网络舆情数据》，《人民论坛》2017 年第 34 期。

② 王国华：《突发事件网络舆情的动力要素及其治理》，华中科技大学出版社 2017 年版。

③ 方付建：《把脉网络舆情——突发事件网络舆情演变研究》，华中科技大学出版社 2017 年版。

④ 曾润喜：《热点事件网络舆情的传播与治理》，华中科技大学出版社 2017 年版。

⑤ 侯俊东、肖人彬：《群体性事件网络舆情结构逆转：内在机理与现实表征》，《社会科学》2017 年第 11 期。

⑥ 赵前卫、汪兴和：《微媒体舆情传播特点》，《今传媒》2017 年第 12 期。

⑦ 杨延圣：《微圈与微圈舆情解析》，《情报杂志》2017 年第 4 期。

⑧ 于德山：《新媒体舆情场域互动与社会共识建构》，《社会科学战线》2017 年第 11 期。

⑨ 曾润喜：《热点事件网络舆情的传播与治理》，华中科技大学出版社 2017 年版。

⑩ 刘英杰、黄微、闫璐：《基于 A－V－P 的网络舆情信息情感维度空间的模型建构》，《情报资料工作》2017 年第 6 期。

⑪ 钟敏娟：《无标度特性下的有界信任交互网络伪舆情演化建模及仿真研究》，《小型微型计算机系统》2017 年第 6 期。

⑫ 杜洪涛、王君泽、李婕：《基于多案例的突发事件网络舆情演化模式研究》，《情报学报》2017 年第 10 期。

⑬ 赵爱、毕硕本、王军、黄铜、万蕾：《基于网络舆情的信息空间网络结构及特征研究》，《中国科技论坛》2017 年第 11 期。

⑭ 兰月新、夏一雪、刘冰月、高扬、李增：《面向舆情大数据的网民情绪演化机理及趋势预测研究》，《情报杂志》2017 年第 11 期。

⑮ 窦慧莉、王长宝、杨习贝、陈向坚：《面向分层指标的网络舆情粗糙数据分析系统研究》，《信息技术》2017 年第 11 期。

工智能发展态势下怎样利用工程技术方法做好网络舆情监测①；以及如何在大数据时代建立起新的舆情考评模型②。

（四）应对与治理始终是舆情研究的着力点与落脚点

舆情研究的重要目标在于寻求国家治理与民众意愿的“最大公约数”③，研究者为此提供了多种方案。

从法理基础和法律内涵看，有研究者指出协商民主前提下的社会舆情依法治理是时代重要课题④；而用法律规制微信舆情传播，也是依法治网的必然要求⑤。

针对舆论引导，既有研究者提出了攻克舆情外围地带、提高政策舆情应对能力、扩大理性和社会共识等工作要点⑥；亦有研究者提出谨防正面宣传中的“高级黑”现象⑦。

聚焦网络舆情治理和回应，有研究者基于大数据分析，讨论中国20年网络舆情治理政策变化⑧；或聚焦党的十八大以来网络舆情治理的结构转型⑨；或分析京津冀地区政务网络舆情管理特点⑩；或论及政务舆情回应与效果⑪。

从舆情应对关键技术出发，学界讨论了网络舆情应对流程及技术支撑⑫；网络舆情治理的要素设计与操作关键⑬；舆情应对的评价指标体系建构⑭。

也有研究者强调要发挥舆情智库的数据治理和精准服务功能⑮。

（五）舆情专题化研究同时围绕着老焦点与新领域铺开

进行成果大类比较，2017年网络舆情研究延续了领跑态势；进行研究领域细分，高校舆情的专题化研究则遥遥领先。这不仅使高校网络舆情演化研究等继续成为焦点⑯，也为针对高校舆情研究成果的总结分析提供了素材⑰。而涉警、涉医、涉企类舆情也得到部分学者的关注。

伴随时代发展，安全类舆情（民族关系舆情、边疆舆情、涉恐舆情）和环境类舆情研究日益受到重视。例如，有研究者开展了边疆地区网络舆情风险评估研究⑱；

---

① 鄢睿：《人工智能视域下网络舆情监测的变革之道》，《传媒》2017年第20期。

② 颜陈：《大数据视阈下舆情考评模型研究》，《新闻前哨》2017年第10期。

③ 祝华新：《舆情研究：寻求“最大公约数”》，《新闻与写作》2017年第3期。

④ 赵秋雁：《论社会舆情治理的法理基础和实施路径》，《北京师范大学学报（社会科学版）》2017年第6期。

⑤ 黄亮：《用法律规制微信舆情传播》，《人民论坛》2017年第31期。

⑥ 刘鹏飞：《从近年案例看舆情引导规律》，《新闻与写作》2017年第3期。

⑦ 祝华新：《正面宣传何以引发负面舆情？“高级黑”现象值得深思》，《理论导报》2017年第9期。

⑧ 刘怡君、蒋文静、陈思佳：《中国网络舆情治理的主客体实证分析——基于1997—2016年网络舆情治理政策》，《管理评论》2017年第11期。

⑨ 孙卫华：《中共十八大以来网络舆情与治理的结构转型》，《天津师范大学学报（社会科学版）》2017年第3期。

⑩ 孙瑞祥、张传香：《网络社会治理中的政府舆情管理》，《天津师范大学学报（社会科学版）》2017年第4期。

⑪ 刘鹏飞、卢永春、李俊亮：《政务舆情发展态势、特征及回应评估研究》，《电子政务》2017年第4期。

⑫ 王君泽：《网络舆情应对的关键技术研究》，华中科技大学出版社2017年版。

⑬ 喻国明：《网络舆情治理的要素设计与操作关键》，《新闻与写作》2017年第1期。

⑭ 李文静：《舆情应对的评价指标体系及其构建》，《重庆社会科学》2017年第5期。

⑮ 戴学东、洪丹、米中威：《南方舆情3.0：传媒+数据，打造数据治理与精准服务新型智库》，《传媒》2017年第18期。

⑯ 梅明丽、宋寿飞：《高校网络舆情演变特征分析——以2017年为例》，《新闻研究导刊》2017年第23期。

⑰ 陈燕：《近十年高校舆情及舆情引导研究综述》，《陕西理工大学学报（社会科学版）》2017年第4期。

⑱ 谈依箴、刘茉、李洋、朱琳：《边疆地区网络舆情风险评估研究》，《网络安全》2017年第4期。

有研究者关注环保舆情①并提出建立相关网络舆情监测系统②的设想。

中国愈发接近国际舞台中心，极大推动了涉华舆情和国际舆情研究。有研究者利用大数据进行涉华舆情传播机制分析③，尝试建立风险评估指标体系④和进行国际舆情研判⑤；有研究者开展了国际移民的舆情评估⑥，还有研究者聚焦于党的十九大等重要节点的国际舆情⑦。

三、研究中的不足与挑战

第一，舆情学科系统化建设要求与现实学科间协同不足。学科分野和壁垒依然明显，跨学科协同不足，使得学理探讨、范式创建、学科地位定位及相关机制建构等，都尚未达到有机整合或协调共识状态，无疑影响了舆情研究的整体推进。

第二，舆情学术研究与舆情信息工作依然缺乏深度融合和无缝对接问题。突出表现在舆情研究成果虽数量大，涉及领域多，对策建议多元，但大量研究仅发表于报刊书籍中。从关注“同行评价”转为注重“社会评价”，实现科研成果向智库成果和决策政策的顺利转化还需付出更多努力。

第三，事中监测和事后分析能力强，事前预警预判能力不足。尽管大数据、人工智能等科学技术方法正广泛应用于舆情研究，但大量的研究依然停留在实时监测与研判、过往案例的分析评估中，舆情研究的事前预防与趋势预测功能远未得到开发与利用。

第四，亟待动态化和前瞻性地把握舆情和舆论复杂走向。当前与今后，5G、人工智能、虚拟现实等科技会带来颠覆性影响；我国社会主要矛盾已转化为人民日益增长的美好生活需要和不平衡不充分发展间的矛盾；90 后和 00 后正成为舆情表达新生力量。这亟须学界准确把握舆情舆论发展的新规律，以对其复杂变动形成动态化与前瞻性认识。

主持：王来华（天津社会科学院舆情研究所研究员，天津舆情研究中心主任）
撰稿：毕宏音（天津社会科学院舆情研究所研究员）

---

① 孟威：《环保舆情与民意诉求》，《人民论坛》2017 年第 26 期。

② 陈少华、吴君、刘卓雅：《基于环境事件的网络舆情监测与引导探析》，《新闻前哨》2017 年第 9 期。

③ 龚为纲、张严、蔡恒进：《海外自媒体中涉华舆情传播机制的大数据分析——基于 Reddit 平台的海量舆情信息》，《学术论坛》2017 年第 3 期。

④ 扈翔：《外媒涉华舆情风险评估指标体系的构建》，《青年记者》2017 年第 23 期。

⑤ 聂书江：《大数据技术与国际舆情研判》，《对外传播》2017 年第 9 期。

⑥ 陈积敏：《当前国际移民的特点与舆情评估》，《国际研究参考》2017 年第 11 期。

⑦ 清华大学爱泼斯坦对外传播研究中心：《十九大议题的国际舆情分析》，《对外传播》2017 年第 7 期；胡正荣：《十九大海外舆情态势分析》，《中国党政干部论坛》2017 年第 11 期。

中国人际传播研究2017年综述

自20世纪90年代人际传播传入中国，作为传播学重要分支学科，人际传播研究与教育已近30年。近10年来，随着社交媒介的普及，人际传播的动力与传播模式发生了极大改变，为人际关系的建立、发展和维系增添了新的、不确定的因素。此外，国人以传统伦理为基础的交往实践与现代社会以工具理性为基础的交往实践相互碰撞，使人际传播实践充满张力。学科、传播技术、社会结构及其相互作用刺激着人际传播研究的发展。作为一个独立而成熟的学科，人际传播学提出了“传播商”的概念，它认为决定我们生命质量的不是智商及其带来的成就，而是传播能力，也就是在我们日常生活中的各种关系语境中进行有效的、恰当的传播的能力。2017年的中国人际传播研究是否回应了这些实践的变化呢?

一、概念与方法界定

“人际传播是什么?”纵观近年来的研究成果可发现，研究者们对“人际传播”的概念尚无定论，或望文生义将其定义为“发生在人与人之间的传播”。如此牵强附会地从字面上理解“人际传播”的意思，则大众传播、组织传播等一切传播形态都可以被囊括在人际传播的范畴里，因为上述传播活动归根结底都发生在人与人之间。[①] 另一种情形则是，一些研究者把社会学关于（本土）人际关系的研究成果奉为人际传播研究的圭臬，而忽视了关系发动、建立、上升、维持与改善过程中“传播”因素的核心作用。根据人际传播学的定义，人际传播发生在个人微观日常生活情景中，而并非社会宏观制度化环境中，是“发生在两个人之间的以建立一种关系为目标的有意义互动的过程”。[②] 这个过程可以发生在现实空间的不同关系中——如家庭、朋友、恋人、工作场所之间，也可以发生在虚拟空间中。

本研究聚焦于知网数据库近两年（即2017年1月至2018年12月）收录的人际传播领域的文献（包括期刊文章、述评、会议文章），在“哲学与人文科学”“社会科学Ⅰ辑”“社会科学Ⅱ辑”三大类别的所有收录期刊中分别以“人际传播”“人际关系”为关键词进行搜索，共获得2154篇文献。根据人际传播的定义，过滤掉广告、心理、教育、政治过程中的人际互动等文献，实际得到128篇相关文献。

二、总体研究状况

从文献数量来看，人际传播领域的文献较2016年有所增加，但比起传播学的其他领域，数量上并不显著。其中，85篇涉及新媒体/社交媒体与人际传播的关系，占总篇数一半以上，这说明关于社交媒体的人际传播研究成为人际传播的重要研究议题，人际传播研究范式因媒介技术的变迁有所变化，而作为经典人际传播理论的根

① 关于人际传播的学科属性、核心议题以及与社会学人际关系研究之差异的详细内容，请参见胡春阳《人际传播的认知误区与核心议题》，《中国社会科学报》2017年8月3日B02版。

② Ronald B Adler, *Interplay: The Process of Interpersonal Communication* (9th Edition), Oxford University Press, 2004, p. 14.

本来源与起源——“面对面人际传播”的研究有所式微。①

从议题分布上看，以微信为传播媒介的人际传播相关研究高达26篇，涉及新媒体中介的人际传播的研究较多，主要聚焦于经典的面对面人际传播理论对中介化的人际传播语境是否具有解释力以及多大程度上具有解释力。而且，研究者们开始关注不同语境下的人际传播，如学生宿舍、师生关系、医患传播、跨文化人际传播等。此外，有研究者对我国传统文化中的人际传播思想进行追溯，并应用于现实的人际传播实践分析。也有研究者对我国转型时期特殊的人际传播问题进行了探索，例如农村留守儿童家庭的人际传播研究。

从研究者构成来看，作为跨学科领域，人际传播的研究者分布广泛，除传播学外，教育学、社会学、心理学等领域的学者均参与其中，值得关注的是，非传播学领域的研究者也开始关注传播以及媒介技术对人际互动过程的重要作用②。

从研究方法来看，定量与定性方法均被采用，以定性研究为主，例如扎根理论、参与式调查等，也有个别研究采纳了定量研究方法。这与美国人际传播研究的主流是一致的——认为人际传播是非常个性化的传播，定量研究并不科学。③

三、研究议题

（一）微信人际传播研究

由于其特有的私密性与圈层特质，微信成为人际传播学者最偏爱的研究对象之一。有研究者使用多种理论对微信人际传播进行分析，如从社会交换论的视角对经由微信的人际传播进行分析④；或从符号互动论的视角分析了人际交往中的意义生成⑤。

在当下中国，微信已成为一种嵌入生活的场景，朋友圈、公众号、微信群、私信等多层叠加的架构使其作为一个整体的研究对象过于笼统，不少研究者着手对微信具体功能进行人际传播研究，例如微信公众号对人际传播的影响研究⑥，微信红包在人际交往中的功能⑦⑧，微信运动打卡对人际传播的影响⑨，微信投票对人际传播的影响⑩等。研究对象多被设定为大学生群体⑪，针对其他人群的微信人际传播实践的研究极少。这也许与被研究对象的易接近性有关。研究对象范围过于狭隘不利于进行理论拓展，未来研究可循此方向进一步扩展。

---

① 胡春阳：《中国人际传播研究发展动态》，《中国社会科学报》2018年1月4日。

② 王周杰、冯雨薇、史玉琪：《媒介技术的发展对家庭人际关系变革的影响及对策研究》，《科技与创新》2017年第22期。

③ Mark Knap：《人际传播研究手册》，胡春阳译，复旦大学出版社2015年版。

④ 陈陆平：《从社会交换论的视角解读微信的人际传播》，《今传媒》2017年第3期。

⑤ 张少元：《符号互动论视角下的微信传播与意义共享》，《新闻知识》2017年第1期。

⑥ 杨树芬、孙敏：《微信公众号对人际传播的影响研究——以“国书坊”为例》，《采写编》2018年第2期。

⑦ 周海燕：《微信红包在人际交往中的功能变异》，《青年记者》2017年第2期。

⑧ 何淼：《浅析微信红包的面子表达功能》，《视听》2018年第5期。

⑨ 岳山、李梦婷：《表演与互动：网络运动场上的人际传播——以微信朋友圈“运动打卡”实践为例》，《新媒体研究》2018年第4期。

⑩ 曹进、陈立莉：《微信投票的人际传播地图研究》，《现代传播（中国传媒大学学报）》2017年第7期。

⑪ 参见卞娜《大学生微信群的人际传播研究——以北京某高校为例》，《中国社会科学院研究生院学报》2017年第3期；王亦高、董骁：《微信语音或文字发送形式对人际传播的影响——以大学生微信使用偏好为例》，《东南传播》2017年第1期；朱艳茹：《微信传播对大学生人际关系所产生影响的问卷数据分析》，《教育教学论坛》2017年第20期；王心如、王杨：《大学生在微信社交中的人际关系调查研究——以大连高校为例》，《新媒体研究》2018年第4期；肖琦、王杨：《微信社交对大学生人际关系的影响调查》，《新媒体研究》2018年第4期。

从研究视角而言，有关微信的人际传播研究大多将微信视为一种技术，一个叠加在传统面对面传播基础上提高效率的传播工具，一个可与日常生活分离的传播工具，而非一种嵌入日常生活、使我们长期处在传播中的场景。这不仅与当下人们真实的传播实践存在距离，也是大量微信人际传播研究结论呈现碎片化倾向的原因。微信的具身性特质使得传统的“线上”“线下”区分意义大大消解。此外，微信具有人际传播与大众传播相结合的功能，而大量研究者都将其本身具备的大众传播功能“屏蔽”了——超人际传播已经指明了人际传播的历史境遇差异。

（二）各类语境中的人际传播

有关人际传播互动发生的语境研究，主要聚焦于宿舍人际关系、师生关系、医患关系、跨文化传播，并聚焦于新媒体对这些人际关系的影响，而非面对面的人际传播。尽管国内对人际传播的多语境研究刚刚起步，但已出现了以学校为场域的同级间关系（宿舍室友人际关系）、等级关系（师生关系）的研究。有研究者探讨了新媒体使用对大学生宿舍人际关系的影响[①]，新媒体对师生互动的影响[②]。在医患传播的语境下，有研究者聚焦于网络环境下的医患人际传播[③]；还有研究者对中西方医患人际传播模式进行比较研究[④]。跨文化的人际传播研究既有理论探讨[⑤]，也有个案分析[⑥]。在对各类语境下的人际传播进行探索时，不少研究者的兴趣点集中在新技术中介后的人际传播所遭受的挑战，对经典面对面人际传播研究理论既未做深化，也没有拓展。

（三）人际传播理论与本土化探索

有研究者将人际传播与大众传播相结合，探讨大众传播对人际传播的影响，以及大众传播向人际传播的复归[⑦]。除去新技术带来的新传播样态，中国不同于西方的文化特质如何影响中国人的人际传播也开始引起研究者关注。

一些研究者整理了儒家经典中的人际传播思想[⑧]，明确提出儒家对人际传播本土化的意义[⑨]，使用胡塞尔的现象学方法对儒家人际交往思想进行重估再释[⑩]。还有学者探讨了墨家思想对现代人际关系的意义[⑪]等。

① 唐嘉婧、廖小欧：《新媒体使用对大学生宿舍人际关系的影响》，《新媒体研究》2017 年第 3 期；李婷：《从“初级群体”衰落思考新媒介对高校寝室人际关系的影响》，《新媒体研究》2018 年第 4 期。

② 蒋媛春：《虚拟空间中大学师生人际交往的伦理思考》，《武汉职业技术学院学报》2017 年第 6 期；宁成明：《论移动互联时代师生互动中的传播异化》，《新闻研究导刊》2018 年第 9 期。

③ 李宁、黄健：《网络环境下医患人际传播的困境探究》，《东南传播》2018 年第 7 期。

④ 柴民权：《我国医患关系的人际—群际嬗变——兼论“师古方案”的可行性》，《南京师范大学学报（社会科学版）》2017 年第 2 期。

⑤ 梁青：《中西方人际距离的文化差异研究》，《海外英语》2017 年第 20 期；李国芝：《跨文化视角下中西人际关系对比》，《现代交际》2018 年第 9 期。

⑥ 邓惠玲、安然：《虚拟社区中的跨文化人际交往特点探析——基于来华留学生“跨文化课堂微信群”的观察》，《对外传播》2017 年第 5 期。

⑦ 王晔：《新媒体维度下拟态环境对人际传播的意义生成》，《新媒体研究》2018 年第 4 期。

⑧ 参见孙俊才《情投意合：人际关系的儒家境界》，《南京师范大学学报（社会科学版）》2018 年第 4 期；叶蔚兰：《先秦儒家之礼观与和谐人际关系的构建》，《智库时代》2018 年第 30 期；鲍立娟：《〈论语〉中孔子的人际传播思想》，《汉字文化》2018 年第 13 期。

⑨ 曹钺：《现代视域下儒学的生活化转向与人际传播本土化》，《华中传播研究》2018 年第 1 期。

⑩ 束秀芳、芮必峰：《先秦儒家人际交往思想重估与再释——基于胡塞尔现象学视野》，《新闻记者》2018 年第 2 期。

⑪ 牛小侠、简博闻：《墨子“兼爱”思想与当代人际关系建构》，《长春师范大学学报》2017 年第 3 期。

聚焦于中国当下本土人际传播实践的议题也开始出现，如探讨农村人际关系的变迁[①]，农村的人际信任[②]，被新媒体中介的农村人际传播[③]以及农村留守儿童的人际传播[④]。城市人际传播的研究目光主要聚焦于社区，有研究者探讨了城市社区人际传播模式的转向[⑤]，还有研究者对中国现代城市与传统乡村的人际关系做比较研究[⑥]。

四、反思与建议

2017年，国内人际传播研究又向前迈进了一步。但人际传播的研究水平还待提升，研究议题有待拓展，研究范式有待规范，将人际传播作为一个专门知识领域来对待的工作仍需继续开展。

（一）提升人际传播学科化的整体自觉意识

围绕人际传播存在着丰富多样的理解方式和研究方式，主要有三类[⑦]：一是以个人为中心的人际传播，这一视角将人视为个体，注重理解个体如何计划、生产和加工人际传播的信息。二是以对话或互动为中心的人际传播，该视角将人际传播理解为一种信息，或是一种发生在人与人之间的、与行为有关的联合行动。三是以关系为中心的人际传播，这一视野重视理解传播在发展、维持、终止社会和人际关系，例如朋友关系、约会关系、婚姻关系等亲密关系，通常强调两人或多人的语言、非语言传播过程。

因此，国内人际传播学术界需要更多学科建设的自主性和自觉性，尽快改变人际传播知识领域被误解、被遮蔽的现状，在以上几个领域展开全面、深入的研究。

（二）勾连面对面人际传播理论与技术中介后的人际传播

新技术的发展是国内人际传播研究的重要影响因素之一，这既推动了人际传播研究发展，但又阻碍了人际传播研究发展，因为大量研究力量集中于中介了的人际传播，似乎除此之外人际传播研究再无事可做。事实上，正是由于缺乏对经典理论以及研究范式的了解，才使目前的人际传播研究由于缺乏理论支撑，解释现象时流于形式、表浅。而且，即便是技术中介了的人际传播研究，超人际传播的解释框架也没有引起学者们参照。

（三）打通理论范式与本土实践的樊篱

对待人际传播研究，西方的理论框架无法解释本土实践？还是能够充分解释本土实践？这种非此即彼的二分法阻碍了中国人际传播的研究。认为无法解释的，就会进入以人情制度为解释框架的社会学领地，而重复翻炒别人的残羹冷炙，进一步

---

① 参见武贵秀、王秦俊、常宁、宋潞宇《转型期农村人际交往理性化探析》，《经济师》2017年第1期；牛立霞：《转型期西北农村的人际关系变迁》，《湖北农业科学》2017年第14期。

② 参见余泓波《变动中的差序：农民人际信任变迁及其影响因素——基于2002—2015年江西40村五波问卷调查数据的分析》，《华中师范大学学报（人文社会科学版）》2017年第5期；于铁山：《农村女性的人际信任取向及其影响因素——基于中国社会状况综合调查数据（CSS2013）》，《湖南农业大学学报（社会科学版）》2018年第5期。

③ 丁家佳、詹婷、任晓利：《新媒体视阈下的农民交往方式研究——以阜阳市阜南县柴集镇为例》，《视听》2017年第1期。

④ 郭秋娟：《农村留守儿童家庭社会化功能弱化与人际交往障碍》，《牡丹江教育学院学报》2017年第6期。

⑤ 参见陶辉、朱扬、吴如涛《娱乐性麻将盛行背景下的社区人际关系研究——基于渝北区和合家园社区的实证研究》，《改革与开放》2017年第14期；唐晓勇、张建东：《城市社区"微治理"与社区人际互动模式转向》，《社会科学》2018年第10期。

⑥ 张海钟：《中国现代城市社会与传统乡村社会的人际关系比较——基于社会心理学的研究综述与解析》，《文化与传播》2018年第7期。

⑦ ［美］巴克斯特（Baxter，L. A.）、布雷思韦特（Braithwaite，D. O.）：《人际传播：多元视角之下》，殷晓蓉、赵高辉等译，上海译文出版社2010年版，第5页。

使人际传播走向偏门。认为能够充分解释的，尽管不占主流，但也是忽视了中华社会文化因素对中国人人际传播实践的影响。

人际传播实践不仅受文化、传播技术的影响，而且，也受到历史语境的影响。中国当代社会变迁影响着人际传播中的关系伙伴角色、传播过程和关系结构。建议学者进一步打通传统与现代因素、经典与当代实践，面对面与非面对面，为本土人际传播实践提供更为有力的学术参考。

撰稿：胡春阳（复旦大学新闻学院教授）
周小溪（复旦大学新闻学院博士生）

华夏传播研究 2017 年综述

进入 21 世纪以来，华夏传播研究大有兴盛之势。伴随着哲学社会科学间的跨学科融合和自然科学研究方法的针对性应用，中华传统文化中的传播介质、传播观念与理论的整合与建构，华夏传播研究不断深入发展，极大地丰富了中国特色传播话语体系的建构，展现了华夏文明中绚丽多彩的传播景观。本综述从学术研究的视角出发，着眼于中华传统文化中的传播观念和传播现象，探寻中华文化特色的话语内容，力争构建中国特色传播话语体系。对于民族和国家而言，话语体系展示的是这个国家或民族特有的语言符号、思想观念、价值体系和制度特色等，是国家民族文化特色的体现。从一定意义上来说，中华民族的话语内容蕴藏于华夏文明的传播过程中，其话语体系是多民族共通共融的特征。也就是说，虽然不同民族有不同的话语类型，但其中蕴含中华民族基本的价值观念是共通和稳定的。这是华夏文明传播的基础，也是构建中国特色传播话语体系合法性的来源。

中国特色传播话语体系在于，在传播学研究实践尤其是在传播学本土化的过程中整理出相应的中华传统文化的传播概念和理论框架，形成一套有特色的中国文化观念传播体系。有学者曾表示，鉴于西方长期占领学术霸权，我们需要发挥文化的特殊性，去消解他们（也是我们）“西方就是世界”的世界观。[①] 因而我们需要从我国优秀的传统文化中汲取有益的成分，将之进行整合传播，形成自身的话语体系。中华优秀传统文化，其核心思想的形成和发展，大体经历了先秦诸子百家争鸣、两汉经学兴盛、魏晋南北朝玄学流行、隋唐儒释道并重、宋明理学发展等几个历史时期，产生的文化精髓是中国特色社会主义话语体系的根脉。[②] 因此，中国特色传播话语体系建构或华人传播研究视野应当基于丰富的中华传统文化或“共同民族文化”的基本假设。[③] 这样才有构建体系的基础和根基。

1988 年，《无形的网络：从传播学的

① 李金铨：《华人的传播学术视野在哪里?》，《对外大传播》2004 年第 2 期。

② 安文华：《传承优秀文化，构建中国特色社会主义话语体系》，《甘肃社会科学》2015 年第 2 期。

③ 戴元光主编：《传媒・传播・传播学：新闻传播学的价值重构》，上海交通大学出版社 2005 年版。

角度看中国的传统文化》一书的出版，使中国大陆学者开始意识到中国传统文化中的“传”的问题。进入90年代后，国内学界的本土化研究意识日渐彰显。从1993年“首届海峡两岸中国传统文化中传的探索座谈会”召开，至1994年出版《从零开始——首届海峡两岸中国传统文化中传的探索座谈会讨论文集》，传播研究本土化已成大势所趋。有研究者指出，“不能紧跟洋人亦步亦趋，必须走出自己的路已成天下共识”①，“中国传播史有自己的线索，有特殊的现象，这些并不能用西方的理论框架或术语进行解释，而且构建特色传播话语体系，进行传播学本土化研究——华夏传播研究是强调民族特性，是我们追求学术独创性和理性思考的结果，同时又是传播学深入研究的必然发展，也只有进行华夏传播研究，才能传播我们自身的形象和声音”②。有研究者认为，“我们除了可以在中国的泥土上学习与实验这些（西方传播）理论外，以中国人的智慧，应该可以从中国的历史中找寻到许多‘传’的理论与实际，用来充实、光大今天传学的领域。”因为，“传的艺术已深潜于中国文化中，流漾在中国人的血液里，只差作系统性的与科学性的发掘与整合。现在该是开始的时候了”。③

在中国走向世界的今天，华夏传播研究学术领域的兴起，是传播学本土化的一种实践，更是构建中国特色传播话语体系的一种努力，从而丰富世界的传播研究，形成具有中国特色的传学理论④，充实华人传播想象⑤，增强国家文化软实力，提升国际形象的重要学术工程，这是中国学者的责任和担当。传播学传入中国的40年，也是华夏传播研究不断推进的40年。这里，我们以2017年为例，管窥学人在新时期推进华夏传播研究的新作为。

一、华夏传播研究理论体系建构的坚定意识和积极行动

一直以来，西方传播学理论尤其是美国经验学派占据着新闻传播学理论研究的制高点，传播学作为一个舶来品，其学科范式在很大程度上具有鲜明的西方烙印，特别是美国烙印。他们的理论话语构成了传播学科知识地图上的主流话语⑥。面对这种现状，甚至有学者认为，假如华人传播学术圈照搬美国这套主流的东西，不假思索改造，只顾一迳奋勇再生产，那么注定要沦入“边缘的边缘的边缘”的命运。⑦这是一种警醒，要求我们跳出西方传播理论话语的窠臼而另寻出路。随着中国国际地位提高，中国对外传播能力的加强以及学科的开放和多元化，华夏传播研究对中华传统文化进行深入的传播学本土化研究是一种意识的觉醒和理论建构行动上的自觉，虽然至今我们依然无法提出任何一种独立的、权威的、受到学界公认的“中华传播理论”，甚至对于我们当前的研究方向应向何处去，尚无一个学界的广泛认同。但是，整理具有中华文化特色的统摄性理

① 李彬：《反思：传播研究本土化的困惑》，《现代传播（中国传媒大学学报）》1995年第12期。

② 王怡红：《对话：走出传播研究本土化的空谷》，《现代传播（中国传媒大学学报）》1995年第12期。

③ ［美］宣伟伯：《传学概论——传媒·信息与人》，余也鲁译，海天书楼1983年版。

④ 余也鲁、郑学檬主编：《从零开始——首届海峡两岸中国传统文化中传的探索座谈会论文集》，厦门大学出版社1994年版，第292页。

⑤ 冯应谦、黄懿慧：《华人传播想象》，香港中文大学香港亚太研究所2012年版，序言。

⑥ 姜红：《新媒介形态下新闻传播学话语体系的转型》，《南京社会科学》2017年第1期。

⑦ 戴元光主编：《传媒·传播·传播学：新闻传播学的价值重构》，上海交通大学出版社2005年版。

论，搭建独树一帜的中华传播学问，使之真正成为对中华传播事件与传播方式的思考聚焦、理论投射与文化溯源，与西方传播学界产生独立、平等的对话与交流，无疑为华人传播研究之崛起须当致力的共同方向。[①] 这是华夏传播研究宏观的发展方向，是构建中国特色传播话语体系的应有之义，其将有利于引导传播学本土化的创新性发展。

（一）历史视野：华夏传播研究的媒介省思

纵览2017年华夏传播研究刊发的论文和著作来看，其研究对象包括作品（包括典籍、诗词、歌谣、小说）、法律条令以及政治传播活动等。尤其是对作品的考察是以其作为一种介质，探讨它们的传播过程和传播思想。实际上，在古代由于中国特殊的政治环境以及个体强调内省和参悟，因此，个体思想的表达往往蕴藏在一些作品典籍中，以比较隐晦的方式进行传播。考察这些传播活动在一定程度上能够揭示中国古代的传播话语形态和历史传播环境的变迁。

从传播学的角度挖掘作品中的智慧则能给我们提供新的视角和启发。《生活中的老子——〈道德经〉与人际沟通》[②] 一书将老子的智慧系统性与人际交流和传播结合起来，从人内在修为到外在的处世之道做深刻剖析，具有很强的现实指导意义。心学作为儒家思想的延续和发展，在宋明时期有着重要的发展，最终成为一个思想体系对后世有着重要的影响，其思想和著作传播也是一些学者考察的重点。《文辩哲思　三位一体——杨简心学体系及传播的示例论证》一文深入分析了杨简的心学体系和思想，以辩证的视角——“心与理、心与正、心与意”论证杨简树立起“心”的本体论，同时也详细介绍了著作《月赋》及其为心学传播做出的重大贡献。[③] 有研究者从较为宏观的传播过程考察了《传习录》在明代的传播特点，包括传播的群体、传播的媒介，认为《传习录》的传播为阳明心学地位的确立、思想的传播发挥了重要作用。[④] 另外，一些研究者从文献出版的视角考察了历史文献如对宋元明清时期《列女传》的版本、刊行方式和传播路径来考察《列女传》的传播效果。[⑤] 此外，也有研究者对作品的媒介多样性传播进行考察，如对苏轼的《赤壁赋》在宋代的自媒体及“多媒体”传播形态与传播效果进行研究[⑥]；从石刻、纸绢和版刻3种媒介传播屈原图像，考察艺苑点评、题画诗文和仿写临摹3种接受屈原图像的基本方式。[⑦] 实际上，这也是从绘画史与传播相结合对屈原图像的发展和传播效应进行考察。而从《申报》上的新闻、广告、评论和文学知识等多种内容形式考证《牡丹亭》的传播[⑧]，这种考察方式给我们提供了新的视角，也能够更加准确地把握当时社会的传播语境以及文本传播的话语形态。有研究者全面梳理了《弟子规》的历史溯源与传播过程，从

---

① 徐来、黄煜：《“向何处去？”“倚何处立？”与“以何为本？”：新媒体时代中华新闻传播学（刊）的发展前景与格局》，《传播与社会学刊》2017年第41期。

② 谢清果编著：《生活中的老子——〈道德经〉与人际沟通》，九州出版社2017年版。

③ 于雯霞：《文辩哲思 三位一体——杨简心学体系及传播的示例论证》，《宁波大学学报（人文科学版）》2017年第6期。

④ 张菁洲：《〈传习录〉在明代的传播特点研究》，《辽宁工业大学学报（社会科学版）》2017年第3期。

⑤ 靳力：《论〈列女传〉的刻印和传播》，《山东女子学院学报》2017年第5期。

⑥ 王兆鹏：《宋代〈赤壁赋〉的“多媒体”传播》，《文学遗产》2017年第6期。

⑦ 周建忠、何继恒：《屈原图像在中国古代的传播与接受》，《中州学刊》2017年第4期。

⑧ 尹丽丽：《〈申报〉所载〈牡丹亭〉的晚清传播》，《文化遗产》2017年第4期。

《弟子规》的一隅之地，窥得中国的社会思潮在30年间出现的天翻地覆的剧烈变化。[①] 这是研究古代典籍传播过程所带给我们的启发，是我们总结华夏传播理论、概括传播话语框架的基础。

此外，也有研究者考察古代的一些传播活动，譬如对北宋的抄写传播[②]、"行卷式"传播[③]进行考察，为我们描绘了宋代文学领域的传播现象。有专著从新闻史和传播史的角度，研究了宋代邸报的新闻和谣言传播活动，并从政治史的角度探讨了宋代文人谈兵论战的时代背景、具体策略以及兵学文化繁荣等系列议题[④]。有研究者考察了《渝报》与西南地区近代新闻传播事业的展开，兼论"复古即维新"问题，认为《渝报》具有自己独特的运思路径，这就是"复古即维新"论。这一运思在西学东渐、华夏文化面临严峻危机的情形下，其实质是儒学的自我转化。[⑤]

中国古代歌谣、小说和法律等是中国文化繁荣的集中反映，研究中国古代歌谣也是华夏传播研究的一个重要领域。《汉乐府古辞在唐代的传播之研究》[⑥] 和《唐代小说在明清时期的传播研究》[⑦] 通过论述汉乐府古辞和小说在不同朝代的传播发展概况，清晰梳理了中国古代文学的发展脉络，也展示了它们的社会影响力。也有研究从媒介的角度来探讨唐宋诗歌的传播，譬如艺术、生活、印刷三种媒介类型及其差异化的媒介传播效果对唐宋诗歌的发展产生的影响。[⑧] 有研究从写本学的角度对写本时代诗歌的传播方式进行深入研究，探究诗歌写本的传抄、接受等概况，以新颖的视角展示古代写本的传播方式。[⑨]

实际上，中国古代歌谣的传播具有明显的政治舆论功能。一项研究详细探讨了先秦歌谣的类型以及先秦歌谣在政治表达、宣传教化、政治监督、舆论动员、权力博弈等方面发挥的重要作用，这也使得它在人类早期的文化与政治史上独具特色。中国先秦歌谣开创了"歌以咏志"和"歌以咏政"的传统，这既包括"美刺"的传统，也包括对"歌舆"争夺和控制的传统。[⑩] 歌谣的政治功能为我们挖掘中国传统文化中的传播观念和信息传播功能提供了重要启示，由此管窥蠡测中国传统文化具有的丰富的传播资源和细腻的传播理念。《汉魏六朝的徒歌传播述论》一文[⑪]也对古代的歌谣的创作、传播和社会功能作了研究。

政治传播在当下社会备受学术界关注，有研究者对中国古代政治传播进行了深入研究和探讨，有研究者通过考察诰、悬书等中国古代媒介来探讨古代社会秩序的维持和王权的有效运转。[⑫] 古代律令作为统治者管理社会的法律，其贯彻传播也是学

① 王立刚：《〈弟子规〉的历史溯源与传播过程》，《教育学术月刊》2017年第5期。

② 潘明福：《北宋时期文集的抄写传播》，《赣南师范大学学报》2017年第4期。

③ 潘明福：《北宋时期文人文集的"行卷式"传播》，《江汉论坛》2017年第6期。

④ 刘大明：《宋代新闻传播与政治文化史稿》，中国传媒大学出版社2017年版。

⑤ 王仙子：《〈渝报〉与西南地区近代新闻传播事业的展开——兼论"复古即维新"问题》，《新闻与传播研究》2017年第12期。

⑥ 何丽：《汉乐府古辞在唐代的传播之研究》，《南京艺术学院学报》2017年第3期。

⑦ 孔敏：《唐代小说在明清时期的传播研究》，商务印刷馆2017年版。

⑧ 徐红漫：《媒介变化与唐宋诗歌的公众传播》，《南京师范大学学报（社会科学版）》2017年第3期。

⑨ 张利亚：《唐五代敦煌诗歌写本及其传播、接受》，博士学位论文，兰州大学，2017年。

⑩ 潘祥辉：《"歌以咏政"：作为舆论机制的先秦歌谣及其政治传播功能》，《新闻与传播研究》2017年第6期。

⑪ 吴大顺：《汉魏六朝的徒歌传播述论》，《百色学院学报》2017年第3期。

⑫ 徐燕斌：《中国古代的政治传播与社会控制述略——基于媒介史的视角》，《现代传播（中国传媒大学学报）》2017年第10期。

者研究的内容之一，有研究者认为对律令传播的重视并非秦汉朝廷的创造，而是对先秦时代的法规重构运动之结果的继承与改进。[①] 也有研究者另辟蹊径，考察清代京杭运河的旗丁群体的信息传播情况，研究这一民间信息传播的重要载体如何为信息“人际”传播提供了条件甚至间接成为政府控制与反控制的对象。[②] 有研究者通过对晚清政治革新和启蒙的研究，提出面对大众的“送字下乡”是政治和知识精英的一种共识，从传播社会学的角度看，“扫盲”本身是一种社会教化的渠道，“送字下乡”所铺就的识字网络为通过文字而进行的社会宣传和政治传播铺平了道路。普通民众第一次在政治社会生活中被视为主体力量。[③] 此外，也有学者对蕴含中国传统文化的国礼结合政治和文化传播进行研究。[④]

有研究者从传播学的视角探讨中国最具特色的孝、礼文化的内涵，从而展示中国丰富的传播思想和传播价值。有研究者从“致中和”的角度切入，分析“中和”思想的内涵，揭示其之于“传播”和“传播学”的意义，总结归纳了中国古代先贤实现“致中和”传播价值的四项基本原则，尝试在当代背景下与西方“传播学”以及传播思想进行“对话”。[⑤] 总之，中华传统文化中的典籍、诗词、歌谣、小说、法律以及抽象层面的孝礼、致中和等观念都集中反映了中国特有的文化内涵，挖掘其中蕴含的传播思想对构建中国特色传播理论，深入推进华夏传播研究，构建有中国特色传播话语体系有重要的意义。

（二）理论自觉：华夏传播研究的理论体系建构

如前所述，诸多学者从微观的层面寻找和总结华夏传播理论，也有学者从宏观的角度，以宏大叙事的手法构筑华夏传播研究理论体系。有研究者认为华夏传播理论具有“心传天下”的特质，以仁兼济天下为指归，具有区别于西方实证研究的“理剖万物”为特质的中国传播学人文精神特征。[⑥] 这是对华夏文明中传播思想特质的准确概括，凸显了华夏传播理论的特征。有研究者认为，要提升中国传统文化的当代传播力，须在保证器物文化传播数量的基础上，着力提升制度文化和精神文化的传播数量。无论对内传播，还是对外传播，都需要提升现代人对中国传统文化从“认知”到“认同”的过程，从而实现深度地有效传播。[⑦] 这是对当前华夏文明传播的有效性和正当性的思考，提示我们应该注重华夏文明的“认同”化传播，并通过构建中国特色传播话语体系来回应这个问题。

概言之，华夏传播研究者已有理论挖掘和整理的自觉意识，并在学理层面论证了华夏传播研究的概念、范畴及研究进路，确立了华夏传播研究的合法性，搭建了华夏传播研究的理论体系，这对我国构建哲学社会科学话语体系，尤其是特色传播话语体系具有重要意义。诚然，当代中国哲

① 朱腾：《秦汉时代律令的传播》，《法学评论》2017年第4期。

② 沈胜群：《清代京杭运河沿线民间信息传播与扩散——以漕运旗丁为载体的考察》，《聊城大学学报（社会科学版）》2017年第1期。

③ 潘祥辉：《“送字下乡”：晚清及民国时期扫盲运动的传播社会学考察》，《浙江学刊》2017年第5期。

④ 徐键：《当代中国“国礼”中的政治传播及文化输出研究》，《现代传播（中国传媒大学学报）》2017年第7期。

⑤ 参见张兵娟、苏安宁《中国孝礼文化的传播与社会价值——以央视“寻找最美孝心少年”为例》，《新闻爱好者》2017年第11期；张兵娟：《传播学视野下的中国礼文化与认同建构研究》，《新闻爱好者》2017年第2期。

⑥ 谢清果、祁菲菲：《华夏传播理论的内涵、特征及其未来展望》，《今传媒》2017年第1期。

⑦ 胡正荣：《中国传统文化在当代传播中的困境》，《人民论坛》2017年第26期。

学社会科学话语体系，更应该是根植于中国文化生活基础、代表当代中国发展实践方向、具有中国风格与中国气派、特色鲜明且具有世界影响力的话语体系。[①]

二、区域文化的传播研究：华夏传播研究的学术增长点

华夏传播研究不仅着眼于儒释道等中国影响深远的思想观念的传播，而且也关注地区特色文化传播。当前随着考古挖掘技术的发展，区域文化研究也逐渐成为华夏传播研究的一个显在部分。

（一）区域文化：构建华夏文明传播的坚实基石

中华民族的区域文化都是对外传播的重要窗口，区域文化代表该地区特色的价值观念和思想特性，华夏传播研究对此的研究不仅表明了华夏传播研究内容的多样性，而且也体现了华夏传播研究范畴的完整性。我们要批判地吸收各种学术流派的研究成果，而不是抱残守缺。[②] 应该看到的是，虽然华夏传播研究中囊括了各个区域的文化，但中华民族的核心价值观和思想理念是一致的、稳定的和可传承的，区域文化中的传播现象和思想是统一于中华民族的核心价值体系中，是组成因子和文化多样性的点缀。正如美国知名人类学家莱斯利·怀特所说：文化是一个连续统一体，是一系列事件的流程，它穿越历史，从一个时代纵向地传递到另一个时代，并且横向地从一个种族或地域播化到另一个种族或地域。[③]

（二）区域文化与民族文化的融合：华夏传播研究的独特优势

区域文化的研究往往涉及民族的语言、艺术、习俗等多个层面的复杂传播样态，因此，这方面的研究往往会选择跨学科的方法进行研究，以更全面的视角展示区域文化。有研究者选取少数民族建筑、服饰、语言、艺术、宗教、手工艺等少数民族文化的传播介质作为研究对象，探讨这些介质作为一种特殊的符号怎样来表征少数民族文化的意义，并在少数民族的生产生活中进行意义的传播和建构。[④] 一项研究以我国云南省丽江地区纳西族东巴文化作为民族文化传播的案例对象，从传播学、民族学、社会学的交叉领域出发，探讨“社会传播网络与民族文化传播的关系”。研究者将西方社会网络理论和网络科学与传统的文化传播加以融合，探寻在飞速发展的现代社会中，对文化传播的发展裂痕的弥补。[⑤] 以学科交叉融合的视角探寻社会传播网络与民族文化的关系，能够揭开民族文化在社会中的表达，发出应有的民族之声。

有研究通过考察西方佛教文化传播方式的嬗变来探析西安佛教文化社会角色的定位变迁，把握西方佛教文化产业发展的规律。[⑥] 也有研究从传播媒介的角度研究宜春禅宗文化传播[⑦]，或者是采用文献资料和实地调查法研究发源于山东淄博的蹴鞠文化[⑧]。同时也有涉及地方文化的研究，

---

① 蔡先金：《中国传统话语体系的秉性、境遇与创造性转化》，《东岳论丛》2015 年第 7 期。
② 仲富兰：《民俗传播学》，上海文化出版社 2007 年版，第 133 页。
③ ［美］莱斯利·A. 怀特：《文化的科学》，山东人民出版社 1988 年版，第 2 页。
④ 李丽芳、邱昊、谢晓霞：《民族文化传播研究》，人民出版社 2017 年版。
⑤ 谢丹：《连接：民族文化传播的网络与结构研究》，中国广播影视出版社 2017 年版。
⑥ 杜超凡、李红岩：《西安佛教文化传播方式的嬗变》，《新闻知识》2017 年第 9 期。
⑦ 韩鹏飞：《传播媒介视域下的宜春禅宗文化传播》，《宜春学院学报》2017 年第 8 期。
⑧ 宋晓楠、杜淑琳、孙健：《传统蹴鞠文化传播的策略及意义》，《当代体育科技》2017 年第 7 期。

譬如《徽州祭祖中的宗族社会文化传播研究》[①]《开封胡同文化传播研究》《福建省畲族传统体育文化传承的传播学研究》等。这些研究从不同的角度展示了区域文化的传播。区域文化展示的多元化的传播话语也是华夏传播研究的一个面向，构建中国特色传播话语体系理应更加开放地展示区域文化的声音和话语。

三、中华文化对外传播研究：华夏传播研究的时代召唤

中华文化对外传播研究也即是对华夏文明的域外传播的话语、方式、规律等的探究，它展示的是中华民族文明的面貌。在当前中国由大国迈向强国的过程中，华夏文明的域外传播研究，占领国际话语权，构建特色传播话语体系显得尤为必要和紧迫。

（一）走出国门：中华文化的对外传播

在当前全球化进程和国家之间跨文化交流的背景下，中华文化的对外传播研究有兴起之势。从微观层面上看，这方面的研究更多的是从中国传统文化精粹入手，探讨他们对外的传播与影响等。如对《三国演义》在日本等国家的传播特点：传播形式多元化、传播主体多层次、传播渠道多样性、差异性地对待传播受众等，对古典文学作品的海外传播提供了经验与启示。[②] 还有借助拉斯韦尔的“5W 模式”对中国戏曲海外传播进行探析，提出了研究中国戏曲走出去的一个崭新视角。[③] 有研究者对中国武术在海外传播过程中的语言与手段进行研究[④]，也有研究者采用文献研究资料方法探讨中国武术在美国的传播[⑤]，还有研究者则研究了中国道教在日本的传播和对日本文化的影响[⑥]。值得一提的是，有外国留学生的博士论文探讨了中国文学作品在海外的传播，以海外留学生的身份讲述中国文化的对外传播[⑦]。此外，有相关的专著考察了汉语在国外传播和认同等问题，为我们推进汉语海外传播提供了经验启示。如《汉语文化国际传播实践与推进策略研究》《美国华人社区汉语传播研究》[⑧] 等研究从中国文化深入挖掘资源，着眼于海外传播场域，对中华文化的海外传播不断进行尝试。

在“一带一路”倡议构想及国家“走出去”的大背景下，有研究者从宏观层面思考中华文化走出去的战略，或研究中华文化对外传播能力[⑨]；或关注话语海外传播和中华民族文化认同的建构问题[⑩]；或提出中

---

① 参见郭云涛《徽州祭祖中的宗族社会文化传播研究》，硕士学位论文，安徽大学，2017 年；陈萌莉：《开封胡同文化传播研究》，硕士学位论文，郑州大学，2017 年；顾军：《福建省畲族传统体育文化传承的传播学研究》，硕士学位论文，集美大学，2017 年。

② 陈甜：《古典文学的海外传播及启示——以〈三国演义〉为例》，《社会科学家》2017 年第 9 期。

③ 张安华：《当代中国戏曲对外传播的策略探析》，《戏剧文学》2017 年第 5 期。

④ 卢安、姜传银：《中国武术国际传播的语言原则与手段》，《现代传播（中国传媒大学学报）》2017 年第 5 期。

⑤ 吴文峰、薛红卫、张晓丹、徐宇浩：《中国武术在美国传播现状解读》，《体育文化导刊》2017 年第 3 期。

⑥ 梁桂熟、杨乔君：《论道教在日本的传播与影响——以日本道教遗迹为线索》，《江南大学学报（人文社会科学版）》2017 年第 4 期。

⑦ 参见金洙京《“剪灯二话”在韩国的传播与接受》，博士学位论文，山东大学，2017 年；李吉娜：《〈水浒传〉在泰国的翻译与传播研究》，博士学位论文，山东大学，2017 年。

⑧ 参见张德瑞、孔雪梅主编《汉语文化国际传播实践与推进策略研究》，暨南大学出版社 2017 年版；陈颖：《美国华人社区汉语传播研究》，武汉大学出版社 2017 年版。

⑨ 李建军：《关于提升中华文化对外传播能力的思考》，《暨南学报（哲学社会科学版）》2017 年第 7 期。

⑩ 丁和根：《海外华语传播与中华民族文化认同的构建——兼论华文媒体的特殊作用与发展进路》，《新闻界》2017 年第 9 期。

国文化走出去的对策[①]；或研究中华文化价值传播机制[②]；或聚焦中国的民族文化传播与认同问题[③]；或研究文化自信与中华优秀传统文化的对外传播等[④]。应该注意到，这些研究对中华文化走出去战略的重要意义以及中华文化对外传播过程中存在或遭遇的问题进行了系统论证，进而提出文化走出去、提升中国话语权和增强文化自信的战略举措。

诚然，中国拥有丰富的文化资源，在对外传播过程中不仅需要微观层面上对深厚文化的考究，而且需要在宏观层面搭建传播框架指引方向、纠正问题，更需要国家在政策和战略层面上进行统一谋划，由此推进华夏传播研究，构建中国特色传播话语体系。

（二）文化自信：中华文化对外传播话语体系的构建

在国家实施“一带一路”倡议、增强国家文化软实力的背景下，国内学者对华夏传播研究以更开阔的视野探索华夏文明在海外的传播。这是文化自信的体现，是中国特色传播话语的表达。对外传播话语体系的构建彰显的是文化自信，这需要我们对自身文化进行创造性的整合和提升，使之具有较强的传播能力，其中也包括对华夏文明的创新性研究。当前，在西方话语仍然在国际话语权上具有一定优势或主导地位的时候，我们在理论建设和话语建构上应该用开放、包容的态度，用国际化的视野和全球性的话语策略阐释中国文化和价值。[⑤] 切实让中华优秀传统文化在世界发展的舞台上的积极作用发挥得更加有益，增强中国话语在道义上的国际感召力，让中华优秀传统文化的表达更加有力。[⑥] 也就是说，对外传播话语体系的构建，应该借鉴西方成功的经验，充分考虑国际话语体系的现实，以开放的姿态吸纳优秀文化，融入国际文化传播大格局，彰显中国特色传播话语的张力和特色。

四、新媒体语境下中华文化传播研究：华夏传播研究的历史机遇

随着互联网、通信技术等快速发展及其广泛运用，文化的传播也需要借助一定的媒体，而基于这些技术的新媒体则成为文化传播的重要载体，这也成为学者研究文化传播的新视角。

（一）新旧结合：新媒体语境下的华夏传播研究

在当前新媒体语境下，要弘扬传统文化，提升话语权，增强文化软实力，借助新媒体进行传播是一种必然，而如何将传统而古老的文化精髓和新媒体进行融合传播则是当下学者探讨的一个课题。一项研究以微博中客家文化传播为对象，采用内容分析的方法考察大众媒介在客家文化共同体、形塑客家族群意象过程中的作用。[⑦] 有研究者对秦腔的传播载体进行研究，考察了秦腔传播载体的演变，认为当下的新媒体使秦腔的传播方式更趋多元化，同时也为秦腔的流传和发展提供了更为广阔的空间，有益于秦腔这一非物质文化遗产的

---

① 谢伦灿、杨勇：《“一带一路”背景下中国文化走出去对策研究》，《现代传播（中国传媒大学学报）》2017 年第 12 期。

② 程林顺：《“一带一路”倡议下中华文化价值传播机制研究》，《广西社会主义学院学报》2017 年第 4 期。

③ 覃杰、张海兵：《“一带一路”视阈下中国的民族文化传播与认同》，《新闻研究导刊》2017 年第 5 期。

④ 王莹：《文化自信与中华优秀传统文化的对外传播》，《广东社会科学》2017 年第 5 期。

⑤ 张传民：《文化自觉、理论自觉与中国话语体系的建构》，《山东社会科学》2012 年第 10 期。

⑥ 王宁霞：《建设中华优秀传统文化对外传播话语体系之思》，《发展》2017 年第 8 期。

⑦ 周建新、肖玉琴：《“微传播”中的客家文化呈现：基于微博的样本》，《现代传播（中国传媒大学学报）》2017 年第 4 期。

保护和传承。[①] 有研究者考察了现代传媒语境下儒学的娱乐化传播，分别从文化价值言说、传播方式言说和传播效果言说3个方面进行分析。[②] 实际上，儒学的娱乐化是在现代传播媒体环境中生成的一种现象，是另一种传播形态，对其考察则能对传统文化传播方式进行反思。也有研究者对当前微传播的媒介环境中传统文化传播面临的机遇和挑战进行反思，较深刻地揭示了当前传统文化在微传播过程与传播主体之间的内在关联。[③] 这些研究立足当前新媒体语境，探究新媒体环境下的传统文化传播规律和特征，也是文化传播中新媒体话语的一种体现。

（二）与时俱进：华夏传播研究的新媒体话语

在当前新媒体浸透文化研究的背景下，关注华夏传播研究中的技术特征或技术传播特色是一种趋势和必然，这反映了新闻传播学话语的一种转换和探索[④]，即更加注重文化的创新及其对生活的实践运用，这也将成为学者推进华夏传播研究的一个面向和进路。诚然，利用多种媒体传播文化、树立国家形象、提升话语权，能够助推华夏传播研究，提供更多维度的研究视角，当然更是赓续华夏文明的一种手段。笔者以为，新媒体语境下，对华夏传播研究的考察应该更加注重当下传统文化的接受与认同以及社会环境因素对传统文化传播的影响等问题。这些能够明晰华夏传播研究可能遭遇的问题以及能够根据社会变迁和文化传播路径的转变而调整研究策略，以适应时代的变迁。以此，华夏传播应该考虑当下传播语境，保持华夏传播研究的学术敏锐，从而保证华夏传播研究能够不断扩展和深化研究领域，这也是其理论与话语体系在建构上的一种进步，增色中国特色话语传播。

结　语

2017年，华夏传播研究取得了丰硕的成果，研究者深挖华夏文明中的宝贵资源，强化了理论自觉，积极建构华夏传播研究的理论体系，同时也致力于面向世界传扬中华文明，构建富有中国特色传播话语体系。宣伟伯在《传学概论——传媒·信息与人》一书的增订本序言中说道，我们在西方的文化背景中学习科学研究方法与理论的人，看见中国长春的文化，和她悠久的传（播）的艺术传统，总免不了会肃然起敬。[⑤] 一个外国学者尚有如此的期待，我们华夏传播研究的学者甚至广大民众更应该以推进华夏文明传播，构建中国特色传播话语体系为责任担当，为世界贡献中国智慧。可喜的是，2017年，国家教育部、全国哲学社科规划办等部门对“先秦儒家传播思想与春秋战国的政治沟通”和“‘一带一路’背景下中国价值观的国际传播研究”等项目进行立项，这说明国家加大对华夏传播研究的关注力度，更加系统性地支持华夏传播研究。这将为后续的华夏传播深入地、系统地研究奠定基础。

撰稿：谢清果（厦门大学新闻传播学院教授，传播研究所所长）
林　凯（厦门大学新闻传播学院博士生）

① 赵海霞、赵育林：《弘扬传统文化 奏响大秦之音——秦腔的传播载体研究》，《新闻知识》2017年第5期。
② 吉峰：《现代传媒语境下儒学的娱乐化传播研究》，《河北师范大学学报（哲学社会科学版）》2017年第3期。
③ 陈彧：《碎片化与重构：微传播语境中的中国传统文化》，《当代传播》2017年第4期。
④ 姜红：《新媒介形态下新闻传播学话语体系的转型》，《南京社会科学》2017年第1期。
⑤ ［美］宣伟伯：《传学概论——传媒·信息与人》，余也鲁译，海天书楼1983年版。

第三篇
论文选粹

论文选摘

中国网络抗争性话语研究的学术图景（2005—2015）

大数据时代的隐私危机及其侵权法应对

旧关系与新组织：从《时务报》看中国同人报的内在困局

断裂的平衡：中国对外传播制度史探析（1966—1976）

“可见性”赋权

——舆论是如何“可见”的？

互联网时代突发环境事件信息公开的主体制度创新

——以环保NGO的参与为突破口

民族文化经典的“再地方化”

——“阿诗玛”回归乡土的个案

在风险与利益间传达不确定性：科学事实查验对转基因食品议题信息误解的影响及其心理生理学反应

我国马克思主义新闻理论体系建构的知识演进路径考察

以媒抗争：2009年南京老城南保护运动研究

观点摘编（49条）

· 论文选摘 ·

中国网络抗争性话语研究的学术图景（2005—2015）

一、研究目的与研究问题

由于“抗争性话语”与“互联网”结合之后的特殊境况，目前学界对网络抗争性话语的关注越来越多，但却缺乏系统的梳理，一些重要的学理问题还未得到厘清。本文着眼于近十年来国内外有关“中国网络抗争性话语”的研究，运用文献荟萃分析（meta-analysis based on literature），并采用中英文献对比的视角，对文献进行整体考察；在此基础上，再对文献体现的问题作进一步探讨。根据研究目的，本文关注以下问题：

1. 该话题过去十年间发表的文章数量及趋势如何？不同研究级别（或研究类型）的分布情况如何？

2. 该话题有哪些主要的研究焦点？各自代表什么研究取向？

3. 各研究涉及哪些研究话题（事件、社会现象等）？

4. 各研究所运用的理论资源有哪些？常用的理论或分析框架是什么？

5. 主要运用了哪些研究方法？

二、研究方法与过程

本研究需要对较长时间跨度内的文献进行评估，因而选取2005年至2015年整11年的时间段进行考察。国内以CNKI（中国知网）数据库为主要检索平台。考虑到“抗争”这一词义在汉语中的丰富表达，我们以“网络（互联网）”与“抗争性话语”“话语抗争”“话语抵抗”“话语博弈”“对抗性解读”“话语政治”等为关键词在“主题”中检索，共得到文献超过200篇；国外文献以SSCI、ProQuest数据库为主要检索平台，以“internet（online）”与“discourse resistance”“discourse contestations”“discursive struggles”等为关键词，限定词为“China（Chinese）”进行检索，得到超过80篇文献。再经过阅读筛选，最终确定中文文献97篇，英文文献31篇，合计128篇。

为了检验编码条目的信度，本研究随机抽取50篇文章，由两位编码员独立编码，然后通过内容分析相互同意及信度检验公式进行测量。经编码检验，各个指标的信度为：文章数量的信度为100%，研究类型（级别）的信度为100%，研究焦点的信度为96%，研究话题的信度为91%，理论应用的信度为89%，研究方法的信度为93%，总体的相互信度达95%。一般而言，内容分析的信度达到85%就符合要求，因而本研究的研究类目的分类及编码符合相互信度标准。

三、研究发现

（一）文章数量、研究类型与级别

中英文研究在2007年之前都较为零星，之后国内的研究逐渐升温，2010年出现文献数量高峰，到2015年有所回落（截至文献搜集结束，仍有部分2015年的文献未收录，故该数字还有上升空间）。这一变化曲线与国内网络舆情事件变化形势比较切合。

而英文文献数量则相对平稳，保持在个位数，除2014年有回落外，在2011—

2015年间文献数量相对稳定。这反映了国际学界保持对该话题的持续关注，受国内网络舆情形势的起落影响不大。

从文献的类型与级别看，中文文献中，普通论文占28.9%，核心期刊论文（CSSCI期刊）占43.3%，学位论文占27.8%。英文文献因为是在SSCI数据库中搜集，研究水平相对较高。发表相关论文最多的英文期刊为*Asian Studies Review*。

（二）研究焦点

国内外研究焦点相对重合，都集中在文化抵抗、社会抗争、政治参与三个方面。其中，英文文献除了上述三种外，暂无出现其他研究焦点。中文文献中，“文化抵抗”研究比例最大，共40篇，占全部中文文献的41.2%。“社会抗争”研究焦点占16.5%，在“国家—社会”框架下，将抗争话语视为抗争政治的一个组成部分或一种策略，是民众为了达成某种政治诉求而采取的现实行动，在身份上是弱势群体针对强势群体的一种“边缘抵抗”。本研究将“文化抵抗”和“社会抗争”统称为“抗争视角”，两者的比例约占全部中文文献的60%。

而“政治参与”视角占中文文献23.7%，倾向从政治学的理论视角出发，将话语抗争视为公民的网络（公共）表达或话语参政，是协商政治的表现形式。用到的核心概念和理论包括话语权、公共领域、政治表达等。本研究称之为“协商视角”。

另外，以公共治理为焦点的研究占11.3%。而在已有的英文文献中，则没有这种研究焦点。这是中英文文献中非常鲜明的差别。

在英文文献三种主要研究焦点中，“政治参与”的比例最大，超过“文化抵抗”与“社会抗争”两种类型的总和。这说明，“协商视角”是英文研究中更常用的视角。这些研究更集中探讨网民抗争话语在形塑公共领域（或公共话语空间）方面的作用。

而明确在抗争政治框架下的“社会抗争”研究，则聚焦于抗争话语的形成过程、框架或策略、特征或演变、影响与效果等。这方面的研究内容、理论资源和方法与中文文献较为一致。

而“文化抵抗”焦点下的研究，主要包括抗争话语抵抗方式和策略。也有研究涉及抗争话语运作机制与文化政治意义等，运用的理论和方法主要是福柯的话语权力理论、批判话语分析理论、框架理论、符号学理论。这说明，“抗争视角”下的两种研究，国内外的差别已经不太大，相互之间可以进行充分的学术对话。

（三）研究话题

受研究者重点关注的包括网络文化事件、公共安全危机、网络言论监管、土地纠纷与维护等话题。其中，英文文献对网络文化事件、网络言论监管、官员腐败违法三种话题关注较多，体现了国外学界在这一研究主题上的意识形态偏向。而国内更关注与民生、公共利益密切相关的话题，如公共安全危机、土地纠纷与维权、环境与食品安全、司（执）法公正等话题，体现了中西方研究在话题倾向上的差别。

网络文化事件所占比例最大，这跟近年来网民活跃的文化创造行为有直接关系：从发明各种网络流行语、网民造字，到围绕热点事件自制歌曲、游戏、视频等媒体产品，可谓层出不穷。而且，不少网络文化事件与热点社会事件紧密相关，网民借“我爸是李刚”“70码”“躲猫猫”来质疑公权力滥用现象，娱乐化的大众文化现象背后是十分严肃的社会结构性问题，这为研究者提供了丰富的研究层次和深入分析的空间，体现出网络文化事件的研究价值所在。

（四）理论框架

网络抗争性话语这一研究话题整体上运用的理论丰富而多元，各个理论分类较细，分布相对均衡，故不统计百分比。无论国内还是国外的研究，公民社会与公共参与理论、社会运动理论及大众文化抵抗理论是最为集中的几大理论领域；而同时提供方法论的福柯的话语权力理论、费尔克拉夫的批判话语分析理论、框架分析理论等应用也较多。另外，部分研究也运用了传播学、社会心理学的相关理论，并侧重从化解传播危机、引导社会心态、整治话语暴力的角度提出对策。

（五）研究方法

国内外研究均以经验研究为主，中文占 73.2%，英文占 100%。在经验研究中，质化研究无疑占最大比例，中文占 52.6%，英文占 77.4%。具体运用的方法包括批判话语分析、符号学分析、框架分析、深度访谈、网络民族志等。还有结合质化与量化的混合研究（中文占 20.6%，英文占 22.6%），在近年来的话语研究中也逐渐常见，这是社科研究方法不断融合的趋势在这一研究话题中的体现。其中，多数量化研究对文本进行内容分析，少数采用高级统计分析法。

中文的研究中还有一定比例的描述分析，占 19.6%，其中仍存在被学界称为“三无研究”（无研究问题、无理论、无方法）的文章。这些文章只是进行简单的归类、总结，缺乏规范性，不符合国际研究体例，难以与国际学界形成有效的学术对话，也不利于知识的积累和理论的发展，需要引起重视。

而国内文献中出现了少量的阐释路径的研究，目前英文文献中尚未发现。这是可喜的现象，说明国内学者针对这一本土性问题，努力从理论阐释和建构的层次上进行积极尝试。同时，作为阐释取向的话语研究，单纯的量化研究不太可行，因而中英文文献中均没出现。

四、结论与讨论

（一）基本版图：三大路径，三种面向

结合研究焦点、理论框架、研究方法，我们发现本话题的研究横跨了以意义阐释为旨趣的人文科学领域（叙事学、修辞学、符号学）和以机制解释为追求的社会科学领域（社会学、政治学）：以巴赫金的狂欢理论、对话理论为过渡，从文艺学领域向大众文化领域跨越；以葛兰西“文化领导权”为桥梁，实现微观政治与宏观政治的对接。其中，作为文本分析的理论工具，既有侧重文本结构的语义学、修辞学、符号学，也有侧重探讨话语与意识形态关系的批判话语分析、框架分析等。它们之间的关系可通过图 1 表现：

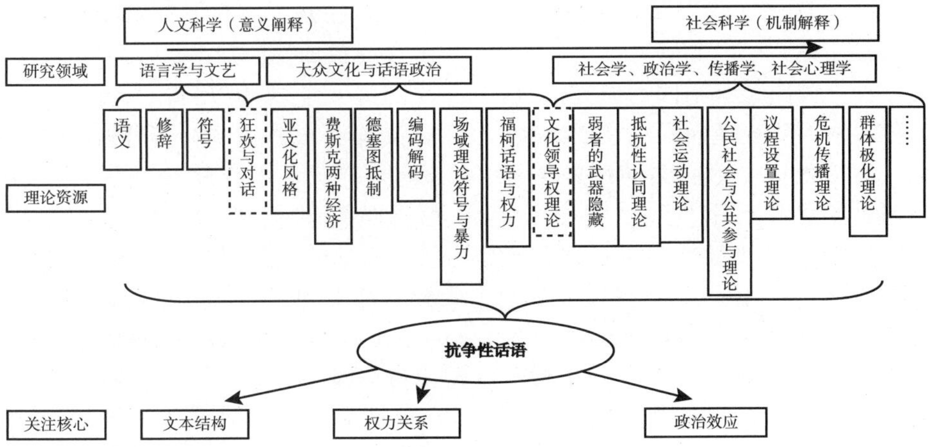

图 1　抗争性话语研究的学术版图

从图1可以看出，本话题的研究大致可以划分为三个不同的领域：文艺学与语言学、大众文化与话语政治，以及包括社会学、政治学、传播学在内的社会科学交叉研究，这是目前本研究话题的三种主流路径。

文艺学与语言学领域的相关理论承担了理论资源与分析工具两种功能，侧重从内在视角解答文本结构层面的问题，如抗争性话语（流行语、造字、段子、恶搞视频等）的语法特征、语义规则与分类体系；叙事的结构与脚本特征、符号系统的构成与意指实践等。大众文化与话语政治路径更关注话语中蕴藏的意识形态（权力）关系。侧重回答抗争性话语如何对主导权力形成象征性抵抗，话语的策略有哪些，意义如何生产，其运作机制如何，等等。这一研究路径将话语视为权力的表现形式和运作方式，通过话语的实践，各种关系和情境得以建构。社会学、政治学与传播学交叉的抗争政治、公民社会、公共治理等研究领域，秉持实证研究取向，主要任务是对抗争行为的机制进行解释，如试图解释抗争话语在社会动员中的表现及作用，抗争性话语对政治协商的过程与机制产生的影响等，因而更关注话语的政治效应问题。在这种视角下，抗争性话语更多被视为一种工具（文化资源包、话语形式库）或行动策略。

以上三种不同路径有不同的研究焦点，形成了三种不同的研究面向——文本结构、权力关系、政治效应，它们共同形塑了本研究话题基本的学术版图。

（二）学术理路："微观政治"理论视角的转换与对话

从图1呈现的理论光谱可见，该话题的研究体现了从"文化"到"政治"的跨越，将之有机连接起来的正是微观政治的理论视角。"微观政治"（也称文化政治）是自20世纪五六十年代以来重要的理论转型，从葛兰西的"霸权"理论开辟出分水岭，到福柯对话语与权力关系的颠覆性论述，"微观权力"的理论视角逐渐受到认可，并带动了政治学、社会学、媒介研究、文化研究等人文社科众多领域的研究转型。而"抗争性话语"这一话题也是这一研究传统之下的产物。

具体到中国的语境，"抗争性话语"处于微观政治与宏观政治的交融视野中，既可将之视为单纯的象征性抵抗（如针对网络流行语、文化事件的研究），也可从中发掘其影响政治进程的现实效应（如对环境抗争事件、土地维权事件的研究），也有的试图打破宏观政治—微观政治之间的分野，分析其从象征性的抵抗潜能向现实的公民行动、政治变革之间转化的可能与机制。

而融合对话的结果是以下学术观点的转向：（1）话语即行动。互联网的符号本质及动员效力，贯通了线上线下，话语的重要性因此被凸显，话语也被视为一种行动——在微观政治中常称为"话语实践"——这一观点越来越成为共识，连社会管理者也不例外。（2）戏谑即抵抗。抗争性话语中存在大量以恶搞、戏谑为基调的娱乐化表达，一种很有代表性的看法是戏谑话语体现了"娱乐化的大众狂欢"，不但碎片化、转瞬即逝，而且面临政治与资本的双重收编，体现政治虚无主义和犬儒心态，对公民意识成长具有侵蚀作用。但越来越多的研究认可，"戏谑本身就是抵抗，它也可以有强大的解放效果，特别是解放人们的思想"。而公民意识正是在各种集体戏谑中积累起来的。

（三）研究取向：学理探索与对策研究的龃龉

任何研究都内在地受到研究立场的影响。文献中不同的研究取向——实证主义取向、建构主义取向、功能主义取向——

代表了不同的立场。由于我国特殊的政治生态、媒介性质和社会历史语境，国内功能主义取向的研究，很自然地与对策研究结合在一起。这与文化抵抗视角、公共参与视角对抗争话语的词汇色彩形成鲜明对比：前者使用“弱者的武器”“抵抗的快感”“身份抗争”“民间智慧”等来标注抗争话语的性质和意义，后者多用“网络问政”“话语参政”“舆论倒逼”等体现网民积极的行动和巨大的影响力。相应的，在价值判断上，“对策类研究”认为抗争话语会带来各种消极的、负面的影响。因而，这类研究侧重从如何化解对立、消除传播风险、正确引导舆论角度提出治理对策。而国外研究则没有出现这类“对策研究”，这一现象一定程度上可归结为意识形态原因。

学术研究上立场有差异、观点有分歧是正常的，但需要我们反思的是，我们的结论是独立探索的结果，还是来自长期“阶级斗争”“一小撮敌对势力”的意识形态判断的惯性？甚至有意迎合某种官方立场的需要，以致从整体上将抗争性话语预设为舆论危机、监管失灵，因而是一种亟待治理的对象？对策研究本身并不意味着比学术研究低级，但对策研究如何在忠于自己观察思考与服务于社会治理上取得平衡？不同取向的研究是否能够在一些基本问题的价值判断上达成共识，以期在推进民主化进程、促进社会和谐发展方面构筑“共同的底线”？若有可能，不同取向的研究就不至于互相龃龉，而是通过在各自层面上解释当今“复杂之中国”，长远地形成一股理论合力，而这正是我们在本话题研究上共同的学术期待。

作者：曹　洵（中山大学传播与设计学院副研究员）
崔　璨（中山大学传播与设计学院2015级传播学硕士研究生）
摘自：《国际新闻界》2017年第1期

大数据时代的隐私危机及其侵权法应对

一、引言

Web2.0的出现标志着大数据时代的开启，人类收集、存储、分析数据的能力达到了前所未有的高度。然而，大数据使得隐私侵权变得十分容易、普遍；侵权行为方式变得更加隐秘；侵权性质更难以确定；侵权后果多样化且程度更严重；侵权行为与结果之间的因果关系更松散。凡此种种，无不对侵权规则的适用构成了严重的挑战，导致法律救济的困难。

笔者认为，大数据时代隐私权危机的主要症结在于当前法律框架下的责任范围不足以完成保护隐私权的使命，可以做出适当的调整以扩展责任范围，提高救济的可能性。基于这种考虑，笔者拟从完善隐私侵权法的角度来探讨应对大数据时代隐私侵权的危机。

二、传统保护：捉襟见肘

相较于欧美近百年的隐私保护的历史，我国并无保护隐私权的传统，甚至也没有隐私的概念。与之相近的概念为阴私，意指男女之间的事，其外延较现代隐私的概念要窄。更为重要的是，阴私只是一个伦理道德意义上的概念，没有发展演化为法律意义上的概念，更不用说发展成现代隐私权。这与家族主义和集体主义的文化传统不无关系，在这种文化氛围中，隐私权形成最重要的基石——个人自由——是不被重视的。其中，名誉权、肖像权、姓名权只占大数据时代隐私侵权的极小部分，保护的范围过于狭小，远远不能满足大数据时代隐私权保护的需要。不仅如此，间接保护路径的条件过于苛刻：侵犯肖像权的成立须“以盈利为目的”，而大数据时代即使不以盈利为目的滥用他人肖像的行为也会导致极大的危害，但却很难以侵犯肖像权而得到救济；侵犯名誉权的成立须“以侮辱、诽谤等方式”进行，而“侮辱、诽谤”并无明确的标准，完全依赖于法官的自由裁量，何况即使制定像刑法上的侮辱、诽谤罪那样明确的标准，也不符合侵犯名誉权的实质。

三、个人信息保护：可预见的失败

我国于2010年7月开始实施的《侵权责任法》确立了隐私权作为一项独立的人格权的地位，与肖像权、名誉权、姓名权等并列。但笔者认为这与《民法通则》相比，除了以法律的形式明示了隐私权之外，并无太大的进步。从立法思路来看，我国试图以个人信息保护来解决大数据时代的有关隐私的侵权问题的，为此立法上新创设立了不少义务，可以作为诉讼依据。但也存在自相矛盾的地方，反映了我国立法者对于个人信息和隐私的关系所持的态度十分暧昧。

四、构建隐私的实质标准：综合衡量

隐私权的判断标准不同于隐私侵权的规则，前者是实体权利是否存在的标准，而后者则是对实体权利进行处置的规则，二者有重合的地方，前者是后者的前提，但二者不可混淆。具体而言，是否存在“隐私的合理期待”可以从作用于隐私对象之行为出发加以考察，换言之，须结合行为的方式、目的、结果、对象、范围等进行综合判断。

（1）行为方式的影响。行为的方式决定行为的性质，是判断行为是否侵犯隐私权的首要依据，也是隐私侵权类型化的基础。大数据因其超强的信息收集、整合及挖掘、预测能力对隐私构成了巨大威胁，很多信息收集行为天然地具有很强的侵袭性，很难为人们所接受，这类行为中普遍引起人们关注的主要包括以下几种。一是利用高科技的监视行为。比如高空监视、热成像监视及层出不穷的谷歌街景拍摄到不雅照片、犯罪情形等。二是人肉搜索行为。但是，除了极少数具有抗辩理由之外，其中大部分的人肉搜索行为涉嫌侵犯了他人多种类型的隐私权，如：扰人安宁及侵犯肖像权、名誉权等。其他一些行为方式和上述两种行为相比则显得没那么令人难以容忍，有些甚至还可以带来一定的好处，比如预测性广告等。比如我国的“cookie隐私第一案”。

（2）场所之影响。场所也是判断隐私的重要因素，比如，美国宾州一对夫妇向法院控告Google公司，指该公司地图网站可查看其房屋图片，涉及侵犯隐私，并使房价下跌。然而在宾州阿雷格尼郡（Allegheny County）的房地产网站上，也可以见到波林夫妇的房屋图片，却因为那些图片是在公用道路上拍的，“并未擅入私人土地”而未被起诉。

（3）对象之影响。行为对象对隐私权是否存在也具有相当大的影响。比如，有关个人的信息中，一部分属于一般信息，另一部分属于敏感信息，他人对二者具有的隐私之合理期待是不同的。披露他人的敏感信息可以构成隐私侵权，这很容易理解。敏感信息一般指心智正常之普通人不欲向他人展示之生理特征或情感特征等，“属于人类高度原始的特征，一旦被披露会引起人们的尴尬和羞耻感，如悲伤、痛苦、肉体创伤、精神创伤、裸体、性行为、排尿、排便等都是人类生活中最为原始、私密的一部分，都是人类不可缺少的基本特征”，但经过社会之教化，人们都懂得将这些基本特征隐藏起来。此类信息一旦被披露，无疑会降低他人的人格尊严，造成精神上的创伤。

（4）行为范围之影响。一般而言，即使是对于他人自愿公开的信息，如果传播者超越了他人所意愿的范围，也可以构成隐私侵权。比如，他人在小范围内因交际需要而披露的信息，倘若被听众传播至较大范围，也可能构成隐私侵权。

（5）行为结果。行为结果无疑也是影响因素之一，虽然有些行为的损害不那么明显，或者只是其他侵权行为的预备行为，但某种行为之所以让人们不能容忍，显然是因为其带来的不利后果或者不利威胁，从这个意义来说，行为结果既是判断隐私权是否存在的关键，也是应否给予救济的判断依据。根据汉斯公式，$B < PL$ 时，（B 代表预防成本，P 代表损失几率，L 代表损害结果转换成的金额），侵权法才有存在的意义。

（6）行为正当目的之影响。为了公众的福祉，也不会给他人造成损害，因而可以影响隐私权的存在。比如，基于科研而收集的医疗资料以及人口普查等国家行为等。反之亦然。但即使是正当之目的，对于他人信息的收集与披露也必须限定在一定的范围之内，超出一定的范围也可以导致隐私侵权。此外，基于正当目的所搜集之信息，如果未经他人之同意，擅自用作他途，即所谓信息的第二次利用行为，也是不能被允许的，例如，通过正当途径获取的信息向信息主体进行电话销售、发送垃圾信息或者其他形式的侵扰性广告等。

（7）限制因素。当然，由于隐私权不是一个绝对的权利，必然要受到很多因素的制约，因而在考察是否具有合理隐私权时应有所限制。第一，应考虑文化因素。人是群居的动物，人与人之间的交往本来就是以信息为纽带的，人际交往中相互披露信息被认为是友善和亲密的标志，这种情形下不宜将人际交往中相互披露信息的行为认定为侵犯隐私权。第二，应权衡相关价值，避免“寒蝉效应”。不难理解，隐私权经常与其他价值相冲突，比如：与言论自由、国家安全、公共福祉、法律执行、经济创新等相互制约，过分强调隐私权可能会导致国民生活自由的减损，妨碍社会创造性的发挥，侵权法应致力于寻求一个适当的平衡点。

当然，尽管各种因素在隐私权的判断中所起的作用不同，有些或许起着特别重要的作用，但仍应综合起来结合具体情势加以判断，“发现隐私的内容是一回事，赋予隐私以可强制执行的法律权利则是完全不同的另一回事”。

五、侵权规则之重构

（一）损害结果应适度扩张

权利的宣示并不等于权利的保护，权利的保护有赖于有效的侵权法制度之建立。大数据时代隐私侵权的扩张，形式上为行为方式的扩张，实质上是损害结果的扩张与多样化。在大数据时代，隐私侵权出现了一系列新的损害形式，突破了传统的隐私侵权损害结果的范围，在笔者看来，隐私权的损害结果不应仅仅局限于所谓的精神损害，其范围应扩张，对下列损害结果应予以承认。

其一，扩张无形损害的范围。随着大数据时代对基因信息、健康信息等越来越重视，就业歧视和保险歧视等只会与日俱增，这种无形的损害往往令被侵权人不明就里，危害极大，也应该视为隐私侵权的后果予以救济。

其二，扩大经济损害的范围，期待利益也可以考虑。数据泄露导致的冒用身份、诈骗等往往给受害人造成严重的损失。在我国，最为典型是电信诈骗，这些都应该算作侵权导致的经济损害，冒用身份及诈骗等行为，往往因为直接行为人已经构成其他侵权行为甚至犯罪，可以不经过隐私侵权来救济，但对于网络运营商单纯泄露信息的行为，也可以令其单独或者连带负隐私侵权的责任。

其三，扩大人身损害的范围。信息泄露也可能导致被害人被抢劫、强奸甚至杀害。固然，抢劫或强奸、杀害等行为有其直接行为人负相应的刑事法律责任甚或附带民事责任，但美国曾有类似的案例判决信息泄露者承担侵权责任，笔者认为这种做法值得借鉴。

其四，对于无形损害，可以采取推定损害存在的方法。笔者认为对于此类无形损害，可以根据侵权内容的点击率、转载率来间接地推定损害结果的严重程度，并且这种推定不能反驳。笔者认为并非只有精神损害达到事实上出现精神症状的程度才可能获得救济，只要足以产生精神上的压力即可，因此，以传播的深度与广度推定精神损害的存在并无不妥。

（二）因果关系的判断宜采"条件说"

值得注意的是，扩大损害的范围还必须要解决一个理论上的难题，即有些损害与信息泄露行为只存在条件关系，按照我国所采用的原因说则因果关系能否成立尚有疑问，笔者建议在认定因果关系时，应采用条件说。

（三）部分网络侵权可采取过错推定原则

在大数据时代，网络侵权有时候连侵权的主体都找不到，更遑论证明其存在过错了，这意味着大量的侵权案件因无法证明过错的存在而得不到救济。有学者收集的 28 例隐私侵权案例中就有 6 例因无过错抗辩而未获救济。然而，为了不过分加重运营商的责任而影响互联网的发展，过错推定原则只在实际的损害已经发生时才能适用。

网络接入服务提供商（Internet access provider，简称 IAP），是为用户提供网络连接、IP 地址分配、解析和路由等服务的运营商。由于网络接入服务提供商的作用仅限于为用户提供网络通道，其本身既不提供网络信息，也不对线路中传输的网络信息加以存储、编辑或监控，因此，除非其主动编辑、修改信息等，否则，原则上不承担直接侵权责任，也不承担因审查而过失导致的隐私侵权责任，因此，对此类运营商不适用过错推定原则。

网络内容服务提供商（internet content provider，简称 ICP），是指为用户提供各种信息浏览与阅读服务，以及搜索引擎等链接服务的网络服务提供商。由于其在信息传递过程中最为主动，创作、收集、整理、编辑信息并在网络上发布是其主要工作，所承担的义务也更多，是侵权行为发生的主要环节，对此类运营商应适用过错推定原则。

网络平台服务提供商（internet platform provider，简称 IPP），是指为用户提供网络交流平台的网络服务提供商。由于其服务内容主要是交互形式为上网用户提供信息发表平台，处于中间者的地位，负有合理审查及协助调查的义务，合理审查义务包括人工审查和技术审查两种，人工审查是通过人工浏览对明显反动、侵害他人名誉权和隐私权的帖子进行审查，并负有立即删除的义务。由此可见，网络平台上隐私侵权行为之发生，往往与服务提供商疏于审查有关，因此一旦发生隐私侵权的行为并造成一定的损害，就可以推定其过错的存在。

（四）隐私侵权的救济方式

我国与隐私侵权有关的救济方式主要

包括：停止损害、消除影响、恢复名誉、赔礼道歉以及赔偿损失。然而，在大数据时代，隐私侵权的损害结果已经发生了深刻的变异，传统的救济方式还能起到应有的作用吗？有必要对此进行反思。

一是对消除影响、恢复名誉和赔礼道歉的方式和程度作出规定。一般说来，消除影响、恢复名誉都应当是公开进行的，其内容须事先经过人民法院审查。恢复名誉、消除影响的范围，一般应当与侵权行为造成不良影响的范围相当。这意味着，对消除影响、恢复名誉的媒介应与侵权行为的媒介相当，且存续的时间不能过于短暂，点击率应达到一定的程度。否则，很难起到消除影响、恢复名誉的作用。

二是对网络隐私侵权引入惩罚性赔偿。大数据时代隐私侵权在各个方面都发生了变异，传统的补偿性损害赔偿已经不能满足隐私保护的需要。基于以下原因，笔者认为应该引入惩罚性赔偿。第一，个人信息价值的分享理论决定了对运营商、信息的利用者应采取惩罚性赔偿原则。虽然说大数据可能最终惠及每个人，但从当前的实际情况来看，作为信息源泉的个人没有在其中真正得到实惠，现阶段真正赚钱的是少数信息控制者和利用者，比如运营商和广告公司等，他们在享有更多权益的情况下，理所当然应承担更多的义务。第二，传统补偿性赔偿预防作用不足。网络服务商在网络侵权时通常会为了获取巨额的财产利益而铤而走险，往往抵消了对侵权后果承担损害赔偿的恐惧，在巨大利益的诱惑下，侵权人或继续实施侵权行为，导致网络环境下侵犯个人权益的现象愈演愈烈。

第三，维权成本比较。侵权法之构造当然应考虑社会成本的消耗问题。相比于网络运营商和信息的控制者、使用者，普通用户甚至有时候连发现被侵权的机会都没有，更不用说收集足够的证据而获得救济了，能力强者应当承担更多的责任。况且，真正被发现并起诉的侵权行为只是实际存在的侵权行为之极小一部分，对于运营商等来说，根本没有威慑力，几乎都不用考虑，以至于其怠于保护用户之隐私。

作者：徐明（武汉大学法学院博士后研究人员，武汉工商学院教授）
摘自：《中国法学》2017 年第 1 期

旧关系与新组织：从《时务报》看中国同人报的内在困局

何以在近代中国社会的格局与秩序下，同人报刊往往会陷于规则的困境。概而言之，同道即同人，既是同人报刊得以建立和维系的重要支撑，同时又会导致虽有互助之“公”，却难立体制之“公共”。在这样的运转架构下，只要同事间产生纠葛，就几乎必然导致和他们既以人脉关系链接，更于其中亲疏有差的大批同人的不断卷入。在时务报馆同事的纠纷中，同道中人不断地或是被动牵扯，或是主动过问，乃至于席卷了几乎整个维新阵营，甚至整个士林，乃至从维新设计之争蜕变成赤裸裸的人事倾轧。对“同人报”的内涵作出清晰界定，诚然不易。但在学界默会的共识下，将既无明确组织隶属，也不以出资的有无多少决定编辑权限的报刊归于此类，也不算牵强。而且，就这类既在理念上与“同人报”大致相近，又在现实中确曾存在的报刊有所深描，尤其是寻出它们在生成与存续过程中，是否存在与政党报刊或商业报刊不同的根本机理，亦可增益对中国报刊史的整体认知。较之也常被认为同人报的《新青年》、新记《大公报》等，在目前已经公开的材料中，关于《时务报》的建立、维系和运作，相关资料不但数量众多，还颇为系统，足以据此构建出既在质料上堪称丰厚，亦能从勾联中呈现结构的完整图像。

一、作为旧关系的士林网络：《时务报》的生成支撑

甲午之役，中国不仅败战，亦复败和。士林中的后辈精英对中枢政府失望之余，慨然以领导救亡图强自任。然而限于资历，此时他们还难以直接调动体制内资源，只能暂时侧重于民间。据汪诒年回忆，光绪二十一年，汪康年在武昌起草《中国公会章程》初稿后，“先在湖北与诸同人商议，又特至上海与诸名流集议”。而夏曾佑和邹代钧都建议，公会理所当然都要以“我辈”为组织和运作的核心。换句话说，在公开场合广泛联络联合各路人士的同时，还要在私下保持小范围内的秘密交往。当然，光有意愿上的“志同”，未必能就开出行为上的“道合”。首先，在报刊上市发售以前，报馆完全是资源的净投入单位，前期投入为数甚大。再者，必须依托稳定和快捷的发行渠道，才能将报刊稳妥、及时、连贯地传递到读者手中。如果发行网络在地域和人群上未能达到相当的覆盖度，社会影响就无从谈起。但至晚到光绪二十二年八月，时务报馆实际收到的援助金额，已达到6880元。同时，在全国各地已经建立起了28个星罗棋布的代发网点。至迟到光绪二十二年底，就达到5000份的发行量，其中关键，恰在于汪康年与黄遵宪这两类士绅的合作协力。此时汪康年、黄遵宪同在上海，又都有志于报业。前者“士而不仕”，囊中不丰，难以迅速筹措到足够启动资金。后者近于“不士而仕”，位望不称，在士林中的人脉，远不足借此搭建报刊的发行网络。就调动社会资源的能力而言，两人既各有长短，却又正好可以互补。于是，《时务报》终在“绅宦主持，不假外人”的熟人圈子基础上开张，“同人”乃是友人中的“道合者”。

二、同人不尽是同事：《时务报》的维系机理

既然建基于熟人，同人报就以熟人朋友为核心，往外延展，好比费孝通先生所说的“同心圆”。从对报馆的存续所作的努力而言，《时务报》的“同人”就不止是报馆同事而已。例如在光绪二十二年八月前获得的6880元无偿捐赠中，有至少七人属于两江或总理衙门系统。从出身来看，这些现任官员也多数是由杂途入仕。相应的，在同一时段，除了各处电报分局，《时务报》馆在全国一共设置了28家代办发行和接受捐款的网点，汪康年的人脉网络起到了至关重要的作用。既然时务报馆的建立始终深植于纵横交错的士林脉络，建成后也始终被士林的交往规则所渗透。这首先体现在《时务报》同事对自己的定位。如梁启超所撰《论报馆有益于国事》揭出“觇国之强弱，则于其通塞而已。血脉不通则病；学术不通则陋”，显然是将国家类比为有机的生命体。那么报人又当怎样嵌入既有的社会架构，进而做到这一切？该文如此表述，“报馆于古有征乎？古者太师陈诗以观民风，饥者歌其食，劳者歌其事，使乘輶轩以采访之，乡移于邑，

邑移于国，国移于天子，犹民报也。公卿大夫，揄扬上德，论列政治，皇华命使，江汉纪勋，斯干考室，駉马畜牧，君以之告臣，上以之告下，犹官报也。”在这一比附体系中，作为“民报”的维新报刊，报人仿佛古之“太师”。在对三代的想象中，“太师”是天子的私人教师与顾问，地位崇高。由此可见，时务报馆同人此时自我定位于虽处现实政治之外，却又能介入政治之中。举国士人本就因甲午之败，对国族存亡颇为悲观。然而乙未、丙申两年，中枢政府的图存举措却与他们期待距离甚远。遑论在野白身，即便已供职宫中府中的后辈精英也难得从容地展布空间。除了报国无门，此前的士林中人还因地理的阻隔、交通的不便和律令的严禁而常聚无途。虽说在此前，他们对《万国公报》《申报》等近代报刊的阅读也所在多有，但毕竟“始皆出自洋商牟利”，所有者非我族类，在如张之洞这样的精英看来，不免“故于事之是非虚实不免失真，且所录多齐语郢说，无关宏远，宜为士大夫所不屑。”就在这样散落、沉闷的群体状况下，《时务报》突然出现在眼前，不仅“中国绅宦主持，不假外人”，而且所译所论，均是将士大夫的情怀承载于世界眼光，被倾注认同和情感何足为奇？他们对评议自然是在赞扬报纸，内地里未必没有自我想象。报纸的荣光也就是他们的荣光，因为他们正是通过报纸勾连一起的“同人网络”。即便素不相识，但都是衣冠中人，透过这个平台，未必不能被扩充进“同道”“同人”的圈子。高凤谦就是典型，和汪康年来回通信几次后，从次年四月十一日寄出的第九函开始，已很亲热地称“穰兄足下”“穰卿、卓如贤兄”。

三、有“公”无“公共”：《时务报》纷争的内在机理

纵观《时务报》的创建与扩散，举凡同道均可被人脉关联所链接、延伸。既然同属衣冠中人。报馆同事的师友亲朋，既将对《时务报》的帮助当作自己的分内事，有求于时务报馆也绝不客气，在干预报馆的内部事务时也是理直气壮。纵观这一时期的往来信函，这种但凡同道，守望相助就得毫无保留的行为规则，始终浸润在他们与时务报馆的交往中。至于对馆务的指指点点，就更是被诸方友朋视作“权利”，当仁不让。但究竟“同事”还是“同人”对报馆事务具有优先的建议、管理和决策权限，始终都没有形成公认的规范。从这个意义上讲，算上改名后的《昌言报》，《时务报》在存续的两年多时间里一直在“同人”的众说纷纭和过分热心中，以私人关系为动力滑动。然而在黄遵宪、汪康年、梁启超这三个核心人物之间却从一开始就在群体归属、报业理念上都颇存歧异。诸多同人与报馆同事关系却有各自的亲疏远近。当他们持续不断地试图对报馆事务施加影响时，自然夹带了原本就存在的派系分野。更重要的是，几乎人人都对这样的惯性习以为常，倘若有人试图从制度或是人事上做大的变动，在这样的交往规则圈子里，既难以取得共识，更会激起激烈的反弹。其一，董事会先是难产，继而形同虚设，时务报馆从此便与依章治馆的机会擦肩而过。光绪二十三年二月，在再次倡议选董事的同时，黄遵宪提出要为报馆立章程，同时还建议汪康年专就董事，由吴樵或龙泽厚接任。单就倡议建立董事会、再由董事会决定办事人、董事和办事人截然分开而言，也的确能明确和规范报馆的权力配置。然而，董事的产生又该在怎样的范围内，按照怎样的程序？在黄遵宪的构想里，是将董事会比附为议会。无论是君主任命、还是选民直选，议员的阶层、地域、族群范围，在任何时段都是当明确。但于时务报馆来说，这本身就是难题。诚如前论，它本来就是

建立在并无正式组织的熟人网络上。如果仅限于报馆的出资人、经理人和撰稿人，怎对得起此外诸多同人的心血？概而言之，到了光绪二十三年初，“同人”之于时务报馆，较之筹备阶段，既是边界外扩，又投影着益发复杂的私人关系。在这样既是持续扩张，又各成聚落的状态内，要从中选出董事，只能为掺杂进个人关系的亲疏远近、观点立场的和离异同创造广阔空间。更重要的是同人未必认为这样的“公共”体制实属必要。自“唐宋之变”以降，在官方体制外，中国社会的生成方式就主要是由个体的集聚，自下而上地衍生。在此过程中，所谓的“公”，是以是否促成、保障个体在互助中实现正当利益为标尺，至于采用怎样的承载，只是可选的手段。即便前代延续的宗族、科举也被这种“合群私而成公”的聚合趋势深度渗透。在这样的现实和观念框架下，要践行中国意义上的“公”，未必非得以罗马法传统中的“公共”机关来承担。纵使完全依托人脉网络，以私人方式行事，未必就不具备道义上的正当和结果的公正。既然士林的群体网络亦复是以学缘、乡缘、血缘为主脉，时务报馆原本就是依托于这样的关系脉络建成，何必又要全然引入黄遵宪所构想的治理架构？还在光绪二十二年八月，张謇就认为只要主事得人，未必非有董事会，他在同侪中位望均高，其观感也许恰能体现多数士人的看法。况且黄遵宪提出更换总理人选，这就很难说是出于公心。此议提出后，同道们纷纷向汪康年表示自己的支持和诚意。经此一役，黄遵宪又怎还有面目规划馆务。光绪二十三年六、七月间，时务报馆终于产生了董事会，却形同虚设。其二，是在汪、梁之争中，各路同人自行其是，导致内讧的不断升级。光绪二十四年二月十一日，正在上海养病的梁启超给汪康年寄来措辞严厉、语气决绝的最后通牒。要汪康年在该月二十五日前答复。梁启超看似也给了汪康年机会，让他与“黄、陈、熊、谭诸君子”商议，但总理人选事关重大，征询下其他董事的意见绝不多余。单从程序上看，梁启超的反击虽说是事出有因，但也不近情理。但他另有一套情理，那就是自己当然该是时务报馆的主导。在梁启超那里，如有理想的报人，“完整良好”的报刊能够担当起全能型的社会动员中枢。从这一时期梁启超与康有为、汪康年的交流来看，不难猜到他心中是将自己看作最理想的报人。光绪二十四年初，汪、梁一者公开发难，一者搪塞拖延，脸皮已经撕破，接下来的攻守可谓无所不用其极，各路同人更是不避嫌疑，逐批卷入。例如这年闰三月，据汪大燮和邹代钧所说，康门准备借告发汪康年曾在游历日本期间与孙中山会面。汪康年也只能找“旧日朋友”帮忙，在得到张謇和黄绍箕的承诺后，还试图争取文廷式、梁鼎芬的援助。事情到了这步，已不止是报馆同事的纠纷，而是形近整个维新阵营的内讧。从彼此中国知识界的构造状况来看，这样的悲剧几乎可以说是必然。其中机理，似可变用桑兵先生的论断：旧式纽带并不能保障“办报”这一社会性活动的展开。

四、余论

纷争到了这步，用“俱入下流”来形容当事各方，也不算苛刻，其结果往往是各路人士一应俱伤，共同的志业遭到了严重损害。如果不将视角局限于一事一时的是非，时务报馆的纠纷其实呈现出的正是同人报刊，甚至是近代同人办事的内在难题，甚至可以说是固有的困局。马勇先生曾因《时务报》之争牵扯到维新全局，将其称为“近代中国知识分子的悲剧”。个体的恩怨离合，固颇多偶然，但从那时中国知识界的构造状况来看，这样的悲剧几乎可以说是必然。其中机理，似可变用桑兵先生对稍后“保皇会”在粤军事失败的论断：旧式纽带并不能保障“办报”这一社会性活动的展开。

作者：朱志刚（厦门大学新闻传播学院教授）
摘自：《现代传播（中国传媒大学学报）》
2017 年第 2 期

断裂的平衡：中国对外传播制度史探析（1966—1976）

加强制度化建设是国家治理的重要要求。党的十八大以来强调把制度建设摆在突出位置，对外传播制度建设也日益得到重视。对外传播制度化不是一蹴而就的，而是自中华人民共和国成立以来就在探索中。对中国对外传播制度史进行梳理、分析，有助于理解对外传播制度的建立过程和制度逻辑。1966—1976 年是新中国历史上的一段特殊时期，作为外交与宣传交叉点的对外传播也受到多个层次的影响。一方面，对外传播事业在“文化大革命”中受到许多破坏性的打击；另一方面，在这十年的中后期，外事工作取得很大成绩，在实践中产生了一些有成效的做法，对外传播制度在部分程度上得以重建，也为改革开放后的对外传播制度化准备了条件。

一、制度主义与“文化大革命”期间对外传播研究

对我国对外传播的研究，制度研究是一个未曾尝试的路径。根据 North、Peter Hall、John Ikenberry 等学者的研究，总体而言，制度的含义主要包括规则、程序、规范等。另外，在英文语境中，制度还有组织的含义。本研究界定下的制度同时包括作为组织和作为规则的制度两层意义。

历史制度主义将目光集中在对国家层面的研究上，对制度的定义是嵌入在政治体制或一定的组织结构中流程、规定、习惯和范例等，并有正式和非正式制度之分。历史制度主义有四个特征：第一，历史制度主义在相对广泛的意义上研究制度与个体行为之间的相关关系；第二，强调权力的不对称贯穿在制度形成和制度运作的全过程中；第三，强调制度建立和制度发展过程中的“路径依赖”和“意外后果”；第四，将制度分析和能够产生某种政治后果的其他因素进行整合研究。其中制度动力和制度变迁是学者关注的一大命题，较有影响力的如“断续性平衡理论”，该理论认为制度在经历长时间稳定后，会被危机打断，从而产出突发的意外制度变迁，外在环境的变迁导致旧制度崩溃，又在新制度的安排中引发政治冲突。这些特点与 1966—1976 年的中国历史有较强的吻合度，历史制度主义对制度的历时性判断和分析对本研究有较大的启发意义。

二、制度断裂后的冲突与修复：对外传播组织机构变迁

历史制度主义将制度历史分为制度持续时期和被关键节点打断的断裂时期。根据“断续性平衡”理论，制度形成后一般在较长时间内保持稳定，随后往往被危机打断，

产生激进、意外、突发的变迁。1966年前，中国对外传播制度正在稳步建立中，1966年是制度断裂的关键节点，导致1966—1969年出现前所未有的颠覆性变化。

1966—1969年，组织机构变迁相继有三次重大变化。第一个是1966年起，“文化革命”小组、“文化革命委员会”成为新的领导机构。“五·一六通知”发布后，各对外传播机构内部开始建立新的领导机制。1967年前后，第二个重大变化出现，即群众组织夺权，并产生了多个负面后果，最直接是原领导被打倒。基于这些负面后果，1967年年底至1968年，中央开始对对外传播机构进行军事管制，此为第三个重大变化。

1966—1969年，原有的对外传播制度结构遭到严重破坏，革命委员会是新的权力机关，军管小组和群众组织开始发挥作用。然而，新旧制度之间产生了较严重的冲突。制度有自我强化和路径依赖的趋势，1966年以来，制度有数年处于“革命”的路径依赖中，难以改变。到了1970年左右，制度变迁的内在和外在动力再次出现，对外传播制度以渐进的方式变迁。对外传播组织机构中不同利益集团的冲突，孕育着对外传播制度的渐进变迁，这是一种断裂后开始出现的修复。比如1972年夏天，周恩来批评新华社军管小组不抓业务；在中央领导层面，1970年6月，中侨委、对外文委、国务院外办、中央外事小组政治部4个部门被并入外交部，人民日报社、新华社、广播局等宣传单位归中央“文革”小组领导，外文局则1970年由外交部代管，1972年1月起由中联部代管。这样明确的管理有助于稳定形势，恢复领导工作。

20世纪70年代，尽管外事和宣传共治下的对外传播领导体制依然是分裂的，但中央“文化大革命”小组、“四人帮”已经受到较大牵制，原有的错误体制得到纠正。

三、权力传导与专业路径：传播规则的修复过程

新的组织机构建立后，会设立新规则来推行其理念。历史制度主义注意到，在这个过程中，逐渐形成了新权力结构对专业路径规则的使用。在1966—1969年，“文化大革命”期间“斗、批、改”中的“改”即为“改革不合理的规章制度”、建立新制度，而在1970年之后，这种建立新制度的方式，逐渐又回归到专业本位上来，而回归的力量既有制度性的，又有人的因素。

（一）编辑方针之变

1966年后，对外传播编辑方针发生变化，且不同群体的认识存在分歧。1966年9月，外文局就外文期刊亟须解决的编辑方针问题向国务院外办请示，该报告一方面强调内外有别，“注意针对性，讲究宣传效果，应当坚持以我为主，适当考虑国外读者的接受程度……不宜完全采用国内宣传的方法去硬套对外宣传”，但又强调“要坚决反对过去以内外有别、针对性为借口，不理直气壮地对外宣传社会主义革命和右倾保守错误”；另一方面强调“各期刊仍要按各自的性格、读者对象，有所分工，各有特点”，却又点明“不论什么对象、什么形式，首先都要政治挂帅”。请示报告附录对原编辑方针进行检查，认为“毛泽东思想伟大红旗举得不高、不鲜明”，反思“贯彻执行中央和外办的对外宣传方针不够……过分强调内外有别，片面强调针对性、艺术性，照顾读者、迁就读者过多，实质上是右的表现”。请示报告发出后几个月，革命群众便成功夺权，编辑方针随之改变。

（二）取消署名制度、实行集体审稿

1966年8月1日起，中央广播局取消播音员和记者署名制度，相应在内容审核中也开始实行集体审稿；1967年1月1日，广播局对外部会议认为，原领导班子

已失去群众信任、组织形式不适合“文化大革命”需求，亟须建立新组织，实行集体审稿；1966 年 6 月 17 日，陈伯达接见新华社“文革”小组成员时指示“集体执行”部主任职务。取消署名制度、实行集体审稿制度，根本上是由于原领导制度已被打破，但专业内容把关人的缺失对对外传播造成不良影响，正如 1970 年外文局业务小组反思中提到，取消了人员合理分工和个人审稿制度，名义上“集体负责”，“实际无人负责”。

（三）强化检查制度

“文化大革命”期间，对外传播内容检查非常严格。在广播局的军管决定中提到，必须保证毛主席的声音“准确”地在全世界传播，“确保安全播音，消灭播音事故”，陈伯达多次批示“保证质量，防止事故”“防止敌人破坏”，强调“对革命、对党负起神圣责任”。外文局军管小组向国务院业务组呈送的《1969 年出版的外文图书和期刊中的政治性差错情况》将原因归结为“政治不挂帅，执行制度不严”，认为有“阶级敌人从中进行破坏、捣乱”。然而，错误之所以发生，一定程度上正是制度造成的，如 1967 年 4 月 5 日，唐平铸在人民日报社传达中央首长指示时说，“现在电台的播音员也不留名字，出了错误是谁也找不到”。

（四）口径管理制度

“文化大革命”中，对外传播机构对于“文化大革命”的文件大都全文播出，而这些内容往往“政治术语太多，但都不能删”“各语言节目必用”，还严格按中文稿译，“不加码，不减码，不想当然，不自作主张”。1969 年 10 月 23 日，中共中央发出通知，要求对外政策宣传必须统一口径，各对外传播机构要“绝对遵守”毛泽东和中央指示，不许抵触、“自由乱发乱播”，否则必须立即纠正并向中央做检查，不得“丝毫松懈”。在这种制度设计下，很难“内外有别”“外外有别”。

针对对外传播的错误做法，1967 年起，毛主席、周恩来等接连就对外传播做出批示。1968 年起，中共中央、“文革”小组曾将这些批示作为中央文件下发，强调“一定要更高地举起毛泽东思想伟大红旗，把对外宣传工作做得更广泛深入，更切合实际，更科学，更有效”。批示的主体为毛泽东、周恩来，层级非常高，体现了国家领导人对对外传播的高度重视。在制度内容层面，批示可分两类，第一类是对对外传播具体内容的指示，主要是要求删掉一些“自吹自擂”“强加于人”的内容。例如毛泽东指出“世界革命的中心——北京”的说法不宜使用，否则是自吹自擂、“以我为核心”，强调之后在报刊、内部文件、各类讲话中，特别是接待外宾时，一律不得再用这一说法。第二类是对对外传播行为的指示，例如周恩来强调对外传播要看对象、有的放矢，“各种刊物都要区别对待，要有分工，如果不这样，内容就都一样了”，不能“不用脑筋，不管对象”。但在批示的制定和下达中，中央“文革”小组与毛泽东、周恩来的认识存在差异。例如康生等中央“文革”小组成员称，尽管对外传播被外国受众批评，仍必须大力对外宣传毛泽东思想，以为“我们是非常克制的”“克制得过分了”。由于中央“文革”小组事实上掌握宣传大权，批示的制度效果打了折扣。

但批示作为中央文件在各个对外传播机构得以传达，发挥了一定作用。林戊荪回忆说，毛泽东的批示如同“尚方宝剑”，促使外文局在毛泽东的指示下进行改革。首先，许多原有制度得以调整改进。署名制度方面，1972 年，外文局出版的外文刊物稿件开始恢复使用真名；审稿制度方面，1973 年，广播局对外部新出台了《暂行审查制度》，对审稿人身份做了明确规定，部分改变了集体审稿；针对口径管理，广播局对外部 1971 年制定了“改进发稿工作的初步意见”，区分通稿和选用稿，针对通稿，各语言组也不必全文播出；检查制度方面进行统一管理、规范流程，例如 1972 年 3 月 17 日，外交部提出由新闻司统一负责外交类新闻的对外发布，直接与新华社等媒体单位沟通，其他对外传播机构均参照新华社的稿件，周总理批示同意，称以后以此为准，不要多头。

在新制度建立方面，第一，各对外传播机构普遍建立了新的编辑方针。如外文局反思了 1970 年以前的工作，批判了照抄、照转、直译、死译，反思了审稿制度、主观办刊、发行强加于人等问题。第二，在 1969—1969 年几乎从未出现在对外传播机构史料中的地方外宣得到重视。比如 20 世纪 70 年代中期，新华社多次召开分社对外记者座谈会，尤其重视西藏、新疆、内蒙古、宁夏、青海等少数民族地区的对外传播。第三，对外传播理论研究方面有所突破。1973 年 1 月，新华社对外部主办的综合性业务刊物《对外宣传参考资料》创刊，并延续多年。

四、1966—1976 年对外传播的制度讨论

从历史制度主义观点出发，不难发现，1966—1976 年中国对外传播制度史是一种“断裂的平衡”，其中时代和政策背景的断裂，与制度自身张力的稳定性发生碰撞，最终形成一种微妙的平衡。

（一）制度特点

1. 时间序列与关键节点

要建立历史变迁的模式，需要对历史进行分期。本研究进行历史分期的标准是制度的连续与断裂，将 1966—1976 年对外传播制度史分 1966—1969 年和 1970—1976 年两段。

1966 年是“制度断裂”的关键节点。历史制度主义定义下制度变迁通常源自外部环境，包括国际和国内的重大战争、革命、严重的社会危机等，而“文化大革命”正具备这样的条件。“文化大革命”的爆发使得依附于国内政治制度的对外传播制度发生显著的变迁。20 世纪 70 年代初是制度转向的又一关键节点，制度开始出现渐进变迁，主要由国际环境变化及制度内部因素的冲突造成。1970—1976 年，对外传播机构内部结束了军事管制，落实部分中央批示，重建部分业务机制，并且在外国记者管理和公共外交等对外传播方式上有较大突破。

当然，1966—1969 年与 1970—1976 年之间不是完全断裂，而是按照时间序列一脉相传，1966—1969 年的一些做法一直持续到“文化大革命”结束，乃至延续至今。先前发生的事件总是对之后的事件产生影响，这也是“时间序列”的意义。

2. 对外传播权力的非对称性：小组制

制度在不同集团间分配权力的方式是不平等的，往往赋予某些集团和群体接近决策的机会和特权，同时遣散另外一些利益，将其置于不利地位，导致某些集团的胜出和其他集团的失利。权力的非对称性体现在几组关系中：在中央层面，中央“文革”小组与各对外传播机构权力不对称、宣传与外事部门权力不对称；在机构层面，领导机构即军管小组、群众组织与业务部门之间权力不对称。

1966—1976 年对外传播领导机制有多次变化，但“小组”始终扮演重要角色。首先是 1966 年中央“文革”小组成立，各对外传播机构内部也成立了“文革”小组，随后 1967 年年初群众组织夺权，其后军事管制中出现了军管小组，领导宣传小组工作，直至 20 世纪 70 年代军管结束。

小组是在不同层级单位中以议事协调和临时机构的名义存在的特殊制度。

“文化大革命”时期，各级小组的设立伴随原有领导机构的打破，是对官僚机构、科层制的消解。当时，小组得到中央的鼓励和支持，然而其弊端也十分明显。在领导上，“文革”小组、军管小组、群众组织等处于领导地位的小组职能宽泛，可以“绕道走捷径”，权力较大，又缺乏制度约束，以“制度超越”的方式干扰日常的对外传播事务。在运行上，以宣传小组为代表的业务领导小组实际上并未提高效率、调动资源，反而难以发挥协调作用，增加了不必要的程序和手续，影响工作效率。从制度绩效上来说，造成了不良的后果。

3. 人对制度的影响：对外传播批示

1966—1976 年，毛泽东、周恩来等国家领导人关于对外传播有多次重要批示，被认为是对外传播的“根本指导方针”，发挥了不可或缺的制度作用。

从制度角度来看，这些批示有下述特点。首先，在制定者方面，批示为国家领导人直接发出，是个人而非组织主体，层级非常高。这一方面源于领导人的高度重视；另一方面也体现了原有的通过科层制逐层下达意见的途径的失效。其次，在内容和形式上，这些批示大多针对具体事件，即使经中央“文革”小组整理、作为中央文件下发的批示，也大多因事而就，不够系统。最后，在制度效果方面，批示的落实不是一蹴而就的，毛泽东、周恩来自 1967 年起便开始就对外传播发出一系列重要批示，但直至 70 年代后对外传播制度才有了相应变迁。一方面，这是因为原有的对外传播做法的“路径依赖”，存在自我强化和正反馈，一旦陷入某种路径便难以扭转。另一方面，从批示制度本身来说，各机构对批示的解读有一定的发挥空间。批示具有直接性、高层级等优势，但唯有落实到更具体的制度、规则上，才能够得到更好的贯彻实行。

4. 制度对人的影响：行动者偏好

制度塑造着行动者的利益和偏好，在制度中所处的不同位置影响行动者之间的关系。在对外传播中，与领导者相比，每个实际参与对外传播业务的行动者的权力很小，例如林戊荪回忆当时之所以“一股抄风”，其实是无奈之举：“为什么一股抄风？那是因为不让你用，不让你写东西，造反派一会儿这个一会儿那个。所以那时候国际的稿子和国内的一部分稿子都用新华社的稿子，然后我们在他的稿子上加工，没办法。所以一股抄风不是我们愿意，是客观形势逼迫地出了这一招。”

即使是对外传播机构的领导者，相对于“文化革命”小组、“四人帮”来说，也是处在不利地位的，这导致他们在对外传播中难以突破既有体制。1978 年 3 月，耿飚同志在《北京周报》创刊二十周年纪念会上的讲话中说：“1974 年在部里开会，我主张《北京周报》尽可能登《人民日报》的，这个话要改过来。那时候不能鼓励你们搞自己的特色，掌握不好，人家要算账，不找你们，找我。现在，那个话我收回。我主张你们多搞特色。”这种“人家算账，不找你们，找我”的想法，也说明即便对于当时外交工作管理中的高层来说，制度中的位置是相对的，权力关系影响制度中的几乎所有个体。

（二）制度变迁

制度变迁涉及制度在各种因素的影响下发生再生、转变、更替、结束等。本研究认为，1966—1969 年制度变迁是激进的，主要受外生因素影响，而 1970—1976 年，制度变迁相对渐进，更多地受内生因素影响。

首先，1966—1969 年，社会系统和政治背景大范围变化，“文化大革命”使得对外传播领导机构、规则、外国记者管理制度发生变迁，还导致了“红卫兵外交”

等输出革命的活动；同时1966年所面临的国际环境导致中国对外传播走向“世界革命”。

相应地，1970年后，对外传播呈现渐进变迁，历时相对更长、发生过程较缓慢。渐进变迁的动因主要在制度内部。一方面，20世纪70年代，对外传播位于外事和宣传的权力交点上，权力争夺的时刻蕴含着制度变迁的可能，制度内部不同要素的断裂与冲突导致变迁出现。另一方面，“文化大革命”初期的制度设计弊端凸显，制度的规则和执行之间的偏离也促使制度发生渐进式内部变迁，包括军事管制结束、业务机制重建等。

此外，对外传播观念，特别是毛泽东思想等意识形态也与制度产生互动。一方面，观念对制度的维系发挥必要的支持作用；另一方面，观念的变化也参与塑造制度，为制度的演变提供必要的思想基础和触发条件，作为“尚方宝剑”的毛泽东思想观念处在变化中，也是制度变迁动力来源之一。

（三）制度遗产：断裂的平衡

将1966—1976年的对外传播制度置于中华人民共和国对外传播制度变迁的视野中，会发现政治运动、外交环境的变化和制度内部因素关系的变化将对外传播制度推向断裂。然而，在断裂中仍有连续，在变迁中有流存的模式，在断裂后出现新一轮平衡，对外传播制度的发展有继承性和延续性。

从管理机制来看，一方面，由于对外传播制度依附于政治体制，“文化大革命”对对外传播产生巨大冲击，在这个意义上，其对历史的“断裂”是显然的。不过，另一方面，在更宏观的视角下，中华人民共和国成立以来，对外传播的领导机制呈现由外交主导到宣传主导的趋势。1949—1966年，对外传播主要作为外交的重要组成部分，位于外事部门的管理之下。改革开放后，我国先后成立了中宣部对外宣传局、对外宣传小组等专门化的管理机构，对外传播逐渐被正式纳入宣传的体系中。处在中间点上的1966—1976年，一定程度上成为历史的转折点，呈现宣传与外事管理交错并时有龃龉，这部分程度上体现了一定的延续性。

从传播理念上来看，1966—1976年的对外传播中有许多错误的做法，但当时所标榜的一些对外传播理念在表述上与1966年前和1976年后是非常相似乃至相同的，“以我为主”是最突出的体现，毛泽东、周恩来在批示中也多次强调“内外有别”“外外有别”等，这也是延续性的表现。

迄今，1966—1976年的许多错误做法对对外传播制度仍有影响，也正是那些正确的做法使得“文化大革命”后的中国比较迅速、顺利地走上了改革开放的道路。1966—1976年从上到下小组化的领导机制、夺权带来的混乱局面、不恰当的传播规则，都是当今对外传播应当吸取的教训，而对国际环境相对迅速的反应、对错误的纠偏，是值得研究的做法。也正是在这一历史阶段的凸显下，更显示出改革开放后拨乱反正的正确性，以及近年来加强对外传播制度化建设的必要性，并给予我们以“制度自信”的启迪。

作者：周庆安（清华大学新闻与传播学院副教授）
吴　月（人民日报社）
摘自：《全球传媒学刊》2017年第3期

“可见性”赋权

——舆论是如何“可见”的？

舆论是什么？它可能是卢梭（Jean-Jacques Rousseau）在经历启蒙运动后对建立契约化平等的民主社会的殷切期望，可能是阿伦特（Hannah Arendt）眼中古希腊文明时代雅典广场展现的市民辩论，可能是哈贝马斯（Jürgen Habermas）在咖啡馆、沙龙或是社交聚会上看到的理性而自由的对话，也可能是李普曼（Walter Lippmann）心目中的“幻影公众”，“不是上帝的声音，也不是社会的声音，而只是旁观者的声音”。

虽然，在不同的文化语境中，对于舆论的解读意见纷呈，莫衷一是，但毋庸置疑，它已然在不经意间变成了一个被广泛使用的跨文本概念。有关舆论最为经典的教科书认为：舆论具有三个要素。舆论的主体是公众，公众是由社会中占大多数的具有独立自我意识的人组成的；舆论的客体是与公共利益有关的公共事务；舆论的本体是意见，即公众对公共事务的评价性意见。然而，这样的判断在互联网，特别是移动互联网崛起下的现实环境和媒介环境中，似乎变得缺乏解释力。

一、“可见性”：一种媒介研究的新路径

2013 年，丹尼尔·戴扬（Daniel Dayan）针对以虚拟网络为代表的新媒体出现后当下公共空间领域发生的转向，提出了“可见性”（visibility）的概念，尝试探索一种打破传统范式的对于新媒体的阐释路径。“可见性”探讨个体能否被他人看见，能否获得他人注意力的权利问题，如果说在虚拟传播手段出现之前，“可见性”的具体场景是实体的公共空间，那么在此之后，这一场景将无所不在。在互联网时代，社交网络时刻存在的危机与福柯所言的“监视”恰恰相反，因为用户真正害怕的恰恰是失去可见性的风险，渐渐变得不那么可见、成为无形，甚至彻底消失。可见证明他们值得尊敬，而不可见让他们变得无足轻重。

如果“可见性”足以作为一种研究新媒介的新路径，那么从这个框架去审度舆论，也许传统教科书中的舆论观就有了被“再书写”的必要。

二、“公众”：“每个人都有被看见的权利”

追本溯源，舆论，译自英文“Public Opinion”一词，按照其本义，是“公众意见”。作为舆论的主体，公众扮演的角色具有本源性的意义，一切舆论皆来源于人类的头脑及其理智所作出的判断。

在传统的舆论观中，舆论之“舆”强调数量的众多，而“占大多数”的意见被“可见”则需要一个由量变达到质变的过程。只有当人们能够“可见”或可感知到一定数量的共同意见时，才被认作舆论的成型。如果说曾经的“圆形监狱”使得多数人为少数人所见，那么互联网则赋予了“每个人都有被看见的权利”。当大量的信息、观念和表征借由传播击穿了社会不同的横截面，少数人如今也可以为多数人所见。在阶层利益细分化和身份相对匿名化的现实与虚拟交织的空间中，每个人都可以“自由言说”和“自我表演”，“通过言说和行动，人使自己与他人区别开来……这种呈现与单纯的肉体存在不同，建立在主动性之上。”也就是说，个人通过言说

与行动进入公共领域是为了获得主体性的存在，其中，获得“可见”和关注便成为其主体性的象征之一。也许，越来越难的并不是去感知意见数量由量变产生质变的临界点，而是在一切皆“可见”的环境中如何捕捉到某种共同的声音。

关于舆论主体的另一个条件是“具有独立自我意识”，在这种意识支配下，“公众舆论是社会秩序基础上共同公开反思的结果”，舆论的主体倾向于理性的存在，但“可见”本身使得现代人无法脱离关系这张巨大的“网”，它把每个人都变成其中一个结点。在这张复杂而流动的网络之中，任何言说都更像一种“双向的行动”（a two-sided act），它是“说者与听者、发话者和接受者之间相互关系的产物”，因而每一个言说都可能为他者的观点所形塑，最终也为其所属的共同体的观点所形塑。在碎片化的空间里，那些“偶然看到的事实，创造性的想象填补，情不自禁地信以为真”或都构成了舆论主体作出判断的条件。当公众置身于言行的网络中，绝对意义上“具有独立自我意识”的个体已不复存在，自我（the self）越来越被视为一种反思性的东西，人们比以往接触更多超越所在时空的非直接经验的象征物，于是在“可见性”的引导下、在与他者的互动和沟通中、在个体的想象和拼凑中，陈述和判断便产生了。

然而，对理性的追求和反思仍然没有逃脱传统民主观念的束缚，导致人们忽略了“情感”在现代公众形成过程中的重要作用。“情感”往往被简单地视为理性的对立面，成为被批判和排斥的对象。我们应该看到，“情感”并不仅仅是个体的私人体验和心理过程，它也是政治、社会和文化建构的产物。在“可见性”赋权的条件下，“情感”被挖掘和放大，足以凝聚成动员舆论共同体形成的一股力量，这就颠覆了传统舆论观中人们因理性才得以聚集而成舆论主体的内在要求。因而，在“可见性”的维度中重新审度作为舆论主体的“公众”，其成立的两个必要条件正在随着媒介环境的改变而不断被消解并重构。

三、“公共事务”：“公”与“私”的领域重叠

舆论的客体通常认为是“与公共利益有关的公共事务”，在传统舆论观里的“公共事务”与个人私事或私利之间有着明确的界限。卢梭在1744年左右首次使用了“公众舆论”（l’opinion publique）一词，他强调公众舆论来自理性的表达，其目的是为了维护公民共同的利益。作为启蒙运动之后的产物，卢梭的舆论观实际上反映了一种推翻封建制度、等级特权以及争取自由平等的战斗精神，舆论是用来建立民主政治的武器，而不是解决个人矛盾的工具。尽管哈贝马斯在之后写出了《公共领域的结构转型》，但在论述“公众精神”的时候也强调，“它使个体对公共事务的关注和公开讨论成为一种信念、权利和义务”，并且这里的公众“他们既不是作为商业或专业人士来处理私人行为，也不是作为合法团体接受国家官僚机构的法律规章的规约”，他们在“非强制的情况下处理普遍利益问题”。然而这种“公”与“私”的矛盾和对立随着媒介技术的革新正在逐渐被信息的延展力与渗透力所打破，个体的私人事件可以经由大众传媒而被转化为公共事件，反过来，公共事件也可以在私人的背景中得以经验。这一改变在大众媒介出现以后就已经被人们所认识。而进入新媒体时代以后，媒体的公共领域更是一种可见性的空间，“公”与“私”的边界更加模糊，甚至很多私人事件都可能扩展为公共事件，这在传统社会媒介技术不发达的时候是难以想象的。

根据戴扬的理解，在大众传媒时代，媒介可以被定义为“公共注意力的权威管理者”（managers of collective attention），它通

过“展演”（monstration）来“管理他人的可见性”，记者曾经是公共领域里的“神父”（priest），他们通过赋予“可见性”来唤起社会注意。而新媒体不仅使公众获得可见性，并且是“以他们自己定义的方式”（on their own terms），这就使传统媒体设置议程的权利被分散化，每个能够使用社会化媒体的人都可以定义自己被“看见”的方式，公共议题在从“遮蔽”走向“去蔽”的同时，其内涵与外延也发生了微妙的变化。我们“可见”的不仅仅是对象本身，也是那些使“可见”成为可能的条件。就像随着社会领域的兴起，那些在古典时期被贬低的劳动和经济因素开始进入公共领域，当社会化媒体的触角伸进个人的生活，个人事务和公共事务之间鸿沟也在逐渐消失。

四、“意见”：众声喧哗的多元表达

舆论的本体通常被认为是具有一定共同倾向的评价性意见，或是“公众公开表达的意见”，或是“一切不同见解、信仰、想象、成见与渴望等的综合体”。

在社会化媒介普及之前，我们将引导舆论，进行舆论监督的权利更多地赋予大众媒体，使它们成为舆论的载体。而如今，“新媒体同样能使个人定义他人的可见性，成为可见性的组织者”。由于新媒体有着即时和交互的特性，当下很多事件从一出现实际上就伴随着“可见”的舆论，且在信息不断流动的过程中，更多的个体将自己所获取的事实因素和观点展现出来，这些内容被置于同一个“可见”的平台之上，相互碰撞、交织、融合再裂变，原有的事实框架被解构，出现替代性的信息构成，引发出一系列新的话题，致使“舆论呈现多中心且在流动中此起彼伏”。

如果说，卢梭所见的公众自由聚合在一起通过持续地讨论产生公意的空间，实质上是相对封闭和固定的；而李普曼所见的舆论是大众媒介和公众相互影响和渗透的结果，更趋于开放和日常化；那么现如今，舆论的产生不仅来自大众媒介和公众的互动，更多的是人们利用社会化媒体进行博弈的过程。在互联网时代，赋予“可见性”的主体不再仅限于大众媒介，而是扩展到了社会个体。从某个意义上来说，这又回到了卢梭认为的舆论产生情境——公众自由的聚合。但现代意义上的聚合，其空间意义和内涵发生了颠覆性的转变，它不再是固定的某个实体场所，它可以来源于日常生活的每个流动场景之中。它不再是公众就某一事务展开持续的讨论，而倾向于一种伴随性的状态，人们可以随时中断和继续某个话题且在某个时间段展开对各不相同事务的讨论，甚至“一切意见的再现，都需要随时准备为自己的真实性和正当性进行辩护”。如此而来，一旦舆论产生的情境从静态走向动态，从持续走向间歇，由此而得出的“意见”便会轻易分崩离析，呈现碎片化的特点。因而社会化媒体的“可见性”让信息日趋可见的同时也让意见日趋可辩，这或许也回到了阿伦特对公共生活的愿景，“被他人所见所闻，其意义只来自这一事实：每个人都是在不同的位置上去看去听的。这就是公共生活的意义”。“可见性”使得这些不同位置上所看所听的“意见”在同一个舞台上得以全部展现，每个人在不断“赋予他人可见性的权利”的同时又在践行着更加多元化的表达，各种针锋相对的观点都得到了“展演”的机会，丰富了舆论的要素。在众声喧哗的广场之中，人们也许越来越难寻求一种共同的声音。

结　语

长久以来，围绕着“舆论是否可能”这个问题，学术界一直存在广泛的争议。悲观的理解是，舆论是不可能的，基于李普曼在《公众舆论》中抛出的诸多观点，把舆论看作“虚无缥缈”的存在；积极的观点则认为，舆论是可能的，立足当下新

媒体技术的发展，在传统媒体时代几乎不可能的公众舆论正在一步步接近可能。其实，与其争执“舆论是否可能”，不如换个维度重新审度“何为舆论”。如果舆论的内涵与外延在新的情境中发生了微妙的变化，那么我们再继续探讨可能性这个问题的时候，立足点也必须发生转换。

利奥塔把后现代定义为对元叙事的一种“不信任态度（incredulity）”，尤其是对衍生于启蒙运动的进步及变体的不信任态度。他提倡向“小叙事”的转变，这使差异合法化、使“不可呈现之物”受到重视。而这一观念转向的前提是“多重话语或歧见的百家争鸣状态（agon）的接受”。孙玮教授对波斯特称之为后现代公共性的解读，也提到了这类观点，即不是以达成共识为依归，而是展现不同主体的共同存在。个体作为主体、新媒体作为技术支撑的赛博空间叙事是后现代叙事的典型。当私人空间与公共空间之间的界限不再分明，后现代社会背景下的民主更强调维护因此而带来的种种差异。“可见性”便成为一种“评估传播媒体是否包含多元声音的一种判断标准，尤其在多文化的社会，对美好生活与正义有着各种不同诠释与要求的声音能否在公共领域中发声，可以作为对传播媒介公共领域的一种规范性的观点。”

循着这种思路，在“可见性”的维度中去理解舆论，“可见”的不仅是大多数人的理性观点，也可以是每个人的“自由言说”和情感表达；不仅是触及社会群体利益的“公共事务”，也可以是基于个体利益诉求的“个人事务”；不仅是大众媒介的“专业表演”，也可以是个人充分设计的“自我展演”；不仅是某种明确的话语表达，也可以是难以名状的社会情绪和态度；不仅是有共同倾向的意见整合，也可以是动态而多元化的观点碎片。我们关注的不仅仅是论辩的合理性或共识的普遍性，更是“透过众多不同的公共领域不间断的叙述，和对自我存在的再描述”，而能逐渐增强整个社会的认同力量。所以，“可见”的不仅仅是多重叙事本身，还是多种叙事之间的赤裸裸的、无法弥合的断裂。互联网的出现带来的“可见性”不仅改变了舆论的呈现样态，更倒逼着我们重新思考关于舆论的核心命题。在如此强大的结构性变革力量面前，或许，比探讨“舆论是否可能”更为迫切和重要的是，舆论是如何“可见”的。

作者：姜　红（安徽大学新闻传播学院教授、博士生导师）
开薪悦（安徽大学文学院博士研究生）
摘自：《苏州大学学报（哲学社会科学版）》2017 年第 3 期

互联网时代突发环境事件信息公开的主体制度创新

——以环保 NGO 的参与为突破口

2015 年 8 月 12 日，发生了震惊世界的天津滨海新区爆炸事故，而政府在爆炸事故环境信息公开中的不作为、慢作为，致使公众对事故造成的环境污染情况停滞在猜测的层面，以至于各种流言满天飞。创新信息公开主体公开制度，让环保 NGO 参与突发环境事件的信息公开，是实现突发环境事件信息有效供给的一剂良方。

一、问题之源：单一的发布主体制度无法实现突发环境事件信息的有效供给

政府及其相关部门是我国法定的突发环境事件信息公开主体。在 8·12 天津滨海新区爆炸事故中，政府的信息公开严重滞后，公众的信息需求迟迟得不到满足，凸显了政府作为突发环境事件信息单一发布主体的缺憾。

第一，政府很难提供及时的环境影响信息。政府的环境信息主要来源于相关环境监测部门提供的数据，为了确保数据的权威性，政府相关部门在发布之前可能需要进行专家论证，这可能影响信息的发布效率；政府的信息发布需要层层向上请示，而领导批示的快慢也可能延误环境信息的发布时间。在环境保护部的官方网站，与 8·12 天津滨海新区爆炸事故相关的消息只有六则，其中，《天津爆炸事故首场新闻发布会通报救援处置情况》（2015 年 8 月 14 日）是事故发生两天后发布的，而在事故发生 12 天之后，公众才得知“六个污水点位氰化物超标”。

第二，政府与公众的距离感可能无法实现环境信息的有效供给。政府所公布的信息往往注重全面性，却忽视了公众关注的聚焦点。比如，关于政府领导如何重视事故处置的信息，关于工作人员如何废寝忘食地工作等，这些信息对于公众采取应急处置措施并没有实质性的帮助，而这些信息却占据了天津市环保局官网 2015 年 8 月份政府官网相关信息的 85%。

第三，政府很难根据受众的不同特点提供有针对性的环境信息。不同个体、组织，在不同的区域，对环境信息公开的需求可能存在差异性。然而，政府的环境信息往往是经过“统一口径”之后发布的，很难根据受众的差异性分别提供不同的环境信息。政府的“信息公开”与公众的“信息需求”似乎永远在两条无法链接的轨道上各自行走。

二、破题之策：环保 NGO 参与突发性环境事件的信息发布

政府作为突发性环境事件信息的单一发布主体，显然已经无法满足公众的信息需求；肇事企业是事件的利益相关者，突发性环境事件肇事企业作为直接的利益相关者，其参与信息公开容易避重就轻，显然也不能奢望它能提供给公众及时、有效的环境影响信息；公民个体因缺乏资金和技术的支持，其发布的相关信息往往是片面的，甚至可能起到反作用。因此，环保 NGO 参与突发性环境事件的信息发布，是弥补政府作为突发环境事件信息单一发布主体缺陷的最佳选择。

（一）环保 NGO 发布突发性环境事件信息的优势

第一，环保 NGO 具备信息生成的效率优势，可以保证信息的及时性。环保 NGO 的机构设置精简，队伍精干，能够在短时间内迅速集结，并通过高科技手段实现高效率的协同工作，这能够大大缩短信息生成的时间，保证信息的及时发布。

第二，环保 NGO 的技术优势，可以保证信息的科学性。科学性是环境信息的核心要素。环保 NGO 是专业性较强的环境社会组织，不仅拥有专业的环境科学专家，还拥有精通环境法律制度的法学专家，能够在技术和法律两方面提供科学准确的环境信息。与此同时，对于环境相关法律知识的把握和运用，环保 NGO 也往往更胜一筹。

第三，环保 NGO 的沟通优势，可以保证信息的有效传递。作为社会公益组织，环保 NGO 通常具有广泛的社会基础，能够

直接了解公民环境权益需求，并能为公民环境权益的保护提供切实可行的救济。通过公众参与的过程，民间组织可以通过各种不同的渠道提出建议，这将提升决策的有效性。

第四，环保 NGO 的中立优势，可以保证信息的有用性和公正性。相对政府而言，环保 NGO 是整个事件的旁观者，“旁观者清”的中立优势可以避免去发布那些政府自我表扬的信息，其发布的信息可读性往往更高，对公众而言也更有价值。与此同时，环保 NGO 与事发地没有直接的利益关联，还能避免地方政府在信息发布中的“地方保护”色彩。

（二）环保 NGO 发布突发性环境事件信息的风险

第一，环保 NGO 作为发布主体的合法性存疑。根据我国现行法律制度，环保 NGO 参与突发环境事件的信息发布没有明确的法律依据，环保 NGO 进行突发环境信息的发布，就可能构成了违法发布，还可能承担相应的法律责任。因此，要促进环保 NGO 参与突发环境事件的信息公开工作，应当通过立法完善赋予环保 NGO 相应的发布主体资格。

第二，环保 NGO 选择性参与的风险。环保 NGO 本身没有发布信息的义务，环保 NGO 是否参与突发环境事件的信息发布，取决于该组织自身的选择和意愿，而这种选择本身就带有随机性。除此之外，如果没有足够的经费支撑，环保 NGO 很难有效参与突发环境事件的环境监测与事故影响调查工作，更无法提供有效的环境影响信息。

第三，环保 NGO 可能成为“谣言”散布者。环保 NGO 是民间机构，如果发布了不实信息，就很有可能被定位为“谣言”，这会使得不少环保 NGO 对突发环境事件的信息发布望而却步。因此，要建立健全宽容失误的机制，为环保 NGO 参与突发环境事件信息公开提供一个相对宽松的制度环境。

第四，可能存在信息冲突的风险。突发环境事件发生之后，多个主体发布信息可能带来信息的不一致，带来了信息冲突的风险，但也不一定是坏事。首先，政府发布的信息并不一定都是准确的，环保 NGO 发布的不一致信息就可以发挥“纠偏”的作用，政府也可以通过比较分析之后及时更新自身的消息。其次，多个主体发布信息有利于督促政府提升信息质量，环保 NGO 作为民间机构，其提供的信息仅仅是公众作出判断的一个参考，真正对公众判断起决定性作用的应当是政府公开的信息。

（三）环保 NGO 参与突发环境事件信息公开是必然选择

政府环保部门是突发环境事件网络信息的权威发布者，肇事企业事业单位是突发环境事件的相关信息提供者，而环保 NGO 则是突发环境事件网络信息发布的积极参与者。尽管环保 NGO 介入突发环境事件的信息公开存在着法律风险、选择性参与的风险、道德风险和信息冲突的风险，但这些风险可以通过完善相关的制度来加以规避和防范。

三、解题之本：加快环保 NGO 参与突发环境事件信息发布的立法进程

环保 NGO 介入突发环境事件的信息公开还缺乏明确的法律依据。引入立法修订程序，为环保 NGO 参与发布突发环境事件信息提供制度保障，是完善我国突发环境事件信息公开主体制度的解题之本。

（一）建立环保 NGO 参与信息发布的主体资格制度

一是，规定基本的入门条件。环保 NGO 参与突发环境信息公开应当具备一定的资质条件，包括环保组织的人员规模和资金实力，从业的最低年限，稳定的工作

场所和相应的设备要求，等等。同时，只能赋予在中国注册的环保 NGO 参与突发环境事件信息发布的资质，禁止境外环保 NGO 在中国境内发布中国突发环境事件的相关信息。

二是，设置合理的技术门槛。参与突发环境事件信息发布的环保 NGO，必须拥有一支相对稳定的专业技术专家队伍，包括环保技术专家、环境法律专家和互联网技术专家等。要从技术上明确环境信息的更新机制，及时更正与更新相关的环境影响信息。

三是，设置完备的资质审查程序。资质审查部门既要评估环保 NGO 的综合实力，也要评估其从事环境公益事业的一贯表现。注重考量其从事环境公益事业的业绩，注重考察其历来的从业表现，通过同行评价、社会公众评价、政府部门认定等相结合的方式，对该环保 NGO 的社会公信度、认可度和影响力作出客观的评估。

四是，明确信息发布的权利边界。厘清政府和环保 NGO 在突发环境事件信息工作中的功能与定位，明确政府和环保 NGO 在突发环境事件信息发布中的各自权限与法律义务，避免因定位不清带来的信息发布混乱局面。

（二）规范信息内容，并建立环境信息质量监控制度

互联网是实施环境信息公开的最重要媒介，发生突发环境事件，需要明确环保 NGO 所发布信息的内容要求。一是，内容不求“华丽”但求“真实”。环保 NGO 提供的网络信息，要尽量使用通俗化、平民化的语言。这就需要把一些科学数据、化学符号等转换成描述性语言，让公众通过阅读信息就可以对突发环境事件的影响程度形成一个基本的判断。同时，要尽量使用客观描述，避免主观猜测，尽量使用中立语言，避免先入为主的价值判断。二是，内容不求“全面”但求“精准”。对于突发环境事件的网络信息内容而言，只有在第一时间提供公众所亟须了解的信息，第一时间反馈事件的进展，才能让公众作出合理的应对，从而将损失降低到最少，而快的前提必须是内容的“精准”，既聚焦关键问题，又要保证内容的准确性。三是，内容不求“影响”但求“反响”。环保 NGO 提供的环境网络信息，要杜绝用所谓的大数据欺骗公众。同时，环保 NGO 必须要注重追踪其所提供信息的科学性与针对性，根据事件的进展及时对相关的信息作出必要的更新；要及时响应公众的咨询意见并作出有效的应答。

信息质量是环保 NGO 参与突发环境事件信息发布的名片，也是环保 NGO 获得社会认可的本钱。因此，建立完善的信息质量监控制度，成了完善相关立法的重中之重。一是，要规范环保 NGO 的信息生成过程。要通过规定明确的信息内容要求，确保信息来源的科学性、准确性，杜绝任何编造事实、杜撰事实、猜测后果的信息，杜绝发布没有实质性内容的空洞信息。二是，要规范环保 NGO 的信息发布行为。一方面，环保 NGO 的信息发布要与公众环境知情权实现有效衔接，及时响应公众的信息需求；另一方面，必须要明确环保 NGO 的信息发布流程，健全信息发布前的内容审核机制，避免忙中出错，发布错误信息。三是，要规范信息质量的效果追踪程序。要通过有效的效果追踪机制，及时掌握所发布的信息在公众中的反响，如果发现信息的内容出现偏差，应当通过有效的方式及时加以更正。

（三）健全约束机制，明确法律责任

健全约束机制需要将自律机制和他律机制有机结合起来，并建立健全“进入—退出”机制。一是，要健全环保 NGO 参与突发环境事件信息公开的自律机制。环保 NGO 要把“不以盈利为目的”作为参与突发环境事件信息发布的底线，并通过完善自身的组织章程和工作机制，将这一底线要求贯彻到位。同时，环保 NGO 要以维护国家利益为基本准则，自觉抵制境外势力的渗透，保持必要的警惕性和敏感性。二是，要健全环保 NGO 参与突发环境信息公开的监管机制。要在赋予环保 NGO 信息发布主体资格的同时，明确环保 NGO 信息发布的监管机构和相关的监管规则。同时，网络安全部门要及时采取相关的网上安全措施，并将有关情况及时通报检察机关，防止环保 NGO 被境外非法组织所利用，发布不实信息误导公众。三是，要健全环保 NGO 作为信息发布主体的“进入—退出”机制。通过建立环保 NGO 信息发布诚信档案和引入第三方评估机制，健全环保 NGO 的绩效评价机制，既要对环保 NGO 所从事的重要环境公益活动进行记录，更要对其在参与突发环境事件信息发布过程中的行为及其所造成的影响进行记录，通过考察其一贯表现来评估其从事突发环境事件信息发布的资质。

完善相关的法律责任制度，既是惩罚违法信息发布者的一把利剑，也是促进环保 NGO 有序参与突发环境事件信息公开的一道屏障。一是，要明确违法发布信息的法律责任。对于环保 NGO 借突发环境事件之机谋取经济利益的情形，要视情节轻重追究环保 NGO 及其相关人员的法律责任，直至取消该机构参与突发环境事件信息发布的资质；对于发现环保 NGO 被境外势力渗透的情况，相关部门应当立即取消该组织参与突发环境事件信息发布的资格，并追究相关责任人的法律责任；对于故意编造不实信息误导公众的，视情节轻重给予适当的处罚，造成严重后果的，取消该组织参与突发环境事件信息发布的资格，并追究相关责任人的法律责任。二是，要健全宽容失误的责任豁免制度。对于环保 NGO 发布的误判信息，应当根据具体的情形来确定其是否需要承担法律责任，而不能一概将环保 NGO 发布的不准确信息归为“谣言”。对于忠于履行信息公开的相关职责，在主观上没有过错且信息生成过程没有瑕疵的情形，应当建立宽容失误的责任豁免制度，免予追究发布者的法律责任。

作者：施志源（福建师范大学法学院副教授、重庆大学博士后研究人员）
摘自：《法学评论》2017 年第 3 期

民族文化经典的“再地方化”

——“阿诗玛”回归乡土的个案

一、引言

（一）研究背景及问题缘起

在 1949 年以来先后涉及国家建设（state building）和全球化的中国现代化进程中，“去地方化”与“再地方化”现象在我国许多少数民族地区都不同程度地出现，一些作为民族表征和区域特色的民族文化符号往往以当地文化“去地方化”或“再地方化”的形式而被生产、流通和消费。曾经家喻户晓的“阿诗玛”就是这样一个例子。

本文试图通过“阿诗玛”的个案分析，来探讨以下问题：（1）在文化生产中，一个已被国家挪用而“去地方化”了的民族文化符号如何被“再地方化”？（2）什么原因及哪些力量在推动着民族文化符号的“再地方化”进程？（3）民族文化符号在“再地方化”过程中，呈现出怎样的文化资本争夺与博弈？

（二）“去地方化”与“再地方化”：对核心概念的理解

“地方”是批判人文地理学的核心概念之一。与“空间”相区别，“地方”的核心在于人的意义的投入，“地方”进而成为建构地方认同的场所。在全球化时代，地方事件常常与其他地方发生的事件相联系。资本的全球化并未如奥布赖恩（Richard O'Brien）所说的那样导致了不再具有意义的地方，反而，全球的普遍性与地方的特殊性在全球化进程中发生了关联，由此，全球化成为一种复杂的相互联结机制（complex connectivity），“全球在地化”（glocalization）概念表征的正是这种普遍性与特殊性的双向连接关系。其中，地方力量在实施地方建设过程中既需要利用全球资本，同时也必须保存地方性以对抗资本的扩张。

20世纪末，人类学家海曼（Josiah Heyman）在研究墨西哥有关地区的建筑时提出了“去地方化”（delocalization）的概念。区域经济学家芬斯特拉（Robert C. Feenstra）也研究了“去地方化”现象。2007年4月，在波兰召开的以“移动前沿：劳动密集型产业生产布局的变化”为主题的国际会议上，“去地方化”的概念被定义为：在国家、区域或全球尺度对产业的空间结构进行调整。而路易斯·拉布瑞德斯（Lois Labrianidis）则用“去地方化”的概念来“描述跨越空间进行分散生产的各种方式，尤其是在国家之间。”

本文所要讨论的“阿诗玛”故事则不同，它似乎不具有物质性，但却与上述文献中所涉及的建材、建筑风格等相似，不仅具有表意力，而且可重塑、可流动。因此，本文将“去地方化”与“再地方化”作为可操作的理论概念，用来分析在中国现代化历程的不同范式下，“去地方化”和“再地方化”的“阿诗玛”故事、意义体系，以及文化使用特征。

（三）研究方法

本研究采用多点民族志的田野调查方法，选择云南省石林县北大村乡月湖村、圭山镇大糯黑村、长湖镇海宜村和阿着底村等撒尼村寨以及石林县城、石林旅游风景区作为主要的田野调查点。这些田野点或是民间口头叙事长诗《阿诗玛》的主要流传地，或是电影《阿诗玛》的外景拍摄地，或与“阿诗玛”传说有某种渊源关系。从2004年至2016年，笔者曾先后10余次到这些田野点进行为期不等的田野调查，获得了大量的第一手资料，在建立在田野观察和深度访谈的基础上进行研究。

二、“去地方化”：成为大众媒介文本的“阿诗玛”

“阿诗玛”是民间口头叙事长诗《阿诗玛》的主人公。该叙事长诗长期流传于云南石林彝族支系撒尼人中，演唱的是美丽、勤劳、善良的撒尼姑娘阿诗玛的悲剧故事。由于流传时间之长和流传地域之广，《阿诗玛》在撒尼民间有很多版本，内容多集中在阿诗玛出生、成长、说媒、抢婚、解救、遇难等几个环节，但情节线索和长短详略不一，并未形成一个比较定型的讲法。由于长诗的内容涵盖了撒尼人的生产方式、生活习俗、人生礼仪、民间信仰、神灵祭祀等民族传统文化事象，《阿诗玛》在某种意义上已经成为撒尼人在婚丧嫁娶、节祭仪式上世代传唱的

"百科全书"。

事实上，前文提到的圭山工作组当年共搜集到20个版本的《阿诗玛》，这些异文资料在主题思想和情节内容方面是大相径庭的。在经过整理的撒尼叙事长诗《阿诗玛》中，原有的固守礼教、敬畏鬼神、神灵崇拜等"非主流"思想内涵被完全消解了，相应地，阿诗玛与财主热布巴拉家之间的贫富差异被视为阶级对立的根源，原本是撒尼人传统婚姻习俗的"抢婚"仪式则被建构性地概括为"阶级矛盾"和"阶级冲突"，阿诗玛在"阶级斗争"中不畏强暴、嫉恶如仇的顽强斗争精神也被予以补充和强化。

如果说被纳入官方文化生产的轨道是《阿诗玛》"去地方化"的一个重要途径，那么这个"去地方化"的过程同时也交织了"国家化"（statification）。这一时期，《阿诗玛》虽然形式多样，媒介载体各异，但官定版本的主题和叙事结构没有再发生重大变化。这个再创造的过程，即是在国家的直接组织下而展开的一个文本基本结构标准化的过程。可以说，正是经过"去地方化""国家化"的官方文化生产，被建构为媒介文本的《阿诗玛》成为了以少数民族文艺形式来表述国家意识形态观念和主流话语内容的一个文化符号。也正是在此意义上，经过多种媒介表达形式的传播，《阿诗玛》不断跨越民族、地域、国家的边界，成为中国少数民族民间文学乃至整个中国文学谱系和中国电影史上的一个经典文本。

三、"再地方化"：回归"日常"物质世界的"阿诗玛"

（一）谁的"阿诗玛"：命名、地方归属权与文化表征

20世纪八九十年代以来，作为改革开放之一部分，文化产品的生产、流通和消费日益崛起，文化环境亦在发生重构。自1980年代末以来，石林本土以"阿诗玛"冠名的建筑、街道、景观、机构、活动、产品、项目纷纷涌现。

显然，这种对已被"去地方化"的文化符号的挪用和重构，并不局限于"阿诗玛"及石林县，在许多有着类似文化资源的其他地方都有不同程度的类似呈现。正是由于作为文化符号的"阿诗玛"具有可挖掘的作为"文化资本"的潜能，这些原本与媒介文本《阿诗玛》并无直接关系的不同地方，纷纷加入到对这个已被"去地方化"的文化符号的挪用和重构之中。

"再地方化"过程中的争夺与博弈，同时也表明已被"去地方化"的文化符号"阿诗玛"因失去了地方性，进而在"源生地"和归属权上具有了多种可能性。在石林县，借整理本叙事长诗《阿诗玛》发表50周年、电影《阿诗玛》拍摄40周年之机，当地政府联合中央民族大学于2004年举办"阿诗玛国际学术研讨会"，邀请百余名中外学者对"阿诗玛"的相关学术问题展开研讨。文化符号的"再地方化"是一个文化再生产的过程。正是上述这一系列的"阿诗玛"命名、归属认定等官方行动，将已被"去地方化"了的"阿诗玛""册封"为石林县的"地方性"文化表征。

（二）谁是"阿诗玛"：换装、符号消费与"族群想象"

如果说在石林县政府主导的再造地方文化表征的过程中，"阿诗玛"更多是以一个相对抽象的名称、标签或符号形式而存在，那么，在当地撒尼人的日常生活和以商业盈利为目的的石林旅游业中，"阿诗玛"则被自觉或不自觉地重构为形象具体、生动可感的地方性文化景观——而这种重构的主要依据就来自电影《阿诗玛》。

《阿诗玛》是石林圭山地区的"山玛"和"底玛"共同流传的民间口头叙事长

诗，当年拍摄电影《阿诗玛》的汉族文艺工作者未必清楚这两个撒尼支系间的差异，而选择了其中一个支系的服饰作为影片中“阿诗玛”的着装。

这一时期，市场经济的发展和旅游业的兴起，也带动了石林县对当地喀斯特地貌景观“石林”的包装推介，因电影而与石林发生勾连的“阿诗玛”又一次获得“再地方化”的契机。“再地方化”的过程，也是一个将“去地方化”的文化符号赋予在地（in place）和物质的本真性的过程。此后，电影《阿诗玛》的放映使得石林与“阿诗玛”之间的“亲缘关系”广为传播，并“喧宾夺主”式地成为“本真的”（authentic）民族文化之物质性元素。

在这里，“再地方化”的“阿诗玛”经过旅游产业新一轮的“标准化”和“符号化”再生产之后，已然成为一个可供大众游客体验消费的“去异质性”或“伪差异化”的旅游文化符号。

（三）“阿诗玛”在哪：认同、话语建构与文化资本争夺

在市场经济和文化消费的背景下，作为文化符号的“阿诗玛”可被挖掘为“文化资本”的潜能日益凸显。不仅地方政府和商家在市场不断展开对“阿诗玛”的利用、再造和重构，而且在口传叙事长诗《阿诗玛》的民间流传地，石林县境内的许多撒尼村寨也自觉或不自觉地加入到对“去地方化”文化符号“阿诗玛”的“再地方化”运动中。对于绝大部分撒尼村寨而言，近年来地方政府和商家不遗余力地打造“阿诗玛”品牌的各种宣传、经营活动，不断昭示着作为地方性文化资源的“阿诗玛”可转换为物质利益的潜能。

在月湖村，撒尼村民们一直坚信并强调本村寨就是《阿诗玛》传说的发源地。显然，这是民间口头叙事中最为常见的附会“历史人物”（无论其真实或虚构）等公共资源的解释性地方传说，旨在表征地方与该公共资源之间的历史渊源及某种特殊关联，并凸显其“地方性”归属的“历史性”和“传统性”。

海宜村也是1950年代圭山工作组前往搜集《阿诗玛》原始资料的撒尼村寨之一。

同时，海宜村民们还不断强调，位于村头的三棵大榕树曾经是电影《阿诗玛》拍摄的重要外景之一。在这里，“去地方化”的官方文化生产挪用了民间的物象，使之与“阿诗玛”相勾连，而来自民间的“再地方化”文化再生产则重新挪用了这个被“他者”建构的“拟原真性”的符号，如“阿诗玛”的扮演者、“三棵大榕树”等，并在新的民间口头叙事中将其置换为“原真性”的物象，进而为区域化文化资源的“地方性”归属获取“正名”。

四、结论：地方性与全球化之间的文化再生产

本文通过勾勒并解读“阿诗玛”在过去半个多世纪中从被国家征用又重归故里的历程，展现了在国家建设和经济全球化的不同历史大背景下，文化生产过程中“去地方化”和“再地方化”的过程、动因和主要推动者，以及在这两个辩证相依的过程中，一个身处国家地域边缘的少数族群如何被“他者”建构又如何挪用为他者所挪用的象征资源以反观自我。

（一）媒介生产与文化资源再造

本文显示，“阿诗玛”从流传于云南石林圭山地区的彝族支系撒尼人中的民间口头叙事长诗到民族文化“经典文本”的转换，经过国家建设时期（尤其是中华人民共和国成立17年间）的官方文化生产，借助于大众媒介而得以流传，并经之而“去地方化”、被国家化和标准化。

这是一个以（官方）大众媒介作为平台、手段和渠道的“去地方化”文化生产过程。如果说经过整理改编的汉译本《阿诗玛》因契合了中华人民共和国成立初期的国家权力话语和意识形态表达，而成为经由国家权力认可的民族艺术经典文本，那么，电影《阿诗玛》的摄制和公映，则使“阿诗玛”得以真正走向大众，完成对一个民族艺术经典符号的塑造。正因为具有了作为文化资源以及转换为作为文化资本的潜能，“阿诗玛”才有可能在市场经济和消费文化的时代背景下成为撒尼人聚居地的官方、市场、民间等多元力量争相挪用的对象，进而呈现出“再地方化”的建构景象。

（二）再情境化与重写的“地方”

本文所描述的个案则显示，20 世纪中叶，体现该历史时期我国现代性的表述逻辑的国家权力和意识形态，同样将地方文化资源纳入统一的官方文化生产流程。通过对地方的民间文艺作品的“标准化”再造，使之不仅从形式到内容完全服务于国家意识形态的表述需要，而且脱离了地方性时空场域，也失去了原有的传统意义和多元形态，呈现出典型的“去地方化”特征。在本文所描述的个案中，经历“去地方化”而成的经典艺术符号“阿诗玛”在“重回”地方社会的过程中，每一步都被人们有意识地将之与特定的时空场域相结合。由于乡土形态的“阿诗玛”版本众多，长短不一，这为构成“再地方化”的再创作提供了很大的空间。

（三）时代语境变迁与文化资本争夺

如前所述，在本文所描述的个案中，“阿诗玛”的“去地方化”与“再地方化”分别对应了德里克所说的 1949 年后中国现代化历程的两个范式。在本文所描述的个案中，不同利益主体对“阿诗玛”这一文化符号的争夺，在“阿诗玛”成为国家建构的符号并在经济建设背景下具有获取物质利益回报潜力这样的前提下展开，发生在地方政府之间、地方政府与商家之间以及多个撒尼村寨之间三个层面。如果说地方政府明确“阿诗玛”的地方性归属，更多是出于追求地方经济发展的利益诉求，那么，诸多撒尼村寨表征自己与“阿诗玛”的“亲缘”关系，则更多折射出当地撒尼村民对“阿诗玛”的文化认同，以及争当“阿诗玛”传说发源地背后所隐藏的文化资本争夺。当然，获取经济利益也是一个不可分割的重要维度。

（四）关于“再地方化”的几点思考

通过对照本文考察的个案和现有“再地方化”的研究文献，我们可以提出如下三个结论。

第一，在全球化的场景下的民族国家经济发展中，文化“再地方化”的对象并不一定是来自国际市场的产品，还可以是非地方产品或如本研究所讨论的被国家征用然后“回归”地方的“当地产品”。

第二，在文化“再地方化”过程中，经济利益的分布与文化资源的分布所采用、依赖的空间单元并非完全一致，而是存在差异和矛盾的，前者小而后者大。

第三，海曼的“去地方化”和托马斯的“再地方化”实际上是同一个进程的两个方面，只不过侧重点不一。

作者：肖　青（云南师范大学传媒学院教授，博士）
李　森（云南师范大学传媒学院副教授，博士）
摘自：《新闻与传播研究》2017 年第 5 期

在风险与利益间传达不确定性：科学事实查验对转基因食品议题信息误解的影响及其心理生理学反应

一、引言

在风险社会中，公众普遍关心的健康、环境等社会议题，为科学传播提供着广阔的现实土壤。随着与人们日常生活和购买决策息息相关的转基因食品被建构为争议性议题，这一话题逐渐成为近年来备受人们关注和非议的热点。在我国当前的信息环境中，非理性化、去科学化和娱乐化的转基因报道屡屡见诸报端，转基因食品的安全风险被进一步放大。

纵观转基因恐慌的众多成因，科学界、媒体与公众对科学不确定性（uncertainty）的理解差异是其中的关键之一。与此同时，公众对风险议题的理解和决策不是完全理性的。本研究即聚焦于注意和情绪唤起的心理生理学反应，通过控制实验考察转基因食品议题下科学事实查验对降低信息误解的影响，探索以促进或预防为焦点的不同框架下，传达事实查验不确定性的有效途径，以期对我国转基因技术的风险传播和事实查验产生若干理论与实践启示。

二、文献综述

（一）科学事实查验与转基因食品议题的信息误解

全球范围内的事实查验研究与实践主要源自美国选举中的政治事实查验，但从定义上来看，事实查验是“以政客和影响他人生活与生计者为对象，对上述人士发表或被记录在案的言论中声称的事实进行二次报道与探究，其目标是向用户提供清晰的、严格审阅的信息，以使他们借助事实，在投票和其他必要的场合做出完全自知的选择”的传播实践。

实际上，科学事实查验与政治事实查验共享了一致的操作准则与目标。为探讨我国转基因食品议题下的事实查验出现前述现象的可能性，本文将信息误解（misperception）操作化为人们关于事实的信念没有得到准确证据或专家意见支持的情况，提出如下研究问题：

RQ1：人们接触转基因食品议题事实查验前后的信息误解水平有何变化？即科学事实查验会否导致接触事实查验的“自损效应”？

（二）双重面向下的信息告知：风险、利益及其不确定性表达

在使用“风险传播”一词时，与风险相对的利益层面经常被忽略，而技术的风险之所以被传播，是因为其具有潜在利益。因此，风险传播通常具有双重面向。根据理性选择模型的观点，人们对新技术的判断基于他们对利益和风险发生可能的分别评估；相应地，媒介也会从风险和利益两个角度来建构转基因技术，强调转基因干扰自然规律、人体健康与道德，或提及其可能带来的环境或健康利益以及产品和价格优势。而所谓框架（frame），指的正是一种在传播性文本中选择不同角度来描述感知现实，使其中一些方面得以凸显的话语结构；当框架被接受后，往往会进一步影响个体对特定问题的观点和行为决策。

此外，事实查验的工作方式使其在建构不确定性上具有灵活性。既有研究表明，使用强调转基因技术具有潜在利益的促进框架与说明技术风险范围的预防框架，会以不同方式影响公众对转基因知识的接受。

据此，本文提出如下研究假设和研究问题：

H1－a：采用以促进或预防为焦点的信息框架进行科学事实查验，对降低人们的转基因食品议题信息误解程度具有显著影响；

H1－b：采用高度或低度不确定性表述方式进行科学事实查验，对降低人们的转基因食品议题信息误解程度具有显著影响；

RQ2：不同框架与不确定性表述方式的科学事实查验信息组合，在影响人们对转基因食品议题的信息误解时，是否存在交互效应？

（三）LC4MP视角下风险信息加工的心理生理学过程

作为以认知科学为基础的理论资源，动机性媒介信息加工的有限容量模型（LC4MP）为理解人脑与媒介间的互动关系如何随时间变化提供了理论框架。这一模型探讨了媒介化信息认知加工的实际语境下人类认知系统容量的有限性，认为大脑在以编码（encoding）、储存（storage）和检索（retrieval）三种方式加工环境信息时的资源是有限的，用于媒介信息加工的认知资源对信息进行控制加工（controlled processes）或自动加工（automatic processes），资源分配于编码、储存和检索的程度取决于两种加工模式的波动过程。

在接受事实查验这一外部刺激时，被试做出的认知努力将使其心率产生随时间而下降的趋势；在外部刺激转向内部刺激的事实查验后期中，被试的内省式注意又将使其心率随时间而上升。据此，本研究进一步假设：

H2：在接触转基因食品议题的科学事实查验信息后，由信息框架和不确定性带来的被试心率下降情况在信息接触过程的不同阶段下具有显著差异。

在风险感知过程中，人们的情绪过程发挥着不可忽视的作用。既有研究表明，无论是接触与自己既有观点不一致的事实查验，还是转基因议题下的风险传播和信息告知，通常都将伴随着恐惧、愤怒和焦虑等消极情绪。综上，本文提出最后一个研究假设：

H3：在接触转基因食品议题的科学事实查验信息后，由信息框架和不确定性带来的被试皮肤电导变化在信息接触过程的不同阶段下具有显著差异。

三、研究方法

（一）实验设计与被试构成

实验采用2（信息框架：促进 v.s 预防）×2（信息不确定性：高 v.s 低）二因素组内（within-subject）设计，比较四种实验条件下，被试对转基因食品议题科学事实查验的信息误解以及注意和情绪唤起水平有何差异。在本研究中，信息框架被操纵为“聚焦于促进的框架”（promotion-focused frame）（简称“促进框架”）与“聚焦于预防的框架”（prevention-focused frame）（简称“预防框架”）两类，前者在事实查验文本中强调转基因食品带来的利益与取得的成就，后者则重点说明转基因食品的风险与安全影响的作用范围。

研究者在《转基因食品探索之旅》纪录片中选取了与实验条件相符的视频片段各2则，共计8则；通过试点调查，确定其中四则信息框架与不确定性判断准确率最高的片段作为实验刺激。

实验在中国东部的一所高校招募在校生作为被试，样本中包括女性20人（60.6%），男性13人（39.4%）；本科生21人（63.6%），研究生12人（36.4%）；理工类学生8人（24.2%），人文与社科类学生25人（75.8%）；样本的年龄范围在19岁到28岁间，平均值为21.76（S.D. = 1.99）。所有被试对实验视频均无接触经验。

（二）变量测量

1. 因变量

本研究的因变量包括反映心率和皮肤电导两项心理生理学指标以及被试自报告的信息误解。

2. 控制变量

控制变量首先包括不同实验条件下被

试的事前信息误解和感知信源可信度，以及独立于实验条件的转基因食品立场、不确定性规避、制度信任和转基因知识等个人因素，均采用7点李克特量表测量。

（三）实验步骤与数据处理

实验于2016年12月至2017年1月间开展。实验室每次进入一名被试，在被试阅读实验说明、填写基本信息和纸笔问卷第一部分（包括转基因食品风险立场、事前信息误解和实验物接触情况）时，由实验人员安装心率和皮肤电导监测电极、连接设备、启动数据收集软件并进行信号测试。被试观看四则视频时的心理生理学数据以AcqKnowledge软件处理并显示变化曲线。

四、研究发现

为避免在组内实验中反复测量实验因素感知导致被试对实验目的察觉，首先根据既有研究的建议，采用表1的形式，以四种实验条件下被试接触事实查验后信息误解变化情况的比例进行操纵检验。卡方检验显示，被试接触事实查验后的信息误解变化情况具有显著差异（$\chi^2=21.421$，$df=6$，$p<.01$）。实验因素的操纵检验结果符合预期，实验操纵有效。

表1 不同实验条件下被试接触事实查验后的信息误解变化情况比例 单位：%

实验条件	上升	不变	下降	合计
预防框架/高不确定性	33.3	18.2	48.5	100.0
预防框架/低不确定性	36.4	21.2	42.4	100.0
促进框架/高不确定性	12.1	0.0	87.9	100.0
促进框架/低不确定性	12.1	12.1	75.8	100.0
总计	23.5	12.9	63.6	100.0

$\chi^2=21.421$，$df=6$，$p<.01$。

随后采用配对样本T检验的方式回答RQ1提出的研究问题。从整体上看，被试在接触不同内容的科学事实查验信息后，对转基因食品的事后信息误解平均得分为2.382（S. D. =.965），显著低于未接触事实查验前的信息误解（Mean = 3.280，S. D. =1.489，$p<.001$）。

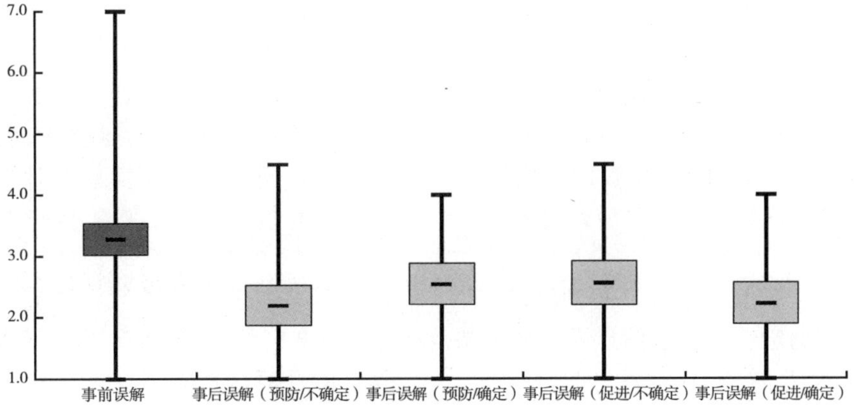

图1 不同实验条件下事前与事后信息误解均值及95%置信区间得分范围

接下来采用一般线性模型，对事后信息误解为因变量的事实查验效果进行预测，结果如表2所示。从模型的解释力来看，信息框架、信息不确定性及其交互效应与被试的事前信息误解、利益立场、制度信任和不确定性规避等控制变量共同解释了事后信息误解28.4%的方差。

表2 转基因食品科学事实查验事后信息误解的预测模型

	b	s. e.
自变量:信息因素		
信息框架(0 = 促进框架)	.435*	.208
不确定性(0 = 低不确定性)	.246	.203
信息框架 × 不确定性	-.723*	.288
控制变量		
事前误解	.113#	.060
感知信源可信度	-.117	.077
转基因知识	.125	.119
利益立场	-.248**	.074
风险立场	-.044	.083
制度信任	-.150#	.077
不确定性规避	.153*	.072
R^2	.284	

注：# $p<.1$，* $p<.05$，** $p<.01$，*** $p<.001$。

在控制以上变量的效应后，考察作为实验条件因素的信息框架和不确定性对事实查验传播效果的净效应。结果表明，无论是否采用不确定性表述，暴露于促进框架中的被试平均事后信息误解水平为2.346，显著低于预防框架下的平均得分2.419（$b=.435$，s. e. $=.208$，$\eta_p^2=.004$，$p<.05$），研究假设H1－a成立，即采用促进框架进行事实查验，在整体上比预防框架更有助于降低被试对转基因食品的误解；与H2－b假设的内容相反，信息不确定性影响被试事后误解的主效应未达显著（$b=.246$，s. e. $=.203$，$\eta_p^2=.002$，$p>.05$）。研究问题RQ2得到回答，即信息框架与不确定性对事后信息误解的影响存在显著的交互效应（$b=-.732$，s. e. $=.288$，$\eta_p^2=.046$，$p<.05$）。

图2显示了控制其他变量的影响后信息框架与信息不确定性影响事后信息误解的估计边际均值。前述结论表明研究假设H1被接受，即相对于促进框架而言，在预防框架下，采用不确定性表述方式进行事实查验，更能降低人们对转基因食品议题的信息误解。

在前述研究结论的基础上，研究进一步追问转基因食品议题事实查验接触的心理生理学过程与信息误解降低之间的关联。H2和H3分别假定了实验条件对被试接触事实查验信息的前、中、后三个阶段的注意和情绪唤起具有显著影响。对心率和皮肤电导等心理生理学数据进行2（信息框架）×2（信息不确定性）×3（时间阶段）的重复测量方差分析，可以发现，首先，研究假设H2仅得到部分验证。

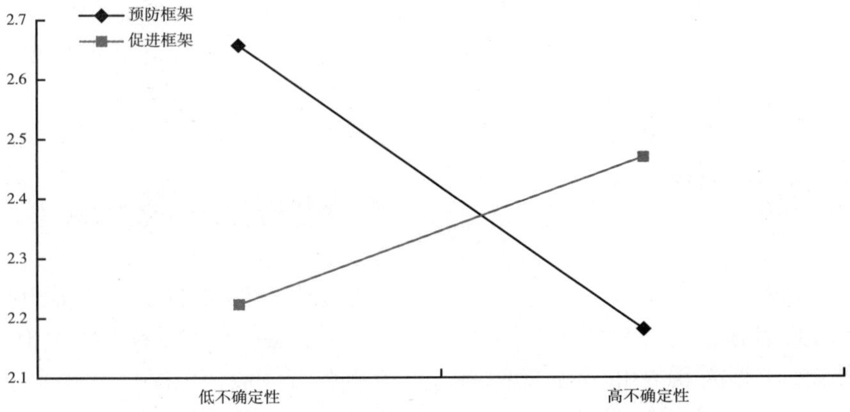

图 2　不同信息框架与不确定性下事实查验的事后信息误解

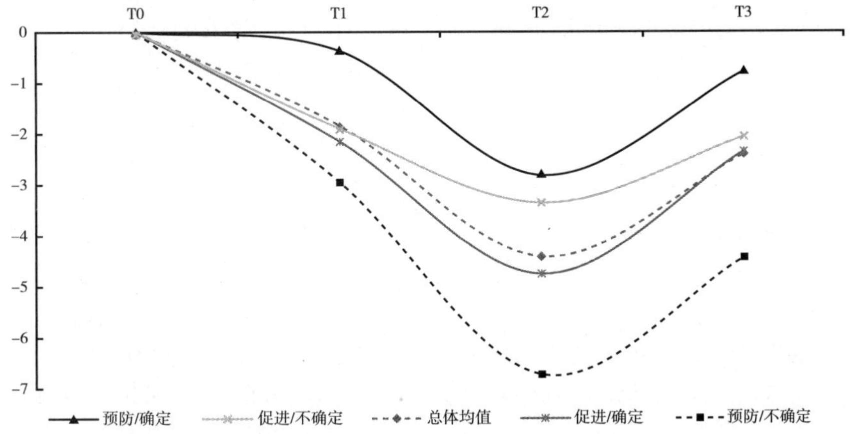

图 3　各时间阶段不同条件下被试平均心率变化及总体均值变化（bpm）

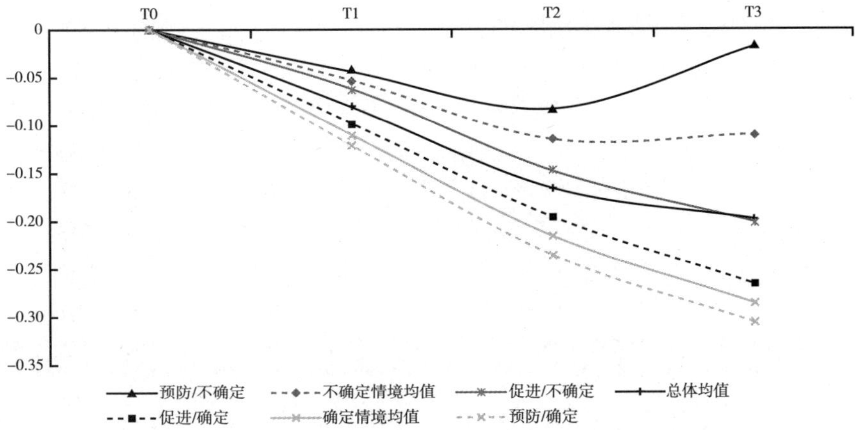

图 4　各时间阶段不同条件下被试的平均皮肤电导及总体变化均值（mS）

图3显示了三个时段下信息框架及不确定性影响被试心率变化的边际均值。在情绪指标中，下降不小于0.05毫西门子（mS）的非人为皮肤电导变化后，出现至少同样程度的上升，将被视为有效的皮肤电导反应，这种有效反应意味着被试情绪唤起程度的增加。上述结论证实了研究假设H3的大部分猜测。

结合情绪唤起程度在各个时间阶段的变化（见图4）可以发现，相较于接触事实查验的初期，被试在信息加工末期（ΔMean = .117，$p<.001$）的皮肤电导下降幅度有所减缓，表明随着时间和信息流的增加，被试的情绪进程亦呈现出波动。

五、结论与讨论

基于转基因议题的风险传播应当如何进行事实查验，并恰当地向公众传达出科学的不确定性？学理层面的探讨应当对这一关键性的传播实践领域给予充分关注，并给出具有参考价值的建议。上述结论对开展转基因食品议题的科学事实查验在理论和实践上具有多个层面的启发。从实验因素对传播效果的影响效力来看，信息框架与不确定性的共同作用对因变量的影响最强。

信息框架对转基因食品议题科学事实查验的说服效果亦有影响（$\eta_p^2=.004$，$p<.05$）。在控制变量中，本研究证实了转基因食品的利益立场、制度信任和不确定性规避对信息误解的影响。首先，利益立场对信息误解产生影响的效应最强（$\eta_p^2=.078$，$p<.01$）。其次，被试能否容忍不确定性，影响着他们被事实查验说服的效果（$\eta_p^2=.033$，$p<.05$），这一效应的强度在控制变量当中仅次于利益立场。再次，制度信任对信息误解具有微弱的正向预测作用（$\eta_p^2=.028$，$p<.1$）。最后，尽管对传播效果的影响较为微弱（$\eta_p^2=.026$，$p<.1$），但事前信息误解的预测力仍然需要风险传播的研究者和实践者引起重视。

由研究结论能够进一步探讨的理论范式竞争是风险感知研究中理性选择与情感过程的二元对立。在实践层面上，本研究结论的启示在于，当科学的不确定性逐渐被视为一种“制造边界”的修辞手段时，解决途径之一就是防止人们将不确定性视作科学家及媒体为政府保留决策边界而制造出的灰色地带，在公众中重新建立起对科学不确定性的适当尊重。

本研究的不足以及对未来研究的启示首先体现在结论的可推广性上。此外，基于生理心理学指标反映的信息加工过程差异及其实践启示亦具有推衍性上的局限。

作者：刘于思（浙江大学传媒与国际文化学院讲师）
亓　力（浙江大学传媒与国际文化学院本科生）
摘自：《新闻与传播研究》2017年第7期

我国马克思主义新闻理论体系建构的知识演进路径考察

长期以来，在我国存在两条脉络的马克思主义新闻学研究：一条是马克思主义经典作家们的新闻思想研究；另一条则是马克思主义新闻思想指导下的一般新闻理论体系建构研究（主要表现为围绕新闻核心概念和问题展开的学术讨论和新闻理论教科书建设）。到目前为止，马克思主义新闻思想的研究边界和内容框架已基本定型，一般新闻理论体系建构研究则一直没有形成一个专门的研究领域，或者说尚未被有意识地放置到“马克思主义新闻理论体系建构”的视野下进行充分的考察和研究，而是仅限于一些学者在“新闻有学无学”“新闻理论范式”议题下进行的小规模探讨。所以，我们有必要提出“马克思主义新闻理论体系建构”这个概念。该概念指称的是自延安整风开始在马克思主义指导下所逐渐进行的学术性的一般新闻理论体系的建构过程。它是现代性学术自觉的产物，以学科化、科学化追求为主要目标，是深深嵌入中国政治实践、社会实践和新闻实践中的知识生产过程。总起来看，我国“马克思主义新闻理论体系建构”的知识演进路径，走的是一条不同于西方“实在论”的新闻理论体系知识生产的道路，是一直沿着“建构论”的新闻理论体系知识生产道路前进的，并经历了马克思主义新闻理论范式的1.0、2.0、3.0版本的进化升级之路。下面本文分三个阶段来描述我国马克思主义新闻理论体系建构的知识演进的大致路径。

一、“科学”语境下延安整风时期的第一次马克思主义新闻理论体系建构

谈延安整风时期我国第一次马克思主义新闻理论体系的自觉的学术建构，必须要从五四时期的新闻理论体系建构说起，因为它们是同一个“科学”语境下的知识生产成果。

（一）“实在论”基础上的专业主义/自由主义新闻范式的建立

20世纪20年代左右（五四时期）是现代意义上的中国新闻观念的真正形成时期。这种专业主义新闻范式或自由主义新闻范式的形成，其主要思想来源取之于“西籍”和西方的新闻实践，同时因应着“五四”的两大社会思潮：科学精神和自由主义。然而，“以启蒙为目的的工具性的自由主义新闻观”注定“先天不足，后天失调”。在救亡图存、民族独立的历史优先性的选择下，历史遵循其特殊条件下的演进逻辑，最终在1942年开始了中国马克思主义新闻理论体系的第一次努力建构。

（二）“科学”语境中的简单“建构论”基础上的党报范式的初建

以往的很多研究，更多地看到了延安整风、《解放日报》改版和党的意识形态建设之间的关系，即政治力量的关系，却很少看到这背后的理论知识生产的科学语境以及科学逻辑。对此问题我们需要从以下三个方面来把握：首先，我们必须看到，马克思主义作为“科学”，经由“五四”“新启蒙运动”和延安“马克思主义中国化”的发展过程，经历了由实证科学（科学方法）到科学精神再到科学主义的知识生产过程，最终成为覆盖学术、政治及社会生活各个领域的一切学问的基础。这构成了“回到马克思”的知识演进动力和“党报范式”建构的“科学”语境。其次，我们必须对陆定一《我们对于新闻学的基本观点》这篇“解放前党报理论中最有学术色彩的文章”的科学（学术）自觉进行充分的挖掘和认知，对蕴含在这篇文献中的建构的新闻观进行深入的分析和阐释。正是该文直接奠定了“党报范式”的基础框架。最后，我们有必要区分作为理论建构的党报范式和作为新闻制度安排的党报范式。作为理论建构的党报范式，正如前面分析的，主要解决了“事实”与“报道”（主观与客观）并置的理论框架问题，并顺延出“把尊重事实和革命立场结合起来”的现实要求。做如此区分的目的是为了把知识生产的“科学（信用）维度”和“社会（功用）维度”厘定出来，把知识

演进路径和制度变迁路径厘定出来，从而有助于理论的反思和创新。

二、改革开放后第二次马克思主义新闻理论体系的建构

（一）“新闻规律”旗帜下的“立足中国土，回到马克思”

开始于延安整风时期的“党报理论”很长时间呈现为党的领导人关于新闻工作的讲话、党的文件关于新闻宣传的规定和要求，以及一些涉及党的新闻宣传工作的文章。改革开放后，面对百废待兴、拨乱反正、思想解放的局面，如何去除狭隘的政治化的影响，形成一套逻辑自洽的、严谨科学的、具有中国特色的理论体系？如何把马克思主义思想家们提出的党报观点在这套体系中安置于其应有的位置？甘惜分教授提出了“立足中国土，回到马克思”的主张——“立足中国土”就是立足中国的国情和中国的新闻实践，“回到马克思”就是回到马克思所说的尊重新闻的客观规律，新闻规律是第一性的，新闻政策和编辑方针是第二性的，应当是按新闻自身的规律制定新闻政策和编辑方针，而不是相反。

20 世纪 80 年代开始学界开展的一系列关于新闻基础理论问题的讨论，比如什么是新闻、新闻与信息、新闻与宣传、客观性原则、新闻真实等，无不是在双重话语资源的挖掘中获得突破的。首先是新技术革命思想的冲击和信息概念的引入。其次是对于新闻真实的讨论，对“本质真实”提法的质疑。再次是对客观性原则的认可。最后是确立了新闻记者（传者）和受众的双主体地位。总结前面的四个方面可以看出，改革开放后新闻理论建构的“回到马克思”，所廓清的“理论地平”就是“新闻规律”而非“宣传规律”，是对陆定一逻辑链环上的断裂作出的初步修复。这也成为这次“回到马克思”的重要理论创新——从“宣传本位”走向“新闻本位”，从“宣传模式”走向“专业模式”，其背后匹配的是中国市场化、大众化的新闻改革实践过程。

（二）“新闻事业”范式的建立与消解

登陆点的提供并不意味着“专业模式”和“宣传模式”兼容性的建立。一方面，两者的知识论基础不同。“专业模式”是一种建立在实在论基础上的新闻观，而“宣传模式”是一种建立在建构论基础上的新闻观；另一方面，二者的意识形态背景不同。这就是“新闻事业范式”的出现和“二元对应式”理论结构特征的形成。

所谓“新闻事业范式”，是中国第二代新闻理论家们是从 1990 年代开始，按照现代社会科学理论建构的要求，沿着甘惜分教授开辟的道路，吸收传播学、信息学、系统论、心理学等其他学科的成果，回应中国新闻改革的最新实践需求，自觉地进行的理论建构尝试。这个“新闻事业”范式，在概念体系上有一个很重要的特点，就是“二元对应式”的话语结构模式，也有人把这种话语结构模式称为“悖论”。知识的反思性正要求我们再次回到马克思——回到“交往实践观”的马克思，重新寻找新的“理论地平”和“理论衍射点”，以建构一种更具包容性和超越性的全球性的新闻理论体系。尽管研究者都对这种话语结构方式颇有微词，但从学术史的角度看，“二元对应式”话语所释放的解放意义还是应该被充分肯定的——正是通过这样一种独特的理论创新方式，“党报理论”体系才能跃进到“新闻事业”体系。当然，我们也必须看到，“新闻事业”本身就是一个颇具中国特色的概念，现在很多人更主张用“新闻业”来取代“新闻事业”的称谓。

同时，我们还必须看到，“新闻事业”范式毕竟是党报模式和专业模式互相简单嵌入的结果，是新闻与政治简单结合的思

维定势的体现。随着社会实践和新闻实践的进一步开展和发展，这种理论范式内部的矛盾和张力就极大地显现出来，其解放功能和解释效力也大大降低。张涛甫用“兼容问题”“价值问题”和“结构性贫困”三个关键词来指称当前我国新闻理论体系存在的问题。张涛甫所指出的这三个问题，在当前有关新闻专业理念的争论和有关职业新闻 VS 公共传播的争论中集中体现了出来。

三、“交往实践”视域下第三次马克思主义新闻理论体系的建构

实在论和建构论并不是相互排斥的。也就是说，知识的社会基础的回归与客观性观念一点也不矛盾，只有当它们被幼稚地理解时，才可能是相互排斥的。自 1990 年代以来，中西方的社会科学界正形成一种回到“交往实践观”的马克思的社会思潮。新闻传播学中的“回到马克思”是这个大的思潮中的一部分，并且有它自己所独有的问题语境，并在知识生产的过程中形成自己学科的独特的转向方式和路径。

（一）转向：从“科学”到“人文”，从“物质—意识”到“交往实践”

1. 从“科学”到“人文”——学科属性认知的转向

文章开头我们提到，在“立足中国土、回到马克思”的发展阶段，重心是把新闻学看作科学，具体的议题主要是“新闻规律”的表述和对学科建设的专业性和科学性的追求。在这个过程中，“行政学派”的传播学以其“科学主义”的面目战胜“批判学派”的传播学，最终被中国学界认同和引进。一时间，以传播学取代新闻学来强化科学性就成为一种强大的声音。这实际上是以“科学”的名义“离开马克思”（离开过“左”的政治化的新闻学研究）的一种趋向。总体上，这是一种理论知识生产的学科化、科学化要求和特定阶段的马克思主义新闻理论建构形态之间的张力关系造成的，有其历史必然性和合理性。

然而，传播学毕竟不同于新闻学。2001 年开始，一场关于新闻学与传播学区别的学术讨论拉开了帷幕。这场关于新闻学科属性的讨论，其实质是强调新闻学应建立在以“人”为目标的基础上，是与人的价值、意义密切相关的，并由此获致它的人文学科特性。同时，新闻学的这种人文学科特性，又决定了与之匹配的研究方法，应主要以人文主义方法（“人文—历史—哲学”的逻辑分析方法）为主。这种从“科学”到“人文”的转向，是一件意义非常重大的学术事件——它把向“实在论”偏移的新闻理论建构倾向扭转回建构论的轨道上来，为再一次的“重回马克思”起到了“廓清理论地平”的作用。

2. 从“物质—意识”到“交往实践”——“知识型”的转向

新闻理论要作为一门独立的话语知识体系获得自己的学科的独立性，其合法性知识来源有两个，一个是基于新闻实践的问题语境所产生的事实、概念、话语和规则；一个是与上位学科的知识型的同构和与上位学科的联动。这两者契合的中间点是具有逻辑勾连和抽象度的新闻理论的核心概念以及概念层级。

无论是党报范式还是新闻事业范式，其“知识型”都是经由苏联转译来的马克思的“物质—意识”反映论，并由此衍生出新闻报道的相关理论。而进入 21 世纪以来，随着哲学上对马克思的“交往实践观”研究的日益深入，加之新媒体实践的催生，我国传播学开始出现了“实践范式”的转向，新闻理论的“知识型”转向也开始了，新的马克思主义新闻理论范式也在孕育中。目前，在我国的传播哲学的研究中，已经形成了一种把马

克思交往实践观作为主导性的理论资源，来“帮助我们超越实证主义、传播学批判学派、文化帝国主义、妖魔化理论等视角”，建构“科学与价值并举的中国特色的马克思主义新型传播范式”的理论共识。相应地，伴随着哲学和传播学“知识型”的转向，新闻理论研究领域内一种学术共识也正在形成——即把马克思的“交往实践观”作为新的理论衍射点，重回马克思，提高新闻学研究的批判性、反思性，实现新闻理论的包容性和超越性——这实际上是对前一阶段“离开马克思”的一种反拨。很多学者提出了重建“交往实践”视域下马克思主义新闻理论体系的建议和设想。

（二）从新闻报道观到新闻生产观——新的理论范式的命名

党报范式和新闻事业范式，可以说是马克思主义新闻理论体系建构的1.0版本和2.0版本。这两个版本的共同特点：都是“主体—客体”二元关系论下的简单的、静态的建构论，都强调“新闻是新近发生事实的报道”，它是以新闻记者的业务活动为中心的，尽管有物质—意识的反映论来把新闻的个体行为和社会系统行为连接了起来，但并没有强调出新闻作为人类交往实践活动的生产性和再生产性特征，这是“报道”这个概念难以承载的内容。

所以，新闻生产观不同于传统的新闻报道观的地方，首先在于这是一个更大的框架，在这个框架内权力的观念被放置在优先思考的位置。其次，新闻生产观还是一个包含了宏观、中观和微观三个层次的理论框架。最后，新闻生产观也是一个能够涵纳新媒体实践的理论框架。总起来看，我国目前的新闻生产理论的研究还刚刚起步，既缺乏在马克思主义新闻理论体系建构的大框架下进行理论整合的自觉，也缺乏足够的研究积累来酝酿这方面的突破。一切尚有待时日，但一些新的思考已经在启动。限于篇幅，这里不做展开。我们需要在此基础上，对新闻的定义、新闻理论的核心概念、新闻理论的板块构成等问题，在新闻生产的框架下，进行不懈的理论建构的努力，从而建设出“交往实践”视域下马克思主义新闻理论体系的“新闻生产”范式。

四、结语

我国马克思主义新闻理论体系建构的历史过程的描述，绝不是书斋里的自我呓语，而是马克思主义中国化在新闻学科领域知识演进过程的真实表现。从延安整风时期“辩证唯物主义”语境下的第一次建构，到改革开放后“新闻规律”旗帜下的“立足中国土，回到马克思”的第二次建构，再到当前“交往实践观”视域下的“重回马克思”的第三次建构——这三次建构分别形成了马克思主义新闻理论体系的党报范式、新闻事业范式和正在形成中的新闻生产范式——这个知识演进的过程，同时也是中国新闻学术自觉和理论自觉形成的过程，是中国内涵的概念生成和思想创造体系建构的过程，是中国新闻学现代性生成的过程，是世界新闻理念汇流的过程。历史期待我们进一步树立理论自信，站在世界学术的前沿，完善马克思主义新闻理论体系的建设和发展。

作者：齐爱军（烟台大学人文学院副院长，教授，博士）
摘自：《新闻与传播研究》2017年第7期

以媒抗争：2009年南京老城南保护运动研究

一、引言

城市遗产保护运动常常是在特定的城市遗产遭到破坏的情况下被迫发起的，是对当下正如火如荼的城市开发运动的一种抵抗。之所以要以一种社会运动的形态来推动对城市遗产的保护，一方面当然是因为城市遗产在城市开发运动中受到大规模“建设性破坏”，但另一方面也与我国城市遗产保护体系存在的一系列体制、决策困境有关。问题出现时无法通过常规机制来解决，为了实现保护的目的，行动者必须动员起体制内外的资源，发动政府内的盟友、社会知名人士、大众媒体共同介入，以社会运动的形态实现常规政治无法快速有效处理的难题。南京老城南保护运动是近年来发生的一次持续时间较长、规模较大并取得相对成功的城市遗产保护运动，各方的努力最终促使原本大拆大建的旧城改造模式转向社区更新的旧城复兴模式，成为日渐兴起的“反增长政治”的一个典型案例。

在现有研究中，依托新闻报道文本展开分析是常见做法，着重讨论媒体如何呈现特定的社会运动事件。本文则试图将媒体与社会运动放在一个互动过程中来讨论，考察二者在事件的具体发展过程中如何相互作用。在实践中，二者的互动关系被具化为“作为新闻生产者的记者”与“作为消息来源的行动者”之间的互动，依据侧重点的不同，可以进行两类研究：一类是以记者和媒体为研究主体，看其在具体的新闻生产过程中如何将社会运动事件转换为新闻；另一类是以行动者为研究主体，探讨其如何接近和使用媒体，使其成为一种重要的政治资源。本文正是从后一种视角出发，希望了解行动者为了近用媒体，发展出了哪些媒体策略？这些媒体策略的效果如何？不同主体的媒体策略是否有所不同？造成这种差异的原因是什么？本文的研究资料来源于两部分：一是老城南事件发生期间报纸、杂志等传统媒体的新闻报道，以及少量对这一事件进行研究的学术论文。二是对老城南保护运动中的关键性人物的访谈，包括组织者、专家、撰写过相关报道的记者以及当地居民。此外，笔者曾经作为记者参与了老城南事件的报道，这段经历有助于研究者深入社会运动的过程和情境，了解相关行动者的角色和作为。

二、媒体近用与媒体策略

政府官员、上层人士和社会精英是最常出现在媒体中的消息来源。要想在大众媒体上发言就涉及一个“媒体近用权”（the right of access to the media）的问题，即政府与民众接近与使用媒体的权利。这一概念的提出正是由于媒体的集中化与商业化日趋加深，沦为权势阶层控制舆论的工具，使得不同意见的表达变得困难起来，由此倡议将“接近使用媒体权”作为新的言论自由权利。

在现实中，与政府、大公司或社会精英阶层相比，社会运动的媒体近用能力并不具备显著优势。而在成功近用到媒体的社会运动中，社会运动的议题、社会运动组织的资源和能力等是决定其能否引起媒体关注的重要因素。在这一过程中，根据媒体的属性和特征，发展出系统的、行之有效的媒体策略吸引媒体的报道十分重要。尽管社会运动属于非官方与边缘消息来源，但只要策划合适的媒体策略仍有机会可以影响媒体的新闻报道。事实上，由于往往有不同的消息来源在竞争着媒体的论述机会，即使是那些具有权力的消息来源也不能仅仅依靠既有的权力和资源优势，还需要有成功的策略行动，才能获得媒体关注及报道。这些研究都指出恰当的媒体策略的重要性。

本文赞同互动观念的引入，将本案例中社会运动和大众媒体之间看作一种“对话”模式（dialogical model），即一种随着时间发展的互动性、反思性关系。记者和行动者都是具有知识能力的策略行动者，在互动中寻求了解和使用对方的话语。长期以来，我国城市遗产保护的决策模式是一种由社会精英主导的“内参模式”，一些行业内的知识精英通过政策建议试图影响公共政策的改变，城市遗产保护方面的民间组织成立较晚，力量也比较微弱，公众对这一领域保护活动的认知和参与程度均不高，参与的渠道也很少。这一现实决定了城市遗产保护运动的主要行动者是一些相关学科领域内的知识分子，以及与被保护区域有密切关联的“在地型个人”。老城南保护运动也不例外，行动者实际包括了两个群体，一个是被拆迁地区的原住民为主的草根群体，一个是以29位参与公开呼吁的南京本地学者为主的知识精英。如果仅是草根群体的抗争，老城南保护很难吸引到如此众多的媒体关注。知识精英并不是老城南拆迁的直接当事人，但却相当程度地卷入了事件中，成为一个更为突出的行动主体，他们对事件的认知更深地影响到了媒体的报道框架。此次运动就为我们考察不同行动者之间媒体近用能力的差异提供了一个合适的案例。

三、作为文化精英的知识分子

早在2009年1月，老城南危改计划就通过《南京日报》《江南时报》等当地媒体公之于众，但这一期间原住民发起的抗争行动并未在媒体上有所体现，直到2009年4月，29位南京当地专家学者“联名上书”成为整个事件的转折点。这封由建筑学家、文物学家、历史学家等组成的专家团体共同签名的《南京历史文化名城保护告急书》被送至国务院、住建部、国家文物局、江苏省委以及南京市委，类似古时“公车上书”的政治参与形式本身就具有很强的新闻价值。2009年5月，《瞭望》新闻周刊的报道使这起事件一举进入全国媒体的视野，激发了后续的报道和评论。该告急书不但引起了国务院的重视，也使得国家组成联合调查组前往南京调查，直接叫停了南捕厅拆迁改造工程。在这一过程中，由于29位专家的社会影响力，大众媒体也就此进行了大规模的报道。从2009年6月开始，关于老城南拆迁的负面性评价迅速增加，矛头主要指向南京市政府对于该街区的毁灭性改造。不仅南京本地媒体、外地媒体，乃至中国香港、新加坡等地的媒体也对此进行了相应的报道，为知识分子和原住民的保护运动提供了有力的舆论支撑。在这一过程中，专家学者们与媒体的良好互动体现出他们高超的媒介近用能力和媒体策略。

第一种形式是知识分子凭借其文化资本直接在媒体上发言。参与签名的29人多数是具有特定学科专长的专家学者，他们参与媒体发言的形式也因此具有了自身独有的特点。常见的方式有两种：一类是知识分子经常作为专家消息来源出现在媒体的报道中，以其专业知识提供观点。还有一类则是知识分子在媒体上发表评论，更系统地阐述个人观点。

第二种形式是知识分子采取具体的行动“制造”新闻事件吸引媒体的报道。作为一个拆迁议题，发生在南京老城南地区的这起事件最大的新闻点在于，29位当地专家学者联名写信给中央和省市有关部门，并得到了时任国务院总理温家宝的批示，但中央领导人的批示未能阻止地方政府的危改计划，拆迁仍在当地有条不紊地进行。

应该说，作为一方行动主体的知识分子们十分谙熟于媒体报道的规律，在本地媒体和外地媒体、报道和评论之间娴熟地调配资源。早在保护运动开始之初，媒体就被视为一个重要的盟友。

在中国报道抗争事件时，媒体既有其自身选择新闻的标准，又要受到宣传控制体系的束缚。与个人抗争事件相比，参与人数更多、波及范围更广的集体抗争更容易引起他们的报道兴趣；对于集体的抗争行动，媒体更倾向于选择那些具有去政治化属性或策略的抗争行动，以降低报道的政治风险；同时，媒体还可能具有一定的阶级意识形态偏向，更加青睐社会精英群体参与的抗争事件；并且，媒体总是倾向于报道那些能够嵌入其日常报道结构，能够满足其日常信息需要的抗争行动。老城南保护运动则满足了上述所有条件。行动者在争取媒体报道时，不仅要提供具有新闻价值的材料，还要认识到媒体本身的新闻操作规则因为审查而受到局限。在这种背景下形成的媒体策略意味着行动者不仅要了解新闻业所处的结构性约束，还要在此基础上抓取突破的机会。南京本地媒体对老城南拆迁有着主动且持续的关注，像《江南时报》在各个时间节点都有或长或短的报道出来。即使是2009年6月3日举行的政府官员与签名专家的座谈会上，媒体虽然被排除在会场之外，但始终留在当地等待采访机会。即使有不予报道的通知，记者也通过迂回或拖延的方式将会议的内容披露出来。可以说，此次保护运动的组织与动员离不开媒体的协助，这也正是行动者理解媒体报道所受束缚的基础。当本地媒体无法发声时，就广泛寻找和利用外地媒体的资源前来报道，通过外部压力倒逼地方政府使议题在本地媒体上脱敏。

四、作为草根阶层的原住民

南京老城南的原住民是此次保护运动中的又一个行动主体，正如一些对老城南居民生活状况的调查所显示的那样，他们基本属于城市底层民众，是一个不折不扣的弱势群体，他们针对拆迁而发起的抗争也被称为草根抗争。相对于专家学者们“主动”地利用媒体表达自己对南京老城南的观点和看法，原住民们则“被动”很多。

老城南住户的抗争方式是多元的。只要是法律没有明令禁止的策略，他们都会尝试运用，大致可以分成以下三类抗争形式：

第一种是个体化抗争，采取极端手段维权。当大规模的拆迁开始时，南捕厅街区居民并没有形成联合化的行动，多是个体以相对极端的方式进行抗争。而这样的行为往往收效甚微，并没有得到相应的重视与关注，也因其过于极端很难获得媒体的报道。

第二种是建立日常防御机制。伴随着南捕厅历史街区拆迁工程的不断推进以及相关野蛮拆迁、暴力拆迁事件的影响，居民开始出于自身安全的考虑自发联合起来，形成了保护自己的社区共同体。

第三种是发起大规模的政府信访与行政诉讼。在抗争领袖的带领下，原住民开始了有组织、有计划、有规模的集体化行为。

这些抗争行为很多并未在新闻报道中体现，存在两种可能性：一是媒体对此不予关注，二是媒体获知了这些抗争信息，但并未在报道中体现。媒体如何处理这种抗争信息与抗争形式本身是否逾越了界限有关。查尔斯·蒂利（Charles Tilly）和西德尼·塔罗（Sidney Tarrow）把抗争分为有节制的抗争和逾越界限的抗争。有节制的抗争是在“政权所规定或容许提出要求的形式中”进行的，而逾越界限的抗争是指“那种越过了制度性的界限而进入到被禁止的或未知地带的抗争”。事实上，大多数抗争事件在开始时都是作为有节制的抗争事件出现的，只不过到了最后才演化成更大范围的逾越界限的抗争。在一般情况下，受制于宣传体制的约束，中国媒体能报道出来的抗争多为有节制的抗争，但只有那些具有新奇性的“表演式抗争”才有可能进入媒体的视野。“自焚”之类的极端化抗争方式之所以难以被媒体报道，与其逾越了界限有关，而组建联防队、集体立血誓等组织化的抗争方式同样不在官方认可的界限之内。

反倒是一些司空见惯的抗争方式如果赋予其新意也有可能被媒体关注。与其他抗争类似，我们在老城南原住民的草根抗争中也看到了“依法抗争”或“以法抗争”的表现。当地居民经常拿出强有力的国家法律条文及政策对地方政府的不当行为提出质疑，比如，在老城南居民中广泛传阅的《普通公民或被拆迁户应知法条（择选）》《中华人民共和国〈刑法〉2005年2月28日起施行（择选）》都是原住民为了抵抗开发商的强拆和地方政府滥用职权的行为，从法律条文中摘选的对本方有利的条款。另外，他们也有将上级领导的讲话内容当成“法律”的情况。

应该说，原住民们缺乏与媒体打交道的经验，虽然意识到了媒体的重要性，但未能设计出适合媒体报道的抗争剧目。在接受过各路记者的采访后，这些抗争积极分子也会有意识积累这些媒体资源。在适当的时候寻求记者的帮助。从老城南的具体情况来看，虽然媒体铺天盖地的报道多是从历史文化保护等视角切入的，对老城南原住民生活现状及抗争行为的报道较少，但是他们仍然间接地帮助老城南居民传达了声音，向地方政府施压，并使得最后的几个街区得以幸存。原住民与媒体形成的是一种不平等的共生关系（unequal symbiosis），他们进入媒体视野主要是“被动”地依赖记者的主动挖掘，原住民虽然试图主动向媒体提供线索或报料，但因不理解媒体的运作规律而收效甚微，所以在原住民和媒体之间无法形成一种较为平等的互动策略。

五、讨论与结语

本文把南京老城南保护运动中行动者主要借助媒体来进行社会抗争的现象称为“以媒抗争”，用以描述当前中国社会抗争中行动主体能动地以媒体作为重要抗争资源和武器的传播现象。媒体在社会抗争中的重要作用已经得到很多研究的证实，而本文提出这一概念主要基于两点：其一，“以媒抗争”是把传统媒体作为主要抗争工具的抗争类型，从本质上说，它属于一种温和的、体制内的抗争手段；其二，“以媒抗争”强调的是行动者在动员媒体的过程中发挥主导作用，比如联系媒体和记者关注抗争行动、制造议题吸引媒体报道、为媒体报道设置议程等。就本案例而言，行动者虽然并没有完全放弃其他形式的抗争，如来信来访、起诉以及各类底层抗争，但效果却远不如通过媒体报道制造舆论压力来得快速和直接。本案例从一开始就由行动者来主导着事件的传播过程，包括邀请哪些媒体来报道、何时报道、采访哪些消息来源以及如何报道等关键环节。当然，在这一过程中，作为文化精英的知识分子和作为草根阶层的原住民两个群体表现出的能动性存在很大差异。对知识分子来说，媒体资源、政治资源和文化资源等都是他们能够动员起来的抗争资源。原住民则受制于自身的社会经济地位，除了他们自身的身体外，媒体是唯一有可能被他们利用的工具。与知识分子相比，原住民的能动性是相当有限的。他们主动联系媒体却以失败告终，唯一能做的就是为来采访的记者提供各种便利，比如报道线索、人物故事、向导乃至人身保护。

事实上，在具体的抗争事件中，很少

能看到运用单一资源的行动，大多都是广泛地动员各种抗争资源。需要指出的是，“以媒抗争”首先强调的是媒体在抗争行动过程中的核心或主要位置，但并不是说其他形式的抗争就无关紧要，正如本案例所显示的，行动者的告急书被媒体披露是事件得以成为公共事件的关键一步，为媒体报道提供了具有极强新闻价值的报道线索。此外，“以媒抗争”虽然关注的是行动者在近用媒体过程中的能动性和主体性，但是并不能将媒体工具化，以为发展出特定的媒体策略便可以利用好媒体，媒体的定位、偏好、常规等也会反过来限制行动者近用媒体的能力和方式。因此，尽管媒体介入社会抗争事件很多，但大多数案例并不符合本文所指的“以媒抗争”。在老城南保护运动案例基础上提炼的这一分析概念需要满足特定的条件，有其应用的局限性。

首先，这起能够引起全国关注的社会运动事件背后是数量更多不为人知的其他类型的集体抗争。相对于渐渐脱敏的城市区域的环保类抗争，失地农民、拆迁居民、维权工人的抗争更加频繁，但他们的诉求难以得到媒体报道。比较而言，本文概括的这种互动模式适用于一些政治宽松的领域，比如城市遗产保护运动、环境保护运动等。在城市遗产保护运动中，知识精英可以动员的资源不限于媒体，他们可使用的手段还包括民告官、内参、上书和提案。这些行动又能够为媒体提供信息补贴（information subsidies），成为新的报道焦点。

其次，从抗争主体的构成来看，这一互动模式更能够解释其抗争主体拥有社会资本与媒体资源的都市抗争。本案例作为一起城市遗产保护事件，其抗争主体实际是一群具有社会声望的专业知识分子，他们所具有的社会资本为这一事件赋予了强烈的新闻价值，更易引起媒体关注。相较于底层农民或农民工，知识分子们可以动员的社会资源较为充分，与媒体互动的渠道也较多，沟通也更容易。原住民在媒体报道中大多以“被侮辱与被损害”的弱者身份出现，而作为抗争者的主体性却被忽视了。

再次，从抗争事件的发生地来看，南京是一个媒体市场较为发达的地方。区域内既有江苏省属媒体，也有南京市属媒体，还有不少中央媒体驻南京的分支机构，当事件变得严重时，还引来大量外地媒体的关注。媒体不仅数量众多，行政导向的媒体和市场导向的媒体在报道旨趣上也有很大不同。政府对媒体的属地化管理以及媒体的蜂窝状结构提高了行动者近用媒体的可能性，使得一个较为发达的地方媒介市场已经成为都市抗争中的重要政治资源。

最后，还要注意到媒体性质上的区别。本文案例中选取的主要分析对象是市场化媒体，除了少数专业主义倾向的媒体外，多数媒体在报道中会看重报道对象具有的市场价值。本文提出的“以媒抗争”更适用于解释媒体卷入程度较深的抗争事件，即在抗争发生之初媒体就已介入报道，全程参与了事件的发起、高潮和落幕。

总之，抗争议题、抗争主题、媒体市场和媒体性质等因素构成了老城南保护运动“以媒抗争”得以成功的关键要素。与此同时，这些特定条件也可以视作评判事件是否属于“以媒抗争”的标准之一。老城南保护运动仍是一个主要基于传统媒体平台展开的案例，随着新媒体在社会抗争中的作用日益凸显，“以媒抗争”是否还将存在、如何演化是未来可继续追问的话题。

作者：白红义（上海社会科学院新闻研究所副研究员）
摘自：《国际新闻界》2017 年第 11 期

·观点摘编·

网络恶搞配音的亚文化风格的建构与消解

——基于“胥渡吧”的考察

程河清、张晓锋在《当代青年研究》2017年第1期撰文指出，亚文化风格的形成不仅是亚文化群体内部的产物，也深受各种因素的制约。援引伯明翰学派所提出的“亚文化风格”这一理论，以网络恶搞配音团队“胥渡吧”为对象的研究发现，创作者使用拼贴的手法来呈现娱乐、抵制以及颠覆的亚文化风格。然而，在与大众传媒的互动之中，亚文化风格在不断消解。风格的形成是外部关系和亚文化群体的自身取向合力的结果。这种合力不会在风格形成之后销声匿迹，而是作为一种限定性的构成要素，在未来走向中持续发挥作用，反映出中国语境之下亚文化风格的建构与消解历程。

我国新闻传播诽谤诉讼的历史演进

——基于证明责任分配角度的研究

罗斌、宋素红在《新闻与传播研究》2017年第1期撰文指出，“规范说”指导下的证明责任分配规则是新闻传播诽谤诉讼中传播者作为被告胜诉的最重要的“技术”保障，它确定构成侵权责任四要件的基本事实都需由原告证明而非由法官推定，从而使胜诉的天平向新闻传播者倾斜。自20世纪80年代至今，我国民事诉讼证明责任分配经历了不存在、法官自由裁量、法定三个阶段，新闻传播诽谤诉讼也随之表现出明显的阶段性特征，而侵权责任构成要件的证明责任从倒置给新闻传播者转变为由原告承担，新闻传播者的高败诉率由此发生逆转。

未来传媒生态：消失的边界与重构的版图

彭兰在《现代传播（中国传媒大学学报）》2017年第1期撰文指出，今天，移动互联网、物联网、大数据、人工智能、VR/AR等技术，正在推动新一轮传媒业生态的重构。其中，用户平台、新闻生产系统、新闻分发平台及信息终端是生态变化的几个关键维度。在用户平台方面，与人相关的各种智能物体，以及与人相关的环境，都成为描述与理解用户的重要维度，未来的用户平台将是人的社交平台、与人相关的物体平台以及与人相关的环境系统这三个系统互动形成的大平台。在新闻生产系统方面，机器、数据、“云”将成为未来新的关键词，而这样的时代也意味着专业媒体与媒体人的价值重塑。在新闻分发平台方面，多种基于新的传播机制的分发平台已对专业媒体渠道产生冲击，并形成新的格局，传播秩序的重建在未来也会成为一个重要的挑战。在信息终端方面，可穿戴设备、智能家居、智能汽车将为未来人们的信息消费带来全新的模式。所有这些也意味着传媒业原有边界的进一步消解，一个极大扩张的传媒业新版图将在新的角逐中形成。但在这样重构的生态中，专业价值与能力仍然需要坚守。

传播学底层研究的范式更迭与当代探索

沙垚在《江淮论坛》2017年第1期撰

文指出，底层是20世纪以来无法绕开的主题，但是20世纪末以来，底层作为问题重新进入国人视野。如何解决底层的问题？传播学参与其中，先后经历了“关注底层”范式和“底层发声”范式，前者通过大众媒介号召社会各界关注底层，并致力于底层的发展与现代化；后者通过媒介赋权，让底层发出自己的声音，表达主体性诉求。作者提出“我们范式”，即知识分子与底层群体，或者更为本质的说，脑力劳动者与体力劳动者在新时期重新建立一种联结，联结即传播。

社交媒体、政治选举和性别问题：2016年海外新闻学研究趋势

王晓芃在《全球传媒学刊》2017年第1期撰文指出，国际学术期刊发表的新闻学研究论文反映了国内外学者热衷研究和讨论的新闻学议题。新闻记者与社交媒体、新闻与政治选举以及新闻与女性这三个议题在过去一年格外引人注目；而问卷调查和深度访问是比较突出的研究方法，能有效追踪网络和社交媒体对新闻工作者的影响，发现新闻记者和新闻实践的变化。近来的新闻研究聚焦于社交媒体语境下的新闻实践的特定层面、新闻受众和新闻编辑室的管理。2016年美国总统大选则使有关新闻效果、记者角色和政治活动中的社交媒体的研究特别有相关性。议程设置依旧是一个核心的理论工具。当美国第一夫人尝试在大选中打破政治天花板时，一些传播学者也开始关注不同媒体市场中女记者们的工作岗位、职业满意度和现状。

Logistic模型曲线的中国广告产业发展阶段判断及预测

姚曦、李春玲在《华侨大学学报（哲学社会科学版）》2017年第1期撰文指出，广告产业发展阶段的研究对提高我国广告产业政策制定的科学性和增强广告产业发展战略前瞻性具有重要意义。利用Logistic回归模型可以推算出我国广告产业正处于成长后期，并且很快会进入成熟期。现阶段我国广告产业竞争格局有所变化，资本与技术成为推动产业发展的主导力量。今后一段时期制度完善、要素禀赋提升和人力资源平台打造将是广告产业的建设重点。

内地网民情绪记忆中的香港澳门回归

钟智锦、林淑金、温仪、廖雯在《新闻与传播研究》2017年第1期撰文指出，近几年内地网民在微博上有诸多关于香港、澳门话题的讨论，这些讨论蕴含着集体情绪记忆。整体看内地网民在讨论港澳议题时，流露出的自豪感要高于负面情绪。网民对港澳的情绪在具体议题上呈现出一定差异，对香港在自豪感上的得分在“回归”这一话题中显著高于对澳门的得分，在“一国两制”政策、港澳与内地关系、港澳与中央政府、港澳殖民地历史等几个主题中，对香港在自豪感上的得分低于对澳门的得分，正情绪总量的分值也低于澳门。在大多数情况下，在网民的讨论中，对香港在负情绪总量、愤怒、焦虑、悲伤等负情绪上的得分都显著高于对澳门的得分。在国家领土完整、主权独立等议题中，香港和澳门已经成为一个统一的符号。值得关注的是，关于澳门话题的正情绪能显著降低香港话题的负情绪，激发香港话题的正情绪，而港澳舆论场的负情绪则具有极强的传染力。加强正情绪，消解负情绪，是今后网络舆论引导的重要方面。

欧盟治理种族歧视或仇恨言论立法之现状、动因及不足探析

白贵、邸敬存在《新闻大学》2017年第2期撰文指出，欧盟及其主要成员国均立法将传播种族歧视或仇恨言论界定为犯罪，其立法精神是与国际共识相一致的；而国家族群构成多元化以及种族主义问题凸显，则是相关立法的社会动因；同时，根据变化了的社会族群结构调整相关立法，也是世界各国大势所趋。基于欧洲自身传统，欧盟及其主要成员国均未将“亵渎宗教”纳入种族歧视或仇恨言论治理范畴，在穆斯林群体成为欧洲最大的少数族群的当下，其无法妥善处理因“亵渎”伊斯兰教“先知”而引发的社会冲突；能否尊重伊斯兰教特性，将“亵渎”伊斯兰教“先知”事件纳入族群治理范畴，是欧洲不得不面临的问题，也考验着欧洲各国精英以及民众的智慧。

概念作为话语：国际传播中的引进与输出

郭镇之、杨颖在《新闻大学》2017年第2期撰文指出，话语无处不在。概念也是话语——以理论抽象方式表达思想的话语。概念作为话语，可以是引进的，也可以是自创的。文中集中探讨了概念引进和输出中的话语问题，认为：在对外传播中，引进概念需要理解既定的涵义，在此基础上，进行话语的创新和意义的改造；概念输出，需要解决谁来创造概念和怎样传播概念等一系列问题；新创概念本身需要有竞争性，需要有相对于其他选择的优胜性，也要有实践的可行性，才能在全球概念竞争及话语斗争的场域争取主动权。

元框架：话语实践中的修辞发明与争议宣认

刘涛在《新闻大学》2017年第2期撰文指出，框架是人为构造的并加以组织化而形成的一套理解事物的、相对稳定的心理结构。框架运作的底层语言涉及逻辑学意义上的范畴论问题。范畴是一种基础性的框架语言，铺设了一切释义行为发生的元框架（metaframe），本质上指向框架运行的底层释义系统。框架生产对应的是一个深刻的修辞发明（rhetorical invention）命题，其目的就是在修辞学意义上进行争议宣认，即通过对争议点的发明与构造而赋予争议本身既定的认知框架。在话语实践中，定义框架、知识框架、情感框架和价值框架构成了四种普遍存在的元框架形态。然而，话语实践中的争议宣认方式往往因为修辞情景的变化而呈现出一种演变和流动状态，而这引申出“浮动的框架”（floating frame）这一崭新的理论命题。

中国传统媒体与新兴媒体产业融合发展研究

严三九在《新闻大学》2017年第2期撰文指出，加快推进传统媒体与新兴媒体产业融合发展是中国传媒产业发展的内在要求。项目调查组在数据分析与访谈的基础上，对传媒产业融合发展存在的问题，如产业思维、战略格局、评价指标、盈利模式等方面的问题进行了概括和分析。进而从内容生产能力提升、数据驱动、产权结构多元等角度分析了驱动传媒产业融合发展的要素；并从提升产业运营思维、基于内容优势的IP化运营、面向细分垂直方向深挖空间、创新资本运营方式、推动传媒体制深化改革等方面对传媒产业融合发展路径进行了探讨。

文化集体记忆载体与变迁：自一个节庆分析

赵将、翟光勇在《重庆社会科学》2017年第2期撰文指出，集体记忆是凝聚民族共识和增强民族认同的重要因素。凉山彝族火把节的记忆经历了口头传统、书面传统、影视记录等记忆载体的变迁。大众媒介通过重大事件的集中报道，在塑造、唤醒和保存彝族火把节集体记忆时处于核心地位。在新的历史时期，如何解决新媒体传播带来的“数字化遗忘”和“碎片化”记忆，解决族群流散中的集体记忆危机，增强和重构彝族民族集体记忆，是人们需要面对和思考的课题。

个性化推荐还是共性化推送？

——论聚合类新闻客户端的现状与发展方向

陈勇在《中国出版》2017年第3期撰文指出，聚合类新闻客户端目前有个性化推荐和共性化推送两种新闻推荐模式。由于个性化推荐类新闻客户端能更好地满足用户对信息的差异化需求，其市场占有率远超共性化推送类。但我国个性化推荐类新闻客户端推荐的新闻深度不够、过于庞杂且更新频繁，导致碎片化阅读和“信息茧房”现象严重，可通过共性化推送来加以改进。个性化推荐和共性化推送相结合的混合推荐模式应当成为未来新闻客户端的主要发展方向。

中国古代官报入史考

魏海岩、宋妍、刘诗萌在《新闻与传播研究》2017年第3期撰文指出，中国本土官报萌芽于唐，成熟于宋，完善于明清。因其情报性、发行范围有限性、与中央政府管制的脱离性等特征，唐、五代的进奏院状报还很难被纳为官修史书或私修史书的史料。到了宋朝，由于邸报已演变成中央政府严密控制下的信息传播工具，加之其发行范围扩大，因此，邸报成为官、私修史活动的重要史料。此种风气被明清史学者继承并发扬光大，并对邸报作为史料的优缺点进行综合评价。由于官报这一史料的运用已有近千年的历史，因此，到了清末，邸报被更为先进的近代报刊所取代的时候，中国史家很快就接受了这一转变。

技术创新与专业坚守：新闻传播教育何去何从？

陈昌凤在《全球传媒学刊》2017年第4期撰文指出，从新闻实践中演进而来的新闻专业性既包括具有标识性的独特性、业务知识和技能，也包括机制、伦理观念等不同层面的内涵。新闻传播学界需要不断更新理念和技能，加强与科技领域的融合，才能与飞速发展的业界展开对话。新技术潮流中新闻教育要培养学生以下几方面的专长：基本的人文与科学素养、专业责任与担当、专业技术能力、产业知识与商业智慧（了解业态、用户）。数据教育可以成为当今新闻传播教育的一个抓手，培育和提升学生专业技术能力、产业知识与商业智慧。

从“和平宣传”到孙逸仙“伦敦被难”：兴中会与清廷使节的舆论斗争（1896—1898）

陈英程在《新闻与传播研究》2017年第4期撰文指出，1896年夏，孙中山组建旧金山兴中会（Hing Chung Woey），通过“和平宣传”发起“教育运动”。随着英美报纸的介入，兴中会的宣传变成一场媒介化的抗争表演。在黄色新闻语境下，兴中会公开倡议立宪、“招人入党”、“威胁”李鸿章而成为后者访美的“麻烦制造者”，清廷使节则通过对外“辟谣”、对内恐吓拘押等舆论控制手段应对危机。这场舆论斗争是孙中山伦敦被难的一个鲜为人知的伏因，从中亦可窥见晚清王朝的危机传播形态和当时海外华侨爱国运动的舆论趋势。因此，从更广阔的媒介场域重新检讨孙中山和兴中会在美国的抗争运动，或有助于进一步认识和理解孙中山早期的革命宣传及近代海外华侨华人的民族主义意识和实践。

探求转型之路：国际传媒集团的变革与回归

韩晓宁、王军在《现代传播（中国传媒大学学报）》2017 年第 4 期撰文指出，传统业务结构重组和探索新兴数字化业务是传媒集团转型变革的主要举措；但能保证其业绩稳定的支柱性业务仍在电视网和影视内容生产领域，集团业务结构和投资重心向影视领域回归。各传媒集团传统出版业务明显下滑，电子图书业务增长迅速；电视网业务是各集团的主要收入和利润来源，收视费增长高于广告增长；其他新兴数字化业务仍处于投入阶段，实际收效并不明显。

后真相与政治的未来

胡泳在《新闻与传播研究》2017 年第 4 期撰文指出，牛津词典把“后真相”（post-truth）评选为 2016 年度词汇，用来描画“客观事实在形成舆论方面影响较小，而诉诸情感和个人信仰会产生更大影响”的情形。造成后真相时代来临的原因众多，如技术与媒体的演进、经济与社会的不确定性以及后现代主义和相对主义的全面兴起，但事实的土崩瓦解是最大的原因。事实的坍塌带来一系列后果：真相和客观性的终结、阴谋论的盛行、政治辩论乃至民主的危机。为此，我们需要重建一种基于事实的政治，以发挥“反思和选择”的力量，而摒弃“机遇和暴力”的恶性循环。

媒体发展态势与新闻传播教育改革

李喜根在《全球传媒学刊》2017 年第 4 期撰文指出，媒体发展态势分析显示，媒体发展是传承与创新结合的过程。有关新媒体采用影响因素的研究揭示，技术因素的影响作用减弱，逐渐让位于非技术因素。无论是新闻传播教育改革的总体规划，还是基于媒体发展的新的学科与课程计划，都需要平衡人才培养的长短期目标。短期目标是，让毕业生能与新闻传播行业共进，既有相关的基本技能，能从事信息传播的最前沿工作，又有把握社会、把握全局的眼光与能力。长期目标是，培养学生开展高效信息传播的长效技能。相关专业技能的培养要有对长期效能的考量，既帮助学生学习与掌握能一辈子受用的专业技能，如高标准的基本信息传播手段与能力，又注重人文与科学素养的培养，使新闻传播专业的毕业生不仅会运用多种手段采编新闻，通过各种渠道发布信息，还具有国际视野和人文关怀，对不同领域的问题有深刻的解读与评析能力。虽然今天新闻传播学院对应的行业模糊，但是培养的毕业生的信息传播能力并不含糊，毕业生可以为各行各业所用。

舆论监督：概念辨析与重新认识

李延枫在《新闻与传播研究》2017 年第 4 期撰文指出，舆论监督是由“舆论”与“监督”两个词组成的复合词。“舆论”与“监督”的含义在学界已达成基本共识，但二者结合成为具有新内涵的专有术语目前还没有公认的定义。舆论监督是我国特有的概念，其他国家并没有准确的对应概念。关于舆论监督的起源，程金福和丁和根均认为“舆论监督”一词是由中国共产党提出的“批评与自我批评”和“群众监督”理念经话语模式转换而成。赵双阁认为，大众传媒实践和权力制约理论的结合，带来了现代意义上的舆论监督。程金福和宋友谊认为，“舆论监督”作为一个概念在我国的出现，可追溯至1950年8月30日《人民日报》刊登的文章《报纸上的批评与自我批评》：“必要时并组织读者集体力量，实行群众舆论监督，以达到批评的目的。”1987年，中国共产党的最高文件——党的全国代表大会报告首次出现“舆论监督”一词。自舆论监督在政策上得以确立后，关于舆论监督的学术研究也日渐兴盛。

网络社会治理中的政府舆情管理

孙瑞祥、张传香在《天津师范大学学报（社会科学报）》2017年第4期撰文指出，网络社会治理是社会综合治理的重要组成部分，政府舆情管理则是网络社会治理的重要内容与核心工作。京津冀地区政府新媒体舆情管理的经验表明，政府在网络舆情管理中，主要通过日常舆论引导与紧急舆情应对相结合、舆情处置标准化与实战化相结合、充分发挥网评员作用、加强领导干部网络素养的建设来实现。在现代网络社会治理中，如何组织社会，并以何种方式、理念和媒介态度介入处于危机传播中的舆情，成为有效掌控危机传播中舆情应对的关键。

新浪社会新闻传播中的“情绪偏好”效应与特征研究

——基于新浪社会新闻的网络挖掘与实证分析

徐翔在《国际新闻界》2017年第4期撰文指出，基于对新浪网“社会新闻”版块2012年6月到2016年4月的58386条新闻及其网民情绪反馈的抓取采样和结构化处理，通过实证和定量手段，检验、考察了网络媒介中的“情绪偏好”及其作用特征。在所考察的新浪网社会新闻样本中，存在着显著的“愤怒”偏好，其效应与特征主要有：愤怒情绪具有比其他情绪更多的数量和更高的比重；愤怒情绪居于主导情绪时，各情绪的分布具有朝向愤怒的更显著的集中性和偏倚性；新闻的情绪强度与愤怒情绪之间，存在着较之其他情绪更紧密的正相关性。媒介的“情绪偏好”有助于深化挖掘思考“沉默的螺旋”中螺旋形成的偏好性、“情绪设置”的效果和模式、情绪传播的机制和策略等理论与实践问题。

当前我国马克思主义新闻观的核心观念及其基本关系

杨保军在《新闻大学》2017年第4期撰文指出，马克思主义新闻观就是站在马克思主义立场上，用马克思主义观点、方法形成的关于新闻的看法，马克思主义新闻认识论、新闻价值论、新闻方法论的统一观念，从根本上反映了马克思主义对于“新闻（广义）的本质是什么、应该是什么、应该如何做新闻”的系统看法。当前中国马克思主义新闻观的核心观念主要是：党性原则观念，人民中心观念，新闻规律观念和正确舆论观念。“党性原则观念”是马克思主义新闻观的第一观念，是总体性、统领性的观念；“人民中心观念”是新闻价值目标观念，居于核心地位；“新闻规律观念”是根基性的观念，是新闻宣传、新闻舆论坚守历史唯物主义或实事求是根本原理的必然要求；“正确舆论观念”是实现党性原则观念、人民中心观念的方法论观念，“正确舆论”就是符合党性原则、符合新闻规律、符合人民利益的舆论。

网络社会中的“媒介化”问题：理论、实践与展望

周翔、李镓在《国际新闻界》2017年第4期撰文指出，在媒介渗透的社会背景下，媒介化成为最能够体现媒介重要性的概念之一，也是媒介研究的新路径。作者基于文献爬梳与反思，辨析媒介化与中介化的差异，阐释作为元过程的媒介化所蕴含的媒介逻辑，并进一步从网络社会中的日常生活实践角度出发来理解和分析媒介化的社会空间表征及其向网络化逻辑延伸等问题。传统的媒介逻辑本质上是一种以时间面向为主导、以传播效果为目标的单向技术逻辑，而网络化逻辑在很大意义上是基于日常生活的以空间面向为主导的多元实践逻辑。网络使得社会空间、心灵空间和物理空间产生套叠和分离。网络社会表面上是媒介技术延伸的结果，其实质却是社会互动关系的投射。未来的媒介研究应聚焦如何联结网络空间中的互动关系，探索打通时间和空间问题的路径。

广告舆论虚伪本质的批判分析

陈相雨在《当代传播》2017年第5期撰文指出，表面上看，广告舆论是由广告传播自然引发的针对产品、服务、品牌等客体的大概一致的众议。但事实上它受到资本的掌控。因而，广告舆论具有本质上的虚伪性，其依据在于以实用信息之名侵入生活世界、将数据化世界等同于真实世界、用制造的欲望替代真实的需求、用建构的共意取代现实众意等。广告舆论虚伪本质的哲学根源在于作为系统力量的广告资本对生活世界的殖民化；具体原因主要是资本拥有充分的言论自由，而广告受众则不具备。

跨文明交流、对话式文明与人类命运共同体的构建

贾文山、江灏锋、赵立敏在《中国人民大学学报》2017年第5期撰文指出，跨文明交流、对话式文明与包容性的世界秩序是一脉相承、循序渐进的。跨文明交流是文明对话形成的具体过程，对话式文明是文明交流互鉴的硕果。对话式文明又是多元包容性世界秩序构建的基础。它们最终指向构建人类命运共同体。当代跨文明关系的话语体系包含五类不同的子话语系统。从文明冲突话语、一元同化话语、文明的折中式话语、中华文明一体多元话语，再到对话式话语的转变，说明人类日益认识到文明间对话的重要性。中国的三期文化大融合是从跨文明交流中形成对话式文明的典型案例，对于今天世界文明间的对话与未来人类命运共同体的构建具有重要借鉴意义。

迭代生产与关系建构：社交媒体中的国家形象塑造机制

王斌、戴梦瑜在《兰州大学学报（社会科学版）》2017年第5期撰文指出，随着传播技术发展，国际受众的媒介接触习惯发生改变，获取信息的渠道从传统媒体转移到社交媒体，主流媒体塑造和传播国家形象的阵地也相应从传统媒体平台转移

到社交媒体平台上来。在新的传播平台上，对外传播特点、新闻生产方式、用户访问习惯、媒体与用户关系都发生显著变化，因而国家形象的塑造机制随之发生改变。从新闻生产看，用户参与是社交媒体新闻生产的核心，体现出迭代增值的特点。从用户关系看，社交媒体中的国家形象塑造仍是以媒体为主导的用户参与模式。我们应在充分了解用户的角色和作用基础上，结合传统媒体与社交媒体各自的优势，协同塑造国家形象。

社会治理与公民隐私权的冲突

——从超级全景监狱理论看公共视频监控

顾理平、王飔濛在《现代传播（中国传媒大学学报）》2017 年第 6 期撰文指出，公共场所既是社会生活的基础，也是实现社会治理的所在。在公共场所设置视频监控是实现社会有序治理、维护社会公共安全的必要手段，但是监控系统的不当使用和管理，也引起了关于公民隐私权侵犯的争议。随处可见的公共视频监控构筑了一个无处不在监视大众的“超级全景监狱”。在公共场所设置视频监控是否会导致公民隐私权被侵犯，在这个“超级全景监狱”中如何调处和平衡公共利益与个人利益的关系，令人关注。

虚拟社会安全阀：树洞类 UGC 平台的宣泄功能研究

蒋晓丽、杨珊在《新闻界》2017 年第 6 期撰文指出，树洞的媒介表现形式不仅经历了从传统媒体向新媒体的转变，其在新媒体时代的表现形式也经历了一系列变革。用户因为现实社会中的压力或负面情绪而走向虚拟的树洞平台寻求安慰，又通过树洞平台中的交往与互动构建了现实社会中新的人际关系，再结合现实生活中的专业手段，逐渐推动问题的解决。这种由现实走向虚拟，再由虚拟重归现实的路径，是社会转型时期，媒介深入嵌入日常生活的态势下，个体与社会解决问题、化解危机的有效方法。

作为社会抗争的假新闻

——美国大选假新闻现象的阐释路径与生成机制

史安斌、王沛楠在《新闻记者》2017 年第 6 期撰文指出，历史上层出不穷的假新闻从未像 2016 年大选一样受到广泛的关注和讨论。美国大选期间受众的信息获取行为表现出变异和迭代的“偏向”。即使能够全面地获取各种信息，也不能阻止相当一部分选民去分享假新闻——特别是对特朗普有利的假新闻。在后真相时代，新闻传媒业将面临更加严峻的挑战。假新闻不过是公众情绪宣泄的“出口”，而绝非问题的根源。公众情绪凌驾于事实之上，误导性信息让真实与虚假的边界逐渐模糊，社交媒体的算法体系加剧了信息体系的不透明度。诚如尼尔森在他撰写的报告末尾提出的隐忧：“如何获取新闻是一回事，而如何解读新闻则是另一回事……如果一半的受众在获取真实的信息后仍然选择相信假新闻，那么对假新闻的治理将会变得更加棘手。”在社交媒体时代，古老的“假新闻”变异迭代为“后真相”。因此，如何将澄清事实与疏导情感相结合，如何通过改良算法等技术手段消弭“证实性偏差”及其负面效应的扩散，将是学界和业界在传媒治理上需要着力解决的紧迫问题。

网络传播重构新闻生产方式：协作、策展与迭代

苏宏元、舒培钰在《编辑之友》2017

年第6期撰文指出，网络传播突破了传统大众传播的线性传播模式，新闻生产方式也发生了根本性的变化，其基本特征可概括为：协作（新闻生产主体多元化）、策展（新闻资源的“整合”和“增值”）和迭代（新闻的“无限”更续和延展）。网络新闻生产呈现出的“协作”“策展”与“迭代”这样一些特征是信息与传播技术和网络传播综合效应的体现。这已非传统新闻生产形态局部的变化，而是从整体上瓦解了传统的新闻生产链条，重构了新闻生产方式。传统新闻生产的线性模式过渡到了网络新闻生产主体多元化、互动性强、系统开放的非线性模式。网络用户的大规模参与、把关人的缺失，也导致信息内容真假混杂，新闻质量参差不齐，甚至舆论导向的偏差或错误，因此需要完善监管机制，实现有效治理。

从群体极化到公众极化：极化研究的进路与转向

夏倩芳、原永涛在《新闻与传播研究》2017年第6期撰文指出，发端于20世纪60年代的群体极化理论表明，群体的观点和态度比个体更趋向极端化。社会心理学研究确证了群体极化现象的普遍性，并指明该现象的关键形成机制在于群体互动过程。当代政治学研究认为，新媒体环境下的社会互动过程，将导致以心理群体或舆论群体形式存在的社会公众的意见极化。新媒体特别是社交媒体的技术属性为这一过程提供了物质基础，选择性信息接触和社会背书构成了两种基本的解释机制。极化理论使得一个以社会公众为着眼点、以群体互动为表征的分析框架成为可能，对公众舆论、政治传播等研究领域的创新具有重要启示。

小程序与轻应用：基于场景的社会嵌入与群体互动

喻国明、梁爽在《武汉大学学报（人文科学版）》2017年第6期撰文指出，作为互联网发展“下半场”的一个标志性现象，以小程序为代表的轻应用应运而生，它是一种有别于App的、有针对性地开发的那些需求密度和用户的使用频度“双低”的利基市场的轻质应用，是微信应用场景实现巨大扩容的利器。与此同时，小程序、轻应用通过移动互联网进行内容推送与需求对接的过程重构着当下社会人际交往结构并推动社会成员之间的群体互动。小程序依据用户使用场景和使用需求，建构起媒介使用逻辑，其应用场景分为现实性、虚拟性、现实增强性三类。随着智能技术与移动网络的融合，传统的熟人交往让位于网络原子主导的“人—机—人”模式，时空分离环境下的“缺场”交往取代了“在场”交往。

网络时代的政治认同：进径与危机

张昆、王创业在《兰州大学学报（社会科学版）》2017年第6期撰文指出，政治认同是政治合法性的一个主要来源，关乎政权稳定，政策实施。政治认同也是政党、派系、国家政权、组织机构、施政理念等得以存续发展的基石。为回应现实关切，作者从政治学、传播学的双重视角解读了网络时代的政治认同的变化。在厘清政治认同概念内涵的基础上，尝试着梳理农耕时代、工业时代政治认同的异同及其变化的原因，并在此基础上剖析了当今网络环境下面临的政治认同危机，以及这种危机之所以出现的现实依据。

网络民族主义表达及文化消费景观

——美联航事件、《人民的名义》谈话录

杜骏飞在《编辑之友》2017年第7期撰文指出，新闻人在面对网络上类似的民族主义舆情事件时，不但要以新闻道德和职业操守加以自律，同时要对非理性的情绪表达和过激行为加以引导和规劝；对于《人民的名义》的热播现象，应该看到其表达主题在主流价值观层面上的舆论引导作用，还要看到网民在讨论互动中产生的网络亚文化内涵，同时，更要警惕其背后娱乐狂欢式的自我麻醉和精神空虚。尼尔·波兹曼在《娱乐至死》里提到，有两种方法可以让文化精神枯萎，一种是奥威尔式的，文化成为一个监狱；另一种是赫胥黎式的，文化成为一场滑稽戏。滑稽戏虽然比监狱快乐一些，但我们的灵魂并没有得到更多的自由。

"后真相时代"社交网络的信任异化现象研究

全燕在《南京社会科学》2017年第7期撰文指出，"后真相时代"出现了许多前所未有的社会问题，其中社交网络中的信任危机尤为突出。信任异化渐渐成为这一时代的政治现实困境。信任异化是由政治不信任演化来的一种社会逆反心理，呈现为无原则信任和强迫性不信任两种表现形态。信任异化源自现代性背景下的信任焦虑、互联网政治中系统信任的解体和后现代状况下道德与情感信任的变异。它将导致谣言认同、网络犬儒主义和民粹式政治等消极后果。社交网络的信任重建需要多头并进，重视信任与不信任的结构调整，提升制度性设计强化强制性公共信任，实现信任异化的自我纠正，同时通过对公共信任的培育，改善网络信任的基础。

"控制辩证模式"：信息传播新模式的发展与转向

韦路、方振武在《国际新闻界》2017年第8期撰文指出，20世纪80年代中期，博德维克和范·卡姆从"控制"的视角出发提出了信息传播新模式。经麦奎尔与温德尔，Jensen，以及McMillan等人的介绍、引用或改进，信息传播新模式得以为学界所熟知。然而，信息传播新模式及其之后的发展并未考虑新媒体环境中个体角色的变换及其理论意涵。从吉登斯的"控制辩证法"来看，个体与媒介中心之间的控制关系是双向的，当个体能够控制媒介中心之时，媒介中心亦能够实现对个体的新的控制。因此，我们提出"控制辩证模式"来展现这种互动性，以求更加准确地阐明个体与媒介中心之间的复杂关系。

社交媒体礼仪：数字关系情境下的伦理方案与效果辨析

晏青、支庭荣在《现代传播（中国传媒大学学报）》2017年第8期撰文指出，社交媒体是沟通的媒介，更是关系生成之所，它作为一种新的讲述形式及交往媒介，有其自在的语法逻辑和动力系统。基于社交媒体出现的交往问题，自我规制的兴起，以及新媒介技术下的新文化规则，提出了"社交媒体礼仪"的概念，用于描述当下社交媒体的这种崭新的交往情境，并试图发现交往方式以及情境重组的理论规律。作为现实礼仪的一种延伸和重塑，社交媒体礼仪具有技术性、符号性、比特化等特征，它能够提升人际交往效能、缓和国内矛盾、加强国际对话、促成世界性议题的讨论。同时，作为一项符号性伦理方案，需要建立现实机制，与之配套和互动，促进现实问题的解决和公共性实现。

全球网络治理多方模式和多边模式比较与中国对策建议

方兴东、田金强、陈帅在《汕头大学学报（人文社会科学版）》2017年第9期撰文指出，多方模式和多边模式的二元对立和人为冲突，已经严重影响中国网络治理的政策与主张，影响到国际网络治理的正常合作，同时严重困扰了国际社会对中国网络治理的理解。文章首先通过历史回顾的方法，系统梳理了多方模式和多边模式的演进历程和历次博弈，通过对比分析，总结了两者模式的特点及优劣势，认为两种治理模式各有所长，各有自身擅长领域，我们必须摈弃二选一的传统对立思维，把两者模式有机融合起来，才能更好发挥网络治理的能力和效用提升。中国应该旗帜鲜明地积极拥抱多方模式，与多边模式一起，双管齐下，各有侧重，双轮驱动，进一步深化和创新中国国内网络治理的实践和理论，提高治理能力，扩大中国在国际网络治理方面的包容性，提升中国在国际网络治理中的话语权和领导力。

论融媒体形态演进与智媒时代的开启

张成良、甘险峰在《中州学刊》2017年第9期撰文指出，在媒介融合的时代背景下，打造一种以技术聚合为特征的融媒体形态，是媒介形态演进的需要，也是新兴媒介技术时代发展的必然趋势。融媒体传播的时代性趋势，决定了智慧传收、关系偏向、形态多元化和技术驱动等融媒体传播特征的存在。以生态位视角考察融媒体形态演进，则其内在的竞争正让位于合作，进而形成媒介聚合演进的生态优势，媒介系统也不断趋向平衡与稳定。融媒体传播实质是泛化的智慧传播，强调收受者感官体验。人性化的智媒体验也带来了人际关系重构及人“去社会化”的生存体验。

“媒介事件”的概念建构及其流变

董天策、郭毅、梁辰曦、何旭在《新闻与传播研究》2017年第10期撰文指出，无论传播实践还是学术研究，“媒介事件”都是无法绕开的一个重要概念。事实上，它早已成为公关实践、传播理论、文化研究等多学科视域中的重要议题，人们使用“媒介事件”概念，引述有关“媒介事件”的论述，已是家常便饭。然而，迄今为止，不少论者对“媒介事件”并没有清晰而透彻的理解，以致中国语境中的“媒介事件”成为学术研究中一个相当混乱的表述。正本清源，弄清“媒介事件”的概念建构及其流变，已成为传播学界必须解决的课题。

欲望与认同：二十世纪早期的群体传播思想

——基于特洛特群体心理和行为研究的重述与讨论

胡百精、杨奕在《国际新闻界》2017年第10期撰文指出，20世纪早期的群体心理和行为研究因应大众社会的到来而起。特洛特从微观层面将群体心理的转换归因于群体暗示性的转换。群体中的暗示性并非时断时续，而是永远存在、随时随地发生。日常生活中如此，恐慌、暴动和催眠情境下也是如此。一种暗示性变化了，其他暗示性也相应变化，这种变化的背后乃是“人性周而复始的发作却又如昙花一现般的消逝”。群体暗示性一旦转换，人们可能瞬间在新的声音、新的思路中找到自己存在的价值，变得积极、亢奋、干劲十足，甚至为集体而献祭自己。特洛特基于社交性、暗示性、非理性等心理学解释和单细胞与多细胞关系的生物学解释，认为个体加入群体必然意味着某种牺牲。但他在总体上对此持有乐观态度。按照特洛特的逻辑，要应对、消化群体心理和行为的负面后果，就必须提升人类交流与对话的能力。那么，如何提升这种能力呢？特洛特并未给出解决方案，只是发出了预言家式的感叹：人类的交流太复杂，因此人类群体生活的和谐之路势必更漫长、更痛苦、更危险。

透过资本看媒体权力化

——境外资本集团对中国网络新媒体的影响

黄楚新、彭韵佳在《新闻与传播研究》2017 年第 10 期撰文指出，随着国家传媒市场资本准入政策的宽松，中国网络新媒体行业开始成为新的投资蓝海。境外资本源源不断的流入给中国网络新媒体的发展提供持续动力，但与此同时，我们也应关注到中国网络新媒体平台已经形成用户获取信息资讯入口垄断的趋势。原本相对自由而民主的微博平台在资本权力的驱使下，只剩下政府与商业利益的博弈，公共领域难以为继。网络空间已经成为继领土、领海和领空之后的“第四空间”。作为国家安全的无形疆域，网络安全是国家安全的重要组成部分，如何控制并掌握互联网发展主动权并保持党和人民群众的网络话语主导权成为当务之急。在境外资本注入获取更多市场机会的同时，我们也应时刻关注在资本支持下所形成的新媒体平台与信息垄断，以及其如何借助轻松娱乐的新闻信息麻痹人的神经，更为潜移默化地输送西方意识形态。我国政府要时刻保持高度警觉，并在完善的法律体系下积极打造更加完善的市场监管制度，维护第四空间的国家安全。

反思新闻专业主义

吴飞、孔祥雯在《新闻记者》2017 年第 10 期撰文指出，对在新的大众传媒生态背景下提出的新闻专业主义是否还有存在的必要，其内涵是否需要被重构以及如何重构等问题值得思考。从新闻的客观性理念、媒介技术革新和媒介的社会功能三个维度，作者提出，在新闻业承担的内容生产和社会责任的关系中，在信息爆炸与众声喧哗中寻找到独立新闻价值才是新闻专业主义的关键之所在。无论未来的信息生产与传播的业态如何改变，无论新闻专业主义是否要重构，但一些核心的东西，仍然会存续下去，只是不再仅仅是人的规则，也会成为机器的法则。

国际网络安全规则创制与政府话语权博弈

——技术维度的阐释

刘小燕、崔远航在《国际新闻界》2017 年第 11 期撰文指出，“网络安全”概念，大体被置入技术、犯罪和恐怖主义、军事三大维度或领域内予以讨论，不同维度下的各个利益相关者的权力分配与话语权博弈情况亦有所差别。网络安全领域规则创制中的话语权力（主导权力）的构成，更多体现为权力不对称分布特点。政府话语权的拓展有赖于技术开发与应用。技术开发应用能力，是网络安全领域中各行为主体话语权力的基石，网络技术强国和网络技术弱国在相应技术标准和协议制定上的话语权差异巨大。在网络安全的技术维度上，各国在相应安全标准或协议制定上的权力大小由两个因素决定：历史和技术。政府话语权力博弈集中体现为国际网络技术标准的创制竞争。然而，技术性权力仅提供给一国扩张话语权的基础，话语权的强固，仍有赖于一国政府的制度性权力和解释性权力的强化，能否将本国开发的技术标准推向全球、使其成为国际通行标准则为关键。从技术维度阐释国际网络安全规则创制中的国家（政府）制度性话语权力博弈，为文章核心所在。

共意、争议与生活政治："共享单车"的微博话语研究

岳璐、蔡骐在《新闻记者》2017年第11期撰文《共意、争议与生活政治："共享单车"的微博话语研究》，通过对新浪微博账号@人民日报有关"共享单车"的微博及评论等内容进行话语研究，分析作为社会热点的"共享单车"被命名、被特征化以及意义生产与再造的社会化过程。官方话语与民间话语对"共享单车"的言说呈现高度的一致性，达成了概念共意与情绪共意，但同时少数异议者用语言强调与他人的差异性，代表了社会不同群体建构自我与他者的尝试。在社会日常领域的话语互动中，官方话语与民间话语的接合与断裂，折射出微博话语实践的生活政治意涵。

从比特到人工智能：数字新闻生产的算法转向

张超、钟新在《编辑之友》2017年第11期撰文指出，近年来数字新闻业正经历"算法转向"：从比特形式走向更为高级的人工智能阶段。"算法转向"让数字新闻与传统新闻的边界进一步明晰，二者的区别不仅在于是否数字化，更在于算法机制。算法广泛、深入地应用于数字新闻生产也带来了变革，包括新闻价值评价由经验判断转向实证测量、新闻内容生产模式由"手工作坊"转向人机协同、新闻叙事由线性叙事转向交互叙事、新闻内容推送方式由大众化覆盖转向个体化定制、表征现实的机制由记者中介转向算法中介。与以往媒介革命以技术为导向不同，这次的"算法转向"不仅与技术有关，更是一种新闻生产方法论和思维方式的大变革，重构着数字新闻生产理念。

人工智能与新闻业：技术驱动与价值反思

张志安、刘杰在《新闻与写作》2017年第11期撰文指出，人工智能可以给新闻业带来新的传播速度、创造新的阅读体验、形成新的分发机制，但无法逼近事实背后的复杂真相、无法提供针对现实的深度解释。针对未来新闻业如何拥抱人工智能，作者提出三点思考：在物联网环境下重新定义新闻，对智能化新闻应保持理性期待，在新闻业应用人工智能的技术创新中要张扬人的价值。

虚拟现实主动性感知意义探析

雷霞在《现代传播（中国传媒大学学报）》2017年第12期撰文指出，虚拟现实一旦普及为媒介感知和了解事物的新手段，将重新安排和建构社会结构。面对虚拟现实技术对社会、文化、经济、生活和人际交往等各方面的重构，用户主动性感知具有重要意义。用户在虚拟现实媒介体验中应保有主动的警觉性，以区分"我"与"化身"、虚拟现实与真实世界，"我"的行为与被建模的行为等之间的关系，从而探求人在虚拟现实中的主动性感知。

第四篇

论文辑览

2017年国内主要文摘类期刊转载新闻传播学论文篇目

《新华文摘》

《中国社会科学文摘》

《高等学校文科学术文摘》

人大复印报刊资料《新闻与传播》

2017年国内主要文摘类期刊* 转载新闻传播学论文篇目

《新华文摘》

2017年第1期

中国电视产业数字转型的困局、条件与路径（刘荃） 新闻大学 2016－08

新媒体时代领导干部网络舆情引导力的现状与提升路径（郑万军） 理论视野 2016－08

2017年第2期

统一与冲突：论美国传播学的研究传统（柯泽） 现代传播（中国传媒大学学报）2016－09

互联网信息背景下经典传播理论的弱化与新变（周大勇、王秀艳） 图书馆学研究 2016－09

2017年第3期

私密社交网络的革命性影响及其治理挑战（李卫东、杨雪兰、徐晓林） 华中科技大学学报（社会科学版）2016－09

中国音乐文化的国际传播与“走出去”战略问题研究（张丰艳） 人民音乐 2016－11

2017年第4期

我国网红现象的发展历程、特征分析与治理对策（沈霄、王国华、杨腾飞、钟声扬） 情报杂志 2016－11

微信春节红包在中国人家庭关系中的运作模式研究——基于媒介人类学的分析视角（张放） 南京社会科学 2016－11

2017年第5期

虚拟现实新闻：理念透析与现实批判（史安斌、张耀钟） 学海 2016－11

加强网络监管的几点思考（冯兵） 学习时报 2016－11

2017年第6期

网络版权的技术革命、产业变革与制度创新（吴汉东） 中国版权 2016－12

文明传播中的受众动机与传播效果（白文刚） 南京社会科学 2016－12

2017年第7期

我国社交媒体的现状、发展与趋势（谭天、张子俊） 编辑之友 2017－01

新闻理论创新：动力、目标、路径及境界（蔡惠福、刘大勇） 中国社会科学报 2016－12

---

* 这里选取的国内主要文摘类书刊包括：人民出版社主办的《新华文摘》、中国社会科学杂志社主办的《中国社会科学文摘》、上海师范大学主办的《高等学校文科学术文摘》、中国人民大学复印报刊资料《新闻与传播》，以及中国社会科学院新闻与传播研究所主办、中国社会科学出版社出版的《新闻学传播学文摘》。

2017 年第 8 期

努力做好新形势下的主题出版工作（周慧琳） 出版参考 2017－01

未来传媒生态：消失的边界与重构的版图（彭兰） 现代传播（中国传媒大学学报）2017－01

2017 年第 9 期

互联网重构了我们的社会生活（陈力丹） 新闻界 2017－01

主流媒体理论宣传需要破解 10 对矛盾（陈飞） 军事记者 2017－02

对外传播形式：新向度、新取向、新特点（李建军） 东北师大学报（哲学社会科学版）2016－11

2017 年第 10 期

融合时代中国新闻传播业发展的方向与着力点（高晓虹、赵希婧） 新闻与写作 2017－01

域出版：传播秩序的重构（朱剑） 澳门理工学报 2017－01

域出版助学术期刊走向真正的媒体融合之路（仲伟民） 澳门理工学报 2017－01

2017 年第 11 期

网络空间的全球治理及其“中国方案”（侯云灏、王凤翔） 新闻与写作 2017－01

警惕数据新闻中的新闻伦理问题（朱鸿军） 传媒 2017－02

2017 年第 12 期

网络直播：现状、问题及治理对策（李滨、贺阳） 出版参考 2017－03

网络直播何以崛起？何以勃兴？（庞慧敏、王雅琪） 传媒 2017－04

2017 年第 13 期

全球互联网治理：模式变迁、关键挑战与中国进路（罗昕） 社会科学战线 2017－04

人工智能会取代记者吗？（匡文波） 新闻论坛 2017－02

2017 年第 14 期

中国出版业的担当与作为（柳斌杰） 现代出版 2017－03

中国新闻史研究的“隐忧”与变革（王润泽、杨奇光） 中国社会科学报 2017－05

时代变迁下的外国新闻史研究（程曼丽、赵晓航） 中国社会科学报 2017－05

2017 年第 15 期

逻辑·理念·模式：媒体融合的中国道路（漆亚林） 中国报业 2017－04

对外传播的新使命：“一带一路”与“构建人类命运共同体”（白贵、曹磊） 新闻战线 2017－05

2017 年第 16 期

中国传媒融合创新：现状、问题与趋势（黄晓新、刘建华、卢剑锋） 中国传媒科技 2017－04

2017 年第 17 期

对完善我国网络安全漏洞挖掘制度的建议（赵精武） 暨南学报（哲学社会科学版）2017－06

智能化：未来媒体的发展方向（胡正荣） 现代传播（中国传媒大学学报）2017－06

用心打磨“等心”的精品力作——基于编辑工作视角的思考（乔还田） 中国编辑 2017－05

关于我国国际传播新路径的思考（唐世鼎） 对外传播 2017－05

2017 年第 18 期

中国新闻传媒业的新生态、新业态（李良荣、袁鸣徽） 新闻大学 2017－06

2017 年第 19 期

新闻聚合语境下新闻生产、分发渠道与内容消费的变革（陈昌凤、王宇琦） 中国出版 2017－06

人工智能：媒体的机遇和风险（谢国明） 新闻战线 2017－07

2017 年第 20 期

中国新媒体发展趋势：智能化与视频化（唐绪军、黄楚新、王丹） 新闻与写作 2017－07

我国对外宣传如何实现精准传播（胡邦盛） 中国党政干部论坛 2017－07

2017 年第 21 期

世界传播体系重构下的中国传媒发展战略机遇（崔保国、何丹嵋） 传媒 2017 - 06

中国传播学四十年的回望与前瞻（张国良） 中国社会科学报 2017 - 08

2017 年第 22 期

大数据背景下新闻价值体系的嬗变与重构（吴小坤、童峥） 当代传播 2017 - 07

谁将数字化生存？(弥晓平) 教育传媒研究 2017 - 07

2017 年第 23 期

新媒体时代公众舆论理性表达的影响因素、社会价值和实现路径分析（李明德、杨琳、李沙、史惠斌） 情报杂志 2017 - 09

国际出版业发展报告（2015—2016 年）（范军、张晴） 出版发行研究 2017 - 08

用时代精神激活中华优秀传统文化生命力——写在《中华传统文化百部经典》出版之际（周玮） 人民日报 2017 - 09

2017 年 24 期

线上知识付费：主要类型、形态架构与发展模式（喻国明、郭超凯） 编辑学刊 2017 - 09

基于媒介生态学视角的中国农民阅读问题分析（陈莹） 图书情报知识 2017 - 09

《中国社会科学文摘》

2017 年第 1 期

网络谣言的治理策略（张爱军、孙贵勇） 行政论坛 2016 - 05

新闻专业权威演进的历史与逻辑（夏倩芳、王艳） 南京社会科学 2016 - 07

共同体传播：一种被忽视的传播形态（秦琼、彭涛） 现代传播（中国传媒大学学报）2016 - 08

新媒体语境对社会心理的影响（丁柏铨） 中国地质大学学报（社会科学版）2016 - 09

微信推动社会关系变革（范红霞） 现代传播（中国传媒大学学报）2016 - 10

2017 年第 2 期

网络社会的时空扩展与社会治理（刘少杰） 社会科学战线 2016 - 11

2017 年第 3 期

互联网时代的新权力范式："关系赋权"（喻国明、马慧） 国际新闻界 2016 - 10

网络谣言与辟谣信息传播效果（刘于思、徐煜） 新闻与传播研究 2016 - 11

警惕网络空间无政府主义思潮（鲁佑文等） 新闻爱好者 2016 - 10

斯图亚特·霍尔传播理论的双面性（胡翼青等） 河北学刊 2016 - 09

2017 年第 5 期

未来传媒生态：消失的边界与重构的版图（彭兰） 现代传播（中国传媒大学学报）2017 - 01

全球互联网治理：未来趋势与中国议题（邹军） 新闻与传播研究 2016 年增刊

重启新闻叙事：本土化新闻游戏的创新与实践（张建中等） 当代传播 2016 - 11

新媒体环境下中国大学文化安全亟待重视（王景云） 湖南社会科学 2016 - 11

2017 年第 7 期

对外话语体系创新的新概念新范畴新表述（刘涛） 新闻与传播研究 2017 - 02

分众传播与媒体融合（王欢院） 新闻知识 2017 - 03

现代时间观念与新闻现代性（周彤等） 中国地质大学学报（社会科学版）2017 - 03

交互传播中的移情效应（欧阳宏生等） 西南民族大学学报（人文社会科学版）2017 - 01

2017 年第 9 期

在服从宣传需要与尊重新闻规律之间（王润泽） 国际新闻界 2017－04

媒介融合视域下编辑人才培养反思（王志刚） 中国编辑 2017－03

电子阅读的文化忧思——技术现象学的视角（王颖吉） 编辑之友 2017－04

理解微文化：基于媒介的视角（王鑫） 现代传播（中国传媒大学学报）2017－05

2017 年第 10 期

网络舆论监督的优势特点与有效运用（刘红凛） 中共中央党校学报 2017－06

2017 年第 11 期

大数据时代的新闻学（白红义） 南京社会科学 2017－06

斯蒂芬逊传播游戏理论的思想史背景（柯泽） 新闻大学 2017－03

沉浸新闻模式：无界时空的全民狂欢（李沁） 现代传播（中国传媒大学学报）2017－07

网剧影像中群体性表达的自我景观化（王长潇等） 当代传播 2017－05

《高等学校文科学术文摘》

2017 年第 1 期

移动媒介与少数民族农村社区研究的综述与展望（陈嫦如、石迪） 广西民族研究 2016－10

“互联网空间”的政治经济学解释（马艳、李韵等） 学术月刊 2016－11

传播即控制——传播政治经济学的元理论解析（陈世华） 国外社会科学 2016－05

2017 年第 2 期

古代中国国家形象的对音与传播研究（张进军、乌东峰） 华侨大学学报（哲学社会科学版）2016－12

全球中国形象研究的知识版图——基于 SSCI 期刊论文（1998—2015）的文本挖掘（韦路、谢点） 浙江大学学报（人文社会科学版）2016－12

自媒体平台网络权力的形成及规范路径——基于对网络言论自由影响的分析（梅夏英、杨晓娜） 河北法学 2016－12

新世界主义视野下的中国传媒发展（邵培仁、王昀） 编辑之友 2017－01

谁主融合：媒体融合的话语博弈（靳戈） 新闻爱好者 2016－12

2017 年第 3 期

网络虚拟空间社会主义意识形态传播及其建设研究（王涛、姚崇） 北京师范大学学报（社会科学版）2017－03

“互联网＋”背景下赛博世界发展趋势研究（董立人、赵晨） 天津行政学院学报 2017－03

2017 年第 4 期

中国化马克思主义对外传播的挑战与应对（金民卿） 河南师范大学学报（哲学社会科学版）2017－05

提升“中国制造”国际品牌形象的国家战略（王海忠、李骅熹） 中山大学学报（社会科学版）2017－05

“互联网＋”法治政府建设：意义、空间与进路（吴欢） 黑龙江社会科学 2017－01

提升中国文学海外传播力研究（孙树勇） 知与行 2017－04

人大复印报刊资料《新闻与传播》

2017 年第 1 期

线上新闻的全球地理想象：新华网国际新闻之检视（邵培仁、王昀）
当代传播 2016－05

2015 年英国大选中新闻媒体政治修辞的运用与批判——以《太阳报》和《镜报》为例（张龙、魏玉坤）
新闻与传播研究 2016－09

中国农村地区新媒体使用的自组织研究——以山东农村为例（甘险峰、张成良）
东岳论丛 2016－10

竞争还是共生：移动互联网对当前媒介格局的影响——基于媒介接触时间的研究（吴文汐、喻国明）
现代传播（中国传媒大学学报）2016－10

针对科学流言的意义协调：从强力纠错到长期对话（王学锋）
新闻记者 2016－10

“商业主义”统合与“专业主义”离场：数字化背景下中国新闻业转型的话语形构及其构成作用（李艳红、陈鹏）
国际新闻界 2016－09

论沃尔特·翁的文字印刷媒介思想（丁松虎）
甘肃社会科学 2016－04

超越功能主义范式的中国新媒体传播研究——以 2015 年以来的研究文献为例（曲飞帆、杜骏飞）
当代传播 2016－05

“情”为何物？——反思公共领域研究的理性主义范式（袁光锋）
国际新闻界 2016－09

2017 年第 2 期

广告产业竞争力研究的检视与展望（颜景毅）
广告大观：理论版 2016－10

资本主导“媒介生态”下的传媒垄断竞争与传播多样性（郝雨、邱凌燕）
西部学刊 2016－10

复杂的用户：社交媒体用户参与广告行为研究（倪宁、徐智、杨莉明）
国际新闻界 2016－10

“一带一路”话语的媒介生产与国家形象建构（孙发友、陈旭光）
西南民族大学学报（人文社会科学版）2016－11

报网融合背景下的媒体改革方向（林娜）
中国党政干部论坛 2016－12

空间争夺战——中国大城并区的媒介话语分析（孙玮、潘霁）
探索与争鸣 2016－10

融合转型的传媒业需要什么样的新闻传播人才？——对近年传媒业人才需求状况的观察与分析（蔡雯、翁之颢）
新闻记者 2016－12

突发事件中的微博舆论动员及对策研究——基于大数据分析的实证研究（丁晓蔚、夏雨禾、高淑萍）
中国地质大学学报（社会科学版）2016－06

互联网使用动机、网络密度与网民社会资本（许丹红）
青年研究 2016－06

搜索引擎网站社会责任的现实考量与提升路径（钟瑛、李秋华、张军辉）
现代传播（中国传媒大学学报）2016－10

上海地方商业资讯整合与城市生活想象：《申报·本埠增刊》研究（蒋勇、王润泽）
新闻春秋 2016－04

中国现代公共关系实践之发轫——对全面抗战时期国际宣传的历史考察（王晓乐）
新闻与传播研究 2016－10

政府认同差异化：对农政策传播的新困境——基于湖北省 S 市实地调研的研究（郎劲松、樊攀）
现代传播（中国传媒大学学报）2016－11

全球治理视阈下“一带一路”的媒体合作：理论、框架与路径（赵永华、王硕）
国际新闻界 2016－09

集体主义文化与艾滋歧视报道的第三人效果（邱鸿峰、彭璐璐）
新闻界 2016－11

融合新闻虚拟化叙事的话语范式探析（刘先根、彭培成） 新闻战线 2016－12
激进传统与产业逻辑：论传播政治经济批判的两种路径（黄典林）
南京社会科学 2016－09
中国新闻改革中的“嵌入”与“脱嵌”关系（王斌、翁宇君）
山西大学学报（哲学社会科学版）2016－06
政治传播的基本形态及运行模式（荆学民、段锐）
现代传播（中国传媒大学学报）2016－11

2017 年第 4 期

从业者的身份认同与职业实践——从词频分析解读英国真人秀电视节目模式的生产特征（唐苗、任金州）
湘潭大学学报（哲学社会科学版）2016－06
数据与算法驱动下的欧美新闻生产变革（王佳航） 新闻与写作 2016－12
中国文化在视频自媒体的传播效果及其影响因素分析——基于 YouTube 的样本挖掘与实证研究（徐翔）
北京邮电大学学报（社会科学版）2016－05
在线社会网络中的谣言与辟谣信息传播效果：探讨网络结构因素与社会心理过程的影响（刘于思、徐煜）
新闻与传播研究 2016－11
官方叙述性辟谣帖在灾害事件中的抗谣言机理（唐榕骏、赖昕、杨光、畦文娟）
现代视听（山东广播电视学校学报）2016－10
对中美数据新闻人才培养模式的比较与思考（许向东） 国际新闻界 2016－10
公众如何看待科学家参与政策制定：从科学素养、社会网络和信任的角度（游淳惠、金兼斌、徐雅兰） 新闻大学 2016－06
基于“内生比较优势”的专业化重构：当代新闻生产机制研究——来自某自媒体“虚拟编辑部”的田野调查（龚彦方）
现代传播（中国传媒大学学报）2016－12
回到田野：新闻生产社会学的路径与转向（王敏） 南京社会科学 2016－12
个体身份转换与行业规则的塌陷——以 2003—2016 年媒体人离职告白为例（胡沈明、胡琪萍） 编辑之友 2016－12

2017 年第 5 期

20 世纪西方广告研究范式的四次转换及启示（葛在波）
山西大学学报（哲学社会科学版）2017－01
学科制度结构视角下的西方媒介经济学起源与演化——基于 SSCI 数据库的知识图谱分析（姚曦、李斐飞）
新闻与传播研究 2016－12
唯物史观的学理坚守：我对方汉奇教授新闻史观的理解（吴廷俊）
新闻春秋 2017－01
改革开放以来各地区新闻事业发展的轨迹（1978—2000）（秦绍德、沈国麟）
新闻大学 2017－01
数字时代传媒产品经济学特性研究（杭敏、罗伯特·皮卡特）
现代传播（中国传媒大学学报）2017－02
大众传媒中女性的“在场”与话语困境——以央视春节晚会语言类节目为例（保虎、张萍萍） 新闻界 2017－01
时间累积、用户行为与匿名社区资本——基于豆瓣网网络爬虫数据的分析（崔凯、刘德寰、燕熙迪） 青年研究 2017－01

2017 年第 6 期

古代传播媒介“露布”政治功能考察（赵云泽、楚航） 新闻春秋 2017－01
从技术逻辑到社交平台：视频直播新形态的价值探讨（喻国明）
新闻与写作 2017－02
1978 年以来中国传媒体制改革观念演进的过程与机制——以“市场化”为中心的考察（殷琦） 新闻与传播研究 2017－02
微信中的生命时间——对大学生和新生代农民工群体数字鸿沟研究的一个维度（刘谦、陈香茗） 社会学评论 2017－02
中国字幕组、数字知识劳（工）动与另类青

年文化（张斌） 中国青年研究 2017－03
我国反恐战略传播机制初探（唐润华、韩娜） 新闻记者 2017－03
倾听：当前中国政治沟通的薄弱环节——以140个诉求表达事件为例（杨逍） 国际新闻界 2017－02
信息、传播与影响：网络治理中的政府新媒体——结合大数据与小数据分析的探索（孟天广、郑思尧） 公共行政评论 2017－01

2017年第7期

媒介在2016年美国总统选举中的颠覆（洪浚浩） 汕头大学学报（人文社会科学版）2017－01
故事的要素、结构与讲故事的策略模式（胡百精） 对外传播 2017－01
论新媒介环境中新闻报道真实的实现（杨保军） 编辑之友 2017－04
媒体从业者的劳动权困境及其形塑机制（夏倩芳、李婧） 学术研究 2017－04
周边传播概念和理论的再思考（陆地） 新闻爱好者 2017－02
新信息环境下我国专家型新闻传播人才的培养模式探讨（邓建国） 新闻大学 2017－02
试论四种新闻教育范式及转换（贺明华） 国际新闻界 2017－03
新闻教育亟待探索的主要问题（蔡雯） 国际新闻界 2017－03
尼克·库尔德利：媒介研究的"实践范式"转向（齐爱军） 山东社会科学 2017－01
新闻生产社会学视角下的田野观察和案例研究——从博士论文《编辑部场域中的新闻生产》谈起（张志安） 新闻记者 2017－05

2017年第8期

像爱护爱豆一样爱国：新媒体与"粉丝民族主义"的诞生（刘海龙） 现代传播（中国传媒大学学报）2017－04
网络社会中的"媒介化"问题：理论、实践与展望（周翔、李镓） 国际新闻界 2017－04
算法时代"好内容"的定义（刘胜男） 新闻与写作 2017－06
网吧里的农民工——新媒体时代新生代农民工城市融入中的新贫困问题研究（管成云） 新闻记者 2017－05
从"控制工具"到"交往媒介"：论新一代法兰克福学派学者芬伯格的传播技术观（李志敏） 国际新闻界 2017－03
概念作为话语：国际传播中的引进与输出（郭镇之、杨颖） 新闻大学 2017－02
论中国的全球话语空间建构（陈汝东） 安徽师范大学学报（人文社会科学版）2017－03
元框架：话语实践中的修辞发明与争议宣认（刘涛） 新闻大学 2017－02

2017年第9期

国民党新闻检查制度确立过程之考察——以北伐前后（1926—1930）的穗沙沪汉为中心（王明亮） 新闻界 2017－05
在服从宣传需要与尊重新闻规律之间——中国当代记者心态史研究（王润泽） 国际新闻界 2017－04
职业重建：大数据冲击下广告职业的内部分化与外部竞争（周丽玲、陈欢、陶如意） 新闻大学 2017－02
在新闻室做田野：作为方法的新闻民族志研究（白红义） 现代传播（中国传媒大学学报）2017－04
传播研究的时空脉络（李金铨） 开放时代 2017－03
从新闻核查到核查新闻——事实核查的美国传统及在欧洲的嬗变（周炜乐、方师师） 新闻记者 2017－04
媒体建制派的失败：理解西方主流新闻界的信任危机（王维佳） 现代传播（中国传媒大学学报）2017－05
后真相与政治的未来（胡泳） 新闻与传播研究 2017－04

2017 年第 10 期

作为社会抗争的假新闻——美国大选假新闻现象的阐释路径与生成机制（史安斌、王沛楠） 新闻记者 2017－06

论民国新闻记者交际费用的来源、使用与影响（路鹏程） 新闻大学 2017－02

政治传播中话语战胜的内在机理——清前期正统性辩护话语策略的理论启示（白文刚） 社会科学战线 2017－07

文化创新：理解新媒介影像传播的重要维度（杜志红）
现代传播（中国传媒大学学报）2017－05

数字知识传播：创造、生产、消费、边界——关于互联网时代认知盈余与知识变现问题的学术思考（孟建、孙祥飞）
新闻爱好者 2017－05

网络“受众”的劳工化：传播政治经济学视角下网络“受众”的产业地位研究（吴鼎铭） 国际新闻界 2017－06

社会舆情生态的新特点及网络社会治理对策研究（李彪） 新闻记者 2017－06

计算社会科学视野下的新闻学研究：挑战与机遇（王成军） 新闻大学 2017－04

从群体极化到公众极化：极化研究的进路与转向（夏倩芳、原永涛）
新闻与传播研究 2017－06

2017 年第 11 期

新世纪以来新闻传播学研究的生命周期及学术权力地图（2001—2016）——基于科学知识图谱的分析（李彪、赵睿）
国际新闻界 2017－07

人际传播的认知误区与核心议题（胡春阳） 中国社会科学报 2017－08

新闻框架与社会运动框架：两种研究视角的整合与对话（郭小安、霍凤）
南京社会科学 2017－08

传播格局转型与新宣传（张涛甫）
现代传播（中国传媒大学学报）2017－07

“后真相”时代的中国新闻业（张华）
新闻大学 2017－03

在风险与利益间传达不确定性：科学事实查验对转基因食品议题信息误解的影响（刘于思、亓力） 新闻与传播研究 2017－07

环境风险沟通中的信任变量（王威）
当代传播 2017－03

论中国新闻传媒业的混合所有制（郭雅静）
新闻大学 2017－03

多屏时代的收视调查：历史、现状与趋势（谷征） 编辑之友 2017－08

从“编辑部生产”到“中央厨房”：当代新闻生产的再思考（何瑛、胡翼青）
新闻记者 2017－08

试析虚拟现实新闻的语言与叙事特点（颜瑾、戴松） 电视研究 2017－06

2017 年第 12 期

在文化合力中推进新闻学话语体系建设（童兵）
现代传播（中国传媒大学学报）2017－06

反思新闻专业主义（吴飞、孔祥雯）
新闻记者 2017－10

国际规则构建中的政府话语冲突：内涵、机制与效果（刘小燕、张萌）
社会科学战线 2017－07

从“混乱时刻”到“寻常政治”——数字媒介与中国抗争性集体行动研究（刘君、黄艾） 中国传媒报告 2017－03

“后真相时代”社交网络的信任异化现象研究（全燕） 南京社会科学 2017－07

微信红包中的社会图景（彭兰）
山西大学学报（哲学社会科学版）2017－04

礼物、娱乐及群体交往：网络视频文化的公共性考察（王昀）
新闻与传播研究 2017－09

日本主流媒体选择性报道下的中国形象（吴光恒）
湖北大学学报（哲学社会科学版）2017－05

整理：牛　天

第五篇

国际交流

2017年中国新闻传播研究的国际发表与国际合作

——以SSCI传播学期刊数据库为例

近年来，中国新闻传播学研究的国际发表不断得到学界重视。2018年1月6日，首届中国新闻传播学国际发表专题论坛在西安召开，来自海内外60多所高校和研究机构的上百名专家学者参与，共议国际发表议题。同时，国内新闻传播学领域的一些知名高校纷纷启动了国际期刊的编辑出版工作。这都表明了推动国际发表已经成为中国新闻传播领域的学界共识。

为了更好地促进新闻传播学科的国际交流与合作，探讨本学科的理论建设与学术发展，本文在既往研究的基础上，利用文献计量学结合内容分析对2017年的国际发表和合著情况进行研究。研究发现，在2015年国际发表进程有所减缓后，2016年中国新闻传播研究的国际发表恢复了快速增长的势头，并在2017年保持持续增长的势头。虽然，国际发表还存在着诸多问题，如：知名刊物发表量不大、本土议题与国际发表主题之间有差距、国际论文引用量不高等，且这些问题并没有得到根本改善，但中国学者在发表议题和发文期刊的多样化方面取得了新的进展。

本文使用科睿唯安（Clavariate）的社会科学索引（SSCI）数据库，以文献计量学为主要手段进行研究。同时，为了弥补文献计量研究的缺陷，我们辅以必要的访谈，以了解从事国际论文发表的新闻传播学者的实际状况。

2017年，SSCI数据库中的新闻传播学类别（Communication）继续扩容，所收录期刊数量从上一年度的79份增加到84份。SSCI数据库收录的期刊在评价学术发表和学术影响方面普遍被认为有权威性和代表性，因而我们主要基于这84份新闻传播学期刊考察中国新闻传播学者的国际发表与国际合作。

尽管有专家认为利用SSCI数据库评估忽视了传播学的跨学科属性，但由于没有任何一个权威数据库可以专门针对新闻传播学进行发表方面的统计，而且大多数本领域学者的重要国际发表也以SSCI收录的新闻传播学期刊为主，所以基于可行性的原则，本文只能以SSCI数据库所收录的新闻传播学期刊为数据来源进行统计。

SSCI数据库在作者所属国家中，并未严格区分中国大陆地区与港澳地区，鉴于本文旨在考察中国大陆新闻传播学的国际发表，因此我们在选择了所有属于中国的作者在2016年所发表的SSCI传播学的文章后，利用Web of Science的分析功能，生成所有作者单位，并选择中国大陆的所有单位。因此，本文的分析数据中，每篇文章至少会包含一名供职于大陆单位的作者，这其中也包含在大陆有兼职或客座教职的国际学者，但总体而言，这样的学者数量很少，不会对本文的样本和结论造成很大干扰。

此外，在数据样本方面最后要说明的问题是，SSCI收录期刊的传播学文章，包括论文（article）、书评和社论。在本文的分析中，我们只考虑了体现独立科研水平的论文。

本文以下的分析由五部分组成：第一部分是数据描述及中国学者和国内机构在国际新闻传播学期刊的发文情况。第二部分重点考察中国学者和机构国际学术合作及中国学者的国际学术贡献等计量分析指标。第三部分重点介绍和分析中国学者所发表研究的内容和领域、国际期刊发表与中国国内新闻传播学热点题材的差异，并进而分析中国新闻传播学者国际化面临的挑战和可能的解决方式。第四部分，文章以海归学者为切入点，结合计量分析和我们持续的深入访谈，简要探讨中国新闻传播学者的学术实践、本土认同与国际发表之间的关系。最后，我们将总结这项研究的主要发现，并对中国新闻传播学科今后的国际学术合作做出展望。

一、中国内地学者 2017 年在国际新闻传播学期刊的发表概况

2017 年，中国内地的学者共计发表国际新闻传播学研究论文 87 篇，如果包含述评，这一数字则为 151 篇。2017 年的 87 篇，比 2016 年的 86 篇、2015 年的 57 篇和 2014 年的 58 篇国际研究论文都有增长①。

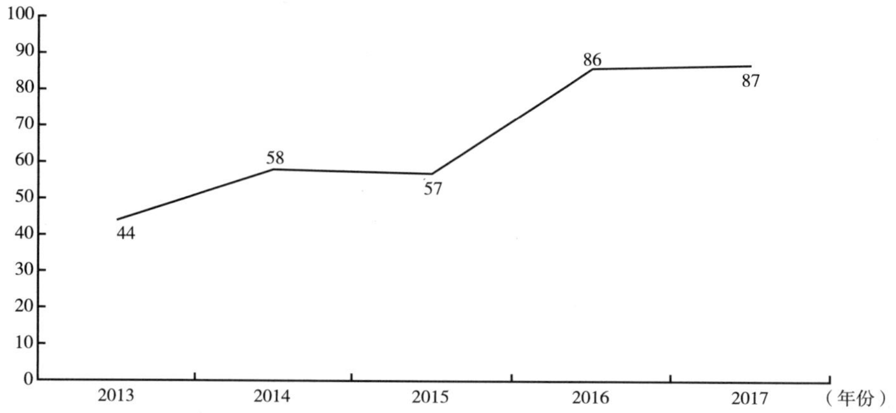

图 1　2013—2017 年内地作者在 SSCI 新闻传播学期刊发表论文数

来源：Web of Science。

与前一年相比，2017 年国际发表较多的内地高校或科研机构出现了较大变化。2016 年发文处于榜首的复旦大学被异军突起的中山大学所取代。中山大学发文量为 10 篇（其中 6 篇为该校传播与设计学院教职员工发表），北京师范大学、复旦大学和上海交大发文量 6 篇（均包含不属于新闻传播学院的本校其他院系的发表成果）。清华大学则以 5 篇论文名列内地高校与科研机构第五名。

中国社会科学院、南京大学、北京大学、中国科技大学和华中师范大学同以 3 篇论文的发文量并列第 6 名至第 10 名的位置。与此同时，内地老牌新闻传播学院校在国际

① 贾鹤鹏、苗伟山、吴锋：《2016 年中国新闻传播研究的国际发表与国际合作——以 SSCI 传播学期刊数据库为例》，载中国社科院新闻与传播研究所编《中国新闻传播学年鉴 · 2017》，中国社会科学出版社 2018 年版，第 285—295 页。

发文上表现欠佳。武汉大学在2016年强势崛起获得并列第四位后，2017年的发表量降到30名之后。中国人民大学与暨南大学出现排名大幅下降的状况。华中科技大学和中国传媒大学等在第四次（2017年）新闻传播学科评估中排位靠前的高校，都没有置身国际论文榜前10位的第一梯队。

当然，因为大多数高校和科研机构发文量都很低，所以名次变化并不一定代表水平的升降，只能说明我国新闻传播学界在国际论文发表方面仍然不稳定。比如，在2017年国际发表前20名的阵营中，又出现多个新面孔，如中国科技大学、华中师范大学和西南大学等。

表1　2016年SSCI新闻传播学期刊发文总量前10位的内地作者单位①

2016年		
名次	发文单位	发文总量
1	复旦大学	9
2	中国人民大学	5
2	上海交通大学	5
4	江西财经大学	4
4	暨南大学	4
4	武汉大学	4
4	浙江大学	4
8	广东外语外贸大学	3
8	南京大学	3
8	深圳大学/宁波诺丁汉（并列）	3

来源：复制自《中国新闻传播学研究年鉴·2017》第五篇“2016年中国新闻传播研究的国际发表与国际合作——以SSCI传播学期刊数据库为例”，原始数据出处：Web of Science。

表2　2017年SSCI新闻传播学期刊发文总量前20位的内地作者单位

2017年					
排名	发文单位	发文总量	排名	发文单位	发文总量
1	中山大学	10	7	中国传媒大学	2
2	北京师范大学	6	7	华中科技大学	2
2	复旦大学	6	7	江西财经大学	2
2	上海交通大学	6	7	西南大学	2
5	清华大学	5	7	同济大学	2
6	中国社会科学院	3	7	电子科技大学	2
6	南京大学	3	7	对外经济贸易大学	2
6	北京大学	3	7	西安交通大学	2
6	中国科技大学	3	7	浙江大学	2
7	华中师范大学	2	7	浙江财经大学	2

来源：Web of Science，排序为Web of Science默认排序。

① 排名顺序为Web of Science自动生成。

表2列出了2017年发文总量超过2篇的内地机构。巧合的是，它们恰好代表了内地机构在SSCI收录的新闻传播学期刊发文总量的前20位。

具体到发表期刊上，表3列出了2016年及2017年中国内地学者发表论文的前18份SSCI新闻传播学期刊。选择18份是因为上一年的年鉴排列了2016年中国内地学者发文的18份期刊（每份期刊均发表两篇或两篇以上论文），为了便于对照我们仍然保留了这一数量，虽然2017年发文量排在第18位的《论据》杂志的发文量已经只有1篇。

从表3的统计我们可以看出，2016年内地作者国际传播学期刊发文集中在传统的专注于中国所在区域的期刊（如《亚洲传播学刊》）、中国传播学研究的综合类传播学期刊（如《中华传播学刊》）、专注于移动通讯的期刊（如《国际移动通讯学刊》和《IEEE职业传播汇刊》等刊物）、综合类国际传播刊物（如《国际传播学刊》）以及话语分析类期刊（如《文本谈话》或《话语传播》）等领域。

表3　2016年及2017年中国内地学者发表论文的前18份SSCI新闻传播学期刊①

2016年		2017年	
期刊英文名/期刊中文名	发表数量	期刊英文名/期刊中文名	发表数量
International Journal of Communication/《国际传播学刊》	9	*Asian Journal of Communication*/《亚洲传播学刊》	8
Telecommunications Policy/《电信政策》	8	*Chinese Journal of Communication*/《中华传播学刊》	7
Chinese Journal of Communication/《中华传播学刊》	7	*International Journal of Conflict Management*/《国际冲突管理学刊》	6
Asian Journal of Communication/《亚洲传播学刊》	5	*International Journal of Communication*/《国际传播学刊》	5
Text Talk/《文本谈话》	5	IEEE Transactions on Professional Communication/《IEEE（电气电子工程师学会）职业传播汇刊》	4
Discourse Communication/《话语传播》	4	*International Journal of Mobile Communications*/《国际移动通讯学刊》	4
Discourse Context Media/《话语文本媒体》	4	*Journal of Social and Personal Relationships*/《社交与人际关系学刊》	4
Health Communication/《健康传播》	4	*Telecommunications Policy*/《电信政策》	4
Discourse Studies/《话语研究》	3	*Text Talk*/《文本谈话》	4
International Communication Gazette/《国际传播学学报》	3	*Journalism Studies* /《新闻学研究》	3

① 2016年，内地作者共在35份SSCI新闻传播学期刊上发文（指论文）。2015年，内地作者共在25份SSCI新闻传播学期刊上发文。为便于比较，此处只选取2016年内地作者发文两篇以上及2015年排名靠前的18份。排序为Web of Science默认。本文附件包括内地作者2016年在SSCI新闻传播学期刊上所有发文的列表。

续表

2016 年		2017 年	
期刊英文名/期刊中文名	发表数量	期刊英文名/期刊中文名	发表数量
International Journal of Advertising/《国际广告学刊》	3	*Social Semiotics*/《社交符号语言学》	3
Journal of Computer Mediated Communication/《计算机辅助传播学刊》	3	*Critical Discourse Study*/《批判话语研究》	2
Discourse Society/《话语与社会》	2	*Discourse, Context, Media*/《话语文本媒体》	2
International Journal of Conflict Management/《国际冲突管理学刊》	2	*Health Communication*/《健康传播》	2
International Journal of Public Opinion Research/《国际舆论研究学刊》	2	*Journal of Advertising Research*/《广告研究学刊》	2
Media Culture Society/《媒体文化社会》	2	Public Understanding of Science/《公众理解科学》	2
Public Relations Review/《国际冲突管理学刊》	2	Translator/《翻译家》	2
Television New Media/《电视与新媒体》	2	*Argumentation*/《论据》	1

来源：Web of Science。

继 2016 年后，2017 年，署名为中国内地的作者也在最有影响力的国际传播学期刊——《传播学研究》（*Communication Research*）、《传播学刊》（*Journal of Communication*）与《传播学理论》等取得了突破。

当然，差距仍然存在。虽然内地作者在重要传播学刊物上的发表量不断增加，但在作者排序上仍然处于非核心（第一作者或通讯作者）作者位置。另一方面，一些在知名期刊上发表论文的内地作者，属于近年来开始加入中国学术阵营的非华裔外籍学者，如本年度在传播学重要刊物《传播学理论》上为中国取得零的突破的研究，其作者就是当时受聘于北京大学的外籍博士后①。虽然这体现了中国学术的进步和国际化程度的提升，但也说明本土学术能力以及对传播学理论的熟练（英语）语言表达能力仍然有待提升。

尽管如此，中国内地作者如此集中地在 SSCI 传播学期刊的顶级刊物中发表论文仍然属于历史性突破。这让人有理由相信，中国本土新闻传播学者在这方面会取得持续的进步。

二、2017 年中国学者境外发表的国际合作

以往的研究表明，本土学者与境外作者（含港澳在内）的合作是国际新闻传播学论文发表的重要因素之一。本研究利用合著关系探索这种国际合作。由表 4 可见，2017 年内地作者发表的国际新闻传播学论文的排名靠前的境外合著者中，隶属美国

① Hendriks E. C.，"Breaking Away From Charisma? The Celebrity Industry's Contradictory Connection to Charismatic Authority"，*Communication Theory*，27（4），2017，347 - 366. 该研究者 2015—2017 年在北京大学任博士后职位。

的机构最多，在前10名中占据了5席。这既是因为美国在整个新闻传播学研究的世界领先地位，也由于大量中国赴美留学生毕业后留美执教或从事研究工作，并与国内作者合作。香港机构（4所）和新加坡南洋理工大学则占据了在前10名中剩余的5席。由于欧美国家及香港地区作者较为熟悉国际新闻传播学期刊的规则和学术话语，所以与他们合作，也有利于论文在国际期刊的发表。

表4 2016—2017年与中国内地学者合著国际论文前10位的机构及合作论文数量

2016年		2017年	
合作机构	论文数量	合作机构	论文数量
澳门大学	6	香港中文大学	4
香港中文大学	4	香港浸会大学	4
香港城市大学	3	香港恒生大学	4
新加坡南洋理工大学	3	新加坡南洋理工大学	4
美国西北大学	3	美国博林格林州立大学（Bowling Green State University）	2
香港浸会大学	2	美国康奈尔大学	2
美国宾州州立大学	2	美国宾州州立大学	2
美国阿拉巴马大学	2	美国佛罗里达州立大学	2
伊利诺伊大学香槟分校	2	天普大学	2
德国曼海姆大学	1	香港大学	2

来源：据Web of Science推算。

同样值得关注的是，2017年的国际发表的前十位海外合作机构中，除香港中文大学、香港浸会大学、新加坡南洋理工大学和美国宾州州立大学外，其他机构变化都非常大。这与中国内地作者的国际发表尚数量稀少、没有形成除中国香港和新加坡之外稳定的国际学术合作网络有关。很多合著与合作，往往基于作者共同参会等偶然因素，或者是由于内地作者到境外进行访学。国际合著、合作伙伴的变化，说明稳定的国际合作关系尚未形成。可以预见，在今后相当长的时间内，香港仍然是主导中国新闻传播学研究国际合作的重点地区。

三、中国学者国际新闻传播学研究的选题及内容分析

通过阅读中国学者2017年国际发表的论文，我们发现，这一年的研究题材继续呈现出高度多样化的趋势，多篇论文聚焦新闻媒体生态、互联网研究、科学与健康传播研究及广告效果等研究领域。一些既往研究的趋势也得以延续，比如政治等宏大议题的持续边缘化，对媒体多样性的解读等。

从研究方法上而言，媒体内容分析仍然占据重要地位，这既包括媒体报道的内容分析，也包括媒体报道的话语分析，还有以符号为分析单位的量化内容分析。2017年的国际新闻传播学发表论文中，话语、符号分析类的论文数量继续超过了主流大众传播学学者所擅长的内容和框架分析。

有研究者发表在传播学领域最为重要的《传播学刊》（*Journal of Communication*）上的一项跨国合作研究，通过对包括中国在内的19个国家和地区66份报纸发表的

将近35000篇样本文章进行分析，从干涉者、监督者、忠诚宣传者、服务提供者、信息提供者、公民素养发展者这6个维度探索了不同国家的记者角色[①]。每个维度都用媒体报道中所体现出的多项不同指标来衡量。这一研究发现，传统上认为记者履行的诸如新闻监督或宣传或信息提供等单一维度都无法涵盖记者实际扮演的角色。在现实中，各国媒体都呈现出混合的媒体角色（hybridization），但这些混合并非毫无章法，而是会根据各国政治制度、文化传统等因素呈现多层次的混合。

应用这一研究中的中国数据，该研究者又在《亚洲传播学刊》[②] 上发表论文，指出传统上将中国媒体分为党报与市场化媒体的二分法缺乏实证材料支撑。在现实中，虽然如《人民日报》等党报会体现出更多宣传者角色，但《中国青年报》等党报文章则呈现了高度的服务者与信息提供者特点，而《南方都市报》等市场化媒体，也不乏党报所具有的宣传教导特点。

除了媒体形态外，在大众传播领域，中国的国家形象继续得到了传播学者的关注。一项研究运用在中国5个最大的城市进行的大样本调研，揭示出中国公众推断“美国媒体对中国的负面报道会影响美国公众对中国的态度”[③]。接受调研的中国公众获知的西方媒体对中国的负面报道越多，他们越会认为这些报道更容易影响美国公众对中国的态度。基于这种认知，中国公众普遍支持政府在国际上进行更加广泛的国家形象宣传。

也有研究者应用话语分析的方法，探讨了中美两国媒体如何建构“第一夫人”彭丽媛与米歇尔·奥巴马的形象。这一研究发表在《话语、文本、媒体》杂志上[④]。该研究发现，两国媒体都热衷于描绘“第一夫人”的文化与公益形象，但在表现“第一夫人”的政治参与方面则相当不同。中国媒体倾向于突出彭丽媛与米歇尔·奥巴马在外交谈判中发挥的作用，而美国媒体在报道两人出席政治活动时，总是被动提及两位“第一夫人”的名字，鲜有专门刻画“第一夫人”的表述。作者指出，“第一夫人”的形象，是国家软实力的重要体现，而中美两国对软实力的不同理解，可能是造成这种“第一夫人”形象建构差异的原因。

随着中国崛起和中非协作、一带一路等项目的启动，中国媒体的国际影响力和发展中国家媒体从业者对中国的认知也成为了研究者关注的对象。一项研究通过对南非、肯尼亚、埃及和尼日利亚等非洲国家媒体如何报道2015年在南非召开的第六届中非合作论坛峰会的分析[⑤]，探讨了不同国家的媒体在报道这次中非论坛时选择的主要角色不同，但它们在总体上对论坛的报道持乐观态度，其报道议题基本上与论坛议题相吻合。但与此同时，非洲媒体仍然缺乏对论坛进行深入报道的特写或焦点文章。基于这些情况，该研究作者建议

① Mellado C., Hellmueller L., Wang, H. Y., “The Hybridization of Journalistic Cultures: A Comparative Study of Journalistic Role Performance”, *Journal of Communication*, 67 (6), 2017, 944 – 967.

② Wang H. Y., Sparks C., Lue N., Huang Y., “Differences within the Mainland Chinese Press: A Quantitative Analysis”, *Asian Journal of Communication*, 27 (2), 2017, 154 – 171.

③ Wei R., Lo V. H., Golan G., “Examining the Relationship Between Presumed Influence of US News About China and the Support for the Chinese Government's Global Public Relations Campaigns”, *International Journal of Communication*, 11, 2017, 2964 – 2981.

④ Zhang L., “The Soft Power of a First Lady-Constructing Identities for First Ladies in the Chinese and American Media”, *Discourse Context & Media*, 20, 2017, 33 – 44.

⑤ Zhang Y. Q., Matingwina S., “African Media Representation of FOCAC VI: Towards Balanced Reporting for Effective Narratives on China-Africa Relationships”, *Journal of African Media Studies*, 9 (3), 2017, 451 – 470.

非洲媒体应该更加深入地报道中非合作，从而有助于驱散人们对中非关系的误读与误会。

2017 年中国学者在科学传播领域的国际发表方面取得了显著进展。科学传播领域两份知名刊物《公众理解科学》和《科学传播》发表了三篇以内地学者为第一作者或通讯作者的研究，且直至 2018 年底，三篇文章都获得了 3 次以上的引用，这表明中国科学传播的研究开始得到国际学界的注意。此外，中国作者发表的科学传播和环境传播研究，也依托于“气候变化”和“雾霾”这类公众广泛关注的议题，在综合类传播学期刊中以及话语研究类传播学期刊中获得显示度。

一项发表在《公众理解科学》上的研究分析了自然科学领域世界最知名的三份期刊《科学》《自然》《细胞》杂志（通常简称为 CNS）的封面视觉化效果①。研究表明，如果一项发表在这些名刊上的研究被做成封面图片，那么其引用就会显著高于本期杂志发表的其他论文。虽然能被 CNS 做封面报道的论文，通常都是重要或非常热点的研究，这让它们高于其他论文的引用率这一点顺理成章，但该研究仍然很有意义。其揭示了视觉效果或封面刊介这种大众传媒手段，同样能应用于科学家们之间用于判断研究重要性的专业传播上。

有研究者分析了中国“网红”科学家的社交媒体利用②。该研究发现，尽管科学家们都认为从事科普是科学家们当仁不让的责任，但实际上，利用互联网积极传播科学则是各种因素交织在一起的产物。这些因素包括宣传自身成果、提升业内知名度、促进产学研合作和提升媒体科学报道等。而在利用不同社交媒体方面，科学家们普遍将可操控性当成重要衡量手段，这就使得他们更加看重微信及其公众号所提供的对传播过程的控制（以及对于年龄较大的科学家，在科学网这一读者比较精英的平台上开设博客），而普遍不愿意使用开放、不可控的微博。

《公众理解科学》发表的另一项研究③，通过让孩子们描画科学家来探讨他们心中科学家的形象以及造成这种形象的影响源头。这一研究发现，影视作品在影响孩子们心中的科学家形象方面，发挥了主导性的作用。

在科学传播越来越得到重视的同时，健康传播方面的议题始终得到在国际期刊发表研究的中国新闻传播学者的广泛关注。2014 年至 2016 年，在中国学者发表的国际新闻传播学论文中，健康传播仍是新闻传播学各子领域中的热点议题。2017 年，以健康议题为内容的研究则向不同议题和不同载体扩展，涉及医患关系、微博健康传播特点、社交网络对健康应急事件的风险放大以及健康议题的媒体报道。研究方法也进一步呈现出多样性，包括调研、微博留言分析、媒体报道分析和话语分析等各种研究方法。

有研究者对微博健康传播特点进行了探究④。该研究发现，人们对微博中健康信息的转发、点赞和回复背后的传播机理并不

① Wang G. Y., Gregory J., Cheng X., Yao Y. T., “Cover Stories: An Emerging Aesthetic of Prestige Science”, *Public Understanding of Science*, 26 (8), 2017, 925 - 936.

② Jia H. P., Wang D. P., Miao W. S., Zhu H. J., “Encountered but Not Engaged: Examining the Use of Social Media for Science Communication by Chinese Scientists”, *Science Communication*, 39 (5), 2017, 646 - 672.

③ Tan A. L., Jocz J. A., Zhai J. Q., “Spiderman and Science: How Students' Perceptions of Scientists are Shaped by Popular Media”, *Public Understanding of Science*, 26 (5), 2017, 520 - 530.

④ Liu X. C., Lu J., Wang H. Y., “When Health Information Meets Social Media: Exploring Virality on Sina Weibo”, *Health Communication*, 32 (10), 2017, 1252 - 1260.

相同。转发主要是直觉式的（heuristic），点赞和回复则要进行较系统思考。决定人们转发健康信息的因素包括信息的公共性、负面诉求和非专业的权威性（比如已经有多人转发点赞），而决定人们点赞和回复作者的因素则包括信息的私人属性、正面诉求以及专业（如引经据典或发言人具有专家身份）与非专业的权威性。

另一项研究从微博反应时间的角度探讨了微博对健康应急事件［人类感染A型禽流感（H7N9）事件］的风险放大作用[①]。他们发现，绝大部分人对微博相关信息的反应时间超过一分钟。原发微博的不同情感导向，会导致不同的反应时间。信息发布者与读者两者之间的地理位置相近、原发微博与读者之间的互动、信息传播者的活跃和受欢迎，都会缩短人们在微博上对健康危机信息的反应时间。无疑，这一研究拓展了对社交媒体上风险的社会放大框架（social amplification of risk）这一风险传播的重要理论的研究。

需要指出的是，虽然2017年中国作者发表的有关“健康传播”的研究数量仍然较多，题材也更加丰富，但却没有研究涉及如何干涉人们的健康行为以及人们健康知识的获取这两大健康传播研究的基本方向的研究[②]。这说明，我国的健康传播研究并没有形成自己较稳定的研究路径。

四、海归学者在新闻传播学领域的学术实践与身份认同的压力

实际上，除国内相关领域研究路径还尚未稳定外，我国健康传播研究缺乏行为干涉与传播效果研究则反映出国内外学术旨趣的巨大差异[③]。从事国际学术发表的新闻传播学者，对这种差异有着直观的感受。由于从事国际学术发表的新闻传播学者，大部分具有海外经历（含一年及以上的访学经历）[④]，因此也有必要在国际发表这一背景下，探讨新闻传播学领域海归学者回国后的学术实践和身份认同，并以这两个维度来解释本领域国际发表所具有的一些特点[⑤]。

我们在过去4年中进行的系列深度访谈表明，海归学者因为境外求学的经历，往往会基于中外比较的视角来审视国内外的学术场域。这种对比将本土学者眼中某些习以为常的现象问题化了，如大学教师的职称考核中偏重数量、论文发表中过多人际关系因素介入等等。海内外的巨大差异往往导致海归学者不太适应本土学术场域，这体现在三个相互交织的层面上：学术技能、组织考核和学术价值。

需要关注的是，海归学者对本土学术场域的认知和判断，往往带有强烈的价值判断。我们的访谈对象多次提到“学术江湖”等修辞，指代学者所处的建制化环境，暗示结构性力量对于学者以及学术独立性的影响。这种比喻消解了学术的神圣和权威性。访谈者采用戏谑、调侃甚至是讽刺的修辞，某种程度上体现了他们的不满和抵抗。

但与此同时，值得关注的是，访谈对象倾向于将学术国际化等同于美国化，他

---

① Zhang L., Xu L. J., Zhang W. H., “Social Media as Amplification Station: Factors that Influence the Speed of Online Public Response to Health Emergencies”, *Asian Journal of Communication*, 27 (3), 2017, 322－338.

② 贾鹤鹏、苗伟山：《科学传播、风险传播与健康传播的理论溯源及其对中国传播学研究的启示》，《国际新闻界》2017年第2期。

③ Jia H., Miao W., Zhang Z., Cao Y., “Road to International Publications: An Empirical Study of Chinese Communication Scholars”, *Asian Journal of Communication*, 27 (2), 2017, 172－192.

④ Ibid..

⑤ 本部分内容来自苗伟山的阶段性成果《中国新闻海归学者的学术实践与身份认同》。

们的比较往往会陷入中外二元对立的框架，并在这一对立中将美国化的国际化视为更加理想的状况。反过来，这又导致了部分本土学者认为海归们的研究不接地气。

海归学者所感受到的这种海内外学术界的差异，造成了他们的选择困境：国际化或本土化发展是他们必须面临的抉择。但由于海内外学术场域的差异较大，以及研究者的时间精力有限，加上国内一二线城市巨大的生活、经济压力，让海归学者在具体学术实践中从刚回国的想兼顾国际发表和本土发表，逐渐变成了鱼与熊掌不可兼得的困境。

海归学者的这种学术实践并非短时间行为，而是一个不断尝试、挑战和调整的过程，这个过程被个人能力、组织制度和身份认同三个因素不断影响。我们项目的跟踪性调研和访谈数据显示，随着时间的推进，生存性的压力逐渐超越其他影响因素，迫使海归学者采取实用主义的策略，即以“快速发表、满足考核要求和学术生存”为主要诉求。

对上述对立立场的张力与选择困境的探讨，有助于我们理解中国学者的国际新闻传播学发表，往往缺乏本土观照这一现象[①]。但与此同时，他们也陷于各种压力中，被迫在国际学术生产中同样选择以数量取胜的策略，而不愿意为了名刊发表而耗费更多精力、等待更长时间。这可能也是导致包括海归在内的本土学者在重要国际传播学期刊中鲜以重要作者身份发表论文的原因。当然，缺乏海归经历的本土学者，肯定也会由于这些压力而不愿意耗费更多精力、等待更长时间来获取名刊发表。只是后者普遍不具有国际名刊的发表能力，所以并不是我们重点探讨的对象。

由此，在未来对中国新闻传播学的国际发表研究中，需要立足于论文和知识特征，进一步挖掘对知识生产及学术生态产生影响的机制。

五、总结与讨论

2017 年，中国内地学者在国际新闻传播学期刊发表了 87 篇研究型论文，比 2015 年的 56 篇和 2016 年的 86 篇有小幅提升。这一结果显示，中国内地作者在国际新闻传播学刊物发文保持了持续上升的势头。

从论文发表的学术机构看，中山大学是国际发表增长最值得关注的对象，而中国人民大学、武汉大学等传统新闻传播研究强校的国际发表势头有所减缓。

在与海外机构的合作发表论文中，2017 年合作单位较 2016 年乃至 2014 年和 2015 年的巨大变化，体现了我国内地学者与国际同行之间尚未形成稳定的学术合作关系与学术共同体。

就论文内容而言，2017 年的国际论文在领域和议题上继续呈现高度多样化态势。其中科学传播作为传播学子学科的发展态势较为显著，这与中国创新型国家的发展和公民科学素养不断提升所带来的对科学信息的需求有一定关系[②]。这种需求最终会传导到传播学术界，让传播学领域越来越多的学者认识到从事这一领域研究的重要性。

此外，作为国际传播学中最为热点的子领域，健康传播仍然在我国学者的国际发表中保持着相当的分量。虽然从现实层面而言，人们对食品安全、生活健康以及医疗质量等健康议题的关注不断上升，国际上对健康传播的重视也让这一领域不断

① 贾鹤鹏、张志安：《新闻传播研究的国际发表与中国问题——基于 SSCI 数据库的研究》，《新闻大学》2015 年第 3 期。

② 贾鹤鹏、闫隽：《科学传播的溯源、变革与中国机遇》，《新闻与传播研究》2017 年第 2 期。

取得发展，但总体而言，我国学者对健康传播领域的重视还不够（在历年的国家社科基金中，也很少有把健康传播作为专门的选题来招标）。体现在国际发表上，我国学者对健康传播做出的理论性贡献还不够显著。

基于论文发表者的访谈和计量学研究则表明，中国学者发表的国际新闻传播学论文还没有得到国际学术界的关注。正如文中指出，这些研究缺乏重要理论贡献和国际学术界对其关注不足，这与我国新闻传播学国际发表的主力——海归学者面临的国内学术环境与身份认同的双重挑战有关。我们持续的深度访谈表明，海归学者对国内学术界长期存在的一些问题，如考评中的以量取胜或者文章发表过程中需要维持人脉关系等，存在很大的不满。一方面，他们在无力改变现状的情况下，往往只能调节自身的学术生产来适应现状，这导致了学者们对学术研究理论贡献的追求出现了松懈。另一方面，国内学术界存在的一些问题也让他们强化了对海外与国内知识生产二元对立的认知。

这种二元对立，以及各种体制性、障碍性因素，如部分高校在考评方面的重“量”不重“质”、我国人文社科评估中广泛存在的不承认论文合著者学术贡献的僵化规定等，也减弱了海归学者们在国际学术发展与探索本土议题之间寻求平衡的努力，切割了国际论文生产与国内知识生产和本土关怀之间的系统联系。

2017 年，中国内地教育界大力推行“双一流”建设，其中一个重要指标是该学科的国际发表论文产出数，部分顶尖“双一流”大学在人才引进、职称晋升及年度奖励方面将 SSCI 论文产出数量作为重要考量依据，在这些体制性激励因素的影响下，未来中国内地新闻传播学领域的国际发表产出有望进一步增长。但如果学术评估中数量重于质量、不承认合作者的恰当学术贡献等不合理的体制性因素得不到有效克制，“双一流”建设所带来的推动，有可能只会体现在国际论文数量上，而不是在研究质量上，这是科研决策者、管理者和学术生产参与者都需要注意的问题。

最后，我们要再次说明，SSCI 数据库收录的新闻传播期刊并不能反映学科全貌；虽然从研究的可行性上而言，利用 SSCI 收录的新闻传播期刊仍然是考察中国新闻传播学者国际发表状况的有效办法，但读者在把握本文研究结论时，对研究的局限性需要保持必要认知。聚焦于涉华研究主题的 SSCI 收录的非传播学类别的学术期刊（其中有内地新闻传播学者的论文发表）尚未纳入本研究的视野，我们将在今后的研究中，通过人工甄别新闻传播学者的国际发表来形成可供分析的数据库，从而弥补现有研究样本覆盖不足的缺憾。

撰稿：贾鹤鹏（美国康奈尔大学博士候选人）
苗伟山（中国社会科学院新闻与传播研究所助理研究员）

2017 年中国学者国际期刊发表新闻传播学论文篇目概览

篇名	作者	第一作者所在单位	刊名	卷期页
Improving the Effectiveness and Credibility Of Corporate Social Responsibility Messaging An Austrian Model Identifies Influential CSR Content and Communication Channels	Gruber, Verena; Kaliauer, Magdalena; Schlegelmilch, Bodo B.	HEC Montreal, Canada	*JOURNAL OF ADVERTISING RESEARCH*	57 (4), 397 – 409
The soft power of a First Lady-Constructing identities for First Ladies in the Chinese and American Media	Zhang, Lei	天津外国语大学	*DISCOURSE CONTEXT & MEDIA*	20, 33 – 44
The Hybridization of Journalistic Cultures: A Comparative Study of Journalistic Role Performance	Mellado, Claudia; Hellmueller, Lea; Marquez-Ramirez, Mireya; et al.	Pontificia Univ Catolica Valparaiso, Chile	*JOURNAL OF COMMUNICATION*	67 (6), 944 – 967
The evolution of the telecommunications policy agenda: Forty years of articles in Telecommunications Policy	Gomez-Barroso, Jose Luis; Feijoo, Claudio; Quiles-Casas, Manuel; et al.	Univ Nacl Educ Distancia, Spain	*TELECOMMUNICATIONS POLICY*	41 (10, Special Issue: SI), 853 – 877
China's Telecommunications Evolution, Institutions, and Policy Issues on the Eve of 5G: A Two-decade Retrospect and Prospect	Xia, Jun	北京邮电大学	*TELECOMMUNICATIONS POLICY*	41 (10, Special Issue: SI), 931 – 947
Breaking Away From Charisma? The Celebrity Industry's Contradictory Connection to Charismatic Authority	Hendriks, Eric Cornelis	北京大学	*COMMUNICATION THEORY*	27 (4), 347 – 366

续表

篇名	作者	第一作者所在单位	刊名	卷期页
What will I Tell You about My Marriage? The Relationship between Attachment and Autobiographical Memory of Married Life	Wang, Yan; Wang, Dahua; Feeney, Brooke C.; et al.	北京师范大学	*JOURNAL OF SOCIAL AND PERSONAL RELATIONSHIPS*	34 (7), 963 – 983
Sacrifice, Commitment, and Marital Quality in the Early Years of Chinese Marriage: An Actor-partner Interdependence Moderation Model	Cao, Hongjian; Fang, Xiaoyi; Fine, Mark A.; et al.	Univ North Carolina Greensboro, USA	*JOURNAL OF SOCIAL AND PERSONAL RELATIONSHIPS*	34 (7), 1122 – 1144
Cover Stories: An Emerging Aesthetic of Prestige Science	Wang, Guoyan; Gregory, Jane; Cheng, Xi; et al.	中国科技大学	*PUBLIC UNDERSTANDING OF SCIENCE*	26 (8), 925 – 936
Towards Multiple Hyper Theme: Theme Beyond the Clause	Zhang, Daqun	南昌大学	*TEXT & TALK*	37 (6), 663 – 681
Monitoring the Swimzone while Finding South: Sustained Orientation in Multi-activity Among Beach Lifeguards	Harrison, Simon; Williams, Robert F.	Univ Nottingham Ningbo China	*TEXT & TALK*	37 (6), 683 – 711
Progress of E-development in China Since 1998	Loo, Becky P. Y.; Wang, Bo	香港大学	*TELECOMMUNICATIONS POLICY*	41 (9), 731 – 742
Encountered but Not Engaged: Examining the Use of Social Media for Science Communication by Chinese Scientists	Jia, Hepeng; Wang, Dapeng; Miao, Weishan; et al.	Cornell Univ 与中山大学	*SCIENCE COMMUNICATION*	39 (5, Special Issue: SI), 646 – 672
Intervention and Revision: Expertise and Interaction in Text Mediation	Luo, Na; Hyland, Ken	武汉科技大学	*WRITTEN COMMUNICATION*	34 (4), 414 – 440
African Media Representation of FOCAC VI: Towards Balanced Reporting for Effective Narratives on China-Africa Relationships	Zhang Yanqiu; Matingwina, Simon	中国传媒大学	*JOURNAL OF AFRICAN MEDIA STUDIES*	9 (3), 451 – 470

续表

篇名	作者	第一作者所在单位	刊名	卷期页
Grounding Civic Engagement in Strategic Communication for China's Public-health Programs: Air-quality Campaigns as a Case Study	Hu, Ying; Pratt, Cornelius B.	华中师范大学	*PUBLIC RELATIONS REVIEW*	43 (3), 461 - 467
The Generic Structure of CSR Reports in Italian, Chinese, and English: A Corpus-Based Analysis	Yu, Danni; Bondi, Marina	北京外国语大学	*IEEE TRANSACTIONS ON PROFESSIONAL COMMUNICATION*	60 (3), 273 - 291
Integrating Ego, Homophily, and Structural Factors to Measure User Influence in Online Community	Zhang, Chenghong; Lu, Tian; Chen, Shoucong; et al.	复旦大学	*IEEE TRANSACTIONS ON PROFESSIONAL COMMUNICATION*	60 (3), 292 - 305
Competing Discursive Constructions of China's Smog in Chinese and Anglo-American English-language Newspapers: A Corpus-assisted Discourse Study	Liu, Ming; Li, Chaoyuan	中山大学	*DISCOURSE & COMMUNICATION*	11 (4), 386 - 403
Spiderman and Science: How Students' Perceptions of Scientists are Shaped by Popular Media	Tan, Aik-Ling; Jocz, Jennifer Ann; Zhai, Junqing	Nanyang Technol Univ, Singapore	*PUBLIC UNDERSTANDING OF SCIENCE*	26 (5), 520 - 530
Transnational Business Communication and Identity Work in Australia	Ai, Bin; Wang, Lifei	对外经贸大学	*IEEE TRANSACTIONS ON PROFESSIONAL COMMUNICATION*	60 (2), 201 - 213
Expanding the NCI Health Information National Trends Survey From the United States to China and Beyond: Examining the Influences of Consumer Health Information Needs and Practices on Local and Global Health	Kreps, Gary L.; Yu, Guoming; Zhao, Xiaoquan; et al.	George Mason Univ, USA	*JOURNALISM & MASS COMMUNICATION QUARTERLY*	94 (2), 515 - 525

续表

篇名	作者	第一作者所在单位	刊名	卷期页
Self-disclosure to Parents in Emerging Adulthood: Examining the Roles of Perceived Parental Responsiveness and Separation-individuation	Jiang, L. Crystal; Yang, Ian Ming; Wang, Chengjun	香港城市大学	*JOURNAL OF SOCIAL AND PERSONAL RELATIONSHIPS*	34 (4), 425 - 445
The Impact of Word of Mouth via Twitter On Moviegoers' Decisions and Film Revenues Revisiting Prospect Theory: How WOM about Movies Drives Loss-Aversion and Reference-Dependence Behaviors	Yoon, Yeujun; Polpanumas, Charin; Park, Young Joon	北京大学	*JOURNAL OF ADVERTISING RESEARCH*	57 (2), 144 - 158
Host Environment, Host Communication, and Satisfaction With Life: A Study of Hong Kong Ethnic Minority Members	Chen, Ling; Feng, Guangchao Charles	香港浸会大学	*COMMUNICATION RESEARCH*	44 (4), 487 - 511
Social Media as Amplification Station: Factors that Influence the Speed of Online Public Response to Health Emergencies	Zhang, Lun; Xu, Linjia; Zhang, Wenhao	北京师范大学	*ASIAN JOURNAL OF COMMUNICATION*	27 (3), 322 - 338
Designing for a Culturally Inclusive Democracy: A Case Study of Voter Registration Outreach Postcards in Latino Communities	Pryor, Lindsay	温州大学	*TECHNICAL COMMUNICATION*	64 (2), 154 - 165
From "Connected Presence" to "Panoptic Presence": Reframing the Parent-child Relationship on Mobile Instant Messaging Uses in the Chinese Translocal Context	Yu, Qian; Huang, Peiying; Liu, Liming	中国传媒大学	*MOBILE MEDIA & COMMUNICATION*	5 (2), 123 - 138
Father Identities Constructed Through Meaning Choices: a Systemic-functional Analysis of Fathers' Letters in Dad Where Are We Going	Yang, Xueyan	复旦大学	*TEXT & TALK*	37 (3), 359 - 385
Transitivity of Kinetic Typography: Theory and Application to a Case Study of a Public Service Advertisement	He, Xianzhong	长安大学	*VISUAL COMMUNICATION*	16 (2), 165 - 194

续表

篇名	作者	第一作者所在单位	刊名	卷期页
Discourse of Leadership: The Power of Questions in Organizational Decision Making	Aritz, Jolanta; Walker, Robyn; Cardon, Peter; et al.	USC, Los Angeles, USA	*INTERNATIONAL JOURNAL OF BUSINESS COMMUNICATION*	54 (2, Special Issue: SI), 161 – 181
Question Resistance and its Management in Chinese Psychotherapy	Yao, Xue – li; Ma, Wen	山东大学	*DISCOURSE STUDIES*	19 (2), 216-233
Does Site Architecture Matter? The Political Implications of Public-versus Private-oriented Social Network Sites in China	Su, Chris Chao; Lee, Francis L. F.; Lin, Gongcheng	香港中文大学	*ASIAN JOURNAL OF COMMUNICATION*	27 (2), 134 – 153
Differences Within the Mainland Chinese Press: A Quantitative Analysis	Wang, Haiyan; Sparks, Colin; Lue, Nan; et al.	中山大学	*ASIAN JOURNAL OF COMMUNICATION*	27 (2), 154 – 171
Road to International Publications: An Empirical Study of Chinese Communication Scholars	Jia, Hepeng; Miao, Weishan; Zhang, Zhi'an; et al.	Cornell Univ 与中山大学	*ASIAN JOURNAL OF COMMUNICATION*	27 (2), 172 – 192
Translator's Positioning and Cultural Transfer with Reference to The Book and the Sword	Luo, Yongzhou	上海体育大学	*LANGUAGE & COMMUNICATION*	53, 59 – 68
Representing Ordinary People: Experiential Interview Fragments in CCTV News	Feng, Debing	江西财经大学	*TEXT & TALK*	37 (2), 165 – 188
The Effects of Attachment Style and Security Priming on the Perception of Others' pain	Pan, Yangu; Zhang, Dajun; Liu, Yanling; et al.	西南大学	*JOURNAL OF SOCIAL AND PERSONAL RELATIONSHIPS*	34 (2), 184 – 208
Must a Successful Argument Convert an Ldeal Audience?	Hu, Xingming	南京大学	*ARGUMENTATION*	31 (1), 165 – 177
Newsweek Discourses on China and their Korean Translations: A Corpus-based Approach	Kim, Kyung Hye	上海交通大学	*DISCOURSE CONTEXT & MEDIA*	15, 34 – 44

续表

篇名	作者	第一作者所在单位	刊名	卷期页
Effects of a Dyad's Cultural Intelligence on Global Virtual Collaboration	Li, Ye; Rau, Pei-Luen Patrick; Li, Hui; et al.	SAP Deutschland SE & Co KG, Germany	*IEEE TRANSACTIONS ON PROFESSIONAL COMMUNICATION*	60 (1), 56－75
An Evaluation of China's Evolving Broadband Policy: An Ecosystem's Perspective	Liu, Chun	西南交通大学	*TELECOMMUNICATIONS POLICY*	41(1), 1－11
Writing Multi-discursive Ethnography as Critical Discourse Study: The Case of the Wenchang Palace in Quzhou, China	Hou, Song; Wu, Zongjie	广东外语外贸大学	*CRITICAL DISCOURSE STUDIES*	14 (1), 73－89
Representing Sexuality and Morality in Sex Education Picture Books in Contemporary China	Liang, Jennifer Yameng; Tan, Sabine; O'Halloran, Kay	北京科技大学	*SOCIAL SEMIOTICS*	27 (1), 107－126
Translating into English as a Non-Native Language: a Translator Trainer's Perspective	Tang, Jun	东南大学	*TRANSLATOR*	23 (4, Special Issue: SI), 388－403
English as Lingua Academica: The Case of the Chinese Translation Fund for the Humanities and Social Sciences	Fan, Lingjuan	宁夏大学	*TRANSLATOR*	23 (4, Special Issue: SI), 428－440
The Struggle for Hegemony: The Emergence of a Counter-public Sphere in Post－1997 Hong Kong	Lee, Paul S. N.; So, Clement Y. K.; Leung, Louis; et al.	香港恒生大学	*CHINESE JOURNAL OF COMMUNICATION*	10 (4, Special Issue: SI), 338－359
Post-handover Identity: Contested Cultural Bonding Between China and Hong Kong	Fung, Anthony Y. H.; Chan, Chi Kit	香港中文大学	*CHINESE JOURNAL OF COMMUNICATION*	10 (4, Special Issue: SI), 395－412

续表

篇名	作者	第一作者所在单位	刊名	卷期页
Discursive Opportunity Structures in Post-handover Hong Kong Localism: the China Factor and Beyond	Chan, Chi Kit	香港恒生大学	*CHINESE JOURNAL OF COMMUNICATION*	10 (4, Special Issue: SI), 413 - 432
The Mind-Set to Share: An Exploration of Antecedents of Narrowcasting Versus Broadcasting in Digital Advertising	Ju, Ilyoung; He, Yi; Chen, Qimei; et al.	Bowling Green State Univ, USA	*JOURNAL OF ADVERTISING*	46 (4), 473 - 486
On the Dimensionality of Intragroup Conflict An Exploratory Study of Conflict and its Relationship with Group Innovation Performance	Ma, Lin; Yang, Baiyin; Wang, Xueli; et al.	北京师范大学	*INTERNATIONAL JOURNAL OF CONFLICT MANAGEMENT*	28 (5), 538 - 562
An Asymmetric Cross-cultural Perspective on the Mediating Role of Conflict Management Styles in Expatriation	Zhang, Ying; Wei, Xialing; Zhou, Wei	云南财经大学	INTERNATIONAL *JOURNAL OF CONFLICT MANAGEMENT*	28 (5), 592 - 616
Effects of Inter-organizational Conflicts on Construction Project Added Value in China	Wu, Guangdong; Zhao, Xianbo; Zuo, Jian	江西财经大学	*INTERNATIONAL JOURNAL OF CONFLICT MANAGEMENT*	28 (5), 695 - 723
Report on Provider-Client Interaction From 68 Methadone Maintenance Clinics in China	Li, Li; Comulada, W. Scott; Lin, Chunqing; et al.	Univ Calif Los Angeles, USA	*HEALTH COMMUNICATION*	32 (11), 1368 - 1375
To Share or Not to Share: A Cross-Sectional Study on Health Information Sharing and Its Determinants Among Chinese Rural Chronic Patients	Fu, Hang; Dong, Dong; Feng, Da; et al.	华中科技大学	*JOURNAL OF HEALTH COMMUNICATION*	22 (10), 800 - 807
Information Asymmetry and Investor Reaction to Corporate Crisis: Media Reputation as a Stock Market Signal	OuYang, Zhe; Xu, Jia; Wei, Jiuchang; et al.	南京财经大学	*JOURNAL OF MEDIA ECONOMICS*	30 (2), 82 - 95
The Dynamic Hydropower Troubleshooting Information Based on EMD Multi-scale Feature Entropy Extraction	Lu, Shibao; Wei, June; Bao, Haijun; et al.	浙江财经大学	*INTERNATIONAL JOURNAL OF MOBILE COMMUNICATIONS*	15 (6), 677 - 692

续表

篇名	作者	第一作者所在单位	刊名	卷期页
The Impact of Online Social Capital on Social Trust and Risk Perception	Mou, Yi; Lin, Carolyn A.	上海交通大学	*ASIAN JOURNAL OF COMMUNICATION*	27 (6), 563 - 581
Inter-media Agenda Setting in Global News Production: Examining Agenda Attributes in Newspaper Coverage of the MH370 Incident in the US, China, and Hong Kong	Cui, Di; Wu, Fang	上海交通大学	*ASIAN JOURNAL OF COMMUNICATION*	27 (6), 582 - 600
Social Networking Site Uses, Internalization, Body Surveillance, Social Comparison and Body Dissatisfaction of Males and Females in Mainland China	An Xiaojing	浙江外国语学院	*ASIAN JOURNAL OF COMMUNICATION*	27 (6), 616 - 630
Re-imagined Communities in Macau in Cyberspace: Resist, Reclaim and Restructure	Lin, Zhongxuan	中山大学	*CHINESE JOURNAL OF COMMUNICATION*	10 (3), 229 - 245
Prophet, Gadfly, Polemicist, Conscience of America?: The US Press Versus Noam Chomsky	Bergman, Tabe	人民大学	*JOURNALISM STUDIES*	18 (11), 1453 - 1469
The Strategic Ritual of Emotionality in Chinese and Australian Hard News: A Corpus-based Study	Huan, Changpeng	上海交通大学	*CRITICAL DISCOURSE STUDIES*	14 (5), 461 - 479
Framing Climate Change: A Content Analysis of Chinese Mainstream Newspapers From 2005 to 2015	Han, Jingjing; Sun, Shaojing; Lu, Yanqin	Indiana Univ Bloomington, USA	*INTERNATIONAL JOURNAL OF COMMUNICATION*	11, 2889 - 2911
Examining the Relationship Between Presumed Influence of US News About China and the Support for the Chinese Government's Global Public Relations Campaigns	Wei, Ran; Lo, Ven-Hwei; Golan, Guy	上海交通大学	*INTERNATIONAL JOURNAL OF COMMUNICATION*	11, 2964 - 2981
How Does Political Satire Influence Political Participation? Examining the Role of Counter- and Proattitudinal Exposure, Anger, and Personal Issue Importance	Chen, Hsuan-Ting; Gan, Chen; Sun, Ping	香港中文大学	*INTERNATIONAL JOURNAL OF COMMUNICATION*	11, 3011 - 3029

续表

篇名	作者	第一作者所在单位	刊名	卷期页
The Defining Approaches and Practical Paradox of Sensitive Data: An Investigation of Data Protection Laws in 92 Countries and Regions and 200 Data Breaches in the World	Wang, Min; Jiang, Zuosu	武汉大学	*INTERNATIONAL JOURNAL OF COMMUNICATION*	11, 3286 – 3305
How to Survive Mistreatment by Customers Employees' Work Withdrawal and Their Coping Resources	Wang, Xiaohui; Wang, Haibo	中山大学	*INTERNATIONAL JOURNAL OF CONFLICT MANAGEMENT*	28 (4), 464 – 482
Discursive Construction of Territorial Disputes: Foreign Newspaper Reporting on the Diaoyu/Senkaku Islands Dispute	Wang, Guofeng	上海师范大学	*SOCIAL SEMIOTICS*	27 (5), 567 – 585
What Happened to Those Fans Several Years Later?: Empowerment from Super Girls' Voice for Girls in China (2007 – 2015)	Cui, Li; Zhang, Xinzhi	西南大学	*CRITICAL STUDIES IN MEDIA COMMUNICATION*	34 (4), 400 – 414
Team Faultline: Types, Configuration and Influence-evidence from China	Zhang, Jing; Liang, Qiaozhuan; Zhang, Yue; et al.	西安交通大学	*INTERNATIONAL JOURNAL OF CONFLICT MANAGEMENT*	28 (3), 346 – 367
Global Questioners: Examining Journalists' Aggressiveness at Chinese Premiers' Press Conferences (1993 – 2015)	Wu, Feng; Cheng, Yang; Chao, Duo	西安交通大学	*ASIAN JOURNAL OF COMMUNICATION*	27 (4), 357 – 377
When Health Information Meets Social Media: Exploring Virality on Sina Weibo	Liu, Xinchuan; Lu, Jia; Wang, Haiyan	北京大学	*HEALTH COMMUNICATION*	32 (10), 1252 – 1260
The Adoption and use of WeChat Among Middle-aged Residents in Urban China	Huang, Hanyun; Zhang, Xiwen	厦门大学	*CHINESE JOURNAL OF COMMUNICATION*	10 (2), 134 – 156
Copyright Regulations as Political and Economic Leverage: The Case of the Online Video Industry of China	Wang, Wei-Ching; Cao, Shule; Dai, Jia	台湾师范大学	*CHINESE JOURNAL OF COMMUNICATION*	10 (2), 176 – 191

续表

篇名	作者	第一作者所在单位	刊名	卷期页
Research on Mobile Commerce Payment Management Based on the Face Biometric Authentication	Wang Feng; Jiyan Zhou; Chen Dan; et al.	吉林大学	*INTERNATIONAL JOURNAL OF MOBILE COMMUNICATIONS*	15 (3), 278 – 305
The Use of Melodramatic Animation in News, Presence and News Credibility: A Path Model	Lo, Wai Han; Cheng, Benjamin Ka Lun	香港恒生大学	*JOURNALISM STUDIES*	18 (6), 787 – 805
Respondent Mode Choice in a Smartphone Survey	Conrad, Frederick G.; Schober, Michael F.; Antoun, Christopher; et al.	Univ Michigan, USA.	*PUBLIC OPINION QUARTERLY*	81 (Special Issue: SI), 307 – 337
For Public Communication: Promises and Perils of Public Engagement	Downey, John	Loughborough Univ Technol, England, 上海交通大学	*JAVNOST-THE PUBLIC*	24 (2), 173 – 185
Celebrity Influence and Young People's Attitudes Toward Cosmetic Surgery in Singapore: The Role of Parasocial Relationships and Identification	Wen, Nainan	南京大学	*INTERNATIONAL JOURNAL OF COMMUNICATION*	11, 1234 – 1252
Conflict and Creativity in Inter-organizational Teams The Moderating Role of Shared Leadership	Hu, Nan; Chen, Zhi; Gu, Jibao; et al.	中国科技大学	*INTERNATIONAL JOURNAL OF CONFLICT MANAGEMENT*	28 (1, Special Issue: SI), 74 – 102
Publicity Strategies and Media Logic: COMMUNICATI- ON Campaigns of Environmental NGOs in China	Dai, Jia; Zeng, Fanxu; Wang, Yuqi	清华大学	*CHINESE JOURNAL OF COMMUNICATION*	10 (1), 38 – 53
Reconstructing Classical Chinese Fables Through Modern Adaptations: A Functional Comparative Study	Chen, Yumin	中山大学	*SOCIAL SEMIOTICS*	27 (2), 145 – 157
Online Public Deliberation in China: Evolution of Interaction Patterns and Network Homophily in the Tianya Discussion Forum	Medaglia, Rony; Yang, Yang	Copenhagen Business Sch, Denmark	*INFORMATION COMMUNICATION & SOCIETY*	20 (5), 733 – 753

续表

篇名	作者	第一作者所在单位	刊名	卷期页
Pakistani Government-News Media Relationships How Relevant are Western Journalistic Values?	Akhtar, Nadeem; Pratt, Cornelius B.	华南理工大学	*JOURNALISM STUDIES*	18 (1, Special Issue: SI), 65 - 85
Role of Channel Integration on the Service Quality, Satisfaction, and Repurchase Intention in a Multi-channel (Online-cum-mobile) Retail Environment	Yang, Shuqing; Lu, Yaobin; Chau, Patrick Y. K.; et al.	浙江财经大学	*INTERNATIONAL JOURNAL OF MOBILE COMMUNICATIONS*	15(1), 1 - 25
Mechanism of Government Policies in Cross-border E-commerce on Firm Performance and Implications on M-commerce	Chen, Nan; Yang, Jianzheng	上海理工大学	*INTERNATIONAL JOURNAL OF MOBILE COMMUNICATIONS*	15(1), 69 - 84

整理：贾鹤鹏（美国康奈尔大学博士候选人）

第六篇
学术出版

序跋选粹

《胁迫之术》译者序

《吾土吾民：农民的文化表达与主体性》序一

《游戏人、Q方法与传播学——威廉·斯蒂芬森的传播游戏理论研究》序

《制造和服务业中的数字劳工》导言

《正在逝去的新闻：民主制温床的新闻之未来》“三新”译序

《对空言说：传播的观念史》中译版序

《传感器与新闻》序言二

《想象的互动：网络人际传播中的印象形成》序

知识生产、社会转型与中国“形”“像”（代序）

《直击人心——社交媒体时代新闻发布与媒体关系管理》序：社交网络时代我们如何进行有效的话语表达

《数字青年：一种文化研究的新视角》绪论：数字青年的日常生活与文化实践

知识科学理论、文献计量学与学科发展

——评《中国广告学知识生产研究》

书目辑览

2017年中国新闻传播类书目

《胁迫之术》译者序

知识的积累与演进是现代性进行自我确证的关键依据。与此紧密相关，知识分子对真理的真诚追求、科学研究的独立性和客观性都早已成为现代学术事业的道德准则。作为一种自我约束的科学精神，这些专业伦理有着令人崇敬的品质，并对一般意义上的社会进步做出了很多卓越贡献。然而，当人们片面强调现代知识的自主性和普遍性，以至于对知识生产过程中的权力因素视而不见的时候，这些崇高的伦理却可能沦为矫饰霸权的意识形态，走向“学术自由”的反面。

《胁迫之术》给我们展现的正是这样一个故事。正如此书的副标题所指，美国传播研究的兴起和传播学科的构建离不开冷战时期国家心理战工程的资助和引导。本书作者，美利坚大学传播学院教授辛普森通过对大量档案材料的研究为我们展示了二战后几十年间，为了满足冷战的需要，美国军方、情报机构、政府部门、重要的基金会组织等如何推动传播学者们从事说服技巧、民意测量、刑讯审问、政治与军事动员、意识形态宣传等课题的研究。这些以宣传和胁迫为目的的研究项目不但在传播学“奠基人”的选拔上发挥了重要作用，而且帮助确立了学科的核心问题与主导范式。

在辛普森的著作中，传播学领域众多耳熟能详的顶级学者和研究机构纷纷以服务于“帝国统治技术”的工具性角色出场，然而这却并不妨碍他们在知识分子的学术圈中展现独立、客观、科学、进步的面貌。在核心学术刊物和重要的学术会议上，他们只需要把心理战项目的研究报告裁剪打磨成科学研究论文，就可以树立一座座传播研究的里程碑。正是这些研究成果，不但奠定了美国传播学的主流方向，而且成为日后发展中国家社会科学现代化的标杆。

值得注意的是，外部权力对学科的规制还不仅仅体现在引导、资助等正向手段上。在冷战高潮时期，警察制度、同行压力和学院政治联袂配合，“积极地压制那些站在反对立场上的传播学观念，特别是那些他们视为具有颠覆性的批判思想”。当年游离于主流之外的很多批判传播学者都曾经历过这段艰辛岁月，恰如作者所言“对传播与意识形态之间关系的非正统分析可能会招致职业共同体的学术驱逐，联邦调查局的恶意审查，媒体的攻击，甚至是暴力袭击”。

在同情这些学者尴尬处境的同时，我们也该警醒，主流传播观念的形成，并非线性进化的结果，它离不开这段外部权力对多样性思想进行选择和压制的历史。这一点，恐怕正是那些长期将美国传播学研究历史当成正统的科学学术史、思想史来研读的学者们的盲点。

当然，建构学科正统性和学术独立性的神话本身就是权力规制的内在需要。如果缺少了正统性和独立性的认定，不仅众多发展中国家的传播学者不会轻易将这些心理战成果奉为真经，恐怕美国主流传播学界内部也会面临严重的道德合法性危机。那么当时传播学科的领军人物是如何将“冷战斗士”和“进步学人”的双重面目缝合在一起的呢?

要完成这个任务，所需的不仅是体制的提拔和学术包装的技巧，更重要的是一套自我确证的观念装置，是那种处于文明秩序制高点的迷之自信，那种宗教热忱一般的普世责任感，那种带领人类社会由蒙昧走向现代的自诩进步意识。要理解冷战时期美国学术精英的行为动机，这套观念装置可能比国家资助所塑造的表面风光和单纯而抽象的“爱国热情”更为重要。它是主流传播学者为自己学术事业创造合法性的德性源泉。

美国很多冷战政策的研究成果虽然为我们展示了重要的历史事实，但是对于上述意识形态因素的挖掘还显得比较薄弱，多数也不太涉及这些政策与重要国际历史背景的关联。《胁迫之术》一书更多聚焦在心理战与传播研究之间的关系上，大量的证据材料帮助我们廓清了传播学兴起的具体情境。然而要想真正理解这些关系和情境，并不能停留在人道主义的层面上进行指责和质问，还须对这套国家战略传播体系形成的历史和政治逻辑有更多深入的理解。

我们可以将冷战社会科学的兴起看成是有数百年统治经验的帝国主义面对新的历史条件所做出的一种回应。帝国体系的危机是二战之后老牌殖民国家面临的最大挑战。这种挑战不仅源于共产党在中国的胜利、朝鲜战争的失利、古巴革命的成功和众多新兴国家脱离殖民体系等政治事件，更主要来自西方文明等级秩序这个全球治理法则背后的“道统”所面临的质疑。从联合国人权宣言到经济领域、信息传播领域等一系列的“新秩序”倡议；从社会主义作为一种发展替代方案在西方阵营内外的兴起到“第三世界”“不结盟运动”所代表的独立自主意识，一个焕发着勃勃文化生机，同时又给不平等秩序的维护者带来严重威胁的新世界呼之欲出。

在这样的历史背景下，那些被小施莱辛格称为“至关重要核心”（The Vital Center）的美国文化政治精英们承担的不仅是“国家”的使命，而且是所谓“文明”的使命。他们一方面要在暗中施行强力手段挫败世界范围内的激进运动；另一方面又要重塑对第三世界的文化领导权和全球文明等级秩序。而历史已经证明，美国社会科学研究在这两个方面都做出了卓有成效的贡献。

为了在伊朗、埃及、朝鲜、菲律宾、危地马拉和越南等众多地区遏制民主革命力量的崛起，国家冷战机器对各种颠覆手段和“统治技术”的需求不断扩张。心理战工程及其资助下的众多传播学项目聚焦于说服效果、军队士气、态度改变、刑讯审问等“胁迫技术”的研究正是对这种需求的回应和满足。

与此相伴随，从二十世纪六十年代开始，传播研究在“发展”和“现代化”领域引人注目的成果又为重塑西方世界的道路自信和文化感召力奠定了基础。冷战社会科学所推行的发展主义和现代化理念在政治内涵上并不是二十世纪的创造发明，而是古老的“天定命运”（manifest destiny）和帝国主义文明等级论的延续和改良。这些观念在不平等秩序遭遇危机时以现代科学的面貌重新登场，与各种革命理论奋力抗争，并在之后的历史中取得了显著的优势。

就这样，美国社会科学家把马基雅维利式的权谋和士大夫“以天下为己任”的责任担当完美地结合在一起。前者是后者实现的必要手段，而后者又给前者创造了不可或缺的道德合法性。离开这种认知一致性的构造，我们就无法理解冷战时期的传播学者如何能心安理得地从事“胁迫之术”的研究，并将其当成一项科学进步事业来看待。

回到这段冷战的历史背景中，我们更能体会，当“科学是无国界的，科学家是有祖国的”这句名言从一位第三世界知识分子的口中说出，它所表达的真实政治含义是什么。与披着主权国家外衣，行使维护“帝国文明秩序”强权的“军事—科技”机器刚好相反，这里的“祖国”恰是对一种反霸权集体意识的召唤，是追求平等的知识分子们对精神家园的渴望，更是建立一种新型世界秩序的根据地。“科学家有祖国”不是对民族身份和国家主权归属的静态承认，而是对胁迫性学术秩序的告别与否定！

当这个意义上的“祖国”退化为“国家利益”“国际一流”“国际高水平”等被挖空了政治含义的概念空壳；当发展中国家社会科学的研究问题和研究范式唯欧美主流学术圈马首是瞻；当各种冷战社会科学核心刊物上的文章发表数量成为认定学术成果质量的最高标准，也就意味着那种对知识自主性的不懈追求令人遗憾地中断了。如今，压制与反抗的年代终究远去，全球学术政治的等级体系得以重建，并在后危机时代掩盖了曾经的狰狞面目，展现着它一定程度上的温和与包容。

王维佳

书　介

书名：《胁迫之术：心理战与美国传播研究的兴起》

作者：［美］克里斯托弗·辛普森（Christopher Simpson）（美利坚大学传播学院新闻学教授）

译者：王维佳、刘扬、李杰琼

出版社：华东师范大学出版社 2017 年版

《吾土吾民：农民的文化表达与主体性》序一

新世纪以来，伴随现代性危机以及“起火的世界”（蔡美儿），传播研究也出现转机，冷战与新自由主义一脉渐入困境，而“批判研究”即源于马克思道统、追求人的自由而全面解放、超越异化现实的学术思潮，则似野火烧不尽，春风吹又生，也召唤着一批青年学人倾心于解释世界与改变世界的志业，《吾土吾民》作者及其著述就是一例。

这部“文化与传播”新著，属于沙垚

博士以其学位论文为核心完成的十年磨一剑的研究。关于这项研究及其成果，我在导师评语中曾经评述道：

论文以乡村传播这一学术前沿为方向，以中国农村文化特别是新中国成立以来新文化建设为主线，以激发农民的文化自觉与文化主体性为问题导向，基于比较丰富的田野调查资料与一手文献资料，对关中皮影活动及其传播路径作了深入细致的学术考察与理论研究，得出了一些颇有启发的思想观点。论文选题既紧扣学术前沿，又契合社会生活实际，研究工作扎实严谨，无论田野，还是文献，都力求细致入微，竭泽而渔，故而资料翔实，内容丰富，视野开阔，对历史的把握与问题的分析实事求是，往往切中要害。论文结构得当，条理明晰，语言顺畅，叙事生动，在历史与逻辑有机统一上达到较高水平，体现了良好的学风与文风，显示了科学严谨的治学态度。

这套四平八稳的评语，难以看出十年磨一剑的心血，而从如下数据中，或可略见一斑：田野工作 400 多天；一手档案 3000 多页；访谈 500 多次；音视频材料 300 多小时。而更值得关注的还是字里行间的学术追求与取向。近年来，对传播研究的批评不绝于耳，三种传神说法尤为深刻：一曰“不痛不痒”，二曰“装神弄鬼”，三曰“罗马在燃烧”（兀自躲进小楼成一统，管他冬夏与春秋）。一言以蔽之，远离社会政治，沉湎学院游戏，而且，言必称希腊，死不说中国（即使说也往往好似海客谈瀛洲）。我曾策划过一组学术笔谈，主题为“昨天·今天·明天：追寻新闻学之魂”，其中的“主持人语”写道：如今新闻传播领域有点类似于叶公子真见天龙的情形，“失其魂魄，五色无主”，新闻理论体系也几近分崩离析，莫衷一是，就像《红楼梦》的贾府，“外面的架子虽未甚倒，内囊却也尽上来了”。在一片众声喧哗之际，曹锦清教授所言“西语”“译语”，则貌似异军突起，攻城略地，俨然成为主导性涌流。随着新说异见乱纷纷你方唱罢我登场，新闻学也出现游离中国社会，与五千年文明历程、一百余年近现代历史、共产党共和国两个百年中国梦，以及千千万万普通新闻人的光荣与梦想渐行渐远的情况。有鉴于此，我们策划了这个选题，一方面自然是让思想冲破牢笼，重新激发中国新闻学的内在生命力与想象力，脚踏实地审视与探究中国新闻实践及其社会背景与历史传统。另一方面更是借以召唤起富于政治活力、契合新闻传播与社会历史实践、有益国计民生的学术话语，开辟历史与逻辑有机统一的新闻理论体系，将中国学人的聪明才智汇成一江春水向东流的思想清流，既淘洗僵化板结的新闻学版图，又唤回五迷三道的新闻学命魂。借用张承志《人文地理概念之下的方法论思考》一文中的呼唤：“旧的时代该结束了，泥巴汗水的学问刚刚登场。我们只是呼唤真知实学，我们只是呼吁，一种不同的知识分子的出现。”

沙垚以及越来越多的新一代传播学人，日渐意识到如今某些流行的学术进路即便不是绝路，也是狭路，从而自觉地探索中国学术的“人间正道”及其中国作风与中国气派。他们的探索容或粗疏，研究纵然稚嫩，但不掩一派元气淋漓，生气洋溢，既应和着习近平新思想——以人民为中心、把论文写在大地上，也契合着一代马克思主义新闻学家甘惜分的学术向往——“立足中国土，回到马克思”。北京大学法学院苏力教授留学归国时，写下一部《法治及其本土资源》，日前法学界召开此书“初版二十周年学术研讨会”，有学者将其成就概括为四种意识：问题意识、反思意识、实证意识和使命意识。沙垚等也体现了类似的自觉意识，正如苏力所言：

书中所有主题都是基于我在中国生活

的经验而发生的表达冲动，现在回想起来，这就是一种问题意识。无论是法治与变法、秋菊的困惑、市场经济与法治、法律规避、司法专业化、抗辩制改革，所有这些问题都来自当时中国的现实，而不是来自书本。我的分析和回答，尽管借助一些理论视角和学术资源，但一直力求贴近中国社会，贴近中国社会的普通大众。我不关心某些学者或学派的理论怎样回答某个问题，而是看一个合乎情理的普通中国人在知情的条件下会怎样看这个问题。这违背了当时比较流行的先看外国法条或法理，然后反省中国、找出差距、努力达标的写作方法。概括地说，这种写作方式就是贴着中国社会生活的经验写，或者如同当年沈从文先生说的，贴着人物写。（《文汇学人》2017年1月16日）

了解中国现代学术进程，不难看出这一路径说到底正是吴文藻、潘光旦、费孝通一代先驱踏出的足迹。在《开风气，育人才》一文中，费孝通谈到吴文藻毕生致力的“社会学中国化”目标，同中国道路与马克思主义中国化的追求一脉相通：“‘社会学中国化’就是着重研究工作必须从中国社会的实际出发。中国人研究中国社会（本社会、本文化）必须注意中国特色，即中国社会和文化的个性。”

费孝通谈到的一个问题，同样值得传播研究关注和反思。将近一百年前，中国社会学界出现两种不同倾向：“一是用中国已有的书本资料，特别是历史资料填入西方社会和人文科学的理论；另一种是用当时通行于英、美社会学的所谓‘社会调查’方法，编写描述中国社会的论著。”对于这两种学术倾向与方法，吴文藻都表示怀疑，因为，“它们都不能充分反映中国社会的实际”，而恰恰“反映了当时中国大学里所讲的社会学走上了错误的路子，成了‘半殖民地的怪胎’”，它们“仍不脱为一种变相的舶来物”。而吴文藻、潘光旦、费孝通等一代学者，一生的志业归结起来就是一句话：“学术的用处就在为人民服务。”（《旧话相应：费孝通人物随笔》）

对沙垚来说，走向这样一条学术进路，尤其难能可贵，也格外耐人寻味。因为，他属于从校园到校园，从书本到书本的一代，又身处知识分子精英化的时代潮流。他于2005年入学，2015年毕业，在清华号称“三清团”，即本硕博均出身清华。2017年是清华新闻学院建院十五周年，他求学时适逢其黄金时代，范敬宜院长带领师生成就的中国新闻教育一段华彩篇章。李强的大二习作《乡村八记》、曾维康的硕士学位论文《农民中国》、姚遥的博士学位论文《新中国对外宣传史》等堪称典范，沙垚所在班级也涌现一干青年才俊，“弃燕雀之小志，慕鸿鹄以高翔”“服务祖国，服务人民”是他们共同的精神特质，一时间真是风云际会，俊采星驰。

我记得一幕迄今栩栩如生。当年，所有新生，无论本科生还是研究生，都必修一门“马克思主义新闻观”。这门课程由范敬宜亲力亲为，在一片近乎废墟之上重新树起马克思的大纛，将马克思主义课程与学科大举推进，并以学生喜闻乐见的内容以及丰富多样的形式，使之成为最受青睐的“重头戏”，在他们的成长历程上留下深刻烙印。

沙垚入学之初，自然也修了这门课。不久，网络学堂爆发一场针锋相对的讨论，主题是张爱玲。交锋双方一是沙垚，一是庄庆鸿，前者力挺张爱玲，操持一套“流行文化流行语”，后者拒斥张爱玲，同范敬宜看法相似：不出旧中国上海滩多愁善感的小女生境界。初次看到俩人名字，我想当然以为沙垚是女生，庄庆鸿是男生，而事实刚好相反。后来，我在沙垚新婚典礼上感叹道：这些年来，看着他一步步从对月伤心、见花落泪的文学青年，成长为脚踏实地、心系苍生的传播学者，虽然手头枕边仍有红楼相伴入梦，花前月下常与朋友煮茶品茗，却一路风尘仆仆，日入日深做着泥巴汗水的朴素学问。

沙垚的变化既为范敬宜新闻教育模式提供了又一范例，也让人想起乔治·奥威尔的心路历程。作为二战中的BBC记者，奥威尔在《我为什么写作》中，提到作家总是不同程度受制于四种动机：自我主义、审美热情、历史的冲动、政治的目的。回顾自己，他意识到："那些没有政治目的的书，也是我写得最没有生机的书，总是一些华而不实的段落、没有意义的句子、修饰性的词语和骗人的鬼话。"东海西海，心理攸同，也可见去政治化均属"雕虫小技，壮夫不为"，而政治无非是家事国事天下事，也是学术研究的风声雨声读书声。无须多言，沙垚以及新一代传播学人才刚刚起步，本书也只是一个起点，前路还崎岖漫长，仍需勉力攀登。

李　彬

书　介

书名：《吾土吾民：农民的文化表达与主体性》

作者：沙垚（中国社会科学院新闻与传播研究所助理研究员）

出版社：中国社会科学出版社2017年版

《游戏人、Q方法与传播学——威廉·斯蒂芬森的传播游戏理论研究》序

《游戏人、Q方法与传播学——威廉·斯蒂芬森的传播游戏理论研究》这本著作是在作者硕士论文的基础上，又经过南京大学两年多的学术熏染，经过修改和补充完成的。

1967年斯蒂芬森出版《大众传播的游戏理论》，这是其传播游戏理论诞生的重要标志。研究斯蒂芬森的思想，首先必须注意到他的心理学家背景，并追溯60年代之前美国心理学和传播学发展的历史。美国传播学与心理学之间的关系如影相随，且不说众多美国传播学理论的奠基者，如社会学芝加哥学派的库利、米德、帕克，哥伦比亚学派和应用社会研究局的拉扎斯菲尔德、坎垂尔、赫佐格、卡茨、贝雷尔森，二战期间新进的传播学者施拉姆、霍夫兰、斯坦顿、斯托夫等人均来自社会学和心理学研究领域，事实上，美国心理学与传播学发展一直处于一种共生关系或者相互影响之中，总体来看，美国心理学发展稍微先于传播学发展，心理学对传播学发展的影响更为明显和重要一些。作为美国传播学思想源头的社会学芝加哥学派，其重要成员库利、米德等人提出的首属群体理论、镜中自我理论以及符号互动理论，

既是美国最原初的本土社会学和社会心理学理论，也是关于人内传播、人际传播的传播学理论，二者是一种共生关系。李普曼和拉斯韦尔等人开启了美国早期大众传播理论建设，他们的著述具有浓厚的心理学特征。美国最早的大规模媒介调查活动佩恩基金“电影与青年”研究是美国组织化和专业化的传播效果研究的开端，总共出版了12部学术专著成果，开启了美国传播学研究的实证主义源头，其研究方法和成果形式更多的具有社会学和社会心理学的意味。其后以拉扎斯菲尔德为领袖的应用社会研究局几十年间所开展的广播、广告、公共关系、政治选举等研究，拉斯韦尔在二战期间所从事的宣传和情报研究，霍夫兰等人在二战以及冷战期间所从事的电影效果、态度改变研究，1960年代以来所兴起的使用与满足、议程设置、培养理论、沉默的螺旋理论以及第三者效应理论等，无不与社会心理学理论密切相关。笔者在《传播学研究的社会心理学传统》一书中已经粗略勾勒出了美国传播学发展历史中社会心理学的影响路径。

受心理学和社会心理学的影响，尤其是受行为主义心理学的影响，美国传播学研究中形成了牢固的传播效果研究传统，并在这一传统中深深植入了“刺激—反应”这一行为主义心理学模式，其要义在于期望找到信息传播的行为影响规律，从而发现信息制作和传播的最佳方式，实施有效劝服，最终预测并控制受众社会行为，帮助传播者和其他利益方谋求相关利益的最大化。我们姑且不论美国传播学研究中的这种实用主义价值立场如何与美国社会自由主义价值观背道而驰，这类传播研究中关于信息刺激与受众反应线性对应的行为主义心理学模式实际上已经制造了一个传播学研究的“神话”，因为这样一种传播效果模式否认了受众的个体差异，否认了受众心理和行为反应的其他社会影响来源，否认了受众精神心理世界的丰富性和复杂性，一句话，否认了受众的自我主导性和自由意志，它以一种线性的方式简化了信息传播与行为反应之间的关系。正是基于这一事实，我们完全可以断定传统的美国传播学理论不过是一个神话，那种以线性方式去看待环境与人类行为关系的行为主义心理学不过是另外一种神话。作为心理学家的斯蒂芬森应该是一眼看穿了这双重神话，他不屑于从传统的传播控制这一通常角度去看待传播效果问题，而是将传播效果问题转化成“传播快乐”（communication-pleasure）、“选择聚神”（convergent selectivity）、“自我提升”（self-enhancing），或者直言之，传播就是一种体现受众高度自主性和主观性的“游戏”。在他的传播游戏理论中，受众反转为传播的主体，受众不过是借用传播从事一种游戏活动，并在游戏中彰显生命的活力和价值，体验生命存在的快乐，这一说法足够惊世骇俗。

我们可以隐约感觉到，斯蒂芬森从年轻时代开始就希望借物理学革命的成果，进行心理学的再造，这一心理学理论会充分考虑到人类心理的复杂性、多变性、互补性、主观性、不确定性、非线性、非因果性等特点，并且在那个时候他就思考发明一种可操作性的方法去测量和描述心理主观性，直到60年代他的理论探索瓜熟蒂落，终于以游戏理论的面貌问世，由于自己兴趣和工作变动的缘故，他把游戏理论运用到传播问题之中，或者结合传播问题去思考游戏理论，我们将他的理论称之为传播游戏理论，其实也就是我们下面要阐明的传播心理学理论。作为这一理论的技术基础，Q方法也同时问世，这些都与20世纪前后的那场物理学革命密切相关。

就在上个世纪美国行为主义心理学一路狂奔之时，另外还有许多人也在试图绕开刺激—反应这一线性模式不断探寻人心的秘密，他们或者注意到个体差异、个体经验、个体态度和需求对于行为的影响

（如新行为主义心理学），或者注意到人际关系、人际互动、群体关系对于心理行为的影响（如符号互动论、格式塔心理学以及团体动力学等），或者注意到个人认知对心理行为的影响（如认知心理学等），而斯蒂芬森却另辟蹊径，试图将游戏这一普遍性的人类活动作为传播心理的基石，在美国率先建立了传播心理学的理论大厦。

事实上，60年代之前，美国传播学经过半个多世纪与心理学相互融合、相互发展，在60年代已经到了一个催生新型交叉学科——传播心理学的临界点。笔者查阅到，此间除了斯蒂芬森出版的《大众传播的游戏理论》外，另外至少还有多部冠以传播心理学的学术著作出版，例如1963年斯坦福大学的Jon Eisenson等出版了《传播心理学》，1967年和1968年George A. Miller和Daniel K. Stewart又分别出版同名传播心理学著作，1968年John Parry出版了《人类传播心理学》，这些著作都从不同角度探讨了传播中的心理问题。比较而言，斯蒂芬森的《大众传播的游戏理论》是一部真正涉及大众传播的传播心理学著作，而且深深烙上了哲学革命和物理学革命的印记。

在《大众传播的游戏理论》中斯蒂芬森开宗明义地说道："早期大众传播研究的共同缺憾是对于'游戏（play）'元素的严重忽视。我认为如果不考虑游戏这一元素，我们将无法理解社会控制和选择聚神的意义。因此，我们需要构想一个大众传播的游戏理论（play theory），而非信息理论（information theory）。"

在斯蒂芬森看来，受众接触媒介就是一种游戏，人们翻阅报纸，打开电视，选择自己感兴趣的版面或者频道，选择自己满意的时间和空间去阅读或者观赏，人们按照自己的主观兴趣对报刊或者电视招之即来，呼之即去，这些都可以被视为游戏行为。而发生在人们大脑中的游戏活动更加精彩多变：人们可以假装相信那些虚假的新闻，假装快乐地去观赏一部肥皂剧，人们可以假扮剧情中的某一角色，人们针对某一新闻或者剧情而在大脑中自我会话、自我争辩、自我反思、自我开释。媒介为人们制造了一个又一个社会化场景和白日梦，但是人们收放自如，自由出入于幻境和现实之间，凡此种种，都是游戏。这种游戏性的心理与行为意味着受众并不是任由别人摆布的道具，媒介和信息才是受众把玩的玩具，在现代社会，受众的媒介接触成为自己的一种存在方式，他们在游戏中体验自己的存在与价值。斯蒂芬森认为，传播的要义就在于"传播快乐"。

根据斯蒂芬森的观点，大众传播并非一开始就具有传播游戏和传播快乐的特点，它主要是消费时代的产物，并且依赖于与之对应的"异向型人格"（Other-directedness），上个世纪六七十年代，美国创造和积累了大量财富，彻底摆脱了经济大萧条的窘境，他说："问题是如何消费如此丰富的现代生活？消费这些财富和奖赏需要一种新型的社会人格——不是出于卖弄和粗俗，而是出于纯粹的合乎情理的快乐和愉悦，这种快乐和愉悦发生在超市、停车场、河畔、海滨、高速公路以及国际旅游中。综上所述，我们的理论框架就是与'传播快乐'相关的事物，除了提升千百万美国人的人格，别无出路。"斯蒂芬森将异向型人格看作是齐美尔所描述的那种游戏方式，这类游戏以游戏本身为目的，而不带有其他功利目的，而内向型人格却患得患失。异向型人格竭力将会话复活到公共交流的最初状态，人人参与，相互分享，体现出原始传播的特点。他说："异向型人格关切的是细微琐碎的商品，有限的需求——它一切关乎快乐，无关承诺；一切关乎时尚，诸如在复活节时买一顶新帽子，快乐就好。"

斯蒂芬森传播游戏的概念同样有着丰富而驳杂的思想来源。他自己承认他的游戏理论首先受惠于荷兰学者赫伊津哈(John Huizinga)，后者说文化取决于游戏，斯蒂芬森则认为“游戏精神才是文化发展的本质”，应该从文化人类学角度去追溯游戏的起源以及它们与当代文化之间的联系。他认为游戏不仅仅存在于古代，而且也广泛存在于当代政治、法律、军事、商业、辩论以及传播活动中，他毫不避讳自己是一个泛游戏论者，他说：“无论国家、法院、教堂、院校、工厂或者家庭，游戏理论在这些一般机构中都适用。”他自称自己的游戏理论还受到精神病理学家托马斯·萨斯(Thomas Szasz)、社会学家罗杰·凯洛伊斯(Roger Caillois)、大卫·普拉斯（David Plath）的影响，他当然也从弗洛伊德、拉斯韦尔、施拉姆、里斯曼（Riesman)、海伦·休斯（Hellen Hughes)、赫伯特·海曼(Herbert Hyman）以及贝特森（Bateson）等其他众多社会学家和心理学家那里汲取营养。但是，他的游戏理论更本质上继承了社会学芝加哥学派的传统，是向人本主义心理学和传播学的回归。

斯蒂芬森的传播游戏概念并不系统，基本上是以零散化、碎片化的方式存在于《大众传播的游戏理论》一书中。概括起来，大约包含以下几层含义：

其一，传播作为游戏主要与自我娱乐、自我体验、自我提升和自我快乐相关联，它们体现出强烈的主观性。他反复声称传播就是一种主观性的游戏，传播就是“传播快乐”，传播仅仅是为了个人的愉悦，不带有任何功利的目的。这类传播游戏主要涉及自我存在与社会存在、社会控制之间的关系。

其二，传播游戏包含假扮、装扮、扮演、虚拟、想象、角色替换等含义。斯蒂芬森声称：“游戏是每个人的佯装出游，它将现实世界的纷扰与义务抛诸脑后；游戏是每一天的生活插曲，它与日常生活与现实世界相互隔绝。”他认为媒体报道的东西并不是所谓真实的东西，它们不过新闻脚本，报道者假扮成见证者，或者假装他们对自己报道的东西了如指掌，这本身就是一种游戏。他认为媒介为人们营造了一个有别于真实世界的梦境和环境，受众自愿出入于梦境和现实之中，而且二者之间的界限非常模糊，这类似于一种主观性游戏。他把读者对内容的挑选，读者从头到尾或者颠三倒四的阅读都看作是一种游戏。

其三，传播游戏包括会话、社交以及“选择聚神”这样一些互动和交流形式，它们又与“自我”概念和社会性格的形成相互关联。会话和社交性是斯蒂芬森传播游戏理论的核心内容，会话包括人们彼此之间的社交性会话，也包括受众在观看节目或者阅读新闻的时候自己内心与节目或者故事中人物之间的想象性的会话，此时的受众生活在媒介创造的间接性体验世界中，它体现的是媒介消费的特点。会话是社交性的基础，斯蒂芬森将这种建立在会话基础上的社交称作游戏，他认为传播游戏中的会话、社交与特定的“自我”和社会人格类型相关联，它们就是以“选择聚神”为基本特征的“异向性人格”。一方面，社会财富的增长以及社会流动性的增强催生了这种“异向性人格”，其特点是愿意消费，依赖媒介，追求快乐和时尚，因为某些共同的情趣、爱好和价值观而结成不同群体等；反过来，媒介又不断强化着这种“异向性人格”，同时也强化了“选择聚神”这一特征。拿斯蒂芬森的话来说：“异向型人格复活了会话的最初角色——它增强了社交性，使不同阶层、年龄、智力、阶级或肤色的人之间更容易对话和交流，无论是在家庭内外，还是工作场所内外。形成这种局面，任重而道远，但如果大众传播在这一领域无所作为，前景就更不乐观。”

其四，斯蒂芬森将受众与媒介互动过程中大量存在的重复性动作也理解为游戏。他认为阅读过程本身充满了各种游戏规则与技巧，人们不会按照媒介设定的议程去阅读，而是根据自己的兴趣爱好以及特有的认知方式去阅读。他完全认同海曼的观点：在每天的新闻轰炸中，个体总是设法维持自己原有的观点和价值观，总是以自我防御的方式进行信息预选。他把这种感知方式称作“统觉”（Apperceived），所谓统觉就是基于先前的兴趣系统而对事物作出的倾向性感知反应。他把每天新闻的密集轰炸称作一种“混合”状态，但是读者按照自己的方式去阅读新闻，这类似于孩子们按照不同的话题一遍遍重复游戏。此外，他认为一些看似不同的新闻，其实主题基本相似，都是一些老生常谈，但是读者依然沉浸于其中，这其实也是一种游戏，他断言：“新闻阅读具有游戏的一切特征。”

综上所述，斯蒂芬森主要以游戏、快乐、会话、社交、想象、自我、人格这类概念去建构其传播游戏理论，社会学芝加哥学派在揭示社会构成、社会本质的时候使用的基本上也是这些概念。不同的是，后者主要关注的是在自我人格形成以后的社会后果和影响，而斯蒂芬森关注的仅仅是传播快乐和自我提升。

网络时代的到来无疑进一步印证和强化了斯蒂芬森的传播游戏理论。游戏就像一句咒语，或者一道咒符，或者很像社会学芝加哥学派另一位领军人物托马斯（W. I. Thomas）所说的“情境定义”：当我们以游戏概念去图解人类心理和行为的时候，你越是想绕开它，它越是出现在你的脑海中。俗话说“人生如戏”，《红楼梦》有诗“真作假时假亦真”。游戏是一种具有悲剧意味的人类心理和行为，游戏始终具有两面性。一方面，游戏是主动的，人们在游戏中去追求自我，实现自由意志；另外一方面，游戏又是被动的，人们在游戏中将自己隐藏起来，以这种妥协的方式去维持某种平衡。游戏的吊诡在于既体现着自由意志，又因为现实的逼迫而常常让自由退场。这样的情景同样发生在传播游戏之中，受众在同时上演两出戏剧：一方面，受众以游戏方式反抗控制，体验快乐、追求自我，另一方面，受众又以这种方式逃避现实、逃避控制。正如斯密斯（Brian Sutton-Smith）一针见血地指出的那样：“尽管沉迷于媒介中的大众有时候是清醒的，但是为了游戏的目的，大众依然情愿沉浸其中，释放热情，就像赌博、踢足球、打网球一样。他们甘愿被一些取悦他们、麻痹他们以攫取利润的人所利用，但是他们仍然是在玩游戏。一旦我们抛开那些游戏是什么自由选择、尊贵无比的浪漫主义神话，那么就看不出那些自我陶醉的游戏与那些受制于谋利者的游戏之间有什么区别。”斯蒂芬森的传播游戏理论无力调和这一矛盾，这也体现了其理论的局限性。

《游戏人、Q方法与传播学——威廉·斯蒂芬森的传播游戏理论研究》是国内第一部全面介绍斯蒂芬森学术思想的专著，通过这部著作，斯蒂芬森的传播游戏理论第一次比较全面地呈现在国内读者面前。在作者看来，必须要从特定的历史和理论情境入手来透析传播游戏理论，因此作者尝试使用文本学方法对斯蒂芬森的一批一手文献进行一种原野式考察。比如，作者在第一章中通过“自说自话”的方式“复活”了斯蒂芬森的生活时代和理论情境，这种让传播思想史中的“零落印记”（福柯语）进行“再度发言”（胡翼青教授在这方面进行了重要的学术耕耘）的学术探索方式值得我们肯定。在第二章和第三章中，作者强调一定要从广阔的历史文化视界对“游戏”这个核心概念进行解读，据此，作者在中西历史文化语境中为我们大体呈现了远远超乎日常狭隘理解意义上的更为丰富的“游戏”境界。我赞同作者的观点，即传播的游戏理论是一种传播的文化理论（据此斯蒂芬森成为了后来凯瑞开启美国文化研究的先驱者），而“游戏”一词显然更加强调人的自由意志。换言之，斯蒂芬森反对主流传播研究过于沉溺在“社会控制”的效果研究泥潭当中，因为个体能动性消亡在了这种旧行为主义的消极模式当中，而是主张从自我意志的“游戏”和“选择聚神”入手考察传播活动的个体主观性。必须强调的是，一方面，斯蒂芬森从未彻底否定主流研究的开创价值，只是认为这种效果研究过于狭隘；另一方面，作者也指出斯蒂芬森的“传播人本理论”绝非一种老式的思辨人本主义哲学的传播变体，而是建立在20世纪初的“物理学革命”和“现象学运动”等西方新人学基础上的“科学人本主义”的理论新声。因此，作者强调不理解斯蒂芬森的量子物理学家身份，尤其是将主观性进行客观测量的Q方法就根本无法真正理解游戏理论。因此，作者在书中第四章重点阐述了Q方法的诞生，并对Q方法与主流传播学研究中的R方法进行比较研究，据此指出该方法继承了韦伯式的“理解社会学”传统，具备一种重大的“方法论的进步”。最有趣的是，作者创造性地将斯蒂芬森的游戏理论与凯瑞和胡翼青的相关研究进行理论汇通。在“回到芝加哥学派”的理论大背景下，斯蒂芬森的传播游戏理论将人本主义的“应该”的价值悬设和科学主义的“是”的实证分析进行有机整合，因此作者认为斯蒂芬森的传播游戏理论具备开启典范的重要革新价值，即它第一次在传播研究领域开启了一种互补整合的“科学人本主义范式”。最后，必须正视的问题是，作为作者研究斯蒂芬森的第一本小册子，全书在游戏论及Q方法的详细阐释上，尤其是对Q方法的深入讨论上依然显得比较单薄，因此可能对读者的深入理解还是造成了不小的困难；对于明显具有自由主义精神的斯蒂芬森来说，他在书中不仅反对“蔑视人性”的主流行为主义研究，也反对诸如法兰克福学派这样的西方马克思主义研究，但是无可否认游戏理论根本无法置身于一个权力和意识形态统治的真空地带。实际上，马克思的劳动异化理论也正是阐释“工作”（劳动）和“游戏”（自由）的二元对立，据此进行历史的、科学的社会批判，从而科学论证和最终实现“自由人的大联合”。当然作为博士阶段将主攻方向锚定在英国文化研究的作者而言，他对这个问题想必会有更加深入的思考。

（由于篇幅所限，编者对原文进行了删减）

柯　泽

书　介

书名：《游戏人、Q方法与传播学——威廉·斯蒂芬森的传播游戏理论研究》

作者：宗益祥（西北政法大学新闻传播学院讲师）

出版社：中国政法大学出版社2017年版

《制造和服务业中的数字劳工》导言

当代对于数字技术的评论倾向于将其与过去的“旧”技术进行根本性的割裂，但这种割裂往往忽视了引发技术变革的更为广阔的社会背景和不断朝着有利于资本积累的方向演变的现实。要了解当前数字劳工的组织形式，我们需要将它视为具有剥削性的资本主义制度发展的最新产物，而这种剥削可以追溯到当代资本主义的源头。

维多利亚时期资本主义最为核心的机械化生产依赖于数学制表来进行精确的计算。这些表格由称之为“计算机”的工人手动完成，因此其中通常会存在错误。1822年，英国著名数学家查尔斯·巴贝奇（Charles Babbage）提出通过制造自动计算数值的机器来消除人为的错误。尽管他得到了英国政府慷慨的资助，但他所谓的“差分机”（Difference Engine）从未完成，项目也因此被放弃。然而，他并未气馁，随后着手研究一种新的机器——解析机（Analytical Engine）。这种机器可以通过打孔卡来输入数据，进而编程，并使用了当时另一位“名满天下”的数学家阿达·洛芙莱斯（Ada Lovelace）提出的算法。而洛芙莱斯就是诗人乔治·拜伦（George Byron）的妹妹。该项目虽然也未完全成功实施，但是巴贝奇的理念今天被广泛地认为是现代计算机的基础。

巴贝奇对于自动化计算的兴趣并不仅仅是学术上的，而且带有明显的实用和商业意图。1833年，他在对新英格兰工厂中使用机器情况的研究基础上，出版了其代表作《在机械制造和生产中的经济学》（*On the Economy of Machinery and Manufacture*）——这是他对计算引擎（calculating engine）的研究成果之一。该书不但被不断处于上升地位的产业资本家们广泛阅读和引用，而且极大地影响了他们对新机器的投资回报最大化的思考。巴贝奇认识到投资回报最大化的价值，从而要求在生产过程中对劳动进行系统地分工。这并不是一个新的观点，因为在《国富论》中，亚当·斯密就已经将劳动分工视为市场经济基本论述的核心。通过以生产大头针为例，斯密揭示了即使完成一个简单的商品都涉及大量不同的劳动过程，将这些劳动过程不断分解为独立的任务，既更为有效又能带来更多的利润。

巴贝奇在此基础上进一步主张：将对工作的执行分解为不同的过程，这些过程要求不同程度的技能。企业主可以更精确地根据特定的流程来匹配工资率，绝不支付超过必要的部分。马克思在《资本论》第一卷对工业生产的讨论中，发展了巴贝奇的观点，论述道：既然各种功能可以是简单的、也可以是复杂的、可以是高级的、也可以是基础的，那么生产过程中就会产生劳动权力的等级结构，并与工资等级相对应。与巴贝奇一样，马克思承认机器生产是纪律和监控新的且强大的来源。巴贝奇认同“机器生产过程中最大的优点就是可以发现在工作中工人的漫不经心、懒散懈怠以及不诚实”。但是马克思有不同的看法，他认为：将手工艺者转变为工人需要一系列的技能，对他们劳动节奏和秩序进行监督，使之成为机器的附属品，这是他们被“异化”的主要原因。诚如马克思所言，“在生产手工艺品的过程中，匠人使用工具；在工厂中，机器使用工人。”

制造一个基于巴贝奇理念的工作计算机直到1940年代真空管技术的发展才成为可能。这些早期的机器占地面积巨大，且制造和运营费用昂贵，这就限制了其使用者范围，主要是政府和企业组织。晶体管技术以及制造更小机器可能性的出现才使早期的机器有了进一步的提升。1970年代中期，个人电脑得到迅猛发展，促使了更多的观察者注意到1978年西蒙·诺拉（Simon Nora）和阿兰·明克（Alain Minc）递交给当时法国总统德斯坦具有开创性的报告，该报告预言基于计算和通信融合基础上的“社会计算机化”（computerization of society）的时代即将来临（Nora and Minc，1981）。大型计算机在组织企业活动方面继续发挥着重要的作用，但越来越多的关键职能被移交给了台式机。此后，日常计算的能力转移到了手机和平板电脑之上，它们可以随时随地处理大量的数字化文本、数据、声音、语音，以及静止和移动的图像。同时，具有巨大处理能力的高端超级计算机的发展催生了新的数据分析行业，使其能够识别基于用户而产生的大量数据的趋势和模式。这种能力为商业模式提供了基础——在这种商业模式中，以谷歌和脸书为代表的西方主要的互联网公司收集和整理用户信息，并将这些信息转售给以满足用户个性化需求为目标的广告商。

新兴经济体在数字价值链的每一个环节都产生了对劳动力的需求，从智能手机部件的日常装配到开发新的操作软件和应用系统，用以回应用户的不同需求和质询。然而，为了理解这种劳动如何被组织起来，我们需要回到巴贝奇最开始的项目所提出的问题，并将数码机器的到来“坚定不移”地放置在大型企业积累资本和追逐利润的语境之下。

马克思关于生产方式的核心概念对生产力和生产关系进行了重要的区分。包括技术在内的生产力的创新可能改变生产的组织形式，但并不能改变资本和劳动之间本质上权力关系的不平等或是剥削的过程。许多关于数字技术的研究忘记了这个简朴的事实，它们并没有意识到数字媒体的兴起实际上强化了而不是分散了资本的力量。

数字技术在资本主义组织和运作中的日益集中，正好与主要资本主义经济体的利润率的结构性危机相契合。上世纪70年代中期，以“福特主义”为标签的标准化商品的大规模生产和消费（如亨利·福特的T型汽车）并不能导致利润率的持续上升——这点已清晰可见。右翼的评论者将这种停滞的增长归咎于国家的干预和管制（进而导致了1929年的华尔街股灾和第二次世界大战）和对企业征收高额的税费用以支持更全面的社会福利制度。同时，这些评论者主张回归自由放任的资本主义，使得企业可以获得最大的经营自由。在由撒切尔夫人领导的英国和罗纳德·里根领导的美国，他们发现有影响力的政治领导人更愿意将他们的想法转化为具体的政策，推广在很多其他国家中所采用的不同程度的自由的市场。限制企业自由行动的法规被放宽；公司需要缴纳的税费被削减——这些市场原教旨主义的干预使得生产和消费发生了重大的结构性调整。

围绕着信息和通信技术（ICT）融合的新兴产业在这个过程中发挥了核心的作用。学界和政界逐渐达成共识：全球发达经济体中资本主义的基础正从工业制造转向信息业和服务业。数字媒体被视为这一转型的根本驱动力，既为新的网络经济提供必要的基础设施支持，又提供一系列为生产新的数字产品和应用程序而组织起来的新兴经济部门。90 年代后期，巨额收益的预期推动了对新数字公司投机性投资的热潮。大家所熟知的互联网泡沫在 2000 年破裂。大多数新公司的倒闭使得数字媒体部门越来越集中于少数大型企业。微软公司维持了之前作为软件提供商的优势地位，其他关键运营部门中虚拟垄断公司也不断加入。谷歌在搜索领域、脸书在社交媒体领域、亚马逊在在线零售领域、苹果公司在个性化产品方面优势明显。这个集中的过程极大地增强了这些主导性的企业施加政治影响力和决定市场结构的能力。

为了应对资本主义 70 年代中期所累积的危机，消费者被鼓励更多和更经常地消费、因为潮流和风格的改变而更快地丢弃他们已有的商品，并通过使用信用卡而不断加剧个人在经济上的债务。消费市场正日益分化为众多以名牌为标志的小众化市场（或称为利基市场，niche market），这些市场逐渐成为自我表达和自我实现的主要舞台。数字媒体，特别是遍布全球的互联网，为广告和产品的推广提供了最为理想的载体和重构消费所需的促销手段。企业迅速抓住了基于互联网的互动性所产生的大量机会。除此之外，因为在线广告几乎完全缺乏监管，这就使得那些受欢迎的网站充斥着促销信息，并与其客户之间建立更为亲密和个性化的关系。

与促进消费同时存在的是在生产过程中，不断降低劳动力成本的诉求。这里主要有四种方法，包括：离岸外包（offshoring）、外包（outsourcing）、使用临时工代替正式工、逐渐削弱劳工组织（和与之相伴随的劳工抗争）。作为《媒介和数字劳工研究：西方的视角丛书》的第一卷，《制造和服务业中的数字劳工》的贡献就在于详细地描述了这些方法的实际运作过程，指出这些方法对于劳工及其生活状况的影响，并探究其对于社会分层和不平等的深远影响。

诚如米歇尔·罗迪诺—克劳希罗（Michelle Rodino-Colocino）在《数字鸿沟下的劳动》（*Laboring Under the Digital Divide*）一文中所指出的：早期的研究表明，工作场所之外使用计算机并进行有效操作的过程会因阶级地位和教育水平的不同而存在明显的差异性。我们将它称之为“数字鸿沟”。数字鸿沟的存在引起了政策制定者的广泛关注，因为在新的数字经济学中，很少有工人能够使用这些新技术，并有效地发挥它们的作用。劳工的应对方式就是参加培训课程以获得相应技能的提升。将“数字鸿沟”的产生归因于个人的失败遮蔽了在不同劳动力中出现的结构性的“鸿沟”。这种鸿沟具体表现为：特权精英启动并控制数字创新过程；中间阶层负责在现有协议的基础上设计出新的应用程序；大量的数字劳工被安排从事日常的装配和服务功能——这种鸿沟的存在更加固化而非挑战现有的阶级结构。

装配电路板或者是为打来呼叫中心的客户提供咨询服务并不需要特别的数字技术能力——在使用标准的文字处理和电子表格软件包的过程中，仅仅涉及最基础的技能。这些任务究其实质，乃是再生产了大量日常体力和文职工作，类似的工作长期存在于工厂和办公室之中，以及存在于面对面咨询的解答之中——从事这些工作的人员同样来自于工人阶级家庭，他们通常只接受过最基础的教育。与其他领域的职业实践一样，在数字产业，占据着高级创意和管理岗位的人员大多具有职业和管理的背景，且接受过精英教育。微软创始人比尔·盖茨的父亲是一位非常著名的律师，他的祖父是一位众所周知的银行家；脸书的首席执行官马克·扎克伯格的父母是牙医和精神病学家；谷歌的联合创始人谢尔盖·布林（Sergey Brin）和拉里·佩奇（Larry Page）成长于由数学和计算机教授组成的家庭之中。

这种熟悉的阶级再生产模式因性别分工而变得更为错综复杂。数字劳工的扩张对于女性而言是把“双刃剑”：一方面，数字劳动为女性提供更多的就业机会；另一方面，它强化了对于性别差异在能力和技术上的本质主义的定义。卡伦娜·穆尔（Karenza Moore）和她的合作者在《性别化的未来？女性、信息和通信技术工厂与未来的故事》（*Gendered Futures? Women, the ICT Workplace and Stories of the Future*）一文中指出：在数字产业有这样一种普遍的假设，即女性在沟通和协调上具有“与生俱来”的优势，而这些社交能力特别适合与客户或顾客打交道。这在很大程度上排除了女性从事与研究和创新相关工作的考量，因为这些工作需要较高层次的技术和认知能力。不同工作机会的合法性来源于西方文化中根深蒂固的二元论：男性与理性和计算相关联、女性与情绪和感情相联系。女性主义历史学家认为，在创新的历史上男性的成就持续受到关注，而女性贡献的价值往往被低估，这种高度的选择性更为上述根深蒂固的二元论背书。即使在今天，阿达·洛芙莱斯的算法所展示出来处理原始数据的能力（这种算法是脸书和谷歌商业模式的基础）仍然很少受到关注——对于她的关注度远远小于查尔斯·巴贝奇研发解析机这个失败的项目。

女性在数字劳动力市场中就业机会的不平等因为她们在社会关系网络中边缘化的地位而进一步被加剧——后者在获得工作岗位的过程中发挥了重要的作用。大多数的女性承担着大量照顾家庭和抚养孩子的责任，因此她们很少有时间出来进行工作之外的社交，而这种社交往往对于维系核心的关系网络至关重要。此外，她们很难在产后重新回到快速多变的职场之中。卡伦娜·穆尔指出，在全球数字经济重镇的英国，信息技术职业中女性只占16%，她们往往集中在较低薪酬的部门，更多的人选择离开这个行业而不是进入该行业。她进而论述道：这种排他性意味着女性作为家庭和工作场所数字设备的主要使用者，很少投入到这些设备的设计和开发过程中。

乌苏拉·胡斯（Ursula Huws）在《数字时代的阶级基础：生活、劳动和价值》（*The Underpinnings of Class in the Digital Age*: *Living*, *Labour and Value*）一文中指出，数字劳工不是一种孤立的劳工形式。它目前的组织形式是劳动分工日益复杂化的产物。企业战略将“体力劳动”和“脑力劳动”、“概念”和“执行”、“硬实力”和“软实力”之间的区分不断内化，并将此作为企业扩张的基础，使其遍布全球范围内的价值链之中。

离岸外包

根据巴贝奇“将劳动过程最大限度地分解为可以辨识的任务，并对每一个步骤所完成的工作支付最少报酬”的原则，数字公司纷纷转战海外，享受在全球新兴经济体中极其低廉的劳动力成本的优势。米歇尔·罗迪诺—克劳希罗在她的文章中讲述了一个软件测试者的案例：她在西雅图附近的一个数字中心的企业工作，虽然不情愿，但是她在离职之前必须培训离境替代者，这是她得到遣散费的必要条件。开发软件需要更高水平的技能，但是离岸工人的薪酬仅仅是美国工人的一半。越是涉及低水平技能的工作，薪酬的差距就越大。罗迪诺—克劳希罗发现，印度的亚马逊工人仅仅要求190美元的薪酬，而支付给西雅图总部从事相同工作劳工的薪酬则是1900美元。

离境外包在成本上的优势最显著地表现在日常装配工作的组织之中。桑多瓦尔·马里索尔（Sandoval Marisol）在《作为信息时代黑暗面的富士康劳工：中国苹果合同制造商企业中的工作环境》（*Foxconned Labour as the Dark Side of the Information Age: Working Conditions at Apple's Contract Manufacturers in China*）一文中详细论述道：苹果和其他主要参与制造智能手机和平板电脑的西方企业都严重依赖于亚洲分包商所雇用的劳动力。在这些劳工中，女性占据了绝大多数，且她们往往是新生代农民工——她们必须长时间的工作、很少有机会休息，且受到严密的监控，以确保她们完成生产配额的要求。这种剥削的结构被智能手机最终的消费者所遮蔽，因为智能手机会对消费者进行"狂轰滥炸"式的广告营销，这些广告通常呈现出优雅的风格，同时强调产品升级的功能，以及强化手机在消费者日常生活中的价值。

当分包商在非正规的经济环境中运作，那么对于工人的保护就更无从谈起，这进一步强化了对离境劳工的剥削。卡伦娜·穆尔和她的合作者援引了来自印度的数据：女性占据了信息技术化服务部门（ICT-enabled services）超过三分之一（37%）的工作岗位，但是其中超过半数的女性（19%）在非正规的部门工作。

外包

一直留在全球发达经济体中的工作现在也不停地被外包给了小型供应商或自由职业者。企业从这种外包中取得两个实质性的好处。首先，它们可以避免为劳工提供福利，如带薪假期、病假工资、产假、养老金（企业合同工通过集体谈判而获得的福利）。其次，生产的成本直接转嫁给负责某个具体项目或任务的分包商。他们支付使用或购买仪器和设备的费用、租赁或购买场地的费用、在生产过程中耗费的水、电等费用，以及劳工技能升级过程中所涉及的额外培训的费用等。

这种交换的不平等性在碧吉塔·伯格维尔—卡里伯恩（Birgitt Bergvall-Kareborn）和德布拉·霍克洛夫特（Debra Howcroft）对为苹果或谷歌开发应用程序的自由职业者的研究中表现得淋漓尽致。他们在《"光明和移动的未来"：苹果和谷歌移动应用程序开发者研究》（*"The Future's Bright, the Future's Mobile": A Study of Apple and Google Mobile Application Developers*）一文中指出：除了承担开发的成本之外，设计应用程序过程中自我雇用的劳工和微型企业在确保其劳动回报方面都面临着诸多障碍。苹果公司坚持对所有加载到其设备之上的应用程序进行审批。一旦被苹果公司接受，开发者必须承担额外的工作，如使用社交网络密集地对该应用程序进行推广以确保它位于前100的名单之中，进而被更多的用户所关注。开发者为他们研发的应用程序定价，但是苹果公司收取30%的销售收入，作为使用其平台的"租金"。

有一句老话这样说：你所知道的并不是关键，关键的是你所认识的——这句话同样适用于解释数字资本主义制度下不平等的就业机会。因为外包是基于项目来组织劳工，所以整合到核心社会关系网络之中的重要性愈发明显，它不断地决定个人的职业声誉，进而决定工作的分配——因此，拥有社会资本变得至关重要。对于那些已经通过家庭、共同的教育和合作项目的经历而建立起联系的劳工，在这方面具有特别的优势，他们可以投入大量的时间和精力发展和维系新的社会关系。对于那些出生在贫穷或少数族裔家庭中的劳工而言，在社交上他们的劣势异常明显：因为他们的社会背景将他们排除在具有影响力的人物的交际圈之外，所以他们可以动员的社会资本十分有限。

使用临时工代替正式工

在由主要的数字公司运营的工厂中，劳工持续地被划分为：基于长期雇用合同的劳工（数量非常有限）以及签订临时或固定劳动期限合同的劳工（数量不断增多）。这并不简单地意味着工作安全性的不同，更意味着薪酬和工作环境的“天壤之别”。2000 年，微软公司西雅图附近运营部门 11% 的劳工来自于外部机构，且签订临时合同——他们中一些人的收入远远低于标准薪酬水平；而且在工作中，这种特殊的身份很容易被辨识：他们通常被要求佩戴橙色的、可识别身份的徽章，而那些长期雇用的劳工则佩戴蓝色的徽章。

劳工抗争

本卷中的论文向读者揭示了大部分的数字劳工都处境堪忧且是不安全的。对于很多劳工而言，在一个既定公司中被长期雇用或拥有广阔的职业发展前景——这种传统的期许已经变得不那么现实。胡斯在她的论文中尖锐地指出：这种变化已然导致评论家们发现工人阶级的概念不再适用于在新的数字资本主义背景下对劳工的分析——进而被“大众”或“无产者”这些更具有“不确定性”的概念所取代。在此基础上，她对马克思劳动价值理论进行了强有力且颇具说服力的辩护，她指出：对于劳动价值理论的分析仍然需要从对劳动的组织入手，因为劳动为资本创造剩余价值。对于在何种工作条件下，用多少劳动时间来换取多少薪酬的抗争将劳工和他们仅有的劳动力相联系，他们将自己的劳动力出卖给愿意购买这些劳动力的资本家。胡斯将这种结构的对抗性视为连接商品生产核心中各种关系的要件。

从历史上看，工会在具有剥削性的资本主义制度下不断保障工人的基本权益。然而，大部分数字公司一直拒绝承认工会。米歇尔·罗迪诺—克劳希罗在她的论文中提到：成立于 1998 年的华盛顿技术工人联盟（Washington Alliance of Technology Workers）尝试着联合在西雅图地区为亚马逊和微软公司工作的合同工，但这种尝试最终以失败而告终。

这并不意味着对于恶劣的工作环境就不存在抵制。恩达·布罗菲（Enda Brophy）在《地下河流：传播资本主义与呼叫中心劳工》（*The Subterranean Stream: Communicative Capitalism and Call Centre Labour*）一文中，对呼叫中心的员工进行了详细的论述：工人采取了一系列个人游击的战术以赢得更多的空间和表达自身的不满；与此同时，他同样发现集体组织正在不断壮大。他分析了印度的信息技术化服务专业人员工会（Union for ITES Professionals，UNITES），同样，安德鲁·史蒂文斯（Andrew Stevens）和文森特·莫斯可（Vincent Mosco）的论文《印度信息技术和信息技术化服务产业中工会和劳工组织的前景》（*Prospects for trade unions and labour organisations in India's IT and ITES industries*）在探讨是否存在新的可能性将个体劳工组织起来的问题时，也使用了该案例。

马克思对资本主义的分析直指该制度中的核心矛盾——劳资关系的矛盾。他敏锐地发现，为了使生产效率最大化而将大型企业中的劳工组织起来的做法有时会产生意想不到的效果：这让劳工更清晰地意识到他们共同的处境，并团结起来对他们的处境进行改变。马克思强调铁路系统所产生的新的、更快的通信网络在组织不同城镇中的工人方面发挥了不可替代的作用，进而使得信件、新闻、对于团结的宣传可以每天进行传播。同样，数字网络加剧了劳资矛盾。一方面，数字网络使得企业能够实时协调日益在地理上分散且不断在范围上拓展的劳动分工。但是另一方面，数字网络为劳工提供新的组织工具，用以培育进行抗争和抵制的组织。现在的问题是，这些新的传播在多大程度上可以成功地将存在于数字价值链不同环节和面对不同情况的劳工联合起来——这个问题也是本卷所关注的核心问题。

Graham Murdock（格雷厄姆·默多克）

书　介

书名：《制造和服务业中的数字劳工》
编者：姚建华（复旦大学新闻学院讲师）
出版社：商务印书馆 2017 年版

《正在逝去的新闻：民主制温床的新闻之未来》“三新”译序

这套“三新译丛”是“文化传播前沿研究与翻译实践平台”的合作成果。

“文化传播前沿研究与翻译实践平台”是由中国社会科学院新闻与传播研究所、北京第二外国语学院和中国社会科学出版社三家于 2016 年 1 月宣布成立的。合作三方认为，当今全球语境下的传播和文化正在发生着剧烈而深刻的变化，这种变化不仅正在改变相关产业的技术、受众与业态，甚至在一定程度上颠覆了之前在文化与传播研究上的知识积累和理论建树。因此，亟待各方智慧的凝聚，以应对乃至引领这一变革。合作共建这一“平台”，即为科研机构、高等院校以及出版单位联手意欲有所作为的一次尝试和创新。光阴荏苒，两年很快就过去了。这个“平台”尝试和创新的合作成果之一，就是这套冠名为“三新译丛”的译著。

何谓“三新”？对曰：新技术、新媒介、新文化。新技术指的是信息传播技术：互联网、移动互联网、物联网、量子通讯……，所有这些新技术正在重构着既有的传播格局，给我们已有的认知带来了巨大的冲击，比如：什么是新闻？记者还要不要了？新闻业将何去何从？这些疑问来自于新技术所催生的新的传播媒介：微博、微信、脸书、推特……，是谓新媒介。基于这些层出不穷、花样不断翻新的新媒介，“公民记者”蜂拥而起，“后真相”取代了真相，“王者荣耀”大行其道……，它们形塑着我们还不熟悉的新文化。毫无疑问，人类今天正处在一个全新时代的开端。比之于印刷术的发明、无线电的应用所开启的过去的那些时代，这个新时代更加激动人心，更加扑朔迷离，也更让我们感觉疑惑。尽管我们还不知道该怎样命名这样的一个新时代，互联网时代？数字化时代？众媒时代？智能时代？共享时代？公共传播时代？但我们确知，这个新时代一定会有一套迥异于现有的新知识、新理念、新规则。

那么，这套新知识、新理念、新规则会是什么样的呢？这就需要研究，需要探讨，需要从研究历史的过往中去发现规律性，需要从探讨当下的实践中去归纳普遍性，需要对技术的价值和意义进行不断的追问。习近平总书记2016年5月17日《在哲学社会科学工作座谈会上的讲话》中指出："人类社会每一次重大跃进，人类文明每一次重大发展，都离不开哲学社会科学的知识变革和思想先导。""历史表明，社会大变革的时代，一定是哲学社会科学大发展的时代。"诚如斯言。当技术突飞猛进，渗透进我们生活的各个领域，给我们带来惊喜、带来恐惧、带来疑虑时，正是需要哲学社会科学给予解释、给予说明、给予澄清之际。技术是人发明和创造的，是为人服务的，人类不能被技术左右，而必须左右技术。

网络传播开创了人类相互沟通、交流、传递信息的新方式。然而，网络绝不仅仅是人类发明的一项新技术，网络传播也绝不仅仅是由于运用一项新技术而改变了传播的方式和传播的形态。新技术催生了新媒介，新媒介形塑了新文化，新文化影响着人们的思想和行为，从而改变着这个世界。在数字化技术将全球一"网"打尽、网络空间建构起虚拟世界的今天，我们尤其应该对网络传播的价值和意义进行追问，从而在追问中产生新知识、形成新理念、确立新规则。

面对复杂的、互相联通的世界，以及不确定的人类未来，各国的哲学社会科学工作者以极大的热情和锲而不舍的精神，从不同的角度持续不断地对新技术的价值和意义进行追问，给出了各种各样的解释和答案，其中不乏真知灼见。了解这些真知灼见有助于我们开拓视野，洞悉未来。习近平总书记《在哲学社会科学工作座谈会上的讲话》中还说过："要坚持古为今用、洋为中用，融通各种资源，不断推进知识创新、理论创新、方法创新。我们要坚持不忘本来、吸收外来、面向未来，既向内看、深入研究关系国计民生的重大课题，又向外看、积极探索关系人类前途命运的重大问题；既向前看、准确判断中国特色社会主义发展趋势，又向后看、善于继承和弘扬中华优秀传统文化精华。"我们这套译丛的志趣就在于"不忘本来，吸收外来，面向未来"。因此，介绍国外与新技术、新媒介、新文化相关的新知识、新理念、新规则就成为"三新"的第二重含义。

"三新"的第三重含义是"苟日新，日日新，又日新"。这是"文化传播前沿研究与翻译实践平台"举行成立仪式那天，我所资深研究员王怡红女士发言中引用的一句古语，典出《礼记·大学》。意思是说："如果能够一天新，就应保持天天新，新了还要新。"我们关注的是新技术、新媒介、新文化，意在介绍国外与此"三新"相关的新知识、新理念、新规则，我们本身也就必须要以新的合作模式，新的协同方式，新的工作形式来对待我们所面临的"新"。

首先是科研机构、高等院校和出版单位的联手合作国内还不多见，是谓新。我们所是从事新闻与传播研究的国家级专业机构，掌握国内外新闻与传播研究的最新动态；北京第二外国语学院是培养外语人才的高等院校，拥有一大批精通各种外国语言的老师和研究生，与国外学术界也有着广泛的联系；中国社会科学出版社是国内一流的哲学社会科学综合出版社，与全球各大国际出版集团建立了紧密的版权关系。这样的合作模式可以优势互补，有助于以较快的速度把国外最新的学术成果译介到国内来。

其次是在译者和校者的协同上，我们采取了语言专家和学术专家相结合的方式，语言专家重点解决语言顺畅的问题，学术专家重点解决专业靠谱的问题，这也是一种新的尝试。翻译不易，高质量的翻译尤难，但凡经历者均有体会。老一代翻译家严复先生在其《天演论·译例言》中就曾大倒苦水："译事三难，信、达、雅。求其信，已大难矣！顾信矣不达，虽译犹不译也，则达尚焉。"要把一种语言的著作，尤其是学术著作，"信达雅"地翻译成另一种语言，没有点真本事是万万不成的。我们采取语言专家与学术专家协同翻译的做法，就是为了相互取长补短，以保证这套译丛尽可能地做到"信达雅"。

再次是在培养新人上。每本译著我们都建议老师带着其指导的研究生做一些工作，最好让学生试译或者试校其中一两章。这有两方面的考虑。其一，老师们基本上人届中年了，对一些网络流行语或非主流的亚文化可能并不如网络原生代的年轻人那么熟悉，长幼搭配可以相得益彰。其二，让学生们参与进来，也是在实际操作中培养他们的专业能力，以便使他们尽快成长。文化是需要传承的，我们的"平台"也需要不断补充新鲜血液。一代又一代学术新人的涌现，才能保证"日日新，又日新"。

综上所述，本着"不忘本来，吸收外来，面向未来"志趣，以"苟日新，日日新，又日新"的创新精神，关注新技术、新媒介、新文化的发展动态，介绍与此"三新"相关的新知识、新理念、新规则是本译丛的最大特点。我们希望，我们的这种努力庶几能给同道带来些许助益。

是为序。

唐绪军

书　介

书名：《正在逝去的新闻：民主制温床的新闻之未来》
作者：［美］亚历克斯·琼斯（Alex S. Jones）
译者：顾国平、杨强
出版社：中国社会科学出版社 2017 年版

《对空言说：传播的观念史》中译版序

在本书中，中国只被提到了一次，却是在高潮的时候提到的。在本书第六章中，我在谈及智慧（intelligence）的极大丰富时感叹道："例如，中华文明中有如此之多的智慧，然而整个西方世界却一直对它那么地一无所知！"（英文版第 256 页）尽管我有此感叹，但不幸的是，本书在扭转这种无知上却助益很少。从很多方面看，本书都是一本西方特征非常明显的书——它涉及的人物、讲述的故事和表达的方式等都是西方的——但是，在很多其他方面，该书却也试图超越各种派系区分（包括"中西"区分）而向各方发出邀请，邀请我们无论身在何处，都要去迎接日用伦常中在我们面前赫然呈现的陌生性（strangeness）。这种陌生性给我们带来了如下难题：传播为什么能成为，以及它如何能成为人类奇妙的生命线（lifeblood）？对行走于天地之间的有着生命尽头的所有生物而言，这一问题与它们有着千丝万缕的联系。

在本书的第一章中，我让西方道德生活中的两个中心人物苏格拉底和耶稣上演了一场争论。我原本可以，或许也应该给这一争论加上第三个人物：中国的孔子。这三位先哲在世界史上都被普遍尊为最具影响力的道德先师。他们之间当然也有着重要的差别——在他们中，有两位为自己的学说献身，另一位（孔子）则没有；一位（耶稣）是宗教上的救赎者，另两位则不是；有两位的学说后来成为国家意识形态，另一位（苏格拉底）则没有——但是他们三位都有一个共同的奇异之处，那就是他们的学说都不是以他们自己的话或声音流传下来的（目前尚未有相反的证据）。他们各自都通过一种奇怪的，而且是强大得让人觉得奇怪的交流方式跟他们的后辈交流。这种交流方式我们也许可以称为是一种“身后腹语”。他们的学说都被门徒们记录、编码、弘扬和扭曲，以至于没有人能知道在这些不同版本之间的前因后果和来龙去脉。

关于苏格拉底，虽然阿里斯托芬和色诺芬都作过描述（前者笔下的苏格拉底滑稽怪异，后者笔下的苏格拉底则温文尔雅），但今天我们对苏格拉底的了解主要是通过柏拉图，因为在柏拉图的记载中，苏格拉底完全是主角。

耶稣说过的话则被作为经典而记录于四部福音书中（《马太福音》《马可福音》《路加福音》和《约翰福音》）——尽管在基督教其他经文中，以及经文之外也存在着一些耶稣说过的教诲，但它们的真实性仍有待确认。

孔子一生所收的门徒数量不一，有的说法是七十二门徒，有的则说三千门徒。但他的思想集成《论语》则显然是他死后才被编撰出来的，其在多大程度上忠实于孔子的思想，还存在争议。

以上三位先哲的命运以及他们学说的流布都与制度性政治有关，这些制度的政治形式包括柏拉图创立的历史长达近千年的学园（Academy），基督教被罗马君士坦丁大帝定为国教，孔子的思想则被上升为国家学说，首先在汉朝获得独尊地位，尔后在唐朝又得到进一步发展。

某一学说在其创始人身后被典籍化，其存续也需要依靠官方正史上的巧合，这样的情况并不少见。少见的是苏格拉底、耶稣和孔夫子这三位历史人物之间存在的明显的共同性——他们都拒绝将其学说诉诸文字。

而他们三位无疑都具有读写能力。

苏格拉底肯定非常熟悉书写和文字作品，《斐德罗篇》中对此有着清楚的描述。

作为犹太先知，耶稣对希伯来经文非常熟悉。《路加福音》中记载耶稣在犹太教堂中大声朗读希伯来经文（《路加福音》4:16），《约翰福音》（很多《圣经》学者认为该篇文字是后人伪作增附的）则提到耶稣曾在地上写字（《约翰福音》8:8）。

孔子的大半生都在编撰《五经》。他说自己“述而不作”（《论语》7:1）。尽管《春秋》据说为他所作，但是该书的内容却并非以他的口吻直述，而是对他的学说的历时性编撰，因而是对孔子所说的话的转述。即使是在由孔子自己编撰的书中，今天人们耳熟能详的表述方式仍然是“子曰”而不是“子写道”。

根本而言，这三位先哲都是口传身授的师表，然而有些矛盾的是，使他们名垂青史的却是书写这一媒介。

由此可见，他们三位不约而同地放弃书写，并不是一个能力问题，而是一个意愿问题。也许他们都认识到，试图将任何东西（无论它是转瞬即逝的还是恒久不变的）固定下来，或试图将思想的鲜活精灵凝固在纸墨之上，都是自不量力和空自徒劳的；也许，他们对君主的书面旨意中体现出来的生杀予夺的绝对权力都持拒斥态度；也许，他们深深折服于当时已经存在的文本（“律令”之于苏格拉底，《希伯来圣经》之于耶稣，先哲经典之于孔子）而羞惭于对它们作更多的添附。因为他们三位都没有“原创”（authorship）的概念。这一概念到两千多年后，在现代欧洲出现的个人表达和版权文化中才形成。实际上，他们的学说本身就贬斥“个人能成为真理的源头”这一说法。苏格拉底认为，真理源自我们对“上天”之外的思考和灵魂洞穿健忘之幕而到达本质的努力；耶稣认为，真理源自天父的意愿；孔子则认为，真理源自比他更早的古圣先贤。无论背后的理由是什么，他们自己都没有将思想付诸笔墨文字，而是通过由门徒所操办的某种“文本式腹语”而成为大多数人的道德指引。

他们三位在世传播自己的思想时都选择对空言说，或仅将其诉诸门徒的记忆，而在他们远去后，我们对他们的学说的接受却是通过文字媒介，这一定是人类历史上最具有讽刺意味的事情之一了。他们的教诲最先在对话的具体场景中通过口语传达，后来被柏拉图《对话录》《圣经·新约》和《论语》中的文字如留声机般地记录下来，用于“撒播”这种抽象的场合。《论语》虽不具有宗教色彩，但其章节和行文却类似于《圣经》，它也是三部经典中最为碎片化的一部文本。从最根本的角度看，这三位先贤留给我们的文本都充满着神秘、没有人能确凿地分清它们最核心的思想是什么，其中哪些是“庄”，哪些是“谐”，哪些是原文，哪些又是抄录错误，以及（在某些情况下）到底谁是其真实作者，为什么他会这样写等。也许正是因为它们的交流“失败”，使得这三个文本在其所代表的三个传统中回音不绝，产生了巨大而深远的影响。

正如梭罗——他是最早欣赏中国思想之价值的美国思想家之一——所写：“有着很宽页边留白的必定是好书（It is a good book that has a wide margin）。”这三个文本的大量“留白”使得它们成为广为后人阅读的旷世经典。

对通过何种媒介来承载它们的学说，这三位道德先师都严谨审慎，因而交流/传播在他们各自全部的哲学思想中占据着核心位置。哲学乃爱智之学，而传播哲学则产生于哲学之始。三位先师都慷慨地撒播并获得成功。由此我们可以看出，宽松结合的交流/传播也能成果丰硕。他们三位充满信心，在其身后留下思想，任由他人去操心，这是他们作出的最具启发性的姿态：对意义占有的放弃。尽管在学说该包含何种内容以及该对谁传播这两个问题上，他们都殚精竭虑，但对其身后的人该如何解读其学说，他们都放弃了控制权。这足以说明，他们对广泛撒播所带来的焕然效果都了然于胸。

在整个世界范围内存在着极为丰富的智慧，其中与交流/传播的根本问题相关的智慧宝藏尚待开发。从其出版年份（1999）来看，《对空言说》是一部新近的作品，但是它带着一些“回首顾盼”（retro）的精神——它想要重新发掘我们的先人，重新与他们建立联系，重新肯定逝者的贡献。我希望对于中国浩瀚的智慧文献，类似如本雅明所说的“拯救性批评”（rettende Kritik）的工作也能够展开。不无矛盾地说，中国是世界上最古老又是最年轻的国度。说她最古老，是因为她有着四千年的有文字记载的历史；说她最年轻，是因为她正在经历着最为浓缩的现代化进程——这是既姗姗来迟又蜂拥而至的现代性。如果我们所面临的任务是要克服一种异化感（这种异化感使我们无法看到我们身上的奇妙的陌生性），那么中国和世界其他国家的“相遇”，以及中国与自己的过去和未来的“相遇”，就给我们提供了一个机会来展现《论语》（第4章第15节）中所说的“恕”的境界——“恕”主要是“撒播”，但亦是“对话”。如果《对空言说》在推进以上“相遇”上未能尽到多少力，那只是我的能力问题，而不是我的意愿问题。我得知我说的话被——不免有点缺乏审慎地——诉诸中文而进入灿烂的中华传统，我深感荣幸。我谨将此中文译本奉献给我过去、现在和未来的中国学生。

约翰·杜翰姆·彼得斯

书　介

书名：《对空言说：传播的观念史》
作者：［美］约翰·彼得斯（John Peters）（美国当代著名的媒介史家、传播理论家和传播哲学家）
译者：邓建国
出版社：上海译文出版社2017年版

《传感器与新闻》序言二

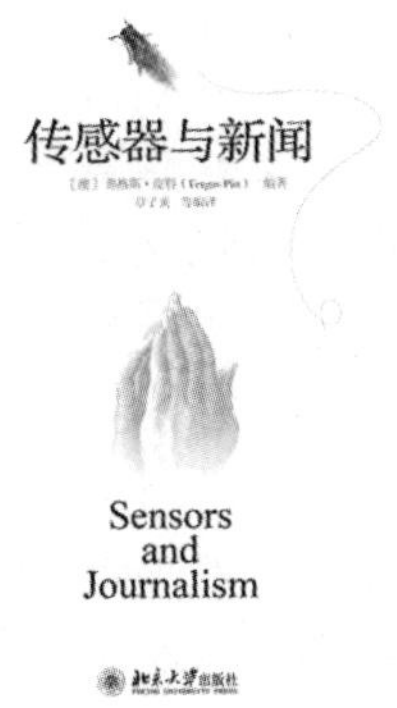

“传感器与新闻”是一个崭新的概念。即便对我这个在中国国内有5年新闻从业经验，在美国密苏里大学新闻学院学习工作了16年，且对媒体融合战略关注、调查和研究了16年的专业人员来说，当我于2014年夏天听到我院未来实验室主任迈克尔·麦金教授介绍这个概念和美国业界的相关实践案例时，也颇感新奇。什么是传感器？传感器与新闻报道有什么关系？传感器与新闻对新闻传播领域里的学习有什么意义？这一系列问题令我反复思索。

2015年年初，我找到机会拜读了弗格斯·皮特率其他13位作者撰写的《传感器与新闻》一书。书中所介绍的古代社会的传感器和人类在古代对拓展和延伸自己的五官所实施的创造和使用，尤其是皮特先生对近年来美国《华盛顿邮报》《今日美国报》和纽约WNYC公共广播电台等媒体将传感器用于新闻报道的7个案例的总结，使我敏锐地意识到利用传感器去搜集数据来辅助新闻报道对于中国新闻业界的借鉴作用。无独有偶，2014年上半年我院的研究生特拉机斯·哈特曼利用噪音拾取传感器搜集噪音分贝数据，并在对这些数据进行分析的基础上对密苏里州哥伦比亚市中心学生公寓区比较吵闹的现象进行了调查性新闻报道，报道的发表采取了多媒体平台和数据可视化呈现的形式。皮特的著作和哈特曼的研究项目使我备觉传感器新闻对于新闻传播学院课程创新的意义。

科学常识告诉我们，传感器是指能感

受规定的被测量目标，并能按照一定规律转换成可用输出信号的器件或装置。传感器可按工作原理、技术和应用分为多种类别，从我们所熟知的交通监控摄像头到遥感卫星所使用的可见光传感器和红朵传感器等，不一而足。正如皮特在本书中指出的，“目前，传感器的种类与数量正在不断增加，其获取信息的能力也在不断增长，而与此同时，越来越多的调查型新闻记者、使用计算机进行报道的记者与其他新闻从业者皆开始使用传感器。我们特别将无人机报道纳入传感器新闻的领域，不仅因为其近年来所受到的巨大关注，也因为它将人的视觉——这一感官——延伸至更远处，远超出人力所能及”。对于传感器与新闻之间的关系，皮特则进一步说明，“虽然近年来一些对于传感器新闻的评论将新闻传感这一概念集中于由记者自己研制（或委托他人制作）的传感器，但在本书中，我们会将该定义加以拓展。那些可以为新闻报道收集信息与数据的传感器，即便并非为记者自己所控制，也依然被视作传感器新闻的一部分”。皮特还认为，我们对于传感器新闻的定义与描述，并不能使它与其他种类的新闻割裂开来。“我们在书中所提到的那些传感器工具，对于许多依赖大量数据的新闻报道来说都十分重要，因而传感器新闻理应被纳入传统新闻的范畴之内。”

随着大数据时代的到来，新闻与数据的拥抱更加紧密。通过数据分析而挖掘新闻线索，通过数据可视化而与数据互动并图释新闻已是目前国内外网络和移动媒体平台的常态化运作。为了更好地获取和使用数据，美国哥伦比亚大学托尔新闻数据中心于2013年组建了相关的研究小组，由时任该中心研究员的皮特先生领衔研究传感器在新闻传播领域里的应用并对美国业界的典型应用案例进行总结。同时，皮特先生于2013年就在哥伦比亚大学新闻研究院的暑期学期里开设了传感器与新闻的强化课程，时长4周，每周5天上课，每天上课加实验室操作将近8个小时。在科研、教学和新闻实践的基础上，皮特的研究团队于2014年5月完成了由哥伦比亚大学托尔数据新闻中心和美国奈特基金会资助的、长达243页的研究报告《传感器与新闻》。

根据美国学者艾弗雷特·罗杰斯的“创新扩散理论”，美国密苏里大学新闻学院环球项目中心中国项目合作部自然将该研究报告的主要作者弗格斯·皮特先生向中国业界和学界进行介绍。2015年6月新华网融媒体未来研究院和密苏里大学新闻学院中国项目部联合邀请皮特先生和美国学界及业界的其他教授和专家在新华网举行研修营项目，其间皮特先生就传感器与新闻这个话题与国内的多家主流媒体的专业人员进行了分享与探讨，并手把手地教会中方参加进修的人员安装好一款简单的传感器，而且能将传感器所捕捉到的数据传输到计算机里等待分析。同年11月，也是应密苏里大学新闻学院的邀请，皮特先生来到西安欧亚文化传媒学院主讲密苏里大学新闻学院与欧亚文化传媒学院联合举行的“传感器与新闻”教学周。在欧亚文化传媒学院的一周时间里，皮特先生就传感器发展史、传感器新闻在美国新闻业界应用的实战案例、传感器新闻与计算机语言、传感器的安装与连接以及传感器新闻的课程设置与教学特点等5大领域与欧亚文化传媒学院的师生进行了深度交流，并与欧亚文化传媒学院计算机专业的老师共同带领以文科背景为主的师生体验了一把自己动手安装传感器、用传感器捕捉到相关数据，然后运用计算机语言或统计学软件进行数据分析的全部过程。

数次与皮特先生的合作，我倍感新闻传播专业与类似传感器这样的前沿科学理念与实务相拥抱的重要意义。同时，新华网融媒体未来研究院院长杨溟先生长期以来致力于研发和实施新兴高科技技术在新闻传播领域里的国际合作项目，他也表示了对传感器新闻的极大兴趣和关注。基于新华网融媒体未来研究院与密苏里大学新闻学院的合作关系，我们共同决定将皮特先生的《传感器与新闻》翻译成中文，我们的想法也得到了北京大学出版社的大力支持。经过我与皮特先生的商讨，我们获得了授权，将这本由皮特先生代表托尔数据中心主编（皮特先生撰写了第一部分、第二部分的3/4内容、第四部分和第三部分的导言）的《传感器与新闻》研究报告译成中文在中国出版。

2015年，我与我的研究生助手们花了半年多的时间完成了对此书的翻译与校对，其间付出了无数精力、时间、汗水与资金投入。对于书中涉及的许多技术术语，我们更是反复斟酌探讨，本着细致严谨、精益求精的原则，力争将皮特及其他专家的研究成果准确和流畅地传达给国内读者。

本书脉络清晰，从阐释传感器新闻的定义开始，简述了人类使用传感器的历史以及各类传感设备在新闻报道中的不同特点。我个人认为最值得阅读的是第二部分，在此部分皮特详细介绍了七个利用传感器的新闻项目。这些案例来自美国主流媒体，以基于对传感器所捕捉到的数据进行分析而实施调查性新闻为主。记者们利用自制的传感器收集数据或者直接从政府官方的传感系统里获得数据内容，加以分析后形成专题报道。皮特对每一个案例进行了详细的描述与分析，包括前期准备、传感器的使用（制作）、数据的提取与分析、如何得出结论、对记者的借鉴作用以及各种传感器的优缺点等。本书的第三部分是由12位专家共同撰写的有关传感器设备使用背后涉及的法律与伦理知识。如何看待传感器所可能引起的隐私与监视的问题？如何合法制作与使用开源硬件？无人机新闻报道该何去何从？这些有趣的问题都会在这个章节得到解答。

虽然“传感器与新闻”是一个十分新颖的话题，也是一个方兴未艾的新闻报道方式，但它仍旧脱离不了新闻报道的基本原则。各种传感器只是用作收集数据信息的工具，基于出色报道的好的新闻故事才能使客观的数据发挥最大的功效。同时，应不断提高由传感器所收集的数据的准确度和精确度，将可能的数据误差降到最小程度（参见本书第三部分第十一节贝斯·斯托弗的有关数据准确度与精确度的论述），使得基于数据分析的新闻报道的质量也能得到保证。另外，依据数据分析而完成的新闻报道也应该与其他多种新闻报道方式和呈现方式相结合，让数据为新闻故事赋予深度与厚度，让多媒体的呈现方式把数据演绎得更互动、更生动，从而更吸引受众。

总之，《传感器与新闻》将会把数据新闻中一个更细致、更具技术性的领域引入中国。它将与中国的新闻记者和新闻传播专业的师生分享美国现今最经典的利用传感器辅助新闻报道的案例，以及新闻背后关于伦理与法律问题的深度考量和解读。它将为大多数以人文社科类专业为背景的新闻从业人员打开一扇名曰传感器新闻的大门，并以各式各样的传感设备为依托，为我们寻觅数据提供向导，为我们畅游数据的海洋提供舟楫，为我们挖掘数据背后有效的信息提供理论与实践的工作手册。本人殷切期盼国内的新闻传播领域里的从业者、学者、学生和技术研究人员能够读一读这本好书，将书中所涉及的知识与技术充分消化，并在新闻实践和新闻学习中得以尝试，去真正体验新闻与科技相结合的别样享受和益处。

章于炎

书　介

书名：《传感器与新闻》

编者：［澳］弗格斯·皮特（Fergus Pitt）

（美国哥伦比亚大学托尔数据新闻中心研究员）

编译：章于炎等
出版社：北京大学出版社 2017 年版

《想象的互动：网络人际传播中的印象形成》序

印象形成是人际传播研究的重要组成部分。然而在普通教科书中，印象形成总是作为一个自我概念问题，建立在自我实现的个人心理学基础上。自 20 世纪九十年代人类传播媒介再次发生重要演变以来，互联网的“人性化趋势”和移动通信技术正跨越时间和距离，通过远程与中介方式，模拟人的七情六欲，将各种数字符号植入人的肉身感官，加强着人与人之间的网络联系与情感交集。人际交往方式在媒介历史变换的多重空间中，已然发生了革命性的变革。

网络人际传播不仅打破了原有而固定的私人空间与交往秩序，由互联网形成的即时个人和即时群体，也正通过虚拟化身（avatar）这种特殊的存在方式，对抗着真实世界难以更改身份认同和线下无法操纵他人印象所形成的缺陷。应该说，当下为人类新媒介技术所颠覆的不仅有政治、经济和传统的日常生活方式，还包含个体之人看待自我和世界方式的变化。1998 年，媒介环境学家尼尔·波斯曼（Neil Postman）曾指出，人类面对媒介化发展的同时，还需要追问一个更值得深入思考的问题：“我们用一种新媒介解决或谋求解决什么问题？”

社会认知，也即认识自我与他人一直是人类未能解决并始终面对的问题。“我应该是怎样的一个人”和“他应该是怎样的一个人”正是一对看似对立面却又必须合为一体来看的元传播（meta-communication）问题。从一种被规范的事实看，印象形成（impression formation）是“针对印象目标的个人特征进行感知的结果”——这是专业化的释义。若运用人际沟通的长期经验，印象形成则可以被看作是通过人际信息传递和关系感知而形成的一种认识自我与他人并做出相应评价的过程。通常，表现为人在关系交流中试图按照自己的意愿塑造自己的形象，并通过对他人行为的感知来评价或评判他人。

一般而言，印象形成是个体主观感知的结果，即使在“万能的群”里，唯有印象形成是无法被代理的。印象形成也与个人表现、社会地位、社会关系、特定身份等因素影响有关，但事实上，印象形成更体现为人的一种隐含的交际偏好。人们特别需要自我认同，特别需要获得他人的好感。人凭借着诸种社交线索，认识自我、了解他人，开始交友，产生相互接纳、排斥、好感、恶感、积极印象、消极印象、有吸引力和无吸引力，甚至还会形成刻板印象的传播等。自我概念不仅形成于个人印象，也有来自交往对象的他人印象。因此，印象形成不可能在没有人际交往关系的情况下发生，也非通过追寻个体在网络媒介中的倒影而获得。从积极的方面看，印象形成研究也是以“我—你关系”为基本单位的。由于没有人乐意给别人留下坏的印象，因此，印象形成也是一种可以激活人对良好关系想象的研究——这里正是人际印象形成机制与效果研究者发挥好奇心的地方。

进一步而言，传播技术的进步为人们的印象形成提供了更多的主动性和选择性。例如社交网络就轻而易举地帮助实现了同步、准同步、异步的信息交流的双向性，促成了不同人之间对称与非对称关系的互动性。一方面，网络社交线索异常丰富，给日常的人际交流带来无限方便和体面；另一方面，用来形成人际情感与联系的视觉、听觉、文字通道也并非被割裂，而是已然变成一个联动的多重信道，相互集成，向他人传递着有关情感、关注和给予支持的关系性信息。

虽然网络上的非口语传播线索还很有限，使我们不能直接拍打朋友的肩膀，不能给他人一个真正的拥抱，也无法触摸到一个汗湿的手心，但正是因为这种非口语行为具有模糊不清的特点，才使网络人际传播更容易受到印象形成研究的关注，更容易为人重塑自我和他人印象提供帮助。网络生活包含一切可能性。可是，网络人际传播条件下的印象形成机制与效果的特征是什么，该研究领域使用的主要方法论或理性精神又是什么？无疑，研究者的使命就是对事物的因果关系形成做出解释。如果一个人际传播研究者足够敏感与聪慧，就一定会从交流者隐匿的欲望中找到解释印象形成的路径。甚至可以说，能进入这样一个隐匿领域的，必然是学理素养不低或颇具研究气质的人。因为，作为职业人群，研究者永远都是那“一小撮”。

这是一本专题研究著作，也是一本有迹可循的方法之书。如果一本专著能把讲述方法作为一种自觉意识，那就是一本不错的书。人际传播研究素以经验主义为基本范式，沿袭心理学和社会语言学传统，因此控制实验法在人际传播研究中占据着重要地位。而张放博士在本书中对研究方法的展示和说明使得本书可以作为学习控制实验法的辅助教材。同时，书中对于质性访谈方法和扎根理论分析的应用，以及如何将质性研究与量化研究方法相结合，也完全可供后来者参考。

本书对网络人际传播和面对面人际传播两种条件下的印象形成效果研究进行了比较，对网络印象形成的过程机制和影响因素进行了综合分析，最后构建出能反映网络人际传播印象形成过程、要素与效果的理论模型，这对网络人际传播研究体系的构建和社会认知研究的推动具有很大的意义。不仅如此，作者借用了社会心理学和认知心理学的方法和理论，从认知图式加工的视角，对网络人际传播交流者之间的印象形成机制进行合理解释。该成果的开创性表现在对人的社会知觉信息形成与加工机制的研究方面。这在我国传播研究领域属于前沿性未探索领域，对推动传播学与其他社会科学进一步融合具有积极作用。

书中网络人际传播中的印象形成充满了有趣的想象互动。无论线上人际传播的多媒体，还是线下人际沟通的零中介，印象形成这种化“蛹”成“蝶”的过程，都可能存在众多的阻碍，也不会轻易出现符合自我愿望中的那种“我想要的”合拍与和谐。他人会怎样感知你，你自己说了不算数。虽然每个人都有各种自我实现的方式，但离开他人的互动和主动配合，就不可能实现意愿中的自我。如同本书作者同样怀有对读者形成良好印象的愿望一样，影响读者印象形成的不仅依靠读者的阅读过程，更是作者欲求做一个好的研究者和沟通者，朝向既定目标的一种自我实现。

王怡红

书 介

书名：《想象的互动：网络人际传播中的印象形成》

作者：张放（四川大学新闻学院传播学专业教授、博士生导师）

出版社：北京大学出版社 2017 年版

知识生产、社会转型与中国"形""像"（代序）

进入 21 世纪以来，关于国家形象宣传的争论此起彼伏。而提升国家形象似乎陷入了一个窘境——这个国家或民族越想说自己好，越想表现自己，在传播中越是努力往好的方向说，越是加大对国际传播的投入，国家形象的"提升"越困难，甚至出现了"倒退"。牵涉国家相关部门、主要媒体机构等方面的工作似乎也因此饱受诟病。问题在哪里？

中国对于国家和民族形象的关注始自 20 世纪 90 年代。彼时，苏联解体，世界两极格局瓦解，全球化如一匹脱缰的野马，在知识经济的支撑下迅速推进。几乎在同时，中国逐渐摆脱政治风波的阴影，诚心拥抱世界。改革开放的深化犹如一支强力兴奋剂，使得整个国家和民族在提升实力的道路上狂奔。在经济快速发展的过程中，我国的自我认知与全球的他者认知之间却出现了巨大鸿沟。这种鸿沟所带来的直接问题体现于中国国际交往的各种领域，如"市场经济国家"认定问题，"国家主权与人权"关系之争等。其在社会表层的体现，则是"国家形象"问题的提出。

经济的发展带来的启蒙意识，首先在知识分子尤其是媒体从业者中引发了关于国际"负面"报道所带来的"妖魔化中国"的争论。在过去 10 年中，这一话题逐渐成为新闻传播学、政治学、外交学、文学等各个领域的焦点话题。而党和政府也逐渐弃用"对外宣传""舆论斗争"的纯粹意识形态话语，并向"国家形象""软实力""公共外交"等话语转变。

上述所有问题的提出，主要是基于对国家"像"的研究，也就是外国媒体、受众如何看待中国的问题。这种研究往往以媒体报道和社会调查为依据展开，具有一定的科学性。如美国皮尤调查公司、英国广播公司以及国内各种层面的调查公司所做的调查确实提供了很多参考依据。但是，且不论这种研究方法的利弊，仅是调查的受众范围及对熊猫、功夫等问题的设定就有先天的局限性。即使将其做到极致，也未必能够全面反映这个千变万化的动态的“像”。

所谓“形”，核心问题是主体的自我认知。自20世纪90年代以来，社会转型给中国带来了巨变，主体的自我认知一直在不断变化中。近年来，国学兴盛，我们力图在老祖宗的话语中寻求自我认知，但在“和”字之外，也没有找到更多可以使用的现代传播话语。在主流意识形态的描述中，在社会主义核心价值的表述中，在国家与民族精神的提炼中，似乎也难见精准、具有共识性的话语表达。

自我认知的不定性带来了诸多的问题。从国家的外交战略制定、国家传播战略的制定，到新闻传播实践性话语表达都出现了些许尴尬和困窘。如在传播的内容选择中，“以正面为主”的方针在具体执行过程中遇到了一些困难。主流国际传播媒介机构在全力扩张的过程中，内容选择缺乏标准和核心的话题体系支撑；媒介从业人员在被要求以适合于国际传播语境的词汇描述中国时不得要领，往往选择“和谐社会”“和”甚至是“熊猫”“功夫”等政治话语和具象性词汇。

如果说冷战时期，大家所获得的信息更多地来自各个国家的立场不同的媒体，更多地看“像”；那么在信息全球化的时代中，作为国际关系主要行为体的国家，“遁形”更难，因此“形”则成为更重要的问题。相比于对“像”的完美需求，我们更需要“形”的完善及对其认知的清晰化。中国传统文化认为“大音希声，大象无形”，因此，以更为民主、开放的心态处理好中国现阶段的社会矛盾和问题，是更为现实和可取的路径。

当前中国的国家形象面临困境的一个重要缘由是社会转型期诚信缺失、道德滑坡等带来的一系列社会矛盾。而社会转型带来的问题远不止于此。国际媒体对于“人咬狗”新闻的偏好导致我国媒体更多是被动应付，主动性传播则成为国际传播实践领域的短板。我们应以更为成熟的心态面对国际社会和国际媒体的“非议”。

我们是一个如此爱好和平及“爱面子”的民族，甚至不惜以屡屡放弃国际权利的方式换取一个相对平和的发展环境和友好的他者认知。殊不知，“形”中的妥协与退让会被西方媒体如何解读呢？当“韬光养晦”都被用作中国威胁论的注脚时，我们又如何去讲述更为深刻的“和”的哲理呢？美国多年来一直是国际媒体非议的主要对象，美国政府虽然重视所谓的“公共外交”，但往往是在可能影响国家形象的重要问题上，至于国际舆论，常常是不理不睬，特立独行。

处于转型期的中国社会和中国政府，需要以更为稳健、成熟的心态面对国际社会的是是非非，面对国际媒体的“负面”偏好，而不是急于争辩，急于表现，急于澄清。

张毓强

书 介

书名：《国际传播：思想谱系与实践迷思》

作者：张毓强（中国传媒大学教授、博士生导师）

出版社：中国传媒大学出版社2017年版

《直击人心——社交媒体时代新闻发布与媒体关系管理》序：社交网络时代我们如何进行有效的话语表达

当下，媒体格局正发生深刻变革，微博、微信、微视频和客户端等新兴媒体“强势崛起”，整个社会表达进入了“人人都有麦克风、个个都是通讯社”的自媒体主导的新时代，传统大众媒体时代的“信息统一生产”“统一分发”的模式被打破，自媒体“遍地开花”，再加上2016年被称为“网络直播元年”“VR（虚拟现实技术）元年”，以知乎、分答、AB站、网络电台等为代表的新技术平台强势崛起，传统的舆论格局发生了根本性转变，虚拟现实空间与线下空间的界限在不断模糊，社会话语表达在经过系列网络治理后呈现出更加多元与极化的现象。

如何评价当前社会传播的特点和趋势？我个人认为可以从以下三个关键词来把握：接力传播、关系传播和情感传播。新媒体平台不再仅仅只是“两微一端”（微博、微信和客户端），随着新技术的不断发展，知乎、网络电台、AB站弹幕、网络直播、网络字幕组、笔记类分享应用（如印象笔记等）等已然兴起，并且在公共事务中开始扮演重要源头作用，如雷洋事件最早就是出现在知乎社区，进而传播到人大校友微信朋友圈引爆整个舆论场的，这种“新技术平台爆料——微信刷屏——微博跟进——传统媒体报道——新闻门户客户端打通最后一公里”的接力传播模式已成为网络热点事件传播的主要模式：以知乎为代表的新型技术平台扮演信息源头；微信则成为自媒体人观点齐发的话题酝酿和讨论的地方；微博则扮演信息二传手，最终形成社会话题的“平台联动”和“情绪共鸣”；传统媒体则将事件进行“仪式化”报道；新闻客户端则扮演着将信息传播到社会公众的角色，传统媒体“集中生产—集中内容分发”的格局不在，如果说以往的信息生产是百米赛跑，都是传统媒体完成，现在信息传递则是接力赛跑，由多个角色接力完成，传统媒体的角色和功能地位发生了翻天覆地的变化，而目前媒介融合和党的宣传则依然停留在传统媒体“内容统一生产、统一分发”的角色基础上，急需进行调整和改变。

关系传播是当前传播的“硬件”。随着网络社会的崛起，移动社交移动互联网媒体的勃兴使得人们得以重新部落化、族群化，人与人之间的社会关系也随着社会的进步越来越丰富，人们越来越把过多的私人领域的想象也叠加到社会关系上，并越来越倚重于这种虚拟的社会关系网，社会关系和社会结构发生了本质性变化，而依附在虚拟社会关系网之上的传播关系也会基于新型的社会关系网络而改变和重塑，关系传播将逐步取代大众传播、组织化传播成为社会传播的主流传播形式。以往人们获得的信息主要依靠的是传统大众媒体，在人们获取信息的所有渠道中，传统媒体贡献的社会信息占到八成以上，这种信息传播格局在社交网络时代则发生了根本倒置，网民依靠社会关系网而不是大众传媒获取的信息比例已经上升到六成以上，尤其是年轻群体。

情感传播是当前传播的“软件”。著名营销学大师菲利普·科特勒曾把消费社会行为分为三个阶段：一是量的消费阶段，即人们追逐买得到和买得起的消费；二是质的消费阶段，即寻求货真价实、有特色、质量好的商品；三是情的消费阶段，即注重购买商品的情感体验和人际沟通。人类传播的历史也是按照这个脉络来演进的，因为信息本身就是一种特殊的消费产品形态，从最早的渠道为王时代，民众获取信息的多寡一定程度上与信息渠道本身的丰度有很大关联，那是对信息“量”的消费时代；随着媒介技术的发展，信息渠道的价值在不断消解，民众获取信息的渠道多元乃至冗余，信息熵随处可见，这个时候质量好的信息内容成为民众信息消费的主要形式，内容“质”的消费成为这一时代重要特征；社交网络和社交媒体的崛起，整个社会内容生产者呈现出社会化、立体化和结构化的趋势，好的信息内容不再是稀缺性资源，民众在对信息消费的同时更加关注的是信息本身带给自身的社会情感体验和情绪按摩需求，人们对信息的消费不再是低层次的“我知”阶段，而变成了“我思”高级阶段，注重参与意识和在场意识，注重在传播中实现情感交流和人际互动，即关系消费和情感消费的信息消费方式崛起。

因此，互联网给我们所带来的所有的改变，都是对既有的、过去传统社会中彼此之间割裂的独立存在，在互联互通过程中所形成的新的改变与新的福利。这当然也对传统的经济、传统的产业和传统的管理造成了挑战。面对着这些颠覆性的改变，如果我们对互联网所形成的新逻辑、新规则没有基本的了解，我们可能就会有很大的危险：过去我们的成功经验、成功模式也许会成为我们把握未来的障碍性因素。我们必须要运用新思维去处理和面对。如果只运用过去工作的惯性去画延长线的话，在互联网对这个社会进行重新组织的背景之下，延长线会越画越艰难，成本越来越高，效果越来越差，这是最基本的一个趋势与逻辑。

传统意义上的中国是一个金字塔式的社会结构——直到现在为止，行政管理体系仍然是金字塔式的结构。在金字塔式的结构之下，从传播学的角度看，越是处在金字塔底的人，他们所掌握的信息越有限，传播手段就越受限；而越在塔尖的人，他们所掌握的信息就越充分、越丰富，传播手段也越多样。这就是过去金字塔式的构造对管理者的好处，可以利用信息与传播资源的不对称，实现自己有效的社会管理——有些信息我告诉你，而有些信息不告诉你；告诉你让你构成对此的关注，构建我的形象，让你的关注往我所希望的方向走，并且有选择地释放我的形象。这就是传统社会赖以得到有效管理与维系的重要的传播学秘诀，传统社会的管理者一个最基本的管理传播的方式就是控制传播。

今天有很多地方的管理者，一旦发现了自己的坏消息，第一反应就是把它给屏蔽、删除，这实际上是传统社会惯性的延伸。但问题在于，互联网、社交媒介释放了人们的社会表达，把传播资源分配给每一个人，使其能够无所障碍地向社会分享自己的所见所闻、所思所想。这导致传播信息构造率先于社会构造进行了改变，变成了一个围观式的构造，而整个社会管理体系还是一个金字塔式的。现在出现的很多矛盾、问题、纠结、困难都是由于这种金字塔式的社会构造，跟社会信息资源分配环形的围观结构之间产生的矛盾与冲突。那么，围观的社会结构具体给管理者带来了什么影响？

首先，机构以及机构的管理者第一次成为全社会360度、365天每时每刻被外界关注、议论、品评、挑剔的对象，这是管理者与机构从未遇到过的情况。这种情况是让人很不舒服的。不妨设想一下，如果我们自己在一个透明的玻璃房子里，外面的人都可以在不同的角度来凝视、观看，我们就像猴子一样，那我们会感到多么的不方便、不爽快，多么的有压力？

如今是一个常人政治的时代，任何一个机构，任何一个管理者，想建立自己高大上的形象是不太可能了。你得用一种常人政治的方式来跟社会进行对话、沟通与交流，这就对我们的领导逻辑、领导方式、权力行使等提出了全新的挑战。这真的是一种新的开始，围观的社会构造对整个社会实施的游戏规则的改变是深刻的、现实的、重大的。但是，有很多人还没有意识到这样一个新开始。不认识到这一点，就很难实施对社会的有效管理。

其次，权力领域也发生了重大的改变，例如议程设置。什么叫议程设置，就是议题管理，让公众关注什么、议论什么，社会的议题是什么，热点是什么，过去这些一直掌握在政府手里。有人问，议题管理重要么？当然重要，议题管理是权力行使的基本领域。互联网出现之后，众生喧哗就成为意见表达与议程设置的一个风险。公众参与议题设置、草根自设议题这样的现象，开始成为中国社会一道新的风景。

在互联网的情况下，我们在对社会进行沟通与表达时有怎样的不同？很多人会说，跟社会表达，谁不会啊，我们有一整套引导舆论、控制舆论的方式。你掌握的这一套原则、办法、手段在过去可能行之有效，但是在今天它的效力却是在递减的，甚至有的时候可能会适得其反。如何与社会讲话，在今天呈现了种种新的逻辑、新的方式，必须要我们深刻去认识与把握。

互联网到底改变了什么呢？至少，在互联网的情况下，消息的第一渠道已不是物理渠道，而是人际关系渠道。大众传播再多的内容，如果没有最后一公里的接力与进入，就不可能进入很多人的视野与听觉当中。如何嵌入人们这种圈子传播和关系渠道之中，就成了我们今天的传播者，无论是专业的传播者，还是企业的公关品牌传播者都必须研究的话题。不能用大众传播的那种规则与规律去构建今天的传播内容和形式，必须要具有突破圈子、进入圈子、嵌入圈子的这种特质与能力，才有可能真正影响到想要影响的人。否则，即使你把这些信息放到他的家门口，他可能都充耳不闻。那么，如何让人们入耳、入脑、入心？

过去做大众传播，强调的是宏大叙事，一个传播媒介、一个点对一个社会的巨大面的传播。但今天，如果我们还故步自封、特别自我地表达一种宏大叙事的话，哪怕真的很重要，也无法进入公众的选择当中。

无论是政府传播，还是企业的传播，如今普遍存在有价值、无魅力的问题。魅力与价值之间到底存在着多远的距离呢？魅力里面当然包括价值，没有价值的东西很难有魅力，但是魅力还比价值多了一点点东西，这一点点到底是什么呢？简单地说，就是内容叙述的逻辑重心是什么，这一点很重要。

如何进入人们的选择半径，形成吸引

力，形成魅力？必须以人为中心，去叙述一个产品、一个政策、一个形象、一个事件，没有这一点就没有吸引力。传播时，要讲道理，更要讲感情。今天的人们靠什么去认同一个道理呢？首先会从情感上、关系上进行辨别。关系判断就成了今天社会沟通、社会引导、社会认同最为重要的前提性判断。

毛泽东曾经说过什么是政治，政治就是争取人心的事情，就是用文化的力量尽力把人们争取到自己的身边来，不是用拳头对舌头，不是用一种威胁的手段，而是用文化的感召力让他们心悦诚服地走到你的身边。什么叫作政治正确？就是永远与大多数人站到一起。因此，今天我们首先要解决的问题，并非逻辑、道理，而是情感、立场的问题，要找到情感的共振点。只有情感认同了，你说的话才能入耳、入脑、入心；只有这个问题解决了，才能赢得人们的认同，心往一处想，劲往一处使。

因此，新技术平台的多元使得网络社群依靠自己所依附的技术平台表达各种不同的社会意见，无论公共利益事件还是民生领域事件都有多样的社会表达和意见，使得传统的舆论引导能力的考察必须从简单地对一种意见的引导转向多个社会意见之间达成社会共识的能力，舆论引导不能追求单向度的自我表达和卡拉 OK 式的“自嗨”，不能一味地强调“抢夺”网络舆论阵地和舆论主导权的麦克风，舆论引导应强调引导讨论协商的能力，而不能继续维持自媒体出现之前依靠网评员的数量优势来夺取舆论主导权。如何实现这点，可以考虑从三个方面实现。

首先，为社会舆论提供有针对性的事实。当危机发生时，信息超载会让受众出现心理与情绪躁动。但任何意见都是建立在事实之上的，有什么样的事实基础，就有什么样意见的构建。因此在互联网时代，或者说社交媒体的时代，要更理性、更柔性、更富有建设性地提供事实，尽可能在第一时间利用自己信息的优势为社会提供一个关于危机的全景式的完整叙述文本，有针对性地补证社会舆论所缺失的那部分事实。你只知其一，那么我告诉你之二、之三；你只看到了冰山一角，那么我把冰山之下的十分之九跟它之间的关键联系，用一种客观、全面、准确的方式呈现出来。为让社会舆论以一种更好的方式接受，常常可以借助于有影响力、有公信力的第三方来提供相关的事实。

其次，事实是事实，但我们从哪个角度来说，先说什么，后说什么，什么说得多，什么说得少，把一个问题放在什么框架里面去叙述？这从传播学角度来说，就是选择性控制、角度控制、逻辑控制、比例控制、框架控制，所有的控制无一例外地暗含着你对这个问题的判别标准、尺度，而这些都暗含在你提供的文本构造当中。当人们接受了文本当中的事实时，就会不自觉地按照你所提供的标准、逻辑、尺度与框架去把握与认知问题与危机。一个危机管理者最大的任务是什么？就是为整个社会对一个关键性事实的理解，进行一种定向性的把握，找到一个角度、一个逻辑、一个解释，对社会的利益最大化，两利相权取其重，两害相权取其轻，同时最能为大多数人所接受。这就是危机传播的诉求点，我们要善用这种方式来影响与引导舆论。

再次，善用情绪启动。如今，在不同的利益集团、不同的社会圈子里找到社会共识，无论对中国还是西方的发达国家来说，都显得越来越困难。理性的诉求方面很难找到大家的共同点，但是人们的基本情感、七情六欲相对来说还是比较容易找到共同点的。在情感浸润、关系认同的情况下，哪怕彼此的差异很大，人们也会形成一种相向而行的态势，这对于理性认同可以营造良好的社会氛围。所以，情绪启动就是利用一些有情境感染力的细节，把它加以放大，构造出一个话语场的基本背景，这是一种有感染力、可以让人们相向而行、具有凝聚力的社会构造，也就是先有一个良好的氛围，再来谈具体的事，这样就比较好谈。否则，社会谈判的成本很高，达成共识却根本不可能。

李彪的《直击人心——社交媒体时代新闻发布与媒体关系管理》在以上几个方面回答了方法论意义的实务操作问题，全书从日常的媒体关系管理到危机时机的舆情应对都进行了针对性分析，并提出了切实可行的对策，是作者多年舆情研究的心得体会，对政府部门、企事业单位的声誉管理与危机应对都具有操作手册式的指导意义。

以上，是为序。

（由于篇幅所限，编者对原文进行了删减）

喻国明

书　介

书名：《直击人心——社交媒体时代新闻发布与媒体关系管理》

作者：李彪（中国人民大学新闻学院副教授）

出版社：人民日报出版社 2017 年版

《数字青年：一种文化研究的新视角》绪论：数字青年的日常生活与文化实践

数字转型是 21 世纪最深刻、最基本的变化。社交网络作为数字社会的重要表征，对青年群体文化的形塑不可小觑。在中国，微博、微信、QQ、人人等社交网站已经成为作为“数字原住民”的青年群体的主导型生活形态。对当下青年群体的文化研究绕过社交网络几乎是不可想象的。在网络使用方面，社交网络作为一种“新技术”和“新经济”日益渗透到普通人尤其是青年群体的日常生活中。在此种背景下，考察并研究社交网站与青年群体生活方式、文化消费之间的关系，具备较强的当下性和研究价值，有助于我们进一步认知青年群体的日常社会—文化实践。

一、青年文化研究的跨学科导向

探究数字社会的青年文化的问题，首先需要思考研究范式的问题。本质上有关媒介文化的研究，西方学术思想可以分为两大阵营：一个是源于欧洲的批判学派，一个是美国的实用主义学派。在欧洲，最经典的媒介文化研究是延续英国文化研究的范式，对边缘亚文化群体和青年文化进行深描。当代青年文化研究的主流无疑是文化研究学派，经典理论从霍尔（Stuart Hall）的“编码解码”理论伊始，《反抗如仪》（*Resistance through Rituals*）的出版将亚文化概念引入文化研究，它将原本不被重视的青少年另类文化现象如流行音乐、风格、时尚等置于媒介与文化关系的视域之下。尤其在探讨社会生活方式的一些次（sub）单元或差异文化空间（spaces of deviant cultures）层面有里程碑式的意义，影响了其后青年文化研究的主流。在文化研究之外，青年文化研究有政治经济学范式，如研究流行文化与统治意识形态的关系；结构主义—符号学范式，除了文化研究学派早期泰斗威廉姆斯（Raymond Williams）之外，布朗迈特（Brummett）的《流行文化的修辞学》是代表性作品；法兰克福学派和后现代主义也是重要的理论来源。从一开始，占据主流地位的文化研究学派的研究就脱离不了“媒介”和“青年文化”两大主题。

按照冯应谦的总结，媒介与当代青年文化或曰流行文化研究的核心议题有如下几种路径：前两类以文化生产（cultural production）为核心。其一，集中分析流行文化生产工业的性质，如瓦斯柯（Janet Wasko）对跨国公司文化、政治和经济影响的研究，格瑞沃（Grewal）对美泰（Mattel）玩具商芭比（Barbie）的跨国性及其霸权的研究，马杰伟对时尚工厂的研究。其二，集中处理流行文化的政治经济推广过程，如冯应谦分析歌手刘德华的形象塑造。其三，注重流行文化文本内的意识形态。其四和其五是以受众和流行文化消费者为中心，前者比较注重文化消费过程的习惯与行为，如詹金斯（Jenkins）的粉丝文化研究；后者重点在于文化消费学挪用流行文化的目标和表现，不同的弱势群体如何通过文化展演维系社群身份认同，抵抗社会规训。西方比较权威的研究有赫布迪齐（Dick Hebdige）的《次文化》（*Subculture*）。

在美国学术界，关于网络与青年亚文化的研究大致有三种取向：技术决定论、社会建构论、技术—社会相互建构论（Mesch）。新媒体到底如何影响青年群体的态度、价值以及行为？不同的研究取向对此有不同的回答，而这并非新近才出现的争议。技术决定论有一预设前提，即技术作为推动社会变革的独立力量。它预设网络作为一种媒介技术决定了使用者，尤其是青少年的行为与文化。在这一取向影响之下，青年人往往被贴上“网络一代”“数字居民”等标签，其暗含的假设即网络技术作为一种“时代”力量，有塑造甚至是决定青年人态度及行为的力量。不难发现，这里的青年人是同质化的青年——它预设了有相似媒介使用的青年是同一类青年人，他们将有相似的态度、价值与行为。这一类研究在美国仍是主流。它以定量研究为主，其目标是探讨“网络使用”与各种“青年亚文化”之间的因果关系，以解释、预测和/或控制青年文化。这类研究往往把青年，尤其是青少年，视作社会“问题”，研究的目的乃是诊断确认与青（少）年相关的、因网络使用而导致的各类问题。其中，以网络与青（少）年身心健康为主题的研究较多。

社会建构论则相信青年人并非同质的群体；其媒介资源、媒介技术以及意义建构过程都不尽相同。Pauline Cheong 的研究就指出，即使在新加坡这样一个网络使用如此普遍的国家，青少年的网络技术仍存在巨大差异，并非铁板一块。技术社会建构论还认为，媒介本身并非独立的力量，而是社会建构的产物。这一路径强调权力关系与社会结构，即新媒介能构成建构新的青年文化（但同时也能固化现存社会关系）。这一研究取向往往强调青年人使用网络的能动性。

最后，技术—社会相互建构论试图超

越“技术决定社会”还是“社会决定技术”这样的二元对立。它支持数字空间乃独特的文化空间这一论断，同时又将之嵌入日常生活的脉络之中，旨在揭示网络文化与更大的社会语境之间相互形塑、相互建构的关系。换言之，它将技术与社会之间单向的“是……还是……”的争论变成了“既……又是……”的双向辩证关系。这一取向的研究很多着眼于青年人如何使用网络以融入更大的社会群体。

我们研究数字社会的青年文化，与任何其他研究一样，始终需要根据研究问题，在不同的研究范式之间穿越调整。而对经典研究的路径梳理可以促使我们更全面地鸟瞰这个研究领域的图景，这是开展自己的研究的必备基础。对于一个充满层出不穷的新现象的研究领域，不同的研究边界是不断重叠和相互影响的。而这些理论范式的回看与比对，都可以帮助我们在研究中始终保持与前人研究对话的意识及动力。

二、在“跨国理论”与“本土现实”之间

从中国大陆学术界的情况看，近年来，国内学者对青年亚文化的探讨，开始逐渐建立在网络新媒体视角上。到了今天，关于青年亚文化的主流研究，已经很难与新媒体文化完全划清界限。以互联网为代表的新媒介及借此形成的各种媒介平台，诸如网络社区、即时通信、社会化媒体等成为研究青年亚文化的重要切入视角，由此也反映出青年亚文化与新媒介之间那种天生的异形同构的特点。国内八九十年代的亚文化研究，集中于代沟、摇滚乐、“越轨”行为、校园亚文化等方面，在对具体的青年亚文化现象的原因分析中，普遍遵循着“青年受挫——产生隔阂与对抗——形成亚文化表达”的逻辑。而在这一逻辑链中，并未强调大众媒介与传播这一环。这一时期的青年亚文化研究中，以社会学视角与方法作为绝对主导，而对关乎青年亚文化的政治、语言、媒介传播现象，虽然有所涉及，但未能形成集中、持续的研究。

新媒体不但催生了当代青年亚文化的蓬勃发展，更进一步地成为亚文化的再现与表征镜像。主流青年文化研究的理论话语局限于英国伯明翰学派的青年亚文化理论。但随着社会变迁，发生了新的转向，即后亚文化研究由“抵抗”向“生活方式”的转变。新一代亚文化研究者对伯明翰学派的“阶级”“抵抗”“风格”等核心理论观点进行质疑，提出了“生活方式”“新族群”“场景”等后亚文化研究理论关键词，旨在考察变化了的青年亚文化现象，鲜明的媒体意识则是后亚文化的典型特征。

而在另一派注重传播效果与动机多于文化文本的研究者那里，有关青年群体在日常生活中所展现出来的诸多社交媒体使用行为，使得后续的社交媒体研究的取径转而更为肯定主体能动性，并试图深入理解社交网络在其日常生活实践中的结构性地位和使用经验的本质。目前有三种主要研究取径，社会心理学的研究取径，则多从动机论的角度，个体的、心理面向来解释社交媒体的使用行为；社会资本的取径，则往往是从个人理性选择论的角度，来论述社交媒体对个人社会资本与利益的提升的影响；新素养的研究取径，主要从素养的应然面向或能力面向来论述青少年社交媒体行为。

尽管近年来我国学术界已经注意从传播学的角度思考社交网络与青年群体文化之间的关系，并取得了一定的研究进展，就现有研究的总体来看，尚存在现状描述、对策讨论偏多，理论导向的实证研究偏少的不足，研究深度和研究空间有待进一步拓展。

三、日常生活经验脉络：一种文化研究的新视角

如何全景式聚焦考察青年群体文化与社交网络使用行为之间复杂的建构与解构的多重关系？从社会实践上，社交媒体正在影响并瓦解着当下社会的媒体生产与发布流通的方式，成为一种结构性的社会转型。青年群体在日常生活中所展现出来的诸多社交网络使用行为，在与社交网络实践行为的动态关联中，充分关切青年群体的日常社会—文化实践。在学术价值层面，对这一新型媒介的研究有助于丰富及修正“新媒体研究”和“青年文化研究”相关理论。通过面向日常社会—文化实践的研究转向，将在一定程度上丰富我国青年文化研究的传播学视野。在此种背景下，考察并研究数字空间的青年群体日常世界与生活方式，具备较强的当下性和研究价值，有助于我们进一步认知在当下数字时代，青年群体的生活形态呈现出怎样的多元态势？在社交网络这一媒介社群中受到怎样的影响？呈现出怎样的特质？对青年群体的身份认同和文化消费又有何等激励和促进作用？更重要的是，作为一个具备时代性特征的数字青年群体，与其他时代相比，他们的日常生活和经验感知发生了哪些变化值得我们认真观察、记录与研讨？

作为“数字原住民”（Digital Natives）的青年群体和“数字移民”（Digital Immigrants）的差异性超出我们的想象。数字原住民是伴随着数字化技术成长起来的新一代学习者，数字化生存是他们从小就开始的，也是最习惯的生存方式。他们不仅对新技术的应用得心应手，而且学习方式、认知特点也可能和上一代人迥然不同。与“数字移民”相比较，他们对于社交媒介的适应度和依存度更大。社交网络对其日常生活实践的形塑有可能在全方位多层面改变了一代人的社会交往方式和意义建构。随着社交网络的快速发展，社交网络正以全新的方式介入青年群体的日常生活实践，带来生活方式的全面更新。社交网络平台不仅仅是虚拟社群，也与购物、出行、旅游、时尚、恋爱、社交、学业、工作等息息相关，甚至有取代现实情境或与现实情境高度融合的趋势。社交网络用户对媒介平台存在高度黏性。多个虚拟平台存在多重交叉的重叠性。媒介平台之间也存在着频繁流动与迁徙。这促进研究者在媒介情境视角下进一步考量虚拟迁移行为的推拉因素，考察网络混杂社群与隔离社群的生态。

对于社交网络对青年群体生活方式与文化认同的影响，我们不应该只关注结果或某个时空节点上的静止状态，而应该将其看作一种动态的过程，一种由政府、媒体、技术、社会网络、个人等多方博弈与共同理解的过程，一种由社交网络与青年群体文化建构众多影响因素的互动与建构的过程，一种能够不断体现社交网络的各方主体具有能动性、实践性和意义建构性的过程。数字转型是21世纪最深刻、最基本的变化。社交网络作为数字社会的重要表征，中国语境中的青年群体文化现象流变只是全球化图景中一环。研究期望凸显这样一个动态的变化过程与全球其他区域的联系与区别，并进一步讨论建构有中国文化自觉的社交网络时代青年文化的策略。

媒介文化研究的传统方法主要是文本和话语分析和民族志。但近期内也有新的研究方法的进入，如混合研究法、生命史研究法等。在研究方法上，研究者推崇以问题意识主导的跨学科研究。在自然情境下，采用多种资料收集方法，对青年群体的社交网络使用现象进行深入的整体性探究，并通过与研究对象的互动，对其日常生活实践和意义建构获得解释性理解。具体研究参照“过程—事件”分析方法，将社交网络对青年文化的影响看作一种动态的过程，通过“都市田

野调查”的方式，选取大中城市的青年群体，由研究者以线上和线下相结合的研究方法进入青年群体社交网络的使用情境中，通过参与式观察、深入访谈、焦点小组访谈等方法，介入青年群体社交空间的建构、流动变迁与意义建构的日常生活实践过程，体验青年群体真实的“数字生活”，观察社交网络如何改变和建构青年群体的生活方式和价值观的实践形态，深入了解处于实践状态中的关系发展演变的整体状况。研究者还倾向于阐释主义—建构主义方法，阐释主义—建构主义方法关注意义，力图理解不同的社会个体对某种境况形势的定义。它探寻的是人类在意义和感知能力上的差异如何产生与反映出各种具体的、客观无偏的现实上的差异。阐释主义研究者注重去理解社会成员的意义，通常会选择意义导向而非测量导向的办法，例如扎根理论。

在当下的文化研究中，应该说西方的理论资源和话语占据了绝对主流的位置。但文化研究学派对于“本土性”的强调，也在某种程度上提醒研究者将中国现实作为西方理论注脚的弊病依然是难以绕过的窠臼。某种程度上，青年文化的本土性是对全球化理论的修正，这也是“全球本土化”（globalization）的一种话语。只是，真的要以丰富扎实的本土研究与全球话语形成对话，还任重道远。

本书希望突破一般的学术研究作品写作方式过于概念化、学院化的倾向，希望从关注的问题出发，对数字青年群体整体的日常生活方式进行描述、记录，也期待在文化研究的新视角下理解和阐释数字青年群体的文化、消费、社交、日常生活等若干层面。全书从绪论开始，从整体上梳理数字社会青年文化研究的若干经典脉络及最新路径，期待在一个历史视角下搭建本书的整体性的研究方向与思路。在其后的篇章中，研究者们描绘了新媒介环境下数字青年群体生活形态的多元化图景，包括社会交往、文化消费、娱乐消遣、社群活动、信息接触与使用、身份与情感等，涉及了当下数字青年文化日常生活的若干层面：动漫二次元世界、耽美小说、字幕组的数字生活、小时代与郭敬明现象，“中国好声音”的魔力，弹幕网站的真人秀，以及新媒体时代的社交及消费。这些个案既是个体与社群鲜活的经验记录，也拼接出当下数字时代的青年群体总体性的日常生活文化图景。一方面着眼于媒介技术，为探讨数字技术如何改变社会文化提供了一种研讨视角；另一方面也关注当代青年群体，探求新媒介环境、媒介社群以及青年文化之间复杂的互动关系，有助于我们进一步认知青年群体在数字时代的社会—文化实践活动。

（由于篇幅所限，编者对原文进行了删减）

朱丽丽

书 介

书名：《数字青年：一种文化研究的新视角》

作者：朱丽丽（南京大学新闻传播学院副教授，硕士研究生导师）

出版社：江苏人民出版社 2017 年版

知识科学理论、文献计量学与学科发展

——评《中国广告学知识生产研究》

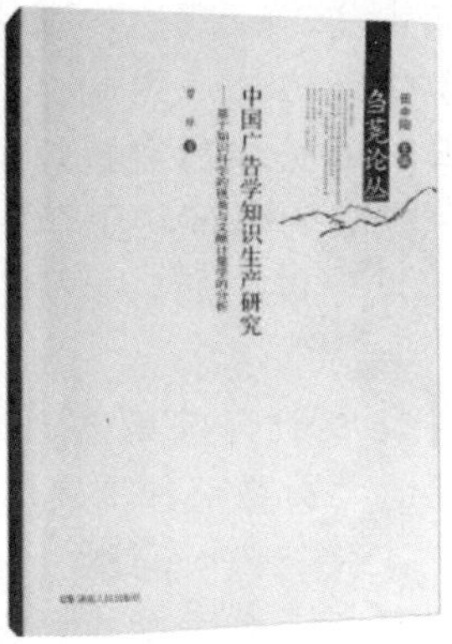

从某种意义上讲，我们的科学研究，也许并不缺少理论，所欠缺的往往只是对合适理论的选择。

关于科学，素有自然科学与社会科学之分。随着科学的进步与发展，又新崛起以人类“主观精神世界”为主要研究对象的“思维科学”，以及以人类“客观知识世界”为主要研究对象的“知识科学”。有学者甚至将自然科学、社会科学、思维科学、知识科学并列为人类四大科学领域。

我国的学科分类，将新闻传播学划归人文科学，我却一直认为新闻传播学同时还兼有社会科学的特性。作为社会科学的两大霸权学科的社会学与经济学，已经为我们的研究提供了太多的理论范式。而后崛起的西方“思维科学”与“知识科学”，同样有丰富的理论创获，同样能为我们提供丰富的理论选择。

中国广告学知识生产研究，抽象地看，应属于社会科学的范畴，但从其具体的研究对象与研究内容看，其聚焦于中国广告学的知识生产，是以人类“客观知识世界”为重点研究对象的，准确地讲，似乎应属于知识科学的范畴。也许正是基于这一认知，《中国广告学知识生产研究》对理论资源的选择，集中于知识科学领域，具体来讲，就是在世界范围内曾产生重大影响的库恩的科学发展理论，曾于本世纪初在我国引发重点关注的华勒斯坦的学科制度化理论，以及诸多学科都曾尝试使用过的关于学科发展的“S”型成长曲线理论。

理论的选择，切忌过于庞杂。不同理论，尤其是不同学科的理论，能为我们的研究提供不同的分析视角与分析框架。但过于庞杂的理论选择，却往往会造成研究视角的分散与分析框架的凌乱。《中国广告学知识生产研究》所选用的三大理论，同属于知识科学的范畴，共同用以展开中国广告学知识生产领域的“客观知识世界”研究。其对中国广告学知识生产成长轨迹与现实状况的分析，对中国广告学知识生产特征、科学共同体与研究范式等学术图谱的立体化描绘，以及对中国广告学知识生产制度化问题的检视，其整体分析研究框架，都是依据上述理论来加以建构的，都是在同一理论视角下展开的。“基于知识科学的视角”，所言不倦。运用知识科学的理论，来检视中国广告学知识生产的“客观知识世界”，具有较大的适切性。

科学的研究，必须以科学的研究方法为支撑。文献研究法，作为社会科学的一种科学研究方法，自有其科学规范性，不是一般的文献梳理、归纳与总结，都可以称得上严格意义上的文献研究法的。作为科学研究方法的文献研究法，其核心要义仍在实证与计量。

文献研究法，顾名思义，是集中用于文献研究的。当文献量足够庞大，一般的定性研究方法以及一般的统计计量方法都不足以驾驭时，科学的文献研究法兴起。我国的文献计量学兴起于信息情报学领域，也以信息情报学领域运用更为丰富充分。面对30多年来中国广告学知识生产的庞大文献量，《中国广告学知识生产研究》选择了文献计量学的研究方法，可以说也是一种智慧的选择。

当我们最开始接触文献研究中的“词频分析”与“聚类分析”，我们都惊叹其奇妙。但现在的文献计量分析早已今非昔比了。随着人类数据分析技术的提升，世界范围用于文献分析的软件开发也与日俱进。各种各样文献分析软件，已远不止文献的计量分析，而是深入文献数据的关联性分析与可视化呈现。文献计量学作为一门新起的学科领域，门外者很难一窥其深奥与高妙，文献分析软件的开发难，运用亦难，尤其是非相关学科领域者使用更难。因此又可以说，《中国广告学知识生产研究》文献计量学研究方法的采用，又是极富勇气而大胆的。

《中国广告学知识生产研究》涉及文献分析的方方面面，其中，共现分析及其可视化呈现，作者合作关系分析及其可视化呈现，作者文献耦合分析及其可视化呈现，作者关键词耦合分析及其可视化呈现，涉及的问题尤为专业而深入，其所使用的文献分析软件，即使在信息情报学领域，也算是较为先进的。

还有，越先进的文献分析软件，对文献数据的要求越高。建立能用于先进软件分析的文献数据库，以及对数据的严格“清洗”，其工作量之大，实非亲力亲为者所能想见。对科学研究方法的把握与使用，尤忌浮光掠影、浅尝辄止。科学的研究方法之所以称其为科学，就在于它有严格的科学规定性，这是研究方法的使用所必须遵循的。

现代社会的知识生产，实际上是一种学科体制下的知识生产，或者说，以学科为基础的知识生产方式，是现代社会的一种主要知识生产方式。因此，学科发展的问题受到普遍的关注与重视。关于学科发展的研究，也成为新闻传播学领域下属各学科进入本世纪以来的一个研究重心与研究热点。

在学科发展研究的诸多理论选择中，知识科学理论无疑是一种重要的理论选择。尽管我们在较长一段时间里，并未建立起知识科学的概念，但库恩的科学发展理论中，“前科学时期”“常规科学时期”“科学革命”“范式危机”“科学共同体”等，却早已为学者们所熟知。本世纪初，北京大学方文教授运用学科制度理论，来分析社会心理学学科的演进，同样受到广泛关注，并引发一场关于学科制度建设的大讨论。其实，除了库恩与华勒斯坦之外，还有默顿、福柯等一批知识科学领域的大师。他们所创设的知识科学，实在是一座尚未完全开采的理论富矿。我们有必要进一步充分认知，知识科学理论的丰富性，及其与学科发展研究的高度的适切性。

只要我们对信息情报有所关注，我们就可以毫不费力地接触该领域运用文献计量学来研究该学科发展的丰富成果。这也说明，文献计量学的研究方法之于学科发展的研究，同样是适切的。

在中国知网与CSSCI数据库中搜索相关的研究文献，我们发现，近几年，新闻传播学领域也陆续发表过一些运用文献计量学来研究相关学科发展的研究论文。其中，最受关注的要数喻国明教授有关传媒经济学发展的相关文献计量学的研究。与信息情报学的相关研究相比较，我们的研究还显得颇为单薄。文献计量学既作为一种理论，也作为一种重要的研究方法，为人类的知识生产及各学科的发展的研究，提供了重要的理论资源与研究方法的资源。信息情报学领域的相关研究，可以而且应该成为新闻传播学领域相关研究的重要参照与借鉴。

祝贺《中国广告学知识生产研究》的现有收获，也期望该著"基于知识科学的视角与文献计量学的分析"，能为我们的相关研究提供有益的启示。

蔡　骐

书　介

书名：《中国广告学知识生产研究——基于知识科学的视角与文献计量学的分析》

作者：曾琼（湖南师范大学新闻与传播学院副教授）

出版社：湖南人民出版社 2016 年 12 月版

·书目辑览·

2017 年中国新闻传播类书目

新闻传播理论

赢在认同感：中国背景下的组织文化认同研究及对传媒的考察　陈致中 著，暨南大学出版社，2017 年 1 月

新闻德性论：原则框架　王金礼 著，北京大学出版社，2017 年 1 月

城市传播：媒介与城市互动的视角　邓庄 著，中国书籍出版社，2017 年 1 月

冲突与转向——大数据时代的传播伦理研究　曹漪那、杨珊、王慧敏、赵唯阳 著，四川大学出版社，2017 年 1 月

转型社会中的大众传媒与公共利益　刘必华 著，中国传媒大学出版社，2017 年 1 月

中国社会转型焦虑与互联网伦理　赵云泽 著，中国人民大学出版社，2017 年 1 月

社区传播论：新媒体赋权下的居民社区沟通机制　王斌 著，中国人民大学出版社，2017 年 1 月

典型报道研究　朱清河 著，科学出版社，2017 年 1 月

沟通智慧与传播　谭英 著，知识产权出版社，2017 年 2 月

把准脉 开好方：舆情危机研判与应对　王洪波 著，新华出版社，2017 年 2 月

众媒时代的传播转向　余秀才 著，华中科技大学出版社，2017 年 2 月

社会化媒体中公共危机事件的传播机制研究　袁媛 著，光明日报出版社，2017 年 2 月

自媒体伦理漫谈　王刚 著，中国言实出版社，2017 年 2 月

社会化媒体环境下非对称性危机演化研究　姜金贵、张鹏飞、沈丹薇 著，哈尔滨工程大学出版社，2017 年3 月

传播学场理论　程郁儒 著，中国社会科学出版社，2017 年 3 月

环境风险的媒介建构与受众风险感知

王庆 著，中国传媒大学出版社，2017年3月

萌力量：可爱传播论 赵新利 著，人民日报出版社，2017年4月

媒介女性身体形象的视觉传播研究 陈瑛 著，华中科技大学出版社，2017年4月

新闻程式性话语嬗变研究 付伊 著，上海社会科学院出版社，2017年6月

社区新媒体 茅杰、龚炜斌 著，上海三联书店，2017年6月

媒介消费新论 黄可 著，新华出版社，2017年6月

公民权的话语建构：转型中国的新闻话语与农民工 黄典林 著，中国传媒大学出版社，2017年6月

新闻传播学概论 郝雨 主编，上海交通大学出版社，2017年6月

跨文化视域下的影视对外传播 杨铮、张炜、符冰 著，武汉大学出版社，2017年7月

表达·戏谑：青年的媒介想象 严亚 著，人民出版社，2017年7月

从结绳到比特——人类心灵的表达 王荔 著，同济大学出版社，2017年7月

大众传媒公共性研究 朱清河 著，中国人民大学出版社，2017年7月

亚洲传播理论：国际传播研究中的亚洲主张 邵培仁 等著，浙江大学出版社，2017年7月

新闻学概论 王援 主编，电子科技大学出版社，2017年7月

新闻理论基础 高金萍 著，人民日报出版社，2017年8月

非理性媒介 谢孝国 著，羊城晚报出版社，2017年8月

媒介分析：传播技术神话的解读（第二版） 张咏华 著，北京大学出版社，2017年9月

传媒对村民政治信任和社会信任的影响研究 王正祥 著，科学出版社，2017年9月

传播如何是好？——现代传播思想与实践中的道德探询 邱戈 著，浙江大学出版社，2017年9月

国际传播 张毓强 著，中国传媒大学出版社，2017年9月

人际传播与沟通 禹建湘 著，科学出版社，2017年9月

现代传播学通论 宁晓晓 著，中国戏剧出版社，2017年10月

融合·重构·创新：新闻学研究的现实与未来 刘昶、赵如涵 主编，中国传媒大学出版社，2017年11月

巴别塔之路：媒介化社会与传媒的阶层书写 韩素梅 著，浙江大学出版社，2017年12月

新闻传播业务

出版物典型编校差错图例 许龙桃 编，黑龙江大学出版社，2017年1月

红蓝韵——李东东讲传统谈新闻 李东东 著，人民出版社，2017年2月

融媒体背景下的新闻采访 武斌 著，电子工业出版社，2017年3月

书之重，评之轻（增订版） 陈昕 著，上海人民出版社，2017年3月

当代播音主持艺术新探 安红石 主编，中国传媒大学出版社，2017年3月

非虚构：时代记录者与叙事精神 周逵 编著，清华大学出版社，2017年3月

多媒体新闻标题的多视域研究 张志君 等著，中央广播电视大学出版社，2017年4月

编辑学概论（第二版） 方毅华、郝丽丽 编著，中国广播影视出版社，2017年4月

中国新闻媒体跨国跨文化采访报道的困境与路径研究 唐佳梅 著，人民出版

社，2017年4月

数据新闻：新闻报道新模式　许向东著，中国人民大学出版社，2017年5月

基层新闻发言人实践　夏凡 著，五洲传播出版社，2017年5月

新闻采访写作案例教程：夏静作品精选　夏静 著，武汉大学出版社，2017年7月

超视距新闻传播——理论与案例分析　蒋建科 著，知识产权出版社，2017年8月

新媒体文类研究　练暑生 著，厦门大学出版社，2017年8月

财经新闻知与行——理论与实践　龚彦方 著，电子工业出版社，2017年8月

新闻写作基础实训　戴振雯、周正昂编著，合肥工业大学出版社，2017年8月

新闻写作与成才论　朱金平 著，长征出版社，2017年9月

播音员主持人最易读错的100个字　姚喜双、邹煜 主编，商务印书馆，2017年9月

新闻精品是这样采写成的（最新修订版）　刘保全 编著，新华出版社，2017年9月

数字编辑运营实训教程　郑铁男、张新华 主编，知识产权出版社，2017年9月

优秀编辑的四门必修课：一位资深总编的来信（增修版）　周浩正 著，金城出版社，2017年9月

中文学术期刊发展创新与实践　崔金贵 著，江苏大学出版社，2017年9月

学术期刊编辑的探索与创新　刘建军等主编，科学出版社，2017年10月

加冕：新闻评奖制度与实践　黄顺铭著，中国传媒大学出版社，2017年11月

网络体育新闻传播概论　张伟、刘媛媛 著，暨南大学出版社，2017年11月

炼题录——新媒体语境下的新闻标题　钟日新 著，漓江出版社，2017年12月

新闻传播史

《申报》与中法战争研究　朱晓凯著，黄山书社，2017年1月

早期中国新闻学的历史面相：从知识史的路径　朱至刚 著，厦门大学出版社，2017年1月

当代台湾财经杂志发展研究　吴琳琳著，厦门大学出版社，2017年1月

纸刊至电刊的中国探求　宋革新 著，社会科学文献出版社，2017年1月

中国高校科技期刊百年史（上、下册）　姚远、颜帅 著，清华大学出版社，2017年1月

张闻天的新闻实践研究　杨永兴 著，光明日报出版社，2017年1月

宋代新闻传播与政治文化史稿　刘大明 著，中国传媒大学出版社，2017年2月

“明镜”与“明灯”：中国主流媒体话语与社会变迁研究（2003—2012）　高金萍 著，中国人民大学出版社，2017年3月

追梦与幻灭：报人成舍我研究　黄志辉 著，中国社会科学出版社，2017年3月

德国新闻传播史　吴璟薇 著，人民日报出版社，2017年4月

民元时期的新闻业：一个剖面的研究　谭泽明 著，复旦大学出版社，2017年4月

英国新闻传播史　陈力丹、董晨宇著，人民日报出版社，2017年5月

转向大众：晚清报人的兴起与转变（1872—1912）　李礼 著，北京师范大学出版集团，2017年5月

历史与现实观下的中国新闻事业研究　张军军 著，社会科学文献出版社，2017年6月

法国新闻传播史　陈继静 著，人民日报出版社，2017年6月

中国近代新闻思想的嬗变：以本土化和现代化为视角　李滨 著，人民出版社，

2017年7月

陕甘宁边区新闻事业 李文 著，人民出版社，2017年7月

世界报业考察记 戈公振 著，刘明辉、孙戈 整理，商务印书馆，2017年7月

媒介史 崔林 著，中国传媒大学出版社，2017年8月

巴基斯坦大众传媒研究 金强 著，中国传媒大学出版社，2017年9月

中国出版业十年观察 肖东发 等著，山西教育出版社，2017年9月

戈公振新闻思想研究 蔡斐 著，中国传媒大学出版社，2017年10月

见证——中文报刊中的南京大屠杀报道 徐小躍 著，江苏美术出版社，2017年12月

媒介经营与管理

畅销书营销浅规则 李鲆 著，金城出版社，2017年1月

都市报全媒体转型研究：掣肘与进路 刘海贵 主编，复旦大学出版社，2017年2月

数字出版：国际化变革与发展 赵树旺 著，科学出版社，2017年2月

都市报转型与媒介价值重构 任媛媛 著，中国传媒大学出版社，2017年2月

我国出版企业社会责任报告研究 韩生华 著，人民出版社，2017年3月

出版经济学研究 陈昕 著，格致出版社，2017年3月

传播变革——新时期传统媒体的变革与发展 毕书清、李婷婷 著，江苏科学技术出版社，2017年3月

从“畅销书时代”到“后主题出版时代”——互联网+出版供给侧改革战略研究（上中下） 庄庸、王秀庭 著，福建教育出版社，2017年3月

蝶变：温州都市报媒体融合故事 郭乐天 著，新华出版社，2017年4月

媒体融合与创新 任锦鸾 等著，中国广播影视出版社，2017年4月

传媒版权管理研究 丁汉青 著，中国人民大学出版社，2017年6月

失衡与再平衡：中国新闻网站上市现象研究 邓为 著，人民出版社，2017年6月

中国传媒产业规制及其演进研究 李杉 著，中国传媒大学出版社，2017年7月

传媒组织模块化价值创新战略研究——基于传媒跨界整合现实问题的探索与实证 刘茜 著，四川大学出版社，2017年8月

小小媒介掌舵人 张开 等编著，中国广播影视出版社，2017年8月

出版与融合——新媒体环境下的出版创新思考 余人、袁玲 著，科学出版社，2017年9月

视商时代：重构新媒体的商业价值 王乃考、方晓平 著，人民邮电出版社，2017年9月

版权价值导论 段桂鉴 著，商务印书馆，2017年9月

媒介融合与报业体制变革 张瑜烨、强月新 著，人民出版社，2017年10月

长江中游区域发展与大众传媒 张瑜烨 著，中国社会科学出版社，2017年10月

出版传媒集团投融资效率研究 杨庆国 著，中国传媒大学出版社，2017年11月

媒介融合与媒体转型 肖叶飞 著，安徽师范大学出版社，2017年11月

一流大报不可忽视的细节 万光政 著，浙江大学出版社，2017年12月

数字出版研究：运行模式与发展趋势 万安伦 著，中国传媒大学出版社，2017年12月

中国出版产业结构研究 赵洪斌 著，

中国传媒大学出版社，2017 年 12 月

出版物印刷　米加德 主编，西南师范大学出版社，2017 年 12 月

数字出版学概论　李苓 著，四川大学出版社，2017 年 12 月

新媒体

腾讯传（1998—2016）　吴晓波 著，浙江大学出版社，2017 年 1 月

网络舆情热点事件案例汇编（2007—2011 年）　王国华 编，华中科技大学出版社，2017 年 1 月

突发事件网络舆情的动力要素及其治理　王国华 编，华中科技大学出版社，2017 年 1 月

博客交流互动的机制与行为研究　张辉 著，华中科技大学出版社，2017 年 1 月

与时代共鸣：微博用户深度评论精选（2016）　微博时评 著，人民日报出版社，2017 年 1 月

融合再造：期刊创新密码与互联网 + 研究　李祖平、汪新红 著，科学技术文献出版社，2017 年 1 月

反思与重塑：网络时代的中国传媒品牌建设　宋祖华 著，人民日报出版社，2017 年 1 月

喧哗与搏杀——战场与媒介社会的“舆论信息战”　亦君 著，中国发展出版社，2017 年 1 月

网络舆情应对的关键技术研究　王君泽 著，华中科技大学出版社，2017 年 2 月

融合新闻　刘冰 著，清华大学出版社，2017 年 2 月

全媒体视野下的语言传播艺术探究　罗幸 著，中国传媒大学出版社，2017 年 3 月

新媒体传播十问　唐嘉仪 著，人民日报出版社，2017 年 4 月

自媒体时代高校宣教网络建设研究　丁凯 著，中国人民大学出版社，2017 年 4 月

互联网时代媒介研究的坚守与创新　欧阳宏生 著，四川大学出版社，2017 年 5 月

政务新媒体话语应用与传播研究　王建华 著，上海交通大学出版社，2017 年 5 月

新媒体纪实影像叙事：文本的解构与话语的重构　邓秀军 著，中国社会科学出版社，2017 年 5 月

大数据时代的网络舆情　杨明刚 著，海天出版社，2017 年 6 月

直击人心：社交媒体时代新闻发布与媒体关系管理　李彪 著，人民日报出版社，2017 年 6 月

中国网络传播制度研究：基于新制度经济学的视角　李建华 著，红旗出版社，2017 年 6 月

新媒体环境下的危机传播及舆论引导研究　喻国明 著，经济科学出版社，2017 年 8 月

传播符号学访谈录：新媒体语境下的对话　蒋晓丽、赵毅衡 主编，四川大学出版社，2017 年 8 月

新媒体时代下的新闻出版教育研究　张文红 主编，中国传媒大学出版社，2017 年 9 月

网络强国制高点：技术创新支撑　王恒桓 主编，知识产权出版社，2017 年 10 月

新媒体时代广播创新发展研究　申启武 著，暨南大学出版社，2017 年 10 月

新媒体技术与应用　王中生 主编，清华大学出版社，2017 年 10 月

社会性别视野下的新媒体研究　公衍峰、杨佳 著，社会科学文献出版社，2017 年 10 月

网络舆情管理关键要素研究——基于典型案例的深度分析　张磊 著，国家行政

学院出版社，2017年10月

数字媒体版权案例评析 王志刚、华风霞 编著，大象出版社，2017年11月

中国网络内容国际传播力提升研究 向志强 著，人民出版社，2017年11月

中国网络内容建设调研报告 赵惜群 著，人民出版社，2017年11月

新媒体传播与舆论审判叙事 余素青 著，社会科学文献出版社，2017年11月

互联网+新文艺创意写作理论与实践：作品为世界立法 吴金梅、庄庸 著，中国广播影视出版社，2017年11月

广告

广告精准投放：移动互联网时代的广告投放策略 李斌 著，中国经济出版社，2017年1月

计算广告学：智能媒体时代的广告研究新思维 刘庆振、赵磊 著，人民日报出版社，2017年1月

现代广告学概论（第4版） 陈培爱 编著，首都经济贸易大学出版社，2017年1月

中国铁路广告资源价值评估 王昕 著，中国传媒大学出版社，2017年1月

网络广告创意与设计 侯玥 编著，中国传媒大学出版社，2017年2月

创拓集——广西艺术学院广告学创新创业教育成果集 汤晓山、申雪凤 主编，广西师范大学出版社，2017年3月

文案：一字千金的创意广告，点石成金的案例分析 张宇微 编著，电子工业出版社，2017年3月

广告策划与管理（第四版） 严学军、汪涛 主编，高等教育出版社，2017年3月

网络广告理论与实务 杨连峰 编著，清华大学出版社，2017年3月

边做边学——广告创意与制作 糜淑娥、陈惠坤 主编，人民邮电出版社，2017年3月

广告策划实务 邱小平 编著，机械工业出版社，2017年4月

智能营销：从4P时代到4E时代 贾丽军 著，中国市场出版社，2017年4月

世界各地反腐倡廉广告汇编 林升栋 编，厦门大学出版社，2017年4月

代言人与广告主张力度匹配研究 刘中刚 著，中国经济出版社，2017年4月

广告学概论（第二版） 王丽萍 主编，化学工业出版社，2017年4月

网络营销创意三十六计 徐茂权 著，电子工业出版社，2017年5月

智慧的品牌：数字营销传播金奖案例（2016） 谷虹 主编，电子工业出版社，2017年5月

广告法规与广告伦理（第二版） 崔银河 编著，中国传媒大学出版社，2017年5月

中国近代民族品牌的广告传播研究 杜艳艳 著，中国社会科学出版社，2017年5月

广告创意设计与实际应用 宋丽丽 著，中国书籍出版社，2017年5月

哲学思维与广告 王敏、孙晓阳 主编，西南交通大学出版社，2017年5月

如实道来：亲历全国大学生广告艺术大赛 韩志强 著，山西人民出版社，2017年5月

海峡两岸广告与传播研究 林升梁、帅志强 著，中央编译出版社，2017年5月

直播经济："互联网+泛娱乐"时代的连接变革 王乃考 著，中国铁道出版社，2017年6月

媒介呈现、生产与文化透析——民国《申报》征婚广告镜像 张艳 著，商务印书馆，2017年6月

广告设计 刘晨洁、孙静、哈斯巴根 主编，西南交通大学出版社，2017年6月

广告学概论（第3版） 张建华 主编，机械工业出版社，2017年7月

现代广告策划——新媒体导向策略模式 卫军英、顾杨丽 著，首都经济贸易大学出版社，2017年7月

广告媒体策划与应用（第二版） 崔银河 编著，中国传媒大学出版社，2017年7月

广告心理学（第二版） 冯江平 主编，华东师范大学出版社，2017年7月

广告设计 段红娇 主编，化学工业出版社，2017年7月

创意乐学——平凡广告人，快乐进化论 乐剑峰 著，上海人民美术出版社，2017年7月

广告教学与实践模块建构研究 高萍 著，中国传媒大学出版社，2017年7月

美国广告批判研究 余晓莉 著，人民出版社，2017年7月

广告学教程（第五版） 蔡嘉清 著，北京大学出版社，2017年8月

互联网广告法律实务 水志东 著，法律出版社，2017年8月

广告投放 莫梅锋 主编，华中科技大学出版社，2017年8月

网络广告策划（第2版） 闫芳 主编，电子工业出版社，2017年8月

广告策划与创意设计 刘佳 主编，华中科技大学出版社，2017年8月

广告设计 刘晓萌、王方、刘希 主编，华中科技大学出版社，2017年9月

广告基础与实务 刘培艳 主编，机械工业出版社，2017年9月

广告策划与媒体创意（修订版） 王艺湘 编著，中国轻工业出版社，2017年9月

中华人民共和国广告法注释本 法律出版社法规中心 编，法律出版社，2017年9月

广告理论与实务 封岚、余育新 主编，中国人民大学出版社，2017年9月

广告作品与数字营销年鉴2017 丁俊杰、李西沙、黄升民、刘立宾 主编，中国传媒大学出版社，2017年9月

广告设计 于钦密 编著，化学工业出版社，2017年9月

广告文案写作 郑建鹏、李建萍 编著，中国传媒大学出版社，2017年9月

从方法到实践：手把手教你学广告设计 瞿颖健 主编，化学工业出版社，2017年9月

中外广告史 何玉杰 著，中国人民大学出版社，2017年9月

广告产业规制研究 杨洪丰 著，中国社会出版社，2017年9月

广告创意与策划 邓诗元、张颢 主编，中国轻工业出版社，2017年9月

广告原理与实务 韩翠兰 主编，中国人民大学出版社，2017年9月

平面广告创意设计 丁卓 编著，西北工业大学出版社，2017年9月

程序化广告：个性化精准投放实用手册 梁丽丽 著，人民邮电出版社，2017年10月

商业视阈中广告审美判读 许敏玉 著，首都经济贸易大学出版社，2017年10月

广告创意（第3版） 程宇宁、丁邦清 著，中国传媒大学出版社，2017年10月

人们如何看待互联网广告？ 李丽娜 著，上海三联书店，2017年10月

川渝地区户外广告语言使用现状调查与研究 王浩、代晓冬 著，西南交通大学出版社，2017年11月

爆款文案 关健明 著，北京联合出版有限公司，2017年11月

广告摄影（第二版） 张苏中 编，中国轻工业出版社，2017年11月

广告设计与创意表现 任莉 编著，人民邮电出版社，2017年11月

影视广告实务 唐英、余庆华 主编，西南交通大学出版社，2017年11月

公益广告教程 宋玉书 著，北京大学出版社，2017年11月

广告策划：实务与案例（第3版） 吴柏林 编著，机械工业出版社，2017年12月

广告文案写作（第三版） 张微 著，武汉大学出版社，2017年12月

广告策划训练教程 段晶晶 著，中国传媒大学出版社，2017年12月

广播电视

电视传播的数字化转型 雷蔚真 著，中国广播影视出版社，2017年1月

2015年度宁波市广播电视作品评析 王文科、孟建耀 主编，中国广播影视出版社，2017年1月

温州广播电视传媒集团2015年度广播电视作品评析 王文科、孟建耀 主编，中国广播影视出版社，2017年1月

融媒背景下中国广播影视发展趋势研究 段鹏、张君昌 主编，中国传媒大学出版社，2017年2月

中国电视健康传播报告（2016） 胡智锋、姚宏文 主编，中国传媒大学出版社，2017年2月

电视节目主持艺术教程 战迪、施斌、王亮、赵如涵 编著，中国广播影视出版社，2017年2月

中外优秀电视节目案例解析 王晓红、涂凌 著，中国传媒大学出版社，2017年2月

电视传播与影响力 黄鸣刚 著，中国广播影视出版社，2017年3月

电视深度报道 邹举 著，南京师范大学出版社，2017年4月

融合与重构：中国广电媒体发展新道路 周逵 著，中国传媒大学出版社，2017年4月

广播电视概论 李乐 主编，郑州大学出版社，2017年4月

广播节目概论 褚亚玲 著，中国国际广播出版社，2017年4月

电视媒体中的环境公民身份建构研究 柴巧霞 著，中国社会科学出版社，2017年5月

电视新闻话语研究 薛亚青 著，山东人民出版社，2017年5月

电视新闻全媒体融合 钟央 著，科学出版社，2017年5月

电视综艺节目中的公共领域建设研究：以当代中国电视真人秀为例 王小娟 著，科学出版社，2017年5月

电视真人秀体验式传播研究 李翔 著，中国传媒大学出版社，2017年6月

中国区域广电融合发展与创新传播 王文科 主编，中国广播影视出版社，2017年6月

绝地重生：新媒体语境下中国城市电视台的变革与突围 周安华 著，中国电影出版社，2017年6月

中国广播电视对外传播力研究 刘娜 著，社会科学文献出版社，2017年7月

湖南电视对长沙城市形象的建构研究 杨旭明 著，中国社会科学出版社，2017年8月

2016中国彩电研究蓝皮书 中国电子视像行业协会 主编，化学工业出版社，2017年8月

山西广播电视产业发展研究 李虹蔚 编著，山西经济出版社，2017年8月

我的广播年华 《我的广播年华》编委会 编，人民出版社，2017年8月

谈话的力量——中国新闻类电视谈话节目研究 周占武 著，中国广播电视出版社，2017年8月

听觉媒介景观再造——城市广播转型研究 连新元 著，中国传媒大学出版社，2017年8月

瞭望记 刘臻 著，中国广播影视出版社，2017年9月

中英电视媒体国际传播软实力比较研究 冼致远 著，中国传媒大学出版社，2017年9月

中国电视收视年鉴2017 徐立军 主编，中国传媒大学出版社，2017年9月

广播电视学概论（第五版） 黄匡宇 编著，暨南大学出版社，2017年9月

日韩影视剧在中国的传播及其影响 温朝霞 著，人民出版社，2017年9月

电视新闻生产：理论与实践 张斌、王玉玮 著，上海交通大学出版社，2017年9月

电视节目主持人意见性话语研究 贾毅 著，人民日报出版社，2017年10月

精耕细作：2016年度广东省广播影视奖获奖作品精选点评 广东省广播电影电视协会 编，暨南大学出版社，2017年10月

广播电视及视听新媒体安全播出管理研究与实践 刘旭东 编著，中国言实出版社，2017年10月

中国县级广电转型发展实现突围的样本："项视现象"透析 王文科 主编，浙江大学出版社，2017年11月

电视纪录片创作：理论、观念与方法 朱荣清 著，中国国际广播出版社，2017年12月

中国广播收听市场年鉴（2017） 黄学平 主编，中国传媒大学出版社，2017年12月

影视评论写作 刘娅 编著，中国广播影视出版社，2017年12月

2016年度宁波市广播电视优秀作品评析 王文科、孟建耀 主编，浙江大学出版社，2017年12月

电影

文化与跨文化视角下的美国电影阐释 梁虹 主编，世界图书出版公司，2017年1月

首映：见证中国电影十年 田华 著，九州出版社，2017年1月

为什么战旗美如画：中国当代战争电影研究 谢新华 著，中国文史出版社，2017年1月

倒带在电影中的时光 仁直 著，上海人民出版社，2017年1月

中国电影表演美学思潮史述（1979—2015） 厉震林 著，中国电影出版社，2017年1月

愤世嫉俗：杨德昌和他的电影 黄文杰 著，复旦大学出版社，2017年1月

中国经典电影解读 贺昱 著，国防工业出版社，2017年2月

2016上海电影产业报告 彭奇志、陈广玉 主编，上海人民出版社，2017年2月

镜中景观：华语电影文化差异的空间呈现（1975—2015） 巩杰 著，人民出版社，2017年2月

中国微电影（2016） 金德龙、杨才旺、王晖 主编，中国传媒大学出版社，2017年2月

中国网络电影、电视剧、网络节目初探 张智华 著，中国电影出版社，2017年2月

台湾电影历史、产业与美学 周斌、厉震林 主编，中国电影出版社，2017年3月

世界纪录片作品辞典 张同道 主编，中国广播影视出版社，2017年3月

动画电影符号学 陆方 著，科学出版社，2017年3月

消费社会语境下的时尚与传统——国产影视戏剧创作的机遇与挑战 周斌、厉震林 主编，中国电影出版社，2017年3月

电影，另一种审美的可能 彭小莲 著，北京联合出版公司，2017年3月

上海电影产业发展报告（2017） 荣

跃明 主编，上海书店出版社，2017年4月

中国影视法律实物与商务宝典 王军、司若 主编，中国电影出版社，2017年4月

新中国少数民族题材电影生产与传播研究 顾广欣 著，上海交通大学出版社，2017年4月

微电影广告营销与制作 刘笑微 著，中国电影出版社，2017年4月

冯小刚贺岁电影品牌建构研究 张俊苹 著，中国电影出版社，2017年4月

青春电影手册：影史100佳青春电影 程青松 主编，中国友谊出版社，2017年4月

“虚无”世界的“黑色悲剧”：20世纪“新黑色电影”研究 尹兴 著，四川大学出版社，2017年4月

视觉先行：高国良的美术人生和影视美术创作研究 马明凯、甄晓文 著，中国电影出版社，2017年4月

中国独立电影访谈录 许金晶 编著，浙江大学出版社，2017年4月

2015广东电影年鉴 广东省新闻出版广电局、广东省电影行业协会 编，暨南大学出版社，2017年5月

电影摄影照明技巧教程（插图修订版） 何清 著，北京联合出版公司2017年5月

一起走吧——即兴电影《一起走吧》创作札记 凡悲鲁 著，北京联合出版有限责任公司2017年5月

光色留影：当代电影照明创作实录（插图修订版） 何清 编著，北京联合出版公司2017年5月

中国电影批评现状与对策研究 史可扬 著，中国广播影视出版社，2017年5月

新世纪华语电影研究：美学、产业与文化 陈旭光 等著，世界图书出版公司2017年6月

中国动画产业与消费调查报告（2015—2016） 何威、张伦、陈亦水 编著，中国电影出版社，2017年6月

2017中国电影产业研究报告 中国电影家协会、中国文联电影艺术中心 编，中国电影出版社，2017年6月

中国电影伦理学·2017 贾磊磊、袁智忠 主编，西南师范大学出版社，2017年6月

江苏艺术家与早期中国电影文化产业发展研究 李斌 著，高等教育出版社，2017年7月

电影与文学的常道 徐兆寿 著，上海人民出版社，2017年7月

中国西部电影审美文化嬗变研究（1984—2015） 赵涛 著，人民出版社，2017年7月

万物有色：电影色彩语言研究 李力 著，中国传媒大学出版社，2017年7月

孤独的困兽——当代英国电影中男性形象的建构（1959—2014） 鞠薇 著，同济大学出版社，2017年7月

媒介、传播与文化系列之五：美国文化二元性的电影呈现 李国庆、芈岚、顾国平 著，中国社会科学出版社，2017年8月

诗梦艺术的奥秘——戏剧与电影导演创作的共质性探究 萧薇 著，中国文联出版社，2017年8月

镜中乡土与乡民：1949年以来的中国乡村电影研究 杨红菊 著，武汉大学出版社，2017年8月

微电影案例解析 钱才芙 主编，辽宁美术出版社，2017年8月

镜头在说话：电影造型语言分析（插图修订版） 梁明、李力 著，北京联合出版公司，2017年9月

中国电影院线概论 刘嘉 著，人民出版社，2017年10月

电影概论（第2版） 杨远婴 主编，北京联合出版公司，2017年10月

电影导论 陈涛 著，中国人民大学出版社，2017年10月

华莱坞电影概论　邵培仁 主编，浙江大学出版社，2017年11月

戏剧电影评论　陈坚 著，浙江大学出版社，2017年11月

不必然的对等：文学改编电影　李欧梵 著，人民文学出版社，2017年11月

电影动作设计　桑林 编，北京联合出版有限公司，2017年11月

看电影及其他　张曙光 著，广西人民出版社，2017年11月

电影剧作笔记　黄丹 著，上海三联书店，2017年11月

目击岁月——孙羽的电影人生　孙羽 著，中国电影出版社，2017年11月

中国生态电影论集　龚浩敏、鲁晓鹏 编著，武汉大学出版社，2017年11月

国际电影学百强名校名师　李二仕、梅峰、钟大丰 主编，北京大学出版社，2017年11月

浙江电影年度发展报告2015　寿剑刚 主编，浙江大学出版社，2017年11月

中国电影、电视剧和话剧发展报告（2016卷）　周斌 主编，复旦大学出版社，2017年11月

中国电影院线及影院管理面面观　唐玲玲 主编，中国电影出版社，2017年11月

中国电影艺术史1930—1939　高小健 著，文化艺术出版社，2017年11月

蒙古族题材电影之塞夫、麦丽丝　徐文海 著，中央民族大学出版社，2017年11月

电影研究与哲学的电影学转向　罗晓明、龚艳 主编，贵州大学出版社，2017年11月

微电影大导演：微电影拍摄与制作从入门到精通　李奇峰、孙鹏翔 著，机械工业出版社，2017年12月

不成问题的问题：从老舍小说到梅峰电影　梅峰 编著，北京联合出版有限公司，2017年12月

电影制作技术手册　李念芦、刘戈三 主编，北京联合出版公司，2017年12月

中国历史电影艺术史　储双月 著，文化艺术出版社，2017年12月

深度之美——3D电影美学视野　邱章红 著，中国经济出版社，2017年12月

我们时代的镜像——喜剧艺术与电影研究　陈奇佳 著，中国戏剧出版社，2017年12月

影中觅法——寻找电影中的法律世界　屈振辉 著，西北工业大学出版社，2017年12月

数字时代的幻想电影研究　赵起 著，同济大学出版社，2017年12月

国外新闻传播论（译）著

书的历史：西方视野下文化载体的演化与变迁　［英］马丁·里昂斯 著，龚橙 译，中央广播电视大学出版社，2017年1月

电影之书：一本观影世界的完整指南　［英］罗纳德·伯根 著，王云燕 译，电子工业出版社，2017年1月

光与热：新一代媒体人不可不知的新闻法则　［美］迈克·华莱士、贝丝·诺伯尔 著，华超超、许坤 译，中国人民大学出版社，2017年1月

对空言说：传播的观念史　［美］约翰·杜翰姆·彼得斯 著，邓建国 译，上海译文出版社，2017年1月

注意力市场　［美］詹姆斯·韦伯斯特 著，郭石磊 译，中国人民大学出版社，2017年1月

电影史　［法］让－吕克·戈达尔 著，陈旻乐 译，南京大学出版社，2017年1月

电影中的僵尸文化　［美］肖恩·麦金托什、马克·莱弗礼特 著，王潇 译，世界图书出版公司，2017年1月

媒体性别敏感指标：衡量媒体运行和媒体内容性别敏感的指标框架 刘利群、陈志娟 等译，中国传媒大学出版社，2017年2月

联合国教科文组织新闻教育新课程纲要 刘利群、赵津 等译，中国传媒大学出版社，2017年2月

虚假秘密 ［法］马里沃 著，宁春艳 译，中国传媒大学出版社，2017年2月

锁定：网络广告如何快速定位客户并精准营销 ［美］迈克·史密斯 著，吴振阳、秦令华 译，机械工业出版社，2017年2月

布尔迪厄与新闻场域 ［法］艾瑞克·内维尔、［美］罗德尼·本森 著，张斌 译，浙江大学出版社，2017年3月

胁迫之术：心理战与美国传播研究的兴起 ［美］克里斯托弗·辛普森 著，王维佳、刘扬、李杰琼 译，华东师范大学出版社，2017年4月

编辑力：从创意、策划到人际关系（经典版） ［日］鹫尾贤也 著，陈宝莲 译，北京联合出版公司，2017年4月

上瘾：让用户养成使用习惯的四大产品逻辑 ［美］尼尔·埃亚尔、瑞安·胡佛 著，钟莉婷、杨晓红 译，中信出版社，2017年5月

文案圣经：如何写出有销售力的文案 ［美］克劳德·霍普金斯 著，姚静 译，中国友谊出版公司，2017年5月

成功的科学传播：实话实说 ［荷兰］戴维·内贝特、［英］理查德·詹宁斯 编著，张京中 译，北京科学技术出版社，2017年5月

新闻写作的艺术 ［美］纳维德·萨利赫 著，陶娟 译，中国人民大学出版社，2017年6月

这样写出好故事 ［美］詹姆斯·斯科特·贝尔 著，苏雅薇 译，湖南文艺出版社，2017年6月

全球节目模式养成计 ［法］Bertrand Villegas、郭瑛霞、吴闻博 著，中国传媒大学出版社，2017年6月

小制作，大市场：低预算的电影营销之路 ［美］马克·史蒂文·博斯科 著，王洋 译，北京联合出版公司，2017年6月

一个微电影的诞生：微电影制作规范教程 ［日］下牧建春 著，陈铖 译，上海人民美术出版社，2017年6月

电影理论解读 ［美］罗伯特·斯塔姆 著，陈儒修、郭幼龙 译，北京大学出版社，2017年7月

香港电影：额外的维度（第2版） ［新加坡］张建德 著，苏涛 译，北京大学出版社，2017年7月

头版：《纽约时报》内部解密与新闻业的未来 ［美］戴维·福尔肯弗里克 著，赵奕 译，中国人民大学出版社，2017年7月

导演的诞生 我的第一部电影 ［英］斯蒂芬·洛温斯坦 著，张洁 译，北京联合出版公司，2017年7月

品牌广告手册：从策略到执行全实战指南 ［美］威廉姆·巴雷 著，刘洲 译，中信出版社，2017年7月

一切都与广告有关：成功吸引顾客购买的秘密 ［美］乔什·韦尔特曼 著，汤珑 译，中信出版社，2017年7月

游隼 ［英］J. A. 贝克 著，李斯本 译，浙江教育出版社，2017年8月

正在逝去的新闻：民主制温床的新闻之未来 ［美］亚历克斯·琼斯 著，顾国平、杨强 译，中国社会科学出版社，2017年8月

社会传播的结构与功能 ［美］哈罗德·拉斯韦尔 著，何道宽 译，中国传媒大学出版社，2017年9月

建构电影的意义：对电影解读方式的反思 ［美］大卫·波德维尔 著，陈旭光、苏涛 等译，北京大学出版社，2017年

10 月

如何拍电影：夏布罗尔导演札记　［法］克劳德·夏布罗尔、弗朗索瓦·盖里夫 著，陶然 译，北京联合出版公司，2017 年 10 月

认识电影　［美］路易斯·贾内梯 著，焦雄屏 译，四川人民出版社，2017 年 11 月

历史悲剧的维度——欧洲电影大师访谈与研究　［塞尔维亚］埃米尔·库斯图里卡 等著，李洋 主编，河南大学出版社，2017 年 11 月

电影的魔幻现实主义　［美］弗雷德里克·詹姆逊 等著，李洋 主编，河南大学出版社，2017 年 11 月

电影的透明性：欧洲思想家论电影　［美］西奥多·阿多诺 等著，李洋 主编，河南大学出版社，2017 年 11 月

电视体育节目制作与转播　［美］丹尼斯·德尼格尔 著，陈岐岳 等译，中国传媒大学出版社，2017 年 11 月

传播研究量表手册　［美］丽贝卡·B·鲁宾 著，邓建国 译，复旦大学出版社，2017 年 12 月

拒绝平庸：100 个市场营销案例　［德］珍妮·哈雷尼、赫尔曼·谢勒 著，郭秋红 译，中国友谊出版公司，2017 年 12 月

论文集及综合性工具书

中国新闻奖作品选（2015 年度·第二十六届）　中国新闻奖评选委员会办公室 编，新华出版社，2017 年 1 月

烟草新闻调研集　刘彩望 编，经济日报出版社，2017 年 1 月

唤醒良知：新京报社论（2015—2016）　戴自更 主编，中央编译出版社，2017 年 1 月

媒体融合蓝皮书：中国媒体融合发展报告（2016）　梅宁华、支庭荣 主编，社会科学文献出版社，2017 年 1 月

世界传媒产业评论（第 12 辑）　吴信训 主编，中国国际广播出版社，2017 年 1 月

新闻传媒写作精要与范例实用大全　胡小英 编著，中华工商联合出版社，2017 年 1 月

媒介与历史——文化传播学读书报告集　张三夕 主编，世界图书出版公司，2017 年 1 月

2014 年度新媒体（南方传媒绿皮书）　李洁 主编，暨南大学出版社，2017 年 2 月

从“相加”迈向“相融”：中国省报党报集团媒体融合发展报告　余文明 主编，团结出版社，2017 年 2 月

新闻见证：江苏时代楷模王华　中共镇江市委宣传部、镇江报业传媒集团 编，江苏大学出版社，2017 年 2 月

舆论学研究（第二辑）　谢耘耕、陈虹 主编，社会科学文献出版社，2017 年 3 月

传媒与艺术：黄冈师范学院新闻与传播学院毕业生优秀学士学位论文（2008—2015）　沈嘉达、杜建东 主编，中国广播影视出版社，2017 年 3 月

中国新闻传播研究 2015（上）　高晓虹 主编，中国传媒大学出版社，2017 年 3 月

中国新闻传播研究 2015（下）　高晓虹 主编，中国传媒大学出版社，2017 年 3 月

中国新闻传播研究 2016（上）　高晓虹 主编，中国传媒大学出版社，2017 年 3 月

新闻与传播评论（2016 年卷）　武汉大学新闻与传播学院 等主办，武汉大学出版社，2017 年 4 月

2015—2016 中国传媒融合创新研究　黄晓新、刘建华、卢剑锋 主编，中国书籍出版社，2017 年 4 月

中国年度法制新闻视角（2016）　华东政法大学法制新闻研究中心 等组编，法

律出版社，2017 年 4 月

转合：移动互联网时代媒体访谈录 腾讯集团市场与公关部媒体中心 出品，人民邮电出版社，2017 年 5 月

新闻与传播学国际理论前沿 黄仁伟、张兆安 主编，上海社会科学院出版社，2017 年 6 月

浙江大学新闻传播学科发展口述史 何扬鸣 主编，浙江大学出版社，2017 年 6 月

中国新媒体发展报告 No. 8（2017） 唐绪军 主编，社会科学文献出版社，2017 年 6 月

2015—2016 中国传媒社会责任研究报告 黄晓新、刘建华 主编，中国书籍出版社，2017 年 6 月

外文连续出版物工作指南 宋仁霞 编著，国家图书馆出版社，2017 年 8 月

中国媒介素养研究年度报告 2015 彭少健 主编，中国广播影视出版社，2017 年 8 月

中国新闻传播教育年鉴（2017） 中国新闻史学会新闻传播教育史研究委员会 编，武汉大学出版社，2017 年 8 月

融合平台——中国媒体融合发展年度报告（2016—2017） 人民日报社 编，人民日报出版社，2017 年 8 月

微时代的口语传播：第二届海峡两岸口语传播学术研讨会文集 罗幸 主编，中国传媒大学出版社，2017 年 8 月

2016—2017 中国出版发展报告 范军 主编，中国书籍出版社，2017 年 9 月

传媒竞争力蓝皮书：中国传媒国际竞争力研究报告（2017） 李本乾、刘强、王大可 主编，社会科学文献出版社，2017 年 9 月

治学例话：全国新闻传播学优秀论文品鉴（第三辑） 唐绪军 主编，中国社会科学出版社，2017 年 9 月

中国网络视频年度案例研究 2017 王晓红、曹晚红、包圆圆 主编，中国传媒大学出版社，2017 年 9 月

全媒体新闻传播应用人才培养论文集 杜剑峰 主编，中国电影出版社，2017 年 9 月

新闻传播学热点专题 80 讲（2018） 孙祥飞 著，人民日报出版社，2017 年 10 月

新闻学传播学文摘（2016. NO. 1） 唐绪军 主编，中国社会科学出版社，2017 年 10 月

中国媒体发展研究报告——媒体与经济专辑 单波 主编，社会科学文献出版社，2017 年 10 月

互联网治理蓝皮书：中国网络社会治理研究报告（2017） 罗昕、支庭荣 主编，社会科学文献出版社，2017 年 10 月

中国视听新媒体发展报告（2017） 国家新闻出版广电总局网络视听节目管理司、国家新闻出版广电总局发展研究中心 编著，中国广播影视出版社，2017 年10 月

安徽师范大学新闻与传播学院部校共建论文选集：2014—2016 杨柏岭 主编，安徽师范大学出版社，2017 年 10 月

中国传播学评论（第七辑）·城市传播：地理媒介、时空重组与社会生活 孙玮 主编，复旦大学出版社，2017 年 10 月

中国新闻奖作品选（2016 年度·第二十七届） 中国新闻奖评选委员会办公室 编，新华出版社，2017 年 11 月

政府新闻发布工作实务手册 上海市人民政府新闻办公室 编，文汇出版社，2017 年 11 月

“十二五”时期中国出版业发展报告 范军 主编，中国书籍出版社，2017 年 11 月

2017 中国新闻出版统计资料汇编 国家新闻出版广电总局规划发展司 编，中国书籍出版社，2017 年 11 月

新闻与传播评论 2017（春夏卷） 强

月新 主编，中国传媒大学出版社，2017年11月

中国新闻业年度观察报告（2017） 张志安 主编，人民日报出版社，2017年11月

图景与前景：“互联网+”时代的中国影视 王建国、胡智锋 主编，中国传媒大学出版社，2017年11月

“何微新闻奖”优秀文选 孙江 主编，中国政法大学出版社，2017年11月

贵州大数据引领大发展——2017数博会媒体报道集 中共贵阳市委宣传部 编，人民日报社，2017年12月

新媒体与社会（第十九辑） 谢耘耕、陈虹 主编，社会科学文献出版社，2017年12月

其他

李惠康戏剧评论与剧作选 李惠康 著，上海三联书店，2017年1月

陈昕出版思想评传 郭泳 著，海豚出版社，2017年3月

法律素养：记者的必修课 魏永征 著，复旦大学出版社，2017年3月

少儿出版的价值取向研究 李晓平 著，中国传媒大学出版社，2017年3月

中国出版人从业生态研究 陆高峰 著，浙江大学出版社，2017年3月

高擎火把的人 陈昕 著，上海人民出版社，2017年4月

南海领土争议中的媒体角色研究：以2010—2014年为切点 李德霞 著，厦门大学出版社，2017年7月

方大曾：消失与重现 冯雪松 著，新世界出版社，2017年7月

中文字符数转模技术研究 李晓明、王浩、齐子杨 著，国家图书馆出版社，2017年7月

当代体育传播：体育、媒介与社会研究 王世军 著，河南人民出版社，2017年8月

新闻是匆忙中写就的历史 陈嬿如 著，上海交通大学出版社，2017年8月

三思新闻教育 张昆 著，华中科技大学出版社，2017年8月

90后的数字化成长：中国高中生手机媒介素养教育研究 于杨 著，中国传媒大学出版社，2017年8月

形象制胜：新闻工作者的形象管理 高贵武 著，北京大学出版社，2017年9月

新媒体与新闻 赵子忠、赵敬 编，中国传媒大学出版社，2017年9月

西部地区对农信息传播有效性研究 闵阳 等著，中国社会科学出版社，2017年10月

勇敢的新宝莱坞 李珮 主编，中国传媒大学出版社，2017年10月

吾土吾民：农民的文化表达与主体性 沙垚 著，中国社会科学出版社，2017年11月

基于网络媒体监测语料库的性别语言差异研究 王宇波 著，科学出版社，2017年11月

青少年新媒体使用偏好及影响实证研究 李建生 著，科学出版社，2017年11月

法律意识的媒介构建及其局限：基于报纸的考察 杨嫚 著，科学出版社，2017年12月

媒介素养的跨学科研究与实践 李月莲、张开、陈家华 主编，中国传媒大学出版社，2017年12月

媒体报道对工商管理类本科生认知与实践的影响研究 黄雷 著，西南财经大学出版社，2017年12月

整理：贾金玺

第七篇
高校学术概况

中国传媒大学2017年学术发展概况

中国人民大学新闻学院2017年学术发展概况

复旦大学新闻学院2017年学术发展概况

南京大学新闻传播学院2017年学术发展概况

四川大学新闻学院2017年学术发展概况

河北大学新闻传播学院2017年学术发展概况

武汉大学新闻与传播学院2017年学术发展概况

北京大学新闻与传播学院2017年学术发展概况

暨南大学新闻与传播学院2017年学术发展概况

清华大学新闻与传播学院2017年学术发展概况

中山大学传播与设计学院2017年学术发展概况

天津师范大学新闻传播学院2017年学术发展概况

安徽大学新闻传播学院2017年学术发展概况

汕头大学长江新闻与传播学院2017年学术发展概况

南京师范大学新闻与传播学院2017年学术发展概况

郑州大学新闻与传播学院2017年学术发展概况

华南理工大学新闻与传播学院2017年学术发展概况

华东师范大学传播学院2017年学术发展概况

浙江大学传媒与国际文化学院2017年学术发展概况

厦门大学新闻传播学院2017年学术发展概况

重庆大学新闻学院2017年学术发展概况

华中科技大学新闻与信息传播学院2017年学术发展概况

湖北大学新闻传播学院2017年学术发展概况

中国传媒大学2017年学术发展概况

一、学校现任领导

校长	副校长	党委书记	党委副书记
胡正荣	袁军(2017.6离任)、姜绪范(2017.6到任)、廖祥忠、蔡翔	陈文申	胡正荣(兼)、刘守训、赵晖

二、2017年学校新晋或引进教师（正高级以上）

李煜、曹晚红、王利丽、冯亚、司若、张金尧、姜燕、巩微、刘文、金立标、周菁、刘春、李颖、张燕、皇甫刚、徐树华、冯丙奇、毛明华、张龙、宣宝剑、牛慧清、李水仙

三、2017年新设学术科研机构

省部级研究中心（所）

1. 名称：中外人文交流宣传研究中心；负责人：张磊

中心宗旨：配合国家战略大局，服务中外人文交流，聚焦传播策略方案，提供特色智力服务。中心建设的任务和目标是：（1）聚焦中外人文交流机制，成为具有较大影响力的传播策略研究智库机构；（2）与教育部国际合作与交流司、教育部中外人文交流中心紧密合作，成为中外人文交流机制工作中的有机组成部分；（3）开展常态性舆情监测，撰写定期的舆情治理报告，成为中外人文交流机制的可靠保障环节。

2. 名称：中国传媒大学巴基斯坦研究中心；负责人：李佐文

中心宗旨：旨在为中央相关决策部门和企业提供高层次的智库服务。工作任务是：致力于通过专业性、高品质的区域国别研究，建立、推动巴基斯坦研究的学术体系与创新机制，服务于国家“一带一路”倡议；践行习近平主席“讲好中国故事、传播好中国声音”的要求，促进中巴两国的高级别人文交流；致力于中巴两国在文化、艺术、传媒领域的高水平人才培养与交流，从而为学校的学科发展、人才培养提供优质的服务。从长远来看，中心将努力成为国内从事巴基斯坦国别研究的一流人文智库和权威学术机构。

3. 名称：中国传媒大学金砖国家研究中心；负责人：金勇

中心宗旨：研究金砖国家峰会机制确立以来，金砖国家内部的合作、金砖国家运行规则与联合国的关系。目标是通过撰写学术论文，出版编著专著，参与学术会议，提升学界、政界对金砖国家的理解度和认知度。

4. 名称：中国传媒大学坦桑尼亚研究中心；负责人：李烨辉

中心宗旨：围绕国家发展大局与中

非合作大势，结合中国传媒大学及外国语言文化学院特色，以“中非跨文化传播”与“新时期中非合作”为重点研究领域，深入开展基础理论与应用对策研究。中心的主要任务是协调和组织全校的坦桑尼亚及整个非洲地区的研究，与兄弟院校、科研机构、企事业单位、基金会等交流互动，举办各种讲座和研讨会，接受来自校外的咨询及协调人才培养任务，组织和推进国内外各种学术资源的交流与整合，从而为我国“一带一路”倡议服务。

四、所承担的国家级、省部级科研项目、课题

1. 2017年立项的国家级、省部级人文社科类科研项目、课题

项目类型	项目名称	项目负责人
国家级	中国新发展理念	符绍强
国家级	中国当代文学海外传播研究（韩文）	孙鹤云
国家级	中国文化走出去效果评估研究	李怀亮
国家级	《现代传播（中国传媒大学学报）》国家社科基金资助	隋　岩
国家级	丝绸之路新疆段非物质文化遗产的当代流变分析	杨　红
国家级	国有文化企业社会效益评价考核体系研究	张春河
国家级	基于价值链创新的大数据对影视剧生产与传播影响研究	戴建华
国家级	中国马克思主义传播史论	张　付
国家级	国际高等教育腐败治理模式比较研究	王筱蕾
国家级	互联网背景下教育舆情研究	王保华
国家级	媒体融合条件下广播电视业创新发展调查与研究	周　逵
国家级	反生产行为的具身性影响因素及其作用机制研究	皇甫刚
国家级	基于大数据分析的学术期刊质量评价体系研究	赵　均
国家级	抗战时期中国共产党在对日宣传战中的中流砥柱作用研究	赵新利
国家级	口述历史语篇的计量语体研究	赵　雪
国家级	藏缅语并列结构的类型学研究	范丽君
国家级	自媒体时代中国政治传播新秩序及转型研究	荆学民
国家级	中国社会科学词条库（传播学）	胡正荣
国家级	社会资本进入传媒领域政策研究	李丹林
省部级	战国秦汉日书词语研究	梁　超
省部级	基于风景园林自然过程的大型城市公园设计策略研究	曹凯中
省部级	元明清题画诗文图关系的演变	王韶华
省部级	斯图亚特·霍尔传播思想研究（教育部项目）	黄典林
省部级	中国对拉美软实力传播研究	朱振明
省部级	历史类博物馆的展览叙事与设计研究	巫　濛
省部级	当代电影叙事理论研究：对当前编剧书的观察、比较和案例化分析	李　力

续表

项目类型	项目名称	项目负责人
省部级	高校共青团宣传系统改革与发展模式研究	陈莹峰
省部级	民族语言调查:云南景洪基诺语攸乐山方言	范丽君
省部级	中国电视文艺栏目研究	冯　亚
省部级	媒体融合驱动下的广播理论创新研究	张　彩
省部级	跨文化语境下的中国纪录片品牌建构与发展战略研究	赵　曦
省部级	电视剧项目投融资风险评估体系研究	宋培义
省部级	中国纪录片国际传播能力建设研究	何苏六
省部级	中国影视作品非洲传播之市场调查与发展路径研究	麻争旗
省部级	广播影视大数据业务发展研究	殷复莲
省部级	视听新媒体新业态发展与管理研究	刘燕南
省部级	地方广播电视媒体融合创新的理念与实践研究	张　磊
省部级	电影产业:从观看经济到体验经济——电影与旅游跨界融合发展战略研究	刘新鑫
省部级	“中国故事”的电影叙事能力提升研究	邓文卿
省部级	深化广播电视供给侧结构性改革研究	周　亭
省部级	新发展理念下广播影视转型升级研究	符绍强
省部级	中国广播电视公益广告传播效果研究	初广志
省部级	媒介融合时代中国电视时政新闻发展创新研究	刘　俊
省部级	媒介融合业态下电视剧网络剧内容原创力的现状分析与提升策略研究	戴　清
省部级	提升广播电视新闻宣传传播力引导力影响力公信力研究	雷跃捷
省部级	国家语言资源监测与研究有声媒体中心共建项目	邹　煜
省部级	中国语言文字事业年鉴(2017 年)	段　鹏
省部级	政务新媒体语言传播及其工作效果研究	段　鹏
省部级	民族语言调查:西藏察隅扎话	李大勤
省部级	新媒体内容“低俗化”现象治理政策研究	郎劲松
省部级	西藏新闻报道的融合转型与创新发展研究	张　龙
省部级	网络宣传引导时度效课题研究	高晓虹
省部级	民族影像记忆与民族文化传承研究	马　铨
省部级	融合时代首都主流媒体的传播艺术提升研究	刘　俊
省部级	融合背景下北京主流媒体舆论引导能力建设研究	唐远清
省部级	北京地区当代流行音乐文化与城市发展互动关系研究	张慧喆
省部级	影视剧翻译机制研究——语言学的视角	麻争旗
省部级	京派电视剧审美价值研究	杜莹杰
省部级	当前北京小剧场话剧现象及发展态势研究(2016—2019 年)	郑　月

续表

项目类型	项目名称	项目负责人
省部级	首都高校媒体治理与意识形态安全研究	李　舒
省部级	北京市文化创意企业生产效率的测度及影响因素研究	池建宇
省部级	基于大数据的北京形象研究	文春英
省部级	北京冬奥会的传播战略研究	董关鹏
省部级	大数据背景下北京市视频内容全媒体评估研究	王　薇
省部级	首都数字化背景下的广告伦理研究	康　瑾

2. 2017 年结项的国家级、省部级人文社科类科研项目、课题

项目类型	项目名称	项目负责人
国家级	社会资本进入传媒领域政策研究	李丹林
国家级	新媒体环境下的重大突发事件舆论引导研究	高晓虹
国家级	符号中国(英文版)	隋　岩
国家级	影视文化论稿(英文版)	金海娜
国家级	中国特色社会主义新闻传播理论的构建	高晓虹
国家级	中国特色国际新闻传播人才的培养模式与创新研究	高晓虹
国家级	观赏文明研究	杨　杰
国家级	马克思主义新闻观研究	高晓虹
国家级	中国电影编年史研究(1905—2014)	周　涌
国家级	中国影视文化软实力提升的战略与策略研究	胡智锋
国家级	中国戏曲的数字化生存与传播研究	杨　燕
国家级	新媒体语境下的新闻叙事研究	曾庆香
国家级	左翼文学与左翼电影的生态背景与文化关联研究	袁庆丰
国家级	中国在非洲的国际影响力和国际话语权建构研究	龙小农
国家级	网络舆情监测与引导机制研究	张树庭
国家级	国际传播发展新趋势与加快构建现代传播体系研究	胡正荣
国家级	中国特色政治传播理论与策略体系研究	荆学民
国家级	经典电视剧主创者"口述历史"及理论溯源	张金尧
国家级	清代戏曲音乐史	路应昆
国家级	网络服务提供者的安全保障义务	刘文杰
国家级	新时期新闻评论发展研究(1978—2013)	李　舒
国家级	媒体数字内容资产的版权定价机制研究	宋培义
国家级	国际传播学科发展前沿研究	陈卫星
国家级	我国纪实影像的国际传播与影响力研究	何苏六
国家级	文本、历史与经学的融合——文化诗学视域中的"春秋笔法"	肖　锋

续表

项目类型	项目名称	项目负责人
国家级	动画电影视阈中的汉传佛教文化	张启忠
国家级	文化产业发展与公共文化服务体系建设研究	杨乘虎
国家级	新世纪欧美类型电影创作新趋势研究(2000—2010)	王　田
国家级	经济全球化背景下提高中国电视对外传播能力建设研究	高晓虹
国家级	万光泰音韵学稿本与汉语上古音研究	张民权
国家级	六朝骈文与六朝社会研究	钟　涛
国家级	中国古代文艺理论对文艺美学的建构意义研究	张　晶
国家级	影视创作生产重大问题研究	李怀亮
国家级	传播学视域中的马克思主义大众化研究	刘东建
国家级	新媒体时代的电视文化艺术研究	陈　默
国家级	新时期中国电视剧叙事的原型嬗变与创新研究	卢　蓉
国家级	宗教信仰的大众传播研究	张雅欣
省部级	媒介融合业态下电视剧网络剧内容原创力的现状分析与提升策略研究	戴　清
省部级	媒介融合背景下京津冀电台电视台发展策略研究	段　鹏
省部级	媒介融合环境下广播媒体的生态空间拓展研究	宫承波
省部级	依法行政视域下渎职犯罪预防机制研究	孙　靖
省部级	现代汉语常用词汇中的广义外来词统计研究	张　彤
省部级	微博参与社会管理的长效机制建设研究	谢进川
省部级	打造“东方影视之都”与北京电视剧创作传播机制研究	张国涛
省部级	微博传播与北京社会管理创新研究	谢进川
省部级	研究型大学教师绩效评价制度研究	耿益群
省部级	中国电视剧理论批评发展史	戴　清
省部级	听觉元素的艺术及文化内涵与大众传播关系研究	姜　燕
省部级	改革开放以来境外电视剧在中国的流变会通研究	姚皓韵
省部级	世界城市建设进程中北京市公共文化服务体系创新研究	杨乘虎

五、2017 年学术成果汇总

1. 著述、教材情况

第一作者	著作名称	出版社
金德龙	中国微电影 2017	中国传媒大学出版社
何　伟	中国媒体关注度报告 2017	中国传媒大学出版社
雷跃捷	中国新闻传播学评论——从现代性到媒介学	中国传媒大学出版社

续表

第一作者	著作名称	出版社
肖欢容	中美媒体互动与文化交流研究	社会科学文献出版社
胡正荣	新媒体前沿人工智能与虚拟现实	社会科学文献出版社
何海明	从产业变化看未来	经济科学出版社
侯　敏	2016 汉语新词语	商务印书馆
孙道军	西望首钢	北京联合出版公司
范　周	雄安新区发展研究报告(第四卷)	知识产权出版社
王保华	中国高等教育舆情报告 2017	高等教育出版社
刘自雄	大众文化通论(第 3 版)	中国广电出版社
刘　珊	新电视观	东北林业大学出版社
范　周	雄安新区发展研究报告(第三卷)	知识产权出版社
范　周	雄安新区发展研究报告(第二卷)	知识产权出版社
赵子忠	新媒体与新闻	中国传媒大学出版社
高金燕	传统民间游戏	中国传媒大学出版社
徐　辉	攀援——美学高原前的足迹	文化艺术出版社
张　开	小小媒介掌舵人	中国广播影视出版社
张　付	传播学视域下的“生命线”	知识产权出版社
卜彦芳	传媒经济学:理论与案例(第二版)	中国国际广播出版社
王颖聪	品牌价值管理	化学工业出版社
王晓红	中国网络视频年度案例研究 2017	中国传媒大学出版社
胡正荣	全球传媒发展报告(2016—2017)(全球传媒蓝皮书)	社会科学文献出版社
范　周	雄安新区发展研究报告(第一卷)	知识产权出版社
范　周	海峡两岸文化创意产业研究报告	知识产权出版社
范　周	2016 中国城市文化竞争力研究报告	知识产权出版社
范　周	中国城市文化竞争力研究报告	知识产权出版社
范　周	文化经济研究(第三辑)	知识产权出版社
王保华	全国示范性高职院校影响力报告	高等教育出版社
吴学夫	创意共享	中国传媒大学出版社
杜寒风	语言文学前沿第 7 辑	知识产权出版社
刘红梅	行走在中国	新星出版社
范　周	2017 中国文化产业年度报告	知识产权出版社
司　若	影视蓝皮书:中国影视产业发展报告(2017)	社会科学文献出版社
刘秀文	俄语新闻体裁运用与划分教程	黑龙江人民出版社
施旭升	艺术文化评论:表演研究　身体美学	中国传媒大学出版社
逄增玉	中国抗战文学大系·长篇小说卷(五卷)	黑龙江大学出版社

续表

第一作者	著作名称	出版社
周　逵	非虚构:时代记录者与叙事精神	清华大学出版社
段　鹏	融媒背景下中国广播影视发展趋势研究	中国传媒大学出版社
侯　玥	网络广告创意与设计	中国传媒大学出版社
范　周	文化经济研究(第二辑)	知识产权出版社
薛燕平	蝉噪林愈静——21世纪中国动画访谈录	中国传媒大学出版社
王　真	摄影技术教程	中国国际广播出版社
李坤若楠	汉语斯瓦希里语口语手册	浙江教育出版社
李坤若楠	外国人学汉语	浙江教育出版社
吕晓志	英语散文名家名篇赏析教程	清华大学出版社
李珍晖	互联网+时代中国大学生创业案例	中国传媒大学出版社
周　文	电视艺术概论	中国传媒大学出版社
段晶晶	广告策划训练教程	中国传媒大学出版社
顾　洁	演播室节目制作	中国传媒大学出版社
宫承波	新媒体概论(第六版)	中国广播影视出版社
张　豪	移动媒体产业导论	中国传媒大学出版社
刘　珊	大数据与新媒体运营	中国传媒大学出版社
陈　刚	影视与新媒体摄影——从理论到实践	中国国际广播出版社
王　强	电视文化概论	中国国际广播出版社
靳　斌	实用电视新闻采制教程	中国国际广播出版社
靳　斌	影视产业概论	中国国际广播出版社
胡正荣	传播学概论	中国传媒大学出版社
雷　伟	音乐录音作品分析	中国传媒大学出版社
崔　林	媒介史	中国传媒大学出版社
杨　蕾	体验式交流设计	中国传媒大学出版社
郑苏晖	品牌案例实务(二)	经济管理出版社
郭开鹤	创意图像设计	中国传媒大学出版社
罗　琳	摄影基础教程(第三版)	中国广播影视出版社
杜　桦	广播文艺编导	中国传媒大学出版社
刘笑盈	中外新闻传播史(第三版)	中国传媒大学出版社
严　玲	初中英语听说教程	首都经济贸易大学出版社
曹晚红	新闻特稿写作	中国传媒大学出版社
吴　颖	艺术管理与市场	中国传媒大学出版社
钟以谦	媒介传播理论	中国传媒大学出版社
徐舫州	电视写作	中国传媒大学出版社
王晓红	中外优秀电视节目案例解析	中国传媒大学出版社

续表

第一作者	著作名称	出版社
李　强	体育新闻报道媒体实务	中国国际广播出版社
李　强	体育新闻报道基础教程	中国国际广播出版社
宫承波	外国动画史	中国广播影视出版社
曹凯中	视频艺术史	中国画报出版有限责任公司
张世佶	工业 4.0	机械工业出版社
卫五名	逆境领导力	北京大学出版社
张铁蓓	应对焦虑：九种消除焦虑、恐惧和忧虑的简单方法	机械工业出版社
蔡晓璐	自然资本——为地球估值	中国发展出版社
栾　恋	苹果专业培训系列教材 Logic Pro X 音频编辑高级教程	电子工业出版社
贺文发	加图来信（第一卷）	中国传媒大学出版社
尹明明	八十天环游地球	江苏凤凰文艺出版社
蒋佳惠	快把秋天藏起来	中央广播大学出版社
武　楠	自我对他人：媒介、信息与第三人效果	中国传媒大学出版社
尹明明	神秘岛	江苏凤凰文艺出版社
蒋佳惠	巴别塔	新星出版社
高静然	小小烧炭工	人民文学出版社
马玉坤	中美播音理论研究发端著作点校、整理及翻译	九州出版社
高静然	最后关头	人民文学出版社
付晓光	人类思维如何与互联网共同进化	浙江人民出版社
耿　芳	海豹突击队教养男孩手册	北京联合出版公司
魏　东	形式与编码在设计、艺术、建筑中的应用	中国传媒大学出版社
黄裕成	数字校色（第 2 版）	人民邮电出版社
雷　伟	母带处理：母带制作技术与艺术	人民邮电出版社
付　龙	音画的交响——影像与音乐的表现性研究	中国传媒大学出版社
王　茵	大卫·林奇电影创作研究	中国文联出版社
杨洪涛	观剧——新世纪中国电视剧类型研究	中国广播影视出版社
林海春	英语播音学（第二版）	中国广播影视出版社
马建丽	中国译制片研究	中国传媒大学出版社
张丰艳	美国视野中国音乐的国际传播	中国传媒大学出版社
张丰艳	音乐考试听觉巧练	人民邮电出版社
甘罗嘉	高校教学督导——理论与实践	知识产权出版社

续表

第一作者	著作名称	出版社
周建新	中国电视文艺发展论略	中国广播影视出版社
贾　佳	新世纪中国家庭伦理剧研究	中国传媒大学出版社
陈玉东	汉语语篇的重音层级研究	中国传媒大学出版社
付晓光	互联网思维下的媒体融合	中国传媒大学出版社
张雅欣	国际纪录片节的价值构建:中国(广州)国际纪录片节调研报告	中国社会科学出版社
宋　戈	媒介与乡村社会的文化变迁——以贵州黔东南施洞镇苗族社区为个案	中国传媒大学出版社
赵若竹	技术条件下播音主持形态发展研究	中国传媒大学出版社
邵海静	虚拟企业网络演化及其成员组之间知识转移机理的研究	新华出版社
谢　丹	相遇:专业认证与人文社科	中国国际广播出版社
隋　欣	新兴媒体时代广播发展研究	中国传媒大学出版社
王琳琳	公共文化政策:理论与实践	中国广播影视出版社
唐觐英	回春茹张李玺——中华女子学院院长	中国传媒大学出版社
王　蕾	数字时代中国 Y 世代青年的公民参与	中国传媒大学出版社
李　楠	服饰文化论	中国传媒大学出版社
谢进川	媒介政治社会学分析	中国传媒大学出版社
杨　杰	观赏文明研究	中国社会科学出版社
范　周	言之有范:转型时期的文化思考(第四卷)	知识产权出版社
王　真	世界摄影流派大赏	中国国际广播出版社
隋　岩	*China in Symbolic Communication*	Routledge Taylor & Francis Group
隋　岩	*The Patterns of Symbolic Communication*	Routledge Taylor & Francis Group
陆　香	隐喻之上——现代汉语行业语跨域使用研究	中国传媒大学出版社
逄增玉	现代中国文学的现代性面孔	台湾花木兰出版社
李　楠	民间生肖文化与现代服饰设计	中国传媒大学出版社
李　春	中国商业电影二十年	中国传媒大学出版社
袁庆丰	黑布鞋:1936~1937 年现存国防电影文本读解	台湾花木兰文化事业有限公司
杨　红	非物质文化遗产展示与传播前沿	清华大学出版社
丁　乔	流行音乐录音	中国传媒大学出版社
宋　迪	“乐”者乐也——音乐素质教育理论与实践	中国传媒大学出版社
李怀亮	国际文化市场报告 2017	首都经济贸易大学出版社
姜　浩	数据化:由内而外的智能	中国传媒大学出版社

续表

第一作者	著作名称	出版社
孟　伟	广播内容传播——媒体融合视域下广播节目模式创新研究	中国广播影视出版社
刘海燕	日本汉语教学历史研究	中国传媒大学出版社
游　洁	电视文艺编导基础(修订版)	中国国际广播出版社
王可越	设计思维创新导引	清华大学出版社
李　力	万物有色——电影色彩语言研究	中国传媒大学出版社
齐　骥	文化产业供给侧改革研究	中国传媒大学出版社
戴　清	剧变之思	北京十月文艺出版社
孟兰娟	理解英语广播电视新闻	北京大学出版社
任孟山	美国细节	山西教育出版社
雷　伟	录音之美:音乐录音作品音响艺术审美研究	中国传媒大学出版社
范　周	言之有范:互联时代的文化思考	知识产权出版社
杨　杰	海登·怀特的历史书写理论与中国当代文艺学研究	中国文联出版社
李小莹	新媒体音乐编辑与传播	中国出版集团现代出版社
荆学民	中国政治传播策论	中国传媒大学出版社
张毓强	国际传播:思想谱系与实践迷思	中国传媒大学出版社
张金尧	王扶林导演艺术研究	中国文联出版社
郭彬彬	批评认知视角下的环境新闻语篇话语策略研究	人民日报出版社
谭　笑	日本动漫特征研究	中华工商联合出版社
周　逵	融合与重构:中国广电媒体发展新道路	中国传媒大学出版社
李艾珂	第二语言语音节奏习得实证研究(英文)	团结出版社
沈　晶	纪录的路	四川文艺出版社
赵新利	萌力量:可爱传播论	人民日报出版社
李文宁	跨越藩篱:光影世界中的“诗意情境”	清华大学出版社
任锦鸾	媒体融合与创新	中国广播影视出版社
陈晓宁	立足于对外汉语教学的类推研究	科学技术文献出版社
路应昆	北京高腔研究	中国人民大学出版社
陈晓春	剧本医生——电视剧项目评估与案例剖析	人民邮电出版社
谢　丹	连接:民族文化传播的网络与结构研究	中国广播影视出版社
段　鹏	*International Communication Strategies of Chinese Radio and TV Networks*	Springer
李汇群	湮没的时尚:云想衣裳	人民文学出版社
褚苑苑	中国音乐剧创作与实践研究	中国书籍出版社

2. 发表论文情况

第一作者	论文名称	发表刊物名称	发表年月
Sukanya Sereenonchai	Diffusion and Adoption Behavior of Environmentally Friendly	*International Journal of Behavioral Science*	2017/12
魏　然	Use of Mobile Social Apps for Public Communication in China:Gratifications as Antecedents	*Mobile Media & Communication*	2017/09
杨雪睿	Social Networks and Popular Understanding of Science and Health: Sharing Disparities, by Brian G. So	*The Communication Review*	2017/02
张　晶	文心雕龙养气篇赞语的美学意义	安徽大学学报（哲学社会科学版）	2017/10
魏晓阳	日本文化法治及其对中国的启示	北京大学学报（哲学社会科学版）	2017/01
张　晶	中道与诗法——中国诗学的审美感悟之五	北京大学学报（哲学社会科学版）	2017/05
王晓燕	景观电影的视觉文化批判与重塑	北京联合大学学报（人文社会科学版）	2017/01
涂凌波	互联网传播中"标题党"现象的根源、影响与规范	编辑之友	2017/04
曾祥敏	时政新闻报道融合创新——基于2017年全国"两会"可视化产品的分析研究	编辑之友	2017/07
李　频	《东方杂志》的余响	出版科学	2017/10
武　楠	互联网语境下的第三人效果研究综述	当代传播	2017/07
宫承波	间性思维视野下的中国媒介融合发展路径分析	当代传播	2017/05
赵如涵	交错与融合:信息娱乐化研究的学术图景	当代传播	2017/12
陈欣钢	媒体融合环境下的政治传播创新策略——以全国"两会"融合报道为例	当代传播	2017/05
付晓光	媒体融合视域下的网络自制节目反向输出	当代传播	2017/01
田维钢	群体传播时代的传播风险及其成因分析	当代传播	2017/09
张绍刚	网络直播+综艺节目创设的可行性分析	当代传播	2017/01
周　逵	虚拟现实研究的框架与核心议题	当代传播	2017/07
宫承波	中国少数民族动画的跨文化传播价值	当代传播	2017/01
刘　亭	"宏大理论"在中国的盛衰	当代电影	2017/08
窦毓磊	"互联网+"背景下中国电影的商业模式分析	当代电影	2017/07
刘红梅	"丝绸之路"与长城:中国的故事新编	当代电影	2017/07
仲梓源	"载意之象"的影像艺术创造者——迪昂·毕比电影影像艺术研究	当代电影	2017/01
李　春	"这部电影其实就像我的一场白日梦"——《八月》导演张大磊访谈	当代电影	2017/05

续表

第一作者	论文名称	发表刊物名称	发表年月
袁庆丰	1938年的抗战题材电影形态特征——以当年出品的《游击进行曲》《正气歌》为例	当代电影	2017/08
张　宁	从“忠实”到悦目的自我超越——数字影像中的科学与艺术	当代电影	2017/05
郑汉民	《赛德克·巴莱》中的剪辑魔力	当代电影	2017/09
徐智鹏	用“视角”讲故事:导演伊丽莎白·怀特创作风格研究	当代电影	2017/06
孙江华	VR时代在家看院线电影的可行性研究	当代电影	2017/08
侯　军	波德维尔颠覆了巴赞?——从《公民凯恩》到现象学现实主义本体论	当代电影	2017/04
司　若	产业深度调整期的影院建设与发展趋势探析	当代电影	2017/09
胡黎红	从“印度故事”看“中国故事”	当代电影	2017/01
李　春	从社会案件到电影传播——与电影《阎瑞生》相关的《申报》记载(1920—1929)	当代电影	2017/02
宋　蕾	从预算看中美制片管理制度的差异	当代电影	2017/07
贾　佳	砥砺前行:VR电影的叙事初探	当代电影	2017/05
李　勇	电影技术的维度——由李安新片《比利·林恩的中场战事》说开去	当代电影	2017/04
段　鹏	电影中非现实元素的应用及研究	当代电影	2017/08
王沁沁	二次元对当今电影产业创作的影响与思考	当代电影	2017/02
李　楠	服饰在少数民族题材电影中的叙事意义——以《帕米尔新娘》为例	当代电影	2017/03
关　琴	公众的眼睛——论纪录片导演马修·阿克斯(Matthew Akers)的视角	当代电影	2017/06
张宗伟	构建中国特色电影理论的三个关键	当代电影	2017/08
刘　硕	观察与随想:从中国电影的2016年路过	当代电影	2017/03
孟　宁	国产少数民族动画电影发展的现实困境与思考	当代电影	2017/06
范伟清(范小青)	韩国电影作家研究之洪常秀	当代电影	2017/11
谢　滋	行走在虚实之间——论柯林·艾特伍德的电影服饰语言	当代电影	2017/03
宋泽毅	记录电影中的“预设立场”及“引导性提问”研究——以迈克·摩尔作品为例	当代电影	2017/06
王利丽	精品化探求中的网络自制剧创作趋向	当代电影	2017/03
肖　央	刻意追求的不如源自内心的感受有力量	当代电影	2017/11
李　智	跨文化传播视域下“一带一路”纪录片的理念创新与发展路径	当代电影	2017/07

续表

第一作者	论文名称	发表刊物名称	发表年月
杨洪涛	论电影音乐的表现力	当代电影	2017/12
何苏六	媒介·市场·生态——对当下中国纪录片电影发展问题的一次讨论	当代电影	2017/11
高　薇	母题·叙事·意象——《行动代号:孙中山》分析	当代电影	2017/03
张宗伟	幕升幕落雾聚云成	当代电影	2017/07
张启忠	拟境、净化与救度——当代佛教动画传播的悖论	当代电影	2017/06
梁　明	拍出精彩的电影而非精美的画面——罗伯特·理查德森电影摄影研究	当代电影	2017/01
王可越	日本动画跨文化初探——以其在欧美的传播为例	当代电影	2017/06
张净雨	日本推理电影改编中的视觉性与社会性	当代电影	2017/09
付晓红	身体与悬念:阿斯哈·法哈蒂电影的叙事研究	当代电影	2017/11
丁艳华	深渊之处的光亮——大卫·林奇的影像创意	当代电影	2017/04
马　军	审美想象·身体消费·权力迁移——当代武侠电影女性形象的性别意义	当代电影	2017/07
李道新	时代的焦虑——“小鲜肉”及其文化征候解读	当代电影	2017/08
段　鹏	试论媒介融合背景下如何利用影像讲好中国故事	当代电影	2017/12
王　婧	是非的边界:论纪录片导演亚历克斯·吉布尼作品中的虚妄与真实	当代电影	2017/06
虞海侠	探析全球电影市场格局对我国电影产业的启示	当代电影	2017/08
张一龙	先锋的回归——《战马》音乐与音响赏析	当代电影	2017/12
张　希	叙事符号、时间呈现、空间构想——2016年度华语电影启示录	当代电影	2017/03
何　佳	一种现象学叙事——试论是枝裕和的作者文风	当代电影	2017/11
李　力	在远方找到自己——布鲁诺·德尔邦内尔电影影像研究	当代电影	2017/01
张　宏	中国电影产业贸易结构及其国际化战略路径的思考	当代电影	2017/12
宋　凯	中国机构类与自媒体类电影微信公众号的对比分析研究	当代电影	2017/05
李有兵	作为一种当代大众文化形式的微电影特征分析	当代电影	2017/12
刘新鑫	《空天猎》:商业主旋律的价值观与方法论	电影艺术	2017/12
张　琦	当下华语奇幻大片对香港神怪片的继承与改造	电影艺术	2017/07
罗　琳	嫌疑人X的献身:推理的消解	电影艺术	2017/05
刘春勇	“非文学”鲁迅	东岳论丛	2017/03
戴　清	近年来现实题材电视剧的创作症结	东岳论丛	2017/03
凌云岚	“五四纪念”:被赋予的意义	读书	2017/10
逄增玉	近现代中国文学与戏剧影视的中医叙事及其意义表征——对若干中医题材作品的抽样分析	广东社会科学	2017/08

续表

第一作者	论文名称	发表刊物名称	发表年月
齐　骥	历史文化街区的空间重构与更新发展	广西民族大学学报（哲学社会科学版）	2017/12
方　英	中国与“一带一路”沿线国家创意产品贸易格局	国际贸易	2017/11
陈卫星	2014—2016 年中国的传播思想史研究	国际新闻界	2017/01
黄典林	社交媒体与中国草根慈善组织的合法化传播策略——以“大爱清尘”为例	国际新闻界	2017/06
刘燕南	数字时代的受众分析	国际新闻界	2017/03
王筱蕾	十八大以来教育反腐传播效果评估研究——基于网络舆情（2013—2016 年）的分析	国家教育行政学院学报	2017/08
王志彬	新时期高校智库建设制度优化研究	国家教育行政学院学报	2017/06
张　晶	叶梦得诗论的美学蕴含	河南社会科学	2017/07
王建华	论《红楼梦》中的视觉化叙事语言与手法	红楼梦学刊	2017/11
李怀亮	人类命运共同体理论与国际软实力格局重构	红旗文稿	2017/12
成　倍	“网红”时代主持艺术个性化挑战与对策	湖南社会科学	2017/03
柴　璠	融媒体时代财经节目主持人的成长路径	湖南师范大学社会科学学报	2017/10
刘文杰	互联网时代广播组织权制度的完善	环球法律评论	2017/05
张　晶	文心雕龙比兴赞语的美学意义	暨南学报（哲学社会科学版）	2017/08
杜瑞军	大学生能力模型：概念、坐标与原则	教育研究	2017/06
王洛忠	服务与支持：英国里丁大学学生事务管理体系探微	教育研究	2017/02
严　威	微博研究回顾：信息、服务和网络	科研管理	2017/04
李　阳	主流媒体多语种新闻传播引导力分析——以 KBS 多语种新闻为例	兰州大学学报（社会科学版）	2017/09
艾红红	抗战时期国民党国际宣传体系解析——以国民党中宣部国际宣传处为中心的考察	兰州学刊	2017/06
逄增玉	为谁而悲伤逝什么——《伤逝》主题和人物形象的复合性与鲁迅的思想装置的解读	鲁迅研究月刊	2017/09
王杰文	“遗产化”与后现代生活世界——基于民俗学立场的批判与反思	民俗研究	2017/10
张　晶	多民族文学研究的佳作——评刘嘉伟《元代多族士人圈的文学活动与元诗风貌》	民族文学研究	2017/01
王　永	论金代文坛的文脉之争与文意之论	民族文学研究	2017/05
丁岩妍	“社会科学在什么意义上能够成为科学”国际学术研讨会综述	民族研究	2017/03

续表

第一作者	论文名称	发表刊物名称	发表年月
李丹林	传媒法治、社会转型与文化变革	南京社会科学	2017/04
朱振明	反思“世界信息与传播秩序”——基于福柯考古—系谱学的视角	南京社会科学	2017/12
何雪莲	隐私的辩证：被遗忘还是被观望？	南京社会科学	2017/07
逄增玉	闻一多文化选择的独特性及其历史价值	求索	2017/08
刘建平	战后日本领土的基本概念、问题发生及其国际处理规范	日本学刊	2017/11
齐　骥	文化产业促生经济增长新动力研究	山东大学学报（哲学社会科学版）	2017/05
范　周	雄安新区研究的新理论增长点——基于文化、产业、民生的现实维度	山东大学学报（哲学社会科学版）	2017/09
张　晶	传统文化与阐释的选择、综合和重构	山西大学学报（哲学社会科学版）	2017/07
张　晶	凡象皆气也——中国诗学的意象理论与气论哲学	社会科学辑刊	2017/11
刘春勇	油滑·杂声·超善恶叙事——兼论《不周山》中的“油滑”	社会科学辑刊	2017/01
蒋志琴	“画者画也”：中国古代文人画发展脉络论析	社会科学战线	2017/02
白文刚	政治传播中话语战胜的内在机理	社会科学战线	2017/07
何　兰	世界经济论坛及其与中国合作的深化	思想理论教育导刊	2017/04
陆佳怡	对话与对抗：媒体外交视野下的“南海仲裁案”	太平洋学报	2017/04
王琳琳	公共文化服务立法的软法特征及实施机制	图书馆论坛	2017/11
张一玮	陈设、差异与住宅经验：《雷雨》的空间诗学解读	文化研究	2017/12
耿　波	流动、表演与权力：莎士比亚作品中的流动性问题	文化研究	2017/03
逄增玉	东北解放区文学制度生成及其对当代文学制度的预制	文学评论	2017/03
张　晶	如在目前与见于言外	文艺理论研究	2017/02
张　晶	中西文论关键词研究之浅思	文艺争鸣	2017/01
邹千江	余天休的群治与“术治”观	西北师大学报（社会科学版）	2017/02
周靖波	美国戏剧是一面镜子	戏剧艺术	2017/02
段　鹏	出版业态融合与体制机制创新	现代出版	2017/01
赵丽华	出版专业硕士毕业设计的三重境界	现代出版	2017/05
李　频	从语境破解专业文本的意义结构	现代出版	2017/10
蔡　翔	建设编辑出版学学术共同体的几点想法	现代出版	2017/01
刘燕南	融合视角下的出版：概念辨析与未来探讨	现代出版	2017/12
李　频	我的三位导师	现代出版	2017/01
赵丽华	叶圣陶：“德性至上”的出版家	现代出版	2017/03

续表

第一作者	论文名称	发表刊物名称	发表年月
苏 颖	“第二届中国政治传播研究学术论坛”成果综述	现代传播 *	2017/06
刘建平	“钓鱼岛问题”话语体系建构:战略意义、实证方法和概念比较	现代传播	2017/01
李怀亮	“后全球化时代”的国际文化传播	现代传播	2017/12
郑 波	“美第奇效应”对传媒教育创新的启示	现代传播	2017/01
李 楠	“丝绸之路”塔吉克服饰色彩的装饰思想与传播模式	现代传播	2017/09
潘 桦	“小鲜肉”现象研究:基于性别权力的视角	现代传播	2017/09
谢伦灿	“一带一路”背景下中国文化走出去对策研究	现代传播	2017/12
孟 伟	沉浸式传播:当代广播内容转型的理念探索	现代传播	2017/12
刘 洁	纪录片的另一种精神质地——兼论张以庆纪录片新作《君紫檀》	现代传播	2017/12
颜汇成	民俗化的张扬:论我国台湾电影的中兴之路	现代传播	2017/11
王杰文	新媒介环境下的日常生活:兼论数码时代的民俗学	现代传播	2017/10
姬德强	2017 中国传播论坛暨金砖国家传媒国际研讨会综述	现代传播	2017/10
张志华	传播研究的“全球南方”视角	现代传播	2017/12
葛自发	从博弈走向共鸣:自媒体时代的网络舆论治理	现代传播	2017/08
田维钢	从管理到服务:移动互联网时代媒体管理的创新策略和路径	现代传播	2017/10
龙小农	大学改革和创新应适应并引领教育新生态	现代传播	2017/08
李 智	当代中国政治传播研究的方法论现状及未来发展	现代传播	2017/01
刘 俊	当前海外传媒艺术研究的现状与特点——兼谈以“传媒”命名这一艺术族群的动因	现代传播	2017/02
王黑特	电视剧学刊批评与网络批评的差异性探析	现代传播	2017/10
艾胜英	动漫 IP 电影的“共情”作用研究	现代传播	2017/09
崔蕴芳	多元、冲突与公共性:医患关系的微博呈现研究	现代传播	2017/09
贾乐蓉	俄罗斯高等教育:历史渊源、变迁及特点	现代传播	2017/08
周建新	发力源、着力点、实施面:传媒艺术教育中创作实践能力培养三论	现代传播	2017/03
鲁景超	关注电竞领域弘扬体育精神引领传播价值——在麻省理工学院“中美电竞之声”交流论坛上的主题发言	现代传播	2017/12
曾祥敏	国际知名电视媒体新闻频道视觉形象研究	现代传播	2017/04
耿益群	国家信息安全与我国新闻媒体工作者媒介素养提升	现代传播	2017/04
司 若	行业、市场与艺术:我国影视特效发展的观察与思考	现代传播	2017/04
彭文祥	何谓“网络文艺”?	现代传播	2017/12

* 注:在本篇的表中,《现代传播(中国传媒大学学报)》简称《现代传播》。

续表

第一作者	论文名称	发表刊物名称	发表年月
任锦鸾	基于技术与市场视角的智能媒体发展态势分析	现代传播	2017/10
唐培林	健康类电视节目的成长与局限	现代传播	2017/03
侯月娟	镜像与观照："90 后"大学生网民群体的政治认同构建——基于北京市 9 所高校的大学生问卷调查	现代传播	2017/06
尚京华	跨媒体传播与高校新闻学课程体系重塑	现代传播	2017/06
逄增玉	跨文化传播语境中孔子学院运营与管理研究	现代传播	2017/02
马　军	跨文化视域下中国当代艺术现代性问题及其出路	现代传播	2017/09
任学安	困境、创新与责任：多维定位下的传统主流媒体	现代传播	2017/01
查　谦	冷战时期美国华文媒体生态研究	现代传播	2017/08
刘笑盈	论当前跨文化语境下电视话语的变革转型	现代传播	2017/08
王　昕	媒体深度融合中的"中央厨房"模式探析	现代传播	2017/09
叶加贝	美术传播研究的独立性初探	现代传播	2017/01
王润珏	凝心聚力，融通世界	现代传播	2017/02
张　晶	攀援在美学与诗学的道路上	现代传播	2017/11
何苏六	融媒体环境下纪录片生态的思考	现代传播	2017/06
孙振虎	融媒体环境下时政报道创新路径探析	现代传播	2017/08
朱传欣	柔性生产、启动心理、涌现效应：新媒体艺术的三个范式转移	现代传播	2017/06
张晓红	深刻领会努力践行习近平新闻舆论论述	现代传播	2017/02
张　晶	审美情感与审美构形	现代传播	2017/02
黄典林	十年的回顾：传播研究的问题与转型——第十届中国青年传播学者论坛综述	现代传播	2017/11
庄琴芳	试论英文文本传播的易读性	现代传播	2017/12
池建宇	网络播出平台"追剧效应"的实证分析——基于搜狐、腾讯和优酷的面板数据	现代传播	2017/11
吕　欣	网络话语的修辞建构与意义生成研究	现代传播	2017/11
付　龙	网络剧创作"大数据化"趋势的冷静思考	现代传播	2017/07
杨凤娇	微博视域下女性在社会公共话题中的话语表达——基于新浪微博对"全面二孩"的讨论	现代传播	2017/02
王晓丹	微信红包的社交传播机制初探	现代传播	2017/01
熊　皇	我国大众媒体对"二孩家庭"的议题建构研究	现代传播	2017/12
何　勇	西方媒介问责的历史遗产和当代解释	现代传播	2017/02
雷跃捷	习近平新闻舆论观的四个基本特征	现代传播	2017/10
谭　笑	新媒体的话语特征呈现及创新机制	现代传播	2017/10
段　鹏	新媒体环境下党管媒体问题探析	现代传播	2017/05

续表

第一作者	论文名称	发表刊物名称	发表年月
宋　凯	新媒体环境下国有企业舆情生态系统研究	现代传播	2017/07
韩运荣	新媒体语境下的政治营销策略比较研究——以 2016 年美国大选为例	现代传播	2017/01
李艾珂	新时期主流媒体的价值坚守与融合创新	现代传播	2017/04
舒笑梅	新世纪以来媒体字母词研究与规范的批判性思考	现代传播	2017/06
昝廷全	信息粗传递及其传播学意义	现代传播	2017/04
李珍晖	信息扩散与内容生成:个性化新闻平台发展研究	现代传播	2017/03
王四新	许可与自由——《互联网新闻信息服务管理规定》核心概念解读	现代传播	2017/09
吴素玲	学院派电视剧批评的美学品格	现代传播	2017/07
施旭升	仪式·政治·诗学:当代博物馆艺术品展示的叙述策略	现代传播	2017/04
张　宏	以人为本:重大题材文献纪录片的叙事策略解析	现代传播	2017/09
庄琦春	英国电视剧建构的人与世界之关系探赜	现代传播	2017/11
吕晓志	英国历史题材电视剧全球传播的艺术思考	现代传播	2017/05
刘　珊	再论内容产业:趋势与突破	现代传播	2017/05
张政法	正本清源:口语传播教育的三重维度	现代传播	2017/09
戴志强	秩序感:视觉艺术的意象体验与审美	现代传播	2017/06
胡正荣	智能化:未来媒体的发展方向	现代传播	2017/06
金海娜	中国电影走出去的雏形:中国无声电影外译模式探析	现代传播	2017/08
邓文卿	中国特色电视体制的建构:理论、组织、价值	现代传播	2017/04
王　娟	中国现实语境下的公关伦理实践之困	现代传播	2017/12
谢　丹	专业认证:我国新闻学专业教育质量保障的创新之维	现代传播	2017/10
曹培鑫	走向群众:《晋察冀画报》研究	现代传播	2017/05
王鸣捷	足球文化对国家形象产生的影响	现代传播	2017/04
杨　瑞	近期印度政治发展趋势及其影响	现代国际关系	2017/05
王琳琳	战后日本农地流转中的政府角色分析	现代日本经济	2017/09
逄增玉	老舍抗战文学作品的汉奸形象及其历史文化反思	现代中国文化与文学	2017/08
吴洁茹	互联网+时代语境下汉语表达的规范美	湘潭大学学报（哲学社会科学版）	2017/09
成　倍	网络主播的道德边界与管控策略	湘潭大学学报（哲学社会科学版）	2017/09
王筱卉	移动互联网时代的审美意识革新探析	湘潭大学学报（哲学社会科学版）	2017/09
郑　宁	2016 年度中国传媒法治发展报告	新闻记者	2017/01
曾庆香	两极与互补:新媒体语境下的新闻样态与图景	新闻记者	2017/08
顾　洁	融合新闻叙事的逻辑与原则——以《雪崩》《巨鲨戏小虾》《继续活着》为例	新闻记者	2017/01

续表

第一作者	论文名称	发表刊物名称	发表年月
周　逵	生态与心态:中国广电新媒体平台建设与发展之困	新闻记者	2017/03
王灿发	马克思、恩格斯舆论思想内涵研究	新闻与传播研究	2017/08
曾庆香	数据新闻:一种社会科学研究的新闻论证	新闻与传播研究	2017/12
艾红红	全面抗战爆发后广播业的结构变迁与功能拓展	学术交流	2017/12
戴　清	2016 年中国影视评论状况综述	艺术百家	2017/01
杨　杰	当下艺术生产的现状及其反思	艺术百家	2017/12
杜寒风	邓以蛰中国绘画发展论中的继承与创新理论——创、述、变理论	艺术百家	2017/03
杜莹杰	电视与新兴媒体融合发展策略探析	艺术百家	2017/06
胡智锋	影响力:中国影视软实力提升的主要目标	艺术百家	2017/11
韦　杰	于润洋学术思想与实践对音乐传播研究的涉及并启示	音乐研究	2017/09
张丰艳	当代中国音乐研究、创作、发展与推广——青年学者论坛(一)	音乐艺术	2017/03
范丽君	从藏缅语因果复句的特点反观汉语	语言研究	2017/10
宗晓哲	松古扎话的语音特点	语言研究	2017/10
孙英春	跨文化传播的对话空间	浙江学刊	2017/03
张　磊	智能媒体的现实图景与未来想象——以新闻领域的变化为例	郑州大学学报(哲学社会科学版)	2017/07
高晓虹	传承与突破:2016 年优秀国产纪录片创作综述	中国编辑	2017/10
刘　俊	时代性立论与体系化出版:谈“电视论丛”的双重价值	中国编辑	2017/04
高晓虹	新时代新闻舆论工作的价值坚守与路径创新	中国编辑	2017/12
高晓虹	新时期国际传播能力建设的理念拓展与路径创新	中国编辑	2017/04
高晓虹	新闻传播必须紧跟时代发展大势	中国编辑	2017/02
蒋　多	“一带一路”周边国家重点书展评估与走出去策略研究	中国出版	2017/03
付晓光	创新与坚守:互联网时代“深阅读”融合模式探析	中国出版	2017/04
姬德强	短视频规制:国际实践与中国对策	中国出版	2017/08
马　澈	计算广告对数字媒体的影响:基于技术、数据和市场的重构	中国出版	2017/12
王琳琳	软法视角下的全民阅读立法研究	中国出版	2017/02
刘　俊	智媒时代学术期刊内容创业	中国出版	2017/12
王灿发	中共军事出版 90 年历程回顾与思考	中国出版	2017/07
万彬彬	“不一样”的长征——纪录片《红军不怕远征难》的创新与启示	中国电视	2017/01
孙振虎	“陌生化”理论视域下的电视真人秀创作	中国电视	2017/07
倪学礼	对真的描摹、善的发现和美的注视	中国电视	2017/12

续表

第一作者	论文名称	发表刊物名称	发表年月
戴　清	近年来媒介融合环境对电视剧网络剧制播营销的影响与反思	中国电视	2017/05
戴　清	网络综艺:融媒体业态下的多维创新及其症结反思	中国电视	2017/06
杨洪涛	新世纪公安题材电视剧纵览	中国电视	2017/08
杨洪涛	新世纪医疗题材电视剧纵览	中国电视	2017/02
王黑特	2016 年现实题材电视剧述评	中国电视	2017/06
张　龙	从“行业技艺”到“群体记忆”——论纪实影像对工匠精神的传播与认同建构	中国电视	2017/10
徐玉梅	从对立到融合——电视剧《安居》的空间叙事与文化表征	中国电视	2017/01
郑向荣	电视剧创作“游戏化”现象刍议	中国电视	2017/12
张国涛	电视剧创作中游戏化倾向探析	中国电视	2017/12
孙百卉	宏大历史背景下的小人物成长史	中国电视	2017/03
杨　杰	宏大叙事的艺术探索	中国电视	2017/02
秦俊香	历史正剧回归的社会文化心理分析	中国电视	2017/07
吕梦艺	论网络剧的发展演变和审美特征	中国电视	2017/06
涂　彦	浅析当前国产电视剧的“轻喜剧化”问题	中国电视	2017/04
朱星辰	全媒体时代电视医疗健康节目	中国电视	2017/11
段　鹏	日本社交电视发展探析	中国电视	2017/10
曾祥敏	突破边界重组要素——媒介融合进程中的内容创新	中国电视	2017/12
秦俊香	网络小说改编剧的同质化现象批评	中国电视	2017/06
张国涛	网络综艺艺术过度娱乐化:问题、成因与对策	中国电视	2017/06
郑向荣	文化类综艺节目创作的五个“意识”	中国电视	2017/09
陈友军	现实主义诗学与达观的审美态度	中国电视	2017/12
杜莹杰	英雄的史诗,不朽的丰碑	中国电视	2017/02
孙百卉	在黑暗中照亮生命的希望	中国电视	2017/05
贾　佳	中国家庭伦理剧的戏剧容积——对中国家庭伦理剧的空间解读	中国电视	2017/06
金海娜	中国影视作品对外译制模式探析——以坦桑尼亚为例	中国翻译	2017/08
李淑文	中国环境产业的现状分析与战略选择	中国人口·资源与环境	2017/05
谭　苗	当代青春文学的时代特征、叙事主题及视角研究	中国文学研究	2017/01
逄增玉	端木蕻良小说的传奇叙事与地域文化	中国文学研究	2017/11
孟　伟	当代广播音频媒体转向的基本理念	中州学刊	2017/11
张慧喆	文人歌诗传统对中国流行音乐的启示	中州学刊	2017/12
张　寒	大学技术转移组织机构的制度化及其演化	自然辩证法研究	2017/02

3. 承办会议

2017 年 5 月 13 日，由中国传媒大学主办，文法学部、政治传播研究所承办的“第二届中国政治传播研究学术论坛”在新国际交流中心召开。来自新华社、中央编译局、中国社会科学院、中国人民大学、清华大学、复旦大学、中国政法大学、南京大学、重庆大学、中国传媒大学等单位的近百位学界与业界的专家学者与会交流。

2017 年 6 月 10 日，新闻与传播心理学理论与实践发展论坛在中国传媒大学举办，该论坛由中国社会心理学会传播心理专业委员会与中国传媒大学共同主办、新闻传播学部新闻学院承办。

2017 年 6 月 18 日，2013—2017 年教育部高等学校新闻传播学类专业教学指导委员会（以下简称教指委）第七次全体会议暨国务院学位委员会新闻传播学学科评议组工作会议（以下简称学科评议组）在中国传媒大学新国际交流中心举行。教指委委员、学科评议组成员以及部分新闻传播学在线开放课程群成员参加此次会议。

2017 年 10 月 14—15 日，第十届中国青年传播学者论坛在中国传媒大学举行。会议主题为“十年的回顾：中国传播研究的问题与转型”，由中国传媒大学主办，中国传媒大学新闻传播学部传播研究院承办。

2017 年 11 月 10 日，由中国传媒大学新闻传播学部主办，中国网络视频研究中心承办的“2017 中国网络视频秋季高峰论坛暨中国短视频与直播联盟启动仪式”，在中传国际交流中心成功举办。论坛围绕“短视频的价值与营销 · 网络视频新生态”这一主题，从短视频的内容边界、短视频的内容价值和营销策略、MCN 的路径选择三个方面，政策、内容、运营、投资四个维度全方位剖析了短视频行业的发展现状与趋势。同时，成立“中国短视频与直播联盟”，致力于促进短视频与直播行业规范化、合理化发展。

2017 年 12 月 9 日，由全球修辞学会—视听传播学会、中国传媒大学新闻传播学部新闻学院主办的首届视听传播高峰论坛在中传国际交流中心成功举办。

2017 年 12 月 16 日，中国新闻史学会编辑出版研究委员会学术年会（2017）暨“媒介融合时代的编辑出版学与出版业”论坛在中国传媒大学举行。该论坛由中国新闻史学会编辑出版研究委员会主办，中国传媒大学编辑出版研究中心、传播研究院和河南大学新闻与传播学院联合承办。来自复旦大学、清华大学、北京大学、南开大学、武汉大学、浙江大学、河南大学、北京印刷学院、华中农业大学等近 80 所高等院校以及中国出版集团、商务印书馆、北京师范大学出版集团等优秀出版企业的专家学者参会。

2017 年 12 月 17 日，以“新时代党报传播力、引导力、影响力、公信力研究”为主题的“人民共和国党报论坛”第十四届（2017）年会在中国传媒大学举行。该党报学术年会由中国传媒大学党报党刊研究中心、天津师范大学新闻传播学院、中国传媒大学南广学院新闻传播学院主办，吉林省森祥科技有限公司协办。来自《人民日报》、新华社、中央电视台、《经济日报》等几十家媒体的专家，以及来自清华大学、浙江大学、吉林大学等近 20 所高校的百余位学者参加了论坛。

供稿：中国传媒大学

中国人民大学新闻学院2017年学术发展概况

一、学术成果概述

2017年中国人民大学新闻学院在基础史论和新闻传播实践业务上继续保持旺盛的科研产出，C刊论文发表量较高，国家社科基金项目、北京市社科基金项目立项数保持良好，继续有外文著作出版问世。同时在计算传播学、传播心理学方面蓄积力量，争取突破，为新闻传播学的创新进行探索。

二、学院现任领导

院长	执行院长	副院长	党委书记	党委副书记
赵启正	胡百精	张辉锋、王润泽、赵云泽、周　勇（兼）	周　勇	蒙　彬、韩晓宁

三、2017年学院新晋或引进教师（正高级以上）

姓名	职称	研究方向
殷　强	教授	视觉传播教育、新闻影像传播研究、影像工程学与影像文化学基础研究、人工智能与大数据视觉信息传播的研究、跨文化传播与海外华侨华人媒介文化研究
高贵武	教授	广播电视传播、主持人传播、形象管理、媒介声誉

四、所承担的国家级、省部级科研项目、课题

1. 2017年立项的国家级、省部级科研项目、课题

项目类型	项目名称	项目负责人
北京市社会科学基金项目研究基地项目重点项目	西方主流媒体涉华政治话语研究	孙利军
教育部人文社科项目基地重大项目	微传播时代网络舆情演变机制的系统动力学研究	钟　新
国家社会科学基金项目一般项目	网络舆论的冲突与弥合机制研究	周　俊
北京市社会科学基金项目重点项目	智媒时代首都媒介深度融合的模式与战略研究	王　斌
北京市社会科学基金项目重点项目	习近平以人民为中心思想研究	陈立丹
国家社会科学基金项目中华学术外译项目	沉浸传播：第三媒介时代的传播范式	李　沁
国家社会科学基金项目重点项目	新媒体技术与网络民族主义研究	刘海龙
国家社会科学基金项目一般项目	新媒体语境下环境公共议题的多元话语建构与互动研究	黄　河

2. 2017 年结项的国家级、省部级科研项目、课题

项目类型	项目名称	项目负责人
教育部人文社科项目基地重大项目	新一代互联网环境下舆论引导与控制对策研究	匡文波
教育部人文社科项目委托项目	学习宣传贯彻党的十八大精神理论研究课题	喻国明
北京市社会科学基金项目重点项目	公共外交视野下"中国梦"的国际传播研究	钟　新
教育部人文社科项目基地重大项目	新媒体环境下新闻教育改革研究	蔡　雯
北京市社会科学基金项目重点项目	党性和人民性一致性研究	陈立丹
国家社会科学基金项目青年项目	媒体融合对新闻传播的影响研究	许　颖

五、主要学术成果

1. 著述、教材情况

第一作者	著作名称	出版社
王树良	权力的象征:改变世界的 10 种货币	中国友谊出版公司
高贵武	形象制胜:新闻工作者的形象管理	北京大学出版社
陈立丹	解析中国新闻传播学 2017	中国人民大学出版社
蔡　雯	新闻编辑	高等教育出版社
陈立丹	马克思恩格斯列宁论新闻(第二版)	人民日报出版社
陈继静	法国新闻传播史	人民日报出版社
李　彪	直击人心:社交媒体时代新闻发布与媒体关系管理	人民日报出版社
丁汉青	传媒版权管理研究	中国人民大学出版社
赵云泽	作为政治的传播——中国新闻传播解释史	中国人民大学出版社
赵云泽	中国社会转型焦虑与互联网伦理	中国人民大学出版社
许向东	数据新闻:新闻报道新模式	中国人民大学出版社
赵永华	*Русская пресса в Китае (1898—1956)*	Международная издательская компания «Шанс»
王润泽	民国时期新闻史料续编(全 32 册)	国家图书馆出版社
陈继静	华盛顿传	中信出版社
雷蔚真	电视传播的数字化转型	中国广播影视出版社
赵永华	外国动画史	中国广播影视出版社
王　斌	社区传播论:新媒体赋权下的居民社区沟通机制	中国人民大学出版社
胡百精	*The History of China's Public Relations*	McGraw-Hill Education

2. 发表论文情况

第一作者	论文名称	发表刊物名称	发表年月
塔　娜	An Efficient Ride-Sharing Framework for Maximizing Shared Route	*Ieee Transactions on Knowledge and Data Engineering*	2017/10
李　沁	Characteristics and Social Impact of the Use of Social Media by Chinese Dama	*Telematics and Informatics*	2017/06
潘曙雅	Examining the Effects of Social Networks Formed in a Senior-oriented Online Community on Older Participants' Subjective Well-being in China	*Chinese Journal of Communication*	2017/05
王　敏	季米特洛夫论宣传	新闻界	2017/12
贾文山	我国国际制度性话语权的现状与构建路径	国际新闻界	2017/12
匡文波	大学生的微信表情使用行为研究	国际新闻界	2017/12
王　菲	中国电视台媒介融合中的内容生产体系构建	国际新闻界	2017/12
毛湛文	“融合文化”如何影响和改造新闻业？——基于“新闻游戏”的分析及反思	国际新闻界	2017/12
卢春天	论教育程度和媒介涵化对社会公平感的塑造	现代传播	2017/12
王晓培	“聊新闻”:新闻对话机器人对新闻分发方式的再定义	现代传播	2017/12
郭　慧	知识生产与创新视野下对知识付费现象的反思	出版发行研究	2017/12
胡百精	公共关系对公众的想象	新闻大学	2017/06
王成文	迎接内容创业黄金时代	中国出版	2017/12
张　旸	微信公众号:以互联网思维探析“自出版”新平台	编辑之友	2017/12
杨保军	现象学味道的涂尔干:直面事实——《社会学方法的准则》眉批录	新闻记者	2017/12
刘小燕	国际网络安全规则创制与政府话语权博弈——技术维度的阐释	国际新闻界	2017/11
刘宏宇	认识 VR 实质的哲学进路	国际新闻界	2017/11
张　迪	央企公关模式与央企海外传播力关系的实证研究	国际新闻界	2017/11
宋建武	新闻版权即新闻获利权——兼论以数据库版权解决新闻版权问题的可能性	现代传播	2017/11
李　彪	社交媒体平台议题的动员策略与表达机制——基于新浪微公益平台众筹项目标题的文本分析	当代传播	2017/06
张凌霄	从理论通式到三个环境——媒介环境学理论体系述评	当代传播	2017/06
景义新	屏幕媒介的变迁:渊源、衍变与未来——移动智媒时代“从屏幕到界面”的思考	当代传播	2017/06
杨保军	试析尊重新闻规律开展新闻舆论工作的基本要求	当代传播	2017/06

续表

第一作者	论文名称	发表刊物名称	发表年月
李　彪	体验营销视域下独立书店定制化经营模式研究——以北京地区三家独立书店为例	中国出版	2017/11
杨保军	坚定"偏向"中的观察与洞见——读伊尼斯《传播的偏向》眉批录	新闻记者	2017/11
喻国明	健康传播研究常模:理论框架与学术逻辑——以"HINTS中国"调研项目为例	编辑之友	2017/11
张　超	从比特到人工智能:数字新闻生产的算法转向	编辑之友	2017/11
李红祥	重构共同体想象:新中国十七年新闻史教科书的编撰	编辑之友	2017/11
赵永华	《青年实话》事件	新闻界	2017/10
韩晓宁	传媒实习生群体对媒介伦理争议行为的态度及影响因素研究	国际新闻界	2017/10
胡百精	欲望与认同:二十世纪早期的群体传播思想——基于特洛特群体心理和行为研究的重述与讨论	国际新闻界	2017/10
陈　阳	议程设置理论在北京的一次检验——基于CGSS(2013)数据的研究	国际新闻界	2017/10
周　勇	融媒体环境下视听传播效果评估的指标体系建构——基于VAR模型的大数据计算及分析	国际新闻界	2017/10
王成文	编辑智能类媒体价值、问题与对策研究——以"今日头条"为例	出版发行研究	2017/10
刘蒙之	"上帝之眼"看中国:纪录片《航拍中国》的生产创新与价值内涵	现代传播	2017/10
刘蒙之	融合出版背景下编辑出版人才市场需求分析与培养改革思考——基于2017年就业季120条编辑出版类招聘信息文本的词频考察	出版科学	2017/05
宋　扬	IP热背景下体育版权价值全产业链开发策略	中国出版	2017/10上
杨保军	一部真正的"人类新闻"活动史——《新闻的历史》眉批录	新闻记者	2017/10
张志安	中国媒体研究的脉络回顾与学术反思——一项基于局内人和局外人视角的考察	新闻记者	2017/10
杨晓娟	列宁论"纯粹的报纸业务"	新闻界	2017/09
单晓颖	中俄协作网络空间治理的基础与路径分析	国际新闻界	2017/09
方　洁	全球数据新闻教育:发展特征与未来趋势	国际新闻界	2017/09
谢建东	试论现代民族国家观念在云南边地的传播——以清末民初少数民族学校教育为中心的考察	国际新闻界	2017/09
赵永华	权力视角下中俄媒体的合作:内涵、动力与路径	国际新闻界	2017/09

续表

第一作者	论文名称	发表刊物名称	发表年月
卢春天	沉默的大多数？媒介接触、社会网络与环境群体性事件研究	国际新闻界	2017/09
张辉锋	传媒业IPO后高绩效的成因分析——基于Richardson投资模型	国际新闻界	2017/09
潘佳宝	新闻传播学视域下中国舆论研究的知识图谱(1986—2015)——基于文献计量学的研究	现代传播	2017/09
王润泽	日本黄色新闻潮与报业煽动机制	现代传播	2017/09
蔡　雯	马克思主义新闻观对于新闻编辑的指导意义——编写马克思主义理论研究和建设工程教材的一点思考	当代传播	2017/05
唐　铮	新媒体的信息点评估及舆论波动规律——以微博转基因食品的舆论流变为例	当代传播	2017/05
陈　孟	对人民网探索特殊管理股制度改革的分析	当代传播	2017/05
公克迪	品牌跨文化传播理论的演进:基于文化心理距离的视角	当代传播	2017/05
李　沁	沉浸广告模式:大数据时代的逻辑颠覆与概念重构	当代传播	2017/05
常　江	移动互联网生态下的视频新闻编排革新	编辑之友	2017/09
杨保军	“意识形态”与“乌托邦”:“偏向性”的观念和认知——《意识形态与乌托邦》眉批录	新闻记者	2017/09
李　沁	沉浸媒介:重新定义媒介概念的内涵和外延	国际新闻界	2017/08
常　江	短视频新闻生产:西方模式与本土经验	中国出版	2017/08
杨保军	当前我国马克思主义新闻观的核心观念及其基本关系	新闻大学	2017/04
杨保军	论收受主体视野中的新闻真实	现代传播	2017/08
周　冲	个人信息保护:中国与欧盟删除权异同论	新闻记者	2017/08
杨保军	难以超越的文化——《超越文化》眉批录	新闻记者	2017/08
谭泽明	中共中央党报委员会	新闻界	2017/07
李　彪	新世纪以来新闻传播学研究的生命周期及学术权力地图(2001—2016)——基于科学知识图谱的分析	国际新闻界	2017/07
陈　辉	跨文化传播研究的知识结构与前沿热点:基于CiteSpace的可视化图谱分析	国际新闻界	2017/07
方　惠	少数民族题材影视的地方性双重生产	现代传播	2017/07
丁汉青	情绪感染学术场域分析——基于CiteSpace的引文空间分析	当代传播	2017/04
冯建华	公共传播:在观念与实践之间	现代传播	2017/07
颜　梅	电视文化类节目的嬗变轨迹及文化反思	现代传播	2017/07
李　沁	沉浸新闻模式:无界时空的全民狂欢	现代传播	2017/07
刘保全	应当“雄鸡报晓”勿学“乌鸦乱叫”——寄语青年记者	当代传播	2017/04

续表

第一作者	论文名称	发表刊物名称	发表年月
刘蒙之	内容工业的产业结构与商业模式逻辑探析——从内容为王到内容创业	当代传播	2017/04
韩晓宁	新疆传媒从业者职业状态及差异研究	当代传播	2017/04
周　凯	社交媒体与政治参与——一个理论框架的建构	编辑之友	2017/07
杨保军	“范式转换”是世界观的变革——《科学革命的结构》眉批录	新闻记者	2017/07
殷　强	“一带一路”国际合作高峰论坛的新媒体会议报道研究——兼对VR视觉传播与新媒体技术、信息服务团队媒介素养的考察	国际新闻界	2017/06
戴瑞凯	从“更正”内容管窥学术期刊的编校质量管理——以CSSCI收录的新闻传播学期刊为例	中国科技期刊研究	2017/06
滕沐颖	基于社会网络分析的虚拟社区“认知盈余”实现过程研究	新闻大学	2017/03
张辉锋	好莱坞电影业拼盘融资模式及其借鉴意义	现代传播	2017/06
杨保军	技术:企图垄断文明的杠杆——《技术垄断:文明向技术投降》眉批录	新闻记者	2017/06
李　彪	社会舆情生态的新特点及网络社会治理对策研究	新闻记者	2017/06
李　彪	传统媒体从业者职业转型意愿研究——以北京、广州两地新闻从业者调查为例	编辑之友	2017/06
蔡　雯	从“中央厨房”建设看新闻编辑业务改革	编辑之友	2017/06
何天平	我国家庭伦理电视剧对男性气质的意义生产:一项对受众解码机制的考察	新闻界	2017/05
刘小铃	为全国铁路工人谋利益的《工人周刊》	新闻界	2017/05
黄　河	公众新媒体接触行为对政府形象构建的影响——基于北京市居民的网络调查分析	国际新闻界	2017/05
许向东	智媒时代的新闻生产:自动化新闻的实践与思考	国际新闻界	2017/05
谢建东	人文性与科学性融合并存:对新闻学科学化的思考	当代传播	2017/03
杨保军	摇摆不定的李普曼——读《公众舆论》眉批录	新闻记者	2017/05
郭　慧	主流媒体社区生活服务平台的构建	编辑之友	2017/05
冯建华	公共传播的意涵及语用指向	新闻与传播研究	2017/04
王润泽	在服从宣传需要与尊重新闻规律之间——中国当代记者心态史研究	国际新闻界	2017/04
丁汉青	情绪识别研究的学术场域——基于CiteSpace的科学知识图谱分析	新闻大学	2017/02
刘海龙	像爱护爱豆一样爱国:新媒体与“粉丝民族主义”的诞生	现代传播	2017/04
韩晓宁	探求转型之路:国际传媒集团的变革与回归	现代传播	2017/04

续表

第一作者	论文名称	发表刊物名称	发表年月
杨保军	“开山祖”的“开山”作——读徐宝璜《新闻学》眉批	新闻记者	2017/04
杨保军	论新媒介环境中新闻报道真实的实现	编辑之友	2017/04
弓慧敏	基于新技术的新闻生产与消费变革	编辑之友	2017/04
公克迪	体感技术及其在当代传播中的意义与应用	新闻界	2017/03
周　俊	刘少奇与《江淮日报》《盐阜大众》	新闻界	2017/03
熊　壮	恩格斯论报刊“国家化”会产生很大缺点	新闻界	2017/03
周　俊	记者寻租的博弈论分析	国际新闻界	2017/03
蔡　雯	新闻教育亟待探索的主要问题	国际新闻界	2017/03
杨保军	论“新闻观”	国际新闻界	2017/03
丁汉青	传媒上市公司内部治理结构与融资结构关系研究	国际新闻界	2017/03
徐艺心	互联网用户隐私保护的环境特点及制度走向	当代传播	2017/02
曲　慧	世界杂志产业十年:发展状况与趋势研究	现代传播	2017/03
赵新宁	主流媒体与社交媒体对同理心引导的差异——基于江西丰城电厂事故和深圳罗尔事件的观察	当代传播	2017/02
杨保军	再论“新闻事实”——技术中介化的新闻事实及其影响	新闻记者	2017/03
张　超	作为游戏的新闻:新闻游戏的复兴、意义与争议	编辑之友	2017/03
韩晓宁	优质数字内容与全球资本运营:时代华纳新时期战略研究	中国出版	2017/04
孙利军	论图书选题策划中的联想思维	出版发行研究	2017/02
王梦宇	大数据时代公关传播的三个功能	现代传播	2017/02
喻国明	试论人工智能技术范式下的传媒变革与发展——一种对于传媒未来技术创新逻辑的探析	新闻界	2017/01
陈　绚	美国反宣传法案与自媒体虚假新闻标记研究	国际新闻界	2017/01
陈力丹	2016 年中国的新闻学研究	国际新闻界	2017/01
熊　壮	2016 年中国的传播学研究	国际新闻界	2017/01
高贵武	新媒体环境下的主流媒体声誉管理刍议——基于利益相关者理论框架	国际新闻界	2017/01
赵　睿	技术驱动下传媒经济研究的转向与进路——2016 年中国传媒经济研究的热点、框架与逻辑演进	国际新闻界	2017/01
匡文波	基于技术接受模型的传统媒体客户端用户使用行为研究	现代传播	2017/01
王亦高	自然与拟态:试谈听觉传播视角下的手机媒介	现代传播	2017/01
郑保卫	2016 年新闻启示录	当代传播	2017/01
刘保全	修身律己拼搏向前——当下新闻人应有的心态	当代传播	2017/01
匡文波	网络媒体的发展趋势	编辑之友	2017/01
刘小燕	政府与公众间距离的内涵与本质	北京大学学报（哲学社会科学版）	2017/06

续表

第一作者	论文名称	发表刊物名称	发表年月
韩晓宁	新闻实习生的工作满意度、职业认同与职业伦理调查研究	新疆大学学报（哲学·人文社会科学版）	2017/06
王　斌	迭代生产与关系建构:社交媒体中的国家形象塑造机制	兰州大学学报（社会科学版）	2017/05
贾文山	跨文明交流、对话式文明与人类命运共同体的构建	中国人民大学学报	2017/05
弓慧敏	媒介社会学视域中的新闻生产研究——对塔奇曼《做新闻》的再诠释	山西大学学报（哲学社会科学版）	2017/05
赵云泽	“传播”即“政治”——“政治传播”视角下的中国传播史研究框架	兰州大学学报（社会科学版）	2017/04
贾文山	美国特朗普政府的亚太战略走向及中国的应对之策	新疆师范大学学报（哲学社会科学版）	2017/06
陈　绚	公共利益视野下媒体与司法关系研究	山西大学学报（哲学社会科学版）	2017/02
文武英	走近世界舞台中心的国际传播战略——学习习近平对外宣传思想的体会	党建	2017/10
王梦宇	试论媒介融合背景下电视台对电视剧的运营策略	当代电影	2017/03
郑保卫	主持人语	东岳论丛	2017/04
张志强	全球治理下的国家气候传播机制研究	东岳论丛	2017/04
蒲信竹	互联网时代政府官员的媒介素养研究	人民论坛·学术前沿	2017/10
曲　慧	媒介谱系的重构:价值维度与商业模式的四象限法则	山东社会科学	2017/08
刘小燕	国际规则构建中的政府话语冲突:内涵、机制与效果	社会科学战线	2017/07
王润泽	官方与民间:晚清报刊舆论的首次抗争	社会科学战线	2017/03
王莉丽	当前中国对美公共外交:舆论态势与认知空间	现代国际关系	2017/01
张成良	论融媒体形态演进与智媒时代的开启	中州学刊	2017/09

3. 承办会议

2017 年 10 月 3 日，在庆祝中国人民大学建校 80 周年之际，中国人民大学新闻界校友论坛（2017）举行。论坛以“与时代同行”为主题，中国人民大学新闻界校友代表与学校领导、新闻学院师生共聚一堂，共议新闻传播事业与新闻传播教育的改革和发展。

2017 年 12 月 1 日，第五届中国网络视听大会系列论坛——人工智能与未来媒体高峰论坛在成都召开。该论坛由中国人民大学新闻与社会发展中心、北京师范大学新闻传播学院、封面新闻承办，微软中国亚洲互联网工程院协办。

2017 年 12 月 23 日，中国主持传播论坛（2017）在中国人民大学贤进楼成功举办，共有来自全国 25 个省、市、自治区以及澳门特区的近 70 家高校、科研机构的专家、学者、硕博士研究生与业界领军人物齐聚一堂，围绕“网络·主播——融媒体时代的主持传播”这一主题进行了充分探讨。

供稿：中国人民大学新闻学院

复旦大学新闻学院2017年学术发展概况

一、学术成果概述

2017年复旦大学新闻学院对标学科“一流”标准和要求、结合自身实际制定了《新闻学院学科建设方案》（以下简称《方案》），提出了新闻学院的学科建设目标：坚持正确办学方向，遵循学科发展规律，聚焦一流的人才培养、一流的科研成果、一流的资政与社会服务三大核心任务，锻造学科核心竞争力，把复旦新闻学科建设为一流学科，努力构筑新闻传播学的复旦学派。

2017年度取得的实际进展可以概括为“三出三立”：

第一，出成果：著书立说。依托“院内课题招标、推行出版资助、实施科研专项奖励”等科研激励制度。第一作者发表SSCI期刊论文5篇，CSSCI期刊论文46篇，其他期刊学术论文103篇，会议论文60篇；以第一作者出版专著3部，译著1部，教材1部，编著11部，工具书1部。教师全年获得立项的重要纵向科研项目共有8项，其中国家社科基金（艺术学）重大项目1项，省部级项目7项；另外，2017年度恰逢党的十九大召开，改革开放40周年、建国70周年、建党100周年在即，在学院教师积极申报下，获得相关专项课题立项的共有6项，其中国家级课题2项，省部级课题4项。2017年度获得立项的各类横向项目共有13项。

第二，出思想：资政立言。《方案》明确了三个重点方向：一是服务国家站位高远、精准定位；二是服务上海引领有效、不可替代；三是服务媒体填补空白、全国领先。在这一思路指引下，学院教师这一年度在资政立言方面取得了丰硕成果，提供的研究或咨询报告被国家级内刊采纳的有66篇，得到国家级领导批示的有6篇；被省部级内刊采纳6篇。

第三，出人才：育德立人。学院人才建设方面也取得了长足进步。教师获得国际优秀科研成果奖1项，国内优秀科研成果奖6项，入选国家级人才项目2项。

二、学院现任领导

院长	执行院长	副院长	书记	常务副书记	副书记
米博华	张涛甫	孙　玮、李双龙、周葆华、杨　鹏（兼）	尹明华	周　晔	杨　鹏、朱　佳

三、2017年学院新晋或引进教师（正高级以上）

姓名	职称	研究方向
米博华	教授	新闻评论、新闻采编
沈国麟	教授	政治传播、国际传播
张大伟	教授	编辑出版

四、所承担的国家级、省部级科研项目、课题

1. 2017年立项的国家级、省部级科研项目、课题

项目类型	项目名称	项目负责人
国家社会科学基金（艺术学）重大项目	中国文化走出去“提质增效”研究	朱春阳
上海市教育委员会其他项目	习近平新闻舆论思想研究	童　兵
上海市哲学社会科学规划系列研究课题	新时代中国人民美好生活需要与舆论引导	李良荣
教育部人文社会科学重点研究基地重大项目	数字移动时代的都市民众媒介行为与地理空间：基于跨数据平台和信息可视化	陆　晔
上海市教育委员会其他项目	海外交流学生党员教育管理机制研究	朱　佳
上海市教育委员会其他项目	上海教育新闻舆情与微信排行榜研究（2017）	周葆华
上海市哲学社会科学规划一般课题	媒介组织视角下英美数据新闻融合发展模式研究及对中国的启示	徐　笛
上海市哲学社会科学规划一般课题	上海地区“体制外”自媒体发展现状及应对研究	窦锋昌
上海市哲学社会科学规划一般课题	全球化背景下海外华文传媒寿命研究及启示	许　燕
上海市浦江人才计划	互联网广告生态圈中的敌意媒体效应研究	沈　玢
上海市浦江人才计划	移动社交媒体对当代青年知识获取与知识结构的影响研究	崔　迪
上海市哲学社会科学规划其他课题	中国特色社会主义新闻发布理论体系研究	孟　建
上海市哲学社会科学规划其他课题	改革开放40周年社会变革与舆情治理研究	李良荣
上海市高校智库（含内涵建设计划）	大数据算法时代的舆情生态与引导策略研究	童　兵
上海市高校智库（含内涵建设计划）	国外舆论与中国舆情研究系列专报	童　兵
上海市高校智库（含内涵建设计划）	上海高校智库建设路径探索	沈国麟
上海市高校智库（含内涵建设计划）	上海高校智库系列专报	沈国麟
上海市高校智库（含内涵建设计划）	上海高校智库系列论坛	沈国麟
上海市高校智库（含内涵建设计划）	上海高校智库管理研究中心（2017）	沈国麟

2. 2017 年结项的国家级、省部级科研项目、课题

项目类型	项目名称	项目负责人
上海市哲学社会科学规划系列研究课题	提升上海对外文化贸易国际竞争力研究	朱春阳
上海市哲学社会科学规划系列研究课题	上海传统媒体与新媒体融合发展问题研究	窦锋昌
教育部"新世纪优秀人才支持计划"	都市青年手机游戏玩工研究	曹　晋
上海市教委科研创新重点项目	网络舆论与食品安全网上报道：考察网友评论和情绪表达的框架效果	潘　霁
教育部人文社会科学研究规划基金项目	传播新科技、知识劳工与市场经济转型	曹　晋
上海市哲学社会科学规划一般课题	大众媒介与上海都市共同体建构	孙　玮
教育部人文社会科学重点研究基地重大项目	传统的消逝：影像传播与日常生活	陆　晔
教育部人文社会科学研究规划基金项目	隐性的权力：广告政治经济学批判研究	张殿元
教育部人文社会科学研究青年基金项目	媒介、政治与城市社会空间——"左联"的组织传播研究	张大伟

五、主要学术成果

1. 著述、教材情况

第一作者	著作名称	出版社
邓建国	传播研究量表手册 I	复旦大学出版社
邓建国	媒介融合：基础理论与前沿实践	复旦大学出版社
邓建国	对空言说：传播的观念史（译著）	上海译文出版社
顾　铮	他们如何接纳摄影：刘海粟美术馆和摄影	西泠印社出版社
顾　铮	没有美满结局的童话——战争，宣传与图像	中国摄影出版社
洪　兵	中国媒介与传播景观：来自国际双硕士项目学生的视野	复旦大学出版社
黄　瑚	新闻传播法规与职业道德教程	复旦大学出版社
刘海贵	都市报全媒体转型研究	复旦大学出版社
沈国麟	善治安心：中国网络理政的理念与实践	华夏出版社
沈国麟	全球思想版图 2016	上海人民出版社
童　兵	中国新闻传播学研究最新报告（2017）	复旦大学出版社
姚建华	媒介和数字劳工研究：西方的视角丛书（二）：媒介产业的数字劳工	商务印书馆
姚建华	媒介和数字劳工研究：西方的视角丛书（一）：制造与服务业中的数字劳工	商务印书馆
郑　雯	寻找网络民意：网络社会心态研究（第一辑）	华夏出版社

2. 发表论文情况

第一作者	论文名称	发表刊物名称	发表年月
李良荣	中国民粹主义三个动向	人民论坛	2017/01
李良荣	新生态新业态新取向——2016年网络空间舆论场特征概述	新闻记者	2017/01
赵　民	中国媒体中的美国大选——对《人民日报》《环球时报》“涉选”内容的观察	新闻记者	2017/01
童　兵	新闻传播学学科体系的观察与思考	南京社会科学	2017/01
姚建华	Beyond the Political Economy Versus Cultural Studies Debate? Toward a New Integration	*Fudan Journal of the Humanities and Social Sciences*	2017/01
沈国麟	全球民族性:24小时英语新闻频道网站新闻的比较分析	新闻记者	2017/02
曹　晋	美国著名文化社会学家Jeffery Alexander教授访谈录	新闻大学	2017/02
秦绍德	改革开放以来各地区新闻事业发展的轨迹(1978—2000)	新闻大学	2017/02
邓建国	传播学的反思与重建:再读J. D. 彼得斯的《对空言说:传播的观念史》	国际新闻界	2017/02
周葆华	谁在使用视频直播?——网络视频直播用户的构成、行为与评价分析	新闻记者	2017/03
童　兵	新闻媒体推进中国人权事业的责任和使命——读第三期中国人权行动计划的体会与建言	新闻记者	2017/03
童　兵	“互联网+”环境下政府应急传播体系再造	当代传播	2017/03
曹　晋	城乡起跑线上的落差:转型中国的数字鸿沟分析	当代传播	2017/03
姚建华	浅析加拿大图书出版业的文化保护政策	出版科学	2017/03
崔　迪	Inter-media Agenda Setting in Global News Production: Examining Agenda Attributes in Newspaper Coverage of the MH370 Incident in the U. S. , China, and Hong Kong	*Asian Journal of Communication*	2017/03
邓建国	新信息环境下我国专家型新闻传播人才的培养模式探讨	新闻大学	2017/04
姚建华	移动的受众商品:无线世界的数字劳动	开放时代	2017/04
童　兵	在文化合力中推进新闻学话语体系建设	现代传播	2017/06
沈　玢	社交媒体时代的从众效应研究——以拼趣为例	新闻大学	2017/06
李良荣	中国新闻传媒业的新生态、新业态	新闻大学	2017/06
徐　笛	边界的交融:科技公司媒体服务样本	中国出版	2017/06

续表

第一作者	论文名称	发表刊物名称	发表年月
黄　旦	迎合世界之新潮，发皇吾侪之美质——读戈公振《世界报业考察记》	新闻记者	2017/07
张涛甫	传播格局转型与新宣传	现代传播	2017/07
张涛甫	政治社会化视域下大学生对马新观的认知与态度的实证分析	兰州大学学报（社会科学版）	2017/07
窦锋昌	新媒体环境下评论侵权抗辩事由的演进——以汪峰系列名誉权纠纷案为例	新闻大学	2017/08
李良荣	论报纸再造：从“信息媒体”到“意义媒体”	现代传播	2017/08
徐　笛	中国内地数据新闻从业者调查——基本构成、所需技能与价值认知	新闻记者	2017/09
孙　玮	从再现到体验——移动网络时代的传播与城市文脉保护	探索与争鸣	2017/09
孙少晶	Framing Climate Change: A Content Analysis of Chinese Mainstream Newspapers from 2005 to 2015	*International Journal of Communication*	2017/10
胡春阳	男性、女性时尚杂志封面女性形象的对比研究——以《时尚 Cosmo》与《男人装》为例	新闻大学	2017/10
张涛甫	寻求对话：在舆论研究的特殊性与普适性之间	新闻大学	2017/10
黄　旦	“奇闻异事，罔不毕录”：上海“城”的移动——初期《申报》研究之二	学术月刊	2017/10
潘　霁	地理媒介，生活实验艺术与市民对城市的权利——评《地理媒介：网络化城市与公共空间的未来》	新闻记者	2017/11
黄　旦	增发新的“性情”：关于新闻传播思想研究的对话	新闻记者	2017/11
伍　静	小鲍威尔时期的《密勒氏评论报》（1945—1953）及其“左翼”朋友圈	新闻记者	2017/11
张殿元	技术·权力·结构：网络新媒体时代公共领域的嬗变	中国地质大学学报（社会科学版）	2017/11
沈　玢	The Mind-Set to Share: An Exploration of Antecedents of Narrowcasting versus Braodcasting in Digital Advertising	*Journal of Advertising*	2017/11
孙少晶	Multiplicity and Uncertainty: Media Coverage of Autism Causation	*Journal of Informetrics*	2017/11
曹　晋	“新闻民工”修辞的政治经济语境分析	当代传播	2017/11
胡春阳	人际传播的认知误区与核心议题	人大复印资料·新闻与传播	2017/11
胡春阳	超人际传播：人际关系发展的未来形态	人民日报·学术前沿	2017/12
孙少晶	Psychological Distress and Prejudice Following Terror Attacks in France	*Journal of Psychiatric Research*	2017/12

续表

第一作者	论文名称	发表刊物名称	发表年月
周海晏	时空大数据:数字化城市的“假体观视”——无人机航拍技术对城市时空关系的重构	福建论坛	2017/12
童　兵	坚守主流精耕细耘——《中国高等教育》复刊35周年的新特色	中国高等教育	2017/12
姚建华	重返历史的起点:刍议传播政治经济学的学科化——格雷厄姆·默多克(Graham Murdock)教授学术访谈	新闻记者	2017/12
杨　击	视觉技术与感知安全:新媒体语境中纪录片身份再聚焦	新闻大学	2017/12
张大伟	中国民族出版编辑工作满意度及其人口学特征	新闻大学	2017/12
廖圣清	新媒介技术环境下上海大学生意见表达研究	新闻大学	2017/12
周葆华	新媒体社会责任表现的实证研究——以腾讯网为个案的量化评估	新闻大学	2017/12
姚建华	云技术神话:现实起源、人类生存境况与不确定性的未来——评《云端:动荡世界中的大数据》一书	新闻界	2017/12
张大伟	中国教材出版租型制度:过去、现在与未来	中国出版	2017/12下

3. 承办会议

会议名称	会议主题	主办单位	协办单位	会议地点	会议类型	开始日期	结束日期
“红色传承:马克思主义与中国新闻传播学”研讨会	红色传承:马克思主义与中国新闻传播学	复旦大学新闻学院等	重庆大学	重庆:重庆大学	国内学术会议	2017-04-22	2017-04-23
特朗普百日新政国际舆情报告发布会暨学术研讨会	特朗普百日新政国际舆情	复旦发展研究院传播与国家治理研究中心、复旦大学信息与传播研究中心、上海市高校智库研究和管理中心		上海:复旦大学	国内学术会议	2017-05-06	2017-05-06
马克思主义中国特色新闻学研讨会	马克思主义中国特色新闻学	清华大学新闻与传播学院、复旦大学新闻学院		北京:清华大学	国内学术会议	2017-05-20	2017-05-21
“文化创新与数据科学:新媒体、新传播、新格局”国际学术研讨会	文化创新与数据科学:新媒体、新传播、新格局	新闻学院、复旦大学国家文化创新研究中心		上海:复旦大学	国际学术会议	2017-06-03	2017-06-04

续表

会议名称	会议主题	主办单位	协办单位	会议地点	会议类型	开始日期	结束日期
媒介、城市与记忆学术研讨会	媒介、城市与记忆	复旦大学信息与传播研究中心、苏州大学凤凰传媒学院		苏州：苏州大学	国内学术会议	2017-06-10	2017-06-10
雄安新区传播与社会发展论坛	雄安新区传播与社会发展	复旦大学信息与传播研究中心、华中科技大学信息与传播研究中心、河北大学新闻传播学院	河北大学新闻传播学院、河北大学新闻传播学院城市传播研究中心	雄安新区	国内学术会议	2017-06-17	2017-06-18
"第六声(Sixthtone)和国际传播"研讨会	第六声(Sixthtone)和国际传播	复旦大学新闻学院		上海	国际学术会议	2017-06-17	2017-06-18
"文化创新与数据科学：新媒体、新传播、新格局"国际学术研讨会	文化创新与数据科学：新媒体、新传播、新格局	复旦大学国家文化创新研究中心、复旦大学新闻学院		上海	国际学术会议	2017-06-17	2017-06-18
"腾讯网社会责任建设体系研究"课题中期报告会暨专家沙龙	腾讯网社会责任建设体系研究	复旦大学新闻传播学985基地、腾讯网		上海：复旦大学新闻学院	国内学术会议	2017-07-04	2017-07-04
第五届传播视野下的中国研究论坛(2017)暨近代中国的传媒、文本与社会变迁学术研讨会	传播视野下的中国研究	复旦大学信息与传播研究中心、《学术月刊》杂志、西北大学新闻传播学院、西北大学媒体与传播研究中心		西安：西北大学	国内学术会议	2017-08-12	2017-08-13
移动互联时代的内容传播与社会责任高峰论坛	移动互联时代的内容传播与社会责任	复旦大学新闻传播学985基地等		北京钓鱼台国宾馆俱乐部	国内学术会议	2017-09-17	2017-09-17
媒介、叙事与城市学术研讨会	媒介、叙事与城市	复旦大学信息与传播研究中心、华中科技大学新闻与信息传播学院		武汉：华中科技大学	国内学术会议	2017-09-23	2017-09-23

续表

会议名称	会议主题	主办单位	协办单位	会议地点	会议类型	开始日期	结束日期
想象转基因:议题呈现与公众认知学术工作坊	想象转基因:议题呈现与公众认知	复旦大学信息与传播研究中心“中国科学传播能力评估”项目组		上海:复旦大学	国内学术会议	2017－09－23	2017－09－24
世界文化遗产保护与文化地景推广工作坊	世界文化遗产保护与文化地景推广	复旦大学信息与传播研究中心、关西大学社会学院刘雪雁工作室		日本:岚山	国际学术会议	2017－10－14	2017－10－14
第二届跨界民族与周边国家关系论坛暨中国民族学学会影视人类学分会年会	流动的空间	文化部民族民间文艺发展中心、复旦大学信息与传播研究中心等	中国民族学学会影视人类学分会、复旦大学民族研究中心、复旦大学中国与周边国家关系研究中心	上海:复旦大学	国内学术会议	2017－10－20	2017－10－20
“世界文化遗产谱系中的中国话语”学术研讨会	世界文化遗产谱系中的中国话语	新闻学院、复旦大学国家文化创新研究中心		上海:复旦大学	国内学术会议	2017－11－11	2017－11－12
“媒介和传播研究的未来趋势:媒介生态与大数据”研讨会	媒介和传播研究的未来趋势:媒介生态与大数据	复旦大学信息与传播研究中心、俄亥俄大学		上海:复旦大学	国际学术会议	2017－11－19	2017－11－21
可沟通城市工作坊	可沟通城市	复旦大学信息与传播研究中心、墨尔本大学公共文化研究中心		上海:复旦大学	国际学术会议	2017－11－29	2017－11－30
传播与中国·复旦论坛(2017)	全球城市:传播与创意	复旦大学信息与传播研究中心、复旦大学新闻学院		上海:复旦大学	国内学术会议	2017－12－01	2017－12－02

六、新闻传播学刊物

《新闻大学》是教育部主管、复旦大学主办的新闻传播学专业学术刊物，主编张涛甫。

2017年，《新闻大学》杂志通过国家教育部、上海新闻出版局年审。目前杂志为16开本156页，双月刊，逢单月15日出版。杂志继续对录用稿件实行专家匿名评审制度。2017年本刊共发稿107篇，其中90篇为自由来稿，万字以上的论文约为66篇。全年发行量每期1000册，全年6000册，其中全年订户约3000册，赠送和交换约3000册。

2017年被转载文章15篇。其中，《新闻与传播》等（人大复印报刊资料）全文转载11篇；《新华文摘》全文转载3篇（1篇为网络版），论点摘编1篇；同时，编校质量明显提高，差错率严格控制在万分之二以下，入选2017年上海市期刊编校质量优秀期刊。

11月，编辑部召开了“2017年度《新闻大学》编委会暨核心作者恳谈会”，邀请了30多位校内外专家和作者到会，就如何进一步提高办刊质量、更好服务于媒介融合时代新闻传播学科的建设和发展进行了深入而有效的探讨。

供稿：复旦大学新闻学院

南京大学新闻传播学院2017年学术发展概况

一、学院现任领导

院长	执行院长	副院长	党委书记	党委副书记
卜　宇	杜骏飞	李　声、胡翼青、徐　慨	刘　源	范　赟

二、2017年学院新晋或引进教师（正高级以上）

姓名	职称	研究方向
白　净	教授	媒介法规、政策与伦理、网络与新媒体
赵曙光	教授	媒介经济学、民意调查
朱丽丽	教授	传播理论、媒介文化研究

三、所承担的国家级、省部级科研项目、课题

1. 2017 年立项的国家级、省部级科研项目、课题

项目类型	项目名称	项目负责人
江苏省社科基金基地项目	新时代文艺传播:江苏文艺原创力与影响力提升研究	李晓愚
江苏省社科基金基地项目	传统媒体融合传播效果大数据评估研究	赵曙光
江苏省社科基金基地项目	媒介化社会与移动舆论场的引导策略研究	赵梦溪
江苏省社科基金基地项目	视频传播公共化:趋势、路径与管理研究	庄永志
江苏省教育厅重点项目	雾霾议题扩散中的话语变迁、观念建构和行为选择	李　明
国家社科基金青年项目	“去产能”背景下产业转移提升区域经济增长质量的机制研究	朱江丽
国家社科基金一般项目	美国传播理论史研究	胡翼青
国家社科基金一般项目	亚文化群体网络集群行为触发与演化机制研究	王　蕾

2. 2017 年结项的国家级、省部级科研项目、课题

项目类型	项目名称	项目负责人
江苏省社科基金重大项目	马克思主义新闻观的理论与实践研究	丁柏铨
教育部青年项目	互联网使用与社会资本建构——一项基于中国网民网络社交行为的经验研究	付晓燕
国家社科基金艺术学项目	晚明以西湖为中心的文人艺术生活研究	李　娜
国家社科基金一般项目	中国现代(1919—1949)图像新闻传播史研究	韩丛耀
国家社科基金一般项目	大众传媒与新生代农民工城市适应研究	郑　欣
国家社科基金一般项目	中国近现代通讯社研究	陈玉申

四、主要学术成果

1. 著述、教材情况

第一作者	著作名称	出版社
郑丽勇	2016 中国数字营销蓝皮书	中国财富出版社
陈堂发	网络公共性表达法治问题研究	中山大学出版社
潘知常	中国美学精神(修订本)	江苏人民出版社

续表

第一作者	著作名称	出版社
周　凯	绝地重生:新媒体语境下中国城市电视台的变革与突围	中国电影出版社
周海燕	日本新中产阶级	上海译文出版社
韩丛耀	中华图像文化史(30卷)	中国摄影出版社

2. 发表论文情况

第一作者	论文名称	发表刊物名称	发表年月
卞冬磊	“可见的”共同体:报纸与民族国家的另一种叙述	国际新闻界	2017/12
巢乃鹏	移动媒体使用对公众人文社会科学素养的影响研究	江苏社会科学	2017/11
Chao Naipeng	The Internet Ecological Perception, Political Trust and Political Efficacy of Chinese Netizens	*Telematics and Informatics*	2017/06
陈堂发	论网络政治性表达的内涵及价值	中国地质大学学报(社会科学版)	2017/05
陈堂发	马克思新闻出版自由观的历史背景及实质内容	西南民族大学学报(人文社会科学版)	2017/12
陈　辉	主流媒体的网络舆论发声与引导策略研究	现代传播	2017/07
丁柏铨	“新闻舆论的传播规律”初探	新闻记者	2017/12
丁柏铨	中国新闻理论体系调整之我见	新闻大学	2017/10
丁柏铨	浅议网络传播规律	中国地质大学学报(社会科学版)	2017/11
丁柏铨	论改革开放以来中国共产党的舆论监督观	南京社会科学	2017/10
丁柏铨	论习近平的新闻舆论工作党性观——从有关党性的三组关系切入	现代传播	2017/11
丁柏铨	对舆情概念的认知和思考	编辑之友	2017/09
丁晓蔚	构建新媒体语境中重大公共危机事件舆论和舆情引导效果评估指标体系调研报告	当代传播	2017/11
陈　苏	乡土认同建构中的媒介力量——从有线广播视角的考察	西南民族大学学报(人文社会科学版)	2017/10

续表

第一作者	论文名称	发表刊物名称	发表年月
丁和根	舆论学理论研究的深化与拓展	新闻大学	2017/10
丁和根	海外华语传播与中华民族文化认同的建构——兼论华文媒体的特殊作用与发展进路	新闻界	2017/09
丁和根	互联网产业对文化产业的影响研究——基于京沪粤苏浙五省市 2012 年投入产出表的实证分析	当代传播	2017/01
杜骏飞	丧文化：从习得性无助到“自我反讽”	编辑之友	2017/09
杜骏飞	框架效应	新闻与传播研究	2017/07
杜骏飞	网络民族主义表达及文化消费景观——美联航事件、《人民的名义》谈话录	编辑之友	2017/07
杜骏飞	批评的维度与应对批评的函数	当代传播	2017/03
曲飞帆	复杂系统论：中国网络舆论研究的范式转向	南京社会科学	2017/11
方延明	创新中国新闻学理论体系与话语体系	社会科学战线	2017/01
韩丛耀	澳门视觉形象传播理论研究	中国出版	2017/03
韩丛耀	图像传播媒体的意义场域研究	当代传播	2017/09
韩丛耀	图像传播媒体的生态学研究	现代传播	2017/04
韩丛耀	数字技术时代的有声出版	新闻界	2017/12
韩丛耀	中国图像史学的世界性叙述	艺术百家	2017/03
韩丛耀	新媒体语境下的视觉呈现	中国出版	2017/12
韩丛耀	数字复制时代的摄影观	新闻界	2017/06
胡菡菡	“爆吧军团”的“圈层化”组织结构与深层行动逻辑	中国地质大学学报（社会科学版）	2017/01
何　瑛	从“编辑部生产”到“中央厨房”：当代新闻生产的再思考	新闻记者	2017/08
胡翼青	媒介化社会理论的缘起：传播学视野中的“第二个芝加哥学派”	新闻大学	2017/12
胡翼青	后真相时代的传播——兼论专业新闻业的当下危机	西北师大学报（社会科学版）	2017/10
胡翼青	为媒介技术决定论正名：兼论传播思想史的新视角	现代传播	2017/01
胡翼青	论传播政治经济学的洞见与局限	新闻界	2017/01
黄贺铂	海外华文传媒的网络热词实践与议题再现	新闻界	2017/09
姜　海	从健康传播看“城市病”——一种交互空间观的传播分析	当代传播	2017/11
姜　海	基于中国四城“图书漂流”的实践与思考	中国出版	2017/08
姜　海	数字出版知识变现何以可能？——检视线上平台的产业链整合模式	中国出版	2017/11
姜　海	媒介的认知逻辑赋予：屏幕传播引导之检视	现代传播	2017/08

续表

第一作者	论文名称	发表刊物名称	发表年月
姜　海	全民阅读的可视化转向——基于“秀展阅读”的视觉实践性研究	编辑之友	2017/09
江　飞	场景研究:虚拟民族志的逻辑原点	学海	2017/03
蒋　桐	实证研究如何成为传播学研究的主流	吉首大学学报（社会科学版）	2017/06
蒋旭峰	农村社区传播体系的转向与创新	西南民族大学学报（人文社会科学版）	2017/06
李晓愚	化俗为雅:论文人画家对花果题材的处理	文艺研究	2017/03
李晓愚	明清才女文化与女性读书图研究	学术月刊	2017/10
李晓愚	从“澄怀观道”到“旅游指南”——“卧游”观念在晚明旅游绘本中的世俗化转向	南京大学学报(哲学·人文科学·社会科学)	2017/11
李晓愚	《蕉荫读书图》的图像学解读	江苏社会科学	2017/03
李晓愚	缃编欲展又凝思——明清“美人读书图”中的情色主题	文艺争鸣	2017/08
李晓愚	深闺里的等待者:从诗歌到图画	南方文坛	2017/07
潘知常	“日常生活审美化”问题的美学困局	中州学刊	2017/06
潘知常	“以美育代宗教”的四个美学误区	郑州大学学报（哲学社会科学版）	2017/09
潘知常	否定之维:“灵魂转向的技巧”——基督教对于西方文化的一个贡献	江苏行政学院学报	2017/03
潘知常	无神的时代:审美何为?	东南学术	2017/01
潘知常	审美救赎:作为终极关怀的审美与艺术——纪念蔡元培提出“以美育代宗教”美学命题一百周年	文艺争鸣	2017/09
潘知常	作为信仰的审美与艺术	艺术百家	2017/07
申中华	中国传媒产业集聚的内在机制与发展前景——基于城市经济学视角	当代传播	2017/03
宋湘绮	中国网络剧发展困境及出路	中国电视	2017/04
孙文峥	基于“用户—媒体—学术”视角的网络热词传播特征分析	出版科学	2017/10
王辰瑶	从技术创新到内容创新:报纸“数字化”转型路径考察	中国出版	2017/07
王成军	计算社会科学视野下的新闻学研究:挑战与机遇	新闻大学	2017/08
L. Crystal Jiang	Self-disclosure to Parents in Emerging Adulthood: Examining the Roles of Perceived Parental Responsiveness and Separation-individuation	*Journal of Social and Personal Relationships*	2017/06

续表

第一作者	论文名称	发表刊物名称	发表年月
王　蕾	网络亚文化传播符码的风格与转型——以哔哩哔哩网站为例	当代传播	2017/07
Nainan Wen	Celebrity Influence and Young People's Attitudes Toward Cosmetic Surgery in Singapore: The Role of Parasocial Relationships and Identification	*International Journal of Communication*	2017/11
Nainan Wen	Does Gender Matter? Testing the Influence of Presumed Media Influence on Young People's Attitudes toward Cosmetic Surgery	*Sex Roles*	2017/04
吴志远	论网络社会时代的新媒介技术观	北京理工大学学报（社会科学版）	2017/03
袁光锋	情感何以亲近新闻业：情感与新闻客观性关系新论	现代传播	2017/10
张红军	论纪录片对外传播中的三个辩证关系	中国电视	2017/05
赵呈晨	社会记忆与农村集中居住社区整合——以江苏省Y市B社区为例	中国农村观察	2017/05
赵呈晨	语言的游戏：青少年网络流行语的传播语境及其行动逻辑	新闻界	2017/05
赵曙光	致命的转化率：注意力之外的决定性因素	国际新闻界	2017/11
郑丽勇	产权理论视角下的微博打赏及其效果研究	新闻记者	2017/09
周海燕	意义生产的"圈层共振"：基于建国初期读报小组的研究	现代传播	2017/09
周　凯	创新引领时代新闻讲述中国——从党的十九大报道看传播影响力升级	中国出版	2017/11
周　凯	反向学习：互联网视频植入"电视基因"	新闻界	2017/12
周　凯	公共支出、金融支持与文化产业发展	南京社会科学	2017/12
周　凯	数字出版背景下的网络文学产业化发展路径	出版发行研究	2017/11
周　凯	乡贤文学重构的媒体路径研究——以《白鹿原》为考察中心	江苏社会科学	2017/11
朱江丽	新媒体推动公民参与社会治理：现状、问题与对策	中国行政管理	2017/06
朱江丽	国家距离与中国文化创意产品出口——基于中国与40个贸易伙伴的面板门限分析	世界经济与政治论坛	2017/03
朱江丽	中美文化创意产业出口的比较分析——兼论中国文化产业"走出去"的策略	西南民族大学学报（人文社会科学版）	2017/08

续表

第一作者	论文名称	发表刊物名称	发表年月
朱江丽	从“主流媒体”到“新型主流媒体”：中国特色社会主义新闻观的嬗变与突破	新闻界	2017/08
朱江丽	媒体融合逻辑与新型媒体集团构建	中国出版	2017/10
朱丽丽	学术的环流：叙事、地方知识与主体性——对一场学术讨论的学理反思	新闻与传播研究	2017/04
朱丽丽	中介化的在线修行：角色、时空及文化镶嵌	中国现代文学论丛	2017/12
朱丽丽	拟态亲密关系：一项关于养成系偶像粉丝社群的新观察——以 TFboys 个案为例	当代传播	2017/11
朱丽丽	基于能动性的数字亲密关系：社交网络空间的亲子互动	中国地质大学学报（社会科学版）	2017/09
朱丽丽	数字体验主义：基于社交网络的青年群体生活风格	新闻记者	2017/09
朱丽丽	自我小众化：社交网络的书写与品位	现代传播	2017/12
郑　欣	媒介化体验：新生代农民工闲暇生活研究	山西大学学报（哲学社会科学版）	2017/07
李晓愚	从怀抱琵琶到手捧书本——绘画中名妓形象的演变	新美术	2017/01
胡菡菡	“反学科”的传播学：告别“范式”想象，回归研究问题——从对两篇优秀硕士论文的学术论争谈起	新闻记者	2017/01

3. 承办会议

2017 年 5 月 29 日，南京大学新闻传播学院历史与传播小组以“传播知识/概念/观念的生成”“媒介与民族国家”为主题，举办首届春季论文工作坊。

2017 年 9 月 22—24 日，第二届计算传播学年会暨工作坊在南京大学鼓楼校区费彝民楼新闻传播学院举行。工作坊以“信息传播的网络分析”和“文本数据处理方法”为主题。

2017 年 10 月 28 日，中国传媒经济与管理年会暨第二届江苏传媒产业发展论坛在南京大学新闻传播学院举办。论坛颁布了“2017 中国传媒经济年度观点奖”“2017 中国传媒经济与管理年会最佳成果奖”。

2017 年 11 月 11 日，南京大学新闻传播学院历史与传播小组以“图像政治”“媒介技术哲学”为主题，举办首届秋季论文工作坊。

供稿：南京大学新闻传播学院

四川大学新闻学院2017年学术发展概况

一、2017年学院学术成果概述

四川大学新闻学院2017年新增教授1人；2项课题获国家社会科学基金重大招标项目立项，3项课题获国家社会科学基金一般项目立项，1项课题获四川省哲学社会科学“十三五”规划重大招标项目立项；1项教育部人文社会科学研究一般项目、1项四川省哲学社会科学文化产业专项重大项目、1项四川省哲学社会科学规划项目结项；公开出版学术专著6部，在CSSCI期刊（不含扩展版）以第一署名单位发表论文35篇；6篇博士学位论文和1篇博士后出站报告获通过；此外，还举办了2017年文化与传播符号学大会、第四届中国人际传播（人际沟通）论坛。

二、学院现任领导

院长	党委书记
李　怡	古立峰

三、2017年学院新晋或引进教师（正高级以上）

姓名	职称	研究方向
黄顺铭	教授	新闻学

四、所承担的国家级、省部级科研项目、课题

1.2017年立项的国家级、省部级科研项目、课题

项目类型	项目名称	项目负责人
国家社会科学基金重大招标项目	丝绸之路经济带沿线国家文化产业合作共赢模式及路径研究	蔡尚伟
国家社会科学基金重大招标项目	大数据背景下城市灾难事件社会舆情治理研究	蒋晓丽（子课题负责人）
国家社会科学基金一般项目	媒介融合背景下西部地区广播电视公共服务体系建设研究	朱　天
国家社会科学基金一般项目	“一带一路”背景下中国故事传播影响力研究	杨效宏

续表

项目类型	项目名称	项目负责人
国家社会科学基金一般项目	基于功能共振理论的网络舆情演化与治理机制研究	陈华明
四川省哲学社会科学"十三五"规划重大招标项目	四川文化传播与媒体创新发展报告	蒋晓丽

2. 2017 年结项的国家级、省部级科研项目、课题

项目类型	项目名称	项目负责人
教育部人文社会科学研究规划项目	中国新闻从业者的"阐释共同体"——对于当前几种主要新闻话语的研究	黄顺铭
四川省哲学社会科学文化产业专项重大项目	四川媒体融合与文化产业转型创新研究	蒋晓丽
四川省哲学社会科学"十二五"规划项目	四川文化品牌整合与创新研究	侯　洪

五、2017 年学术成果简介

1. 著述、教材情况

第一作者	著作名称	出版社
白　冰	四川藏区民族出版发展研究	四川民族出版社
段　弘	中国广播产业链的构建与延伸	中国广播影视出版社
张　放	想象的互动:网络人际传播中的印象形成	北京大学出版社
赵毅衡	哲学符号学:意义世界的形成	四川大学出版社
蒋晓丽	新媒体语境下的对话:传播符号学访谈录	四川大学出版社
饶广祥	商品符号学文集	四川大学出版社

2. 发表论文情况

第一作者	论文名称	发表刊物名称	发表年月
胡易容	论象征:理据性与任意性在传播中的复合	新闻与传播研究	2017/04
蒋晓丽	联盟与超越:传播符号学的生成发展和应然指向	国际新闻界	2017/08
胡易容	帕洛阿尔托学派及其"元传播"思想谱系:从神经控制论到符号语用论	国际新闻界	2017/08

续表

第一作者	论文名称	发表刊物名称	发表年月
饶广祥	从符合论到社群真知观:广告真实的符号学分析	国际新闻界	2017/08
张　放	2016 年中国新闻传播思想史研究综述	新闻大学	2017/02
蒋晓丽	情感传播的原型沉淀	现代传播	2017/05
王炎龙	网络人物志的新闻“主角”书写——基于搜狐《今日主角》的分析	现代传播	2017/05
张　悦	主观选择与现实约制:网民意见表达的行动剧目成因研究	思想战线	2017/01
王炎龙	科技期刊刊群建设与影响力重构探究	中国科技期刊研究	2017/09
黄　立	从唐宋词海外翻译出版看中国传统典籍的海外经典化	编辑之友	2017/08
王炎龙	非法出版物网上鉴定平台的构建与转型探究	科技与出版	2017/10
王炎龙	全民阅读语境下大众阅读偏好及趋势	中国出版	2017/06
王炎龙	供给侧结构性改革视域下我国历史正剧的回归路径	中国电视	2017/07
操　慧	从文件到新闻:新世纪以来《人民日报》五年规划报道的叙事策略	新闻界	2017/02
徐　沛	现代城市公共空间中的消费与展示	新闻界	2017/05
蒋晓丽	虚拟社会安全阀:树洞类 UGC 平台的宣泄功能研究	新闻界	2017/06
杨效宏	智能传播推进动态新闻内容的多元化创新	新闻界	2017/06
陈华明	媒介、空间与文化生产:现代媒介视域下的少数民族社区文化传播研究	新闻界	2017/07
王炎龙	网络语言强势模因的传播变异研究——基于 2012—2016 年度网络用语的分析	新闻界	2017/08
陈雪奇	个体门槛分布规律对微博谣言扩散的影响	新闻界	2017/10
陈华明	从汶川地震到九寨沟地震:灾难新闻报道变化分析	新闻界	2017/11
王慧敏	资源与规则的再建构:论大众传播型组织传播的激励功能	西南民族大学学报(人文社会科学版)	2017/02
蒋晓丽	被遮蔽的表征——“第三学派”视域下的凯尔纳媒介观	湘潭大学学报(哲学社会科学版)	2017/05
侯　洪	中国电视生态节目的兴起、表现形态及发展思考	西南民族大学学报(人文社会科学版)	2017/05
杨效宏	数字网络生态中社会传播管理的路径与方法——以内部控制理论为依据的建构	西南民族大学学报(人文社会科学版)	2017/10
靖　鸣	网络删帖行为及其边界	新闻界	2017/07

续表

第一作者	论文名称	发表刊物名称	发表年月
徐　沛	供女性观看的女性形象	西南民族大学学报（人文社会科学版）	2017/11
王炎龙	大数据背景下城市灾难事件舆情治理研究及路径转向	西南民族大学学报（人文社会科学版）	2017/12
李长旭	传媒企业跨境并购股权策略选择的影响因素研究	出版发行研究	2017/04
苏　静	我国青年学者学术阅读与出版行为研究	出版科学	2017/02

3. 承办会议

2017 年 7 月 14 日至 16 日，由中国中外文艺理论学会文化与传播符号学分会、四川大学新闻学院、黔西南州人民政府共同举办的“文化与传播符号学会第二届学术研讨会”在贵州省兴义市富康国际会展中心召开。研讨会以“符号与媒介”为主题，来自清华大学、浙江大学、中国人民大学、南京大学、中国传媒大学以及四川大学等单位的 150 余名传播学、符号学领域的学者与会。

2017 年 11 月 25 日，由中国传播学会人际传播专业委员会、四川大学新闻学院共同举办的“第四届中国人际传播（人际沟通）论坛”在四川大学召开。论坛以“媒介化的社会：人际沟通研究新视域”为主题，来自中国社会科学院新闻与传播研究所、中国人民大学、北京大学、南京大学、厦门大学、上海交通大学、中山大学、中国科学技术大学、云南大学、河海大学以及四川大学等单位的 40 余名传播学、社会学领域的学者与会。

供稿：四川大学新闻学院

河北大学新闻传播学院 2017 年学术发展概况

一、学术成果概述

在发展传播学、文化传播学、数字传播方向上培育特色，出版专著、教材 12 部，承担国家级及省部级项目 14 项。

二、学院现任领导

院长	副院长	党委书记	党委副书记
韩立新	杜　浩、彭焕萍	王景明	滑晓军

三、2017 年新设学术科研机构

河北省城市传播研究院依托于河北大学新闻传播学院城市传播研究中心，于 2017 年 9 月正式获河北省宣传部批准成立。它是国内第一家以城市传播为名，并以发展传播学为研究视阈的城市发展研究机构，是河北省重点培育智库。该研究院联手复旦大学信息与传播研究中心、华中科技大学新闻传播学院等多家高校的研究机构及国内外多家知名媒体和新闻机构的研究人员，专注于研究城市形象的构建、提升、传播与品牌化战略与发展路径。

四、所承担的国家级、省部级科研项目、课题

1. 2017 年立项的国家级、省部级科研项目、课题

项目级别	项目名称	项目负责人
国家社科基金一般项目	新闻媒体“讲好中国故事”的无意说服模式研究	曹　茹
国家社科基金一般项目	传统媒体的分化与跨界融合研究	韩立新
教育部人文社会科学研究规划基金	数字时代图书选题决策模式研究	杨金花
教育部人文社会科学研究规划基金	移动互联网环境下党报话语主导权研究	刘　赞
河北省文化艺术科学规划项目	网络 IP 影视产业价值网运行机制研究	杨状振
河北省社科基金一般项目	对话公关视野下的河北政府网站传播研究	白树亮
河北省社科基金一般项目	突发事件舆情演变中政府网站应急话语策略研究	和　曼
河北省社科基金一般项目	民国时期河北报刊出版研究	金　强
河北省社科基金一般项目	河北省党报建构新型主流媒体的策略研究	李　敏
河北省社科基金一般项目	讲好抗日故事，传承红色基因：晋察冀边区新闻人物研究	刘　莹
河北省社科基金一般项目	基于战略联盟的媒介融合研究	商建辉
河北省社科基金一般项目	数字时代图书选题决策模式研究	杨金花
河北省社科基金一般项目	社会文化视域下中国体育电影的文化定位与发展研究	许启伟
河北省教育科学研究“十三五”规划 2017 年度课题重点资助课题	河北省中小学校师生传统文化教育传承机制及核心价值观培育研究	滑晓军

2. 2017 年结项的国家级、省部级科研项目、课题

项目级别	项目名称	项目负责人
国家社科基金一般项目	新媒体与当代中国伊斯兰教的传播	白　贵
河北省社科基金一般项目	京津冀文化创意产业发展研究	邓元宏
河北省社科基金一般项目	社交媒体时代河北省报业受众拓展研究	高　菲

续表

项目级别	项目名称	项目负责人
河北省社科基金一般项目	新媒体对突发事件舆情引导的叙事策略研究	和　曼
河北省教育厅重点项目	突发事件中新闻发言人应急话语建构策略研究	和　曼
河北省社科基金一般项目	河北省青年马克思主义新闻人才培养机制研究	滑晓军
河北省社科基金	京津冀传媒一体化发展研究	商建辉
河北省社科基金一般项目	河北境内新闻媒体的抗战宣传研究	张金凤
文化部文化艺术人才中心	文化艺术人才职业社会化评价体系建设工程	韩立新

五、主要学术成果

1. 著述、教材情况

第一作者	著作名称	出版社
樊拥军	传媒集成经济研究	人民出版社
高　菲	《纽约时报》受众拓展研究	人民出版社
田建平	宋代书籍出版史研究	人民出版社
杨状振	中国电视文化纲要	人民出版社
余　人	畅销书选题策划与市场营销	高等教育出版社
张　艳	媒介呈现、生产与文化透析研究——民国《申报》征婚广告镜像	商务印书馆
金　强	巴基斯坦大众传媒研究	中国传媒大学出版社
张雅明	大学生心理健康教育	中国海洋大学出版社
余　人	出版与融合——新媒体环境下的出版创新思考	科学出版社
樊拥军	中国传媒融合创新研究	中国书籍出版社
韩立新	文化经纪人	人民日报出版社
邵宝辉	走马观华——一名中国留学生眼中的马来西亚	雪兰莪(马来西亚):大将出版社

2. 发表论文情况

第一作者	论文名称	发表刊物名称	发表年月
白　贵	对外传播的新使命:“一带一路”与“构建人类命运共同体”	新华文摘	2017/08
白　贵	宋代出版文明的“史诗”——评《宋代出版史》	出版发行研究	2017/09
白　贵	欧盟治理种族歧视或仇恨言论立法之现状、动因及不足探析	新闻大学	2017/02
杜恩龙	编辑出版教学三法	现代出版	2017/05

续表

第一作者	论文名称	发表刊物名称	发表年月
樊拥军	“互联网＋”战略下的传统媒体共享经济的实践评析	编辑之友	2017/02
金　强	浅谈图书编辑的“微观意识”与微选题策划	编辑之友	2017/02
任文京	论编辑的价值	新华文摘（论点摘编）	2017/11
田建平	论新媒体时代科技期刊青年编辑的人文素养	编辑学报	2017/12
王秋菊	微博评论的本体、主体及传播方式特点分析	编辑之友	2017/09
杨金花	心智解读理论在读者定位中的作用	出版发行研究	2017/04
杨金花	网络书店推荐系统的负效应与对策	现代出版	2017/04
余　人	分享经济背景下大学校园旧书交易平台构想	出版发行研究	2017/09
余　人	数字出版平台 APP 与微信公众号的比较研究	中国出版	2017/04
张　艳	智能技术时代的广告内容营销传播	中国出版	2017/10
赵树旺	社交媒体环境下美国大众期刊的内容生产策略	出版发行研究	2017/12
甄巍然	“场域”视角下出版伦理困境探因与路径建构	出版发行研究	2017/07
甄巍然	技术仿真思维跨域伦理嵌入——新闻业裂变背景下传媒人才培养的三维方向	新闻记者	2017/03
白　贵	谣言之泛滥及其综合治理途径	河北学刊	2017/01

3. 承办会议

2017 年 1 月 8 日，由河北大学伊斯兰国家社会发展研究中心、伊朗德黑兰书城联合主办，河北大学新闻传播学院承办的“孔子与萨迪在当代——文化巨人以及他们背后的文化”国际学术研讨会召开。参会者有中国和伊朗的专家、学者及河北大学师生共 120 余人。与会专家围绕儒家创始人孔子与伊朗著名诗人萨迪思想的内涵、异同以及当代价值等内容进行了深入研讨。

2017 年 2 月 27—28 日，河北省文化产业发展研究中心特邀法国文化学者让·皮耶尔·布提纳教授来到河北大学，以“创意经济时代下的文化产业规划”为主题开展了为期两天的高端论坛。该论坛由河北新型智库河北省文化产业发展研究中心、河北省文化产业与社会服务研究基地、河北大学文化创意产业研究中心共同主办，河北大学新闻传播学院、河北大学—中央兰开夏传媒与创意学院承办。

2017 年 6 月 14 日，河北省“做党和人民信赖的新闻工作者——全省新闻舆论工作培训班”在河北大学举办。该培训班由河北省委宣传部、河北省新闻工作者协会主办，河北大学、保定市委宣传部协办，河北大学新闻传播学院、保定市新闻工作者协会承办。

2017 年 6 月 17—18 日，雄安新区传播与社会发展论坛在雄安新区的安新县成功举办，来自全国 12 所高校的城市传播研究方向的权威学者与会，深圳特区、浦东新区和雄安新区三地学术机构实现了对接。河北大学新闻传播学院城市传播研究中心宣告成立，这是中国首个城市传播研究中心。论坛由复旦大学信息与传播研究中心、华中科技大学新闻与信息传播学院、河北大学新闻传播学院主办，由河北大学新闻传播学院、河北大学新闻传播学院城市传播研究中心承办。

2017 年 8 月 22—23 日，“一带一路”

之跨文化交流与“构建人类命运共同体”国际学术研讨会在河北大学召开。研讨会由河北大学新闻传播学院、北京大学现代出版研究所、台湾南华大学管理学院华文出版趋势研究中心、中国新闻史学会少数民族新闻传播史研究委员会、河北省传媒与社会发展研究中心主办，河北大学伊斯兰国家社会发展研究中心承办。来自美国、印度、中国大陆和台湾地区30多所高校的专家学者以及十几家大陆媒体的从业人员共80余人参加此次会议，专家学者们围绕“一带一路”倡议背景下的华文出版与跨文化传播、“人类命运共同体”构建、少数民族文化传播三大主题进行了深入交流。

供稿：河北大学新闻传播学院

武汉大学新闻与传播学院2017年学术发展概况

一、学术成果概述

2017年，武汉大学新闻与传播学院获批国家社科基金项目3项、湖北省社科基金项目2项、其他省部级项目4项。继续实施学术精品工程，强化了学术质量建设。学院教师共发表SSCI期刊论文4篇，CSSCI来源期刊论文70篇，其中权威期刊《新闻与传播研究》3篇，出版著作7部。学院主办、承办了首届中国传播创新论坛、第九届跨文化传播国际学术会议等大型学术会议。

二、学院现任领导

院长	党委书记
强月新	吴爱军

三、所承担的国家级、省部级科研项目、课题

1.2017年立项的国家级、省部级科研项目、课题

项目类型	项目名称	项目负责人
国家社会科学基金一般项目	网络空间语境下“一带一路”跨文化分众传播与话语策略研究	周　翔
国家社会科学基金一般项目	中国新媒体广告规制研究	周茂君
国家社会科学基金后期资助项目	网络经济时代广告业生态的变革与新广告业态研究	程　明
湖北省社科基金项目	新闻评论与大学生社会身份建构研究	张瓅尹
湖北省社科基金项目	互联网正面宣传与舆论管理研究	杨　嫚
国家民委项目	民族地区文化对外传播战略研究	刘　娜

续表

项目类型	项目名称	项目负责人
中国外文局项目	提升中国话语国际影响力策略研究	周 翔
2016 年湖北省宣传思想文化工作智库课题研究项目	新闻宣传改进创新的湖北实践研究	强月新
2016 年湖北省宣传思想文化工作智库课题研究项目	互联网正面宣传与舆论管理研究	肖 珺

2. 2017 年结项的国家级、省部级科研项目、课题

项目类型	项目名称	项目负责人
教育部一般项目	新媒体事件中多元行动者的参与行为及其规范研究	吴世文

四、主要学术成果

1. 著述、教材情况

第一作者	著作名称	出版社
周 翔	传播内容数据分析与 SPSS 统计应用	中国社会科学出版社
杨 嫚	电子媒介发展史	科学出版社
陈 刚	黑客与网络安全	宁波出版社
单 波	国家形象与跨文化传播	社会科学文献出版社
刘 娜	中国广播电视对外传播力研究	社会科学文献出版社
强月新	媒介融合与报业体制变革	人民出版社
姚 曦	互联网时代公共关系的理论与实践	中国建筑工业出版社

2. 承办会议

2017 年 11 月 24—26 日，召开第九届跨文化传播国际学术会议（简称 ICIC2017），主题为“一带一路、多元文化主义与跨文化传播”。该会议共收录 17 个国家和地区的学者论文，其中包括 10 个“一带一路”沿线国家的研究作品，总结出《“一带一路”的跨文化主义共识》。会议由武汉大学新闻与传播学院、教育部人文社科重点研究基地武汉大学媒体发展研究中心、河北大学伊斯兰国家社会发展研究中心、“一带一路”沿线国家研究智库联盟共同主办。

2017 年 6 月 18 日，由武汉大学媒体发展研究中心（CSMD）、武汉大学新闻与传播学院主办的“2017 中国传播创新论坛”召开。此次论坛汇集了学界、业界的 40 余位嘉宾代表。来自中国社科院、中国人民大学、复旦大学、中国传媒大学、北京大学、清华大学、浙江大学、中山大学、南京大学、华中科技大学、安徽大学、华中师范大学、北京语言大学等高校的新闻传播学者，与来自教育部、央视市场研究、人民网、腾讯、新浪微博、《中国企业家》

杂志、湖北广电、《长江日报》等机构和媒体的代表共聚珞珈山，专注中国问题，探索传播创新。

2017 年 12 月 1—3 日，“武汉大学全国网络传播博士生论坛”暨“第八届华中地区研究生新闻传播学术论坛”在武汉大学新闻与传播学院成功举办。该论坛由武汉大学研究生院、武汉大学党委研究生工作部和新闻与传播学院主办，武汉大学新闻与传播学院网络传播系承办。多位学者与 15 位获奖研究生在为期两天的论坛中分享了自己的研究成果，进行了对话与交流。该论坛共吸引了海内外 53 所高校的共 139 位博士和硕士研究生来稿，经过评委会评议筛选，15 篇论文脱颖而出，分别获得一、二、三等奖和优秀奖。

五、新闻传播学刊物

《新闻与传播评论》

由武汉大学新闻与传播学院主办，创刊于 2001 年。自 2008 年成为首批 CSSCI 来源集刊以来，受到海内外学术界的关注和赞誉。后由原 CSSCI 集刊转为双月刊，并于 2017 年 12 月获批正式刊号出版发行，刊号：ISSN2096 - 5443，CN42 - 1900/G2。该专业性学术期刊刊号由综合性学术期刊《武汉大学学报（人文科学版）》（入选综合性人文社会科学中文核心期刊、中国人文社会科学核心期刊、CSSCI 来源期刊）变更而来，旨在关注国内外新闻传播的前瞻性、前沿性理论与实践问题，追求正确的价值取向、开展国际对话、深化学术交流，努力促进新闻传播学科的发展。坚持以学术为本位，强调学术创新和问题意识，既努力发掘、阐释历史传统，更始终关注、追踪新闻传播领域的重大现实与理论问题；秉持开放性与多元性，吸纳不同学科的参与；鼓励对话与争鸣，以科学的精神为不同学派、不同学术观点提供交流的论坛；倡导多元方法论，不以定性和定量的研究方法作为取舍标准，兼顾个案与综合之研究，兼容理论与经验之探讨，义理与辞章并重。常设栏目有：特稿、研究性论文、专题、综述与前沿、书评、笔谈、学术访谈等，主题涵盖新闻传播的各个相关论域。

供稿：武汉大学新闻与传播学院

北京大学新闻与传播学院 2017 年学术发展概况

一、学术成果概述

2017 年度北京大学新闻与传播学院教师共发表文章（含期刊论文、会议论文、研究报告等）112 篇，出版著作（含专著、译著、编著、教材等）8 部；立项课题 18 项。科研获奖方面，王维佳副教授获得中宣部 2017 年文化名家暨“四个一批”人才项目资助；2017 年 6 月，程曼丽教授的论文《科技发展视阈下的媒体兴替》获得北京大学第十三届人文社会科学研究优秀成果一等奖；祝帅副教授的专著《中国广告学术史论》获得北京大学第十三届人文社会科学研究优秀成果二等奖。科研项目立项方面，2017 年 9 月祝帅副教授的专著《北京广告七十年（1949—2018）》获批

2017年北京市社会科学基金重大项目；2017年11月陆地教授的“周边传播理论与应用研究”获批2017年国家社科基金重大项目。

二、学院现任领导

院长	副院长	党委书记	党委副书记
陆绍阳	陈　刚(兼)、俞　虹、吴　靖	陈　刚	卢　亮

三、2017年学院新晋或引进教师（正高级以上）

姓名	职称	研究方向
陈开和	教授	新闻史论、国际传播

四、所承担的国家级、省部级科研项目、课题

2017年立项的国家级、省部级科研项目、课题

项目类型	项目名称	项目负责人
国家社科基金重大项目	周边传播理论与应用研究	陆　地
北京市社会科学基金重大项目	北京广告七十年(1949—2018)	祝　帅

五、主要学术成果

1. 著述、教材情况

作者	著作名称	出版社
陈　刚	超越营销——微博的数字商业逻辑	中信出版社
胡　泳	*Haier Purpose: The Real Story of China's First Global Super Company*	Oxford: Infinite Ideas
王维佳	胁迫之术：心理战与美国传播研究的兴起(1945—1960)(译著)	华东师范大学出版社
严富昌	影视剪辑	北京大学出版社
祝　帅	中国平面设计产业研究	清华大学出版社
陈开和	*Identity Politics and Taiwan's Mainland Policy: 1988 - 2000*	Singapore: E-com Publications
陈开和	北大新闻学茶座精编2	清华大学出版社
陆　地	中国网络视频史	中国广播电视出版社

2. 发表论文情况

作者	论文名称	发表刊物名称	发表年月
陈汝东	论中国国家话语的发展趋势	学术界	2017/02
陈汝东	论国家媒介空间的建构:挑战与对策	江淮论坛	2017/02
陈汝东	论国家传播伦理秩序发展的新向度	人民论坛·学术前沿	2017/03
胡　泳	尼葛洛庞帝之叹:打造"互联网公地"的探索	新闻记者	2017/01
胡　泳	舆情:本土概念与本土实践	传播与社会学刊(香港)	第40期(2017)
胡　泳	后真相与政治的未来	新闻与传播研究	2017/04
胡　泳	自动化到来后,人的价值在哪	编辑之友	2017/09
胡　泳	哪一类新闻人的饭碗没危险	编辑之友	2017/10
胡　泳	个人全球化时代,像三种人那样思考	编辑之友	2017/11
胡　泳	From Yulun (Public Opinion) to Yuqing (Public Intelligence): Their History and Practice in China's Information Management	*The Routledge Companion to Global Internet Histories*, ed. Gerard Goggin and Mark McLelland, Abingdon: Routledge, 2017	2017/01
刘新传	社交媒体公共讨论中理智与情感的传播机制	现代传播	2017/02
刘新传	The Nation-State in the Digital Age	*International Journal of Communication*	2017/11
刘新传	When Health Information Meets Social Media: Exploring Virality on Sina Weibo	*Health Communication*	2017/10
陆绍阳	媒体转型升级要"盘活存量"	当代传播	2017/05
王洪喆	阿连德的大数据乌托邦	读书	2017/05
王洪喆	政治经济学信息不对称开放源代码	读书	2017/11
王维佳	"胁迫之术":传播学的心理战起源	读书	2017/06
王维佳	媒体建制派的失败:理解西方主流新闻界的信任危机	现代传播	2017/05
王维佳	美国社会的病与痛:主流媒体与民众的信任关系破裂	红旗文稿	2017/09
王维佳	再造新声正当时——中国对外传播话语体系面临的时势与挑战	国家行政学院学报	2017/06
王维佳	反思当代社会的媒体化政治	新闻大学	2017/08
王异虹	A Comparison between Chinese and American Thought Patterns from the Perspective of Commentaries on Climate Change Issues in *People's Daily* and the *New York Times*	*Journal of International Communication*	2017/01
吴　靖	From Modernization to Neoliberalism? How IT Opinion Leaders Imagine the Information Society	*The International Communication Gazette*	2018/01
许　静	以海外社交媒体策略传播讲好中国故事	中国出版	2017/09

续表

作者	论文名称	发表刊物名称	发表年月
祝 帅	媒介生产与现代书法传播机制的诞生	美术研究	2017/02
祝 帅	民国广告教育的四种途径——以国立大学、私立大学、职业学校与海外留学为中心	国际新闻界	2017/03
祝 帅	“学术前沿”还是“理论旅行”关于“传播政治经济学”介入设计研究的思考	新美术	2017/04
祝 帅	孰能浊以静之徐清——徐清民国书学研究综论	中国书法	2017/04
祝 帅	媒介、传播与二十世纪前期书法风格的变迁	中国书法	2017/06
祝 帅	现代印学：在书法与绘画之间——对二十世纪篆刻研究生成路径的一种分析	中国书法	2017/11
师曾志	探析作为出版理论研究基石的权利和权力的博弈	现代出版（人大复印资料全文转载）	2017/03
师曾志	泛娱乐主义思潮中思想与行动和合	人民论坛	2017/02
陆 地	周边传播理论在“一带一路”中的应用	当代传播	2017/09
程曼丽	俄罗斯的民族特性及其媒体沿革	国际新闻界	2017/09
程曼丽	时代变迁下的外国新闻史研究	新华文摘	2017/07
许渊冲	中国经典外译只能靠汉学家吗？	国际汉学	2017/03

3. 承办会议

2017 年 3 月，北京大学传播大讲堂第九讲在北大新闻与传播学院报告厅开讲，美国南卡罗来纳大学新闻学终身讲座教授、博士生导师，美国 SSCI《大众传播与社会》主编魏然带来了一场题为“互联网语境下传播理论范式创新”的讲座。

2017 年 4 月，北京大学传播大讲堂第十讲在北大新闻与传播学院报告厅开讲，新西兰梅西大学高级讲师大卫 · R · 格鲁伯博士（David. R. Gruber）带来了主题为“神经科学与公共传播”的讲座。

2017 年 6 月 28 日，“中国传统出版文化的传承与弘扬”研讨会在北京大学新闻与传播学院举行，研讨会由北京大学现代出版研究所主办。众多出版文化界的研究学者、从业人员和来自浙闽地区的雕版文化传承人会聚一堂，共同探讨传承与弘扬中国传统出版文化议题。

2017 年 10 月，北京大学传播大讲堂第十一讲在北大新闻与传播学院报告厅开讲，主讲人北京大学教授、中国科学院院士，十二届全国政协副主席，九三学社中央主席，中国科学技术协会名誉主席韩启德，为北京大学师生带来了一场题为“加强健康传播的科学性”的讲座。

2017 年 11 月 3 日，首届“食品安全风险交流与策略传播”国际工作坊在北京大学新闻与传播学院报告厅举办。该工作坊由北京大学新闻与传播学院和欧洲食品安全局主办，中国国家食品安全风险评估中心协办。会议主题：有效的风险交流：

全球关注与本土经验；如何实现有效的风险交流；传统媒体与社交媒体在风险交流中的角色。

2017 年 11 月 16 日，北京大学传播大讲堂第十二讲在新闻与传播学院报告厅开讲，主讲人美国康乃狄格大学传播系终身教授、博士生导师 Carolyn A. Lin 教授就“数字媒体时代视听传媒教育的机遇与挑战”这一主题带来了讲座。

2017 年 12 月 22 日，由北京大学新闻与传播学院、北京大学电视研究中心、北京大学七匹狼文化发展基金主办的“2017 中国电视掌声、嘘声发布会暨论坛”在北京大学举行。

供稿：北京大学新闻与传播学院

暨南大学新闻与传播学院 2017 年学术发展概况

一、学院现任领导

院长	执行院长	党委书记	副院长	副书记
范以锦	支庭荣	杨先顺	张晋升、邓绍根	姚淑兰

二、2017 年学院新晋或引进教师（正高级以上）

姓名	职称	研究方向
王玉玮	教授	电视理论与艺术
陈致中	教授	传媒经营管理、传媒经济学、组织行为等

三、2017 年新设学术科研机构

校级研究中心（所）

1. 暨南大学文化遗产创意产业研究院

院长：陈平

执行院长：张晋升

副院长：曾振伟

暨南大学文化遗产创意产业研究院成立于 2017 年 5 月 19 日，是国内高校首个专门开展“一带一路”中国文化遗产创意产业研究的机构。旨在整合高端学术资源，搭建一流的国际平台，拓展文化遗产传承开发和创意产业创新发展的社会途径，推动中国文化的海外传播和世界文化遗产创意产业的国际交流，为“一带一路”倡议中的民心相通、文明互建提供学术支持。

2. 暨南大学马克思主义新闻理论研究中心

主任：陈力丹

主任助理：李志敏

暨南大学马克思主义新闻理论研究中心成立于 2017 年 10 月 15 日，是广东省委宣传部和暨南大学“部校共建”新闻与传播学院标志性成果之一。致力于马克思主义新闻观经典原著研究，聚焦马克思主义新闻观中国化的研究阐释，注重马克思主义新闻观教育与人才培养的贯通，创新马克思主义新闻观教育模式与方法，为学院培养政治强、业务精、作风正，具有新闻敏感和社会责任感、传播能力强，能胜任多种岗位的“一专多能”新闻传播人才提供支持。

四、所承担的国家级、省部级科研项目、课题

2017 年立项的国家级、省部级科研项目、课题

项目类型	项目名称	项目负责人
国家社科基金重大项目	视觉修辞的理论、方法与应用研究	刘　涛
国家社科基金一般项目	基于核心价值观传播视域的新媒体文化建设研究	陈伟军
国家社科基金一般项目	环境传播的公共修辞与符号化治理策略研究	刘　涛
国家社科基金青年项目	移动传播情境下中国优秀传统文化传播与融入研究	晏　青
国家社科基金后期资助项目	社会心态与舆论的现状及关系的理论和实证研究	曾凡斌
国家社科基金后期资助项目	公共治理理论视域中的环境传播研究	李异平
教育部马克思主义/思想政治教育类青年项目	社交媒体语境下网络民族主义思潮传播及其引导研究	龙思思
教育部新闻传播学类青年基金项目	先秦儒家传播思想与春秋战国的政治沟通	姚锦云
教育部新闻传播学类青年基金项目	新生代农民工社交媒体使用效果研究：基于社会资本的视角	朱文哲
2016 广东省哲学社科“十三五”规划学科共建课题	国家形象类图像信息的传播效果评价模型研究	陈广耀
广东省哲学社会科学“十三五”规划 2016 年学科共建特别委托项目	改革开放新时期中国共产党新闻舆论思想研究	邓绍根
广东省哲学社会科学“十三五”规划 2016 年学科共建特别委托项目	新新闻舆论生态中“平台型主流媒体”的构建及其舆论引导机制研究——基于广东媒体融合进程的实地调研	谷　虹
广东省哲学社会科学“十三五”规划 2016 年学科共建特别委托项目	新形势下新闻舆论竞争格局与话语权领导权建设研究	李志敏
广东省哲学社会科学“十三五”规划 2016 年学科共建特别委托项目	十八大以来习近平互联网治理思想研究	罗　昕
广东省哲学社会科学“十三五”规划 2016 年学科共建特别委托项目	“一带一路”舆情与国际化传播策略研究	汤景泰

续表

项目类型	项目名称	项目负责人
广东省哲学社会科学"十三五"规划2016年学科共建特别委托项目	广东突发公共事件中的舆论引导能力研究——基于"时度效"标尺	王玉玮
广东省哲学社会科学"十三五"规划特别委托项目	广东侨乡民俗摄影艺术研究	黄雅堃
国家新闻传播广电总局社科项目一般课题	中国广播文艺发展史研究	申启武
广东省扶持哲学社会科学优势重点学科建设项目	大数据下网络舆论的情绪分析与社会治理研究	曾凡斌
广东省哲学社会科学"十三五"规划2017年度后期资助项目	社会心态与舆论的现状及关系的理论和实证研究	曾凡斌
广东省哲学社会科学"十三五"规划2017年度一般项目	网络直播中话语交往的情感结构研究	姚晓鸥
广东省博士科研启动纵向协同管理试点项目	大数据背景下的社会舆情监测研判体系与智能决策研究	刘 倩
广东省博士科研启动纵向协同管理试点项目	命题表征 or 经验模拟？来自否定句加工机制的证据	陈广耀

五、主要学术成果

1. 著述、教材情况

第一作者	书名	出版社
曾凡斌	互联网使用与中国中间阶层的政治参与研究	中国社会科学出版社
陈致中	赢在认同感:中国背景下的组织文化认同研究及对传媒的考察	暨南大学出版社
申启武	坚守与突围——媒介融合背景下中国广播创新发展研究	云南人民出版社
王玉玮	电视新闻生产:理论与实践	上海交通大学出版社
阳 翼	大数据营销	中国人民大学出版社
喻季欣	九十弦歌:将军与士兵的爱情传奇	华南理工大学出版社
杨先顺	中国广告创新型教育模式研究	暨南大学出版社
邓绍根	姚素昉文集	经济日报出版社
范以锦	中国传媒风云2015—2016	深圳报业集团出版社
谷 虹	智慧的品牌:数字营销传播金奖案例(2016)	电子工业出版社
罗 昕	中国网络社会治理研究报告(2017)	社会科学文献出版社
蔡铭泽	兴稼细语第三版	暨南大学出版社

续表

第一作者	书名	出版社
申启武	广播生态学	云南人民出版社
申启武	新媒体时代广播创新发展研究	暨南大学出版社
张　岚	《舆情观察》第 13 期	人民日报出版社
梅宁华	中国媒体融合发展报告(2016)	社会科学文献出版社
陈伟军	视觉新闻(译著)	清华大学出版社
嵇美云	电影分析精要(译著)	清华大学出版社
嵇美云	数据可视化实用教程(译著)	清华大学出版社
晏　青	数字文化精粹(译著)	清华大学出版社
甘险峰	新闻编辑	高等教育出版社
蔡铭泽	新闻传播学(第四版修订)	暨南大学出版社

2. 发表论文情况

第一作者	论文标题	发表刊物名称	发表年月
刘　涛	身体抗争:表演式抗争的剧场政治与身体叙事	现代传播	2017/01
张建敏	媒介融合时代中国广播的创新发展之路——首届中国广播创新发展高端论坛综述	现代传播	2017/01
王玉玮	新媒体语境下历史虚无主义的表现形态及其价值批判	江西财经大学学报	2017/01
邓绍根	媒介、交往与近代化中国——第四届传播视野下的中国研究论坛综述	学术月刊	2017/01
曾凡斌	大数据应用于舆论研究的现状与反思	现代传播	2017/02
甘险峰	困境与突围——2016 年中国新闻业事件盘点	编辑之友	2017/02
陈广耀	复杂情境下不同角度及思维方式的决策表现差异:决策视角—心理距离的作用	心理学报	2017/03
龙思思	自媒体营销价值与盈利模式分析——以微信公众号为例	当代传播	2017/03
林爱珺	聂树斌案的舆情分析及其法治意义	当代传播	2017/03
李志敏	从“控制工具”到“交往媒介”:论新一代法兰克福学派学者芬伯格的传播技术观	国际新闻界	2017/03
万木春	中国数字营销传播企业“软实力”测评——以数字营销传播服务提供商为研究范畴	现代传播	2017/03
刘　涛	元框架:话语实践中的修辞发明与争议宣认	新闻大学	2017/04
林爱珺	网络暴力的伦理追问与秩序重建	暨南学报(哲学社会科学版)	2017/04

续表

第一作者	论文标题	发表刊物名称	发表年月
罗　昕	全球互联网治理:模式变迁、关键挑战与中国进路	社会科学战线	2017/04
李　龙	我国媒介与少数民族关系研究的知识图谱与热点——基于CNKI(2001—2016)的数据分析	西南民族大学学报(人文社会科学版)	2017/04
甘险峰	新媒体环境下编辑人才培养的再认识	现代传播	2017/05
申启武	坚守与突围:广播媒体融合发展的战略选择	现代传播	2017/05
王玉玮	影像的城市空间与现代性呈现——第五届中国影视青年论坛综述	现代传播	2017/05
谭　天	新媒体经济是关系经济	现代传播	2017/05
王明亮	国民党新闻检查制度确立过程之考察——以北伐前后(1926—1930)的穗沙沪汉为中心	新闻界	2017/05
陈广耀	"舌头自由":列宁党内思想交流的喻证	新闻界	2017/05
姚晓鸥	源于俄文的马克思主义新闻观名词原文、中译文和英译文对比分析	新闻与传播研究	2017/05
刘　涛	PM2.5、知识生产与意指概念的阶层性批判:通往观念史研究的一种修辞学路径	国际新闻界	2017/06
刘　涛	新概念新范畴新表述:对外话语体系创新的修辞学观念与路径	新闻与传播研究	2017/06
林爱珺	恩格斯论党的出版物的任务	新闻界	2017/06
高敬文	代词定位·言语行为·政治隐喻——美国总统大选候选人的形象塑造	新闻记者	2017/06
范以锦	新闻领域非虚构写作:新闻文体创新发展的探索	新闻大学	2017/06
王玉玮	1990年以来外国形象在我国电视剧中的演变	现代传播	2017/07
林如鹏	习近平新闻思想:当代马克思主义新闻观的重大创新	暨南学报(哲学社会科学版)	2017/07
罗　昕	习近平网络舆论观的思想来源、现实逻辑和贯彻路径	暨南学报(哲学社会科学版)	2017/07
张晋升	习近平论意识形态工作:新定位、新战略、新格局	暨南学报(哲学社会科学版)	2017/07
刘　涛	符号抗争:表演式抗争的意指实践与隐喻机制	中国地质大学学报(社会科学版)	2017/07
刘　涛	对外话语体系创新的新概念新范畴新表述	《中国社会科学文摘》全文转载	2017/07
罗　昕	全球互联网治理:模式变迁、关键挑战与中国进路	《新华文摘》全文转载	2017/07
晏　青	社交媒体礼仪:数字关系情景下的伦理方案与效果辨析	现代传播	2017/08

续表

第一作者	论文标题	发表刊物名称	发表年月
罗　昕	党的互联网治理思想的体系建构与实践路径	学术研究	2017/08
林如鹏	习近平新闻思想的系统性、创新性与时代性	学术研究	2017/08
张晋升	党的新闻舆论工作的职责和使命	学术研究	2017/08
邓绍根	新时期党性原则的新发展	学术研究	2017/08
侯东阳	党的新闻舆论工作的职责和使命	学术研究	2017/08
李志敏	正面宣传的理论依据、显示逻辑及优化路径	学术研究	2017/08
王玉玮	新闻舆论工作时度效的科学内涵和辩证关系	学术研究	2017/08
汤景泰	加快传统媒体与新兴媒体融合发展的价值、路径与方法	学术研究	2017/08
刘　涛	国际传播能力建设的话语产生与现实路径	学术研究	2017/08
林爱珺	新闻工作者的政治素质与职业修养	学术研究	2017/08
邓绍根	近代中国英文报业的开端——《广州记录报》初探	新闻与传播研究	2017/08
晏　青	建设性新闻：一种正在崛起的新闻形式——对凯伦·麦金泰尔的学术访谈	编辑之友	2017/08
刘　倩	5G Development in China: From Policy Strategy to User-Oriented Architecture	*Mobile Information Systems*	2017/08
晏　青	电视剧跨媒体叙事的转向与逻辑	中国电视	2017/08
李志敏	从“控制工具”到“交往媒介”：论新一代法兰克福学派学者芬伯格的传播技术观	新闻与传播（人大复印资料）	2017/08
刘　涛	元框架：话语实践中的修辞发明与争议宣认	新闻与传播（人大复印资料）	2017/08
晏　青	社交媒体的伦理逻辑与效果辨析	现代传播	2017/08
刘　涛	视觉修辞的学术起源与意义机制：一个学术史的考察	暨南学报（哲学社会科学版）	2017/09
刘　涛	媒介·空间·事件：观看的“语法”与视觉修辞方法	南京社会科学	2017/09
甘险峰	论融媒体形态演进与智媒时代的开启	中州学刊	2017/09
王明亮	国民党新闻检查制度确立过程之考察——以北伐前后（1926—1930）的穗沙沪汉为中心	人大报刊复印资料全文转载	2017/09
林爱珺	后现代网络信息行为的伦理反思	当代传播	2017/09
邓绍根	中国新闻史学会 2017 年学术年会会议综述	现代传播	2017/10
罗　昕	互联网时代的媒体形态变迁与商业模式重构	现代传播	2017/10
周述波	恩格斯论“免费文学”——街头公共阅读与交流	新闻界	2017/10
晏　青	Enhancing the Parasocial Interaction Relationship between Consumers through Similarity Effects in the Context of Social Commerce	*Journal of Strategic Marketing*	2017/10

续表

第一作者	论文标题	发表刊物名称	发表年月
刘　涛	情感抗争：表演式抗争的情感框架与道德语法	人大复印资料《社会学》全文转载	2017/11
罗　昕	从网民结构看网络民意与真实民意的偏差	当代传播	2017/11
赵思洋	反思国际关系史的书写——近代中国国际关系研究中的基准时间	世界经济与政治	2017/12
刘　涛	隐喻论：转义生成与视觉修辞方法	湖南师范大学社会科学学报	2017/12

3. 承办会议

2017 年 1 月 6 日，2017 网络社会治理学术研讨会在暨南大学新闻与传播学院召开，来自广东省网信办、互联网企业、高校的与会嘉宾共议网络社会治理之道。互联网企业管理者结合各自情况，深入阐述了网络社会治理的主要经验。

2017 年 4 月 22 日，中国高校影视学会第五届中国影视青年论坛在暨南大学新闻与传播学院召开。会议由中国高校影视学会主办，中国高校影视学会青年研究会与暨南大学新闻与传播学院联合承办。来自全国 70 多所高校的著名影视专家、优秀青年学者及业界人士出席本次会议。

2017 年 5 月 11 日，媒体国家级实验教学示范中心（暨南大学）建设研讨会在暨南大学新闻与传播学院召开。会议成立了示范中心建设和运营管理委员会、教学指导委员会两个委员会，敦聘了来自学界和业界、校内外专家学者为委员会成员。专家们就如何进行资源共享，如何打造共享平台，如何有效进行校企合作共同培育全媒体人才等问题提出了建议。

2017 年 5 月 15—18 日，由国务院侨务办公室主办，国务院侨务办公室宣传司、暨南大学承办的“第十六期海外华文媒体高级研修班”在暨南大学开班并结业。来自五大洲的 33 个国家、81 家媒体的 84 名海外华文媒体负责人、代表和编辑记者参加了研修班。研修班就“中国报业发展新趋势”“讲好中国故事的时代背景与现实策略”“‘一带一路’倡议与中国的对外传播”“‘一带一路’战略推进下的国际话语权博弈”“中国经济新常态”等方面进行交流。

2017 年 6 月 19—24 日，由国际中华传播学会（CCA）与暨南大学联合举办的第三期“两岸四地青年学者研修班”“SSCI 期刊论文写作高级研修班”在暨南大学顺利开班，来自中国内地和港澳台地区的 30 名学员修完课程。研修班侧重探讨了健康传播、科技传播及其延展话题，并在此领域针对具体选题展开英文学术论文的写作指导。

2017 年 7 月 8—15 日，暨南大学、乔治梅森大学、BBC 和密苏里大学联合举办第十期“传媒领袖讲习班”在暨南大学开班。来自美国、英国、韩国和中国的传媒专家学者、高校青年教师与学生近 400 人参加了该期讲习班。讲习班从媒介融合、政治传播、健康传播、舆情分析、虚拟现实、人工智能、“10w + 阅读量”等方面进行授课。

2017 年 11 月 21 日，2017 年广东省重点网站“一网一品牌”创建年终考核审评会在暨南大学新闻与传播学院召开。评审会由广东省互联网信息办公室主办、暨南大学新闻与传播学院承办。

2017 年 12 月 14 日，“教育部马工程专家组及广东省教指委《新闻学概论》课程与使用调研座谈研讨会”在暨南大学第二文科楼516会议室举行，会议围绕《新闻学概论》的修订工作，展开深入交流。

2017年12月15日，第二届全国新闻与传播专业学位研究生教育指导委员会第二次工作会议暨第二届MJC研究生教育工作研讨会在暨南大学举行，来自全国99所高校的180多位与会代表参加了会议。会议讨论了核心课程教材建设、联合培养基地遴选与评估工作、案例库建设、专业学院教师师资队伍的建设、授权点评估标准修订和专业学位评估六个议题。

“广州新观察”圆桌会议由广州市社科联、暨南大学、南方日报社主办，旨在引导社会科学专家学者更多地关注中国改革开放和现代化建设中的理论前沿和现实问题，及时为广州市的城市建设和深化改革献计献策，积极地发挥思想库和智囊团的作用。“广州新观察”系列学术研讨会立足于从广州的视角看世界，从世界的视角看广州，精选热点话题，力求视角新、观察细、探讨深、对策性强，形成广州学界的声音，推动广州市的建设与发展。

供稿：暨南大学新闻与传播学院

清华大学新闻与传播学院2017年学术发展概况

一、学术成果概述

2017年清华大学新闻与传播学院科研成果主要体现在以下三个方面：

课题立项。学院全年共立项课题70项，其中纵向课题10项：国家社科基金5项，教育部2项，国家新闻出版广电总局1项，北京社科联重点1项，国际项目1项。其中张莉副教授申报的“社交媒体中的欧盟与中欧关系建构”国际项目，获批欧盟委员会“让·莫内”研究项目（Jean Monnet Project）。这是清华大学首次获得欧盟支持的研究项目，也是中国新闻与传播学领域首次获得资助。

学术发表。教师发表SSCI索引论文共6篇。其他成果为：著作11部，包括5部学术著作（其中2部英文著作），编著5部和教材1部；发表在CSSCI收录期刊的论文54篇；其他论文发表148篇。2017年人均发表论文数为7.5篇。

获奖成果。教师的专著、论文、研究报告、纪录片都斩获奖项。其中张小琴副教授的专著《电视修辞学》获得了吴玉章人文社会科学奖优秀奖，这也是清华大学新闻与传播学院教师第一次获得吴玉章大奖。

二、学院现任领导

院长	常务副院长	副院长	党委书记	党委副书记
柳斌杰	陈昌凤	崔保国、史安斌、周庆安	胡 钰	梁君健

三、2017年学院新晋或引进教师（正高级以上）

姓名	职称	研究方向
赵月枝	特聘教授	传播学

四、所承担的国家级、省部级科研项目、课题

1. 2017年立项的国家级、省部级科研项目、课题

项目类型	项目名称	项目负责人
国家社科基金重大项目	总体国家安全观视野下的网络治理体系研究	熊澄宇
国家社科基金重点项目	当代中国新闻观念研究	胡　钰
国家社科基金一般项目	欧盟媒介语境中的“一带一路”与提升我国对欧传播力研究	张　莉
国家社科基金后期资助项目	传媒创新创业的理论与实践研究	曾繁旭
国家艺术科学基金项目	全国民营艺术院团高级经营管理人才培养	胡　钰
教育部社科重大项目	全球化互联网治理体系研究	崔保国
教育部社科一般项目	基于风险管理视角的环境传播功能研究	戴　佳
国家新闻出版广电总局	新闻出版广播影视业投融资问题研究	胡　钰
欧盟委员会“让・莫内”计划(Jean Monnet Programme)	社交媒体中的欧盟与中欧关系建构	张　莉

2. 2017年结项的国家级、省部级科研项目、课题

项目类型	项目名称	项目负责人
国家社科基金重大课题	下一代互联网与我国参与建构世界信息传播新秩序研究	崔保国
教育部重大攻关项目	全球化背景下国际新闻传播人才培养模式创新研究	史安斌
教育部社科一般项目	基于微博的表达权与“理想的传播情景”	王君超
国家自然科学基金青年项目	数字文化产业小微企业的成长环境研究：多水平研究的视角	张　铮

五、主要学术成果

1. 著述、教材情况

第一作者	书名	出版社
周庆安	超越有形疆界——全球传播中的公共外交	中国传媒大学出版社
胡　钰	水木烙印	清华大学出版社
吴璟薇	德国新闻传播史	人民日报出版社
吴璟薇	Private and Public on Social Network Sites	Peter Lang
胡　钰	品牌授权原理(译著)	清华大学出版社
彭　兰	网络传播概论(第四版)(教材)	中国人民大学出版社
史安斌	China's Media Go Global(编著)	英国 Routledge 出版社
尹　鸿	2017 中国电影艺术报告(编著)	中国电影出版社
张小琴	守望与思索人文清华讲坛 2016 实录(编著)	清华大学出版社
崔保国	2017 传媒蓝皮书(编著)	社会科学文献出版社
范　红	国家形象研究:创新与融合(编著)	清华大学出版社

2. 发表论文情况

第一作者	论文名称	发表刊物名称	发表年月
Jiang Chang	A Virtual Gender Asylum? The Social Media Profile Picture, Young Chinese Women's Self-empowerment, and the Emergence of a Chinese Digital Feminism	*International Journal of Cultural Studies*	2017/01
Jiang Chang	The Powerful Image and the Imagination of Power: The 'New Visual Turn' of the CPC's Propaganda Strategy Since its 18th National Congress in 2012	*Asian Journal of Communication*	2017/04
Jiang Chang	Keep Silent, Keep Sinful: Mainstream Newspapers' Representation of Gay Men and Lesbians in Contemporary China	*Indian Journal of Gender Studies*	2017/10
戴　佳	Publicity Strategies and Media Logic: Communication Campaigns of Environmental NGOs in China	*Chinese Journal of Communication*	2017/03
卢　嘉	When Health Information Meets Social Media: Exploring Virality on Sina Weibo	*Health Communication*	2017/10
王可欣	Can Insecurely Attached Dating Couples Get Compensated on Social Network Sites? —The Effect of Surveillance	*Computers in Human Behavior*	2017/08
常　江	蒙太奇、可视化与虚拟现实:新闻生产的视觉逻辑变迁	新闻大学	2017/02
常　江	从"傅满洲"到"陈查理":20 世纪西方流行媒介上的中国与中国人	新闻与传播研究	2017/02

续表

第一作者	论文名称	发表刊物名称	发表年月
常　江	流行歌曲与中国形象的跨文化认知：基于对苏丹青年群体的深度访谈	新闻界	2017/06
常　江	“成年的消逝”：中国原生互联网文化形态的变迁	学习与探索	2017/07
常　江	短视频新闻生产：西方模式与本土经验	中国出版	2017/08
常　江	拒绝阐释：罗兰·巴特思想的后结构转向及其对当代电影理论的影响	当代电影	2017/09
常　江	移动互联网生态下的视频新闻编排革新	编辑之友	2017/09
常　江	从“VR＋新闻”到“VR新闻”——美英主流新闻业界对虚拟现实新闻的认知转变	新闻记者	2017/11
常　江	新闻生产社交化与新闻理论的重建	湖北大学学报（哲学社会科学版）	2017/11
陈昌凤	新闻聚合语境下新闻生产、分发渠道与内容消费的变革	中国出版	2017/06
陈昌凤	以同一求认同：中国领导人对外传播的修辞策略研究	兰州大学学报（社会科学版）	2017/07
杭　敏	数字时代传媒产品经济学特性探讨	现代传播	2017/02
杭　敏	融合新闻中的沉浸式体验：案例与分析	新闻记者	2017/03
胡　钰	当代工人文化传播的反思与重建	现代传播	2017/12
金兼斌	网络事件和话题的热度：基于传播效果的操作化测量设计	现代传播	2017/05
金兼斌	科学家网络公共参与行为模式及其公共协商程度	中国地质大学学报（社会科学版）	2017/03
金兼斌	新媒体平台上的科学传播效果：基于微信公众号的研究	中国地质大学学报（社会科学版）	2017/02
李　彬	我们需要这样的新闻学院院长——读张昆《我们需要什么样的新闻学院院长》有感	新闻记者	2017/03
李　彬	把“政治”带回来	新闻大学	2017/08
梁君健	当代中国新闻摄影观念的形成——以“抓拍”为个案	新闻记者	2017/04
梁君健	梅里安·库珀和舍得萨克三部曲新论：作为人类学电影的《青草》、《象》和《金刚》	北京电影学院学报	2017/03
梁君健	从分享到虚构：人类学家让·鲁什的电影革新	世界电影	2017/01
梁君健	怀旧的青春：中国特色青春片类型分析	电影艺术	2017/03
梁君健	论幻想系列片中的“想象世界”	当代电影	2017/02
卢　嘉	社交媒体公共讨论中理智与情感的传播机制	现代传播	2017/02
彭　兰	未来传媒生态：消失的边界与重构的版图	现代传播	2017/01
彭　兰	自组织与网络治理理论视角下的互联网治理	社会科学战线	2017/04

续表

第一作者	论文名称	发表刊物名称	发表年月
彭　兰	移动互联网时代的“现场”与“在场”	湖南师范大学社会科学学报	2017/05
彭　兰	微信红包中的社会图景	山西大学学报（哲学社会科学版）	2017/07
史安斌	议程设置理论与研究50年:溯源·演进·前景	新闻与传播研究	2017/10
史安斌	传播权力的转移与互联网公共领域的再封建化:脸书进军新闻业的思考	新闻记者	2017/01
史安斌	作为社会抗争的假新闻:美国大选假新闻现象的阐释路径和生成机制	新闻记者	2017/06
史安斌	危机传播的跨文化转向研究	新闻与传播评论	2017/09
史安斌	后真相时代政治传播的理论重建和路径重构	国际新闻界	2017/09
王君超	未来传播形态的三个重要维度	学术前沿	2017/01
尹　鸿	怀旧的青春:中国特色青春类型片分析	电影艺术	2017/05
尹　鸿	2016年中国电影产业备忘	电影艺术	2017/03
尹　鸿	从市场的黄金时代走向创作的黄金时代	当代电影	2017/03
尹　鸿	观众在哪里？电影市场的分众、分层与分需	当代电影	2017/09
尹　鸿	论幻想系列片中的“想象世界”	当代电影	2017/02
尹　鸿	提升中国电影竞争力	当代电影	2017/06
曾繁旭	传媒创业过程中的机会识别	现代传播	2017/10
张小琴	新媒体语境中的人文与社会——“人文清华”讲坛的整合传播研究	清华大学学报（哲学社会科学版）	2017/06
张小琴	论“五个一工程”入选作品中共产党员形象的塑造	中国电视	2017/12
周庆安	身份认同困境下的话语建构	欧洲研究	2017/03
周庆安	制度再生与协调性偏好:中国对外传播制度史研究1966—1976	现代传播	2017/09

3. 获奖情况

张小琴的专著《电视修辞学》获得吴玉章人文社会科学奖优秀奖。

雷建军的纪录片《我在故宫修文物》获得2017美国休斯敦电影节最佳纪录片，纪录片《喜马拉雅天梯》获得2017影视人类学会年度十佳作品。

史安斌入选2017年度中宣部全国文化名家暨“四个一批”人才。

2017年6月30日由国家新闻出版广电总局评选的全国新闻出版行业领军人才名单公布，崔保国教授入选2016年度全国新闻出版行业领军人才。

美国宾夕法尼亚智库研究项目编写的《全球智库报告2016》中，清华大学国家文化产业研究中心被列入中国最具影响力智库二十五强。

2017年9月24日《中国哲学社会科学最有影响力学者排行榜：基于中文论文的研究（2017版）》在第十七届全国科技

评价学术研讨会上正式发布。尹鸿教授在艺术学一级学科最有影响力学者排行榜上高居榜首。

4. 承办会议

2017 年 4 月 19 日下午第二届中国媒体非洲报道高层论坛暨首届中非报道奖颁奖典礼在清华大学举行。首届中非报道奖获奖者，来自二十余家媒体的记者、编辑代表，在非洲的部分企事业单位负责人以及高校学者等共计 90 余人参加了论坛暨颁奖典礼。随后，嘉宾围绕“走出非洲困境：非洲发展的中国视角”和“重塑中国话语：如何寻找非洲故事”两大议题进行了深入探讨和交流。

2017 年 5 月 20 日“全球新闻学院院长论坛”在清华大学主楼举行。全球新闻学院院长论坛开设了“网络时代的新闻与传播教育创新”和“新型新闻传播人才的培养模式”等圆桌论坛，来自亚、欧、美、澳多个国家和地区的 30 多位新闻与传播学院的院长，在论坛上畅谈在新生态下新闻与传播教育面临的挑战与应对策略。同时，中国新闻史学会中国特色新闻学研究委员会成立揭牌仪式在全球新闻学院院长论坛上举行。清华大学新闻与传播学院院长柳斌杰、复旦大学新闻学院院长尹明华任名誉会长，清华大学新闻与传播学院党委书记胡钰任会长，学会理事单位包括国内二十多所新闻院系。

2017 年 5 月 26 日，“2017 清华财经新闻论坛”在清华大学新闻与传播学院召开。该论坛的主题为“探索财经新闻报道与经济传播的最佳实践”，论坛分设四个议题：美国媒体报道中国经济的最佳实践，困境中财经新闻报道的最佳实践，自动、整合与数字化时代财经新闻报道的最佳实践，国际媒体报道中国经济的最佳实践。此外，论坛还开设了一个主题为“数据挖掘与分析”的清华财经新闻开放课堂。

2017 年 7 月 31 日至 8 月 4 日，第二届中国媒体非洲报道高级研讨班在清华大学新闻与传播学院举办，研讨班共有来自新华社、中国国际广播电台、中央电视台、财新集团等多家我国媒体的 42 位从事相关报道的媒体从业者进行脱产学习。该项目服务于“一带一路”倡议，是清华大学围绕中非合作展开的深入研究的成果，通过非洲研究学者、对非政策制定者和在非企业负责人的分享和交流，不断推进国内媒体对非洲的关注和报道专业性。

2017 年 11 月 10—16 日，清华大学新闻与传播学院举办影视人类学系列学术活动。在“清新学术创新项目”的支持下，邀请国内外影视人类学家齐聚清华，通过举办影展、学术研讨会、工作坊等多种形式，交流探讨国内外影视人类学最新研究成果。

2017 年 11 月 26 日，“2017 清华国家形象论坛”在清华大学成功举办。该论坛以“‘一带一路’与品牌中国”为主题，是清华大学国家形象传播研究中心成立后的第四届年会。在论坛开幕式上，清华大学出版社与清华大学国家形象传播研究中心联合举行了《国家形象：创新与融合》的新书发行仪式，同时发布了《大数据中的国家形象》研究成果和《特色小镇品牌传播力指数》。

2017 年 12 月 10 日，第五届范敬宜新闻教育奖颁奖仪式暨新闻传播学科高峰论坛在清华大学主楼接待厅举行。教育部高等学校新闻与传播学类专业教学指导委员会和国务院学位办新闻传播学科评议组专家、来自部分高校新闻院系院长、第五届范敬宜新闻教育奖获奖者以及部分师生代表共 150 余人出席颁奖典礼和论坛。

供稿：清华大学新闻与传播学院

中山大学传播与设计学院2017年学术发展概况

一、学术成果概述

课题申报。2017年，中山大学传播与设计学院各类科研项目立项共计31项。其中，纵向课题15项，包括2个国家社会科学基金项目、1个国家自然科学基金项目、3个教育部人文社会科学项目、6个广东省哲学社会科学项目、2个省教育厅项目、1个市社科项目。此外，还有16个横向项目，总经费417万元。

科研平台。中山大学传播与设计学院与国家高端智库中山大学粤港澳发展研究院共建大数据传播实验室，联合申报的“广东省舆情大数据与仿真重点实验室”获批成立。在广东省社科联支持下，中山大学互联网与治理研究中心成为广东省首批社会科学研究基地，是中山大学首家被认定的社科基地。广州大数据与公共传播重点研究基地顺利通过评审，成功获得第二轮为期三年的资助，并获社科联资助继续每季度承办一次的“互联网+城市未来”圆桌思想会。

科研成果。2017年，中山大学传播与设计学院教师共发表论文122篇，其中A类论文8篇，B类论文8篇，重要期刊论文64篇，一般论文32篇，出版著作9部。两项成果分别获得广东省哲学社科优秀成果一等奖、二等奖。此外，还获得ICA上交大年会最佳论文奖、中国健康传播论坛优秀论文奖、全国新闻传播学优秀论文奖、广东省新闻学会学习总书记系列讲话征文一等奖、省统战理论研讨会优秀论文奖等多个荣誉。

学术会议。2017年中山大学传播与设计学院举办了中国新闻业研究圆桌论坛、中国应用新闻传播论坛、大数据传播论坛、视觉共同体学术研讨会等一系列高水平学术会议，进一步扩大了学院的影响力。

继中国新闻史学会应用新闻传播学研究会之后，学院发起筹备获批“中国社会心理学会大数据网络心理学专业委员会(筹)”，秘书处落户中山大学，这是学院第二个国家二级学会。

人才引进。在人才引进和师资队伍建设方面，中山大学传播与设计学院通过“百人计划”引进了上海大学的陶建杰教授和南洋理工大学的陈梁副教授，调入了中山大学马克思主义学院的詹小美教授，以及新入职3名副研究员。同时，张志安教授入选“青年长江学者”，实现了高层次国家级人才的零突破。

二、学院现任领导

院长	副院长	党委书记	党委副书记
张志安	张　宁、杨小彦、李艳红	范元办	吴　丹

三、2017 年学院新晋或引进教师（正高级以上）

姓名	职称	研究方向
陶建杰	教授	发展传播、新闻从业者

四、2017 年新设学术科研机构

省部级研究中心（所）

名称	主任	中心宗旨
广东省舆情大数据分析与仿真重点实验室	张志安	以“建立舆情研判分析和应对的综合体系”为总体目标，开展了舆情仿真与应用研究、社会心态模型建构与网络舆情趋势洞察、港澳舆情大数据研判和应对这三大方向的研究。
广东省社会科学研究基地（中山大学互联网与治理研究中心）	张志安	旨在从事互联网与国家治理相关的决策研究，包括互联网与公共政策、互联网与社会治理、互联网与政治参与、互联网舆论场变迁、互联网立法等。

五、所承担的国家级、省部级科研项目、课题

1. 2017 年立项的国家级、省部级科研项目、课题

项目级别	项目名称	项目负责人
教育部人文社科研究规划基金项目	媒介融合趋势下新闻生产的社会学分析	王海燕
2017 年度“羊城青年学人”资助研究项目	热点事件舆论中的广州城市形象研究	钟智锦
广州市哲学社会科学发展“十三五”规划青年课题	当代广州穆斯林社区文化与身份认同研究	周舒燕
2017 年度全国学校共青团研究课题重大课题	改革背景下高校学生社团管理模式探析——以中山大学为例	黄　毅
2017 年度教育部一般项目青年基金项目	“后九七”香港独立电影的国家想象（1997—2017）	霍胜侠
2017 年度教育部一般项目青年基金项目	反腐话语的建构与重构：大数据看网民政治评价	刘　洋
2017 年度教育部一般项目规划基金项目	我国内陆核电争议中的公共讨论与协商治理研究	邓理峰

续表

项目级别	项目名称	项目负责人
2017 年国家社科基金一般项目	基于微信行为数据的网络谣言传播规律与对策仿真研究	何凌南
2017 年度广州市哲学社会科学发展“十三五”规划马哲专项一般课题	广州多元文化交汇中的核心价值观研究	丁存霞
2017 年度广州市哲学社会科学发展“十三五”规划马哲专项青年课题	新媒体视域下粤港澳大湾区的大众认同建构机制研究	林仲轩
2017 年广东省社科基金一般项目	风险管理视角下中日环境议题建构的比较研究	王　冰
2017 年广东省社科基金一般项目	广东城市互联网软实力:基于网络大数据的指标评估及应用研究	赖凯声
2017—2019 年度中国侨联课题	“一带一路”建设下海外华文媒体向世界讲好“中国故事”的作用、路径和方法研究	赵瑜佩
2017—2018 年度广州市哲学社会科学发展“十三五”规划重大课题	广州基层主流意识形态建设研究(后段研究)	张　宁

2. 2017 年结项的国家级、省部级科研项目、课题

项目级别	项目名称	项目负责人
地、市、厅、局等政府部门项目	加强和改进我省媒体重大会议报道研究	张志安
地、市、厅、局等政府部门项目	加强与改进我省媒体融合报道研究	张志安
地、市、厅、局等政府部门项目	省内重点新闻网站“十三五”发展规划	张志安
地、市、厅、局等政府部门项目	食品安全风险交流机制研究	张志安
地、市、厅、局等政府部门项目	微信生态与移动互联网治理研究	张志安
地、市、厅、局等政府部门项目	网络新闻阅评及网络传播研究	张志安
中央其他部门社科专门项目	中国网民食品安全认知地图及知识手册	张志安
国家社科基金项目	社交媒体对当代青年政治参与的影响的引导机制研究	卢家银

六、主要学术成果

1. 著述、教材情况

第一作者	著作名称	出版社
廖宏勇	信息设计	北京大学出版社
廖宏勇	新媒体信息架构设计	西安交通大学出版社
刘颂杰	英国媒体数字化转型:案例与模式	南方日报出版社
王　冰	中国メディアの批判報道をめぐる権力関係	日本明石书店

2. 发表论文情况

第一作者	论文名称	发表刊物名称	发表年月
张志安	媒介融合语境下职业权威的话语建构——35 家媒体新年献词的话语分析	现代传播	2017/01
张志安	人性社会与文明:特稿价值的三重维度	新闻界	2017/01
张志安	跨境媒体收购的正当性话语建构	华南师范大学学报	2017/05
张志安	新媒体与舆论研究的问题意识	新闻记者	2017/05
张志安	大数据与新闻传播研究:热点与反思	中国出版	2017/05
张志安	社会控制对新闻从业者职业意识的影响研究	当代传播	2017/03
张志安	新媒体与舆论研究的问题意识	新闻大学	2017/09
张志安	中国媒体研究的脉络回顾与学术反思	新闻记者	2017/10
张志安	新媒体环境下中国调查记者行业生态报告	现代传播	2017/11
张　宁	网络政治宣传的对抗式解码及其内在逻辑辑析	新闻界	2017/06
张　宁	网络直播间:新部落的建构及其亚文化特征	现代传播	2017/10
李艳红	在开放与保守策略间游移:"不确定性"逻辑下的新闻创新	新闻与传播研究	2017/09
李艳红	新媒体语境下党媒的传播调适与文化领导权重建:对人民日报微博的研究	传播与社会学刊	2017/01
Zhi-Jin,Zhong	Does the Great Fire Wall Cause Self-censorship? The Effects of Perceived Internet Regulation and the Justification of Regulation	*Internet Research*	Vol. 27, Issue 4, 2017
钟智锦	内地网民情绪记忆中的香港澳门回归	新闻与传播研究	2017/01
钟智锦	集体记忆中的新媒体事件(2002—2014):情绪分析的视角	传播与社会学刊	2017/04
Zhi-Jin,Zhong	A Mediation Path to Chinese Netizens' Civic Engagement: The Effects of News Usage, Civic Motivations, Online Expression and Discussion	*China: An International Journal*	Vol. 15, No. 2, May 2017

续表

第一作者	论文名称	发表刊物名称	发表年月
陈卫星	2014—2016 中国的传播思想史研究	国际新闻界	2017/01
龚彦方	“合伙人”的外套:从环境报道记者与专业信源的关系反思新闻专业主义实践	现代传播	2017/06
王海燕	中国传统媒体新闻报道模式分析	国际新闻界	2017/06
徐桂权	作为社会解释的媒介话语分析——解读《媒介话语的进路》	新闻记者	2017/10
刘颂杰	新闻室观察的“入场”与“抽离”——对财新团队参与式观察的回顾及思考	新闻记者	2017/05
卢家银	舆论的动力中介:政治效能对青年政治表达的影响	暨南学报(哲学社会科学版)	2017/03
卢家银	传统媒体与网络媒体:媒介新闻使用对青年政治表达的影响及政治效能的中介作用	新闻大学	2017/03
卢家银	中国公众互联网法治认知的影响因素研究:基于CIGS2016 数据的分析	现代传播	2017/12
詹小美	空间交融视阈下的战略互信	中国社会科学	2017/10
詹小美	国家认同的文化民生建设政策——基于“青海哈萨克”定居政策的实证研究	青海社会科学	2017/09
聂静虹	“他人信息搜寻”的预期:基于假定影响模型的网络微观动员研究	新闻与传播研究	2017/05
聂静虹	病患就医意愿和健康意向的影响因素研究——基于计划行为理论模型的构建	新闻大学	2017/10
聂静虹	国家空间嬗变下网络传播框架对主权的冲击及规制	浙江学刊	2017/09
聂静虹	网络用户健康知识生产差异研究——基于“H7N9事件”微博的内容分析	新闻界	2017/06
邓理峰	经济实体,还是意识形态实体? 解析阿里巴巴媒体收购的行动逻辑及其社会影响	现代传播	2017/01
何凌南	大数据时代的网络舆情研究范式变革	现代传播	2017/05
周如南	城市社区业主自治的集体行动逻辑:以广州 Q 小区为例	广西民族大学学报(哲学社会科学版)	2017/07
周如南	公益创投的本土实践与模式创新——基于广州、佛山和中山三地的比较研究	经济社会体制比较	2017/09
周如南	灾后重建中的社区营造——地方治理中 NGO 参与的比较研究	西南民族大学学报(人文社会科学版)	2017/01

续表

第一作者	论文名称	发表刊物名称	发表年月
付晓燕	网络空间的"文化休克"与文化认同	国际新闻界	2017/12
廖宏勇	"自律"与"他律"之辨——"公共性"作为信息设计的伦理意向	湖南大学学报（社会科学版）	2017/10
廖宏勇	信息设计的社群逻辑	中南大学学报（社会科学版）	2017/09
林淑金	3D Shape Retrieval via Similar Drawing-Style Recommendation	*Computer Graphics Forum*	2017/07
Wu, H. Y.	Combining Hidden Markov Model and Fuzzy Neural Network for Continuous Recognition of Complex Dynamic Gestures	*Visual Computer*	2017/10
张少科	中国留美学生的多元文化认同与社交媒体的使用	国际新闻界	2017/12
熊　迅	空间建构与认同表征——古永傈僳族仪式体系的视觉人类学考察	民族艺术	2017/04

3. 承办会议

2017 年 11 月 17 日至 19 日，第四届大数据传播论坛由中山大学传播与设计学院、中山大学传播与设计学院大数据传播实验室、广东省舆情大数据分析与仿真重点实验室、广州大数据与公共传播重点研究基地、中国社会心理学会大数据网络心理学专业委员会（筹）联合举办。会议以"大数据传播：社会心态与传播空间"为主题，以学术交流、推进跨学科合作为导向，旨在邀请来自不同社会科学领域的专家分享和交流大数据研究经验，讨论如何围绕大数据传播主题，更好地促进跨学科合作。会议期间还举行了"广东省舆情大数据分析与仿真重点实验室"的学术委员会会议，重点实验室顾问专家和特聘研究员聘任仪式及"大数据网络心理学专业委员会"（筹）学术研讨会。

2017 年 11 月 25 日至 27 日，第四届互联网与国家治理智库论坛暨第二届互联网治理智库联盟高峰论坛在中山大学传播与设计学院召开。在会议开幕式上，中山大学传播与设计学院院长张志安主持了中山大学互联网与治理研究中心获得广东省社会科学界联合会"广东省社会科学研究基地"的揭牌仪式。论坛还举行了《互联网与国家治理年度报告（2017）》的首发仪式，以此回顾总结过去一年中国新闻业的发展，也为新闻业的研究带来了更广阔的议题与思路。

2017 年 11 月 25 日，第二届中国新闻业研究圆桌论坛在中山大学传播与设计学院举办。学者们针对移动互联网和新闻业的转型、人工智能等技术革命对新闻业的影响、网络化社会中新闻业研究的新范式和再出发与其他中国新闻业研究的前沿议题进行交流。会上还首发了《中国新闻业年度观察报告 2017》（中山大学传播与设计学院主编、人民日报出版社出版），并举办了"2016 中国新闻业研究十佳论文"颁奖仪式。

2017 年 12 月 2 日，"视觉共同体：跨学科视野下的摄影"研讨会在中山大学传播与设计学院举办。学者们探索摄影创造的“视觉共同体”，通过与诸多学科和领域的融合，引入一种跨学科视野，从传播学、媒介学、人类学、历史学、艺术学，甚至前沿科技领域切入，助力拓展与深化对摄影的研究。

供稿：中山大学传播与设计学院

天津师范大学新闻传播学院2017年学术发展概况

一、学术成果概述

2017年，天津师范大学新闻传播学院以新闻传播学一级学科博士学位授权点申报为依托，积极产出学术科研成果，全年发表学术论文48篇，出版专著4部，各级各类课题立项13项。获批天津市高等学校创新团队1个，天津市高等学校“学科领军人才”2名，天津市高等学校“中青年骨干创新人才”3名。

二、学院现任领导

院长	副院长	党委书记	党委副书记
孙瑞祥	李秀云、荣　荣、杨　静、裴巧玲(兼)	苏　嶙	裴巧玲

三、2017年学院新晋或引进教师（正高级以上）

姓名	职称	研究方向
张传香	教授	新媒体信息、社群组织研究、党报新媒体转型
祁小龙	高级记者	摄影

四、所承担的国家级、省部级科研项目、课题

1. 2017年立项的国家级、省部级科研项目、课题

项目类型	项目名称	项目负责人
天津市哲学社会科学规划重点项目	民国新闻学术期刊与新闻学术	李秀云
天津市哲学社会科学规划一般项目	建国以来天津城市记忆的媒介表达研究	陈　娜
天津市哲学社会科学规划一般项目	新媒体影视传播与天津城市形象	张　慷
天津市哲学社会科学规划一般项目	中国广播电视与新媒体播音主持声音形象之文化诠释	顾瑞雪

续表

项目类型	项目名称	项目负责人
天津市哲学社会科学规划一般项目	媒体融合发展要加强体制机制创新	张传香
横向项目 > 省部级一般	公益传播之《感恩——百位爱心使者的故事》	李　蓓
横向项目 > 省部级一般	黄手环行动公益项目影像传播	张艳君

2. 2017 年结项的国家级、省部级科研项目、课题

项目类型	项目名称	项目负责人
天津市哲学社会科学规划一般项目	中国电影产业中的文化核心价值研究	林　靖
天津市哲学社会科学规划一般项目	媒体融合发展要加强体制机制创新	张传香

五、主要学术成果

1. 著述、教材情况

第一作者	著作名称	出版社
张传香	媒介融合下影视作品的宣传推广策略	南开大学出版社
沈华柱	发展与动因——中国体育电视产业研究	上海三联书店
刘卫东	政治文化与媒介权力	天津社会科学院出版社
高　珊	影视剧配音艺术	中国传媒大学出版社

2. 发表论文情况

第一作者	论文名称	发表刊物名称	发表年月
褚亚男	政策导向与地方影业发展——天津电影制片厂筹建与撤销的相关考察	当代电影	2017/01
王　薇	政务传播中"双微联动"的传播价值与实现路径——基于"平安北京"微博、微信公众号的文本分析	山西大学学报（哲学社会科学版）	2017/03
张传香	新媒体下的社群组织类型、社会动员及舆论引导	现代传播	2017/08

3. 承办会议

2017 年 12 月 17 日，"人民共和国党报论坛"第十四届（2017）年会在中国传媒大学举行，天津师范大学新闻传播学院是主办方之一。会议主题："新时代党报传播力、引导力、影响力、公信力研究"。

供稿：天津师范大学新闻传播学院

安徽大学新闻传播学院2017年学术发展概况

一、学院现任领导

院长	副院长	书记	副书记
姜　红	吕　萌、蒋含平、刘　勇(小)	李　军	郭文豪

二、2017年学院新晋或引进教师（正高级以上）

姓名	职称	研究方向
刘　勇(小)	教授	应用新闻传播学

三、所承担的国家级、省部级科研项目、课题

1. 2017年立项的国家级、省部级科研项目、课题

项目类型	项目名称	项目负责人
国家社科基金重大项目(滚动资助)	不列颠图书馆藏中国近代珍惜文献辑录、校勘并考释	王天根
国家社科基金一般项目	作为媒体跨界融合创新范例的"中央厨房"模式研究	国秋华
国家社科基金一般项目	精准扶贫背景下农村信息传播模式的反思与重构	周春霞
安徽省哲学社会科学规划项目	网络空间治理背景下我国非法网络出版的规制研究	崔明伍

2. 2017年结项的国家级、省部级科研项目、课题

项目类型	项目名称	项目负责人
教育部人文社会科学规划项目	当代乡村建设在皖南的实践——从"碧山共同体计划"出发	左　靖

四、主要学术成果

1. 著述、教材情况

第一作者	著作名称	出版社
王天根	开平煤矿珍稀史料研究	安徽大学出版社
刘　勇(大)	外国新闻事业史教学参考	合肥工业大学出版社
戴振雯	新闻写作基础实训	合肥工业大学出版社
左　靖	碧山 10	中信出版社
芮必峰	安徽舆情与社会发展年度报告(2016)	合肥工业大学出版社
芮必峰	舆情与社会发展论坛论文集(2016)	合肥工业大学出版社
蒋含平	交往・媒介・互联:新改革时代的新闻与传播——安徽省第八届新闻传播学科研究生论坛论文集	合肥工业大学出版社

2. 发表论文情况

第一作者	论文标题	发表刊物名称	发表年月
芮必峰	"朋友圈"景观与现代人的精神分裂——以七夕微信朋友圈为例	新闻界	2017/01
芮必峰	致中和:中国文化中的主流传播价值观	现代传播	2017/02
芮必峰	建立国际网络空间新秩序	国际新闻界	2017/06
姜　红	新媒介形态下新闻传播学话语体系的转型	南京社会科学	2017/01
姜　红	重塑"媒介"——行动者网络中的新闻"算法"	新闻记者	2017/04
姜　红	"可见性"赋权——舆论是如何"可见"的	苏州大学学报	2017/03
刘　勇(小)	意义建构与话语争夺:作为节日的"双十一"	现代传播	2017/04
刘　勇(小)	在"自由"与"尺度"之间:特稿的实践之维——基于对李海鹏系列作品的考察	新闻大学	2017/08
刘　勇(小)	新闻与文学的交响与变奏:基于对"非虚构写作"的历时性考察	现代传播	2017/08
刘　勇(小)	公共危机中"次生舆情"的生成与演化——基于对"8・12 天津港爆炸事件"的考察	国际新闻界	2017/09
罗　锋	秘境・幻影・政治:西藏形象建构的轨迹与逻辑——基于对西方藏地纪录片的考察	现代传播	2017/03
罗　锋	题材多元与渠道拓宽——2016 年中国电视纪录片创作解析	中国电视	2017/04
罗　锋	题材突破与叙事超越——医疗纪录片《人间世》的方法论与审美观分析	中国电视	2017/05
孔正毅	晚明时期的图书盗版类型及其社会影响	现代出版	2017/07

续表

第一作者	论文标题	发表刊物名称	发表年月
蒋含平	转身之间:职业期许与救亡图存——1930年代的左翼记者群体考察	安徽大学学报（哲学社会科学版）	2017/07
李雅筝	出版传媒业特殊管理股制度的相关要素结构模型研究	科技与出版	2017/09
范文婷	行动者网络理论视角下的全民阅读协同推广研究	出版发行研究	2017/01
黄伟迪	新媒体内容生产的社会嵌入——以梨视频"拍客"为例	新闻记者	2017/09
黄伟迪	再组织化:新媒体内容的生产实践——以梨视频为例	现代传播	2017/11

3. 承办会议

（1）2017年11月11日，安徽省第五届“舆情与社会发展论坛”在安徽大学水上报告厅成功举办。论坛由安徽大学新闻传播学院主办，安徽大学舆情与区域形象研究中心、安徽大学舆情与区域发展协同中心承办。论坛以“舆论新格局，传播新秩序”为主题，邀请国内外知名学者、相关领域研究人员围绕主题进行了深入的探讨与交流。

（2）2017年12月9日，安徽省第九届新闻传播学科研究生论坛在安徽大学磬苑校区举行。论坛由安徽大学新闻传播学院主办，安徽大学新闻传播学院研究生会承办，腾讯企鹅新媒体学院特别支持。论坛的主题是“新媒介·新技术·新视野：新闻传播与社会变革”，有来自中国人民大学、复旦大学、台湾大学及台湾世新大学等高校的50余名博士、硕士研究生就相关主题展开交流。

供稿：安徽大学新闻传播学院

汕头大学长江新闻与传播学院
2017年学术发展概况

一、2017年学院现任领导

院长	共同院长	副院长	书记
范东升	方兴东	毛良斌、蔡秋彦	杜式敏

二、2017年新设学术科研机构

校级研究中心（所）

国际互联网研究院

院长/主任：方兴东

中心宗旨：研究院以互联网精神为本，

定位为全球互联网研究学术高地，力求在科研、政策研究、产业与技术创新方面实现突破，推动中国互联网产业全球化，改进完善中国互联网治理，成为中国与全球互联网产业与学术界对接沟通的重要桥梁。

三、所承担的国家级、省部级科研项目、课题

2017 年立项的国家级、省部级科研项目、课题

项目类型	项目名称	项目负责人
广东省高校省级重大科研项目	司法体制改革背景下传媒法教学与新闻专业学生法律素养培养研究	黎　勇
教育部人文社科规划项目	社交媒体舆情反转与反沉默螺旋现象研究	黎　勇
广东省高校省级重大科研项目	数据新闻报道框架生产及传播效果研究	毛良斌
广东省高校省级重大科研项目	广东省建设大数据强省发展研究	方兴东
广东省高校省级重大科研项目	面向“一带一路”国家战略广东省城市形象传播方式探究	赖明明

四、主要学术成果

1. 著述、教材情况

第一作者	书名	出版社	备注
赖明明	内容营销	中国传媒大学出版社	
张　威	澳大利亚华人史(1800—1888)(译著)	中山大学出版社	Biennial Australian Studies in China Book Prize 2018 Book Prize for Translation Highly Commended

2. 发表论文情况

第一作者	论文标题	发表刊物名称	发表年月
梁　超	论图书编辑修养的构成	编辑之友	2017/01
陈莱姬	Media Globalization in Cultural Industries on 21st Century: A Case Study of Taiwan's Online Gaming Industry, Global Game Industry and Cultural Policy	*Palgrave Global Media Policy and Business*	2017/07

3. 承办会议

2017 年 11 月 17 日至 19 日，汕头大学长江新闻与传播学院承办 2017 中国新媒体传播学年会。会议以“智能时代的新媒体与网络治理”为主题，讨论智能时代的媒体发展与变革、内容生产与发展、信息传播与发展、媒介伦理、媒体生态及网络治理等。会议最终评选出 6 篇优秀学术论文颁发证书与奖金。

供稿：汕头大学长江新闻与传播学院

南京师范大学新闻与传播学院 2017 年学术发展概况

一、学术成果概述

2017 年，南京师范大学新闻与传播学院在舆情与社会治理、新闻传播史论等方面获得了一系列项目、发表了一批学术论文，在民国新闻史、新媒体与社会治理等领域持续推进。

二、学院现任领导

院长	执行院长	副院长	党委书记	党委副书记
周跃敏	张晓锋	骆正林、俞小松	顾永林	沈　菲

三、2017 年学院新晋或引进教师（正高级以上）

姓名	职称	研究方向
刘永昶	教授	影视传播、媒介文化

四、所承担的国家级、省部级科研项目、课题

1. 2017 年立项的国家级、省部级科研项目、课题

项目类型	项目名称	项目负责人
国家社科基金一般项目	新型城镇化背景下城市新移民的互联网社会支持研究	庄　曦
国家社科基金一般项目	“互联网＋”背景下西部贫困农民社交媒体应用困境及对策研究	曹　刚
国家社科基金青年项目	新媒介环境下灾害信息传播与媒体社会责任研究	高　昊
教育部人文社科研究项目	我国网络直播的治理机制研究	胡　颖
江苏省社科基金重点项目	全球网络空间中主权原则的危机、重构与保障研究	邹　举
江苏省社科基金一般项目	江苏媒体深度融合发展问题与对策研究	高山冰
江苏省社科基金一般项目	江苏城市老人社交媒体应用中的风险与援助研究	杨晓霞
江苏省社科基金青年项目	企业报与民国企业文化的日常建构研究	操瑞青

2. 2017 年结项的国家级、省部级科研项目、课题

项目类型	项目名称	项目负责人
江苏省社科基金一般项目	网络舆论监督规范机制研究	顾理平
江苏省社科基金一般项目	新媒体舆情场域与社会公共信息治理研究	于德山
江苏省社科基金一般项目	江苏省青少年摄影教育研究	唐团结

五、主要学术成果

1. 著述、教材情况

第一作者	著作名称	出版社
骆正林	社会舆论与教育发展	社会科学文献出版社
邹　举	电视深度报道	南京师范大学出版社
钱　珺	幽默与抗争:新闻人林语堂研究	南京师范大学出版社
俞香顺	中国梧桐审美文化研究	北京联合出版公司
俞香顺	《红楼梦》花卉文化及其他	北京联合出版公司

2. 发表论文情况

第一作者	论文名称	发表刊物名称	发表年月
倪延年	抗战前后共产党新闻宣传口径的历史性转折与启示	现代传播	2017/12
顾理平	社会治理与公民隐私权冲突——从超级全景监狱理论看公共视频监控	现代传播	2017/06
靖　鸣	模式、特征与问题:微信舆论监督研究	现代传播	2017/07
骆正林	我国新闻学教育模式的历史选择与当代创新	现代传播	2017/08
吴　涛	媒体舆情业务的生态及其影响研究	现代传播	2017/04
郭新茹	明星效应与中国电影票房的实证研究	现代传播	2017/12
王继先	在理想与现实之间:马星野与《自由中国》关系的初考察	现代传播	2017/08
操瑞青	作为假设的“新闻真实”:新闻报道的“知识合法性”的建构	国际新闻界	2017/05
倪延年	民国时期中国共产党新闻宣传的五次转折及其动因分析	新闻大学	2017/06
骆正林	我国师范院校新闻传播教育的现状、问题及发展建议	新闻大学	2017/01
张　朋	竞争舆论与“向导”青年:中共早期党报宣传策略的转折——以《向导》与《努力》的论争为视点	新闻大学	2017/01
王继先	民国新闻高等教育的“政校模式”略论——以马星野的新闻教育实践为视角	新闻大学	2017/10
刘永昶	2016 年重大革命历史题材电视剧述评	中国电视	2017/05
宗　戎	纪录片《我在故宫修文物》的跨媒介生产与消费	中国电视	2017/12

续表

第一作者	论文名称	发表刊物名称	发表年月
范海潮	文化节目的清新突围方式——以央视《朗读者》为例	中国电视	2017/06
于德山	新媒体舆情场域与社会公共信息治理研究	社会科学战线	2017/11
夏　羿	清末民初国人对摄影媒介的认知	江苏社会科学	2017/01
于德山	媒介融合时代大学知识的社会化传播——以高校网络视频公开课的知识传播为例	求索	2017/05
骆正林	里约奥运会开幕式建构的巴西民族史	体育与科学	2017/04
邹　举	汉代言论罪的特点及形成背景	学海	2017/04
顾理平	大数据时代公民隐私数据的收集与处置	中州学刊	2017/09
骆正林	里约奥运会开幕式建构的巴西民族史	体育与科学	2017/07
钱　珺	清末民初知识分子的新闻职业选择	福建师范大学学报（哲学社会科学版）	2017/01
牛耀红	操控、赋权、话语空间：理解社交媒体广告的三个维度——以微信信息流广告为例	编辑之友	2017/10
方晓红	网络公共空间与乡土公共性再生产	编辑之友	2017/03
牛耀红	在场与互训：微信群与乡村秩序维系——基于一个西部农村的考察	新闻界	2017/10
靖　鸣	网络删帖行为及其边界	新闻界	2017/07

3. 承办会议

2017 年 10 月 28 日，江苏省第四届传媒学科研究生论坛在南京师范大学举办。该论坛主题是“信息传播技术与社会记忆建构”，来自清华大学、复旦大学、浙江大学等近 40 所高校的百余名师生与会。江苏省传媒学科论坛作为江苏省教育厅主办、南师大新闻与传播学院承办的品牌项目，现已成为研究生喜爱的学术共同体和有效的学术交流平台。

2017 年 10 月 29 日，中国东部传媒艺术高端论坛在南京师范大学举行，该论坛主题为“媒介融合：媒体生机与人民影视剧生产”。来自省内外高校的百余名教师相互交流，共话真知，就影视创作、媒体转型与融合等多元角度探讨中国传媒的发展与未来。

供稿：南京师范大学新闻与传播学院

郑州大学新闻与传播学院2017年学术发展概况

一、学术成果概述

2017年，郑州大学新闻与传播学院教师作为主持人承担国家社科基金项目2项（其中重大项目1项，青年项目1项），省部级项目3项。出版学术著作和教材10部；学院师生公开发表学术论文78篇，其中中文核心期刊和CSSCI来源期刊论文22篇。

二、学院现任领导

院长	副院长	党委书记	党委副书记
张举玺	张淑华、郑素侠	焦世君	孙保营

三、2017年学院新晋或引进教师（正高级以上）

姓名	职称	研究方向
陈晓伟	教授	电影研究、艺术学
党东耀	教授	广播电视新闻学
周鲲鹏	教授	广告学

四、2017年新设学术科研机构

中原传媒研究院

2017年11月23日，中原传媒研究院成立及挂牌仪式在郑州大学新闻与传播学院举行，河南广播电视台总编辑王仁海受聘担任中原传媒研究院院长。中原传媒研究院广泛吸纳了河南省高校新闻与传播学界学者、省内传媒界专家、文化产业领域专家、人文社科研究机构学者、影视制作领域专家及业界领军人才，是河南省传媒与社会发展协同创新中心，围绕国家重大发展战略及河南省经济社会发展的重大现实问题，以理论研究和社会服务为核心，每年发布《中原传媒发展年度报告》。

五、所承担的国家级、省部级科研项目、课题

1. 2017年立项的国家级、省部级科研项目、课题

项目类型	项目名称	项目负责人
国家社会科学基金项目重大项目	中俄媒体合作与国际舆论话语权构建研究	张举玺
国家社会科学基金项目青年项目	基于认知图式的区域形象研究	邓元兵
河南省社科规划项目青年项目	新闻事件流行语的意识形态表征研究	王一岚
河南省政府决策研究招标课题一般项目	供给侧改革背景下河南建设现代服务业强省对策研究	楚明钦
河南省研究生教育教学改革研究与实践项目一般项目	目标倒逼与过程引导：新闻与传播专业学位研究生培养模式改革创新研究	张淑华

2. 2017 年结项的国家级、省部级科研项目、课题

项目类型	项目名称	项目负责人
河南省软科学项目一般项目	网络化时代背景下我国社会主义核心价值体系认同的现状、特征及其认同力模型的构建机制研究	常启云
河南省政府决策研究课题一般项目	河南推进人才强省战略研究	常燕民
河南省软科学项目一般项目	河南制造服务业与制造业融合研究	楚明钦

六、主要学术成果

1. 著述、教材情况

第一作者	著作名称	出版社
孙保营	大学生视野下的乡土中国	郑州大学出版社
张　晴	美国大学对社交媒体的使用研究——以 Facebook 为例	四川大学出版社
孙保营	传播的共享与创新	郑州大学出版社
周宇豪	网络舆论反腐：理论与实践	武汉大学出版社
郑素侠	农村留守儿童的媒介使用与媒介素养教育	社会科学文献出版社
孙保营	新传青年说	郑州大学出版社
张举玺	中俄传媒理论与实践研究	郑州大学出版社
延　婧	摄影艺术导读	清华大学出版社
汪振军	新兴文化业态与华夏文明传承研究	中国社会科学出版社
张淑华	迁徙与重构——中国舆论场研究二十年	社会科学文献出版社

2. 发表论文情况

第一作者	论文标题	发表刊物名称	发表年月
颜景毅	从策略传播管理到数据沟通管理——大数据诱致广告运作制度的变迁	新闻大学	2017/10
陈晓伟	互联网思维、大影像思维与跨界思维——当下广播电视学专业变革的新视角	郑州大学学报（哲学社会科学版）	2017/10
董广安	物联网技术的传播应用及其伦理挑战	现代传播	2017/09
董广安	“新闻舆论工作的职责使命和新闻工作者的角色定位”笔谈之一——政治生态视阈下新闻舆论工作的职责使命	当代传播	2017/09
颜景毅	新传播格局下媒体从业者的角色定位与实践研究	当代传播	2017/09
王晓宁	穆青新闻管理实践对当前新闻舆论工作的示范意义	当代传播	2017/09
王　茜	打开算法分发的“黑箱”——基于今日头条新闻推送的量化研究	新闻记者	2017/09
楚明钦	制造业结构失衡与全要素生产率损失：基于我国工业企业数据的经验分析	软科学	2017/08
颜景毅	计算广告学——基于大数据的广告传播框架建构	郑州大学学报（哲学社会科学版）	2017/07
徐　键	当代中国“国礼”中的政治传播及文化输出研究	现代传播	2017/07
邓元兵	移动互联网用户的品牌社区持续使用意愿研究	现代传播	2017/05
邓元兵	区域形象：西方媒体的报道与我们的建构策略——以河南省为例	郑州大学学报（哲学社会科学版）	2017/03
刘宪阁	现代中国“劳动”观念的形成：以 1890—1924 年为中心	现代传播	2017/03
李凌凌	从工具理性到价值理性：全民传播时代舆论管理的转型	当代传播	2017/02
刘宪阁	从“四不”到“二不”——探析新记《大公报》办报方针表述改变的背后	新闻与传播研究	2017/02
刘宪阁	政治传播学视野下的内参现象初探	新闻记者	2017/02
郑素侠	从“良心的守护者”到“被监控者”：新媒体时代美国调查记者的生存困境	编辑之友	2017/02
王依乔（外）	增强现实技术的传播应用及挑战	郑州大学学报（哲学社会科学版）	2017/01
王　茜	论个性化信息推荐系统的运作逻辑及影响	郑州大学学报（哲学社会科学版）	2017/01

3. 承办会议

2017 年 6 月 9—11 日，郑州大学新闻与传播学院成功承办了中国社会科学院新闻传播研究所《中国新闻传播学年鉴》第二届编辑出版研讨会，来自北京大学、清华大学、中国人民大学、复旦大学等高校教师及人民日报社、新华社、光明日报等媒体的 90 余名研究人员参会。

2017 年 8 月 18—19 日，由中国新闻史学会、郑州大学主办，郑州大学新闻与传播学院、新华社·郑州大学穆青研究中心承办，中国新闻史学会 16 个二级分会协办的“中国新闻史学会2017年学术年会”在河南省郑州市黄河迎宾馆盛大举行。两天会议日程中，设有1个主题论坛、18个分论坛、27个分会场，举行了主题论坛、专题论坛、特邀论坛和平行论坛等近40场活动。1300余名专家学者与会。

2017年12月23日，郑州大学新闻与传播学院成功举办第三届“新媒体公共传播”国际学术研讨会。来自德国柏林自由大学、乌克兰塔夫里国立大学、复旦大学、中国传媒大学、华中科技大学、暨南大学、重庆大学、郑州大学、河北大学、河南工业大学等高校的专家学者和师生代表共200余人参加了研讨会，进行了深入的学术交流和学科建设发展探讨。

七、特色学科简介

2017年郑州大学新闻与传播学院与香港浸会大学、香港城市大学先后签订了双硕士项目培养协议，与俄罗斯人民友谊大学签署《俄罗斯人民友谊大学与郑州大学教育与科研合作协议》，启动双方本科生、硕士生、博士生联合培养新方案。

郑州大学新闻与传播学院举办第一届研究生全媒体作品大赛，积极开展与社会机构如河南省科协的横向合作，与郑州大学公共卫生学院合作，开展了“郑州大学健康传播视频拍摄系列活动”，拍摄对象涉及郑州大学一附院等众多医学专家，为大众健康问题进行广泛的视频宣传。

供稿：郑州大学新闻与传播学院

华南理工大学新闻与传播学院 2017年学术发展概况

一、学术成果概述

2017年，华南理工大学新闻与传播学院获批国家级、省部级科研项目10项，发表学术论文33篇（CSSCI来源期刊32篇，《新华文摘》1篇），出版著作及教材11部，研究报告9篇。该年度学院联合中国传媒大学中国纪录片研究中心牵头发起成立了中国高等院校影视学会第13个二级专业学术团体——中国高等院校影视学会纪录片专业委员会，秘书处设在华南理工大学新闻与传播学院。

二、学院现任领导

院长	副院长	书记	副书记
苏宏元	段淳林（2017年8月5日止）、朱剑飞（2017年8月5日止）、曹智频、蒋建国（2017年8月5日起）、陈娟（2017年8月5日起）	欧阳斌（2017年7月18日止）、冯向阳（2017年7月18日起）	黄广发（2017年8月5日止）、刘涛（2017年9月7日起）

三、2017年学院新晋或引进教师（正高级以上）

姓名	职称	研究方向
吴小坤	教授	新媒体与社会治理、数据新闻
郑宇丹	教授	中国近现代新闻史、中西方媒介文化比较

四、2017年新设学术科研机构

省部级研究中心（所）

2017年9月19日成立广东省大数据与计算广告工程技术研究中心（以下简称工程中心），主任段淳林。工程中心以段淳林教授为主要负责人，集合了来自传播学、管理学、人工智能、数据科技、软件工程、计算机应用技术以及媒体专业的跨学科研究团队。工程中心具有高远的前瞻性，为了符合计算广告的时代特征，符合以大数据为驱动的技术发展的客观要求，确立了大数据与用户行为研究、程序化购买与计算广告、计算广告的实现路径、智能化与计算物联网广告四个研究方向。

五、所承担的国家级、省部级科研项目、课题

1.2017年立项的国家级、省部级科研项目、课题

项目类型	项目名称	项目负责人
全国哲学社科规划办	传播全球化背景下我国网络文化建设与发展战略研究	蒋建国
全国哲学社科规划办	基于社交媒体的新闻数据核查研究	刘银娣
中国文联民间文艺艺术中心	中国民间剪纸集成·佛山卷	储冬爱
广东省科技厅	广州智家科技有限公司科技特派员工作站建设	段淳林
广东省社科规划办	“对话范式”视域中的高校危机管理与传播机制	张庆园
广东省社科规划办	“新型媒体战队”战略视野下广东电影的再发展研究	陈　希
广东省社科规划办	从文字报国到行动报国——晚清报人的民族主义办报实践(1840—1900)	郑宇丹
广州市社科规划办	广州外来人口生存发展状况与治理研究	陈　娟
广州市社科规划办	广州新岭南文化中心建设的理论思考与对策研究——基于荔湾文创产业发展的考察	黄有东
广州市社科规划办	广州城市品牌形象塑造及传播对策研究	余世红

2.2017年结项的国家级、省部级科研项目、课题

项目类型	项目名称	项目负责人
全国哲学社科规划办	传播全球化背景下我国网络文化建设与发展战略研究	蒋建国

六、2017 年学术成果汇总

1. 著述、教材情况

第一作者	著作名称	出版社
陈　娟	面向农民工的社区传播探索	中国传媒大学出版社
陈　娟	控制论	中国传媒大学出版社
储冬爱	中国民间剪纸集成·佛山卷	华南理工大学出版社、中国文联出版社
段淳林	淳林话品牌	武汉大学出版社
黄有东	中国文学与文化 MOOC 演讲录	华南理工大学出版社
黄有东	黄文山文化思想研究	武汉大学出版社
赖寄丹	传统与现代的邂逅	华南理工大学出版社
赖寄丹	自媒体新闻写作探研	贵州人民出版社
谭元亨	惊蛰雷	西苑出版社(北京)
徐肖楠	天空与镜子:广州文学十二家	华南理工大学出版社
张庆园	多元对话与形象建构:自媒体时代高校舆情案例评析	贵州人民出版社

2. 发表论文情况

第一作者	论文标题	发表刊物名称	发表年月
曹智频	孔子“难养”新辨	湘潭大学学报（哲学社会科学版）	2017/05
陈　娟	社会达尔文主义的男权话语网络建构——以“大妈”“大叔”为例	现代传播	2017/05
陈　娟	认知不对等:来自儿科诊室的医患关系研究	国际新闻界	2017/07
陈　娟	微信人际传播影像因素分析	新闻界	2017/05
陈　希	《深夜食堂》:是引进“IP”的本土化改编还是水土不服	中国电视	2017/10
段淳林	“大数据 +”与 IP 内容运营及价值分享	现代传播	2017/04
高　辉	从自出版体验营销创新看传统出版业转型之路	中国出版	2017/03
高　辉	科普杂志的新媒体营销策略探析——以《博物》杂志为例	中国出版	2017/09
韩红星	广告拦截的发展及对媒介生态的影响	当代传播	2017/01
黄桂萍	“一带一路”战略下的中国纪录片跨区域资源整合研究	当代电影	2017/07
黄有东	“人文化成”:“文化”的中国古典意义	现代哲学	2017/04
江　虹	2010—2016 年我国影视内容产业并购估值方式研究	现代传播	2017/06

续表

第一作者	论文标题	发表刊物名称	发表年月
蒋建国	晚清报人之间的交往活动与精神世界	新闻与传播研究	2017/05
蒋建国	晚清书院读报活动与时务新知的传播	学术月刊	2017/04
蒋建国	金钱游戏与社交幻象:微信群抢红包乱象的伦理反思	南京社会科学	2017/03
蒋建国	技术与文化的变奏:我国网络文化发展的历史考察	社会科学战线	2017/11
蒋建国	网络涂鸦表情包的认知偏差	探索与争鸣	2017/09
蒋建国	网络涂鸦表情包:审丑狂欢抑或娱乐的大麻	探索与争鸣	2017/01
刘银娣	数据新闻核心价值探析	中国出版	2017/04
刘忠博	“大数据、科技与媒体未来跨界学术会议”的会议综述	现代传播	2017/07
刘忠博	知识商品化下公共期刊数据库的建构:以台湾期刊论文索引系统为例	国际新闻界	2017/04
苏宏元	网络传播重构新闻生产方式:协作、策展与迭代	编辑之友	2017/06
吴小坤	大数据背景下新闻价值体系的嬗变与重构	新华文摘	2017/06
吴小坤	数据新闻:理论承递、概念适用与界定维度	新闻与传播研究	2017/10
吴小坤	大数据背景下新闻价值体系的嬗变与重构	当代传播	2017/04
张步中	政论片创新的中国路径——以央视十九大系列政论片为例	现代传播	2017/12
张步中	纪念长征胜利80周年系列文献纪录片创作特色探析	现代传播	2017/02
张步中	纪录片《一带一路》创作特色探究	中国电视	2017/01
张步中	纪录片《红军不怕远征难》叙事策略创新探究	中国电视	2017/03
张步中	央视文化类节目《朗读者》成功因素探析	中国电视	2017/09
赵　泓	民国时期粤港报刊发行管理研究	新闻大学	2017/02
赵　泓	基于用户需求的纸媒个性化出版研究	中国出版	2017/02
郑宇丹	一个现实世界的文化“流量”空间——24小时书店生存模式与核心理念研究	中国出版	2017/05

3. 承办会议

2017年5月13日，“大数据、科技与媒体的未来”跨界学术会议在华南理工大学召开。该会议由华南理工大学新闻与传播学院、计算机科学与工程学院联合中国新闻史学会主办。来自海内外知名学府的学者、相关行业从业者以及国内各地区高校的研究生和博士生等百余人参加了会议，共同研讨大数据背景、新时代环境下新闻传播学的发展，以及不同学科之间的跨界交流与合作。

2017年12月9日，第四届新媒体发展与创新论坛在广州召开。该论坛由华南理工大学新闻与传播学院、广东省新媒体与品牌传播创新应用重点实验室、广东省大数据与计算广告工程技术研究中心联合主办。与会学者以“大数据与国家品牌传播”为主题，广泛探讨了数据时代的国家品牌传播、传播与人类命运共同体、“一带一路”与国家品牌构建等议题。

2017 年 12 月 12 日，中国高等院校影视学会纪录片专业委员会成立大会暨 2017 中国（广州）国际纪录片节“读懂中国”大学生纪录片大赛推优分享会在广州图书馆新馆举行。纪录片专业委员会成立大会由中国高校院校影视学会主办、华南理工大学和广州大学联合承办。纪录片专业委员会将搭建高校学术平台、行业交流平台、产业孵化平台三大平台，相互交集、相互促进，共同推进纪录片的发展，讲好“中国故事”，向世界展示一个真实可靠的中国形象。

供稿：华南理工大学新闻与传播学院

华东师范大学传播学院 2017 年学术发展概况

一、学术成果概述

2017 年，华东师范大学传播学院承担国家级、省部级课题 5 项，其中国家级项目 2 项，省部级项目 3 项；出版专著、教材 8 部；发表论文 40 篇。

二、学院现任领导

院长	副院长	党委书记	党委副书记
吕新雨	陈　虹、肖　洋	朱　梅	杜彬彬

三、所承担的国家级、省部级科研项目、课题

1. 2017 年立项的国家级、省部级科研项目、课题

项目类型	项目名称	项目负责人
国家社科基金一般项目	西方新闻自由的本质研究及启示	吴畅畅
国家社科基金一般项目	建党百年中国共产党新闻政策变迁研究	武志勇
教育部人文社会科学规划一般项目	大众文化视域下的美国电视动画	徐　坤
人社部博士后基金项目（文科）	媒介融合背景下的数据新闻生产研究	孟　笛
上海市哲学社会科学规划系列研究课题	中国共产党新闻政策发展史	武志勇

2. 2017 年结项的国家级、省部级科研项目、课题

项目类型	项目名称	项目负责人
国家社科基金艺术学一般项目	近现代学术思想史中的高二适研究	周　斌
教育部人文社会科学规划一般项目	文化误读与国家影像的广告传达研究	何平华

四、主要学术成果

1. 著述、教材情况

第一作者	著作名称	出版社
甘莅豪	政治传播中的政府道歉行为分析	上海交通大学出版社
吕新雨	纪录的美学——从本雅明的“灵晕”说起	上海文化出版社
冯　果	与上海中青年导演对谈	上海人民出版社
徐正则	实景与虚拟演播室节目制作技术	华文出版社
冯　果	《长江图》:亦真亦幻世界的时空并置——评杨超编导的故事片《长江图》	复旦大学出版社
林哲元	空无与行动:齐泽克左翼激进政治理论研究	北京师范大学出版社
吕新雨	熟悉的陌生人:格里尔逊在中国(A Familiar Stranger: Grierson in China)	Routledge
满　方	正面人物报道宣传效果研究	上海外国语大学出版社

2. 发表论文情况

第一作者	论文标题	发表刊物名称	发表年月
吕新雨	1937 年:“文献展”中的中国与世界——兼论中国“美术”观念的历史嬗变	开放时代	2017/09
聂欣如	2016 年中国动画理论综述	中国电视	2017/05
肖　洋	出版资源的区域融合差异分析——基于资源融合指数的视角	科技与出版	2017/10
姜　华	传统新闻业、社交媒体与“稀释”的民主	新闻记者	2017/06
王　婷	从“编码/解码”理论看中国电影的跨文化传播策略	当代电影	2017/07
聂欣如	“动画”的概念	文艺研究	2017/08
冯　果	动画片中的非虚构事件——以《我在伊朗长大》为例	当代电影	2017/01
刘秀梅	泛娱乐视角下华莱坞电影 IP 生态研究	西南民族大学学报(人文社会科学版)	2017/06
申　琦	风险与成本的权衡:社交网络中的“隐私悖论”——以上海市大学生的微信移动社交应用(APP)为例	新闻与传播研究	2017/08

续表

第一作者	论文标题	发表刊物名称	发表年月
潘祥辉	歌以咏政：作为舆论机制的先秦歌谣及其政治传播功能	新闻与传播研究	2017/06
申　琦	管窥百年普利策：基于普利策新闻奖嘉奖辞的词频分析（1917—2016）	国际新闻界	2017/12
武志勇	“互联网+”环境下的信息公开与舆论引领	华东师范大学学报（哲学社会科学版）	2017/03
赵路平	基于内容分析的饮食类纪录片传播特征研究	中国电视	2017/07
陈　虹	计划生育政策话语调控——基于共享话语的政策网络分析路径	新闻大学	2017/04
聂欣如	纪录片素材的意义能创造发明吗	当代电影	2017/01
聂欣如	筷子可以用来喝汤吗？——关于所谓的“动画纪录片”	当代电影	2017/04
吕新雨	鲁迅的新美术观	艺术百家	2017/05
路鹏程	论民国新闻记者交际费用的来源、使用与影响	新闻大学	2017/04
刘　弢	试论数字化调色对于跨文化电影语言的建构	当代电影	2017/07
孟　笛	媒介融合背景下的数据新闻编辑能力重构	编辑之友	2017/12
路鹏程	民国记者在新闻审查制度下的抗争与调适——以陶菊隐为中心的讨论	新闻记者	2017/04
冯　果	契约精神下近亚合拍片的发展布局（2010—2014）	当代电影	2017/07
潘祥辉	嵌入新场域：股改上市对传媒业单位体制的改造及影响	南京社会科学	2017/12
沈嘉熠	融而不同——关于电影《十二公民》的跨文化解读	当代电影	2017/07
刘秀梅	融媒体时代综艺节目主持传播文化空间的自觉构建	湖南师范大学社会科学学报	2017/09
聂欣如	狮子与老鼠：述行纪录片的观念	新闻大学	2017/12
聂欣如	思考《朗读者》的朗读	中国电视	2017/10
潘祥辉	“送字下乡”：晚清及民国时期扫盲运动的传播社会学考察	浙江学刊	2017/09
沈嘉熠	特朗普的社会表演——以真人秀《学徒》为例	戏剧艺术	2017/08
赵路平	特朗普怎样使用推特——对特朗普推文的大数据分析	新闻记者	2017/07
姜　华	“天职”、“著述”与“商业”：晚清传教士与中国出版的现代转折	河南大学学报（社会科学版）	2017/09
严三九	网络直播与视听媒体运营创新研究	现代传播	2017/09
赵路平	网络“中 v”的传播特征与治理策略研究	新媒体与社会	2017/11
严三九	一流学科建设的制度研究——以美国哥伦比亚大学新闻学院和密苏里大学新闻学院的学科制度变革为例	华东师范大学学报（教育科学版）	2017/11

续表

第一作者	论文标题	发表刊物名称	发表年月
吴　明	艺术史方法下的电影与中国画	文艺研究	2017/08
聂欣如	影像的程式:《小城之春》视点研究补遗	艺术百家	2017/05
甘莅豪	政治传播中的政府道歉行为分析	新媒体与社会	2017/03
严三九	中国传统媒体与新兴媒体产业融合发展研究	新闻大学	2017/04
严三九	中国传统媒体与新兴媒体内容融合发展研究	新闻与传播研究	2017/03
陈　虹	中国特色舆论史研究范式的新探索	新闻记者	2017/02

3. 承办会议

2017 年 6 月，由华东师范大学传播学院主办、华东师范大学出版社协办的“人文精神能否照亮中国电视变革之路——《朗读者》现象研讨会”聚焦探讨了朗读与视觉、朗读者与我们的时代等议题，中央电视台《朗读者》制片人、主持人董卿，《朗读者》节目总导演田梅、执行总导演邵玉峰、导演荣毅和国内外多位专家学者以及华东师范大学党委书记童世骏、副校长孙真荣、传播学院院长吕新雨等出席研讨会。

2017 年 12 月，第三届中国电视研究年会由华东师范大学传播学院主办，教育部人文社科重点研究基地——中国传媒大学国家传播创新研究中心、浙江大学传媒与国际文化学院、上海师范大学人文与传播学院广电系协办。来自业界的十余位顶尖制片人、总导演，与学界专家共同讨论“重回大屏时代？视频网站与中国广电业的现状和未来”等议题。

2017 年 12 月，“广告新时代 · 教育新挑战发展趋势高峰论坛”暨华东师范大学广告学系成立大会在华东师范大学闵行校区大学生活动中心报告厅举行，会议由华东师范大学传播学院、中国新闻史学会广告与传媒发展研究委员会主办，华东师范大学传播学院广告学系承办，上海市广告协会、中国广告杂志社协办，来自中国传媒大学、复旦大学、上海交通大学、同济大学、华东师范大学、上海外国语大学、上海师范大学的专家学者及上海李奥贝纳广告有限公司、宏盟媒体集团、上海幻维数码创意科技有限公司等业界人士围绕技术狂飙时代的广告新浪潮、广告新趋势与广告理论体系、课程体系、培养体系等主题展开交流并作论坛报告。

供稿：华东师范大学传播学院

浙江大学传媒与国际文化学院 2017 年学术发展概况

一、学院现任领导

院长	副院长	党委书记	党委副书记
韦　路	王庆文(兼)、王建刚、范志忠	王庆文	韦路(兼)、金芳芳(兼纪委书记)

二、2017 年新设学术科研机构

校级研究中心（所）

浙江大学当代马克思主义美学研究中心

中心主任：王杰

浙江大学当代马克思主义美学研究中心将着力推进马克思主义美学研究的发展，打造马克思主义美学的研究重镇与理论阵地，引领马克思主义美学的传承与创新，发挥美学在人才培养中的重要作用，促进学生在感受美、保持美和发展美的过程中实现自我教育、自我完善和自我发展，同时承担新时代中国特色社会主义建设中的学术使命，拓展当代中国美学学科生态发展的切实任务与责任。

三、所承担的国家级、省部级科研项目、课题

1. 2017 年立项的国家级、省部级科研项目、课题

项目类型	项目名称	项目负责人
省部级	中国政府科层体系下的项目运作模式:选择、张力与复合机制研究	史普原
国家级	近代化视域下南宋新闻事业研究	何扬鸣
国家级	中国城市电影的生活美学批判	林　玮
省部级	空气污染议题中公众的社交媒体使用对政府信任的影响机制研究	黄　清
省部级	地方政府对社会组织服务外包项目中的供需对接机制研究	史普原
省部级	“五水共治”的美学意蕴	林　玮
国家级	基于区域化、网络化视角的农业品牌价值体系建构与管理策略研究	胡晓云

2. 2017 年结项的国家级、省部级科研项目、课题

项目类型	项目名称	项目负责人
国家级	我国举办(发生)重大活动(事件)舆情案例库	邵培仁
省部级	公共文化科技服务能力建设与绩效评估技术综合应用示范	卢小雁
省部级	老龄教育与我国老年人新媒体使用状况研究	丁苗苗
省部级	样板戏版本整理与研究	张节末

四、2017 年学术成果汇总

1. 著述、教材情况

第一作者	著作名称	出版社
李　杰	2016 浙江文化产业发展报告	浙江工商大学出版社
李红涛	记忆的纹理:媒介、创伤与南京大屠杀	中国人民大学出版社
胡晓云	品牌的诞生——实现区域品牌化之路	浙江大学出版社
沈建平	图像与意义:英美现代艺术史论	商务印书馆
刘于思	传播网络分析导论	西安交通大学出版社
邱　戈	传播如何是好?——现代传播思想与实践中的道德探询	浙江大学出版社
高芳芳	参与的胜利:网络时代的参与文化	浙江大学出版社
何春晖	中国城市营销发展报告 2016:国家战略视野下的城市营销	中国社会科学出版社
苏振华	中国社会变迁与互联网社会运动	中国社会科学出版社
李　岩	青少年网络暴力和色情:现状、机制与相关治理	浙江大学出版社
陈　强	诗的八堂课	商务印书馆
潘一禾	新西方论	海天出版社

2. 发表论文情况

第一作者	论文名称	发表刊物名称	发表年月
王　杰	一个构建起来的幻象——就“反映论”问题上与夏中义商榷	南方文坛	2017/07
王若存	外部与越界:论布朗肖的文学灵感观	浙江学刊	2017/07
张节末	从《诗经》比兴循环解释现象探究“兴”的起源——以《关雎》《汉广》《樛木》三诗为例	浙江大学学报(人文社会科学版)	2017/01
徐　岱	作为一种方法的文学叙事——论莫洛亚传记作品中的批评意识	浙江社会科学	2017/08
沈语冰	修拉、瓦格纳剧场、雷诺“前电影”:论 19 世纪 80 年代的绘画与视觉机制	美术研究	2017/04

续表

第一作者	论文名称	发表刊物名称	发表年月
潘一禾	观念史的审美之维——论伯林对浪漫主义思潮的再阐释	浙江学刊	2017/09
徐　岱	微型伊利亚特：一部当代史诗——法拉奇小说《印沙安拉》对《伊利亚特》的借鉴及生发	河北学刊	2017/05
张节末	《诗经》"公田礼"乐歌考：以《甫田》《大田》为中心	暨南学报（哲学社会科学版）	2017/12
王　杰	当代美学中的艺术与政治——艾尔雅维奇教授访谈录	文艺研究	2017/12
吴　赟	中国军事出版行业格局与传播绩效分析（1996—2016年）	中国出版	2017/07
王　昀	风险社会治理中的政府信任：一种风险感知的解释框架	江西社会科学	2017/02
李赛可	在希望的田野上步步深入——基于地方新闻网站红网之民族志研究的反思	新闻记者	2017/05
吴　赟	"黄金十年"的童书出版行业生态——以图书价格为切入点	出版科学	2017/07
邵培仁	新世界主义视野下的中国传媒发展	编辑之友	2017/01
章　宏	艺术电影新媒体营销中的情感动员效果研究——基于艺术电影《百鸟朝凤》的个案分析	西南民族大学学报（人文社会科学版）	2017/03
章　宏	"多重接近性"视角下的国产电影跨国多地拍摄——以《北京遇上西雅图》和《北京遇上西雅图之不二情书》为例	当代电影	2017/02
邵培仁	国际传播视域中的新世界主义："命运共同体"理念的流变过程及动力机制研究	浙江社会科学	2017/05
邵培仁	江南核心性：媒介地理学视野下的华莱坞电影史研究	西南民族大学学报（人文社会科学版）	2017/08
邵培仁	作为全球战略和现实考量的新世界主义	当代传播	2017/05
李东晓	"可及"之后：新媒体的无障碍传播研究与反思	浙江学刊	2017/11
邵　静	基于游戏理论的儿童电视节目研究	中国广播电视学刊	2017/01
邵培仁	华莱坞电影国际化生存的三重维度	湖南师范大学社会科学学报	2017/03
邵培仁	华莱坞电影研究的基本内涵、方法取径与实践展望	当代传播	2017/01
姜　波	我国移动游戏出版环境与发展初探	中国出版	2017/02
李　杰	坚持文化导向 打造核心竞争力：新闻出版影视"十三五"发展规划读后	中国出版	2017/11

续表

第一作者	论文名称	发表刊物名称	发表年月
邵培仁	中国中亚国际传播议题的拓展与深化——基于新世界主义分析框架	当代传播	2017/11
李思屈	承载文化自信　打造新时代产业增长极——《新闻出版广播影视"十三五"发展规划》读后	中国出版	2017/11
Huang, Yi-Hui	Does Research on Digital Public Relations Indicate a Paradigm Shift? An Analysis and Critique of Recent Trends	*Telematics and Informatics*	2017/11
左　蒙	网络舆情研究综述:从理论研究到实践应用	情报杂志	2017/10
丁方舟	西方传播学研究的理论体系及其演化	南京社会科学	2017/03
韦　路	全球中国形象研究的知识版图——基于SSCI期刊论文(1998—2015)的文本挖掘	浙江大学学报(人文社会科学版)	2017/01
吴　飞	为宣传正名:基于进步主义与功能主义的视角	南京社会科学	2017/10
韦　路	"控制辩证模式":信息传播新模式的发展与转向	国际新闻界	2017/08
闫文捷	作为公共传播的民主商议及其意义——一项针对浙江基层商议实践的问卷调查	新闻与传播研究	2017/11
Wei, Lu	Social Media, Social Integration and Subjective Well-Being Among New Urban Migrants in China	*Telematics and Informatics*	2017/06
高力克	梁启超的自由观:在国族与个人之间	浙江社会科学	2017/06
吴　飞	反思新闻专业主义	新闻记者	2017/10
李　苓	融合模式:关于西部民族地区传媒使用的共意性需求研究	中国编辑	2017/02
吴　飞	新闻传播研究的未来面向:人的主体性与技术的自主性	社会科学战线	2017/01
吴　飞	新闻专业主义是媒体精英建构的乌托邦	新闻与传播研究	2017/09
李红涛	一个线上公祭空间的生成——南京大屠杀纪念与数字记忆的个案考察	新闻与传播研究	2017/01
苏振华	中国媒体信任的来源与发生机制:基于CGSS2010数据的实证研究	新闻与传播研究	2017/05
周睿鸣	客观事实已经无效了吗?——"后真相"语境下事实查验的发展、效果与未来	新闻记者	2017/01
吴　飞	现代传媒与混合现代性的迷思——评洪长晖的《混合现代性:媒介化社会的传播图景》	新闻记者	2017/05
吴　飞	国际传播研究的新语境	当代传播	2017/07

续表

第一作者	论文名称	发表刊物名称	发表年月
刘于思	在风险与利益间传达不确定性:科学事实查验对转基因食品议题信息误解的影响	新闻与传播研究	2017/07
袁　桐	台湾地区著作权法的历史钩沉与精神观照	出版发行研究	2017/11
王　婧	作为艺术媒介的声音 寂静,感受力,与“怪物”奇美拉	新美术	2017/10
汪　凯	从刻奇到戏谑:“反鸡汤”作为一种感觉结构	新闻与传播研究	2017/10

3. 承办会议

2017 年 4 月 22 日，由浙江大学传媒与国际文化学院主办的“媒介融合变革时代的新闻传播教育改革”高峰论坛在杭州举行。主题分别为：媒介融合背景下的新闻业与新闻教育改革、策略传播学科的内涵及其教学实践、新闻实务教学及课程国际化水平提升。与会嘉宾围绕“媒介融合变革时代的新闻传播教育改革”这一总主题展开探讨。

2017 年 6 月 12—13 日，“数字形态与中国经验”：传播与公共性国际学术会议在北京宾大沃顿中国中心举办。该会议由浙江大学传媒与国际文化学院、宾夕法尼亚大学安娜伯格传播学院、威斯康星大学传播艺术系共同组织，邀请来自海内外的多位传播学者共议网络民族主义、数字时代的声音与流动性认同、社交媒体与议程引导、环境传播、数字劳工、在线市场等议题。

2017 年 10 月 21—22 日，浙江大学传媒与国际文化学院携手上海社会科学院新闻研究所、《新闻记者》杂志社，联合举办“重访黄金时代：媒介社会学经典的再诠释”工作坊。十余位媒介社会学领域学者齐聚西子湖畔，面对“如何建构理想的公共生活或公共交往”这一核心问题，重思新闻业的元传播结构、清理经典传统的遗产、重新找回经典内部的张力，以便面向新闻变迁的场景“再出发”。

2017 年 12 月 10 日，浙江大学的紫金剧场举办第二届中国网络影视峰会，共同探讨网络影视的发展现状与未来。该活动由中国新闻网、中国新闻周刊、中国新闻图片网、浙江大学传媒与国际文化学院、杭州市西湖区人民政府共同主办。

2017 年 12 月 17 日，十六位传播学者齐聚西子湖畔，参加“反思传播学圆桌论坛”。论坛由浙江大学传媒与国际文化学院主办。在历时一天的论坛中，50、60、70 三代传播学者既回望了中国传播学四十年里的发展历程，更面对巨变的时代环境和媒介场景，探求如何从理论和方法维度推进传播研究的学术创新。

2017 年 12 月 21 日，中国全媒体高峰论坛在杭州大华饭店隆重举行。该论坛由浙江大学传媒与国际文化学院和腾讯集团市场与公关部媒体中心联合主办，围绕“智媒时代的传媒创新”展开主题研讨。

供稿：浙江大学传媒与国际文化学院

厦门大学新闻传播学院2017年学术发展概况

一、学术成果概述

2017年，厦门大学新闻传播学院共出版13本专著，发表30余篇核心刊物论文，其中一类核心刊物论文27篇。承担课题方面，厦门大学新闻传播学院获得国家级、省部级规划项目立项共4项，其中国家社科基金项目3项（含特别委托项目1项）、福建省社科规划项目1项。

二、学院现任领导

院长	常务副院长	党委书记
	黄合水	郑树东

三、2017年学院新晋或引进教师（正高级以上）

姓名	职称	研究方向
曾秀芹	教授	消费者心理与行为、新媒体传播心理、广告间接效果与社会影响

四、所承担的国家级、省部级科研项目、课题

2017年立项的国家级、省部级科研项目、课题

项目类型	项目名称	项目负责人
国家社科基金青年项目	中国城市居民社交媒体适用于沉迷现状研究	黄含韵
国家社科基金青年项目	社交媒体平台的数据挖掘与健康话语网络研究	宫　贺
国家社科基金特别委托项目	舆论形态的价值谱系与主流舆论的传播研究	邹振东
福建省社科规划一般项目	网络广告回避机制研究：基于广告主体、受众和社会情境三维互动的视角	陈素白

五、主要学术成果

1. 著述、教材情况

第一作者	著作名称	出版社
林升栋	标语的力量——来自厦门大学品牌与广告研究中心的报告	厦门大学出版社
史冬冬	媒介中国——现代性的媒介话语叙事	厦门大学出版社
苏　文	消费者在线互动行为——网络口碑对中国旅游者的影响机制研究	厦门大学出版社
黄合水	中国品牌健康监测报告(2015)	厦门大学出版社
黄合水	中国品牌健康监测报告(2014)	厦门大学出版社
宫　贺	公共关系的文化想象:身份、仪式与修辞	社会科学文献出版社
谢清果	华夏传播学引论	厦门大学出版社
谢清果	中华文化与传播研究第一辑	九州出版社
李德霞	南海领土争议中的媒体角色研究——以2010—2014年为切点	厦门大学出版社
陈嬿如	新闻是匆忙中写就的历史	上海交通大学出版社
曾秀芹	营销传播中的社会影响效果	九州出版社
邱红峰	环境风险社会放大的传播治理	中国社会科学出版社
陈经超	活动营销——微博篇	厦门大学出版社

2. 发表论文情况

第一作者	论文名称	发表刊物名称	发表年月
林升栋	反腐倡廉公益广告诉求及效果研究	现代广告	2017/03
殷　琦	1978年以来中国传媒体制改革观念演进的过程与机制——以"市场化"为中心的考察	新闻与传播研究	2017/02
成　瑾	Ethical Leadership and Internal Whistleblowing: A Mediated Moderation Model	*Journal of Business Ethics*	2017/03
黄合水	新闻大数据中的高校品牌研究——112所211高校的监测报告	现代广告	2017/04
朱至刚	旧关系与新组织:从《时务报》看中国同人报的内在困局	现代传播	2017/02
成　瑾	CEO如何促进高管团队的行为整合——基于结构化理论的解释	管理世界	2017/02
吴琳琳	台湾财经杂志广告经营之变迁分析(1949—2016)	国际新闻界	2017/04
朱至刚	跨出口岸:基于"士林"的《时务报》全国覆盖	新闻与传播研究	2017/10
朱至刚	被嵌入的主角:报刊基层化中的国民党县级党报	国际新闻界	2017/08
胡　悦	危机媒介化与媒介化危机	现代传播	2017/03
王　霏	同一广告,不同视点:公益广告关注点的性别差异	心理学探新	2017/12

续表

第一作者	论文名称	发表刊物名称	发表年月
林升栋	传播的艺术:中美比喻说服的逻辑间距	现代传播	2017/08
李伟娟	社会公德角度的对错判断:公益传播中正负激励效果的调节变量	心理科学	2017/09
谢清果	新子学之"新"重建传统心性之学	人文杂志	2017/10
陈嫵如	移动媒介与少数民族农村社区变迁研究述评——一个全球化的视角	厦门大学学报(哲学社会科学版)	2017/07
陈嫵如	媒介对"人类伪事件"的建构及其后果——以运动员英雄或名人形象的创造与消解为例	当代传播	2017/06
陈经超	社交媒体"类危机"沟通策略效果研究	新闻与传播研究	2017/12
曾秀芹	个性化推荐系统评价指标的实证研究	现代广告	2017/04
谢清果	2011—2016:华夏传播研究的使命、进展及其展望	国际新闻界	2017/01
谢清果	传播学"中华学派"建构路径的前瞻性思考	新疆师范大学学报(哲学社会科学版)	2017/11
黄含韵	The Adoption and Use of WeChat among Middle-aged Residents in Urban China	*Chinese Journal of Communication*	2017/06
吴琳琳	台湾《天下杂志》广告经营探析(1981—2017)	现代广告	2017/12
毛章清	8至14世纪海上丝绸之路的跨文化传播考察	厦门大学学报(哲学社会科学版)	2017/08
聂　鑫	高校新媒体与大学生核心价值观培育深度融合之思考	贵州社会科学	2017/10
毛章清	新闻史视野下的林白水研究	现代传播	2017/09
林升栋	貌合神离:中英文同款广告的符号和眼动分析	新闻与传播研究	2017/11
吴胜涛	Justice Concerns after School Attacks: Belief in a Just World and Support for Perpetrator Punishment among Chinese Adults and Adolescents	*Social Justice Research*	2017/07
岳　森	《人民日报》微信公众平台的传播与用户行为研究	现代传播	2017/05
邱红峰	社交媒体时代公关与新闻的场域关系变迁	新闻界	2017/12
任振华	理性与保守:中年群体在微信上的自我呈现研究	现代广告	2017/09

供稿：厦门大学新闻传播学院

重庆大学新闻学院2017年学术发展概况

一、学术成果概述

2017年，重庆大学新闻学院承担国家社科基金重点项目1项，教育部人文社科研究青年项目1项，共青团中央、国家信访局和重庆市社科基金等省部级项目8项。发表SSCI检索论文2篇，CSSCI检索论文34篇。承办和协办全国性学术会议4次。

二、学院现任领导

名誉院长	院长	副院长	党委书记	党委副书记
马胜荣	董天策	张　瑾	卓光俊	魏世平

三、2017年新设学术科研机构

校级研究中心

重庆大学新闻传播与社会发展研究院

主任：董天策

宗旨：面向社会发展的重大现实问题，研究新闻传播在社会发展与治理中的作用，促进国家治理现代化。

四、所承担的国家级、省部级科研项目、课题

2017年立项的国家级、省部级科研项目、课题

项目类型	项目名称	项目负责人
国家社会科学基金项目重点项目	重大公共事件的社会伦理心态研究	刘海明
教育部人文社会科学研究青年项目	两晋文士族群源流与文学风格研究	黎　臻
国家信访局重大课题	法治化视野下基层信访工作中行政调解制度创新研究	田先红
全国学校共青团研究重大课题	大四学生思想引领工作研究	曾润喜
重庆市社科规划办哲学社会科学规划研究项目重点项目	基于政治秩序构建的信访制度实践困境及改革对策研究	田先红
重庆市社科规划办哲学社会科学规划研究项目一般项目	“一带一路”背景下与西方媒介中的中国议题的对话机制研究	吴明华
重庆市社科规划办哲学社会科学规划研究项目青年项目	西方左翼学者对当代美国资本主义民主政治的批判研究	蒲俊杰

续表

项目类型	项目名称	项目负责人
重庆市社科规划办哲学社会科学规划研究项目青年项目	英语学界的中国广告文化研究（1911—2011）	李金正
重庆市社科规划办哲学社会科学规划研究项目特别委托项目	新闻媒体服务重庆融入“一带一路”建设研究	卓光俊
重庆市社科规划办哲学社会科学规划研究项目特别委托项目	抗战时期《华西教会新闻》翻译及研究（抗战专项）	龙　伟

五、主要学术成果

1. 著述、教材情况

第一作者	著作名称	出版社
蒲俊杰	2月30日的雨	长江文艺出版社
田先红	人民政治：基层信访治理的演绎与阐释	中国社会科学出版社
田先红	华中村治研究	社会科学文献出版社
卓光俊	环境保护中的公众参与制度研究	知识产权出版社
蒲俊杰	政治性、自由主义、颠倒极权主义——谢尔登·沃林政治学研究	中国社会科学出版社
张小强	新媒体研究案例：传统方法、社会网络与数据挖掘	西安交通大学出版社
龙　伟	诚静怡与中国教会自立	橄榄出版有限公司
曾润喜	热点事件网络舆情的传播与治理	华中科技大学出版社
杜积西	可汗学院对中国教育的启发	北京师范大学出版社

2. 发表论文情况

第一作者	论文名称	发表刊物名称	发表年月
Dong T	Social Media and Internet Public Events	*Telematics & Informatics*	2017/06
Zhang W	Digitizing China: The Political Economy of China's Digital Switchover	*Chinese Journal of Communication*	2017/01
董天策	“媒介事件”的概念建构及其流变	新闻与传播研究	2017/10
郭小安	社会抗争中理性与情感的选择方式及动员效果——基于十年120起事件的统计分析（2007—2016）	国际新闻界	2017/11
李松蕾	卓南生教授再谈“新闻传播史研究的‘诱惑’与‘陷阱’”	国际新闻界	2017/11

续表

第一作者	论文名称	发表刊物名称	发表年月
杨 秀	网络服务商个人信息保护制度的缺陷及其完善——以新浪微博诉脉脉案为例	国际新闻界	2017/08
张小强	中国大陆“新媒体研究”创新的扩散：曲线趋势、关键节点与知识网络	国际新闻界	2017/07
齐 辉	民初《新闻学刊》的出版境遇与学术探索	现代传播	2017/10
刘 毅	媒介形态变迁与受众媒介使用	新闻大学	2017/06
吴明华	从标语讨论中国宣传治理术的话语维度：以生育政策为例	现代传播	2017/06
曾润喜	公共议题的媒体建构与政策变迁：基于农民工媒介形象	现代传播	2017/04
张伟伟	新媒体从业者的媒介赋权认知及其影响因素探究——一项针对成渝两地新媒体从业者的调查研究	现代传播	2017/02
董天策	“剩女”媒介形象是反映现实还是人为建构？——新浪网 2011—2015 年“剩女”报道研究	新闻界	2017/11
齐 辉	抗战前后中国国际广播电台与世界听众的互动交流——以国际听众来信档案为中心考察	西南民族大学学报（人文社会科学版）	2017/11
张 峰	利用战国楚简形近易讹文字校读古书举隅	古汉语研究	2017/04
邹 霞	风险放大的四级判定框架——基于 SARF 的理论拓展及典型案例的放大检视	西南民族大学学报（人文社会科学版）	2017/10
郭小安	新闻框架与社会运动框架：两种研究视角的整合与对话	南京社会科学	2017/08
曾润喜	国外媒体涉华政策传播的话语框架与语义策略	情报杂志	2017/06
戴瑞凯	从“更正”内容管窥学术期刊的编校质量管理——以 CSSCI 收录的新闻传播学期刊为例	中国科技期刊研究	2017/06
曾润喜	“一带一路”国家战略的舆论引导评价研究	情报杂志	2017/05
汤天甜	新闻传播人才培养模式创新与教学改革研究——基于大数据背景	西南交通大学学报（社会科学版）	2017/03
张伟伟	田野调查的身份转变与调适——新闻生产田野观察的方法学反思	新闻记者	2017/05
杨 秀	禁止令与新闻传播程序法的发展——以“网易考拉诉《中国经营报》首次获禁令支持”为例	编辑之友	2017/05
董天策	警惕网络舆论的价值取向偏差——以宁波老虎咬人事件为例	新闻界	2017/04
李金正	论编辑“工匠精神”的失落与复归	出版发行研究	2017/04

续表

第一作者	论文名称	发表刊物名称	发表年月
田先红	群众工作部改革：缘起、效度及限度	求索	2017/03
张小强	产消融合时代视频网站的 UGC 激励机制研究	新闻界	2017/03
田先红	派系政治与农民上访的逻辑	思想战线	2017/02
田先红	县委书记大接访制度：实践逻辑与现实困境	西北农林科技大学学报（社会科学版）	2017/02
曾润喜	从传统特稿到非虚构写作：新媒体时代特稿的发展现状与未来	新闻界	2017/02
田先红	国家、官僚集团与群众：信访制度的一个分析框架	人文杂志	2017/02
杨石华	亲子阅读：仪式与传递共存的一种知识传播方式	图书情报工作	2017/04
曾润喜	国外媒体对中国公共政策议题的舆情解读与形象建构——基于计划生育政策议题的案例分析	西南民族大学学报（人文社会科学版）	2017/02
齐　辉	“党媒姓党”的历史诠释——武汉时期《新华日报》与中共中央的分歧及其纠正	新闻记者	2017/02
董天策	发挥传播媒体在文化建设中的引领作用——“传播媒体与文化建设高端论坛”综述	新闻界	2017/01
曾润喜	政策传播与政策变迁的关系——基于“农民工”公共议题的实证考察	北京理工大学学报（社会科学版）	2017/02

3. 承办会议

2017 年 4 月 22 日，由中国人民大学新闻学院、复旦大学新闻学院、重庆大学新闻学院等八所高校新闻传播学院联合主办，重庆大学新闻学院轮值主办的“红色传承：马克思主义与中国新闻传播学”研讨会在重庆大学 A 校区主教学楼举行。来自中国人民大学等 30 多所高校的专家学者，《新闻爱好者》杂志社、大河报、重庆市媒体记者共 50 多人参加了此次研讨会，围绕马克思主义与中国新闻传播学这一话题展开了深入探讨。

2017 年 7 月 3 日至 8 日，由中国新闻史学会网络传播研究会、重庆大学社会科学学部、重庆大学新闻学院共同主办的第三期“网络与新媒体讲习班”在重庆大学举行。来自中国传媒大学等全国各地 110 多家高校新闻传播院系、部分媒体机构与政府部门，以及本校的研究生、青年教师、实务工作者，共计 400 多位学员参加了此次讲习班的学习研讨。

2017 年 12 月 9 日，“传播媒介与抗战救亡：纪念全面抗战爆发 80 周年暨第三届中国抗战新闻传播史学术研讨会”在重庆大学主教学楼举行。该研讨会由中国新闻史学会、重庆大学新闻学院、中国抗战大后方研究协同创新中心、重庆地方史研究会、重庆大学新闻传播与社会发展研究院共同主办。来自中国传媒大学等高校的专家学者与来自中国新闻史学会、中国现代史学会、中国抗战大后方协同创新中心、云南新闻出版广电局等机构的业界人士共50余人齐聚山城重庆，围绕“传播媒介与抗战救亡”这一主题探讨抗战新闻传播史各方面的问题。

2017年12月23日，“计算传播学跨学科高峰论坛”在重庆大学虎溪校区举行。来自北京师范大学等高校的专家学者与来自中共重庆市委宣传部理论处、重庆市互联网协会、人民网舆情数据中心、重庆华龙网集团、人民日报媒体技术股份有限公司等机构的专业人士共聚山城，探讨新媒体时代市场计算传播研究的有关问题。该论坛由重庆大学青年教师科学技术协会主办，重庆大学新闻学院协办。

供稿：重庆大学新闻学院

华中科技大学新闻与信息传播学院 2017年学术发展概况

一、学术成果概述

2017年，华中科技大学新闻与信息传播学院在科学研究上保持求实务实、开放创新的姿态，努力寻求重要突破。在学术成果方面，虽然数量并不多，但科研方向的脉络清晰，一些成果具有代表性，特别是聚焦于当前国家的重大战略，形成了一定的学术和社会影响力。在学术交流方面，教师频频参加各种知名学术会议，彰显了学院的学术活力；学院也连续举办了多个学术会议，尤其是致力于国际化发展，以扩大国际学术影响力为指向，不断彰显自身特色。

二、学院现任领导

院长	副院长	党委书记	党委副书记
张　昆	钟　瑛、何志武、陈先红	詹　健	李　磊

三、2017年学院新晋或引进教师（正高级以上）

姓名	职称	研究方向
李卫东	教授	云传播理论，网络空间治理理论，传播学基础理论
邓秀军	教授	影像叙事、融媒传播、移动社交

四、所承担的国家级、省部级科研项目、课题

1. 2017年立项的国家级、省部级科研项目、课题

项目类型	项目名称	项目负责人
教育部哲学社会科学研究重大课题攻关项目	讲好中国故事与提升我国国际话语权和文化软实力研究	陈先红
国家社科基金项目	老龄化的风险议题、媒介话语转型与“积极老龄化”社会建设研究	郭小平
国家社科基金项目	网络视频直播的多元协同治理模式研究	刘　锐
湖北省社科基金项目	网络热点舆情事件风险评估与应对研究	陈先红
湖北省社科基金项目	湖北推进传统媒体与新兴媒体融合发展研究	钟　瑛
湖北省重大调研课题	新兴媒体与传统媒体融合发展的实现路径研究	牛　静
湖北省委宣传部项目	宣传工作国际话语体系建设研究	王　溥
湖北省委宣传部项目	第一届讲好中国故事创意传播国际大赛	陈先红

2. 2017年结项的国家级、省部级科研项目、课题

项目类型	项目名称	项目负责人
国家社科基金项目	多市场接触视角下企业公关非伦理行为的互动机制和治理策略研究	李华君
教育部人文社科一般项目	基于社会计算的微博舆论生成模式与引导机制研究	邓秀军
教育部人文社科一般项目	基于知识管理的网络舆情监测与应用研究	陈少华

五、主要学术成果

1. 著述、教材情况

第一作者	著作名称	出版社
赵振宇	应对突发事件:舆论引导系统论	中国社会科学出版社
邓秀军	新媒体纪实影像叙事:文本的解构与话语的重构	中国社会科学出版社
邓秀军	微博反腐信息传播:案例解析与舆情分析	华中科技大学出版社
孙发友	新中国新闻典型形象的生产与社会价值	华中科技大学出版社
李贞芳	三峡工程公共关系传播效果研究	华中科技大学出版社
牛　静	全球主要国家媒体伦理规范	华中科技大学出版社
张　昆	三思新闻教育	华中科技大学出版社
张　昆	国家形象蓝皮书——中国国家形象传播报告(2016)	社会科学文献出版社
陈先红	现代公共关系学(第二版)	高等教育出版社

2. 发表论文情况

第一作者	论文名称	发表刊物名称	发表年月
何志武	从“他助”到“自助”:“心理不悦类”邻避冲突事件中的媒介选择、自我动员与集体抗争	新闻大学	2017/04
何志武	电视问政的协商理念及其实现保障	中州学刊	2017/07
何志武	话语赋权与资本博弈:公共政策视域中的网络民粹主义	当代传播	2017/03
赵振宇	据势行事,以事成势:新闻评论特色教育体系的构建与实施	现代传播	2017/08
徐明华	Event Recommendation in Social Networks based on Reverse Random Walk and Participant Scale Control Future Generation Computer Systems	*Future Generation Computer Systems*	2017/03
徐明华	社会计算视域下传播学研究的嬗变与反思	现代传播	2017/12
邓秀军	框架理论视阈下微信公众号推文的文本结构与内容属性分析	现代传播	2017/01
李贞芳	影响社交媒体公众传播行为的情境因素——基于问题解决情境理论的视角	新闻大学	2017/02
牛　静	全球媒体伦理规范的共通准则和区域性准则——基于134篇媒体伦理规范文本的分析	新闻记者	2017/10
王　溥	模仿型排浪式消费时代结束与传统媒体广告经营	河南社会科学	2017/02
陈先红	量化研究对公共关系理论发展的贡献——对 PR Review 和 PR Research 论文的内容分析	现代传播	2017/01
陈先红	大数据时代中国公共关系领域的战略转向——基于扎根理论的探索性分析	国际新闻界	2017/06
余　红	媒体报道如何影响风险感知:以环境风险为例	新闻大学	2017/06
余　红	论健康风险报道中“不确定性”建构背后的价值分化	现代传播	2017/10
余　红	社交媒体语境下风险议题的建构与转向	情报杂志	2017/03
张　昆	时代变化与政治领袖的形象变迁	中州学刊	2017/01
张　昆	我们需要什么样的新闻学院院长	新闻记者	2017/02
张　昆	新闻传播教育的支点错位	新闻记者	2017/06
张　昆	时空维度下的国家形象模型探析——基于认知互动的视角	新闻界	2017/05
张　昆	疏通渠道实现中国国家形象的对外立体传播	新闻大学	2017/03
张　昆	网络时代的政治认同:进径与危机	兰州大学学报(社会科学版)	2017/06
钟　瑛	新媒体社会责任的行业践行与现状考察	新闻大学	2017/01
钟　瑛	公益组织基于网络传播的信任建构框架研究	西南民族大学学报(人文社会科学版)	2017/11
钟　瑛	国外公益组织在网络传播中的发展:研究进程与热点议题	西南民族大学学报(人文社会科学版)	2017/09

续表

第一作者	论文名称	发表刊物名称	发表年月
钟　瑛	新媒介环境中用户生产内容的价值及实现路径	西南民族大学学报（人文社会科学版）	2017/01
甘世勇	媒介融合视域下的广告融合传播探析	出版发行研究	2017/10
甘世勇	习近平讲话中有关品牌观点的学习	现代传播	2017/07
欧阳明	边界的消解与壁垒的重建:媒介融合视域下的自我认同危机	现代传播	2017/07
李卫东	私密社交网络的革命性影响极其治理挑战	华中科技大学学报（社会科学版）	2017/03
李卫东	社交网络时代中国纸质媒体转型战略研究	新闻大学	2017/03
李卫东	应用模式创新设计能力:网络与新媒体专业培养的核心目标	现代传播	2017/04
周婷婷	圣约翰大学新闻教育的历程	新闻大学	2017/04
李华君	企业公共关系伦理资本建构:真实与价值	新闻大学	2017/05
李华君	品牌场域视角下企业非伦理公关行为的表现及治理	现代传播	2017/05
李华君	网络暴力的发展研究:内涵类型、现状特征与治理对策	情报杂志	2017/09
唐海江	中国近代新闻思想史上的“泰晤士报”	国际新闻界	2017/10
袁　艳	Casting an “Outsider” in the Ritual Centre: Two Decades of Performances of “Rural Migrants” in CCTV's Spring Festival Gala	*Global Media and China*	2017/02
王　昀	礼物、娱乐及群体交往网络视频文化的公共性考察	新闻与传播研究	2017/09
闫　隽	科学传播的溯源、变革与中国机遇	新闻与传播研究	2017/02

3. 承办会议

2017 年 9 月 23 日，由华中科技大学新闻与信息传播学院、复旦大学新闻与信息传播研究中心共同举办的“媒介、叙事与城市传播理论研讨会”在华中科技大学举行。

2017 年 10 月 28 日，第十届公关与广告国际学术论坛（PRAD）、第二届中国新闻史学会公共关系分会（PRSC）学术年会暨第四届战略传播与公共关系工作坊在武汉召开。来自美国、德国、英国、法国、澳大利亚、新西兰、比利时、新加坡、菲律宾、土耳其、印度尼西亚、非洲加纳，以及中国大陆、香港、澳门和台湾等全球 5 大洲 16 个国家和地区共计 150 多位海内外学者与业界人士济济一堂，以“信任与对话：移动智能时代的整合创意传播”为主题进行学术交流。

2017 年 11 月 12—13 日，第五届国家传播战略高峰论坛在华中科技大学举行，该论坛由华中科技大学国家传播战略（SCS）协同创新中心承办。主题是“全球治理 · 国际舆论 · 传播战略”，来自中国军事科学院、科技部、国家外文局、清华大学、中国人民大学、浙江大学等15家部门单位的40多位专家、学者出席了会议。

2017年11月17—19日，第一届中国品牌传播青年学者论坛暨第五届品牌传播论坛在华中科技大学举行。该青年学者论坛由华中科技大学新闻与信息传播学院、中国传媒大学广告学院、厦门大学新闻传播学院、华南理工大学新闻与传播学院共同主办，华中科技大学新闻与信息传播学院承办。

2017年11月24日，来自新华社、人民网、财新传媒、《法制日报》等众多媒体的40多位专业评论员，在华中科技大学参加第二届新闻评论开放教育建设会，会议围绕“新媒体时代的话语形态与主流声音”展开讨论，就华中科技大学新闻评论教育发展出谋划策。9位新闻评论界专家受聘加盟华中科技大学新闻评论教育工作。

供稿：华中科技大学新闻与信息传播学院

湖北大学新闻传播学院2017年学术发展概况

一、学术成果概述

学院采取了科研项目与科研成果双轮驱动策略。项目方面，建立了纵横坐标轴的分解指标体系。纵向课题以国家社科基金、教育部人文社科项目为抓手，带动多项省、市、厅局级项目的申报工作，并着重服务于地方社会发展，加大与部级、省级单位的合作。同时，结合教师自我成才的内驱力，在有显示度的成果方面，着重推进专著和重要核心期刊上发表论文。

二、学院现任领导

院长	副院长	党委书记	党委副书记
廖声武	胡远珍、杨翠芳	边湘义	刘　东

三、2017年学院新晋或引进教师（正高级以上）

姓名	职称	研究方向
江龙军	教授	广播电视
张瑜烨	教授	新闻业务

四、所承担的国家级、省部级科研项目、课题

2017年立项的国家级、省部级科研项目、课题

项目类型	项目名称	项目负责人
教育部人文社科基金项目	大数据技术使用对新闻从业者角色认知的影响及其职业困境研究	张　帆
湖北省社科基金项目	电视媒体中的生态文明与环境价值观传播研究	柴巧霞
湖北省社科基金项目	互联网+下的数字阅读现状及推广研究	吴　瑶
武汉市社科基金项目	媒体融合视角下涉农媒体发展研究	罗宜虹
武汉市社科基金项目	家族历史文化的代际传播研究——以武汉市为例	聂远征

五、主要学术成果

1. 著述、教材情况

第一作者	著作名称	出版社
刘宝珍	新时期问题报告文学的诞生与勃兴	华中科技大学出版社
张瑜烨	长江中游区域发展与大众传媒	中国社会科学出版社
柴巧霞	电视媒体中的环境公民身份建构研究	中国社会科学出版社
张瑜烨	媒介融合与报业体制变革	人民出版社
杨　雪	中国广告产业转型研究	中国社会科学出版社
黎　明	互联网时代公共关系的理论与实践	中国建筑工业出版社
聂远征	湖北省文化产业发展报告(2017)	社会科学文献出版社

2. 发表论文情况

第一作者	论文名称	发表刊物名称	发表年月
张瑜烨	环境认知、价值体系与社会规范的建构——基于现实题材电视剧中间阶层焦虑问题的分析	中国电视	2017/03
江龙军	论国产偶像剧中偶像群体性格特质的发展及其价值取向	中国电视	2017/03
江龙军	电视剧《东方战场》的艺术诉求	中国电视	2017/01
黎　明	广告演进辩证法:从价值均衡、偏离到回归	当代传播	2017/04
张　帆	我国传统媒体对数据新闻的生产实践:困境与路径选择	湖北大学学报(哲学社会科学版)	2017/03
江龙军	论影视镜头画面主体的媒介属性	现代传播	2017/03
吴　瑶	数字媒介对阅读认知的影响研究	当代传播	2017/03

续表

第一作者	论文名称	发表刊物名称	发表年月
胡远珍	网络社交中表情符号的表达与象征意义分析	湖北大学学报（哲学社会科学版）	2017/11
黄月琴	奖与罚:新闻奖的荣誉域及其荣誉实践	国际新闻界	2017/05

3. 承办会议

2017 年 10 月 28 日，2017 中国应用新闻传播论坛暨中国应用新闻传播领域十大创新案例颁奖大会在湖北大学召开，论坛由中国新闻史学会应用新闻传播学研究委员会主办，湖北大学新闻传播学院承办。

2017 年 12 月 1—3 日，2017 年中国新闻史学会视听传播研究委员会学术年会在湖北大学举行，主题为“视听传播的问题域与新理论”。该会议由中国新闻史学会视听传播研究委员会主办，湖北大学新闻传播学院承办，暨南大学新闻与传播学院、《暨南大学学报》《湖北大学学报》协办。会议聚焦新媒体语境下视听传播研究呈现的新问题、新情况以及新理论，来自全国 40 多家高校和新闻单位的 90 多名代表参加了会议。

六、新闻传播学刊物

《文化与传播研究》（2017 年卷）是由湖北大学新闻传播学院创办的涵盖新闻传播学科研究领域的学术集刊，旨在搭建一个新的学术平台，展示海内外学者最新的研究成果，倡导学术创新和学术争鸣。

供稿：湖北大学新闻传播学院

第八篇

研究机构及社团概况

研究机构概况

学术社团

中国社会科学院新闻与传播研究所 2017 年概况

一、机构概述

1. 人员情况

截至 2017 年 12 月 31 日，中国社会科学院新闻与传播研究所（以下简称“新闻所”）共有在职人员 42 人。其中，专业技术岗位，正高级职称人员 8 人，副高级职称人员 13 人（含资格 2 人），中级职称人员 16 人，高、中级职称人员占全体在职人员总数的 88.1%。2017 年晋升正高（编审）1 人，为张满丽。党委书记、副所长赵天晓，所长唐绪军，纪委书记、副所长季为民。

2. 机构设置

2017 年，新闻所的机构设置为：综合办公室（主任黄双润，副主任贾云海、吴秋玲），马克思主义新闻学研究室（主任黄楚新，副主任向芬），传播学研究室（副主任张丹，主持工作），网络学研究室（主任孟威，副主任张化冰），媒介研究室（主任殷乐，副主任冷凇），信息室（主任杨瑞明，副主任杨斌艳），编辑室（主任钱莲生，副主任朱鸿军）。

新闻所设有 6 个非实体研究中心、1 个实体中心、2 个实验室和 1 个国情调研基地。

6 个非实体研究中心中，有 1 个院属研究中心：中国社会科学院新媒体研究中心（主任唐绪军）；有 5 个所属研究中心：媒介传播与青少年发展研究中心（主任卜卫），传媒发展研究中心（主任黄楚新），世界传媒研究中心（主任张丹），传媒调查中心（主任刘志明），广播影视研究中心（主任殷乐）。

1 个实体中心：北京新闻与公关发展中心（主任赵天晓）。

2 个实验室：全球影视与文化软实力实验室（主任殷乐），中国舆情调查实验室（主任赵天晓，首席专家刘志明）。

1 个国情调研基地：国情调研浙江缙云基地（主任赵天晓）。

新闻所主管的教学机构和全国性学会各 1 个：中国社会科学院研究生院新闻学与传播学系（主任唐绪军，副主任宋小卫），中国新闻文化促进会传播学分会（会长唐绪军，副秘书长黄双润、张丹）

3. 学术委员会、职称评审委员会

新闻所第九届学术委员会由唐绪军、卜卫、宋小卫、时统宇、王怡红、刘晓红、姜飞（北京外国语大学）、陈卫星（中国传媒大学）、崔保国（清华大学）9 人组成。唐绪军任主任委员，宋小卫任副主任委员。

新闻所第十届副高级专业技术资格评审委员会由唐绪军、宋小卫、钱莲生、孟威、殷乐、姜飞（北京外国语大学）、段鹏（中国传媒大学）、渠敬东（北京大学）、史安斌（清华大学）9 人组成。唐绪军任主任，宋小卫任副主任。

二、科研工作

1. 科研成果统计

2017 年，新闻所共完成专著 3 种，73.3 万字；外文专著 1 部，13.5 万字；论文77篇，约55万字；译著1种，30万字；译文1篇，1.4万字；学术论文集6种，141万字；蓝皮书1部，38.1万字；研究报告集1部，68.3万字；理论文章8篇，2.5万字；参与音像资料（电视片）制作3种，共计10集；编辑出版年鉴2部，共计340万字；编辑出版学术期刊12期，共计144万字。

2. 科研课题

（1）创新工程项目

2017年，新闻所创新工程项目系2016年项目“公共传播时代的新闻实践研究与传播理论创新”的延续。

项目一：互联网治理与新媒体发展研究（首席研究员：殷乐）。“互联网治理问题研究”是中国社会科学院落实中央领导同志关于“围绕重大理论和现实问题加大开展中外合作研究力度”的指示精神，确定由新闻所牵头研究的八个重大问题之一。2016年新闻所成功举办了“首届中外合作互联网治理论坛”，在此基础上2017年聚焦互联网治理中的具体问题。建设性新闻学（Constructive Journalism）是近来国际新闻实践和学术界探讨的一个新的发展领域，它主要关注和探究传统媒体如何充分利用社交媒体的新功能，通过新闻报道不仅揭示而且要进一步帮助和参与各种社会问题的消减和解决。该项目将互联网治理与建设性新闻学研究结合起来，目的在于以建设促进治理。

项目二：新媒体发展研究（首席研究员：黄楚新）。“新媒体发展研究”是中国社会科学院学科发展“登峰计划”优势学科，《中国新媒体发展报告》是其年度研究成果的汇集。2017年依托“中国社会科学院新媒体研究中心”，结合“新媒体研究”优势学科的建设，重点研究新媒体的传播特征及规律、新媒体管理的政策法规措施、新媒体版权保护、新媒体用户行为特征、新媒体产业发展影响、新媒体与社会各方面的互动等选题。

项目三：基于大数据的网络舆情研究（首席研究员：刘志明）。大数据和网络舆情研究有着极为密切的联系，但迄今为止，各个研究机构的研究工作还多是在各自领域分离进行，相互之间的数据共享非常有限。该项目以舆情调查实验室为基础，联合多家媒体及舆情研究机构进行大数据和舆情分析。对热点舆情、意识形态舆情、社会舆情、城市舆情、国际舆情等领域进行深化发掘，关注大数据时代媒介接触、新闻获取等层面的观念和行为变化，通过沙龙和论坛的形式，为媒体/企业与大数据、舆情研究机构搭建新的合作平台，构建国家治理舆情研究系统。2017年的主要任务是建立“舆情调查数据管理系统”。

项目四：国内外媒体融合机制研究（首席研究员：孟威）。2014年，中央深化改革领导小组发布了《关于推动传统媒体和新兴媒体融合发展的指导意见》，开启了媒体融合的新进程。这一进程无疑将持续较长的时期，值得我们跟踪研究。2017年该项目在既有研究基础上，将重点关注媒体融合的实际操作、体制机制创新案例，从中找准媒体融合发展的难点与痛点，有针对性地从理论层面加以分析总结，探寻其间的需求和规律，指导媒体的融合发展。

项目五：中国特色的新闻传播理论研究（首席研究员：宋小卫）。自20世纪70年代末现代新闻传播学引入中国后，其主要概念和理论学说都是建立在西方经验基础之上的。当前，中国社会转型与深化改革创造了无数鲜活的传播事例，积累了众多传播经验，为新闻传播学的中国本土理论创新提供了难得的机遇和充分条件。2017年该项目将重点关注“公共传播理念的科学性、有效性及规范化表达研究”“当代中国传媒法治与道德建设研究”“新闻传播学跨学科拓展研究”“当代中国新闻传播思想史研究”。

项目六：我国新闻传播学一流期刊建设（总编辑：钱莲生）。该项目是上一轮创新工程项目“我国新闻传播学一流核心期刊建设”的延续，建设任务包括本学科顶级学术月刊《新闻与传播研究》的编辑出版，原有的《中国新闻年鉴》和新创刊的《中国新闻传播学年鉴》的编撰，《治学例话——全国新闻传播学优秀论文品鉴》的编辑，以及季刊《新闻学传播学文摘》的编辑。这些定期出版物共同构成了我国新闻传播学一流学术期刊群。

（2）新立项课题

2017 年，新闻所共有新立项课题 10 项。其中，国家社会科学基金课题青年项目 1 项：“中国共产党新闻宣传观念变迁与发展路径研究”（主持：叶俊）；国家社会科学基金课题特别委托项目 1 项：“中产阶层对舆论场的影响研究”（主持：孟威）；院青年学者资助项目 1 项：“国际电视节目本土化与跨文化传播研究”（主持：冷凇）；所级国情调研基地项目 1 项：“中国社会转型期农村传播生态和地方文化建设研究”（主持：赵天晓）；院青年人文社会科学研究中心社会调研项目 1 项：“中国社会科学国际化的现状、困境与发展：以新闻传播学为例”（主持：苗伟山）；院级马工程项目 1 项：“习近平关于党的新闻舆论思想研究”（主持：唐绪军）；院级重大社会调查项目 1 项：“中国舆情指数调查（2017）”（主持：唐绪军）；院级重大信息化项目 1 项：“互联网视听舆情智库”（主持：唐绪军）。

（3）结项课题

2017 年，新闻所共有结项课题 3 项。其中，所级国情调研基地项目 1 项：“中国社会转型期农村传播生态和地方文化建设研究”（主持：赵天晓）；所级创新工程项目 2 项：“中国特色传播与社会发展研究”（主持：卜卫）；“中国特色的新闻传播理论研究”（主持：宋小卫）。

（4）延续在研课题

2017 年，新闻所共有延续在研课题 7 项。其中，全国科学技术名词审定委员会委托课题 1 项：“新闻学与传播学名词审定”（主持：唐绪军）；国家社会科学基金课题特别委托项目 1 项：“媒体社会责任报告制度研究”（主持：宋小卫）；国家社会科学基金课题一般项目 5 项：“我国社交媒体著作权保护研究”（主持：朱鸿军），“移动终端谣言传播与社会认同影响及对策研究”（主持：雷霞），“中国网络广告发展史（1997—2016）”（主持：王凤翔），“冷战时期两岸文宣研究（1949—1991）”（主持：向芬），“移动传播的现状、前景及其影响和对策研究”（主持：黄楚新）。

3. 获奖优秀科研成果

2017 年，新闻所共获奖 10 项。其中，获“第八届优秀皮书类”一等奖 1 项：《中国新媒体发展报告（2017）》（主编：唐绪军）。获“第七届吴玉章人文社会科学青年奖”1 项：《电视娱乐：传播形态及社会影响研究》（作者：殷乐）。获“中国社会科学院优秀对策信息对策研究类”二等奖 2 项：《警惕市场化改革中资本对媒体的控制》（作者：叶俊），《用国际声音讲好中国故事的建议》（作者：姜飞）。获“中国社会科学院优秀对策信息对策研究类”三等奖 4 项：《关于推进媒体舆论监督工作的建议》（作者：宋小卫），《议题设置相关问题的研究》（作者：唐绪军等），《充分发挥新闻扶贫在精准扶贫中的重要作用》（作者：叶俊），《我国网络直播行业发展现状、问题及建议》（作者：王凤翔）。获“中国社会科学院优秀对策信息情况报告类”三等奖 2 项：《当前值得关注的社会舆情动向》（作者：唐绪军、刘志明），《深入调研来华外国人状况有效规避文化冲突》（作者：姜飞）。

三、学术交流

1. 学术会议

2017 年，新闻所主办和承办的学术会议有 9 项。

（1）3 月 30 日，由新闻所主办的中国社会科学院国家治理研究智库舆情研究部揭牌仪式在北京举行。中国社会科学院副院长、国家治理研究智库理事长李培林出席会议，并就舆情研究与智库建设发表讲话。会上，李培林与中国社会科学院社会发展战略研究院院长张翼，新闻所所长唐绪军，新闻所党委书记、中国舆情调查实验室主任赵天晓共同为舆情研究部揭牌。新闻所中国舆情调查实验室首席专家刘志明在揭牌仪式上报告了舆情研究部近两年的研究成果以及今后的发展计划。中国舆情调查实验室秘书长杨斌艳发布了舆情研究部与腾讯公司合作进行的“中国社会舆情指数”项目的阶段性成果《央媒微传播力研究与探索》。

国家治理研究智库是响应中央建设中国特色新型智库的号召，在中国社会科学院党组的领导下，由社会政法学科片的法学研究所、国际法研究所、政治学研究所、民族学与人类学研究所、社会学研究所、社会发展研究院、新闻研究所七个所（院）于 2015 年 5 月共同组建。国家治理研究智库舆情研究部主要依托中国社会科学院新闻与传播研究所。

（2）4 月 6 日，新闻所主办、浙江省记协协办、缙云县委县政府承办的《中国新闻年鉴》第 36 届全国工作会议在浙江省缙云县召开。来自中央新闻媒体、全国各省（区、市）新闻单位资料中心的代表五十余人参加了会议，新闻所党委书记、副所长兼中国新闻年鉴社社长赵天晓出席会议并讲话，新闻所编辑室主任、《中国新闻年鉴》主编钱莲生主持会议，总结了《中国新闻年鉴》2016 年卷编辑出版工作，部署了 2017 年卷供稿工作。

（3）5 月 7 日，新闻学与传播学名词审定委员会终审会议在北京召开。会议由新闻所党委书记、副所长赵天晓主持，新闻学与传播学名词审定委员会主任唐绪军研究员向大会作主题报告，全国科技名词审定委员会人文社科名词审定室主任温昌斌、新闻所副所长季为民以及新闻学与传播学名词审定委员会委员、编写委员及助审专家 20 余人出席会议。

（4）6 月 10 日，由新闻所、中国社会科学出版社主办，郑州大学新闻与传播学院承办的《中国新闻传播学年鉴》第二届编辑出版研讨会在郑州大学新闻与传播学院举行。新闻所所长、《中国新闻传播学年鉴》主编唐绪军出席会议并致辞。新闻所编辑室主任、《中国新闻传播学年鉴》副主编钱莲生总结了 2016 年卷编辑工作，部署了 2017 年卷供稿工作。《中国新闻传播学年鉴》编委、特约编辑等 50 余人参加了会议。

（5）6 月 14 日，由新闻所和腾讯公司安全管理部联合主办的“中国社会舆情指数研讨沙龙”在北京举行。该沙龙发布了 2017 年上半年中国社会舆情指数，其中包括网民社会情绪、网民媒介接触、腾讯平台热点舆情、腾讯新闻网民态度等方面的研究成果和调查数据。来自新闻传播、社会心理、公共治理等领域的专家学者与会，共同探讨中国舆情民意研究，为社会舆情治理“把脉会诊”。

（6）6 月 26 日，新闻所和社会科学文献出版社在北京联合举办以“共享 · 智能 · 移动”为主题的“《中国新媒体发展报告（2017 年）》发布暨新媒体发展研讨会”。中国社会科学院科研局副局长王子豪代中国社会科学院副院长、党组成员李培林致辞，中央网信办网络新闻信息传播局副局长孙凯、社会科学文献出版社总编辑杨群出席会议并致辞。新闻所党委书记、副所长赵天晓主持会议。《中国新媒体发展报告》主编、新闻所所长唐绪军研究员介绍了该年度新媒体蓝皮书的主要内容。

（7）6月27日，中国社会科学院新媒体研究中心、舆情调查实验室联合中国社科院国家治理研究智库、腾讯指数研究中心、人民网舆情监测室、《新闻与写作》杂志社以及中国舆情调查与研究联盟成员机构共同举办的“新媒体与大数据沙龙”2017年第四期（总第十一期）在北京召开。中国传媒大学教授沈浩应邀作“大数据时代的社会计算与网络分析”的主题报告。

（8）7月20日，由新闻所、中国社会科学出版社、中国老区建设促进会、中国扶贫开发服务有限公司共同主办，中国社会科学院舆情调查实验室与中国扶贫旅游开发有限公司承办的《中国旅游扶贫发展指数报告》首发仪式在北京举行。新闻所党委书记赵天晓、中国老区建设促进会副会长司树杰、中国扶贫开发服务有限公司董事长黄勇嘉、中国社会科学出版社副总编辑王浩等出席发布会并致辞。该书主编、中国社会科学院舆情调查实验室首席专家刘志明作了题为“大数据助力旅游扶贫”的主题演讲。新书发布会由新闻所副所长季为民主持。

（9）9月23日至24日，由中国新闻史学会、新闻所、华中科技大学新闻与信息传播学院联合主办，中国传媒大学出版社协办的“信息传播技术与中国历史——第三届中国新闻史青年学者论坛”在华中科技大学举行。

2. 国际学术交流与合作

2017年，新闻所共派遣出访16批18人次，接待来访1批2人次。与新闻所开展学术交流的国家和地区有法国、美国、澳大利亚等。

（1）1月21日至4月18日，新闻所研究员姜飞赴法国波尔多政治学院讲学交流。该项目的研究主题为“中法在构建国际传媒新秩序方面合作的历史梳理和未来探索”。出访期间，姜飞讲授的课程是“从新媒体视角理解中国的文化格局：中国梦、软实力、全球性社区的大合唱”。

（2）5月15日至10月15日，助理研究员苗伟山赴美国艾默里大学进行访问交流。该项目系环球时报基金会“希望英才”青年学者培养计划，受《环球时报》奖学金资助。访问期间，苗伟山进行了互联网治理项目的文本数据采集和数据分析工作，同时参与该校暑期的研究方法课程。

（3）5月16日，澳大利亚迪肯大学传播与创意艺术学院院长、教授Matthew Allen与助教许建博士顺访新闻所，与新闻所商讨建立学术合作关系。双方商讨的主要议题包括：互派访问学者和共同培养硕博研究生。

（4）5月24日至31日，助理研究员孙萍赴美国圣地亚哥参加了2017年国际传播学年会。孙萍系该国际会议“技术、职业与数字工人：国际比较研究视角分析”分会场的主要组织者，她的演讲题目为“现代中国的信息技术实践——程序员、技术和组织再解析”。

（5）7月23日至28日，研究员黄楚新受中国驻坦桑尼亚大使馆文化处之邀，参加了在坦桑尼亚达累斯萨拉姆举行的“中非网络新媒体论坛”。该论坛由中国国家互联网信息办公室和坦桑尼亚新闻、文化、艺术和体育部联合主办。论坛以“创新驱动，媒体变革”为主题，来自中坦两国政府、企业界、传媒及学术界的100多位嘉宾就推动两国新媒体合作进行了深入交流。

（6）7月27日至8月9日，副研究员向芬赴美国斯坦福大学进行为期14天的短期访问。并于7月31日至8月4日参加了斯坦福大学胡佛研究所东亚馆藏部的学术工作坊，工作坊的主题是“跨越1949的鸿沟：胡佛馆藏与当代中国史”。向芬提交的论文为《从冷战思维到新冷战思维——文宣观念中的起源、传播与超越》。

（7）11月14日至21日，副研究员张丹、助理研究员曾国华受美国全国传播协会（NCA）的邀请，赴美国达拉斯参加于11月16日至19日举办的美国全国传播协会（NCA）2017年度会议。参会论文为《边界与敏感性：媒介理论的两种概念路径》。

（8）11月14日至25日，新闻所所长、研究员唐绪军，研究员殷乐前往美国和加拿大参加学术会议并开展学术访问。11月14日至19日，唐绪军和殷乐赴美国达拉斯参加于11月16日至19日举办的美国全国传播协会（NCA）2017年度会议。11月20日至24日，唐绪军与殷乐赴加拿大多伦多约克大学参加关于互联网治理和社交媒体的双边会谈，探讨新闻所与约克大学下一年度的相关合作。

3. 与中国香港、澳门和台湾地区开展的学术交流

（1）3月中旬至4月中旬，助理研究员苗伟山参加香港城市大学媒体与传播系举办的“中国大陆新闻传播青年学者访问项目2016—2017”，进行为期一个月的访学。此次访学的研究主题是关于海归学者归国后的学术生存，并围绕这一主题开展访谈。

（2）4月5日至8日，研究员卜卫受邀参加由香港中文大学新闻与传播学院举办的“中国流动人口议题传播研讨会”，会议的两大主题是流动儿童与新工人文化。卜卫的发言题目为“媒介素养教育、创新推广与当代新社会运动——对近十年70个媒介工作坊的多个案例分析”。

（3）5月31日至6月3日，研究员黄楚新受邀参加由香港浸会大学主办的为期两天的“中国报业和融合挑战”国际会议，其发言的主题报告为《当前中国媒体融合发展状况及趋势》。

（4）7月2日至10日，助理研究员孙萍参加了由台湾清华大学组织承办的“两岸人类学营”。这是关于人类学与非虚构写作的一个训练营，旨在对在读或刚参加工作不久的年轻学者进行方法、写作以及出版事宜的指导。该人类学营主要课程为：民族志与非虚构写作，古典与当代亚洲民族志阅读比较，非虚构写作与出版，跨学科的民族志写作经验分享等。

（5）7月3日至11日，助理研究员曾昕赴台湾参加由台湾政治大学举办的“两岸青年传播学者交流会”，议题主要包括新媒体环境下的媒介融合、新媒体定量研究方法、新媒体设计与互动、游戏制造等等。曾昕的演讲题目为“青少年亚文化视角下的政治议题参与”，并就该议题与台湾政治大学媒介素养、受众研究和青少年研究方面的专家进行了交流探讨。

四、学术出版

2017年，新闻所编辑出版了期刊、年鉴、蓝皮书等。

1.《新闻与传播研究》（月刊）

2017年，《新闻与传播研究》共出刊12期。全年刊登学术论文88篇，约144万字。

《新闻与传播研究》始终以“代表我国新闻传播学研究最高水平、引领我国新闻传播学研究发展方向”为办刊宗旨。2017年，该刊继续以习近平总书记系列重要讲话精神特别是习近平总书记在哲学社会科学工作座谈会上的重要讲话为引领，办好新闻学、传播学、新媒体、传媒经济、新闻传播法治、广告学、媒介分析、传媒文化、国际传播、新闻传播史等栏目，不断加强选题策划，注重理论与方法的引导，努力把期刊内容提高到一个新水平。

在专栏建设方面，该刊继续夯实“马克思主义新闻学”栏目，刊发了《新概念 新范畴 新表述：对外话语体系创新的修辞学观念与路径》（第2期）、《我国马克思主义新闻理论体系建构的知识演进路径考察》（第7期）、《马克思、恩格斯舆论思想内涵研究》（第8期）、《遮蔽与解蔽：

突破马克思主义新闻观的理解困境》（第12期）等文章。这些文章兼具学理性与指导性，旗帜鲜明地弘扬马克思主义新闻观。2014年第7期起开设的“《新闻学与传播学名词》审定过程文存”专栏，2017年完美收官，全年发文13篇。

在内容把关方面，该刊继续坚持严格的同行匿名评审制度，以保证刊发论文的学术水准；同时，深入分析每一篇拟用稿背后的意识形态含义，自觉抵制西方资产阶级新闻观等错误思潮的侵袭，确保所刊文章政治导向正确。全年刊发了《新闻专业主义是媒体精英建构的乌托邦》（第9期）、《对基于良心自由的西方新闻观的批判》（第9期）、《准确理解马克思的新闻出版自由思想》（第10期）、《美国的新闻干预主义：起源、本质及其作用机制》（第11期）等理论文章。

在选题策划方面，该刊坚持“学”“术”并重，扬学科之长。特别组织刊发了有关“媒介化时代的公共传播和传播的公共性”的系列研究成果；刊发了2篇学术争鸣类文章。关注新闻传播学界新动向——实验研究，注重研究的科学性、有效性，刊发了《社交媒体用户的信息加工与信任判断——基于眼动追踪的实验研究》（第10期）、《貌合神离：中英文同款广告的符号和眼动分析》等文章。新闻传播史研究是新闻传播学研究的一个重要领域，该刊注重打破历史成说、史料丰赡、论证有据的史学成果，刊发了《〈循环日报〉“论说”作者考》等23篇史学文章。

在学术传播方面，该刊进一步完善“新闻与传播学术前沿”微信公号，每月按时推出封面文章和目录篇目，摘录文章精华，推送内容提要。还对期刊评出的优秀论文作者进行访谈，扩大论文的社会影响力。

在数字化建设方面，继续完善在线投审稿系统。

在学术成果评价方面，举办了第5次优秀论文评选活动，评出10篇优秀论文，以在全国新闻与传播学界倡导“认认真真做研究、扎扎实实写论文”的良好学风，为学界树立榜样。

该刊系国家社会科学基金资助期刊、中国人文社会科学（CECHSS）顶级期刊、中文社会科学引文索引（CSSCI）来源期刊、中文核心期刊。继2015年获得全国“百强报刊”称号以后，《新闻与传播研究》2017年再次获得国家新闻出版广电总局第三届全国“百强报刊”称号。

该刊主编唐绪军，执行主编钱莲生，学术顾问孙五三，副主编刘瑞生、朱鸿军，编辑韩智冬。该刊每月25日出版。

2.《中国新闻年鉴·2017》（年刊）

《中国新闻年鉴·2017》是该刊自1982年创刊以来连续编辑出版的第36卷，它全面系统地记录了2016年中国新闻传播事业的发展变化情况。

在编辑过程中，该刊以马克思列宁主义、毛泽东思想、邓小平理论、“三个代表”重要思想、科学发展观和习近平新时代中国特色社会主义思想为指导，坚持马克思主义新闻观，牢固树立政治意识、大局意识、核心意识、看齐意识。遵循“记录昨天，启示明天，服务现实”的办刊方针，坚守“高、新、精、实、全、特”的编辑理念，立足全局高度，确保内容新颖，精选精编，求真务实，丰富全面，富有特色。

2017年卷正文内含“重要文献”“事业发展”“学术成果”“综合资料”四大板块，共19编。卷首图片记录了2016年党和国家领导人对新闻界的亲切关怀以及重大报道、重要活动、事业发展、友好往来、重要会议等的精彩瞬间。

在栏目设置方面，“重要文献”板块包括“要文”“典章”2编；“事业发展”板块包括“综述”“中央主要新闻媒体、社团概况”“各地新闻事业概况”“港澳台新闻传播业概况”“新媒体”5编；“学术成果”板块包括“习近平新闻思想研究专题”“高峰论坛”“新论”“经验与思考”“新书”和“调查”6编；“综合资料”板块包括“评奖与表彰”“人物”“机构”“统计”“纪事”和“附录”6编。

在条目编写方面，“要文”选摘了党和国家领导人及新闻管理界主要负责人2016年对新闻事业的新指示、新要求和新阐释。“典章”选摘了2016年度有关部门颁布的法规、发布的部门规章和规范性文件。“综述”全面反映了2016年我国在新闻舆论工作、新闻报刊管理、广播电视业、网络媒体与网络传播等方面取得的新成就，特别刊发了中宣部新闻局提供的《中国新闻舆论工作2016年综述》。“中央主要新闻媒体、社团概况”“各地新闻事业概况”“港澳台新闻传播业概况”着重记载了中央主要新闻媒体（社团）、全国省（区、市）、港澳台地区2016年新闻传播事业的基本情况。“习近平新闻思想研究专题”摘录了新闻传播业界、学界撰写的学习习近平关于新闻舆论工作等重要讲话的体会文章。“高峰论坛”摘选了新闻界部分负责人关于舆论导向、融合发展、经营管理、队伍建设等方面的专门论述。“新论”摘登了2016年中国新闻学界的重要研究成果，包括论文摘编和论点摘编。“经验与思考”记录了新闻传媒人在重大报道、栏目创新、直面新媒体、经营管理和队伍建设等方面值得借鉴的做法与思考。

该卷在卷首编制了《本刊所涉缩略语释读》。

《中国新闻年鉴》编委会常务副主任唐绪军，中国新闻年鉴社社长赵天晓，主编钱莲生，编辑肖重斌、贾金玺。全书210万字，2017年12月由中国社会科学出版社出版。

3.《中国新媒体发展报告·No.8》

2017年出版的《中国新媒体发展报告》是“新媒体蓝皮书”系列的第8本，分为总报告、热点篇、调查篇、传播篇和产业篇五个部分，汇集国内42位专家学者的研究成果，深入探讨了过去一年中国新媒体发展的状况与存在的问题，并对未来的发展作出了展望。

总报告概括了2016年以来中国新媒体发展的六大态势：互联网广泛而深刻地造福国家与人民，我国正向网络强国大步迈进，不断加快互联网治理步伐，短视频与网络直播塑造微传播新生态，网红经济与共享经济推动新媒体产业发展，网络舆情倒逼互联网企业肩负平台责任。在此基础上，提出了十大展望：“互联网+”行动计划成效显著，互联网与实体经济融合空间广阔；物联网迎来发展机遇期，智能产品样态多样化；媒体融合发展举措不断创新与升级；“一带一路”倡议成为我国提升对外传播水平新契机；微视频、网络直播深耕垂直领域发展，内容创业热度不减；人工智能技术成为热门，其应用领域的选择与布局日显重要；网络文化发挥“硬威力”，社交功能仍是新媒体产品的核心功能；政务新媒体体系化发展，网络扶贫有效推进精准扶贫；新媒体盈利方式更加多元但受到规范约束，移动变现成为新发力点；互联网治理“常态化”与“长期化”，网络安全成为全球互联网治理的重点。

22篇分报告分别对中国新媒体发展中的热点、难点和焦点问题作了深入探讨与分析，内容主要涉及媒体融合、网红经济、政务微博矩阵、虚拟现实、新闻无人机、互联网国际舆论、视频付费、网络电影、网络直播、网络信息安全、电视媒体融合发展、新媒体版权、政府网络传播等。

新媒体蓝皮书认为，2016年以来，在“互联网+”行动计划的推动下，信息化进一步造福社会、造福人民，新媒体加速影响中国发展进程。我国不断加快互联网治理步伐，积极从网络大国迈向网络强国。

短视频、网络直播等新信息产品生产样态革新媒体传播生态，网红经济与共享经济推动新媒体产业发展，人工智能技术引领传播技术创新，媒体“智能化”发展，媒体融合步入提速升级阶段，内容创业步入快车道，网络扶贫助力精准脱贫攻坚，新媒体在中国对外传播与国家形象塑造中的重要性进一步凸显。但随着新媒体发展进入新阶段，一些问题也不容忽视：全球面临网络空间安全威胁，互联网金融风险集中爆发，新媒体传播伦理问题亟待讨论，互联网企业的社会责任亟待提升。

该报告主编唐绪军，副主编吴信训、黄楚新。全书 381 千字，社会科学文献出版社 2017 年 6 月出版。

4.《治学例话——全国新闻传播学优秀论文品鉴》（第四辑）

该书是第四届（2015 年度）全国新闻传播学优秀论文遴选成果的结集。全书收录了《我国网络有害信息的范围判定》（作者：尹建国）、《连续与断裂：帕克与传播研究芝加哥学派神话》（作者：刘海龙）、《告别“街头发言者”：美国网络言论自由二十年》（作者：左亦鲁）、《互联网与观念市场》（作者：胡泳）、《阈限性与城市空间的潜能——一个重新想象传播的维度》（作者：潘忠党、於红梅）、《社交媒体，职业“他者”与“记者”的文化权威之争——以纪许光微博反腐引发的争议为例》（作者：陈楚洁、袁梦倩）、《新闻生产即记忆实践——媒体记忆领域的边界与批判性议题》（作者：李红涛、黄顺铭）、《可沟通城市指标体系建构：基于上海的研究（上、下）》（作者：复旦大学信息与传播研究中心课题组，课题组成员有：谢静、孙玮、潘霁、周海晏、葛星）、《论民国新闻事业的起源、发展历程及历史评价问题》（作者：倪延年）、《十八世纪中国的新闻与民间传播网络——作为媒介的孙嘉淦伪奏稿》（作者：詹佳如）10 篇优秀论文。这些论文是从当年发表的上万篇新闻传播学论文中筛选出来的，反映了 2015 年度中国新闻传播学研究的真实水平。所选论文或在思想上有所建树，或在方法上有所突破，或对老问题给出了新解释，或对新现象提出了新观点……编撰时，除收录论文原作外，还收纳了作者小传、组委会撰写的优秀论文遴选意见和作者写作回眸等内容，旨在为新闻传播学科治学立论提供示范。

该书主编唐绪军，副主编钱莲生。全书 333 千字，2017 年 12 月由中国社会科学出版社出版。

供稿：中国社会科学院新闻与传播研究所

上海社会科学院新闻研究所 2017 年概况

一、基本情况

1. 人员

截至 2017 年年底，上海社会科学院新闻研究所（以下简称新闻所）在职人员共 20 人。其中正高级职称 2 人，副高级职称 4 人，中级职称 10 人。现任所长强荧。

2. 机构

新闻所现设有所长室、副所长室、

所办公室及4个研究中心，分别为全球互联网治理研究中心、新闻与传播研究中心、新媒体研究中心、舆情研究中心。现任副所长张雪魁、戴丽娜。办公室主任陈骅，舆情研究中心主任张雪魁，全球互联网治理研究中心主任戴丽娜，新闻与传播研究中心主任吕鹏，新媒体研究中心主任王蔚。

3. 学术委员会、职称评审委员会组成情况

新闻所学术委员会成员共6人，研究员强荧任学术委员会主席，学术委员会委员分别为张雪魁（研究员）、戴丽娜（副研究员）、吕鹏（副研究员）、王蔚（副研究员）和白红义（副研究员）。

新闻所聘任委员会成员共7人，强荧任聘任委员会主席，张雪魁、戴丽娜、吕鹏、王蔚、办公室主任陈骅、工会主席童希任聘任委员会委员。

二、科研工作

1. 科研成果

新闻研究所2017年度出版与发表的科研成果包括：甲类论文19篇，乙类论文11篇；撰写其他文章20篇；完成调研报告14份；论文获重要奖项3项；在研国家课题6项，上海市课题6项，院级重大课题3项。

2. 科研课题

2017年立项课题：

课题类型	项目名称	负责人
国家社会科学基金课题	国际恐怖主义组织的传播特点及其对中国的影响研究	郑博斐
上海市哲学社会科学基金课题	移动传播时代新社区媒体推进上海社区治理研究	张昱辰
院级招标课题	移动传播时代新社区媒体推进上海社区治理研究	张昱辰
院级招标课题	国际恐怖主义组织的传播特点及其对中国的影响研究	郑博斐
院级招标课题	移动互联网环境下移动出版的瓶颈与对策研究	孟　晖
院内定向课题	上海市知识分子思想状况调查	张雪魁
横向课题	深入推进网络空间国际治理专题研究	戴丽娜
横向课题	“一带一路”网络空间国际交流合作研究	戴丽娜
横向课题	迈向新型主流媒体集团：媒体融合背景下的上海广播电视台深化改革问题研究	王　蔚
横向课题	大数据时代浦东新区重点产业园区技能培训调研与开发研究	王　月
横向课题	上海质监舆情分析与研判	强　荧
横向课题	食品安全新闻研究	强　荧

3. 获奖情况

新闻论文《算法机制背后的新闻价值观——围绕“Facebook 偏见门”事件的研究》（作者：方师师）获上海新闻论文一

等奖及上海新闻奖二等奖。

新闻论文《网络空间媒介生态变迁与国家治理》（作者：强荧、王月）获上海新闻论文二等奖。

三、学术活动

1. 国内学术交流活动

日期	地点	主办单位	会议主题	活动名称
2017. 6. 16—17	上海社会科学院国际社科创新基地	上海社科院新闻所	“变革中的传播、文化与社会”	第五届尚社新闻论坛
2017. 6. 5	上海社科院新闻所	上海社科院新闻所	“伊尼斯、麦克卢汉、波兹曼——媒介学由想象性表达到学理性阐释”	同济大学教授蒋原伦应邀至新闻所举行学术讲座
2017. 6. 16	上海社科院新闻所	上海社科院新闻所	“像爱护爱豆那样爱国——新媒体与‘粉丝民族主义’的诞生”	中国人民大学教授刘海龙应邀至新闻所举行学术讲座
2017. 10. 10	上海社科院新闻所	上海社会科学院	“上海社会科学院哲学社会科学创新工程国际理论前沿丛书”系列之《新闻与传播学国际理论前沿》发布研讨会	《新闻与传播学国际理论前沿》发布研讨会

2. 国际学术交流与合作

8 月，新闻所出访团访问了澳大利亚悉尼大学、亚洲新西兰基金会等，并与悉尼大学的中国研究中心就对外宣传的有效性，以及新媒体环境下新闻传播方式的变革进行探讨。出访团队还与对方就中国对外传播策略、新西兰媒体对中国的形象构建、中国新媒体产业的发展以及双方的教学和科研合作等议题展开讨论。

供稿：上海社会科学院新闻研究所

四川省社会科学院新闻传播研究所 2017 年概况

一、科研工作

2017 年度，四川省社会科学院新闻传播研究所按照四川省社会科学院“2211”工作要求，积极组织工作，认真开展学科建设。

1. 新立项课题

国家社科基金课题 1 项：“大数据环境下中国基层政府网络协商机制建构与公

共决策优化研究”（主持：陈玉霞）。

四川省社会科学院十九大课题1项：“新媒体环境下铸造中华民族共同体意识研究”（主持：彭剑）。

成都市科技局软科学项目委托课题1项：“新媒体环境下成都市廉政文化传播研究”（主持：蹇莉）。

2. 在研课题

国家社科基金课题“社交媒体环境下的政治传播研究”（主持：彭剑）。

国家社科基金课题“美国报业数字化转型研究”（主持：余婷）。

国家社科基金课题“新媒体环境下的科普传播”（主持：罗子欣）。

国家社科基金课题“体育传播对转变中小学生体育认知和锻炼行为的实证研究”（主持：李晖）。

国家社科基金课题“城市骚乱中英美社会化媒体传播模式及管理研究”（主持：陈实）。

国家社科基金课题“藏疆公民政治认同视角下现代民族政治传播体系建构：基于中美涉藏涉疆报道的比较研究”（主持：杨嘉嵋）。

课题“四川十三五残疾人事业发展规划”（主持：王卉）。

2015年四川省社会科学院年度课题“大数据背景下的政府应急决策机制研究”（主持：陈玉霞）。

成都市委宣传部委托课题“新媒体时代重大突发公共事件新闻发布与舆论引导”（参与人：刘文帅）；四川省农委、四川中烟委托课题《宽窄九章——写给大众的宽窄哲学》书稿及《宽窄》杂志（主要撰稿人：刘文帅）。

3. 结项课题

四川省社会科学重点研究基地委托课题“大熊猫文化传播提升四川形象的路径研究”（主持：蹇莉）。

四川省社会科学院青年课题“成都地区演出产业发展对策研究”（主持：陈实），评定结果为“优”。

4. 学术获奖

《首位城市提质升位协调发展研究》（作者：彭剑）获四川省十七次哲学社会科学优秀成果三等奖。

《四川省全面建成小康社会的理论与实践》（作者：彭剑）获四川省十七次哲学社会科学优秀成果三等奖。

《生态文明建设中的矿产资源的可持续发展研究》（作者：罗子欣）获四川省十七次哲学社会科学优秀成果三等奖。

《风险的社会放大：基于场域理论的社会化媒体角色研究》（作者：陈实）获全国首届社科青年论坛暨四川省社会科学院第六届青年学术节三等奖。

5. 学术专著

集体著作《新媒体反思》。

6. 对策建议获省领导批示

对策建议《加强我省重大突发公共事件新闻发布与舆论引导的建议》（作者：黄琳、蹇莉、刘文帅等），获得四川省委书记王东明批示及四川省委常委、成都市委书记范锐平肯定性批示。

《十九大前四川舆论把控的对策建议》（作者：彭剑、李晖）获四川省委常委甘霖批示。

《舆论如何监督党政一把手研究》（参与人：彭剑），获四川省委常委王雁飞批示。

《激发全民族文化创新创造活力》（作者：彭剑），被四川省委办公厅《四川信息专报》刊发采用，并上报中央办公厅。

《关于党内政治生活的新旧准则对比及解读》（作者：陈实）获四川省委常委批示。

《思想理论界热议习近平总书记“7·26”重要讲话》（作者：李晖）获中宣部采用。

7. 大报大刊论文

《华盛顿邮报：数字化转型并非“神话”》（作者：余婷），《光明日报》2016

年12月3日。

8. 学术论文

一类期刊1篇，核心期刊论文11篇，CSSCI期刊3篇，公开19篇。具体为：张立伟论文7篇，其中CSSCI期刊1篇，核心期刊5篇；蹇莉7篇，其中CSSCI期刊1篇，核心期刊1篇，公开5篇；余婷4篇，其中一类期刊1篇，核心期刊3篇；陈玉霞3篇；彭剑4篇，其中CSSCI期刊1篇、核心期刊1篇、公开2篇；刘文帅3篇；王卉2篇；何煜雪2篇；陈实2篇；黄琳核心期刊1篇。

二、学术活动

2月，张立伟参加省委宣传部召开的“全省推进媒体深度融合座谈会”，发言题目是“媒体融合讲好四川发展故事”。

2月，彭剑参加四川省委宣传部召开的“全省推进媒体深度融合座谈会”。

4—7月，彭剑参加“四川省优秀干部递进班”培训三个月。

4月8日，蹇莉参加中国史学会、中国考古学会、中国古都学会、北京大学考古文博学院、《光明日报》和四川省社会科学院6家单位共同主办的“天府之国与丝绸之路学术研讨会”，其《文物展陈与城市品牌传播》收入论文集。

5月，陈玉霞参与华南理工大学的“大数据、科技与媒体未来”跨界学术会议。

5月，陈玉霞参与四川大学文学与新闻传播学院传播学硕士研究生的论文评审与答辩。

5月12—13日，陈玉霞、杨嘉嵋的论文《互联网时代的信息安全隐忧》入选华南理工大学举办的“大数据、科技与媒体未来”跨界学术会议，并在会上宣讲论文。论文收入出版论文集。

6月，陈玉霞参与四川省社会科学院举办的第六届青年论坛。

8月，张立伟为四川党建期刊集团作题为“媒体融合讲好本地发展故事”的讲座。

9月14日，何煜雪参加由四川省社会科学院、联合国开发计划署驻华代表处、四川博览事务局主办的2017年“中国西部城市可持续发展论坛”。

9月15日，蹇莉参加第二十届全国社会科学院院长联席会，其《新闻媒体加强廉政文化传播的对策研究》收入论文集。

9月，张立伟任四川省新闻出版广电局“广播电视媒体融合创新案例评选”评委。

9月，陈玉霞参与四川省社会科学院举办的中印论坛。

9月，陈玉霞、杨嘉嵋的论文《印度以“文化传播”推动公共外交的经验及对中华文化“走出去”的启示：基于公共外交理论》入选中印论坛，并在会上宣讲论文。论文收入出版论文集。

10月9—18日，陈玉霞参加四川省委统战部举办的无党派人士培训班第40期的学习。

10月，彭剑参加西昌地方社科院院长联席会。

10月，彭剑参加城市可持续论坛。

11月8日，陈玉霞参加四川省委统战部举办的“四川知识分子联谊会学习贯彻党的十九大精神座谈会”。

11月3—5日，刘文帅参加中国高等教育学会新闻与传播专委会主办的“第十届中国新闻学年会”。

11月14日，刘文帅接受人民网四川频道视频节目“2017第五届村政论坛活动”采访。

11月16日，何煜雪、余婷、罗子欣参加封面新闻主办的2017“智创未来2017C+移动媒体大会”。

11月，张立伟为雅安记协作“新时代新闻宣传新作为”讲座。

陈玉霞参与四川省社会科学院史“新闻所”部分的修改工作、参与《四川改革》读本新第七章《砥砺前行不断创新：文化、科技与教育改革》的撰写。

供稿：四川省社会科学院新闻传播研究所

天津社会科学院舆情研究所2017年概况

一、机构概况

2017年7月，舆情研究所成为“中宣部舆情信息直报点”；8月，天津市委宣传部与天津社会科学院共建的“天津市舆情研究中心”成立，开始形成研究所、直报点、中心的“三位一体”工作格局。该研究所积极服务于中宣部舆情信息局、国家网信办、天津市委宣传部等有关部门，以社情民意调查和数据分析为载体，充分发挥为中央及地方党政工作服务的智库作用，获得了中央领导批示2次，天津市主要领导批示10余次。

截至2017年年底，共有专职科研人员11名，包括研究员3人，副研究员7人，助理研究员1人，已经形成了稳定、团结的研究梯队。其中：博士7人、硕士3人。学科背景主要为社会学、政治学、经济学等。

二、科研工作

（一）科研成果

2017年度共完成科研成果41项，主要代表作品如下：

《论舆情工作与协商民主的结合与相互促进》（作者：王来华），《天津社会科学》2017年第5期。

《网络协商民主研究的三维视角》（作者：毕宏音），《天津社会科学》2017年第5期。

《提高网络管理水平需练就“四种能力”》（作者：毕宏音），《天津日报》（理论版）2016年12月26日。

《天津市微信公众号发展现状、问题及对策研究》（作者：于家琦），载《2017天津市经济社会形势分析与预测（社会卷）》，天津社会科学院出版社。

《中国迅速崛起的移动支付及其影响》（作者：董向慧），《成均中国摘要》（韩国）2017年第10期。

（二）科研课题

2017年新立项及在研的课题主要有8项，具体如下：

2016年度天津社会科学院重点（应急）课题1项：“突发事件中的微信传播与舆情治理机制研究”（主持：叶国平）。

2015年度天津社会科学院重点研究课题1项：“协商民主的具体实现路径研究”（主持：郭鹏）。

2015年度天津市哲学社会科学规划资助一般项目1项：“基层协商民主中舆情表达与政府回应机制研究”（主持：郭鹏）。

2014年度国家社科基金特别委托项目1项：“舆情表达机制建设与协商民主体系构建”（主持：王来华）。

2014年度国家社科基金青年课题1项：“舆情视角下中国政策议程设置模式及完善路径”（主持：于家琦）。

2014 年度天津社会科学院重点研究课题 1 项："21 世纪的舆情理论研究与实践"（主持：毕宏音）。

2013 年度天津市哲学社会科学规划资助一般项目 1 项："网络社会舆情视角下公共政策形成的过程和机制研究"（主持：于家琦）。

2013 年度天津社会科学院重点研究课题 1 项："公共服务常态运行的舆情监测与应对研究"（主持：于家琦）。

天津市文明办委托咨询课题 5 项：

"2017 年天津市文明城区专项测评"

"关于天津市文明城市创建工作方案的调研"（主持：叶国平）。

"天津市东丽区文明创建测评标准及测评结果"（主持：张文英）。

"2017 年天津市文明单位文明社区测评"

"2017 年天津市全国文明城区提名城区专项测评"（主持：郭鹏）。

三、学术活动

2017 年，天津社会科学院积极开展学术交流活动，主要围绕公共政策、基层治理、舆情表达等主题，具体如下：

4 月，王来华、毕宏音等赴福建社会科学院参加福建社会科学院舆情研究中心成立大会。

5 月，于家琦赴广东省社会科学院、广州市社会科学院、湖北省社会科学院调研智库建设。

6 月，郭鹏赴郑州参加中国社会科学院新闻与传播研究所、中国社会科学出版社主办的"《中国新闻传播学年鉴》第二届编辑出版研讨会"。

7 月，王来华、毕宏音等赴上海参加中国社会学年会。

7 月，王来华、郭鹏赴西安参加中宣部舆情信息局主办的"中宣部高校社科类舆情信息直报点区域性片会"。

8 月，承办由天津市委宣传部、天津社会科学院主办的"天津市舆情研究中心成立暨舆情信息工作与智库作用研究论坛"。

10 月，于家琦赴德国参加"新闻媒体的多介质商业盈利模式"培训班，并取得结业证书。

供稿：天津社会科学院舆情研究所

河北省社会科学院新闻与传播学研究所 2017 年概况

一、机构概述

截至 2017 年年底，河北省社会科学院新闻与传播学研究所共有在职科研人员 10 人，包括研究员 2 人，副研究员 4 人，助理研究员 3 人。其中博士 2 人，硕士 2 人，学科背景主要有编辑学、新闻传播学、历史学、政治学等，现任所长田苏苏，副所长梁跃民。

二、科研工作

1. 科研成果

2017 年度该所共完成科研成果 55 项（包括著作 1 部，论文 17 篇，调研报告 36 篇，媒体宣访 1 项），共计 52.3 万字，其中，符合河北省社会科学院重要科研成果标准的研究成果 27 项。主要代表成果如下：

（1）出版专著1部：《“一带一路”纪录片传播研究（1980—2015）》（作者：包来军），中国致公出版社2017年8月出版。

（2）论文

《微博微信新媒体在社会主义法制建设中的作用研究——以河北省黄骅市司法局“双微普法”为例》（作者：包来军），《数字传媒研究》2017年第3期。

《广播“引进节目”中存在的问题及改进策略》（作者：孙荣欣），《中国新闻出版广电报》2017年9月27日。

《新媒体环境下传统媒体加强公信力建设研究》（作者：孙荣欣），《新闻知识》2017年第10期。

《广播电视对外传播的现实困境及创新思路——以京津冀协同发展战略下的河北广电为例》（作者：张芸），收入《中国广播影视文存》，中国广播影视出版社2017年6月出版。

《管窥当前国粹京剧在音视频媒介中的传播及思考》（作者：韩春秒），收入《中国广播影视文存》，中国广播影视出版社2017年6月出版。

《省级卫视“920”时段节目创新研究》（作者：孙荣欣），收入《中国广播影视文存》，中国广播影视出版社2017年6月出版。

（3）研究报告

《2016年河北省新闻发布会评估报告》（作者：梁跃民、张芸、包来军），获河北省委常委、宣传部部长田向利肯定批示。

《2016年河北省“互联网+”发展报告》（作者：梁跃民），收入《中国新媒体发展报告No.8（2017）》，社会科学文献出版社2017年7月出版。

《我省媒体助力雄安新区建设的重要任务与政策建议》（作者：韩春秒），获河北省委常委、宣传部部长田向利肯定批示。

《关于雄安新区民意动向及诉求的初步调查》（作者：韩春秒），获时任河北省代省长许勤肯定批示。

《我省网络发声主体的特征分析及引导建议》（作者：韩春秒），获河北省委常委、宣传部部长田向利肯定批示。

《助力雄安新区建设亟需提升主流媒体对外传播能力》（作者：张芸），获河北省常务副省长袁桐利和省委常委、宣传部部长田向利肯定批示。

《河北省县城数字影院发展情况调研报告》（作者：田苏苏、孙荣欣、张芸），国家电影专项资金委员会文件采用。

（4）舆情分析报告

《当前“一带一路”对外传播中民心相通应注意的问题及建议》（作者：包来军），中宣部《舆情摘报》单篇采用。

《十九大报告的几个新舆情热点及应对建议》（作者：韩春秒），中宣部《舆情专报》综合采用。

《从我国网民结构特征看网络民意与真实民意的偏差》（作者：张芸），中宣部《舆情专报》综合采用。

《青年网民对网络舆论变迁的影响及相关建议》（作者：张芸），中宣部《舆情专报》综合采用。

《近两年网络舆情的发展特征和演变规律》（作者：张芸），中宣部《舆情专报》综合采用。

2. 科研课题

2017年全所共立项和完成科研课题11项，具体如下：

2017年河北省社科基金委托课题“全省智库基础信息调查”（主持：梁跃民）。

2017年河北省外宣局委托课题“2017河北省新闻发布会效果评估”（主持：梁跃民）。

2017年河北省社科院重大课题“农业供给侧改革背景下我省农村地区资讯环境及农民资讯需求研究”（主持：韩春秒）。

2017年河北省社科院重点课题“新媒体环境下传统媒体加强公信力建设研究”（主持：孙荣欣）。

2017年河北省社科院重点课题“我省

新型主流媒体的立体化建构研究”（主持：张芸）。

2017 年河北省社会科学发展课题（民生调研专项）“我省农村地区资讯困境调查”（主持：韩春秒）。

2017 年河北省社会科学发展研究课题“廉政文化传播研究——以廉政纪录片为例”（主持：包来军）。

河北省法学会 2017 年度研究课题“河北省省级法律网站建设研究”（主持：包来军）。

2016 年河北省政研会课题“2016 年河北省社会各阶层思想动态分析及 2017 年预测”（主持：梁跃民）。

2016 年河北省社会科学发展课题（民生调研专项）“京津冀协同发展背景下我省主流媒体国际传播力研究”（主持：张芸）。

中共河北省讲师团系统 2017 年度课题“2016—2017 年河北省微电影社会主义核心价值观传播研究”（主持：包来军）。

河北省法学会 2016 年度研究课题“黄骅市司法局新媒体‘双微普法’成功经验研究”（主持：包来军）。

三、学术交流

2017 年 5 月，包来军参加中国社会科学院世界宗教研究所主办的“修行人类学视野下的宗教与社会暨第三届宗教人类学工作坊”和中国社会科学院马克思主义研究院、深圳大学主办的“弘扬优秀，凝聚中华民族共识”学术研讨会。

2017 年 6 月，包来军参加中国社会科学院主办的“第四届社会学青年论坛”、中国社会科学院中国廉政研究中心主办的“中国社会科学院第十届廉政研究论坛”。

2017 年 6 月，梁跃民参加北京中华文化学院、天津市中华文化学院、河北中华文化学院举办的“京津冀文化创意产业协同发展座谈会”，并作题为“推动‘京津冀’文化创意产业协同发展的一个突破点——关于成立‘京津冀协同发展研究院’的建议”的发言。

2017 年 7 月，包来军参加中国社会科学院马克思主义研究院主办的“2017 年全国马克思主义基本原理”研讨会和“习近平系列重要讲话学术论坛（2017）”。

2017 年 8 月，包来军参加中国社会科学院近代史研究所主办的“地方文献、区域社会与国家治理——第七届中国近代社会史”国际学术研讨会。

2017 年 11 月 18 日，由石家庄日报社、河北省社会科学院新闻所、中国西柏坡精神研究院共同主办的“纪念石家庄解放暨《石家庄日报》创刊 70 周年”专家研讨会在石家庄高远森林城举行。

2017 年 11 月，田苏苏参加中国社会科学院马克思主义研究院主办的“学习贯彻‘十九大’精神，推动马克思主义理论创新发展”学术研讨会。

供稿：河北省社会科学院新闻与传播学研究所

安徽省社会科学院新闻与传播研究所 2017 年概况

一、机构概况

截至 2017 年年底，该所共有科研人员 7 人，其中：研究员 2 人（含退休），副研究员 1 人，助理研究员 4 人。该所具有博士学位的人员有 3 人，学科背景主要有新闻传播学、社会学、政治学、历史学等。副所长、研究员方金友主持工作。该所内设两个研究室：新闻与传播研究室（主任王慧）、信息与咨询研究室（主任胡凤）；挂靠一个研究中心：安徽省旅游发展研究中心（执行主任常松）。

二、科研工作

2017 年，该所深入学习贯彻党的十九大精神，以习近平新时代中国特色社会主义思想为指导，凸显网络舆情研究方向，以课题项目为平台，以科研队伍为支撑，努力建设全省领先、全国知名的学术研究机构。

1. 课题研究

该所新立项课题有 2 项：

国家社科基金青年项目“新闻事件流行语的意识形态镜像表征研究”（主持：刘莲莲）。

安徽省科技创新战略与软科学专项“科技支撑安徽农村养老模式研究”（主持：方金友）。

在研课题主要有 2 项：

2014 年度国家社科基金课题“微博舆情与公众情绪互动研究”（主持：常松）已完成书稿撰写。

2016 年度国家社科基金课题“微传播的舆情分析与治理路径研究”（主持：方金友）调研基本结束，进入撰稿阶段。

结项课题主要有 4 项：

2016 年度安徽省社科联创新发展研究重大项目“长三角世界级城市群合肥副中心研究”（主持：方金友）。

安徽省社科规划项目（主持人：胡凤、刘莲莲）。

2017 年度安徽省领导圈阅课题“安徽政务微博微信建设问题研究”（主持人：王慧）。

2017 年度合肥市社科规划项目“媒体融合条件下传统媒体创新发展对策研究”（主持人：王慧）。

2. 科研成果

2017 年，该所完成科研成果主要有 13 项，其中：著作 2 部，30 多万字；论文 6 篇，7 万多字；研究报告 5 篇，18 万字。具体如下：

出版著作有 2 部：《合芜蚌国家自主创新示范区发展报告》（执行主编：方金友），社会科学文献出版社 2017 年 7 月出版；《安徽名小吃》（编著：方金友），安徽科学技术出版社 2017 年 12 月出版。

发表论文主要有 6 篇：《议题互动、舆论生成与舆论偏向——新媒体时代传统媒体舆论引导力的重建》（作者：刘莲莲），《学术界》2017 年第 3 期；《政务微博的公共领域建构》（作者：王慧），《新闻战线》2017 年第 2 期；《长三角城市群合肥副中心的空间拓展战略》（作者：方金友），《合肥学院学报》2017 年第 1 期；《微博舆论的传播特征及社会影响》（作者：王慧），《合肥学院学报》2017 年第 2 期；《抗战舆论动员与战时新闻教育模式的形成》（作者：胡凤），《合肥学院学报》2017 年第 6 期；《民国初年新闻职业教育兴起与发展探析》（作者：胡凤），《青海师范大学学报》2017 年第 6 期。

撰写研究报告主要有 5 篇，《长三角世界级城市群合肥副中心研究》（作者：方金友）；《抗战时期的新闻教育研究（1931—1945）》（作者：胡凤）；《安徽发展乡村旅游新型业态的对策建议》（作者：王慧），《咨政》（内刊）2017 年第 2 期；《安徽政务微博微信建设问题研究》（作者：王慧）；《媒体融合条件下传统媒体创新发展对策研究》（作者：王慧）。

三、学术交流

该所鼓励科研人员积极参加学术交流

活动和开展学术调研活动，扩大研究视野，掌握新闻传播学科最前沿的研究动态，加强科研队伍的培养。

5月21日，常松、方金友参加中国社会科学院新闻与传播研究所在郑州大学召开的“《中国新闻传播学年鉴》第二届编辑出版研讨会”。

7月23日，方金友参加在上海市召开的中国社会学会年会，方金友主持由安徽省社会学学会主办的“共享共建视阈下的中国新农村社会建设”分论坛，并当选为第十届中国社会学会常务理事。

8月17日，胡凤参加中国新闻史学会2017年学术学会之“中国新闻传播教育改革的历史方位”分论坛，入选论文是《学术与政治：抗战舆论动员与战时新闻教育模式的形成》。

9月25日，常松、方金友参加天津社会科学院主办的全国网络舆情研究研讨会，并就智库建设作了发言。

11月25日，方金友在合肥参加安徽省社会学会五届四次会议及学术年会。

11月26日，胡凤参加中国新闻史学会、南昌大学新闻学院“中国共产党新闻理论与实践”论坛，入选论文是《战时新闻界大联合与“青记”的战时教育》。

供稿：安徽省社会科学院新闻与传播研究所

北京市社会科学院传媒研究所2017年概况

一、机构概述

截至2017年年底，北京市社会科学院传媒研究所有在职人员4人，有兼职或特聘研究人员9人。该所设有新媒体与互联网研究中心、文化创意产业研究中心。

二、科研工作

（一）科研成果

1. 著作

《文化创意产业前沿——文化创意产业与新媒体论丛第三辑》（主编：郭万超），经济日报出版社2017年9月出版。

2. 论文

《中华传统文化传承和弘扬存在的主要问题》（作者：郭万超），《学术前沿》2017年第2期。

《中国特色社会主义进入新的发展阶段》（作者：郭万超），《经济日报》（理论版）2017年8月25日。

《从〈人民的名义〉热播反思我国电视剧供给侧问题》（作者：赵玉宏），《当代电视》2017年第9期。

《“一带一路”对外汉语传播的创新模式》（作者：王丽），《青年记者》2017年第32期。

《文化领域发展混合所有制经济的现状与思考》（作者：仇博），《文化创意产业与新媒体论丛——文化创意产业前沿2017》，经济日报出版社2017年8月出版。

《文化自信是更深沉持久的力量》（作者：郭万超），《中国国情国力》2017年第3期。

《北京加快建设全国文化中心的路径》（作者：郭万超），《中国国情国力》2017

年第12期。

《找回经济学中的人》（作者：郭万超），《北京日报》（理论周刊）2017年7月31日。

《中国特色社会主义新时代的大国新气象》（作者：郭万超），《贵州日报》（理论版）2017年12月13日。

《经济发展的“道”和“术”》（作者：郭万超），《中国民商》2017年第2期。

《找回经济学中的人——经济理论创新的根本生长点》（上篇）（作者：郭万超），《中国民商》2017年第8期。

《文化产业发展必须处理好三大关系》（作者：郭万超），《中国民商》2017年第3期。

《经济发展战略在国家发展中的重要作用》（作者：郭万超），《中国民商》2017年第6期。

《找回经济学中的人——经济理论创新的根本生长点》（下篇）（作者：郭万超），《中国民商》2017年第9期。

《树文化自信，建文化强国》（作者：郭万超），《领导科学论坛大讲堂》2017年第6期。

《中国健康文化的现状评价与发展预期》（作者：郭万超），《健康城市蓝皮书——中国健康城市建设研究报告》，社会科学文献出版社2017年9月出版。

《以城市精细化管理助力美好生活创造》（作者：郭万超），《城市管理与科技》2017年第6期。

《文化创意产业融合发展类别及存在的问题探析》（作者：赵玉宏），《文化产业导刊》2017年第4期。

《北京文创产业融合发展的宏观环境探析》（作者：赵玉宏），《北京文化创意》2017年第3期。

《基于PEST模型的我国文化产业发展分析》（作者：赵玉宏），《城市观察》2017年第3期。

《“互联网+”时代“一带一路”文化传播模式探析》（作者：王丽），《理论月刊》2017年第10期。

《“一带一路”背景下对外汉语传播模式探析》（作者：王丽），《文化学刊》2017年第10期。

《立足北京特色，创新北京文化——从发达国家的文化中心看北京文化中心建设》（作者：郭万超），《文化创意产业与新媒体论丛——文化创意产业前沿2017》，经济日报出版社2017年8月出版。

《挖掘节庆文化价值，大力提升文化消费》（作者：王丽），《文化创意产业与新媒体论丛——文化创意产业前沿2017》，经济日报出版社2017年8月出版。

（二）领导批示

《关于重塑城市文化空间、涵养首都文化生态的建议》，2017年9月14日获得市委常委、宣传部部长杜飞进批示。

（三）科研课题

1. 国家课题

国家社会科学基金特别委托项目“全球视野下中国道路的内生特性研究”（主持：郭万超），2017年结项。

2. 北京市课题

中共北京市委宣传部委托课题“规范管理非公资本进入传媒领域研究——国外经验与治理建议”，5月结项。

北京市新闻出版广电局委托课题“北京市出版业国际传播力的现状、问题与对策”（主持：郭万超），12月结项。

北京市社会科学院一般课题“北京文化空间重塑与首都文化生态涵养研究”（主持：郭万超），2017年结项。

北京市社会科学院一般课题“供给侧改革背景下我国影视内容新生产研究”（主持：赵玉宏），2017年结项。

北京市社会科学院一般课题“北京‘一带一路’对外文化传播研究”（主持：王丽），2017年结项。

三、学术活动

6月6日，郭万超参加英国国家人文艺术基金会、爱丁堡大学、北京大学主办的“互联网创意文化产业模式创新与数字版权保护论坛”，发言的题目是“中国数字版权保护现状”。

9月16日，郭万超参加“2017国家文化产业创新试验区发展论坛”，发言的题目是“文化场景理论下北京文化空间重塑”。

10月11日，郭万超给国家人力资源与社会保障部中国高级公务员培训中心授课，主讲的题目是“树立文化自信、建设文化强国”。

12月3日—5日，中国国家互联网信息办公室和浙江省人民政府联合主办第四届世界互联网大会·乌镇峰会，郭万超参与相关会议材料准备工作。

12月6日，郭万超参加第二届中国国际绿色建筑跨界交流大会，发言的题目是“文化创意如何激发城市更新动能”。

四、学术社团、期刊

《文化创意产业前沿：文化创意产业与新媒体论丛》为年度连续出版物。

供稿：北京市社会科学院传媒研究所

新华社新闻研究所2017年概况

一、基本情况

2017年，新闻研究所以党的十九大精神为指导，认真贯彻落实新华社党组的指示精神，着力提升研究工作水平，取得积极成效。

1. 人员

截至2017年年底，新闻研究所在职人员45人。其中高级编辑/记者9人，主任编辑13人，编辑23人。

所长、党组书记：马义；副所长、党委常委：刘光牛；所长助理、党委常委：朱智宾。

2. 机构

新闻研究所设9个处室：(1) 办公室(主任陈兴平)； (2) 新闻报道研究室(主任李龙师，副主任董彩兰)；(3) 国际传播研究室（主任文建)；(4) 文化产业研究室（主任周燕群，副主任翟跃文)；(5) 新闻理论研究室（主任空缺）(6) 新闻史研究室（主任万京华)；(7) 新闻业务编辑室（主任张维燕，副主任马昌豹)；(8) 新媒体与舆论研究室（主任李勇华，副主任南隽)；(9) 编辑出版中心(负责人文璐)。

3. 职称评审委员会组成情况

新闻研究所新闻专业职务评审委员会由不少于11名委员组成，其中包括主任委员1名，副主任委员1名。评审委员会由新闻研究所党委常委和抽签评委组成。党委常委成员为常任评委，抽签评委从全所具有副高以上职称人员中产生。职称评审委员会负责评定本所业务人员副高以下职称，报新华社人事局职称办备案；负责向新华社新闻业务正高级职务评审委员会推荐正高职务参评人员。

二、科研工作

（一）科研成果

参与多个中宣部、国家社科基金项目、国家出版基金重点项目、中国记协项目及新华社和研究所重点课题等研究工作。

在新闻理论研究方面，新华社国家高端智库重大课题“习近平总书记新闻舆论工作论述研究”取得重要阶段性成果，在前期一年多研究基础上，历经10个月，编写了研究专著《习近平新闻舆论思想要论》，经中宣部和有关部门批准公开出版，出版发行的消息在新华社客户端发出后，当天点击量超过百万。出版仅一个月，该书发行达5万余册。在这一课题推出成果的过程中，新闻研究所的研究队伍对重大理论问题的研究能力得到了提升，课题组获评2017年“新华社社长总编辑奖”。

在加强新闻实践研究方面，强化重大报道研究，围绕习近平总书记新闻报道、十九大报道、两会报道、“一带一路”高峰论坛报道等进行了全方位的研究，新华社领导和报道领导小组的同志多次对研究成果提出表扬，研究工作在有关编辑部中产生较大反响；围绕博鳌论坛、达沃斯（中国）论坛、金砖国家论坛等，开展重大报道的国际话语权研究，有效发挥了对报道的指导作用。跟踪媒体发展趋势，加强对国内外媒体创新举措的跟踪研究，抓住短视频等创新亮点开展重点研究，并且围绕实证研究方法开展大量尝试，探索研究方法的创新。

此外，参加国家社科基金重大项目“中华民国新闻史”研究项目、国家出版基金重点项目《中国名记者》丛书编撰、社科基金课题“提高主流媒体新闻供给质量的扶持路径”研究、社科基金青年课题“新媒体条件下党管媒体遇到的挑战和对策”研究。作为编写组单位，继续参与《中国新闻年鉴》编写工作、中国记协《中国新闻事业发展报告》编写工作。

1. 专著

（1）《习近平新闻舆论思想要论》，新华出版社2017年12月出版。

（2）《习近平论新闻舆论工作》（内部学习资料·2017年版）

（3）《新时代传媒话语权重构——2016年新华社学术年会论文选》，新华出版社2017年10月出版。

2. 论文

《新华社英文广播的开拓者沈建图》（作者：万京华），《中国记者》2017年第1期。

《雾霾“红警”：看三家央媒如何发力新媒体》（作者：张倩），《中国记者》2017年第1期。

《“不死的上帝”在哪里？——从美国大选看西方新闻报道“客观公正”的虚伪性》（作者：唐润华、文建、张宸、申琰、陈怡），《中国记者》2017年第2期。

《新中国新闻摄影的开拓者石少华》（作者：郑德金），《中国记者》2017年第2期。

《2017地方两会新媒体报道创新观察》（作者：何慧媛），《中国记者》2017年第3期。

《蒋齐生：从“照相的”到摄影“七论”》（作者：罗婷），《中国记者》2017年第4期。

《从2017全国两会“现象级”作品看重大主题宣传融媒报道应具备的几个意识》（作者：张倩），《中国记者》2017年第4期。

《西方三大通讯社采编力量、人员队伍结构的变化与启示》（作者：文建、陈怡），《中国记者》2017年第5期。

《习近平新闻舆论工作论述的研究现状与前瞻》（作者：李成），《中国记者》2017年第5期。

《“一带一路”融媒报道盘点：看精品力作如何出新出彩》（作者：张倩），《中国记者》2017 年第 6 期。

《从路透队伍转型看国内媒体人才培养如何适应新需求》（作者：陈怡），《中国记者》2017 年第 6 期。

《多重交互关系下“一带一路”对外传播的重心与策略》（作者：唐润华、牛天），《中国记者》2017 年第 9 期。

《普及金砖机制，媒体玩出哪些新花样？——兼谈知识普及类新媒体产品创新手法》（作者：贺俊浩、焦哲），《中国记者》2017 年第 10 期。

《以镇版之作和刷屏产品为十九大打CALL——三大央媒十九大报道创新解析》（作者：贺俊浩、赵旭红），《中国记者》2017 年第 11 期。

《国家领导人海外社交媒体报道效果评估与优化思考——新华社、人民日报、央视 2017 年上半年习近平总书记 Twitter 报道观察》（作者：朱智宾、蒋玉鼐），《中国记者》2017 年第 11 期。

《〈大公报〉报史研究的现状与启示》（作者：万京华、刘雅婷），《中国记者》2017 年第 12 期。

《聚焦内容创新 锻造传播品牌——拓展习近平总书记新媒体报道新空间》（作者：朱智宾、何慧媛），《中国记者》2017 年第 12 期。

《“一带一路”全球传播构建新话语体系探析》（作者：文智贤、毛伟），《中国记者》2017 年第 12 期。

《建设网络强国的学理思考》（作者：文智贤、毛伟），《新闻战线》2017 年第 17 期。

《对我国应对领土争端舆论战的思考——以西方主要媒体关于洞朗事件的报道为例》（作者：陈静静、谭林茂），《新闻战线》2017 年第 18 期。

《智能内容生产平台的现状、问题与趋势》（作者：陈国权），《青年记者》2017 年第 18 期。

《融媒体时代重大会议报道的制胜之道》（作者：何慧媛），《青年记者》2017 年第 25 期。

《主流新媒体的“主流话语”》（作者：陈国权），《青年记者》2017 年第 28 期。

《主流媒体品格力量的锻造与形成——文化建设助推新华社发展壮大》（作者：万京华），《青年记者》2017 年第 34 期。

《我国反恐战略传播机制初探》（作者：唐润华、韩娜），《新闻记者》2017 年第 3 期。

《让新闻更易抵达受众——近年来我国媒体的实践探索》（作者：雷跃捷、蒋玉鼐），《新闻与写作》2017 年第 5 期。

《尊崇对话价值 善用对话策略——讲好中国故事策略初探》（作者：李成），《对外传播》2017 年第 9 期。

《国际知名媒体社交平台视频报道影响力研究——以 RT 的 YouTube 英文主账号为例》（作者：蒋玉鼐、罗寰昕），《对外传播》2017 年第 9 期。

《认知·话语·符号——“讲好中国故事”的阐释体系初探》（作者：李成），《国际传播》2017 年第 4 期。

《传统媒体的未来》（作者：陈国权），《编辑之友》2017 年第 1 期。

《关于媒体融合中内部管理机制的创新》（作者：陈国权），《新闻论坛》2017 年第 1 期。

《寻找适合报纸的场景》（作者：陈国权），《新闻论坛》2017 年第 3 期。

《报业版权保护的内生矛盾及解决思路》（作者：陈国权），《新闻论坛》2017 年第 4 期。

《网络媒体标题乱象与整治——新闻点不等于“爆点”“矛盾点”“敏感点”》（作者：陈国权），《传媒》2017 年第 8 期。

《探寻数字时代报纸成功战略——〈纽约时报〉发布〈2020 报告〉》（作者：张宸），《中国报业》2017 年第 3 期。

《平台出版：硅谷如何再造新闻业》（作

者：张宸），《中国报业》2017年第9期。

《版权保护的内生矛盾及解决思路》（作者：陈国权），《中国报业》2017年第13期。

《新华社地方分社早期历史研究》（作者：万京华），《新闻春秋》2017年第2期。

《毛泽东与红中社》（作者：万京华），《军事记者》2017年第10期。

《博古与新华社》（作者：万京华），《福建党史月刊》2017年第5期。

《绘制新的“南海图画”——议程设置理论对我国媒体涉南海报道的启示》（作者：谭林茂），《亚太安全与海洋研究》2017年第6期。

（二）科研课题

1. 委托课题

积极发挥服务咨询作用，独立完成了中宣部委托课题研究《国外主流媒体新闻客户端发展研究报告》《国有新媒体盈利模式研究》等，以及中宣部赋予的调研内容《网上文娱产业研究》《媒体人离职跳槽情况调研》等课题。与新华社其他部门合作完成中宣部委托课题“如何更好运用‘智库+外宣’模式，服务外宣工作大局”“坚持正确舆论导向，高度重视传播手段建设和创新，提高新闻舆论传播力、引导力、影响力、公信力”“如何进一步加强和改进网络外宣工作”等研究工作。参与中宣部理论局组织的《全面从严治党面对面》撰写工作，撰写《绝不触碰“带电的高压线”——如何严明党的政治纪律》，并参与全书文稿的修改工作。

此外，2017年完成新华社国家高端智库十多项重点课题研究。

2. 新华社重点课题

充分发挥参谋助手作用，参与新华社领导牵头的“优化全社采编力量布局”“国际报道编辑部体系”等调研，参与完成《优化全社采编力量布局调研报告》《关于加强深圳支社报道力建设的意见建议》《调整全社采编力量布局实施方案》起草工作。参加总编室牵头的“关于大青山工作室有关情况的调研”“关于人民日报中央厨房的相关调研”等工作，参与或组织调研报告的撰写。此外，为新华社领导提供《当前国际一流媒体发展的潮流与趋势》《国际一流媒体利用新媒体新技术新平台的案例》《新时代，新通讯社——世界三大通讯社之转型》《新华社利用新媒体讲好中国故事的体会和经验》《境外一流媒体发展新媒体的举措与案例》《推动新时代新华社事业发展的意见建议》等多篇参阅材料，获得充分认可。

（三）获奖情况

“习近平总书记新闻舆论工作论述研究”课题组，获评2017年度“新华社社长总编辑奖”。

《习近平新闻舆论思想要论》（图书），获评新华社优秀新闻作品“最佳智库产品”。

《我国媒体重大涉华议题报道国际影响力探析及建议》（作者：蒋玉鼐），获评第二十七届中国新闻奖二等奖。

《“讲好中国故事”需要四个转向》（作者：李成），获得第二十七届中国新闻奖三等奖。

《借鉴国外经验 加大创新力度 提升习总书记报道国际传播的能力水平》（作者：陈怡），获评新华社优秀新闻作品“最佳新闻论文”。

《2017全国两会“现象级”融媒产品案例及启示》（作者：张倩），获评新华社优秀新闻作品“最佳新闻论文”。

《2017年度致敬特刊：荣休者》（《新闻业务》杂志），获评新华社优秀新闻作品“最佳创意策划”。

《国际知名媒体社交平台视频报道影响力研究》（作者：蒋玉鼐），获评第五届全国对外传播理论研讨会优秀论文。

《大数据时代媒体民调报道的价值、痛点与创新空间》（作者：何慧媛），获评第六届中国传媒经济年会优秀论文一等奖。

新华社新闻研究所 2017 年优秀作品

一等奖（共 20 篇）		
作品题目	作者	编辑
习近平新闻舆论思想要论	课题组集体	
西方三大通讯社采编力量、人员队伍结构的变化与启示	文　建　陈　怡	朱智宾　文　璐
2·19 讲话一周年：那些优秀创新产品与作为（封面专题）	梁益畅　文　璐　陈国权	集　体
“不死的上帝”在哪里？——从美国大选看西方新闻报道“客观公正”的虚伪性	国际传播研究室集体	张　垒　庞晓华
从路透队伍转型看国内媒体人才培养如何适应新需求	陈　怡	朱智宾　文　建　张　垒　马昌豹
国有新媒体盈利模式研究	南　隽　何慧媛	王武彬
加强热点事件舆论引导能力，不失语、不误语——以“山东辱母杀人案”和“四川泸县中学生死亡事件”为例	贺俊浩	李龙师
从 2017 全国两会“现象级”作品看重大主题宣传融媒体报道应具备的几个意识	张　倩	文　璐　李龙师　张维燕
习近平新闻舆论工作论述的研究现状与前瞻	李　成	刘光牛　文　璐　万京华　翟铮璇
他与良知共白头		马昌豹
发挥“第一工作室”创新引领作用开创习总书记融媒报道新境界——习总书记新闻报道系列研究之一	张　倩	朱智宾　李龙师　马昌豹
国家领导人海外社交媒体报道效果评估与优化思考——新华社、人民日报、央视 2017 年上半年习近平总书记 Twitter 报道观察	蒋玉鼐	朱智宾　李龙师　梁益畅
聚焦内容创新打造传播矩阵拓展习总书记新媒体报道新空间——习总书记新闻报道系列研究之三	何慧媛	朱智宾　罗　婷　陈国权
关于国际一流新型世界性通讯社的研究报告	国际室集体	朱智宾
借鉴国外经验加大创新力度提升习总书记报道国际传播的能力水平	陈　怡	朱智宾　马昌豹
法新社媒体实验室（AFP Media Lab）推进三大智能项目研发提升内容生产智能化水平	毛　伟	南　隽
我社地方分支机构经营工作情况调研（上、下）	程　征　周燕群	朱智宾
中国反贫困报道集结号：媒体融合新范例精品力作又一峰		庞晓华
我挂职，我蹲点——不一样的经历与发现	梁益畅　张　垒　陈国权　文　璐	中国记者集体
年度致敬特别策划（上下）“收藏 2017”	新闻业务集体	
二等奖（80 篇）（略）		

三、学术活动

1. 2017 年新华社新闻学术年会

2017 年 12 月 25 日，新闻研究所承办的“学习习近平新闻舆论思想加快建设国际一流的新型世界性通讯社”研讨会暨 2017 年新华社新闻学术年会在新华社总社举行。共开设三个论坛：主题论坛围绕学习习近平新闻舆论工作论述展开；围绕新时代新华社如何贯彻落实习近平新闻舆论工作论述、展现新气象、激发新作为，同时举办 2 个分论坛：一是深入学习贯彻习近平新闻舆论工作论述，构建“内外并重”传播工作格局的战略意义与突破路径；二是深入学习贯彻习近平新闻舆论工作论述，推进“四大工程”“五大能力建设”的理论思考与实践探索。

2. 新华社国家高端智库重大课题“习近平总书记新闻舆论工作论述研究”成果评审会

2017 年 7 月 21 日，新华社国家高端智库重大课题“习近平总书记新闻舆论工作论述研究”成果评审会在新华社总社召开。

四、学术期刊

主办刊物名称《中国记者》，月刊，主编：文璐。

该刊是北京大学专业机构评选认定的全国新闻核心期刊，是业界学界评定职称获得承认的国家级刊发论文的学术刊物，也是参评中国新闻奖新闻论文奖的重要平台。在第二十七届中国新闻奖评选中，《中国记者》刊发的 4 篇论文获中国新闻奖，居同类期刊之首。

2017 年，《中国记者》共出版 12 期，继续发扬权威、可读、实用、大气等多年形成的杂志品格，瞄准新闻传播理论实践热点痛点组织封面专题，新颖快速，针对性强，受到读者普遍好评；及时跟进对中央大政方针组织高质量解读；主动在业界倡导学术规范意识，增加学术研究含量，加强刊物学术化方面取得明显成效；微信公号“京原路 8 号”的吸引力、影响力不断增强，全年推送共计 180 条左右悦读深度文章，月均 15 条，粉丝数获得较大幅度增长，增长比例约 30%。

供稿：新华社新闻研究所

人民日报社研究部 2017 年概况

一、机构概述

截至 2017 年年底，人民日报社研究部在职人员 28 人。其中正高职称 5 人，副高职称 4 人，中级职称 9 人。

研究部主要领导：主任崔士鑫，副主任王刚、丁丁。

研究部设 5 个室处：综合室、媒体发展战略研究室、新闻传播理论研究室、新闻报道业务研究室、教育培训处。

二、科研工作

2017 年，研究部以重点课题为牵引，科研工作扎实推进，公开发表的学术论文和研究报告数量较往年有较大增长。在《人民日报》理论版、评论版等纸媒发表研究性文章达10余篇，在核心期刊发表学术论文10余篇，其中有的被《新华文摘》转载。

1. 重点课题

2017年，研究部承担中宣部等单位部署的多项重点课题，自主申请的国家社科基金项目，取得阶段性成果。马克思主义理论研究和建设工程重大项目——“提高党的新闻舆论传播力、引导力、影响力、公信力研究”课题研究工作逐步推进。2016年立项的国家社科基金重点项目“主流媒体运用移动传播、推动媒体融合发展”课题，经过广泛调研，深入研讨，分工撰写，2017年年底初步完成调研报告。2017年立项的国家社科基金重点项目“新媒体格局下马克思主义新闻观发展研究”课题研究工作正有序推进。

2. 媒体融合发展研究

研究部参与《融合平台——中国媒体融合发展年度报告（2016—2017）》一书编撰工作。完成多篇融合发展调研报告的撰写，发表《深度融合的方向与路径 从“相加”迈向“相融”》等多篇研究文章，有内容、有思想、有深度，启发业内人士深入思考。

3. 新闻报道业务研究

研究部主动适应媒体融合发展新要求和“中央厨房”常态化运行，通过创新工作方式方法，全力做好评报、阅评工作。2017年，通过对《人民日报》《光明日报》《经济日报》日常报道的比较研究，着力抓亮点、找问题、提建议，高质量完成每日评报任务。以两会报道为契机，推进《新闻传媒阅评》改版，由每月撰写几篇《新闻传媒阅评》，改为每周编发一期《新闻传媒阅评》内刊，由评一张报纸拓展为评析报、网、端、微，内容包括“周评传播十强”“周评报纸好稿”“周评新媒亮点”“精品报道阅评”“思考与建议”“学子读报”等，形式更新颖，内容更厚重，实现了纸媒与新媒的有效对接，为改进和提升新闻宣传质量作出贡献。

三、新媒体建设

2017年，研究部积极推进媒体融合发展和新媒体建设工作。中央厨房“煮酒话媒”“智观天下”融媒体工作室不断创新发展，主办的“研究事儿”微信公众账号用户数量不断积累，陆续刊登一批有较大影响力的文章，取得良好的社会效果和传播效果。

中央厨房“煮酒话媒”工作室于2017年2月批准成立。“煮透传播佳酿，话尽天下传媒”，“煮酒话媒”聚焦新闻界热点，探究舆论场走势，解析传媒业变局，追求内容专业独家、观点深刻新锐、表达生动明快，为人们提供有深度、有思想、有内涵，观实践、重研究的新闻研究产品。2017年，共推送百余件包括文字、微视频、H5、长图等多种形式的新媒体作品。作品兼具网络传播力及学术影响力，其中多篇被主流媒体、专业学术期刊转载。

中央厨房“智观天下”工作室于2016年12月获批准成立。主要围绕《人民日报》高端智库建设展开，基本方向是智库研究产品展示、高端智库专家特稿、各类时政、社会问题的数据化调查和畅销书评论、推介等，风格高端大气、权威性强，呈现媒体智库特点，语言专业平实，坚持以问题为导向。2017年，共刊发各类文章、视频、H5、可视化图表等100余件新媒体作品。智库大咖秀专访林毅夫、欧阳自远等节目被转发上千次，点击率超百万，部分内容在《人民日报》《中国城市报》、人民网舆情报告等媒体落地。

“研究事儿”（ID：rmrbyjb）微信公众号于2016年5月19日正式开通，账号主体为人民日报社，由研究部新媒体编辑组负责运营。“观澜传媒业，探究舆论场”，

“研究事儿”主要关注新闻圈和舆论场的最新动态，发布《人民日报》编辑记者的从业感悟和体会，以及业内专家学者的新锐观点。2017年，“研究事儿”共推送原创作品近300篇，单篇最高阅读量过万，一些文章被多家媒体转载，影响力日益扩大。

四、其他工作

1. 部校共建工作

开展部校共建是中央做出的一项重大决策。研究部负责人民日报社与清华大学新闻与传播学院共建工作。2017年春季学期和秋季学期，研究部协调安排报社相关部门负责人和业务骨干6人为清华大学学子讲授马克思主义新闻观和新闻学概要等课程，受到清华师生好评。2017年下半年，研究部协调陪同报社领导赴清华大学分别出席第四届国家形象论坛和第五届“范敬宜新闻教育奖”颁奖典礼并致辞，在学界业界引起热烈反响。

按照中宣部要求，2017年7月底，研究部委派一名高级编辑全程陪同和指导清华大学国际新闻传播硕研班18位学子，赴安徽金寨开展为期7天的暑期社会实践调研采访活动，指导采写的通讯、述评、特稿、侧记、心得等作品数量总计83篇，另有新媒体作品10余件。其中有40多篇作品被中国记协网陆续刊登，同时被海外网、今日头条、北京时间、东方头条等网络媒体以及《皖西日报》转载，获得中宣部领导和清华大学师生的肯定和表扬，相关业绩介绍，刊登在国务院新闻办公室主办的《对外宣传通讯》第15期。

此外，研究部还协调安排清华大学新闻与传播学院师生赴人民日报社北京分社、天津分社、河北分社开展实践教学活动，组织在京多所高校师生参观体验人民日报社新媒体中心和“中央厨房”融媒体平台，举办高校新闻学子评报座谈会，吸纳学子们参与《人民日报》评报工作，协调安排30多名新闻传播专业学生来人民日报社实习，受到师生好评。

2. 教育培训工作

2017年，教育培训工作围绕报社推进媒体融合发展总要求，丰富培训内容，优化培训流程，增强针对性和实效性，在培训形式和效果提升方面取得较大突破。2017年，共举办各类系列培训班11期，人民讲堂8期，总培训人数超过1900人次。特别是精心组织两会报道中央厨房培训班、媒体融合发展专题培训班、新媒体技能应用培训班，举办3期基层党务工作者和基层党组织负责人党建工作培训班，内容针对性强，培训方式新颖，成效显著。

3. 对外供稿工作

一是顺利完成《中国新闻年鉴·2017》人民日报社供稿任务，提交9万多字稿件。二是按中国记协要求，及时为《中国新闻事业发展报告》一书收集和编写有关人民日报社事业发展、记者成长、媒体融合等内容的稿件。三是完成中国社会科学院新闻与传播研究所《中国新闻传播学年鉴》供稿任务。

供稿：人民日报社研究部

光明日报社新闻研究部2017年概况

一、机构概况

截至2017年年底，光明日报社新闻研究部在职人员8人。其中正高职称1人，副高职称2人，中级职称5人。

二、科研工作

在光明日报社新一届编委会“抓党建促业务”“同频共振”办报办社理念统领下，新闻研究部将党建全面融入部门各项业务工作，充分发挥中央媒体研究机构职能，广泛联系新闻传播业界、学界专家学者，为报社办报和事业发展提供智力支持。

1. 重点课题

完成中宣部、中央和国家机关工委（原中直工委）等上级单位及国家广播电视总局（原国家新闻出版广电总局）、中国记协等机关单位组织的一系列重点课题，如起草《光明日报拒绝有偿新闻责任书》、组织《光明日报》采编经营两分开自查自纠活动等。

在中宣部向各中央媒体搜集党的十八大以来新闻舆论工作经验做法的调研活动中，新闻研究部结合光明日报社五年来的事业发展，梳理新闻舆论工作经验做法、存在的难题和进一步提高工作水平的建议，撰写《光明日报十八大以来新闻舆论工作情况汇报》。

在国家新闻出版广电总局组织的“进一步提升新闻舆论传播引导力影响力公信力”的调研活动中，光明日报社新闻研究部作了深入细致的调研工作，并起草近5千字的调研报告《坚持正确舆论导向，创新传播手段，提高新闻舆论传播力引导力影响力公信力》。

立足《光明日报》“知识分子精神家园”的定位，新闻研究部对新型知识分子群体进行调研分析，撰写了《强化思想文化定位 平衡供给与需求关系——关于如何进一步加强〈光明日报〉与新型知识分子群体联系的调研报告》。

自2016年11月起，光明日报社成立内容生产供给侧结构性改革调研论证小组，由新闻研究部牵头对报纸版面进行了两个多月的反复调研、论证，形成两万余字的《光明日报2017年度新闻版及专周副刊版面改革方案》，包括一个主体方案（即《光明日报2017年度新闻版及专周副刊版面改革方案》）和三个配套方案（即《提升新闻内容生产与供给能力改革指导性意见》《提升评论、言论内容生产与供给能力改革指导性意见》《〈光明视野〉版面设计暨提升本报深度新闻内容生产与供给能力改革指导性意见》），在2017年元旦《光明日报》推出全新版面。

2. 学术论文及阅评文章

针对《光明日报》新年改版、开设“砥砺奋进的五年·沿着总书记指引的方向奋力前行”“学懂弄通做实十九大精神系列调研”专栏、推出“红船初心”“学习贯彻习近平新时代中国特色社会主义思想”特刊等2017年重点策划、具有鲜明特色的重大宣传项目，新闻研究部撰写研究总结文章，积极向中宣部新闻阅评小组推荐，并在《三项学习教育通讯》《新闻研究》内刊等刊物刊登。主要有：《打造有格调有品位有情怀的思想文化大报——一年来光明日报贯彻落实习近平总书记“2·19”重要讲话精神的探索实践》《光明日报“一带一路”国际合作高峰论坛报道：立观点 讲故事 重创新——内容生产供给侧结构改革下的重大主题宣传报道创新》《牢记新闻舆论工作职责使命 做好习近平总书记“7·26”重要讲话精神宣传报道》《光明日报推出系列特刊和调查报告 推动学习宣传贯彻十九大精神往实里走往深里走往心里走》《慢新闻——互联网时代传统媒体的选择》等，向行业内和社会各界介绍《光明日报》阶段性的宣传成果和亮点特色。

3. 报社制度文件起草

作为报社研究部门，新闻研究部针对意识形态工作责任制、采编经营两分开、移动互联网媒体管理、防堵差错奖罚制度等问题进行了专门调研，并起草和修订了报社相关方面的制度文件，包括《光明日报落实意识形态工作责任制实施办法》《光明日报移动互联网管理办法》《光明日报社防堵差错奖罚办法》等。针对报社长期以来在各个领域存在的问题、需要改进的环节进行梳理和总结，广泛吸纳采编、行政等部门对相关问题的建议，最终形成正式文件，助力报社的制度建设。

三、学术交流

2017 年，新闻研究部两次牵头并组织光明日报社与山东省社会科学界联合会、山东省委党校、大众报业集团、山东社会科学院、山东广播电视台共同主办专题研讨会。6 月 24 日，组织召开山东社科论坛——质量强省与品牌建设研讨会，来自全国 39 个科研院所、高校、党校的百余名专家学者与会，围绕质量建设、品牌建设以及与当前区域经济社会发展和新旧动能转换的关系进行了深入探讨。

9 月 24 日，组织召开山东社科论坛——环境治理供给侧改革与绿色发展研讨会，来自全国 56 所高校、党校和科研院所的百余名专家学者，围绕环境治理、绿色发展等问题建言献策。两次论坛结束后，新闻研究部分别整理编辑了专刊专版。

四、学术期刊

2017 年，新闻研究部编辑刊发《新闻研究》内刊 46 期，内容涵盖当前国内外具有代表性的新闻理论文章，报社编辑记者在新闻业务方面的论文，以及报社重大活动、重要会议的报告、讲话等内容，为职工提供了思想碰撞、业务交流平台。2017 年的《新闻研究》坚持同频共振，特别关注了十九大宣传报道、媒体深度融合等主题，刊发了如“蹲点贫困村调研采访”等记者采访心得，使报纸新闻论文和业务交流文章与党中央和报社编委会提倡的重大主题报道相统一。

五、其他工作

积极推动共建新闻院校工作。作为光明日报社与中国政法大学光明新闻传播学院共建工作的主要执行机构，新闻研究部在 2017 年起草并完善了《进一步推动光明日报社与中国政法大学共建“光明新闻传播学院”工作方案》，组织安排了 26 名报社记者编辑到中国政法大学授课，内容涉及新闻媒介管理、平面媒体采编技术、网络媒体技术、新闻采访学、西方新闻媒体专题研究、新闻报道策划、广告学概论等专业课程；组织安排 7 名中国政法大学大三学生到报社实习；组织中国政法大学第二届优秀大学生夏令营座谈会，报社人事部、总编室、策划部、国际部、教育部、评论部、光明网、融媒体中心及新闻研究部等记者编辑与师生座谈；组织中国政法大学澳门学生团来报社参观，并在社史馆、融媒体中心、光明网、总编室等与编辑记者充分互动交流。

组织各类好新闻评选、报纸评点、报纸纠错工作。认真做好第27届中国新闻奖《光明日报》作品的推荐工作和第27届中国人大新闻奖、第22届全国政协好新闻及国家海洋局2016年海洋好新闻等行业好新闻作品的推荐工作。组织报社2016年度新闻奖评选、月度好新闻评选工作；完善每天的编前会双部门评报制度，新闻研究部成立评报小组，加强媒体间横向对比，将《光明日报》“两微一端”内容纳入评报范围，以PPT等形式更新评报手段。虚心听取读者的意见和建议并及时反馈，整理每月见报差错，结集刊发于内部刊物《新闻研究》。

参与推进光明日报社与腾讯公司党建共建工作。2017年9月8日起，光明日报社与腾讯公司正式启动社企党建共建，双方签订《社企党建共建备忘录》。新闻研究部负责备忘录起草工作，并撰写《关于光明日报与腾讯公司党建共建引发广泛社会关注的情况报告》，得到习近平总书记等中央领导的批示。

对报社社史馆内容更新维护；组织开展报社第四届“好记者讲好故事”演讲活动；牵头组织报社“光明·梦想”——党的十八大以来《光明日报》新闻宣传事业成就展。

供稿：光明日报社新闻研究部

·学术社团·

中国新闻史学会及其二级学会2017年概况

截至2017年年底，中国新闻史学会下设有新闻传播教育史研究委员会、外国新闻传播史研究委员会、网络传播史研究委员会、少数民族新闻传播史研究委员会、台湾与东南亚华文新闻传播史研究委员会、广告与传媒发展史研究委员会、公共关系史研究委员会、舆论学研究委员会、传媒经济与管理研究委员会、视听传播研究委员会、新闻传播思想史研究委员会、传播学研究委员会、编辑出版史研究委员会、媒介法规与伦理研究委员会、应用新闻传播学研究委员会、全球传播与公共外交研究委员会、中国特色新闻学研究委员会、党报党刊研究委员会等18个二级分会。

2017年正值中国新闻史学会成立25周年，是学会承前启后、继往开来的一年。中国新闻史学会2017年活动综述如下：

一、学会工作

1. 中国新闻史学会京津冀常务理事2017年新春会于1月16日在清华大学召开。中国新闻史学会名誉会长赵玉明、程曼丽，学会副会长王润泽，常务理事艾红红、陈开和、陈卫星、郭镇之、李润波、李秀云、曼叶平、万京华、熊澄宇、赵云泽（按姓氏拼音排序），特邀理事乔云霞等出席了会议。会长陈昌凤从学术活动、学会奖、二级学会、会刊、国际交流、信息传播等方面，报告了2016年度学会的工作情况，并展望了2017年相关计划。与会专家高度赞扬了过去一年学会完成的卓有成效的工作，并就未来工作建言献策，共谋发展。

2. 中国新闻史学会常务理事会第五届第五次会议于4月15日在湖南师范大学召开。来自全国新闻院校、新闻研究机构及媒体单位的42位常务理事出席了会议。常务理事会听取了中国新闻史学会秘书处的工作汇报，增减了常务理事，审议通过了新申二级分会的申请报告，评议了已有二级学会的工作汇报并评选出优秀二级学会，常务理事会议审议通过了第三届新闻传播学学会奖评审结果，并对未来的学会工作进行了讨论。

二、学术活动

8月18—19日，中国新闻史学会2017年学术年会在郑州召开。这是首次联合16个二级学会举办的学术大会。学术年会由中国新闻史学会、郑州大学主办，郑州大学新闻与传播学院、新华社·郑州大学穆青研究中心承办。来自中国大陆、香港、澳门、台湾地区以及欧美的100多所大学1300余位学者专家参加了学会成立25年来规模最大的年会。2017年学术年会以“全球视野·中国体系：面向未来的新闻与传播学研究”为主题，共举行近40场主题论坛、专题论坛、特邀论坛以及平行论坛。论题涉及新闻史、新闻与传播教育、构建中国传播话语体系、互联网治理、海外华文媒体与“一带一路”建设、中国特色新闻学理论、广告学的未来、公共关系等。年会的主题论坛及其在网络平台的直播，吸引了众多学者的关注。学术年会的主题论坛及其在网络平台的直播，吸引了众多学者的关注。主题论坛分为两场，一场为“对话：传播与世界”，来自中国香港的陈韬文、Colin Sparks，来自美国的Richard John，来自中国台湾的刘幼琍等作了主题演讲；另一场为“前沿：科技与传播”，中国大陆的喻国明，中国香港的祝建华、黄懿慧，以及中译语通（北京）科技有限公司于洋，围绕科技与传播的主题发表了研究成果。该次年会的专题论坛内容丰富、视角多元，涉及新闻与传播领域最前沿的研究。值得一提的是这次年会专门组织了博士生专题论坛，美国新闻与大众传播教育委员会历史分会会长、美国密苏里大学张咏副教授，美国哥伦比亚大学教授Richard John先后为博士生作了主题学术报告。会议期间还举行了18个二级学会和全国高校知名新闻传播院系成果展、中国新闻史学会学术咨询委员会聘授仪式、第三届新闻与传播学学会奖颁奖典礼、首届新闻传播学期刊优秀论文奖颁奖典礼及《中国新闻传播教育年鉴（2017）》发布仪式等系列活动。

9月23日，由中国新闻史学会、中国社会科学院新闻与传播研究所、华中科技大学新闻与信息传播学院联合主办，中国传媒大学出版社协办的第三届中国新闻史青年学者论坛在华中科技大学召开。

11月4日至5日，第十届世界华文传媒与华夏文明国际学术研讨会在广东外语外贸大学白云山校区举行。此次会议由中国新闻史学会、华中科技大学新闻与信息传播学院和新加坡南洋理工大学黄金辉传播与信息学院联合主办，来自中国内地40多所高校、科研机构及中国港澳台地区、新加坡等地区和国家高校共160多名代表相聚羊城，共同围绕“中国话语体系与华文传播——华夏文明国际传播的路径选择”这一主题展开学术研讨与交流。

12月9日，以“传播媒介与抗战救

亡”为主题的纪念全面抗战爆发80周年暨第三届中国抗战新闻传播史学术研讨会在重庆召开。会议由中国新闻史学会、重庆大学新闻学院、中国抗战大后方研究协同创新中心、重庆市地方史研究会、重庆大学新闻传播与社会发展研究院主办，来自30所大学和研究机构的70余名代表与会。

三、第三届“新闻传播学学会奖”

第三届“新闻传播学学会奖”颁奖典礼于8月20日在郑州中国新闻史学会学术年会上同期举办。第三届“新闻传播学学会奖”于2016年12月15日发出征集通知，2017年2月28日截止征集；2017年4月5日之前完成专家双盲式评审；4月9日在清华大学举行定评会；4月15日在长沙召开的常务理事会上审议通过。2017年4月17—24日公示。

颁奖典礼上，暨南大学新闻与传播学院教授刘涛获得“杰出青年奖”；中国人民大学新闻学院教授郑兴东、兰州大学新闻与传播学院教授刘树田获得“终身成就奖”；中国社会科学院新闻与传播研究所副研究员闵大洪获得“卓越学术奖”。“优秀学术奖”获奖者有：陈力丹（一等奖）；吴锋、赵红，陈刚，涂凌波，王洪喆（二等奖）；董天策，吴小坤，戴佳、曾繁旭，闫岩、刘骏，张硕勋、王晓红，丁方舟，徐桂权，李艳红、陈鹏（三等奖）。方汉奇奖（新闻史专项奖）获奖者有：俞凡（一等奖），秦宗财（二等奖），郭恩强、唐海江（三等奖）。刘涛代表获奖者致辞。

2017年12月24日，“方汉奇基金”捐赠暨成立仪式上，中国新闻史学会创会会长、名誉会长，中国人民大学荣誉一级教授方汉奇捐赠出不久前荣获的“吴玉章人文社会科学终身成就奖”奖金人民币100万元，以推动中国新闻史学会以及新闻传播学术研究的发展。

第四届学会奖征集工作于2017年12月15日启动。

四、二级学会发展情况

按照2015年学会确定的二级学会年度工作报告制度，在4月15日的常务理事会上各二级学会分别报告了2016年工作和2017年的工作规划，常务理事们认真听取了他们的汇报，并对各个二级分会的工作进行了评议和评分，评选出公共关系研究委员会和舆论学研究委员会等两个二级分会为2016年优秀二级学会。

2017年新成立两家分支机构：5月20日，中国新闻史学会中国特色新闻学研究委员会在清华大学正式揭牌成立，清华大学新闻与传播学院党委书记、教授胡钰当选为委员会首任会长。11月25日，中国新闻史学会党报党刊研究委员会成立大会在南昌大学举行，南昌大学新闻与传播学院院长、教授陈信凌被推选为会长。

2017年二级分会主办学术会议40余次，参与人数众多，产生了广泛而深远的影响。

五、成立学术咨询顾问委员会、学术咨询委员会

中国新闻史学会聘请国内外著名学者参与指导学会工作。中国新闻史学会常务理事扩大会议（8月20日，郑州）决议成立学术咨询委员会，聘任仪式于当日在学术年会上举行。

学术咨询顾问委员会委员（按姓氏拼音排序）：陈韬文（中国香港）、丁柏铨、范以锦、李良荣、李金铨（中国香港）、罗以澄、童兵、郑保卫。

学术咨询委员会委员（按姓氏拼音）：郝晓鸣（新加坡）、胡智锋、黄懿慧（中国香港）、刘幼琍（中国台湾）、唐绪军、祝建华（中国香港）、Clifford Christians（美国）、

Richard John（美国）、Michael Schudson（美国）、Colin Sparks（中国香港）。

六、学刊出版

《新闻春秋》如期出版4期，征稿对象有所扩大，稿源质量有所提升。

七、国际交流

2017年4月29日至30日，第三届“向世界传播中国”国际学术研讨会在博洛尼亚举行。该次研讨会由博洛尼亚大学孔子学院与中国人民大学新闻学院、中国新闻史学会联合主办，主题为“‘一带一路’与中国故事叙述”，旨在探讨如何在对外传播中讲好中国故事，有效传播中国文化，实现与西方文化的和谐共存与对话。首届“向世界传播中国”学术研讨会2014年1月在美国纽约举行，主旨是对外传播中讲好中国故事、有效传播中国文化、实现与西方文化的和谐共存与对话，增进国际学者和媒体对中国的了解；第二届研讨会在以色列特拉维夫大学举行，主题为“全球化时代下中国如何提升国际形象、推动建立公平公正的国际传播新秩序”。

八、秘书处工作

顺利通过民政部、教育部2016年度社团年检，2017年年检工作已经启动。

秘书处负责学会官网、邮箱、微信公号的日常维护，及时向会员发送学会动态、会议通知等信息，并回复会员问询。会员微信群、常务理事群以及各分会会员群持续活跃，提高了沟通的有效性。

秘书处及时完成了会刊的邮寄，并解决作者、读者来信、来电提出的问题。

撰稿：邓绍根（中国新闻史学会联席秘书长，中国人民大学新闻学院教授）

第九篇

学术评奖

第二十七届（2016年度）中国新闻奖（新闻论文）

第十届全国广播影视学术著作评选获奖作品

第五届（2016年度）全国新闻传播学优秀论文遴选

中国新闻史学会第三届“新闻传播学学会奖”

首届新闻传播学期刊优秀论文

第二十七届（2016年度）中国新闻奖
（新闻论文）

2017年11月2日，中华全国新闻工作者协会主办的第二十七届中国新闻奖评选结果揭晓。16件新闻论文作品获奖，其中一等奖1件，二等奖7件，三等奖8件。

中国新闻奖是经中央批准常设的全国优秀新闻作品最高奖，由中华全国新闻工作者协会组织评选，自1991年开始评选，每年评选一次。

奖次	题目	作者（主创人员）	编辑	刊播单位	报送单位
一等奖	始终坚守军报姓党的政治灵魂	李秀宝　孙继炼	朱金平	军事记者	军委政治工作部宣传局
二等奖	把牢主阵地　传播正能量——江苏卫视节目创新创优实践与思考	卜　宇	樊丽萍	中国广播电视学刊	江苏记协
	适应传播新趋势构建引导新格局	王　晖	冷　梅	新闻战线	江西记协
	移动互联时代的对外话语创新	刘洪涛　凌淼丰	樊丽萍	中国广播电视学刊	福建记协
	习近平"四个坚持"的背景、逻辑及战略意义	曾海艳　吴雪华	黄　傲	新闻潮	广西记协
	党报经济新闻怎样找到"平衡感"	周咏南　邓　崴	张　垒	中国记者	浙江记协
	我国媒体重大涉华议题报道国际影响力探析及建议	蒋玉鼐	文　璐	中国记者	新华社新闻研究所
	以创新型校对机制防范采编数字化的技术性差错	张小良　卢曦知　李　娇		中国记者	重庆记协
三等奖	论提升副刊品味的八条路径	吕国英	武艳珍	新闻战线	中国报纸副刊研究会
	微传播语境下的电视新闻创新	周国强	樊丽萍	中国广播电视学刊	湖南记协
	电视问政：构建城市公共治理平台	顾亦兵	杨芳秀	新闻战线	湖北记协
	摆脱先验性　增强穿透性	胡　旭	武艳珍	新闻战线	安徽记协
	民族地区党媒社论隐喻背后的时代变迁	廖云路	韩　勉	西藏日报	西藏记协

续表

奖次	题目	作者（主创人员）	编辑	刊播单位	报送单位
三等奖	从聂树斌案报道看舆论监督和正面宣传的统一性	刘良龙	谢丛容	新闻知识	刘良龙
	“讲好中国故事”需要四个转向	李　成	梁益畅	中国记者	新华社
	以供给侧改革思维补好城市台短板	胡舜文	陈富清	中国广播电视学刊	中广联合会
	（空缺）				
	（空缺）				
	（空缺）				

来源：中华全国新闻工作者协会网站

第十届全国广播影视学术著作评选获奖作品

2017年11月14日，第十届全国广播影视学术著作评选结果在南京公布。经评委会复评、终评，最终从各单位报送的40多部著作中评出优秀著作27部。其中，特别奖2部、一等奖3部、二等奖10部、三等奖12部。入选率达60%。该奖项由中国广播电影电视社会组织联合会组织评选。

类别	奖次	作品	作者	推荐单位
特别奖		全球电视剧产业发展报告(2016)	张海涛　胡占凡(主编) 张海潮　周然毅(副主编)	中国广播影视出版社
		新媒体环境下的广播战略转型	王　求(主编)	中央人民广播电台学会
基础理论及史学类	一等奖	融合时代的传媒艺术	刘　俊	中国高等院校影视学会
	二等奖	大陆对台广播史研究	刘洪涛	中广联合会对台港澳节目委员会
		导演的表述	厉震林(主编)	中国电影文学学会
		中国播音学史研究	高国庆	北京市广播影视协会
	三等奖	想象中国:二十世纪八十年代中国电影研究	王海洲	中国高等院校影视学会
		戏曲电视节目研究	王玉坤	中广联合会戏剧影视基地
		新中国播音创作简史	喻　梅	中国传媒大学学会
		电视画面创作	管顺生	湖南广播电视协会
		中国电视健康节目发展历程研究	熊　皇	中广联合会高校影视基地
		中国现代谍战剧的悲剧美学研究	赵万斌	四川广播电视协会
应用理论类	一等奖	传统电视与新兴媒体:博弈与融合	李　宇	中央电视台学会
		中国广播电视产业——资本运营制度研究	刘逸帆	中广联合会电视经济节目委员会
	二等奖	社会主义核心价值观的文化建构与影像传播	鄢　睿　段　祎	中广联合会戏剧影视基地
		融合,广播的使命	董传亮　金　俊 薛　可(主编)	浙江广播电影电视学会
		动画+:中国影视动画产业转型升级研究	张慧玲	中央电视台学会

续表

类别	奖次	作品	作者	推荐单位
应用理论类	二等奖	全国广播电视新闻从业者调查报告	丁　迈　缑　赫 董光宇	中国传媒大学学会
		真人秀在中国	宫承波　张君昌 王　甫(主编)	中国广播影视出版社
	三等奖	方明的播音创作	刘　卓	中广联合会高校影视基地
		电视访谈节目主持人传播能力解析	熊征宇	中国传媒大学学会
		娱乐节目主持艺术	马　谛	中广联合会高校影视基地
		回归与超越:中国军事广播报道研究	王　亮	中广联合会军事节目委员会
		媒介影像中的城市记忆	朱天等	中广联合会西部研究基地
决策与管理类	一等奖	(空缺)		
	二等奖	媒介融合与广电传媒发展策略	张春朗	深圳市广播影视协会
		势:中国城市广电的哲学观照	李志良	广东广播电影电视协会
	三等奖	坚守与突围——融媒体视阈下城市台转型发展的“零距离”考量	刘孟达	浙江广播电影电视学会

来源：中国广播电影电视社会组织联合会网站

第五届（2016 年度）全国新闻传播学优秀论文遴选

中国社会科学院新闻与传播研究所于 2017 年 12 月进行了第五届（2016 年度）全国新闻传播学优秀论文的遴选。中国社会科学院图书馆调查与数据中心利用国家哲学社会科学学术期刊数据库等文献资源，搜集了 166 种期刊 2016 年发表的 11098 篇新闻学与传播学论文作为此次遴选的备选文本；经新闻与传播研究所学术委员会委员和各研究室主任的初评、复评，最终以集体评议的方式从中选出了 10 篇优秀论文。

全国新闻传播学优秀论文遴选活动由中国社会科学院新闻与传播研究所于 2013 年创设。

第五届（2016 年度）全国新闻传播学优秀论文遴选结果如下（按论文发表的期刊数顺序排列，同一期刊数按作者姓氏音序排列）。

序号	论文	作者	论文出处
1	概念、语境与话语："小骂大帮忙"使用之流变	郭恩强	《新闻大学》2016 年第 1 期
2	从业态转向社会形态：媒介融合再理解	黄　旦　李　暄	《现代传播（中国传媒大学学报）》2016 年第 1 期
3	沉默与边缘发声：当前中国劳动关系治理中的媒体境况	吴　麟	《南昌大学学报（人文社会科学版）》2016 年第 1 期
4	公共对话外的言论与表达：从新《广告法》切入	左亦鲁	《中外法学》2016 年第 4 期
5	从标语管窥中国社会抗争的话语体系与话语逻辑：基于环保和征地事件的综合分析	周裕琼	《国际新闻界》2016 年第 5 期
6	培育劳工立场的在线"抗争性公共领域"——对一个关注劳工议题之新媒体的个案研究	李艳红	《武汉大学学报（人文社会科学版）》2016 年第 6 期
7	电视的物质性与流动的政治——来自两个城中村的媒介地理学观察	袁　艳	《新闻与传播研究》2016 年第 6 期
8	"液态"的新闻业：新传播形态与新闻专业主义再思考——以澎湃新闻"东方之星"长江沉船事故报道为个案	陆　晔　周睿鸣	《新闻与传播研究》2016 年第 7 期
9	第三种论坛：体制性网络空间的公共性透视——以苏州"寒山闻钟论坛"为个案	马中红	《新闻与传播研究》2016 年第 8 期
10	网络时代言论自由的刑法边界	刘艳红	《中国社会科学》2016 年第 10 期

供稿：中国社会科学院新闻与传播研究所

中国新闻史学会第三届“新闻传播学学会奖”

2017年8月19日，中国新闻史学会2017年学术年会上举行了第三届新闻与传播学学会奖颁奖典礼。第三届“优秀学术奖”共评选一等奖2件（新闻学与传播学相关成果1件，新闻与传播史专项成果1件）、二等奖5件（新闻学与传播学相关成果4件，新闻与传播史专项成果1件）、三等奖10件（新闻学与传播学相关成果8件，新闻与传播史专项2件）。

“新闻传播学学会奖”旨在通过评选、奖励新闻与传播学研究的优秀成果，凝聚学界力量、弘扬学术精神，激励学术新人的成长，促进中国新闻与传播学的深入开展。该学会奖由新闻与传播学界国家一级学会中国新闻史学会主办，由教育部高等学校新闻传播学类专业教学指导委员会合办。

序号	奖项	等级	获奖作品	获奖者	获奖作品出版者
1	优秀学术奖·新闻学与传播学	一等奖	党性和人民性的提出、争论和归结	陈力丹	《安徽大学学报(哲学社会科学版)》2016年第6期
		二等奖	How to Respond to Journalists' Questions? A New Method to Examine Premiers' Aggressiveness at Chinese Press Conferences (1993—2015)	吴锋 赵红	Asian Journal of Communication, 26 (5)
			共识的焦虑：争议性议题传播的话语变迁与冲突性知识生产	陈刚	人民出版社2016年版
			现代中国新闻观念的兴起	涂凌波	中国传媒大学出版社2016年版
			从“赤脚电工”到“电子包公”：中国电子信息产业的技术与劳动政治	王洪喆	《开放时代》2015年第3期
		三等奖	从网络集群行为到网络集体行动——网络群体性事件及相关研究的学理反思	董天策	《新闻与传播研究》2016年第2期
			潜行的力量：ICT精英如何嵌入并影响社会运动	吴小坤	《新闻与传播研究》2015年第11期
			环境传播：议题、风险与行动	戴佳 曾繁旭	清华大学出版社2016年版
			Effects of Media Exemplars on the Perception of Social Issues with Pre-Existing Beliefs	闫岩 刘骏	Journalism & Mass Communication Quarterly, 93(4)

续表

序号	奖项	等级	获奖作品	获奖者	获奖作品出版者
1	优秀学术奖·新闻学与传播学	三等奖	大众传播与西部民族地区社会变迁——以甘肃藏族地区为例	张硕勋 王晓红	民族出版社 2015 年版
			"理想"与"新媒体"：中国新闻社群的话语建构与权力关系	丁方舟	《新闻与传播研究》2015 年第 3 期
			从群众到公众：中国受众研究的话语变迁	徐桂权	人民日报出版社 2016 年版
			"商业主义"统合与"专业主义"离场：数字化条件下中国新闻业转型的话语形构及其构成作用	李艳红 陈鹏	《国际新闻界》2016 年第 9 期
2	优秀学术奖·方汉奇奖（新闻史专项）	一等奖	新记《大公报》再研究	俞凡	中国社会科学出版社 2016 年版
		二等奖	明清文化传播与商业互动研究：以徽州出版与徽商为中心	秦宗财	学习出版社 2015 年版
		三等奖	作为关系的新闻纸：《申报》与晚清义赈	郭恩强	《新闻与传播研究》2016 年第 6 期
			"造健全之舆论"：清末民初士人对于"舆论"的表述与群体认知	唐海江	《新闻与传播研究》2016 年第 12 期
3	卓越学术奖		传播科技纵横	闵大洪	警官教育出版社 1998 年版
			数字传媒概要		复旦大学出版社 2003 年版
			中国网络媒体 20 年（1994—2014）		电子工业出版社 2016 年版
4	杰出青年奖			刘涛	
5	终身成就奖			郑兴东	
				刘树田	

供稿：中国新闻史学会

首届新闻传播学期刊优秀论文

2017 年 8 月 19 日，在郑州举办的中国新闻史学会 2017 年学术年会上，首届新闻传播学期刊优秀论文评选揭晓，10 篇论文获奖。

该评选由内地新闻传播学界四大学术期刊《新闻与传播研究》《国际新闻界》《现代传播（中国传媒大学学报）》《新闻大学》和香港《传播与社会学刊》共同发起，由国际中华传播学会组织专家评审，旨在为面临挑战的新闻传播学界提供学术研究的样板，促进新闻传播学科的发展。

首届新闻传播学期刊优秀论文及其评审意见如下（排名不分先后）：

1.《西方传播学理论是如何与马克思主义发生联系的?》（作者：单波、冯济海），载《新闻大学》2016 年第 3 期。

该文把握传播学史和传播思想史的发展脉络，从传统主流传播学、批判研究和媒介技术文明三个方面梳理并建立西方传播学说中的社会批判元素与马克思主义的理论关联。作者揭示了主流传播学以及“媒介环境研究”等传播研究次领域与马克思主义直接或间接的，甚至是“隐蔽和迂回的联系”。这是该文最主要的理论贡献。

2.《概念、语境与话语：“小骂大帮忙”使用之流变》（作者：郭恩强），载《新闻大学》2016 年第 1 期。

该文对中国新闻史上的一个独特现象——“小骂大帮忙”的历史沿革做了非常翔实而充分的回顾，文献研究细致透彻，分析鞭辟入里。作者在描述性陈述事实的同时，能够将“小骂大帮忙”这一概念放在框架理论（framing）的背景下进行一番尝试性的分析，得出了一些很有意思的结论。

3.《“媒介逻辑”如何影响中国的抗争？——基于 40 个拆迁案例的模糊集定性比较分析》（作者：郑雯、黄荣贵），载《国际新闻界》2016 年第 4 期。

该文以媒介逻辑作为核心分析框架，系统考察了不同类型的媒介逻辑如何共同作用于抗争这一特定的社会活动。作者采用了模糊集（fuzzy set）比较研究方法，对发生于 2003—2012 年间的 40 个拆迁抗争案例进行比较分析后发现，媒介的内容逻辑比技术逻辑、制度逻辑更具影响力，但内容逻辑的影响力镶嵌于而不完全独立于政治制度。该文是模糊集比较研究方法在媒介研究方向的有益尝试。

4.《“点燃理想的日子”——新闻界怀旧中的“黄金时代”神话》（作者：李红涛），载《国际新闻界》2016 年第 5 期。

该文研究的是新闻业转型语境下的怀旧话语实践，特别是其中出现的“黄金时代”叙事。作者通过分析名流纪念、个体离职、组织纪念日、丑闻危机等场景下的怀旧文本，对“黄金时代”这个怀旧现象进行了描述、归纳和总结，并以此映照新闻业自身的变革。论文角度新颖，行文流畅，对研究新闻业的自我叙事提供了非常宝贵的素材。

5.《中国舆论治理的三维框架》（作者：张涛甫、王智丽），载《现代传播（中国传媒大学学报）》2016 年第 9 期。

该文抓住了目前中国社会面临的一个

重要问题，即互联网时代的舆论治理，以清晰的条理从社会舆论、社会心态、社会结构三个维度对之进行了较为充分的分析。在此基础上，作者建构了以社会舆论为表层，社会心态为中层，社会结构为底层的中国舆论治理的三维框架，为新形势下的舆论治理提供了新思路。

6.《政治传播的基本形态及运行模式》（作者：荆学民、段锐），载《现代传播（中国传媒大学学报）》2016 年第 11 期。

该文从政治与传播同一的角度对政治传播进行了界定，并将政治传播划分为政治宣传、政治沟通、政治营销三种基本形态。据此，进一步探讨了三者在时间及空间意义上的交融关系及运行模式。作者提出的以各种形态为核心的不同运行模式有一定的新意，对通过政治传播实现国家治理有一定的参考价值。

7.《电视的物质性与流动的政治——来自两个城中村的媒介地理学观察》（作者：袁艳），载《新闻与传播研究》2016 年第 6 期。

该文对城中村居民使用电视的情况进行了独特的人类学方法的观察，所选取的角度非常新颖。流动性的理论和经验证据也直接联结了三个田野调查的主要研究问题。文中“流动性”的理论支撑非常多面，且多从人类学背景出发，是对传播学研究方法的拓展，值得鼓励。

8.《报纸革命：1903 年的〈苏报〉——媒介化政治的视角》（作者：黄旦），载《新闻与传播研究》2016 年第 6 期。

媒介政治化是指媒体不仅仅报道政治，而且由于其在社会中的特殊角色和功能，能够改变政治的走向。该文正是基于这一视角，通过对大量史料的缜密分析，论证了《苏报》的媒介政治化，介绍了《苏报》在 20 世纪初的学界风潮中的作用，以及它是如何改变和形塑政治的。作者发掘和展现了中国现代报刊史上不同凡响的华彩篇章。

9.《防火墙真的让中国与世隔绝了吗？从整合互联网屏蔽和文化因素的角度来解释网络用户的使用习惯》（作者：哈什·塔纳加、吴晓），载《传播与社会学刊》第 35 期。

该文通过对全球 1000 个最流行网站的用户数据进行分析，构建了一个以网站为节点的社会网络，并对网站中的用户重叠行为加以分析，发现影响文化市场形成的主导因素是语言和地域性。大多数情况下，两个因素相互交织，协同作用。相较之下，防火墙显得并不太重要。这一研究从技术的角度对一直以来的“防火墙”与用户屏蔽问题进行了全新的讨论。具有很大的启发性。

10.《香港政治传播研究的轨迹与前景》（作者：徐来、黄煜），载《传播与社会学刊》第 36 期。

该文采用“历时研究”的方式，通过对三十余年来香港的政治传播研究进行梳理，将该领域的研究划分为三个历史阶段，试图从纷繁的、变化的研究文献中整理出香港政治传播研究领域的发展脉络和研究特色。这种阶段的划分和脉络的归拢使该领域研究的进路变得更加清晰，增进了我们对该领域和该理论在香港学界发展情况的了解。

摘自：《新闻与传播研究》2017 年第 8 期

第十篇
科研项目

项目名录

教育部2017年度人文社会科学研究新疆项目立项
（新闻学与传播学）
教育部2017年度哲学社会科学研究后期资助项目立项
（新闻学与图书情报学）
国家新闻出版广电总局2017年度广播影视部级社科研究项目立项名单

国家社科基金2017年度重大项目立项一览表
（新闻学与传播学）

课题名称	首席专家	责任单位
总体国家安全观视野下的网络治理体系研究	沈　逸	复旦大学
	熊澄宇	清华大学
“一带一路”背景下中国价值观的国际传播研究	唐润华	大连外国语大学
大数据背景下城市灾难事件社会舆情治理研究	徐玖平	四川大学
多卷本《延安时期新闻传播文化史》	王春泉	西北大学
周边传播理论与应用研究	陆　地	北京大学
中俄媒体合作与国际舆论话语权构建研究	张举玺	郑州大学
视觉修辞的理论、方法与应用研究	刘　涛	暨南大学
中国特色大国外交的话语构建、翻译与传播研究	杨明星	郑州大学
	胡开宝	上海交通大学

来源：全国哲学社会科学工作办公室网站

国家社科基金2017年度重点项目、一般项目、青年项目立项一览表
（新闻学与传播学）

课题名称	负责人	工作单位	所在省市	项目类别	预期成果	计划完成时间	批准号
当代中国新闻观念研究	胡　钰	清华大学	高校	重点项目	专著 研究报告	2020/4/28	17AXW001
媒介信息对司法公正判断影响的认知传播学研究	徐　剑	上海交通大学	上海	重点项目	研究报告	2020/12/30	17AXW002
新媒体格局下马克思主义新闻观发展研究	吕岩松	人民日报社	机关	重点项目	研究报告	2018/6/30	17AXW003
近代化视域下南宋新闻事业研究	何扬鸣	浙江大学	浙江	重点项目	专著	2021/6/30	17AXW004

续表

课题名称	负责人	工作单位	所在省市	项目类别	预期成果	计划完成时间	批准号
基于供给侧结构性改革的中小制片企业融资难缓解路径研究	姚德权	湖南大学	湖南	重点项目	论文集 研究报告	2020/12/31	17AXW005
媒体融合发展的商业模式研究	肖赞军	湖南师范大学	湖南	重点项目	论文集 研究报告	2020/10/30	17AXW006
我国图书出版企业社会效益评价体系构建与应用研究	陈　丹	北京印刷学院	北京	重点项目	研究报告 其他	2019/12/31	17AXW007
改变“西强我弱”舆论态势研究	陈　燕	中国外文局	机关	重点项目	研究报告	2020/2/26	17AXW008
老龄化的风险议题、媒介话语转型与“积极老龄化”社会建设研究	郭小平	华中科技大学	湖北	重点项目	专著 研究报告	2019/10/30	17AXW009
自媒体时代中国政治传播新秩序及转型研究	荆学民	中国传媒大学	高校	重点项目	专著	2020/12/30	17AXW010
新媒体技术与网络民族主义研究	刘海龙	中国人民大学	高校	重点项目	论文集	2021/12/31	17AXW011
新疆民族间跨文化传播的经验与问题研究	熊建军	石河子大学	兵团	重点项目	研究报告 其他	2020/12/30	17AXW012
建党百年中国共产党新闻政策变迁研究	武志勇	华东师范大学	上海	一般项目	专著	2020/12/31	17BXW001
抗战时期中国共产党在对日宣传战中的中流砥柱作用研究	赵新利	中国传媒大学	高校	一般项目	专著 研究报告	2019/12/31	17BXW002
中国新闻传播教育100年的文献资料整理与史论理析	李建新	上海大学	上海	一般项目	专著 其他	2020/6/30	17BXW003
改革开放以来《人民日报》“三农”新闻报道的叙事研究	蒋亚平	南昌大学	江西	一般项目	论文集	2021/12/31	17BXW004
面向社群网络的数字出版版权管理平台构建研究	陈　洁	浙江大学	浙江	一般项目	专著	2020/12/30	17BXW005
美国传播理论史研究	胡翼青	南京大学	江苏	一般项目	专著	2020/12/31	17BXW006
融媒体时代受众演变与舆论引导问题研究	童清艳	上海交通大学	上海	一般项目	论文集 研究报告	2020/12/31	17BXW007

续表

课题名称	负责人	工作单位	所在省市	项目类别	预期成果	计划完成时间	批准号
环境传播的公共修辞与符号化治理策略研究	刘　涛	暨南大学	广东	一般项目	专著 论文集	2020/12/30	17BXW008
基于核心价值观传播视域的新媒体文化建设研究	陈伟军	暨南大学	广东	一般项目	专著	2020/12/31	17BXW009
社会主义核心价值观的民间艺术整合传播机制与策略研究	杨立川	西北大学	陕西	一般项目	论文集 研究报告	2020/12/31	17BXW010
网络舆论的冲突与弥合机制研究	周　俊	中国人民大学	高校	一般项目	专著	2022/6/1	17BXW011
中缅印交界地区民间交往与文化传播研究	郭建斌	云南大学	云南	一般项目	研究报告	2019/6/30	17BXW012
媒体融合背景下“伪正能量信息”的传播机制与消解策略研究	倪　万	山东大学	山东	一般项目	研究报告	2019/12/31	17BXW013
西方新闻自由的本质研究及启示	吴畅畅	华东师范大学	上海	一般项目	专著	2020/6/30	17BXW014
红色报刊与中国新闻界集体记忆建构研究	郭恩强	华东政法大学	上海	一般项目	论文集	2021/6/30	17BXW015
近代日本对华新闻调查活动研究	史洪智	河南大学	河南	一般项目	专著	2020/12/30	17BXW016
“七七事变”前东北新闻界对日本新闻侵略的抵制研究	王翠荣	哈尔滨商业大学	黑龙江	一般项目	专著 研究报告	2020/12/31	17BXW017
香港进步报刊的统战宣传研究（1927—1949）	田秋生	广州大学	广东	一般项目	专著 论文集	2020/12/31	17BXW018
中国近代报刊的海权观与南海诸岛报道研究	赵建国	广东外语外贸大学	广东	一般项目	专著	2020/12/31	17BXW019
中国民营报馆的阶层与社会流动研究（1898—1949）	李时新	广西大学	广西	一般项目	专著	2021/6/30	17BXW020

续表

课题名称	负责人	工作单位	所在省市	项目类别	预期成果	计划完成时间	批准号
中央苏区形象的国际传播研究	龙鸿祥	赣南师范大学	江西	一般项目	专著 研究报告	2020/12/31	17BXW021
壮族信息传播发展史研究	徐　健	广西师范学院	广西	一般项目	论文集	2020/12/30	17BXW022
党媒移动端话语转型与话语传播力提升研究	刘　琴	中南民族大学	湖北	一般项目	专著 研究报告	2019/12/30	17BXW023
俄罗斯及中亚五国主流媒体中的“一带一路”报道研究	江秋丽	新疆大学	新疆	一般项目	研究报告	2020/6/30	17BXW024
新媒介场域下的新闻生产惯习研究	王　敏	西南大学	重庆	一般项目	专著	2020/6/30	17BXW025
新媒体背景下中国调查性报道的现存问题与改进方案研究	傅　海	宁波大学	浙江	一般项目	专著 其他	2020/6/30	17BXW026
新媒体背景下主流媒体新闻报道的框架效果研究	郝永华	中南民族大学	湖北	一般项目	论文集 研究报告	2019/12/30	17BXW027
新媒体时代报纸言论发展危机规避策略研究	彭军辉	衡阳师范学院	湖南	一般项目	专著	2020/10/30	17BXW028
新闻媒体“讲好中国故事”的无意说服模式研究	曹　茹	河北大学	河北	一般项目	专著	2019/12/31	17BXW029
作为媒体跨界融合创新范例的“中央厨房”模式研究	国秋华	安徽大学	安徽	一般项目	论文集 研究报告	2020/6/1	17BXW030
传统媒体的分化与跨界融合研究	韩立新	河北大学	河北	一般项目	专著	2020/12/31	17BXW031
基于大数据分析的学术期刊质量评价体系研究	赵　均	中国传媒大学	高校	一般项目	论文集 研究报告	2020/7/1	17BXW032
我国有声书传播机制研究	汤雪梅	北京印刷学院	北京	一般项目	专著 研究报告	2019/12/31	17BXW033

续表

课题名称	负责人	工作单位	所在省市	项目类别	预期成果	计划完成时间	批准号
虚拟现实技术下提升出版物传播效果研究	周荣庭	中国科学技术大学	安徽	一般项目	论文集 研究报告	2020/12/31	17BXW034
媒介融合背景下西部地区广播电视公共服务体系建设研究	朱 天	四川大学	四川	一般项目	研究报告	2020/6/30	17BXW035
媒介融合背景下中国广播电视网络产业发展机制创新与实现路径研究	曾静平	湖南工业大学	湖南	一般项目	专著	2020/12/31	17BXW036
新媒体环境下电视媒体舆论引导责任评价体系研究	田 华	湘潭大学	湖南	一般项目	专著	2021/12/30	17BXW037
延安时期摄影文化研究	李晓洁	西北大学	陕西	一般项目	专著	2021/7/30	17BXW038
中国播音史研究	祝 捷	苏州大学	江苏	一般项目	专著 论文集	2019/12/31	17BXW039
“一带一路”背景下中国故事传播影响力研究	杨效宏	四川大学	四川	一般项目	专著	2020/6/30	17BXW040
“一带一路”背景下我国区域对外传播力提升路径与策略研究	杨丽雅	河南工业大学	河南	一般项目	研究报告	2020/6/30	17BXW041
“一带一路”背景下中国纪录片的跨文化传播战略研究	蔡海龙	北京工商大学	北京	一般项目	研究报告	2020/6/30	17BXW042
“一带一路”视域下中国对南亚战略传播研究	李俊璇	解放军外国语学院	军队	一般项目	专著 研究报告	2020/12/31	17BXW043
欧盟媒介语境中的“一带一路”与提升我国对欧传播力研究	张 莉	清华大学	高校	一般项目	专著 研究报告	2019/12/30	17BXW044
“一带一路”视域下提升中国对俄罗斯东部地区文化传播力研究	郑亚楠	黑龙江大学	黑龙江	一般项目	研究报告	2020/12/30	17BXW045

续表

课题名称	负责人	工作单位	所在省市	项目类别	预期成果	计划完成时间	批准号
中国造纸术和印刷术在"一带一路"上的传播及影响研究	万安伦	北京师范大学	高校	一般项目	专著	2020/12/31	17BXW046
多民族背景下中国国家形象内部生成机制与传播研究	李彦冰	北京联合大学	北京	一般项目	专著	2020/6/30	17BXW047
美国"中国通"国际社交媒体涉华舆论中国观、影响路径及引导策略研究	相德宝	上海外国语大学	上海	一般项目	论文集 研究报告	2018/12/30	17BXW048
全球化背景下西方媒体涉华报道的事实核查研究	雷晓艳	湖南工业大学	湖南	一般项目	专著 研究报告	2020/6/15	17BXW049
社交媒体在国外社会运动中的传播能力及对中国治理的启示研究	赵文丹	西南政法大学	重庆	一般项目	研究报告	2021/12/31	17BXW050
十八大以来中国共产党执政形象的国际传播与塑造研究	李　冰	北京交通大学	高校	一般项目	研究报告 其他	2020/9/1	17BXW051
微信海外传播的"中国故事"和"全球本土化"模式研究	刘康杰	广东外语外贸大学	广东	一般项目	论文集 研究报告	2020/12/31	17BXW052
中越跨国族群信息传播公共外交价值研究	郑振锋	广西师范学院	广西	一般项目	研究报告	2020/12/30	17BXW053
新媒体环境下雾霾污染的公众认知困境及引导策略研究	陈　刚	扬州大学	江苏	一般项目	专著 论文集	2020/6/30	17BXW054
新媒体语境下环境公共议题的多元话语建构与互动研究	黄　河	中国人民大学	高校	一般项目	专著 论文集	2020/6/30	17BXW055
移动圈群公共舆论价值践行与究责机制研究	刘成付	南京财经大学	江苏	一般项目	专著	2020/12/31	17BXW056

续表

课题名称	负责人	工作单位	所在省市	项目类别	预期成果	计划完成时间	批准号
“媒介赋权”视野下新生代农民工向上流动的引导机制研究	袁爱清	江西师范大学	江西	一般项目	专著	2019/12/30	17BXW057
微信与都市流动人口社会关系建构研究	孙信茹	云南大学	云南	一般项目	专著	2021/6/1	17BXW058
新媒体环境下医患冲突事件传播的话语博弈与互动研究	蔡盈洲	江西财经大学	江西	一般项目	研究报告	2020/6/30	17BXW059
“一带一路”背景下大众传媒的时尚建构与时尚传播研究	赵振祥	厦门理工学院	福建	一般项目	专著 研究报告	2019/12/31	17BXW060
新媒体环境下过渡型社区的治理创新研究	滕　朋	陕西师范大学	陕西	一般项目	专著	2019/12/25	17BXW061
新媒体时代城市地铁站域文化传播研究	严建伟	天津大学	天津	一般项目	研究报告	2019/7/1	17BXW062
政务舆情事件中政府形象塑造的互动沟通机制研究	赖胜强	重庆理工大学	重庆	一般项目	专著	2020/12/31	17BXW063
东南亚华文媒体的网络传播力研究	戴　明	华侨大学	福建	一般项目	专著	2020/7/1	17BXW064
基于RDF图的大数据舆情分析研究	李　钝	郑州大学	河南	一般项目	研究报告	2020/6/30	17BXW065
基于功能共振理论的网络舆情演化与治理机制研究	陈华明	四川大学	四川	一般项目	研究报告	2020/6/30	17BXW066
基于微信行为数据的网络谣言传播规律与对策仿真研究	何凌南	中山大学	广东	一般项目	论文集 研究报告	2019/12/31	17BXW067
蒙古文网络舆情监测关键技术研究	陶格图	内蒙古师范大学	内蒙古	一般项目	研究报告 电脑软件	2022/7/30	17BXW068
社会化媒体舆情情感挖掘与传播研究	李　慧	首都师范大学	北京	一般项目	研究报告	2020/12/30	17BXW069
社交网络舆论的风险生成机制与防控体系研究	全　燕	广东外语外贸大学	广东	一般项目	专著	2019/12/31	17BXW070

续表

课题名称	负责人	工作单位	所在省市	项目类别	预期成果	计划完成时间	批准号
特定事件情境下网络社区用户情感分析与传播研究	韩 虎	兰州交通大学	甘肃	一般项目	论文集 研究报告	2019/12/31	17BXW071
网络视频供需错配的困局破解及优化治理研究	朱旭光	浙江传媒学院	浙江	一般项目	论文集 研究报告	2020/6/30	17BXW072
社会学习视域下网络媒体的犯罪传播与控制研究	张东平	上海政法学院	上海	一般项目	专著	2020/6/30	17BXW073
台湾社会运动进程中网络社群对青年学生的民意动员研究	艾明江	中共厦门市委党校	福建	一般项目	研究报告	2020/6/30	17BXW074
亚文化群体网络集群行为触发与演化机制研究	王 蕾	南京大学	江苏	一般项目	研究报告	2019/12/31	17BXW075
传统村落文化影像记录与传播研究	兰东兴	贵州民族大学	贵州	一般项目	专著	2020/12/31	17BXW076
国家认同语境中提升东北地区朝鲜语文媒体跨境传播力研究	于凤静	大连民族大学	辽宁	一般项目	研究报告	2020/6/30	17BXW077
精准扶贫背景下农村信息传播模式的反思与重构研究	周春霞	安徽大学	安徽	一般项目	专著	2019/12/30	17BXW078
内地藏族流动人口的信息需求与信息渠道使用研究	梁 英	西南民族大学	四川	一般项目	专著	2021/12/31	17BXW079
农村地区环境污染的舆论监管研究	焦德武	安徽省社会科学院	安徽	一般项目	研究报告	2020/6/30	17BXW080
日本对近代内蒙古东部地区的新闻侵略研究	娜仁格日勒	内蒙古大学	内蒙古	一般项目	专著	2020/6/30	17BXW081
日俄两国对近代东北的侵略与舆论争锋研究(1894—1932)	李彩霞	山西大学	山西	一般项目	专著	2020/6/30	17BXW082

续表

课题名称	负责人	工作单位	所在省市	项目类别	预期成果	计划完成时间	批准号
少数民族网络社群与文化遗产活态传承创新研究	范小青	中央民族大学	高校	一般项目	研究报告	2020/7/30	17BXW083
西部民族地区群体性事件情境下微信舆情传播及引导研究	方　洁	乌鲁木齐职业大学	新疆	一般项目	论文集 研究报告	2020/12/31	17BXW084
中尼印藏族乡村影像的本土化表达与跨文化传播的多点民族志研究	陆双梅	云南师范大学	云南	一般项目	研究报告 其他	2019/12/31	17BXW085
大众传媒与提升自主品牌形象研究	张　燚	西南政法大学	重庆	一般项目	研究报告	2020/6/30	17BXW086
广告图像研究	周子渊	九江学院	江西	一般项目	专著	2020/12/30	17BXW087
全域旅游背景下的西部地区影视传播与旅游产业创新发展研究	左　伟	贵州民族大学	贵州	一般项目	研究报告	2020/6/30	17BXW088
社会转型时期公益组织形象传播研究	肖　灵	赣南师范大学	江西	一般项目	专著	2020/12/31	17BXW089
网络安全发展视角下"平台型"网络运营者的法律责任研究	雷丽莉	大连理工大学	辽宁	一般项目	专著	2020/12/31	17BXW090
文化强国背景下国家形象广告对中国传统文化的承载与传播研究	吴来安	安徽师范大学	安徽	一般项目	专著	2020/12/31	17BXW091
新《广告法》与网络广告长效治理机制研究	刘西平	南昌大学	江西	一般项目	专著	2020/7/20	17BXW092
中国当代动画口述史(1979—2016)	石竹青	辽宁师范大学	辽宁	一般项目	专著 其他	2020/12/30	17BXW093
中国新媒体广告规制研究	周茂君	武汉大学	湖北	一般项目	研究报告	2020/6/30	17BXW094
胡政之人脉关系研究	王咏梅	山东大学	山东	一般项目	专著	2020/12/31	17BXW095
基于社交媒体的新闻数据核查研究	刘银娣	华南理工大学	广东	一般项目	专著	2020/7/1	17BXW096

续表

课题名称	负责人	工作单位	所在省市	项目类别	预期成果	计划完成时间	批准号
媒介融合背景下媒体集团的组织重构研究	黄　金	中国政法大学	高校	一般项目	论文集 研究报告	2021/3/31	17BXW097
提高主流媒体新闻供给质量的扶持路径研究	陈国权	新华通讯社	机关	一般项目	研究报告	2019/12/30	17BXW098
移动互联网背景下传媒退出机制研究	张勇军	华中师范大学	湖北	一般项目	论文集 研究报告	2019/6/30	17BXW099
传播政治经济学视野下新中国畅销书史研究(1949—2019)	易图强	湖南师范大学	湖南	一般项目	专著	2021/10/30	17BXW100
大数据时代网络文学版权运营与保护研究	王志刚	河南大学	河南	一般项目	专著	2020/12/30	17BXW101
中国人文社会科学图书海外传播与学术话语影响力研究	曲建君	中国社会科学院	社科院	一般项目	研究报告	2020/12/31	17BXW102
网络空间语境下"一带一路"跨文化分众传播与话语策略研究	周　翔	武汉大学	湖北	一般项目	研究报告 论文集	2020/12/31	17BXW103
中国应对气候变化负责任国家形象构建与公众参与动员机制研究	熊开容	广东工业大学	广东	一般项目	论文集 研究报告	2020/9/1	17BXW104
新型城镇化背景下城市新移民的互联网社会支持研究	庄　曦	南京师范大学	江苏	一般项目	论文集 研究报告	2020/12/31	17BXW105
大数据环境下中国基层政府网络协商机制建构与公共决策优化研究	陈玉霞	四川省社会科学院	四川	一般项目	研究报告	2019/12/30	17BXW106
基于移动互联网的涉疆暴恐舆情传播途径、演变规律及应对策略研究	郜玉金	新疆大学	新疆	一般项目	专著	2020/12/30	17BXW107
基于空间三元辩证法的移动传播"空间形变"研究	陈长松	淮阴师范学院	江苏	一般项目	专著 论文集	2020/12/31	17BXW108

续表

课题名称	负责人	工作单位	所在省市	项目类别	预期成果	计划完成时间	批准号
“互联网+”背景下西部贫困农民社交媒体应用困境及对策研究	曹　刚	南京师范大学	江苏	一般项目	论文集 研究报告	2020/12/30	17BXW109
新媒体时代西南沿边民族地区的政治传播与国家安全研究	王　勇	昆明理工大学	云南	一般项目	研究报告	2020/12/31	17BXW110
中国共产党新闻宣传观念变迁与发展路径研究	叶　俊	中国社会科学院	社科院	青年项目	专著	2020/7/1	17CXW001
未来媒体视野下的新闻生产变革机制研究	毛湛文	中央民族大学	高校	青年项目	研究报告	2020/6/30	17CXW002
新形势下大陆出版传媒产品入台传播接受机制及策略研究	尚光一	福建师范大学	福建	青年项目	论文集 研究报告	2022/7/1	17CXW003
媒体融合条件下广播电视业创新发展调查与研究	周　逵	中国传媒大学	高校	青年项目	专著 研究报告	2019/12/30	17CXW004
“一带一路”背景下中国网络游戏在东盟的跨文化传播研究	薛　强	广西大学	广西	青年项目	研究报告	2020/7/1	17CXW005
“一带一路”背景下中国学术出版“走出去”研究	刘　杨	河南大学	河南	青年项目	论文集 研究报告	2020/6/30	17CXW006
国际恐怖主义组织的传播特点及其对中国的影响研究	郑博斐	上海社会科学院	上海	青年项目	论文集 研究报告	2020/7/1	17CXW007
“互联网+”时代公益传播的多元互动机制与协同治理研究	邓　倩	河海大学	江苏	青年项目	专著 论文集	2020/6/30	17CXW008
中国城市居民社交媒体使用与沉迷现状研究	黄含韵	厦门大学	福建	青年项目	专著	2020/7/1	17CXW009

续表

课题名称	负责人	工作单位	所在省市	项目类别	预期成果	计划完成时间	批准号
基于社会化媒体的健康风险沟通研究	吴文汐	东北师范大学	吉林	青年项目	研究报告	2019/12/31	17CXW010
社交媒体平台的数据挖掘与健康话语网络研究	宫　贺	厦门大学	福建	青年项目	论文集 研究报告	2020/6/30	17CXW011
多元舆论场共存背景下重大突发事件舆情博弈和引导策略研究	程铁军	南京邮电大学	江苏	青年项目	研究报告	2020/12/31	17CXW012
风险管理视角下的环境谣言传播话语博弈研究	王　理	电子科技大学	四川	青年项目	论文集 研究报告	2020/12/31	17CXW013
恐怖主义信息的社交媒体传播与应对机制研究	韩　娜	中国人民公安大学	高校	青年项目	专著 研究报告	2019/12/31	17CXW014
面对舆情大数据的突发事件民意分析与决策支持研究	夏一雪	中国人民武装警察部队学院	军队	青年项目	专著	2020/6/30	17CXW015
新媒介环境下灾害信息传播与媒体社会责任研究	高　昊	南京师范大学	江苏	青年项目	专著 研究报告	2020/5/30	17CXW016
新媒体环境下涉恐信息风险预警及对策研究	李昊青	中国人民武装警察部队学院	军队	青年项目	专著	2020/6/30	17CXW017
新媒体语境下暴恐事件的传播机制及应对研究	胡　栓	武警政治学院	军队	青年项目	研究报告	2019/12/31	17CXW018
基于认知图式的区域形象研究	邓元兵	郑州大学	河南	青年项目	研究报告	2019/12/31	17CXW019
网络视频直播管理研究	王建磊	深圳大学	广东	青年项目	研究报告	2020/5/30	17CXW020
新闻事件流行语的意识形态镜像表征研究	刘莲莲	安徽省社会科学院	安徽	青年项目	专著	2020/6/30	17CXW021
移动传播情境下中国优秀传统文化传播与融入研究	晏　青	暨南大学	广东	青年项目	论文集 译著	2020/6/20	17CXW022

续表

课题名称	负责人	工作单位	所在省市	项目类别	预期成果	计划完成时间	批准号
中国品牌国际传播中的文化符号生产与认同机制研究	蒋诗萍	上海财经大学	上海	青年项目	专著	2019/12/31	17CXW023
中国政治视觉修辞的表征与提升策略研究	刘　晶	南昌大学	江西	青年项目	专著	2021/6/30	17CXW024
新媒体环境下政务舆情回应的社会认可度调查与研究	彭广林	吉首大学	湖南	青年项目	专著 论文集	2020/12/30	17CXW025
政务新媒体对青年群体的政治影响研究	陈　强	西安交通大学	陕西	青年项目	论文集 研究报告	2019/12/31	17CXW026
大数据时代个人隐私的分级保护研究	王　敏	武汉大学	湖北	青年项目	译著论文集	2020/12/31	17CXW027
网络视频直播的多元协同治理模式研究	刘　锐	华中科技大学	湖北	青年项目	专著 论文集	2020/6/30	17CXW028
网民消极话语抗争及其疏导研究	王凤仙	江西师范大学	江西	青年项目	专著	2019/12/30	17CXW029
互联网时代农村地区资讯环境和农民资讯需求研究	崔　凯	清华大学	高校	青年项目	研究报告	2020/6/30	17CXW030
维吾尔族青少年网络新媒体使用与民族意识表达研究	毛颖辉	石河子大学	兵团	青年项目	研究报告	2020/6/30	17CXW031
媒介融合背景下的我国网络剧产业发展模式创新研究	李星儒	北京第二外国语学院	北京	青年项目	专著	2020/6/30	17CXW032
数字阅读对青年社会共识的影响研究	张　晗	深圳大学	广东	青年项目	研究报告 其他	2020/12/31	17CXW033
新世纪以来中国题材纪录片国际传播的国家形象构建及效果研究	赵艳明	北京交通大学	高校	青年项目	研究报告 其他	2020/12/31	17CXW034
香港青年群体国族认同构建中的媒体角色研究	王婉婉	北京工商大学	北京	青年项目	专著	2020/12/31	17CXW035

续表

课题名称	负责人	工作单位	所在省市	项目类别	预期成果	计划完成时间	批准号
新媒体时代中国城市底层的心理状况与社会交往研究	刘　丹	河南财经政法大学	河南	青年项目	专著 研究报告	2020/6/1	17CXW036
中国城市交通信息传播模式研究	李晨宇	北京工业大学	北京	青年项目	专著 研究报告	2020/9/30	17CXW037
社会化媒体时代的舆论博弈研究	岳　璐	湖南师范大学	湖南	青年项目	专著	2021/10/30	17CXW038
网络视频直播影响力评测研究	杨　雅	北京师范大学	高校	青年项目	论文集 研究报告	2019/3/1	17CXW039

来源：全国哲学社会科学工作办公室网站

国家社科基金2017年度西部项目立项名单
（新闻学与传播学）

课题名称	姓名	单位
信息主权视域下我国科技期刊数字出版链优化及平台做强研究	曾伟明	江西理工大学
新型主流媒体话语体系建构研究	吴柳林	湖北民族学院
话语理论框架下中国网络民族主义集群行为与价值引导研究	刘国强	四川外国语大学
网络安全文化传播动力学模型与传播策略研究	刘小洋	重庆理工大学
基于深度学习的网络舆论场文本情感语义嬗变机制研究	卢　玲	重庆理工大学
中国共产党改造《大公报》(1949—1966)策略研究	江卫东	重庆三峡学院
大数据时代新闻认知传播研究	谭筱玲	成都学院
“讲好中国故事”跨文化语境下的叙事策略研究	王曙光	四川省社会科学院
大外宣战略视角下关于“中国崛起”涉华网络舆情研究	王宏俐	西安交通大学
新媒体传播对西北少数民族国家认同影响研究	梁　鑫	甘肃政法学院
新疆维吾尔族形象的重塑：乡村影像的本土化表达与跨文化传播研究	孙传国	塔里木大学

来源：全国哲学社会科学工作办公室网站

国家社科基金2017年度中华学术外译项目立项名单
（新闻学与传播学）

学科	项目名称（中文）	原著作者或主编	资助文版	项目负责人
新闻与传播学	沉浸传播：第三媒介时代的传播范式	李　沁	英文	社会科学文献出版社
新闻与传播学	唐代文明与新闻传播	李　彬	英文	中国人民大学出版社
新闻与传播学	文化话语研究：探索中国的理论、方法与问题	施　旭	俄文	北京大学出版社
新闻与传播学	中国与阿拉伯：一个中国学者的视角	薛庆国	阿拉伯文	薛庆国（北京外国语大学）

来源：全国哲学社会科学工作办公室网站

国家社科基金2017年度后期资助项目立项名单
（新闻学与传播学）

项目名称	申请人	工作单位
新媒体语境下报纸新闻文体的变迁与创新	彭　柳	华南师范大学
如何让商业信息自由而洁净地流动：FTC广告监管百年史论	李明伟	深圳大学
传播侵权研究	罗　斌	中国青年政治学院
传媒产业破坏性创新管理研究	王　亮	西安外国语大学
网络经济时代广告业生态的变革与新广告业态研究	程　明	武汉大学
融合与变革：融媒时代电视传播研究	孙宜军	浙江越秀外国语学院
认知传播学	欧阳宏生	成都学院
传媒创新创业的理论与实践研究	曾繁旭	清华大学
社会心态与舆论的现状及关系的理论和实证研究	曾凡斌	暨南大学
公共治理理论视域中的环境传播研究	李異平	暨南大学

来源：全国哲学社会科学工作办公室网站

国家社科基金2017年度后期资助项目结项名单
（新闻学与传播学）

证书号	批准号	项目名称	负责人	工作单位
20175045	14FXW008	西方媒介文化理论研究	曾一果	苏州大学
20175049	15FXW003	传播学场理论	程郁儒	陕西师范大学
20175077	15FXW004	传播与控制：中国法律媒介史考述	徐燕斌	云南财经大学
20175215	14FXW004	电视场对学术场的介越研究	陈红梅	江苏师范大学
20175241	13FXW005	北美传播政治经济学研究	陈世华	南昌大学

来源：全国哲学社会科学工作办公室网站

国家社科基金2017年度项目、青年项目和西部项目结项一览表
（新闻学与传播学）

批准号	项目名称	成果名称	负责人	工作单位	证书号
14BXW060	新媒体与当代中国伊斯兰教的传播研究	新媒体与当代中国伊斯兰教的传播研究	白　贵	河北大学新闻传播学院	20170213
11BXW005	中国现代（1919—1949）图像新闻传播史研究	中国现代图像新闻史：1919—1949	韩丛耀	南京大学新闻传播学院	20170263
11CXW016	“网络热点”转化至“网络群体性事件”的机理及临界预警建模研究	“网络热点”转化至“网络群体性事件”的机理及临界预警建模研究	吴小坤	上海大学影视艺术技术学院	20170243
10BXW024	大众传媒与新生代农民工城市适应研究	媒介延伸与新生代农民工城市适应研究	郑　欣	南京大学新闻传播学院	20170267
11BXW039	环保类虚假广告的危害及其监管有效性研究	环保类虚假广告的危害及其监管有效性研究	刘传红	中国地质大学（武汉）	20170318
10AXW001	中国出版产业企业化及政策措施研究	中国出版业企业化路径与政策措施研究	姚德权	湖南大学工商管理学院	20170328
12BXW035	孔子学院跨文化传播影响力研究	孔子学院跨文化传播影响力研究	安　然	华南理工大学国际教育学院	20170331
10XXW003	延安时期《解放日报》研究	延安时期《解放日报》研究	王春泉	西北大学新闻传播学院	20170397

续表

批准号	项目名称	成果名称	负责人	工作单位	证书号
10CXW006	经济全球化背景下我国经济新闻报道的观念更新研究	经济全球化背景下我国经济新闻报道的观念更新研究	王　擎	北京工商大学艺术与传媒学院	20170441
10BXW006	城市化视角下的农民工报道问题研究	城市化视角下的农民工报道问题研究	李道荣	中南财经政法大学新闻与文化传播学院	20170547
13CXW057	网游沉溺机制研究	网游沉溺机制研究	冀付军	首都经济贸易大学信息学院	20170442
10BXW012	媒介融合背景下中国报业发展趋势研究	媒介融合背景下中国报业发展趋势研究	王学成	上海财经大学人文学院	20170478
10BXW030	突发事件中政府新闻发布效果评估体系建构研究	突发事件中政府新闻发布效果评估体系研究	侯迎忠	广东外语外贸大学新闻与传播学院	20170569
12XXW003	我国维吾尔语网站的现状与管理研究	我国维吾尔语网站的现状与管理研究	艾则孜	新疆财经大学	20170621
13BXW016	国际化进程中中国学术出版的规范研究	国际化进程中中国学术出版的规范研究	陆建平	浙江大学	20170503
12BXW002	建国初期人民日报的舆论引导和党报示范	建国初期人民日报的舆论引导和党报示范	钱　江	人民日报新闻研究中心	20170645
11BXW010	“三网融合”对传统媒介和网络媒介管理体制与监管机制的影响及其对策研究	“三网融合”对传统媒介和网络媒介管理体制与监管机制的影响及其对策研究	杨明品	国家广播电影电视总局广播影视发展研究中心	20170648
10BXW017	经济全球化语境下的中国影像传播与中国形象研究	全球化语境下的中国影像传播与中国形象构建	刘丹凌	西南大学新闻传媒学院	20170853
11BXW030	提升中国西南民族地区对东盟的传播能力研究	提升中国西南民族地区对东盟的传播能力研究	徐一林	广西财经学院	20170997
11CXW013	台湾电视批评发展史研究	台湾电视批评发展史研究	王立新	重庆交通大学人文学院新闻系	20170999
12BXW040	基于模糊理论的网络舆情分析、评价与对策研究	基于模糊理论的网络舆情分析、评价与对策研究	尉永清	山东警察学院	20170967
14CXW032	社交媒体对当代青年政治参与的影响与引导机制研究	社交媒体对当代青年政治参与的影响与引导机制研究	卢家银	中山大学	20171127
11BXW036	突发公共事件中谣言传播的机制及其治理研究	突发公关事件中谣言传播的机制及其治理研究	王颖吉	北京师范大学文学院新闻与传播研究所	20171036
13BXW020	我国出版业文化遗产保护对策研究	我国出版业文化遗产保护对策研究	彭俊玲	北京印刷学院图书馆	20171041

续表

批准号	项目名称	成果名称	负责人	工作单位	证书号
14BXW002	多媒体条件下党报的传播力创新策略研究	多媒体条件下党报的传播力创新策略研究	生奇志	东北大学文法学院	20171049
12CXW045	微博主的社会认同建构研究	微博主的社会认同建构研究	杨桃莲	东华大学人文学院	20171064
10BXW001	中国近现代新闻通讯社研究	中国近现代通讯社发展史研究	陈玉申	南京大学新闻传播学院	20171078
11BXW001	马克思主义新闻理论体系建构的知识逻辑和创新路径研究	马克思主义新闻理论体系建构的知识逻辑和创新路径研究	齐爱军	烟台大学人文学院	20171233
10BXW009	《鲁迅全集》编辑出版研究	《鲁迅全集》编辑出版研究	刘运峰	南开大学文学院	20171171
14CXW022	主流媒体对外传播的新媒体策略研究	主流媒体对外传播的新媒体策略研究	刘　滢	北京外国语大学	20171159
10BXW019	重大突发事件网络舆情分析研判机制研究	重大突发事件网络舆情分析研判机制研究	龙方成	解放军国防科学技术大学	20171320
12BXW047	新媒体广告规制研究	新媒体广告规制研究	查灿长	上海大学影视学院	20171344
11CXW028	美国媒体对西藏的误读及其成因和对策研究	美国媒体对西藏的误读及其成因对策研究	韩青玉	青海师范大学外语系	20171472
13BXW059	中国国家形象跨文化传播有效性的控制实验研究	中国国家形象跨文化传播有效性的控制实验研究	漆　谦	解放军电视宣传中心	20171499
10BXW003	中国新闻时代开拓者黄远生研究	中国新闻时代开拓者黄远生研究	宋三平	南昌大学人文学院历史学系	20171552
10BXW008	文化产业振兴规划实施效果评价体系及测度研究	文化产业振兴规划实施效果评价体系及测度研究	彭　翊	中国人民大学文化创意产业研究中心	20171486
10CXW023	国家文化产业战略视野中的媒介品牌建设研究	国家影视媒介品牌建设现状与趋势研究——基于文化产业的视野	沈　鲁	南昌大学艺术与设计学院舞蹈与表演系	20171560
10CXW032	危机事件网络舆情平抑的修辞策略研究	危机事件网络舆情平抑的修辞策略研究	方雪琴	河南财经学院	20171574
11CXW017	公共危机传播中的网络舆情分析研判机制研究	公共危机传播中的网络舆情分析研判机制研究	赵路平	华东师范大学春播学院	20171529
11CXW004	中外调查性报道比较研究	中外调查性报道比较研究——以美国为比较研究对象	段　勃	河南师范大学	20171734

来源：全国哲学社会科学工作办公室网站

教育部2017年度人文社会科学重点研究基地重大项目（新闻学与传播学）

序号	学校名称	基地名称	项目名称	责任人	所在单位
1	复旦大学	信息与传播研究中心	数字移动时代的都市民众媒介行为与地理空间：基于跨数据平台和信息可视化	陆 晔	复旦大学
2	复旦大学	信息与传播研究中心	中介化实践——中国现代城市媒介史	孙 藜	上海政法学院
3	武汉大学	媒体发展研究中心	互联网传播形态与中国传播能力建设研究	强月新	武汉大学
4	武汉大学	媒体发展研究中心	互联网传播形态与中西部社会治理	石义彬	武汉大学
5	中国人民大学	新闻与社会发展研究中心	微传播时代网络舆情演变机制的系统动力学研究	钟 新	中国人民大学

来源：教育部网站

教育部2017年度人文社会科学规划基金、青年基金、自筹经费项目（新闻学与传播学）

学校名称	项目类别	项目名称	申请人
北京大学	规划基金项目	中国高校出版“走出去”模式研究	谢 娜
大连海事大学	规划基金项目	高校出版社特色化、专业化、精品化发展指标体系构建及路径研究	徐华东
东北财经大学	规划基金项目	学术期刊媒介融合中网络出版机制、评价方法及政府规制	孟 耀
广东外语外贸大学	规划基金项目	社会网络分析视角下的“一带一路”中国高铁国际形象传播	刘 佩
河北大学	规划基金项目	数字时代图书选题决策模式研究	杨金花
河北大学	规划基金项目	移动互联网环境下党报话语主导权研究	刘 赞
河南理工大学	规划基金项目	媒体融合背景下新闻主流舆论引导机制研究	郜书锴
湖北中医药大学	规划基金项目	中国社会形象国际传播的历史考察及机制创新研究	李春燕

续表

学校名称	项目类别	项目名称	申请人
湖南大学	规划基金项目	高校出版单位数字化转型路径研究	雷　鸣
华东师范大学	规划基金项目	舆情生态治理下政务新媒体运营策略与传播效果研究——以省级行政机构为例	于　晶
华东政法大学	规划基金项目	数字创意产业众创空间运行机制评价与优化研究——基于北京、上海、深圳的实证分析	臧志彭
华南师范大学	规划基金项目	移动社交媒体用户隐私风险感知与保护行为研究	张学波
淮北师范大学	规划基金项目	社交媒体在增强主流媒体影响力中的应用研究	谢天勇
清华大学	规划基金项目	基于风险管理视角的环境传播功能研究	戴　佳
山东大学	规划基金项目	网络运营者的信息内容管理责任研究	张文祥
山东大学	规划基金项目	媒体融合发展与新闻传播变革研究	刘　冰
山东政法学院	规划基金项目	媒体融合背景下新闻侵犯名誉权的特权抗辩研究	王伟亮
汕头大学	规划基金项目	社交媒体舆情反转与反沉默螺旋现象研究	黎　勇
深圳大学	规划基金项目	媒介融合对新闻边界工作影响的研究	尹连根
武汉工商学院	规划基金项目	融合文化下新闻价值的评价体系重构——基于价值哲学视角	毛　毅
西安交通大学城市学院	规划基金项目	新闻媒体受众认知负荷测量及个性化智能媒体界面的研究	周建龙
阳光学院	规划基金项目	新媒体时代党报传媒的深度融合与发展研究	袁星洁
云南大学	规划基金项目	当代欧美国家话语体系对中国抗日战争国家形象的构建研究	刘笑元
浙江万里学院	规划基金项目	东北日系报纸与另类殖民叙事的媒介建构（1905—1945）	马　嘉
浙江万里学院	规划基金项目	王阳明传播思想研究	张实龙
中国传媒大学	规划基金项目	中国对拉美软实力传播研究	朱振明
中国人民大学	规划基金项目	高校出版单位把社会效益放在首位保障机制研究	李永强
中华女子学院	规划基金项目	讲好中国故事：中国影视叙事能力问题及其对策研究	崔　莉
中山大学	规划基金项目	我国内陆核电争议中的公共讨论与协商治理研究	邓理峰
北京交通大学	青年基金项目	网络论战的衍生、传播规律及其社会影响研究	刘　凯
北京交通大学	青年基金项目	中国集体行动线上组织结构形态与线下互动机制研究	刘晓燕
北京联合大学	青年基金项目	“互联网+”背景下影视产业IP运营机制研究——基于价值链创新的视角	金　韶
北京联合大学	青年基金项目	新媒体背景下我国广告教育转型与发展研究	闫　琰
北京师范大学	青年基金项目	孔子学院与新媒体在跨文化传播中融合发展的探索	张心蔚
北京印刷学院	青年基金项目	新生代农民工的数字阅读与文化生产研究	谷　征
重庆理工大学	青年基金项目	我国学术期刊集群化发展现状、机制及趋势研究：基于利益相关者视角	魏艳君

续表

学校名称	项目类别	项目名称	申请人
甘肃农业大学	青年基金项目	基层政务新媒体的舆论引导功能及其对话机制创新研究	王　赟
河南大学	青年基金项目	社交媒体新闻供给失灵与政府规制	刘志杰
湖北大学	青年基金项目	大数据技术使用对新闻从业者角色认知的影响及其职业困境研究	张　帆
湖南师范大学	青年基金项目	基于生态有机性的网络谣言传播与危机管理研究	袁　会
华中师范大学	青年基金项目	社会冲突性议题的网络新闻生产研究	陈　科
华中师范大学	青年基金项目	人工智能路径下突发事件的传媒预警机制与应用研究	王　然
华中师范大学	青年基金项目	基于社会责任视角的网络视频直播管理研究	刘　琼
暨南大学	青年基金项目	新生代农民工社交媒体使用效果研究:基于社会资本的视角	朱文哲
暨南大学	青年基金项目	先秦儒家传播思想与春秋战国的政治沟通	姚锦云
喀什大学	青年基金项目	新疆少数民族学生在内地的传播网络建构与文化适应研究	徐百灵
喀什大学	青年基金项目	新疆古代传播中的跨文化融合研究	张唐彪
辽宁工业大学	青年基金项目	新媒体语境下公共危机的多元话语建构与互动研究	宋琳琳
南京师范大学	青年基金项目	我国网络直播违法失范问题的治理机制研究	胡　颖
宁波大红鹰学院	青年基金项目	文化传承视域下地方文化对外传播与发展路径研究	蒋　欣
宁波大学	青年基金项目	国家、记者与团体:民国时期新闻记者公会研究(1931—1949)	徐基中
山东大学	青年基金项目	大数据时代的数据新闻生产与伦理研究	张　超
上海大学	青年基金项目	融合媒体时代中国电视剧的海外新媒体传播与接受研究	张珊珊
上海交通大学	青年基金项目	西方国家对华舆论战的新形态和新手段研究	荣　婷
上海交通大学	青年基金项目	基于“一带一路”战略的中国出版贸易增长潜力及实现路径研究	王大可
四川理工学院	青年基金项目	高校哲学社会科学期刊信赖传播研究	万东升
四川师范大学	青年基金项目	“东突”分裂势力在国内的报刊活动及舆论诱导研究(1933—1949)	潘理娟
苏州大学	青年基金项目	健康传播视域下青少年与网络色情治理研究	徐　蒙
泰州学院	青年基金项目	在华德文报刊发展轨迹研究(1886—1945)	牛海坤
同济大学	青年基金项目	新媒体规制视角下美国消费者隐私保护机制的形成与演变(1995—2015)	汪　靖
西南政法大学	青年基金项目	大众传媒与提升国际品牌评价话语权研究	李　梦
浙江传媒学院	青年基金项目	网络迷群公共讨论中情感传播的动力机制研究	王　喆
浙江工商大学	青年基金项目	双向跨域传播与孔子学院媒介形象的多重性	李　蓉

续表

学校名称	项目类别	项目名称	申请人
浙江理工大学	青年基金项目	强关系社交网络中风险信息扩散机制与治理研究	王丽丽
中国传媒大学	青年基金项目	斯图亚特·霍尔传播思想研究	黄典林
中国人民武装警察部队学院	青年基金项目	“一带一路”沿线国家涉华舆情风险预警与决策支持研究	刘　茉
中国政法大学	青年基金项目	微信社群的传播机制与话语空间研究	郑满宁
中山大学	青年基金项目	反腐话语的建构与重构:大数据看网民政治评价	刘　洋

来源：教育部网站

教育部2017年度人文社会科学研究西部和边疆地区项目立项（新闻学与传播学）

学校名称	项目类别	项目名称	申请人
西北大学	规划基金项目	乡村传播对扶贫工作影响研究——基于田门村的调查分析	岳　芃
长安大学	青年基金项目	突围与重构:我国原创电视文化节目发展现状、问题及对策研究	崔慎之
重庆师范大学	青年基金项目	社交媒体舆论传播的心理机制及政府舆论引导研究	杨　颖
吉首大学	青年基金项目	新媒体环境下的社会潜舆论风险治理研究	何永华
西安外国语大学	青年基金项目	中国新闻志书研究	赵战花

来源：教育部网站

教育部2017年度人文社会科学研究新疆项目立项（新闻学与传播学）

学校名称	项目类别	项目名称	申请人
新疆大学	青年基金项目	新疆维吾尔文“两微一端”信息传播与管理研究	尼加提·依布拉音

来源：教育部网站

教育部2017年度哲学社会科学研究后期资助项目立项

（新闻学与图书情报学）

学校名称	项目类别	项目名称	申请人
东北大学	重大项目	网络意见共同体：形成、演变与规制	生奇志
扬州大学	一般项目	阮刻《毛诗注疏》圈字汇校考正	孔祥军

来源：教育部网站

国家新闻出版广电总局2017年度广播影视部级社科研究项目立项名单

序号	课题名称	申报人
1	央视新闻全媒体生产的组织架构和运行模式研究	李　挺
2	提升广播电视新闻宣传传播力引导力影响力公信力研究	雷跃捷
3	加快广播影视智慧化发展研究	杜国柱
4	广播影视公共服务提质增效研究	车敦安
5	深化广播影视供给侧结构性改革重点难点问题研究	郭丽岩
6	传统文化资源激活中国电影供给侧创新研究	杨俊蕾
7	媒介融合业态下电视剧网络剧原创力提升策略研究	戴　清
8	CGTN英语频道话语权国际竞争力建设研究	江和平
9	媒介融合时代中国电视时政新闻发展创新研究	刘　俊
10	中华优秀传统文化的有声语言推广传播机制研究	海　霞
11	新媒体背景下提升我国藏语卫视的传播力引导力影响力公信力研究	韩　洪
12	海峡两岸广播电视交流合作路径设计与模式创新研究	洪　雷
13	全媒体环境下视频新闻的影响力评价研究	张　巍
14	中国广播电视公益广告传播效果研究	初广志
15	中国综艺节目模式创新与评估研究	朱　涛
16	省级广电新型传媒集团建设实证研究	肖　芃
17	中国改革开放四十年播音主持语言传播影响力研究	高国庆
18	媒体融合视阈下民族地区电视媒体舆论引导力建设研究——以拉萨电视台为例	张晓明
19	电视媒体供给侧结构性改革研究	李岭涛
20	广电行业全媒体国际传播人才培养研究	胡邦胜

续表

序号	课题名称	申报人
21	加强边疆地区新闻出版广播影视建设研究——以内蒙古自治区为例	姜伯彦
22	边境少数民族地区广播电视公共服务模式提升研究	尹学功
23	新发展理念下广播影视转型升级研究	符绍强
24	中国教育电视改革发展创新研究	袁小平
25	中、短波数字广播发展战略研究	徐　忠
26	移动互联网时代广播媒体经营策略创新研究	王春美
27	广播影视供给侧结构性改革创新研究	王诗文
28	广播电视行业对我国经济社会贡献评价研究	王小宁
29	深化广播电视内容供给结构改革研究	周　亭
30	广播电视媒体综合评价体系建设研究	郑永增
31	网络原创视听节目发展研究	陶嘉庆
32	视听新媒体监管政策和立法比较研究	周　菁
33	地方广播电视媒体融合创新的理念与实践研究	张　磊
34	用户视角下的电视媒体智慧化发展策略研究	周　勇
35	中国广电媒体融合形态和主要应用形式研究	杨伯溆
36	视听新媒体新业态发展与管理研究	刘燕南
37	解构主义视阈下电视媒体融合创新案例研究	问永刚
38	人工智能时代广电融媒体内容生产研究	栾轶玫
39	广播影视大数据业务发展研究	殷复莲
40	新型广电传媒集团建设与评估研究	喻国明
41	广电网络智慧社区线上服务平台建设与发展研究	任　辉
42	中国影视剧海外传播品牌建设	王　魏
43	中国影视作品非洲传播之市场调查与发展路径研究	麻争旗
44	中国纪录片国际传播能力建设研究	何苏六
45	电视剧项目投融资风险评估体系研究	宋培义
46	重大主题纪录片国际传播力建设研究	潘婷婷
47	国产影视动画传播与青少年价值观的培育研究	曾一果
48	互联网+语境下中国电视剧产业供给侧改革研究	张　斌
49	基于一带一路战略的影视动画国际传播研究	李　涛
50	跨文化语境下中国纪录片品牌建构与发展战略研究	赵　曦
51	“一带一路”构想下中国影视剧国际新兴市场传播创新研究	杨越明
52	中国影视输出策略研究：翻译与传播效果	岳　峰
53	广播影视作品审查制度法律完善研究	黄　鑫
54	电影产业：从观看经济到体验经济——电影与旅游跨界融合发展战略研究	刘新鑫
55	中外合拍与中国电影走出去研究	王　凡
56	“中国故事”的电影叙事能力提升研究	邓文卿
57	新世纪以来电影政策史纲(2000—2016)	黄望莉
58	农村电影流动放映公共服务提质增效研究	雷振宇
59	《电影产业促进法》立法后评估问题研究	王进文

来源：国家新闻出版广电总局网站

第十一篇
学人自述

董广安	舒咏平	米博华
张　威	李建伟	李　岩
张咏华	李思屈	李希光
田建平	陈昌凤	吴　飞
吕新雨	陈堂发	林爱珺
王润泽	胡　钰	赵建国
朱春阳	朱丽丽	潘祥辉
张明新	赵云泽	赵曙光
刘　涛		

董广安

董广安，女，1949年11月出生，祖籍河南伊川。郑州大学二级教授，郑州大学新闻与传播学院原院长、教授委员会原主任委员，硕士生导师；第二届、第三届教育部新闻学学科教学指导委员会委员；第十届、第十一届、第十二届河南省人大常委会委员。现任新华通讯社—郑州大学穆青研究中心主任、郑州大学传媒发展研究中心主任，中国新闻史学会常务理事、中国新闻史学会应用新闻传播学研究委员会副会长、国家社科基金项目评审专家、河南省报纸系统新闻奖评委、河南省报纸质量综合测评委员会委员、河南省广告协会学术委员会主任、河南省科技影视协会副理事长、河南省十佳师德标兵、河南省五一劳动奖章获得者、河南省教学名师、河南省优秀专家。主要研究方向为新闻（传播）业务（实务），在穆青研究、都市报、晚报研究领域有较大影响力。公开发表有价值学术论文60余篇，其中核心期刊40余篇；出版专著5部，主编教材3部，参编教材2部。

治学自述

1973年9月，做了4年知青的我，考试加推荐进入了郑州大学中文系学习。1976年毕业后留校任教。时年正逢郑州大学教学改革，中文系分成创作专业和新闻专业。留校的我被分在了新闻专业。虽然不情不愿，但受“革命战士是块砖，哪里需要哪里搬”意识的影响，也就勉强接受了现实需要。从此，我与新闻教育连在了一起。1980—1981年，在复旦大学新闻系进修一年。在复旦大学学习期间，恰逢复旦新闻系的黄金时代，一大批优秀教师正雄心勃勃地立志全面恢复新闻教育。很多课程都是第一次开设，比如舒宗乔老师的《外国新闻事业史》、陈韵昭老师的《西方新闻理论》等，为我打开了一扇通向专业道路的大门。整个求学经历让我印象最为深刻的是王中教授的教诲。他了解到听课几乎占据了我进修生活的全部时间，就语重心长地对我说：“听课只是一个方面，重要的是多利用我们的资料室，记住：‘资料就是学问。’你离开复旦新闻系，就很难找到这么丰富的新闻资料。”王老师“资料就是学问”的教诲，使我受益终身。

从事新闻教育42年来，我讲授过文章写作学、新闻采访学、新闻写作学、广告写作、媒介批评等课程。出版专著《实用新闻写作学》《当代新闻采写方略》《晚报舆论导向理论与实务》《中外新闻佳作选评》《现代新闻写作教程》共5部，计130余万字。其中，《现代新闻写作教程》这本书得到复旦大学新闻学院刘海贵教授的高度评价。同时，我主编或与人合著多部著作：《中国人知识库》《毕业论文写作与答辩》《中外新闻作品研究》《新闻传播精品导读通讯卷》《中国晚报学》等。此外，我将获得全国新闻奖的新闻精品佳作进行整理、收录，与人合作出版了《中国高级记者成名作透视消息卷》《中国高级记者成名作透视通讯卷》《中国高级记者成名作透视评论卷》，书中的这些作品不论是思想内涵还是写作技巧，均可跨时空流传，业界反响颇大。

我秉持着严谨认真的治学态度，主持完成了省部级科研项目3项，参与完成省部级科研项目4项，主持完成国家社科项目2项，参与教育部项目1项，承担教育部“十一五”规划教材1项并获国家精品教材。目前主持在研国家社科基金重点项目1项，国家社科基金重大招标课题子项目1项。

近些年我主要聚焦穆青研究。新时代媒介环境下，掌握了新媒体技术并不代表一定能做好新媒体时代的新闻传播。我始终认为，当前媒介形式、传播方式虽然发生了变化，但新闻的精髓、新闻传播的核心价值并没有变，新闻理想和职业追求更不能丢弃。2004年11月11日，穆青研究中心挂牌成立，我受聘为穆青研究中心主任，对穆青新闻思想和实践开展深入研究，旨在通过对穆青生平、新闻思想和新闻实践学术活动的研究，揭示一个名记者的成长过程和历史作用，从而启迪当代新闻人更好地服务社会。“勿忘人民”是穆青精神的精髓、新闻思想的精华、新闻实践最丰富的部分。“勿忘人民”已成为郑州大学新闻与传播学院的院训。

我教学、科研的主要方向是新闻传播实务。在复旦进修时，我就以《文汇报》特约记者的身份，采访了全国首届心血管技术设备交流会，发表了一篇被认为富有新意的报道。1983年我在《河南日报》工商处业务进修，编辑和记者工作都有所涉猎。在实践过程中，我和一位老编辑采写的消息《新郑烟厂用高质量赢得产销两旺》获得当年的好新闻奖。

诸多的称谓和身份中，我最为珍惜的是“老师”这个平凡而崇高的称呼。“捧着一颗心来，不带半根草去”，这是我国著名教育家陶行知先生对教育工作者的深情赞誉，也是我从教以来时刻铭记心头的座右铭。为了解决高校新闻专业教学与研究“空对空”的问题，我在课程设置、教育内容、教学方法、教学环节上进行大胆地创新：积极开辟第二课堂，强化学生思维能力和动手能力的训练，将课堂片段和综合实习有机地结合起来。有相关调查表明我们郑州大学新闻专业毕业生大多数成为所在单位的业务骨干，很多走上了领导岗位。这说明我们的教学质量是得到社会认可的。我国近代教育家夏丏尊先生曾经说过：“教育之没有情感，没有爱，就如同池塘没有水一样。没有水，就不成其为池塘，没有爱，就没有教育。”我一直认为，热爱学生，尊重学生，信任学生，严格要求学生是教师道德威信形成的根本保证。除了在学业上及时给予我的学生耐心的指导外，在生活上、思想上我也总是为他们解除困惑，进行疏导，尽我所能为他们解决学习上的后顾之忧。每逢教师节或传统节日，分布在全国各地的学生发来的问候信件、邮件、短信是对我作为一名人民教师最大的肯定。

今年，适逢改革开放40年；中国新闻传播学教育走过了曲折而光辉的一百年。我从事新闻教学与研究也已42个春秋。42年来的学术研究带给我的不仅是学术上的进步，更多的是精神上的满足。热爱学生，诲人不倦，这一直以来是我所遵循的教学态度；做“秤砣”，不做“葫芦”，做学问是来不得半点虚假的，这一直以来是我所信奉的治学精神。在新闻研究与实践这条路上，我们新闻教育工作者任重而道远。

舒咏平

舒咏平，男，1953年出生于安徽省徽州地区黟县。华中科技大学新闻与信息传播学院教授、博士生导师，品牌传播研究中心主任。先后在安徽师范大学、南京大学就读。1993

年参与创建安徽师范大学新闻传播教育，任新闻系主任。2001 年调入华中科技大学，曾任传播系主任、学院副院长。兼任中国广告教育研究会副会长、中国广告协会学术委员会委员等职。

治学自述

2001 年，于我的学术发展来说是个重要的节点：其标志是我率先在全国提出了“品牌传播”的概念，并将品牌传播的理念贯彻到华中科技大学广告专业的定位与教学中，且在企业发展咨询中也有效地进行了运用。其深层因素来源于三：一是我作为传播系主任、教授，需要进行传播学理论与实践的结合；二是我作为广告学科的学术带头人，需要进行广告领域的学理思维与理论升华；三是我通过企业咨询与策划大量接触企业，深知中国企业已经由产品思维上升到品牌思维层面。三方面交叉，加上市场与传播两个生机勃勃的学科交叉地带，无疑给了我发现理论矿藏的机会，于是，我发表了品牌传播系列论文：《论“品牌传播”》《基于网络的品牌传播“长尾化”》《品牌危机的网上扩散与消弭》《品牌传播：新媒体环境下广告内涵演进的取向》《品牌：传受双方的符号约定》《广告教育中品牌传播理念的导入》《“品牌传播”内涵之辨析》；并出版了《品牌传播策略》《品牌传播与管理》《品牌聚合传播》《品牌传播论》《中国大品牌》《品牌传播教程》6 部著作与教材；同时也主持了国家哲学社会科学的重点课题。“品牌传播”的概念及思想核心为：广告、新闻、公关等传播实践手段，归根结底是为特定主体服务的，而现代社会传播的主体则是以企业为主的各种社会组织；品牌作为正向价值的符号化凝结，既是主体传播的目标所在，更是传播效果的集中体现；而品牌传播又超越了广告的“广而告之”、新闻的“宣传报道”之单向度意味，有了双向沟通互动的新内涵。由此，“品牌传播”在现代信息社会有着很强的解释力，也有着非常明确的价值导向的实践指导性。正由于如此，“品牌传播”得到了学术界与实务界的认可，其影响正在不断扩散。

“品牌传播”的提出离不开以互联网为主的新媒体的诞生，因此，我的研究视角同步对“新媒体广告”进行了较深入的研究。提出了新媒体广告的系列新主张：（1）认为“新媒体环境下广告互动传播成为主流，并有着延时性互动与即时性互动的复杂表现”；（2）“广告传播选择的其实不是混沌的媒体，而是精准的广告载具，因此无论是广告主的媒体投放，还是媒体的广告经营，其落脚均是微观的、不可再分的媒体碎片——广告载具”；（3）关乎广告产业链可持续发展，“广告传播要实现经济效益与社会效益的统一，必须走广告公信力建设之路，如此才能达成广告主、媒体、政府、消费者、广告公司的多方共赢”；（4）新媒体广告已经全面颠覆广告信息接收与传播方式，广告接收模式正由“信息邂逅”转向“搜索满足”；（5）新媒体广告的呈现是去广告化，这给广告管理带来全新挑战，且将走向大数据为基础的品牌管理。这些观点体现在我的系列论文《小众传播时代广告战略的选择》《广告互动传播的实现》《数字传播环境下广告观念的变革》《碎片化趋势与“广告载具”的微观承接》《广告公信力评估模型的建构与操作》《“信息邂逅”与“搜索满足”——广告传播模式的嬗变与实践自觉》《受众中心的网络广告呈现》《基于企业自有数字媒体的品牌传播聚合性》《新媒体广告的“原生困境”与管理创新》，以及《广告传播与公共信任——广告公信力研究》《新媒体广告传播》《新媒体广告》等著作教材中。

而在传播的基础理论研究上，我则从更深层次的哲学思维出发，提出了如下两个鲜明的新观点：（1）“传播的本质即意见博弈”，认为在“现实社会中，传播的内在图景就是各种意见的博弈，并在不同的信息接受、观点说服场域，有着不同的博弈体现”；（2）创意诞生的思维本质即为“广义灵感”，认为人们为着创意的需要，总是积极地在头脑中整合相关信息，而信息有效组合的瞬间即广义灵感，且是频繁出现、任何主体均拥有的；提出该观点的《广义灵感论》一文，发表于《中国社会科学》，并由英文版转载。

目前，我借承担国家重点课题机会，厘清了国家品牌、产品品牌、个人品牌呈现的一脉相承关系，在全国率先提出了国家品牌传播的概念，并体现于《论“国家品牌传播”》《习近平关于国家品牌论述的研究》《中国国家品牌传播的新闻自觉——党性与人民性相统一的主体意识》等系列论文中。我相信，随着中国在国际化进程中拥有越来越多的话语权，其建构国家品牌则是必然的趋势，国家品牌传播也必将成为新闻传播学科重要的研究领域。

我还想强调一下学术感言：学术建构倘若建立在社会实践、时代趋势的基础上，那么就会迸发出学术创新的全新火花，就会提出且有力地论证全新的学术观点与概念，如我提出的“品牌传播”“广义灵感论”即为如此；且在实践与理论上得到广泛的认可，这是学人的一种由衷之幸福。

米博华

米博华，男，1954年出生于河北省。现任复旦大学新闻学院院长、高级编辑、博士生导师。中央党校研究生。1978年由共青团河北省委调入《中国青年报》，历任评论部副主任、主任，1989年调人民日报社，历任评论部副主任、主任、副总编

辑。曾任第十二届全国人大代表、环境资源委员会委员，获第五届范长江新闻奖，五次获得中国新闻奖特等奖或一等奖，多次获得中国好新闻奖，获得“五个一工程奖”，中宣部“四个一批”人才，享受国务院政府津贴。

治学自述

从1978年从共青团河北省委调入《中国青年报》，到2014年不担任人民日报社副总编辑，直到现在始终从事的新闻教育工作。改革开放40年，从未离开过新闻工作特别是新闻评论工作岗位，是在新闻评论岗位上工作时间较长的老新闻工作者之一。1989年调入《人民日报》评论部，参与了许多国家重大新闻事件报道工作。主要是分两大部分：一是作为职业党报评论员、评论部主任，撰写大量重要社论，如元旦社论、国庆社论、劳动节社论、建军节社论和党的代表大会社论、两会社论等，特别是在邓小平南巡讲话、香港澳门回归、98抗洪、美国轰炸驻南使馆、揭批法轮功、反分裂反暴恐事件等新闻报道中，全过程参与报道。还参与创立并撰写《人民日报》署名“任仲平”重要言论数十篇之多，达20年之久。二是2005年起担任《人民日报》副总编辑，长期分管评论部、记者部、驻各地分社、人民日报出版社、发行部，还短期分管理论部、文艺部、《环球时报》等。这一时期主要是统筹、策划、审阅稿件，其中组织了2008年北京奥运会、2010年上海世博会等重大报道。

同时，在长期新闻工作实践中，我对党报的采、编、评业务均有比较丰富的经验，并撰写了大量论文。其中，关于新闻

评论实务方面的专论有 90 多篇，发表在《新闻战线》《中国记者》等刊物上。同时，为三十多部新闻专著撰写序言。

四十年职业生涯的主要业务成就：一是撰写新闻作品、论文、评论等约 700 多万字。其中，《人民日报》社论、评论员文章近 200 篇；各类新闻报道 200 多篇，新闻业务论文 50 多篇。同时，创作了大量杂文、随笔，约 400 多篇。二是出版《跋涉人生》《远眺近观》《一种说法》《活着的滋味》《高高殿堂》《值班笔记》《博伦：正风反腐》《新闻评论创作论》等 10 部作品集和理论专著。三是为大专院校和党政机关、新闻单位讲授时事形势课、新闻专业课 200 余场，作为中国传媒大学博士生导师指导了 14 位博士生。

概括职业人生，大约可以分为四个阶段，一、从 1978 年到 1988 年，当过驻站记者，主要从事新闻采访工作。二、从 1988 年到 2004 年，专攻新闻评论，是评论作品产量最高、质量最好的一个阶段。三、从 2004 年到 2014 年，做领导和管理工作，主要精力放在报道策划、理论研究、行政管理和人才培养等方面。四、退出领导岗位后，辞去中国环境记协主席等所有社会职务，集中精力在复旦大学新闻学院教书育人，并继续拓展新闻学教育研究的新领域。

张　威

1954 年出生于湖南长沙。汕头大学长江新闻与传播学院教授、澳大利亚研究中心主任。曾任悉尼理工大学博士生导师。2006—2009 年悉尼理工大学人文社会科学院访问教授，2010 年澳大利亚国立大学人文社会科学院访问研究员。2015 年香港中文大学访问学者，曾短期访问过普渡大学、哥伦比亚大学、纽约大学等美国高校。兼任中国新闻史学会外国新闻史研究会常务理事。

治学自述

1980 年代，我在英文《北京周报》（*Beijing Review*）任记者，从此开始步入新闻界，并在此间参与了新华社—汤姆森国际英语新闻写作计划，受到英国路透社的四名资深记者的强化训练，同时对中西新闻之间的异同发生了浓厚兴趣。1989 年，我进入悉尼大学攻读文学硕士学位，1993 年进入悉尼理工大学攻读新闻学博士学位，1996 年毕业。在前后 8 年的时间里，我阅读了大量的西方人文历史著作，积累了较充分的西方文化知识，并在一定程度上把握了学术研究和写作的方法。我的博士论文是有关澳大利亚报刊史的研究，其中也涉及中西历史、哲学、文化的对比研究。在三位导师的指引下，我对每一个研究问题所涉及的文献，都做了“扫荡式”搜寻，力求资讯的完备，确保无重大遗漏。有时为了考证一个细节，不仅要穷尽所涉及的文献，还要设法找到当事人印证。记得涉及中国新闻理论中的“阶级性”问题时，我从悉尼专程飞到北京，访问了中国人民大学的甘惜分教授。我在提交博士论文的时候，导师问我感觉如何，我答道，做得很笨。她说，这种感觉就对了。

在长期的研究中，我有一个感悟，那就是研究者在经过了学术训练之后，一定要找到独特的研究对象，也就是研究定位，从而尽快进入角色，以实现研究价值。1992 年，我选择了中西比较新闻学作为治学路口，10 年之后，我的《比较新闻学：方法与考证》出版了，获得了学界的一定认可。这个研究主要是归纳和辨析中西新闻学中的一些焦点问题，察同求异，并提出了比较新闻学的研究方法。1997 年，随着中国日益融入世界，怎么看待中西新闻是个迫切需要诠释的问题。研究这个题目，需要具备中西两种文化背景和一定的新闻从业经历，而当时这样的学者并不多。我抓住了这个机遇。

进入研究角色要快，但开展研究时却要小心翼翼，步步为营，这是我的另一体会。《比较新闻学：方法与考证》的研究过程超越了 10 年，在这个过程中，我追寻前人的脚步，试图廓清所涉及的每一个研究问题，视野上“穷尽”现存文献，采取了“一个都不能少的态度”，力求达到针脚绵密的效果。

我确立新闻史学为我的另一研究焦点是在 1994 年，那一年，我在浩瀚的澳大利亚报刊史资料中发现了端纳（W. H. Donald，1893－1946）的身影。1903 年，端纳从墨尔本的一家小报来到中国香港，担任《德臣报》的记者，在此后的 40 年中，他在中国政坛徜徉，先后做过孙中山、张学良、蒋介石的私人顾问。由于端纳很早就离开祖国澳大利亚，且一直在中国工作，没有再回家乡，澳大利亚几乎没有他的资料。同样，由于他曾为蒋介石工作，其相关资料在国民党从南京撤退时焚烧净尽，他在中国的资料也同样匮乏。正是因为这些困难，研究他的学者凤毛麟角。我决定走出一条前人尚未走通的路。为了获取资料，我不仅在国内和澳大利亚各地搜寻，还到过美国、菲律宾、日本和大溪地，先后和与他同时代的 100 多名幸存者通信联络，取得了一手资料。我还沿着端纳在中国的行动路线追寻过他的足迹，包括香港弥敦道，庐山蒋介石别墅，张学良在沈阳的大帅府。这一研究过程跨越了 19 年。2008 年是研究的第 15 年，我的脚步停滞了，因为我所收集到的端纳资料在 1941 年至 1942 年间出现了一个空白，这一年，他主要是和秘书在太平洋各岛屿间游荡，其中的情景只有他们两人知道。端纳已死，另一位近百岁的当事人在加利福尼亚山谷中隐居，不可能接受采访。我等待了四年，直到 2012 年，我设法获得了这个当事人的日记，终于填补了这个空白。2013 年，这本端纳的传记由清华大学出版社出版，该书是目前世界上第一部全面翔实研究端纳的著作。

2000 年，我发现在中国新闻史研究中还有相当多的死角，比如对民国时期留美新闻人的研究，对抗战时期来华西方记者的研究，以及对“三 S”的研究都有很大的拓展空间。我以 10 年之功，涉足以上几方面人物，使用的参考文献涵盖了中国和西方现存研究的代表性成果，也包括传主的日记、回忆录等一手资料。

在 20 多年的研究中，我花的是慢功夫，在一个漫长的时间段里同时进行几个主题的准备工作。我自 1997 年回国任教后，先后在河北大学、南京大学、山东大学和汕头大学任教，我不在乎学校的名气，在乎自己拥有多少做研究的时间；我不在乎出多少成果，但我在乎一两部扎实的专著。

迄今为止，我出版的著作包括：《澳大利亚传媒》（2001）、《比较新闻学：方法与考证》（2002，2014）、《光荣与梦想：一代新闻人的历史终结》（2013）、《端纳档案：一个澳大利亚人在近代中国的政治冒险》（2013）、《端纳画传》（2015）等。已出版的译著包括《获取信息：事实、真相与权力》《调查性报道记者手册》《澳大利亚华人史》等。

李建伟

李建伟，男，1955 年 7 月出生于河南安阳市，中共党员。河南大学新闻与传播学院首任院长、教授、博士生导师，教育

部人文社科专家、中国新闻奖审核委员会专家，河南省文化厅文化产业项目评审专家、河南省新闻出版广电局报刊审读专家、电视剧审评专家。现任中国新闻史学会编辑出版专业委员会常务副会长。

治学自述

作为恢复高考后的第一届考生，工人身份的我于 1978 年 3 月考入河南大学中文系，1982 年 2 月本科毕业后，留校任教。15 年的从教经历，从助教至副教授的职称变迁，见证了我与古代汉语结下的不解之缘。东北师范大学汉语史专业在职研究生班的学习和北京师范大学等高校的培训学习，使我的学业基础和学术素养得以很大提高。

1997 年 4 月，我调至河南大学《中学语文》编辑部担任主任和主编。5 年的编校时光，我完成了由理论教学至业界实践的工作转变。编辑工作所必需的工匠品格和审美能力，在深化我对文字工作认识与感悟的同时，也确定了我今后以编辑出版学为主的教学科研方向。

2002 年 4 月，河南大学成立了全省首个新闻与传播学院，我被任命为新闻与传播学院院长。期间，作为学院河南省新闻与传播一级重点学科牵头人、新闻学硕士点牵头人、跨文化传播博士点牵头人、编辑出版省特色专业牵头人，我和大家一起在原有编辑出版学、广播电视新闻学和广告学的基础上，创建了河南大学新闻学专业、播音与主持艺术专业、广播电视编导专业等本科专业，申请批准设立了跨文化传播二级硕士授权点、新闻与传播一级硕士授权点和新闻传播、广播电视、出版三个专业硕士授权点。被教育部批准设立了河南省唯一的新闻传播国家级教学示范中心。河南大学新闻与传播学科在教育部 2012 年首次教学科研评估中荣获全国第十九名的荣誉。

我在编辑出版学领域的研究可归纳为如下四个时期：

第一阶段是从 2001 年至 2004 年。此阶段研究多集中于对编校过程中遣词用句的探讨辨析以及期刊、广播、电视等媒介所发挥的舆论功能作用的探讨。

第二阶段是从 2005 年至 2009 年。随着专业教学的不断深入和管理经验的不断累积，我开始潜心研究新闻学教育特别是编辑出版学高等教育问题。探讨编辑出版专业高等教育现状和对全球背景下编辑出版人才培养的问题。

第三阶段是从 2010 年至 2016 年。在这期间，外部时代发展的变化重塑了整个出版生态体系，以科技为导向的数字出版异军突起，也成为了我在研究编辑出版学人才培养方面所考虑的重要问题。2010 年，我应教育部邀请参加了全国新闻学与传播学“十二五”发展规划（编辑出版学科）的起草和定稿工作与全国哲学与社会科学“十二五”发展规划（出版学）的编纂工作。通过不断地交流与碰撞，我在对编辑出版高等教育领域研究的同时，着重对以手机为媒介、以微博为平台代表的新媒体传播趋势及所对应的编辑人才素养问题进行了深入的分析和探讨。

第四阶段是从 2016 年至今。2016 年，我申请的国家社科项目“新媒体叙事编辑规律研究”获批，多年来的理论分析与实践经验，使我在积累丰富的一线教学经验的同时，比较清晰地把握了出版业的时代发展趋势。如何能在当今社会重塑“内容为王”的价值导向，将新媒体的内在传播机制与传统的编辑规律进行融合升华，使传统的编辑技艺与工匠精神在数字时代重新焕发生机与活力，是我着力探讨的问题。

我在下列领域发表或主持了重要著作、论文和项目：一是在新媒体编辑研究方面，《新媒体叙事编辑规律研究》项目获批为国家社会科学基金项目，《社会化媒体编辑力初探——以新浪微博为例》一文获评2012年度全国互联网与数字出版优秀论文；二是在编辑出版学教育方面，完成了教育部《我国编辑出版学教育发展现状及前景研究》项目，“编辑出版专业本科教学‘3+N’模式的建构与实践”项目获评全国新闻学与传播学教学创新项目，《从西方媒体的偏见看中国教育的取向》一文获评河南省社会科学优秀成果，《中国编辑出版教育透视》一书获评河南省人文社会科学研究优秀成果；三是在文化传播方面，承担并完成了河南省教育厅人文社科重大课题《河南形象文化符号传播研究》，并被鉴定为优秀成果。

河南大学的校训是“明德新民，止于至善”，我深深知道，作为一名人文社会科学的研究者和一名高校教师，需要更高的学术修养和深厚的学术积累，我，还仅仅是入门者。

李 岩

李岩，女，1955年出生，浙江大学传媒与国际文化学院教授、博士生导师。主要研究方向：媒介批评传播与文化广播电视。曾任：浙江传播学会副会长、浙江省广播电视学会广播电视委员会副主任、浙江大学当代话语研究中心副主任、香港浸会大学高级访问学者。1985年开始至今从事新闻与传播学教学科研工作。浙江省教育厅新闻与传播教学指导委员会副主任委员。代表性研究成果：著作类：《媒介批评——立场、命题、范畴、话语》（国家社会科学基金资助项目，分别获教育部社会科学成果奖二等奖、浙江省社会科学成果奖二等奖）；《广播电视新闻学》（国家教委面向21世纪教学改革与课程建设项目成果）；《传播与文化》；《广播学导论》（浙江省高校重点教材建设项目）。在权威刊物和其他刊物发表论文多篇，涉及话题：符号学与新闻学研究的交汇、大众传播过程的异化现象、视觉传播中的技术理性批判、全球化过程中文化身份的抵抗与认同等。

治学自述

近十年一直给本科生上通识课，面对一、二年级的学生，我也在自问：大学教育与高中、初中、小学，甚至幼儿教育的不同是什么？也许，很多人认为这是小儿科的问题，答案似乎是自明的，年龄不一样，内容不一样，也就是程度不同。这样的回答包含了一个相同的前提，学校教育是关于知识的教育，在进入大学之前有文化知识教育、常识教育，后来有了理科、文科的分类，知识也分了类。

我的自问却包括了这样的内容，大学还是一如既往地传授知识吗？这是站在人文学科立场的自问。

在与学生的接触中，我发现大多数学生在中学阶段已经掌握了各种知识，他们对社会问题也有关注和了解，也就是说他们的知识可以作为继续学习的基础，大学教育如果继续采用中学的知识教育方式，学生的收获是不大的，当然，也不是否定一切的知识传授。

自己学习获得的经验告诉我，学习不仅仅是获取知识、结论，而是要了解结论是如何产生的，包括对待知识的态度亦如是。

所以，大学教育一方面为学生打开一个又一个新的视窗，同时，也要培养他们的质疑、揭示和反思能力。这种思维是大学教育之前学生们较少获得的，更谈不到成为自觉。我说的创新，与“天马行空”的思考有相似之处。

我在教学中更多的是鼓励学生了解知识产生的过程，并且以自身为例，训练学生的这种能力。例如，每周上课，我会举本周发生的较有影响的事件，并且给学生分析围绕这个事件有几种看法，每一种看法基于何种立场。然后请学生再思考：我为什么要举这个例子，我对待这个事件的结论是什么？我得出这个结论的立场又是什么？

学生在这个过程中获得的训练有二：其一，学生知道每一个结论都有自己的立场；其二，了解了这一点，我们可以更加充分地理解他人，甚至是学会包容。因为我们自己看问题，也有预设的立场。

用简单的一句话表示，我们不仅仅告诉学生是什么，重要的是训练他们去了解为什么是这样的。某些知识生产的方法是学生必须掌握的。

人们经常说到的一句话是“诗与远方”，说到这句话是在强调一个人不要沉溺于一时一地的现实考量，活得像一只“夏天的苍蝇”（埃德蒙德·博克）。麦克卢汉也曾经说道：“艺术家的头脑在大家都认可的文化中对现实扭曲的暴露总是最敏感和机智。”再引用康德墓志铭上的一句话：“世界上有两件东西能够深深地震撼人们的心灵，一件是我们心中崇高的道德准则，另一件是我们头顶上灿烂的星空。”（关于这段话也有不同译本）。艺术让我们保持一种纯粹，这种纯粹可以接近“诗与远方”。做人的道理不被现实颠三倒四。天上的星空是一种崇高感，道德自律是为人之准则了。

一个有趣的问题：没读过莎士比亚更可耻，还是不知道染色体与基因的区别更丢人？哪些知识是重要到必须教给每个学生的？比如足够多的经济学知识让他们看懂华尔街的财务报表，足够多的科学素养让他们读懂《科学美国人》上的每篇论文，还是足够多的幽默感让他们看懂《纽约客》上的笑话？

“受教育”与技术训练不是一回事。“受过教育的人，必须理解自己以及自己在世界中的位置——文化的与自然的——从而追求一种富有意义的人生。”说到创新，其实很难。尤其是在“全选、复制、粘贴”如此方便的时代，人们也容易自欺欺人地把复制当作创新。所以说没有质疑、揭示和反思，不可能创新。

人有求新的欲望，也会不断培养自己的创新能力，并且不断获取成果。柏拉图在《理想国》中讲过三张床的例子：柏拉图认为世界上存在着三张床：第一张是“理式”的床，柏拉图称之为“床的真实性”，这是关于床的最高真理。第二张床是木匠按照“理式”的床做出来的现实的床。这张床是对理式的模仿。第三张床是画家模仿木匠的床创造的艺术的床。这是一种模仿的模仿。在柏拉图看来，在这三张床中，只有第一张床，即“理式”的床是真实的，最完善，因而最美，是床的美本身。我在这里不得不把“理式”的床是如何产生的问题搁置起来，这里要说“理式”的床最重要，而创新重要的是“理式”的创新。

张咏华

张咏华，女，出生于1955年。上海大学新闻传播学院教授、博士生导师，1997年国务院突出贡献奖获得者。先后执教于云南师范大学、上海外国语大学和上海大学，曾获英国语言文学硕士学位（1983）和博士学位（2003）。主持完成过国家社

科基金、教育部人文社科基金和上海市社科基金课题项目，出版新闻传播学科著作和教材18部（包括合作），撰写国家级和省部级项目研究报告3部；发表学术论文130多篇，包括在若干国际英文刊物上发表英文论文。曾赴澳大利亚、美国、英国、瑞典、意大利、韩国、新加坡和中国港澳台地区进行学术交流，是1995年度国家公派美国富布莱特基金高级访问研究学者。

治学自述

我出生在物质极其匮乏的20世纪50年代中期，数十年的经历，可以概括为：幼年尝艰难；花季年龄当知青；风华正茂入大学；成熟年华献高教；渐入老龄显从容，学术热情依旧。

我对于幼年的记忆，非常深刻的是家中不仅有户口簿和购粮证，而且还有粮票、油票、肉票、糖票、布票、肥皂票、“购煤本”等杂七杂八的票证。小学与中学，我在家乡就近入学，中间经历过“十年动乱”学校停课停招造成的学业中断。作为70届初中毕业生，我在毕业时间过后一年接到“上山下乡”到西南边疆的通知，从而在1971年以上海知青的身份，在云南省思茅地区（今普洱市）曼昔坝“五·七”农场初次踏上工作岗位。劳作三年后，我被单位推荐到云南师范大学（原名“昆明师范大学”）学习英语。尽管当时高校的学习条件很有限，大学生时代的前两年高教更是还没有恢复到正常状态，但我怀着对中断了几年的学习生活得以恢复的兴奋感和对命运峰回路转的感恩，刻苦学习。幸运的是，我大学毕业后因成绩优秀被留校任教，由此开始了漫长的高教学术生涯。

踏上工作岗位后我的人生发生过两次重大转折：一是由农场知青变为“工农兵学员”，二是步入高校后学习和工作领域由英语转为传播学领域。第一次转折，发生在人们尚不知对未来进行自我设计为何物的年代，我能上大学，主要是机遇使然。第二次转折发生在改革开放后的第五个年头、我取得研究生学历和硕士学位的1983年，缘起于个人的兴趣和工作需要融合在一起所激发出的热情和决心。两次转折过后的努力过程却都与脚踏实地、孜孜以求、发奋进取相伴随。而回顾自步入高教领域以来的漫长学术生涯，我对治学的思考与感悟，以崇尚严谨扎实的治学态度和坚信勤奋加热爱方能出成果的理念为主线。

第一次转折发生时，我已经历过学业中断带来的迷茫和知青生活的艰辛，因而倍加珍惜重续学习生活的机遇，而历史原因造成的英语学习接近零起点的困难及克服过程的挑战，又令我深深悟出了没有奋斗就没有收获的道理。因而三年大学阶段我的学习热情始终不变。我1974年大学毕业在云南师范大学留校任教后，很快经历了“工农兵学员”从令人羡慕转为受到学问上的质疑的变化，而自身经过内省也日益认识到历史原因导致的自己知识积累上的缺陷，因而萌生了继续深造，通过研究生学业补缺陷学新知的紧迫感。于是我付诸行动报考研究生，并在1980年成为上海外国语大学研究生后更加孜孜以求地追寻着学业上的进步。我1983年在上海外国语大学获硕士学位并留校任教时，正逢该校开始创办国际新闻专业，我因在硕士学习阶段主攻的是新闻英语研究方向被安排在国际新闻教研室，由此开启了我职业生涯中的第二次转折。尽管工作需要是我进入新闻传播学科领域的初始原因，但一经进入该领域后，我就日益被其跨学科性质以及宽广的研究视野和范畴深深吸引。教学工作的需要和个人的兴趣逐渐融为了一体，从而使我在此后的学术生涯中，克服专业转向引起的种种问题及困惑，毅然决然地在传播学领域中持续学习和研究，不断耕耘，踏踏实实地追求攀登学术高峰。

专业转向过程中面临的种种挑战，包括再次从零起点开始研究的艰辛，不知自身在新领域中究竟能走多远的忐忑，难以回答复合型专业的教学如何真正做到复合之间而导致的迷茫，在英语和新闻传播学科之间做出研究侧重选择带来的徘徊与矛盾心理，等等。幸而有以往经历磨砺出的韧性，有师长、前辈的关心和朋友的鼓励及家庭的支持，我才有勇气坚持以水滴石穿般的持续努力在新闻传播领域从事教学与科研，并追求不断提高自身在该领域的水准。在长期高教学术工作的熏陶下，我培养起了崇尚严谨扎实的治学态度和深信一分耕耘一分收获的理念，始终注意提醒自己要警惕浮躁心态的滋生，“宁静致远”，为夯实基础而扎扎实实地付出加倍努力。经过35年有余的努力和积累，我经历了在传播学领域从一般到特殊、从泛到专、层层深入和聚焦的过程，形成了自己的研究方向和研究风格，向我国传播学界交出了一份主持过国家级和省部级科研项目，出版过许多著述的答卷。而今渐入老龄的我，心态更为宁静从容，更加注重学术志趣的不怠和学术定力的修炼，愿以学术定力直面急躁的冲动。

李思屈

李思屈，男，1959年生于成都，本名李杰，博士（四川大学，1998），浙江大学传媒与国际文化学院教授，博士生导师。浙江大学中国海洋文化传播研究中心主任。教育部新闻传播学类专业教育指导委会委员（2013—2017），新闻传播专业学位教育委员会委员（2006—2012）。日本吉田秀雄纪念事业财团2002年度客座研究员，日本大阪府立大学客座教授（2012—　），2013年美国俄亥俄大学访问学者。

治学自述

我进入传播符号学领域始于20世纪80年代末。我是学美学出身，毕业后被安排到新闻系广告学专业任教，这促使我对引进中国不久的传播学产生很大兴趣，同时又对被费斯克称为“过程学派”的行为主义和通信工程的色彩有一种天然的拒斥。我更看重传播现象中丰富的人文精神内容，因而以传播符号学研究游走边缘，得名“建构”；交叉于认知神经科学，落实于价值传播。

1. 游走边缘

我崇尚自然科学，也热爱人文学术，这让我在1977年高考填报选专业志愿时经历了困扰，也让我大半生的治学游走于边缘。我考上文艺美学研究生的时候，中国美学还是一门推动思想大解放的学问，是激动人心年代中的一个激动人心的专业。然而，在我进入大学任教的20世纪90年代前后，却正逢文科魅力的消减期，相对主义和虚无主义盛行，意见代替了学科知识。

于是，我希望通过引入符号学方法，为传播学带来思考的深度和逻辑的严谨，让传播学也富于智慧。我那时对广告传播的符号学逻辑研究较多，如传媒的“技术权力”与商业广告的“造梦”机制（1999.3），广告符号与消费的二元结构（2000.5），传播的“修辞幻象”与广告效果（2000.7）等。在专著《东方智慧与符号消费》（2003）中，我根据中国“言—象—意—道”一体化的表征和思维方式，给出了 DIMT 模式作为解释广告意义生成的符号工具。

2. 得名“建构”

2004 年，我被引进到浙江大学。没有了广告学的专责，我的研究可以扩展到符号的生产、传播、消费及文化创意产业等更广大的领域。我基于符号学描述了大众传播与日常生活的三重结构（2004），讨论了媒介“弱控制”与国家“软实力”（2006），对我国数字娱乐产业品牌发展进行冷思考（2006）。我的专著《传媒产业化时代的审美心理》（2008）、《中国数字娱乐产业发展战略研究》（2007）、《数字娱乐产业》（2006）、《海洋文化产业》（2016），教材《文化产业概论》（2007，2010，2014）都是这一时期的产物。

沿着这一进路，我对传媒业的产业融合与传播符号学的新视域（2009）进行了研究，并在 10 多年前对中国目前的“创新危机”进行了预测，认为中国面临的创新压力，实际上既来自于经济和科技，也来自于文化和体制（2011）。

由于这样的研究基本脱离了罗兰·巴特式的意识形态批判轨道，因而有权威期刊文章不无保留地把我和我的团队称为：“建构学派。”不过我倒是很欣赏这一称呼，因为符号学在文化产业理论建构中真的特别好用，从符号经济的角度探索文化产业的内在逻辑，的确容易把文化与经济融合后的新特征描述得比较清楚（2017）。

3. 符号认知

与应用性学科和自然科学的科际融合，是符号学在当代的一种合逻辑发展。围绕人脑这一人类思想、情感、想象和行为的生理基础展开符号效果实验，是一个重要的前沿交叉课题。

例如，与显意识的信息与情感相比，非理性的“无意识”常常构成了影响传播效果的重要因素，有研究者开始认知神经科学实验，通过电脑、眼动或皮肤电的测量，对特定符号的潜意识反应加以描述（Rafal Ohme，2009）。

这使我徘徊于文理科之间不能自拔的毛病又犯了，2011 年，说服学院建立了认知神经传播实验室，全称是“浙江大学985 新媒体研究实验室（脑电、眼动、行为观测）”。

这个有点冲动的决定，从一开始就注定了是一场筚路蓝缕的苦难行军。那时整个团队都处于恶补认知心理学的状态，一个白头教授重进本科课堂受教育的情景也显得非常有趣。足可自慰的是，现在团队的相关成果已经越来越得到学术界的理解和重视。

4. 价值传播

符号学是研究人的学问，而精神性是人最本质的部分。所以我在《精神符号学导论》（2015）一文中明确提出了精神符号学建构问题，认为符号学的研究重点是精神符号，而其他如数学符号、化学符号等，符号学家很难有施展的空间。

精神符号的领域也是价值传播的领域。新闻写作机器的出现凸显了新闻人格建设的迫切性，平台型媒体的出现强化了信息爆炸时代思想资源的稀缺。于是我连续发文，探讨如何强化价值建设，消除传播学中的“人学空场”，填补情感传播空白，让价值导向成为算法的重要补充（2018.4），对价值传播的内涵及其与信息传播的联系和区别进行了区分，提出了价值传播三定律（2018.9）。

在精神交往中，沉默也是一种有意义的传播。我观察到有时候没有任何符号的表达，反而比有符号的表达更有力，含义更丰富。一般认为符号是以在场的能指呼唤不在场的意义和价值。但如果连能指也不在会怎么样？如何在众声喧哗中打捞

"沉默的声音"？于是我写了《零符号与沉默传播学》（2018.11），对没有符号（即"零符号"，如空白）的传播特征和规律进行了探索。

总之，传播符号学助我发现新知、推进建构，还可以落地应用，真是其乐无穷。

李希光

李希光，男，1959年出生。1978—1982年，南京大学外文系学习；1982—1985年，中国科学院理论物理所研究实习员，1985—1988年，中国社会科学院研究生院研究生；1988—1999年，新华社记者、主任记者、高级记者；1990—1993年，联合国教科文组织丝绸之路项目青年学者，1995年，《华盛顿邮报》科学记者；1999年哈佛大学新闻政治与公共政策中心研究员。作为新华社记者，采访报道过邓小平。现任清华大学新闻与传播学院教授（二级）、博士生导师；清华大学国际传播研究中心主任、清华大学巴基斯坦文化与传播研究中心主任、外交部公共外交咨询委员、联合国教科文组织媒介素养与文明对话教席负责人、中信改革与发展研究院资深研究员、西南政法大学新闻学院名誉院长。曾获联合国艾滋病防治特殊贡献奖、巴基斯坦总统奖、北京市高校教学名师、北京市优秀教师、国家精品课、全国十大教育英才、国务院政府特殊津贴等。清华大学新闻与传播学院和清华大学苏世民学院两所学院的主要创建者。

治学自述

在清华大学教书20年，我给自己立了一个做学问的原则："人生苦短，美国太远，不出亚洲，立足周边"。

我从域外围绕中国周边大山大河走了一遍又一遍。例如，8次去西伯利亚采访写作，不下20次去喜马拉雅山南坡和西端采访写作。目的是挖掘中国与周边国家历史上的血统、经济、宗教和文化联系，探索恢复和扩展中国周边各大山脉和河流水系的交通，相信优先建设周边命运共同体，是我国未来二三十年的安身立命之策。从兴都库什、阿尔泰、天山、喜马拉雅到长白山，从勘察加、库页岛、新西伯利亚到克里米亚，爬雪山，穿山口，过草原，走沙漠，结交了无数的好朋友。

近年来，完成了对喜马拉雅山腹地最后几个封闭王国的调研和对末代王子的采访。2015年从北坡到南坡穿越喀喇昆仑山，到罕萨山谷调研，采访了末代坎巨提王国的埃米尔；2016年从南坡往北深入兴都库什山调研，采访了末代斯瓦特王子；2016年从北坡往南坡翻越4个喜马拉雅山雪山山口，到印度占领的我藏南地区采访调研；2017年秋天，从南坡走进喀喇昆仑山腹地，调研了"小西藏"通往新疆莎车的贸易通道；2017年冬天，从南坡往北坡翻越5个喜马拉雅山雪山山口，到世界上最封闭的木斯塘王国调研，采访了末代木斯塘王子。

过去五年里，我一直在周边国家的前沿地带考察，其中包括喀喇昆仑山、兴都库什山、天山、喜马拉雅山、阿尔泰山、长白山、鸭绿江、图们江、库页岛、勘察加半岛和白令海。重点考察了中国与周边国家的跨境山口、廊道、河流、港口，如瓦罕走廊、开伯尔山口、马拉坎德山口、查曼山口、木斯塘走廊、罗布沟走廊、费尔干纳走廊、希噶尔河谷走廊、科伦坡港、雅鲁藏布江、印度河、黑龙江、乌苏里江、图们江、鸭绿江、瓜达尔港、海参崴港、南萨哈林港、丹东港、图们开发区港、勘察加港、伯力港等。

我在走访过程中发现，这些山口、廊道、河流、港口不仅是道路连通的支点，其承载的历史文化记忆更是形成周边命运共同体的文化支柱。例如，连接阿富汗、塔吉克斯坦、巴基斯坦和中国的瓦罕走廊、连接中亚与南亚的开伯尔山口、连接南疆和巴基斯坦北部山区坎巨提的喀喇昆仑公路、连接“小西藏”首府斯卡杜到南疆莎车的希格尔河谷的杏之路、连接印控藏区拉达克到中国西藏阿里的湖盐之路、环绕中国新疆、蒙古西部、俄罗斯南西伯利亚和哈萨克斯坦东部的游牧之路、兴都库什山藏传佛教鼻祖莲花生大师的出生地斯瓦特，到连接木斯塘与西藏的卡里甘达基河谷走廊。在考察中通过与朋友们的交谈发现，他们中有人构想了一个以中土为陆心的三个同心圆：十年内建成中国与周边国家的价值和命运共同体、二十年内建成亚洲文明高地和价值共同体、三十年内建成亚欧命运共同体，东西方陆地文明的大团结。面对美国的贸易战、舆论战、心理战、智库战和军事威胁，中国崛起、腾飞、复兴的根据地不在海权（美国），而在陆权（周边）。中国这只雄鹰能否在“一带一路”上展翅高飞，关键在于东西两翼：中巴经济走廊和东北亚经济走廊。下一步是向中国周边的西部、南部、西南、西北、北部和东北方向开放，而不是跨太平洋去美国。比如，迎接朝鲜半岛历史性的转折，做好东北亚共同体。

中国陆海周边国家约 24 亿人口，加上中国接近 13.9 亿人口，整个周边命运共同体人口接近 38 亿，超过世界人口（72 亿）的一半。中国已成为亚洲 16 个国家最大的贸易伙伴，与亚洲周边国家经贸融合大大加深。据商务部数据，2017 年前 11 个月中国与亚洲 25 国贸易额达 1.17 万亿美元，约占同期中国对外贸易总额的三分之一。日本、韩国、越南、马来西亚跻身中国十大贸易伙伴之列。早在 2012 年中国与周边国家贸易额就达到了 1.2 万亿美元，超过了中国与欧洲、美国的贸易之和。如果中国把更多的注意力投放到周边国家，就可以转危为安，变坏事为好事。无论是当前面对美国的贸易战，还是长远的“一带一路”倡议的建设落实，中国的战略纵深和重新崛起的根据地就在中国的周边，未来中国的命运在于与周边国家形成一个周边命运共同体。有了一个紧密的周边命运共同体，中国就会实现中国梦和中华民族伟大复兴。

近年来，出版了《写在亚洲遍地》(2015)、《中巴经济走廊》(2016) 两部专著。刚刚完成《文明互鉴与包合——正确认识一带一路沿线木斯塘国家》一书。目前正在整理数以百万字的中国周边采访日记，未来一到两年，将完成《走在喜马拉雅夹缝里》和《走在北疆的山林里：从勘察加到阿尔泰山》两本书的写作。

田建平

田建平，男，1963 年出生于内蒙古包头市，历史学博士。河北大学新闻传播学院教授、博士生导师，编辑出版研究所所长，宋史研究中心研究员。兼任中国新闻史学会党报党刊研究委员会常务理事。主要研究方向：新闻出版史、媒介史、文化传播、宋史。

治学自述

我于 1985 年 7 月大学毕业，至 2001 年 8 月，从事报纸编辑工作 16 年，采写、编辑、划版、下厂、校对、发行一条龙，全程负责，经历并见证了从铅字排印到激光照排的历史变革。2001 年 8 月至今，在河北大学新闻传播学院从事教学科研工作。

我认为，从事新闻传播学研究，需要具备几方面基本条件：1. 业界实际工作经验；2. 传统专业基础知识；3. 博览群书，较为宽广的知识结构，跨学科的通识视野。以我个人的经历而论，1985 年 7 月至 2001 年 8 月，我在从事报纸采编及宣传工作的同时，主要研究柔然史，发表过《略论柔然与北魏的关系》《论阿那瓌》，加上 2010 年发表的《论柔然族历史及其文明》，共发表过 3 篇柔然史论文，迄今国内研究柔然史，这些论文依然具有价值。出版过学术专著《东亚文明系统论》（第二作者）。开始关注编辑出版学，发表过《论图书产品质量及其相关的几个问题》，人大复印报刊资料《出版工作》全文转载，《新华文摘》摘录了此文“图书产品质量”的定义。后来从事新闻传播教学科研工作，经常遇到历史、民族、文化问题，看到这方面的文章或论著，深感学习历史、民族、文化知识的必要性。研究文化传播，必须尽可能对各种文化加以考察、体认，博览群书，不能拿一个一般的文化概念去套，乃至浮光掠影。研究新闻传播史，必须认真读原著，读原始史料，不能仅止于阅读相关论文，甚至主观需要什么就去找什么，或者转引资料。研究中华文化，进而研究中华文明，研究其传播，必须具备中华文化的基本知识，必须读原著，读善本。

这 16 年的实际工作经历，以及学习研究经历，对我 2001 年起至今 16 年的教学与研究工作产生了全面而深刻的影响，提供了一个基本的知识背景与框架。这段时间，主要关注、学习、研究图书编辑出版。图书是人类文明的标志之一，是人类知识的载体，是人类历史上最早、最长、最重要的媒介、媒体，迄今为止，没有一种媒介、媒体可以与之相提并论。即以新闻传播学界而论，每个人都是读书长大的，而且注定要读下去。人类历史上如果没有书籍，现实生活中如果没有书籍，那结果可想而知。这段时间，除了发表了 137 篇文章，主要出版了 4 部著作。

1.《元代出版史》（河北人民出版社 2003 年版），这部书起因于讲授“中国编辑出版史”，当时发现国内教材及著作关于元代的内容非常少，就想给学生补充一些知识，进而想写一二篇论文，于是乎一发不可收拾，写成了一部书。没想到此书出版后，受到了学界好评，如时任中国元史学会会长陈高华先生、著名版本学者曹之先生等均给予好评。曹之先生在其《中国古籍版本学》中将此书列为“新中国成立后古籍版本学的成就”代表成果之一。

2.《宋代出版史》（上下，人民出版社 2017 年版），此书是在博士论文及国家社科基金课题的基础上完成的，计 113 万字。从收集资料起，写了 8 年。从宋代历史文明的宏观视角考察、研究、认知宋代出版，全方位、多角度研究宋代出版，从而揭示、阐释并展示了宋代出版文明。方汉奇先生在给作者信中评价拙著：“体裁明密，取精用宏，谨严笃实，无一语无出处，是一部颇见功力的皇皇巨著。”

以上二部书，可以说构成了宋元出版史研究系列。

3.《当代报纸副刊研究》（河北大学出版社 2006 年版）。这部书起因有三：一是我从事报纸编辑 16 年，包括副刊编辑在内，对报纸有一种情结；二是当时开设这门课，国内没有教材；三是有感于学界忽视报纸副刊，其实这是一个认识错误，副刊考验的，恰恰是人的知识面及其多种文体写作能力。该书出版后，很快售罄，后来高校硕博学位论文写副刊的逐渐增多，多引用本书。

4.《晋察冀抗日根据地新闻出版史研究》（人民出版社 2010 年版）。此书是教育部社科基金课题的结项成果。晋察冀抗日根据地，中共中央和毛泽东誉之为“敌后模范的抗日根据地”。边区在艰苦卓绝的抗战环境中出版了大量的书报刊，其中有著名的《抗敌报》（《晋察冀日报》）、《晋察冀画报》、《毛泽东选集》。

从一个小编辑到一个新闻传播领域的教师，弹指一挥间，32 年逝去了，其中，编辑与教师生涯各占 16 年。无论做编辑，还是做教师，都是在搞传播。感想就是一句话：传播知识，传播真知。

陈昌凤

陈昌凤，博士，清华大学新闻与传播学院教授、博士生导师、常务副院长（正职），中国新闻史学会会长，国务院学位办新闻传播学科组成员，教育部新闻传播教育指导委员会副主任委员，中国记协常务理事。先后就读于南京师范大学中文系、中国人民大学新闻系，曾任教于南京师范大学中文系、北京大学国际关系学院、北京大学新闻与传播学院，曾任北京大学新闻与传播学院副院长、新闻系主任。主持国家社科基金重大、重点、一般课题数项，并主持广电总局重大课题及多项省部级及横向课题。曾获得北京市哲学社会科学优秀成果奖、北京高等教育精品教材等，及北京大学哲学社会科学优秀成果奖、清华大学优秀教材一等奖等，并获得过北京大学优秀教师称号、清华大学良师益友奖。主要研究领域：媒介传播历史、媒介伦理、媒介创新与社会变迁、新闻传播教育。著有《中国新闻传播史：媒介社会学的视角》《中美新闻教育传承与流变》《美国传媒规制系统》《网络时代的盛世危言：互联网与社会变迁》、《正在发生的历史——中国当代新闻事业》（上下卷）、《香港报业纵横》《蜂飞蝶舞——旧中国著名报纸副刊》、媒介素养《魔镜丛书》等，参著《〈大公报〉百年史》《杨刚》等，编著《新闻学研究前沿》，译著《发掘新闻：美国报业的社会史》等，发表论文、专业文章二百余篇，多篇被《新华文摘》、人大复印报刊资料等转载。

治学自述

我从事新闻教育工作逾三十年，先后在南京师范大学、北京大学、清华大学讲授过十数门课程，包括中外新闻传播史、新闻理论、新闻学引论、新闻评论、新闻编辑、中外新闻制度比较、新闻法规与伦理、媒介社会学、传媒与社会、媒介素养、传播学概论、传播历史与理论等，从事的主要研究在媒介传播历史、媒介伦理、媒介创新与社会变迁等领域。

去年，我收到了北京市教工委颁发的从教三十年以上的荣誉证书和证明，心中不由得感叹：逝者如斯夫！三十多年未及回望、便如流水般逝去。在此简述几点心得。

其一，学无止境。一个教育工作者，要学习学习再学习！人类的知识和思想何其多矣，理论更新、学科迭代何其快矣，稍稍懈怠便会孤陋寡闻、上气不接下气。“温故而知新，可以为师矣。”从教以来，我从未停止过学习，不问收获，努力耕耘。记得 80 年代中期，从未学过传播学的我，周日缩在南京师范大学随园大草坪东南角的图书馆里，把能找到的入门的书看了又看，居延安老师的一本薄薄的书，我前后从图书馆借出了好几次。如今“课外学习”已然成为习惯，从书本学、从 MOOC 学、从实务调研学。对一些前沿的专业领域，我会想方设法寻求学习的途径，比如数据新闻，我 2012 年就找到斯坦福大学的网络课程去学习，2014 年暑假我又找到 Knight Foundation 的 MOOC 学了 4 周，2015 年我还参加了一周 ProPublic 数据新闻团队来我院讲授的培训课程。最近的寒假里，我又注册了 Knight Foundation 的一门人工智能与新闻学的 MOOC，不仅从计算机工程学出身的助理教授那里系统学习 AI 运用原理，还发现了一些新鲜案例，它们丰富了我的教学和研究。我从这些学习中感悟、融会贯通，比如将数据新闻的方法运用于媒介及历史研究。这也开阔了我的视野，使我乐见创新、包容异见，因此，我会鼓励博士后参加计量史学的研讨课、尝试建设结构化的《申报》历史数据库、用计量史学的方法做研究。我也鼓励我的硕博研究生进行跨学科、前沿的学习，比如他们学了社会网络分析等课程后，便发现了传播研究的新天地，学术研究受益良多。从媒体实务中学习，对于新闻传播是必不可少的路径。80 年代中期我夜间去新华日报社见习，90 年代初期我凌晨去北京电视台早新闻组实践……长期以来我保持了与业界的密切联系与互动，理论联系实际，边学习边思考边研究，同时教学相长、提升教学。我因此也有一个明确的教育理念：好的教育不是灌输给学生几分知识和观点，而是引导学生追求真理、葆有情怀，培养自主学习的能力、方法和自觉性。

其二，为师为学为人，“三为一体”。教师要有爱心，为学要有恒心，为人要怀诚心，而这爱心、恒心、诚心合在一起，就会有做好教师的信心。

其三，在其位负其责，要有担当。我有近二十年担任了院领导工作。自 2014 年起我还担任了新闻与传播学界唯一的国家一级学会中国新闻史学会的会长，以及其他一些学术兼职。“事业是一切，名号只是虚声。”每一个职务，就是一份责任、一种担当，都尽心尽力去做。其中新闻史学会如今发展成了二十多个分会的新闻与传播学人共同体。

最后，永怀感恩之心。我在成长路上，一直得到众多前辈的关怀帮助，除了恩师方汉奇先生，还有多位老师无私指导过我，无法一一列举。但是有几位老师我恐怕别人不知：我永远怀念在南京师大时的领导兼入门引路人关肇昕先生！他是南京师大新闻教育事业的拓荒者，也是江苏省新闻教育界的泰斗级奠基人。1948 年毕业于东吴大学法律系的他，1958 年起在江苏新闻专科学校任教、1964 年调至南京师院。作为新闻专业的主任，他当年待我和年轻同事们如学生、如朋友，他还将我推荐给了新华日报社的李承郃、钱能训、刘向东诸位领导老师，担任业务课的助教、接受他们的悉心培养。感恩，怀念……

吴　飞

吴飞，男，1964 年出生于安徽。浙江大学求是特聘教授、浙江大学传媒与国际文化学院博士生导师，浙江大学公共外交与战略传播研究中心主任、浙江大学宁波理工传媒与设计学院院长（兼）。2007—2008 年美国威斯康星大学—麦迪逊分校高校访问学者，2003 年香港中文大学访问学者，2010 年香港城市大学访问学者。曾任浙江大学传媒与国际文化学院院长、中山大学传播与设计学院常务副院长（兼）、教育部新闻学科教指委委员、中国互联网络研究中心特约研究员。兼任中国新闻史学会全球传播与公共外交专业委员会会长、中国文化促进会传播学分会副会长、国务院学位办新闻专业研究生教育委员会委员。

治学自述

我原学农学专业，后转学新闻学，于1989年考入杭州大学新闻系，师从张达芝先生学习新闻理论方向，于1992年5月毕业后留校任教，主要从事新闻学研究工作，一开始主要从事舆论学方面的研究，后由学院安排，由我主讲新闻编辑方面的课程，同时协助我的导师张达芝先生从事新闻理论方面的教学与科研工作。发表的第一篇论文是舆论方面的文章，出版的第一本书是《新闻编辑学》（杭州大学出版社1995年版），这本书让我在1998年获得了首届中国青年社科优秀成果专著类最高奖（一等奖）。郑兴东先生和陈力丹先生对我的编辑学著作给予了很高的评价，增强了我从事学术研究的信心。随后我又撰写了一本更理论化的专著《编辑学理论研究》，这两本书的出版，使我成为编辑学研究领域的代表性作者之一。中国编辑学会会长曾撰文肯定了我对编辑研究的成绩，河南大学教授主编的《中国编辑学研究纲要》将我列为中国编辑学十大名家之一。

为更好地上课与研究，我决定进入我的研究对象内部去实践与观察，我在《浙江日报》《杭州日报》等媒体进行了三年左右的新闻实践，还做过一家小报的副总编辑，这使我多了一份理论研究之外的田野感受，不过那时我没有田野研究的理论准备和基础，所以当时我更多的是体验性的实践与感受，但这样的半目的性的观察与实践仍然让我产生了一些不同于以往纯粹的书斋式研究的理论直觉——那就是我发现传统的新闻编辑研究仅仅是从操作层面来传授实务性的经验知识，没有进入新闻生产的内部去理解新闻编辑作为整个新闻生产最后一个环节背后的权力关系与符号运作的意义。因此慢慢形成了要更深入地揭示新闻生产的规律的动机的想法。随后，我将影响新闻生产的主要权力机制划分为三个主要的作用力，即政治权力、经济权力以及新闻行业自身内容的动力（新闻专业主义的力量），所以随后我的研究便分三步进行了，其一是揭示新闻与政治权力的关系，重点研究了表达自由问题，这也是我在复旦大学师从张国良教授时自定的研究方向，这一方面，我发表了20多篇研究论文，出版了《平衡与妥协——西方传播法研究》（中国传媒大学出版社2006年版）和《大众传播法论》（浙江大学出版社2004年版），这两本书都获得了浙江省哲学社会科学优秀成果三等奖；与此同时，我又开始研究新闻生产的另一种重要权力——经济与商业权力，撰写了一本《大众传媒经济学》的著作，算是对这一领域的一个基本梳理。从2004年开始，我在陈韬文、潘忠党和陆晔的指导下对新闻生产最核心的内部权力要素新闻专业主义进行了系统的研究，发表了二十几篇相关的文章，撰写出国内第一本系统研究新闻专业主义的专著《新闻专业主义研究》。这三个不同维度的分析，使我对新闻生产的基本权力因素和运行机制有了更清晰的认识，但随着新媒体的出现，我发现自己原有的研究中，还缺少技术的视角，因此近几年，我又集中精力对传媒技术要素进行了分析，撰写了多篇相关的文章。当然，我没有将权力看成是一种完全自主的权力因素，而是将其放在原有的三维权力结构中进行分析的，只不过在分析时注重了技术的力量。

在复旦大学攻读博士学位时，我也开始反思传统的传播学研究中存在的问题，一直以为传播学领域的本土化说得多，但真正的本土性的经验研究却很少。在同学郭建斌的帮助下，我决定就此进行一点探索性的研究。于是，我博士毕业后便进入中国社会科学院，在折晓叶研究员的教导下开展博士后项目研究，三年的博士后让我撰写出了一本专著《火塘·教堂·电视——一个少数民族社区社会传播网络分析》，这本书是中国大陆新闻传播领域较早用民族志方法进行研究的探索性成果，由于进入田野的时间不够长，以及理论准备也不充分，好在获得了郭建斌的大力支持才得以成书。而且当时申报了一个浙江省社科后期成果资助项目，出版时间也很紧。所以今天看来，如果我重新写肯定会有所不同。但这探索性成果，多少有些创新之处，也是这一领域的代表性成果之一，先后获得浙江省哲学社会科学优秀成果一等奖和教育部高校优秀成果三等奖。陈力丹和时统宇先生都给予了很高的评价。我知道，他们的肯定当然不是著作写得有多好，只是他们在肯定我的努力和付出。

2009年，我成功申报了教育部一个重大攻关项目——“国际传播的理论、现状与发展趋势研究”，因此我用了近十年的时间，将主要精力放在这一领域的研究上。主编了两套译丛（由中国传媒大学出版社出版的国际传播与跨文化传播译丛以及由浙江大学出版社出版的跨文化传播译丛），发表了20多篇相关的文章，与课题组成员一道出版了专著《国际传播的理论、现状与发展趋势研究》。这本书2017年获得浙江省哲学社会科学优秀成果一等奖，算是我对这一研究领域的小结。

总体看来，我的主要研究方向是新闻生产，不过我的研究不同于一般意义上的新闻生产的社会学分析，而是借鉴了哈耶克对自由的揭示的路数——充分利用多种不同的理论视角来揭示同一个核心的议题；我另一主要的研究方向是对新闻传播理论研究本身进行反思，这一方面我有一定的理论创新冲动，也做了一些努力，但路正长；对全球传播与国际传播的研究，本不在我既定的研究规划线路上，但因为一个项目让我花了近十年的时间，也算是有一些心得吧。

吕新雨

吕新雨，女，1965年出生于安徽。1993年进入复旦大学新闻学院任教。历任复旦大学新闻学院广播电视系主任，复旦纪录影像研究中心主任，复旦大学当代马克思主义新闻与传播研究中心执行主任，复旦大学视觉文化研究中心副主任。2014年7月起任华东师范大学紫江特聘教授，华东师范大学—康奈尔比较人文研究中心（ECNU-Cornell Center for Comparative Humanities）主任。2017年担任华东师范大学传播学院院长。曾任1997年台湾联合报系文化基金会研究项目访问学者；2000—2001年美国富布莱特基金会高级访问学者；2005年香港大学新闻与媒体研究中心中国研究项目访问学者；2008—2009年亚洲文化基金（Asian Culture Council）奖助项目纽约大学电影研究系访问学者；2010年英国威斯敏斯特大学中国传媒研究中心高级访问学者。2004年入选上海市教育委员会、上海市教育发展基金会曙光学者，2007年入选教育部新世纪优秀人才支持计划。

治学自述

1993年，我博士毕业之后进入复旦新闻学院工作，开始从事中国纪录片研究。

论著《纪录中国——当代中国的新纪录运动》（生活·读书·新知三联书店2003年版）第一次把中国社会自20世纪80年代以来出现的纪录片创作命名为"新纪录运动"，从理论上全面、系统地梳理和描述其发展脉络。从20世纪80年代以来中国社会的转变到人的社会认同、自我认同的转变，新纪录运动既是它的体现也是它的产物。该研究在海内外产生了广泛而深远的影响，被认为是一本"破冰之作"（groundbreaking），获得第四届中国高校人文社会科学优秀成果论著二等奖。我与来自英国和美国的两位学者共同撰写编辑的学术论文集《中国的新纪录运动：为了公共性的纪录》（*The New Chinese Documentary Film Movement*: *For the Public Record*, Edited by Chris Berry, Lu Xinyu and Lisa Rofel, Hong Kong University Press, 2010），是英文学术界第一本中国纪录片研究的专题学术研究论著，我担任最重要两章的撰写，也是唯一承担两章的作者。在由英国国王学院Chris Berry教授和美国加州大学圣克鲁兹分校Lisa Rofel教授共同撰写的序言中明确"新纪录运动"的概念起源于我的研究，也是书名的来源。当代中国新纪录运动的研究得到海内外学术界的高度重视，成为海外中国影视研究的必读书目，被大量征引。其中关于纪录片《铁西区》的研究，分别以英文和法文在英国和法国的主流学术杂志发表，Ruins of the Future：Class and History in Wang Bing's Tiexi District（*New Left Review*, 31 Jan/Feb, 2005）、Les Ruines du futur. Histoire et conscience de classe dans le film à l'ouest des rails de Wang Bing（*Communications*, No.79, 2006）。主编"纪录·影像：海外与中国"丛书，2014年复旦大学出版社陆续推出，致力于加强海内外纪录影视研究的学术对话，目前已出版三辑。

改革开放以来，中国的城乡关系经历了深刻的变革。从中国城乡变革的视角来透视中国媒体的历史变革，我的研究力图以传播政治经济学和文化研究相结合的视角，致力于从中国城乡社会的变迁探讨传媒的公共性问题。《书写与遮蔽：影像、传媒与文化论集》（广西师范大学出版社2008年版）以跨学科视野探讨中国广电影视文化的公共性面向及其困境；《乡村与革命：中国新自由主义批判三书》（华东师范大学出版社2013年版），初衷是为了厘清中国大众传媒关于"三农"问题报道框架而做的话语研究。这是我开始介入"三农"问题及其论辩的缘起，是转向传播政治经济学的缘由，也是大众传媒与中国城乡变革的前期研究。《学术、传媒与公共性》（华东师范大学出版社2015年版）探索了中国的现代性、大众传媒与公共性的重构所面临的政治、经济、文化与学术的危机、挑战与新的可能。其中，《学术与政治：重读韦伯》的长文讨论了韦伯的"价值无涉"与学术公共领域的关系；《中国的现代性、大众传媒与公共性的重构》以中英版不同版本面世；《政府补贴、市场社会主义与中国电视的"公共性"》一文在SSCI和CSSCI中英文杂志同时出版，探讨了中国电视"公共性"的问题与困境；《熟悉的陌生人——格里尔逊在中国》一文也先后以中英两个版本面世，文章通过比较英国纪录电影运动的先驱格里尔逊与中国电化教育的先驱孙明经的影视实践，探讨了电影作为"公共论坛"的历史实践。

作为对资本主义的批判和对人类解放的想象与信念，马克思主义以及批判的传播理论在新的历史条件下获得了生机。为此，我曾在复旦大学新闻传播与媒介化社会研究国家哲学社会科学创新基地筹建了当代马克思主义新闻传播研究中心，并创建了华东师范大学亚洲马克思主义传播研究所。举办了八届"批判传播学论坛"，联合主编“批判传播学”系列丛书，迄今已经出版了七部。近年来，数字媒体经济极大地冲击了传统媒体，对中国的政治社会经济与文化都产生了前所未有的影响与变革，对于国家治理与社会认同都提出了新挑战。我的研究是重新回到马克思主义的劳动价值论，从传播政治经济学视角审视中国与全球数字媒体经济崛起的复杂图景，今天中美贸易战的格局下，国家、主权、主体、族群、阶级和人民等传统的政治概念都处于高度的变化中，其动态拓扑图更加扑朔迷离，也更迫切需要学术和理论的介入。

在25年的学术生涯中，追随时代的问题意识，既是我的学术轨迹、人生轨迹，也是今后自我期许的方向。

陈堂发

陈堂发，男，1967年生于安徽桐城。九三学社社员。现为南京大学新闻传播学院教授、博士生导师，南京大学新闻与政治研究所所长，中国新闻史学会媒介法规与伦理研究委员会副会长。国家社科基金重大招标项目“互联网与表达权的法律边界研究”（2015—2020）首席专家。1996年获兰州大学传播学硕士学位，2005年在职获南京大学法学博士学位，2008年复旦大学新闻传播学博士后出站。

治学自述

自1996年我执教南京大学新闻传播学系（2003年更名新闻传播学院）以来，一直专注于新闻法规与伦理领域的教学、科研工作，这一阶段是我国传统媒体尤其是新闻电视、都市类报纸、新闻杂志生机勃发、风光无限的上升时期，与此同时，媒介日常运行的无序问题以及新闻报道侵权问题开始频繁出现，这些问题构成了我的课程教学内容。因此，我所在的系也是国内为数极少的新闻传播院系最早开设该方面课程的“拓荒者”之一。在与教学内容相结合的基础上，我的科研思考也聚焦于此，并于2001年出版了个人学术思考的首本小册子《授权与限权：新闻事业与法治》（新华出版社），书中提出了现在看来依然没有过时的两点看法：一是调控新闻活动的法律应该是一个体系，而非某一单项法律；二是包括记者人身安全、职业劳动权利在内的“法治”新闻活动的强化，是新闻事业健康发展的选择。在新闻报道侵权研究的细化方面，结合有些素材报道的高频率诉讼，我以2006年度获得的国家社科基金项目“批评性报道法律问题研究”为依托，对批评性报道中名誉、隐私侵权的相关问题探讨予以深化，2011年出版《批评性报道法律问题研究》（上海交通大学出版社），该项成果获得江苏省第十二届哲学社会科学优秀成果奖。

随着互联网及移动媒介运用的社会化程度提高，大众传播的伦理与法律规制问题日益突出，尤其是隐私理性保护问题。我更关注适合新媒介环境的隐私相对或收缩保护，以期匡正目前宽泛的隐私法理主张及司法理念。作为2012年度立项的国家社科基金项目“新媒体环境下隐私保护法律问题研究”的阶段性成果，拙文《新媒体涉私内容传播与隐私权理念审视》2016年入选由中国社科院新闻与传播研究所组织评选的“第三届全国新闻传播学优秀论文”，并获得江苏省第十五届哲学社会科学优秀成果奖，这是对我思考的肯定。借由本人2015年底作为首席专家申报并中标的国家社科基金重大招标项目“互联网与表达权的法律边界研究”项目所搭建的平台，我将在这一话题领域予以更多的关注，继续深化该问题的探讨。

网络媒体表达除了私法所涉及的名誉、隐私等私权益处置问题，还显著关涉宪法权利问题，如批评公权力的表达与诽谤、侮辱法律的理性适用问题，在两权益存在不可避免的冲突时，我主张应谨慎区别行为人的言论过错属性及举证责任的必要转移，倾向于认为公权力行使因其政治属性而应当具备容纳过错性表达的权力谦抑性。这方面的思考集中体现在我于2011年获立项的教育部人文社科项目“网民政治性表达法治保障研究”形成的专著《网络公共性表达法治问题研究》（中山大学出版社）。公法范畴的问题涉及重大突发危机事件中的谣言理性追责与知情权救济问题、网络安全中的淫秽色情内容有效治理与责任类型，这些问题成为目前网络“公地悲剧”的突出因素，我所主持的国家社科基金重大项目“互联网与表达权的法律边界研究”对这些问题有着系统而集中的关注与探讨。

传统媒体及网络媒体就相关问题的舆论聚焦，对政府公共政策的优化有着或明或隐的影响，从社会问题或个体问题的媒体呈现到政策问题的初步形成，从政策方案的拟定与优化到政策执行过程的监督，媒体有着体制内政策制定与执行系统所难以替代的功效。媒体表达与政府公共政策问题亦是这些年来我所关注的学术话题，相关的思考在已出版的《新闻媒体与微观政治》（复旦大学出版社）中已有比较集中的探讨，成果获江苏省第十一届哲学社会科学优秀成果奖、江苏省高校第七届哲学社会科学研究优秀成果奖。作为该话题的重要构成内容，大众传播与党的执政能力建设也是我关注比较多的问题意识，作为国家社科基金重点项目的主要参与者和撰稿人，著作《大众传播与党的执政能力建设》（江苏人民出版社）获教育部第六届中国高校人文社会科学研究优秀成果二等奖。

围绕上述两个大的研究方（大众传播法律、传媒与公共政策），这些年来我作为项目主持人先后获得了3项国家社科基金项目、4项教育部及江苏省人文社科基金项目经费的资助，其思考文字也得到了一定程度的认可，先后获得江苏省哲学社会科学优秀成果奖4项及教育部中国高校人文社会科学研究优秀成果奖1项；出版个人学术专著7部、合著4部，发表学术论文百余篇。这些都得益于我所处的院校小环境及国家扶持科研政策大环境的支持。

林爱珺

林爱珺，女，1968年出生于广东，暨南大学新闻与传播学院教授、博士生导师、新闻系主任。汕头大学法学学士，北京大学法学硕士，复旦大学新闻学博士。2000年在中国社会科学院新闻研究所进修，2012年挂职南方日报社时政部副主任，2013年1月至2014年1月，美国宾夕法尼亚大学安能堡新闻与传播学院访问学者，2015年2月，香港中文大学访问学者。中国新闻史学会舆论学研究会副会长，中国新闻史学会传媒法规与伦理研究会副会长；广东省宣传思想战线“十百千工程”培养对象，广东省法制宣传教育专家顾问团成员，广东省“七五”普法讲师团成员，中央电视台节目评审专家，广东广播电视台《珠江智库》专家成员，广东广播电视台新闻频道《律师说》节目顾问。2012 年 10 月获第六届吴玉章人文社会科学优秀成果奖；2013 年 1 月，被评为全国新闻出版行业第三批领军人才。

治学自述

1990 年毕业后在高校从事行政管理工作，业余兼课，逐渐爱上了科研与教学。2000 年，开始从合同法研究转向关注传媒法，以一个法律人和新闻人的双重视角，考察新闻传播的发展规律，研究媒体和记者的法律权利与义务。

我对传媒法的研究，早期主要是微观层面的探索，在传媒领域无足够法律依据的情况下，关注媒体与公民个人的关系，研究媒体如何在法律层面上做好舆论监督，研究新闻报道如何避免侵害公民权利、传媒如何报道司法活动、思考传媒产业化问题等。博士研读期间，在童兵教授和孙旭培教授的指导下，开展知情权研究，主持完成了教育部课题《传媒与知情权》，出版专著《舆论监督与法律保障》《知情权的法律保障》，发表了《传媒报道诉讼活动的基本原则》《新闻传播中隐私权保护问题研究》《新闻侵权诉讼中的举证责任》《采写批评性新闻如何防止侵害名誉权》等一系列论文。

随着学术视野的拓展，逐渐从微观层面的探索关注到宏观层面的问题，从实然层面的研究思考应然层面的设计，讨论新闻实践如何解决权利与权力、权利与权利间的冲突与平衡，研究中国新闻立法，关注媒体与国家的关系、媒体与社会的关系等，主持国家社科基金课题《重大突发公共事件依法报道的新闻机制研究》《十八大以来新闻舆论在治国理政中的作用机制研究》，参与了应急管理和风险沟通的研究团队，出版专著《舆情信息工作指南》，发表了《关于新闻法学研究的思考》《中国共产党新闻法制建设的宏观考察》《新闻的时代价值》《在信息公开中建构政府、媒体、公众之间的良性互动关系》《自由传播为原则，限制传播为例外》《政府应急管理中的风险沟通》《网络暴力的伦理追问与秩序重建》《后现代网络信息行为的伦理反思》《网络平台新格局建设与舆论引导》《微信谣言的再认识：社交网络中的交往实践与引导》《新闻聚合网站的著作权争议评析》《新闻舆论在中国共产党治国理政中的历史定位与时代价值》等一系列论文。

法制的进步和法律的完善，一方面取决于法学研究和法学教育的发展状况，另一方面也取决于社会的客观需要和客观条件。传媒法学是一门专业性、技术性很强，同时也极具复杂性的社会科学，需要以法学理论和传播理论为基础，综合运用社会学、伦理学、哲学等学科的相关理论，兼顾民主与法治、自由与限制、社会公共利益与公民权利等，这是阐述传媒法律问题的逻辑起点，也是分析传媒法律制度特别是探索权利冲突的方向与路径。跨学科的交流和互动，让我更加体会到了学术融合的乐趣和创新力。社会转型和科技发展过于迅猛，当很多人还未从网络时代回过神来，人工智能时代已悄然到来，并将更深入地影响人们的生活，甚至改变人类的命运。科技的开发和利用，需要法律和伦理的规范。

一直认为，教师的职业是很幸福的，跟青年学生在一起，内心永远喜乐和富足，一辈子都在学习和追寻梦想……

王润泽

王润泽，女，1971 年出生于辽宁大连。中国人民大学新闻学院副院长、教授、博士生导师，教育部人文社会科学重点研

究基地中国人民大学新闻与社会发展研究中心执行主任，中国新闻史学会副会长。2006—2007 年美国哈佛大学访问学者，2013—2015 年美国哥伦比亚大学孔子学院首任中方联络人。《新闻春秋》杂志主编。国家社会科学基金重大项目“百年中国新闻史史料整理与研究”首席专家，参与中宣部“马克思主义理论研究和建设工程”重点教材《新闻学概论》的修订工作，教育部“马工程”教材《中国新闻传播史》的编写工作。出版多本专著教材，发表各种学术论文百余篇，多为中国新闻史领域的研究成果，其中多篇被《新华文摘》《中国社会科学文摘》《中国近代史》《新闻与传播》等转载。曾获得教育部新世纪优秀人才称号，2012 年北京新闻出版界先进个人，2012 年吴玉章青年学术成果奖等奖项。现任北京市第十三届政协委员。

治学自述

1993 年我从中国人民大学哲学系毕业后，在大连电视台当了几年记者。1996 年再回人大新闻学院深造，1999 年毕业留校任教，之后一直从事新闻传播史的授课和中国新闻传播史的研究工作。在新闻史研究中，早年的新闻工作经历，让我对新闻传播历史中的实践问题非常有兴趣，可以说，新闻实践史统领了我 20 多年来的学术研究。我同意“新闻史是历史的科学，属于文化史的范畴”，受技术、文化、经济、政治等影响深远。我不满足于部分新闻史研究的既有范式和问题水准，我喜欢不停地追问，直至追到新闻传播史的核心领域，这是我学术追求的动力和目的。在具体研究中，我先后通过现代化范式，文化史和实践史的研究路径，不断创新和深化新闻史研究。我从新闻事业的器物技术，组织结构、新闻业务，生产运作、思想观念等层面入手，详细考察新闻事业是如何在实践中构建新闻行业自身的。在美国哈佛大学访学期间，完成了《北洋政府时期的新闻业及其现代化》的博士论文，借鉴现代化范式对新闻史研究常用的革命史范式进行了系统的创新尝试，并沿用此框架出版了《中国新闻媒介史（1949 年前）》。现代化范式之后，我比较关注社会文化历史如何在新闻传播活动中发挥重要作用。除了新闻传播的共有价值和知识要素外，不同社会的文化要素是如何影响和修正现代意义上的新闻传播活动的。尤其是中国悠久的文化历史要素，对新闻内容呈现、生产过程和价值观念等都有深刻的影响，这些影响是如何发生的？我研究了作为舶来品的近代报刊如何融入中国的文化社会？清末盛极一时的宗教报纸为何在民国后归于平静？民国报业现代化发展中的津贴现象，关注了技术、制度是如何与新闻事业互动发展，同时也关注了中国共产党新闻实践中被忽略的一些问题，比如早期党的新闻工作资金来源，党的新闻群众路线形成的过程，等等……在这些研究的基础上，我开始尝试总结中国新闻文化的历史特质，中国特色新闻学的内容构建等等，先后研究发表了中国古代新闻传播的核心价值及其对当代新闻事业的影响，中国近代新闻传播的价值理念习得和构建，以及中国新闻价值的核心理念等方面的成果。

作为现代社会重要构成要素，新闻对社会的影响之广之深与新闻学目前在社会科学中的地位和影响不相匹配，因此新闻史研究的空间还相当广阔。而研究的创新和深化离不开新史料的整理与研究，以往我们新闻史史料立足在革命史的基础上；下一步，新闻本体史史料的整理与发掘将成为新闻史创新的基础和来源。2011 年以来，在方汉奇教授的带领下，我们在全国范围内搜集和整理了民国时期的新闻史史料，先后出版《民国时期新闻史料》《民国时期新闻史料续编》《民国时期新闻史料三编》《中国人民大学图书馆藏燕京大学新闻系毕业论文汇编》《中国人民大学新闻学院藏稀见民国新闻史料丛编》等五编史料汇编、上百册内容，数千种文献；同时正在整理民国时期重要报刊上刊登的关于新闻传媒技术、组织、业务、经营、人员、事件、思想等本体层面的文章内容。这些文献史料的出版必将对新闻史研究的创新和深化打下更为雄厚的基础。

胡　钰

胡钰，1972 年生于陕西西安。清华大学新闻与传播学院教授、博士生导师，新闻与传播学院党委书记，文化创意发展研究院执行院长。清华大学经济学学士、新闻学硕士、法学博士。美国南加州大学访问学者。主要研究领域：新闻传播理论、科技传播、企业传播、文化研究。兼任中国新闻史学会中国特色新闻学研究委员会会长、中国科技体制改革研究会常务副会长、中央企业媒体联盟学术委员会秘书长、清华校友总会文创专业委员会会长。承担国家社科基金课题、国家软科学计划课题、新闻出版广电总局课题、文化部课题、国家艺术基金项目、北京市哲学社会科学规划课题若干。发表论文数十篇，多篇被《新华文摘》、人大复印报刊资料等转载，出版专著、合著、译著十余部。

治学自述

我于 1998 年在清华大学获得新闻学硕士学位，师从刘建明教授，这是清华大学第一批新闻学硕士毕业生（共 2 人），当年毕业后即留校工作，开始了自己的教学与科研工作。留校后，我给本科生讲授《新闻理论》和《舆论学》课程，自己也将新闻传播理论作为主要研究领域。我在讲课过程中，注意将教学与科研紧密结合，自己研究什么，就给学生讲什么；自己讲什么，就写什么。同时，在教学与科研中，注重通过经典著作阅读，启发学生理论思维，推动学术创新。为此，1998 年编写了《新闻理论经典著作选读》（校内版），2016 年修订后由清华大学出版社出版；根据授课讲义，撰写了专著《新闻与舆论》，2001 年由中国广播电视出版社作为“新闻与传播理论丛书”出版。

在研究中，我很关注现实问题，研究生论文的选题是“新闻悖论研究”，也即新闻传播中动机与效果矛盾的问题，围绕这一选题，结合当时的大众传播问题，撰写了专著《大众传播效果：问题与对策》，2000 年由新华出版社出版。关注科技新闻传播问题，2001 出版了专著《科技新闻传播导论》，获得清华大学优秀教材二等奖。关注媒介变革对高校育人带来的机遇与挑战，2003 年专著《信息网络化与高校思想政治教育创新》由高等教育出版社出版，获得北京市哲学社会科学规划课题资助。参与编写的《互联网与思想政治工作概论》一书（撰写 2 章）于 2001 年获得第七届全国优秀青年读物一等奖、第五届中国国家图书奖提名奖。参与编写的教材《大众传播学》（撰写 2 章）于 2002 年获得教育部全国普通高校优秀教材二等奖。

2002 年后，我先后到国家科技部调研室、科技日报社和国务院国资委新闻中心工作，从事政府新闻工作、企业新闻工作和媒体工作，研究重点转向科技传播与企业传播。结合工作要求，我很重视到一线去调研，先后实地走访了上千家企业和大量科研院所、高校，撰写了许多调研报告，其中一些内容成为了国家重要政策。参与国家科技战略与政策制定工作，2004 年获得国家中长期科学和技术发展规划（2006—2020）战略研究重要贡献奖。在工作中，我结合自己的思考和研究，在《科技日报》上发表了大量理论与评论文章，2010 年出版了专著《趋势——以自主创新引领中国可持续发展》，2011 年受邀为人民出版社撰写了专著《从中国制造到中国智造——为什么要建设创新型国家》作为党的十七大理论热点通俗读本系列丛书出版。2014 年与东南大学两位教授一起撰写《自主培育发展新兴产业的路径与政策》（3 人合著，排名第 2）由科学出版社出版，该书于 2016 年获得江苏省第十四届哲学社会科学优秀成果一等奖。

2015 年起，我回到清华大学新闻与传播学院工作，先后开设本科生《新闻学原理》《马克思主义新闻观》《清新时报工作坊》和研究生《新闻理论研究》《文创发展前沿》《全球胜任力海外实践课程》等课程，在《新闻与传播研究》《国际新闻界》《现代传播（中国传媒大学学报）》《新闻与写作》、《人民日报》（理论版）等发表多篇文章，2017 年有一篇文章被《新华文摘》全文转载，有观点被《人民论坛》杂志评为“2017 年理论界最具价值的 70 个观点”之一，主编的《中国特色新闻学：何以可能与何以可为》由中国社会科学出版社出版，撰写《论企业形象：如何成为受赞誉企业》（3 人合著，排名第 1）由中信出版社出版，个人散文集《水木烙印》由清华大学出版社出版，组织翻译出版《品牌授权原理》系列丛书。

教学与研究工作给我带来无比快乐，沉浸其中可以体会到知识生产与人才成长的内在魅力。在教学中，我全身心投入，遵循青年成长规律，既关注知识性问题也关注成长性问题，既坚持全球视野也坚持中国立场，指导的学生中有多位学生获得范敬宜新闻教育奖学子奖、清华大学特等奖学金、“启航奖”金奖、国家奖学金等奖励。在研究中，我逐渐形成了自己的研究风格：问题源于现实，理论源于学术。换言之，注重从现实中提炼问题，大量获得一手资料，注重以经典性的学术文献为支撑，以规范性的学术方法来研究，力争形成具有稳定性、规律性、原创性的理论发现。

赵建国

赵建国，男，1972 年生于湖北省当阳市，中山大学历史学博士，曾在复旦大学新闻学院从事博士后研究工作。现任暨南大学新闻与传播学院教授、博士生导师，国家社科基金重大项目首席专家，主要从事中国新闻传播史、传播思想史研究。已出版专著 1 部，在《新闻与传播研究》《新闻大学》《学术月刊》等 CSSCI 学术期刊发表论文 30 余篇，其中多篇文章被《新华文摘》、《中国社会科学文摘》、人大复印报刊资料《新闻传播学》全文转载。主持国家社科基金重大项目、国家社科基金项目、教育部人文社科基金项目和中国博士后基金项目各 1 项，参与国家社科基金重大项目 2 项。兼任中国新闻史学会新闻传播教育史研究委员会副会长、中国新闻史学会地方新闻史研究委员会常务理事等职。

治学自述

1998年9月，我如愿进入华中师范大学近代史研究所，追随朱英教授攻读硕士学位。当时朱英教授以商会史研究扬名，在商人社团、市民社会、社会群体等领域均有专深研究，但他指导学生的思路相当开阔，并不局限于自己熟悉的社会经济史。在朱老师的指引下，我在入学半年后就确定了毕业论文选题“清末民初《申报》政治倾向的演变”，开始接触中国新闻史，逐步走上探求学问的正轨。在接下来的两年中，我几乎用最愚笨的办法，逐页翻阅了十多年的《申报》和《大公报》，以便进行比较研究。不过，起初的笨功夫既让我增进了对那段历史的感知，也发现很多有意思的话题，尤其是报人群体引发特别关注，博士论文选题直接来源于此。

2001年，我南下广州，到中山大学跟随桑兵教授继续读书求学。最初设想对中国近代报人群体和报界团体作一整体上的梳理，由于史料过于庞杂，虽竭尽全力，仍难以清理释读，无奈只有暂时收缩战线，将目光集中在报界团体的起源、发展与早期变化（1905—1921年），其余部分则留待时日。三年苦读，勉强按时完成博士学位论文《中国近代报界群体意识的自觉：1905—1921年报界的团体与活动》，作为原初构想的阶段性成果。桑兵教授痴迷学术，个人指导风格也相对独特，基本不给博士生开课，但其片言只语的点拨常使我茅塞顿开。只因生性愚钝，思考不勤，读书偏蔽，文章水准未能达到理想高度。毕业多年后，老师还时常提及，如果我延期几年，扩大阅读范围，反复修改和体会，理论思维层次可能大不一样。不过，生活压力实在不允许我先放眼读书，再来做论文，这不能不说是一大遗憾。

2004年7月，我入职大学，从事新闻教育工作。教学之余，主要修改博士论文，专攻中国新闻传播史研究，连续发表多篇论文，讨论近代新闻团体。在此过程中，我深刻体验到理论阅读不足、分科治学带来种种局限和狭隘。为此，我于2006年8月到复旦大学新闻学院，追随黄旦教授，从事博士后研究工作，以弥补理论缺失。黄老师思维敏锐，治学严谨，要求我务必常驻复旦，搜寻各类史料，并旁听各类课程，尤其留意新闻传播理论和研究方法。在复旦新闻学院的两年里，最大的收获是，在老师引导下，阅读各类理论书籍，激发对新闻传播理论的热情，培养问题意识。因为史学是“人文学科中理论性最强的行业”，即便“史学即史料学”，但新闻史料的收集、整理和分析，都离不开理论观照。

博士后出站后，我逐步调整治学路径，一方面依然遵从历史学的基本规则，高度重视史料，注重用事实说明事实，从历史本身解释历史，另一方面对历史研究多了一些理论反思，试图从历史细节的考订中抽绎出带有全局性的看法，同时避免套用理论或随意任用理论。也就是说，不仅要敬畏史料，还要敬畏理论，并重史料、理论和研究方法的创新，从历史证据出发，充分发挥历史和社会学的想象力，同时反对理论先行，以后见之明、以后起的观念和价值尺度去评说和判断过去。

近年来，我不断开拓研究领域，既重视“历史的报刊”，也关注“报刊的历史”，力争在以下几个方面，做出相应的学术贡献：

1. 系统整理1949—1966年中国共产党新闻宣传工作史料，将马克思主义新闻观中国化研究落在实处。我主持的2018年度国家社科基金重大项目《中国共产党新闻宣传工作史料收集、整理与数据库建设（1949—1966）》，致力于史料的收集、整理，建立相关数据库，编辑出版史料汇编，将奠定相关领域的史学研究基础。

2. 注重中外新闻交流与传播研究。我发表了系列文章，专题讨论中国新闻界与境外同业进行新闻交流，以争取国际话语权，重构国家形象。

3. 进一步拓展近现代中国报人群体和新闻团体研究。长期以来，我把社会群体作为观察中国社会的重要中介，尽力拓展报人群体研究，特别强调新闻团体研究，将之视为报人群体研究的基石。

4. 系统梳理近代报刊的海权观念及其对南海主权的报道与维护。我主持的国家社科基金项目“中国近代报刊的海权观与南海诸岛报道研究”，一是厘清近代报刊海权观念的形成、衍变及其影响，二是整理近代报刊在海权观念指引下对南海诸岛的记载和报道，为改良我国南海议题的媒体场域提出对策性建议，并为维护南海主权提供历史性证据。

朱春阳

朱春阳，男，1972年出生于河南平舆，2004年7月毕业于复旦大学新闻学院，获得传播学（媒介管理学方向）博士学位。现为复旦大学新闻学院教授、博士生导师，复旦大学媒介管理研究所所长，媒介管理学学科带头人，《新闻大学》常务副主编；先后入选教育部青年长江学者（2017），中宣部文化名家暨四个一批人才（2017），上海市曙光学者（2012）等，兼任中国新闻史学会传媒经济与管理研究委员会副会长、国际华莱坞研究会副会长。目前担任国家社科基金重大项目“中国文化走出去提质增效研究”首席专家，出版专著《传媒营销管理》（2004）、《现代传媒产品创新理论与策略》（2005）、《现代传媒集团成长理论与策略》（2008）、《新媒体时代的政府公共传播》（2014）等；发表论文150余篇，多篇文章被《新华文摘》、人大复印报刊资料全文转载。主要研究方向为媒介管理学、政府公共传播等。

治学自述

我是在2000年前后媒介产业快速发展阶段被挟裹进媒介管理学这一研究领域的晚辈后学，师从张国良教授。当时传媒业被称为是“中国的最后一个暴利行业”，大量资本介入传媒业的扩张活动中，传媒业也从以采编为中心的生产者主导开始转向以市场为中心的用户需求主导，对用户的关注、对商业模式的探索与改造都成为此时研究的热点。细想下来，以1998年进入浙江大学读新闻学的硕士为起点，我进入学术研究领域已经20年了，治学方面，大致有两点浅见供大方之家批评、指正。

其一，问题意识的养成是从事学术研究最重要的事情。和强调大而全的“乱拳打死老师傅”的研究取向相比，我则更偏爱“一剑封喉”式的问题研究取向。能否提出一个好问题，决定了研究质量的高下。通常，一个好问题是学术积累的结果，同时也带有运气的成分，它往往来自于理论与现实的碰撞；同时，时机不对，问题也很可能擦肩而过。我对影视产业国际竞争力问题的研究就是这样的一个充满偶然和运气的过程。2005年，“韩流”兴起，我开始关注影视产业国际竞争力领域。霍斯金斯等人基于美国样本的研究结论认为，国内市场规模与文化折扣的交互作用决定了共同消费品在国际贸易中的竞争优势，即那些国内市场规模大、文化折扣小的影视产品在国际贸易中具有优势。按照上述理论框架来观察中韩之间影视产品贸易完全不得要领，中韩都属于东北亚儒家文化圈，文化折扣类似，中国具有绝对优势的超大国内市场规模优势，但中韩之间文化产品国际贸易却表现为严重的逆差。是理论出现了问题？还是产业现实出现了问题？对这一理论与现实严重冲突的回应让我耗时近两年才写出了《权益分割的技巧与市场延展的边界——电视剧产制模式的国际比较》一文，并发表在《新闻与传播研究》(2006)。这篇文章是我的研究从之前关注微观层面营销策略转向中观产业政策的一个标志，后面十余年来的研究基本上都是围绕产业政策与区域文化产业竞争力关系来展开的。目前我的研究也由最初的电视剧领域扩展到动画、电影和数字出版等领域，并从政策、技术、资本等多角度来阐释中国文化走出去的诸多方面的问题与内在机理所在。

其二，要有铁杵成针的耐心。例如，对于“韩流”的研究像一阵旋风刮过去了，很多人又奔向了下一个风口，而我在这一领域的研究一直坚持至今；我刚刚进入媒介管理学领域关注的是传媒创新研究，2016 年，当创新发展成为国家战略时，我在此领域已经坚持了 15 年。这期间，我所负责的研究团队先后两次获得国家社科基金重大项目支持，一个是 2012 年度的“我国文化走出去工程政策体系优化研究”，一个是 2017 年度的“中国文化走出去提质增效研究”。

治学 20 年，因为是做自己感兴趣的事情，这一过程其实也并不寂寥枯燥，倒是内心常怀进步之喜悦。复旦文化追求“深深的水，静静地流”，置身于这样的文化之中，让我在研究时能够安心沉静，时刻体察到学术的快乐。感谢在这样美好的地方遇到学术的美好。

朱丽丽

朱丽丽，女，1973 年生人，籍贯安徽。武汉大学历史学学士，文学硕士，南京大学文学博士，南京大学新闻传播学院教授。中国新闻史学会视听传播学会理事，高校影视学会媒介文化研究专业委员会理事，江苏省传媒艺术研究会理事。研究兴趣集中在数字文化研究、粉丝文化研究、影视研究、青年研究等领域，先后赴香港城市大学英文与传播系、香港中文大学新闻与传播系、台湾“国立”政治大学传播学院做访问学者。主持或参与了多项国家、省部、校级研究课题。独立主持两项：2014 年国家社科基金项目“基于社交网络的青年群体日常社会—文化研究”；2011 年教育部青年项目“网络迷群体文化研究”，出版专著《数字青年》，在《新闻与传播研究》《传播与社会学刊》《现代传播（中国传媒大学学报）》《新闻记者》《当代传播》《江苏社会科学》《南京社会科学》等 CSSCI 杂志发表论文 30 余篇。

治学自述

我于 2000 年 7 月入职南京大学新闻系，后来改称南京大学新闻传播学院。入职以来，一直将媒介文化研究作为自己的主导研究方向。因为我从本科到博士阶段，一直是文史出身，在进入传媒研究领域之后，最重要的是确立自己的研究路径及研究方向。媒介文化研究是一个可以将我既有的学术训练、学术旨趣和传媒研究结合得较好的一个研究领域。在进行了一段时间的影视研究、新媒体研究之后，我的研究兴趣逐渐集中到粉丝文化研究领域。

从2011年起集中性地做了一段粉丝个案研究。其后，我的研究兴趣逐渐向数字文化方向转型。粉丝文化研究只是一个入口，我的研究议题的核心始终是当年青年日常生活的文化经验。粉丝文化在最初出现的时候，还多以亚文化的形式出现，然而随着互联网社会摧枯拉朽的发展，粉丝文化逐渐成为当代社会中一种可视化可量化的力量，被资本、传媒频频征用，并逐步进入当代社会主流大众文化。数字转型是21世纪最深刻、最基本的变化。我的另一个主要研究方向是关注数字空间与青年群体文化之间的关系，探讨新的技术样态与青年日常生活的相互渗透与相互建构，进而揭示这个时代正在占据更多话语权的数字青年群体的鲜活面貌与文化逻辑。综合来看，我的研究议题及兴趣围绕着几个方向进行：一、粉丝文化的语境、变迁及趋势；二、数字社会与青年文化之间的脉络与关联；三、当代大众文化与日常生活。

我的研究领域有变迁，但研究旨趣始终偏向于诠释主义（interpretivism）的范式，侧重对历史和结构中的人的"经验"阐释，强调学术与生命经验的结合，不唯单因单果的逻辑链条为准，强调对诠释多重现实的意义之网（webs of meaning）的建构。在研究方法上倾向于跨学科方法的使用。我赞赏打破学术"内卷化"，对跨学科的视角及方法怀抱开放的心态。作为一个知识生产者，在对社会结构进行大的观照的同时，需要兼顾历史的时空维度和个人生活浩瀚的复杂性与多元性。所有的学术研究最终都要指向对历史及社会中的人的关怀，具体研究应该既着力于阐释动态的个人经验的复杂性，又着力于地方知识生产的文化意义。我始终认为：好研究应该体现出研究者鲜活的生命关怀与思想价值，知识生产者需要兼具文化自觉与学术主体性。

我在下列领域出版了重要著作和论文：1. 在社会科学方法论方面，发表了论文：《学术的环流：叙事、地方知识与主体性》；2. 在粉丝研究方面，发表了《建制内的多元解读：谍战剧的历史呈现与现实表征——以〈潜伏〉〈暗算〉为例》《网络迷群体文化研究的历史脉络与现状趋势》《网络迷群的社会动员与情感政治》等论文；3. 在数字文化研究方面，出版了专著《数字青年》，并发表《数字体验主义：基于社交网络的青年群体生活风格》《自我小众化：社交网络的书写和品位》《基于能动性的数字亲密关系：社交网络空间的亲子互动》《拟态的亲密关系：一项关于养成系偶像粉丝社群的新观察》等论文。

潘祥辉

潘祥辉，男，1977年出生于江西，文学学士、文学硕士、传播学博士、历史学博士后，现为南京大学新闻传播学院教授，华夏文化促进会传播研究专业委员会（简称"华夏传播研究会"）副会长。主要致力于华夏本土传播学及"日常生活"中的传播学研究。已主持国家社科基金项目2项，省部级项目6项，在《传播与社会学刊》《新闻学研究》《新闻与传播研究》《国际新闻界》等刊物上发表学术论文70余篇，出版学术专著3部，10余篇论文被《中国社会科学文摘》、人大复印报刊资料等全文转载。近年来对传播学的跨学科研究兴趣浓厚，致力于探索和开拓"传播考古学"研究。在学术界首创"传播失灵理论"（Communication failure theory），提出了苏联解体的"传播失灵说"，解释"五四运动”的“观众成本说”以及传播史上的“青铜时代”等命题。2010 年和 2014 年两度赴香港中文大学访学，2011 年赴香港城市大学访学。2011 年曾在浙江日报报业集团、新华社浙江省分社挂职锻炼。现为学术网站“爱思想网”专栏学者。

治学自述

“文章千古事，得失寸心知”，从事学术研究既是一项充满艰辛和挑战的工作，又是一项饶有兴趣，在创新中能获得“自我激励和回报”的事业。尽管二十年前，我就有志于成为一个学者，但投身于新闻传播学这一研究领域，却只能说是机缘巧合。2005 年，我在浙江大学传播研究所攻读博士学位，算是正式进入新闻传播学的研究领域。

在浙江大学读博士期间，我开始形成自己对新闻传播学研究的“跨学科视野”。我的博士论文选择了研究近代以来的“中国媒介制度变迁”，将 1978 年以来的中国传媒转型置入近代以来的中国政治社会转型的大背景之下，探讨中国媒介制度变迁的历史分期、变迁逻辑及其内在动力，揭示影响中国媒介制度变迁的各种因素及其影响机制。通过理论抽绎，论文建构了一个中国媒介制度变迁的模型。为了驾驭这个宏大的学术选题，我不断跨越至经济学、社会学、历史学、政治学等诸多其他学科。正是在这项研究中，我首次将“历史制度主义”的分析框架引入到新闻传播学的学术研究中。研究最后以专著《媒介演化论——历史制度主义视野下的中国媒介制度变迁研究》的形式在中国传媒大学出版社出版，受到业内好评。我亦深受鼓舞，由此形成了自己学术研究的“路径依赖”：一种以新闻媒介或传播现象为中心的跨学科研究取向。

继“中国媒介制度变迁”研究之后，我主要沿着“媒介社会学”与“政治传播学”这两个方向继续开展研究。研究领域得到了较为广泛的拓展：我做过“聋盲者受众的媒介使用研究”“中国电影电视的无障碍传播研究”，也做过“监狱服刑犯人的信息接触与改造效果”研究，还研究过“中国媒体的更正与致歉”现象，对互联网新媒体领域也有关注。在政治传播研究领域，我围绕“科层体制”下的信息传播与政治治理问题做过几项比较有开创性的研究：包括《帝国悖论：官僚科层制与秦汉帝国的政治传播》《社会主义国家传播失灵现象的组织社会学分析》《苏联解体的传播失灵因素》及《去科层化：互联网在中国政治传播中的功能再考察》等，这些论文从政治传播学的角度考察了中华帝制与经典社会主义体制下政治传播的特点。在这些研究中，我提出了两个具有原创性的重要概念：一个是“传播失灵”。我将“传播失灵”定义为“特定社会系统下由于结构性功能缺失引起的资讯短缺及信息传递失真、扭曲，进而导致沟通不畅，资源配置无效率的状况”。这一概念描述了一种信息传播过程中的扭曲与畸变现象，可以用来解释现实世界中因信息传播问题而导致的社会失序。我先后在《新闻学研究》《现代传播(中国传媒大学学报)》《浙江社会科学》《浙江学刊》等发表过 5 篇相关论文，阐释我的“传播失灵理论”，产生了较广的学术影响。另一个接受度及引用率较高的概念是“去科层化”。这是我从政治传播的角度对中国互联网的政治沟通功能所做的一个描述和概括。在我看来，正是互联网的“去科层化”政治传播功能，重构了政治科层体系中的信息沟通，提高了系统内的透明度，为政治决策提供了较为真实的信息环境，带来了互联网时代中国政治治理的优化。

2012 年以后，我的政治传播研究开始拓展至中国古代，并与跨文化传播相结合，对华夏本土传播学研究作了一些新的拓展。结合中国传统“小学”的研究传统和研究方法以及福柯的知识考古学，我发展了一种“传播考古学”的研究路径：暨结合多学科知识，对古代中国的传播媒介和传播现象进行的一种正本清源式的研究。我研究过“对天发誓”这一沟通现象，也研究“秦晋之好”这样一种政治联姻现象。在这种跨学科研究中，我力图站在中西方文化比较的高度，揭示中国古代独特的传播媒介、传播现象或传播思想。如通过对中国古代青铜器媒介及其传播功能的研究，我提出了传播史上的“青铜时代”这一命题，弥补了西方媒介史学者对中国青铜器媒介的忽视。通过对汉语“宣”字字义及其构词的训诂考证，我揭示了中国古代儒家特色的宣传思想，以及这一思想与西方语境和近代以来宣传思想的差异。

十几年来，尽管我的研究领域较为广泛，但焦点和核心都是围绕中国问题、中国媒介、中国文化和中国现象。中国传统文化的博大精深，以及当代中国转型的艰难性和深刻性，都给我们当代学者提出了许多有价值的课题。研究好这些课题，我们责无旁贷。2017年底，我在人民出版社出版的《组织再造：媒介社会学的中国视角》一书后记中写道：“在转型中国，几乎每一个人的命运都是和整个社会的命运、国家的命运联系在一起的，学者也一样。作为一个研究中国媒介—社会问题的学者，研究这些问题越深入，对自己的命运也会更多一份理解。”

在我看来，文化、时代和人生经历对一个人文社科学者的影响是非常深的。美国社会学家米尔斯倡言一种“社会学的想象力”，这是学术研究中非常需要的一种能力。但没有一定的人生体验，没有对自己所置身的文化和社会的“切身感受”，是很难将宏大的历史社会议题与自身的个人处境关联起来的。我偏好于研究本土议题，不喜欢“食洋不化”或“全盘西化”，也是因为我觉得自己作为一个中国人有这个“主场优势”。我可以在中国社会与中国文化中看到问题，发掘出有价值的选题，“大胆假设，小心求证”，将那些我们司空见惯的、习焉不察的传播现象、传播媒介提炼出来或进行理论解释，丰富我们对社会及日常生活的理解。

一言以蔽之，追求有价值关怀、有问题意识以及有学术想象力的研究，追求将日常生活、经验材料与理论视野的有机结合，既是我的学术创新之道，也是我不懈的学术追求。

张明新

张明新，男，1978年出生于湖北省宜昌枝江市。华中科技大学新闻与信息传播学院教授、博士生导师，院长。1997年起，先后在华中理工大学（2000年后为华中科技大学）和武汉大学攻读并获得工学学士、管理学学士、文学硕士（传播学）和文学博士（新闻学）学位。2004—2007年在湖北大学文学院新闻与传播学系（现新闻传播学院）工作，2007—2012年在武汉大学新闻与传播学院工作，2012年至今在华中科技大学新闻与信息传播学院工作。华中科技大学政治传播学术前沿创新团队负责人。2014年度国家“万人计划”青年拔尖人才支持计划入选者，是教育部新闻传播学科教学指导委员会委员，海内外多家知名学术期刊通讯评审人。成果多次获得湖北省社会科学优秀成果奖、中国新闻史学会“新闻传播学学会奖”等官方和民间学术奖励。

治学自述

我的研究领域主要包括三个方面：新

媒体的采用与效果、政治传播与国家传播战略、传播社会学，其中，对新媒体的关注是重点，贯穿了这三个研究领域。之所以关注新媒体，与我个人的学术和知识背景有关。在本科阶段，我学的是工程和管理学科，这使得我对技术和技术的应用有一种天然的亲近感。从某种意义上说，一部新闻传播的发展史，就是一部传播媒体的发展史，也可以说是一部传播技术的发展史。因此，对新媒体的关注是我一直以来的兴趣所在，也是重心所在。既有的知识结构不仅影响了研究领域的选择，也影响到我的思考和思维方式，使我习惯和擅长采用模型和数据来表达，这几乎贯穿了我所有的研究：从选题开始，到选择理论框架，建立自己的研究假设或模型，然后采集数据进行分析，进行模型或假设验证，最终提炼和升华理论，集合了理论思考和实证分析。虽然这种思路在社会科学研究中比较常见，但在工程和管理学科中的学习经历，给我在内心里留下了深刻烙印，使我形成这种思维和方法的自觉。

2002 年以来，我陆续做了一些关于（移动）互联网及其各种应用的采纳、使用和效果方面的研究。这些研究所要解决的主要问题，一是要了解在新的传播技术飞速发展和不断应用的环境中，人们是如何从传统的媒体逐渐转向以互联网和（智能）手机为代表的新兴媒体的，在这种转变的过程中，哪些因素是值得关注的；二是要了解随着新媒体越来越深入和广泛的应用，产生了什么样的社会和政治效果。虽然在以美国为代表的许多西方国家已有不少相关研究，但我所做的一些研究，则体现了中国的本土情境，揭示了迥然相异的内在规律，因此能够与西方理论进行比较和对话。我所进行的一部分研究工作，在一定程度上推进和拓展了学界对创新的扩散（Diffusion of innovations）、知沟假设（Knowledge gap hypothesis）、数字鸿沟（Digital divide）和技术接受模式（Technology acceptance model）等的经典理论研究，突破了相关传统研究中的基本假定和既有思路，深化了学界对新媒体的扩散过程和使用图景的认识；所做的另一部分研究，则以政治和社会信任（Political trust，Social trust）、公共参与（Civic engagement）、政治参与等为聚焦点，揭示了在中国情境中，新媒体应用与社会政治系统之间的复杂互动过程。

在关注新媒体使用的政治效果的过程中，我逐渐开始涉入并密切关注政治传播与国家传播战略的相关课题。在这个领域，从事了一些有关新媒体的使用与政治信任和政治参与、对外传播和中国的国家形象传播方面的具体研究，并于 2014 年起，作为筹划者和实际负责人，就“中国公众的世界观念”进行了多轮全国性的问卷调查。2015 年起，这项调查进一步扩展到美国，并可望于 2019 年扩展到非洲国家。在其中，对各种新媒体的关注仍然是重心和焦点所在。在这个领域，我想要回答的问题主要包括：日渐普及的各种新兴媒体（在当今主要是指各种社交媒体）的使用，对公众的政治认知、态度和行为究竟产生了什么样的影响？从更广阔的范围来看，新兴媒体的应用如何影响一国（特别是中国和美国）的公众如何认知和看待其他国家？不同国家的民众，又如何借助于各种新兴的媒体形式，来与他国民众进行跨文化的沟通？等等。在大国崛起背景下，上述问题都是当前我国面临的重大课题。对于这些问题，我主要使用了国际政治、国际传播、公共外交等领域的概念和理论资源；对这些问题的回答，旨在从全球体系的角度构建基于中国立场、发出中国声音的传播思想、观念和策略，有助于塑造良好的中国国家形象，提升我国的国家软实力。

我发表和出版的主要作品，包括如下

方面：（1）在新媒体的采用与效果方面，独自和与合作者一起发表了数十篇研究论文，包括《知识、态度与乡村社会的家庭互联网采纳》《社会关系网络中的信息消费与生产：微博用户行为研究》《社会交互式传播技术与青少年的同辈关系网》《新媒体技术采纳的“间歇性中辍”现象研究：来自东西方的经验证据》、The Adoption and Use of Mobile Phone in Rural China：A Case Study of Hubei，China、The Impacts of Internet Knowledge on College Students' Intention to Continue to Use the Internet 等，并出版有专著与合著《媒体竞争分析》《转型社会的媒介景观》。（2）在政治传播与国家传播战略方面，独自或与合作者撰写、发表了《Web 2.0 环境下政府机构的对话沟通与社会资本》《互联网的政治性使用与我国公众的政治信任》、Social Media，Public Discourse and Civic Engagement in Modern China、Assessing Political Participation on the Internet in Contemporary China 等论文，出版了专著《参与型政治的崛起》，并撰写了一些研究报告，作为主编之一在社会科学文献出版社出版了《中国国家形象传播发展报告》系列蓝皮书。（3）在传播社会学研究领域，深入分析了转型期影响中国新闻生产的社会与政治因素，考察并阐释了传播从业者的职业状态，独自或与合作者发表了《后 SARS 时代中国大陆艾滋病议题的媒体呈现：框架理论的观点》《社会冲突性议题之党政形象建构分析》《正在形成的“认知共同体”：内地与台湾公共关系从业者职业认知比较研究》等论文。

我认为，传播学者的使命在于用自己的方式来观察和解释置身于其中的世界，传播现象虽纷繁复杂、千变万化，其中却有规律可循；在当今学科融合、知识汇流的时代，传播学者应冲破既有学科之间的藩篱，建构基于多学科观照的知识体系，这对于挖掘传播现象背后的规律是大有裨益的。另外，在我看来，从事学术研究是一项带有理想色彩的事业。在对这种事业的追求过程中，个体知识与智慧的增长、对国家与社会实践的深切回应，以及对人类命运的忧虑和关注，在研究者身上是高度统一的。因此，传播学者的另一项重要使命，在于以家国情怀和担当精神，服务于国家进步与社会文化发展。在这样的意义上，传播学者不仅不能回避现实问题，更需时刻关注和积极回应重大关切，并以自己的方式来改变和影响中国与世界。

赵云泽

赵云泽，1978 年出生于内蒙古呼和浩特。中国人民大学新闻学院副院长、教授、博士生导师，中国人民大学首批“青年杰出学者”，中国新闻史学会常务理事，中国新闻史学会党报党刊研究委员会副会长。美国宾夕法尼亚大学访问学者。《新闻春秋》杂志副主编，《国际新闻界》杂志栏目主持。主持国家社科基金项目“政治与技术双重动因下的网络媒介形态演变机制研究”、北京市社科基金重点项目“社交媒体对社会政治结构产生的影响研究”、教育部社科基金项目“外国人对中国形象的建构因素分析”、中国人民大学“明德学者”项目、国家电网“舆情系统建设”等多项纵横向课题研究，参与中国人民大学新闻学院“媒介融合人才培养教学改革项目”。目前已经出版英文著作

A History of Journalism and Communication in China 一部，中文著作《作为政治的传播》《中国转型焦虑与互联网伦理》《外国人对中国形象建构机制研究》《中国时尚杂志的历史衍变》《当代西方战争宣传史解读》五部，主编《跨媒体传播基础教程》，参与编写《中国新闻传播史》《中外新闻史》《中国新闻史新编》等多部教材，并有50多篇中、英文学术论文发表于国内外重要学术期刊，其中数篇被《新华文摘》、人大复印资料《新闻与传播》等全文转载。此外还参与了《中国新闻事业编年史》《中国新闻事业图史》及《马克思主义百科全书》等书籍的编写。2012年曾获得全国新闻学青年学者优秀学术成果奖，2016年获新闻传播学学会优秀学术奖。曾获“中国人民大学先进工作者”“学生媒体优秀指导教师”“本科招生宣传先进个人”等荣誉称号。

治学自述

走上新闻传播学的研究于我而言，还是绕了一个小弯子，我高中阶段是理科生，在全国物理竞赛中也获过一个小奖，但自己在思索一些高深的物理问题时产生了诸多困惑，而自己未能正确对待这些困惑。便在保送上大学时执意选择了文科专业“文史哲实验班”。而这个专业项目如其名，是试图将文学、历史、哲学这三个学科打通，培养一批长线的研究基础学科的人才。而作为“小白鼠”的实验班学生，我们接受的最有效的打通方式就是把文学、历史、哲学的本科基础课程全部修完了！在疯狂上课的四年时间中，我还选修了几门新闻学的课程，而正是由于这里产生的兴趣，大学毕业时，我在又获得保送研究生的资格时，便选择了中国人民大学新闻学院。现在回过头来看，中学阶段理科的学习、本科阶段对文史哲的苦读，都对我现在的新闻传播学研究的视野和方法产生了重要的影响。

2001年硕士阶段开始后，非常幸运地投在方汉奇先生门下，一路硕士、博士都读完，后又留校了。在师从方先生的6年学习当中，方先生对我要求非常严格。规定每个月要至少见面一次，每次见面都要有新写出来的东西给他。这月复一月的过程中，从最开始难熬，压力山大，成为后来的一种习惯。硕士阶段，发表了十几篇文章。而方先生的指导，并不局限于中国新闻史，恰恰相反，方先生让我广开思路，这是基于方先生本人的学术视野的广阔。方先生主要的研究著作虽然集中在中国新闻史，但是他所关注的问题、阅读的材料，视域非常广阔。谷歌地球这个软件的了解还是方先生给我介绍和展示的。

留校后我讲授过的课程有中国新闻传播史、跨媒体传播实验、研究方法（硕士）、文献研读（博士）等课程，研究领域涵盖新闻传播史、新媒体、网络舆论、品牌传播等多个方向。在已发表的成果中，大历史观的视野和方法基本都贯穿其中，也有一些学科交叉的研究。

我在劳特里奇出版社出版的英文著作 *A History of Journalism and Communication in China* 和中国人民大学出版社出版的中文著作《作为政治的传播——中国新闻解释史》是这些年对于中国新闻史研究的两部代表作品，前一部英文著作立足于中国新闻史本身，并总结中国新闻史立足于世界新闻史的独特性。后一部中文著作是在新闻史的研究方法和结构上试图创新的一部作品，著作以政治传播作为核心线索，展开对中国新闻史的探索，在新闻史的研究中有了更深入的挖掘。

我的中文著作《中国社会转型焦虑与互联网伦理》以及教材《跨媒体传播实验基础教程》是新媒体研究方面的代表作品。而前一部著作也是结合社会学的一些要素在新闻传播学中进行拓展，当然这并非刻意为之，而是从现实问题出发一种比较合理的理论视角。从社会学汲取营养的作品还有中文著作《中国时尚杂志的历史衍变》，这部著作也是我的博士论文，实际上是从社会学的视角研究中国近代以来的时尚传播和时尚杂志的发展，探讨时尚在整个社会发展中对意识形态的重要的革新和重塑作用，甚至是一种对抗规训、解放的手段。从社会学视角出发的代表性文章还有《当下中国网络话语权的社会阶层结构分析》，这篇文章分析了中国当下的社会阶层在网络话语权上的比例，是一篇投入小、模型解释力强的我认为构思非常巧妙的文章，目前这篇文章的引用率还比较高。

除了从社会学中汲取营养，目前我在做的几个研究也试图从心理学的视角做一些探索。目前在心理学上对情绪的研究已经颇为深入，而在传播学尚还处于起步阶段，而情绪对于传播效果的影响实际上是至关重要的。这里也可以开拓出一片广阔的天空。《音乐在新闻类媒介融合产品中的作用分析》是我前几年用实验的方法测量音乐在新闻传播效果中的一篇文章，最近仍然觉得这块有非常大的开拓空间。在一定程度上对人的情绪唤起决定着内容的传播效果，而音乐恰恰是最好的一种情绪唤起的方式。目前我带着一个团队正在做的研究是挖掘体量比较大的数据，通过机器学习的方式，将大数据进行情绪标签的分类，然后再进行传播效果的分析，相信能够为新闻传播学研究探索出一些新的路径和空间。

总的来看，我这些年的研究是从大历史观的视野来审视现实，再从实际问题出发，汲取多学科的营养，寻求解决之道。这些从实际中来的问题极大地调动起了我的兴趣，我在这条研究的道路上也乐此不疲。

赵曙光

赵曙光，男，1979 年 2 月出生于安徽宿州。南京大学新闻传播学院教授、博士生导师、南京大学紫金传媒研究院（北京）副院长，入选江苏省“三三三”人才工程。2019 年美国南加州大学安娜堡新闻传播学院访问学者。兼任中国新闻史学传播学研究委员会副会长，中国音像与数字出版协会科学研究工作委员会副主任委员、中国青年报·中青在线全媒体社会调查中心联席主任、国家新闻出版广电总局规划发展司出版融合发展重点实验室评审专家、国家旅游局舆情顾问、新华传媒智库学术委员会委员等。

治学自述

促进学科交叉与融合，积极推动媒介经济学的基础理论建设和创新。我在国内较早地出版了著作《媒介经济学》（2003），2007 年和 2014 年又分别在清华大学出版社完成了教材《媒介经济学》修订版的出版，成为国内媒介经济学领域较有影响力的教材，被评为清华大学优秀教材二等奖。我应邀参加了《新闻传播学大辞典》媒介经营学部分的编写，是该部分七名参加编写者之一。

探索眼动仪等实证研究方法应用，出版了国际学术专著。近 5 年来，我重视第一手数据的采集，积极运用眼动仪等创新方法开展研究，取得了较为丰硕的成果，2014 年在复旦大学出版社出版了《幻影注意力：基于眼动实验的植入式广告效果研究》和《社会化媒体与公益营销传播》两本专著。《幻影注意力：基于眼动实验的植入式广告效果研究》，建立了植入式广告效果评估的指标体系，招募了78名被试对象，通过眼动仪实验的方法进行广告效果研究以获得精准数据，是传播学较早尝试运用眼动仪开展研究的成果。《社会化媒体与公益营销传播》通过概率与规模成比例（PPS）的随机抽样调查方法，采集了5000个样本的第一手数据，对社会化媒体公益营销传播的受众、效果、传播链等进行了较为系统的研究，并形成了社会化公益营销传播指数。2017年1月与国际知名的麦格劳希尔出版社合作，出版了两本英文专著 *Media Economics*：*Theoretical Analysis Based on Practices in China* 和 *The Conversion Rate*：*The Trap of Omnimedia Transformation*。

建设一流的新闻传播综合数据中心，获得5项计算机软件著作权。国内新闻传播学术研究往往受制于缺乏连续性的、系统性的数据平台支持，近5年来，我积极探索抽样问卷调查和大数据挖掘的方法，建立了中国媒体融合传播效果指数平台、社交媒体内容大数据监测平台、一带一路国际传播大数据平台、国际政界社交传播大数据平台和中国政务新媒体指数系统。中国媒体融合传播效果指数平台涵盖了全国837家传统媒体，形成了由19项指标构成的评价体系，每日采集千万条数据，运用大数据挖掘的方法系统、量化评估媒体融合传播效果，并开放了全部底层原始数据，确保融合传播效果评价的客观公正。社交媒体内容大数据监测平台覆盖了1000万微博账户、50万微信公众号以及今日头条、抖音等移动新闻客户端和短视频平台的部分较有影响力的账号，为分析社交媒体内容传播的规律，支撑社交媒体内容传播的学术数据提供了较为重要的支撑平台。一带一路国际传播大数据平台覆盖了一带一路沿线国家领导人和主流媒体的Facebook和Twitter账号，提供一带一路沿线国家主流媒体和领导人的社交媒体传播内容和用户数据。国际政界社交传播大数据平台以Facebook、Twitter社交媒体传播平台为主要数据来源，评估国际政界意见领袖的社交媒体传播影响力，并对传播内容的文本分类、情感分析、话题走势、关联性分析、转发层级等多角度深入解析，立体化呈现国际政治领域意见领袖的社交媒体内容传播情况。目前该平台完成了一期研发，覆盖了美国总统、副总统、内阁部长、参议员、众议员、州长等621位美国政治意见领袖的社交媒体传播内容和传播数据。中国政务新媒体指数系统重点采集党和政府部门在微博、微信公众号、移动新闻客户端的传播数据。目前，上述五个新闻传播数据平台已经获得了国家版权局颁发的计算机软件著作权证书：媒体融合传播效果指数平台（登记号：2018SR590339，排名第2）、社交媒体内容大数据监测平台（登记号：2018SR590225，排名第2）、一带一路国际传播大数据平台（登记号：2018SR590220，排名第2）、国际政界社交传播大数据平台（登记号：2018SR620202，排名第1）和政务新媒体指数系统（登记号：2018SR620214，排名第1）。

刘　涛

刘涛，男，生于1981年，暨南大学新闻与传播学院教授、博士生导师、学院学术委员会主任。主要研究领域为环境传播、视觉修辞。2009年毕业于北京师范大学，取得文学博士学位。2007—2008年在美国田纳西大学从事访问学者研究。目前主持国家社科基金重大项目《视觉修辞的理论、方法与应用研究》。入选国家“万人计划”青年拔尖人才，教育部“长江学者”青年学者。获得教育部霍英东青年教师基金、教育部霍英东青年教师奖、广东省五一劳动奖章。

科研上获教育部第七届高校科研优秀成果奖二等奖，第三届中国新闻传播学学会奖“杰出青年”；教学上获第三届全国高校青年教师教学竞赛一等奖，广东省“融合新闻”教学团队负责人；实践上兼任《中国教育报》专栏作者，作品两次获中国新闻奖一等奖。

目前兼任《中国教育报》签约评论员，中国新闻史学会视听传播研究委员会副会长兼秘书长，中国新闻史学会应用传播学研究委员会副会长，复旦大学信息与传播研究中心研究员，武汉大学媒体发展研究中心研究员。

治学自述

我的主要研究领域是环境传播和视觉修辞，这两个领域都是传播学科比较前沿的学术领域。环境传播在国外发展比较成熟，在国内刚刚起步，主要关注环境问题的信息传播与社会治理问题。视觉修辞是关于图像的修辞学，是修辞学在视觉文化时代亟须拓展的一个新领域。

2005 年到 2007 年，我供职于央视《新闻调查》。关注转型时期的社会疼痛，并拥有足够的认识世界的能力，成为每个调查人心中永恒的真心。虽然我最终也没有达到调查人的职业成就，但这个团队、这段工作经历深刻地影响了我。一直都没有忘记制片人张洁老师的那句话：“新闻调查的人，哪怕是死了，被推向火葬场的时候，胸脯上仍然写着两个字——责任。”那时候，我开始关注中国的环境问题。我坚信，环境问题是洞悉中国复杂利益结构的一把钥匙，把中国的环境问题搞清楚了，也就把中国弄明白了。转型中国的环境之殇，酿造了多少看得见的、看不见的生命悲剧。环境问题的背后，是一个更大的问题世界——政治的、文化的、社会的、技术的、哲学的、伦理的深层思考。

读博期间，我坚定地将环境传播作为自己的学术方向。环境传播研究的学术范式之一是建构主义范式，亦即修辞学范式。2007 年接触环境传播之际，我同时也在“啃”修辞学。修辞学是认识论，也是方法论，赋予了我认识和反思传播学一种新的关照视角。今天，很多人把修辞理解为一种语言技巧问题，实际上这只是亚里士多德式的传统修辞观念。如今的修辞学问题已经超越了单纯的语用范畴，而延伸到语义规则、认同关系、社会规范以及人在修辞意义上的“存在方式”等重要命题。

我目前的学术理路，主要是尝试实现环境传播和传播修辞学的积极对接：修辞学为环境传播研究提供了理论视角和认识方法，而环境传播则为传播修辞学提供了重要的“传播问题”和“实践场域”。在环境传播领域，我主要探讨环境传播的修辞学范式，对环境话语、环境修辞、环境政治、反话语空间等问题开展研究，出版学术著作《环境传播：话语、修辞与政治》。在传播修辞学领域，努力开展修辞学与传播学的跨学科研究，主要研究兴趣体现在两个方面：一是对传播学研究的修辞学方法探索；二是对视觉修辞的理论与实践思考。

一方面，我努力拓展环境传播、对外传播、数据新闻、传播思想史等传播议题研究的修辞学方法。代表性成果包括《图绘“西医的观念”：晚清西医东渐的视觉修辞实践——兼论观念史研究的视觉修辞方法》《PM2.5、知识生产与意指概念的阶层性批判：通往观念史研究的一种修辞学路径》《新概念 新范畴 新表述：对外话语体系创新的修辞学观念与路径》《西方数据新闻中的中国：一个视觉修辞分析框架》。另一方面，我聚焦视觉文本和视觉实践，努力开展视觉修辞的理论与方法探索。重点探讨了视觉修辞的“语图论”“隐喻论”“转喻论”“语境论”“意象论”等理论问题，代表性成果包括《语图论：语图互文与视觉修辞分析》《转喻论：图像指代与视觉修辞》《意象论：意中之象与视觉修辞分析》等。同时，我立足表演式抗争这一典型的“图像事件”，发表多篇系列论文，分别从视觉抗争、符号抗争、仪式抗争、身体抗争、情感抗争等维度揭示了图像事件运作的符号修辞机制。

多年前走上讲台，我一直鼓励自己，教学、科研、实践三个方面“一个都不能少”。这几年，除了常规的教学和科研，我没有放弃《中国教育报》专栏评论。这张报纸维系着我对社会问题的敏感，也承载并满足了我太多的表达欲望。虽然有些东西没有说出来，但现实促使我努力去想明白一些事，而这个过程所收获的东西，更是弥足珍贵。

第十二篇
学术动态

会议综述

从数据到洞见：文化创新与数据科学
——“国家文化创新论坛·文化创新与数据科学”国际学术会议综述

理论与实践：国家传播学发展的新气象
——第二届国家传播学高层论坛会议综述

打造跨界的立体式学术研讨新模式
——第三届河阳论坛综述

“第二届中国政治传播研究学术论坛”成果综述

探索媒介融合新形势下的新闻教育改革
——清华大学新闻与传播学院建院15周年“全球院长论坛”综述

全球视野·中国体系：面向未来的新闻与传播学研究
——中国新闻史学会2017年学术年会会议综述

2017中国传播论坛暨金砖国家传媒国际研讨会综述

“第六届新闻史论青年论坛暨北京大学新闻学研究会年会”会议综述

十年的回顾：传播研究的问题与转型
——第十届中国青年传播学者论坛综述

中国新闻学学科建设的关键任务
——第十届中国新闻学年会“中国新闻学学科建设”研讨综述

学术纪事

2017年中国新闻传播学学术大事记

从数据到洞见：文化创新与数据科学

——“国家文化创新论坛·文化创新与数据科学”国际学术会议综述

媒介技术的快速发展给新闻传播学科带来了前所未有的挑战。当下，基于互联网的、基于社交媒体的、基于移动终端的新兴媒体、数字革命以锐不可当之势席卷世界，使得人们的思维方式、行为方式、生活方式都发生了翻天覆地的变革。处在这一社会深刻变革的背景下，文化形态如何嬗变创新？数据科学如何驱动社会？新闻传播学科如何实现深刻转型甚至是全面重构？

面对这些重大学术问题，由复旦大学国家文化创新研究中心和复旦大学新闻学院联合举办的“文化创新与数据科学：新媒体、新传播、新格局国际学术会议”于2017年3月在复旦大学举行。会议以“文化创新与数据科学”为主题面向全国征集学术论文，共有来自美国、英国、意大利、澳大利亚等国的十多位国际著名学者和来自国内数十所高等院校、科研机构的近百名学者汇聚复旦大学。此次国际学术会议还形成了“传播数据科学：学科创新的革命”的复旦共识。

一、聚焦文化创新与数据科学

从数据库到大数据并不仅仅是数字技术的演进，而是思维方式的全面变革。维克托·迈尔－舍恩伯格用“一场生活、工作与思维的大变革”来定义大数据时代，认为大数据开启了一次重大的时代转型，正在改变我们的生活以及理解世界的方式。复旦大学国家文化创新研究中心主任孟建教授指出，人类向数字化时代，向互联网社会的全面迁徙，是一个时代性的人类课题和不可阻止的人类命运。“互联网、大数据”已经成为了人类文明的一部分，已经成为了人类的一种文化。复旦大学新闻学院副院长张涛甫教授认为，以互联网为代表的新媒体技术打开了信息所罗门的瓶子，数字化的信息失速狂奔，将人类主宰信息的能力远远落在后面。哈佛大学定量社会学研究所主任盖瑞·金则认为“大数据技术将触及任何一个领域”。“大数据”时代会引爆一场“哥白尼式革命”：它改变的不仅仅是信息生产力，更是信息生产关系。本次论坛聚焦文化创新与数据科学，其本身就是对社会文化巨大变革的一次特殊关注。

创新是人类社会进步发展的不竭动力，在不同的时代，创新会有不同的驱动力量。复旦大学新闻学院张殿元教授认为，今天的创新驱动很大程度上来自于大数据和云计算以及由此产生的人工智能等，数据驱动的创新，数据科学和文化创新的研究和实践将从两个方面展开：一是新技术和新媒体支撑下的人力、物质、信息、资本的全球性、无缝式、智能化连接产生的海量数据，将为文化产品的生产、流通、消费的模式创新和流程再造提供强大的支持；二是移动、智能、社交媒体的普及将彻底改变人们的一切，艺术、教育、媒介这些顶层的文化生态也将重新建构，数据科学的实践本身将成为一种文化创新现象。

复旦大学新闻学院教授孙少晶认为，数据驱动的社会研究既考察对相关社会数据的理解、搜集、倾听、分析、解读，也关注基于数据的传播问题的产生、表达、升华、聚焦、勾连。数据驱动的社会研究旨在对接丰富复杂的社会数据和各种理论，而不单单是数据的计算和分析。从此出发，数据驱动的社会研究强调数据的社会性、动态性、关联性、语境化、细微性。我们关注的不是让数据自己说话（data do not speak for themselves），而是我们如何跟数据对话（we can better talk to the data）。为此，我们希望通过探讨推动数据驱动的社会研究，更好地理解和促进广义的社会文化创新。

与会者普遍认为，文化创新的拓展在数据科学的推动下带来了前所未有的机遇和挑战。社会科学家常常通过分析解读各种社会数据来解释丰富复杂的社会现象，数据科学家则致力于开发改进科学工具从而更好地挖掘使用数据。如何通过在不同学科领域的研究人员之间建立学术对话和科研合作，进一步促进全球视野中国语境中的文化创新是该论坛的重要目的。

二、数据科学驱动社会发展

数据科学对社会的驱动，其根本还是由科技要素资源构成的一种文化创新。

美国印第安纳大学的 Johan Bollen 分析了社交媒体的网络传播效果与社会公共效应。研究基于 2008—2009 年 Twitter 500 万用户的社交媒体使用情况，分析线上的传播如何影响社会公共效应。他认为，人是社交性的动物，我们需要这种关系。社交媒体使得更多的人能够彼此联系，但并不是说社交媒体越多，人们的幸福感会更强，进而追问到底人们幸福的原因是什么？受欢迎度是否与幸福感相联？幸福感的模型是什么？Johan Bollen 的研究将社会发展的微观现象与宏观社会情境紧密相连，通过社交媒体的使用研究进而研究社会公共福祉。

西南财经大学的学者李应红从我国近 40 年政府工作报告的文本分析来透视中国 40 年来的变化。李应红的研究以我国近 40 年间的国务院政府工作报告为分析样本，采用文本挖掘技术，深入分析自 1979 年以来政府工作报告的重点以及体现的变化趋势，其切入角度与理论论述都实现了文本性与情境域的结合，力图体现数据科学研究对社会发展的驱动。广州美术学院副教授张啸通过借鉴元数据概念试图对文化数据做统一标准的描述。他以法国文化产业元数据基础建设为研究对象，研究了法国文化产业建立的音乐产业中央数据库系统集中管理数据录入模式，通过对影视产业产品描述信息标准的集中管理，规范和开放管理出版产业的出版权利人信息，摄影图像产业元数据标准化录入和规范标识系统等，完善文化数字信息描述基础，优化法国文化产业生态建设，将统一使用基本元数据信息标准作为基础，对不同产业有的放矢制定专门的数据管理优化方案。张啸希望能够借鉴这些成果，促进我国的文化发展、特别是文化产业发展。

华东政法大学的孙翔飞博士从传播生态的角度选取 2016 年里约奥运会这一事件展开研究，就媒体及社交媒体对里约奥运会报道的整体态势、媒体和社交媒体对里约奥运会关注的整体状况、媒体及社交媒体对里约冬奥会报道及关注的内容及维度、奥运会相关信息呈现的文本形态、互联网用户在关注里约奥运会时的媒介使用习惯等若干角度展开研究。他的研究试图通过

2016年的里约奥运会为北京2022年冬奥会社交媒体运营提供重要的借鉴。复旦大学新闻学院博士后邢祥则通过舆情热点事件衍生的网络段子来解读其中的民意诉求，认为作为民意表达特殊方式的网络段子，在建构社会现实、构建社会关系和传递价值观念等方面有其独特的社会功能，不可忽视。

从数据到洞见，在数据科学驱动社会发展的探索中发现问题，让不同的社会科学理论在不同的节点上发挥作用形成了这一研究的重要方向。在大会主旨发言、学者学术对话与学术分论坛讨论中，这些学术走向得以充分显现。

三、数据科学与新闻传播研究

"数据和传播的内在联系催生了传播数据科学（commdata science）。这意味着传播是数据的一个重要产生机制，而数据本身又成为传播的媒介。传播数据科学力争融合现在广泛讨论的计算传播学和批判数据科学，强调在传播的过程和理论视角中考察数据，另一方面又通过整体数据的各个相关环节来考察传播现象。"复旦大学新闻学院孙少晶教授的学术见解引发了与会者高度关注。许多学者认为，要通过聚焦于数据，去探索数据如何在新闻传播理论和方法之间搭建一座沟通的桥梁。目前，对于数据驱动的新闻传播研究内容主要集中在新闻、社交媒体、数据分析、公共舆论等领域，以此来进一步寻求和培植社会科学理论者、数据方法研究者和应用研究者之间合作的共同土壤，是极为迫切的。

美国密歇根州立大学传播学系教授Jim Dearing是创新扩散理论鼻祖埃弗雷特·罗杰斯（Everett Rogers）的学术"传承人"。他介绍了传播学中经典理论创新扩散理论的最新发展和跨界应用。从什么是扩散出发，Jim列出了扩散包括的几个要素，即一种创新在一段时期内在社会系统中的成员之间通过特定的渠道交流传播的过程［Process by which（1）an innovation is；（2）communicated；（3）over time through；（4）certain channels；（5）among the members of a social system］。大体上，它涉及个体层面的决策过程，同时，语境（context）、创新属性（innovation attributes）、意见领袖（opinion leaders）、跨境协调者（boundary spanners）在这一过程当中扮演了重要的角色。Jim对于这一理论的再发现也从侧面反映了社会文化形态和媒介实践关系的不断变化。文化作为社会发展的重要构成因素，其在数据科学时代的呈现也会出现新的形式。

江苏师范大学传媒与影视学院的学者胡学峰对数据驱动新闻传播研究的可能性和有限性做了较为深入的研究。他认为，数据驱动的新闻传播研究是一种跨学科的研究方式，它把信息时代人类新闻传播活动行程的大数据作为研究的主要对象和出发点，通过数据挖掘、机器学习、数据可视化等技术在海量的数据中发现有价值的新闻传播模式，寻找新闻传播现象间的相关性，对新闻传播实践活动做出预测，最终寻求新闻网络传播的一般规律，形成新的新闻传播理论。数据存在的同时也意味着一种有限性的提醒，而相关性因素的分析也不代表是因果逻辑。

复旦大学国家文化创新研究中心学者黄艳认为，中国的网络视频业正经历一个从资本集群到价值增值的重新定向过程，这一转变尤其体现在基于信息消费不断升级的网络视频产业的结构优化方案的调整。浙江传媒学院的学者宋哲从电视媒体的业态演变过程及状态入手，梳理了这一背景下传统收视率调查带来的统计学方面的挑战。他通过自己的研究，提出了研究方法上的新思考。

四、“超学科”：研究方法的进化

数字驱动的传播研究既使新闻传播研究理论与实践面临转型，也改变着新闻传播学科既有的研究方法。研讨会期间，数据驱动的人文社科研究作为一种新的范式，其研究方法究竟呈现出什么样的根本性变化？这成为参加此次国际学术研讨会的学者关注与讨论的重点话题。

复旦大学国家文化创新研究中心主任孟建教授从“超学科”的视野出发，提出了自己的观点。孟建认为，当下学术研究的一个重要趋势是，学术研究早已从单学科、多学科、跨学科，进入了“超学科”的阶段。“超学科”主要是指：要在研究中让不同的学科在某一个研究领域充分汇流激荡，最终实现学术研究上的“临界突破”。数据驱动的科学研究应将数据作为起点，看作理论与方法之间的桥梁，让不同学科的理论、方法充分汇流激荡。“文化创新与数据科学”的研究，正是要在这样的全新研究理念指引下，去进行、去发展、去突破。

延续“超学科”的研究理念，复旦大学新闻学院副教授张大伟认为，数据科学的兴起并不意味着人文社会科学研究跟新兴研究方法的断裂。相反，能够将人文社会学科的历史积淀、理论建构、甚至传统方法，很好地跟数据科学方法有效地结合甚至整合，将更能催生具有生命力和启发性的研究。从这一意义上讲，媒体技术的发展和数据的快速膨胀呼唤团队合作和超学科研究。传播学者只有提出具有理论深度和人文关怀的问题，才能在一个数据融合的时代做出本学科应有的贡献。从数字就是数据，到文本就是数据，再到图像就是数据。我们的研究需要打通不同类型的数据，让不同来源、不同性质的数据进行对话。

在会议的外国学者主旨演讲与学术对话中，共有传播学、计算机科学、经济学、心理学、社会学等12位不同领域的国外著名专家学者参与。他们的学术见解，证明了“超学科”研究的必要性和可能性。如美国俄亥俄州立大学经济学系教授 Bruce A. Weinberg 探讨了数据分析路径中的研究价值评估。他试图建立起一套标准，用大数据去评估研究的价值。英国华威大学心理学系教授 Thomas Hills 从心理学层面对新闻阅读与记忆效果进行分析。Thomas Hills 通过一些具体的案例，从美国、以色列等44个国家搜集到不同的新闻信息，来了解人们头脑中想什么。基于对移民话题不同的新闻和不同的关键词的提取，分析不同的话题在不同语言里的言说，进而探讨语言与情感之间的勾连。他认为，如果我们想改变人们彼此之间的态度，可以尝试将他们引导到更为积极更为正面的情感上来。

较多的国内学者分别用不同的方法展开自己的研究。复旦大学国际公共关系研究中心学者卜昱代表“我国警民公共关系研究”课题组（主要成员还有裴增雨、孟建）发言。他通过对2013年1月1日至2016年6月1日的新浪微博进行了全文本的数据挖掘和全面分析，发现我国公众对警察形象的认知与传播是影响警民关系的关键。此项研究试图呈现一个经过一定的扭曲的警察形象产生的过程，通过数据去发现、衡量一些历史当中重大的问题，具有较高的研究意义与价值。北京工业大学关峻、许小煜等结合社会网络的理论从营销的角度分析网红效应在互联网营销模式中的影响机制。针对网红效应的市场规模和发展特点进行问卷调查，建立了网红效应营销网络模型（简称 NIEMN 模型），并对 NIEMN 模型的特征值指标（度分布、集聚系数、介数中心性和路径长度）进行统计。对 NIEMN 模型进行基于相似性指标的链路预测，挖掘 NIEMN 模型的动态演化机制，并试图设计提高网红效应影响力的营销方案。

通过参会学者的讨论我们可以发现，传统的演绎性质的量化研究常常把理论作为起点和终点，数据只是中间的节点，而数据驱动的研究方法则是把数据作为起点但不是终点，在数据探索的过程中社会科学理论会在不同的节点发挥作用。也就意味着数据驱动的传播研究超越以往计算科学强调的数据的计算与分析，而成为一种探索性的社会科学。

五、卓有成效的创新实践

大数据、新媒体等正深刻“卷入”人们的日常生活，加速文化的创新。这种文化创新发生的原理与创新机制，源于人的“存在”方式及存在空间的变革。与会者从不同学科、不同角度实践着数据科学这场革命性的变革，他们的学术发言和学术讨论都指向了这一领域。

复旦大学新闻学院博士后张瑞兰认为，新的存在方式造就文化生产的主体，存在方式的变化同时伴随人类交往的革命，进一步拓展了人们文化生产、文化生活的空间，并且，存在与空间构成一个有机体，通过双向互构，促进了文化的创新。上海师范大学人文与传播学院副教授董军从历史出发，纵观互联网思想的形成。世界知识联盟的想象、人机关系的重建、传输控制协议的发现，成为了它走向成熟的三次重要飞跃。

当然，个体存在也好，时代脉络也好，最终都需要落到对日常实践经验的把握。北京清博大数据科技有限公司的数据专家朱旭琪结合具体案例分析了新媒体数据的快速开发与场景应用。他提出了五个方面的操作范式：第一，数据采集，获得原始数据列表；第二，对数据进行预清洗；第三，数据处理，包括分词、词频、主题词、摘要、情感、分类等，这个方面的处理效率会影响论文的产出效率；第四，利用处理完的数据快速进行社会网络分析，并做相关可视化处理等。第五，在此之外，结合学者自身的研究方向进行相关方法的学习和评测工作。

随着互联网技术对人们生活的不断渗透，新闻媒体也正日益塑造着人们对于外界环境的感知和对自身的认识。英国华威大学心理学系教授 Thomas Hills 以美国移民为例，通过搜集和分析美国新闻媒体关于移民的报道使用的标题、关键词等内容及其在不同的语言中的转换，来发现语言和认知呈现之间的关系。Thomas 认为，可以对与心理相关变量的文本进行量化，同时通过对新闻报道的话题分析还可以量化人们的概念性理解。

武汉大学信息管理学院博士生曾金以新闻网站的图像为对象，挖掘图像形式所表现的情感倾向。他以 GDELT Project 提供的 VGKG 新闻事件图像数据库和 GKG 作为原始数据来源，通过图像情感倾向的计量分析，挖掘出不同新闻网站上图像情感倾向的差异性以及图像情感倾向与拍摄角度之间的关系。

新闻网站的出现还使记者可以迅速获得来自读者的反馈，让读者彼此之间相互交流，评论版块因此成为新闻网站的重要组成部分。墨尔本大学传播学系副教授 Scott Wright 以英国《卫报》为例讨论公共评论空间中的记者参与。由于新闻网站的评论空间近几年来的读者评论数量增长极快，新闻记者本身也开始出现在这一评论空间之中，Scott 想了解这些与新闻记者实践活动的关系，进一步地，记者是如何参与评论空间的讨论，这一参与发生了何种历时性地变化，而受众又会如何回应都是值得关注的问题。

当然，不管哪类研究，其实都要基于对现实的关注和人文关怀。复旦大学健康传播研究所的学者王帆等对“僵尸肉”事件的媒体话语与传播过程进行分析，认为僵尸肉是记者对于长期存在的过期冷冻肉的一次集中定义，整个事件当中僵尸肉经历了传播再定义的过程。不同利益主体在媒体上的呈现关联，以及如何在纷繁芜杂的食品危机中针对事件特性把握传播规律、实现信息传播与食品安全治理的协调都是作者试图解决的问题。安徽大学的学者严康以宁波老虎咬人事件为例，分析了网络环境中的情感性话语与空间生产，认为网络上出现挺虎派和打虎派两大阵营却使得事件本身被忽略掉了，庞大的话题讨论量形成了一个看不见的网络空间，进而探讨网民的情感性话语和空间生产到底存在何种关系。

上海大学新闻传播系副教授陶建杰、复旦大学国际关系与公共事务学院的学者何菁则从教育的角度出发与数据对话。陶建杰将上海高校分为综合性学校、专业性学校以及理工科院校三类，通过对这几类学校进行采样，首先对专业承诺进行概念界定，进而在数据采集的基础上从个体因素、报考因素、学习因素、心理因素、职业因素 5 个层面验证假设，分析这些方面是否对他们转专业有显著正向的影响。何菁则以复旦大学现有公众号为例，分析高校微信公众号的传播模式。通过对复旦大学现有微信公众号发布的热门文章以及相关数据进行研究分析，探究其传播模式，进而为高校更好的发挥微信公众号的作用提供参考。

虽然此次国际学术研讨会在许多问题上存在着不同的意见甚至是争论，但与会的专家学者们都一致认为，此次国际学术会议，通过新闻传播学、数据科学、计算科学、文化研究、心理学等不同学科领域专家学者间广泛而深入地学术交流本身，足以体现这次会议的特殊价值。复旦大学国家文化创新研究中心也将在这次国际学术会议的基础上，筹建“文化创新与数据科学”国际学术研究联盟，以期通过更加国际化的“超学科”学术力量组织和协调丰富的研究资源，加速这一领域的学术研究并期望取得更为重要的学术成果。

作者：史春晖（复旦大学新闻学院博士生）
凤　仙（复旦大学新闻学院博士生）
摘自：《新闻大学》2017 年第 5 期

理论与实践：国家传播学发展的新气象

——第二届国家传播学高层论坛会议综述

2017 年 3 月 25 日，主题为“理论与实践：国家传播学发展的新气象”的第二届国家传播学高层论坛在“丝绸之路”的起点——古都西安举办。国内近百位学者专家齐聚陕西师范大学新闻与传播学院，在为期 3 天的会议研讨中，就国家传播学理论建构、全球化时代的“一带一路”倡议以及国家传播研究等诸多议题进行了多元深入的探讨。

一、主旨演讲：新气象·新追问·新启迪

北京大学教授陈汝东、浙江大学教授吴飞、中国人民大学教授赵永华及杭州师范大学教授施旭，分别从各自的研究领域出发，围绕国家传播学作了题为《论国家传播伦理秩序发展的新向度》《国际传播研究的理论困境与范式创新》《“一带一路”媒体合作与全球治理》《构建国家安全的国际传播话语体系》的主旨演讲。

传播伦理一直是传播学领域不可或缺的重要研究阵地之一。针对以国家为传播主体的国家传播学，国家传播学会会长、全球修辞学会会长、北京大学新闻与传播学院博士生导师陈汝东教授在大会主旨演讲中指出，近年来国家传播的伦理秩序在伦理主体、领域、形态以及媒介感官等方面呈现出多重新向度。其中蕴含着国家与个体、政党与民众、传者与受众、责任与权利、职业与业余、单一与多元、专业与普遍、静态与动态、结构与建构、规范与实践、听觉与视觉、平面与立体、单时空与全时空、现实与虚拟等范畴的对立与统一。而这些范畴演化的趋势，既是中国的，也是世界的、全球的；既具有现实性，也具有理想性。陈汝东教授强调，揭示并把握这些范畴体系对阐释中国国家传播的新动向具有重要意义。

浙江大学传媒与国际文化学院院长吴飞教授对近年来的国际传播理论研究做了全面的梳理，从国家传播研究当下面临的困境、线性范式交替研究的反思、从国别研究到比较研究的思索、非西方视角理论构建的意义以及如何重建国际传播的理论、政策与实践5个方面进行了重新解读及展望。吴飞教授指出，目前的国家传播研究主体忽视了社会组织在国际传播中的重要作用，研究内容局限于文化研究，很少涉及政治、经济、军事、国际法等学科领域；研究方法上缺乏不同范式之间的更替，仅从一种理论、观点与观察维度跳跃到另一种理论视角，过程中漠视累积性的理论建构。他认为，研究者视角应逐渐尝试去西方化，结束二元对立，而中国的国际传播需要将传统文明的人文理性注入当下西方文明理念。他强调，这不仅是中国，也是世界未来需要的国际传播研究的跨文化转向。

在当今国家之间传播日趋频繁的全球治理背景下，中国人民大学赵永华教授对中国应该如何进行“一带一路”的媒体合作问题进行了反思并提出了自己的理论设计。赵永华教授认为，“去中心化”的全球治理模式应该成为当前国际交往的主导模式，并认为在这个全球治理平台上的媒介合作绩效应该基于媒介合作机制的透明、完善、权力制衡及国际问题的解决、公民社会之间的认同这几大方面。值得关注的是，赵永华教授从全球治理框架下的“一带一路”角度出发，完整构建了一个媒介合作的路径框架：从价值、主体所发挥的作用、治理对象、内容及绩效评估5个维度，探究了中央政府、地方政府及媒介机构如何在“一带一路”框架下进行不同区域经济发展、跨区域问题解决方面进行沟通交流。

随着近年来在世界舞台上的迅速崛起，中国作为当今全球第二大经济体，在中国人民奋力实现“中国梦”的关头，中国的国家安全也受到了国际舆论、国际战略、国际秩序的严峻挑战。杭州师范大学当代中国话语研究中心主任施旭教授注意到国家/国际安全研究中“话语”所起的积极作用，并提出了建构主义安全化理论——“话语转向”。施旭教授认为国家安全研究和实践的新视野、新方向应是话语研究，作为由主体、言说、渠道、效果、历史、文化等多元因素交织的交际实践，与国家/国际安全辩证相联；面对国家/国际安全的重大挑战，尤其是全球化、信息化、文化多

元化的新形势，国际传播话语研究应该成为国家安全研究的一个重要支柱。他建议，国家安全国际传播话语体系建设应该基于3个相互联系方面的工作：构建中国国家安全国际传播话语研究框架，解析中外国家/国际安全国际传播典型话语实践和谋划国家安全国际传播话语的战略与策略。

4位嘉宾视野宏阔的学术演讲，以鲜明的问题意识为导向，提出了一系列颇具启发意义的反思、追问和学术图景的理论设计，从不同维度丰富和充实了国家传播学的内涵和外延，引发了与会学者的浓厚兴趣。

二、百花齐放：多向度探究国家传播学

（一）国家传播实践之一：国家政治传播与国家文化传播

中国丰富而深厚的文化底蕴，是大国文明的根源和资本。自“文化自信”概念的提出，如何继承和发扬中国优秀传统文化，一时成了各方热议的话题。在“文化自信”的灯塔下，此次会议中有不少学者将国家的艺术文化作为传播的切入点进行了深入剖析。从中国音乐文化的国际传播策略（王思雨，四川省社会科学院）到中国舞蹈传播的国家价值（何薇，北京大学）；从蒋彝《中国书法》的域外跨文化传播（梁雪梅，红河学院）到如何打造国际影视之都（惠东坡，北京联合大学）等，涉及了较为丰富的艺术文化领域。这些研究丰富了国家传播中传播主体的内涵，也在一定程度上扩充了国家传播学的研究内容，成为了此次会议的一大亮点。而北京工业大学马宁及国际关系学院盛静则从新媒体入手探讨了文化创意产业及文化全球化下的身份认同、传播策略。

在对内传播形态方面，对外经济贸易大学王彦《中国文化自信的社交媒体传播研究》一文采用内容分析和话语分析方法，基于新浪微博相关帖文中呈现的互文性和超文本多模态的理论框架，对社交媒体用户针对中国传统文化价值的看法进行了分析。而在对外传播方面，更多的学者关注了与跨文化传播理论相关的领域，例如从第63届哈佛大学模拟联合国、孔子学院的制度建设、性别视觉符号等从微观现实案例出发，探究跨文化交际中的传播效果及传播模式。

陕西师范大学朱清河从更广阔的视域重新解读了跨文化传播存在的核心障碍与挫折，从中国传统文化思想精华中的“随乡入俗，推己及人，亲仁善邻”寻绎出“普适性”的应对理路，用中国文化的智慧为跨文化传播与和谐世界的构建提供资鉴与启示，颇有新意。

（二）国家传播实践之二：国家形象建构与国家对外传播

在对外传播中，国家形象的构建一直是各方学者探究的热门议题。国家传播学的发展自然也离不开在国家对外传播中如何构建传播主体形象、引导舆论、传播意识形态、获得身份认同等相关维度的探讨。在此次会议的分论坛中，有不少学者亦在前人研究的基础上，围绕该类问题发掘了新的视觉和领地，进行了更有深度和广度的对话。

众所周知，社会组织是国家的重要组成部分。从社会组织形象的构建入手，可以从不同维度解构国家形象的成分。成都理工大学王菁从十八大以来以《环球资讯广播》《人民日报》《新民周刊》《央视新闻》等为代表的主流媒体的微博廉政宣传报道勾勒政府廉政形象；广东警官学院马建文把国家执法主体——公安机关作为研究主体，指出了涉警新闻的部分报道在主观上存在一定程度的诋毁、诽谤、贬损公安机关名誉，丑化公安机关形象等侵害公安机关名誉权的行为。

中国农业大学李焕征、江苏第二师范学院陶赋雯、南京晓庄学院梅潇等学者以影像构建为路径，分别探索了视觉传播中

如何借助影像重塑新中国“十七年”（1949—1966）乡村生活的艰辛历程；如何在电影中以叙事编码传达“战争记忆”，再现国家历史形象；如何在电视节目中宣传对外政策，建构执政党形象。这些与大众生活息息相关的视觉传播形态，更丰富真实地把国家传播的宏伟蓝图解码在大众的生活周边，使得国家形象的构建更加具象、更接地气。

（三）国家传播实践之三：网络媒体空间中的国家传播

随着网络媒体的普及，当今社会已经全面步入了网络时代。网络空间或虚拟空间早已成为国家传播实施的新疆域，因此网络媒体空间中的国家传播逐渐受到学者的关注，特别是网络媒体空间中的国家数据主权和国家话语权。吴卫华在《移动互联网背景下的数据主权战略》中提出，对于中国政府来说，应该把维护数据主权放到国家战略高度，多层次多部门联动，做好顶层设计、法律制定、技术研发、政企互动等多方面工作。肖琳的《现实与虚拟的融通：新媒体时代的政府公共话语空间建构》认为，现实和虚拟交织的新媒体公共话语空间推动政府与社会关系的变革。政府公共话语空间建构必将推动一个健康积极的理性社会建构，同时进一步增强和提高公民参政意识与网络媒介素养。王璐的《控制论视阈下抢占网络话语权路径初探》解析了抢占网络话语权的重要性和紧迫性，并以“反馈滤波法”“主观干扰法”“变送器”3 种思维为基点，介绍互联网时代抢占网络话语权的具体方法。徐利德的《移动互联网环境下国家话语权提升策略》着眼于移动互联网的传播形态及其带来的影响和中国国家话语权历史和现状，从国际受众、传播主体、传播内容、传播渠道 4 个方面分析了话语权提升的策略。

此外，还有学者从网红与网红经济、宗教知识话语权威、台海网络互动“帝吧远征”、“小粉红”的网络政治参与等视角，阐述了网络媒体空间中涌现出的新兴国家传播实践议题。

（四）“一带一路”建设视野中的国家传播研究

在“一带一路”建设视野中如何进行国家传播，也是此次会议的一个热点议题。学者主要从几方面加以探讨：

第一，“一带一路”建设与传播理念研究。张勇锋《“一带一路”背景下的传播理念重构研究》在对传播学功能主义范式进行反思的同时，重新思考和分析提炼了“传播”“媒介”“研究范式”“传播共同体”“物质交往和精神交往”以及“国际传播新秩序”等一系列传播“元问题”，进而提出能够有效回应当下中国社会大潮和传播实践的理念重构之策。雷力《视觉传播伦理研究初探》从视觉传播伦理角度分析了“一带一路”开展过程中的视觉传播伦理风险。

第二，“一带一路”建设与中国文化传播研究。赵旭《“一带一路”下的文化自信与传播》指明“一带一路”建设需要加快构建政府社会联动、文化资源共享、各方优势互补的协同体制；应注重将文化交流、文化贸易等与提升中国文化价值观的全球认同更紧密地联系起来。伍庆《“一带一路”背景下的离岸文化中心与中国文化跨文化传播》认为，建设中国特色的离岸文化中心，对于加强中国与“一带一路”沿线国家之间的文化交流，促进文化融合创新，提升文化软实力，推动中华文化的跨文化传播，都有积极意义。金强《加强我国对“一带一路”沿线国家出版文化传播的创新性研究——基于“民心相通”的战略考量》主张，中国与“一带一路”沿线国家的出版文化传播，应采用平等合作的逻辑。

第三，“一带一路”建设与实体行业传播。李宁《“一带一路”视阈下乌兹别克斯坦旅游业发展及其与中国的合作》指出，在“一带一路”建设背景下中乌两国旅游产业合作是人心相通的重要沟通方式。张艳《“一带一路”下民营企业的海外传播战略》认为，民营企业的海外传播面临诸多困难与瓶颈，需要在“一带一路”建设中进行合理的路径选择，对接国内供需产业链，整合优势资源，打造商业共同体，抱团出海。刘洋和杨雷《速度与稳定：“一带一路”视角下的高铁外交战略问题与对策分析》梳理了“一带一路”与高铁外交的辩证关系，阐述了高铁外交的合理性。

第四，国内外媒体“一带一路”报道的研究。郝源《第三媒介时代下——“一带一路”国家政治话语微博中传播效果研究》分析了关于“一带一路”话题的微博，发现政治话语传播虽然呈现出不同样式的表达，但是未能全方位体现出国家传播层面的认知多元和丰富内涵。周宏刚《从国际舆论的形成机制看“一带一路”的传播策略——以印度主流英文报纸的报道为例》提出“一带一路”的对外传播，应该积极回应舆论关切，争取多方支持，弘扬丝路精神，增强对外传播的针对性、有效性和感召力。陈欣《浅析美国主流媒体对中国“一带一路”战略的形象构建》主张要把握国外媒体舆情，为中国媒介更加主动地设置参与国际话语议程。

（五）国家话语：国家传播研究的话语学视角

近年来，“国家话语”作为一个新范畴被广泛提及并接受。国家话语从话语学角度为国家传播研究提供了理论滋养。在此次会议上，学者分别从国家新闻话语、国家话语口语传播、中国人权话语、中国文史哲学术话语、中国庆典话语和国家体育话语等方面研讨了国家话语和国家传播议题。

林援森《从人民币消息看国家新闻话语权》指出，人民币报道的不足不仅是一个财经货币问题，更是涉及结构性的媒介议题。何海翔《后危机时代：媒介话语表达风险及其治理》主张必须加强媒介话语的互动议程设置，完善媒介对话机制，加强媒介话语自律，促进媒介话语之间的融合与互动，提升媒介话语治理能力建设。李亚铭和白钰《言立功成：论国家话语中的口语传播》着重从修辞学、语言学、话语学等视角就国家话语中口语传播的形式、主体、特征、问题及对策等进行探讨。金茹花和欧阳护华《中国政府人权话语的语用论辩分析——以国新办“评美国〈人权报告〉”为例》分析了中国人权话语，表明语用论辩学所兼顾的论辩合理性和有效性有助于中国政府改进在国际传播中的理性话语。庞雯《论春节联欢晚会“零点时刻”中主持话语对国家意识的建构策略——仪式情境下的符号学解读》指出：在春晚“零点时刻”，主持人通过话语向受众传递国家主流价值观、塑造大国形象以及强化大国公民的身份认同等内涵。冯美《奥运媒介景观中的国家话语与体育叙事》认为，大众传媒与奥运体育的联姻，使奥运会超越了单纯的竞技比拼和体育精神的传播，成为强化国家民族身份话语的重要机制和力量。

（六）国家修辞：国家传播研究的修辞学范式

国家修辞，既是实现国家话语转型的新基石，也是国家传播的重要途径。学者围绕国家修辞范式下的国家事务、提升国家国际地位、协调国际关系、解决国际争端为目的的修辞行为和现象等问题进行了热烈研讨。

丁云亮《媒介化社会国家认同的修辞建构》提出，借助修辞学理论、批评工具，审视国家认同的话语流变、实践策略，有助于把握国家认同构建的社会文化属性，拓展相关研究的学术维度和知识空间，应对全球化潮流带来的冲击和挑战。徐同林《强秦之言：反复的力量——以秦三篇公文为例》认为，语言在强秦之路上发挥了独特而重要的作用，其中反复修辞格多用于秦国的经典公文。张倩《皇室“战名修辞”：二战后的日本国家传播策略》从国家修辞角度梳理了日本皇室的“战争名称修辞”脉络，提出“战名修辞”既折射了日本官方的认知错乱，也反映了日本的国家修辞传播心理。印心悦《“生活政治”中的国家修辞：中国梦是如何实践的？——基于央视网〈图说中国人的生活〉栏目的内容分析》强调了“中国梦”这一宏大叙事与微观层面行动主体“实践者”之间的关系和互动。

台湾学者从修辞学研究范式阐述对国家传播的理解是此次会议的一大亮点。夏春祥《书写传承与记忆铭刻：二二八事件的修辞叙事》一文分析了二·二八事件的修辞叙事。刘怡伶《传统伦理观念与现代国家传播：蒋伯潜〈初中新国文〉教本的内涵分析》聚焦蒋伯潜传统文化观念的取舍议题，考察其编纂思维、注解特色，揭示教科书对形塑台湾人民品格、语文能力表达的影响。蔡鸿滨和郭曜棻《华丽的告解：台湾小英时代之语艺采探》分析发现蔡英文演说采用一种类似教徒向神父告解的叙事策略。

三、结语

中国的发展、崛起与腾飞引起全球瞩目。中国已成为引领世界发展，促动全球前进的一面旗帜。中国道路、中国精神、中国文化、中华文明、中国话语、中国故事正在成为全球叙事的主旋律。来自全国各地的学界翘楚与业界精英此次聚首汉唐福地，就“一带一路”建设与国家话语传播、全球化时代的跨文化传播、新媒体与国家传播、国家传播与社会发展等进行研讨，深入拓展国家传播学的范畴体系，揭示国家传播的规律，为中国叙事全球化架桥铺路，这必将对国家传播学的理论与实践产生巨大的推动作用，同时也展现了国家传播学发展的磅礴气象，映照了广大学人蓬勃的文化情怀，意义十分重大。

国家传播学高层论坛创立的宗旨在于推动以“国家”为主体和内涵的传播现象、问题、挑战、战略及规律的学术研究，服务国家利益，助推社会发展，推进文明创新，构建开放包容的国际学术平台。首届国家传播学高层论坛于2016年7月在安徽师范大学召开。

为继续贯彻大会宗旨，继续推动以“国家”为主体和内涵的传播现象、问题、挑战、战略及规律的学术研究，此次大会决定，第三届、第四届国家传播学高层论坛将分别于2018、2019年在河北大学、上海大学召开。

作者：何　薇、张　倩
摘自：《长安大学学报（社会科学版）》2017年第3期

打造跨界的立体式学术研讨新模式

——第三届河阳论坛综述

2017年4月16日，在赵月枝教授援引乡建励语“聚是一团火，散是满天星”

的殷切寄语中，第三届河阳论坛暨“乡村、文化与传播”学术周落下帷幕。这次以“文化主体性与乡村发展：国家、市场与民间的联动”为主题的论坛及活动由丽水市瓯江文化研究中心、缙云河阳乡村研究院主办，中国传媒大学传播政治经济学研究所、华东师范大学—康奈尔比较人文研究中心协办。

历时5天的考察和研讨，涉及村庄等地点7个，参与者70余人，提交会议讨论的论文（或概要）26篇，报告场次12个（1场专题报告、7场专题讨论、3个特设专场和1场总结圆桌），议题横跨“文化主体性与社会发展”“广播电视与乡村变迁”“民俗仪式传承与乡村文化重建”“非遗与乡土文化产业开发”“地方戏剧传播与公共文化发展”“农旅结合的乡村发展道路探索”“‘互联网+’时代的乡村春晚与民间软实力”“电子商务与乡村发展”“知识分子、企业家与新返乡潮”“传统村落保护与发展”等，立意新颖、精彩纷呈。

此次论坛有针对性地设置了考察环节。13—14日，来自北京、上海、杭州、武汉等地的专家学者和丽水本地的与会嘉宾考察走访了缙云县境内河阳、葛竹、仁岸、姓叶、前路等村庄，获得了乡村变迁的许多第一手资料，也体现了河阳论坛独特的“知行合一”理念。4月14日下午的开幕式上，丽水学院蒋黎红副校长，中共缙云县委常委、宣传部长潜春红与教育部长江学者、浙江省千人计划专家赵月枝教授先后致辞。缙云县委常委、常务副县长赵建铭在主持仪式中指出，赵月枝教授作为浙江省“千人计划”专家，在短短的两年多时间里，就领导河阳乡村研究院举办了一系列高规格、高品质的学术活动，在缙云县、丽水市和新闻传播学界内外显示了示范意义，相信在县委、县政府和缙云社会各界的支持下，在赵月枝教授的辛勤耕耘下，缙云作为国内乡村研究基地和学术前沿的影响力将日益扩大。

该届河阳论坛在结构上别开生面，特别是结合了论文工作坊和论坛形式。参加研讨的论文以2016年在“传播、文化与全球南方”国际联合暑期班期间通过团队调研形成初稿的一系列研究报告为主，也吸收了本地学者的多篇文章，体现了融合不同学术目标的创新实践。

一、专题报告：各具关怀

在专题报告环节，云南大学新闻学院教授郭建斌在“效果与意义：大众传媒与乡村社会研究的再思考”的报告中通过两个研究案例，对效果研究从方法到理论上的局限性进行了探讨。华中科技大学新闻与传播学院教授袁艳关于“乡愁的凝视、扫视和奇观：多重视觉体制下的乡愁旅游景观生产”的报告突破了“游客凝视”理论二元对立的单一思维定式，试图在“多重视觉体制”概念的基础上发展出新的视觉文化分析框架，她指出，乡愁旅游开发带来了对乡村空间的视觉化改造，这种可见性生产同时受到凝视、扫视、奇观三种视觉体制的作用。上海师范大学中文系教授薛毅介绍了自己读报告文学《塘约道路》的感想，把乡村主体性问题提升到更广泛的乡村政治经济和社会层面，指出：村社一体的合作社，是强弱联合，同步小康，令人想起20世纪80年代的乡镇和村社企业，并与强强联合，富者更富的专业合作社有明显区别。华东师范大学传播学院院长、教授吕新雨在“乡村主体性如何可能？——文化与社会的辩证”的报告中，主要通过《塘约道路》、蒲韩社区和李昌平所做的社区“内置金融模式”三个案例，讨论乡村主体性的表现以及建设乡村主体性如何可能的问题。

二、专题讨论：精彩纷呈

七场专题讨论角度不同，各具关怀。

在第一场“广播电视与乡村变迁”讨论中，中国传媒大学国家传播创新研究中心副研究员姬德强的报告“技术、城乡与社会视野中的乡村广电：以在缙云县和葛竹村的调查为例”梳理了缙云县广电发展的历史脉络，介绍了葛竹村广播兴盛、衰败与转型的历史过程以及电视从奢侈品到必需品再到消费品的转变历程。在第二场“民俗仪式传承与乡村文化重建”讨论中，曾兴副教授和杭州师范大学钱江学院林莉君副教授带队完成的“张山寨七七会仪式研究调查报告”，在综合文献、采访的基础上，对该项仪式民俗在同一区域的不同表现及民间仪式的当代内涵进行了讨论。在第三场“当代影视文化对乡村空间的再造”讨论中，中国传媒大学研究员张磊团队完成的报告“制造乡愁：影视业对缙云乡村空间的重构”通过对赵侯祠、鼎湖风景区、铁城景区、“轩辕堂”农家乐和周村的走访和观察，以“乡愁”概念引入“传统”与“现代”关系的理论框架，试图理解乡村空间的复杂格局，并发现更具文化价值的空间发展路径。丽水学院民族学院讲师李永涛的报告“新媒体助推丽水戏曲传播”认为新媒体平台传播可以使国粹经典与各地方的戏曲文化获得新的传承与发展。在第四场“农旅结合的乡村发展道路探索”讨论中，由加拿大西蒙菲莎大学传播学院博士生张晓星带队完成的报告“社会主义新农村的‘美好生活’——以笕川花海为例探讨一条可持续的路径”，以生态社会主义为理论框架，以“什么是好生活”为核心问题，选取浙江省缙云县笕川村，对当地的创意花海项目进行了探索性的田野调查，旨在反思社会主义新农村建设的一种可持续的方案，凸显中国农民在追寻“美好生活”过程中的创造力、行动力和凝聚力。丽水学院商学院讲师叶小青带来了报告“民族旅游社区居民主观幸福感实证研究——以浙江畲族为例”，她的研究表明：畲族居民的发展期望对他们的幸福感有较强的解释力。

赵月枝近年来对缙云乡村春晚尤为关注，在第五场“‘互联网＋’时代的乡村春晚与民间软实力”讨论中，她以对缙云两年多的观察和调研为基础，发表了“乡村主体性与中国软实力：缙云乡村春晚的启示”的报告。报告首先在中国从农耕社会到现代社会转型的历史框架和“央视春晚”与“乡村春晚”的关联分析中，讨论了乡村和农民在文化层面重登春节舞台的意涵；并从社会发展与性别解放的层面聚焦乡村舞台上下的妇女与儿童的主体性问题；最后，从“国家重建乡村文化领导权”的高度分析了乡村春晚在丽水成为“现象”背后的国家和乡村、干部与群众之间的关系。她指出，乡村春晚代表一种以人为本的发展道路和生活方式，那种怡然自得的乡村生活，正是追求“软实力”的关键，应当将其纳入国家公共文化建设的轨道中，并成为建设小康社会的重要内容。

在第六场“电子商务与乡村发展”讨论中，中国传媒大学副教授张志华的报告“从传播政治经济学视角看‘淘宝村’现象：以缙云壶镇镇北山村淘宝村为例”以壶镇镇北山村为调研基地，将“淘宝村”的兴起和发展放在“技术与权力”这个传播政治经济学中的宏观视角中进行分析考察，深入探索“资本”“劳工”等问题；丽水学院副教授陈光炬带来了率领学生团队完成的参赛作品“农村电商3.0：重构一个鲜活的新乡村：基于丽水实践的经验观察”，该报告在总结丽水市农村电商成功经验的基础之上，运用灰色预测法判断出新常态下农村电商转型发展的一般态势，并指出：未来中国农村电商必然朝着兼容与衍生的方向发展，成为连接乡村的新纽带、激活乡村的新平台、驱动乡村的新动能。

在第七场讨论“知识分子、企业家与新返乡潮”中，中国传媒大学助理研究员龚伟亮博士在“知识分子与农民：追寻潘天寿的仁岸岁月”中介绍了团队以口述史方式整理抗战期间潘天寿一家在仁岸事迹的研究经过及其成果，指出在国家危难之时、知识分子落魄之际，乡村往往成为知识分子的庇护之所；而知识分子与农民的结合对于今天社会的发展同样具有重要意义。

从“广播电视与乡村变迁”中的技术社会视野，到“知识分子、企业家与新返乡潮”中对知识分子、企业家与乡村关系的讨论，七场论坛呈现出的多元角度，尤其是本地学者、基层干部的广泛参与带来的知识冲击，令人印象深刻。

现场反馈与讨论也非常热烈。在“民俗仪式传承与乡村文化重建”的讨论中，丽水学院民族学院方明副院长从民间、国家与市场互动的角度，提出对民俗仪式的政治经济文化社会层面的不同理解方式；缙云地方文化研究专家、河阳乡村研究院特约研究员麻松亘在评论曾兴和林莉君的报告时，认为思想层面的革命对主体主动性降低的影响更大；曾在缙云文化局任职的项一中先生通过列举自己孩童时代的亲身经历，指出祭祀陈十四娘娘的核心内容就是保护后代，使其健康成长，然而随着医疗技术的发展，陈十四娘娘的凝聚力和核心作用逐渐退化。

“当代影视文化对乡村空间的再造”更是引发热烈的甚至观点相左的讨论。华东师范大学中文系副教授倪文尖提醒作者注意从问题出发和从框架出发这两种研究方式的不同；麻松亘先生通过引经据典的梳理，认为报告提出了地方景观设计中方向性的大问题；项一中先生介绍了文中涉及的五座祠堂的历史及近况，表达了对影视业“重构空间”的多方面影响的看法；缙云县文联副主席马利兴认为，应该研究在不同时代不同传媒背景下，影视产业对仙都旅游产业发展的助推作用，考量在不同时期，地方政府、旅游市场、影视商业、农民个人在这场博弈中的身份、定位和分量。作者也诚恳表示，通过专家的批评，获得三个启发：第一，做调查必须时时存疑、多多询问，而不能建立起一种叙述逻辑之后就万事大吉。第二，调查报告出台之后，必须请知情人和当地专家审阅，进行验证和诘难。第三，“一次性”的调查是不够的，必须三番四次重返现场。正是因为有了不同视角的杂糅安排以及知无不言、言无不尽的诚恳态度，才使本次河阳论坛的多场讨论激发出了众多灵感火花。

在“农旅结合的乡村发展道路探索”的研讨中，作为《社会主义新农村的“美好生活”》一文研究对象的笕川村支书施颂勤现身说法，讲述了村民在一年之内建成高铁下的醉美花海的经历。代表“三农”问题学者贺雪峰教授参会的浙江师范大学法政学院袁松博士认为，笕川村利用多方资源谋得自身发展的案例非常成功地体现了国家、市场与民间的联动，其难能可贵之处在于坚持了集体主义传统，维护了村庄社会的主体性。丽水学院商学院邱云美教授指出，旅游业作为幸福产业，不仅仅是旅游者的幸福，更应是当地居民的幸福，应当进一步提炼产业链设计上的合理路径。薛毅教授在小结中以“中国实践是检验西方理论的标准”的高度，提出应从经济、生态与社群三个层面找到乡愁与乡建的联结方式。

三、特设专场：各抒己见

采取“多发言人—少评议人”结构的三个特设专场分别为“非遗与乡土文化产业开发”“地方戏剧传播与公共文化发展”“传统村落保护与发展”，多位发言人组成主题相关的报告方阵，以高质量的论文和信息，完成了对主题的多方位阐释。

在“非遗与乡土文化产业开发”专场中，龚伟亮的报告“缙云烧饼：从民生工程到新发展理念”冀望缙云烧饼开发在如何保护文化遗产、保护遗产的全民性、共享性等方面，能为全国乃至世界做出一个标杆性示范；同样，作为龙泉青瓷的研究者，丽水学院民族学院中文系吕鸿教授以“后非遗时代龙泉青瓷文化的活态传承”为题，介绍了龙泉青瓷的博物馆式文化传播、青瓷物质遗产保护以及青瓷文化的空间传承；丽水学院龙泉青瓷协同创新中心周晓峰教授则以“人类非遗背景下再造魅力故乡”为题，从多角度讨论保护和发展龙泉青瓷的话题。

在“地方戏剧传播与公共文化发展”专场中，赵月枝和中国社会科学院新闻与传播研究所助理研究员沙垚的合作论文“集体性与业余性：集体化时代中国乡村传播实践的理论启示”提出用“群众文化活动”的分析框架取代西方的“另类媒介”理论，进而归纳出人民公社时代中国乡村文化传播的集体性和业余性，以此超越当下传播学理论体系的西方现代性局限和线性发展逻辑；中国人民大学新闻学院博士生刘楠的报告“传播学视角下的乡村公共文化服务体系构建：以缙云县文化馆发展变迁为例（1949—2017）”在国家政治经济权力结构变化的视域下，研究了县级文化馆公共文化服务的传播机制；丽水学院民族学院音乐系教授田中娟的“瓯江流域传统戏曲样式与保护之维度”、副教授黄丽群的“婺剧传承与发展的思考”、副教授王建武的“影响并成就松阳高腔密切相关的诸因素探析”三个报告，从不同维度展示了各自在戏曲领域取得的研究成果。

在“传统村落保护与发展”专场中，丽水学院民族学院副教授王拥军的报告“物尽其用，功能至上：传统村落民居建筑的保护原则”、丽水学院中国青瓷学院副教授蓝法勤的报告“丽水畲族特色村寨建设实践探究”以及丽水学院商学院教授邱云美的报告“别让民宿‘不姓民’”展示了丽水本地学者前沿的研究视野。

最后，在“农民主体性与村庄内生动力：理论与实践”的总结圆桌中，上海大学文化研究系郭春林教授以“有意义”来评价此次河阳论坛，认为从参与主体上看，学者、政府官员、企业家参与讨论的组成，正体现出论坛主题“国家、市场与民间的联动”的应有之义；而在农民有没有主体性或需不需要有主体性这个问题上，仍有种种问题和困惑，需要从实践中去探索。吕鸿教授认为“其实农民的主体性比我们知识分子的主体性强得多”，地方学者要想有所作为，就要以自尊和自信的姿态真正走下去，为地方文化传承建设起到服务性的作用。

河阳论坛旨在汇集乡村研究前沿思想，促进中国乡村建设政策制定者、实践者及研究者之间的沟通协作，探寻面向未来的新农村建设之路。此前，以“构建平衡互哺的城乡关系”为主题的首届河阳论坛暨“乡村、文化与传播”学术周（2015 年 3 月）和以“乡土文化复兴：机遇与挑战”为主题的第二届活动（2016 年 10 月），已先后在缙云成功举办，引发了广泛的学术和社会反响。

总览第三届河阳论坛暨“乡村、文化与传播”学术周安排，一个“跨”字呼之欲出。如赵月枝教授对“知识分子、企业家与新返乡潮”讨论的评价所言：“在这个场次里，有各行各界的人士在讨论这个问题，他们拥有不同的经验和体会，所有的一切都是立体的视角，这在学术界几乎是没有的，所以这是学术的创新：跨越学界、政府界、企业界、乡村基层干部，甚至包括村民来一起讨论乡村的问题，从中碰撞出火花。”这种跨界，既是此次会议尽心设计的宗旨，也是贯穿三届河阳论坛的一种学术理念和追求。这次论坛再次证明公告启事中宣告的："农民是有能力和自信来自我表达的主体。无论在革命、改革还是当前的'美丽乡村'建设中，农民都曾经和正在表现出一种勃发的能动性和创造力。""乡村发展需要城乡平衡互哺的整体视野，需要农民、农村和农业的主体立场，也需要有国家、市场与民间的联动。""应当激发农民的文化自信心和农村的内生活力，从而形成上动下顺、义利相融的国家、市场与民间的有机与良性互动。"

作者：龚伟亮（中国传媒大学传播政治经济学研究所所长）
摘自：《全球传媒学刊》2017 年第 2 期

"第二届中国政治传播研究学术论坛"成果综述

2017 年 5 月 13 日"第二届中国政治传播研究学术论坛"在中国传媒大学举行。该届论坛由中国传媒大学主办，中国传媒大学文法学部、中国传媒大学政治传播研究所承办，中国传媒大学文科科研处、中国传媒大学出版社协办，并得到多家科研机构、媒体与学术期刊的大力支持。中国政治传播研究领域的近百位权威专家与学界新锐与会展开对话与争锋。论坛聚焦于中国政治传播研究与国家发展战略的对接、中国政治传播的管理规范与空间、公众舆论与政治认同建构、全球政治传播模式变革与中国实践，以及中国政治传播研究未来发展方向等问题。

一、中国政治传播研究对接国家发展战略问题

在全球文明深刻变革与中华民族复兴的重要历史阶段，中国政治传播研究如何适应政治发展进程，推进中国国家能力的增长，为国家发展战略提供支持，成为本届论坛学者们关注的核心议题。

中国传媒大学校长胡正荣教授在开幕式致辞中指出，中国的哲学社会科学正在或即将出现一种重要的整体转型，即从"西方理论—中国问题"向"中国实践—中国理论"的框架转型。在此大背景下，新闻传播学，包括政治传播研究需要做到"顶天立地"，即上要对接国家战略和国家发展的宏大架构，下要对接中国具体的本土实践。中国传媒大学政治传播所所长荆学民教授对此表示赞同，他提出，面对全球政治的不确定性、不相融性、不靠谱性，国内政治的正向性、敏感性、紧迫性，一方面持续加大了对政治传播研究的依赖，另一方面要求中国政治传播研究要持续深入中国政治和中国社会的"腹地"，努力推进政治传播理论中国化。

清华大学社会科学学院政治学系教授任剑涛以"国家复兴"这一国家战略及其政治学话语的建构为主题，指出作为"后发现代化国家"的中国国家崛起面临着巨大的复杂性与挑战性。他提出中国国家话语的建构一要处理好与传统遗产的关系，免除封闭的传统话语复归的可能性；二要处理好与世界的关系——中国究竟选择融入世界而去改变规则，还是另建现代天下体系，并重建全球的游戏规则，这两者的

抉择亟须理论界的准备与突破。《中国社会科学》杂志社马克思主义部主任李放强调中国国家复兴的努力，在知识谱系上决不能单纯依靠既有的知识存量，学术研究，特别是学术话语生产不可执着于“即问即答”式的表象研究，而要转入基础理论问题的破解。中国的学术话语生产一方面迫切需要创造性的理论分析框架给予时代化的总结，证明我是谁；另一方面，应致力于在全球化商品生产前提下的制度生产和思想生产过程，阐明我要往哪里去。

天津师范大学政治与行政学院院长、教授佟德志通过文献的词语分析，对中国的民主话语作出解释，强调中国“发展型民主”的特色，它突出发展的目标与执政绩效的意义。中国人民大学新闻学院教授贾文山具体讨论了“一带一路”这一国家战略，强调需要在全球构架上策划、思考“一带一路”的制度话语权。

二、中国政治传播的管理规范与空间

政治传播涉及政治组织、媒体、公民等多方政治行动者，三者之间的关系决定政治传播的性质。在中国的政治现实下，诸多与会专家关注到政治，尤其是执政党与媒体之间的关系对中国政治传播的决定性影响。

中国传媒大学艺术学部学部长、教授段鹏梳理了“党管媒体”的概念与发展，提出党管媒体是我党领导新闻舆论工作根本性的原则。他指出我们应当与时俱进，促进党管媒体原则与依法治国原则的结合。中国社会科学院新闻与传播研究所副研究员朱鸿军研究发现，政治逻辑成为媒体融合的重要动机，这种现象有其合理性，但也存在诸如重复建设、短视行为、内部人现象、产权的人格化不足等问题。南京大学新闻传播学院教授陈堂发关注互联网中的政治性表达，强调网络政治性表达的核心价值是：对包含深度、广度民主的优化，对秩序与能力兼顾的理性自由的锤炼以及对于社会公正价值的舆论诉求。上海市委党校政治部主任、教授程竹汝在评议中将中国政党和媒体之间的关系总结为一种领导和被领导的关系，强调政治权威的形成必须获得意识形态领导权的支持，并认为对于中国政治来说，体制性表达途径仍然处于核心地位，因而在学术研究中应将利益表达、公共表达和体制性表达有机结合，实现社会的整体有序。

互联网及移动互联网对于政治传播中行动者关系的重塑意义也受到与会专家的关注。新华社音视频部主任、中国政法大学光明新闻传播学院教授陆小华认为，在移动互联网时代，政治传播的形态、内涵、外延都被拓展，政治传播应基于博弈的现实而权衡，基于博弈思维而调整。重庆大学新闻学院院长、教授董天策强调建构开放而理性的网络公共领域是中国政治传播的重要议题，同时提出在应对“网络公共事件”时应当突破危机管理的范式。

此外，中国传媒大学文法学部副教授谢进川、华东师范大学政治学系讲师刘一川等与会代表还就中国传媒生态以及媒介发展变化对当前中国政治传播实践的影响等问题发表了看法。

三、公众舆论与政治认同建构

此届论坛约有四分之一的发言聚焦于当前中国的公众舆论及其与政治认同之间的关系，这反映了新时代中国政治传播研究的关切点。

部分专家的研究展现了当前中国公众舆论的新特征，这些新特征的出现多与互联网等新媒体环境的影响相关。中国人民大学新闻学院教授刘海龙与复旦大学新闻学院副教授沈国麟共同关注了“帝吧出征FB事件”。刘海龙使用了“粉丝民族主义”这一有趣的概念，认为新媒体与当前中国的民族主义相互建构，继而出现“网络民族主义”这一新现象。网络民族主义与传统民族主义相比，具有一些新特征，如受众的年轻化、依据娱乐逻辑形成民族情感、平等和互相建构的个人—国家关系观念等。沈国麟提出“表达共同体”的概念，提出在互联网环境下，共同体不仅是被想象的，而且是被表达的。他同时发现，在互联网上，严肃的政治话题时常以表情包为载体，用一种娱乐化的形式表达出来。中国人民大学国际关系学院政治学系教授马得勇基于中国网民调查数据，发现当前中国网络公共舆论在结构上呈现出同质化倾向，即网民群体在一系列政治、社会议题上都出现了基于意识形态立场的态度分化。

关于如何应对公众舆论的发展，复旦大学新闻学院教授朱春阳提倡新型主流媒体应当协同发展两种能力：正面宣传能力和危机沟通能力，以低成本的沟通方式寻找政府与民间利益折中的方案，实现民主的最终诉求。苏州大学凤凰传媒学院教授张健、中共天津市委党校党史党建教研部副教授倪明胜、安徽师范大学新闻与传播学院副教授丁云亮等学者则分别从西方竞选中的私人民调、公民网络抗争动员的演化机理、国家认同的修辞建构等角度对这一主题进行进一步研讨。另外，厦门大学新闻传播学院教授谢清果、华中科技大学新闻与信息传播学院博士研究生方飞共同关注合法性构建或证成；中国传媒大学广告学院公共关系系副教授刘朋整理了西汉时处理汉匈关系时的舆论经验；华中科技大学马克思主义学院副教授王健、重庆文理学院讲师赵立兵、中国传媒大学政治传播研究所博士研究生祖昊分别从意识形态、协商民主的角度对此进行了基础理论上的概括与整理。

四、全球政治传播模式变革与中国政治传播实践

“中国政治传播研究”不仅是基于现实需要研究“中国的”政治传播，更倡导在全球视野基础上，开展适应于中国政治文明发展所处的特定国情与时代趋势的政治传播研究。这势必要求中国政治传播研究既要对全球政治传播理论与前沿议题、发展方向有准确的把握，又要对中国具体的政治传播实践有专业化、精细化的研究。

就前者而言，中国政法大学政治与公共管理学院教授卢春龙认为网络新媒体的兴起动摇了工业社会中政党政治的基础，挑战了传统精英型政治参与的模式，这是当前全球政治传播面临的共同问题。清华大学新闻与传播学院副院长、教授史安斌在演讲中提出，在后西方、后秩序、后真相时代，政治传播的研究主题发生了更迭，研究理论、研究路径需要重构和创新。另外，重庆大学研究员郭小安、北京大学政府管理学院博士研究生邵梓捷共同关注了“框架”这一西方政治传播的前沿理论，并进行反思与分析。

就后者而言，中央编译局中央文献翻译部主任、研究员杨雪冬对近五年来政府工作报告进行了文本分析。他总结到，近些年来政府工作报告的改进体现在：文本结构调整；公众参与扩大；改进话语方式；增加国际透明度；改进传播方式；重视对外传播的创新。今后对政府工作报告的研究还要关注文本生产者个人素质对文本的影响、文本修改中的利益博弈、传播效果的达成方式和文本在不同文化中的传播逻辑等。

海南热带海洋学院毕研韬教授从动机与情境、控制、内容、效果四个角度，介绍了当前韩国对朝鲜心理战的具体技术。人民网舆情监测室副秘书长刘鹏飞分享了通过互联网数据分析提升政治传播绩效的相关经验。另外，成都理工大学马克思主义学院副教授王菁、中国政法大学新闻与传播学院讲师侯月娟共同关注了“反腐败

传播”这个十八大以来中国政治传播中的新议题。

五、中国政治传播研究未来的发展趋势

作为以搭建中国政治传播研究高端学术平台，推进中国政治传播研究不断深入发展为目标的论坛，评估中国政治传播研究未来的发展方向是其重要使命之一。

对应这一任务，多位评议专家根据与会学者的发言，总结了此届论坛的研究特色，并为中国政治传播研究的未来发展方向提出建议。

一是研究的问题更加深入。复旦大学国家文化创新研究中心主任、教授孟建指出，学者的发言说明当前中国政治传播研究正试图在中国政治话语上有所突破，而不再纠缠于结构、功能、信息交流等基础理论问题。中国社会科学院新闻与传播研究所研究员姜飞在演讲中对中国国际传播研究中的发展传播学进行了反思与批判，呼吁开启真正的中国政治的国际传播研究。

二是跨界研究的特征与优势日益凸显。论坛中，多学科的碰撞、交流与争锋非常精彩。这种跨界色彩引起了在场学者的热议与广泛共鸣。孟建提出他在政治传播研究领域看到了学术研究从单学科到多学科，再到跨学科甚至到超学科的可行性。胡正荣强调学术在交叉当中才有创新点，期待各学科领域的专家在此碰撞出新的学术思想、学术体系和学术框架。中国社会科学院李放与南京大学新闻传播学院胡翼青都强调了中国政治传播研究“问题导向”的重要性，指出政治传播研究应当从“学科导向”转向“问题导向”。以问题为起点，将该领域建设成为生机勃勃的问题域。

三是研究方法更加规范化、多元化。此次论坛，学者们提交的论文不仅在实证研究、历史研究这两类主要研究方法方面更加规范，而且还广泛运用了修辞学方法、实验法，以及调查研究、文本分析、大数据等研究方法，充分体现了中国政治传播研究研究方法向多元化发展的趋势。

作者：苏　颖（中国传媒大学政治传播研究所讲师）
白文刚（中国传媒大学政治传播研究所副教授）
摘自：《现代传播（中国传媒大学学报）》2017 年第 6 期

探索媒介融合新形势下的新闻教育改革

——清华大学新闻与传播学院建院 15 周年“全球院长论坛”综述

2017 年 5 月 20 日，清华大学新闻与传播学院举办建院 15 周年系列学术论坛，来自亚、欧、美、澳多个国家和地区的三十多位院长，在“全球院长论坛”上畅谈在媒介新生态下新闻与传播教育面临的挑战与应对策略，以及新闻教育改革创新的问题和路径。论坛共分为“主题发言”和“讨论发言”两部分，分别安排在上下午

两个半场；其中“讨论发言”又分为“传媒发展论坛”、“网络时代的新闻传播教育创新”和“新型新闻传播人才的培养模式”三个部分。

清华大学校党委副书记邓卫，人民日报社副总编辑吕岩松，中宣部新闻阅评组组长曹焕荣，全国人大教育科学文化卫生委员会主任委员、清华大学新闻与传播学院院长柳斌杰等出席开幕式并致辞，清华大学新闻与传播学院常务副院长陈昌凤主持开幕式。会上举行了中国新闻史学会中国特色新闻学研究委员会成立揭牌仪式，以及第8届传媒发展论坛暨“2017传媒蓝皮书”发布会。

一、媒介融合：传媒产业发展新趋势

“媒介融合”早已不是一个新鲜词，最早的案例可追溯至2000年3月，2014年8月以来重新成为热议的焦点，学界和业界对于媒介融合以及传媒格局的研究与讨论不计其数。对此，上海大学—上海市社科创新基地吴信训教授抛出如下问题：为什么到现在传统媒体的发展总是不尽如人意，原因何在？为什么在整个媒体融合新媒体发展的浪潮中引领潮流的是市场化的公司？未来几年甚至更长的时间，传统媒体的增长空间在哪里？传统媒体的核心竞争力在哪里？新兴媒体大肆创新之际，传统媒体该怎么办？

（一）传媒产业的变化

近年来，我国的传媒产业迎来了黄金发展期。清华大学新闻与传播学院熊澄宇教授介绍，2017年5月，国家统计局发布了一个最新的统计报告，我国2016年文化产业的增加值超过了3万亿元人民币，GDP占比达到了4.02%，这两个数据在我国产业发展史上都是巨大的突破。

清华大学新闻与传播学院副院长崔保国教授在发表《传媒蓝皮书：中国传媒产业发展报告（2017）》时介绍，过去一年中国传媒产业的总规模为1.6万亿元人民币，同比增长19.1%，其中移动传媒的增长拉动了整个传媒产业大的增长。2016年传媒发展的关键词就是“手机引领未来”，移动互联时代中国手机上网成为全世界的风景线。

这个情况与美国纽约城市大学新闻研究院财经新闻项目主任Jane Sasseen教授所介绍的情况相似。Jane Sasseen指出，目前美国和西欧的经济发展比较缓慢，但是媒体发展较快，电影、电子游戏以及其他数码娱乐设施是最大的增长源。

清华大学新闻与传播学院教授尹鸿介绍，在互联网影响之下，2016年，电影虽然增长只有3%左右，但是整体还是保持了30%的平均增长速度。尹鸿认为，电影是比电视更老的一种媒介形态，却还能不断增长，电视和报纸却出现衰退，原因在于传媒结构。电影的市场化程度最高，而且市场集中度越来越高，这有利于减少无效竞争，进而有效地实现增长。对于电视的改革目前都没有解决传统媒体的结构优化问题。因此，传统媒体最应该重视的，还是如何与移动媒体有机融合。

北京师范大学新闻传播学院执行院长、教授喻国明指出，影响中国传媒业的有三个基本的维度：政策规制、市场产业和技术进步。他认为，中国互联网治理的规制构建有这样三个缺点：一是前期滞后，后期过猛，刚开始的时候对互联网的影响力预估不足，当这种变化发生的时候就有一点用力过猛；二是刚性有余，柔性不足；三是简单照搬传统规制方法，对互联网的复杂性理解不够。

就传统媒体而言，中国传媒大学广告学院教授黄升民认为传统媒体的衰败是无可挽回的。他尖锐地指出三大原因，即目前业界、学界的知识无法与时俱进；传统媒体新闻生产制度僵化，无法适应多元、开放的竞争态势；媒体文化的陈腐落后，决定了制度和组织的落后。

华东师范大学传播学院院长吕新雨则强调，批判性地看待今天这个世界传媒的生态，不是一味地迎合而是进行反思性的研讨，而是要综合运用历史、理论和实践的视野进行讨论。当下学界和业界都缺乏对理论的思考，缺乏对现实的提炼。我们目睹了20世纪整个世界媒体格局的垄断化过程，但却没有加以总结，甚至都无法提出一个合理的范式，来树立学术自信和民族自信。

（二）技术的迭代

众所周知，人工智能的技术对社会的影响和改变正在深刻地进行着。随着谷歌的AlphaGo不断击败国际顶尖棋手，关于人工智能的讨论热度更上一层楼。可以预见的是，以人工智能为代表的新型人机交互技术将会极大地改变新闻报道的方式，进而改变整个传媒产业的发展趋势，最终得以建构一种新型的社会关系。

正如香港浸会大学协理副校长、传理学院院长、教授黄煜所说，当前的新闻界正在经历一场量化的转型。从20世纪60年代计算机辅助报道以来，计算新闻学、数据新闻学等新的学科发展层出不穷，自动化的新闻报道已经成为业界热门的发展模式。其中美联社、《福布斯》、《纽约时报》在新闻报道自动化方面已经表现得相当成熟。

然而清华大学新闻与传播学院访问教授、彭博新闻社图标专栏资深编辑、教授Lee Miller认为，计算机无法做到所有的事，例如计算机会快速地发现一个股票市场投资的机会，但是计算机不会知道为什么他们会快速地发现这些东西，以及他们根据什么发现了这些东西。只有人类，只有记者有管理和关联信息的能力，这将是未来记者的核心竞争力所在。

（三）新闻理念的变化

英国威斯敏斯特大学中国传媒中心主任、教授Hugo de Burgh陈述了数字时代的传播和媒体的发展趋势，他认为，真正的客观中立的记者是很少见的，媒体的调节作用也是有限的，公共服务新闻理念也许“气数已尽”。厦门大学新闻与传播学院副院长阎立峰也认为，技术发展所带来的路径是技术民主，现在的学生拿一个单反就可以拍一部微电影。相对的，思想在消费主义的冲击下变得越来越不重要。

华中科技大学新闻与信息传播学院副院长陈先红讲述了美国伊利诺伊大学厄巴纳—香槟分校（UIUC）施拉姆创办的传播研究所“自救”的故事。现在传统媒体在衰落，纸媒在关停，所以UIUC非常忧虑。他们自救的办法就是和广告系联合开办了一个面向全国招生的第二专业——公共关系，来吸引学生选修他们的课程，从中也足见公共关系的魅力所在。陈先红倡导用公共关系理念思维方式来思考改革。她认为，公共关系是人们运用公共传播技术对公众关系的管理，是一种生态网络的运营，它不仅仅是一种术，更是一种理念。

（四）新闻记者的迷思

美国德克萨斯大学奥斯汀分校穆迪传播学院原学术事务副院长、教授Stephen Reese指出，当前公共领域媒体格局变得十分复杂，政府和公民在新媒体平台上的互动越来越频繁，新闻的边界变得越来越模糊。这就带来一个问题，即谁是记者，或者说记者是谁。

《亚洲传播学刊》主编、新加坡南洋理工大学教授郝晓鸣指出，目前普通的民众有了获得信息的途径和发布信息的权利，他们生产和传播的信息被我们叫做“公民新闻”。可以说，现在我们看到的新闻很大部分都不是通过记者采访而得来的。

台湾辅仁大学院长吴宜蓁表示，“公民新闻”就是辅仁大学所鼓励的新媒体微型创业模式。她以辅仁大学新闻系一个专门研究朝鲜问题的学生为例。这名学生对朝鲜问题兴趣浓厚，在Facebook上成立了一个自媒体账户，专门报道朝鲜的事情，获得了不少粉丝，目前在台湾已小有名气。

湖南大学新闻传播与影视艺术学院院长、教授彭祝斌集中分析了目前新闻记者所面临的挑战，包括：记者既是一个有受众身份的传播者，也是一个有传播身份的接受者；全媒体的发展或者是说融合媒体的发展，使得技术主义以及专业主义发生了冲突，如两会期间全副武装记者的产生；公民传播者与职业记者发生了冲突；自动化的写作与记者职业形态发生了冲突。

二、变与不变：新闻传播教育改革与创新

互联网技术发展至今日，人们对于媒体的使用习惯和关注方式发生了变化，整体传媒趋势也发生着深刻的转变。面对这样的趋势和变化，各大高校新闻学院的新闻传播教育创新最为核心的要点是什么？多样化的实践过程中有哪些尝试值得借鉴推广？在改革和创新的过程中，我们应该坚持什么，改变什么？

（一）教育理念与定位

北京大学新闻与传播学院院长、教授陆绍阳指出，新闻传播学科目前发展遇到的三个问题，第一个是范式转移的问题，指的是互联网高速发展造成了传播学经典理论适用性的缺憾。第二个是理论自洽的问题，是指中国特色的新闻传播理论体系在建设过程中遇到的困难，主要体现在例如党性、人民性、真实性三者结合的矛盾上，以及正面报道和负面报道的辩证关系等。第三个是学科发展空间的问题，解释为大学生尤其是本科生在新闻传播专业内选课和转系的自由度问题。

清华大学党委副书记、教授邓卫在致辞中表示，清华大学新闻与传播学院要建立世界一流的新闻传播教育基地和学术高地，就必须继续致力于构建中国特色的新闻传播学科，坚持以马克思主义新闻观为指导，以中国传统优秀文化为底色，以共产党人革命文化和社会主义先进文化为依托，在这个基础上建立具有中国特色的话语体系、学术体系和学科体系。

不仅是清华大学，为了应对这样的挑战和新形势，各高校新闻学院转变教育理念的同时，也在积极转型，寻找定位。暨南大学新闻与传播学院执行院长支庭荣分享了转型经验，总结为五个方面：一是全媒体化的转型，新办了一个网络与新媒体专业；二是教材的转型；三是师资的转型；四是实验的转型；五是实践教学的转型。

学院定位不仅需要理念的指导，更需要因地制宜。如东华大学人文学院院长王梅芳介绍，东华大学是以时尚传播为特色的定位，其新闻传播学科致力于培养以马克思新闻观为引领，以时尚传播为特色，培养既拥有时尚创新素质又有新闻传播能力的复合型传播人才，具有跨学科交叉性和国际化的特点。此外还有上海交通大学媒体与设计学院，也如其他具有理工科背景的高校新闻学院一样，在积极探索文理兼容的发展模式。

（二）专业设置

大类招生、通识教育已经成为目前新闻传播本科教育广为认同的一种做法，研究生层面则相对往“专”的方面更为侧重。

据清华大学新闻与传播学院常务副院长、教授陈昌凤介绍，清华大学新闻与传播学院已经申请本科设立两个方向，一个叫做融媒体实验班，一个叫做国际新闻实验班，并重新组织了教学工作，分为史论方向、实务方向和国际教育三个教研室，利用这种方式来应对现在媒介融合的新形式，逐渐放弃过去按研究中心来组织教学的做法。

复旦大学新闻学院副院长李双龙介

绍了复旦大学目前在本科推行的“2+2”培养模式，即前两年不进具体专业，而是进入8个其他学科的专业，如经济学、管理学、中文、社会学等，第三年第四年才进入新闻学院学习新闻传播学的内容。上海交通大学媒体与设计学院院长李本乾也介绍了上海交通大学媒体与设计学院目前实行的“1+3”培养模式，即第一年先接受通识教育，到了第一年结束的时候进行专业分流，通识课、新闻传播课和媒体技术课各占三分之一。南京师范大学新闻与传播学院目前也有类似的设想，在基础理论课程统一的基础上区分不同的专业。

香港城市大学媒体与传播系主任、教授李喜根认为，教育者应对变化的基础，是了解与跟踪行业的发展，根据越来越模糊的行业界限去重新思考课程改革。据他介绍，香港城市大学媒体与传播系目前正在对本科生实行融合教育，设一个媒体与传播大类专业，下设四个不同的专业方向，要求学生至少在这四个专业方向里选择两个方向；对研究生实行分流教育，设媒体数据分析、视觉媒体、数码媒体三个不同的专业方向，学生选择一个进行研修。同时，李喜根教授也在思考，虽然新闻传播教育要求学生掌握多方面的技能，然而博与专的关系怎样来平衡，是未来需要着重研究的一个问题。

山东大学新闻传播学院副院长、教授刘明洋讲述了他观察到的几个现象，即近年来明确招收以新闻专业这样毕业生背景的越来越少，很多学生学到大三都不愿意选择新闻专业。刘明洋反思道，山东大学新闻传播学院开了十门传播学战略的课程，但是缺乏与业界的沟通，这点未来需要加强。

（三）课程改革

综述目前国内外诸多大学的课程改革方式，可以归纳出课程改革的主要创新领域，不外乎“提高新媒体课程内容比例”“减负”“实践教学”这几个方面。

以台湾辅仁大学为例，新闻教育的课程改革主要集中在“数位叙事”和“可视化”等媒介创新领域。香港中文大学新闻与传播学院院长、教授冯应谦介绍，香港中文大学新闻与传播学院目前进行了彻底的课程改革，将原有新闻课程都加入了新媒体的部分，而且占到了很大的比重，公关课程亦是如此。华东师范大学传播学院也加强了通识教育，进行了大量的减课，以此来激活同学和老师们内生学术的追求和创造力。

中国人民大学新闻与传播学院副院长胡百精提出，新闻教育改革问题是内生的，但是解决方案不妨从外部找资源找路径。人大的新闻学院本科的培养方案淡化传统，四个专业壁垒全部打通，学生只要完成140多个学分的学习，在四个课程包里面学满一个课程包的三门课，毕业时就可以认定。

除了课程减负之外，实践教学也是非常重要的一个环节。湖北大学新闻传播学院院长廖声武教授表示，湖北大学新闻传播学院也属于大类招生、大类培养，后期主要是以项目制的形式，培养学生的实践创新能力。学院在许多媒体都建立了实习基地，如湖北广播电视台是省级的实习基地，武汉电视台、《武汉晚报》是校级的实习基地，《长江日报》是研究生工作站。

同样的，深圳大学传播学院院长王晓华介绍，他们立足当地优越的产业环境（毗邻腾讯、百度等互联网公司）培养传播学应用型人才，从教学体系、教学方法和供给侧进行了三个方面的改革，如把每一年8个月的教学时间拿出一个月，把老师和学生全部解放出来，全部请企业界、国际前沿的各种专项定制型人才进校园，为老师和同学们上课和教学，老师跟学生一块学。这种“传播加技术”和“传播加艺术”的复合型培养模式目前已初见成效。

三、三位一体：培养新型新闻传播人才

新的媒体时代呼唤新型新闻传播人才，然而如何培养这类人才，成为了摆在所有新闻学院面前的一道难题。安徽大学新闻传播学院院长姜红就提出人才培养方面的几点困惑：新闻人才的“专”和“通”的关系怎么处理？既然所有专业都需要互联网思维，那么为什么还要单开一个网络与新媒体专业？创新和继承的关系该是如何？对于新闻专业主义应该如何扬弃？

（一）正确的价值观塑造

重庆大学新闻学院院长董天策指出，新媒体技术条件下进行教学创新是必需的，但在强调创新的时候，我们不能忽略学生长远发展基本核心的价值观和能力的培养。郑州大学新闻与传播学院院长张举玺也认为，培养新形势下的新闻人才，首先要培养学生怎么样学会做人，树立正确的价值观；其次要教会学生忠诚，忠于自己的事业，忠于自己的国家和人民。中山大学传播与设计学院院长张志安也表示，培养新闻传播人才，不仅要培养全媒体跨文化传播的人才，更需要“行大道”的新闻传播人才，需要树立正确的价值观。

那么，应当树立什么样的价值观呢？人民日报社副总编辑、著名记者吕岩松对新闻人才的培养提出了六点建议，其中四点都涉及价值观层面：一是要巩固理想信念根基，坚持正确的政治方向；二是要树立正确的新闻志向，学习马克思主义新闻观；三是要恪守新闻职业精神，对新闻职业心存敬畏；四是要始终保持为民情怀，勿忘人民。

陈昌凤教授和吕新雨教授都指出，目前新闻教育中最为核心的是价值观教育。陈昌凤以“推特总统”特朗普为例，说明当下的新闻业正在发生变化，传统的新闻业面临着诸多的挑战。但陈昌凤也指出，追求真理、服务人民，这一点是新闻业万变不离其宗的“宗”，是我们需要坚守的价值观之一。而培养有情怀、有使命感的新闻人才，一直是清华大学新闻与传播学院的育人目标之一。

南京师范大学新闻与传播学院院长张晓锋也认为，培养新型新闻人才，第一要坚持正确的导向，引领社会主流价值。第二就是明确工作的取向，能够与社会的现实贴近。第三就是使我们的新闻人才可以巩固他们的新闻志向，坚守职业精神。具体方法上，张晓锋提出要进一步强化师资，来创造优质的教学内容；同时将学习内容驱动项目化，不仅要给学生学习的状态，也适度的给他们以学术氛围的熏陶和引导。

（二）全方位能力培养

当下的媒介生态，需要新闻工作者拥有更强大的工作能力和科研能力，同时还需要培养“传播的想象力”。

在 Stephen Reese 教授看来，专业记者所需要具备的能力包含了三个方面，沟通的技能、理解事件的能力以及社会责任。不同于一般的“公民记者”，当下的新闻记者更需要培养想象力和科研能力，学习理论，结合实践，比如学习如何通过追踪金钱的使用找到相关的人员。新闻记者不仅要做信息的处理者，更要做知识的生产者和传播者。

武汉大学新闻与传播学院院长、教授强月新认为，新型新闻工作者必须要做到以下几点。一是要多元化，主要是说要有全媒体的应用性的技能，习近平总书记在“2·19”讲话中称之为“全媒型新闻人才”；二是要高层次，做思想型、专家型的新闻舆论工作者；三是要宽面向，要打造具有“互联网+”思维的创新型新闻人才；四是要泛视野，打造具有国际全球视野的新闻工作者；最后是要负责任，要有独立的思考能力，高尚的职业精神和公民意识，并有志于促进社会进步。

清华大学新闻与传播学院访问教授、全球财经新闻项目联合主任 Rick Dunham 教授则提出了五项更为具体的能力指标，即批判性思维能力、即时分析能力、快速学习能力、社交媒体使用能力和可视化思维能力。

（三）复合型知识结构

相较于传统的单核知识体系，复合型知识结构更有助于新闻人才适应当下的媒介环境。而要做到这一点，学科交叉是必经之路。

李本乾分享道，上海交通大学媒体与设计学院人才培养的体系聚焦于学科交叉融合，培育四个全英文专业，跟管理学科合办媒介管理专业，为二级学科博士点；与电信、管理学科合办了新媒体传播与管理专业，为一级学科博士点。

悉尼科技大学传播学院院长、教授 Mark Evans 和新闻系主任、教授 Peter Fray 分享了他们的教学实践经验。悉尼科技大学传播学院的育人目标是培养学生掌握最基本的报道工具以及科研的能力，开设了一个媒介融合教学项目，融入了社会科学、法律知识以及 IT 技术的教学。他们指出，学院办学的三大支柱，第一个就是媒体的自由和责任，第二个就是新闻的专业性和实践性，第三个就是新媒体的融合和创新。

河北大学新闻与传播学院院长韩立新也提出，新型新闻人才需要做到“跨代”、“跨域”和“跨界”。新闻可以跨越时代和空间，新闻人才需要高度掌握复合型知识体系。

四、结语

综上所述，传媒产业稳步发展，技术的迭代推动了媒介融合，带来了新闻理念和新闻工作者群体的改变，也为互联网治理增添了不稳定因素。新闻传播教育的改革与创新势在必行，国内外各大高校的新闻学院也都就教育理念与定位、专业设置和课程改革几个方面进行了思考，并陆续开展了自己的行动与实践，取得了相应的成就，获得了经验与教训。培养新型新闻传播人才，绕不开对价值观的塑造、对信息处理能力的培养和对知识体系的打造。

会上，全国人大教育科学文化卫生委员会主任委员、清华大学新闻与传播学院院长柳斌杰在总结了学院目前所取得的成就后，提出了中长期改革发展的规划，包含三项核心任务：构建一个体系，坚持四个面向，坚持三个一流。发展和完善中国特色主义新闻学的理论体系；坚持面向主流、面向实践、面向国际、面向未来；坚持建设一流学院，打造一流学科，培养一流人才。这不仅是对清华大学新闻与传播学院的一份规划，更是对当前新闻传播教育形势做出的有力回应。

清华大学新闻与传播学院彭兰教授结尾时说道，2016 年《牛津辞典》把 post-truth 作为年度的词汇，这也代表着我们新闻教育所面临的一个极大的挑战。当各大新闻学院在推进和深化课程改革、调整学生的知识结构、给予学生更多技能的时候，如何培养他们在某些价值观方面的坚守，是整个新闻业所要坚守的目标，也是此次论坛关于新闻教育“变与不变”讨论最后的一个落脚点。

作者：陆洪磊（清华大学新闻与传播学院硕士研究生）

摘自：《全球传媒学刊》2017 年第 3 期

全球视野·中国体系：面向未来的新闻与传播学研究

——中国新闻史学会2017年学术年会会议综述

2017年8月18—19日，由中国新闻史学会、郑州大学主办，郑州大学新闻与传播学院、新华社·郑州大学穆青研究中心承办的“中国新闻史学会2017年学术年会”在郑州举办。该届年会围绕“全球视野·中国体系：面向未来的新闻与传播学研究”的主题，设有1个主题论坛、18个分论坛、27个分会场，举行了主题论坛、专题论坛、特邀论坛和平行论坛等近40场活动，与会者就新闻与传播领域的前沿热点问题开展研讨交流。

一、规模宏大，彰显中国气派

中国新闻史学会2017年学术年会参会人数达1300余人。他们来自海内外329家新闻传播单位、机构。《人民日报》报道称：“这是该学会成立25年来人数最多的一次年会，并首次邀请国外学者出席。”

该届学术年会面向全球、着眼未来，成为中国新闻传播学界构建中国体系，彰显中国学派，向世界传递中国声音的郑重宣言。8月18日上午开幕式上，中国新闻史学会会长、清华大学新闻与传播学院副院长、教授陈昌凤致辞：中国新闻与传播教育研究的飞速发展，规模堪称全球之首，水平也不断提升；而新闻与传播学科的蓬勃发展，折射的是我国高等教育的兴旺和国家发展的繁荣富强。以国际之视野，持中国之立场，新闻学与传播学在国家发展战略中，逐渐彰显出中国学派。学科的范畴、理念、范式吐故纳新，教育和学术成果丰硕，几代学者齐心协力，正在建设中国特色的新闻传播学教研体系。而该届学术年会的召开，就是为了在新的时代背景下，开阔学术视野、提高学术水平、增进学术交流，推动中国新闻与传播学研究的深入开展。

该届学术年会邀请到了美国哥伦比亚大学、美国密苏里大学、美国马里兰大学传播学系、美国阿拉巴马大学、美国南伊利诺伊大学卡本戴尔分校新闻学院、美国宾夕法尼亚大学、英国牛津大学中国中心、新加坡新跃社科大学新跃中华学术中心、日本大学新闻学研究科、日本国立新潟大学、澳大利亚麦考瑞大学、香港中文大学新闻学院、香港城市大学、香港浸会大学、台湾政治大学、静宜大学大众传播学系、中国文化大学新闻学系、澳门大学、澳门科技大学等海外19家新闻传播院校学者与会，其中还有国际中华传播学会、美国新闻与大众传播教育学会（AEJMC）历史分会代表参加了此次学术盛典。

该届学术年会得到了国内主要新闻院校的积极支持和响应。清华大学、北京大学、中国人民大学、中国社会科学院、复旦大学、中国传媒大学、武汉大学、华中科技大学、暨南大学、南京大学、四川大学、厦门大学、中山大学、华南理工大学、兰州大学、山东大学、重庆大学、南京师范大学、郑州大学、河北大学、西北大学、陕西师范大学等近200家单位机构均派出代表参加了此次会议。其中，51家国内外知名新闻院校在迎宾会堂广场和会场大厅里通过展板进行教育与科研成果宣传展示活动。

该届学术年会也是一次新闻传播学学术刊物的聚会。《传播与社会学刊》《新闻与传播研究》《现代传播（中国传媒大学学报）》《国际新闻界》《新闻大学》《新闻记者》《全球传媒学刊》《中国出版》《新闻界》《新闻春秋》《出版发行研究》《当代传播》《新闻与写作》《青年记者》《教育传媒研究》《新闻爱好者》以及英文的 *Communication and the Public*（《传播与公众》）17 家新闻传播学术期刊代表参会，并创办了特邀论坛——新闻与传播学期刊主编论坛，讨论学术刊物服务学术发展等问题。

此次年会主题发言全程采用网络直播，利用新媒体、新技术拓宽了传播渠道，提升了影响力。中国新闻史学会创会会长、新闻学界泰斗方汉奇在通过直播平台观看年会开幕式和主题发言后，给予了高度评价，盛赞“八方风雨会中州”，认为学会成立以来的最大规模的此次会议卓有成就，彰显中国气派。

二、全球视野，融通中外传播与科技

8 月 18 日上午，该届学术年会的主题论坛上，八位具有全球视野的国内外著名学者围绕“对话：传播与世界”和“前沿：科技与传播”两大主题进行报告。陈昌凤阐述了年会主题，“这个会议主题的选择是为了应对当今时代的四个变革：科技形势带来的变革、世界局势带来的变革、人类命运共同体带来的变革、新闻学专业面临的变革”。此次年会的召开，就是为了在继承传统的基础上，面向未来中国的全球定位，来思考中国新闻传播领域的发展道路。因此，该届主题论坛的鲜明特色就是：全球视野，融通中外传播与科技。

围绕“对话：传播与世界”主题，香港中文大学新闻与传播学院教授陈韬文、美国哥伦比亚大学新闻学院教授 Richard John、香港浸会大学传理学院讲座教授 Colin Sparks、台湾政治大学特聘教授刘幼琍，分别作了题为“比较传播的兴起与华文传播的发展”“全球通信网络：过去和现在”、Western Perspective on Comparative Studies of Media Systems、“从世界传播法规发展趋势看新媒体的管制模式”的演讲。陈韬文认为，当下学术研究应当关注逐渐兴起的比较传播，用比较的视角来研究华文传播。他条分缕析地阐明了三点原因：首先，具备比较视角能更清晰把握普遍与特殊的分界点；其次，具备比较视角能更清晰研究脉络与研究条件，从而提高研究结果的精准度与有效性；最后，比较视角有助于创新。研究者在运用比较来思考与探究研究对象时，会做到视野更开阔，思维逻辑更缜密，分析更全面深入。Richard John 梳理了全球通信网络的四个发展阶段：以英国和美国为代表的实用主义阶段，以欧洲大国和瑞士为主体的国际化阶段，以美国和苏联为核心的技术官僚阶段，以及目前以苹果、谷歌、新浪、腾讯等互联网巨头为平台的社团主义阶段。他认为，厘清全球通信网络国际化的过去，才能更好地适应社团主义的现在和未来。Colin Sparks 则从比较媒介体制的角度入手，分析世界各国政治与媒体之间的关系。Colin Sparks 找出西欧和北美的三种媒介体制：以美国、英国为代表的自由主义模式，以意大利、西班牙为代表的极化多元主义模式，以德国、瑞典为代表的民主法团主义模式。他认为，这些媒介体制并非所有体制都显示出高度一致性，各国都难以维持“一致媒介体制”的概念，一个体制内的元素可能在朝不同的方向发展。国界仍然重要，但在互联网媒体的挑战下，它们正以或快或慢的速度消失。刘幼琍认为，随着新媒体层出不穷，既有管制理论受到挑战，并分别介绍了美国、欧盟、日本和中国台湾地区的新媒体的管制模式，建议网络中立，实行自律和共管，加强内容、结构和版权管理。

围绕“前沿：科技与传播”主题，“长江学者”特聘教授喻国明、香港城市大学媒体与传播系讲座教授祝建华、中译语通科技（北京）有限公司CEO于洋、香港中文大学新闻与传播学院教授黄懿慧，分别作了题为《互联网发展下半场：技术逻辑与价值准则》《计算传播学的理论贡献》《人工智能之战：以新闻数据的名义》《数字化时代中国公共关系学科的发展：机遇与挑战》的主题发言。喻国明认为，这是互联网特别是社交媒体激活了以个人为其基本单位的社会的传播构造，重新分配了社会话语权，并因此改造了社会关系和社会结构的结果。他将互联网的发展历程分为“上、下半场”，其中，“上半场”是基于人口红利的规模化扩张，而“下半场”则是基于大数据和人工智能技术的产业升级和社会发展，其赢得发展和创造价值红利的基本方式就是传播方式和传播形态的创新，那么要如何衡量传播领域的创新发展呢？他认为，“以人为本”应该成为我们现在和未来发展中创新价值的衡量尺度，从根本上由“物的逻辑”转变为“人的逻辑”。祝建华从研究方法上着眼，在题为《计算传播学的理论贡献》的发言中提出计算传播学的新型传播研究方法。那么计算传播学的理论贡献在什么地方？祝建华认为计算传播学并没有提出新的伟大的概念，只是重复了我们似乎早就熟悉的理论，这些我们早已知道的理论大部分学者是并不认同的，是我们的政府官员、媒体、广告主不愿意相信的。我们面临的挑战是在大部分的突发事件中媒体的效果很小，但是又不能忽视这些小的效果，我们要接受并尊重这种现实，同时探索这种现象为何存在。于洋专注于技术的创造性运用，将最前沿的科技——人工智能与新闻数据结合，生动展示了新闻大数据在人物分析、技术生命曲线、知识图谱、趋势预测与恐慌指数等方面多样化、高效率的应用场景，认为数据智能是当下驱动新闻与传播创新发展的重要方式。黄懿慧认为公共关系理论范式的转身是从传播的转身进入到关系的转身，公共关系有四个主要的理论学派：管理学派（原系统论）、语艺/批判学派、整合营销传播学派、关系管理学派，并指出公共关系学科目前面临着两大问题，即公共关系学科的实践正当性问题（例如，公关小姐、黑公关、暗公关、去公关化）和学科正当性问题（例如教育方面和学术研究方面）。

三、面向未来，构建中国特色新闻传播学新体系

陈昌凤在开幕式致辞中阐述该届年会的历史意义时，从庆祝学会成立25周年的两个短片中提炼出一个主旨：众智新传，传播中华。集众人的智慧，建设共同的事业。中国新闻史学会是中华人民共和国境内新闻传播学方向唯一的一家以研究中外新闻传播历史与现状的单位和个人自愿结成的全国性一级学术团体。作为中国新闻与传播学界唯一一个国家一级学会，自1992年正式成立以来，学会学术视野不断扩大，设置的二级学会从新闻史研究扩展到了新闻学与传播学的各个领域，包括新闻传播教育史、外国新闻传播史、网络传播史、少数民族新闻传播史、台湾与东南亚华文新闻传播史、广告与传媒发展史、公共关系、舆论学、传媒经济与管理、视听传播、新闻传播思想史、传播学、编辑出版史、媒介法规与伦理、应用新闻传播学、全球传播与公共外交、中国特色新闻学、党报党刊18个研究分会，建构起一个相对完善又联动灵活的学会模式，体现了具有中国特色的新闻传播学会

机制，从一个侧面呈现出中国特色新闻传播学新体系。

该届年会所设专题论坛特色便是面向未来，构建中国特色新闻传播体系。中国新闻史学会下属的16家二级分会组织学者参加盛会并开设专题论坛。在18日下午和19日上午，年会所设18个专题论坛主题如下：

1. 传承与创新：中国新闻传播史研究；

2. 规律·前沿·结构·反思（博士生论坛）；

3. 中国新闻传播教育改革的历史方位（新闻传播教育史研究委员会）；

4. 面向未来，构建中国话语体系（外国新闻传播史研究委员会）；

5. 网络社会与社会网络（网络传播史研究委员会）；

6. "一带一路"建设中少数族群的文化理解与尊重：新媒体传播与少数民族向心力建设（少数民族新闻传播史研究委员会）；

7. 海外华文媒体与"一带一路"建设（台湾与东南亚华文新闻传播史研究委员会）；

8. 面向未来的广告学研究（广告与传媒发展史研究委员会）；

9. 三会联合论坛：数字化时代中国公共关系学科的发展：机遇与挑战（公共关系研究委员会）；

10. 传媒的变革与传媒经济研究新走向（传媒经济与管理研究委员会）；

11. 面向未来的全球传播与公共外交（全球传播与公共外交研究委员会）；

12. 新媒体与公共舆论研究（舆论学研究委员会）；

13. 视觉性与当代传媒文化研究（视听传播研究委员会）；

14. 新媒介vs新思想：新技术语境下传播思想史的观念转向与叙事革新（新闻传播思想史研究委员会）；

15. 新媒体环境下媒介法规与伦理新问题（媒介法规与伦理研究委员会）；

16. 数字时代的传播学（传播学研究委员会）；

17. 中外应用新闻传播研究的学术想象（应用新闻传播学研究委员会）；

18. 中国特色新闻学理论与话语（中国特色新闻学研究委员会）。

这些专题论坛内容丰富、视角多元，涉及新闻与传播领域最前沿的研究，主题包括中外新闻传播史、中国新闻传播教育改革、构建中国话语体系、国家形象传播研究、互联网治理和发展、海外华文媒体与"一带一路"建设、传媒变革与传媒经济、全球传播与公共外交、新媒体与公共舆论、中国特色新闻学理论与对话等学术研究热点。

在每个专题论坛上，学者们面向未来，将中国特色新闻传播学所遇到的各个理论问题和实际问题具体化，放到桌面上进行讨论，探讨理论和实务发展的最新形势，寻找解决方案。值得一提的是这次年会专门组织了博士生专题论坛，美国哥伦比亚大学教授Richard John、美国新闻与大众传播教育委员会历史分会会长、美国密苏里大学教授张咏为博士生做了主题学术报告，清华大学教授郭镇之、李彬，北京大学教授程曼丽对中国新闻传播学未来的研究者进行了点评和指导。

8月19日下午，该届年会先后举行了中国新闻史学会学术顾问和委员聘授仪式、"第三届新闻与传播学学会奖"颁奖典礼、"首届新闻传播学期刊优秀论文奖"颁奖典礼。在闭幕式上，各二级分会代表登台发言。最后，陈昌凤代表中国新闻史学会，向郑州大学表示最诚挚的谢忱，并宣布此届学术年会胜利闭幕。这是中国新闻史学会成立25年来规模最大的一次学术年会，更是几十年来中国新闻传播领域史无前例的一次学术盛会。清华大学教授沈阳指出：这次大会“第一次完成了中国新闻传播学界从形式到内容的整合，由此形成的联动范式，将长期主导本领域”。

作者：邓绍根（中国新闻史学会联席秘书长，中国新闻史学会应用新闻传播学研究委员会会长）
王　蒙（暨南大学新闻与传播学院硕士研究生）
吴　瑕（暨南大学新闻与传播学院硕士研究生）
摘自：《全球传媒学刊》2017 年第 4 期

2017 中国传播论坛暨金砖国家传媒国际研讨会综述

适逢金砖国家领导人第九次会晤在中国厦门召开之际，“2017 中国传播论坛暨金砖国家传媒国际研讨会”于 2017 年 8 月 26 日在厦门大学举办。中国传媒大学校长胡正荣、厦门大学副校长詹心丽先后在开幕式上致辞。随后，来自金砖五国以及芬兰、英国、土耳其等国的传媒学者约 80 人，组成了 5 个英文专场和 6 个中文专场，就“一带一路”背景下金砖国家传媒的发展及其对国际传播秩序的挑战，进行了深入研讨。

此次会议由中国传媒大学国家传播创新研究中心（教育部人文社科重点研究基地）和厦门大学新闻传播学院共同主办，芬兰坦佩雷大学、英国威斯敏斯特大学、巴西里约热内卢联邦大学、俄罗斯莫斯科国立大学、印度海德拉巴大学和南非开普敦大学联合协办，芬兰科学院金砖国家传媒研究项目和教育部人文社科重点研究基地智库联合体提供特别支持。

一、主旨发言：“一带一路”背景下的金砖国家传媒与中国的全球传播

随着以中国为代表的新兴经济体的崛起，尤其是“一带一路”倡议的提出，世界政治经济格局正在发生结构性变化。在这一背景下，一系列去西方化的国际和地区合作机制应运而生。其中，始自 2006 年的“金砖国家”（BRICS）正以快速的经济发展和多元的合作成果（比如金砖开发银行）影响着全球权力格局由“北方”向“南方”，由“西方”向“东方”转移，并参与着世界信息与传播新秩序的重塑。那么，如何从理论上回应这一宏观的转型趋势，尤其是中国在其中扮演的角色？四位主旨发言人从不同角度进行了精辟的解读。

中国传媒大学校长、国家传播创新研究中心主任胡正荣首先提出了中国全球传播的三个阶段划分，即：从主要面向发达国家，到开始关注金砖国家，再到以“一带一路”倡议和“构建人类命运共同体”这一时代命题为指向的更广泛的全球传播。他指出，中国的全球传播在六个方面发生了重要变化，分别是主体、系统、地域、范围、策略和做法——比如传播主体从单一到多元，地域上更关注“一国一策”从而追求精准化的传播效果。最后，他提出中国全球传播的力量结构应该是软硬平衡，而事实已经证明了这一点。

厦门大学新闻传播学院常务副院长、教授黄合水以“金砖国家媒体发展拥有广阔未来”为题，结合中国传统文化，认为人类的三大需要（生理需要、安全需要、感受外界信息和活动身心的感动需要）此消彼长，金砖国家先后不同程度地从农业社会、工业社会发展进入信息社会，生理需要和安全需要的满足都变得越来越容易，满足感动需要的时间却变得越来越长，未来将越来越依赖媒体而实现满足。

芬兰坦佩雷大学教授 Kaarle Nordenstreng 首先简要回顾了二战之后的国际关系史，并提出，亚洲看起来是在崛起，但实际上却是在回归。以金砖国家传媒研究项目为基础，他认为，金砖国家的力量在于促使我们把视野放置在更广泛的世界格局和政治经济结构上，并要求我们思考宏观的理论问题——重拾后殖民主义传统和重视非西方文明，迈向一个去西方化的世界。但是，金砖国家媒体并不是一个独有的、清晰的概念，他们以不同的方式与世界其他地方的媒体共享相似性。

英国威斯敏斯特大学教授 Daya Thussu 则聚焦于“一带一路”倡议与金砖国家的关系，提出作为新兴经济体的金砖国家，尤其是中国的崛起，挑战了以美国为中心的世界经济格局。以金砖开发银行等为代表的新机构的建立也给未来的世界金融体系带来了想象——“一个新的布雷顿森林体系?”虽然国际社会对中国的崛起存在不同理解，但金砖国家与“一带一路”倡议却预示了一个可能的、新的全球化的未来。

二、主题论坛：金砖国家传媒发展及其对国际传播研究的挑战

为了深入了解金砖国家的传媒发展，增进金砖国家传媒学者在理解国际传播新秩序上的对话，此次会议特别设计了“金砖国家传媒研究”主题专场，邀请金砖五国和长期关注金砖国家传媒发展的知名学者，共同探讨国别和国际比较意义上的金砖国家传媒研究，及其对国际传播研究的挑战。

按照金砖国家（BRICS）的英文字母排序，巴西里约热内卢联邦大学教授 Raquel Paiva 首先介绍了巴西媒体产业的现状，并揭示了巴西媒体规制的问题，包括相关法律法规的失效和政府对于媒体产业发展缺乏跟踪和统计。就巴西的新闻业而言，她认为巴西新闻记者的专业主义精神正在遭遇危机，主要原因在于工作环境的恶化以及“客观新闻生产模式”对于社会责任的抛弃，从而部分地导致了谣言盛行。

俄罗斯圣彼得堡国立大学教授 Dmitrii Gavra 指出，在世界面临多种问题的当下，我们需要回归国际关系的辩证法，并从中找寻思考当下和未来国际信息与传播新秩序的历史经验。基于此，他提出：黑格尔的辩证法是对的，而福山的“历史终结论”则是错的。因而，在贫与富、文明与野蛮、有规则与无规则的历史辩证之间，金砖国家需要构建相互信任，积极应对网络时代各种权力和权威的倒置，主动做好战略传播。

印度海德罗巴大学副校长、教授 B. P. Sanjay 首先从万隆会议开始，梳理了世界信息与传播新秩序运动的历史遗产，包括反种族、反殖民和反帝国主义；在此基础上，他提出金砖国家传媒业需要在保证独立自主的前提下，开展多边或双边的多层面合作，如此才能延续历史经验，并对国际传播秩序民主化变迁产生积极影响。

中国传媒大学国家传播创新研究中心副研究员姬德强则聚焦于如何理论化中国特色的媒介融合。他提出，与西方国家的技术融合和放松规制进程不同，媒介融合在中国既是一个数字化的发展神话（包含

发展主义、民族主义、技术理性和党性原则等主流叙事），也是一个由上而下的、强调可管可控和治理方式创新的政治议程，还是一个包含吸引投资、创造新的增长点和重构媒体生产流程和消费方式的市场策略。

南非开普敦大学教授 Herman Wasserman 介绍了中非媒体关系的研究项目和成果。通过建立积极采用者、怀疑者、不确定者和抵触者的分析框架，他分析了中国媒体在非洲媒体行业中的潜在影响。他总结道，在非洲媒体市场，中国媒体的影响力虽然在上升，但对当地记者和民众的影响力——尤其在媒体内容方面——仍非常有限，核心问题不在接触和使用，而是已经形成的刻板偏见，而对非洲的正面报道也许可以改变这一现实。

最后，香港浸会大学教授 Colin Sparks 阐释了由 Daniel C. Hallin 和 Paolo Mancini 在 2004 年提出的媒介与政治的三种模式，即英美式的自由主义模式、北欧与德国的民主统合主义模式和极化多元主义模式。他提出，正如两位作者所说，这三种模式都不适合解释非西方民主体制的国家，尤其是中国。因此，如果我们尝试将三种模式的维度加以扩充——比如增加市场化和全球媒体经济的整合度等，那么对金砖国家和“一带一路”国家的媒体制度研究而言，这一理论或许可以具有解释力。

三、平行论坛：“一带一路”、金砖国家与国际传播的创新

下午的平行分论坛共有 9 个，来自国内外高校和媒体机构的参会者主要就如下 3 个交叉领域进行了论文宣读和研讨：

第一，金砖国家的传媒发展与国际传播的地缘政治，从媒体制度、媒体再现和媒体合作三个层面，对金砖国家传媒的发展现状和全球影响进行了深入解读。中国传媒大学教授荆学民从传播的主体、内容、机制、途径、话语、方法、对象和效果等方面，指出了如何把中国特色的政治传播提升到与中国特色政治文明相匹配、与人类政治文明相融合的新境界。新华通讯社毕玉明提出，金砖国家媒体合作在进一步夯实民众民意基础、增强身份认同中具有重要意义，因此需要：以共识克服差异；以现有平台为依托完善合作机制，丰富合作架构；以及以媒体的自身发展需求为依托开展更多务实合作项目。中国传媒大学龙小农教授以实证方法比较分析了“金砖四国”在非话语权，从强到弱依次为中国、印度、巴西和俄罗斯，而未来在非话语权的竞争主要发生在“金砖四国”等新兴大国和传统西方大国之间。厦门大学新闻传播学院副教授李展采用内容分析方法，对巴西、俄罗斯、印度和南非在厦门媒体中的呈现进行了研究，为金砖国家传媒研究提供了一个重要的地方视角。中国传媒大学教授张艳秋对中国和南非的获奖新闻报道进行了比较分析，认为建构性新闻在促进中非互相理解上具有重要作用。四川外国语大学教授严功军则从范式总结和策略反思角度，探讨了中俄媒体合作的历史、现实与未来。从记者国际报道的角度，中国传媒大学吴敏苏教授分析了中国媒体报道巴西社会议题的特征与复杂背景。

第二，“一带一路”的国际认知和国际传播。由于“一带一路”倡议的提出，如今的“金砖国家”合作机制又增加了一个新的背景。因而，此次会议也展示了国内外学者从金砖国家和其他国际媒体视野反观“一带一路”倡议的相关研究。武汉大学教授周翔的研究显示，2016 年以来，俄罗斯主流媒体开始大量关注这一中国倡议，而媒体与政治的关系可以解释这一显著变化。土耳其吉雷松大学教授 D. Beybin Kejanlıoglu 研究了“一带一路”峰会在俄罗斯、哈萨克斯坦和土耳其媒体中的再现，

提出虽然这一峰会并没有达到“媒介事件”的效果，但却获得了三国媒体足够多的注意力和来自地缘政治和经济关系视野的分析。对外经贸大学钱晶晶博士同样聚焦于“一带一路”峰会的全球媒体报道，但通过对《金融时报》、半岛电视台等媒体的财经报道策略分析，为中国媒体如何更好地与国外媒体合作提供了操作性建议。厦门理工大学朴经纬博士也从财经报道的角度分析了《经济学人》与《财经》在报道中国企业走出去上的表现，发现两者尽管有差异，却同样强调自由市场和自由贸易的重要性。就“一带一路”的国际传播，中国传媒大学教授吴炜华从文化共同体的角度解读了“丝绸之路”的符号和传播意义；西南大学教授陶红提出主流媒体既要服务于地缘政治和国家利益，也要夯实民意基础；中国传媒大学副教授冯琰则具有创见地将高铁作为“一带一路”国际传播的载体进行了分析。

由中国传媒大学国家传播创新研究中心组织的专场——“‘一带一路’的国际认知：‘他者’视角”，向与会者介绍了“全球多语种媒体视野中的‘一带一路’传播研究”的项目成果。研究员周亭在发言中提到，该项目基于大数据技术，使用自主研发的软件和数据库，该项目对全球近 20 个语种、500 家媒体、100 家智库进行日常数据采集和分析，勾勒了“一带一路”相关议题在全球多语种媒体中的传播状况。副教授谢飞的研究发现，针对“一带一路”这个议题，俄罗斯的民间话语体系还未形成，负面声音依然存在，认为中国应尽快搭建多语种对外传播话语平台，处理好我国与俄罗斯及沿线各国的利益关系。副研究员王润珏通过对印度智库的研究，提出独立性、与媒体的关联性、积极的智库合作是发挥国际影响力和建构话语权的重要方式，这对我国“一带一路”智库的发展具有重要借鉴意义。

第三，国际传播的理论创新。广东外语外贸大学教授何国平在回顾国际传播理论范式的四度转换的基础上，指出中国提出的构建命运共同体理念是一种新世界主义，是中国参与全球传播治理的中国方案。中国传媒大学副教授朱振明认为，在世界范围内，信息流动的不平衡不必是“阴谋论”的结果，单方面的政治经济学批判与新自由主义的激情欢呼都不利于对新的国际信息与传播新秩序的把握，对“国际信息与传播新秩序”的重建需要从构建新的“真理政治”入手。瑞士卢加诺大学博士后 Gianluigi Negro 具体回顾了中国与国际电信联盟（ITU）的历史勾连，提出在未来全球互联网的多边治理结构中，中国需要多措并举，发挥更积极的作用。英国威斯敏斯特大学相雨博士以中国在非洲的话语为研究对象，以“第三世界”作为方法，为进行全球传播政治经济的理论化提供了另类选择。中国人民大学教授栾轶玫强调了微传播平台可以为“一带一路”国际治理提供复合传播渠道，有利于区域性公共外交的顺利开展。广东外语外贸大学副教授刘康杰分析了海外移民媒体与社区和祖国的复杂关系。中国传媒大学教授赵瑞琦提出，金砖国家要从话语制衡的角度，构建自身的网络安全体系。

会议闭幕式上，中国传媒大学国家传播创新研究中心副主任、教授龙耘指出，此次会议的举办让我们看到了金砖国家传媒研究的巨大潜力，及其对国际传播研究的重要贡献。厦门大学新闻传播学院副教授李展认为，国际学者间更多的接触与对话，才能产生深刻的理解，建立更牢固的信任，基于此，金砖国家传媒研究才可以越走越远。

秉承具有 16 年历史的中国传播论坛的学术传统，该届金砖国家传媒国际会议更多凸显了国际视野和高端对话，为金砖国家传媒研究提供了新的平台，为国际传播研究的创新发展传递了中国声音，提供了中国方案。

作者：姬德强（中国传媒大学国家传播创新研究中心副研究员）
李　展（厦门大学新闻传播学院副教授）
摘自：《现代传播（中国传媒大学学报）》2017 年第 10 期

“第六届新闻史论青年论坛暨北京大学新闻学研究会年会”会议综述

2017 年 9 月 15 日至 18 日，“第六届新闻史论青年论坛暨北京大学新闻学研究会年会”在吉首大学召开，会议主题为“多元·融合·发展：新闻史论研究的视野与定位”。此次会议由北京大学新闻学研究会和吉首大学文学与新闻传播学院共同主办，北大新闻学研究会新闻史论师资特训班同窗会总会与两湖分会、《国际新闻界》协办。这是继 2015 年在厦门大学、2016 年在吉林大学举办年会之后，北京大学新闻学研究会第三次走出北大和北京，在异地举办年会。会议期间还举办了第 57 期北大新闻学茶座。来自日本以及中国内地、澳门和台湾地区的 20 多所高等院校的共 50 余位新闻史学界专家和青年学者齐聚吉首大学参加了此次会议。吉首大学校长、教授白晋湘和北京大学新闻学研究会执行会长、北京大学国际战略传播研究院院长、中国新闻史学会名誉会长、教授程曼丽出席会议开幕式并致辞。吉首大学文学与新闻传播学院院长、教授罗惠缙主持开幕式。

一、谨防研究偏差，坚持学术正道

主旨发言环节，汪琪、程曼丽、吴廷俊三位教授分别以“‘多元与融合’的理论与实际”“谈谈新闻史研究的世界观与方法论”“‘大道至简’——对中国新闻史研究的管见”为题，围绕着新闻史研究的视野与定位、“道”与“术”等问题进行发言。

台湾政治大学教授汪琪引用新加坡学者卓南生教授的论述认为，史学研究应尽量依据原件说话，但要避免沦为史料的奴隶，掌握史料是为了厘清新闻事业创办的背景、由来、社会联系及其具体运作，从而判断历史的真伪、并对新闻事业的社会影响进行评价和反思，达到以史为鉴的目的。她以“沙拉”和“浓菜汤”为喻，认为史学的“整合型研究”如同“沙拉”，是静态的世界观，欠缺定位与主体性，无非是欧洲思想演变的一环。“融合型研究”如同“浓菜汤”，基于动态的世界观，是对中国思想传统的承袭，倾向于兼容并蓄、去芜存菁、异中求同、同中求异。但要做到“融合”并不易，必须审视文献中的相关研究，展开对话预设的合理性，并争取证据的完整度、准确性与适切性，以提出新观点和新论述。

程曼丽指出，当前新闻史学研究存在着站队偏差、情感干扰、舍本逐末、学术猎奇等不良现象，在具体方法论上缺乏整体史关怀，缺乏全面联系和贯通，疏离宏大叙事，碎片化研究难以达成共识。一些研究迎合社会上的某些思潮或网民的褊狭心理，对历史事件和人物做出“考证”，得出的所谓“结论”夺人眼球，却是偏离历史发展主流轨道的，这种攻其一点不及其余的做法，与科学精神相违背并带来学术伤害。她主张要重新矫正新闻史研究的世界观和方法论，处理好历史与现实、局部与整体、偶然性和必然性的三对关系。

北大新闻学研究会导师兼副会长、华中科技大学信息与传播学院教授吴廷俊认为，新闻史学研究近年来定位与视野有所偏差，在追求目标上“求新”压倒“求深”，在学术路径上“求用”压倒“求学”；在具体操作上轻视学术规范，与史学正道“渐行渐远”。为此，他呼吁要遵守“史料第一、论从史出”的治史基本原则，保持月明风清的宁静心态，回归“还历史以本来面目”的治史根本。

二、回溯学科缘起，破解研究困惑

“青年视点”是新闻史论青年论坛的特色与亮点。此次论坛上，北大新闻学研究会新闻史论师资特训班四位学员代表结合各自研究近况畅谈研究心得与感悟。

师资特训班首届学员、人民网研究院刘扬博士以张友渔在20世纪30年代所著《新闻之理论与现象》一书为例，回顾了中国马克思主义新闻理论创立的初心，认为要厘清新闻与政治的关系，将“斗争”视为关键词，牢牢抓住新闻传播领导权，探寻舆论形成机理，直面主要矛盾，在发现和解决真问题中不断充实中国马克思主义新闻理论。

特训班第二届学员、北京工商大学副教授李杰琼则结合翻译《胁迫之术：心理战与美国传播研究的兴起（1945—1960）》一书过程中的体会，认为在新闻传播学研究中，要建立自主性反思，一是要在关于主流传播学的叙述中分辨出去历史、去语境、去政治的成分，为其正统性祛魅；二是进一步思考传播研究的内核与假设，明确学科与研究者在历史中的定位，从殖民与前殖民历史深度来审视现在与未来。

师资特训班第四届学员、暨南大学讲师王明亮博士根据从事新闻史教学和研究实践，认为青年研究者应处理好做学问快与慢、内与外、前瞻与回顾、史料与理论、同侪压力和情绪波动等五对关系，要以问题为导向，应致力于透过表象揭示原因和动机，体现新闻史研究的魅力。

师资特训班第五届学员、天津师范大学的陈娜副教授根据中国新闻口述史研究理论与实践现状，将口述历史分为史料工具、历史研究方法和史学分支学科的三种不同形态，认为不能将史料工具的口述历史等同于学科形态的口述历史，要认识到研究方法的口述历史只是作为学科形态口述历史的研究方法之一，要在认识论层面上强调辩证唯物史观对口述史料的统摄作用，在方法论层面上包涵多学科研究方法的综合运用，倡导研究方法之间的互证。

北大新闻学研究会秘书长、副教授陈开和和师资特训班同窗会副会长、湖南大学教授阳美燕针对四人的发言进行了点评。

三、研究视角纷呈，地域特色鲜明

此届年会在延续以往新闻史研究主题同时，兼顾举办地的特殊地理位置与文化特色，特设“社会变迁中新闻传播的定位与方向”“新闻传播与区域社会发展”和“新闻传播史论研究的视野与路径”三个论坛。

青年学者的新闻史研究不仅取向多样，而且很多都是在各自既有研究方向上取得新进展，如李杰琼的《20 世纪 20 年代至 40 年代日本在华北地区的新闻活动的变迁脉络及其特征》、重庆大学李松蕾的《日俄战争中〈顺天时报〉的舆论诱导：从“帝国的侵略”到“文明的冲突”》、首都经贸大学副教授贺心颖的《香港“第三势力运动”时期南来知识分子的报刊言论研究——以曹聚仁在〈星岛日报〉的持论为例》等。另有研究者尝试从新角度、应用新理论对新闻史的一些个案进行分析，如湖南师范大学教授吴果中的《传统与现代的双重变奏——中国近现代画报中的城市叙事》、武汉纺织大学教授马庆的《“安守与僭越”：史量才社会角色的转变》和王明亮的《国共宣传战中国民党宣传何以失败——基于组织行为学中个体行为的一种考察》等。难能可贵的是以吉首大学文学与新闻传播学院老师们为代表，集中展示了一批有本土特色的新闻传播研究成果，如唐莉敏的《湘鄂川黔革命根据地新闻传播活动史考》、陈文敏的《传播节日视像生产的文化折扣及其效力重建——基于“媒介场域”的问题探讨》、孙玮的《武陵山片区苗族鼓舞促进民族文化认同的实证研究》、李端生的《旅游视域下的双凤文化形象宣传》等。

在陈开和主持下，三个论坛的评议人——吴廷俊与台湾政治大学教授彭家发、吉首大学教授彭广林分别对各自参与的分论坛发表和讨论的情况进行了总结。各位学者一致认为，此次北京大学新闻学年会的研究成果选题精当、史料扎实、问题意识突出、治史的观念和方法正派。

四、十五年后再谈“诱惑”与“陷阱”

2002 年，卓南生教授到中国讲学不久，凭着其个人的观察，以“圈外者”的身份，围绕“新闻传播史研究的‘诱惑’与‘陷阱’”的题目坦率地对新闻史学界存在的一些偏差提出看法，并与青年学子分享其治史的苦与乐。在年会期间举办的第 57 期北大新闻学茶座上，北大新闻学研究会导师兼副会长卓南生根据长期在中国国内各大学讲学的亲身体会和感受，以“参与者”的身份重谈同一题目，与青年研究者研究深入探讨新闻史研究的走向及当前面对的研究困境与挑战。卓南生认为当下中国“新闻史研究被边缘化”“报史研究轻松论”“无用论”有趋于严重的倾向。与日本新闻史学研究相比较，卓南生认为这固然有新闻学作为新兴学科的问题，中日学界都存在。但是，中国国内新闻史研究中掩人之美、整合型读书笔记、“孙引”加工、将前人注释扩充改写、重复论证、变更论据顺序、照引他人图表史据等所谓“创新论文”层出不穷，却是日本学界所罕见的。他认为，跨学科对话没有错，但要解决好三个问题——近代报纸（“新报”）与传统媒体（“旧报”）的连续性与非连续性、大众传播史的研究与书写及媒介文化论引介带来的冲击。他以日本新闻传播史研究者为例，说明应与时俱进，批判性地引进各种新说和方法论，但绝不现炒现卖西方流行的理论；研究方法论应建立在继承、确认前辈研究基础之上，不应出现今人笑古人的现象；对本土新闻发生及其源流的研究应高度重视，充满文化自信，绝不妄自菲薄；严谨治学之风应受高度推崇，传统正派新闻史研究须后继有人。话题引发了与会者的热烈讨论。茶座主持人程曼丽教授总结说，在新的历史时期，新闻史学研究中“诱惑”与“陷阱”的蔓延态势，在当下具有警示性，需要进一步达成共识，否则会危及新闻史学科的生存和发展。她引述方汉奇先生的观点说，新闻史为新闻学这门学科打下了坚实的基础，新闻史一直被视为新闻学奠基者之功勋，而若干年后，新闻史面临“边缘化的”的“宿命”，这值得学者、学人严肃反思，唯有怀着使命感、责任感、正义感，紧迫感，唯有坚守信仰、信念和学术操守，才能共创新闻史研究的更好未来。

作者：陈文敏（吉首大学文学与新闻传播学院副教授）
刘　扬（人民网研究院研究员）
摘自：《国际新闻界》2017 年第 9 期

十年的回顾：传播研究的问题与转型

——第十届中国青年传播学者论坛综述

2017 年 10 月 14—15 日，第十届中国青年传播学者论坛在中国传媒大学举行。来自全国近 40 所院校的 50 多名青年传播学者参加了论坛。论坛共分两个平行会场，与会者围绕近年来传播学研究中的经典话题和新语境引发的新命题展开激烈讨论。

一、传播观念的方法解析与历史关照

对传播理论的经典概念和命题的解读始终是传播研究中的基础性工作。在此次会议上，不少与会者对新闻传播中的经典议题在新的传播环境下的新内涵进行了考察。福建师范大学张梅以宁波动物园老虎咬人事件为例，从“经验的真”、“逻辑的真”和“可接受的真”三个维度考察了以微博为代表的公共舆论空间中，公众对公共议题的事实判断机制；中国传媒大学曹然以具有代表性的美国“第三方事实核查机构”为例，分析了在网络传播环境下如何重新界定“言论自由的表达边界”；上海财经大学李耘耕通过对福柯的“规训式权力”和卡斯特的“网络社会”理论的再阐释，试图展示当代多元网络社会中“流动式权力”的实践方式和实现前提。

还有与会者试图将新范式纳入传播研究的版图。福建师范大学黄华对麦克卢汉和德布雷的“媒介”观念进行了比较，认为德布雷的媒介学思想同斯蒂格勒等人的技术哲学产生交集，为我们重新理解媒介、技术和文化的关系打开新的视野；中国传媒大学顾洁探讨了西方媒介研究范式的实践转向，阐释了媒介实践研究范式的基本框架和方法逻辑；武汉大学纪莉则对在传播学中长期遭到忽视的情感维度进行重新界定，认为在新的媒体环境下有必要将情感维度重新纳入传播研究的范畴。

传播思想史是十年来中国传播学界迅速兴起的一个新领域。在此次会议上，中国人民大学刘海龙以彼得斯《对空言说》的两个中译版本的差异为讨论对象，试图从史学取向和哲学取向两个维度对传播思想史的不同写法进行探索；福建师范大学连水兴梳理了法兰克福学派的经验性传播研究，并认为这不仅有助于消解单一的“批判”神话，而且能够重建“批判理论”与“经验研究”之间的桥梁；陕西师范大学许家彪从知识思想史的视角出发，对杜威的“传播”观念进行了再解读。

在传播研究学术史方面，北京外国语大学董晨宇从宏观历史和微观机构语境出发，对“知沟假说”这一美国经典传播研究的早期历史进行了知识社会学考察；北

京大学方晓恬、王洪喆通过史料研究和深度访谈，研究了1982年“北京调查”及相关受众研究的历史起源、流变与影响；关于本土传播实践的历史考察，重庆大学李金正基于美国“中国学”的批判性考察视角，对中国近现代“国货”观念与国货广告背后的民族主义意识形态及其内在困境行了批判分析；华东政法大学郭恩强在反思以往“压迫—抵抗”叙事模式下的书刊查禁研究的基础上，尝试从媒介角度展示国民党政权对书刊的查禁及其流通的历史过程。

二、新媒体语境下的传播实务、新闻生产与社会治理

近几年，大数据技术的出现对传播实践和理论提出了双重挑战。在此次会议上，围绕这一议题，中山大学钟智锦、王童辰分析了文本挖掘技术在新闻传播学科中的使用场景和特征，它给传播学研究带来的机遇以及在应用中存在的瓶颈问题；华中科技大学徐明华、冯亚凡通过文献梳理，认为在传播研究中应当厘清“社会计算”和“大数据”的概念边界；南昌大学陈世华则从传播政治经济学角度对大数据转型背后的政治经济文化驱动力量进行了批判分析。

与会者还探讨了当前传播实务中的热点议题。中国社会科学院朱鸿军、中国传媒大学周逵认为“今日头条”的资讯聚合平台的聚合生产和智能分发具有“伪中立”的特征，遮蔽了技术运用的伦理责任；中国传媒大学赵如涵、罗晨对“信息娱乐化”研究进行了系统梳理，发现相关概念界定不清，认为未来可结合眼动仪等新技术从视觉传播角度对信息娱乐化水平进行科学分析；厦门大学吴琳琳通过访谈和实地考察分析了海峡两岸动漫产业合作的内在动力和交易成本问题；清华大学张莉、陆洪磊以英国媒体对“一带一路”倡议的报道为例，对国际新闻报道中全球化和本土化的论争进行了辩证思考。

新闻生产的技术和组织模式转型也引起了与会者的关注。安徽大学刘勇、邹君然运用内容分析和叙事学方法，分析了影响记者文体实践的具体因素；南京大学胡翼青探讨了“后真相”时代的传播格局，并对新闻业的当下危机做出了理论回应；中山大学张志安、章震对十余年来新闻生产社会学的本土研究进行系统评述，并认为未来的研究应重审中国媒体所处的多重语境，从多个维度推进相关知识生产；南京师范大学张伟伟基于对成渝两地媒体从业者的实证考察，对媒介融合背景下传统媒体从业者的互联网工作性使用与职业角色认知之间的关系进行了研究；上海社会科学院白红义、李拓以媒体宣言文本为分析对象，对中国新闻业危机应对策略的“正当化”话语进行了分析；浙江大学周睿鸣以“澎湃新闻”为个案，探讨了新闻从业者的“转型”话语所蕴含的以开放参与为主要特征的权力关系再调适；中国政法大学刘双庆运用布尔迪厄的场域理论，考察了新技术环境下，新媒体场域的历史建构与新闻惯习调适。

关于新信息技术条件下的社会治理问题，重庆大学郭小安以西部四省市的调查研究为基础，探讨了媒体从业者的自主性感知与政治效能感之间的关系；湖北大学黄月琴对表达与实践的分离所产生的制度根源和政治文化传统及其隐形政治传播秩序进行了理论考察；中山大学林仲轩从社会监督、文化干扰和政治动员三个维度，研究了互联网时代澳门媒体的政治生态和社会功能；中山大学卢家银运用结构性威胁理论，系统分析了网络规制政策对中国大陆青年政治行动的影响；华东政法大学彭桂兵对在法律和规制层面如何将网播组织纳入广播组织范畴进行了解析。

还有研究者从底层视角探讨了新媒体与草根阶层的关系。暨南大学朱文哲通过

对京津粤三地新生代农民工的调查，分析了在身份认同的中介作用下，社交媒体使用对人际交往的影响；澳门大学马志浩则通过对山东荣成市问卷调查数据的分析，探讨了移动传播技术对传统社会关系与社会交往模式的影响，以及现阶段基层移动传播与社会资本的关系图景。

三、媒体话语、社会记忆与网络社会的文化景观

社会记忆是近几年来人文社会科学领域日渐受到重视的话题之一。围绕这一议题，有研究者从理论上对网络传播环境下媒介记忆和媒体话语的新特征进行了理论剖析。南京理工大学宋嘉伟认为，在网络社会环境下，媒介与记忆研究经历了从“集体记忆”到“连接记忆”研究的转向；中国传媒大学雷跃捷、李汇群则从传播学视角对网络民粹主义话语的类型和成因进行了理论分析。

也有与会者从现实语境和历史议题出发，对媒介话语与社会记忆的关系展开探索。华中科技大学郭小平、李晓对叙利亚难民危机中的视觉话语与难民的社会“可见性”之间的关系进行了考察；浙江大学刘于思对《人民日报》1946 年至 2017 年间的“遗毒”叙事进行了话语分析和历史比较，揭示了 70 年间“遗毒”话语建构的主要隐喻及其政治功能；浙江传媒学院王润研究了新闻业围绕“恢复高考”这一文化记忆题材所进行的话语阐释与意义生产；武汉大学闫岩、王冠宇研究了新华社对中华人民共和国成立以来死亡百人以上的特大事故的新闻报道，考察了特大事故的报道模式在几十年间的变迁。

与会者还从不同路径对新媒体环境下的文化实践问题展开研讨。云南大学孙信茹从线上和线下两个维度，分析了网络民族志的方法、实践及叙述问题；中山大学赵瑜佩对在英流寓华人脸书和微信的数字化融入进行了比较分析；福建师范大学吴鼎铭以网络视频众包生产与传播的实证研究为基础，分析了作为劳动的传播观念；四川大学黄顺铭从计划行为理论的视角出发，构建出“计划行为理论修正模型”和“计划行为理论扩展模型”这两个竞争性的概念模型，并以此分析了知乎虚拟社区里的知识分享；马萨诸塞大学龚元批判性地检视了以新浪微博和微信为代表的中国当代社交媒体的能供性及其对重塑中国球迷观看经历的作用；闽南师范大学朱秀凌以技术接受与使用整合模型为理论基础，揭示了青少年家庭内部“技术反哺”现象的发生机制和社会影响。

四、游戏研究的理论和方法视野

此次研讨会还与《国际新闻界》编辑部联合组织了“游戏研究专题工作坊”，与会者围绕游戏文化这一新鲜话题展开研讨。北京师范大学何威、清华大学曹书乐对《人民日报》三十多年来关于游戏议题的报道进行了批判话语分析；中国传媒大学周逵对虚拟现实游戏玩家在沉浸式传播中的身体经验进行了实证研究，发现经由虚拟现实独特的交互方式呈现的游戏内容，造成使用者特殊的身体、认知和空间经验，从而重构了技术与身体的关系；澳门科技大学章戈浩采取媒体考古学的方法路径，将游戏中的武术元素放在技术的可操作性与身体想象的长期互动之中，批判性地探询武术如何作为技术图像被嵌套于不同数字技术所构成的装置的过程，以及当代游戏工业如何将旧有的身体技术纳入对未来自我身体的展望；浙江传媒学院王喆对多人在线游戏玩家结盟合作模式中的社会学习机制进行了研究，试图探讨多人在线游戏中对结盟合作模式中的互信与认同产生影响的因素，以及结盟社群对青少年群体的文化意义和对其他形式的组织动员的影响；北京邮电大学黄佩结合创意产业和创意劳动产生的历史背景，研究了电子游戏

产业中的创意劳动与弹性生产之间的互动关系；北京第二外国语学院孙静以游戏《王者荣耀》为例，从文化内核、游戏机制和程序修辞三个层面分析了国产游戏面临的困境；厦门大学陈经超、张怀雨、乐媛则基于《阴阳师》用户的质性访谈分析，研究了手机游戏对网络人际传播的影响。

纵观此次会议发表的论文，主题十分丰富，既有经典议题，也涉及大量前沿的新鲜话题，既有理论思考，也有实务研究。但无论研究主题如何多元，与会者普遍表现出强烈的问题意识和现实关怀，从不同角度对新传播技术冲击下的传播生态、传媒格局以及由此造成的理论困境做出了回应。在闭幕圆桌讨论中，与会代表对过去十年中国传播研究的成就和问题进行了批判性反思，期待新一代中国青年传播学者能在下一个十年把相关研究继续向前推进。

作者：黄典林（中国传媒大学新闻传播学部传播研究院助理研究员）
蒲　成（中国传媒大学新闻传播学部硕士研究生）
王琛元（中国传媒大学新闻传播学部硕士研究生）
摘自：《现代传播（中国传媒大学学报）》2017 年第 11 期

中国新闻学学科建设的关键任务

——第十届中国新闻学年会“中国新闻学学科建设”研讨综述

2017 年 11 月 3 日至 5 日，由中国高等教育学会新闻学与传播学专业委员会新闻学组主办、西南政法大学新闻传播学院承办的第十届（2017）中国新闻学年会在重庆举办，来自全国百余所高校新闻与传播领域的专家学者和业界人士 200 余人与会，以贯彻落实“十九大”精神为主线，围绕“使命与担当：保卫、创新、发展中国新闻学”的会议主题，进行了深入的学术研讨，共谋我国新闻学学科发展与创新，共商中国特色新闻学学科建设之路。年会的四个研讨议题之一是“中国新闻学学科建设”，参与研讨的专家学者分析了中国新闻学学科建设的三大核心任务，深入分析了中国新闻学学科建设面临的现实问题，一致认为，构建中国特色社会主义新闻学是中国新闻学学科建设的关键目标，并就如何构建中国特色社会主义新闻学进行了探讨。

一、中国新闻学学科建设的三大核心任务

中国高等教育学会新闻学与传播学专业委员会新闻学组召集人、中国人民大学新闻学院责任教授郑保卫在《使命与担当：保卫、创新、发展中国新闻学》的主题演讲中，分析论述了中国新闻学学科建设的三大核心任务：“保卫新闻学”“创新新闻学”“发展新闻学”。

“保卫新闻学”的说法缘起于 2003 年 10 月在安徽大学召开的中国新闻教育学会年会。郑保卫认为，近些年来，随着国家对哲学社会科学的重视，我国新闻学进入了历史上最好的发展时期。他认为，新闻学需要保卫和传承，更需要顺应时代需要

不断进行理论创新。理论研究要坚持用新思维、新理念、新方法，去阐释不断变化的新事物、新情况和新问题。当前，尤其是要以习近平新时代中国特色社会主义思想为指导，以十九大精神为引领，来思考新闻学创新问题。同时还指出，经过多年的发展，新闻学学科地位的上升和影响力的扩大，为新闻学科的地位的巩固和发展奠定了基础，创造了条件。郑保卫指出："保卫、创新、发展中国新闻学"，是时代赋予每一个中国新闻学者的使命，大家应该有这样的责任与担当。如何看待中国特色社会主义新闻学是一个严肃命题和重要任务，需要我们有一个基本认识和明确态度。我们要自觉增强使命意识和担当精神，积极投身构建中国特色社会主义新闻学的事业之中，努力贡献自己的智慧和力量。

二、中国新闻学学科建设面临的现实问题

与会专家学者从不同角度分析了中国新闻学学科建设所面临的各种现实问题，具体表现在：

（一）新闻学学科体系尚不完善

中国社会科学院助理研究员叶俊认为，新闻学的学术体系、学科体系、话语体系尚不健全，影响了新闻学的学科地位，更削弱了其支撑性作用。新闻学未能形成一套自身的学术传统，特别是研究方法上主要还是其他学科的；新闻学的学科体系尚不成熟，未能形成相对固定的核心理论框架；新闻学话语体系缺乏共识，核心概念既少又缺乏定论且没有相对稳定的术语形态。

（二）新闻教育渐入困境

华中科技大学新闻与信息传播学院教授吴廷俊分析认为，近几年来，在中国传播教育风生水起，而新闻教育则渐入困境，具体表现为：遭受双重挤压，其生存空间越来越狭窄；学科整体萎缩，学科核心更是边缘化；毕业生就业难，招生生源紧缺。其原因包括学科自身缺乏张力及对传统新闻学的误读等。

中国传媒大学新闻传播学部传播研究院院长、教授雷跃捷认为，这些年高等院校新闻传播专业的毕业生到媒体，尤其是到传统媒体就职的比例持续走低，传统媒体的从业人员流失现象日趋严重，加重了人们对新闻业和新闻教育前景的担忧。雷跃捷认为，新媒体技术给传统新闻传播观念带来的冲击和改变是导致这些问题的重要原因。

浙江大学传媒与国际文化学院院长、教授韦路认为，新闻学院培养的学生呈现出非常严重的结构性失衡状态，反映出新闻学教育中培养目标和培养方式存在问题，需要在人才培养方式上进行创新。

（三）传统内容难以解释新生现象

中国传媒大学文科科研处处长、《现代传播（中国传媒大学学报）》主编、教授隋岩认为，过去是《人民日报》、中央电视台、CNN、《华盛顿邮报》等传统媒体生产新闻、生产信息。今天则是这些传统媒体的读者、观众、听众、网民与这些传统媒体一起生产信息。人类信息生产的方式发生了很大的变化，也带来了媒体格局的转变。这是中国新闻业教育面临的问题，也是全球性的问题。所以，中国的新闻学研究和教育需要创新和发展。

烟台大学人文学院副院长、教授齐爱军认为，目前应用传播类和影视艺术传媒类的新兴衍生专业大发展，新闻学科因融合新闻的发展正内缩为一个专业。传统的新闻学理论内容和教学内容难以解释涵纳新技术催生的新产品。

三、中国新闻学学科建设的关键目标

郑保卫、童兵、罗以澄、吴廷俊、丁柏铨、马胜荣、雷跃捷、周勇、蒋晓丽、强月新、李珮教授等与会专家一致认为，中国新闻学学科建设的关键目标是要构建起中国特色社会主义新闻学，尤其是要构建起真正体现马克思主义基本原理，反映

当前我国社会主义新闻工作基本经验，既有学术和理论价值，又有实践和现实指导意义，能够经得起实践、人民和历史检验的中国特色社会主义新闻学的学科体系、知识体系和话语体系。建构中国特色社会主义新闻学，必须旗帜鲜明、理直气壮地坚持马克思主义新闻观。

四、如何构建中国特色社会主义新闻学

对于如何构建中国特色社会主义新闻学科，与会专家学者深入分析了对西方新闻观的批判与借鉴问题，认识到新时期中国特色社会主义新闻学科发展的契机，并提出中国特色社会主义新闻学科建设须处理好十大关系。

（一）对西方新闻观的批判与借鉴

1. “中国新闻学者，决不做西方资产阶级理论的搬运工”

复旦大学文科资深教授、志德书院院长童兵分析了中国新闻话语的来源，提出要批判地吸纳西方新闻话语。第一，新闻专业主义和其他新闻话语一样，无不渗透着时代、政治体制、社会制度和意识形态的深刻影响。第二，西方新闻话语包括资产阶级新闻话语，既有积极正确的内容，也有消极错误的内容。对于积极正确的，即使是西方资产阶级新闻话语，我们也应吸纳为我所用；对于消极错误的新闻话语，则应坚决摈弃和批判。第三，一般说，新闻话语只具有相对的真理性，我们对其认知和借鉴的时候，必须坚持具体问题具体分析的态度，在批判中学习，在批判中发展。第四，我们反对不问正确与否和正当与否，无原则无批判地推销西方资产阶级新闻观念的言行，我们应通过正当的学术讨论和学术交锋以求得共识。我们应该明确：中国新闻学者，决不做西方资产阶级理论的搬运工。

2. 简单套用西方理论，难以解决当前我国传媒业的实际问题

郑保卫认为，因循守旧，裹足不前，或是照猫画虎、生搬硬套，简单地去套用外国的新闻理论和传播观念，难以解决当前我国传媒业改革发展所面临的实际问题，也无法实现新闻学理论上的创新和发展。新闻学需要学习和借鉴国内外各种人文社会科学原理及方法，特别是外国新闻学理论。在学习借鉴过程中要注意按照辩证唯物主义和历史唯物主义的方法来分析与论证其形成背景、理论内涵、应用价值及历史局限，真正做到“学有所值”“为我所用”。

西南政法大学新闻传播学院讲师刘静认为，我国的新闻学科应该从本地经验的认知出发，解释中国本土文化的自我更新过程；注意使用非西方世界的话语与阐述；对于现代性与全球化，坚持不偏不倚的分析框架。

3. 新闻学科要树立理论自信

郑保卫认为，新闻学要实现理论创新需要有充分的理论自信和学术自信。既不要妄自菲薄，小看自己；更不要自我贬损，自损内功；也不能妄自尊大，目中无人；更不能自说自话，甚至避讳问题，掩饰矛盾。郑州大学新闻与传播学院院长、教授张举玺结合比较中俄新闻理论研究的经验认为，中国的新闻理论的基础是从苏联照搬过来的，但是经过60多年发展以后，中国的新闻理论已经不是原来的苏联新闻理论，苏联新闻理论在实践中已经失败了，而中国的新闻学方兴未艾。

华中科技大学新闻与信息传播学院教授刘洁认为，中国的新闻学来源于西方，植根于中国，贡献于世界。中国的新闻学要走出自己的特色之路，站在为世界作贡献，为人类文明作贡献的高度来考虑当今新闻学的发展问题。

四川大学文学与新闻学院教授邱沛篁认为，发展新闻学需有团结理念，第一，老中青教师要团结起来。第二，新闻学与其他学科要团结起来。第三，新闻学教育要培养具有团结精神的新闻队伍。

西北大学新闻传播学院教授高春艳认

为，中华传统文化是构建中国特色新闻价值观的重要资源之一。中国特色新闻价值观应汲取中华传统文化价值观，如天下大同、兼容并包、上善若水、仁爱精神、和为贵等。

（二）新媒体的崛起为构建中国特色社会主义新闻学科提供契机

雷跃捷认为，随着新媒体技术的革新，新闻学研究和新闻教育会打破以往传统媒体时代以研究传统新闻学和培养传统媒体的专业新闻人才为目标的局面，将数据新闻、算法新闻、参与式新闻、大众新闻、社区新闻等的研究和教育与传统的专业新闻研究和教育有机地结合起来。新闻学研究领域的变化，将会导致传统新闻学中的公信力、新闻价值、新闻真实性、新闻来源、新闻伦理和道德等基本概念和原理在内涵和外延上的变化或更新。而新的新闻传播形态和业态的发展，也将带来新闻学研究的新课题和新理念，并诞生出新闻学的新概念、新范畴和新原理。

（三）中国特色社会主义新闻学科建设须处理好十大关系

武汉大学教授罗以澄认为，新时代中国特色社会主义新闻学科建设须处理好十大关系：中国特色与国际对话的关系；传承和创新的关系；自信和自觉的关系；服务社会需求和服务学科自身发展需求的关系；对标欧美版国际标准和制定中国版国际标准的关系；学科和学位点、专业点的关系；学科品牌和学科核心竞争力的关系；造就学者和造就学生的关系；主体性和自主性的关系；放飞梦想和科学规划、脚踏实地的关系。

五、中国特色社会主义新闻学科的建设内容

与会专家们分别从具体的学科建设、人才培养、教学改革等方面，讨论了中国特色社会主义新闻学科的建设内容。

（一）人才培养

1. 新时代新闻工作者的培养

新华社原副社长兼常务副总编辑马胜荣从新闻实践的角度，探讨了如何培养新时代的新闻工作者。他强调，立场问题是新闻从业人员不可回避的问题，新闻工作者的政治立场问题并没有由于时代的变化而改变；新闻工作者要担负起记录时代发展的重要使命和责任，成为一名合格的时代记录者，就必须确立正确的价值观，充分认识新闻工作的重要意义和基本要求；新闻工作在我国社会主义事业中的特殊地位，决定了每个新闻工作者都须自觉加强职业修养，具备良好的职业道德，涵养完善的政治品性，掌握熟练的业务能力，真正做到德才兼备。

2. 新闻传播教育的理念探索

清华大学新闻与传播学院教授、西南政法大学新闻传播学院全球新闻与传播学院名誉院长李希光探讨了新闻传播教育的新理念。李希光从 30 年前开始重走丝绸之路，在清华大学开设丝绸之路写作课，每年带领学生深入丝绸之路进行实地考察并采写新闻。目前已到访的地点包括巴基斯坦、图瓦、斯里兰卡、蒙古国、萨尔茨堡等。

3. 新闻传播教育的实践探索

中国高等教育学会新闻学与传播学专业委员会秘书长、中国人民大学新闻学院副院长周勇分享了中国人民大学新闻学院的教育实践探索经验：第一，在本科阶段新设《基础写作》课程，强化学生写作的基本功。第二，新开《经典新闻作品案例分析》课程作为全院的公开课，强化基础。第三，推出学术拔尖人才的储备计划。本硕博贯通，分阶段持续培养，解决培养人的问题。第四，与“今日头条”合作，搭建新媒体实务课程建设平台。他认为，新闻学要做大做强，需把本学科内功练强。

西南政法大学新闻传播学院院长、教授李珮以西南政法大学新闻传播学院对新闻传播教育的实践探索为个案，探讨了新闻传播学人才培养的问题。她认为，坚持

马克思主义新闻观的教育就是抓住了高校新闻传播教育的灵魂，20多年的办学探索证明，离开马克思主义新闻观教育，新闻传播教育就失去了“灵魂”；学科建设是高等教育发展的主线，新闻传播教育的驱动在于师资，新闻传播教育的支撑在于科研，新闻传播教育的根本在于学生。

4. 新闻传播教育的新思维

浙江传媒学院新闻与传播学院院长、教授李文冰认为，在新的传播生态中，新闻传播教育需把握好变与不变的辩证关系，牢固确立互联网思维，以互联网思维加强学科专业融合和人才交叉培养；牢固确立用户思维，把适应传媒业发展需求作为新闻传播教育的重要考量；牢固确立技术思维，强化新技术对新闻传播学学科建设和新闻传播教育的支撑作用，从而打造新闻传播教育核心竞争力。

5. 媒介伦理教育的改进

云南师范大学传媒学院副教授谢晓霞认为，在全民需要提升媒介素养的年代，传媒类从业人员需要更高标准的媒介素养。她提出了改进高校媒介伦理教育的三种途径：一是多种视角审视受教育者，以更好地因材施教；二是教学内容向本土化看齐，并使媒介伦理反哺一般伦理；三是提高媒介素养，同时加大对公民记者的媒介伦理教育。

（二）教学改革

1. 新闻学理论教学的转型

荆楚理工学院文学与传媒学院副院长、教授陈洪友探讨了新闻学理论教学的转型。他认为，为了适应新媒体时代学习环境的变化，新闻学理论及其教学也必然在教学理念、教学模式、教学方法等方面要做出相应的调整和改革，突出以学生为本、以参与式学习为核心、以供给侧改革为突破口、以培养未来新闻人才为目标的教学方法改革，势在必行。

2. 财经新闻专业人才培养模式的创新

广西财经学院文化传播学院副教授谢卓华探讨了云计算下财经新闻专业人才培养模式。她认为，在具有数据超级处理能力的云计算技术保障下，财经新闻专业可以借此打造一个学科内容共享式创建、教学方式无界限传递、学习载体多样化应用、学生受众主体式参与的云教育平台，为财经新闻专业带来新的建设模式和路径。

3. “参与—互动式”教学理念的应用

西南政法大学新闻传播学院副教授谢太平探讨了“参与—互动式”教学理念在新闻传播学课程中的应用。他认为，应用主要表现在三个层面：组织层面上，包括寻找经典案例、提炼讨论问题、设置相关问题、设计情景教学、设计翻转课堂等；鼓励层面上，包括主动分享信息、主动回答问题、主动回应问题、主动挑战问题等；要求层面上，包括点名回答问题、课前展示分享、安排课后作业、安排课前阅读等。

4. “活动—角色”结合型课程教学流程管理模式的应用

湖北第二师范学院文学院副教授方艳探讨了“活动—角色”结合型课程教学流程管理模式在《新闻编辑学》课程教学中的应用。她认为，该模式的宗旨在于优化教学流程管理。活动有了角色的参与，课程教学就成了创造性的活动；角色在不同的活动中便有了较为持续的学习动力，方便师生参与到整个教学链条中，形成一种持续性的良好的学习氛围。

作者：赵文丹（西南政法大学新闻传播学院副教授）

摘自：《新闻与写作》2017年第12期

2017年中国新闻传播学学术大事记

1月

〇3日，著名报人史量才诞辰137周年。浙江理工大学当日宣布把该校原文化传播学院更名为“史量才新闻与传播学院”。更名仪式后，来自全国60多家新闻传播院系、研究机构与新闻媒体的80余位专家、学者和新闻工作者围绕史量才和《申报》的发展、新闻传播人物史、新闻传播教育等相关议题进行了深入研讨。

〇6日，首届新媒体与社会心理学术研讨会暨《探索与争鸣》中国社会心态系列论坛（第二场）在江西师范大学举行，来自中国人民大学、复旦大学、南京大学、浙江大学、南开大学、中国传媒大学、香港科技大学、重庆大学等多所高校的社会学、社会心理学、新闻传播学等多学科的30多位专家学者出席会议。与会嘉宾围绕“网络空间中国式怨怼问题的治理”的具体议题，从问题的表象、内在机理以及如何治理等多维的角度进行了思考和交流。

〇6—7日，“一带一路”软力量建设高端论坛暨教育部人文社科重点研究基地跨学科智库联合体启动仪式在中国传媒大学举行，宣告首家高校跨学科智库联合体正式成立。该智库联合体由中国传媒大学国家传播创新研究中心联合八所高校十家人文社科重点研究基地共同组建。来自武汉大学、南开大学、吉林大学、华东师范大学、暨南大学、上海外国语大学、中国传媒大学、深圳大学八所高校十家教育部人文社科重点研究基地负责人出席高端论坛，并从各自学科视角出发，探讨了“一带一路”倡议与国家软力量建设。

〇8日，2017中国网络直播高端峰会在中国传媒大学中传国际交流中心举行。此次峰会由中国传媒大学主办，中国传媒大学经管学部全力承办，是继“2016中国文化产业年度盘点网络直播跨年盛典”之后以“网络直播”为主题的系列学术论坛。此次峰会聚集了百度、爱奇艺、阿里巴巴等专业机构、亦非云等平台企业的行业人才和多位高校专家学者。以“网络直播：机遇与挑战”为主题，围绕网络直播的现状、存在的问题和未来的发展趋势，进行了深入探讨和交流。

〇14日，由中国新闻史学会全球传播与公共外交委员会主办，广东省公共外交与跨文化传播研究基地、华南理工大学国际教育学院承办的“全球传播与公共外交理论建设高端研讨会”在华南理工大学召开。来自浙江大学、中国人民大学、复旦大学、中国传媒大学、武汉大学、上海外国语大学、云南大学、台湾淡江大学、美国罗德岛大学、北京大学、华南理工大学等国内外多家机构的28位专家学者出席会议。研讨会期间，中国新闻史学会全球传播与公共外交委员会正式宣布成立。

4月

〇15日，由湖南师范大学与中国新闻史学会联合主办的马克思主义新闻观学术研讨会在长沙举行，来自全国58所高校的专家学者以及新华社、《人民日报》《湖南日报》等媒体代表共100多人参加了研讨会。来自清华大学、北京大学、中国人民大学、复旦大学、中国传媒大学等高校的专家学者围绕马克思主义新闻观进行了主题发言。

○ 15 日，中国新闻史学会常务理事会第五届第五次会议在长沙举行，此次会议由湖南师范大学新闻与传播学院承办。会上，常务理事会议审定了第三届“新闻传播学学会奖”作品，评选了两个优秀二级分会。

○ 22 日，“媒介融合变革时代的新闻传播教育改革”高峰论坛在杭州举行。此次论坛由浙江大学传媒与国际文化学院发起，浙江省委宣传部、浙江日报集团、浙江广电集团作为学院共建单位，协力主办。论坛以媒介融合的变革时代为背景，近百名来自全国各高校和媒体单位的学界、业界代表聚焦新媒体课程组设计、课程国际化水平提升等核心问题，就未来新闻传播教育发展趋势展开讨论。

○ 22 日，由中国人民大学新闻学院、复旦大学新闻学院、重庆大学新闻学院等八所高校新闻传播学院主办，重庆大学新闻学院承办的“红色传承：马克思主义与中国新闻传播学”研讨会在重庆大学举行。来自中国人民大学、复旦大学、清华大学、中国传媒大学、四川大学、山东大学、华南理工大学、暨南大学、上海大学等 30 多所高校的专家学者参加了此次研讨会，围绕马克思主义与中国新闻传播学这一话题展开了深入探讨。

○ 29—30 日，第三届“向世界传播中国”国际学术研讨会在意大利北部城市博洛尼亚举行。此次研讨会由博洛尼亚大学孔子学院与中国人民大学新闻学院联合主办，主题为“‘一带一路’与中国故事叙述”，旨在探讨如何在对外传播中讲好中国故事，有效传播中国文化，实现与西方文化的和谐共存与对话。在为期两天的会议中，来自中国、意大利、美国和瑞士等国的 20 余位学者围绕会议主题，从中国对外话语体系、史学研究、新闻传播与对外汉语教育、新媒体技术在传播中的作用等角度，展开交流与讨论。

5 月

○ 9 日，“马克思主义新闻观教育与中国人民大学”专题研讨会在中国人民大学举行，该研讨会是人大新闻学院迎接 80 周年校庆的系列活动之一。学院离退休教师方汉奇、何梓华、胡文龙、王泰玄、张之华、成美、刘明华、谷长岭、赵景云、郑保卫、陈力丹、涂光晋等参会并发言。

○ 13 日，由中国传媒大学主办，中国传媒大学文法学部、中国传媒大学政治传播研究所承办的第二届中国政治传播研究学术论坛在中传国际学术交流中心举行，来自中共中央编译局、新华社、《人民日报》、国家外文局、华中科技大学、复旦大学、中国政法大学、中国社会科学院、北京大学、中国人民大学、南开大学等业界与学界近 80 位专家与会。此次学术论坛分为开幕式、大会主题演讲及四个分论坛。四个分论坛主题分别为：公共舆论与政治认同、传媒生态与新媒体、历史视野下的中国政治传播以及政治传播基础理论。

○ 15 日，由国务院侨务办公室主办，国侨办宣传司和广州暨南大学承办的“第十六期海外华文媒体高级研修班”开班仪式在暨南大学举行。来自五大洲 33 个国家和地区的 80 多家海外华文媒体负责人、代表和编辑记者参加本次研修班。研修班为期 4 天。

○ 20 日，清华大学新闻与传播学院建院 15 周年全球院长论坛举行。全球院长论坛开设了“网络时代的创新”“新型培养模式”等圆桌论坛，来自中国人民大学、复旦大学、中国传媒大学等院校的 20 多位院长参加，并分享了各自的经验和思考。当天，中国新闻史学会中国特色新闻学研究委员会在清华大学揭牌成立。柳斌杰、复旦新闻学院院长尹明华任名誉会长，清华新闻学院党委书记胡钰任会长，学会理事单位包括国内二十多所新闻院系。

○ 20 日，由北京时间携手北京大学国际传播研究院联合主办的 2017 中国战略传播论坛在北京大学举行。主流直播行业的专家和中央网信办、北京网信办、北京市委宣传部齐聚北京大学，从产、学、研、行业规范四个维度共同来探讨和分享行业经验和发展方向，致力于为直播下一站的健康可持续发展起到引领作用。

○ 27 日，由高等教育出版社、中共中央编译局“马克思主义传播史研究”课题组主办的马克思主义中国化暨《马克思主义中国传播史》编写研讨会在北京召开。此次研讨会旨在研讨《马克思主义中国传播史》丛书的研究、编写和出版问题，助推马克思主义中国化的研究和教学。《马克思主义中国传播史》入选 2016 年度国家出版基金项目，拟出版 3 卷，由高等教育出版社于 2018 年出版。

○ 28 日，中国认知传播学会 2017 年学术年会（第四届）暨国际认知传播高端论坛在天津南开大学隆重召开。该届大会的主题是“多元视角下的国际话语体系：认知传播的生成、建构与发展”。来自北京大学、复旦大学、四川大学、南开大学、浙江大学、成都大学、四川外国语大学、中国传媒大学、杭州师范大学、香港浸会大学、日本札幌大学等高校以及国家新闻出版广电总局、中央电视台等单位的专家学者参加了会议。

6 月

○ 10 日，由中国社会科学院新闻与传播研究所、中国社会科学出版社主办，郑州大学新闻与传播学院承办的《中国新闻传播学年鉴》第二届编辑出版研讨会在郑州大学召开。中国社会科学院新闻与传播研究所所长、《中国新闻传播学年鉴》主编唐绪军出席会议并致辞。来自北京大学、清华大学、中国人民大学、复旦大学、浙江大学、南京大学、武汉大学、华中科技大学、中山大学、华南理工大学、厦门大学、重庆大学、暨南大学、河北大学、南京师范大学、天津师范大学等高校的专家学者，人民日报社、新华社、光明日报社等媒体的研究员，以及郑州大学新闻与传播学院的师生共计 90 余人参加了此次研讨会。

○ 17 日，马克思主义新闻观中国化研究中心成立暨首届马克思主义新闻观中国化学术年会在陕西师范大学举行。此次会议由陕西师范大学新闻与传播学院主办，中国传媒大学《现代传播（中国传媒大学学报）》、复旦大学新闻传播与媒介化社会国家哲学社会科学创新研究基地协办，来自全国各地的数十位专家学者参加会议。

○ 17 日，上海社会科学院新闻研究所举办第五届尚社新闻论坛，将学术关怀聚焦于今天社会发生的巨变，从传播变革与时空构建、平台变革与网络治理、媒体变革与内容生产等议题出发，对变革中的传播、文化与社会等问题展开了探讨。

○ 18 日，武汉大学媒体发展研究中心（CSMD）、武汉大学新闻与传播学院主办的“2017 中国传播创新论坛”在武汉大学召开。此次论坛汇集了学界、业界的 40 余位嘉宾代表。来自中国社会科学院、中国人民大学、复旦大学、中国传媒大学、北京大学、清华大学、浙江大学、中山大学、南京大学、华中科技大学、安徽大学、华中师范大学、北京语言大学等高校的新闻传播学者，与来自教育部、央视市场研究、人民网、腾讯、新浪微博、《中国企业家》杂志、湖北广电、《长江日报》等机构和媒体的领军人物共聚珞珈山，专注中国问题，探索传播创新。会议围绕“互联网时代的传播研究创新”“传播研究的中国化探索”“互联网时代的传播实践”“中国传播反思”“传播研究新问题”等主题展开学术讨论与对话。

○ 24—25 日，第三届中国舆论学论坛在兰州大学举行。此次论坛由中国新闻史学会舆论学研究委员会主办，兰州大学新闻与传播学院承办。论坛主题是“转型期的中国舆论学：理论与实践”，来自全国各地业界与学界的百余名代表与会。此次论坛历时两天，设有六个分论坛，来自全国各地的专家学者就舆论学相关议题进行深入研讨。

○ 25 日，“传播与文化权利学术研讨会 2017 暨批判传播学年会”在北京大学新闻与传播学院举办。此次会议由北京大学国家战略传播研究院、中国传媒大学传播政治经济学研究所、华东师范大学—康奈尔比较人文研究中心联合主办，以“构建传播研究自主性的反思”为主题，从批判传播学书系新近出版的两本译著《胁迫之术》和《马克思归来》出发，围绕文化传播研究自主性、危机时代批判传播思想发展前途等议题进行了深入讨论。

○ 25 日，首届“何微新闻奖”青年学者与学科创新发展建设论坛在西北政法大学举行。何微（1916—1999）是我国著名的新闻学家、新闻教育家，素有“北甘南王西北何”之誉。此次“何微新闻奖”论坛通过新闻传播学科发展论坛暨学术期刊主编、编辑论坛，首届“何微新闻奖”新锐青年学者论坛，及首届“何微新闻奖”新闻传播学科研究生论坛三个分论坛，在征集全国高校新闻传播学科研究生论文的基础上，评选出“何微新闻奖”一、二、三等奖及“何微新闻奖”新锐青年学者奖。

○ 26 日，以“共享·智能·移动”为主题的“《中国新媒体发展报告（2017）》发布暨新媒体发展研讨会”在北京举行。会议由中国社会科学院新闻与传播研究所和社会科学文献出版社联合主办。《中国新媒体发展报告（2017）》是由中国社会科学院新闻与传播研究所主持编撰、社会科学文献出版社出版的关于新媒体发展的最新年度报告，该系列报告 2010 年发布第一卷，目前已出版至第八卷。据《中国新媒体发展报告》主编、中国社会科学院新闻与传播研究所所长唐绪军介绍，该书包括总报告、热点篇、调查篇、传播篇和产业篇五部分，汇集国内 42 位专家学者的研究成果，全面分析了中国新媒体发展状况，解读新媒体发展趋势，总结新媒体发展问题，探析新媒体对于中国政治、经济、社会、文化等方面的深刻影响。

○ 28 日，“中国传统出版文化的传承与弘扬”研讨会在北京大学新闻与传播学院举行。出版文化界的研究学者、从业人员和来自浙闽地区的雕版文化传承人与会，探讨传承与弘扬中国传统出版文化议题。会议旨在促进出版实践与学术研究成果的互通互融，推进传统雕版手艺与现代出版的传承发展。

7 月

○ 4 日，首届中国特色新闻学高级研讨班在清华大学新闻与传播学院举行开班仪式。全国人大教科文卫委员会主任委员、清华大学新闻与传播学院院长柳斌杰，清华大学新闻与传播学院常务副院长、中国新闻史学会会长陈昌凤等出席仪式并致辞。开班仪式由清华大学新闻与传播学院党委书记、中国新闻史学会中国特色新闻学研究委员会会长胡钰主持。

○ 8—15 日，由暨南大学、美国乔治梅森大学和美国密苏里大学合办，媒体国家级实验教学示范中心（暨南大学）协办的第十期传媒领袖讲习班在暨南大学开班。该期传媒领袖讲习班邀请了来自国内外的权威专家、学者二十余人，来自国内各大高校的青年教师和学生四百余人参加讲习班。讲习内容除了涵盖媒介融合、政治传播、健康传播、舆情分析等经典传媒议题外，还包括虚拟现实、人工智能、“10w + 阅读量”等前沿技术和话题。

○ 15—16 日，文化与传播符号学会第二届学术研讨会在黔西南州兴义市开幕。来自清华大学、浙江大学、中国人民大学、南京大学、中国传媒大学以及四川大学等单位的 150 余名传播学、符号学领域的代表参加。此次会议以“符号与媒介”为主题，围绕符号学与传播学研究的融合，根植于文化领域，探讨了文化、社会各领域的符号学表征与传播学应用，旅游文化及旅游传播与电子媒介的结合，分别就新闻传播的符号与媒介研究、艺术—文学的符号与媒介、新媒介时代的传播符号学、商品与民族符号研究、语言符号与传统文化五个议题展开专门的讨论，旨在探索并推进文化与传播符号学的发展，搭建一个开放、广阔、包容、高端的交流与合作平台，把符号学与传播学的研究扩展到当代社会蓬勃发展的各个文化领域。

○ 27—28 日，由国务院新闻办公室主办，中国外文局承办，山东省人民政府新闻办公室、烟台市人民政府新闻办公室、山东大学新闻传播学院协办的第五届全国对外传播理论研讨会在烟台举行。来自中央和国家机关涉外工作部门、省市区新闻办、高校和研究机构等单位的领导、专家学者共 400 余人参加会议。全国对外传播理论研讨会是对外传播领域最具权威和影响的高端理论研讨会，会议每两年召开一次。此届研讨会主题为“讲好中国故事传播好中国声音”，设有“讲好中国故事的理论与实践”“对外话语体系创新发展”等六场分论坛以及两个圆桌会议。

8 月

○ 8 日，由武汉市新闻出版广电局、武昌区人民政府指导，印刷信息化与智能化高峰论坛组委会（筹）主办，武汉改图网技术有限公司承办，武汉市印刷协会协办的第二届印刷信息化与智能化高峰论坛在武昌举行。包括台湾地区在内的境内外印刷界代表，以及互联网、信息智能化方面领军人 500 余人参会，论坛主题为“高效智造”，意为印刷企业“通过完成信息化与智能化的升级，以更高效的方式，重塑印刷产业”。

○ 16 日，以“讲好中国故事与对外话语体系建设”为主题的第四届中国学术出版“走出去”高端论坛在上海交通大学举办。与会 56 家中外出版商联合发布《“一带一路”学术出版合作倡议》，提出加强学术出版合作，以在“一带一路”沿线国家和地区出版传播当代学术精品为己任，创新学术出版“走出去”模式，加强学术出版规范，遵循学术出版规律，使“走出去”的出版物真正落地生根，增进中国与“一带一路”国家和地区的互相理解和信赖。

○ 18—19 日，中国新闻史学会 2017 年学术年会在郑州大学举行，来自清华大学、北京大学、中国人民大学、复旦大学、中国社会科学院新闻与传播研究所、美国哥伦比亚大学、香港中文大学、台湾政治大学等 100 多所高校和研究机构的 1000 余名专家学者参加会议。本次会议由中国新闻史学会、郑州大学主办，郑州大学新闻与传播学院、新华社 · 郑州大学穆青研究中心承办。会议主题为“全球视野 · 中国体系：面向未来的新闻与传播学研究”，共举行近 40 场主题论坛、专题论坛、特邀论坛以及平行论坛。论题涉及新闻史学、构建中国话语体系、互联网治理、海外华文媒体与“一带一路”建设、中国特色新闻学理论与话语等。会议期间还举行了 18 个二级分会和全国高校知名新闻传播院系成果展、中国新闻史学会聘授仪式、第三届新闻与传播学学会奖颁奖典礼、首届新闻传播学期刊优秀论文奖颁奖典礼及《中国新闻传播教育年鉴（2017）》发布式等系列活动。

○ 18—19 日，由人民日报社和深圳市委、市政府联合主办的“你就是我·我就是你——2017 媒体融合发展论坛”在深圳举行。中央部委和各地宣传、网信部门的负责人，中央及地方媒体代表、互联网企业人士、知名专家学者等近 500 名嘉宾，围绕“你就是我·我就是你”主题，通过致辞、主旨演讲、圆桌对话、成果发布等形式，分享从相“加”迈向相“融”的经验成果。

○ 19 日，由人民日报社和南方日报社联合主办的第二届全国党报评论融合发展论坛在深圳举行。来自中央新闻单位和全国 31 家省级党报相关负责人及评论业务骨干共议党报评论发展。论坛举行期间，与会嘉宾就地方与中央党报信息共享、观点共享、作者资源共享、传播渠道共享和媒体融合创新等话题展开深入探讨，就建立长期合作机制达成一定共识。“全国党媒公共平台”建设也于当日在深圳正式启动，该平台由人民日报社牵头实施，将连接《人民日报》中央厨房、人民网等机制与终端，联通全国党媒各类端口，构建全国党媒内容共享、渠道共享、技术共享、数据共享、盈利模式紧密协作的公共平台，全面提升优质产能和舆论引导合力。

○ 23 日，由华中科技大学新闻与信息传播学院与复旦大学新闻与信息传播研究中心共同举办的“媒介、叙事与城市传播理论研讨会”在华中科技大学举行。

○ 26 日，“2017 中国传播论坛暨金砖国家传媒国际研讨会”于厦门大学举办。来自金砖五国以及芬兰、英国、土耳其等国的传媒学者约 80 人参会，就“一带一路”背景下金砖国家传媒的发展及其对国际传播秩序的挑战进行了研讨。此次论坛由中国传媒大学国家传播创新研究中心和厦门大学新闻传播学院共同主办，芬兰坦佩雷大学、英国威斯敏斯特大学、巴西里约热内卢联邦大学、俄罗斯莫斯科国立大学、印度海德拉巴大学和南非开普敦大学联合协办，芬兰科学院金砖国家传媒研究项目和教育部人文社科重点研究基地智库联合体提供特别支持。

○ 28 日，中国人民大学 80 华诞前夕，第七届吴玉章人文社会科学奖暨第六届吴玉章人文社会科学终身成就奖颁奖典礼在中国人民大学国学馆举行。

10 月

○ 3 日，在庆祝建校 80 周年之际，中国人民大学新闻界校友论坛（2017）举行。论坛以“与时代同行”为主题，中国人民大学新闻界校友代表与学校领导、新闻学院师生与会，共议新闻传播事业与新闻传播教育的改革和发展。

○ 12 日，中国编辑学会报纸编辑专业委员会成立大会在浙江省杭州市举行，近百家报社代表参加会议。由专委会主办的主题论坛同期举行，来自传媒业界和学界的专家围绕如何提高报纸编辑质量、做好媒体融合背景下的“把关人”进行专题演讲。报纸编辑专业委员会秘书处设在中国新闻出版广电报社。

○ 14 日，由中国高等教育学会新闻学与传播学专业委员会广播电视学与新媒体研究分会主办，浙江传媒学院新闻与传播学院承办的“广播电视与新媒体转型发展”高峰论坛暨中国广播电视学与新媒体研究会 2017 年会在杭州召开。来自北京大学、中国传媒大学、华中科技大学、湖南师范大学、《人民日报》新媒体中心、浙江日报报业集团等单位的 100 余位专家学者参会。此次年会分设 3 个子论坛，分别以“面向未来的广播电视与新媒体教学：传承与反思”“数字化时代广播电视与新媒体的融合发展：挑战与机遇”“新技术语境下新媒体观念转向与叙事变革：发展与趋势”为主题，以打破传统媒体与新媒体、智慧与机器之间的边界，实现人、数据、机器、网络的职能链接，探讨广播电视与新媒体教学，全面塑造行业的未来。

○ 14—15 日，“第十届中国青年传播学学者论坛”在中国传媒大学举行。此次论坛由中国传媒大学新闻传播学部传播研究院承办，主题为“十年的回顾：中国传播研究的问题与转型”。来自中国人民大学、北京大学、武汉大学、浙江大学、南京大学、厦门大学、华中科技大学、北京师范大学、中山大学、暨南大学、南京师范大学、澳门大学、美国马萨诸塞大学等海内外高校的青年学者与会。

○ 14—15 日，中国高等院校影视学会第十七届年会暨第十届中国影视高层论坛在苏州举行。会议由该学会和苏州大学联合主办，苏州大学凤凰传媒学院承办。会上成立了“媒介文化专业委员会”。

○ 20 日，中国高等教育学会新闻学与传播学专业委员会在中国人民大学新闻学院召开常务理事会议，就新闻传播学科建设开展研讨。与会学者围绕“新闻传播学科人才培养的再定位”“学科布局与学科治理架构调整”“跨学科联合人才培养与科学研究的可能路径”“学界和业界的关系建构”“国际化与国际一流”“学院管理与服务流程再造”六方面问题进行交流。

○ 28 日，上海交通大学媒体与设计学院在建院 15 周年之际，举办了“新时代、新思想、新方略：中国特色社会主义新闻传播教育改革院长论坛”。来自中国人民大学、清华大学、北京大学、浙江大学、兰州大学、重庆大学等全国 20 余所大学新闻传播学院的院长与会，就党的十九大对新闻传播学科提出的新要求，围绕如何培育新时代传媒人才、如何讲好中国故事、如何建设网络强国等话题展开讨论。

○ 28 日，2017 中国应用新闻传播论坛在湖北大学举行。人民日报社新媒体中心、新华网、浙江日报报业集团、财新传媒数据新闻中心、今日头条、澎湃新闻、梨视频、上海发布、新京报我们视频、封面新闻十家媒体荣获“2017 中国应用新闻传播十大创新案例”。来自全国 40 多家新闻院校和 10 多家媒体的近百位学者与记者出席会议，围绕网络化社会中的新闻传播教育变革进行了探讨。

○ 28 日，第十届公关与广告国际学术论坛（10th PRAD）、第二届中国新闻史学会公共关系分会年会（2nd PRSC）暨第四期战略传播与公共关系工作坊在武汉举行，来自全球五大洲 16 个国家和地区的 150 多名学者参加了会议。会议开幕式上还举行了《中国公共关系学》（上、下）的首发式，该书系中国首部集大成的奠基性公共关系理论工具书。

○ 28 日，由中国新闻史学会媒介法规与伦理研究委员会主办，山东大学新闻传播学院、山东大学传播与媒介研究中心承办的“媒介化社会背景下的新闻伦理构建研讨会”在山东大学召开。来自中国人民大学、中国传媒大学、南京大学、暨南大学等 30 余所高校，以及新华社新闻研究所、中国新闻社山东分社、中国联通集团、北京时间新闻中心等媒体单位的近百余位学者和专家参加了研讨会。

11 月

○ 4—5 日，中国高校影视学会广播专业委员会第一届理事会第二次会议暨第二届中国广播创新发展高端论坛在安徽师范大学举行。会议由中国高校影视学会与安徽师范大学主办，安徽师范大学新闻与传播学院和暨南大学新闻与传播学院承办，以中国广播创新发展为主题，探讨当代中国广播的困境与发展。来自国内高校、广电媒体和学术期刊等 100 多人出席了会议。

○ 3—5 日，由中国高等教育学会新闻

学与传播学专业委员会新闻学组主办、西南政法大学新闻传播学院承办的第十届（2017）中国新闻学年会在重庆举办，来自中国人民大学、清华大学、中国传媒大学、复旦大学、武汉大学、华中科技大学、南京大学、四川大学、重庆大学、郑州大学、兰州大学等全国100余所高校的新闻与传播领域的专家学者和业界人士200余人与会，以贯彻落实“十九大”精神为主线，围绕“使命与担当：保卫、创新、发展中国新闻学”的会议主题，进行了学术研讨。年会还邀请中央和地方媒体的相关人员，就“十九大”后我国主流媒体的深化改革与创新发展进行专场研讨。

○ 4—5日，第十届世界华文传媒与华夏文明国际学术研讨会在广东外语外贸大学举行，来自清华大学、北京大学、中国传媒大学、华中科技大学、暨南大学、香港中文大学、新加坡南洋理工大学、羊城晚报报业集团等40多家大学及媒体的100多位专家学者参加了会议研讨。此次研讨会由中国新闻史学会、华中科技大学新闻与传播学院和新加坡南洋理工大学黄金辉传播与信息学院联合主办，广东外语外贸大学、羊城晚报报业集团联合承办。24位嘉宾学者就“中国话语体系与华文传播——华夏文明国际传播的路径选择”主题发表演讲。

○ 5日，由中国传媒大学新闻传播学部新闻学院主办的“新挑战·新坐标：传播学教育发展论坛2017”在中国传媒大学国际交流中心举行。此次论坛分四幕来探讨当下中国传播学教育所面临的新挑战，并在新的历史阶段探寻传播学教育的新坐标。四幕的主题分别为“探路”“视野：中国与世界”“求索：知与行”“薪传”。在此次会议上，中国传媒大学拉美传播研究中心揭牌，会议还探讨了中国的对外传播模式和委内瑞拉等国媒体情况等议题。

○ 5日，时值邹韬奋先生诞辰122周年纪念日，以“出版人才专业培养与继续教育”为主题的第六届韬奋出版人才高端论坛在山东济南举行。此次论坛由韬奋基金会主办，中国新闻出版研究院、中国新闻出版传媒集团联办，山东出版集团承办，百道网协办。全国业界、学界百余位代表聚首济南，围绕新时代背景下高等院校如何进行出版人才专业培养、出版单位如何进行继续教育培训等话题，从不同角度进行了探讨。

○ 11日，以“智媒时代：交流与协商”为主题的2017新媒体国际论坛在上海开幕。论坛由上海交通大学媒体与设计学院和国际传播学会（ICA）共同主办，重点研讨了智能媒体的现实影响、可能应用、未来趋势等。论坛以智能媒体为核心议题，讨论内容涉及智能媒体研究的理论与方法、智媒行业的前景展望、智媒时代的内容生产与媒介使用、智能营销以及智媒时代的政治传播、智能媒体的发展对公共生活的影响等。

○ 11日，第五届“舆情与社会发展论坛”在安徽大学举办，来自全国各地的产、学、研代表与会，探讨新媒介背景下舆情与社会发展。论坛以“舆论新格局，传播新秩序”为主题。

○ 17—19日，第一届中国品牌传播青年学者论坛暨第五届品牌传播论坛在华中科技大学举行。此次青年学者论坛由华中科技大学新闻与信息传播学院、中国传媒大学广告学院、厦门大学新闻传播学院、华南理工大学新闻与传播学院共同主办，华中科技大学新闻与信息传播学院承办。此次论坛邀请了60余名来自海内外品牌领域的专家学者参与研讨对话，共分为五场分论坛，每场分论坛均有一个核心主题，分别是品牌传播的多元解读、品牌广告与社会责任、互联网与品牌创新、品牌文化与对外传播、国家品牌的回顾与发展。

○ 18—19日，以“智能时代的新媒

体与网络治理”为主题的2017中国新媒体传播学年会在汕头大学举行。该届年会由中国新闻史学会网络传播史研究委员会主办，汕头大学长江新闻与传播学院、汕头大学国际互联网研究院承办，首都互联网协会媒介融合专业委员会协办。来自北京市网信办、香港城市大学、悉尼大学、澳门大学、清华大学、重庆大学等国内外高校与管理机构的150多人参加了此次年会。

○24—26日，第九届跨文化传播国际学术会议（简称ICIC2017）在武汉大学召开，此次会议主题为“‘一带一路’、多元文化主义与跨文化传播”。17个国家和地区的学者在14场论坛中展开对话，形成《“一带一路”的跨文化主义共识》。此次会议既收录了包括马来西亚、尼日利亚、斯里兰卡、泰国、巴基斯坦、新加坡、土耳其、伊朗、阿联酋和中国等10个“一带一路”沿线国家的研究作品，还收录了美国、法国、德国、澳大利亚、瑞典、中国香港和中国台湾等国家和地区的学者的研究成果。

○25日，中国新闻史学会党报党刊研究委员会成立大会暨“中国共产党新闻理论与实践”学术研讨会在南昌大学举行。研讨会上，来自清华大学、北京大学、中国人民大学、复旦大学、中国传媒大学、南京大学、武汉大学、华东师范大学、陕西师范大学、西北大学、山西传媒学院，以及光明日报社等单位的80余位专家学者，围绕中国共产党的新闻理论与实践等相关问题，通过主题发言、论文报告等形式进行了讨论。

○26日，以“‘一带一路’与品牌中国”为主题的“2017清华国家形象论坛”在清华大学举办。在论坛开幕式上，清华大学出版社与清华大学国家形象传播研究中心联合举行《国家形象：创新与融合》发行仪式，发布了《大数据中的国家形象》和《特色小镇品牌传播力指数》等研究成果。论坛下设9场专题论坛，分别从国家品牌理论与实践、企业品牌、对外传播、特色小镇、文创品牌、大数据/社交媒体、京津冀战略等多个方面，对国家形象的构建和传播问题展开探讨。

○30日，第五届中国网络视听大会在四川成都开幕，来自网络视听全产业链的5000余名同人与会，就行业的生存现状、发展方向等话题展开交流，探寻视听领域发展的新趋势。大会以“新使命、新视界、新动能”为主题，在三天的会期中开展“网络视听产业峰会”“新视听创新峰会”“媒体融合发展峰会”“视听数据高峰论坛”等30多场论坛和主题活动。此外，“2017中国（成都）网络视听新技术与节目展交会”也同期举办。

12月

○1日，首届民族新闻传播研究论坛在中央民族大学召开。论坛以“民族新闻传播研究的想象力与可能性”为主题，分为“民族新闻传播研究”与“跨文化传播研究”两个专场。论坛由中央民族大学文学与新闻传播学院主办，由民族新闻传播研究中心、新媒体研究中心和跨境民族文化传播研究中心三个院级科研平台联合承办。来自中国人民大学新闻学院、清华大学新闻与传播学院、武汉大学新闻与传播学院、北京外国语大学国际新闻传播学院的专家学者，以及文学与新闻传播学院的师生参加了论坛。

○1—2日，“全球城市：传播与创意论坛”在复旦大学新闻传播学院会议中心举行，论坛为河北大学新闻传播学院承办的河北省城市传播研究院设立了主题为“城市传播：雄安视阈”的专场学术讨论。该论坛由复旦大学信息与传播研究中心、复旦大学新闻学院和复旦发展研究院传播与国家治理研究中心共同主办。来自复旦大学、南京大学、澳门大学、香港浸会大学、香港中文大学、中国传媒大学、中山大学、上海交通大学等25所高校100余人参加了会议。

○2日，新闻传播思想史研究委员会专题工作坊暨新闻传播学研究生教育论坛在陕西师范大学召开。会议以“重访经典：传播研究的里程碑”为主题，展开专题讨论。四组专题讨论分别为：新闻传播学经典的反思与运用、重读新闻传播学经典文本、传播思想与历史的互动、研究生教育论坛。来自国内各大高校、科研机构、杂志社等相关单位50多位专家学者以及新闻与传播学院的200多名师生参加了会议。

○2日，中国社会科学院大学、中国青年政治学院主办了第四届“政治传播与社会发展”论坛。来自北京大学、清华大学、中国人民大学、浙江大学、武汉大学、中国传媒大学、中山大学、吉林大学、南京师范大学、河北大学、中国社会科学院大学等国内20多所高校的学者及院系负责人，以及来自中国外文局、中国国际电视台等单位的业界代表、少量各高校研究生共60余人参加了此次论坛，围绕“全球化与逆全球化背景下的国际政治传播”这一主题，进行讨论。

○9日，“传播媒介与抗战救亡：纪念全面抗战爆发80周年暨第三届中国抗战新闻传播史学术研讨会”在重庆大学举行。研讨会由中国新闻史学会、重庆大学新闻学院、中国抗战大后方研究协同创新中心、重庆地方史研究会、重庆大学新闻传播与社会发展研究院共同主办。来自中国传媒大学、复旦大学、四川大学、华中科技大学、北京师范大学、南京大学、西南大学等高校的专家学者与来自中国新闻史学会、中国现代史学会、中国抗战大后方协同创新中心、云南新闻出版广电局等机构的业界人士共50余人，围绕传播媒介与抗战救亡这一主题探讨抗战新闻传播史方面的问题。

○9日，中国高等教育学会广告教育专业委员会2017年学术年会暨第八届中国广告教育论坛在河北师范大学开幕。来自全国122所院校的240余名广告学者、业界专家与专业教师参加会议。此次论坛以“趋势与适配——新传播生态下中国广告教育的供给侧改革”为主题，以“新传播生态下的中国广告教育”及“新传播生态下的广告研究”为议题展开研讨。

○9—10日，以“新媒介—新技术—新视野：新闻传播与社会变革”为主题的安徽省第九届新闻传播学科研究生论坛开幕式在安徽大学举行。该届论坛共收到来自全国76所高校和研究院所的236篇论文，经匿名评审，最终51篇论文入围。来自复旦大学、武汉大学、南京大学、中国传媒大学、中国人民大学、台湾大学、台湾世新大学等高校的学生参加了论坛宣讲。

○10日，第五届范敬宜新闻教育奖颁奖仪式暨新闻传播学科高峰论坛在清华大学举行。教育部高等学校新闻与传播学类专业教学指导委员会和国务院学位办新闻传播学科评议组专家、来自部分高校新闻院系院长、第五届范敬宜新闻教育奖获奖者以及部分师生代表共150余人出席颁奖典礼和论坛。同日，教育部高等学校新闻与传播学类专业教学指导委员会召开第九次全体会议暨学科评议组会议，与会成员围绕“通识教育、技术发展与双一流建设”“学科建设与国际化人才培养”的主题，进行了进一步研讨。

○10—12日，2017年中国传播学论坛暨“新世界主义视野下的传播与人类命运共同体学术研讨会”在宁波开幕。来自清华大学、中国人民大学、复旦大学、浙江大学、中国社会科学院等全国高校、科研机构的近300位新闻传播领域的资深专家及中青年学者参会。该届论坛由中国新闻史学会传播学专业委员会主办、浙江大学传媒与国际文化学院、浙江大学宁波理工学院传媒与设计学院承办。论坛上，与会学者围绕新世界主义与跨文化传播、人类命运共同体与传播全球化、新世界主义与中国传媒改革发展等，进行了研讨与交流。

○ 15 日，第二届全国新闻与传播专业学位研究生教育指导委员会第二次工作会议暨第二届 MJC 研究生教育工作研讨会在暨南大学举行。来自全国 99 所高校的 180 多位与会代表参加了会议。

○ 15—16 日，“新时代全球传播高峰论坛暨浙江省传播学会 2017 年年会”在杭州举行。此次会议由浙江省传播学会、浙江工业大学人文学院主办，浙江工业大学影视传播与新媒体研究中心、浙江工业大学新闻传播学省重点学科承办。来自浙江大学、宁波大学、浙江传媒学院、浙江工商大学、浙江理工大学及浙江工业大学等高校的 60 余名专家学者与会。

○ 16 日，由首都文化创新与文化传播工程研究院、北京师范大学文化创新与传播研究院、北京师范大学艺术与传媒学院和新闻传播学院联合举办的“第五届媒介融合与创新论坛”于北京师范大学举办。该届媒介融合论坛以“传统媒体的融媒体转型”为主题。来自纸媒、新媒体、学界等多个领域的专家学者，立足媒介融合趋势，对如何充分发挥互联网和数字终端设备在促进媒介融合与创新上的作用，如何在媒介新时代主导舆论格局，如何把握传媒行业发展规律，以积极心态面向未来抢先布局等问题进行了交流讨论。

○ 16 日，中国新闻史学会编辑出版研究委员会学术年会（2017）暨“媒介融合时代的编辑出版学与出版业”论坛在中国传媒大学举行。此次论坛由中国新闻史学会编辑出版研究委员会主办，中国传媒大学编辑出版研究中心、中国传媒大学传播研究院和河南大学新闻与传播学院联合承办。来自中国传媒大学、复旦大学、清华大学、北京大学、南开大学、武汉大学、浙江大学、河南大学、北京印刷学院、华中农业大学等近 80 所高等院校以及中国出版集团、商务印书馆、北京师范大学出版集团等优秀出版企业的专家学者参会。与会专家学者们围绕融合背景下的出版教育与业务研究、出版研究范式转型等相关议题进行了交流和研讨。

○ 16 日，由广州大学新闻与传播学院主办的“网络社会的情绪传播”高端论坛暨第二届新媒体与社会心理学术研讨会在华工大学城中心酒店举行。来自中国传媒大学、上海交通大学等高校的 40 余名知名专家与青年学者参加了会议。会议就“网络舆论与情绪传播”和“网络情绪表达与社会心理”两大议题进行了探讨。

○ 17 日，以“大数据应用与创新”为主题的“2017 年中国科技传播论坛”在北京举办。2017 年“新华杯”科技传播奖同期颁出。论坛上，中国科学院院士郭华东和中国工程院院士戴琼海分别作了题为“数字丝路：大数据驱动‘一带一路’可持续发展”“人工智能发展的前沿探索”的主旨报告。该活动由中国科技新闻学会主办，中国科普研究所协办，新华网、中国科技新闻学会大数据与科技传播专委会承办。

○ 20 日，“2017 中国智库治理暨思想理论传播高峰论坛”在北京举行。此次会议由光明日报社、南京大学主办，光明智库、南京大学中国智库研究与评价中心、光明网承办。论坛邀请了中央及各省市智库管理部门领导、中国智库索引（CTTI）首批来源智库、智库研究界著名专家学者和部分媒体等 600 余人与会。会上，正式发布了由《光明日报》、光明网和南京大学共同设计研究的“思想理论网络文章评价系统”（Ideological web articles evaluation system，简称 iWaes 系统）。

〇23日，“计算传播学跨学科高峰论坛”在重庆大学举行。来自北京师范大学、南京大学、中山大学、北京航空航天大学、四川大学等高校的专家学者与来自中共重庆市委宣传部理论处、重庆市互联网协会、人民网舆情数据中心、重庆华龙网集团、人民日报媒体技术股份有限公司等机构的专业人士与会，探讨新媒体时代市场计算传播研究的有关问题。此次论坛由重庆大学青年教师科学技术协会主办，重庆大学新闻学院协办。

〇23日，2017传媒类学术期刊发展高峰论坛在浙江传媒学院举行。此次论坛由浙江传媒学院主办，《浙江传媒学院学报》编辑部、科研与创作管理处、互联网与新媒体研究院、浙江省媒体传播优化协同创新中心共同承办。这次论坛主要围绕“媒体融合时代的传媒类学术期刊的转型与创新”这一主题进行研讨。

〇23日，由中国人民大学、广西艺术学院主办，中国传媒大学播音与主持艺术学院、陕西科技大学设计与艺术学院等协办的“2017中国主持传播论坛”在中国人民大学开幕。设计与艺术学院的教师、研究生与来自清华大学、中国传媒大学、中国人民大学、重庆大学等全国高校的学者一同进行学术研讨。此次论坛以“网络·主播——融媒体时代的主持传播”为主题，共有来自全国高校的播音学、新闻学学者及业内精英150余人参会。

〇24日，“方汉奇基金”在中国人民大学成立。著名新闻史学家、中国人民大学荣誉一级教授方汉奇将所获的“吴玉章人文社会科学终身成就奖”奖金100万元全部捐赠设立基金，以支持新闻史学研究，推动新闻传播学科发展。方汉奇基金将以方汉奇教授此次捐赠为启动资金，中国人民大学教育基金会与新闻学院持续募集资金保障运转，使其为新闻传播学科发展建设发挥重要作用，其中包括面向中国新闻史学会，支持新闻学与新闻史研究。

〇25日，新华社组织召开了“学习习近平新闻舆论思想加快建设国际一流的新型世界性通讯社”研讨会暨2017年新华社新闻学术年会。新华社社长蔡名照出席主题论坛并讲话，总编辑何平主持会议，刘思扬、周宗敏、刘正荣、张宿堂、严文斌等社领导，中宣部相关负责同志、知名学者出席。总社各部门、各单位主要负责同志，新闻研究所特约研究员、“习近平总书记新闻舆论工作论述研究”课题组成员、部分年会论文作者等220余人参加各个论坛。

〇28日，教育部学位与研究生教育发展中心公布全国第四轮学科评估结果，中国人民大学、中国传媒大学新闻传播学在此次评估中获评A+，复旦大学、华中科技大学获评A，清华大学、上海交通大学、武汉大学、暨南大学获评A-。此次学科评估于2016年4月启动，在95个一级学科范围内开展（不含军事学门类等16个学科），共有513个单位的7449个学科参评。

撰稿：叶　俊（中国社会科学院新闻与传播研究所助理研究员）

第十三篇
研究生学苑

2017年新闻传播学优秀博士学位论文选粹

编者： 在2017年我国部分高校进行的优秀博士学位论文评选中，有新闻传播学论文被评为优秀论文。这里收录清华大学、南京师范大学和暨南大学校级优秀博士学位论文的内容摘要。

《流动的公共领域：当代中国媒介化政治研究》内容摘要

该文从“媒介之私”与“政治之公”的关系入手，通过对网络事件中的公众参与、政府回应、个体认知三个层面的经验分析，讨论当代中国的媒介化政治现象，进而提出“流动的公共领域”作为其理论解释。

首先，文章批判性地回顾了媒介与政治关系的既有研究，比较了作为中介的媒介、作为场域的媒介、作为逻辑的媒介这三种观点认识，并论证了“媒介化政治”作为理解媒介与政治深度互动的合理性。在此基础之上，文章将公共领域理论作为理解媒介化政治的理论进路，详细梳理了公共领域理论的历史内涵及理论脉络，在网络社会和中国语境下，确立了公共领域理论的理论正当性和理论可研性问题。

其次，在这一理论基础和研究思路下，该文通过具体研究媒介化政治的公众参与、政府回应和个体认知，完整地讨论了媒介化政治进程中各方参与的行动逻辑与相互影响模式。第三章以跨年度的四起PX事件为例，探讨了当代中国媒介化政治中公众参与的行动逻辑和协商逻辑，归纳了不同媒介连接形式形塑的风险抵御、政治协商、科学传播和经济理性模式。第四章则对同时发生在三地的PX事件进行了比较案例研究，在抽象了地方政府在不同案例中形成的公众压力、公众激化、群众路线三种回应模式的基础之上，分析了造成不同回应模式背后的媒介化影响。在第五章中，为了了解公众个体的认知结构对于网络事件的兴起、发酵、传播、结果的作用，该文通过对500余名微博活跃用户进行问卷调研，采用了结构方程模型，发现了不同个体在信息地位、网络事件认知、媒介信任评价、信息素养等关于媒介公共性的“理解—交往”悖论。

最后，该文在经验研究的基础之上，综合网络社会流动的空间理论和公共领域理论，提出“流动的公共领域”作为解释当代中国媒介化政治的理论框架，并从参与主体、媒介机制、议题内容、政府角色等多个维度进行了理论阐释和内涵拓展。（该文获2017年清华大学优秀博士学位论文一等奖）

作者：虞　鑫（清华大学新闻与传播学院2017届博士生）
导师：陈昌凤（清华大学新闻与传播学院教授）

《“有闻必录”：一个中国新闻口号的兴衰》内容摘要

“有闻必录”是横贯晚清民国报界极具感召力的新闻口号，它自1870年代被《申报》引入报刊之后，便长期盘踞在新闻界的话语舞台上，堪称中国近现代报刊史上知名度最高的口号。然而，历史上风行一时的“有闻必录”却给今人留下了种种困惑：（1）该口号从何而来，它有着哪些具体内涵，其发展演进宏观历程究竟是怎样的？（2）对中国新闻界来说，这样一个口号的存在，到底意味着什么，其在历史语境中的必要性与合理性到底在哪里？（3）这样一个在实践操作中有悖常理的新闻认知，为何会在中国新闻界兴起，又为何能够有着绵延长久的生命力？

循着“新文化史”的宏观取向，借助历史文献、“话语”分析等研究办法，该论文试图从整体上勾勒“有闻必录”口号的演进脉络。重心是要在具体的历史语境中揭露该口号的兴衰动因，进而回答上述几点困惑。

研究的主体内容共六章，以时间为线索展开了叙述。前三章主要考察了“有闻必录”在报界出现、扩散与风行的兴起历程，后三章则探讨了该口号被质疑、坚守乃至抛弃的衰退经过。在兴起阶段，该文章指出，“有闻必录”的出现与《申报》的商业诉求密不可分，它形塑了新式报刊在新闻活动中的“有闻”优势；此种话语优势，在“史家记事”等古典文化传统的阐释影响下，逐步具备了正当地位，被更多的报刊所接受；直到20世纪初期，在政府管控新闻界的背景下，“有闻必录”成为了新闻人反抗“不录”管控的“必录”抗争话语，进而风行了整个新闻行业。在衰退阶段，该研究认为，“五四”时期知识精英站在西方新闻理念等思潮下的集体性反思首次强烈冲击了该口号存在的正当性基础，精英话语开始呼唤新的活动准则；面对此景，新闻从业者虽开始了自我反思，却也因政界的打压与新闻活动的分化等现实因素的存在，始终对其不乏坚守；待到1940年代前后，在战时的新闻动员与政党新闻业的报业改造过程中，新闻活动渐渐形塑了新的行为规则，“有闻必录”存在的合理性因素全然丧失，成为了一个在批判中被不断言说的口号。

在此基础上，该文章表示，“有闻必录”应当被视为一个形塑中国新闻活动边界的本土话语，有着独特的历史价值。该口号讨论的“闻”与“录”话题，触及了新闻活动中关于信息采集与发布这一根本的边界问题，其兴衰历程展现了中国新闻业对于“如何从事新闻工作”的自我思考。中国传统文化元素与本土报业实践语境的融入，使得这一颇具“地方感”的行业话语参与到了新闻活动的边界塑造中，影响了中国新闻业的面貌呈现。此外，时人在历史语境中对“闻”与“录”关系命题的回答，将为我们重新审视当下新闻活动及其边界问题提供有益启发。（该文获2017年江苏省优秀博士学位论文）

作者：操瑞青（南京师范大学新闻与传播学院2017届博士生）
导师：方晓红（南京师范大学新闻与传播学院教授）

《民国时期报刊阅读研究（1912—1927）》内容摘要

受西方新文化史研究的影响，中国学者在政治文化、出版文化、物质文化和消费文化、大众文化、历史记忆、医疗文化等方面开展了具体而生动地研究。阅读史作为新文化史研究的重要组成部分，近年来已逐渐引起学界的关注。阅读的内容包括读书和读报，但学界对书籍的关注程度显然高于报刊，报刊阅读的通史性研究尚是一个空白。报刊史作为新闻史研究的重要组成部分，在新闻史学界已然成为一门显学，但报刊阅读史研究显然处于“起步”阶段。如何拓展“报刊阅读史”的研究，已成为需要突破的重要领域。从报刊阅读的现象到报刊阅读的理论解读，是新闻史研究重大的议题，需要用多维度的角度去看待。

该文是中国报刊阅读史研究的重要组成部分，拟通过考察中国近代读报活动的历史形态和阶段特征，知晓读报活动的规律，探讨民国时期读报活动所具有的社会意义和影响，从总体上评估报刊与社会变迁之间的内在关联。从七个方面对民国时期（1912—1927）报刊阅读作一专门探讨。

第一部分：报刊“知识仓库”的建立与读报世界的变化

报刊阅读史的研究与报刊“知识仓库”的建立息息相关。从北洋政府时期报刊“知识仓库”的发展阶段来看，其时段主要分为1912—1916年、1917—1921年、1922—1927年三个阶段。从报刊“知识仓库”的区域分布来看，上海、北京是报刊中心，凸显政治经济等因素与报刊的内在联系。从时间、空间两个维度梳理报刊的“知识仓库”，不仅有助于认识报刊的多个世界，亦能更好地了解报刊阅读的历史图景。

第二部分：报刊阅读与读者的政治参与意识

开展报刊与政治的研究，离不开对“公共舆论”的讨论。民初报刊与“公共舆论”密切相关。民初的党争与政争，促进了“舆论政治”的形成，时人对“舆论政治”也多有表述，体现出报刊与政治之间的内在关联，而政党性报刊的传播与阅读有助于读者理解“舆论政治”的某些方面。报刊提供了传播知识的新场域，其公开发表的政治见解颇具影响。报刊构建了意见表达的重要空间，改变了读报人政见表达的方式。它打破了传统政治渠道封闭的纵向结构，使政治言论广泛地撒播到社会之中，被互不相识的读者平等地共享。报刊营造的政治符号空间成为许多政治人士的向往之地。读报人的日常交往，因为报刊的存在，而充满了对当下的关切。

第三部分：读刊活动与读者的思想世界及影响

中国思想文化由传统向现代过渡的标志之一就是报刊的大量涌现，以此促进了近代“公共舆论”的发展。“公共舆论”不仅事关政治，亦与思想不可分割。时人在讨论报刊的职能时，亦多留意报刊的“思想纸”功能，而往往忽视报刊阅读的过程。报人—写作—时论的过程是制造思想的过程。而读者—阅读—报刊的过程亦是接受思想的过程。在报刊“知识仓库”格局从中心向边缘扩张的背景下，我们要高度关注读者—阅读—报刊这一环节对思想界的影响。

第四部分：报刊阅读与读报人的生活形态及方式

北洋政府时期，报刊已全方位进入到普通民众的生活之中，其作用得到极大的提升，时人将报纸之多寡与社会文明之程度联系起来。报刊阅读的主体包括新式知识分子、学生、官员、商人等，他们将读报作为每日的日常行为规范，从报刊中吸取“信息资源”“知识资源”“思想资源”。每天读报成为一般新式知识分子的必修课。一些知识分子会将每日阅读的报刊如实的记录下来，并抒发所思所想，个体的生命史在一页页日记中得到完整的保留。一些知识分子怀着改造中国的梦想，从报刊中汲取知识，然后写作、投稿，他们由报刊的读者转变成为作者，实现了身份的转变。一些知识分子在报刊的影响下，走向了读报—办报的过程，报刊成为他们发言的场域，公共空间得以形成，一些人实现了“文人论政”或“报人报国”的理想。

第五部分：《新青年》的阅读与社会影响

从报章发展的角度看，新文化运动促进了中国近代报业的繁荣，也在无形之中引发了报刊“阅读革命”，《新青年》的阅读对象以学生与大学教师为主，其阅读培养了一批“阅读大众”，造就了一个时代的形成。早期《新青年》不仅解答了众多青年的困惑，亦描绘了知识青年的生活图像及群体认同，构造了早期的“阅读共同体”。同人时期《新青年》的阅读群体进一步扩大，陈独秀出掌北大文科学长和《新青年》北移北大，使之成为全国舆论的重要中心，一系列连环炒作促使《新青年》迅速成名。《新青年》也成为一代名刊，在各地广为传播。党刊时期《新青年》已成为中共的宣传刊物，《新青年》宣传的主张导致一部分青年左倾，亦吸纳了一批新知识分子阶层，对培养“左翼青年”起到了重要作用。

第六部分：报刊阅读引导与读报人的社会化进程

从儿童心理发展的角度来看，童年处于人格逐渐形成的过程中，而报刊对启蒙教育有着重要影响。正因为如此，民国时期学人对于儿童读报多有关注，他们试图从为何、如何两个角度探讨儿童读报的重要议题。

第七部分：阅报组织与读报活动的拓展

把阅读作为社会现象来研究，需要知晓读者群体、阅读范围、阅读场域、阅读时间。阅报组织作为阅读的场域，具有公共阅读的性质。民国时期的阅报组织是对晚清阅报组织的继承和发展。民初公众阅报社的发展是官方和民间力量合力的结果，新文化运动推动了阅报组织的发展，少年宣讲团创设的阅报牌也是斯时的一大创举。在启蒙的口号下，这一时期阅报组织的发展主要以民间力量推动为主。南京国民政府成立后，将阅报组织的推广纳入到社会教育的主体部分，在各地积极推广。在“开启民智”的口号下，这一时期阅报组织的发展主要以官方推动为主。民国时期阅报组织的发展，为读者了解社会、传播新知、普及科学起到了重要的作用。（该文获2017年暨南大学优秀博士学位论文）

作者：许高勇（暨南大学新闻与传播学院2017届博士生）
导师：蒋建国、李巽平（暨南大学新闻与传播学院教授）

2017年新闻传播学博士学位论文、博士后出站报告篇目辑览

（按照大学所在地行政区域排序）

中国社会科学院研究生院新闻学系与传播学系

1. 2017年博士学位论文

作者	论文题目	指导教师
曹　昂	流动女工健康话语的建构与传播研究	唐绪军
田颂云	延安时期《边区群众报》研究	卜　卫
王晓艳	儿童媒介素养评估:基于成都金牛区媒介素养教育试验的个案研究	卜　卫
李　平	中国深度报道发展研究	李仁臣
马　凯	媒体社会责任研究——以当代中国的相关实践为考察对象	宋小卫

2. 2017年博士后出站报告

论文题目	作者
1978年以来中国传媒业的制度安排与制度变迁研究	孙美玲

中国传媒大学

1. 2017年博士学位论文

新闻传播学部新闻学院

作者	论文题目	指导教师
宋　歌	我国教育电视台体制机制转型研究	郎劲松
荣　翌	《人民日报》群众路线实践研究	谢国明
王　杨	微信社交网络中的关系建构研究	陈作平
郭　英	《人民日报》农民工媒介形象建构研究(1978—2016)	王灿发
邢　祥	网络段子的民意表达研究	王灿发
尹宏伟	新媒体新闻生产研究	米博华
严　俊	报业全媒体内容生产机制研究	雷跃捷
刘　华	孙中山新闻宣传思想研究	哈艳秋

续表

作者	论文题目	指导教师
卜晨光	身份、话语及价值认同:建国十七年时期人民广播播音员群体研究	张　彩
柳　帆	移动互联时代的体育传播研究	张　彩
孙鹿童	英国社区广播发展研究	王　宇
李凌达	数字传播时代的文化安全	王　宇

新闻传播学部电视学院

作者	论文题目	指导教师
罗姣姣	中国电视综艺发展史研究	徐舫州
甘　露	泛传播环境下媒介社会认同问题研究	刘长乐
邱　慧	弱势群体利益表达的新媒体渠道研究	刘　宏
徐　瑶	媒介演进下中国当代社会粉丝文化研究	任金州
韩　岳	对话与整合:国际合拍纪录片跨文化传播研究	张雅欣
史哲宇	互联网传播对中国纪录片发展影响研究	孙曾田
程潇爽	龙之影:美国涉华电视纪录片中的中国形象研究(1960—2016)	何苏六
邢　星	后经典叙事学视域下的媒介微叙事研究	王　甫
刘靖轩	文化学视野下广告影响的研究	徐舫州
高晓虹	新时期我国电视剧的发展与变革研究(2012—2016)	王伟国
马雅虹	电视批评理论的构建	刘　宏

新闻传播学部传播研究院

作者	论文题目	指导教师
贺心颖	曹聚仁报刊活动与思想研究	何　兰
孙桂杰	赛博空间:移动互联网时代的游牧空间——一个媒介环境学的视角	陈　默
康　健	中国政府官员口语表达能力研究	段　鹏
管　璘	泰拉尼安传播思想研究	宫承波
王艳丹	战略传播视角下的城市文化传播研究——以长三角地区城市为例	张　开
李翔宇	美国亚太再平衡战略背景下的中国公共外交运用研究	何　兰
李唯梁	中国新闻传播学译著出版研究:生产机制与影响因素分析	龙　耘
黄　冬	美国社交网络中的中国国家形象——以 Twitter 为例	赵月枝
何　瑶	互联网时代美国文化外交研究	刘　昶
源　贞	政治传播中的第一夫人现象研究	荆学民
徐　健	中美健康传播发展的比较研究:以《生命时报》和《纽约时报》为例(2012 年—2016 年)	何崇元
刘　雯	后冷战时代中美关系中危机事件的美国媒体呈现——基于《纽约时报》报道的研究	刘笑盈
Hussain, Zafar	Objectivity in Journalism: Reporting and Factors Affecting Journalists and Journalism in Pakistan	刘　昶

续表

作者	论文题目	指导教师
张凌霄	媒介环境学派研究	宫承波
陈清洋	中国网络视听媒介规制研究	胡正荣
朱逸伦	中国动画价值传播的历史省察	宫承波
解庆锋	信念沟假说的中国本土化检验——以新疆为例	袁　军
陈培婵	空间生产视角下的望京社区传播生态研究	袁　军
张　渤	新加坡华语电视传播生态研究——多元文化主义视域下的文本生产与受众解读	刘燕南
付若岚	全球气候报道研究——基于议程建构与框架选择的视角	刘　昶
祖　昊	政治传播的结构要素研究	荆学民
蔡晓宇	版权管理体制改革研究	阎晓宏
林　楷	社会化媒体对出版活动的影响研究	郝振省
李婷婷	新制度经济学视野下的中印媒体腐败比较研究	展　江
Thorpe, Oshane Santina	Hegemonic Defeasance: An Analysis of News Media Framing of China and the Chinese in the Anglophone C	吴敏苏
Gwenzi, Kaine	Media Systems and Politics in Zimbabwe: Understanding the Role of Media in Political Campaigns	龙　耘
Naseer, Moazzam	Digital Age of Netizens in Pakistan: How Digital Media and Social Media Help University Students of Islamabad for Civic Engagement and Political Participation	陈卫星
Juma, Abdulla Mohammed	Constructive Journalism for Development Communication in Zanzibar: Concepts and Approaches	张艳秋
张洪磊	我国西南部区域对外传播发展研究	蔡帼芬
Qamar, Ayesha	Multiple News Media Podium and Consumption: A Repertoire Approach in Pakistan	梁　岩
张　贝	重大突发事件舆论引导主体协同机制研究	雷跃捷

广告学院

作者	论文题目	指导教师
孔清溪	中华老字号品牌文化传承研究——以北京老字号品牌为例	刘立宾
郑苏晖	互联网背景下的消费者增权理论与实践研究	张树庭
孙晓博	媒体融合环境下电视媒体的广告经营研究	赵子忠
程　弓	我国银行业品牌发展历程——以四大国有商业银行的品牌化道路为例(1979—2016)	黄昇民
高　阳	专卖制度下的当代中国卷烟品牌传播研究(1982—2016)	山本武利

续表

作者	论文题目	指导教师
胡　睿	三联生活周刊汽车广告镜像的阶层构建研究(1995—2015)	何　辉
刘　祥	“广告”概念在中国的流变(1842—2015)	丁俊杰
董　妍	品牌对国家形象认知的建构机制研究	张树庭
Yao, Xin	企业社会责任与企业经营的融合性分析	黄昇民
吕明杰	我国有线电视网发展历程与策略研究——内容运营视角下的实证考察	黄京华
吕艳丹	当代中国企业品牌经营发展历程研究	刘立宾
施宪棋	两岸广告代理商选择虚拟现实、扩增实境营销之研究	黄昇民

艺术学部

作者	论文题目	指导教师
周　君	现当代艺术的音响演变研究	李　伟
张维娜	3D 环绕声系统声场升维技术及其审美价值研究	李　伟
张若琦	网络用户习惯对艺术消费的影响研究	廖祥忠
王巍寅	互联网时代 PGC 与 UGC 互动创作模式研究	廖祥忠
李一君	民族书写、文化景观与身份想象——新世纪中国少数民族题材电影研究	吴　辉
卢　翮	民间神祇与中国古典戏剧形态研究	钟　涛
郭霁虹	景观演出美学三论	仲呈祥

2. 2017 年博士后出站报告

论文题目	作者
传统电视媒体融合发展的路径、方法及最终组织业态、内容形态研究	吕正标
文化资本、工具理性与公共文化	黄　威
试析中国城市公共艺术建设与城市形象设计	董经纬
山东影视动画核心竞争力研究	李艳英
中国学术出版能力评价指标体系构建与评价	孙胜元
学术图书质量现状分析及评价研究——以人文社会科学类学术图书为例	张艳丽
融媒时代文化记忆研究	孟　洋
温柔敦厚诗教观研究	夏　秀
大转型:中国高等音乐教育发展论纲	张　燚
金融领域相关数据的智能分析与应用	吕　慧
现世之隐喻——幻想类影视剧与跨文化传播	杜书妍
东亚汉文化圈构建中纪录片的功能及策略研究	马莉莎
网络舆情相关技术及跨媒体传播效果衡量指标体系研究	姜国松
中国传媒产业生态系统健康评价研究	陶喜红
中国县域文化产业发展战略研究	高广元

北京大学新闻与传播学院

1. 2017 年博士学位论文

作者	论文题目	指导教师
巩向飞	孔子学院外派国际汉语教师跨文化能力研究	关世杰
姚　雪	“走出去”背景下中国当代小说英译版的读者研究	陆绍阳
商　伟	抗战时期党报马克思主义中国化实践:《大众日报》研究(1939—1945)	程曼丽
潘　飞	赋权与反赋权——公民媒介近用权探究	师曾志
陈　思	中国网络视频产业链研究	陆　地
杨　睿	从规制的权力到赋权的博弈——新媒介环境下公共传播之可能	师曾志
沈　清	公众对中国广告产业发展的影响研究	陈　刚
彭　婷	新中国电影家庭镜像的流变	陆绍阳
杨欣茹	1960 年以来台湾青春电影的流变	陆绍阳

2. 2017 年博士后出站报告

论文题目	作者
山东省新闻出版广电业新型公共文化服务体系建设发展研究	高铁军

清华大学新闻与传播学院

1. 2017 年博士学位论文

作者	论文题目	指导教师
钟　德	论中国媒体的软实力——以拉丁美洲媒体对中国的报道为例	李希光
金玟佑	全球化语境下多元文化的突破:以“韩流”为例	尹　红
梁悦悦	全球本土化语境下的马来西亚华语电视变迁	郭镇之
杨　扬	透视创意设计的传播要素和运行机制	熊澄宇
毛　伟	“一带一路”全球传播战略研究	李希光
张　琛	中国网络视频业的发展与治理研究	崔保国
刘　健	中国电视剧在越南的传播研究	陈昌凤
虞　鑫	流动的公共领域:当代中国媒介化政治研究	陈昌凤
朱星宇	新媒体构建“中国梦”国际形象的研究	李希光
陈　保	农民手机使用对巴基斯坦信德省农业发展的影响	陈昌凤

2. 2017 年博士后出站报告

论文题目	作者
网络空间发展与传播规律研究	邵　鹏
一带一路背景下我国数字创意产业发展现状与治理路径研究	胡　琦
网络意识形态风险识别、预警与防控	葛明驷
大传媒时代的“新闻生活”——新闻传播从大众传播到公共传播的范式转型	张斯琦
中国共产党对外宣传制度史(1921～1966)	孙小棠

中国人民大学新闻学院

2017 年博士学位论文

作者	论文题目	指导教师
李　鹏	大数据视角下的中国政府传播创新研究	郑保卫
陈晓林	2008 年以来台湾主流报纸关于大陆报道研究——以《联合报》和《自由时报》为例	倪　宁
王　一	大数据传播影响力五级体系研究	匡文波
房宪鹏	电信政策对传媒产业发展的影响研究	周蔚华
张大淼	互联网环境中美国新闻教育的改革趋向研究	高　钢
王庆起	YY 虚拟社区社会互动研究	周小普
秦　汉	中国新闻媒介体制:构成分析与可能演进	杨保军
陈　曦	中国“雾霾”环境议题的多元对话研究:本土公共性对话的现实困境与理想机制	涂光晋
肖江波	中国近代新闻真实的实践嬗变(1872—1912)	王润泽
牛　天	公共卫生事件的媒体呈现研究	周建明
王海涛	基层社会治理视域下社区媒体研究	涂光晋
吴佳珅	当代中国职业评论员研究	涂光晋
翁之颢	传媒转型进程中的个体代价研究	蔡　雯
陈　姚	中国网络安全的话语研究	彭　兰
林羽丰	人际传播与传统生活的维系	陈力丹
朱汉祺	国家软实力与对外传播的失衡及再平衡:中美日三国对东南亚国家传播力比较研究	赵启正
赵立敏	汉传佛教在华早期跨文化传播研究	倪　宁
孔　彬	大数据视角下智能电视传播特征的要素研究	匡文波
熊　壮	记者的认知不协调及其消除策略研究	陈力丹
徐　智	社交媒体用户的广告回避研究	倪　宁
马　慧	关系赋权:网络空间的新型权力范式	喻国明

续表

作者	论文题目	指导教师
刘　旸	演化经济学框架下媒介生态的重构	喻国明
彭　莹	知识型分享经济语境下的数字出版产业	周蔚华
胡杨涓	基于虚拟社群的自媒体生产研究	喻国明
张　超	数据新闻生产研究	钟　新
刘文红	数据新闻生产机制研究	周小普

河北大学新闻传播学院

2017 年博士学位论文

作者	论文题目	指导教师
邸敬存	媒体表达侵害公共秩序的表现形式与规制研究	白　贵　孙旭培
肖　钧	全媒体环境下我国体育类电视节目创新发展研究	胡连利
阮黄梅	越南新闻出版职业道德建设研究	任文京

复旦大学新闻学院

1. 2017 年博士学位论文

作者	论文题目	指导教师
洪芳琪	多重视野下的郎静山——郎静山摄影艺术之研究	顾　铮
阿慕由	对视与沟通:西非经济共同体视域中的中国形象——以多哥共和国为例的研究	孟　建
段书晓	“列强”形象考:近现代媒体图像中的“列强”表征	顾　铮
林颖颖	扩招后上海报纸高校新闻生产研究——以《解放日报》《文汇报》《新民晚报》《新闻晨报》为研究个案	黄芝晓
常姗姗	中国国家形象的跨文化传播研究——以《纽约时报》2015“他塑”为例	刘海贵
王梅芳	景观社会中时尚传播的价值建构	童　兵
陆　臻	资本、技术与网络文学——中国大陆网络小说商品化进程考察	曹　晋
汪　伟	看得见的革命:中国革命的视觉象征(1937—1949)	顾　铮
江　娟	身体与死亡:不同传播实践中的生死观建构——以我国殡葬改革为个案	孙　玮
李　暄	“挂在天空的耳朵”:民国上海广播研究	黄　旦
张梅芳	腾讯商业生态系统的形成、构造与运行	张涛甫
周睿鸣	转型:新闻业创新与新闻专业主义再思考——一项基于《澎湃新闻》的案例研究	陆　晔

续表

作者	论文题目	指导教师
戴宇辰	遭遇"视差之见":齐泽克对大众文化的三重诊断	吕新雨
曾　薇	中介化视域下的手机与现代都市生活方式	陆　晔
马　溧	互联网时代文化分层蜕变研究——以娱乐时空传播模式进化为主线	黄芝晓
王晓宁	穆青新闻职业观研究	刘海贵
秦朝森	媒介与山东任城四镇的基督教传播实践研究	曹　晋
胡　月	网络剧:作为受众话语表达的实践	孟　建
施　畅	复魅空间:虚拟世界的幻想技术及文化	吕新雨
张亮宇	中国电影产业竞争优势培育研究:基于创新驱动的视角	朱春阳
李拜石	建构与融合——历史视野中的宁夏电视台回族文化变迁	吕新雨

2. 2017 年博士后出站报告

论文题目	作者
中国数据调查方法的探索——以对中国邮寄调查方法的实证研究为例	张　婵
广告产业的智能化研究——基于创新生态系统理论的视角	秦雪冰
从"革命"到"改革"——《人民日报》社论政治传播的话语转型研究	张瑞兰
改革开放以来我国出版业的发展历程、现状及问题研究	孟　晖
没有新闻为何也要发布:我国政务微博的运营逻辑——以省会城市政务微博为例	刘泱育

华东师范大学传播学院

2017 年博士学位论文

作者	论文题目	指导教师
魏少华	对话理论视域下的中国社交媒体"话题"功能研究	严三九
Le Lan Huong	越南华文报发展历史研究	严三九
郑广嘉	新媒体时代环境运动的媒体图像传播与意义建构	陈　虹
万喃喃	21 世纪以来我国大学生形象的仪式传播	刘秀梅
任占涛	动画形式的民族化:中国动画戏曲元素研究	聂欣如
张国伟	马克思主义著作在中国的出版与传播(1899—1945)	雷启立
孟令光	中国广告企业集团化发展进程研究(1978—2016)	杨海军
阴雅婷	中国当代品牌文化传播变迁研究——基于广告传播的视角(1978—2015)	杨海军
周佳鹏	生成的两重面向:德勒兹影像理论研究	聂欣如

南京大学新闻传播学院

2017 年博士学位论文

作者	论文题目	指导教师
张　波	记忆的年轮:中国人的大学同学关系研究	杜骏飞
吴　斯	依恋、身份与互联网:小众及其参与研究——基于传播社会学视角	杜骏飞
赵呈晨	嵌入式传播:网络语言在日常生活中的流动与再生产研究	杜骏飞
吴志远	离散的共同体:民族主义与网络中国	郑　欣

南京师范大学新闻与传播学院

2017 年博士学位论文

作者	论文题目	指导教师
虞文俊	旅大租借地媒介统制研究	张晓锋
卜新章	《人民画报》涉农报道中农民幸福的媒介话语建构研究	李培林
操瑞青	“有闻必录”:一个中国新闻口号的兴衰	方晓红
汤天明	政治的图解:摄影中的视觉政治——1949—1976 年的中国摄影	李培林
阎　安	空间视域下城市广电媒体发展研究——以长三角城市台为例	毕一鸣
高山冰	民国南京临时政府新闻管理体制研究	方晓红
夏　羿	中国共产党画报发展研究(1921—1949)	李培林

浙江大学传媒与国际文化学院

1. 2017 年博士学位论文

作者	论文题目	指导教师
吴　妍	社会传播网络与民族村寨文化的现代建构研究——基于贵州岜沙苗寨的民族志阐释	吴　飞
赵　璐	社会化媒体使用的政治效果研究:以导向需求为调节变量	韦　路
张佳佳	邵氏电影:“文化中国”的想象与建构	范志忠
郭小春	媒介尺度论:媒介全球化背景下的地理尺度与中国国际传播战略	邵培仁
谢　点	社交媒体空间的国际传播格局及其影响因素——基于国家、媒介、个体的多层面实证分析	韦　路
姜　波	游戏玩家社会资本的形式、积累与转化——以 MMORPG 为例	黄少华
李思思	赛博空间中韩流迷群的身份认同建构——以 Running Man 迷群为例	黄少华
王　昀	作为风险的新媒介:线上内容生产与公共性文化研究	邵培仁
江素珍	社会变迁与话语生产——《中国青年报》中的“青年”话语研究(1951—2015)	李　岩

2. 2017 年博士后出站报告

论文题目	作者
媒介融合时代的影视美学变革	林 玮

武汉大学新闻与传播学院

2017 年博士学位论文

作者	论文题目	指导教师
谈浩渊	中国谶言传播研究	石义彬
王 巍	转型发展期的报纸竞争战略	石义彬
乔同舟	弱者之“争”:案件传播中的身份政治研究	夏倩芳
熊 英	个体财富观念表达研究	朱尤庆
申 勇	文化软实力视阈下央视国际传播力	石义彬
吴 俊	互联网背景下的电视变革研究	王瀚东
黄毛毛	基于人因工程的数字学习空间建构研究	刘丽群
王 媛	夹生:一个乡村共文化群体的日常交流与冲突协商——以酉阳土家基督徒为个案	单 波
徐 迪	公民网络政治参与行为的社会网络分析	强月新
张 蓓	中国外交部新闻发言人的议程设置和话语修辞研究	夏 琼
郑忠明	新闻的知识特性研究——基于知识社会学视角	江作苏
田忠卿	论我国电视对外传播观念的嬗变	石义彬
贾 军	媒体智能化背景下的新闻生产研究	吕尚彬
杨逐原	作为劳动的传播:技术—权力关系背景中的网络用户劳动及其报酬研究	周 翔
姚 鹏	政务新媒体绩效评估研究	沈 阳
黄丽媛	自媒体成长性研究	沈 阳
周立春	中国广告产业集群创新的影响机制研究	冉 华
权 玺	基于自组织理论的平台媒体演化研究	吕尚彬
晋艺菡	广告舆论的社会功能研究	姚 曦
李斐飞	价值重构——数字时代广告公司商业模式创新研究	姚 曦
简予繁	中国广告产业统计分类标准与统计调查方案研究	姚 曦
欧 霞	品牌体验对客户感知价值、品牌偏好与品牌忠诚度的影响研究——基于香港市场化妆品消费的实证分析	张金海
陈志鹏	大数据背景下中国财经新闻数据可视化研究	强月新
李春玲	中国广告产业结构演进研究——基于结构效应的分析视角	姚 曦
李 静	气候变化政治的再现:对国内媒体气候变化报道的框架分析(2010—2015)	周 翔

续表

作者	论文题目	指导教师
曾振华	大数据背景下的品牌管理研究	冉 华
姜 欣	改革开放以来中国体育传播的多元考察与反思	强月新
夏 琳	中国广告产业发展问题研究——基于发展经济学视角	张金海
张钢花	中国报纸灾难报道中的灾民呈现	夏 琼
陈 波	话语流变与社会变迁——中国电视谈话节目研究	王瀚东
李振中	电视对农传播创新发展研究——基于 CCTV - 7 对农传播的实证分析	冉 华
谭文若	争议性事件中老年群体的媒介形象呈现与认同	石义彬
贠翔悦	基于认知心理学的学龄前儿童电视节目生产研究	王瀚东
张勇军	重连用户:媒介角色与用户需求互动研究	江作苏

四川大学新闻学院

1. 2017 年博士学位论文

作者	论文题目	指导教师
车南林	中国媒体国际合作的理论与路径	蔡尚伟
赵唯阳	互联网时代美国第一夫人媒介形象的呈现与建构——以米歇尔·奥巴马为个案	蒋晓丽
姜 海	健康传播视域下我国艾滋病议题的媒体建构研究	欧阳宏生
朱婧雯	国家意识形态的视像表征与泛媒介生产:电视新闻评论的话语功能研究	欧阳宏生
薛 晨	日常生活的传播符号学研究	赵毅衡
何一杰	论“噪音”:符号表意中的无意义元素问题研究	赵毅衡
梁旭艳	空间视角下的场景传播研究——以社会化媒体为切入点	蒋晓丽
张炳杰	自由的悖相:网络游戏对玩家的控制研究	姜 生
郝飞婷	媒介融合语境下的我国电视新闻话语研究	朱 天
陈云萍	中等城市文化产业与科技融合发展研究——以中国科技城绵阳为个案	蔡尚伟
杨 恬	在美中国旅居者在社交媒体上的自我呈现行为研究	蒋晓丽
舒三友	新媒介环境下职业新闻人复杂性思维方式研究	欧阳宏生
谢杨柳	全球化时代社区电台的模式、制度与价值探析——以澳大利亚为例	蒋晓丽

2. 2017 年博士后出站报告

论文题目	作者
唐宋民间传播专题研究	国 威
认知视域下的影视艺术批评	战 迪

厦门大学新闻传播学院

2017 年博士学位论文

作者	论文题目	指导教师
王　洁	仪式的解构与建构——我国新闻发布会历史研究	赵振祥
方　芳	台湾本土英文报纸发展研究	许清茂
杜广中	中国传统说服传播的深层结构研究——以《资治通鉴》为中心	阎立峰
何　白	中国网络视频产业发展研究——基于产业融合的分析	岳　淼
郑　天	新时期的传播战役——以中国人民抗日战争暨世界反法西斯战争胜利 70 周年为例	陈嬿如
金晓春	新传播形态下的媒介用户权义结构研究	赵振祥

中山大学传播与设计学院

2017 年博士学位论文

作者	论文题目	指导教师
张剑荆	信息社会公共舆论研究	胡舒立
张京京	中国新闻从业者的互联网使用与影响	张志安
爱　柔	哈萨克斯坦与中国的关系现状及发展趋势研究	陈卫星
曹艳辉	新传播生态下调查记者的职业流动——基于“行动”与“话语”维度的实证研究	张志安
黄建友	敲钟人未来:信息公开法规的媒体近用研究	张志安
张美玲	编辑部视域下的报网融合模式——基于中国三家报社融合编辑部的案例研究	张志安

暨南大学新闻与传播学院

1. 2017 年博士学位论文

作者	论文题目	指导教师
朱　戈	中国 1980 年代电影消费与日常生活转型	陈伟军
杨　萍	风险沟通视角下的环境传播主体互动及其机制研究	李異平
许高勇	民国时期报刊阅读史研究(1912—1927)	蒋建国　李異平
许　珍	民国时期广州报刊与女性形象呈现研究(1923—1936)——以《广州民国日报》为例	蒋建国　李異平
杨　晟	外国人在华拍摄纪录片中的中国形象研究(1949—1976)	刘家林

续表

作者	论文题目	指导教师
张晋升	舆论引导和公众参与	范以锦
黎　斌	海外少儿电视节目的“生产场”研究	范以锦
郭亦乐	党报经济新闻报道框架研究——以《南方日报》为例	范以锦
黄志青	虚拟现实对文化遗产传播的重构	范以锦
曹　轲	台湾解严解禁时期的媒介语言研究	范以锦
贺权修	台湾文化创意产业营销动态能力之研究:知识观点	林如鹏
田俊雄	台湾媒体对地方政府治理评监之研究	林如鹏
周　萱	回归后香港报业生态研究	林如鹏
郑哲彰	社会变迁视域下的台湾广播业发展研究	曾建雄

2. 2017 年博士后出站报告

论文题目	作者
晚清岭南报刊与公共舆论建构	黎　藜

新闻传播学研究生入学试题选登

中国社会科学院研究生院2017年研究生入学试题

博士研究生入学试题

专业名称：新闻学

研究方向名称：新闻法治与伦理研究、传媒经营管理研究、传播与社会发展研究、跨文化传播研究、社交媒体研究

考试科目名称：新闻传播理论与历史

1. 沿着传播学发展的历史轨迹，请列举两种主导传播研究的理论范式，简述其主要内容、核心概念与理论方向。(20分)

2. 有一种观点认为，在网络上交流时你说了什么比你是谁更重要。你是否认同这个观点？请用理论话语简述你认同或否定的理由。(20分)

3. 从“是什么”和“为什么是”两个方面，谈谈你对新媒体时代“新闻”含义的理解及衡量“新闻”的标准。(30分)

4. 传播研究有一种假设：传播不仅传递信息，还能通过交往与互动对人与社会诸多方面产生影响，甚至改变人的行为方式。请你运用你所了解的理论与方法，尝试对这一观点提供你的观察、思考、阐述与分析。(30分)

专业名称：新闻学

研究方向名称：传播与社会发展研究

考试科目名称：传播与社会发展理论与实践

1. 以下两题为必答题：

(1) 请阐述“发展”定义的变迁，以及发展传播学理论范式的转移。(30分)

(2) 什么是参与式传播，请举例说明参与式传播在社区改变中的作用。(30分)

2. 以下三题三选二（只计两题，多答不计分）：

(1) 以你自己的经历为例，说明你对传播与社会发展的认识。(20分)

(2) 媒介素养与新媒介素养是否不同，请阐释你对这两者的理解和评价。(20分)

(3) 在传播与社会发展研究领域，对你最有影响的书籍或论文是什么？为什么？(20分)

专业名称：新闻学

研究方向名称：传媒经营管理研究

考试科目名称：传媒经营管理的基础理论与实践

1. 以下两题为必答题：

(1) 有一种观点认为，“信息的极大丰富导致了注意力的稀缺”。请问，这一观点对传媒经营有何启示？(30分)

(2) 2016年11月，东方网总裁、总编辑、东方头条总编辑徐世平给腾讯公司首席执行官马化腾连发两封公开信，对腾讯公司处罚微信公号《新闻早餐》表达不

满。请你从传媒经营的角度分析一下这一事件的核心问题在哪里。(30 分)

2. 以下三题三选二 (只计两题，多答不计分):

(1) 传媒经济与传媒管理有什么联系与不同?(20 分)

(2) 请阐述传媒价值链管理的主要内容。(20 分)

(3) 请谈谈你对传媒经营管理领域哪个问题最感兴趣，并阐述其理由。(20 分)

专业名称：新闻学

研究方向名称：跨文化传播研究

考试科目名称：跨文化传播/国际传播理论与实践

1. 以下两题为必答题:

(1) 试论大数据对于国际传播的意义?(30 分)

(2) 语言学领域有一个“沃尔夫假说” (Sapir-Whorf hypothesis), 又称为“语言相对论” (linguistic relativity), 是关于语言、文化和思维三者关系的重要理论，即在不同文化下，不同语言所具有的结构、意义和使用等方面的差异，在很大程度上影响了使用者的思维方式。请基于这一假说从跨文化传播视角谈谈中国在全球建设孔子学院的历史价值和未来方向。(30 分)

2. 以下三题三选二 (只计两题，多答不计分):

(1)《共产党宣言》中提到，“每个人的自由发展是一切人的自由发展的条件”。请你谈谈如何从跨文化传播的视角来理解这句话?(20 分)

(2) 2016 年 12 月 31 日，中国环球电视网 (CGTN) 正式开播。请简要阐述中国该如何参考卡塔尔半岛电视台、俄罗斯 RT、美国 CNN、英国 BBC 等国际化媒体的经验和教训，在世界传媒格局中获得一席之地?(20 分)

(3) 2016 年 11 月 23 日，欧洲议会通过了《欧盟反击第三方宣传的战略传播》决议案 (EU Strategic Communication to Counteract Propaganda Against It by Third Parties); 一个月后，12 月 23 日，美国总统奥巴马签署了《波特曼—墨菲反宣传法案》 (Portman-Murphy Counter-Propaganda Bill)。你如何看待这两个文件?(20 分)

专业名称：新闻学

研究方向名称：新闻法治与伦理研究

考试科目名称：新闻法治与伦理的学理基础

1. 以下两题为必答题:

(1) 请举出一至两例国内近年发生的重要传媒法治事项或新闻伦理案例 (例如传媒立法、司法、执法活动，引发新闻职业伦理评议和讨论的报道等), 并对其作出学理分析与点评。(30 分)

(2) 在你看来，写出一篇高质量的研究新闻法治或伦理问题的论文，需要具备、掌握哪些重要的条件和方法?(30 分)

2. 以下三题三选二 (只计两题，多答不计分):

(1) 中共中央总书记习近平在 2016 年 4 月 19 日召开的“网络安全和信息化工作座谈会”上提出:“要加快网络立法进程，完善依法监管措施，化解网络风险。”谈谈你对上述要求的理解和认识。(20 分)

(2) 请列举一种可用于分析和评判新闻自律问题的伦理学理论，简述其相关的立论及价值观，说明该种理论对分析和评判新闻自律问题有何意义。(20 分)

(3)《论出版自由》(1644 年，John Milton) 和《论自由》(1859 年，John Stuart Mill) 是两部阐析言论自由问题的经典文献，请概述两者有关言论自由的主要论点和主张。(20 分)

专业名称：新闻学
研究方向名称：社交媒体研究
考试科目名称：社交媒体理论与实践

1. 以下两题为必答题：

（1）比较分析中国主要社交媒体的发展路径、存在问题和发展态势。（30分）

（2）请结合国内外案例谈谈你对下图的看法和评议。（30分）

2. 以下三题三选二（只计两题，多答不计分）：

（1）有人说："新闻业的未来取决于媒体在人们生活中发挥的作用，而不是20世纪编辑部的技巧和实践。"请谈谈你对这段话的理解。（20分）

（2）请结合案例谈谈你对回音室效应（Echo chambers effect）的理解和看法。（20分）

（3）评述你阅读过的与社交媒体研究与应用相关的一本书或一篇文章。（20分）

硕士研究生入学试题

专业名称：新闻学、传播学
考试科目名称：新闻传播历史与理论

1. 名词解释（每题5分，共35分）

（1）新闻

（2）舆论监督

（3）知情权

（4）公共传播

（5）拒检运动

（6）第三者效果理论

（7）敦煌进奏院状

2. 简答题（每题10分，共40分）

（1）简述新闻职业精神。

（2）简述"曾格案件"的来龙去脉及其历史意义。

（3）简述戈公振《中国报学史》基本内容及其学术价值。

（4）概述发展传播理论的基本观点。

3. 论述题（共75分）

（1）论新闻媒体何以立信天下。（20分）

（2）迄今大陆传播学教程所涉及的传播学理论，基本上是基于对大众传播媒体和大众传播现象的观察，请结合你熟悉的某一种传播理论，谈谈其在新媒体条件下的发展与创新。（20分）

（3）2016年2月19日，习近平总书记主持召开党的新闻舆论工作座谈会并发表重要讲话。请结合习近平的讲话内容，谈谈如何坚持中国共产党历来的新闻工作传统，在新的时代条件下做好党的新闻舆论工作。（35分）

专业名称：新闻学、传播学
考试科目名称：新闻传播业务

1. 名词解释（每题5分，共35分）

（1）预测性报道

（2）标题新闻

（3）解释性导语

（4）置入式广告

（5）数据新闻

（6）"中央厨房"

（7）UGC

2. 简答题（每题10分，共50分）

（1）中央电视台记者水均益赴菲律宾采访菲律宾总统杜特尔特时这样说：

我来之前，我在自己的社交媒体上写“我要去见菲律宾总统”，很多人都说：“我有个问题。”这里有一个问题来自中国的网民，这位赵先生问：“为什么菲律宾的立场突然间变了？杜特尔特总统有不同的政策，这是为什么？”

据此，请你回答两个问题：a. “赵先生”用的是什么样的提问方式？

b. 记者的主要社会角色是什么？

（2）什么是新闻主题？新闻通讯的主题和新闻评论的主题相比，有何不同？

（3）简述智能技术（如机器人记者、自动化新闻等）对新闻传播的影响。

（4）如何理解媒体的发展从“相加”到“相融”？

（5）请谈谈网络直播与电视直播的异同。

3. 业务操作（共65分）

根据所提供的阅读材料，完成以下3项工作：

（1）编写一篇100字左右供微博发布的消息；（10分）

（2）编写一篇200字左右供广播口播的消息；（25分，其中标题5分）

（3）撰写一篇500字左右供报纸刊发的短评。（角度自选，题目自拟。30分）

【阅读材料】

贵州“民告官”，副省长出庭应诉

并表示行政管理负责人要有“依法行政的自信和依法纠错的勇气”

据新华社贵阳4月11日新媒体专电 11日，贵州省人民政府副省长陈鸣明进入贵阳市中级人民法院，作为行政机关负责人出庭参与诉讼。贵州省法制办有关负责人介绍，省级政府负责人出庭应诉，这并不多见。

农民提起诉讼副省长出庭应诉

记者从庭审现场了解到，陈鸣明此次是作为贵州省级行政机关的负责人，来应诉一起行政诉讼案件。原告是贵州省遵义市农民丁加强。

2015年6月，遵义市政府印发了一份关于高速公路建设征地拆迁补偿方案的通知。丁加强的紫薇苗木因为高速公路项目被征收，但他诉称“从未见到征地公告、补偿方案，补偿的标准未征求意见”。

丁加强向贵州省人民政府申请行政复议，要求撤销该通知。贵州省人民政府认为该通知是行政机关内部工作程序性行文，不直接对被征收人的权利义务产生实际影响，因此驳回其复议申请。丁加强不服，向贵阳市中级人民法院提起了行政诉讼。

记者在庭审现场看到，原被告双方就案件展开了激烈的法庭辩论。原告方认为，案件涉及补偿标准过低，补偿方案的制定过程违法。被告方认为，认定事实清楚，程序合法，符合相关规定。2个多小时的庭审结束后，法官宣布择期宣判。

“民告官不见官”渐行渐远

一直以来，“民告官不见官”的现象饱受诟病。陈鸣明向记者坦言，有的行政机关领导干部“怕当被告，怕丢脸面，怕败诉，不愿应诉、不敢应诉，在诉讼中委托一般工作人员应付了事”。他认为，行政管理负责人要有“依法行政的自信和依法纠错的勇气”。

记者梳理发现，近年来我国不断健全行政机关依法出庭应诉制度。2014年11月，《中华人民共和国行政诉讼法》进行修订，增加了“被诉行政机关负责人应当出庭应诉”等内容。在多个地区，行政机关负责人出庭应诉的相关规定陆续出台。

“行政首长出庭应诉是一件很好的事情。”中国政法大学终身教授、行政法专家应松年告诉记者，这既体现了政府对法律和群众利益的重视，还能倒逼行政机关反思自己的行政行为，有助于推进依法行政。

一些法律专家表示，“民告官”案的质和量是一个国家和地区法治环境的“晴雨表”，它不仅直接关乎公民的法治意识、权利保障，更体现了行政机关依法行政的水平，彰显着理性问政步伐的快和慢。

行政诉讼的判决结果同样也引起关注。陈鸣明表示，政府愿意通过人民法院的独立审判接受司法监督，行政行为如果存在问题，就应加以整改。同时，“政府也要通过诉讼依法维权，树立行政权威。”（记者汪军、胡星）

——《新华每日电讯》2016 年 4 月 12 日

中国传媒大学 2017 年研究生入学试题

博士研究生入学试题

考试科目：新闻理论与历史

1. 论正面宣传与舆论监督的关系。（30 分）

2. 结合实例分析当前虚假新闻现象的特点、成因与治理对策。（30 分）

3. 试述中国共产党新闻文风改革的历史演进与启示。（40 分）

考试科目：传播理论与历史

1. 请结合中国的社会变迁，分析央视春晚的历史演变。（30 分）

2. 大数据分析方法如何应用于当前的传播研究？请谈谈你的见解。（30 分）

3. 请从传播研究的视角出发，分析中国古代的对外文化交流。（40 分）

考试科目：国际新闻理论与历史

1. 论述 20 世纪 30—40 年代日本侵华的战争舆论宣传特点及其影响。（50 分）

2. 结合美国 2016 年大选，论述新媒体的社会功能及其对传统媒体的挑战。（50 分）

考试科目：舆论学基础

1. 试论舆论领袖和议程设置的关联。（30 分）

2. 试论“成风化人、凝心聚力”在新闻舆论工作中的意义。（30 分）

3. 试述我国改革开放以来舆论学研究的整体面貌和进展。（40 分）

考试科目：广告理论与广告史

1. 名词解释（10 分）

原生广告

2. 简答（30 分）

简述 2016 年广告市场规模和结构的变化情况，并加以简要评论。

3. 论述（60 分）

联系改革开放之初“为广告正名”论题提出时的政治经济条件、社会背景以及对当时广告恢复所产生的作用，试述面对当下人们对广告的各种评议，你对重提这一议题的重要意义有何认知？

考试科目：传媒经济学基础理论

1. 试述传媒产品的价值实现途径及价值实现策略。（30 分）

2. 试述媒体一体化战略的内涵及一体化成长的方式。（30 分）

3. 使用规范的学术语言精确描述我国传媒经济当前面临的主要问题并给出解决问题的基本思路。（40 分）。

考试科目：新闻史论

1. 论述大数据语境下的数据新闻与传统新闻在各个方面的异同。(50分)

2. 评述20世纪二三十年代中国民营报刊的企业化发展。(50分)

考试科目：新闻采编

1. 结构主义学派认为，凡是按照秩序排列的物质都能产生分解效应，新闻事实也是如此。不论是业界的具体操作，还是新闻研究，一旦把新闻事实看成由若干事象构成的机体，就可在分解事实中提纯事实，大幅度提高新闻的质量。正像物质的“原子”一样，各种形式的新闻都包含若干事象及其元素——事态、事因与事理，它们有序、互射（互相牵动）而衔接有致地潜伏在新闻的微观结构里。

你是否认可上述观点，结合新闻实践和新闻研究谈谈你的看法。(30分)

2. 评述移动互联融合发展背景下我国新型主流媒体建设的实践探索。(30分)

3. 在过去的30多年里，移动通信给人们的生活方式、工作方式以及社会经济、政治等各方面带来了巨大影响，我们已经进入移动化、信息化时代。在第四代移动通信技术（4G）正在普及之时，第五代移动通信技术（5G）的研发已悄然拉开帷幕。

结合当前移动通信发展的现状和趋势，分析4G技术、5G技术对新闻传播的影响。(40分)

考试科目：报刊理论

1. 新形势下如何正确理解舆论监督和正面宣传之间的辩证统一关系？(40分)

2. 我国媒体融合发展从相“加”阶段迈向相“融”阶段，请结合实际阐述你对媒体融合不同阶段实践及特点的认识和理解。(30分)

3. 结合实例分析近年来我国党报评论的新特点。(30分)

考试科目：传播业务

1. 人民网舆情监测室发布的《2016年中国互联网舆情分析报告》中的数据显示，过去一年来，公共管理事件成为所有舆情热点事件中数量最多的一类，共228件，在热点事件中占比38%，主要议题涉及人身安全、财产安全、人格尊严和法治保障。请就这一舆情现象谈谈你的看法。(40分)

2. 请谈谈你对媒体发展的未来展望，从理论和实践两个层面上举例阐释。（30分）

3. 在已有的教科书之外，你在学习过程中发现哪些新理论、新概念或新观点是有启发的，且对传播学理论的更新有一定的参照性，请举例说明。(30分)

考试科目：国际传播

1. （每题30分，共60分）

（1）阐述战略传播与国际传播的关系。

（2）分析国际传播的主体与客体及两者的关系。

2. （每题40分，共40分）

结合案例分析本世纪以来我国国际传播的创新与挑战。

考试科目：受众与传媒生态

1. 近年来媒体频频曝光电视收视率数据造假事件，引起人们对于收视率测量技术、质量控制和公信力的种种质疑，有人甚至提出要用新媒体大数据取代传统的收视率小数据。请就此谈谈你的看法。(30分)

2. 随着数字技术的发展和智能终端、社交媒体、自媒体的兴起，媒介生态的变化将如何推动受众研究范式的转型？请联系实际进行分析。(30分)

3. 近年来随着我国持续加大对国际传

播的投入，如何把握和提升国际传播的效果成为人们关注的重点。试以我国某一国际传媒（如央视国际频道、中国国际广播电台、《中国日报》等）为例，设计一份传播效果综合评估体系方案，并详细说明建构评估体系的主要思路、基本框架、设置各项指标的目的、指标内涵、评估体系的科学性和可操作性。(40 分)

考试科目：传媒政策与法规

共 2 题，任选一题。

阅读第一段英文或根据中文题目，写一篇格式完整的文章。对于其中涉及的问题和知识，有较为准确的理解和把握（50 分)；能够运用一定的学科理论阐释问题(30 分)；表达具有逻辑性、语言通顺，具有可读性（20 分）。

1. Social media platforms have a dramatically different structure than any previous media technology. Among the most prominent concerns has been the impact of false or misleading information - " fake news," as it has been dubbed in the public discussion. Recent evidence shows that Fake News in the social media played a pivotal role in the U. S election. Some argue that this is the democracy of our time because it gives more free speech in the public sphere, others insist that it should be regulated because more and more people will be misled by it and the democracy will be undermined by it.

2. 试述保障网络安全与维护网络秩序、表达权保护之间的关系。

考试科目：社会科学研究方法

1. 请问什么是准实验法？它是在什么条件下进行的，有什么特点？请分别举例说明。(20 分)

2. 试讨论新兴媒介环境对媒介用户研究的影响。(25 分)

3. 社会科学研究中常用的量表有哪些？他们各自的特点是什么？分别适用什么情形？请选择你最熟悉的三种量表分别举例说明。(25 分)

4. 在推进习近平总书记提出的“一带一路”构想过程中，了解相关国家的舆情十分必要，它有助于我国积极营造国际舆论氛围，顺利推进国际合作，实现共同发展、共同繁荣之目标。现在请你进行一项使用内容分析方法的研究设计，使之对“一带一路”的国内外舆情进行评估。你可以将研究问题聚焦于“一带一路”舆情的一个或几个方面，尽可能详细阐述内容分析的设计及程序。(30 分)

考试科目：国际关系史论

1. 简述“修昔底德陷阱”的含义，并以实例概要阐释中国的崛起如何避免国际关系史上的这一命题。(30 分)

2. 试析全球恐怖主义的特点及国际合作反恐前景。(30 分)

3. 从国际关系的角度，阐释中国提出的“人类命运共同体”重要理念。(40 分)

考试科目：政治学

1. 结合马克思主义的国家本质理论论述改革开放以来我国国家职能的变化。(50 分)

2. 试分析新兴媒体在政治传播中的作用。(50 分)

考试科目：国际新闻业务

1. 评论题：

2016 年，世界上所谓的“黑天鹅事件”频出，请就此现象写一篇评论。

(共 50 分，1000—1200 字)

2. 论述题：

什么是国家利益？国家利益与国际新闻的关系是什么？

(共 50 分，1000—1200 字)

考试科目：广播电视理论与历史

1. 你如何理解广播电视的跨文化传播？（50分）

2. 你怎么看中国的卫视竞争？（50分）

考试科目：广播新闻

1. 请结合实例谈谈当前传统广播客户端建设中存在的问题及你的建议。（35分）

2. 你认为广播电台应如何发展社群思维？（30分）

3. 阿基米德的CEO王海滨认为：自带场景的社群音频直播是场广播传播革命。对此你怎么看？（35分）

考试科目：电视学理论与实务

1. 近期，《中国诗词大会》《见字如面》《朗读者》等文化类节目好评不断，请举例论述电视节目该如何创新？（50分）

2. 在传媒技术迅速变革的今天，谈谈电视传媒在理论与实践创新发展中的变与不变，请举例论述。（50分）

考试科目：编辑出版理论与实践

1. 简答题（每题25分，共50分）

（1）试论编辑出版学的学科增长点及其发展趋势。

（2）谈谈你对“倡导工匠精神，做学者型编辑”这一提法的理解。

2. 论述题（每题50分，共50分）

试论出版产业的核心竞争力。

考试科目：广告传播

1. 2016年7月8日，国家工商行政管理总局正式发布《互联网广告管理暂行办法》，于9月1日起施行。请简述该办法的主要内容及其对互联网广告规范的意义。（25分）

2. 请阐述“广告”在历史进程的不同时期其内涵与外延的变迁，并在此基础上，谈谈未来广告传播领域可能出现的新变化。（25分）

3. 请叙述原生广告的概念，并指出其与植入式广告、公关软文之间的区别与联系。（25分）

4. 新媒体的发展，推动了媒体内容的变化。请分析新媒体环境下内容营销的特征。（25分）

考试科目：媒介经营与管理

1. 试述我国媒体体制改革的动因及改革的方式。（30分）

2. 试述产业融合如何促进产业优化，并结合媒体案例加以说明。（30分）

3. 运用SWOT方法分析我国电视剧（或电影）产业，并给出发展建议。（40分）

考试科目：国际文化贸易理论

1. 简述近年来中美电影合作生产概况，并结合具体案例谈谈合作生产中存在的问题。（30分）

2. 中国文化企业应该如何统筹国际国内两个市场。（30分）

3. 论述“后全球化时代”中国文化产品的国际策略。（40分）

考试科目：产业经济学

1. 简要叙述产业分工与资源位的关系，并举例说明。（50分）

2. 从结构与功能的角度，简要叙述产业结构调整的基本思路及其对中国的现实意义。（50分）

考试科目：互联网特性研究

1. （每题30分，共60分）

（1）请结合实例，阐述弹幕文化的发展及其传播特点。

（2）有观点认为：大数据彻底改变了传统新闻报道中数字罗列与展示的形式，可以更精准地表达事实，呈现新闻叙事背后历史、社会的结构性意义。请谈谈你对这一观点的认识。

2.（每题40分，共40分）

网络直播开创了“个人门户”时代的视频传播新模式。请阐述其核心特征及传播机制。

硕士研究生入学试题

考试科目：新闻与传播专业综合能力

1. 简答题（每题15分，共45分）

（1）简述媒介依赖理论。

（2）简述传播政治经济学的核心问题。

（3）简述媒介事件的特点。

2. 论述题（每题30分，共60分）

（1）结合实际论述新媒体环境下新闻报道如何避免侵害名誉权。

（2）请结合实际谈谈受众所处的社会环境条件对媒介接触行为的影响。

3. 案例分析题（每题45分，共45分）

2016年10月25日，2016新浪未来媒体峰会在京举办，发布了《2017未来媒体趋势报告》，揭示了未来媒体的十大趋势：用户体验技术、大数据、新内容时代、流媒体、手机应用、虚拟现实和增强现实共舞、创客文化、货币化、新平台、人工智能和机器人写作。请谈谈你对未来媒体趋势影响新闻媒体的理解。

考试科目：新闻与传播专业基础

1. 名词解释（每题5分，共30分）

（1）《中央日报》

（2）谷登堡

（3）媒介批评

（4）新闻专业主义

（5）数据新闻

（6）新闻反转现象

2. 简答题（每题15分，共60分）

（1）简述日本新闻史上最大的笔祸“白虹贯日事件”。

（2）简述王韬及其创办的《循环日报》。

（3）简述《纽约时报》的历史。

（4）分析新媒体背景下舆论监督的特点。

3. 论述题（每题30分，共30分）

结合实例，分析传统媒体在“两微一端”的表现。

4. 材料题（每题30分，共30分）

根据以下新闻素材，进行全媒体报道设计。

2016年5月7日至8日，福建泰宁县普降暴雨到大暴雨，局部地区24小时降雨量达191.6毫米。8日凌晨5点左右，突发10万方以上大型自然灾害泥石流。泥石流冲毁了池潭水电厂扩建工程施工单位（施工单位中水十六局、中水十二局）生活营地，同时冲毁了池潭水电厂厂区办公大楼。因时值凌晨，大部分工友都在熟睡，初步统计有35人失联，具体情况正在进一步核实中。包括当地消防、武警在内的各路救援力量正现场进行搜救工作，增援力量也在途中。

拟定场景：2016年5月8日上午7时，某电视台记者获知上述消息后第一时间向编辑部汇报情况。请就这一突发事件，撰写一份全媒体报道方案，含整体部署、报道主题、新闻主标题、采访布点（记者布局）、各发稿平台报道安排等。

考试科目：新闻传播史论

1. 名词解释（每题6分，共30分）

（1）媒介素养

（2）邵飘萍
（3）媒介事件
（4）扒粪运动
（5）刻板印象
2. 简答题（每题15分，共60分）
（1）简要评述涵化理论。
（2）黄远生为什么被称为报界奇才？
（3）简述影响新闻价值取向的因素。
（4）简述新中国建立前范长江的主要新闻活动及其贡献。
3. 论述题（每题30分，共60分）
（1）欧洲学者多米尼克·吴尔顿认为："……如果认为随着信息技术的发展，每个人都可以成为记者，记者这个职业本身及其权利和义务都不复存在，如此想法未免太过天真和危险了。"请结合信息与传播新技术的发展，评析上述看法。
（2）试论基于社会化媒体（social media）的新闻传播活动的特点及政府的规制策略。

考试科目：新闻实务

必选题综合80分
1. 名词解释（每题5分，共30分）
（1）调查性报道
（2）描写式导语
（3）新闻策划
（4）特稿
（5）华尔街日报体
（6）情景再现
2. 简答题（每题10分，共30分）
（1）简述新闻文本中消息来源使用的基本要求。
（2）简述新闻报道中直接引语的价值。
（3）结合实例谈谈新闻评论的社会功能。
3. 论述题（20分）
近年来，有媒体开始尝试用"中央厨房"的方式进行新闻生产。结合实例，谈谈这种内容生产模式给新闻从业者（传统记者、编辑等）角色和工作内容上带来的变化。

广播电视学专业

选作70分
1. 请结合实例谈谈你对数据新闻可视化呈现的认识。（35分）
2. 简述我国新闻评论节目的发展历程，并结合广播新闻评论节目或者电视新闻评论节目的实例阐释你对新闻评论节目发展前景的看法。（35分）

国际新闻学专业

选作70分
1. 简答题（每题10分，共30分）
（1）我国的对外新闻传播经历了那些发展阶段？
（2）为什么说路透社是"世界财经信息专家"？
（3）国际新闻的政治功能有哪些？
2. 问答题（每题20分，共40分）
（1）要讲好中国故事，应该注意那些方面的改进和平衡？
（2）文明冲突论的主要内容是什么？应该如何评价？

新闻学、舆论学专业

选作70分
1. 综合应用题（20分）
请将下面一则通讯改写成消息，字数300字以内。

宣传家乡旅游
宁乡农民自掏23万元在韩媒登广告

"韩国最大报纸《朝鲜日报》上发布了宣传中国宁乡的整版广告！"4月14日，名为"zwern"的网友发出一条微博，展示其在《朝鲜日报》上看到一个整版的中韩双语广告。这条微博迅速引起网友热议：到底是谁在《朝鲜日报》刊登了这则广告？

打广告的是土生土长的宁乡农民

记者看到，这则刊登在《朝鲜日报》4月13日B4版的彩色整版广告，由湖南地图和宣传文字组成。地图上标记了宁乡处于长沙到张家界之间的地理位置及车程时间，上方配以醒目的中韩文字："到中国旅游，除了张家界，还有宁乡！"下面还有手写的"欢迎您来宁乡玩！"字样。

4月14日，湖南日报报业集团旗下的《三湘都市报》官方微博据此发起"微话题"，比拼宁乡和张家界。短短一天，阅读量超过3万，评论近2000条。

争议背后，网友们最好奇的是：谁在《朝鲜日报》上刊登了这则广告？

经过多方打探，有人告诉记者，宁乡县金洲镇关山村64岁的农民向霞光的可能性非常大，因为"他一直很热心宁乡的发展，而且他的大儿子在吉林延边工作"。记者联系上向霞光，他坦承："是我自掏23万元，在《朝鲜日报》上刊登了宣传宁乡旅游的广告。"

当事人向霞光："我因旅游致富，想回报家乡"

风景如画的关山村是近年来长沙乡村游的热点，村民向霞光在村里统一修建的新房中办起了食宿一体的农家乐，加上葡萄种植，每年有20多万元收入。

"这在以前是不敢想象的。"向霞光说，从前收入低，最困难的时候是家里三个孩子同时读大学，孩子学费都凑不齐，到村里借，可是大家都穷，找了40户才借到近2000元。

2009年，关山村成为长沙市推进城乡一体化发展试点村，引导农民集中居住，实现土地资源集约节约利用；推动土地流转，引进生态农业公司发展高效农业；同时，大力发展休闲观光农业，乡村面貌和村民生活都发生了翻天覆地的变化。

一次，向霞光到张家界旅游，看到很多韩国游客。他想：韩国游客要去往张家界，大部分都要从宁乡的长常高速公路经过，能不能吸引韩国游客到我们宁乡来旅游呢？

向霞光跟两个儿子讲了自己希望通过广告宣传的方式，吸引韩国游客来宁乡旅游的想法，获得儿子支持。于是，他们通过朋友联系到韩国《朝鲜日报》，向霞光支付了23万元人民币，广告于4月13日刊登出来。

面对网上褒贬不一的评论，向霞光表示："我的想法很简单：我受益于关山村的发展，致了富，应该回报家乡。选择在报纸上打广告，我觉得这个方式有效。"

韩媒负责人："一个农民这么热爱家乡，让我很感动"

一个中国农民自费在外国媒体上登广告宣传自己的家乡，引起了《朝鲜日报》中国支社支社长李润洛的关注。

李润洛通过翻译向记者表示，向霞光是第一个以个人名义在《朝鲜日报》做旅游宣传的中国人。现在韩国人去张家界的很多，但是很少有人知道宁乡。《朝鲜日报》是韩国发行量和影响力最大的报纸，以往宣传中国旅游城市效果较好，会有更多人知道宁乡。他说："向霞光作为一个农民这么爱家乡，让我非常感动。"

（来源：《湖南日报》，2015年4月16日）

2. 新闻评论写作（50分）

围绕新闻漫画《圈里圈外》（作者：王成喜）反映的社会现象，撰写一篇新闻评论。

要求：

自拟文章标题；

紧密结合当前社会现实；

论点集中、鲜明，力求新颖、有深度，文字简洁、生动、流畅；

1000字左右。

考试科目：出版综合素质与能力

1. 选择题。从4个备选答案中选出1

个最合适的答案。(每题1分，共10分)

(1) 我国国家最高监督权的行使机构是____。

A. 最高人民法院 B. 最高人民检察院

C. 全国人民代表大会 D. 中共中央纪律检查委员会

(2) 下列国家中，____尚未加入欧元区。

A. 西班牙 B. 英国 C. 比利时 D. 卢森堡公国

(3) 当炉火快要熄灭时，往里面撒一把盐，火将变旺起来，其原因是____。

A. 盐里的水分能燃烧 B. 盐能助燃

C. 盐能燃烧 D. 盐里的水分助燃

(4) 我国南方的梅雨属于____。

A. 地形雨 B. 对流雨 C. 锋面雨 D. 雷阵雨

(5) 中国四大名亭中，____位于安徽省滁州琅琊山中。

A. 陶然亭 B. 爱晚亭 C. 醉翁亭 D. 湖心亭

(6) 一般来说，海拔每升高1000米，气温下降____。

A. 6℃ B. 4℃ C. 1℃ D. 2℃

(7) 1957年，第一个成功发射人造地球卫星的国家是____。

A. 美国 B. 苏联 C. 英国 D. 中国

(8) ____是德国资产阶级文学运动“狂飙突进运动”的代表人物之一。

A. 狄更斯 B. 席勒 C. 薄伽丘 D. 海涅

(9) 地球东西半球的实际分界线是________。

A. 0°经线和180°经线 B. 西经20°和东经160°

C. 东经20°和西经160° D. 西经30°和东经150°

(10) 下列作家作品的表述正确的一项是________。

A. 贺敬之、丁毅的《白毛女》和丁玲的《我在霞村的时候》《太阳照在桑干河上》属于解放区文学。

B. 张天翼的《华威先生》、沙汀的《在其香居茶馆里》、陈白尘的《上海屋檐下》是国统区文学。

C. 孙犁的《荷花淀》和柳青的《创业史》都是反映土地改革时期的长篇小说。

D. 《一代风流》《红旗谱》《李自成》分别是欧阳山、梁斌、姚雪垠的作品。《青春之歌》《林海雪原》《保卫延安》分别是杨沫、王愿坚、杜鹏程的作品。

2. 填空题。在空格中填写恰当汉字，使之成为正确的成语或诗词句。(共20分)

(1) 成语填空。(每空1分，共10分)

摇摇欲( )越( )代庖

( )哉游哉( )笑大方

饮( )止渴( )远流长

再接再( )真知( )见

众口( )金 纵横( )阖

(2) 诗词填空。(每空1分，共10分)

山气日夕佳，____________。(陶潜《饮酒》)

草枯鹰眼疾，____________。(王维《观猎》)

____________，白水绕东城。(李白《送友人》)

____________，恨别鸟惊心。(杜甫《春望》)

____________，此恨绵绵无尽期。(白居易《长恨歌》)

____________，东风无力百花残。(李商隐《无题》)

欲把西湖比西子，____________。(苏轼《饮湖上初晴后雨》)

西塞山前白鹭飞，____________。(张志和《渔歌子》)

执手相看泪眼，____________。(柳永《雨霖铃》)

当年万里觅封侯，______________。（陆游《诉衷情》）

3. 标点古文题。将下列古文加上标点符号，抄写在答题纸上，并翻译成现代汉语。（共30分）

初宣子田于首山舍于翳桑见灵辄饿问其病曰不食三日矣食之舍其半问之曰宦三年矣未知母之存否今近焉请以遗之使尽之而为之箪食与肉寘诸橐以与之既而与为公介倒戟以御公徒而免之问何故对曰翳桑之饿人也问其名居不告而退遂自亡也乙丑赵穿攻灵公于桃园宣子未出山而复太史书曰赵盾弑其君以示于朝宣子曰不然对曰子为正卿亡不越竟反不讨贼非子而谁宣子曰乌呼我之怀矣自诒伊戚其我之谓也

4. 改错题。改正下列句子中的用词不当之处，并简要分析。（共15分）

（1）那是几十年前的事了，可我还清楚地记得那天早上五点多钟，通往机场的大街两旁就已经站满了几十万名欢送的人群。

（2）他们俩个过去常在一起下棋，最近却摩擦不断。

（3）那里情况复杂，条件又很差，我本来就对那里的情况不熟悉，最近身体也不好，你却硬要派我去，这不是有点儿差强人意吗？

（4）他的信念是无时无刻都要把祖国的利益放在第一位。

（5）复习旧知识为新知识的学习减少了不必要的障碍。

5. 逻辑简析题。（每小题5分，共15分）

（1）“生产关系就是人与人之间的社会关系”这一定义正确吗？为什么？

（2）将下列省略三段论中的省略部分补充出来，并说明其推理形式是否有效，前提是否真实。

学术论文都需要遵守逻辑规范，理论文章都是学术论文。

（3）分析下列对话中B的话语中的预设

A：你怎么迟到了？

B：因为我的自行车给偷走了。

6. 阅读题。下文为《大众媒介与社会》一书中《重建倾圮之塔：当代传播和阶级问题》一文的节选，阅读后，请回答文后问题。（10分）

并非很久之前，曾经有这样一个时期，文化研究和传播研究是共同领域，并没有建立起各种边界和地盘。来自不同学科背景的学者汇聚在这个开放的领地①，收集论据，培育着学科交叉所产生的各种新的概念种类。在整个景观②当中，鲜有仅为权宜之计、仅为当下急需而搭建的临时栖息地。其间主要的建筑物是一座深沉冷峻的石塔。无论你身处何方，你的目光总是为之吸引。它③的显著性使之成为一个无尽的思索对象。一些人试图探究它的起源以及经年以来的变化；一些人试图描绘它的组织结构和运作方式；一些人则记录生活和工作在那座石塔中人们④的故事，令人忧郁地叙述着破灭的希望和备受折磨的生活，也使人振奋地讲述着英雄般的抵制和坚持不懈的抗拒。可是，若干年之后塔基上出现了日积月累越来越大的裂缝，终于，这座石塔被宣称是不牢靠的，已然倾圮了。它被一座时髦的新房子所替代。这所新房子里的每一个寓所都是根据居住者的特殊个性和偏好而设计的。严格垂直的阶级结构让位于开阔水平的差异视角。

（1）“开放的领地”指什么？（2分）

（2）“整个景观”指什么？（2分）

（3）“它”指什么？（3分）

（4）“那座石塔中人们的故事”的“人们”指什么？（3分）

7. 写作题。（50分）

以“我用快递”为主题写一篇夹叙夹议的文章，要求如下：

（1）标题自拟，要求在标题中嵌入“我用快递”四字；

（2）字数800字左右；

(3) 主题鲜明，中心突出，夹叙夹议。

考试科目：出版专业基础

1. 名词解释（每个名词5分，共20分）

专有出版权

同行评议

绿色印刷

众筹出版

2. 简答题（每小题15分，共60分）

(1) 编辑加工的基本原则和主要内容是什么？

(2) 何为剽窃？如何认定？

(3) 出版行政管理部门对出版物的质量管理包括哪几个方面，如何判定合格或不合格？

(4) 出版物直接成本包括哪些部分？

3. 写作（70分，二选一作答）

(1) 请以大学生、社交、需求、压力、情感等为关键词，开放式设计书名，写一份关于本书的选题报告。（提示：选题报告的要点包括选题内容、读者定位、选题依据、装帧设计设想、成本预估、市场分析、营销方案等）

(2) 请以编辑的身份，为自己感兴趣的一本图书（大众读物、专业读物均可）设计营销方案。（提示：营销方案要切实可行，包括传统营销方式，也包括移动互联环境下新兴的营销方式）

考试科目：传播历史与理论

1. 名词解释（每题6分，共30分）

《一个自由而负责任的新闻界》

休眠效应

议程设置

自变量

大数据

2. 简答题（每题15分，共30分）

(1) 简述符号学的重要学者及其理论。

(2) 简述印刷术的发展，及其对人类传播的意义。

3. 论述题（每题30分，共90分）

(1) 网络购物成为常态，“双十一”俨然成为消费节日。试用意识形态理论对有关“网购”的新闻或广告文本进行分析。

(2) 网络舆情演变有何特征与规律？请结合传播学理论，举实例进行分析。

(3) 请对媒介暴力内容的效果研究进行综述。在当前中国，这一研究领域有何意义？

考试科目：传播实务

必选题综合（80分）

1. 名词解释（每题8分，共40分）

云计算

公共广播

受众的选择性因素

众筹

物联网

2. 简答题（每题20分，共40分）

(1) 简述发展传播学的范式流变。

(2) 新闻报道不可能做到绝对客观，这意味着新闻报道的客观性原则是虚假的吗？请简要说明理由。

传播学专业传媒政策与法规方向选作（70分）

1. 谈谈你对治理网络空间乱象的看法。(70分)

要求答题观点正确，论述全面，没有错别字；逻辑严密，各部分有层次；结合现实，有理论分析，有例证，文字具有可读性。

传媒教育专业选作（70分）

1. 与传统媒体一片唱衰声形成鲜明对照的，是资本市场的传媒热。传媒资源的价值变现，成为未来传媒最大的价值成长空间。用资本而不为资本所用，即所谓“传媒控制资本、资本壮大传媒”的愿景，的确是传媒业者的追求方向。由上世纪末的传媒走向资本，到近年来的资本走向传媒，再到如今传媒与资本“联姻”，更加呈现出某种相向而行的特征。在实践中可以发现，资本的进入必然产生一系列新的复杂的政策和管理问题，传媒的公益目标和营利目标的协调往往成为两难的选择。

1999年我国第一只涵盖广告、节目、传输业务的传媒类股票“电广传媒”在深交所上市；成都商报“变身”博瑞传播，借壳四川电器上市；阿里联手中国建材等三家企业组成财团，以5亿人民币投资21世纪传媒；复星国际出资2.5亿美元收购《福布斯》传媒；万达投资《华夏时报》；弘毅资本、泛海集团、腾讯乃至国家电网在传媒资本市场也身影频现……

无论是传媒走向资本，还是资本走向传媒，其内在的逻辑是一致的，既是传媒业市场化必然趋势，也是资本寻求利润增长空间的必然要求。

请分析在当前形势下，传媒资本运营的本质及其发展趋势。(35分)

2. 2015年，北京市文化创意产业收入合计15877.8亿元，同比增长13.6%。资产总计31893.9亿元，同比增长20.6%；从业人员202.3万人，同比增长5.6%。其中，规模以上文化产业收入合计13451.3亿元，同比增长14.0%；资产总计20140.2亿元，同比增长20.6%；从业人员122.3万人，同比增长6.2%。

北京文化贸易总额，从2006年的12.65亿美元，增加到30.28亿美元，年均增长10.2%。

根据以上数据请分析：

(1) 文化产业发展与经济发展水平和政策支持的关系。

(2) 国际文化贸易与文化保护的关系。(35分)

考试科目：广告传播实务

1. 名词解释（共30分，每题5分）

广告策划

品牌延伸

价值链

品牌来源地效应

长尾

忠诚营销

2. 简答题（共30分，每题10分）

(1) 简述你对移动互联时代危机公关操作要点的思考。

(2) 请结合实例，简述微信公众账号的营销功能可满足商业用户的哪些需求？

(3) 任选一篇（条）含有广告、营销要素或素材的中国古代文学文艺作品（含诗词歌赋小说等均可），试从广告功效和艺术审美角度加以简要分析。

3. 材料分析题（共30分）

材料：有学者提出了广告的新定义，认为广告是个人或组织通过在诸多目的之间做出的经济的选择，动用一定的经济资源，以维持或改变个人或组织的偏好序列为传播目的，以赢得主体经济或社会利益为最终目的，而采取的一系列有意识的、较为广泛的信息传播活动。

请结合实际的广告案例，从广告与其他类型的营销传播工具的关系出发，谈一谈你对以上定义的理解。

4. 论述题（共60分，每题30分）

(1) 结合实例试论你对广告业务中“洞察”的理解。

(2) 结合实例试论你是如何理解广告定位的价值的。

考试科目：互联网信息理论

1. 简答题（每题20分，共60分）

(1) 简述UGC（用户原创内容）在互联网时代内容生产、内容消费及信息传播的特点。

(2) 简述健康传播学在互联网时代的传播学意义和社会学意义。

(3) 简述我国对于互联网信息治理的意义、对象及实施措施。

2. 论述题（每题45分，共90分）

(1) 中央全面深化改革领导小组第四

次会议审议通过了《关于推动传统媒体和新兴媒体融合发展的指导意见》。习近平总书记在会上强调，推动传统媒体和新兴媒体融合发展，着力打造一批形态多样、手段先进、具有竞争力的新型主流媒体，建成几家拥有强大实力和传播力、公信力、影响力的新型媒体集团，形成立体多样、融合发展的现代传播体系。

请从内容、技术、渠道、平台、政策、未来趋势等几个方面详细论述您对中国新型主流媒体融合创新发展的看法，并请举一个实例进行说明。

（2）这是一个令人兴奋的时代，也是一个大数据的时代，数据科学让我们越来越多地从数据中观察到人类社会的复杂行为模式。以数据为基础的技术决定着人类的未来，但并非是数据本身改变了我们的世界，起决定作用的是我们对可用知识的增加，让我们思考如何从大数据中塑造未来美好世界的正能量。——《爆发》中文版

请详细论述您是如何理解上述有关大数据的文字内容，并请举一个实例进行说明。

考试科目：互联网实务

1. 名词解释题（每题6分，共30分）

大数据

物联网

云计算

移动支付

“避风港”原则

2. 简答题（每题20分，共40分）

（1）简述社群电商的内涵及发展趋势。

（2）简述我国自媒体发展的现状、问题及对策。

3. 论述题（每题30分，共30分）

分析网络直播的传播特性，以及网络直播平台发展的现状、问题和治理措施。

4. 材料分析题（每题50分，共50分）

（1）阅读以下材料，结合你在相关领域的学术积累，谈谈对“构建网络空间命运共同体”的理解和建议。

世界互联网大会开幕中国强调构建网络空间命运共同体

第三届世界互联网大会16日在浙江乌镇开幕。中国国家主席习近平通过视频发表讲话，指出治理好互联网必须深化网络空间国际合作，携手构建网络空间命运共同体。与会各方认为，当前，全球互联网发展已经进入新阶段，应更好把握信息时代发展趋势，共同应对各类风险挑战，推动实现网络空间互联互通、共享共治。

本届世界互联网大会的主题为“创新驱动造福人类——携手共建网络空间命运共同体”。在16日上午的开幕式上，中国国家主席习近平通过视频发表讲话，为推进全球互联网治理贡献了中国智慧：“互联网快速发展，给人类的生产生活都带来了深刻变化，也给人类社会带来了一系列新机遇和新挑战。互联网发展是无国界、无边界的，利用好、发展好、治理好互联网必须深化网络空间国际合作，携手构建网络空间命运共同体。中国愿同国际社会一道，坚持以人类共同福祉为根本，坚持网络主权理念，推动全球互联网治理朝着更加公正合理的方向迈进，推动网络空间实现平等尊重、创新发展、开放共享、安全有序的目标。”

在去年的第二届世界互联网大会上，习近平主席提出了全球互联网发展治理的“四项原则”“五点主张”，得到国际社会广泛认同和积极响应。近年来，中国大力实施信息化发展战略，加强与发达国家、新兴市场国家和广大发展中国家网络空间合作，网络空间“朋友圈”不断扩大。世界经济论坛数字经济与社会特别顾问法迪·切哈德表示，互联网的未来在于共赢，中国强调互联网治理问题对于全球互联网

的发展是十分必要的："聚焦治理问题是非常重要的，我们不仅仅要创新产品，还要创新治理。互联网改变了作为个体的人类和国家，但同时也让我们具有全球化的属性，造就了全球社会，在网上，如果任何一个做了不好的事，就会对所有的其他人造成影响，我们不能将互联网看作是割裂的空间，而是应该把它看成是一个整体，所以只有共赢，才能推动这项事业的发展，而中国对这点的强调是非常好的。"

根据中国互联网络信息中心发布的第38次《中国互联网络发展状况统计报告》显示，截至2016年6月，中国网民规模达7.10亿。其中，手机网民规模达6.56亿；互联网普及率达到51.7%，与2015年底相比提高1.3个百分点，超过全球平均水平3.1个百分点。互联网在高速发展的同时，也面临一些问题，网络乱象仍然不同程度地存在，威胁着网络基础设施安全、网络运行安全和网络信息安全。联想集团董事长、首席执行官杨元庆表示，全球互联网所面临的挑战呼唤创新的治理模式："互联网现在已经进入到了一个新的阶段，会有越来越多智能终端的出现，基于大数据和人工智能，然后终端也会变得越来越智能、越来越聪明，应用云服务和内容，这些都会促进互联网的深入和普及。任何事情都要有规则、安全，很多用户也都多多少少遇到了一些困惑和问题，我们需要把它解决掉。"

考试科目：视听业务

1. 简答题（每题35分，共70分）

（1）请简述我国"短视频"应用平台的发展特征。

（2）请简述媒体融合报道中的"中央厨房"运作流程和模式。

南京大学2017年研究生入学试题

硕士研究生入学试题

科目名称：新闻与传播专业综合能力

适用专业：新闻与传播

1. 名词解释（每题5分，共10分）

（1）虚拟现实报道

（2）品牌记忆

2. 简答（每题10分，共40分）

（1）请简要列举以下任何两家媒体近年来推出的新产品特征：

ABC、BBC、纽约时报、VICE、VOX、BuzzFeed

（2）有哪些新闻产品适合机器人完成？

（3）英语里把观看电视节目时以转换频道方式跳过广告节目的行为称为什么？这在网络电视时代对应于哪些解决方案？

（4）请仔细阅读一则台湾"左岸咖啡馆"方便装咖啡品牌在上世纪后期发布的一则广告文案，分析这则广告传递的主要信息是什么，并结合自己的感受评价这则广告的创意水准。

下雨，喝一下午的咖啡

聊赖的午后

我独自走在蒙巴那斯道上

突然下起雨来

随手招了一辆计程车

满头白发的司机问了三次：

"要去哪"

我才回过神。

"到……"

没有预期要去哪的我
一时也说不出目的地
司机从后照镜中看着我说
“躲雨?”
我笑着没回答
雨越下越大
司机将车停在咖啡馆前要我下车
笑着说:
“去喝杯咖啡吧”
他挥手示意我不必掏钱了
来不及说谢谢
计程车已回到车队中
走进冷清的咖啡馆
四名侍者围坐一桌闲聊着
看到我后立刻起身
异口同声地说“躲雨?”
我笑着不知该如何回答
午后一场意外的雨
让我一下午见识了
五个会“读心术”的人
喝了一下午的咖啡

3. 案例操作题（每题30分，共60分）

（1）假设你供职于一家全国性媒体，请针对2017年即将召开的中国十九大提交报道方案。

（2）某一欧洲咖啡馆连锁店新品牌，咖啡定价与星巴克等类似，希望在中国咖啡馆连锁店市场上获取年轻群体（25岁左右）的认知。请为这一咖啡馆连锁店品牌命名，并提炼这一品牌能够获得竞争力的品牌特征。根据这一特征设计一个一年期的品牌形象传播策划案，要求有传播目标和具体的传播执行策略。

4. 新闻写作题（共40分）

西安电子科技大学学生魏则西罹患“滑膜肉瘤”，辗转多家医院治疗未果，后通过百度搜索找到武警北京总队第二医院，医生称从国外引进的疗法可“保20年”。魏则西在接受4次治疗、花费20余万元后，仍没有明显效果，于2016年4月12日去世。网友称该疗法在国外早已被弃用，认为百度通过竞价排名推荐医院误导病人、延误病情，后媒体报道涉事医院存在将科室承包给莆田系民营医疗机构等问题。请根据媒体对该事件的报道，撰写一篇关于“魏则西之死”的新闻评论，题目自拟，不少于1000字。

科目名称：新闻与传播专业基础

适用专业：新闻与传播

1. 名词解释（每题5分，共20分）

（1）UGC

（2）特许报道权

（3）“长江韬奋奖”

（4）精确新闻

2. 简答题（每题10分，共50分）

（1）坚持党性原则与尊重新闻传播规律是马克思主义新闻观的两个基本要点，请你谈谈应如何将这两者统一起来。

（2）请简要评述议程设置理论的主要发现。

（3）什么是匿名信源？记者应该如何使用匿名信源？

（4）试从传播学视角简析当下“邻避”运动的特征。

（5）对企业存在的问题进行批评报道，从避免报道不必要地侵犯企业信誉与商品声誉的角度思考，应该注意哪些问题？

3. 论述题（每题20分，共80分）

（1）什么是新闻专业主义？在今天传媒生态发生巨大变化的情况下，你如何看待新闻专业主义面对的挑战？哪些是你认为应该坚持的，哪些是你认为有必要有所变革的部分？

（2）在互联网时代，记者如何尽可能杜绝谣言的传播？

（3）在刚刚结束的美国2016年总统大选中，你认为美国的主流媒体扮演了什么样的角色，请评价其表现。

（4）2014年之后，中央和地方传媒集团纷纷推出新闻客户端，如《人民日报》、央视新闻、澎湃新闻、界面、并读、交汇点、新湖南等APP。请你从媒介转型的视角分析，专业媒体纷纷推出新闻客户端的原因、表现和效果。

科目名称：传播史论

适用专业：传播学

1. 名词解释（每小题5分，共计20分）

（1）“主我与客我”理论

（2）灵韵

（3）流动的利己性

（4）属性议程设置

2. 简答题（每小题10分，共计50分）

（1）人类的社会传播过程通常包含哪些基本要素？

（2）自由主义报刊理论的两个重要原则是什么？这两个原则所依托的基本假设是什么？

（3）请简要说明你对“传播的时间偏向”的理解。

（4）请从媒介文化的角度分析书和报的异同。

（5）人类社会每天都会发生无数的“现象”，其中一些“现象”能够转变成“社会问题”，获得人们的关注和讨论，试分析在从“社会现象”到“社会问题”的转变中，媒体扮演着什么角色。

3. 论述题（每题20分，共计80分）

（1）2016年，英国脱欧、美国总统竞选结果均使得大多数西方主流媒体和西方民意调查的预测落空。试就这一现象阐述你的观点。

（2）“太阳底下没有新鲜事”。美国传播学者彼得斯（John Peters）曾有The oldness of new media一文，阐述“当代新媒介中的旧元素及新旧媒介之关系”。请你从媒介形态变迁视角阐释上述观点。

（3）戴扬和卡茨提出的“媒介事件”概念主要是指电视事件，但以互联网为代表的新媒体已经改变了“媒介事件”的特征，形成“新媒体事件”，试比较“媒介事件”与“新媒体事件”的不同特征，并说明当代中国新媒体事件的主要类型。

（4）诸如“怨恨”“悲情”“愤怒”之类的情感塑造着网络公共舆论的特征，有一种观点把“情感”视为非理性的，你如何看待这一观点？你认为“情感”在公共舆论的塑造中具有什么样的作用？

科目名称：新闻传播史论

适用专业：新闻学

1. 名词解释（每题5分，共20分）

（1）《西行漫记》

（2）“五角大楼文件事件”

（3）李普曼

（4）发展新闻学

2. 简答题（每题10分，共50分）

（1）习近平同志指出：“舆论监督和正面宣传是统一的。新闻媒体要直面工作中存在的问题，直面社会丑恶现象，激浊扬清、针砭时弊，同时发表批评性报道要事实准确、分析客观。”请结合这段话，谈谈你对舆论监督和正面宣传关系的理解。

（2）《申报》在企业化过程中采取的编辑方针。

（3）请简述苏联新闻体制的主要特征。

（4）请分析“实际恶意原则”的来源及主要内容。

（5）你如何理解数据新闻与精确新闻学之间的关系。

3. 论述题（每题20分，共80分）

（1）什么是“新闻专业主义”（journalism professionaism）？你认为在新媒体环境下，新闻专业主义面临怎样的挑战？

（2）据统计，每一天互联网产生800EB的数据量，需要1.68亿个DVD光盘才可容纳，有人因此认为人类进入了

“信息超载”时代。请你据此谈谈，从信息使用者的角度而言，应该具备什么样的素养才能更好地适应信息超载时代。

（3）王宝强婚姻纠纷事件引发了新媒体和传统媒体的高度关注，以至于超过对奥运会后半程赛事的热度。请从媒介法律、职业道德的角度对媒体行为分别加以评析。

（4）以徐宝璜等人的新闻学著作为例，评述五四前后的新闻职业观。

科目名称：研究方法与新闻业务

适用专业：新闻学

1. 名词解释（每题 5 分，共 20 分）

（1）信度（reliability）

（2）内容分析法（content analysis）

（3）媒介所有制

（4）媒介产权交易

2. 问答题（每题 10 分，共 60 分）

（1）进行无结构访谈要注意哪些问题？

（2）一次社会调查收集了被调查者身高与薪水的数据，两者之间的散点图和 SPSS 相关统计结果如下图表，请予以分析说明。

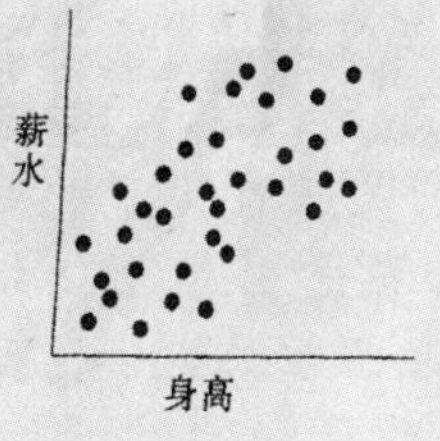

Correlations

		身高	薪水
身高	Pearson Correlation	1	.741**
	Sig. (2-tailed)		.006
	N	35	35
薪水	Pearson Correlation	.741**	1
	Sig. (2-tailed)	.006	
	N	35	35

**. Correlation is significant at the 0.01 level (2-tailed).

（3）普利策新闻奖和中国新闻奖有何异同？

（4）试述新闻实践中如何把握好宣传纪律和市场需求的关系。

（5）简述传媒影响力的发生和建构机制。

（6）在媒介规制过程中为什么会出现政府失灵现象？

3. 操作题（每题 30 分）

某课题组计划对农民工的媒体接触情况做探索性研究，请你为此设计一个访谈提纲。

4. 新闻写作题（40 分）

2016 年 4 月，江苏常州外国语学校被污染一事经媒体披露在全国引起反响，随后北京一些学校也曝出塑胶操场出现异味引起学生身体不适。而近年来每到冬季，北方京津冀地区也常常被雾霾所笼罩。请联系此类情形写一篇评论（其中包括谈谈媒体应如何对之进行报道）。

科目名称：研究方法与传播业务

适用专业：传播学

1. 名词解释（每题 5 分，共 20 分）

（1）鲍氏社会距离量表

（2）俗民方法学（或称常人方法学）

（3）计算传播学

（4）度（Degree）

2. 简答题（每题 10 分，共 50 分）

（1）什么是随机抽样？什么是随机化分配？分别何时使用？

（2）质化实地田野研究中，研究者可扮演的角色有哪两种极端？各有何特殊的优势、局限及伦理考量？

（3）移动互联传播对社会生活有哪些负面影响？

（4）请简述你对网络语言的认识？

（5）请简析社会化媒体的出现对广告形态的影响？

3. 论述题（每题 20 分，共 60 分）

（1）在应用问卷调查法时，需满足哪五个条件才能对研究结果进行概推？

（2）请阐述机器新闻写作对新闻业的影响？

（3）试论述一下在媒介融合环境下媒体采编业务流程会有哪些不同的模式？这些模式各自有哪些特点？

4. 操作题（20 分）

子宫颈癌疫苗，又称 HPV 疫苗，是一种可预防人乳头状瘤病毒（HPV）感染的疫苗，近期刚刚获批进入我国市场，你对于这种疫苗在国内的宣传与推广十分感兴趣，于是制作了一个疫苗宣传视频，并计划通过实验的方法来测试视频的宣传效果。请采用真实验法（也称古典实验法）与所罗门四组实验法，设计两个实验以检验HPV疫苗视频的效果。请简述两种实验设计，指出每种实验设计所需注意的问题，并比较两种实验设计的特点。

中山大学2017年研究生入学试题

硕士研究生入学试题

考试科目名称：新闻与传播实务及研究方法

1. 名词解释（任选4题，每题10分，共40分）

（1）新闻敏感

（2）新闻职业道德

（3）公正评论

（4）舆论的特征

（5）信度与效度

（6）视觉性

2. 简答题（任选3题，每题15分，共45分）

（1）政府对大众传播媒介的新闻生产的影响方式主要包括哪些方面？

（2）议程设置理论中是如何从研究方法层面确定媒介议程和公众议程之间的因果关系的？

（3）网络时代的“萌文化”是一种典型的图像主因的文化形态，请简要分析其特征与成因。

（4）新闻报道中消息源的使用原则主要有哪些？

3. 论述题（共2题，每题20分，共40分）

（1）谈谈你对“新闻众包”的理解，并简要评析这种新闻生产方式在实际运用中的优势与可能存在的问题有哪些。

（2）近年来各行各业都在讨论“大数据”，请谈谈你认为新闻传播学科面临的大数据是什么？大数据对新闻传播学研究带来了什么样的机遇和挑战？

4. 案例分析题（共1题，共25分）

请仔细阅读以下案例材料，然后以百度为行动主体的角度出发，谈谈你认为在贴吧事件中百度遇到的核心问题是什么，并选择一个角度如企业社会责任、传播伦理、网络法治化等来谈谈你的看法。

百度于2000年由李彦宏创立，致力于为人们提供“简单、可依赖”的信息获取方式，是全球最大的中文搜索引擎、最大的中文网站。百度贴吧是百度旗下的独立品牌，创立于2003年，是一种基于关键词的主题交流社区，与搜索引擎紧密结合，为兴趣而生，准确把握用户需求，并提供一个交流与表达思想的自由网络空间。

数据显示，百度贴吧目前注册用户超过10亿，月活跃用户突破3亿，共拥有1900万个主题吧。由于贴吧聚合了大量精准、细分的用户群，使得很多高人气吧天然地具有较高的营销价值。知名市场研究机构Statista曾于2015年3月对百度贴吧做出市场估值；百度贴吧月活跃人数为3亿，活跃度是微博的1.8倍，目前微博市值约30亿美元，如果通过MAU换算的话，百度贴吧的市值应该是60亿美元。

也有业内人士根据网络社交公司陌陌的估值估算，百度贴吧的市值更是可能高达115亿美元。

2016年1月10日，百度爆发血友病贴吧出售事件，截至1月18日，百度已发布两次整改声明（1月12日、1月16日），15日国家网信办介入，目前事件仍在持续发酵中。在此次贴吧事件爆发之前，百度以往的商业化探索亦饱受诟病。2008年11月，央视曝光百度的竞价排名黑幕。百度竞价排名被指过多地人工干涉搜索结果，引发垃圾信息，涉及恶意屏蔽，被指为“勒索营销”，并引发了公众对其信息公平性与商业道德的质疑。2010年7月，央视曝光百度等搜索引擎为假药网站提供便利、牟取暴利一事，并指出在假药网站的利益链中，百度获得了其中75%的收益。2015年4月，百度与莆田系曾因搜索引擎竞价排名价格谈不拢而“翻脸”，百度以业务调整为由，称将拒绝再与莆田系合作，杜绝虚假医疗广告。莆田系则以联盟形式宣称停止对百度的全部广告投放，宣称百度搜索的单次搜索点击成本已经高达900元人民币，希望压低百度搜索竞价排名价格。2015年6月4日，与此次事件颇为相关的危机苗头显现。百度牛皮癣吧原有的4位吧主被撤销，一家“莆田系”民营医院接管后，牛皮癣吧原来极力规避的医疗广告和江湖偏方，卷土重来。尽管几个吧主辗转找到百度贴吧工作人员的QQ，留言投诉，但对方并没有回应。

2016年1月10日，知乎网友“蚂蚁菜”曝光百度贴吧未经原吧主同意，私自将血友病吧出售给某医疗机构，新吧主在上任后贴出大量虚假医疗广告，新吧主本人也被查出曾被媒体报道通过虚假医疗广告行骗。两日（2016年1月12日）后，百度公司第一次发布整改声明，宣称百度贴吧所有病种类吧全面停止商业合作，只对权威公益组织开放。1月14日，百度贴吧的“贴吧合伙人”招募网页已经悄悄下架，网页链接直接转到贴吧主页。1月15日，国家网信办就百度贴吧的违法违规等诸多问题约谈了百度公司负责人，次日，百度发布了第二次整改声明，称此事暴露了百度在贴吧商业化运营管理上的失责和对吧友声音的忽视，并汇报了贴吧事件的处理进展以及未来的整改举措。1月17日，百度CEO李彦宏公开回应了此前的贴吧被卖事件，表示希望把危机变为机遇，让百度走得更加长远。

此次，百度贴吧事件引起了主流媒体的详细报道和公众的广泛讨论，持续一周占据了各大门户网站的头条。许多专家、媒体在呼吁百度贴吧提高道德水平的同时，更是希望国家建立起完整系统的法律体系以规制互联网空间的正常运行。

考试科目名称：新闻与传播学基础

1. 简答题（每题20分，共80分）

（1）简述经验主义学派与批判学派对传播研究的不同态度。

（2）新闻客观性的要求是什么？新闻工作能够做到客观吗？为什么？

（3）什么叫政治参与？政治参与的形式有哪些？请简要分析社交媒体对于青年人政治参与的影响？

（4）传播效果研究经历了哪些阶段？各有哪些代表性的研究？

2. 论述题（每题35分，共70分）

（1）试从新闻生产与受众的角度分析互联网与新媒体技术的发展给新闻业带来的影响。

（2）在中国当下的公共讨论中，微信平台已成为重要的网络舆论场之一。为了更好地治理微信舆论场，国家网信办颁布了一系列规定，例如，依法关停了一批违规微信公众号。请你思考这一现象，对微信舆论场的特点进行分析，并对目前政府对微信的治理策略进行评价。

考试科目名称：新闻与传播学专业基础

必答题

（财经新闻方向考生 + 交互设计方向考生）：

请谈谈新闻客户端的“公共性”应体现在哪些方面？试举例加以说明。（20 分）

财经新闻方向考题

1. 简答题（30 分）

（1）请分析财经新闻报道与时政新闻报道和社会新闻报道的主要差别是什么？从报道视角、报道方式和新闻写作三个方面分析。（15 分）

（2）试分析“新闻信源”的重要性，以及财经新闻记者如何正确地使用“新闻信源”？（15 分）

2. 论述题（50 分）

（1）试论述传播学中“使用与满足”理论的主要观点，并论述在互联网时代，这个理论的合理性和可行性以及对新闻的内容生产的影响。（25 分）

（2）试论如何合理、恰当地运用跨学科知识进行高质量的财经新闻报道？例如运用经济学、金融学、管理学、统计学等相关知识和理论。（25 分）

3. 综合题（50 分）

请仔细阅读以下新闻素材（均有删节），完成以下答题要求：

（1）请从“时政新闻”“社会新闻”和“财经新闻”三个角度分析“杨改兰事件”的新闻价值，并进行详细说明。（15 分）

（2）请从“财经新闻”的角度，就此事件写作一篇评论，主题不限，自拟标题，字数在 600—800 字。（20 分）

（3）请从“财经新闻”的角度进行分析，如果要对“杨改兰事件”进行某个新闻主题的深度调查，请拟出一份采访提纲，包括采访的新闻主题，采访对象与采访问题。（15 分）

【阅读材料 1】2016 年 8 月 24 日下午，甘肃临夏州康乐县景古镇阿姑山村山老爷弯社发生一起悲剧。该村里一位年轻的母亲杨改兰先后让 4 个孩子服毒，然后自己服毒自杀不治身亡。该女子的丈夫随后也服毒自杀，至此一家六口全部身亡（见《西部商报》2016 年 9 月 8 日报道《甘肃一家六口相继身亡，母亲让 4 个孩子服毒后自杀》）。

【阅读材料 2】……杨家也曾享受过低保。2013 年村里定低保户时，曾把杨家定为享受低保户。可到了 2014 年，杨家低保资格被村里取消了。对此，阿姑山村村委会主任魏公辉解释，2013 年定低保资格时，由村里组成了一个评定小组，挨家走访后，根据家庭情况决定低保户。2014 年，阿姑山村评定低保户的政策改变。新政策需要全村集体提名、商议并经公示无异议后，再上报乡镇，经乡镇审核公示后确定名单。“在由村民代表、村支部、村委会和村监委会召开商议低保资格的会议时，30 多名参会者关于低保资格的提议中没有杨改兰家，因此，这一次就取消了他家的低保资格。”魏公辉说。在同年开展的精准扶贫建档立卡行动中，杨家同样没有进入精准扶贫建档立卡户之列。魏公辉告诉中国青年报·中青在线记者，按照贫困面计算，阿姑山村 191 户人家中有 73 户为建档立卡贫困户。其中，有 34 户享受三、四类低保户，按照政策，这部分直接进入建档立卡贫困户，另有 39 户由村民集体评选推出。就老爷弯社而言，其 25 户人家中，评出了 6 户精准扶贫建档立卡户，其中享受三、四类低保两家直接进入，其余 4 家是村民集体评出来的。“当时精准扶贫的标准是全年人均收入 2300 元，低于这个标准就能进入建档立卡户。”魏公辉解释道，为了做到公平、公正、公开，专门组成了由村民代表和村三委构成的评议小组，对全村各家的家庭情况进行摸底调查。魏公辉说，此次摸底显示，杨家全年人均收入超过 4000 元，明显高于 2300 元的标准。“他家地多，女婿一年中大部分时间在外打工，还有3头牛，两只母猪。”一亩地400—500元收成，打工一年200个工，至少两万多元，一头猪崽当时能卖300—400元，魏公辉仔细算了一笔账显示，按当时精准扶贫建档立卡标准，杨家全年人均收入明显高于2300元。在阿姑山村，如果能进入精准扶贫建档立卡户，就能享受到每户1.2万元的建房款，发展畜牧买牛每头可有1万元的补助，盖牛棚国家补贴1万元，还能享受4万元的无息贷款。由于未能进入精准扶贫建档立卡户，杨家不能享受这些优惠。

（见《中国青年报》2016年9月12日报道《甘肃农妇杀子案追踪》）

【阅读材料3】新华社兰州9月16日电，16日，甘肃省临夏回族自治州康乐县公布《康乐县“8·26”特大故意杀人案调查处置情况的续报》。通报称，8月26日发生的“杨改兰特大故意杀人案”造成了恶劣的社会影响，相关方面人员负有不可推卸的责任，给予康乐县政府副县长马永忠党内警告处分；景古镇党委书记白仲明、镇长吕强党内严重警告处分；给予景古镇副镇长陈广健留党察看一年处分，建议行政撤职；给予阿姑山村支书李进军及村主任魏公辉留党察看一年处分，撤销或建议罢免各自职务。

交互设计方向考题

1. 名词解释（每题15分，共45分）

（1）心智模型（mental model）

（2）基于场景的设计（scenario-based design）

(3) 信息可视化（information visualization）

2. 简述虚拟现实（virtual reality）与增强现实（augmented reality）这两个概念，并各举一例说明。（20分）

3. 市场研究（Market Research）与用户研究（User Research，或用户体验研究User Experience Research）有哪些差别？（20分）

4. 可能影响一款新闻客户端设计成败的用户体验要素有哪些。（20分）

5. 准确、及时、有效的反馈（feedback）对产品界面交互来说非常重要。试举一个有问题的反馈设计的例子，分析其问题所在。必要的话可画草图帮助解释。（25分）

考试科目名称：新闻与传播专业综合能力

交互设计方向考题

1. 名词解释（每题10分，共30分）

（1）卡片分类法（card sorting）

（2）人物角色或用户画像（personas）

（3）可用性测试（usability testing）

2. 简答题（每题20分，共40分）

（1）可用性（usability）与用户体验（user experience）有何差别？

（2）焦点小组法（focus group）与头脑风暴法（brainstorming）有何差异？

3. 简述交互设计岗位与其他岗位如产品策划、用户研究、视觉设计、产品开发、产品测试之间的职责异同与联系。（30分）

4. 智能手表的一大限制，是其屏幕过小，文字输入能力非常受限。为了让智能手表可打字，美国卡耐基梅隆大学的研究者们开发了一种名为ZoomBoard的输入方式，其智能手表屏幕上的虚拟键盘很小，但只要在屏幕上逐步点击，即可逐步放大、缩小（zoom in/out）局部键盘，从而输入。ZoomBoard虚拟键盘布局类似QWERTY，向上滑动可以调出数字和符号面板，向右滑动键入空格，向左滑动删除一个字符，长按输入大写字母。（50分）

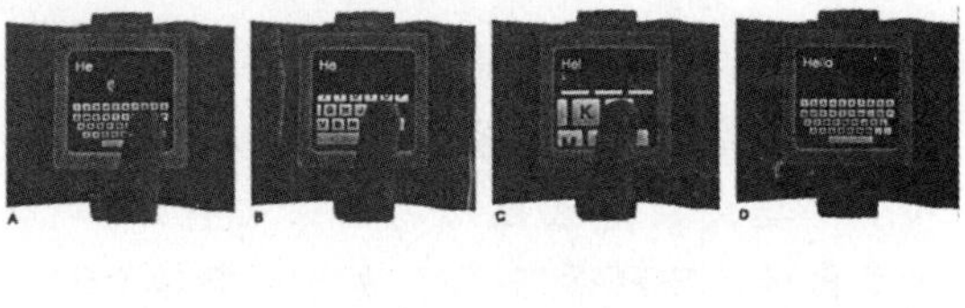

（1）构建一个典型任务场景（scenario），并根据此场景，对该ZoomBoard的设计进行评论。（10分）

（2）如果你受委托，需要对类似智能手表的输入方式进行自由设计。你会在项目初期，如何进行用户需求和问题的调研，从而获得设计启发？（20分）

（3）针对同样的任务（帮助人们在智能手表上输入编辑文本），提出你的设计方案，简述其核心设计概念（design concepts）和设计特征（design features）。画出相关草图（sketches）或线框图（wireframe）。并简要比较你的设计方案与ZoomBoard设计方案的优劣。（20分）

财经新闻方向考题

1. 概念题（每题6分，共30分）

（1）财政政策 （2）股市熔断机制 （3）特别提款权 （4）媒介事件 （5）媒体审判

2. 简答题（每题20分，共40分）

（1）21岁的西安电子科技大学计算机专业学生魏则西，因身患滑膜肉瘤去年4月12日去世，其生前求医过程中，通过百度搜索看到排名前列的武警北京总队第二医院，受其“生物免疫疗法”高有效率、“斯坦福技术”等宣传所骗，花费二十多万治疗却未收到任何效果，病情迅速恶化，也贻误了其他合理治疗的时机。有人认为，这是医疗市场化结出的恶果。你同意吗？请说明你支持或反对这一观点的理由。

（2）2016年6月23日，英国举行“脱欧”公投，“脱欧派”仅以四个百分点、近127万票的微弱优势决定了国家走向。请简要分析英国脱欧对全球经济的影响。

3. 实务题（80分）

（1）阅读以下报道材料：

2016年7月，经过半年多的万科A停牌以及监管部门的调查后，“宝万之争”进入下半场，剧情巨幅反转——宝能与华润联手出牌，万科管理层已被逼至窘迫之境。上半场是“宝万之争”，下半场“华万之争”逐步明晰，此时的“宝能系”一反2015年底被多个部门调查以及资金链紧张的被动窘境，高调出手，与华润频频出招反对万科重组，虽未公开结盟，但联手之势昭然。华润在董事会上投票反对万科引入深圳地铁的重组预案，“宝能系”随后更是提出提案，要求召开临时股东大会，意欲罢免万科董事会。（来源：《财新周刊》）

试分析万科收购战“上下半场”剧情反转的可能原因。（20分）

假设你是一家中国财经媒体的记者，准备报道万科收购战，请为此写一个深度报道策划方案。（20分）

（2）阅读下面一段报道，自拟主题与标题，写一篇800字以内的财经评论。（40分）

2016年10月8日，北上广深四地同日发布了网约车经营服务管理办法征求意见稿：北京、上海均要求司机系本地户籍；广州未提及户籍，但必须是粤A车牌、一年以内新车才可做网约车；深圳则要求司机是本地户籍或持居住证方可申请。被称为“史上最严”网约车新政如一颗“深水炸弹”投入媒体江湖，一下子令舆论哗然，“京人京车”“沪籍沪牌”等规定细则引发公众热议。（来源：《南方日报》）

考试科目名称：视觉传播学

1. 分析题（100分）

这是一幅获奖的摄影图片，记录了一个真实的事件。请根据这张图片做出以下的说明：（1）它反映了一个怎样的故事？（2）是什么关键特征决定了我们从图片中读取的故事？（3）拍摄者与观众是一种什么样的关系？是拍摄者选取的画面决定了观众的感受吗？还是观众自己拥有解释的多样性？

2. 问答题（50 分）

2016 年被称为是 VR 的元年，VR 技术的特征是什么？它与传统的摄影有何不同？随着 VR 技术的进一步演进，这种技术会对摄影构成什么样的挑战？以此为前提，再进一步去展望一下数字技术的发展对视觉体验带来的改变，请展开想象描述几个主要的特征。

暨南大学 2017 年研究生入学试题

博士生入学试题

学科、专业名称：新闻传播学

研究方向：各方向

考试科目名称：新闻传播理论与历史

1. 论述中国共产党新闻舆论引导思想的发展历程和现实意义。（40 分）

2. 论述新闻传播规律的科学性和尊重新闻传播规律的必要性。（30 分）

以下两题任选一题且只选一题作答（如两题都答，则只计一题分数）：

3. 信息技术更新带来的传播形态变化，也参与了后真相语境的形塑。一方面，去中心化的理念得以不断实现，人人都是传播节点的设想走入现实。另一方面，借助技术的赋权，用户同样可以在庞大的信息流和驳杂的观念丛中准确地定位、抽取、吸收特定的内容。有分析认为：这样的传播形态有可能造成观念的回音室（echo chamber）或过滤泡（filter bubble）效应，阻碍异质观念的交流。请结合相关新闻传播理论分析之。（30 分）

4. 请结合相关案例论述互联网环境下传媒经济的运行规律。（30 分）

学科、专业名称：新闻传播学

研究方向：各方向

考试科目名称：新闻传播业务

1. 在第十七个中国记者节到来之际，习近平会见中华全国新闻工作者协会第九届理事会全体代表和中国新闻奖、长江韬奋奖获奖代表，并发表重要讲话。他对广大新闻记者提出四点希望：一是要坚持正确政治方向，二是要坚持正确舆论导向，三是要坚持正确新闻志向，四是要坚持正确工作取向。结合新闻实践论述新闻记者如何在工作中体现以上四个方面的要求。（40 分）

2. 论述新闻传播实务向公共传播实务转型的社会背景和现实价值（30 分）

以下两题任选一题且只选一题作答（如两题都答，则只计一题分数）：

3. 结合近三十年来媒介文本的发展，论述主要媒介文本形态的演变语境及社会逻辑。（30 分）

4. 从程序化交易到场景营销，应用技术的创新始终是决定数字营销传播实践发展的核心驱动力。请结合近年来相关应用技术的创新发展，论述技术创新在数字营销传播发展中的重要性。（30 分）

硕士生入学试题

学科、专业名称：新闻与传播专业学位

研究方向：各研究方向

考试科目名称：新闻与传播专业综合能力

1. 名词解释（选做 4 题，每小题 5 分，共 20 分，多选不给分）

（1）新闻点

（2）揭丑报道

（3）版面强势

（4）电视批评

（5）悬浮广告

（6）品牌形象

2. 简答题（选做 3 题，每小题 10 分，共 30 分，多选不给分）

（1）为什么说新闻采访是一门倾听的艺术？

（2）简述新闻报道中数字的运用技巧。

（3）新闻评论如何彰显理性的力量？

（4）简述视听语言在电视节目中的作用。

（5）简述广告文案的结构和功能。

3. 论述题（选做 2 题，每小题 25 分，共 50 分，多选不给分）

（1）为什么说新闻工作者“在路上心里才有时代，在基层心里才有群众，在现场心里才有感动”，结合案例阐述之。

（2）结合具体案例谈谈社交媒体对新闻生产与传播的影响。

（3）结合案例论述广电节目如何处理好借鉴传承与自主创新的关系。

（4）论述 AR 技术在广告营销中的应用价值。

4. 实务题（选做 1 小题，每小题 50 分，共 50 分，多选不给分）

（1）请根据下列材料，改写一篇倒金字塔式消息（20 分），并以百度为例就网络营销如何处理好商业诚信与经济利益的关系配发一篇评论（30 分）。消息和评论的题目自拟，字数均不少于 500 字。

材料：

魏则西，西安电子科技大学计算机学院学生。患有滑膜肉瘤晚期的魏则西生前描述，该疾病为“一种很恐怖的软组织肿瘤，目前除了最新研发和正在做临床实验的技术，没有有效的治疗手段”。得知病情后，父母先后带着魏则西前往北京、上海、天津和广州多地进行求诊，但最后均被告知希望不大。魏则西在网上发布过求医经历，他用百度搜索滑膜肉瘤治疗方法，找到武警北京总队第二医院。魏则西父母先行前往考察，并被该医院医生告知可治疗，于是魏则西开始了在武警北京总队第二医院先后 4 次的治疗。据魏则西母亲回忆称：“医生告诉我们他们这儿有美国斯坦福引进的生物免疫疗法，保 10 年 20 年没有问题。于是我们决定在这里治疗，虽然费用不菲。”魏则西母亲进一步解释说，当时原本希望去 307 医院治疗，但到北京考察后一听能保 10 年 20 年便很开心，“我们就四处借钱凑钱，决定花多少都要把孩子的病治好”。然而花费了 20 多万元医疗费，魏则西的病情却未见好转，2016 年 4 月 12 日在咸阳家中去世。

网上有人谈到，此疗法国外因为效率太低，20 年前在临床阶段就被淘汰了。百度曾经表示，魏则西生前通过电视媒体报道和百度搜索选择的武警北京总队第二医院，从提交的搜索资质来看，是一家资质齐全的公立三甲医院，不存在违规推广和虚假搜索情况。这一说法，受到网民的质疑。在2016年“五一”放假期间，“魏则西事件”刷破朋友圈。百度被大量网民舆论猛烈抨击的同时，相关医院也开始浮出水面，以武警、三甲、公立等名头却私下承包的“北京武警二院”及其背后的莆田系民营医院，被舆论推到风口浪尖。

相关单位被查处，其中国家网信办会同国家工商总局、国家卫生计生委成立的联合调查组要求百度整改，百度也宣布了落实整改的措施，对竞价排名模式进行调整。

（2）以“诚信”为主题，创作一篇公益视频广告。

要求：

（一）时长：60秒。（20分）

（二）音频广告要素齐全。（30分）

学科、专业名称：新闻与传播专业学位

研究方向：各研究方向

考试科目名称：新闻与传播专业基础

1. 名词解释（选做4题，每小题5分，共20分，多选不给分）

（1）《广州纪录报》

（2）《绅士杂志》

（3）有闻必录

（4）焦点小组访谈法

（5）NHK

（6）广告口号

2. 简答题（选做3题，每小题10分，共30分，多选不给分）

（1）简述王韬的新闻思想及其影响。

（2）简述美国“新式新闻事业”。

（3）简述《人民的选择》主要内容。

（4）简述5S对政府形象管理的指导意义。

（5）简述创意简报的基本内容。

3. 论述题（选做2题，每小题25分，共50分，多选不给分）

（1）论述建国初期中国新闻界学习苏联新闻工作经验过程及其意义。

（2）论述西方新闻自律运动的发展历程及其对中国新闻职业道德建设的影响。

（3）结合案例论述当下广播电视媒体舆论监督弱化的原因及其对策。

（4）论述“网红”为广告传播带来的机遇和挑战。

4. 分析题（每小题25分，共50分）

（1）2016年4月19日，习近平总书记在网络安全和信息化工作座谈会上指出，网络空间是亿万民众共同的精神家园。网络空间天朗气清、生态良好，符合人民利益。网络空间乌烟瘴气、生态恶化，不符合人民利益。结合上述论述，谈谈你对加强网络空间治理的想法。

（2）2015年12月，有网友报料，在广西桂林西门菜市口附近某门店买了几只螃蟹，下锅蒸完一开壳，怀疑被注射了胶水，并配发照片“以图为证”。媒体关注到，在全国各地都有不少“螃蟹注胶”的传闻，但经当地市场监管局调查发现，并不存在注胶蟹。结合此案例，谈谈虚假信息传播的新特点及其危害。

学科、专业名称：新闻传播学（科学学位）

研究方向：新闻传播学各研究方向

考试科目名称：新闻传播史论

1. 名词解释（选做4题，每小题5分，共20分，多选不给分）

（1）定本制度

（2）灰色宣传

（3）《报人守则》

（4）拟态环境

（5）声画对位

（6）广告监管

2. 简答题（选做3题，每小题10分，共30分，多选不给分）

（1）简述约瑟夫·普利策的历史贡献。

（2）简述《民报》的主要内容及其社会影响。

（3）简述发展传播学理论的主要观点。

（4）简述电视谈话类节目中话题选择的基本原则。

（5）简述广告品牌命名的原则。

3. 论述题（选做2题，每小题25分，共50分，多选不给分）

（1）论述五四时期《新青年》的发展历程及其影响。

（2）论述近代西方新闻自由思想的发展过程及其历史作用。

（3）结合媒体实例，论述广播电视媒体的公益属性与经营。

（4）论述制约品牌建设与发展的现实因素。

4. 分析题（每小题25分，共50分）

（1）李普曼说："新闻的作用在于突出一个事件，而真相的作用则是揭露隐藏的事实，确立其相互关系，描绘出人们可以在其中采取行动的现实画面。只有当社会状况达到了可以辨认、可以监测的程度时，真相和新闻才会重叠。"请结合具体案例分析新闻舆论工作的核心原则。

（2）2016年11月9日凌晨1：40分，美国共和党总统候选人唐纳德·特朗普赢得总统选举，其中社交媒体在争取年轻选民的过程中发挥了重要作用，以此为例分析社交媒体影响公众舆论的方式和特点。

学科、专业名称：广播电视专业学位

研究方向：广播电视各方向

考试科目名称：广播电视专业综合能力

1. 名词解释（每小题5分，共20分）

（1）制式

（2）制播分离

（3）家庭伦理剧

（4）直播

2. 简答题（每小题10分，共40分）

（1）简述安德烈·巴赞的电影理论。

（2）简述多机位拍摄在节目制作中的应用技巧与原则。

（3）简述网络自制剧的特征。

（4）简述广播电视新闻的故事化特征。

3. 论述题（每小题20分，共40分）

（1）结合相关案例，论述大数据时代电影生产与营销的方式。

（2）在纪录片中大量运用特技和情景再现，是否违背纪录片"真实记录"创作的原则？结合相关作品表述自己的观点。

4. 实务题（每小题25分，共50分）

（1）以"成长"为主题，拍摄一个3分钟微电影，要求完成以下两小题：

a. 写出故事梗概（200字以内）。（10分）

b. 写出分镜头剧本，强调对细节和符号的使用。（15分）

（2）针对当前我国电视荧屏上的真人秀节目模式大多为国外引进的发展现状，研发一档全新的具有本土化色彩的真人秀节目模式，要求写出详细的节目策划方案。（25分）

学科、专业名称：新闻传播学（科学学位）

研究方向：新闻传播学各研究方向

考试科目名称：新闻传播业务

1. 名词解释（选做4题，每小题5分，共20分，多选不给分）

（1）钓鱼式采访

（2）软新闻

（3）解释性报道

（4）版面空间

（5）连线报道

（6）程序化购买

2. 简答题（选做3题，每小题10分，共30分，多选不给分）

（1）列举新闻写作故事化开头的优点。

（2）简述版位在报纸版面编排中的作用。

（3）新闻评论需要警惕哪些典型的逻辑问题？

（4）简述蒙太奇的类型和作用。

（5）广告文案如何利用语言特性来服务广告目标？

3. 论述题（选做2题，每小题25分，共50分，多选不给分）

（1）论述新媒体环境下传统媒体新闻业务改革的重点和难点。

（2）新华社在中国梦主题宣传中，从坚持中国道路、弘扬中国精神和凝聚中国力量三方面发表系列评论，全面阐释中国梦的现实内涵。请结合这一案例论述新闻评论写作怎样做到“上下结合”。

（3）结合具体的视觉文本，谈谈当下纪录片“真实再现”的前沿观念和风格。

（4）论述大数据对企业产品策略的影响。

4. 实务题（选做1题，每小题50分，共50分，多选不给分）

（1）根据材料，完成下列两道题。

a. 写一篇综合消息，自拟标题，字数不少于500字。（20分）

b. 写一篇新闻评论，自拟标题，自选角度，字数不少于600字。（30分）

材料：

有种创业叫内容创业，即在互联网思维下，以内容为手段所进行的创业。广义的内容创业：所有通过内容传播能找到的市场模式。微信上被追捧的文章、美妆达人上传的化妆视频、直播里美女主播唱歌给用户听，等等。

担任《东方早报》社长、澎湃CEO的邱兵，于2016年7月29日通过个人朋友圈宣布辞职，澎湃新闻管理团队的骨干也跟随其出走进行内容创业。邱兵辞职前已有一批媒体人辞职进行内容创业，今后还会陆续有一批媒体人投入到这一行列中。

公众号“黎贝卡的异想世界”主理人方夷敏，2002年毕业于暨南大学新闻与传播学院，曾任《南方都市报》记者。由于业绩显著，2012年被南方报业传媒集团评为年度记者。2014年10月，方夷敏创建微信公众号“黎贝卡的异想世界”。内容：穿衣搭配技巧、消费购物指南、时尚潮流趋势等时尚相关内容。推送的首篇内容是“丝巾的使用方法”，发给了6位好友，后台的阅读数很快突破1000。第三篇“谈林青霞的穿衣之道”时，阅读量超过了10万。2015年4月，方夷敏从《南方都市报》辞职，全力经营“黎贝卡的异想世界”。至2016年10月粉丝数已达90万，头条单篇阅读量基本稳定在30万左右，多次跻身公众号影响力排行榜单前列，推送内容常被各大门户网站转载。方夷敏说：平台虽然改变，但做的工作仍然是内容生产。

马凌在《南方都市报》工作12年后于2014年辞职，其创办的“咪蒙”公众号粉丝400多万，每个月广告利润300万—500万。头条一条广告40多万，二条也有20多万。网络直播视频异常火爆的韩国妹子，靠直播吃饭就能月入5万人民币。

（2）为了宣传普及《互联网广告管理暂行办法》，请策划一场具有全国影响力的大型公益传播活动，简要写出策划方案。（50分）

学科、专业名称：广播电视专业学位
研究方向：广播电视各方向
考试科目名称：广播电视专业基础

1. 名词解释（每小题5分，共20分）

（1）库里霍夫效应

（2）造型语言

（3）有技巧转场

（4）电视纪实艺术

2. 简答题（每小题10分，共40分）

（1）如何理解广播文艺节目的“和谐美”。

（2）简述直接电影的主要特征。

（3）简述新好莱坞电影的产生背景与

主要特征。

（4）简述画面留白的原则与意义。

3. 论述题（每小题20分，共40分）

（1）论述后现代电影的基本理论、主要类型及其特征。

（2）结合具体案例，论述电视深度报道的主要叙事方式。

4. 分析题（每小题25分，共50分）

（1）习近平总书记在新闻舆论工作座谈会上指出："有人认为，娱乐类、社会类新闻不必过于强调导向，尺度可以宽一些。这种认识是不对的，至少是不全面的"。请结合相关案例或现象，分析娱乐节目坚持主旋律、弘扬正能量的必要性。

（2）2013年，湖南卫视推出国内第一款电视互动社交手机客户端"呼啦"。"呼啦"完全基于湖南卫视电视节目，采用"社区"概念，通过线上社交来实现双向交流。

2014年央视CNTV推出"CCTV微视"官方社交电视客户端，用户可以在看电视的同时，参加"TV圈"里丰富多彩的互动活动，分享好友或其他观众的推荐和吐槽。

2016年广东广播电视台启动"触电"全媒体重点项目暨ZAKER触电频道，该频道是移动资讯软件与传统电视台的首次台网联动尝试。

根据上述材料，分析电视媒体融合转型的趋势。

汕头大学2017年研究生入学试题

硕士研究生入学试题

专业名称：新闻传播学

考试科目名称：中外新闻史和新闻传播理论

1. 配对题（共20分）

A1"八匹骡子办报"

A2 严宝礼

A3 邵飘萍

A4 徐宝璜

A5 李大钊

A6 格里利

A7 贝内特

A8 杰弗逊

A9 约翰·沃尔特

A10 默多克

B1 新闻国际公司

B2《新闻学大意》

B3《晋察冀日报》

B4《每周评论》

B5《文汇报》

B6《京报》

B7《论坛报》

B8《先驱报》

B9"人权法案"

B10《泰晤士报》

2. 名词解释（共25分）

（1）《红星照耀中国》（5分）

（2）五四前后四大副刊（5分）

（3）《莱茵报》（5分）

（4）传播学中的政治经济学派（5分）

（5）意见领袖（5分）

3. 简答题（共50分）

（1）简述黄远生的新闻思想对现代新闻业的贡献。（10分）

（2）简述《华盛顿邮报》的水门事件。（10分）

（3）简述麦克卢汉的"媒介即人的延

伸”这一观点，并重点谈谈你对智能手机这种新媒介作为人的延伸的理解。(10分)

(4) 简述你对数字鸿沟概念的理解，并阐释什么是在数字鸿沟上简称为ABCD的几种差异。(10分)

(5) 从传播学的研究角度，“大众(mass)”这个词汇包含哪些含意？在卫星通信、网络和计算机等新科技的推动下，大众媒介原有的功能和影响力有没有发生改变，并说明理由？(10分)

4. 理解题（共35分）

(1) 荷兰学者Bordewijk和Kaam在1986年提出了一个传播模型，对信息的传播交流进行解释，他们把传播的形式分为支配(allocation)、对谈和信息交谈（conversation and exchange)、咨询（consultation）以及注册（registration）四种模式：

a. 请就以上四个概念进行解释，并举例说明四种模式分别可能发生在什么情形下。(10分)

b. 在网络科技的影响下，这四种传播方式发生了什么变化。(5分)

c. 比起效果论的传播理论，这个模式有什么补充性，请加以解释。(5分)

(2) 与传统媒体比较，新媒体在技术上最大的特征是什么？新媒体关键使用了哪些技术？这些技术增强了媒体的哪些功能？新媒体对于阅听人来说，带来了什么具体改变？(15分)

5. 分析题（共20分）

(1) 据一些媒体报道，在现在的网络时代，部分已婚人士在婚姻关系以外有网恋的行为。一位研究人员打算对此进行研究，假设该研究人员找到一些白领人士进行一个简单的书面问卷调查，其中一个问题问到“您上两个月在网络上进行网恋平均每月花了多少小时？”

首先，请谈谈你对调查中测量应遵守的有效性和可靠性两个原则的理解。(10分)

其次，在暂不考虑样本人群的代表性的情况下，你觉得以上设计的问题本身是否较好满足了调查测量中的有效性和可靠性这两个要求，并简要说明理由。(10分)

专业名称：新闻传播学

考试科目名称：新闻与传播学实务

1. 名词解释（每题6分，共30分）

(1) 虚拟现实新闻

(2) 分答

(3) 智媒体

(4) 新闻策划

(5) 现场观察

2. 简答题（每题20分，共40分）

(1) 怎样培养记者的新闻敏感？

(2) 什么是网络直播与电视直播？试比较他们各自的优缺点。

3. 新闻实务题（80分）

(1) 以下材料是《新京报》记者采访所得，请以该报记者的身份，根据以下材料撰写两条不同角度的消息导语。（每条导语不超过100字，按2016年9月发稿的要求写作，共40分）

(2) 就此话题撰写一篇500字左右的评论并自拟评论标题（40分）

自上世纪九十年代以来，台湾学者王财贵在大陆宣讲并建立起一套名为“老实大量读经”的“理论体系”，自言以培养圣贤为目的，以全日制读经为手段。所谓“老实”，一是内容，就是“读真正的经”；二是方法“只管读，不要管懂不懂”。所谓“大量”，是平均一天要读经6到8小时，到最后达到进入最高学府文礼书院的标准“包本背诵30万字”。

彼时，正是国学热兴起，王财贵的理论获得大量信众支持。十年前，读经热进入高潮，全国近百家读经学堂雨后春笋般建立，一批少年离开体制教育，进入读经学堂求学。这与家长们逃离体制教育、追捧传统文化的热忱不谋而合，此后在全国建起的上千所读经学堂里，都是摇头晃脑背着经典的学生。

如今，最早的一批读经孩子已经成人，他们也成为了这场体制外“教育”的实验品。那么，近十年的“读经教育”成效如何？最早的这批读经孩子又有什么样的心路历程？《新京报》记者最近深入读经学堂进行了调查采访，将收集到的材料归纳整理如下：

2008年，正上小学四年级的济南少年郑惟生退学进入读经学堂。这种新的教育模式，宣称能帮孩子找到安身立命的精神家园让他们与孔、孟产生心灵呼应，造就大才，甚至圣贤。此后九年，郑辗转八省，先后在十个读经学堂求学。

如今，19岁的郑惟生在背完20多万字的经书后意识到，自己为之努力的一切都已付诸东流；

2016年8月12日，在济南家中，说起儿子读经这九年，郑惟生的母亲李璇感到迷茫，为什么这条开局充满希望的读经之路，最终偏离了正轨？

2008年，李璇收到儿子学校发的一张光盘，是台湾学者王财贵的演讲。演讲中，王财贵描述了李璇一直梦寐以求的愿景——教育是不费吹灰之力的，只要通过简单的读经，就能将孩子塑造成大才，甚至圣贤。

那年正是国学热最盛的时候，《百家讲坛》蝉联“中国最具网络影响力的十大央视栏目”冠军。数量巨大的人群支持传统文化、学习儒家经典。李璇立即给儿子办了退学手续，送到了北京一家读经学堂。2009年，又转至河北承德山中的新学堂。

郑惟生回忆，新学堂在深山之中，满山的草木长得疯野。出山没公路，得坐农用拖拉机。那是一种接近清修的生活，无电无网，与经书为伴，每天背诵十小时。

住的毛坯房也很简陋，没有自来水，没有厕所，没有暖气，也没有电子产品。四下也没有村落，傍晚时山黑云暗，一两盏灯。12岁的孩子，没有这样的生活体验，不免有凄清之感。

郑惟生说，他觉得最难克服的并不是生活的艰苦，而是求学的困惑。这里说是读经学堂，实际上是佛家的道场，堂主信仰佛教“净土宗”，宗教化极强。

郑惟生背诵的经典，虽然也包括四书五经的一部分，但更多的是净土宗的佛经。老师要求学生要“销落妄想”，以“禅定”的状态来背经。没有老师讲解，天天跟着复读机死背。

佛经中的《普贤菩萨行愿品·别行疏抄》，全书十四万字。郑惟生背了整整一年。

背诵，不认字、不释义地背诵，就是这所学堂课程的全部。郑惟生认为，没有老师讲解，学生不理解文章意思，背诵是没有意义的。老师的观点则针锋相对，反对学生在成熟之前大量读书，“知道的知识越多，你的障碍越重”。

在读经学生李淑敏看来，她十年里接触到的那些老师，甚至连陪读都算不上，更多是对传统文化感兴趣的一些家庭妇女。

这暗合了目前读经界流行甚广的说法：“做读经老师不需要有文化，不用讲解，也不许讲解，只要会按复读机按钮、督促小朋友背诵，就是最好的读经老师。”

在一本经典背诵教材的序言中，编者明言：最好的读经老师不是人，而是复读机，或者会按下复读机开关按钮的人。

学堂里有大量藏书，但大部分都被明令禁止阅读。如《史记》《曾国藩家书》等都是禁书，理由就是老师反复强调这些书“增长所知障”，禁止读书是为了“培养清净心”。

刚开始，郑惟生被允许拥有一本《古代汉语词典》。他发现词典的词条释义中会引用古文例句，还能在背经典的间歇偷看零碎文句。但最后，老师发现他在偷偷理解词句的意思，词典也被没收了。

2012年，长长的书单也到了背完的时候。这时，郑惟生已经长成15岁的少年。没有老师讲经，他独自背了1700多遍《弟子规》。

2008年，在江苏常州，读经学堂“吉祥之家”成了李淑敏母亲心中拯救叛逆女儿的救命稻草。不只是李淑敏，这个学堂里招的20多个孩子，大多是因为不听话被送过去的。说是读经学堂，其实这更像所谓的“问题少年救助所”。

在这里，李淑敏被要求每天清理卫生间。老师的要求是，台面上不可以有一滴水，马桶不允许用刷子洗，而要把手伸进去擦。墩地也不可以用拖把，必须跪在地上，一寸一寸，用手擦得干干净净。

十七八岁时，李淑敏在家里待了两年。那段近似空白的日子里，她每天都在复盘自己读经的经历，开始有真正的思考。

说起去年去复旦大学旁听过的两节课，20岁的她脸色才变得松快，眉飞色舞起来。

历史系教授韩生讲魏晋史，无论是民族、部落还是农业、政治，都深入浅出，重在启发学生们的思考。台下的同学们，则思维自由，发言踊跃。

还有一节是英裔女作家虹影的讲座，主题是“我的文学之路”。小小的教室坐满了人。

她觉得受到震撼，“那是我第一次感受到文学的美，是这么多年我听过的，最浪漫、最感动的课程”。

李淑敏想起自己曾在读经学堂里摇头晃脑地背诵过，“博学于文，约之以礼”。十年里，她并不理解这句话的意思，却在大学课堂里，真切地触摸到了。这意味有些讽刺。

在读经界，文礼书院是公认的最高学府，坐落在浙江、福建两省交界处的温州市竹里乡的一片山谷中。据文礼书院老师裴志广介绍，保守估计，全国至少有50家50位学生以上的读经学堂，宗旨就是帮助学生进入文礼书院。但文礼书院入学条件极为严苛，学生们要通过“包本”，也就是对着录像机，一字不漏地背下《论语》《孟子》《佛经选》《莎翁十四行诗》等30万字经典，才有入校资格。

按照文礼书院的规划，十年读经，十年解经，第二个十年的最后三至五年学习牟宗三全集。牟宗三，是现代新儒家的重要代表人物之一，王财贵的老师。

看到这个培养计划，郑惟生觉得，读经之路可能会使自己的人生越走越窄，最后竟然要限制到一个学派里的一个人。“教育不应该是这样的，怎么会所有人都要往这一个方向呢？”

中山大学教授贺希荣认为，所谓30万字的“包本”读经，纯粹是个噱头，是交代给那些试图从反体制的读经教育中培养出圣贤的家长们的安慰剂。

尽管外界对这些学生前途的质疑汹涌而来，书院老师裴志广却胸有成竹：我们这些学生可不是做老师啊，要治国平天下的！

按他的想法，文礼书院教出的学生，要么是像孔孟一样的思想家；要么是有思想的企业家；要么是有格局的政治家，为天下苍生谋福祉。

但实际上，书院里不教真正的政治和商业知识。裴志广告诉记者，书院里教的是“道”，“天不变地不变道不变，你把道掌握了，做什么都没问题”。

郑惟生也曾去见过王财贵，问到前途何在，王财贵回答，如果还考虑前途问题，那你就不要读书了。

记者探访时，正赶上书院放暑假。8月15日，在文礼书院里读到一些孩子的随笔，一个女孩写道，我体会不到生命的实感，我所接触的只是义理，根本没有去实践。

导师王财贵在下面的批注则多是，

“要静下心来”“只有一路，志道乐学，再无他途”。

2015 年，郑惟生终于下定决心，放弃读经，准备自考。自考、艺考，回到体制教育，这也是大多数读经孩子最后选择的路。这个炎夏，他正在备战英文自考。19 岁了，最基础的小学英文都不甚了解，一切都得从头再来，很是吃力。

从读经学堂出来之后，很多学生都不愿意碰书了，他们忘掉失败感的方式，是迷恋电子产品，一个学生有一个诺基亚手机，俄罗斯方块他玩了一个冬天。也有人看韩剧，一看就是整天。

同年，近十位读经孩子的家长陆续找到同济大学人文学院教授柯小刚。柯教授对他们的主要建议就是自考。这两年，有近十位读经学生跟着柯小刚学习，一边在同济大学旁听，一边准备自考。柯小刚发现，这群学生的功底太差，识字量不行、错字连篇、英语更是处在小学入门水平。一篇八百字的作文他们写得吃力，他也改得吃力，要从标点符号改起。

这些自考的学生，曾相信体制教育是糟粕，而现在，他们会很羡慕体制内的教育。在对各种专业的憧憬里，他们更倾向于离国学远一点的，比如设计、国际关系。

在郑惟生心里，反思读经之路，那是血肉模糊的厮杀中度过的，与局外人的反思不同，对读经的每一点怀疑，都是对他生命意义的怀疑，读经方法的所有失误，都是他生命的失误，他说，“我心如刀割”。

“读经给他们的负面影响实在是太大了，整整十年，没有理智的乐趣，没有感受力的乐趣，没有想象力的乐趣，只有长年累月的无意义。”柯小刚说。

正如读经界一位人士总结：现在回过头去看，对孩子来说，这真是一场残酷的实验。

在学界，大家有一个共识：无论是儒家的孔子、牟宗三，还是佛家，都是一脉优美的文化传统。

柯小刚最担心的是，这些传统被不科学的纯读经方法污名化。错失时机之后，将来在社会、政府、公众心中重建对传统文化的信任和向往，就非常难了。（完）

第十四篇
港澳台学术概况

香港地区专辑

台湾地区专辑

台湾地区新闻传播学研究2017年综述

附录：2017年台湾地区主要学术会议

台湾地区高校新闻传播学院（系）2017年学术发展概况

台湾政治大学传播学院

世新大学新闻传播学院

铭传大学传播学院

台湾地区新闻传播学人自述

黄肇松　温伟群　臧国仁

香港地区大学新闻传播学院（系）2017 年学术发展概况

香港大学新闻及传媒研究中心

香港大学新闻传播人才培养主要依托于社会科学学院新闻及传媒研究中心（简称 JMSC）。JMSC 创设于 1999 年，从最初只开设两年制、兼职新闻硕士课程到如今提供新闻传播专业本科（BJ）、研究型硕士（MPhil）以及哲学博士（PhD）的完整学历教育，已经成为香港新闻传播研究与传媒从业人员培养的重要力量。

在学术研究方面，JMSC 目前聚焦于新闻文学、数据新闻、传媒法和道德以及政府信息公开等领域，成果丰硕。2017 年 2 月，JMSC 传媒法项目主任、中心副教授 Doreen Weisenhaus 汇集世界各地知名专家的重磅文章，编辑出版了最新著作 *Media Law and Policy in the Internet Age*。这本书研究了不同政治和法律背景下的传媒法律和政策改革的最新进展，涵盖了加拿大、中国大陆、中国香港、印度尼西亚、菲律宾、新加坡和英国等国家和地区。2017 年 4 月，JMSC 与国际知名媒体技术公司 Meedan 合作，发起网络新闻验证实验室项目，通过试行该公司的 Check 验证平台，对在线资源进行验证以支持传统的新闻报道和编辑。

JMSC 重视对学生专业理论素养的提升，也努力为学生拓展实践渠道。凭借着独特的地理优势，JMSC 利用香港、内地以及亚洲丰富的媒体资源，为学生提供各种课内外的新闻实践机会。2016 年 12 月至 2017 年 1 月，50 名新闻学硕士（MJ）学生在亚洲各地新闻机构实习锻炼。在过去与中国香港和中国内地的中外新闻机构合作的基础上，2017 年又新增了马来西亚、缅甸和尼泊尔等国家和地区的新闻媒体合作单位，为学生了解真实世界提供更广阔的平台。2017 年，JMSC 与新闻分析网站 Asia Sentinel 建立起合作伙伴关系，参与香港本地乃至亚洲范围内的新闻报道。在新的合作平台上，JMSC 的学生将直接与 Asia Sentinel 的专业编辑合作，为普通观众制作数字故事包。

JMSC 学术氛围浓厚，每年邀请众多学界、业界知名人士与学生座谈。2017 年，JMSC 邀请了奥斯卡提名导演王水泊、香港警察公共关系科高级督察 Simon Tsui Siu-Man、普利策奖决赛入围者 Tom Wright 等就电影创作、警事公关和调查新闻写作等议题展开讨论，帮助学生了解一线工作细节。围绕“假新闻”等国际传播学界热点议题，JMSC 多次组织午时会讨论“假新闻时代的新闻报道”“网络新闻验证实验室”“美国总统大选”等议题。一些关注香港现实社会的沙龙也很受学生欢迎，如关注香港代际问题与年轻人不满的作者见面会和关注香港城市公共空间的读书沙龙等。

在传统的教学领域之外，港大 JMSC

积极拓展网络教学。2017 年 5 月，JMSC 与谷歌新闻实验室和亚洲顶级新闻机构合作，重新开展为期五周的大规模开放式在线课程（MOOC），教授数据新闻的基础知识。这门课程面向记者、学生和对数据新闻感兴趣的所有人，汇聚了来自纽约、旧金山、曼谷、香港和上海的数据新闻专家，引入了数据采集、分析、解释和可视化方面的最新工具，课程材料现在也提供了英文、简体中文、繁体中文、韩文和印地文等不同版本。此外，JMSC 自 2017 年 1 月推出“了解新闻：数字公民新闻素养课程”，吸引了来自 125 个国家的 6600 多名学生参加。特别是 2017 年 5 月在 Coursera 推广课程以来，吸引了数百名新学员加入。

香港中文大学新闻与传播学院

香港中文大学新闻与传播学院成立于 1965 年，致力于培养愿意承担社会责任的传播人才，课程理论与实践兼备，鼓励学生拓展全球视野，训练分析及表达能力。

2017 年香港中文大学新闻与传播学院推出 3 个新课程，包括工商管理学士及法律博士双学位、金融科技学、全球传播学位学程。其中，工商管理学士及法律博士双学位课程，结合两学院的专长和优势，学生 5 年内可获学士及博士双学位。至于全球传播学位课程，则是由香港中文大学新闻与传播学院与英国萨塞克斯大学媒体、电影与音乐学院合作开办，该项课程为香港首创，旨在培养不同通信领域的领袖人才，尤其侧重新闻与创意及数码媒体。课程最大特色是独特的国际化学习经验，学生在大二时，可到英国萨塞克斯大学修课一年。

在招生方面，香港中文大学赴台湾学生名额逐年增加，2016 年原本预计招收 50 名台湾学生，实际增额招了 60 名。2017 预计招收 60 名，最后超过 200 名台湾学生报名。为吸引到接近满级分（75 级分）的顶尖学生，香港中文大学提供多项入学奖学金，包括约达 300 万元台币全额奖学金（约 65.9 万元人民币），相当于 4 年学杂费、住宿费和生活费所需。

2017 年，香港中文大学新闻与传播学院继续开展一系列以新媒体科技与社会为主题的学术活动。为促进华语传播学者的交流和联系，香港中文大学新闻与传播学院在 2017 举行了“大中华访问学者研讨会”“大中华访问学者专题讲座”及“第十届传播学访问学者计划及工作坊”。在 2017 大中华访问学者研讨会上，香港中文大学新闻与传播学院教授黄懿慧主持会议，台湾政治大学传播学院教授陈百龄、台湾大学新闻研究所副教授谷玲玲、云南大学新闻学院教授郭建斌、台湾交通大学传播与科技学系副教授黄静蓉、清华大学新闻与传播学院教授熊澄宇、北京师范大学艺术与传媒学院副教授张伦、南京师范大学新媒体研究所副教授邹军等人参会并发表演讲。

此外，香港中文大学新闻与传播学院中华传媒与比较传播研究中心（C 研中心）于 2017 年初主办了第十届传播学访问学者计划及工作坊。此次工作坊以“数字科技对新闻的冲击”为主题，共 11 位学者获邀参加。上海社会科学院新闻研究所助理研究员方师师、台湾政治大学传播学院教授黄葳威、中山大学传播与设计学院教授李艳红、香港浸会大学传理学院教授李月莲、台湾政治大学传播学院副教授林翠绢、台北艺术大学艺术行政与管理研究所副教授刘蕙苓、美国得克萨斯州立大学奥斯汀分校新闻学院副教授齐湘、香港中文大学新闻与传播学院教授苏钥机、中山大学传播与设计学院副教授王海燕、上海交通大学媒体与设计学院教授薛可、台湾中州科技大学视讯传播系助理教授詹益锦等学者就数字科技对新闻的影响、数字科技对新闻媒体的影响、数字科技对新闻人员的影响及其他与“数字科技与新闻”相关课题进行发言及讨论。

为表彰优秀的新闻工作者，提升香港新闻工作的专业水平，香港中文大学新闻与传播学院校友会于 2003 年创办“中大新闻奖”。于 2017 年 11 月 3 日举行第八届“中大新闻奖”颁奖典礼，共设 10 个奖项，分为 5 个组别，各设大奖及优异奖：最佳文字新闻奖、最佳文字专题奖、最佳视像新闻奖、最佳视像专题奖及最佳声音新闻/专题奖。

香港浸会大学传理学院

香港浸会大学传理学院于 1968 年创立，是一所本科生与研究生传理学教育全面贯通的学府。截至 2017 年，学院下设电影学院、传播系及新闻系 3 个教学单位，媒介与传播研究中心（CMCR）、电影与动态影像研究中心、应用传播研究实验室、新闻与社会研究所 4 个研究单位。

浸大传理学院素来与华文传媒业界联系紧密，具有较大的行业影响力。2017 年，学院主办了亚洲出版业协会（SOPA）卓越新闻奖得主论坛、第 14 届全球华语大学生影视奖大赛等大型活动。SOPA 奖项成立于 1999 年，旨在表彰传统媒体和新媒体的卓越编辑，涵盖类别广泛，反映了亚洲多元化的地缘政治环境和充满活力的新闻场景。2017 年举办的论坛上，与会者围绕“数位时代的真相与权利”“如何策划数据新闻”等议题展开了讨论。

10 月举办的第 14 届华语大学生影视奖大赛收到了来自内地、台湾、香港及海外共 56 所院校提交的 105 份参赛作品，角逐年度金奖、特别推荐奖、最佳剧情片、最佳导演（剧情片）、最佳纪录片奖、最佳动画及优秀外语片奖等 17 个奖项。本届赛事中，传理学院斩获颇多，赢得了跨组和本地组的最佳剧作奖、本地组最佳纪录片奖、最佳多媒体奖等荣誉。

传理学院学生较强的专业素养和实践能力历来备受业界肯定。2017 年，学院有多位学生在高水平传媒赛事中崭露头角。如广播新闻专业四年级学生许玉珠在第四届“TVB 大专纪实短片比赛”中勇夺优异奖，帮助浸大连续四年在该赛事中夺得奖项。2013 级硕士毕业生陈梓桓凭纪录片《乱世备忘》在第 15 届日本山形国际纪录片影展荣获“亚洲新潮”单元的最高荣誉“小川绅介赏”。

较高的学生培养质量离不开良好专业环境的熏陶，浸大传理学院为学生制订富有特色的培养计划。2017 年 1 月，传理学院“第六届浸大电影学院种子计划”大师班揭幕。此后，传理学院先后与中国电影节、亚洲电影节等单位合作，邀请了内地著名导演陆川、资深澳大利亚籍摄影师杜可风先生和日本知名演员小田切让等业界大腕与学生互动交流，深受学生欢迎。新闻系通过举办国际媒体沙龙，也邀请到了普利策新闻奖得主、美国资深驻华记者 Ian Johnson 和腾讯媒体合作总经理王永治以及社企传媒“言论自由行”创办人黄永等嘉宾，分别与学生们讨论中国政治、移动媒体产业链运营与管理、新闻真相等议题。

2017 年，浸大进一步拓展社会合作，推进学术界与媒体产业界深度融合。10 月，传理学院与腾讯网暨腾讯研究院在人工智能、大数据新闻、虚拟实境等新媒体技术创新领域建立战略合作伙伴关系。根据协议，腾讯将授权传理学院人工智能媒体创新实验室使用其研发的新媒体技术产品作教学及研究用途；而传理学院亦会成为腾讯在香港的业务培训及实验基地。双方会定期在香港或内地合办新媒体创新交流活动，包括论坛及讲座等。当年 7 月，电影学院与香港机场管理局合作，筹办“香江星影梦工场”展览，首次在香港国际机场展出本港的电影发展，向访港旅客及市民介绍独特的香港电影文化，社会反响热烈。

香港城市大学媒体与传播系

香港城市大学媒体与传播系在学术研究上保持着较高的活跃度，整体学术科研水平近些年稳步提升。根据 QS 2017 年 3 月发布的学科排名榜单，香港城市大学媒体与传播研究位居世界第 27 名，比 2016 年的世界第 31 名提高了 4 个名次。

该系目前设有一个传播研究中心和 5 个研究团队，研究领域涵盖计算机媒介传播、媒体全球化、传播政治经济学、新闻和公众舆论、传媒法和隐私、互联网广告以及大众媒体研究和外交政策。其中，成立于 2005 年的传播研究中心正在开展两个主要的比较研究项目：一是对中国六个城市的媒体与全球化关系进行大规模的调查研究；二是研究中国、印度、美国和英国关于全球化的精英媒体话语。该中心还举办会议和研讨会，主持访问学者，并出版出版物。

城大媒体与传播系学术氛围浓厚，学术活动众多，2017 年全年至少举办了 10 场较大规模的学术研讨会。主题涵盖集成移动数据收集与传统研究方法、大数据理论与概念、在线健康社区用户参与、亚洲政治参与等。2017 年 3 月举办的“政治极化与媒体：基于美国、韩国和香港的案例”研讨会，邀请到了斯坦福大学 Shanto Iyengar 博士、首尔国立大学 Dr. Kyu S. Hahn 博士和香港中文大学 Francis Lee 博士 3 位著名学者担任演讲嘉宾。城市大学 Marko Skoric 博士、林宛莹博士、Chris Fei Shen 博士和来自香港浸会大学的张昕之博士担任与谈人，现场总计 60 多人参加了研讨会。此外，城大还邀请到了上海大学数学系史定华教授主讲血缘树研究、俄克拉荷马州立大学 Randolph Kluver 教授主讲走向以媒体为中心的地缘政治理论。

学校紧跟传媒实践需求和时代变化，邀请业界精英为学生开办近 20 场专业讲座，内容涵盖中文新闻写作、网络直播等实操课程。张经纬、周浩、徐京等纪录片制作者也应邀与城大学生们交流互动。

在 2017 年举办的多个全国性新闻传播类学术会议中，城大多次担任主办方。2017 年 8 月，传播研究中心与西北师范大学、中国人民大学在甘肃兰州联合举办全国大数据与社会计算学术会议（BDSC2017），中心主任祝健华教授担任大会联合主席。11 月，中心与南京大学共同在南京举办 2017 年计算传播年会和研讨会，200 多名从事计算传播研究的学者和学生发表了 50 多篇高质量的论文。会上，祝健华教授就“金矿和计算传播研究的陷阱”发表了主题演讲。

浓厚的学术氛围和高水平的研究团队为学生培养质量的提高提供了坚实保障。2017 年，由媒体与传播系李宇宏老师辅导的本科生和研究生的纪录片作品《翁家》《小艾》《粉墨》在中国电视艺术家协会行业电视委员会举办的“2017 行业电视节目展评”中获奖；来自城大互联网挖掘实验室的团队在 2017 年“CCF 大数据与计算智能大赛”中获得一等奖、优秀指导老师奖、最佳创新探索奖三项大奖。此外，8 名媒体与传播系学生所拍摄的短片“Back and Forth”获得“TVB 大专纪实短片比赛”优异奖，为城大学生连续四次参加该项赛事后首次获奖。

香港地区新闻传播学学术期刊及学术出版 2017 年概况

Chinese Journal of Communication（CJOC）2017 年概况

2016 年 *Chinese Journal of Communication*（CJOC）出版了 4 期，共刊登文章 35 篇。其中，包含 22 篇研究文章、8 篇书评，序言、公告等其他文章 5 篇。

近年来，中国非政府组织在推动社会和政治变革方面引起了相当多的关注。尽管如此，关于此领域的研究却较为薄弱。2016 年 CJOC 的第一期以“中国的非政府组织，数字媒体以及文化：视角、实践和批判”为主题，文章涉及社会网络视角、非政府组织在社交媒体上的身份话语建构以及中国非政府组织的挑战等相关热点话题。另有文章关于中国女权主义的运动，及香港媒体高度市场化和文化的对抗的研究。

2016 年 CJOC 的第二期刊登的研究文章比较贴近社会现实。Mena N. Wang & Crystal L. Jiang 对媒体影响对大学生评估同龄人抽烟的普遍性进行了深入分析。Hanyun Huang & Xiwen Zhang 探讨了居住在城市的中国中年人使用微信的情况。Jingrong Tong 对中文的环境传播相关文献进行了综述。其他的文章对中国视频市场的版权管理以及语言政策进行了阐释。

2016 年 CJOC 的第三期主题鲜明，围绕特别主题“中国和赛博空间：从 e 社群到 e 民主”展开。Zhongxuan Lin 通过参与式观察以及深度访谈，探讨了澳门的互联网使用者如何抵制身份认同的合理正当性，强调抵制认同，重塑预想认同。Jian Xiao & James Stanyer 的文章则关注中国两个“朋克”社群的文化、边界及认同。Yuzhu Peng 则试图回答微信如何加强腾讯的数字商业管理。Lin Feng 则关心在线视频分享的版权、审查等问题。Qian Liu, Mike Z. Yao, Ming Yang & Caixie Tu 分析了 Facebook 使用者对个人隐私及信息分享的管理。

2016 年 CJOC 的第四期着重探讨回归后 20 年的香港媒体和政策。Paul S. N. Lee, Clement Y. K. So, Louis Leung, Francis L. F. Lee & Michael Chan 研究了回归后的香港在两种不同体制公共空间下对霸权的挣扎，文章通过问卷调查的方式，分析了反对中国霸权公共空间的影响。另外，Clement Y. K. So 试图回答香港人民对"一国两制"的信心，检视了香港媒体在过去 20 年如何刻画"一国两制"，研究发现关于此的报道越多，表明信息越少。Luwei Rose Luqiu 则从媒体所有权及政治参与的角度出发，描述互联网尤其是社交网络对激进分子的赋权问题。另外其他文章从媒体民粹主义、政治丑闻、地方主义等多角度探讨了香港媒体与社会的有关议题。

附：

2017 年 *Chinese Journal of Communication* (CJOC) 总目录

2017 Issue 1

Chinese Non-Governmental Organizations, Digital Media and Culture: Perspectives, Practices and Challenges

Introduction: Chinese non-governmental organizations, media, and culture: Communication perspectives, practices, and provocations (Pauline Hope Cheong & Aimei Yang)

Article: The discursive construction of identity through interaction on social media in a Chinese NGO (Olivier Ruelle & Peter Peverelli)

Article: Publicity strategies and media logic: Communication campaigns of environmental NGOs in China (Jia Dai, Fanxu Zeng & Yuqi Wang)

Article: Media as a core political resource: The young feminist movements in China (Jun Li & Xiaoqin Li)

Article: Understanding the size and spread of Chinese NGO networks: Capacity and board affiliations (Jiawei Sophia Fu & Michelle Shumate)

Article: Making a "difference" with digital media? The evaluation perspectives, practices, and challenges of Chinese NGOs (Erich J. Sommerfeldt & Sifan Xu)

Book review: Media power in Hong Kong: Hyper-marketized media and cultural resistance (Chi Kit Chan)

Book review: Digitizing China: The political economy of China's digital switchover (Weiwei Zhang)

2017 Issue 2

Article: The expected and unexpected media effects on youth's (mis) perceptions of peer norms: Chinese college students' overestimation of peer smoking prevalence (Mena N. Wang & Crystal L. Jiang)

Article: The adoption and use of WeChat among middle-aged residents in urban China (Hanyun Huang & Xiwen Zhang)

Article: Linguistic instrumentalism and national language policy in Mainland China's state print media coverage of the Protecting Cantonese Movement (Xuesong Gao)

Article: Copyright regulations as political and economic leverage: The case of the online video industry of China (Wei-Ching Wang, Shule Cao & Jia Dai)

Review Article: Environmental communication in and about China: A review of the Chinese-language literature (Jingrong Tong)

Special Commentary: Chinese travel writing between (print) tradition and (digital) novelty: A transmedial approach to contemporary travel books and blogs (Stefano Calzati)

Book Review: The internet and new social formation in China: Fandom publics in the making (Li Cui)

Book Review: Media effects and social change (Wan Chi Leung)

2017 Issue 3

Special Theme Section: China and Cyberspace: From e-Community to e-Democracy?

Article: Re-imagined communities in Macau in cyberspace: Resist, reclaim and restructure (Zhongxuan Lin)

Article: Culture, boundary, and identity: A comparison of practices between two online punk communities in China (Jian Xiao & James Stanyer)

Article: Affective networks: How WeChat enhances Tencent's digital business governance (Yuzhu Peng)

Article: Online video sharing: An alternative channel for film distribution? Copyright enforcement, censorship, and Chinese independent cinema (Lin Feng)

Research Article: Predicting users' privacy boundary management strategies on Facebook (Qian Liu, Mike Z. Yao, Ming Yang & Caixie Tu)

Special Commentary: WeChat: Social and political development of China's dominant messaging app (Eric Harwit)

Book Review: Precarious creativity: Global media, local labor (Aynne Kokas)

Book Review: Advertising and consumer culture in China (Kaibin Xu)

2017 Issue 4

Hong Kong Media and Politics Revisited: Twenty Years after the Handover

Introduction: Hong Kong media and politics revisited in 2017: Introduction (Clement Y. K. So)

Article: The struggle for hegemony: The emergence of a counter-public sphere in post-1997 Hong Kong (Paul S. N. Lee, Clement Y. K. So, Louis Leung, Francis L. F. Lee & Michael Chan)

Article: The elephant in the room: Media ownership and political participation in Hong Kong (Luwei Rose Luqiu)

Article: More coverage is less confidence? Media portrayal of "one country, two systems" in Hong Kong (Clement Y. K. So)

Article: Post-handover identity: Contested cultural bonding between China and Hong Kong (Anthony Y. H. Fung & Chi Kit Chan)

Article: Discursive opportunity structures in post-handover Hong Kong localism: The China factor and beyond (Chi Kit Chan)

Article: Media populism in post-handover Hong Kong: An investigation of media framing of public finance (Gary Tang)

Article: Political scandals, "black materials," and changing backstage imaginary in the Hong Kong press, 2001 – 2015 (Francis L. F. Lee)

Book Review: Youth cultures in China (Weiyu Zhang)

Book Review: China's contested internet (Haiqing Yu)

Acknowledgement: Acknowledgement of contribution by reviewers

《传播与社会学刊》2017年概况

《传播与社会学刊》是香港中文大学新闻与传播学院中华传媒与比较传播研究中心和香港浸会大学传理学院媒介与传播研究中心合办的中文学术期刊，于2006年12月创刊。2017年，《传播与社会学刊》出版4期（总第39期至43期），共刊登各类稿件36篇，其中19篇为研究论文，专辑论文6篇，学术对谈4篇，卷首语、专辑序言和传播论坛共7篇。

第39期收录学术对谈与研究论文共7篇文章，聚焦“多元的比较文化视角”。“学术对谈”所邀嘉宾是来自德国慕尼克大学传播研究与媒介研究中心主任汤玛斯·汉尼驰教授（Prof. Thomas Hanitzsch），对谈围绕“和平新闻”和“新闻文化”两个热门议题展开。该期的“传播论坛”刊载了黄懿慧的一项比较研究《从比较视角探讨中国大陆公共关系学科发展之正当性》，试图借鉴美国发展进程，探讨中国大陆公共关系学科定位，并对未来学术研究提出展望。该期还发表了6篇研究论文，其中黄惠萍等的论文《两岸科普网站特色与传播效果初探：以〈果壳网〉和〈泛科学网〉为例》，也采用了一个比较文化的视角；其他5篇论文尽管没有刻意比较两个文化或社区的传播实践，但也一定自觉或不自觉地投射了某种比较的眼光。

基于互联网而发生、发展乃至发挥重大社会影响的“新媒体事件”一直是《传播与社会学刊》重点关注的议题。第40期《传播与社会学刊》6篇专辑论文直接回应了互联网2.0时代下的社会与文化现象，探讨“互联网的抗争与理想”。开篇学术访谈对象为当代媒介研究领军人物之一亨利·詹金斯（Henry Jenkins），张琳与其就“粉丝圈是否有自己独特的且放之四海皆准的逻辑？”“文化背景和社会习俗如何对粉丝文化进行建构？”等问题进行深入探讨。该期刊载的6篇专辑论文，虽然没有直接以“文化研究”为理论基础，但其所具有的批判性与詹金斯所提出的部分粉丝社群仍以“反抗”（resistance）概念为基础的文化论述同出一辙。詹金斯将粉丝比作“文本盗猎者”的乐观论述，隐现在本专辑论文字里行间的言说中。该期专刊亦建立起中西方学界的对话桥梁，如胡泳、陈秋心分析欧美语境下的“舆论”与中国语境下的“舆情”之异同，杨国斌对比中西方“文明”的不同含义。

第41期《传播与社会学刊》收录学术对谈与研究论文共7篇文章，展现了传播研究在跨文化传播、新旧媒体的转型，以及媒介融合化时代的新思路；文章创新之处包括：华人传播研究的再思考、新媒体研究之视角与主题的创新、研究对象与主题之丰富化，以及引入其他学科理论的花火。该期的传播论坛刊登了徐来研究员与黄煜教授以“新媒体时代中华新闻传播学（刊）的发展前景与格局”为题的论文。他们借《传播与社会学刊》创刊10周年，针对新媒体技术冲击下的三主轴：“向何处去?”、“倚何处立?”与“以何为本?”探讨中华新闻传播的新里程。在该期的研究论文中，有3篇论文聚焦于探讨新媒体议题，其中两篇论文以具体事件为观察主体发展其论述。另外两篇论文则企图拓展研究对象的视阈，跳脱功能主义的框架，达到“以人为本”的关怀。

第42期关注“传播研究的承先启后和推陈出新”，该期学术对谈由黄懿慧教授邀请佛罗里达大学Wayne Wanta教授讨论议题设置理论。Wanta教授对该理论产生的背景，其前提假设和理论在新媒体环境下的发展前景都有生动的回顾和切实的反思。最后总结更是一针见血：议题设置盛久不衰的原因在于它的研究始终关注一个重要的命题，即人对所处的社会环境的感知过程。该期的8篇文章都在不同程度上反映了对传统理论的传承与改良或对新传播概念的发掘。有些是检测传统理论在新传播环境中的适用性，譬如对议题设置的思考、对意见领袖的解读、对政治参与的测量、官方和非官方的话语策略，以及政治糗闻的新研究。有些是对新的传播环境提出新的思考，譬如真实与虚拟的社会支持、传播政治经济学的新概念和纪录片的世界主义重构。

附：

《传播与社会学刊》2017年总目录

总第39期（2017年）

写在卷首：多元的比较文化视角（萧小穗）

学术对谈：新闻业、新闻记者与全球比较研究（作者对谈人：托马斯·汉尼驰、李立峯）

研究论文：客家象征符码“硬颈”之演变：台湾报纸媒体纵剖面之分析（赖惠玲、刘昭麟）

研究论文：大制作模式对自由电视工作者的影响：以台湾电视工作者在中国大陆为例（张舒斐）

研究论文：两岸科普网站特色与传播效果初探：以《果壳网》和《泛科学网》为例（黄惠萍、刘臻、智飞）

研究论文：当代中国情境下社会资本测量的再思考及其与传播渠道关系的实证研究（蒋亚隆、曹博林）

研究论文：新媒体语境下党媒的传播调适与“文化领导权”重建：对《人民日报》微博的研究（2012—2014）（李艳红、龙强）

研究论文：从职业教育到爱国报国教育：香港早期新闻教育研究（1927—1949）（刘书峰）

传播论坛：从比较视角探讨中国大陆公共关系学科发展之正当性（黄懿慧）

总第40期（2017年）

写在卷首：互联网的抗争与理想（冯应谦）

学术对谈：《文本盗猎者》与中国粉丝文化研究（作者对谈人：亨利·詹金斯、张琳）

专辑序言：传播科技与新媒体事件（邱林川、陈韬文、茅知非）

专辑论文：舆情：本土概念与本土实践（胡泳、陈秋心）

专辑论文：情之殇：网络情感动员的文明进程（杨国斌）

专辑论文：集体记忆中的新媒体事件（2002—2014）：情绪分析的视角（钟智锦、林淑金、刘学燕、杨雅琴）

专辑论文：“新媒体事件”传统媒体报导的多元性：基于中国大陆12份报纸内容的比较研究（周葆华、吕舒宁）

专辑论文：中国社会抗争的媒介策略：基于环保与征地事件的综合比较分析（周裕琼、杨云康）

专辑论文：感受他人的“痛苦”：“底层”痛苦、公共表达与“同情”的政治（袁光锋）

总第41期（2017年）

写在卷首：华人传播研究新路径之探索（黄懿慧）

学术对谈：数字时代华人传播学术期刊的发展与挑战（作者对谈人：陈韬文、黄煜）

研究论文：传播个人性与动员：社交媒体比亲身接触、大众媒体更有效？（陶振超）

研究论文：香港雨伞运动的众声喧哗：探讨Twitter社群的多语系贴文（郑宇君、

陈百龄）

研究论文：社会事件类微博的情绪性对资讯传播的影响——卷入度的作用（陈爽、张铮、王可欣、周明洁）

研究论文：你唱的是什么科技争议？台湾反核音乐人传播的科学知识民主化意涵（黄俊儒）

研究论文：台湾女性旅人的媒体再现与性别意涵（1980—2000）（姜颖）

研究论文：跨文化对话间性空间的建构与完善（杨石华）

传播论坛：“向何处去?”、“倚何处立?”与“以何为本?”：新媒体时代中华新闻传播学（刊）的发展前景与格局（徐来、黄煜传）

总第 42 期（2017 年）

写在卷首：传播研究的承先启后和推陈出新（周树华）

学术对谈：新媒体环境下的经典传播理论（作者对谈人：韦恩·旺塔、黄懿慧）

研究论文：2014 年台湾太阳花学运中的官方论述策略（倪炎元）

研究论文：意见领袖的结构极化研究：以新浪微博为例（庞云黠、苗伟山）

研究论文：时政新闻接触与政治参与——对大学生及其父母的代群比较研究（刘毅、郝晓鸣）

研究论文：在真实与虚拟之间相互取暖：社会支持对失智症病人照顾者的意义（卢鸿毅、刘珈瑄、曹汶龙）

研究论文：药品广告规范之传播政治经济取径分析：跨领域议题规范新思维（林承宇）

研究论文：《纪录片编辑室》的口述历史生产与上海的世界主义重构（徐亚萍）

研究论文：政坛无小节：政治糗闻在总统选举报道中的角色分析（周树华）

香港地区新闻传播学人自述

编者按：本栏目陆续刊载香港地区新闻传播学人的治学思考。按学者姓氏音序排列。

黄懿慧

黄懿慧（Huang, Y. H. Christine），台湾出生，美国马里兰大学大众传播学院博士，现任香港中文大学新闻与传播学院教授、企业传播硕士课程主任。曾任教于台湾政治大学传播学院，并曾荣获美国富布莱特（Fulbright）奖助，赴美国哈佛大学法学院与伯克利大学担任访问学人与客座教授。

研究领域为传播与沟通管理、信任管理、形象与声誉传播、公共关系管理、危机管理、冲突与谈判，以及跨文化关系研究。黄教授发表之专书、学术期刊与会议论文共百余篇。过去五年间（2014—2019），曾 17 次应邀在国际会议担任大会主旨发言或专题演讲。例如，2018 年 10 月，应国际原子能机构邀请，赴维也纳出席“核能与辐射应急沟通国际研讨会”，担任主题发言，题目为“利益相关人之参与与应急沟通：跨文化经验的启示”。

2018 年 3 月，应“美国危机与风险沟通国际年会”邀请，赴美国迈阿密担任大会主题发言，题目为“架接文化间隙：危机与风险沟通”。

积极投入学术期刊编辑工作。目前担任大众传播及公共关系领域近十本 SSCI 及 TSSCI 学术期刊编委。这些期刊包括：《传播研究》（*Communication Research*）、《中国传播》（*Chinese Journal of Communication*）、《亚洲传播》（*Asian Journal of Communication*）、《公共关系评论》（*Public Relations Review*）、《公共关系研究杂志》（*Journal of Public Relations Research*）、《国际新闻界》《新闻学研究》《传播与社会学刊》《哈佛商业评论》等。

学术著作曾多次获奖。曾获国际传播协会（ICA，AEJMC，NCA）最佳会议论文；美国国家传播协会（National Communication Association）颁发的公共关系学科最佳期刊论文奖。此外，2013 年、2016 年获颁香港中文大学校级模范教学奖及社会科学院模范教学奖。

治学自述

过去在教学与研究的生涯中，我强调从经典的传播文献出发，试图构建或修正适用于华人社会情境的策略传播、危机沟通及机构信任等主题的理论模型。无论在研究和教学上，我均提醒自己及学生要全面审视文献，深入反思理论所诠释的相关情境。在内地，随着近年发生的危机及风险事件，如 2003 年暴发非典型肺炎，其后十年间多次发生的自然灾害、公共卫生事件、环境危机、企业与行业危机、政府形象与公信力危机等，我强调风险社会的概念对解释这些事件具有启示作用。按照德国社会学家贝克（Ulrich Beck）、英国社会学家吉登斯（Anthony Giddens）等人的论点，风险社会是与进步和繁荣并生的现代性危机。现代性对进步、财富和繁荣的片面追求，造成人与自然、人与人、人与社会的疏离和对立，引发严重的生态危机、能源危机、阶层冲突、族群对抗及道德衰败。

在 21 世纪的华人社会情境中，经济发展与社会稳定成为国家首要目标。透过对内地的战略传播、新媒体事件、危机事件及机构信任的个案研究，我在论文及课堂中分享对内地机构传播策略使用的探讨，以及影响机构决策的社会环境因素。一方面，内地公共关系与企业传播业界正经历政治、经济、文化、媒体急速发展所带来的范式转型。从公共关系传播角度而言，微博、微信等社交媒体快速发展，既有的话语权重新分配，一定意义上重建了社会关系。另一方面，社会变迁加剧风险社会的不稳定性，使公关成为政府、企业和其他社会组织的必要公共管理元素。社交媒体的崛起和普及化，更是改变了官民对话、民商对话的既有观念和规则。此外，市场经济的发展、消费文化的蓬勃，促使公关行业快速发展，社交网络赋予民众与机构重塑对等关系的可能。

在战略传播相关领域上，我观察到主要的变化：从早期研究重视宣传管理（publicity management）、媒体关系管理（media relations management）、商誉管理（reputation management）、认知管理（perception management），到近年强调组织及公众间的关系管理（organization-public relationship management），公共关系学科的研究范式，正逐渐转移到信任管理（trust management）。许多研究显示，在危机处理上，能否取得公众信任，对策略成效具有关键作用。

此外，从实证研究显示，西方理论无法有效解释和预测许多社会现象。是以需要在西方理论基础上，建立一套适用于华人社会情境的传播理论。就风险传播与危机传播而言，其成效不仅受危机情境影响，更受政治、经济、媒体、文化左右。

政治制度对危机沟通策略也有重大影响。近年内地政府在危机期间往往担起统筹角色（Cai, Lee & Pang, 2009; Lyu, 2012; Bowen & Heath, 2007）。如2003年非典型肺炎、2008年汶川地震，以及最近发生的食品安全危机，可以看出政府危机沟通能力的大幅提升，凸显公共关系传播的重要地位。由于政治与经济发展的交互影响以及社交媒体的普及化，使政府及企业更重视危机沟通的成效，因而投入更多的资源，进行更多的培训。

现代的社会是风险社会，危机发生具有高度的不确定性。如今社交媒体使用日益普及，网民意见分歧但力量强大，假新闻无处不在，民众对政府机构在经济表现以及对企业的社会责任，经常表达关注，这些现象无疑为公共关系带来空前的挑战。

就实务而言，在现今网民主导的传播环境中，如何强化公众对组织与制度的信任，提高风险沟通和管理的效率，是企业面临的共同课题。2018年艾德曼（Edelman）跨国公共关系咨询公司发表全球信任度（Global Trust Barometer）调查报告指出，全球59%的民众表示难以确定他们的新闻来源是否值得相信。报告建议，企业执行长及公共关系人员应选择在地化（local relevance）的经营模式，多了解在地的利害关系人，确保所有在线及线下的讯息高度一致，重视坦白、透明才有机会在高度连接的社会中，提高公众对企业的信任。

要提升组织或制度层面的信任，首先要在观念上考虑如何协调自身利益和社会贡献；在危机管理方面，需要事先建立完善的冲突解决机制，包括仲裁、法律诉讼、双方协议等；同时，强有力的执行机制必不可少。在风险沟通和管理方面，涉事组织首先需要厘清潜在的风险因素，进而采取适当的策略，如公开相关信息或为公众提供物资或情感上的支持等，以降低公众的不安全感。

总而言之，从事多年学术研究，我的感受是，深切期盼结合东西方的理论与实务，找出一套适合于华人社会的理论框架，以提升政府与企业在风险社会中从事各类危机沟通的效果。

麦嘉盈

麦嘉盈（Angela Mak），女，出生于香港。博士毕业于美国俄勒冈大学（University of Oregon）。于2015年回母校香港浸会大学传理学院，曾任公共关系课程主任，现任传播系副系主任及副教授。修读研究前曾在跨国公关顾问公司任职，并于在学期间为国际传播人协会（International Association of Business Communicators）美国总部，统筹研究小组四年。回港前曾于不同著名传播学院任教，包括美国爱荷华州立大学（Iowa State University）、新加坡南洋理工大学（Nanyang Technology University）和澳大利亚莫纳什大学（Monash University），海外学术经验近十五年。

研究兴趣主要为社会企业责任（corporate social responsibility）的沟通与持份者参与性（stakeholder engagement），以及关注癌症康复者重返职场协调事宜，论文发表在多家主流国际学术期刊上，包括 *Journal of Public Relations Research*, *Public Relations Review*, *Australian Journalism Review*, *Journalism & Mass Communication Educators*, *Journal of Occupational Rehabilitation and Journal of Cancer Survivorship*。曾在国际传播讨论会获得优秀公关论文奖，包括 International Communication

Association, Association for Education in Journalism & Mass Communication and International Public Relations Research Conference。与各大机构合作，把研究相关价值应用于发展社区参与项目。

治学自述

当年入读浸大传理学院时，很幸运得到数位传播系美国教授提拔，并发掘我对教学的兴趣和做研究的潜质。虽然浸大是香港新闻传播界的精英摇篮，但一般美国教授更希望能有香港学生在研究上发展，把学术理论融入社会。曾一心以为自己会在业界发展有朝一日做公关一姐的我，最终成为首位于美国修读博士主修公共关系的香港人。而他们亦多番忠告我要向外闯见识一下，想不到一走便十多年，去过4个国家工作生活呢！未走上研究之路时，曾在电视访问中看见中国杂交水稻之父分享希望其研究成果令人民得到温饱，这亦驱使我专注于公关对社会影响性之研究（social significance of public relations）。

社会企业责任正是最好不过的研究题目，现今持份者对机构的社会价值（social value）非常重视，而有效传递正面信息和持份者参与性是公关研究的一个重要课题，我亦和研究团队多年在新加坡、澳大利亚和香港发表多篇学术文章，理论主要包括Patricia Curtin & Kenn Gaither 的 Circuit of Culture 和 Qui Qi & Glen Cameron 的 Media Agenda Building。最近亦拿了政府研究基金探讨亚洲社会企业责任最优秀的沟通模式。我作为癌症康复者已有十年，我的团队曾与新加坡国家癌症中心（Singapore National Cancer Centre）和香港癌症基金会分别研究癌症饮食照顾和重返职场协调事宜，亦获得两地研究基金支持、进军书展。最近很荣幸作为唯一一位传播学者，参与香港防癌会出版的全港第一本专为照顾人士而设的癌症手册的编写。生于斯长于斯，我希望自己培养的学生好好利用公关这个威力“武器”，不单能为各机构做策略军师，亦能为社会带来改变（communication for change）。

赵丽如

赵丽如，女，生于香港。硕士毕业于英国布里斯托大学，获文学硕士（法律）学位，亦曾在香港城市大学取得法学专业证书，为香港高等法院认可的事务律师，现为香港浸会大学传理学院新闻系高级讲师兼副系主任，教授科目包括：《伦理、法律及传播》《新闻道德及法律》《初阶广播新闻采访与制作》《进阶广播新闻采访与制作》《主播学》等。研究兴趣包括广播新闻、视频、纪录片、新闻道德及法律等。2017年，曾在美国的 *The Association for Education in Journalism and Mass Communication*（AEJMC）中的一个 pre-panel 报告有关中国和港澳台地区的关键意见领袖的最新情况及中国软实力的发展。在2018年，在香港浸会大学电影学院主办名为“Documentary Film, Reginal, Theoretical and Political Parameters”的电影学术会议中，发表了有关多部纪录香港2014年的“雨伞运动”纪录片的初步研究。在社区教育方面，亦在各大媒体中以教育关键领袖的身份，做电台节目主持人、写专栏、拍视频等推广正向教养（positive parenting）。

治学自述

在加入教育界前，我曾从事广播新闻工作多年，在香港各主要电视台担任政治新闻记者及主播超过十年，主力采访中国外交新闻，包括多名国家领导人外访及中美关系等，后来又考取香港高等法院认可的事务律师资格，所以教学一直由新闻道德、法律角度及时局发展等几方面教授学生采访及制作视频。近年全球很多传统新闻媒体也在转型，在谈多媒体发展。多媒体的其中一个重点，正是以视频表达新闻内容。视频结合了声音、画面、文字、数据及后期视效制作等多个元素，可以说是最接近真相的一个媒介。以视频表达新闻内容，特别深受年轻一代的欢迎，亦有较大机会通过多个社交媒体平台被分享，增加媒体因为浏览量或点击率而带来的收入。随着手提电话、摄影器材的普及，自拍视频、甚至纪录片亦大行其道。作为教育工作者，我认为要启发学生怎样利用视频这个媒介配合多媒体的发展，更全面、更真实地把新闻内容呈现在受众眼前，但同时兼顾新闻道德；亦通过视频的体验，吸引受众继续看有关新闻内容的文字或相片。

在教学之余，我一直没有间断跟香港的业界联系，以掌握行业第一手资料及做法，令教学与时并进。我最近也参与了一些传统媒体转营的项目，包括怎样把纯文字专栏，加入视频元素，为受众带来全新的不同体验，在留住偏爱文字的传统受众的同时，也能吸引较喜爱视频的年轻一代。项目本身不光是拍视频，而是要总结出最简单及划算的工作流程，希望为业界带来新出路，最终把大部分的文字专栏视频化。

做学术研究，我还是新丁一名，正努力学习及尝试！

《香港地区专辑》撰稿人：

李文舒（香港浸会大学传理学院博士生）

《香港地区专辑》审稿人：

郭中实（香港浸会大学传理学院新闻系教授）

· 台湾地区专辑 ·

台湾地区新闻传播学研究 2017 年综述

一、概述

2017 年，台湾地区新闻传播学的相关研究涵盖了新闻学研究、传播学研究、电视与电影研究、广告学研究、新闻传播教育研究、文化创意产业与媒介管理研究、新媒体研究等方面。其中，传播学研究成果丰富而多元，包含了传播叙事、风险传播、受众研究、电脑中介传播、政治传播、图文传播（印刷、出版、摄影）。荣景之下，新闻学的新闻史与广播电视学的广播范畴再度回到乏人问津的情况。从出版数量来看，很长一段时间内，台湾地区鲜有新闻史专著或教材出版，广播电视学术期刊也停刊多年。电视与电影研究主要聚焦于影视产业制作和影视产业管理。广告研究的重点依然是品牌、形象及消费者研究，消费者研究除了消费者行为、满意度、偏好（市场区隔）外，针对 APP 用户研究，结合实证结果应用在广告设计的文献也是新亮点。研究者对新时期新闻传播教育面临的问题提出对策与建议，教学改革的课程设置与课程内容中应用新技术都是研究热点。文化研究领域今年有所拓展，产生了丰富的成果，学者们较多重视文化创意产业的设计实践，思辨与批评性的文化研究仅 2 篇。媒介管理聚焦于当前互联网背景下媒介所遭遇到的经营管理问题。新媒体研究领域，研究者以脸谱（Facebook）、LINE 为主要研究对象，结合热点案例对社群内外人际交往及其衍生行为进行全面和深入的探讨。但是，尚未见到创新或更有效的研究方法。

2017 年台湾地区的出版社发行的关于新闻传播领域的专著所涉及的研究热点是传播学面对数字新时代的崛起与挑战。研究者从时代背景进行考察，尝试总结当代媒介现象。是年，媒体工作者的从业经验总结占新闻传播图书出版的一定比例，也有少数学术性著作。值得注意的是，除了大陆图书在台湾出版外，香港特别行政区于 2017 年出版的新闻传播图书在台湾上架比例也有增加，如《界线与戒线：传媒工作者眼中的新闻创意》《新闻翻译：原则与方法（第二版）》《东亚易学史论：〈周易〉在日韩越琉的传播与影响》《财经领跑人：香港财经新闻记者访谈录》《不知天高地厚：杨锦麟触电记》等。香港图书在台湾销售的总体数量不多，却有逐年增加的趋势，且涵盖了专著、译著与媒体工作者著书。这一趋势表明港、台、大陆在学术上有越来越多的融合。译著出版方面，选书仍以美国所出版的图书为主，译者则有高校师生或合作或独自的情况，也有专业翻译工作者的参与，两种情况比例各半。学术专著与译著的比例变化让人为台湾地区的新闻传播研究担忧，近年来研究专著的数量存在着不稳定的变化，且较多集中在中年以上的资深学者，较少看到青年学者对学科的发展与建设有创新贡献或进一步推动的突出成果。庆幸的是一部分合著看出新老教师“传帮带”的作用，希望这批未来骨干教师能有更多成果。新闻从业人员的随笔出版数量逐年增加，反映出新闻传播出版从小众的学术市场走向通俗的大众市场，这有利于台湾地区媒介素养的总体提升。

对比台湾新闻传播学研究统计（见表1），学位论文数量增减有所变化，其原因在于台湾博硕士论文加值系统的数据库收录时间存在差异。撰稿当年所检索的前年度学位论文，实际上不是全样本，仅是已收录的学位论文数量，因此产生不同时间检索却有数量上显著差异的情况。在数据库收录不变化的情况下，台湾地区的学位论文检索需要修改为2年后检索，如此才可能做出较为全面的报告。在此除了向读者说明，也将前两年的数据做出修正如表1所示。

表1 2015—2017年台湾新闻传播学研究统计结果

年度	期刊论文	学位论文	学术会议	学术出版
2015	96	204(修正:778)	28	28
2016	151	158(修正:705)	20	23
2017	127	230(截至2018.06)	34	24

资料来源：本文整理。

此外，台湾政治大学广播电视学系主办的《广播与电视》（半年刊）、台湾资讯传播学会主办的《资讯传播研究》（半年刊）、台湾大学生物资源暨农学院生物产业传播暨发展学系主办的《传播与发展学报》（年刊，原《农业推广学报》，2014年刊名变更）及媒体改造学社主办的《共志》（季刊）四本刊物在本文截稿前未见出版信息。

文献阅读过程中出现几个跨学科的陌生词及多种形式的研究方法，主要来自不同领域间的学科交叉互用，其中较多是英文，部分是日文。主要有：1. 视觉图像记录师(graphic recorder)；2. 感性工学（かんせいこうがく）；3. KJ法（川喜田二郎/かわきたじろう/Kawakita Jiro)；4. 经验分类法(taxonomy of experience，ToE)；5. 扩增实境（Augmented Reality，AR)；6. 机缘(affordances）分析；7. 湿版摄影法（wet plate processing)；8. 科学与科技研究(science and technology studies/science, technology and society，STS)；9. 营销传播机器人MARBOT；10. 间离效果(defamiliarization effect)；11. 基模理论(schema theory)；12. 事件相关电位(event-related potential，ERP)。

二、新闻学研究

1. 报纸研究

一项研究从消费社会的角度，研究分析《民生报》的专栏与报道想象和建构了台湾消费社会的样貌，同时以文化中介者的角色，利用文化消费指南、流行歌曲排行榜等专栏，向大众引介、传递消费与流行信息。[①] 有研究者分析了新闻人员对媒体角色的认知，并从第三人效果“预设影响的影响”角度探讨了影响新闻人员对媒体角色认知的因素。[②] 有研究者从图像符号学研究观点出发，分析1937至1944年的《台湾日日新报》广告如何透过商业文本的图文呈现，建构关于战争的意象。[③]

① 黄顺星：《文化消费指南：1980年代的〈民生报〉》，《中华传播学刊》2017年第31期。

② 刘蕙苓、罗文辉：《新闻人员对媒体角色认知的变迁与第三人效果》，《中华传播学刊》2017年第31期。

③ 孙秀蕙、陈仪芬：《台湾“日治”时期商业广告中的“战争”符号研究：以〈台湾日日新报〉为例》，《新闻学研究》2017年第130期。

一项研究探讨了动物议题在台湾报纸中的再现。研究表明，动物伦理议题在近年台湾社会的开展，激发了情感化传播方式对于公共议题的凝聚。[①]

2. 新闻与政治

一项研究讨论了阿拉伯世界和西方社会对恐怖分子截然不同的认定标准，研究发现，阿拉伯记者不但要报道恐怖主义，还要面对恐怖主义的威胁。[②] 有研究者发现妇女参与新闻公民平台的动机不全然是为了新闻赋权，只是单纯想分享资讯。其次，妇女拥有新闻赋权的机会，但仍须面对女性专业记者所遭遇的问题，包含外貌、体型、女性特质、家庭的劳务分配等，这些性别因素都会限制并左右其新闻表现。[③]

三、传播学研究

1. 叙事传播

"叙事论"逐渐受到重视，除了传统的"故事"与"论述"要素以外，以互动图文及影音符号的数字形式在现实与虚拟时空进行超文本连接。有研究从新技术对传播学术思潮影响的视角出发，认为数字时代的叙事传播观点体现出如下特点：一是叙事的跨界移动及流变能力越来越强；二是传播与叙事理论多元并交错应用；三是非线性传播的叙事复杂系统兴起；四是叙事传播行为乃理性与情感并重；五是文化垄断及碎片化叙事现象同存互参。[④] 有研究者通过叙事框架来探讨汽车广告的表现趋向，分析后发现，日本品牌汽车商投放广告数量居多；在广告内容方面，汽车商所制作的广告较少采用人物角色，却偏好在广告中运用场景；此外，广告设计手法上也多以图文的方式呈现叙事型广告。[⑤] 一项研究以人文社会领域所出现的"运算"和"数据"风潮，探析计算机辅助文本分析工具在框架研究中的应用，提出用数据说故事，因而计算机辅助的文本分析方法在数据筛选、分析、诠释的过程中，皆需研究者介入并调整，结合多重方法的研究设计则可协助研究者从文本资料中找出意义框架，说出一则好故事。[⑥] 一项研究利用事件相关电位（ERP，event-related potential），一种特殊的脑诱发电位来侦测语意一致性、暧昧及不一致的差异。因此，在未来测量产品的暧昧语意上，脑波或许可作为设计研究的辅助测量工具。[⑦]

2. 风险传播

有研究者结合科技与社会理论观点，探讨台湾地区外岛兰屿的核废料储存场附近检测出钴 60 和铯 137 的核废料风险评估与管制争议。个案中显示风险信息与知识鸿沟、住民承受多重不公平的交错及"应做却未做的科学"。兰屿不同世代的反核行动者与反核团体以多元行动表达其诉求，并挑战当局的辐射管制标准与监测方式。核能管制与研究机构间复杂的共生网络弱

---

① 王志弘、高郁婷、叶文琪：《从牲畜到毛孩子：台湾报纸动物再现的划界叙事与情感化》，《新闻学研究》2017 年第 133 期。

② 林照真：《恐怖主义与媒体：检视美国反恐战争、伊斯兰恐慌与半岛电视台》，《新闻学研究》2017 年第 133 期。

③ 林宇玲：《新闻赋权：一般妇女参与线上新闻公民平台之初探性研究》，《新闻学研究》2017 年第 132 期。

④ 蔡琰、臧国仁：《数位时代的"叙事传播"：兼论新科技对传播学术思潮的可能影响》，《新闻学研究》2017 年第 131 期。

⑤ 周穆谦、倪炜棠：《汽车平面广告叙事框架应用分析》，《商业设计学报》2017 年第 21 期。

⑥ 卢安邦、郑宇君：《用方法说故事：探析计算机辅助文本分析工具在框架研究之应用》，《传播研究与实践》2017 年第 7 卷第 2 期。

⑦ 王静仪、钟雨蓁：《利用事件相关电位侦测语意一致性、暧昧及不一致之差异》，《设计学报》2017 年第 22 卷第 1 期。

化了科学知识生产的可信度和释出的风险信息。研究者最后提出：1. 强化信息透明；2. 地方参与；3. 课责性；4. 纳入预警；5. 赋权住民在风险评估科学知识产制和核废料治理上扮演关键角色。[①] 一项研究针对地震灾害发生时，许多受困者因为黄金救援时间没有被搜救队发现而罹难，据此提出一套地震求救服务系统至云端服务器中心，希望能提升搜救团队效率，拯救更多宝贵的性命。[②] 有研究者分析2009—2016年台湾主流报业的网络平台上气候变迁报道趋势及框架建构[③]，亦有研究以语料分析的方法指出台湾平面媒体旱灾再现需调整角度，旱灾被再现成一种“必须对抗的战争”，而不是视为与其共存的长期风险。[④] 一项研究指出新闻再现企业环境相关议题在2008年达到报道量高峰，整体框架以描述能源新产品及科技创新的“商业绿色”框架为最多，较少报道企业责任以及环境保护的“环境绿色”框架。由此推论，当前仍以商业利益为主要考虑，忽略沟通企业对整体环境与能源的责任。[⑤]

3. 受众研究

一项研究分析了公众对再生能源支持及使用的因素，发现针对再生能源议题，主动特质因子的加入可强化推动效果。[⑥] 有研究者以深度访谈法进行受众研究，提出PTT网络八卦广告牌作为真理政治的场域，其信息流通的意义与运作得以引发阅听人的情感与行动，成为权力的具体实践，扩展关于八卦文化的理解，也与真理政治的概念产生对话。[⑦] 有研究者基于《少年Pi的奇幻漂流》的网络评论进行受众“信仰”主题解读，结果发现，基于哲学思辨角度与第一个故事来解读影片，倾向于认为“信仰是心中的善或神性”；基于社会现实角度来解读影片，倾向于认为“信仰什么不重要，但信仰对人有好处”；侧重第二个故事更可能强调“信仰是源于生存欲的幻觉”。[⑧]

4. 电脑中介传播

麦克卢汉主张媒介即信息，强调媒介形式对信息内容及人类文明的影响，1990年代继之而起的德国媒介理论家弗里德里希·基德勒（Friedrich Kittler），以更激进的态度，主张技术先行的媒介决定人类处境。有研究者以基德勒的代表性作品在不同阶段的发展作为讨论重点，分别探讨“论述网络与社会配置”“技术媒介对时间轴的操纵” “字母作为符码的多重铭刻性”。[⑨] 也有研究者讨论基德勒媒介理论中

---

① 范玫芳：《谁的风险？谁的管制与检测标准？兰屿核废料争议之研究》，《传播研究与实践》2017年第7卷第1期。

② 李亦君、许秉翔：《运用适地性服务与无线通信环境设计并建立灾害救援机制——以地震灾害为例》，《中华印刷科技年报》2017年。

③ 李美华：《台湾报业媒体网络平台气候变迁风险沟通：2009—2016年的历时性分析》，《中华传播学刊》2017年第32期。

④ 郭文平：《缓慢开展的危害再现：媒介报导中的旱灾、风险及气候变迁论述之语料分析》，《传播研究与实践》2017年第7卷第1期。

⑤ 杨意菁：《风险沟通、媒体关注与框架分析：以新闻再现企业环境相关议题为例》，《传播研究与实践》2017年第7卷第1期。

⑥ 徐美苓：《再生能源的公众支持及使用意愿：环境信念、行动及议题传播模式初探》，《中华传播学刊》2017年第32期。

⑦ 林思平：《网络八卦与真理政治：批踢踢八卦板之阅听人研究》，《新闻学研究》2017年第133期。

⑧ 宋紫薇、周文杰：《电影信仰主题之受众接受研究：以〈少年Pi的奇幻漂流〉网络影评为例》，《新闻学研究》2017年第132期。

⑨ 唐士哲：《作为文化技术的媒介：基德勒的媒介理论初探》，《传播研究与实践》2017年第7卷第2期。

计算机科技媒介与人机关系，聚焦于当计算机决定了人们的处境时，思考相关的科技权力、使用者处境与人机伦理关系。[①]一项研究以基德勒及麦克卢汉两位理论家相近的媒介史分断为起点，分析两人判定媒介的主导性力量及其所产生的影响，最后以技术决定论对两位理论家的批评，思索媒介理论与媒介史研究的意义。[②]有研究者在比较基德勒的“技术媒介”与卢曼的“成功媒介”后，基于媒介理论与社会理论提出理论反思。[③]有研究者采用问卷法调查人机互动传播科技影响植入营销购买意愿的情形。研究发现消费者在使用人机互动传播科技时会受到其互动性与便利性的影响，进而影响消费者对植入产品的注意、兴趣、搜寻行为的意愿高低以及消费者的购买意愿。[④]

5. 政治传播

有研究者以台湾传播调查数据库（Taiwan Communication Survey，TCS）于2016年地区领导人选举期间所进行的面访调查资料作为基础，探索政党双歧（ambivalence）态度的成因、双歧选民在选举中的决策过程、竞选新闻接收及其投票行为意向。[⑤]一项研究以集体行动（collective action）的双路径模型（dual pathway mode）为基础，聚焦于负面情绪与效能感，讨论风险信息的呈现与包装有效增进民众的行为意图。[⑥]一项研究显示，台湾少数民族部落发展观光，导致族人真实的生活场域与游客的观光舞台重叠。族人积极关怀在地人事物凝聚共同意识，让大学和小区的互动关系更显得重要。[⑦]

6. 图文传播

技术变革产生了巨大冲击，印刷术再度引起热烈的讨论。有研究者探讨3D平面绘图与3D列印笔对小学生的学习成效与使用兴趣的差异比较，结果发现没有显著差异。[⑧]一项研究以小学生手绘空间表现及三维设计能力为观察向度，进行手绘图的空间表现实验，再辅以其三维设计作品加以量化统计分析，以探究两者相关性。[⑨]有研究者探讨了将石头纸（一种介于纸张和塑料之间的新型材料）用于传统平版印刷造成印刷速度变化所带来的色彩品质差异。[⑩]一项实验判断，在品质差异甚微的情况下，输出图像尺寸越大量、越

---

① 林思平：《计算机科技媒介与人机关系：基德勒媒介理论中的计算机》，《传播研究与实践》2017年第7卷第2期。

② 黄顺星：《媒介史的末世预言：基德勒与麦克鲁汉论媒介技术》，《传播研究与实践》2017年第7卷第2期。

③ 蔡博方：《基德勒与鲁曼的相互参照：从社会理论视角出发的一次交流》，《传播研究与实践》2017年第7卷第2期。

④ 许维娟：《人机互动传播科技影响置入营销购买意愿之研究》，《中华印刷科技年报》2017年。

⑤ 张卿卿：《政党双歧不确定的纠结：成因、决策过程、媒体接收与行为意向》，《中华传播学刊》2017年第32期。

⑥ 施琮仁：《从双路径模型探讨风险讯息的包装与呈现对环境友善行为意图的影响》，《传播研究与实践》2017年第7卷第1期。

⑦ 黄世辉、苏秀婷：《从推动小区体验学习反思社会实践的可能：以阿里山乡来吉部落的设计工作坊为例》，《设计学报》2017年第22卷第3期。

⑧ 方蓤、刘邦泰、陈可盈：《3D列印笔与3D绘图对于学习成效与兴趣之探讨》，《图文传播艺术学报》2017年。

⑨ 洪珮华、马睿平、林荣泰：《学童手绘空间表现与三维设计能力之关系探究》，《设计学报》2017年第22卷第3期。

⑩ 吴逸禅、张芷瑄、吴嫣然、宁雅妮：《石头纸受传统平版印刷速度影响之印刷品质特性研究》，《图文传播艺术学报》2017年。

多，越体现出云端虚拟联机配置的效能优势。[①]

影像输出的品质如何算是好？为了提升双面立体叠纹技术与应用，一项研究通过照明系统设计模拟软件“LightTools”来模拟分析并提出一些参考意见。[②] 一项研究测量并比较出棉织品混纺比例（Cotton 100%）在不同喷墨印刷色彩的色彩表现与原稿最为相近。[③] 有研究者指出利用热升华或数字直喷方式输出影像，以微透镜阵列板观察，即可将解合影像予以解码并辨识出原影像。[④] 也有研究者认为若能将输出影像的灰平衡调整好，对整体输出的影像品质就会有所提升。[⑤] 一项研究借由两种不同纸张（铜版 180P 与纸板 300P）及两种不同上光方式（涂布与印刷），来进行印刷后加工的上光实验，以分析比较其印刷品质特性差异[⑥]。

近年来，电子出版品要如何有效运用网络作为营销的工具以吸引更多消费者，将是电子出版产业重要的课题之一。有研究从定价策略、产品策略、品牌经营、推广策略的角度，探讨同、异业间的合作方式、发展行销时的障碍与解决方法。[⑦] 有研究者分析了书籍再版的因素，发现特意选购再版书籍者大多为喜爱原书，因欣赏作者文笔、风格而愿意消费，购书者特别注重书籍品质优劣与否。但偶然买再版书者，其购书体验与买一般新书无异。[⑧] 一项研究发现，商业杂志内容倾向报道企业人民活动及表现。而最受杂志关注的企业人民议题为“扩展与社会参与”议题。商业杂志以“成长与荣耀”框架为主。[⑨]

湿版摄影法（Wet plate processing）发明已经 160 多年，是让影像广为流传的重要里程碑。有研究者认为，在现代社会，湿版摄影爱好者可以少量多次的方式调制新鲜的溴化钾碘化铵盐渍火棉胶使用，以取代对环境及人体有害的溴化镉。[⑩] 有研究者通过分析西方新闻摄影竞赛机制所主导的代表性影像，发现西方摄影记者持续前往非西方地区猎取日常生活奇观，也造成非西方地区的在地摄影师观看自己社会里的日常生活。[⑪] 一项研究以 2013 年“洪仲丘事件”的脸谱粉丝页为例，撷取赞数最高的十幅影像进行分析，发现与传统新闻摄影强调“决定性瞬间”等逻辑相比，社交影像具有主观参与特色，更是要唤起社群连接。[⑫]

---

① 张汉平：《云端拟真算图效能之研究》，《中华印刷科技年报》2017 年。

② 吴文和、吴钦：《提升双面立体叠纹技术探讨与应用》，《中华印刷科技年报》2017 年。

③ 吴兆召、邱薏雯、曾莉婷、赖筱君、罗玉龄：《棉织品混纺比例不同之喷墨印刷色彩研究》，《图文传播艺术学报》2017 年。

④ 赖慕回、熊亮原：《织品商标防伪设计应用——以叠纹技术为例》，《中华印刷科技年报》2017 年。

⑤ 赖慕回、熊亮原、苏家纬、吴仲贤、余欣燕：《低阶印表机影像输出优化研究》，《中华印刷科技年报》2017 年。

⑥ 陆晓玲、陈昌郎：《涂布与印刷上光印刷品质特性差异之研究》，《中华印刷科技年报》2017 年。

⑦ 连姵瑜：《电子出版品网路行销应用之研究》，《中华印刷科技年报》2017 年。

⑧ 郭婷钰、高紫芸、郝宗瑜：《书籍再版因素与行销组合之研究》，《中华印刷科技年报》2017 年。

⑨ 杨意菁：《商业杂志与企业公民讯息：一个纵贯性的媒体再现与框架分析》，《新闻学研究》2017 年第 130 期。

⑩ 王敏为、陈学圣：《含镉火棉胶替代物对于湿板摄影阶调影响初探》，《中华印刷科技年报》2017 年。

⑪ 郭力昕：《新闻摄影里生活与日常的奇观化：World Press Photo 日常生活类得奖作品分析（2010—2016）》，《新闻学研究》2017 年第 133 期。

⑫ 区国强、陈百龄、潘金谷：《另一种新闻摄影？——以“洪仲丘事件”中 Facebook 粉丝页为例，初探社群平台之影像传播》，《传播研究与实践》2017 年第 7 卷第 1 期。

四、广告研究

有研究者基于市场上次世代游戏的反派角色受欢迎理由与建构的必要元素，并用访谈与问卷理解游戏设计者与玩家之间对于反派角色的定义与需求，并将研究结果进行次世代游戏的角色设计。① 一项研究检视不同社会中男性生活时尚杂志广告所呈现的男性运动员形象。② 也有研究通过对《诗经》中出现的虎、豹、象、狐、熊等走兽类相关语词的梳理，进一步还原典故，精确地掌握、理解它们在《诗经》中被赋予的意象。③

有研究者以 2016 年《世界品牌 500 强》“中国茅台”为研究对象，整理品牌经营过程中的哲学思维及其核心价值内容，采用个案研究由果溯因，以了解百年品牌是如何与时俱进的运作方法。④ 有研究者分析战后至今台湾当局的观光论述，发现有四个时期的转变。⑤ 一项研究以 12 家品牌资料为研究对象，分析了文创品牌产品属性定位构成，并整合出“多厂商品牌联展策展设计之模式”。⑥ 亦有研究以品牌主体色的辨识度为主要研究方向，从消费者对于国际品牌的色彩记忆程度，探讨品牌标准色辨识度的难易是否会受到品牌本身的知名度与受众的背景不同而有所影响。研究结果发现品牌颜色的辨识度与知名度并无显著关系，受测者背景仅以不同性别对品牌颜色辨识度有显著差异。⑦

在社交媒体广告设计中，“空间”的意义除了地理空间之外，也包括了电脑、网络、手机、社群网站等传播媒体所产生的虚拟空间。有研究者探讨了如何把空间与地方的观念延伸到社交媒体广告的多维设计思考之中。⑧ 一项研究以便利店 7－11“City Café”为例，来探讨不同包装设计是否会影响消费者的购买意愿。⑨

线上游戏使用人口急剧上升，让广告主注意到游戏中植入广告的可行性。有的研究从广告效果的角度，评估线上游戏广告的植入形式的注意程度⑩，也有研究分析消费者对于台湾原创数字连载漫画的价值体验及行为意向⑪，还有研究通过分析服饰类行动购物 APP 的图文编排及色彩配色的视觉设计元素来探讨其对消费者感知品质的影响⑫。

① 徐道义、许伊雯：《次世代游戏角色之人物形象塑造与设计制作——以反派角色为例》，《中华印刷科技年报》2017 年。

② 谭跃、萧苹：《男性气概和运动：运动员模特儿在男性生活时尚杂志广告中的形象分析》，《传播研究与实践》2017 年第 7 卷第 2 期。

③ 陈昶辰、吴彦霖：《〈诗经〉走兽类动物意象探析——以虎、豹、象、狐、熊为例》，《商业设计学报》2017 年第 21 期。

④ 姜宝美、黄承令、吴珮涵：《品牌哲学思维之研究——以全球最古老的强势品牌为例》，《商业设计学报》2017 年第 21 期。

⑤ 黄淑铃：《台湾观光论述的本土化》，《中华传播学刊》2017 年第 31 期。

⑥ 陈殿礼、冯文君：《多厂商品牌联展之策展设计》，《设计学报》2017 年第 22 卷第 3 期。

⑦ 谢佳颖：《品牌颜色与其识别度关系之研究》，《中华印刷科技年报》2017 年。

⑧ 王玮：《设计中的空间与地方：社群媒体广告的设计思考》，《中国广告学刊》2017 年第 22 期。

⑨ 林之贻：《超商咖啡外包装设计对消费者购买意愿之影响——以 7－11city cafe 外包装设计为例》，《中华印刷科技年报》2017 年。

⑩ 赖建都、黎佩芬：《干扰或沟通？线上游戏广告置入效果之研究——置入形式、置入地点暨玩家回忆度、偏好度为例》，《中国广告学刊》2017 年第 22 期。

⑪ 林念慈：《台湾原创漫画连载数位化之消费者行为研究》，《中华印刷科技年报》2017 年。

⑫ 杨美雪、张秀湘：《服饰类行动购物 APP 之图文编排与色彩配色影响消费者感知品质之研究》，《中华印刷科技年报》2017 年。

近年来，台湾地区的家长越来越重视教育，表现出较强的亲子阅读意愿。有研究者发现，家长的人口统计变项与童书消费偏好有显著差异，家长的生活形态与童书消费偏好也呈现出显著差异。① 一项研究以 LINE 贴图为例研究不同人格特质、生理性别、年龄、教育程度、职业的使用者，在贴图风格的购买与选择上，会有何异同。②

有研究发现，行动用户对于得知企业拥有 APP 应用程式的消息来源主要为 APP 应用程式推广平台；大众对于电子类型的 APP 应用程式的接受与使用度高，且用户对于该 APP 的使用的间隔频率约一个礼拜，单次使用时间不超过三十分钟；服饰类为大众最常使用消费的电子类型，且后续长期使用的意愿也较高。③

一项研究探究图文书（图片与文字相结合的书）组成要素与消费者满意度的关联性，发现封面的好坏决定翻阅的诱因动机，但内容题材仍是最终决定读者是否选购与进行推荐的关键因素。④ 有研究者调查台湾艺术大学的学生在台湾铁路时刻表网页的满意度及其影响⑤，也有研究者分析桃园市游客观光吸引力、服务满意度与重游意愿的差异情况⑥，还有研究者分析“京盛宇”品牌蓬勃发展与其本身的品牌形象有密切关联，并探讨企业形塑品牌概念，赋予商品额外的文化意涵，并增加其附加价值，进而刺激消费者购买意愿。⑦

五、电视与电影研究

在电视与电影研究方面，有研究探讨了台湾有线电视产业系统与频道市场的集中度情形⑧，也有研究从有线电视系统产权变化、频道上架壁垒与授权差别待遇，来考察“NCC”成立十年来对有线电视的规管⑨。相关研究结果显示，台湾公共电视建构阶段的论述状况与理想模式的最大差异在政治介入⑩，而台湾少数民族电视台发现有效运用内部资源，进行多元沟通渠道，并推广创新产品开发及相辅相成的异业合作，能增加频道曝光率和扩展触及的目标族群⑪。

一项研究发现，绩效期望、便利条件、享乐动机与习惯，皆能提升用户使用 LINE TV 的使用意向，且使用意向影响使用行

---

① 李宗翰、庄依璇、陈婉琳：《国小家长购买童书之消费偏好研究》，《图文传播艺术学报》2017 年。

② 李禾萓、陈怡嘉、苏靖婷、林佳旻：《通讯软体贴图风格选择偏好与使用者人格特质之关联性——以 LINE 为例》，《图文传播艺术学报》2017 年。

③ 何圣蓉：《行动装置用户采用电子型录 App 应用程式现况与因素之研究》，《中华印刷科技年报》2017 年。

④ 何圣蓉：《图文书组成要素与消费者满意度关联之研究——以高木直子作品为例》，《中华印刷科技年报》2017 年。

⑤ 张舒涵、陈怡庭、周佳圆、黄佩瑜：《台湾艺术大学学生对台湾铁路管理局列车查询网页之满意度》，《图文传播艺术学报》2017 年。

⑥ 韩丰年、杨正翔：《桃园市台湾好行观光吸引力、旅游资讯来源、服务满意度与重游意愿之研究》，《中华印刷科技年报》2017 年。

⑦ 胡宏渊、王少威、陈慕帆、黄于庭：《茶品牌形象与企业识别影响消费者购买意愿之研究——以京盛宇为例》，《图文传播艺术学报》2017 年。

⑧ 庄春发：《有线电视频道市场集中度的研究》，《传播研究与实践》2017 年第 7 卷第 1 期。

⑨ 邱家宜：《“NCC”对有线电视水平、垂直整合的规管（2006—2016）》，《传播文化与政治》2017 年第 5 期。

⑩ 丘忠融：《台湾公视萌芽时期之公共论述分析（1993 年 3 到 7 月）》，《新闻学研究》2017 年第 130 期。

⑪ 姚颖、王翔郁、林福岳：《特定族群服务频道整合行销的应用——以“原住民族”电视台为例》，《中国广告学刊》2017 年第 22 期。

为。[①] 有研究通过梳理“综艺大电影”这个特殊案例，发现其延续了综艺的在地化改良，并加入电影元素，但无法完全摒除综艺与电影间的矛盾，却不失为活化电影市场的好现象。[②] 有研究者分析了移动观影平台的出现会影响“居家观影活动”的内容、脉络与阅听众使用的日常生活[③]，也有研究者探讨口语指涉和剧情连接两项因素对电视剧产品植入注意力和品牌记忆的影响。[④]

有相关研究聚焦于台湾地区影视产业振兴的议题，有研究者指出非生产性的影视业才会完全依赖广告，而生产性的影视业资本为了完成自身扩大再生产的使命，会勠力投资可吸引阅听众直接付费的内容，在广告量的基础上再开发。[⑤] 有研究者通过分析台湾六家主流新闻台的新闻内容，发现“看报纸作新闻”成为新闻台产制新闻的工作模式。除了降低大众“知的权益”，更产生信息负外部性的社会效应，形成“媒体失灵现象”。[⑥]

一项研究以配乐与恋爱剧的叙事进行互文分析，提出日本、西洋老歌建构青少年情感主体及共情同理的美学。[⑦] 在纪录片方面，有研究者通过比较《赤阳》《漫漫哀伤》与《怒祭战友魂》，发现它们都涉及个体因帝国的战争而身心受创。[⑧] 一项研究基于“姿态”概念和法国布尔迪厄（Pierre Bourdieu）的习性理论，分析档案中农民可视的抗议姿态受何种不可视的外在因素所塑造继而产生变化？绿色小组参与式的记录姿态又展示了怎样的政治蕴含？[⑨] 在动画方面的相关研究，有研究者探讨了动画短片的设计方针[⑩]，也有研究者尝试使用 Maya 内建的脚本语言 MEL Script 于平面及曲面上乱数生成动画路径，同时排除碰撞问题。[⑪]

六、新闻传播教育

1. 教学改革

有研究者指出，将游戏融入闽南语教学有助于提升学生的闽南语口语能力与学习自信心。[⑫] 一项研究提出，平面设计专业的校院系应加强要求学生水平，并提高求学阶段的标准，以缩小学校与职场间的

① 翁晨语、黄惠萍：《以延伸整合型科技接受模式和数位生活型态探讨 LINE TV 的使用行为》，《资讯社会研究》2017 年第 33 期。

② 庄楚君：《转在地口味为市场诉求：综艺大电影是中国电影界的奇观，以〈奔跑吧兄弟〉为例》，《传播文化与政治》2017 年第 6 期。

③ 余国强：《影片随身看：数位汇流下的个人化行动电影院实践初探》，《资讯社会研究》2017 年第 33 期。

④ 游婉云、蔡介立、陶振超：“Heard but Falsely Remembered? The Attention and Memory Effect of Product Placement in TV Episodes”，《资讯社会研究》2017 年第 33 期。

⑤ 张时健：《论电视业的生产性与非生产性，及台湾影视业的不发展状态》，《传播文化与政治》2017 年第 6 期。

⑥ 诸葛俊：《台湾电视新闻的跟风与重覆，2014—2015：一个外部性探讨》，《传播文化与政治》2017 年第 5 期。

⑦ 蔡如音：《J-Pop 之外的影视配乐想像：论日本、西洋经典老歌于日本恋爱剧中的美学与产业型构（1990—2000 年初）》，《中华传播学刊》2017 年第 31 期。

⑧ 蔡庆同：《纪录作为创伤的疗愈：从〈赤阳〉〈漫漫哀伤〉到〈怒祭战友魂〉》，《传播研究与实践》2017 年第 7 卷第 1 期。

⑨ 陈品君：《弱者身影：台湾“解严”前后农民抗议的姿态》，《传播文化与政治》2017 年第 5 期。

⑩ 李宏耕、李来春：《动画短片叙事结构与聚焦设计研究》，《国际数位媒体设计学刊》2017 年第 9 卷第 2 期。

⑪ 陈贤锡、郭昕昀：《使用 Maya MEL 群体运动中碰撞排除的技术和相关应用之研究》，《国际数位媒体设计学刊》2017 年第 9 卷第 2 期。

⑫ 戴育芳、郑永熏：《桌上游戏融入国小闽南语教学对学生闽南语口语能力与学习自信心的影响》，《国际数位媒体设计学刊》2017 年第 9 卷第 2 期。

断层差距，为就业市场提供更好的人才。[①] 有研究者建议，重新审视图文传播教学内容架构，以重视学生需求为主并加强生涯规划辅导[②]，或以行动研究法（Action Research）结合内容分析探讨图文传播艺术学生专题研究论文写作常见的缺失，将论文审查、学位考试审查等教学现场发现的写作问题加以整理、分类和归纳，以作为未来教学改进的参考[③]。有研究者分析台湾地区4所学校图文传播相关科系专业课程，发现台湾地区图文传播相关系所发展方向普遍偏影像、数字传播或印刷出版。[④] 也有研究者指出，台湾地区教学方式与课程内容需要因应产业趋势而有所改善调整，避免实习生沦为廉价工读生而失去实习的核心价值。[⑤] 还有研究者调查分析了图像纪录师就业市场供需双方对核心能力与工作待遇的认知与看法，并比较其异同。[⑥]

2. 媒介素养

一项研究分析台湾青少年网络霸凌现象，发现年龄、求学阶段与成为网络欺凌（霸凌）加害者有正面关系，在校成绩越好，越不会成为欺凌者。打游戏频率越高者，越容易在网络上欺凌他人；曾在学校欺凌他人或被欺凌的学生，较可能在网络上被欺凌，显示两种欺凌形态具有相关性。而无论欺凌或被欺凌都会降低青少年的生活满意度，但若父母对子女上网行为采取协商式的介入，将可避免欺凌对生活满意度产生的负面影响。[⑦] 另一项研究探讨了大学生在阅读网络科学新闻研究信息时的相关能力表现。研究显示，受试者习惯在文本标题、引言或结论中寻找关键词；虽然大多数受试者可以推测研究的相关假设，但在研究结论、专有名词与探究历程等方面会出现阅读困难；学生们会透过诠释与建构等方式来理解传播目的，虽然会质疑文本论述的科学探究历程，但对于文本结构却不会怀疑；大多受试者对于研究报道的结果都表现出相信与愿意依照建议而改变的态度。[⑧]

七、文化创意与经营管理

有研究者从当前媒体产业结构的角度出发，解读运动文化产业发展与公民传播权益，发现有线电视系统与频道代理商主导的电视产业下，职业棒球转播陷入“三低”困境（内容投资低、直接广告营收低、新竞争者进入可能性低）。[⑨] 有研究者建议“NCC”应重新定位管理角色，将有限的行政资源集中在消除市场障碍与不公平竞争，让市场机制得以正常运作，以协助市场失灵的台湾影视产业应对网络语境

---

① 陈姿颖、赵珮宇、蒋竺耘：《大学平面设计科系应届毕业生专业能力与业界期望之探讨》，《图文传播艺术学报》2017年。

② 黄俞瑄、赖晔莹：《图文传播专业生涯发展意向之研究》，《图文传播艺术学报》2017年。

③ 贺秋白、徐明珠：《图文传播艺术学生专题研究论文写作常见缺失分析》，《中华印刷科技年报》2017年。

④ 廖信、陈薇安、叶振璧：《“国”内外图文传播相关系所大学部专业课程初探》，《中华印刷科技年报》2017年。

⑤ 陈美宏、林政荣：《由德国技职教育双元制探讨“国内”大学实习制度》，《中华印刷科技年报》2017年。

⑥ 蔡宜臻、苏任瑜、林国豪、徐均豪：《图像纪录师的就业市场中供需双方对核心能力与工作待遇的认知》，《图文传播艺术学报》2017年。

⑦ 施琮仁：《台湾青少年网络霸凌现况、原因与影响》，《中华传播学刊》2017年第32期。

⑧ 李松涛：《大学生对于科学研究信息的阅读表现探究：以网络科学新闻为例》，《中华传播学刊》2017年第32期。

⑨ 刘昌德：《停滞的媒体运动复合体：2014年职棒转播权争议中运动与电视产业的困境》，《传播文化与政治》2017年第6期。

下的全球化竞争。[①] 有研究者分析了“NCC”对内容管制的演进，指出主管部门不应只局限在维持秩序风俗与保护儿童少年的管制角色，应积极引导优质的传播内容。[②]

一项研究表明，媒体对文化创意产业的报道形成文创产业再现的日常化、文创产业新闻框架的展演化以及媒体对文化议题倾向的“软性”处理，对文化创意产业的核心与内涵并没有提供多元的讨论空间，反而使一些重要的文化议题流于模糊且琐碎。[③] 有研究者以基模理论（schema theory）为基础，探讨了购买工艺类文创商品的五项因素，即实用性、感质、创意性、价值性及价格。[④] 有研究者梳理了台湾喜帖设计递嬗的文化观[⑤]，或探讨陶瓷品在创作发展议题中的脉络框架[⑥]，或以纽约大都会博物时装展为研究个案，进行文化元素转换时尚设计因素的分析探讨[⑦]。

文化接近性是跨国/跨境文化流动研究中经常被引用的概念之一。一项研究通过文献的批判性和后设性检阅，拆解文化接近性理论概念的不足与谬误，检讨与厘清文化接近性理论概念的内涵、适用性及其知识脉络。[⑧] 有研究者依据个人体验，重探1970年代台湾大专学生创作歌谣文化运动的社会语境[⑨]，或探讨数字化影像普遍语境下传统冲印店转型的规划[⑩]。有研究者分析非主流媒体的社会实践功能[⑪]，或探究台湾地区的独立书店发展的方向及趋势[⑫]。

八、新媒体

在新媒体研究方面，有研究者探讨网吧嵌入农村后对留守儿童的社会交往所产生的影响[⑬]。一项研究以布莱希特戏剧理论（Bertolt Brecht）所提出的间离效果（defamiliarization effect）为理论参照，论述能动文本因互动机制所特有的程式惯例化的文本运作方式。[⑭] 有研究探讨了儿童对于扩增实境的科技接受模式及学习成效等[⑮]，有

① 曾国峰：《“NCC”的行为管制：困境与建议》，《传播文化与政治》2017年第5期。

② 洪贞玲：《传播内容管制与公民参与——“NCC”还可以做什么?》，《传播文化与政治》2017年第5期。

③ 刘蕙苓：《文化创意产业的媒体再现：2002—2012历时性框架分析》，《新闻学研究》2017年第130期。

④ 庄东磷、倪炎元：《以质性研究观点探讨两岸大学生购买工艺类文创商品之认知基模变化》，《国际数位媒体设计学刊》2017年第9卷第2期。

⑤ 张世杰、连德仁：《刍论台湾文化表现的设计实践——以喜帖为载体之探讨》，《商业设计学报》2017年第21期。

⑥ 马睿平、黄娜玲：《陶瓷品再创作于艺术与设计的表征、意义与发展脉络》，《设计学报》2017年第22卷第1期。

⑦ 颜惠芸：《文化元素转换时尚设计因素探讨——以纽约大都会博物馆中国：镜花水月时装展为例》，《设计学报》2017年第22卷第2期。

⑧ 魏玓：《跨国文化流动的理论装备检查：拆解与修整文化接近性》，《中华传播学刊》2017年第31期。

⑨ 杨祖珺：《重探一九七〇年代台湾大专学生创作歌谣文化运动的社会情境》，《传播文化与政治》2017年第6期。

⑩ 郑治芬：《传统冲印店整合转型新面貌》，《中华印刷科技年报》2017年。

⑪ 管中祥：《港台另类媒体发展的历史条件与型态比较》，《传播文化与政治》2017年第5期。

⑫ 谭纶：《独立书店发展现况之初探》，《中华印刷科技年报》2017年。

⑬ 管成云：《农村网吧里的孩子们——基于湖北省藕镇留守儿童互联网使用与社会交往的民族志调查》，《新闻学研究》2017年第132期。

⑭ 李明哲：《能动文本的互动机制与批判意义：与布莱希特间离法的理论对话》，《传播研究与实践》2017年第7卷第2期。

⑮ 许一珍：《探讨幼儿使用扩增实境学习形状及颜色之科技接受模式及学习成效》，《国际数位媒体设计学刊》2017年第9卷第1期。

研究认为，经验分类法（ToE）为媒体设计系学生提供了清晰的用户感受分类，该方法打开了学生的思维、激发了学生对用户体验的进一步思考。[①] 还有研究分析了虚拟博物馆在动作风格呈现上的使用性因子，提出视觉设计参考与建议。[②]

一项研究借用法国哲学家斯蒂格勒（Bernard Stiegler）的观点，思考社交媒体的技术环境语境下重建社会性的可能。[③] 有研究者发现社交媒体的政治性使用行为对于社区参与的关联并不大，却和政治参与行为具有显著正向关联[④]，还有相关研究分析了台湾成人脸谱（Facebook）的社交连接策略[⑤]，提出"脸谱社交实用性程式可支援学习环境的社会、教学与认知临场，作为线上健康沟通的平台"的观点[⑥]，也有研究分析了新媒体在政治抗议行动中发挥的组织功能[⑦]，探究了社交媒体的使用者行动、行动逻辑及行动中揭露的媒介使用状态。[⑧] 一项研究融合科学与科技研究与传播研究（science and technology studies，STS）取径，从事件与物质性的角度切入，探究社交媒体事件的浮现逻辑，从社交媒体的物质性说明平台的技术结构、图文内容串流如何吸引用户投入，得以在短时间内促成社群聚合，共同参与社交媒体事件的形成。[⑨]

九、新闻传播学著作和重要教材出版

1. 专著

《政治媒介化：堕落媒体崩坏政治》一书介绍了北欧学者提出的"媒介化理论"，剖析了整个社会屈服于媒体景观化、娱乐化、世俗化、民粹化的运作逻辑。《建构式新闻》一书提出新闻作为公共舆论的理性论证场域，不应该中立，而是应该公正，由此建构出一个更真善的社会，才是建构式新闻的核心价值及实践道路。《新闻，在转折点上：数位时代的新闻转型与聚合》，以"全球媒体的转型聚合"与"台湾媒体的转型聚合"两条主线呈现各章节内容，用案例评析传统媒体与数字新媒体的聚合现象。《全球化下的台湾电影产业实践（1946—2016）》一书在电影史范畴内融入电影产业的发展策略与政策实践，以检视台湾地区的电影产业与政策在面对好莱坞进入市场时，不同阶段的发展策略与演进过程。《数位时代新闻学》一书涵盖了新闻学中受媒介融合影响较大的议题：新闻与科技、记者、新闻品牌、创业新闻学、数据新闻学、公民新闻学、品质新闻学，并讨论这些变化对民主、新闻伦理及新闻教育的冲击。

---

① Wen-Chia Wang，"Applying the Method of Taxonomy of Experience（ToE）to Design Education"，《国际数位媒体设计学刊》2017年第9卷第2期。

② 陈瀚凯：《虚拟博物馆在满意度与使用性因子关系上之研究》，《商业设计学报》2017年第21期。

③ 毛荣富：《社交媒体时代社会性的未来：按 Sherry Turkle 的自我概念进行的考察》，《资讯社会研究》2017年第32期。

④ 王嵩音：《社交媒体政治性使用行为与公民参与之研究》，《资讯社会研究》2017年第32期。

⑤ 林日璇：《你怎么加脸书好友？连结策略与感知社会支持及心理幸福感的关联性》，《资讯社会研究》2017年第32期。

⑥ 戚栩僊、叶乃静：《社交网联情境下的健康体适能学习与知识建构——脸书社群媒体介入研究》，《资讯社会研究》2017年第32期。

⑦ 刘时君、苏蘅：《政治抗议事件中媒体的创新使用与实践：以"太阳花运动"为例》，《资讯社会研究》2017年第33期。

⑧ 刘慧雯：《建构伦理阅听人：试论社群媒体使用者的理论意涵》，《新闻学研究》2017年第131期。

⑨ 郑宇君：《探讨社交媒体事件之浮现逻辑：一个融合 STS 与传播研究取径之尝试》，《中华传播学刊》2017年第32期。

《叙事传播：故事/人文观点》一书详述了传播不仅有传统理论所谓的信息传输功能，还有交换生命故事的趣味性满足与情感互动。作者认为所有的传播文本产出都可以视为“说故事”的历程，而文本产出后，是更为精彩的“故事互动与交换”。《传播福利经济学：能力取径的传媒研究》探讨了对理想传播体制的追求，从绝对的公平正义转为相对而可实践的传播体制安排。《变迁中的传播媒介：从类比到数字汇流》从整体媒介发展环境、社会形态的变革、传播制度、媒介阅听众及政策规范等入手，向读者介绍传播媒介的面貌及其社会角色。《整合行销传播：全方位理论架构与本土实战个案》是整合营销方面（integrated marketing communication，IMC）的专著。

2. 教材出版

《人际沟通与传播》是一部针对人类特殊沟通能力的教材。《资讯传播概说》从数位汇流的视角，探讨文字、声音、符号、图画、影像及数据等，融合成多元信息并且由新媒体进行传播的多样性，作为资讯传播学系的基础课程和媒体通识课程方面的基础教材。《电视新闻实务》提供了电视新闻实务概说，分述了采访、写作、摄影、录音、剪接、编辑、企划、摄影棚作业等基础新闻实务，并介绍文字记者、摄影记者、主播、编辑、制作人等职位的工作内容，最后分析收视率对新闻的影响及大众日益关注的新闻伦理。《“传播法”之基础理论与实务》介绍相关规定、实务做法与见解，包括基本概念、不同层次规定的对应保障、基本义务及对传播行为的限制等。

3. 译著出版

在译著方面，《报导的技艺》一书旨在指导读者写出兼具纵深与情感又能引发高关注度的优质报道；《社群媒体批判理论》一书对谷歌、脸谱、推特、维基解密和维基百科等进行个案分析，厘清数字媒体地景的结构和权力关系，有助于掌握批判的知识。《抗击柏拉图的阴影：人类传播研究导论》关注传播概念的起源、关键议题及传播知识所孕生的各种过程。书中总结了传播研究中，人文取径和社会科学的根源及阐述传播学、实务社群所面对的机遇和挑战。《关键转折：内容媒体的科技转型之路》基于个案论述了传统媒体跨到新媒体的创新经营，阐明继续复杂变化中的媒体策略。

4. 媒体工作者著书

《记者不是你想的那样：萧彤雯的新闻现场》用通俗的语言记录了作者二十年来的媒体从业经验，让人了解身为记者所秉持的理想与价值核心。《拥抱每一个生命：一位社会记者的告白》一书分享了新闻报道背后的生命故事。《像我这样的一个记者：房慧真的人物采访与记者私语》从内省的视角提供读者了解记者在人物采访后的心得及补述。《媒玩·媒瞭·学媒体：媒体素养教学宝典》以读报教育、融入学科、主题教学、影像制作等方式，实践媒体素养教育。《电视低能我们损失什么？日本电视也是从低能走出》通过电视管窥蠡测日本的社会百态，并提出台湾电视节目改造的建议。

附录：

2017 年台湾地区主要学术会议

1 月 17 日，由“NCC”主办的“新媒体论坛——数位经济大趋势”邀请通信、传播及信息产业人士探讨网络治理的数字经济议题。

1 月 11 日，由政治大学传播学院主办的“国际学术研讨会投稿工作坊”在台北市举行。会议介绍了国际学术研讨会申请流程、各研讨会特色、投稿方式、论文大纲及全文写作的技巧。

3 月 31 日，由政治大学主办的“台湾通讯学会”在台北市举行。研讨会邀请韩国教授、“NCC”委员、岛内五大电信业者代表以及学者专家参与讨论。

5月5至6日，由政治大学数位文化行动研究室、中华白丝带关怀协会共同主办的“第十五届学术实务研讨会——数位创世纪”在台北市举行。研讨会由卫生福利部门、文化主管部门指导。会议议题为数字时代各种新兴现象与挑战。

5月12日，由旺旺中时媒体集团与台北市广告代理商业同业公会、北京大学新媒体营销传播研究中心、滚石文化广告杂志、九井广告股份有限公司联合主办的“两岸行销传播论坛——Era of MARBOT 行销传播机器人时代来临?”在台北市举行。此次论坛以机器人时代来临为主题，两岸产学界的专业讲师探讨机器人时代下的行销产业发展。

5月12日，由世新大学新闻学系主办的“第六届新闻的政治、文化与科技学术研讨会”在台北市举行。研讨会议主题包括政治传播、新闻实践的公共性、新科技与新闻文化及新闻传播相关议题。

5月20日，由台湾南华大学文创系主办的“国际三创产业学术交流研讨会”在嘉义举行。

5月22日，由世新大学新闻传播学院举办的“2017传播研究与实践论坛”在台北市举行。会议探讨了假新闻语境下的媒体挑战、社会机制与媒体识读教育。

5月25日，由佛光大学传播学系主办的“第9届传播与发展学术国际研讨会——汇流、行动与无界限”在宜兰县举办。主要议题包括媒体汇流与行动传播的现况与发展、政策与法规、行销传播与策略沟通、文化创意产业发展与创新、媒体汇流与行动传播与广告公关、媒体汇流与行动传播之新闻产制等。

6月16日，由世新大学传播管理学系主办的“第12届传播管理发展与趋势学术研讨会——跨界、汇流与全媒体”在台北市举行。研讨会主要议题包括跨界、汇流与全媒体现况与发展、政策与法规、策略沟通与管理、行销传播与管理、经营管理、广告公关、传播产制与管理、文化创意产业经营管理等。

6月24至25日，由台湾大学社会科学院主办的“中华传播学会年会”在台北市举行。此次年会以传播创新研究为议题，主题为“传播的创新研究 = 传播 + ?”。

6月27日，由世新大学举办的“2017 CCTF云端暨联网电视高峰论坛”（Cloud & Connect TV Forum）在台北市举办。论坛主题为“从大数据时代的智慧生活谈起”，针对新媒体、物联网、多屏幕服务的困境与契机进行讨论。

6月29日，由台湾《经济日报》主办的“未来媒体论坛”在台北市举行。邀请Yahoo奇摩媒体传播事业群、LINE株式会社、北京爱奇艺科技、CNEX、香港上市富智康集团的代表。此次论坛专题演讲及圆桌对谈包括日本经济新闻、财经媒体的新路径、后智能型手机时代的新沟通模式、新世代的媒体经营策略、当前媒体与未来发展。

7月3至11日，由政治大学传播学院主办的“两岸青年传播学者学术交流会”在台北市举行。此次研究讨论会主要议题包括“新媒介/游戏科技”“社群媒体研究”“新媒体下的数位内容风潮：动画、漫画与游戏”。

7月25日，由《动脑》杂志主办的“New Brain新创意时代论坛”在台北市举行。此次论坛纪念创刊40周年，以“四生视野”（环境生态、住民生活、经济生产、人民生命）为讨论核心。

9月1日，由二十一世纪基金会主办的“媒体产业发展趋势与前瞻”研讨会在台北市举行。邀请各界共同讨论影响媒体产业发展与公共利益的关键议题。

9月8日，由“NCC”主办的“数位

汇流时代的结构管制思维：媒体所有权与意见多元”研讨会在台北市举行。此次研讨会目的为解释媒介所有权与意见多元的关系，以进一步了解各界对“媒体垄断防制与多元维护”相关规定的看法。

9月15日，由电信技术中心主办的“数位汇流下的新频谱管理”研讨会在台北举行。研讨会上，各界专家学者从数字融合趋势下，探究各种新型态频谱使用模式及管理辅助的技术。

9月19日，由台湾《经济日报》与中华电信主办的第六届科技论坛“数位汇流创新局”在台北市举行。邀请交通主管部门负责人、“NCC”主委、中华电信董事长等人，探讨了数字融合新服务面对的机会与挑战。

10月5日，“第11届军事新闻学术研讨会”在台北市举行。本届研讨会以探讨防卫面临的挑战及新兴传播科技所带动的变革为主题。

10月7日，由台湾“中央大学”客家学院主办的第17届“客家研究”研究生学术论文研讨会在中坜市举行。会议以“客家研究之多元面貌”为主题。主要议题包括客家政治与政策、客家社会及经济、客家语言与文学、客家历史文化暨传播等。

10月7日，由世新大学经济学系主办的首届“社群和影音使用行为资料分析与应用”论坛在台北市举行，会议议题包括社群使用者的参与行为探究、网络使用者资料的价值内涵等。

10月13日，由台湾艺术大学视觉传达设计系所、台湾地区基础造形学会、台湾平面设计协会、实践家文教基金会举办的“2017超媒体跨界设计国际学术研讨会暨设计工作营”在新北市举办。大会主题为“超媒体跨界设计”，会议议题包括超媒体跨界设计基础造形、色彩、视觉传达设计、包装设计、文创产业、设计管理、设计史、设计方法、设计心理与认知等。

11月3日，由义守大学传播学系主办的“2017传播与媒体生态学术研讨会”在高雄市举行。会议主题包括传播与新媒体、媒体经营理论与实务、传播与网络社群、微电影发展趋势研究、纪录片研究、传播与政治、广告与行销研究、媒体流行文化。

11月3日，由政治大学传播学院新闻学系主办的《新闻学研究》期刊创刊50周年座谈在台北市举行，座谈以“转变中的新闻传播教育挑战”为主题。

11月8日，由铭传大学主办的“大陆传播研究生来台交流论文发表会”在台北市展开，其目的为促进两岸学界的互动、交流。学术论文主题为台湾媒体。

11月11日，由新竹交通大学客家文化学院主办的“2017台湾资讯社会研究学会年会暨论文研讨会”在新竹市举行。研讨会主题为“行动连结：永远在线”。会议议题包括资讯社会与社群、资讯与传播科技、资讯经济与行动装置载具、资讯政策与法律、资讯传播与应用等。

11月17日，由“NCC”指导，电信技术中心举办的“Beyond the Digital数位汇流趋势论坛”在台北市举行，论坛主要目的为响应当局所推出的数位创新经济发展方案。论坛邀请Skype、Netflix及Ericsson等数家国际企业代表分享国际数字发展方向。

11月24至25日，由台湾教育传播暨科技学会主办的，新竹清华大学教育学院及学习科学与科技研究所承办的“台湾教育传播暨科技学会2017年学术研讨会”在新竹市举行。此次研讨会以“多元学习引领教育变革”为主题，主要议题包括文化社会与教育传播科技、传播科技与媒体素养、教学设计与发展、教学策略与方法、新兴传播媒体科技、组织训练与发展、教育学习环境、资讯素养教育、中小学教学媒体与科技、中小学学校与课程改革发展等。

11月28日，由世新大学传播管理学

系首度举办的“2017 全媒体论坛”在台北市举行。此次论坛以“跨界、汇流与全媒体”为主题。主要议题包括演唱会创新、虚实整合行销、艺人经纪的流变与创新、知识产权经济（IP，Intellectual Property）下授权发展。

12 月 2 日，由 U-ACG 与巴哈姆特联合举办的“第六届御宅文化国际学术研讨会暨巴哈姆特论文奖颁奖典礼”在台北市举行。研讨会议以“平常时在做什么？有没有空？要不要来写论文?”为主题征稿。

12 月 8 日，由世新大学、厦门大学联合主办的第三届海峡两岸口语传播学术研讨会在台北市举行。研讨会主题为“社群媒体与口语传播”。

12 月 21 日，由台湾广播事业协会主办的“2017 两岸传媒交流论坛——数位时代传播产业发展新思维”在台北市举行。此次研讨会主题包括新媒体发展对两岸新闻传播及产业发展之影响、新媒体时代两岸传统广播发展的策略研究。

12 月 28 日，由佛光大学传播学系主办的“第 10 届传播与发展学术研讨会”在宜兰市举行。研讨会以“新媒体、跨界与想象”为主题。主要议题包括媒体历史或媒体生态变迁与发展、媒体发展与资讯设计、新媒体发展所引发的新社会现象、媒体与文化创意产业的跨界创新、新媒体与行动传播的整合与应用、媒体教育的创新与实验等。

撰稿：黄裕峯（厦门大学两岸关系和平发展协同创新中心/新闻传播学院副教授）
Ivanka Tkachuk（厦门大学新闻传播学院 2017 级硕士研究生）

台湾地区高校新闻传播学院（系）2017 年学术发展概况

台湾政治大学传播学院

台湾政治大学传播学院成立于 1989 年，是亚洲历史最悠久的新闻传播学术单位之一。近年来，面对传播环境的剧变，为建设契合数位时代的传播院系，政大传播学院积极调整自身定位，从过去以大众传播教育为主轴，转变为以传播及资讯工作为教育范畴，结合社会科学、人文学科及理工学科的特长，培养数位时代的跨领域人才，以成就全球华人社会中具前瞻性和创新性的传播学院。

2017 年，研究成果上，传播学院“全球暖化的风险沟通与公众实践”“行动传播与新媒体实验平台之建置”“数位阅听人”“新媒体平台市场之结构、内容与行为管制”“跨媒介叙事表达策略及互动体验之探讨”“危机事件中的资讯流通与动态整合”以及“数位汇流、数位叙事与故事云”等多个研究团队的成员在 SCI/SSCI 期刊发表论文 10 篇，在 TSSCI 期刊发表论文 16 篇，为历史最高数量。此外，由传播学院主办 TSSCI 期刊《新闻学研究》在 2017 年继续卫冕台湾最具影响力人文社会科学期刊奖（传播类）第一名，并于 10 月起正式成为“国际中华传播学会（Chinese Communication Association，CCA）”附属学刊，是台湾第一本加入

CCA的传播学术期刊。同时，为庆祝《新闻学研究》创刊五十周年，传播学院特别邀请了包括陈韬文、钟蔚文在内的台湾及香港九位新闻传播学者专家，探讨现今新闻传播教育的定位以及跨领域知识应如何整合等重要议题。

除学术研究成果之外，传播学院在媒体实践领域也取得了令人瞩目的成果。目前台湾的新媒体发展重点逐渐走向人机互动与游戏的传播场域，传播学院发挥人文社会科学优势，与理学院合作，引进包括黄心健、陶亚伦、陈宜秀等新媒体专家到校任教，借重他们横跨人文和资讯科技领域的知识，带领学生往数位内容设计的方向前进，拓展国际视野及研究版图。其中黄心健教授与美国前卫音乐教母萝瑞·安德森（Laurie Anderson）跨国创作的虚拟实境作品《沙中房间》夺得第74届威尼斯影展VR竞赛片单元Best VR Experience最佳体验大奖。陶亚伦教授受邀参加第9届MADATAC马德里现代数位科技影音艺术节，其作品《Prado1，2，3》（又名《全景敞视、时间维度、镜中镜外》）自全世界33个国家、72位新媒体艺术家的作品中脱颖而出，获“最佳新媒体艺术装置奖”。

而由钟适芳教授担任策展人的“当代叙事影展”与“流浪者之歌音乐节”也持续在2017年对台湾的族群与跨文化传播领域产生重要影响。钟适芳教授长年推动台湾独立音乐与社会议题联结的策展、制作与出版，近年跨界影像拍摄与制作，被誉为华人社会最高水准的民谣音乐制作人和世界音乐节制作人。2017年的“当代叙事影展”以“时代与歌”为主题，从Leonard Cohen所处时代的西方歌谣运动出发，透过影像走向世界，聆听不同地域、语言的歌谣如何引领人们走过这个躁动的时代，以声音与影像即兴，探问纪录片的美学与政治议题。2017年的“流浪之歌音乐节”则以“我不在房间”为主题，聚焦当代女性音乐人的创作旅路及生命故事，来自非洲索马利兰、葡萄牙、挪威、瑞典、泰国、美国、英国、加拿大等十国的女性唱作人、音乐人，以诗为语言，以舞为姿态，泼墨般即兴，时而低吟、时而高亢地咏叹剧场人生。这一音乐节已持续开办15年，是亚洲最重要的世界音乐节。

在人才培养方面，传播学院经多年讨论，认为传播的疆域模糊对传播教育提出了新的挑战，不能再围绕一套固定的知识与技能进行知识传播，而应以培养长久、并可对应多种生涯的能力为传播教育宗旨。因此，学院自2014年起实施学士班大一大二不分系招生制度。学生在大一大二不分系，前两年的重点在于厚植传播人之基础态度、知识与能力，到大三时，再根据学生的兴趣，分流至不同系所的相关学程。2017年，学生分流三系的方式一如往年，不以成绩或人数上限为标准，完全尊重学生兴趣和意向。最终进入新闻系“新闻与资讯”主修29人、“媒体与文化”主修8人；广告系“策略与创意沟通”主修61人、“传播设计”主修36人；广电系“媒介创新与管理”主修8人、“影音企划与制作”主修68人，在一定程度上反映了学生对于传播领域的兴趣与想象。

在大陆学生方面，自2011年开放大陆学生赴台就读学位后，传播学院一直是台湾招收大陆学位生最多的院校。截至2017年，共招收硕士生97名，博士生21人。在目前可获得的40篇已完成或正在进行的陆生学位论文中，有29篇探讨与大陆相关的问题，比例高达73%。而在11篇不以大陆问题为唯一讨论对象的论文中，也有许多研究者表示他们从大陆现实中得到了对这篇论文的启发。而这40篇学位论文的研究领域比较集中，可以归纳但不限于以下三大部分：一部分以政治传播为取径，探讨大陆相关的传播问题；一部分以自身在大陆与台湾的文化异同中观察到的现象为启发，在社群媒体、广告营销等领域进行具体的研究；另一部分则是集中在剧本或音乐及影像的创作上，而这部分大陆硕士生人数日趋增多，这反映了台湾的艺文实作环境对大陆学生而言具有较大的吸引力。

为了拓展学生视野，了解中国大陆与台湾地区、亚太区域以及国际传播产业现况及趋势，传播学院自2014年起，每年邀请亚太地区/国际传播学者或实务工作专家，开设1门英语授课的“国际传播”讲座型课程。而在2016年至2017年间，学院延揽香港城市大学媒体与传播系张讃国教授，开设“影像编辑”“公民新闻与公民社会”“美国媒体看中国”“大众传播的比较研究”共四门全英语硕博士班课程。除此之外，学院国际传播学程也于2017年邀请到了资深记者Ralph Jennings，希望他以20余年的亚太新闻实务经验，为学生提供国际新闻采访写作训练。

在学术交流方面，学院持续开展“想象亚洲国际工作坊”与“两岸传播青年学者学术交流会”。也受东京大学情报学环邀请，参与“亚洲全球化下的媒体”座谈研讨会。

2017年，学院与泰国朱拉隆功大学、日本京都市立大学、新加坡南洋艺术学院、英国伯明翰城市学院联合举办的“想象亚洲国际工作坊”迈入第九年。“想象亚洲国际工作坊”以建立亚太实务教学联盟为宗旨，邀请其他学校跨国合作推动亚洲各城市联合共创数位故事之国际研究与教学交流，并累积参与学生的国际移动能力。2017年想象亚洲工作坊的主题为“Tokyo: A Trans-Asian City”，在东京御茶之水地区实地探察与见学，使与会成员能够更了解当地的历史渊源与俗民文化，在不同价值观和社会情境之活跃激荡下，重新思考人与地域、身份、文化、创作型态之间复杂、多元而丰富的关系，启发学生创意，充分结合艺术及新媒体叙事，与来自不同文化的成员团队合作，最终产出具有人文关怀和国际观之跨文化及跨领域作品，奠定未来持续合作之基础，达到国际交流之目的。而来自传播学院的学生共发表三件作品，包括以“上野异人日志”为题的纸上剧场、挖掘日本古书街区的《台湾符号》，以及制作日记式纪录短片《夏日格靴》，展现了学生多元的创作能力与艺术展演形式。

而“两岸传播青年学者学术交流会”也迈入第五年，2017年共邀请7位优秀的大陆青年学者，他们分别来自中山大学、中国人民大学、清华大学、复旦大学、厦门大学、中国传媒大学、中国社会科学院。两岸传播学者就“新媒介/游戏科技”“新媒体下的数位内容风潮：动画、漫画与游戏”“社群媒体研究”等传播领域最前沿的话题展开了探讨，并借此机会促进大陆与台湾的传播学者对彼此社会的媒体环境与社会文化有更实质的理解与体验。

2017年，学院还受东京大学情报学环邀请，由陈百龄、施琮仁、康庭瑜老师率队博硕士生前往东京参与“亚洲全球化下的媒体”座谈研讨会。此次研讨会由日本东京大学、韩国首尔大学、台湾政治大学三校师生以座谈、壁报互动的方式相互交流研究成果，更参访Huffington Post日本分社，了解日本网络新闻及媒体生态的现况与挑战。

撰稿：陈百龄（台湾政治大学传播学院教授）
孙祎妮（华侨大学新闻与传播学院讲师）

世新大学新闻传播学院

2017 年是世新大学新闻传播学院传承与创新兼具的一年。

在课程安排方面，因应全媒体时代消费者成为媒体生产者的变化，学院将校必修课程《媒体识读》更名为《全媒体识读》，并进行了两项创新安排。一项创新是安排媒体产业精英，透过课程让学生了解传媒角色，协助他们评估媒体对个人选择和决策的影响，培养学生具备独立判断能力；另一项创新是挑战网络直播，让有兴趣的学生及产业人士能“无时差”修课。另外，世新大学的招牌课程《新闻专题采写》也得到台湾记者协会人力、物力的支持，所有课程均由在线记者担任教师，亲自教导学生更贴近实务的写作技巧。

学术活动方面，学院于 2017 年 5 月举办“假新闻的危机与响应”论坛，邀集专家学者及媒体工作者讨论假新闻对媒体与社会机制的挑战，进而分析与建议阅听人的媒体识读教育；2017 年 7 月举办的“2017 CCTF 云端暨联网电视高峰论坛”邀请产官学三方，展开“智能生活与数字家庭”趋势的探讨，会中讨论第五代无线通信技术（5G）即将在 2020 年商用化，搭配人工智能（AI）的全新通信技术对于未来各产业的影响与因应之道。学院另外举办了“建构式新闻研讨会”“2017 全媒体论坛”“第三届海峡两岸口语传播学术研讨会”“公用频道的在地实践与创新挑战论坛”等学术会议。

学术成果交流方面，传播学院 8 个系所均继续开展以往毕业展演的活动，将学生 4 年所学以各种方式呈现及分享，但在 2017 年许多系所前往大陆地区与当地高校合办毕业展演，如广电系、图文传播系、数字多媒体系前往厦门理工学院与大陆师生面对面交流，信息传播系也赴广州与广州大学、广州中山大学和北京大学等三校交流。

国际交流方面，因应大数据应用广泛，美国在台协会（AIT）特别与世新大学合作，邀请美国科技趋势专家、IT 杂志《PCMag》总编辑 Dan Costa，分享如何将大数据运用于新闻工作，并透过对新闻产业第一线的观察，解释新科技对媒体产业造成的冲击。此外，世新大学还举办“台湾—美国两地媒体从业人员交流论坛”，邀请美国媒体代表，探讨“新媒体、新闻教育及言论自由”等议题。

产业合作方面，学院全媒体中心与科技大厂宏碁（Acer）合作，拍摄 Xplova X5 Evo 自行车智能车表网络广告，学生从广告提案、脚本发想、拍摄到后制等全方位流程一手包办，对学生进行企业项目的实战训练。除此之外，学院也与 TVBS 电视台的信望爱永续基金会首度共同举办“全球华文永续报导奖”，希望借由新闻人的报导力量，结合现今重要的生态议题，来唤醒大众对生态环境的尊重，思考如何与自然共存共融，迈向生态文明的新纪元。

铭传大学传播学院

铭传大学前身为 1957 年由包德明与李应兆创立的首所女子商业专科学校，1990

年升格为铭传管理学院，一直秉持着“人之儿女，己之儿女”的理念作育学子，迄今已有15万校友遍布全球各地，各自有成。铭传学子在“严管勤教”的教育原则下接受专业训练，1997年更名为铭传大学后更是以“勤管勤教”来教化学生，也让毕业生走出校门立刻能与业界接轨，“无铭不成商”的美名因此不胫而走。

李铨校长从美返台服务，体会到媒体对于传播与商管发展的影响力，在1980年创办大众传播科，以当时大众传播主媒体的实务教学与训练为重点，培养不少传播界女性精英。发展迄今，传播学院秉持着“整合传播”的理念，追求“人文与科技对话”的教育精神，培养理论与实务并重，具备国际视野的传播专才，追求“传播知识产业化”和“传播产业知识化”的学术卓越。

1999年铭传大学成立传播学院，设有传播管理研究所含在职专班、新闻学系、广播电视学系、广告学系、数字信息传播学系（2000年更名为传播管理学系），及海外青年技术训练班大众传播科（简称“海青班”）。大学本科采用大一大二不分系制，全面培养传播业界精英。不少铭传传院学生如今都已成为台湾传播业的中高层管理人员，也成了学院重要的业师来源。

2000年起媒体界变化越来越快，互联网带动新媒体的崛起，2008年受金融海啸波及造成传统主流媒体被迫转型以求生存，数字汇流与媒体整合成为当务之急，为因应此巨变与趋势，2014年起传播学院不再实行大一大二不分系招生，改由四系分系招生，分别为新媒体暨传播管理学系（含硕士班与在职专班）、广告暨策略营销学系、新闻学系、广播电视学系。结合传统主流媒体与网络新媒体的产制流程、产业营销与未来体验进行课程改革与实务操作，并积极发展各系自身特色。

分系招生的同时，传院也强化相关实习媒体，作为大三媒体实务课程的重要实习平台。学院从2000年起就开始发展新媒体为全院经营重点，设有数字多媒体实验平台，跨媒体团队运作，并进行数字汇流与媒体整合，培养理论与实务兼备的传播专业人才。

学院现今共有十大媒体中心，分别为广销系的整合营销中心（IMCC）、品牌中心（BL）及两岸交流中心；新传系的数字媒体中心、虚拟影棚；新闻系的铭报/MOL、VR实验室、广电系的铭传电视台、铭传广播电台、流行音乐中心。

十大实习媒体已完成e化的装置，并透过网络e化，结合所有媒体的资源，建立跨媒体网络平台，除了因应数字时代的新趋势，更积极地进行新媒体的产制实验与检讨调整。重点方向就是建构学院成为新体传播学院，培养未来更多新媒体与传统媒体职能兼备的媒体人，加入媒体业界，参与并带动更新的媒体融合与改革。

学院四系媒体课程以各系主要媒体中心作为实务训练平台，部分媒体开放供跨系选修，以利学生依个人兴趣，发展专业课程，创造个人专长，并培养业界所需专才或跨领域人才。四系充分运用学院所建构的数字多媒体实验平台，进行跨媒体的整合教学活动，从而培养具跨媒体运作的整合传播人才，以利于学生毕业即就业。

在实务训练之外，科研也是学院发展的重点之一，学院有一个硕士点，即新媒体暨传播管理研究所，鼓励师长与同学进行传播、信息与管理的跨领域研究，主要就是培养学生成为理论与实务兼备的新媒体人。学院四系课程设计展现多元色彩，并鼓励学生赴海外进行学术交流，参加各项研讨会与讲座的学术活动，以实现拓展国际视野的教学目标。学院教师每年参与“中华传播学会”与海内外传播学者密切交流，多人发表论文并参与论坛研讨，此外，学院每年3月校庆广邀国内外学者参与跨国学术研讨会，学院每年发行《传播管理学刊》两期，不断精进教师研究内容与论文数量。

台湾地区新闻传播学人自述

编者按：本栏目陆续刊载台湾地区新闻传播学人的治学思考。按学者姓氏音序排列。

黄肇松

黄肇松，出生于1948年2月，台湾政治大学新闻研究所毕业、纽约大学（New York University）政治系硕士。曾任台湾“中央通讯社”董事长，台湾《中国时报》总编辑、社长，台湾《中国时报》集团总经理；并在台湾大学新闻研究所、台湾师范大学社会教育系新闻组及其他大学新闻传播科系兼任教职。现任台湾《中华日报》荣誉董事长、台湾政治大学校务发展基金会董事、台湾世新大学新闻传播学院兼任客座教授、台湾“中国新闻学会”副理事长、《国语日报》主笔。

治学自述

治学慎始，始能有成。我开始初始阶段学习新闻学及传播学是在台湾政治大学大学部（1966—1970），重点是基础理论及实务养成；进阶学习是同校新闻研究所（1971—1974），聚焦于各类型传播效果研究及媒体在新事物传播角色及功能之研究；在美国纽约大学的进阶研究（1978—1982），则聚焦于国际信息传播与国际关系。1987年返台，担任《中国时报》总编辑，面对传媒从传统类型到网络及社交媒体的剧变，基于编务之需及个人兴趣，从事当代传播问题之研究，以迄于今。

我治学、教学及写作50年，一贯以新闻及传播为重点，汇聚50年经验深得“单纯的快乐”；尤其工作于媒体与治学于新闻能相辅相成，大致上未出现理论与实务“不搭嘎”的现象，实为我深感幸运之处。譬如，对国际信息传播与国际关系的研究，有助我于1990年代在《中国时报》大开大阖推动国际新闻实地采访，国家元首现场专访及大幅度扩充国际版面，而我于2010年出版百万字3本《文集》中的国际报导及国家元首专访所辑成的“迤逦国际”就是其中一本；又如对新事物传播之研究，促使我在处理编务时特别注意加大加速报道新事物之引进，以助台湾农村现代化转型发展；至于过去30年在实务操作中探讨当代传播问题，亦让我更关切媒体的社会责任在当前求其实践的必要性。此外，1980年代末开始的两岸新闻交流，是那个年代大环境的“新事物”，也是两岸媒体前所未见的“新事物”，我研究其间、论述其间、行动其间，30年不曾间断，而不知老之将至。

总的来说，由青中年到现在初老阶段的50年间学习、工作、教学及写作所取得的治学心得共有四大块，包括传播效果研究、新事物传播研究、当代传播问题研究（重点是守门人传播理论的隳坏与重建之探讨）以及新闻与信息的全球流通及其影响。

在传播效果研究方面，师承台湾政治大学新闻研究所徐佳士教授及杨孝濚教授指导，从事台湾地区各类型媒体传播效果的研究。在1973至1974年间，我以社会调查法对“大众媒介与亲身接触在台湾农村家庭计划消息传播中的角色”展开研究，借以了解媒体对政府施政传播效果的影响，并由此探讨当时西方传播理论在台湾农村家庭计划消息传播过程中的适用性。研究完成于1974年夏间，撰成论文获口试通过，硕士学程结束。论文于同年获“台湾董显光新闻奖基金会”颁予当年优秀新闻学术著作奖；政治大学新闻研究所发行之《新闻学研究》半年刊于同年底摘要刊登；翌年获颁官方主持之“青年著作发明奖”著作类优等奖；民间基金会则于1981年补助出书，由台湾“中国出版社”出版。

我还把新事物传播理论加以运用。1987年11月，在长期领导台湾的蒋经国先生辞世前两个多月，宣布开放赴台老兵返大陆探亲，民众随之，媒体交流也跟上。我从两岸交流伊始，就特别注意媒体交流的推动，且在传播理论的基础上，对传播交流实体工作亲力亲为。从政治传播触媒理论着眼，两岸新闻交流与两岸其他方面的交流息息相关，新闻交流顺利与否也反映出其他交流情况的发展，事属新创，过程相当辛苦，但就是一条必走之路，否则两岸关系的开创会更辛苦，更缺乏政治传播所需的“触媒”。同时，根据新事物传播理论，针对新生的两岸交流，媒体应供应适量的消息或一个更大的“促动传播”给民众，使知觉行为能在较早的时间发生；进而缩短民众从知觉到接纳（采用进行）所需的时间。此后，我在《中国时报》工作期间，也将这一认识应用于两岸交流报道中。

至于对当代传播问题的研究，我很早就注意到新通信科技对当代传播无远弗界的影响，尤其对年轻一代的划时代冲击。我常思考麦克卢汉在1960年代电视兴起之后，批判当时仍为媒体主流的报业工作者，对电信科技将对古腾堡印刷术产生的巨大威胁和风险，其反应是普遍而难以理解的“麻木、耳聋、眼瞎、声失”。麦克卢汉没来得及出席互联网给全世界带来的盛宴，但他在上一波传播革命留下的警示，却萦绕我心。我在24年前看到网络对台湾报业来势汹汹的冲击和挑战，而于1994年9月1日台湾记者节在《中国时报》连续三天撰登“报业革命第三波”近二万字长文，畅言纸媒对网媒“来袭”的因应之道及融合的可能性和可行性，应是台湾媒体及传播学界如此深入探讨此议题的第一次。其后，我继续就此议题发表论述五篇，卒促成《中时电子报》在1994年底上网问世，使台湾纸媒与网络握手言和，成为企图共融并存的第一家。我的“网络治学”（或“治学网络”）迄今也已四分之一世纪矣！

在新闻与信息的全球流通及其影响方面，我的观察是：人类社会以往历经口头传播文化（语言交流）、阅识文化（印刷术）、视听文化（广播电视），其型塑的过程都相当漫长，而当前的信息革命（网络文化），只花了不到30年的时间，创造崭新的“传播生态学”（communicology）。它的特色包括：信息的流通在传播领域上无远弗界，从区域性走向全球化，形成新闻与信息全球流通；在传播速度上是同步实时传播（simulcast）。它所造成的影响包括：改写新闻的定义从事件发生的“过去完成式”变成“现在进行式”；在传播能量上是无法计数（numberless）；从单一事件的传播到全面互联，甚至引发信息焦虑。

我今年晋入70岁，回顾过往“学校治学”“稻田治学”“报社治学”“采访治学”“授课治学”“研究治学”及“写作治学”，都经历漫长岁月，也在理论与实务（工作）的相辅相成，融合共“治”之下，有所收获，深感庆幸和感恩。“人生七十才开始”，基本上是慰勉之语，但我会把它当作鼓舞鞭策的动力，继续追求治学有成、心安理得。

温伟群

温伟群，1966年出生于台北市，曾就读于东吴大学法律系（本科），美国中央密苏里大学传播学（硕士），美国密苏里大学传播学（博士）。曾任“中国广播公司”新闻部记者、TVBS无线卫星电视台新闻部记者、超级电视台新闻部记者、世新大学公共事务处副处长、世新大学口语传播学系主任，现任世新大学新闻传播学院院长与学术期刊《传播研究与实践》主编。

著有专著《总统电视辩论：语艺策略与类型批评》（2007），与游梓翔、刘文英共同翻译专书《人际关系与沟通技巧》（2012），并与游梓翔共同主编《社群媒体与口语传播》论文集（2018）。学术论文发表于 *Argumentation*、*Asian Journal of Communication*、*Chinese Journal of Communication*、*Communication Monographs*、《选举研究》等重要学术期刊。曾受邀至中国传媒大学、复旦大学、同济大学、中山大学、厦门大学等校进行学术讲座。

治学自述

我的主要研究兴趣在于公众传播、政治传播、修辞批评与危机沟通等领域。最早在就读大学时期，因为热衷参与学生演说辩论活动，进而研究校园辩论理论，与游梓翔共同出版《批判、思考、辩》（1988）与《奥瑞冈式辩论》（1989）等辩论研究专书。大学毕业后先在广播电台与电视台担任新闻采访工作，再赴美国进修传播学硕士与博士学位。在美国求学期间，先后获得中央密苏里大学与密苏里大学的教学奖学金，教授美国大学生的演讲学课程，得以印证美国口语传播学的理论与教学实践。

我最早从演讲辩论等公众传播领域出发，将研究兴趣延伸至人文传统的修辞学与修辞批评，以及社会科学取径的政治传播。我先后针对美国与台湾的政治传播进行了广泛的研究，涵盖了战争新闻宣传策略、选举电视辩论与选举广告的功能性分析、与选举辩论的视觉分析等主题。从密苏里大学研读博士课程起，我也进行了多项“形象修护”的个案分析，并延伸至其他危机沟通与发言人学（组织对外沟通）的研究工作。我与研究同仁先后针对跨文化的危机传播分析、明星运动员的形象修护、政府在危机事件的组织对外沟通、跨国的形象修护等素材出版了学术论文。

近年社交媒体兴起，对传播学的理论与实践都产生了重大的影响。我先后以修辞批评与量化的方式对于社交媒体进行了分析研究，也获得初步的研究成果。为了扩大研究能量并促进大陆与台湾学者的交流，世新大学与厦门大学携手在2017年12月，以“社群媒体与口语传播”为主题，邀集来自大陆与台湾14所大学的学者，在台北举办了“第三届海峡两岸口语传播学术研讨会”。我与世新大学副校长游梓翔汇集当中的优质论文，在2018年8月出版《社群媒体与口语传播》论文集。未来我也希望进一步推展大陆与台湾学者在社交媒体、口语传播与其他传播领域的教学与研究工作，使传播教育与社会实践更紧密交流与对话。

臧国仁

臧国仁，1952年出生于台北市，1987年获美国德州大学奥斯汀校区（University of Texas at Austin）传播学博士学位，1980年获美国北德州大学（University of North Texas）新闻学硕士学位。历任辅仁大学大众传播系副教授（1987—1988）、政治大学传播学院教授（1988—2017）。

治学自述

我于1991—1992年间追随政治大学新闻系钟蔚文教授共组“新闻专家生手研究群”，政治大学新闻系陈百龄教授与辅仁大学陈顺孝教授随后相继加入。研究群旨在了解新闻工作者之“专业知识”内涵为何、其“专家能力”特质为何、“行业知识”有何特性等，十年间曾分以“新闻访问”“查证”“新闻写作”“新闻图像”“消息来源”等为题持续钻研，试图掌握新闻工作的关键表现以期转换成为教学内容。期间曾经共同发表学术论文多篇，而我个人则曾出版《新闻媒体与消息来源——媒介框架与真实建构之论述》（1999，台北：三民书局）专书。研究群成员多是硕、博士研究生，每周聚会，寒暑假亦然。研究题材多配合主持人当年度有意申请之“国科会”专题计划，也常延伸提出次年度可资扩充之新方向。而同学成员据此各自发展毕业论文，其所书写常属新闻领域较新研究题材，如“新闻编辑的专家生手解题表现”“新闻工作者的工作倦怠现象”“新闻记者之社会智能”，不一而足。

2001年始，蔡琰教授（政治大学广播电视系）组成“新闻美学研究群”邀我参加，兼顾两者约一年后终因分身乏术而仅能择一为之。此研究群初期仅有硕士生与大学生数人，每周亦是定期开会但主题多为读书报告与研究发想。但因正值两位主持人尝试引入“美学”，讨论内容大致围绕在“何谓美学”“哪些美学概念可能与传播领域相通”“新闻报导是否亦有‘净化人心、尊重生命、共享经验’之美学意涵”，直至2003年始暂告结束。

与此同时（2001—2005），研究群加入了“老人”议题，其因在于两位主持人十年间（1999—2007）相继送别了五位家中至亲。这种真实生活里的遽变引发时届中年的我们好奇：“人为何变老”“如何适应老龄将至”“如何与老人互动沟通”“一般社会大众如何/从何得知‘老’的议题”等。

2005年团队正式更名为“老人传播研究群”，也曾架设官网以与外界沟通（现已废弃），是华人地区最早关注老人议题的传播研究团队。两年后，两位主持人经审查通过后开授校通识课程《老人（生命）与传播》课程。2012年，复依此课教学经验撰写并出版专书《老人传播：理论、研究与教学实例》（台北：五南图书），迄今仍是华人地区唯一相关类书。2013年研究团队再次更名为“人老传播研究群”，借此展现“人老”（aging）与“老人”（the aged）议题之异：前者与生命历程有关而后者仅涉族群。

也缘于从老人议题切入时加入了有关“叙事”的讨论（即前述“老人叙事”），自2005年起研究团队转而深入探索“说故事”（storytelling）与传播间的可能构连，并于2013年正式发表以“叙事传播”（narrative communication）为题之学术期刊论文，继而于 2017 年出版繁体字专著《叙事传播：故事/人文观点》（台北：五南图书），简体字版预计于 2018 年 9 月由浙江大学出版社推出，重新定义“传播”的意涵为“说故事”而非仅是传统“传播是（线性）讯息传递”的说法。

研究团队成员人数在此十余年间（2001—2018）遽增至二十余人，其性质也由前述“研究伙伴”提升至“共同建构者”（co-participants），乃因每位成员都是“研究发想”阶段的共同参与者、“研究设计”阶段的共同贡献者、“研究执行”阶段的合作者以及“研究发表前”的意见提供者。

由以上简述观之，组织并共同主持研究团队乃是我在过去三十年持续进行的重要学术工作，其（研究团队）核心任务乃在透过每周聚会而能彼此交换意见、提出研究发想并相互针砭，而学生成员则也借此机会出任“研究助理”“教学助理”“工作同仁”兼而完成自己的毕业论文，与主持人共同创新学术表现并确认自己的学术志向，其重要性不言可喻。2017 年起，缘于此时成员多已是助理教授与博士生，“老人传播研究群”改以“讨论平台”方式运作，由成员轮流分享其研究发想或成果（如毕业论文）以能取得回馈意见。报告者多以二十分钟左右时间讲述所得，其后开放交换想法四十分钟，彼此“各言尔志”，不分长幼亦无结论。长期下来，每位同学都堪称能言敢说，得以从他人的意见里反省所写并精益求精。

总之，参与并协助主持研究团队是我三十年学术生涯里最为精彩的一页。而我得在不同研究群与年轻学子平等地、共享地、欢乐地交换想法且相互砥砺，当也是生活岁月里最为灿烂的记忆，长久难忘。

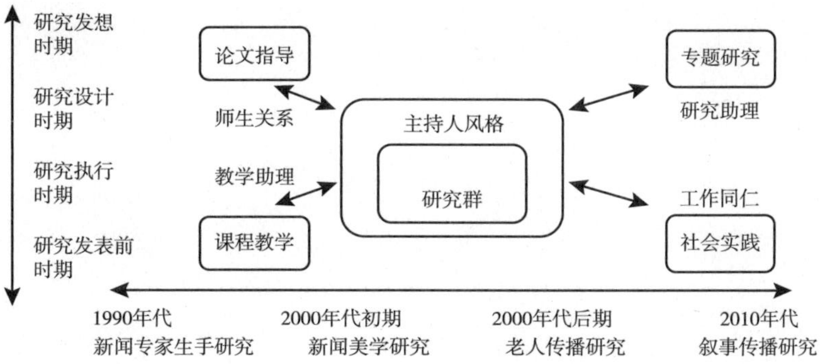

《台湾地区专辑》撰稿、组稿人：
殷　琦（厦门大学新闻学院副教授）
《台湾地区专辑》审稿人：
阎立峰（厦门大学新闻传播学院副院长、教授）

第十五篇
海外特辑

海外新闻学与传播学2017年度研究热点扫描

继上一年度对海外新闻学与传播学研究的“回顾与展望”[①]，本文将对国际传播学会（International Communication Association，以下简称ICA）和新闻与大众传播教育学会（Association for Education in Journalism and Mass Communication，以下简称AEJMC）2017年会上所发表的部分论文进行综述。除了国际传播学会和新闻与大众传播教育学会本身的权威性和重要性之外，选取会议论文进行综述的一个重要原因在于所有参会的论文在提交审核时都没有在其他会议或期刊发表过，在这两个会议上发表的论文比当年度的期刊论文可以更及时地接触到海外最前沿的新闻与传播学学术动态[②]。

第67届ICA年会于2017年5月25日至29日在美国加州的圣地亚哥市举行。来自全球各地的数千名学者在5天的会议期间共发表论文近千篇。第100届AEJMC年会于同年8月9日至12日在学会的发源地美国芝加哥举行。2487名与会者共发表论文720篇[③]。

本文将在以下两个大的方面介绍和梳理2017年的研究热点：（一）“假新闻”；（二）传播与科技。在“传播与科技”大类下，将着重讨论三个领域的研究：一是大众传播和人际传播的交汇；二是新传播科技；三是计算传播方法的兴起与应用。在综述中，本文从各研究内在的关联出发组织行文，而并不着重区分哪些是ICA的论文或哪些是AEJMC的论文。还应当指出，“两会”每年发表如此多的论文，显然无法在有限的篇幅中逐一论及。本文难免管窥蠡测，挂一漏万。需求教方家补充、指正。

一、“假新闻”：社交媒体上的假消息、真消息和信息误解（Misperceptions）

2016年一场充满争议的美国大选把一位毫无从政和公共服务经验的地产商——特朗普推上了总统宝座。令人意想不到的是这位看似“无厘头”的非典型政治人物、曾经的美国电视界宠儿却把美国的传统新闻媒体和社交媒体都推到了风口浪尖。一个并非新名词的“假新闻”（fake news），成为特朗普对不友善媒体的指控，由此也成为2017年美国乃至全球新闻界最热门的一个关键词。对假新闻和新闻媒体在公众政治生活和选举活动中的角色，同样成为去年新闻传播学界的研究热点；当然，学者们的研究更多侧重在学理方面。

在一系列声讨假新闻的反社交媒体运动中，“脸书”首当其冲。这主要由于脸书已经成为许多国家的受众获取新闻的主要来源。有学者认为，近年来有关脸书对新闻信息的发布和流动的操纵似乎已经让

① 韩纲、魏然：《海外新闻学与传播学2016年度研究热点透视》，载《中国新闻传播学年鉴·2017》，中国社会科学出版社2018年版。

② 有关两个会议的重要性、权威性请见本页注①。

③ http：//www. aejmc. org/home/events/post - conference - news/.

传统新闻业日益感受到了真正的挑战。2016年总统选举中所谓假新闻泛滥很大程度上被归咎于脸书的流行。美国学者从新闻专业主义的角度分析《卫报》《纽约时报》以及业内刊物《哥伦比亚新闻评论》和*Poynter*中有关脸书在一系列新闻信息呈现与流动的相关事件中的角色的评论。结果发现，传统新闻媒介已经倾向于将“脸书”定义为一个可以纳入传统新闻业领域的新闻机构，因而它们可以依照传统的新闻专业价值对脸书进行批判并以此判定脸书应该遵从的专业价值。言下之意，目前传统新闻业在应对社交媒体的挑战时并没有真正理解社交媒体只是作为新闻分享和扩散的“基地”，而非真正的新闻生产单位这样一种特性，而从这个出发点指摘脸书的不足，颇有“先射箭、再画靶”的意味。

有学者强调，也许假新闻本身并非一个真正的问题。从2016年的总统大选以来，很多人担心“假新闻”已经成为新闻媒体环境中一股强大而邪恶的力量。这种忧心源自这样一个思路，即社交网站越来越成为新闻消费的主要平台，而社交媒体用户更有可能被耸人听闻的标题和内容提要吸引到那些缺乏准确性或合理性的新闻报道及消息来源上，进而对现代社会的民主生活带来损害。然而，我们对“网上受众在多大程度上接触假新闻，或者假新闻如何渗透到他们日常数字化的新闻消费”这一点知之甚少。学者认为，我们对假新闻的担忧，反映了我们对媒介使用中的党派化的选择性接触的忧虑，即受众总是选择使用与他们的政治倾向或立场接近的媒体。但是近期的研究表明，党派化媒介使用者为数不多，而且他们同时也不排斥政治立场中立的媒体。这个判断在对假新闻的研究中仍然成立。也就是说，社交媒体确实是将受众导向假新闻网站或消息源的主要通道，然而，对假新闻的消费只占新闻受众的新闻获取和使用总量的一小部分。

同时，这名学者又指出，对假新闻的担忧还来自另外两个假设：一是基于社交媒体，受众获取的假新闻数量大增；二是假新闻的受众主要是那些平日就不怎么花时间看新闻的人，因而他们更容易受到假消息的蛊惑。然而，早期研究发现，其实使用新闻媒体不多的人往往主要从主流的媒体获取新闻，而媒体重度用户才会使用各种各样熟悉或不熟悉的信息渠道。笔者利用2016年总统选举前后的数据分析，发现受众在网上花的时间和它们接触假新闻的数量成正相关。可见，网络重度使用者可能是受假新闻的影响比较多的受众。

此外，也有学者把2016年大选期间假新闻的泛滥归咎于新闻把关人的缺失。社交媒体为广大受众提供了从多种渠道获取新闻的可能性，这会使得受众产生对信源的忽视（source blindness）而依赖于新闻信息的集散者或平台，由此导致对错误信息更多的接纳。全国性数据表明，受众对信源的忽视和假新闻的接受呈显著相关。

假新闻和信源的关系同样也在其他研究中得到证实。有学者的两个实验分析了受众如何评判来自不知名或无来源的新闻的可信度。结果显示，新闻写作方式、页面上的图片和广告都会影响受众对新闻信息可信度的评判。

应当指出，以“脸书”为代表的社交媒体对假消息的快速传播，看似助纣为虐，故常被诟病。然而事实也许不尽如此。社交媒体也可以在修正错误信息方面发挥正向功能。学者们通过实验研究，探讨社交媒体用户集体参与对错误的健康类信息（例如寨卡病毒）进行的“社会化修正”（social correction），包括修正的方式（即信息是否提供消息来源）以及社交网络平台（如脸书和推特）。结果发现，明确的信源是帮助修正公众对健康相关信息误解的必要条件，但对错误信息的修正机制因不同平台而异。

另外一个和“假消息”有关的研究重点是人工智能对选举和政治生态的影响。例如，有学者通过访谈对社交媒体“用户产制”（user-generated）的政治性讽刺内容尤其是社交媒体上的主打政治内容的假账号进行分析。这些假账号通过或模仿（mimetic）或直截了当（explicit）的方式冒充和讽刺特定政治人物或组织。无论是公众对讽刺性政治信息的理解，还是公众对该类信息的利用，都可以从这些政治性假账号和公众的互动中进行检视，就此深入了解讽刺性信息在政治参与中的角色和在线公众的特性。

在2016年美国总统大选、2017年英国大选和其他一些国家的政治活动中，社交媒体上都存在相当数量的“政治机器人（political bots）”。这些机器人伪装的普通人类账号或自动账号，被用以传播片面的政治信息（往往是错误的）或假新闻；在推特和脸书等社交网站上或推动热门话题、或扭曲政治情绪，从而制造并主导特定的政治舆论氛围。这些机器人账号还可以用来自动传播或凸显特定候选人的负面信息，从而让本来支持特定候选人的选民可能在投票日当天改变投票行为①。

在假消息和社交媒体上人工智能的关联方面，一些学者并不完全认同政治机器人“非好即坏”“非黑即白”的看法。比如，社交媒体上还有一种自动账号固定用来向公众报告政治人物或组织的日常活动，这种旨在让政治行为更加开放透明的政治机器人通常被认为是有利于民主政治的。而如上所述，在社交平台上类似“伪草根运动”（astroturfing）和制造假粉丝的机器人账号则值得警惕。学者们认为，对社交网络机器人账号的影响的研究须基于其与其开发者、记者、政府和政治工作者以及公众的不同关系类别，并追问“人机关系如何塑造机器账号的政治影响？”（“How do human-bot relationships shape bots' political impact?”）。

二、传播与科技

（一）站在大众传播和人际传播交汇的十字路口

早在1988年，Reardon和Rogers就曾指出，新兴媒体的出现可能使得之前有关大众传播的理论都显得落伍，并呼唤传播研究寻找认识论上的新取径。时隔三十年来看，诸如此类的理论建言正反映了目下传播研究所观察到的现象，即新传播技术的发展已经使得传统的大众传播与人际传播的分野变得缺乏说服力了。传播学领域对于新传播技术如何融合大众与人际传播过程的研究抑或极力鼓吹、抑或对其进展迟滞显得沮丧。但有一点是肯定的，即传播技术的革新可以促进传播科学领域中我们长期以来所期待的研究范式的革命性转换。

正如我们期待的，许多新传播技术已经打破了各式各样的、横亘在大众传播和人际传播之间的、或自然或人工的樊篱。各种传播平台在大众传播信息与信息的传播者与消费者之间互动的、临时性的信息交换完成了无缝对接。新技术改变了传统的、从机构、人际或同伴（同行）处接收信息的方式。它们转变了先大众后人际，或先人际后大众的传播顺次。这种转变使得大众或人际形成同步而非继发的两种信息源，并对信息处理和传播效果带来潜在的结构性影响。

新传播技术也强化了潜在的“自我效果”（self-effects）：即通过创造和观察自己传递给规模化受众的信息、受众个体以前所未有的方式影响他们自己的自我意识和

① https://theconversation.com/how-artificial-intelligence-conquered-democracy-77675. https://motherboard.vice.com/en_us/article/mb37k4/twitter-facebook-google-bots-misinformation-changing-politics.

态度。传播技术如何转变大众和人际传播过程的关系以及其潜在的一系列对信息传受双方认知、情感、社会和行为的影响，正成为传播研究和理论建构中的制高点。当然，传播学领域目前仍然缺乏一个对大众和人际传播过程如何在数字传播平台上进行融合的、系统化的理论观照。有学者指出：尽管大多数大众、人际和计算机中介传播理论确认传播效果的选择性（selectivity）和限制性（conditionality），许多理论的概念化缺乏对人际间的、内向性或自我性的（intrapersonal）的过程的区分和平衡。更多的注意焦点在传受两者之间的人际过程，而非内向过程或传者之间。大多数传播理论仍然没有足够地注意到在Web 2.0环境中，信息的受者也同时是传者，他们传递出去的信息不仅影响他们的受者，同时也影响他们自身。学者由此强调对自我效果和受者效果的区分。

有学者指出，当今社会人际交往的多渠道和多面向，提供了一种综合性的、将人际传播和大众传播研究中关注的各种单一面向加以整合"混合媒介关系"（mixed-media relationships，MMRs）。传统的传播学研究关注能将大众和人际加以区分的传播过程的方向性和规模、受众规模、身份界定以及信源可信度的不同面向等。学者认为，检视线上人际影响过程的整合，需要包括信息控制的变化，受众规模，信源、传受双方等各方面；这是单独的大众传播或人际传播理论所无法完全加以诠释的。

接着有学者指出，受众在通过产制、评论和分享新闻内容的过程中结合了大众传播和人际传播的5个特征，形成前所未有的"大众人际"（mass-interpersonal/masspersonal）传播过程：1. 大众媒体内容和用户产制内容并置（juxtaposition）；2. 使意见表达更为简易的技术可能性；3. 线上网络中意识形态的同质性和异质性并存；4. 信息的渗透；5. 互相连接的受众。从这些特征出发，将有助于我们理解当前新技术条件下促发的新的针对公共议题的舆论氛围的形成。

此外，随着大数据、社交媒体和计算社会科学的同步发展，有学者提出针对未来传播学研究的五个发展矢量：（1）密集联结的社会网络的局限性：社会网络的联结越紧密是否就越能产生更大的人际或社会影响？（2）变量与个体的人：行为模式是否应该聚焦于社会网络中的人或个体，而非系统中的各种变量？（3）推荐体系：我们能否创造所谓"人际克隆"（"interpersonal clones"）用来预测信息选择和信息效果？（4）窄播或广播：当大众传播和人际传播的区分逐渐消失后，信息选择或传播过程的差错所导致的后果是否变得更为严重？（5）在线协商（deliberation）：精英和公民可以形成互动的新的线上协商空间，这能否帮助我们更为趋近于达成哈贝马斯的理想？而一个贯穿这些问题的关注点是在面对传播科学新发展的当口，那些曾经的有关人际传播和大众传播的旧问题和旧方法是否已经足以回答这些问题了。

除了理论探讨，学者们的实证研究也反映了在探讨"大众——社会——个人化传播"的关系。例如，一个多层社会网络分析发现媒介使用与受众的社会情景在很多层次上相关。当媒介内容变得日益可得，与他人一起使用媒体的频率却不断下降。这是否意味着大众媒介正在失去它们曾经的社会整合能力。有学者强调，随着媒介的多样化和传播技术的渗透，媒介的社会整合过程并未失去，而是从小的团体的层面上升到更广的网络层面。

总之，可以预见，受众在网上的大众传播的空间引发人际传播的所谓"大众个人"（masspersonal）传播现象，会成为今后一段时间内新闻传播学研究的重点。

（二）虚拟现实、增强现实及人工智能

虚拟现实（VR）正在迅速成为受众

媒介消费的日常。通过头戴式的显示器模拟的各种电脑制作和电影化场景的虚拟现实在日常娱乐和工作中正变得越来越流行。除了健康、教育和娱乐目的，我们对虚拟现实的研究尚处于起步阶段，尤其是有关它在行为模式和人际互动中的影响。目前的研究主要集中在五个方面：1. 虚拟现实在家庭中多任务环境中的角色；2. 虚拟现实在缓解由于残疾或慢性疾病引起的隔离或孤立感；3. 利用虚拟现实模拟和测试新的应用或软件；4. 虚拟现实内容的产制；5. 虚拟现实消费模式的效果。

此外，增强现实（AR）技术也成为近年传播研究的关注热点。有趣的是，有关增强现实研究的多篇论文都采用的是传统的研究方法。例如，有文献梳理相关论文，着重讨论增强现实应用的用户表现和主观体验的三类决定因素，即系统面向、设备面向和人物面向。有的研究侧重于增强现实应用在消费活动中的劝服效果及其过程，包括信息的呈现、被认知的个人化以及被认知的侵入性，以此来解释具有增强现实功能的应用与没有此类功能的应用之间劝服效果的不同。实验研究表明，信息呈现和个人化认知可以提高具有增强现实功能的应用的劝服效果；而侵入性的认知则与此形成反相关。

除了以上两者，有关新传播技术的研究还涉及人工智能。例如，基于不同的传播要素，有深度访谈研究探讨受众如何理解并在日常生活中与语音社交辅助工具，如受众与苹果公司的 Siri 进行直接沟通。这个研究同时涉及与人机互动相关的认识论和本体论的问题。研究发现，使用者可以清楚识别语音的“性别”，但不易从声音中区分“种族”，或区分这种声音到底是人声，还是机器模拟的声音。综合来看，那些我们曾经加以严格区分或并不易混淆的与人或机器分别相联系的特质，在人机互动不断进化的今天，其边界正变得日益模糊或相互融合。

还有研究试图勾勒人们对传播人工智能的心理和行为反应。学者发现，对于传播人工智能持积极正向情感的人们与他们认知的风险呈反相关，反之则呈正相关。同时，积极的情感会鼓励人们的信息寻求与沟通行为。有趣的是人们电视收视的频率与他们对传播人工智能的反感度存在某种关联。反之，报纸阅读频率则与人们对传播人工智能的接受度有正相关。

（三）计算传播方法与应用

近年来，网络分析、文本挖掘、网页抓取等计算传播学及其方法异军突起。学界从理论和方法两方面关注计算传播能为传播学各分支领域带来什么样的贡献或促成什么样的变化。有学者指出，对新的传播方式的研究往往会被批评为“新瓶装旧酒”，这对计算传播方法来说也不例外。但一系列有关社交媒体的研究显示计算传播的确为传播领域带来了知识创新。如更新既有研究假设、挑战既有理论、解释新传播现象，并对未知现象提出新的研究假设和实证支持等。他们强调目前计算传播方法需要亟待解决的是如何将传播领域以外的研究方法整合到传播研究领域中来。

在传播学的各次领域，计算传播方法的应用日渐广泛。首先，在新闻学研究上，计算传播方法提供了新的视角。有研究采用一种简化的语法依存工具分析特朗普有关穆斯林旅行禁令的声明的推文数据。据此比较推特上新闻性推文与非新闻性推文句法上的不同，促进自然语言处理在社交媒体传播内容研究方面的应用。

另一研究采用计算内容分析方法探讨美国若干主要新闻机构的官方主页上新闻内容的流动性，包括新闻的位置、标题、图片、推广信息以及一天中修改主页内容的高峰时段。研究发现有助于揭示网络新闻的内容变化规律以及新闻职业理念的影响。

随着社交媒体日渐成为新闻平台，传统媒体的社交媒体编辑正成为重要的新闻把关人。随之产生的问题是，由社交媒体编辑发布的内容在多大程度上以及如何与报纸的内容存在差别？比利时学者使用计算传播文本分析方法，比较了一年当中荷兰和比利时两地五家全国性报纸在报纸上和它们在脸书上发布的新闻内容的异同。他们认为这种方法能有效地帮助我们研究社交媒体上的把关人。同时他们也将为这个分析所编写的开源代码——作为 R 语言的统计软件分享给其他研究者。

以色列的学者使用计算传播方法分析受众在三种不同平台——报纸的网站、脸书和该报纸在脸书上的主页——对新闻报道进行的评论或留言的异同。他们设计了一种数据挖掘工具用来提取受众在不同平台上对同一新闻的评论，同时自动进行参数计算，包括评论的平均字数和长度等。他们还使用主题模型分析跨平台的评论和新闻报道类型。研究发现，尽管受众在报纸的脸书主页的评论或留言数量超过其官方网站，但留言的篇幅较短且情绪化，可见受众在社交媒体上对新闻事件的讨论更为感性（或非理性）并带有更多的偏见。而荷兰学者使用模拟数据（simulated data），以记者的推荐为基准，分析其推荐内容的不同侧面，如基调、主题、作者和框架等，从而理解同一家报纸三种不同的新闻推荐算法——以受欢迎程度、同行或同伴推荐或内容为基础的不同之处。

除却新闻学研究，在政治传播领域，有学者认为，威权社会通过宣传和审查影响公众的信仰和态度。这种对信息产制和扩散的严格控制使得利用传统的方法如访谈、调查和实验来研究政治传播显得不那么容易，也可能因此使研究发现产生偏误。然而，当这种控制进入网络媒体领域，就会留下数字印记，而变得更容易为研究者所追踪和捕获。海量数据提供的信息可以揭示政府一系列的政治活动的目标、手段和行为，而并非如信息控制者试图掩盖的那样。而计算传播方法正是研究这些数据中所呈现的规律，并更好地理解透明度不够的政府或社会的政治传播的关键所在。

另外，在健康信息扩散研究中，计算传播方法能帮助我们识别强关系联结的社群聚合，以支持重要的健康信息的接受度，以及具有特定语言分类的健康信息博客，以促进信息的浏览、评论和分享。

在跨国比较研究中，计算传播方法也有其独到之处。得益于全球化的社交媒体平台，从这些平台上收集长时段的多国数据已经变得可能而成本更低。

其次，计算传播方法之方法论也是学者们探索的新领域。例如，社交媒体的普及和渗透及其对人类行为的影响已经引起学者对社交媒体数据的“生态效度”（ecological validity）的顾虑，尤其是社交媒体数据是否精确地代表了它所要研究的人群。美国学者设计了一个计算模型用以区分推特上普通用户账号和专业人士账号（如专家、政治人物、媒体从业人员等），以解决和修正社交媒体研究中的抽样偏误问题。

另有美国学者在论文中介绍了与大数据有关的内容分析方法——“外包编码”（crowdcoding），即将编码工作“外包”给网上的众人共同参与。学者在亚马逊网站的 MTurk 上运行外包编码算法，招聘 239 名“外包工”对在 2016 年总统大选前政党大会收集的推特数据进行试编码。然后由两名政治传播研究者分析结果。学者们认为这种方法将在今后社交媒体大数据的分析中发挥作用。

最后，计算传播方法对传播学研究一个很重要的影响是对传统内容分析方法的挑战。如我们所知，内容分析法始终是传播学研究的主要定量方法之一。在媒介内容主要来源于传统新闻媒体的年代，学者主要采用人工编码的方式通过分析媒体内容样本来确定其主题、版面特点、新闻框架等信息。社交媒体的普及使得学者们开始引入和推广自动化的内容分析方法。主题模型（topic modeling），尤其是 Latent Dirichlet Allocation（LDA），能检测大数据文本内在模式，从而揭示其中隐含的主题结构。此外，以色列学者还将“主题模型”和“深度中立网络模型”相结合提供一种主题分类方法。这种计算传播学方法，借助深度学习（deep learning）可以进一步帮助我们挖掘政治新闻中隐含的主题和议题框架。

总而言之，新闻传播媒体的数字革命已经戏剧化地改变了传播研究的对象和领域。网络传播内容的可接近性在给传播研究带来了新机遇的同时，海量数据的可获得性对于我们早已习以为常的研究方法却构成了巨大的冲击。尽管计算传播方法和大数据内容分析对多数的传播研究者来说仍是一个相对陌生的领域，但我们有理由相信，随着计算方法的引进、接纳和融合，传播学研究已经获得了向无尽的未知领域继续深入探索的新动力。

撰稿：韩　纲（美国爱荷华州立大学新闻与传播学院副教授、营养与健康研究中心兼任教授）

国际新闻与传播学部分期刊 2017 年热点扫描

为了对 2017 年国际新闻传播学界的主要研究热点有一个基本了解，本刊收录并翻译了目前影响力较大的 4 本国际新闻与传播学期刊所刊登的学术论文标题（不包括书评和编辑评论），并选登了部分论文的内容提要和关键词。4 本期刊包括《传播学刊》（*Journal of Communication*）、《传播理论》（*Communication Theory*）、《新媒体与社会》（*New Media & Society*）和《信息传播与社会》（*Information Communication & Society*）。

2017 年 4 本期刊发表文章的议题广泛，跨学科性强。发表论文涉及的内容包括政治传播、公共传播（PR）、科学传播、新闻学研究、传播素养、人际传播、组织传播、信息与传播技术、性别研究、发展传播、大众传播、跨文化传播及文化产业研究等领域。据统计，2017 年《传播学刊》共发表学术论文 45 篇，其中政治传播 15 篇，新闻学研究 15 篇，大众传播 6 篇，居于前三位。2017 年《传播理论》共发表学术论文 20 篇，其中人际传播类文章 5 篇，居于第一位。2017 年《新媒体与社会》共发表论文 140 篇，并推出数字宗教、儿童权利、社交媒体及接触媒介等合集。《信息传播与社会》共发表文章 133 篇，针对算法、民粹主义及传播、信息技术与社交媒介出版了专门的集合型文章。

一、期刊目录摘译

《传播学刊》（*Journal of Communication*）2017 年学术论文目录①

序号	论文题目	论文题目中文翻译	作者	卷	期数
1	Convergent News? A Longitudinal Study of Similarity and Dissimilarity in the Domestic and Global Coverage of the Israeli-Palestinian Conflict	融合新闻？巴以冲突国内外报道异同点的纵向研究	Christian Baden; Keren Tenenboim-Weinblatt	67	1
2	Online Privacy Concerns and Privacy Management: A Meta-Analytical Review	在线隐私问题与隐私管理：元分析式评论	Lemi Baruh; Ekin Secinti; Zeynep Cemalcilar	67	1
3	Selecting Serious or Satirical, Supporting or Stirring News? Selective Exposure to Partisan versus Mockery News Online Videos	要选择严肃或讽刺性新闻，还是支持或振奋类新闻？对党派与讽刺性新闻在线视频的选择性曝光	Silvia Knobloch-Westerwick; Simon M. Lavis	67	1
4	Maximizing Opportunities and Minimizing Risks for Children Online: The Role of Digital Skills in Emerging Strategies of Parental Mediation	最大限度地利用机会并最大限度地降低儿童的网络风险：数字技能在父母调解新兴战略中的作用	Sonia Livingstone; Kjartan ólafsson; Ellen J. Helsper; Francisco Lupiáñez-Villanueva; Giuseppe A. Veltri …	67	1
5	Organizational Media Affordances: Operationalization and Associations with Media Use	组织化媒体可供性：媒介使用的运营与关联	Ronald E. Rice; Sandra K. Evans; Katy E. Pearce; Anu Sivunen; Jessica Vitak …	67	1
6	When We Stop Talking Politics: The Maintenance and Closing of Conversation in Contentious Times	当我们停止谈论政治：争议时期对话的维持与结束	Chris Wells; Katherine J. Cramer; Michael W. Wagner; German Alvarez; Lewis A. Friedland …	67	1
7	Hospitability: The Communicative Architecture of Humanitarian Securitization at Europe's Borders	好客性：欧洲边境人道主义安全化的交流架构	Lilie Chouliaraki; Myria Georgiou	67	2

① 摘自《传播学刊》官方网站。

续表

序号	论文题目	论文题目中文翻译	作者	卷	期数
8	You Brought it on Yourself: The Joint Effects of Message Type, Stigma, and Responsibility Attribution on Attitudes Toward Medical Cannabis	咎由自取:从信息类型、耻辱感和责任归因对医用大麻态度的影响	Nehama Lewis; Sharon R. Sznitman	67	2
9	Comparative Optimism About Privacy Risks on Facebook	Facebook 个人隐私风险的相对乐观性研究	Miriam J. Metzger; Jennifer Jiyoung Suh	67	2
10	Partisan Selective Sharing: The Biased Diffusion of Fact-Checking Messages on Social Media	党派选择性分享：社交媒体中事实核查信息的偏向扩散	Jieun Shin; Kjerstin Thorson	67	2
11	Dynamic Spirals Put to Test: An Agent-Based Model of Reinforcing Spirals Between Selective Exposure, Interpersonal Networks, and Attitude Polarization	动态螺旋测试：选择性曝光、人际网络和姿态极化之间基于代理的螺旋增强模型	Hyunjin Song; Hajo G. Boomgaarden	67	2
12	Reframing the Iraq War: Official Sources, Dramatic Events, and Changes in Media Framing	重塑伊拉克战争：官方消息来源、戏剧性事件以及媒体框架的变化	Isaac Speer	67	2
13	Understanding Why Scholars Hold Different Views on the Influences of Video Games on Public Health	浅析学者对电子游戏之于公共卫生影响的观点	Christopher J. Ferguson; John Colwell	67	3
14	Protest Paradigm in Multimedia: Social Media Sharing of Coverage about the Crime of Ayotzinapa, Mexico	多媒体中的抗议范式：社交媒体对墨西哥阿约兹纳帕学生失踪案的追踪报道	Summer Harlow; Ramón Salaverría; Danielle K. Kilgo; Víctor García-Perdomo	67	3
15	Visual Expressions of Black Identity: African American and African Museum Websites	黑人身份的视觉表达：非裔美国人与非洲博物馆网站研究	Melissa A. Johnson; Keon M. Pettiway	67	3
16	A Meta-Analysis of Uncertainty and Information Management in Illness Contexts	疾病语境中不确定性与信息管理的元分析	Kai Kuang; Steven R. Wilson	67	3
17	Social Media and Citizen Participation in "Official" and "Unofficial" Electoral Promotion: A Structural Analysis of the 2016 Bernie Sanders Digital Campaign	"官方"和"非官方"选举推广中的社交媒体和公民参与——2016 年伯尼桑德斯数字运动的结构性分析	Joel Penney	67	3

续表

序号	论文题目	论文题目中文翻译	作者	卷	期数
18	Television and the Cultivation of Authoritarianism: A Return Visit from an Unexpected Friend	电视与威权主义的培养：一位意想不到的朋友的回访	Michael Morgan; James Shanahan	67	3
19	The Deliberative Politics of the Consultative Layer: Participation Hopes and Communication as Design Values of Civic Tech Founders	协商层的审议式政治：作为公民科技创始人设计价值的参与希望和沟通	Daren C. Brabham; Kristen L. Guth	67	4
20	Are News Audiences Increasingly Fragmented? A Cross-National Comparative Analysis of Cross-Platform News Audience Fragmentation and Duplication	新闻受众是否愈加分散化？基于跨平台新闻受众分散与重复情况的跨国比较分析	Richard Fletcher; Rasmus Kleis Nielsen	67	4
21	Global Intermedia Agenda Setting: A Big Data Analysis of International News Flow	全球媒体议程设置：国际新闻流的大数据分析	Lei Guo; Chris J. Vargo	67	4
22	Networks and Innovation in the Production of Communication: Explaining Innovations in U. S. Electoral Campaigning From 2004 to 2012	传播生产中的网络与创新：2004 年至 2012 年美国选举运动的创新性解读	Daniel Kreiss; Adam J. Saffer	67	4
23	News Media, Knowledge, and Political Interest: Evidence of a Dual Role From a Field Experiment	新闻媒体、知识和政治利益：田野实验中双重角色的证据	Sophie Lecheler; Claes H. de Vreese	67	4
24	Evaluating Scientists as Sources of Science Information: Evidence From Eye Movements	将科学家作为科学信息来源的评估：眼球运动的证据	Jessica McKnight; Jason C. Coronel	67	4
25	News Values, Cognitive Biases, and Partisan Incivility in Comment Sections	评论板块中的新闻价值观、认知偏见与党派纷争	Ashley Muddiman; Natalie Jomini Stroud	67	4
26	Negative Stereotypical Portrayals of Muslims in Right-Wing Populist Campaigns: Perceived Discrimination, Social Identity Threats, and Hostility Among Young Muslim Adults	右翼民粹主义运动中关于穆斯林的负面刻板印象：青年穆斯林中的感知歧视、社会认同威胁和仇恨态度	Desirée Schmuck; Jörg Matthes; Frank Hendrik Paul	67	4

续表

序号	论文题目	论文题目中文翻译	作者	卷	期数
27	Communication, Social Movements, and Collective Action: Toward a New Research Agenda in Communication for Development and Social Change	沟通、社会运动和集体行动：走向发展与社会变革沟通中的新研究议程	Rafael Obregón; Thomas Tufte	67	5
28	Communication Activism as a School of Politics: Lessons from Spain's Indignados Movement	政治学院的传播活动：从西班牙反紧缩运动中得到的教训	Angel Barbas; John Postill	67	5
29	Wild Public Networks and Affective Movements in China: Environmental Activism, Social Media, and Protest in Maoming	中国疯狂的公共网络和情感运动：茂名的环境激进主义、社交媒体和抗议活动分析	Elizabeth Brunner	67	5
30	Storytelling for Social Change: Leveraging Documentary and Comedy for Public Engagement in Global Poverty	讲述社会变革的故事：公众参与治理全球贫困中纪录片和喜剧的运用	Caty Borum Chattoo; Lauren Feldman	67	5
31	Activist Strategic Communication for Social Change: A Transnational Case Study of Lesbian, Gay, Bisexual, and Transgender Activism	社会变革的激进主义战略沟通：女同性恋、男同性恋、双性恋和跨性别行动的跨国案例研究	Erica L. Ciszek	67	5
32	Contentious Actions and Communication for Social Change: The Public Hearing (Jan Sunwai) as Process	社会变革中的争议性行动与沟通：以公众听证会过程为视角	Pradip Ninan Thomas	67	5
33	Still an Agenda Setter: Traditional News Media and Public Opinion during the Transition from Low to High Choice Media Environments	议程的持续制定者：媒体环境由低选择性到高选择性转变中的传统媒体与舆论	Monika Djerf-Pierre; Adam Shehata	67	5
34	Toward an Interaction-Centered Approach to Media Events: Mediated Public Intimacy on the Reality TV Show Big Brother	走向以互动为中心的媒体活动方式：真人秀电视节目《老大哥》中的公众亲密关系分析	Danny Kaplan; Yoni Kupper	67	5
35	Children's Responses to Negative News: The Effects of Constructive Reporting in Newspaper Stories for Children	儿童对负面新闻的反应：建构性报道对儿童报纸故事的影响	Mariska Kleemans; Rebecca N. H. de Leeuw; Janel Gerritsen; Moniek Buijzen	67	5

续表

序号	论文题目	论文题目中文翻译	作者	卷	期数
36	Behavioral Effects of Framing on Social Media Users: How Conflict, Economic, Human Interest, and Morality Frames Drive News Sharing	框架对社交媒体用户的行为影响：冲突、经济、利益以及道德框架如何驱动新闻共享	Sebastián Valenzuela; Martina Piña; Josefina Ramírez	67	5
37	Communicative Resurrection: Letters to the Dead in the Israeli Newspaper	复活的交流：以色列报纸上给死者的信	Carolin Aronis	67	6
38	Presidential Communication About Marginalized Groups: Applying a New Analytic Framework in the Context of the LGBT Community	边缘化群体的总统传播：基于 LGBT 社区的新型框架分析	Kevin Coe; Robert J. Bruce; Chelsea L. Ratcliff	67	6
39	Organizing Sexuality: Silencing and the Push—Pull Process of Co-sexuality in the Workplace	组织性行为：工作场所共同性行为的沉默与推脱过程	Cristin A. Compton; Debbie S. Dougherty	67	6
40	YouTube for Good: A Content Analysis and Examination of Elicitors of Self-Transcendent Media	有益处的 YouTube：基于自我超越媒体激励者的内容分析与测试	Katherine R. Dale; Arthur A. Raney; Sophie H. Janicke; Meghan S. Sanders; Mary Beth Oliver	67	6
41	The Story of Collective Action: The Emergence of Ideological Leaders, Collective Action Network Leaders, and Cross-Sector Network Partners in Civil Society	集体行动的故事：思想领袖、集体行动网络领导者和公民社会跨部门网络合作伙伴的出现	Marya L. Doerfel; Maureen Taylor	67	6
42	The Hybridization of Journalistic Cultures: A Comparative Study of Journalistic Role Performance	新闻文化的杂交：新闻角色表现的比较研究	Claudia Mellado; Lea Hellmueller; Mireya Márquez-Ramírez; Maria Luisa Humanes; Colin Sparks …	67	6
43	The Polarizing Impact of News Coverage on Populist Attitudes in the Public: Evidence From a Panel Study in Four European Democracies	新闻报道对公众民粹主义态度的极化影响：基于四个欧洲民主国家开展的追踪研究	Philipp Müller; Christian Schemer; Martin Wettstein; Anne Schulz; Dominique S. Wirz …	67	6

续表

序号	论文题目	论文题目中文翻译	作者	卷	期数
44	Bridging Segregation Via Media Exposure? Ingroup Identification, Outgroup Distance, and Low Direct Contact Reduce Outgroup Appearance in Media Repertoires	通过媒体曝光弥合隔离？内群识别、外群距离和低直接接触减少媒体库中的外群外观	David Schieferdecker; Hartmut Wessler	67	6
45	The Relationship Between Online Pornography and the Sexual Objectification of Women: The Attenuating Role of Porn Literacy Education	网络色情与性物化女性的关系：色情素养教育的缺失	Laura Vandenbosch; Johanna M. F. van Oosten	67	6

《传播理论》（*Communication Theory*）2017 年学术论文目录①

序号	论文题目	论文题目中文翻译	作者	卷	期数
1	Where Is the Critical Empirical Interpersonal Communication Research? A Roadmap for Future Inquiry into Discourse and Power	追寻批判性人际传播的实证研究：未来话语与权力的研究方略	Julia Moore	27	1
2	Proposing the Communicate Bond Belong Theory: Evolutionary Intersections with Episodic Interpersonal Communication	纽带归属传播理论的提出：发展式交叉与情景性人际交往	Jeffrey A. Hall; Daniel Cochece Davis	27	1
3	Imitation(In)Security: Cultivating Mimetic Theory to Critique the Media/Security Nexus	模拟安全：运用培养模拟理论视角批判媒体/安全关系	Bryan C. Taylor	27	1
4	Collective Action Recruitment in a Digital Age: Applying Signaling Theory to Filtering Behaviors	数字时代的集体行动招募：过滤行为中信号理论的应用	Tamar Ashuri; Yaniv Bar-Ilan	27	1
5	Unseen Disruptions and the Emergence of New Organizations	暗含的干扰与新组织的出现	Matthew S. Weber	27	1
6	Journalistic Roles and the Struggle Over Institutional Identity: The Discursive Constitution of Journalism	新闻角色与制度认同之争：新闻的散漫构成	Thomas Hanitzsch; Tim P. Vos	27	2

① 摘自《传播理论》官方网站。

续表

序号	论文题目	论文题目中文翻译	作者	卷	期数
7	The Softening of Journalistic Political Communication: A Comprehensive Framework Model of Sensationalism, Soft News, Infotainment, and Tabloidization	政治传播的软新闻化：哗众取宠式、软新闻、信息娱乐及小报化的复合框架	Lukas Otto; Isabella Glogger; Mark Boukes	27	2
8	Hate Spin: The Twin Political Strategies of Religious Incitement and Offense-Taking	仇恨旋转：宗教煽动与进攻的双重政治策略	Cherian George	27	2
9	Theoretical Approaches to Normativity in Communication Research	传播学研究中规范性理论方法	Liane Tessa Rothenberger; Claudia Auer; Cornelius B. Pratt	27	2
10	A Framework of Relational Information Control: A Review and Extension of Information Control Research in Interpersonal Contexts	关系中的信息控制框架：对人际传播语境下信息控制研究的回顾与拓展	Jenny L. Crowley	27	2
11	The Social Relativity of Digital Exclusion: Applying Relative Deprivation Theory to Digital Inequalities	数字排斥的社会相对性：将相对剥夺理论应用于数字不等式	Ellen Johanna Helsper	27	3
12	A Dual-Identity Model of Responses to Deviance in Online Groups: Integrating Social Identity Theory and Expectancy Violations Theory	双重身份模型对网络群体异常行为的回应：整合社会身份理论和期望违背理论	Spencer Byron Nicholls; Ronald E. Rice	27	3
13	Reconceptualizing Communication Overload and Building a Theoretical Foundation	信息过载的重新建构与理论基础的建立	Keri K. Stephens Dron M. Mandhana JiHye J. Kim Xiaoqian LiElizabeth M. Glowacki Ignacio Cruz	27	3
14	Critical Theorizing in Family Communication Studies: (Re) Reading Relational Dialectics Theory 2.0	家庭传播研究中的批判理论：（重读）关系辩证法理论2.0	Elizabeth A. Suter; Kristen M. Norwood	27	3

续表

序号	论文题目	论文题目中文翻译	作者	卷	期数
15	Level up! Refreshing Parental Mediation Theory for Our Digital Media Landscape	水平上升！数字媒体视野下的家长调节理论重塑	Hee Jhee Jiow; Sun Sun Lim; Julian Lin	27	3
16	Theorizing Provocation Narratives as Communication Strategies	将挑衅叙事理论应用为沟通策略	Sandrine Boudana; Elad Segev	27	4
17	Breaking Away from Charisma? the Celebrity Industry's Contradictory Connection to Charismatic Authority	去魅？明星产业与魅力型权威之间的矛盾联系	Eric Cornelis Hendriks	27	4
18	Language Mediation as Communication System	作为沟通系统的语言中介	Claudio Baraldi	27	4
19	Theorizing the Relationship between Gender and Health through a Case Study of Nepalese Street-Based Female Sex Workers	探讨性别与健康的理论关系——以尼泊尔街头女性性工作者为例	Iccha Basnyat	27	4
20	The Subject of Slavery in Translation: between Jack Qiu and Simone Browne	翻译中的奴隶制研究：Jack Qiu 与 Simone Browne	Victoria Netanus Grubbs	27	4

《新媒体与社会》（*New Media and Society*）2017 年学术论文目录①

序号	论文题目	论文题目中文翻译	作者	卷	期数
1	Considering Critical Methods and Theoretical Lenses in Digital Religion Studies	数字宗教研究中的关键方法和理论视角	Mia Lövheim, Heidi A Campbell	19	1
2	Surveying Theoretical Approaches Within Digital Religion Studies	数字宗教研究中的理论方法研究	Heidi A Campbell	19	1
3	The Vitality of New Media and Religion: Communicative Perspectives, Practices, and Changing Authority in Spiritual Organization	新媒体和宗教的活力：精神组织中的交际观点、实践与不断变化的权威	Pauline Hope Cheong	19	1
4	Can We Say Anything Ethical About Digital Religion? Philosophical and Methodological Considerations	我们可以谈论关于数字宗教的任何道德观点吗？一些哲学和方法论层面的思考	Charles Melvin Ess	19	1
5	Media Theology: New Communication Technologies as Religious Constructs, Metaphors, and Experiences	媒体神学：作为宗教意象、隐喻和经历的新通信技术	Menahem Blondheim, Hananel Rosenberg	19	1

① 摘自《新媒体与社会》官方网站。

续表

序号	论文题目	论文题目中文翻译	作者	卷	期数
6	Mediated Muslim Martyrdom: Rethinking Digital Solidarity in the "Arab Spring"	经调解的穆斯林殉难：对"阿拉伯之春"中数字团结的重新思考	Johanna Sumiala, Lilly Korpiola	19	1
7	How do Muslim Women Who Wear the Niqab Interact With Others Online? A Case Study of a Profile on a Photo-sharing Website	戴面纱的穆斯林女性如何在网上与他人互动？基于照片共享网站上个人资料的案例研究	Anna Piela	19	1
8	Negotiating Agency: Amish and Ultra-Orthodox Women's Responses to the Lnternet	谈判代理：阿米希妇女与极端正统妇女对互联网的反应	Rivka Neriya-Ben Shahar	19	1
9	Existential Media: Toward a Theorization of Digital Thrownness	存在主义媒体：数字抛出的理论化朝向	Amanda Lagerkvist	19	1
10	Private Practice: Using Digital Diaries and Interviews to Understand Evangelical Christians' Choice and Use of Religious Mobile Applications	私人实践：通过数字日记和访谈了解福音派基督徒对宗教移动应用的选择和使用	Wendi Bellar	19	1
11	Procedural Religion: Methodological Reflections on Studying Religion in Video Games	程序性宗教：视频游戏中宗教研究的方法论思考	Vít Šisler	19	1
12	Obfuscation: A User's Guide for Privacy and Protest	混淆：隐私与抗议的用户指南	Rico Neumann	19	1
13	Critical Multimodal Studies of Popular Discourse	大众话语的关键性多模态研究	Jennifer Yameng Liang, Wendy L Bowcher	19	1
14	Of Remixology Ethics and Aesthetics After Remix	再混合的混合伦理学与美学	Michał Piekarski	19	1
15	How Would You Like to Pay?: How Technology is Changing the Future of Money	您想要如何支付？技术如何改变未来的货币	Ashley Cordes	19	1
16	First! Cultural Circulation in the Age of Recursivity	首要！递归时代的文化流通	Devon Powers	19	2
17	"My Children Tell me it's so Simple": A Mixed-methods Approach to Understand Older Non-users' Perceptions of Social Networking Sites	"我的孩子告诉我这很简单"：一种用于理解老用户对社交网站看法的混合方法	Marika LüDers, Petter Bae Brandtzæg	19	2

续表

序号	论文题目	论文题目中文翻译	作者	卷	期数
18	Paradoxes of New Media: Digital Discourses on Eurovision 2014, Media Flows and Post-Soviet Nation-building	新媒体的悖论:2014 年欧洲电视网的数字话语、媒体流和后苏联国家建设	Galina Miazhevich	19	2
19	Predicting International Facebook Ties Through Cultural Homophily and Other Factors	通过文化同性恋和其他因素预测国际化 Facebook 关系	George A Barnett, Grace A Benefield	19	2
20	Syrian Refugees and Information Precarity	叙利亚难民与信息不稳定	Melissa Wall, Madeline Otis Campbell, Dana Janbek	19	2
21	The Tools of Social Change: A Critique of Techno-centric Development and Activism	社会变革的工具:对以技术为中心的发展和行动主义的批判	Jan Servaes, Rolien Hoyng	19	2
22	Bedrooms and Beyond: Youth, Identity and Privacy on Social Network Sites	超载卧室:社交网站上的青少年、身份和隐私	Paul Hodkinson	19	2
23	Witnessing in the New Memory Ecology: Memory Construction of the Syrian Conflict on YouTube	见证新的记忆生态学:YouTube 上叙利亚冲突的记忆构建	Rik Smit, Ansgard Heinrich, Marcel Broersma	19	2
24	Explicating Problematic Social Network Sites Use: A Review of Concepts, Theoretical Frameworks, and Future Directions for Communication Theorizing	问题社交网站的使用方案:通信理论的概念、理论框架和未来方向	Edmund W J Lee, Shirley S Ho, May O Lwin	19	2
25	#Gamergate and The Fappening: How Reddit's Algorithm, Governance, and Culture Support Toxic Technocultures	玩家门与艳照门:红迪的算法、治理和文化如何支持有害的技术文化	Adrienne Massanari	19	3
26	"Don't be Dumb—That's the Rule I Yry to Live by": A Closer Look at Older Teens' Online Privacy and Safety Attitudes	"别傻了——这是我想要遵从的方式":探究青少年的在线隐私和安全态度探析	Denise E Agosto, June Abbas	19	3
27	Adolescent Perceptions of Bystanders' Responses to Cyberbullying	青少年对旁观者回应网络欺凌的看法	Lisa J Patterson, Alfred Allan, Donna Cross	19	3

续表

序号	论文题目	论文题目中文翻译	作者	卷	期数
28	Algorithmic Brands: A Decade of Brand Experiments With Mobile and Social Media	算法品牌：移动和社交媒体品牌实验的十年	Nicholas Carah	19	3
29	Beyond the Quantified Self: Thematic Exploration of a Dataistic Paradigm	超越量化自我：数据主义范式的主题探索	Minna Ruckenstein, Mika Pantzar	19	3
30	Multimodal, Multiplex, Multispatial: A Network Model of the Self	多模态、多路、多空间：自我的网络模型	Jaime Banks	19	3
31	This Week in Blackness, the George Zimmerman Acquittal, and the Production of a Networked Collective Identity	黑色一周，乔治·齐默曼无罪释放以及网络集体身份的产生	Sarah Florini	19	3
32	The Materiality of Digital Media: The Hard Disk Drive, Phonograph, Magnetic Tape and Optical Media in Technical Close-up	数字媒体的重要性：技术特写中的硬盘驱动器、留声机、磁带和光学媒体	James Allen-Robertson	19	3
33	The Politics of Information and Data: Interdisciplinary Perspectives on Digital Power	信息和数据政治：对数字权力的跨学科看法	Andrew R Schrock	19	3
34	Media Independence: Working With Freedom or Working for Free?	媒体独立：与自由合作还是义务工作？	Michael Palm	19	3
35	Updating to Remain the Same: Habitual New Media	更新以保持不变：习惯性新媒体	Simone Natale	19	3
36	Media and Politics in New Democracies: Europe in a Comparative Perspective	新民主国家的媒体和政治：比较视角下的欧洲	Arthur Ituassu	19	3
37	Internet Memes as Contested Cultural Capital: The Case of 4chan's /b/ Boar	争议中文化资本的互联网模因：以 4chan 的/b/ 版面为例	Asaf Nissenbaum, Limor Shifman	19	4
38	Why do We Tag Photographs on Facebook? Proposing a New Gratifications Scale	为什么我们会在 Facebook 上标记照片？——一个新型“满足”模式的提出	Amandeep Dhir, Gina M Chen, Sufen Chen	19	4
39	Youth Comprehension of Political Messages in YouTube Videos	青年对 YouTube 视频中政治信息的理解	Benjamin T Bowyer, Joseph E Kahne, Ellen Middaugh	19	4

续表

序号	论文题目	论文题目中文翻译	作者	卷	期数
40	Defining Authorship in User-generated Content: Copyright Struggles in The Game of Thrones	在用户生成的内容中定义作者身份:“权力的游戏”中的版权问题	Katharine Sarikakis, Claudia Krug, Joan Ramon Rodriguez-Amat	19	4
41	“Every Selfie Tells a Story …”: LGBTQ Youth Lifestreams and New Media Narratives as Connective Identity Texts	“每个自拍都讲述了一个故事……”:作为连接身份文本的 LGBTQ 青年生活流和新媒体叙事	Jon M Wargo	19	4
42	Big Data Analytics and the Limits of Privacy Self-management	隐私自我管理的大数据分析和局限	Lemi Baruh, Mihaela Popescu	19	4
43	The Downside of Digital Inclusion: Expectations and Experiences of Privacy and Surveillance Among Marginal Internet Users	数字包容的缺点:边缘互联网用户对隐私和监控的期望与体验	Seeta Peña Gangadharan	19	4
44	Emerging Communication Technology Research: Theoretical and Methodological Variables in the Last 16 Years and Future Directions	新兴通信技术研究:过去16年及未来的理论和方法变量	Porismita Borah	19	4
45	Public Faces? A Critical Exploration of the Diffusion of Face Recognition Technologies in Online Social Networks	公众面孔?人脸识别技术在在线社交网络中传播的重要探索	Aletta Norval, Elpida Prasopoulou	19	4
46	Children and Young People's Rights in the Digital Age: An Emerging Agenda	儿童和青少年在数字时代的权利:一个新兴的议程	Sonia Livingstone, Amanda Third	19	5
47	Platforms, Data and Children's Rights: Introducing a “Networked Capability Approach”	平台、数据和儿童权利:引入“网络能力方法”	Teresa Swist, Philippa Collin	19	5
48	Translation and Localization of Children's Rights in Youth-produced Digital Media in the Global South: A Hermeneutic Exploration	发展中国家青年制作数字媒体中儿童权利的翻译和本地化:一种解释学的探索	Sanjay Asthana	19	5
49	Lebanon's Waste Crisis: An Exercise of Participation Rights	黎巴嫩的废物危机:参与权的行使	Joe F Khalil	19	5

续表

序号	论文题目	论文题目中文翻译	作者	卷	期数
50	Just Because it's Public Doesn't Mean it's any of Your Business: Adults' and Children's Sexual Rights in Digitally Mediated Spaces	公开并不意味着与你相关：成人和儿童在数字媒介空间中的性权利	Kath Albury	19	5
51	Digital Technology and Rights in the Lives of Children With Disabilities	残疾儿童生活中的数字技术与权利	Meryl Alper, Gerard Goggin	19	5
52	Children's Rights and Social Media: Issues and Prospects for Adoptive Families in Italy	儿童权利和社交媒体：意大利收养家庭的问题和前景	Piermarco Aroldi, Nicoletta Vittadini	19	5
53	Where Policy and Practice Collide: Comparing United States, South African and European Union Approaches to Protecting Children Online	政策和实践相互冲突：美国、南非和欧盟在线保护儿童的方法比较	Monica Bulger, Patrick Burton, Brian O'Neill, Elisabeth Staksrud	19	5
54	From Universal Towards Child-specific Protection of the Right to Privacy Online: Dilemmas in the EU General Data Protection Regulation	从普遍到针对儿童的在线隐私权的特殊保护：欧盟通用数据保护条例中的困境	Milda Macenaite	19	5
55	The Datafied Child: The Dataveillance of Children and Implications for Their Rights	数据显示的儿童：对儿童的数据监控及其权利的内涵	Deborah Lupton, Ben Williamson	19	5
56	How Not to Network a Nation: The Uneasy History of the Soviet Internet	如何阻止一个国家建立网络：苏联互联网的艰辛历史	Janet Abbate	19	5
57	Technological Determinism and Social Change: Communication in a Tech-mad World	技术决定论和社会变革：技术癫狂世界中的传播	Christian Schwarzenegger	19	5
58	Social Media: Principles and Applications	社交媒体：原则和应用	Benjamin A Lyons	19	5
59	A Prehistory of the Cloud	云的史前史	Kelsey Sherrod Michael	19	5
60	The Value of Public Service Media	公共服务媒体的价值	Maureen Burns	19	5
61	The Relational Reconnection Function of Social Network Sites	社交网站的关系重连功能	Artemio Ramirez, Jr, Erin M Sumner, John Spinda	19	6

续表

序号	论文题目	论文题目中文翻译	作者	卷	期数
62	Understanding Variations in User Response to Social Media Campaigns: A Study of Facebook Posts in the 2010 US Elections	了解用户对社交媒体活动的反应变化：对 2010 年美国大选中 Facebook 帖子的研究	Michael A Xenos, Timothy Macafee, Antoinette Pole	19	6
63	Sensemaking in an Online Community After Financial Loss: Enterprising Jamaican Investors and the Fall of a Financial Messiah	经济损失后在线社区的意识形成：牙买加投资者的积极进取和金融救世主的垮台	Clea D Bourne	19	6
64	Beyond the Power of Networks: Differentiating Network Structure From Social Media Affordances for Perceived Social Support	超越网络的力量：社会支持动机下从社交媒体的可见性中区分出网络结构	Weixu Lu, Keith N Hampton	19	6
65	The Gender Binary Will Not be Deprogrammed: Ten Years of Coding Gender on Facebook	性别二进制文件不会被重新编程：在 Facebook 上编写性别的十年	Rena Bivens	19	6
66	The Longitudinal Relation Between Online and Offline Political Participation Among Youth at two Different Developmental Stages	两个不同发展阶段的青年在线和离线政治参与的纵向关系	Yunhwan Kim, Silvia Russo, Erik Amnå	19	6
67	"Machines Don't Have Instincts": Articulating the Computational in Journalism	"机器没有本能"：在新闻业中阐明计算机	Taina Bucher	19	6
68	Foursquare and Identity: Checking-in and Presenting the Self Through Location	社交网络服务和身份：通过定位登录并展示自我	Michael Saker	19	6
69	The Digital Hood: Social Media Use Among Youth in Disadvantaged Neighborhoods	数字化引擎：社交媒体在弱势社区青年中的使用	Robin Stevens, Stacia Gilliard-Matthews, Jamie Dunaev, Marcus K Woods, Bridgette M Brawner	19	6
70	What Have We Learned about Social Media by Studying Facebook? A Decade in Review	十年回顾——研究 Facebook，我们了解到社交媒体的哪些方面？	Elizabeth Stoycheff, Juan Liu, Kunto A. Wibowo, Dominic P. Nanni	19	6

续表

序号	论文题目	论文题目中文翻译	作者	卷	期数
71	How Crowdfunding Discourse Threatens Public Arts	众筹话语如何威胁公共艺术	Daren C Brabham	19	7
72	Gang Violence on the Digital Street: Case Study of a South Side Chicago Gang Member's Twitter Communication	数字街道上的帮派暴力：对芝加哥南部帮派成员的推特传播案例研究	Desmond U Patton, Jeffrey Lane, Patrick Leonard, Jamie Macbeth, Jocelyn R Smith Lee	19	7
73	Digital Mapping Interfaces: From Immutable Mobiles to Mutable Images	数字映射接口：从不可变移动设备到可变图像	Sybille Lammes	19	7
74	Can Online Exemplars Trigger a Spiral of Silence? Examining the Effects of Exemplar Opinions on Perceptions of Public Opinion and Speaking Out	在线样本是否会引发沉默？审查范例意见对公众舆论认知及表达的影响	Thomas Zerback, Nayla Fawzi	19	7
75	What We Talk About When We Talk About Interactivity: Empowerment in Public Discourse	当我们在谈论互动时我们在谈论什么：公共话语中的赋权问题	Marguerite Barry, Gavin Doherty	19	7
76	Media Audience Homophily: Partisan Websites, Audience Identity and Polarization Processes	媒体观众同质化：党派网站、观众身份和极化过程	Shira Dvir-Gvirsman	19	7
77	Imagined Facebook: An Exploratory Study of Non-users' Perceptions of Social Media in Rural Zambia	想象中的 Facebook：对赞比亚农村非用户之于社交媒体看法的探索性研究	Susan Wyche, Eric PS Baumer	19	7
78	How Does "Talking About the Internet With Others" Affect Teenagers' Experience of Online Risks? The Role of Active Mediation by Parents, Peers, and School Teachers	"与他人谈论互联网"如何影响青少年的在线风险经历？家长、同龄人和学校老师扮演的积极调解角色	Wonsun Shin, May O Lwin	19	7
79	Breaking Down Barriers: The Ambivalent Nature of Technologies in the Classroom	打破障碍：课堂技术的矛盾性	Jesper Aagaard	19	7

续表

序号	论文题目	论文题目中文翻译	作者	卷	期数
80	Social Media in Academia: Networked Scholars	学术界的社交媒体：网络化学者	Angela Glotfelter	19	7
81	Media and Politics in a Globalizing World	全球化世界中的媒体与政治	Ben Epstein	19	7
82	Understanding Copyright: Intellectual Property in the Digital Age	了解版权：数字时代的知识产权	David Arditi	19	7
83	Media Marathoning: Immersions in Morality	媒体马拉松：沉浸在道德之中	Rob Samuels	19	7
84	Reclaiming Conversation: The Power of Talk in a Digital Age	重建对话：数字时代下的对话力量	Emily Saidel	19	7
85	Internet (non-) use Types and Motivational Access: Implications for Digital Inequalities Research	互联网(非)使用类型和接触动机：数字不平等现象的研究意涵	Bianca C Reisdorf, Darja Groselj	19	8
86	Editorial Gatekeeping in Citizen Journalism	公民新闻的编辑把关	Andrew M Lindner	19	8
87	A Meta-analysis of Factors Predicting Cyberbullying Perpetration and Victimization: From the Social Cognitive and Media Effects Approach	对预测网络欺凌行为和受害情况因素的元分析：基于社会认知和媒体效应的路径	Liang Chen, Shirley S Ho, May O Lwin	19	8
88	Political Rumoring on Twitter During the 2012 US Presidential Election: Rumor Diffusion and Correction	2012 年美国总统大选期间推特上的政治谣言：谣言传播和辟谣	Jieun Shin, Lian Jian, Kevin Driscoll, François Bar	19	8
89	Writing on the Assembly Line: Informal Labour in the Formalised Online Literature Market in China	流水线写作：中国正规化在线文学市场的非正规劳动	Elaine Jing Zhao	19	8
90	The Emergence of a "Digital Underclass" in Great Britain and Sweden: Changing Reasons for Digital Exclusion	英国和瑞典“数字下层阶级”的出现：数字隔绝的多变原因	Ellen J Helsper, Bianca C Reisdorf	19	8
91	Filtering Out the Other Side? Cross-cutting and Like-minded Discussions on Social Networking Sites	过滤掉另一边？关于社交网站的跨领域和想法趋近的讨论	Kyle A Heatherly, Yanqin Lu, Jae Kook Lee	19	8

续表

序号	论文题目	论文题目中文翻译	作者	卷	期数
92	Women's Experiences With General and Sexual Harassment in Online Video Games: Rumination, Organizational Responsiveness, Withdrawal, and Coping Strategies	女性在线游戏中的日常骚扰、性骚扰经历：沉思、组织响应、退出和应对策略	Jesse Fox, Wai Yen Tang	19	8
93	A Framework for Analyzing Digital Volunteer Contributions in Emergent Crisis Response Efforts	在紧急危机应对工作中分析数字志愿者贡献的框架	Chul Hyun Park, Erik W Johnston	19	8
94	Mapping an Audience-centric World Wide Web: A Departure from Hyperlink Analysis	映射以受众为中心的万维网：从超链接分析中脱离	Harsh Taneja	19	9
95	Broadcasting one World: How Watching Online Videos Can Elicit Elevation and Reduce Stereotypes	传播一个世界：观看在线视频如何引起升级并减少刻板印象	Nicole Krämer, Sabrina C Eimler, German Neubaum, Stephan Winter, Leonie Rösner, Mary Beth Oliver	19	9
96	Extending Media Multiplexity Theory to the Extended Family: Communication Satisfaction and Tie Strength as Moderators of Violations of Media use Expectations	将媒体多路复用理论扩展到大家庭：作为违反媒体使用期望调解因子的沟通满意度和关系强度	Samuel Hardman Taylor, Andrew M Ledbetter	19	9
97	Education in Civic Participation: Children, Seniors and the Challenges of an Intergenerational Information and Communications Technology Program	公民参与教育：儿童、老年人以及代际信息和通信技术项目的挑战	Tova Gamliel	19	9
98	Between Coordination and Regulation: Finding the Governance in Internet Governance	在协调与监管之间：寻找互联网治理中的治理	Jeanette Hofmann, Christian Katzenbach, Kirsten Gollatz	19	9
99	The Big Data Public and Its Problems: Big Data and the Structural Transformation of the Public Sphere	大数据公共及其问题：大数据和公共领域的结构转型	Tauel Harper	19	9

续表

序号	论文题目	论文题目中文翻译	作者	卷	期数
100	Digital Islamophobia: The Swedish Woman as a Figure of Pure and Dangerous Whiteness	数字伊斯兰恐惧症：探究瑞典女性成为“纯洁而危险的白人”	Karina Horsti	19	9
101	SNS Dependency and Interpersonal Storytelling: An Extension of Media System Dependency Theory	社交网络依赖和人际叙事：媒体系统依赖理论的延伸	Yong-Chan Kim, Joo-Young Jung	19	9
102	Privacy Protection and Self-disclosure Across Societies: A Study of Global Twitter Users	跨社会的隐私保护和自我披露：对全球推特用户的研究	Hai Liang, Fei Shen, King-wa Fu	19	9
103	Playing Videogames: The Multidimensional Media Experience	玩电子游戏：多维媒体体验	Pascaline Lorentz	19	9
104	The Age of Sharing	分享的时代	Jessa Lingel	19	9
105	Investigative Journalism in the Arab World: Issues and Challenges	阿拉伯世界的调查性新闻：问题与挑战	Jesna Jayachandran	19	9
106	Haptic Media Studies	触觉媒体研究	David Parisi, Mark Paterson, Jason Edward Archer	19	10
107	Making Touch Analog: The Prospects and Perils of a Haptic Media Studies	触摸模拟：触觉媒体研究的前景和风险	David Parisi, Jason Edward Archer	19	10
108	On Haptic Media and the Possibilities of a More Inclusive Interactivity	触觉媒体和更具包容性的互动的可能性	Mark Paterson	19	10
109	Disability and Haptic Mobile Media	残疾和触觉移动媒体	Gerard Goggin	19	10
110	How do I Hold This Thing? Controlling Reconstructed Q * Berts	我怎么拿这个东西？控制重建的 Q 伯特	James A Hodges	19	10
111	Feeling Your Data: Touch and Making Sense of Personal Digital Data	感知你的数据：触摸并理解个人数据	Deborah Lupton	19	10
112	Haptic Media and the Cultural Techniques of Touch: The Sphygmograph, Photoplethysmography and the Apple Watch	触觉媒体和触摸的文化技术：血压计、光电容积描记术和苹果手表	Christopher O'Neill	19	10

续表

序号	论文题目	论文题目中文翻译	作者	卷	期数
113	Force, Flatness and Touch Without Feeling: Thinking Historically About Haptics and Buttons	无感知的力量、平整度和触碰：从历史角度思考触觉和按钮	Rachel Plotnick	19	10
114	Mobile Media, Domestic Play and Haptic Ethnography	移动媒体、家庭游戏和触觉民族志	Ingrid Richardson, Larissa Hjorth	19	10
115	Mobile Communication Research in Communication Journals from 1999 to 2014	1999 年至 2014 年间传播学期刊的移动传播研究	Yonghwan Kim, Bumsoo Kim, Youngju Kim, Yuan Wang	19	10
116	From Data Fetishism to Quantifying Selves: Self-tracking Practices and the Other Values of Data	从数据拜物主义到量化自我：自我追踪实践与数据的其他价值	Tamar Sharon, Dorien Zandbergen	19	11
117	"Present Yet Absent": Negotiating Commitment and Intimacy in Life With an Excessive Online Role Gamer	"存在而又缺席"：与重度在线角色游戏玩家一起生活时协商承诺与亲密关系	Matilda Hellman, Salla-Maria Karjalainen, Maija Majamäki	19	11
118	Like, Recommend, or Respect? Altering Political Behavior in News Comment Sections	喜欢，推荐还是尊重？改变新闻评论板块的政治行为	Natalie Jomini Stroud, Ashley Muddiman, Joshua M Scacco	19	11
119	" Gods in World of Warcraft Exist": Religious Reflexivity and the Quest for Meaning in Online Computer Games	"魔兽世界中的神存在"：在线游戏中的宗教反思和意义追求	Julian Schaap, Stef Aupers	19	11
120	Cyborg Hoaxes: Disability, Deception, and Critical Studies of Digital Media	机器人恶作剧：缺陷、欺瞒和关于数字媒体的批判性研究	Elizabeth Ellcessor	19	11
121	Log in if You Survived: Collective Coping on Social Media in the Aftermath of Typhoon Haiyan in the Philippines	活着就请登录：菲律宾台风"海燕"过境后社交媒体上的集体应对	Edson C Tandoc, Jr, Bruno Takahashi	19	11
122	[Im]Mobility in the Age of [Im] Mobile Phones: Young NEETs and Digital Practices	(非)移动电话时代的(非)移动性：尼特族青年人和数字实践研究	Helen Thornham, Edgar Gómez Cruz	19	11

续表

序号	论文题目	论文题目中文翻译	作者	卷	期数
123	Forms of Contribution and Contributors' Profiles: An Automated Textual Analysis of Amateur on Line Film Critics	贡献形式和贡献者的个人资料：业余在线电影评论家的自动文本分析	Valérie Beaudouin, Dominique Pasquier	19	11
124	A New Medium Goes Public: The Financialization of Marconi's Wireless Telegraph & Signal Company	一种新媒介上市：马可尼公司的金融化	Greg Elmer	19	11
125	Social CEOs: The Effects of CEOs' Communication Styles and Parasocial Interaction on Social Networking Sites	社交 CEO：CEO 在社交网站上的沟通风格和社会互动的影响	Wan-Hsiu Sunny Tsai, Linjuan Rita Men	19	11
126	The Flow of Digital Labor	数字化劳动力的流动	Eliane Bucher, Christian Fieseler	19	11
127	Alternative Citizenship Models: Contextualizing New Media and the New "Good Citizen"	替代性公民身份模式：对新媒体和新“良民”的情境研究	Neta Kligler-Vilenchik	19	11
128	Gold, Power, Protest: Digital and Social Media and Protests Against Large-scale Mining Projects in Colombia	黄金、权力、抗议：数字和社交媒体以及针对哥伦比亚大型采矿项目的抗议活动	Doug Specht, Mirjam AF Ros-Tonen	19	12
129	A Guild Culture of "Casual Raiding" Enhances Its Members' Online Gaming Experiences: A Cognitive Anthropological and Ethnographic Approach to World of Warcraft	“随意袭击”的行会文化增强了其成员的在线游戏体验：对“魔兽世界”的认知人类学及人种学研究路径	Jeffrey G Snodgrass, Greg Batchelder, Scarlett Eisenhauer, Lahoma Howard, HJ Francois Dengah, II, Rory Sascha Thompson, Josh Bassarear, Robert J Cookson, Peter Daniel Defouw, Melanie Matteliano, Colton Powell	19	12
130	Responsible Epistemic Technologies: A Ssocial-epistemological Analysis of Autocompleted Web Search	负责任的认知技术：自动网络搜索的社会认识论分析	Boaz Miller, Isaac Record	19	12

续表

序号	论文题目	论文题目中文翻译	作者	卷	期数
131	Internet Users' Participation and News Framing: The Strauss-Kahn Case-related Live Blog at Le Monde. fr	互联网用户的参与和新闻框架:《世界报》与斯特劳斯-卡恩案例相关实时博客	Emmanuel Marty, Nathalie Pignard-Cheynel, Brigitte Sebbah	19	12
132	The Changing Public Sphere on Twitter: Network Structure, Elites and Topics of the #righttobeforgotten	推特上不断变化的公共领域:网络结构、精英与"被遗忘的权利"的相关话题	Shuzhe Yang, Anabel Quan-Haase, Kai Rannenberg	19	12
133	Examining the Roles of Mobile and Social Media in Political Participation: A Cross-national Analysis of Three Asian Societies Using a Communication Mediation Approach	移动社交媒体在政治参与中的角色评估:传播中介视角下的三个亚洲社会跨国分析	Michael Chan, Hsuan-Ting Chen, Francis L. F. Lee	19	12
134	When Logics of Party Politics and Online Activism Collide: The Populist Finns Party's Identity Under Negotiation	当政党政治和网络行动主义的逻辑相互碰撞:协商中的民粹主义芬兰党的身份	Niko Hatakka	19	12
135	How Implicit Theories Help Differentiate Approaches to Online Impression Management: A Preliminary Typology	隐式理论如何帮助区分在线印象管理方法:初步类型学	Brenda L. Berkelaar	19	12
136	From Telephones in Rural Oaxaca to Mobile Phones Among Mixtec Farm Workers in Oxnard, California	从瓦哈卡农村的电话到加利福尼亚州奥克斯纳德的米斯特克农场工人的手机	Carlos Jimenez	19	12
137	Parent-child Conflict About Children's Tablet Use: The Role of Parental Mediation	儿童使用平板电脑时的亲子冲突:父母的调解作用	Ine Beyens, Kathleen Beullens	19	12
138	Social Media and Political Participation	社交媒体和政治参与	Mina Momeni	19	12
139	Critical Perspectives on Social Media and Protest: Between Emancipation and Control	对社交媒体和抗议的批判性观点:在解放与控制之间	Hilde C Stephansen	19	12
140	Modern Romance	现代浪漫	Adam S Kahn	19	12

《信息传播与社会》(*Information Communication & Society*) 2017 年学术论文目录①

序号	论文题目	论文题目中文翻译	作者	卷	期数
1	The Social Power of Algorithms	算法的社会力量	David Beer	20	1
2	Thinking Critically About and Researching Algorithms	批判性思考和研究算法	Rob Kitchin	20	1
3	The Algorithmic Imaginary: Exploring the Ordinary Affects of Facebook Algorithms	算法想象：探索 Facebook 算法的一般影响	Taina Bucher	20	1
4	Algorithmic IF … THEN Rules and the Conditions and Consequences of Power	"如果……那么"算法规则与权力条件和结果	Daniel Neyland & Norma Möllers	20	1
5	Algorithmically Recognizable: Santorum's Google Problem, and Google's Santorum Problem	算法识别：桑托勒姆的谷歌问题与谷歌的桑托勒姆问题	Tarleton Gillespie	20	1
6	Computing Brains: Learning Algorithms and Neurocomputation in the Smart City	计算机大脑：智慧城市中的学习算法与神经计算	Ben Williamson	20	1
7	Scrutinizing an Algorithmic Technique: the Bayes Classifier as Interested Reading of Reality	算法技术的考察：以现实兴趣阅读中贝叶斯分类器为例	Bernhard Rieder	20	1
8	"Hypernudge": Big Data as a Mode of Regulation by Design	"超轻推"：将大数据设计为监管模式	Karen Yeung	20	1
9	Algorithms(and the)Everyday	大数据与日常生活	Michele Willson	20	1
10	A Dialectic Perspective on the Interactive Relationship Between Social Media and Civic Participation: the Moderating Role of Social Capital	辩证视角下社会媒体与公民参与的互动关系：社会资本的调节作用	Doo-Hun Choi & Dong-Hee Shin	20	2
11	Wikipedia in the Anti-SOPA Protests as a Case Study of Direct, Deliberative Democracy in Cyberspace	网络空间中的直接协商民主：以维基百科在反《制止在线盗版法案》的抗议活动为例	Piotr Konieczny	20	2
12	Social Media Teams as Digital Vanguards: the Question of Leadership in the Management of Key Facebook and Twitter Accounts of Occupy Wall Street, Indignados and UK Uncut	作为数字先锋的社交媒体团队："占领华尔街""愤怒者"与英国 Uncut 的 Facebook 和 Twitter 关键账户管理领导力问题	Paolo Gerbaudo	20	2

① 摘自《信息传播与社会》官方网站。

续表

序号	论文题目	论文题目中文翻译	作者	卷	期数
13	Birds of a Feather Petition Together? Characterizing E-petitioning Through the Lens of Platform Data	物以类聚？从平台数据的角度刻画电子信访的特征	Cornelius Puschmann, Marco Toledo Bastos & Jan-Hinrik Schmidt	20	2
14	Twitter Activism and Youth in South Africa: the Case of #RhodesMustFall	南非的 Twitter 行动主义与青年：#罗兹必须撤下事件	Tanja Bosch	20	2
15	Older Audiences in the Digital Media Environment	数字媒体环境中的老年受众	Galit Nimrod	20	2
16	Where Does Time Spent on the Internet Come From? Tracing the Influence of Information and Communications Technology Use on Daily Activities	在互联网上花费的时间来自哪里？基于信息和通信技术使用对日常活动影响的追踪研究	Bertil Vilhelmson, Eva Thulin & Erik Elldér	20	2
17	Personalization, Gender, and Social Media: Gubernatorial Candidates' Social Media Strategies	个性化、性别与社交媒体：州长候选人的社交媒体策略	Shannon C. McGregor, Regina G. Lawrence & Arielle Cardona	20	2
18	Why Privacy Keeps Dying: the Trouble With Talk About the End of Privacy	为什么隐私会不断消亡：谈论隐私的终结会有怎样的影响？	Nicholas A. John & Benjamin Peters	20	2
19	Mass-mediated Surveillance: Borders, Mobility, and Reality Television	媒介监督：边界、移动性与电视真人秀	James P. Walsh & Jin Ree Lee	20	2
21	Collective Memory: September 11th Now and Then	集体记忆："9·11 事件"的过去与现在	Laura Robinson	20	3
22	The Voice of Lived Experience: Mobile Video Narratives in the Courtroom	现场体验之声：法庭上的移动视频叙述	Mary Angela Bock & David Alan Schneider	20	3
23	Dressing up Tinderella: Interrogating Authenticity Claims on the Mobile Dating App Tinder	美妆灰姑娘：Tinder 手机约会应用的真实性辨析	Stefanie Duguay	20	3
24	Bridging Semantic and Social Network Analyses: the Case of the Hashtag #precisamosfalarsobreaborto(We Need to Talk About Abortion)on Twitter	语义和社交网络分析的桥梁：Twitter 上#我们需要讨论堕胎的话题	Diógenes Lycarião & Marcelo Alves dos Santos	20	3

续表

序号	论文题目	论文题目中文翻译	作者	卷	期数
25	Southern Knowledge Online? Climate Change Research Discoverability and Communication Practices	南方知识在线？气候变化研究的可发现性和传播实践	Laura Czerniewicz, Sarah Goodier & Robert Morrell	20	3
26	Analyzing Public Sentiments Online: Combining Human- and Computer-based Content Analysis	网络舆情分析：结合人机内容分析	Leona Yi-Fan Su, Michael A. Cacciatore, Xuan Liang, Dominique Brossard, Dietram A. Scheufele & Michael A. Xenos	20	3
27	Understanding and Explaining Online Personal Information-sharing Behaviours of New Zealanders: A New Taxonomy	理解和解释新西兰人的网上个人信息共享行为：一种新的分类	A. Miriam B. Lips & Elizabeth A. Eppel	20	3
28	"The Locals are Friendly!" An Empirical Analysis of Mobility and Mooring in Travel Blogs	"当地人很友好！"旅行博客中关于移动性和停泊的实证分析。	Andrew Duffy	20	3
29	Internet Usage and Cosmopolitanism in Europe: A Multilevel Analysis	欧洲的互联网使用与世界主义：一个多层次的分析	Marc Verboord	20	3
30	Belonging and Communicating in a Bounded Cosmopolitanism: The Role of Mobile Phones in the Integration of Transnational Migrants in Singapore	在有限的世界主义中归属感和交流：手机在新加坡跨国移民融合中的作用	Arul Chib & Rajiv G. Aricat	20	3
31	Challenging the Techno-politics of Anonymity: The Case of Cryptomarket Users	挑战匿名的技术政治：秘密市场用户的案例	Angus Bancroft & Peter Scott Reid	20	4
32	Go Viral on the Facebook! Interactions Between Candidates and Followers on Facebook During the Hungarian General Election Campaign of 2014	Facebook 上的疯狂传播！2014 年匈牙利大选候选人与粉丝在 Facebook 上的互动研究	Marton Bene	20	4
33	There is an App for That? The Impact of Community Knowledge Workers in Uganda	是否有应用程序来解决问题？乌干达社区知识工作者的影响研究	Bjorn Van Campenhout	20	4

续表

序号	论文题目	论文题目中文翻译	作者	卷	期数
34	Stuck With "Electronic Brochures"? How Boundary Management Strategies Shape Politicians' Social Media Use	"电子宣传册"的瓶颈？边界管理策略如何塑造政客的社交媒体使用	Christian Pieter Hoffmann & Anne Suphan	20	4
35	From Consumer to Producer: Motivations, Internet Use, and Political Consumerism	从消费者到生产者：动机、互联网使用和政治消费主义	Melissa R. Gotlieb & Sadia E. Cheema	20	4
36	Closing the Gap: Gender Parity in Political Engagement on Social Media	缩小差距：社交媒体上政治参与的性别平等	Leticia Bode	20	4
37	The Battle Over SNS Privacy for US Employees and Job Applicants: An Analysis of 2012—2013 State Legislation	美国雇员和求职者的 SNS 隐私之战：对 2012—2013 年州立法的分析	David J. Park	20	4
38	The Reliance on Recognition and Majority Vote Heuristics Over Privacy Concerns When Selecting Smartphone Apps Among German and US Consumers	关于德国和美国消费者选择手机应用程序时对识别的依赖和多数人对隐私担忧的投票启发	Sven Joeckel, Leyla Dogruel & Nicholas David Bowman	20	4
39	Access is Not Enough: The Impact of Emotional Costs and Self-efficacy on the Changes in African-American Students' ICT Use Patterns	获得信息渠道不足：情绪成本和自我效能对非洲裔美国学生 ICT 使用模式变化的影响	Kuo-Ting Huang, Shelia R. Cotten & R. V. Rikard	20	4
40	Taking Big Data Apart: Local Readings of Composite Media Collections	大数据分离：本地复合媒体集合的阅读	Yanni Alexander Loukissas	20	5
41	Explicit Terror Prevention Versus Vague Civil Liberty: How the UK Broadcasting News (de) Legitimatise Online Mass Surveillance Since Edward Snowden's Revelations	明确的恐怖防范与模糊的公民自由：自爱德华·斯诺登(Edward Snowden)爆料"侵入"网络以来，英国广播新闻如何使在线大规模监控合法化？	Juliane A. Lischka	20	5
42	"Reaching in"? The Potential for E-petitions in Local Government in the United Kingdom	是否"达到"？英国地方政府电子请愿的潜力分析	Catherine Bochel & Hugh Bochel	20	5
43	Do the Rich Get Digitally Richer? Quantity and Quality of Support for Digital Engagement	富人在数字世界变得更富有了吗？数字业务的数量和质量分析	Ellen J. Helsper & Alexander J. A. M. van Deursen	20	5

续表

序号	论文题目	论文题目中文翻译	作者	卷	期数
44	Who is Leading the Campaign Charts? Comparing Individual Popularity on Old and New Media	谁在竞选活动中领先？个人在新旧媒体上的受欢迎程度比较研究	Peter Van Aelst, Patrick van Erkel, Evelien D'heer & Raymond A. Harder	20	5
45	Online Public Deliberation in China: Evolution of Interaction Patterns and Network Homophily in the Tianya Discussion Forum	中国网络公共审议：天涯论坛互动模式与网络同质性的演变	Rony Medaglia & Yang Yang	20	5
46	Sustaining a Democratic Innovation: a Study of Three E-participatory Budgets in Belo Horizonte	维持民主创新：贝洛奥里藏特三个电子参与预算的研究	Stephen Coleman & Rafael Cardoso Sampaio	20	5
47	Curation: A Theoretical Treatment	内容管理：一种理论修正	Jenny L. Davis	20	5
48	Networked Intimacy. Intimacy and Friendship Among Italian Facebook Users	网络化的亲密行为：意大利Facebook用户之间的亲密和友谊	Manolo Farci, Luca Rossi, Giovanni Boccia Artieri & Fabio Giglietto	20	5
49	Platform Values: An Introduction to the #AoIR16 Special Issue	平台价值：#AoIR16特刊简介	Koen Leurs & Michael Zimmer	20	6
50	A River By any Other Name: Ganga/Ganges and the Postcolonial Politics of Knowledge on Wikipedia	河流的其他名称：维基百科上恒河和后殖民政治知识解析	Sangeet Kumar	20	6
51	Making Sense? The Structure and Meanings of Digital Memetic Nonsense	是否足够有意义？数字模因无意义的结构与内涵	Yuval Katz & Limor Shifman	20	6
52	Gender and Self-enterprise in the Social Media Age: A Digital Double Bind	社交媒体时代的性别和自我事业：数字双重约束	Brooke Erin Duffy & Urszula Pruchniewska	20	6
53	Neoliberal Gremlins? How a Scheme to Help Disadvantaged Young People Thrive Online Fell Short of its Ambitions	新自由主义怪物？弱势青少年辅助网络计划失败的原因分析	Huw C. Davies, Rebecca Eynon & Sarah Wilkin	20	6
54	The Dark Side of Online Participation: Exploring Non-, Passive and Negative Participation	在线参与的黑暗面：非参与、被动和消极参与状况探究	Christoph Lutz & Christian Pieter Hoffmann	20	6

续表

序号	论文题目	论文题目中文翻译	作者	卷	期数
55	Platform Labor: On the Gendered and Racialized Exploitation of Low-income Service Work in the "On-demand" Economy	平台劳动力：论"按需"经济中低收入服务工作的性别和种族剥削	Niels van Doorn	20	6
56	Analytics in Action: Users and Predictive Data in the Neonatal Intensive Care Unit	行动分析：新生儿重症监护病房的用户和预测性数据	Claire Maiers	20	6
57	Platformed Racism: The Mediation and Circulation of an Australian Race-based Controversy on Twitter, Facebook and YouTube	种族主义平台：澳大利亚种族的争议在Twitter、Facebook和YouTube上调解和传播	Ariadna Matamoros-Fernández	20	6
58	Digital Media Technologies in Everyday Life	数字媒体技术在日常生活中的应用	Jessie Daniels, Apryl Williams & Shantel Buggs	20	7
59	Pierre Bourdieu: Theorizing the Digital	皮埃尔·布迪厄：数字的理论化	Gabe Ignatow & Laura Robinson	20	7
60	Connected Seniors: How Older Adults in East York Exchange Social Support Online and Offline	连接起来的老年人：东约克的老年人如何在线和离线实现社会支持交换	Anabel Quan-Haase, Guang Ying Mo & Barry Wellman	20	7
61	I Got All My Sisters With Me (on Black Twitter): Second Screening of How to Get Away With Murder as a Discourse on Black Womanhood	我和我所有的姐妹在一起（在黑人推特上）：《如何逃脱谋杀》作为黑人女性的话语体现的第二次放映	Apryl Williams & Vanessa Gonlin	20	7
62	A Transnational Networked Public Sphere of air Pollution: Analysis of a Twitter Network of PM2.5 From the Risk Society Perspective	空气污染的跨国网络化公共领域：从风险社会的角度分析PM2.5的推特网络	Wenhong Chen, Fangjing Tu & Pei Zheng	20	7
63	Keeping Data Alive: Talking DTC Genetic Testing	保持数据的活力：关于DTC基因测试的讨论	Minna Ruckenstein	20	7
64	Narratives of Life Experience in the Digital Space: A Case Study of the Images in Richard Deitsch's Single Best Moment Project	数字空间中生活体验的叙述：以Richard Deitsch的最佳时刻项目中的图像为例	Miles Romney, Richard G. Johnson & Kristy Roschke	20	7
65	New Politics and Satire: The Euro Financial Crisis and the One-finger Salute	新政治与讽刺：欧元金融危机与竖中指	Judith Bessant	20	7

续表

序号	论文题目	论文题目中文翻译	作者	卷	期数
66	Racial Formation, Inequality and the Political Economy of Web Traffic	种族构建、不平等和网络交流的政治经济学	Charlton McIlwain	20	7
67	Social Media and Political Discussion: When Online Presence Silences Offline Conversation	社交媒体和政治讨论：当线上的存在使线下的对话沉寂	Keith N. Hampton, Inyoung Shin & Weixu Lu	20	7
68	Populism and Social Media: How Politicians Spread a Fragmented Ideology	民粹主义与社交媒体：政客传播破碎意识形态的方法研究	Sven Engesser, Nicole Ernst, Frank Esser & Florin Büchel	20	8
69	Key Threats and Challenges to the Preservation of Digital Records of Public Institutions in Ghana	加纳公共机构数字记录保护面临的主要威胁和挑战	Kofi Koranteng Adu & Patrick Ngulube	20	8
70	Social Media Approaches to Modeling Wildfire Smoke Dispersion: Spatiotemporal and Social Scientific Investigations	野火烟雾扩散的社会媒体建模方法：时空与社会科学调查	Sonya Sachdeva, Sarah McCaffrey & Dexter Locke	20	8
71	Mediated and Moderated Effects of Political Communication on Civic Participation	政治传播对公民参与的连接和调节作用	Frank Reichert & Murray Print	20	8
72	The Selfie and the Transformation of the Public—Private Distinction	自拍与公私分离的转变	Michael James Walsh & Stephanie Alice Baker	20	8
73	Kunuk Took it to the Streets of Greenland: Single-issue Protests in a Young Online Democracy	格陵兰的街头：年轻的网络民主国家单一议题的抗议活动	Andreas Møller Jørgensen	20	8
74	What is Gained and What is Left to Be Done When Content Analysis is Added to Network Analysis in the Study of a Social Movement: Twitter Use During Gezi Park	社交运动研究背景下内容分析融入网络分析的得与失：基于 Gezi Park 期间的 Twitter 使用	Christine Ogan & Onur Varol	20	8
75	Unmasking the Crowd: Participants' Motivation Factors, Expectations, and Profile in a Crowdsourced Law Reform	揭露群众：众包法律改革中参与者的动机、期望和形象	Tanja Aitamurto, Hélène Landemore & Jorge Saldivar Galli	20	8
76	Caring is Not Enough: The Importance of Internet Skills for Online Privacy Protection	关心是不够的：互联网技能对于保护在线隐私的重要性	Moritz Büchi, Natascha Just & Michael Latzer	20	8

续表

序号	论文题目	论文题目中文翻译	作者	卷	期数
77	Populist Online Communication: Introduction to the Special Issue	民粹主义网络传播：特刊简介	Sven Engesser, Nayla Fawzi & Anders Olof Larsson	20	9
78	Populist Online Practices: The Function of the Internet in Right-wing Populism	民粹主义网络实践：网络在右翼民粹主义中的作用	Benjamin Krämer	20	9
79	Define the Populist Political Communication Style: The Case of Ltalian Political Leaders on Twitter	民粹主义政治沟通风格定义：以意大利政治领导人在Twitter上的案例为例	Roberta Bracciale & Antonio Martella	20	9
80	Populist Communication by Digital Means: Presidential Twitter in Iatin America	民粹主义的数字传播方式：拉丁美洲总统推特的民粹性	Silvio Waisbord & Adriana Amado	20	9
81	Extreme Parties and Populism: An Analysis of Facebook and Twitter Across Six Countries	极端政党与民粹主义：对6个国家的Facebook和Twitter的分析	Nicole Ernst, Sven Engesser, Florin Büchel, Sina Blassnig & Frank Esser	20	9
82	When Populists Become Popular: Comparing Facebook Use by the Right-wing Movement Pegida and German Political Parties	民粹主义流行之时：右翼运动Pegida和德国政党使用Facebook的情况比较研究	Sebastian Stier, Lisa Posch, Arnim Bleier & Markus Strohmaier	20	9
83	Helping Populism Win? Social Media Use, Filter Bubbles, and Support for Populist Presidential Candidates in the 2016 US Election Campaign	帮助民粹主义赢？关于美国2016年大选中社交媒体使用、过滤泡沫以及民粹主义总统候选人支持的研究	Jacob Groshek & Karolina Koc-Michalska	20	9
84	Who "Likes" Populists? Characteristics of Adolescents Following Right-wing Populist Actors on Facebook	谁"喜欢"民粹主义？Facebook右翼民粹活动家的青少年粉丝特征分析	Raffael Heiss & Jörg Matthes	20	9
85	It's Us Against Them: A Comparative Experiment on the Effects of Populist Messages Communicated Via Social Media	是我们在反对他们：一项关于通过社交媒体传播民粹主义信息的效果比较实验	Michael Hameleers & Desirée Schmuck	20	9
86	Does Internet use Provide a Deeper Sense of Political Empowerment to the Less Educated?	互联网使用是否为受教育程度较低的人提供了一种更深层次的政治赋权感？	Fumiko Sasaki	20	10

续表

序号	论文题目	论文题目中文翻译	作者	卷	期数
87	Cyberbullying, Internet and SNS Usage Types, and Perceived Social Support: A Comparison of Different Age Groups	网络欺凌、网络和社交网络使用类型、社会支持感知：不同年龄组的比较	Yun-Kyoung Cho & Jae-woong Yoo	20	10
88	Creating Caring Institutions for Community Informatics	社区信息学关怀机构的创建研究	Miriam E. Sweeney & Colin Rhinesmith	20	10
89	Communicating Mixed Messages About Religion Through Internet Memes	网络模因传播透视下宗教混合沟通信息	Gabrielle K. Aguilar, Heidi A. Campbell, Mariah Stanley & Ellen Taylor	20	10
90	Telecommunication Relay Services as a Tool for Deaf Political Participation and Citizenship	电信中继服务：作为聋人政治参与和公民身份的保障	Graham H. Turner, Jemina Napier, Robert Skinner & Mark Wheatley	20	10
91	Antiracism Apps: Framing Understandings and Approaches to Antiracism Education and Intervention	反种族主义应用：构建反种族主义教育和干预的理解和方法	Alana Lentin & Justine Humphry	20	10
92	The Role of Events in ICT Adoption: Same-sex Marriage and Twitter	事件在信息通信技术采用中的作用：基于同性婚姻和Twitter的使用分析	Matthias Revers	20	10
93	Web Analytics and the Functional Differentiation of Journalism Cultures: Individual, Organizational and Platform-specific Influences on Newswork	网络分析与新闻文化的功能分化：个人、组织和平台对新闻工作的影响分析	Folker Hanusch	20	10
94	The Mobile Internet and Digital Citizenship in African-American and Latino Communities	非裔与拉美裔美国人移动互联网和数字公民身份	Karen Mossberger, Caroline J. Tolbert & Christopher Anderson	20	10
95	The Role of Network Setting and Gender in Online Content Popularity	网络环境和性别在网络内容普及中的作用	Ofrit Lesser, Tsahi (Zack) Hayat & Yuval Elovici	20	11

续表

序号	论文题目	论文题目中文翻译	作者	卷	期数
96	A Typology of Political Participation Online: How Citizens Used Twitter to Mobilize During the 2015 British General Elections	在线政治参与的类型学：关于2015年英国大选期间公民使用Twitter进行动员方式的研究	Anamaria Dutceac Segesten & Michael Bossetta	20	11
97	What are you Doing on Tinder? Impression Management on a Matchmaking Mobile App	你在Tinder上做什么？一款婚介手机应用软件的印象管理	Janelle Ward	20	11
98	Hybrid Social and News Media Protest Events: From #MarchinMarch to #BusttheBudget in Australia	社交媒体和新闻媒体的联合抗议活动：从话题#3月3日到话题#澳大利亚预算超支	Francesco Bailo & Ariadne Vromen	20	11
99	The Use of Facebook for Information Seeking, Decision Support, and Self-organization Following a Significant Disaster	在重大灾难后使用Facebook进行信息搜索、决策支持和自我组织状况研究	Amber Silver & Lindsay Matthews	20	11
100	Campaigning in the Fourth age of Political Communication. A Multi-method Study on the Use of Facebook by German and Austrian Parties in the 2013 National Election Campaigns	第四代政治传播的竞选活动：基于2013年德奥政党全国大选中Facebook使用的多方法研究	Melanie Magin, Nicole Podschuweit, Jörg Haßler & Uta Russmann	20	11
101	The Openness of Open Application Programming Interfaces	开放应用程序编程接口的开放性研究	Yuanbo Qiu	20	11
102	Downloading Culture: Community Building in a Decentralized File-sharing Collective	下载文化：分散文件共享集体中的社区的建立	Alon Diamant-Cohen & Oren Golan	20	11
103	Women Behaving badly: Negative Posts on Facebook Memorial Pages	女性的不端行为：Facebook纪念页面中的负面帖子分析	Rebecca L. Kern & Gisela Gil-Egui	20	11
104	Giving Voice: Mobile Communication, Disability, and Inequality	对移动通信、残疾和不平等状况发声	Jessica L. Benham	20	12
105	Disability Rights Advocacy Online: Voice, Empowerment, and Global Connectivity	残疾权利的网络宣传：声音、赋权和全球联系	Jessica M. F. Hughes	20	12
106	Out of the Shadows, Into the Streets! Transmedia Organizing and the Immigrant Rights Movement	走出阴影，走进街道！跨媒体组织和移民权利运动分析	Koen Leurs	20	12

续表

序号	论文题目	论文题目中文翻译	作者	卷	期数
107	New Media, Development and Globalization: Making Connections in the Global South	新媒体、发展与全球化：全球南方联系的建立	Elizabeth Reddy	20	12
108	Social Media and Everyday Politics	社交媒体与日常政治	Benjamin Bowman	20	12
109	Misogyny Online: A Short (and Brutish) History	网络厌女症：一段简短(且粗野)的历史	Frances Shaw	20	12
110	Government Communication: Cases and Challenges	政府沟通：案例与挑战	Ana Stojiljkovic	20	12
111	Affective Publics: Sentiment, Technology, and Politics	情感化的公众：情感、技术和政治研究	Marc Perelló-Sobrepere	20	12
112	Business Innovation and Disruption in the Music Industry	音乐产业的商业创新和颠覆	Hyojung Sun	20	12
113	Creative Economy and Culture. Challenges, Changes and Futures for the Creative Industries	创意经济与文化：创意产业的挑战、改变与未来	Anna Ozimek	20	12
114	Uberworked and Underpaid: How Workers are Disrupting the Digital Economy	超负荷工作和低工资：工人扰乱数字经济的方式	Anthony Lloyd	20	12
115	Technology and the Resilience of Metropolitan Region	技术和大都市地区的弹性	Eleonora Guadagno	20	12
116	The Quantified Self: A Sociology of Self Tracking	自我量化：自我追踪的社会学研究	David Beer	20	12
117	Social Media Abyss	社交媒体深渊	Steffen Krüger	20	12
118	Let me Count the Ways: A Review	不同表述方法的回顾	David R. Gruber	20	12
119	Big Data, Little Data, No Data: Scholarship in the Networked World	大数据、小数据、无数据：网络世界中的学术分析	Tao Fu	20	12
120	Post, Mine, Repeat: Social Media Data Mining Becomes Ordinary	发布、挖掘、重复：社交媒体数据挖掘的普遍化	Ysabel Gerrard	20	12
121	The Sociology of Speed: Digital, Organizational, and Social Temporalities	速度社会学：数字、组织和社会时代性	Stephen C. Rea	20	12
122	The Datafied Society, Studying Culture Through Data	数据化的社会：以数据研究文化	Barbara Morsello	20	12
123	Children and the Politics of Sexuality: The Sexualization of Children Debate Revisited	儿童与性的政治：重新审视儿童的性化辩论	Amy Adele Hasinoff	20	12

续表

序号	论文题目	论文题目中文翻译	作者	卷	期数
124	Framing Internet Safety: The Governance of Youth Online	构建互联网安全：青少年网络治理	Liam Berriman	20	12
125	The Philosophy of Software: Code and Mediation in the Digital Age	软件哲学：数字时代的代码与中介	Yinyi Luo	20	12
126	The Ethics of Memory in a Digital Age: Interrogating the Right to be Forgotten	数字时代的记忆伦理：质疑被遗忘权	Wasim Ahmed	20	12
127	Superconnected: The Internet, Digital Media, and Techno-Social Life	超联通：互联网、数字媒体和科技社交生活	Angela Kristin VandenBroek	20	12
128	The Production and Consumption of Music in the Digital Age	数字时代的音乐生产与消费	Jack Webster	20	12
129	Taken for Grantedness: The Embedding of Mobile Communication Into Society	异想天开之举：移动通信融入社会	Ben Morton	20	12
130	How to Talk About Videogames	如何看待视频游戏	Pascaline Lorentz	20	12
131	Gods in and of the Machine: Morality, Divination and Meaning in Digital Religion and Games	机器中的神：数字宗教和游戏中的道德、占卜和意义分析	Mark R. Johnson	20	12
132	Infinite Distraction	无限干扰	Carol Robinson	20	12
133	The Internet and New Social Formation in China: Fandom Publics in the Making	中国互联网与新社会形态：形成中的粉丝群体研究	Tao Fu	20	12

二、期刊论文摘要选登

融合新闻？巴以冲突国内外报道异同点的纵向研究

摘要：关于同一事件的新闻报道总是会受到同质化和异质化影响的驱动。文中，作者通过分析 10 年中来自以色列、巴勒斯坦等国家的 13 个国际媒体的报道，来评估不同媒体报道的冲突新闻是否有变得更加相似或者相异的趋势，以及这种转变是何时发生的。作者将新闻中关于持久相似、逐渐融合以及暂时趋同（或偏移）的驱动因素进行了区分，并将它们与从超过 200000 个新闻文本中检测到的概念关联模式相勾连。作者发现，新闻中存在缓慢的、依托于文本的融合趋势，以及在对重大冲突事件进行诠释时的暂时性趋同与偏移。研究讨论了其中相互影响的潜在因素，强调了该研究在当前全球新闻转型类别的调查中所具有的意义。

作者：Christian Baden，［以色列］耶路撒冷希伯来大学传播与新闻系；Keren Tenenboim-Weinblatt，［以色列］耶路撒冷希伯来大学传播与新闻系，Department of

Communication & Journalism, The Hebrew University of Jerusalem, Jerusalem 91905, Israel

原载:《传播学刊》(*Journal of Communication*) 2017 年第 1 期, 第 1—25 页

新闻受众是否愈加分散化? 基于跨平台新闻受众分散与重复情况的跨国比较分析

摘要: 越来越高选择性的媒介环境也带来了对受众分散化的担忧。作者比较分析了 6 个国家不同平台 (印刷媒体、电视与网络) 的新闻受众, 发现新闻受众在不同平台的重复度很高, 但在不同国家呈现出不同特质。丹麦与英国新闻受众的分散化程度要高于西班牙与美国。作者发现, 并无直接证据表明网络受众比非网络受众的分散化程度高, 这驳斥了对受众细分与“过滤泡泡” 的担忧。所有的传播都发生于特定受众的语境之下, 因此作者的分析对整个领域都会产生影响, 同时也表明了进行不同语境、不同趋势研究的重要性。

作者: Richard Fletcher, [英国] 牛津大学政治与国际关系系路透新闻学研究所; Rasmus Kleis Nielsen, [英国] 牛津大学政治与国际关系系路透新闻学研究所

原载:《传播学刊》(*Journal of Communication*) 2017 年第 4 期, 第 476—498 页

框架对社交媒体用户的行为影响: 冲突、经济、利益以及道德框架如何驱动新闻共享

摘要: 作者假定, 一般性框架通过情绪、动机和心理参与三种不同的途径影响人们在 Facebook 和 Twitter 上分享的新闻。该研究使用综合性方法, 对智利 6 家网站所发表文章中的代表性样本进行了内容分析, 并与数字记者进行了深入访谈。结果表明, 除去控制问题、新闻价值、信息效用、效价和其他混淆性因素后, 在跨平台的语境下, 道德框架会使新闻分享行为增加, 而冲突框架则会使其减少。对经济后果的强调也会使分享行为减少, 不过这一点仅限于 Facebook。令人惊讶的是, 人们的兴趣角度不会产生明显的影响。这些结果表明, 新闻框架可能会引发行为后果; 新闻工作者和用户的首选框架之间存在差距。

作者: Sebastián Valenzuela, [智利] 智利天主教大学通信学院; Martina Piña, [智利] 智利天主教大学通信学院; Josefina Ramírez, [智利] 智利天主教大学通信学院

原载:《传播学刊》(*Journal of Communication*) 2017 年第 5 期, 第 803—826 页

模仿安全: 以培养模仿理论视角批判媒体/安全关系

摘要: 当代媒体文化经常将安全与模仿联系在一起。该文在当代“媒体/安全关系” 中对相关文本性的批判进行了理论分析, 主张通过加强模仿理论的使用来批判媒体对安全的表达, 因为媒体往往通过适应、伪装和模拟的文化实践来实现这一过程。该文回顾了两种模仿理论的竞争传统及其媒体研究和安全研究领域的拨款情况, 提出了对“媒体/安全” 的模仿批评的四项益处以及可能会带来的伦理、政治风险。

作者: Bryan C. Taylor, [美国] 科罗拉多大学博尔德分校传播系

原载:《传播理论》(*Communication Theory*) 2017 年第 1 期, 第 48—69 页

探讨性别与健康的理论关系——以尼泊尔街头女性性工作者为例

摘要: 环境 - 结构的沟通方法试图通

过社区层面的干预措施降低女性性工作者（FSW）健康风险的程度，其重点在于通过改变工作环境来帮助降低个人风险。然而，作者认为这种方法窄化了健康的含义。基于35次深入访谈，作者将女性性工作者的生活经历作为案例进行研究，讨论性别与健康之间的关系。在交叉性框架下，健康传播工作将对性别关系、性别认同以及阶级三者共同影响的分析纳入健康风险的传递中。这些交叉点还引发了作者关于影响女性性工作者健康行为的不平等性、脆弱性因素的思考。

作者：Iccha Basnyat，［新加坡］国立大学艺术与社会科学学院传播与新媒体系

原载：《传播理论》（*Communication Theory*）2017年第4期，第388—406页

社会变革的工具：对以技术为中心的发展和行动主义的批判

摘要：整体而言，关于信息和通信技术促进发展（ICT4D）的文献和网络抵制的文献正逐渐分离。该文对这些文献进行了整合，并批判性地分析了技术政客引发的社会变革与媒体技术中心论的异同。作者重新利用对技术决定论的批判来发展一种多层次的媒介概念，其中包含三个相互关联的维度：（1）“途径”与“技能”以及包容的规范概念；（2）固定“系统”与“开放式网络”以及生活方式；（3）“制度”与“机构间网络”以及政治效能。在批判的基础上，作者最后还探索了传统机构（或社区）与新兴的机构间网络形态的交叉点上的政治可能性。

关键词：行动主义，媒介，信息和通信技术促进发展，网络化，组织化网络，参与，技能，社会变革

作者：Jan Servaes，［中国］香港城市大学；Rolien Hoyng，［中国］香港岭南大学

原载：《新媒体与社会》（*New Media & Society*）2017年第2期，第255—271页

算法品牌：移动和社交媒体品牌实验的十年

摘要：该文探讨了品牌如何对移动和社交媒体进行迭代尝试。自2005年以来，澳大利亚音乐节上的品牌活动（包括可口可乐、维珍和斯米尔诺夫）开始被用作指导性案例。该文阐释了这些品牌对社交媒体的认知、试图指导消费者使用移动设备的模式，利用文化活动来激发图像制作以适应社交媒体算法的决策。该文对“品牌如何在算法媒体的基础设施、设备开发中发挥重要作用”的相关议题上进行了一些讨论。算法媒体的账户需要进行检测，从而了解社交媒体、移动媒体的分析能力与用户的创造性参与之间如何相互依赖。

关键词：算法，品牌，移动媒体，音乐节，参与，社交媒体，监控

作者：Nicholas Carah，［澳大利亚］昆士兰大学新闻与传播学院

原载：《新媒体与社会》（*New Media & Society*）2017年第3期

为什么我们会在Facebook上标记照片？——一个新型“满足”模式的提出

摘要：该研究通过多阶段的调查，开发并验证了一个包含35个项目的工具，用于衡量人们在Facebook上标记照片的满足感。基于141名在Facebook上使用照片标签的人所进行的开放式回复，作者设计了相应的问题。之后，根据他们的答案提取了58个项目，并对780人进行了测试，从而确定了最后35个项目的规模。作者据此重新审查了313名青少年和186名成人照片标签。35个项目工具共提供9种满足类型：喜欢和评论、社会影响力、同伴压力、受欢迎程度、娱乐、感觉良好、社交分享、情感和便利。因素结构与工具的有效性、可靠性都很高，并且随着时间的推移依然

能够保持稳定。该文将研究结果和使用与满足理论结合起来讨论，并探讨了这种工具的实际意义。

关键词：青少年，Facebook，照片标记，社交媒体，使用和满足理论

作者：Amandeep Dhir，［芬兰］阿尔托大学；赫尔辛基大学；Gina M Chen，［美国］德克萨斯大学奥斯汀分校；Sufen Chen，［中国］"国立"台湾科技大学

原载：《新媒体与社会》（*New media & society*）2017 年第 4 期，第 502—521 页

残疾儿童生活中的数字技术与权利

摘要：在公共话语中，残疾儿童（尤其是来自发达国家的残疾儿童）往往被视作"数字革命"的受益者，但儿童的声音在数字政策和权利辩论中可能会普遍被低估，此种情况在涉及残疾儿童时尤甚。在此背景下，该文着眼于数字时代残疾儿童的全球权利，将数字的包容与排斥状态、儿童权利和残疾权利之间的交叉均考虑在内。未来，作者建议重新定义包含所有儿童的数字和相关权利的方法。

关键词：儿童，数字技术，残疾，互联网，媒体，权利

作者：Meryl Alper，［美国］东北大学；Gerard Goggin，［澳大利亚］悉尼大学

原载：《新媒体与社会》（*New Media & Society*）2017 年第 5 期，第 726—740 页

当我们在谈论互动时我们在谈论什么：公共话语中的赋权问题

摘要：这项研究调查了 3 个主要社会化因素，即父母、同龄人和学校教师在青少年面临网络风险时发挥了怎样的积极调解作用。这项针对年龄在 12—18 岁之间的 746 名学生的调查发现，不同的社交活动代理人在进行积极调解时会关注互联网的不同方面：家长和教师更注重发表指导性评论，而同龄人更有可能参与积极调解的中立方面（例如帮助或推荐）。然而，父母调解往往会逐渐减少，同伴调解则会随着青少年年龄的增长而逐渐升级。研究结果还表明，学校教师关于互联网的讨论可以帮助青少年规避潜在的网络风险，而同伴互动可能会使得这一风险有所增加。

关键词：青少年，网络风险，父母调解，同伴影响，学校影响，社会化理论，青少年互联网使用

作者：Marguerite Barry，［爱尔兰］都柏林城市大学；Gavin Doherty，［爱尔兰］都柏林三一学院

原载：《新媒体与社会》（*New Media & Society*）2017 年第 7 期，第 1052—1071 页

大数据公共及其问题：大数据和公共领域的结构转型

摘要：使用算法挖掘大数据以寻求媒体偏好的方式已经使公共领域的结构发生了转变，而这种转变正在放大多数人的暴政。虽然之前的学术研究已经意识到使用大数据为观众分析和媒体制作提供信息会造成公共领域分裂的问题，但作者认为对于公众辩论来说，分裂本身并不是一件绝对的坏事，因为分裂可以鼓励人们参与其中，而不是剥夺人们的权力。使用大数据来传播媒体制作的确会引起公共领域的问题，并不是因为它会影响公众辩论，而是因为近期的公众参与的关注点都是多数人的互补利益和盈利能力。公众参与存在问题，并不因为总体性的、包罗万象的媒体结构不复存在，而是因为这些系统通过促进民粹主义"有利可图且正常"的媒体体验的算法来提供信息。

关键词：广告，大数据，哈贝马斯，新闻，媒体，权力，墨菲，公共领域

作者：Tauel Harper，［澳大利亚］西澳大利亚大学

原载：《新媒体与社会》（*New Media*

& *Society*）2017 年第 9 期，第 1424—1439 页

触摸模拟：触觉媒体研究的前景和风险

摘要：作者认为，建立一个连贯的触觉媒体研究传统的任务已迫在眉睫。视觉文化研究和声音研究领域提供了用于建模面向媒体的触摸方法的类似方案，但它并不完备。对触觉的需要与之前的触摸话语和制度历史的动作相呼应，因为先前的研究者同样希望通过开发新的制度性研究计划来改变触觉。此外，作者概述了一种可能的触觉媒体谱系，专门针对通过技术科学、利用触觉来表达的权力关系。在最后，作者提出了一系列有关操作触觉媒体研究的程序性建议。

关键词：触觉，媒体考古学，媒体界面，媒体研究，感官研究，触感

作者：David Parisi，［美国］查尔斯顿学院；Jason Edward Archer，［美国］伊利诺伊大学芝加哥分校

原载：《新媒体与社会》（*New Media & Society*）2017 年第 10 期，第 1523—1540 页

推特上不断变化的公共领域：网络结构、精英与“被遗忘的权利”的相关话题

摘要：自欧洲法院裁决以来，被遗忘的权利为用户提供了更多用于自我决定的信息，同时围绕谷歌成为在线内容的仲裁者和重写历史的决定者的现象提出了新的问题。我们通过社交网络对围绕“被遗忘的权利”这一话题在推特上展开的争论进行了调查分析。结果显示，“谷歌成为权威”这一潜在话题也会反复出现。我们观察到的公共领域（或 Öffentlichkeit）与传统领域类似，新闻门户、专家和公司等精英参与者亦在其中，但在信息传播的潜在机制和手段方面存在着显著差异。专家对于评论、传递和理解信息至关重要。作者还讨论了公共领域理论的含义，并探究了社交媒体不能作为普通公民的民主化工具的原因。

关键词：欧盟，谷歌，被遗忘的权利，社交网络分析，推特

作者：Shuzhe Yang，［德国］法兰克福歌德大学；Anabel Quan-Haase，［加拿大］西方大学；Kai Rannenberg，［德国］法兰克福歌德大学

原载：《新媒体与社会》（*New Media & Society*）2017 年第 12 期，第 1983—2002 页

批判性思考和研究算法

摘要：软件技术正在对我们日常生活中越来越多的方面进行调解、增补、生产和调节。软件基本上由算法组成：通过结构化的定义步骤集合处理指令或数据，从而输出结果。该文梳理了关于算法的新兴批判性思考，并且研究了如何将其更好地付诸实践。该文有 4 个主要论点：第一，我们需要以批判性以及经验性的方式来了解算法及其功能，因为算法在塑造社会和经济生活方面的重要性日益增加。第二，我们可以通过技术、计算、数学、政治、文化、经济、情景、物质、哲学、伦理等多种方式来认识算法，但同时也要理解其本质上的偶然性、个体发生性和表演性，并且将其更广泛地嵌入社会技术集合。第三，三大主要挑战阻碍了算法的研究（获得对算法的表述；算法是异质的并且嵌入更广泛的系统中；算法的工作在某种情形下不断展开）——这需要实践和认识论的关注。第四，我们可以通过多种方式对算法的构成和功能进行实证研究，每种方式都有需要系统评估的优点和缺点。该文提供了 6 种方法论上的途径，对算法的性质和功能进行了严格评估。将这些方法结合使用可以帮助克服认识论和实践层面的

挑战。

关键词：算法，代码，认识论，方法论，研究

作者：Rob Kitchin，［爱尔兰］国立大学梅努斯分校

原载：《信息传播与社会》（*Information Communication & Society*）2017 年第 1 期，第 14—29 页

在互联网上花费的时间来自哪里？基于信息和通信技术使用对日常活动影响的追踪研究

摘要：作者从时间使用的角度探讨了计算机和互联网的私人使用［信息和通信技术（ICT）］如何改变日常生活。2010—2011 年瑞典时间使用调查的数据显示，互联网已成为多数人生活中必不可少的一部分。作者使用协变量分析，探究了四组 ICT 用户（从非用户到重度用户）的常规时间使用差异。该研究以时间 - 位移概念的细致讨论作为理论出发点，研究表明，使用 ICT 的私人时间主要与个人的可用空闲时间相关，相对于有偿工作的时间（即合同时间）具有弹性。重型 ICT 用户将更多时间花在可以独自开展的、以家庭为中心的、移动性更低的活动上。重度使用与花费时间较少的活动（如维护工作或照顾孩子）相关。在个人时间方面，用餐时间与重度使用呈负相关关系，而睡眠时间则不受影响。在空闲时间方面，重度使用体现在体育和户外娱乐中，而对线下媒体的使用、娱乐和文化活动或阅读活动均没有影响。重度使用不会影响在社交活动上花费的时间（例如与家人和朋友的社交互动或花在志愿者协会上的时间），但涉及每天在互联网上花费一小时以上的重度用户时差异会十分明显。

关键词：时间使用，时间位移，日常生活，日常活动，用户群，瑞典

作者：Bertil Vilhelmson，［瑞典］哥德堡大学商业、经济和法律学院人文地理组经济和社会系；Eva Thulin，［瑞典］哥德堡大学商业、经济和法律学院人文地理组经济和社会系；Erik Elldér，［瑞典］哥德堡大学商业、经济和法律学院人文地理组经济和社会系

原载：《信息传播与社会》（*Information Communication & Society*）2017 年第 2 期，第 250—263 页

社交媒体时代的性别和自我事业：数字双重约束

摘要：后工业经济中，独立就业蓬勃发展，与自我事业充满活力的精神风格相呼应。“我们现在都是企业家”的主张得到提倡。在无处不在的生产、分销和推广技术中，企业家精神已经呈现出政治上的平衡：表面来看，个人得到“授权”，开始在数字环境中追求他们的心仪项目。该项目将性别政治置于当代在线创业话语的前沿。作者对 22 位独立就业的女性专业人士进行了深入访谈，她们中的大多数人在数字媒体/创意领域工作。研究的目的是，了解社交媒体在其自行主导的职业生涯中的作用。许多受访者不得不表现出符合传统女性气质的人物形象——这便是我们称之为数字双重约束的窘境。这是女性工作者在线下工作环境中面临的职业僵局的最新版本，数字双重约束通过三种截然不同但又相互关联的社交媒体要求而构建起来：（1）软自我推销；（2）互动亲密；（3）强制知名度。传统的男性企业家的精神及成功标志使得女性参与者开始反思，她们需要承担额外风险并从事无形劳动。因此，数字双重约束证实了持久的结构性不平等，这会使得女性自我企业降格为一种低级的企业家精神。作者的结论是，在很大程度上，数字化的精英管理的承诺仅仅停留在表层。

关键词：社交媒体，性别，就业，自

我品牌，企业家精神，沟通

作者：Brooke Erin Duffy，［美国］康奈尔大学传播学系；Urszula Pruchniewska，［美国］宾夕法尼亚州坦普尔大学费城校区

原载：《信息传播与社会》（*Information Communication & Society*）2017 年第 6 期，第 843—859 页

空气污染的跨国网络化公共领域：从风险社会的角度分析 PM2.5 的推特网络

摘要：该研究借助数字追踪数据、公开的政府文件和新闻报道，将贝克的风险社会理论与数字媒体理论相结合，研究 PM2.5（直径小于 2.5 微米的颗粒物）在网络化的公共领域中的风险定义及评估的中介过程。PM2.5 推特网络内容分析表明，政治和专业精英仍然是风险定义最强大的生产者。成熟的媒体发挥了关键作用，但面临着来自各种传播和过滤信息的行为者的挑战。非专业人士也在积极与精英及成熟的媒体互动。PM2.5 推特网络中模糊的地理边界揭示了一个新兴的跨国公共领域，但这一领域被语言所隔离。该研究提出了对风险社会中变革的偶然性、矛盾性的媒体影响的分层理解。

关键词：PM2.5，风险社会，中国，网络公共领域，网络分析，推特，环境

作者：Wenhong Chen，［美国］德克萨斯大学广播电视电影系；Fangjing Tu，［美国］威斯康星大学麦迪逊分校传播艺术系；Pei Zheng，［美国］伊萨卡学院罗伊帕克传播学院

原载：《信息传播与社会》（*Information Communication & Society*）2017 年第 7 期，第 1005—1023 页

自拍与公私分离的转变

摘要：自拍是一种当代形式的自画像，代表人脸的摄影图像。自拍是为了再现而创建的，并且能够与其他人远距离地交流视觉图像。Web 2.0 技术和移动智能手机的普及使用户能够以前所未有的规模生成和传播图像。随着社交媒体平台的日益普及，这些技术使得自拍能够实时地分发给广大观众。该文参考厄文·高夫曼研究面对面社交互动的方法，讨论了自拍的制作和消费；参考戈夫曼的戏剧方法，探讨了如何在自拍的背景下进行“自我呈现”。作者还探讨了自拍作为一种视觉传播形式如何对个人私密的在线媒介生活产生重大影响。最后，作者反思了自拍的作用及其对当代社会生活中公共领域和私人领域之间界限的影响。

关键词：厄文·高夫曼，面孔，隐私，摄影，自拍

作者：Michael James Walsh，［澳大利亚］堪培拉大学政府与政策学院工商管理与法律学系治理与政治分析研究所研究员；Stephanie Alice Baker，［英国］伦敦大学艺术与社会科学学院

原载：《信息传播与社会》（*Information Communication & Society*）2017 年第 8 期，第 1185—1203 页

是我们在反对他们：一项关于通过社交媒体传播民粹主义信息的效果比较实验

摘要：民粹主义在全球各地都取得了声势。社交媒体为政治家与普通公民提供了一个有利的环境传播他们的政治思想，从而有助于民粹主义的发展。在以往研究的基础上，该研究认为，将平民面临的重大社会问题归咎于移民或政治精英等群体，是民粹主义的核心。通过在奥地利与荷兰两个西欧国家（N = 646）进行 2×2 受试者间的比较调查实验，该文调查了民粹主义网络信息中归咎责任的影响，这些信息包含公民排外主义与反政府民粹主义。此外，在现有的研究中，该文首次将民粹主义政客与普通公民这两种民粹主义信息传播者进行了区分。结果显示，对精英或移

民群体的指责信息增强了公民的民粹主义意识，但这只针对那些支持信息来源的人。相反，对于那些反对信息源的人来说，对民粹主义的责备不利于民粹主义的发展。这些发现有助于我们理解无处不在的民粹主义信息的核心要素，即归咎责任如何影响公民的民粹主义态度。

关键词：政治传播，民粹主义，社交媒体，媒体效应，责任归因，媒体民粹主义

作者：Michael Hameleers，［荷兰］阿姆斯特丹大学；Desirée Schmuck，［奥地利］维也纳大学传播系

原载：《信息传播与社会》（*Information Communication & Society*）2017 年第 9 期，第 1425—1444 页

互联网使用是否为受教育程度较低的人提供了更深层次的政治赋权感？

摘要：在政治方面，受教育较高与较低者之间线下权力不平衡，其中部分原因是受教育程度较高的人更有能力影响政治进程。该研究分析了互联网对这种不平衡的影响，探究数字时代这种差异是否发生了变化。互联网对于个人教育的作用未知，但它有可能成为影响政治过程的重要工具。该研究采用在线政治效能（OPE）的概念——该概念可能会影响在线政治参与（OPP），以测试互联网使用是否在受教育程度较低的人而非受教育程度更高的人中引起了政治效率感。作者发现，互联网服务类型（特别是社交媒体）的 OPE 在很大程度上与受教育程度较低的人群呈正相关关系。研究结果表明，由于人们对互联网服务类型的积极看法正在增加，受教育程度较低的人比受教育程度高的人更有可能感受到影响政治过程的权力。反过来，这种使用也使得受教育程度较低的人更有可能参与在线政治。该模型曾在 O－S－R－O－R 通信效果模型关于互联网使用和教育水平的框架中出现。因此，互联网有可能有助于实现线下权力的均衡配置。

关键词：政治效能，政治赋权，政治参与，社交媒体使用，均衡/加强，在线政治效能

作者：Fumiko Sasaki，［美国］纽约长岛大学研究生院政治科学与国际研究系

原载：《信息传播与社会》（*Information Communication & Society*）2017 年第 10 期，第 1445—1463 页

整理（孙萍　蔡珂）

2017 年国际重要新闻传播学学术会议介绍

一、国际传播学会（International Communication Association）

国际传播学会是集科研、教学、应用等多方面为一体的人文传播学会议。国际传播学会的前身是 1950 年创立的国家社会传播研究，现已经发展为遍布全球 80 多个国家、拥有 4500 个会员的国际组织。它的创立是多方协作、共同努力的结果。从 2003 年开始，国际传播学会正式成为联合国的非政府组织，负责每年召开一次大型的国际会议以及诸多小型地方会议。组织

建立国际传播学会的核心成员将新机构的目标定位："促进方法学、哲学、学科课程在传播、话语、新闻等大众媒体领域的发展，从而促进人类关系在各个层面的培训和需求。"2017 年的国际传播学会在美国圣地亚哥市召开。

国际传播学会鼓励世界范围内的传播学术研究，从而促进人文传播学的发展。它的主要目标有：（1）为传播学研究提供一个发展、实践、反思批判的国际论坛；（2）创建一个高质量学术发表和知识交流的平台；（3）促进来自不同文化、国别的学者之间的包容与论争，从多学科的视角促进传播问题的研究；（4）提升公众对于新闻传播学相关领域的兴趣，包括理论、方法、发现以及应用。目前，国际传播学会旗下共有 6 本期刊（参见表 1）。

表 1　国际传播学会名下期刊及主编

期刊名称	现任主编
《传播学刊》(*Journal of Communication*)	Silvio Waisbord
《人类传播研究》(*Human Communication Research*)	Eun-Ju Lee
《传播理论》(*Communication Theory*)	Thomas Hanitzsch
《计算机辅助传播学刊》(*Journal of Computer-Mediated Communication*)	Richard Ling
《传播,文化与批判》(*Communication, Culture, & Critique*)	Sarah Banet-Weiser & Laurie Ouellette
《国际传播协会年刊》(*Annals of the International Communication Association*)	David Ewoldsen

来源：国际传播学会官网。

二、新闻与大众传播教育学会 (Association for Education in Journalism and Mass Communication)

新闻与大众传播教育学会是一个非营利的教育协会，由新闻与大众传播教育家、学生以及媒体专业人员组成。该协会的创立宗旨是促进建立新闻与大众传播教育发展的最高标准，促进最广泛的传播研究，鼓励在课堂中实践多元文化社会的教学，捍卫和保障传播自由，从而实现更好的专业领域实践并使大众获取信息的渠道更为畅通，拓展人们的理解范围。该协会于 1912 年 11 月 30 日在芝加哥成立。2017 年的新闻与大众传播教育学会年会在美国伊利诺伊州的芝加哥市举行。

目前，新闻与大众传播教育学会是一家非营利组织，由全球超过 3700 名教育家、学生和专业人士组成。该组织于 1912 年由当时的美国新闻教师协会首任主席（1912—1913）威拉德·格罗夫纳·布莱耶（Willard Grosvenor Bleyer）发起建立，新闻与大众传播教育协会是大学层次中最悠久的，也是最大的新闻与大众传播教育及管理人士的联合组织。新闻与大众传播教育协会每年 8 月召开年会，年会的主题涵盖新闻与大众传播领域的教学、科研以及公共服务等内容，涉及内容包括广告与公共关系、电子在线新闻、媒体管理与报纸。现旗下有 3 本传播学期刊（参见表 2）。

表 2　新闻与大众传播教育协会期刊及主编

期刊名称	现任主编
《新闻学与传播学专论》(*Journalism & Communication Monographs*)	Linda Steiner
《新闻学与大众传播教育者季刊》(*Journalism & Mass Communication Educator*)	Jami Fullerton
《新闻学与大众传播季刊》(*Journalism & Mass Communication Quarterly*)	Louisa Ha

来源：新闻与大众传播教育协会官网。

三、[美] 国家传播协会 (The National Communication Association)

[美] 国家传播协会是服务于协会内部的学者、教师与媒体从业人员的专业研究与教学机构。该协会将传播作为其准则，基于人文的、社会科学的、美学的角度对多种传播形式、传播模式、传播媒介以及传播结果进行研究。同时该协会致力于培养和倡导自由传播与道德传播，广泛强调对公众和私人生活中传播重要性的鉴赏，推广利用适当的传播来提升人类社会和人际关系的质量，并且利用传播产生的知识信息来解决人类的问题。

[美] 国家传播协会每年吸引 5000 多名参与者。此外，协会还举办各种课程与会议，为传播学学者提供专业交流的机会，推动研究领域的更广泛发展。协会为传播学者提供教学设施和专业技术，通过定期的媒体活动和社交媒体来对传播学进行宣传。2016 年 [美] 国家传播协会在美国宾夕法尼亚州费城举行。该协会现出版 12 种学术期刊（参见表 3）。

表 3　[美] 国家传播协会名下期刊及主编

期刊名称	现任主编
《传播与批判/文化研究》(*Communication and Critical/Culture Studies*)	D. Robert DeChaine
《传播教育》(*Communication Education*)	Deanna Dannels
《传播论丛》(*Communication Monographs*)	Tamara D. Afifi
《传播学教师学刊》(*Communication Teacher*)	Deanna L. Fassett
《媒体传播批评研究》(*Critical Studies in Media Communication*)	Rob Brookey
《国际传播协会年刊》(*Annals of the International Communication Association*)	David Ewoldsen
《第一修正案研究》(*First Amendment Studies*)	Paul Siegel
《应用传播研究期刊》(*Journal of Applied Communication Research*)	Debbie S. Dougherty
《跨国与跨文化交流期刊》(*Journal of International and Intercultural Communication*)	Todd L. Sandel
《演说季刊》(*Quarterly Journal of Speech*)	Mary E. Stuckey
《传播评论》(*The Review of Communication*)	Ramsey Eric Ramsey
《文本与演绎季刊》(*Text and Performance Quarterly*)	Mindy Fenske

来源：[美] 国家传播协会官网。

四、国际媒介与传播研究学会 (The International Association for Media and Communication Research)

国际媒介与传播研究学会是一个集媒体机构、传播学者与教育机构为一体的学会。它倡导该领域内部批判学的传统，并致力于追求包容和卓越。该协会旨在促进媒体与传播研究在全世界范围的发展，尤其是鼓励新进学者、女性学者以及来自经济状况较差地区的学者的参与。

国际媒介与传播研究学会拥有众多志愿者的支持，包括超过 80 名各部门和工作小组的主席与代表、30 名其国际委员会成员，一个由 5 名成员组成的执行小组，以及学会近 2000 名活跃成员的支持。2016 年国际媒介与传播研究学会的年会在英国莱斯特举行。旗下有 1 本期刊（参见表 4）。

表 4　国际媒介与传播研究学会名下期刊及主编

期刊名称	现任主编
《政治经济学传播研究》(*The Political Economy of Communication*)	Martin Hirst

来源：国际媒介与传播研究学会官网。

五、欧洲传播研究与教育协会 (European Communication Research and Education Association)

欧洲传播研究与教育协会是由欧洲及其他地区的传播学者、机构和协会组成的协会组织，它致力于发展和提升传播研究和欧洲高等教育的发展质量。欧洲传播研究与教育协会拥有 3 个网络分支协会（中东欧分支协会、女性分支协会和青年学者分支协会）和 17 个主题部门。协会于 2005 年 11 月 25 日成立于荷兰阿姆斯特丹的首届欧洲传播会议上，由欧洲传播协会和欧洲传播研究联合会这两大欧洲传播研究协会合并而成。

欧洲传播研究与教育协会的活动致力于服务社区、加强传播研究与高等教育质量、提供交流分享与合作机会、促进传播学者的利益。更重要的是，该协会作为社会底层组织，其成员拥有强大的热情和精力，允许各种主张在此交汇并付诸实践。欧洲传播研究与教育协会每两年举办一次，2016 年第六届欧洲传播会议在捷克布拉格举行。现旗下共有 3 本期刊（参见表 5）。

表 5　欧洲传播研究与教育协会名下期刊及主编

期刊名称	现任主编
《欧洲传播哲学学刊》(*Empedocles: European Journal for the Philosophy of Communication*)	Johan Siebers
《媒体与传播平台学刊》(*Journal of Media and Communication Platform*)	Thao Phan
《广播、声音与社会期刊》(*Radio, Sound & Society Journal*)	Madalena Oliveir Tiziano Bonini Grazyna Stachyra

来源：欧洲传播研究与教育协会官网。

六、互联网研究者协会
(The Association of Internet Researchers)

互联网研究者协会成立于1999年，是一个国际的、成员机制的学术组织。它致力于促进对互联网研究的修正和学术化，摆脱传统的观念和已有的学术界限。

该协会的前身缘起于1998年在德雷克大学举行的题为“万维网与当代文化理论：比喻、魔法与力量”的会议。1999年5月30日，在旧金山希尔顿饭店，将近60名学者参与的会议中，互联网研究者协会成立。根据《高等教育年鉴》记载，该协会在创立之初的数年内迅速发展，标志着互联网研究的新纪元。如今该协会依然快速发展，已经有将近400名学者。协会所支持的AIR－L拥有超过5000名订阅者。互联网研究者协会每年举行一次学术会议，通过长期沟通的邮寄名单以及其他途径来进行在线商议与合作。该协会2017年年会在爱沙尼亚塔尔图举办。目前旗下尚未有期刊名录。

整理：孙　萍（中国社会科学院新闻与传播研究所助理研究员）

附录：

《中国新闻传播学年鉴》第三届编辑出版研讨会综述

2018年6月15日，《中国新闻传播学年鉴》第三届编辑出版研讨会在厦门大学举行。会议由中国社会科学院新闻与传播研究所、中国社会科学出版社主办，厦门大学新闻传播学院、福建媒体发展与对外传播协同创新中心承办。《中国新闻传播学年鉴》编委单位清华大学、中国人民大学、天津师范大学、河北大学、河南大学、郑州大学、南京师范大学、南京大学、复旦大学、上海大学、华东师范大学、安徽大学、浙江大学、暨南大学、华南理工大学、汕头大学、华中科技大学、武汉大学、湖北大学、重庆大学、四川大学、厦门大学、北京市社科院传媒所、河北社科院新闻所、《人民日报》新闻研究部、《光明日报》新闻研究部等大学的新闻传播学院和研究机构的专家学者、媒体工作者共40余人出席了研讨会。研讨会总结《中国新闻传播学年鉴》2017年卷编辑工作，研讨《中国新闻传播学年鉴》2018年卷编辑大纲。

一

开幕式上，厦门大学校长助理赵铁，厦门大学新闻传播学院党委书记郑树东，中国新闻史学学会会长、《中国新闻传播学年鉴》编委会副主任委员、清华大学新闻与传播学院常务副院长陈昌凤，中国社会科学院新闻与传播研究所所长、《中国新闻传播学年鉴》编委会主任、主编唐绪军先后致辞。开幕式由厦门大学新闻传播学院副院长阎立峰主持。

赵铁对《中国新闻传播学年鉴》编辑出版研讨会在厦门大学召开表示欢迎。他说，习近平总书记在系列重要讲话中多次强调新闻传播对国家发展和长治久安的重要作用，这充分说明了新闻传播学科地位的举足轻重，作为新闻传播学界一年一度的大检阅，《中国新闻传播学年鉴》真实记录了学界的发展，全面展示学界风貌，立体呈现学界发展进程，其编撰工作重要性尤为突出。

郑树东介绍了厦门大学新闻传播学科的发展史和当下的发展情况，对与会嘉宾表达了真挚的欢迎，认为《中国新闻传播学年鉴》真实反映了我国新闻传播学研究和新闻传播教育事业取得的成果，深度呈现了中国新闻传播研究的学术全景，为新闻传播学基础性研究打下了扎实的史料基础，在学科发展史上起到非常重要的作用，并预祝《中国新闻传播学年鉴》编辑研讨会取得圆满成功。

陈昌凤回顾了中国新闻传播学科的发展史，认为，整个中国的新闻传播事业已经遍地开花，从前辈们奠定的基础，逐渐进入21世纪以来的精细化运作，以及产生国际化影响的新时代。中国社会科学院新闻与传播研究所在这个历史过程中做出了不可磨灭的贡献，几乎每一个重要的环节，每一步最深的脚印都是新闻所踩下的，可以说新闻所引领了整个中国新闻传播学界的发展。如今在这个学科需要有一本学科年鉴来记录的历史时刻，《中国新闻传播学年鉴》应运而生。最后，她向《中国新闻传播学年鉴》2017 年卷的出版表示祝贺，向年鉴编委会、编辑部和各位与会嘉宾表达了敬意。

唐绪军在致辞中表达了三个关键词：一是感谢，感谢全国新闻院校对年鉴编辑出版的支持，感谢厦门大学新闻传播学院承担研讨会的组织工作；二是自信，有编委会和编辑部的支持，《中国新闻传播学年鉴》一定会做得更好；三是希望，希望在大家共同努力下，把《中国新闻传播学年鉴》真正做成一本记录历史、承载学科前进脚步的鉴书。

二

中国社会科学院新闻与传播研究所编辑室主任、《中国新闻传播学年鉴》副主编钱莲生以“聚沙成塔，集腋成裘”为题，对《中国新闻传播学年鉴》2017 年卷编撰的经过进行了回顾，并客观分析了前三版年鉴的得失，对 2018 年卷年鉴编辑出版工作做出部署。

三年来，《中国新闻传播学年鉴》2015 年卷、2016 年卷、2017 年卷共计 414 万字，239 幅图片，包含历史篇、成果篇、综合篇和概况篇。具体而言，一是陆续回顾了百年来我国新闻传播学科发展取得的成就；二是较为全面地反映了我国新闻传播学一年里取得的成绩；三是客观生动地记录了我国新闻传播学界的动态；四是分门别类地介绍了我国主要研究机构的年度学术发展概况；五是适当地记录了港澳台地区及海外新闻传播学界的学术动态。

继往才能开来。未来，什么样的年鉴堪为年鉴的精品，钱莲生从六个方面加以概括，分别是：方向、深度、借鉴、个性、人文、细节。在此基础上，他分析了《中国新闻传播学年鉴》还有以下几方面的提升空间，一是年鉴要图文并茂，图片质量有待提高；二是需要总揽全局的年度学术发展综述；三是学术综述的质量有待进一步加强。

最后，钱莲生向编委单位和与会嘉宾求助和求教，希望年鉴工作能得到各兄弟院校、研究机构一如既往的支持，并特别感谢了为《中国新闻传播学年鉴》撰稿的作者们。

中国社会科学出版社编辑彭莎莉分享了年鉴编辑工作的感受，认为《中国新闻传播学年鉴》2017 年卷坚持了正确的政治导向和严谨的学术规范，兼具了学术价值和史料价值，同时也提出这部年鉴还可以在表达、格式、图片质量、索引、学科评价等方面进一步提升。

三

重庆大学新闻学院院长董天策认为，三年来，《中国新闻传播学年鉴》的学术品质、学术内涵、出版质量和编辑质量都逐渐提升，尤其是于细微处见精神，体现了传播学科学术视野的开放，与其他学科交叉融合的发展态势，并表示继续支持年鉴工作。

华南理工大学新闻与传播学院院长苏宏元回顾了自己参加年鉴会的经历，见证了年鉴的发展与初心。认为在一个匆忙浮躁的时代做年鉴是一件很不简单的事情。他提出两个建议：一是适当在篇幅上做一些压缩；二是对年度热点做一些追踪呈现。

河南大学新闻与传播学院原院长李建伟建议，在不增加篇幅的基础上更全面地呈现学科的面貌，比如增设少数民族、军事院校等方面的新闻传播学发展情况。

南京师范大学新闻与传播学院原院长顾理平肯定了年鉴的历史价值，认为年鉴对新闻传播学科意义重大，并建议把新闻传播学权威期刊的总目录纳入年鉴，这样就可以知道这一年新闻传播学的学者们主要在研究什么、关注什么。

华中科技大学新闻与信息传播学院原副院长何志武认为，年鉴如实反映了中国新闻传播学科研究的历史和现状，建议可以每年筛选一些热门和冷门的选题，从而感知学科年度的主流与前沿。

郑州大学新闻与传播学院副院长张淑华建议，年鉴对新闻传播学期刊的年度发表做综述，这样既能体现综述水平，还能感知年度热点与前沿。

中国人民大学新闻学院副院长赵云泽充分肯定了年鉴的历史价值和学术价值，认为社科院新闻所带领新闻传播学科仰望星空，可以超越学科评估，去做一点有意义的事情，令人感动。他建议依托年鉴形成一些评价指标，可以测量学科的年度发展。

河北大学新闻学院院长韩立新认为，年鉴应该具有三重角色，即学术记录者、标准制定者和方向指引者。他建议年鉴增加一些特色研究方向，比如厦门大学的中华文化传播研究等。

安徽大学新闻传播学院院长姜红认为，这本年鉴具有四个特点：贯通大小、纵横交错、开放自信、富有情怀。她提了几个建议：一是 2018 年作为一个大周年，可以做一些周年性的综述；二是对当前国内的研究基地做一些介绍；三是对学科新的增长点做一些反映，如大数据、人工智能等。

暨南大学新闻与传播学院执行院长支庭荣用三个词来形容年鉴工作：一是答卷，年鉴是代表新闻学界向社会交出的一份答卷；二是考卷，年鉴记录了新闻传播学科发展的轨迹；三是年鉴每年不断创新，体现了孜孜不倦的精神。他也提出年鉴应追踪记录研究热点的建议。

四川大学文学与新闻学院副院长张放认为，这本年鉴对历史的追溯十分有意义，比如记录四大文摘历年的转载情况、早期硕士学位论文等，并建议一是增加针对业界的对策报告；二是对传播和艺术的学科成果做一些区分，更聚焦新闻传播学科本身。

最后，主持人唐绪军回顾了自 2014 年香山会议以来《中国新闻传播学年鉴》的宏大志向，并表示今后会继续努力，充分吸收各位编委、嘉宾和作者的建议，为中国新闻传播学界的发展做好每一步的记录。

附：《中国新闻传播学年鉴》第三届编辑出版研讨会参会人员名单

（按参会代表所在单位行政区划排序）

陈昌凤　清华大学新闻与传播学院
赵云泽　中国人民大学新闻学院
李秀云　天津师范大学新闻传播学院
韩立新　河北大学新闻传播学院
商建辉　河北大学新闻传播学院
李建伟　河南大学新闻与传播学院
杨萌芽　河南大学新闻与传播学院
张淑华　郑州大学新闻与传播学院
邓元兵　郑州大学新闻与传播学院
张　晴　郑州大学新闻与传播学院

顾理平　南京师范大学新闻与传播学院
张　青　南京大学新闻传播学院
周　晔　复旦大学新闻学院
章灵芝　复旦大学新闻学院
牛盼强　上海大学新闻传播学院
肖　洋　华东师范大学传播学院
姜　红　安徽大学新闻传播学院
於渊渊　安徽大学新闻传播学院
赵　瑜　浙江传媒大学传媒与国际文化学院
支庭荣　暨南大学新闻与传播学院
苏宏元　华南理工大学新闻与传播学院
赵　泓　华南理工大学新闻与传播学院
毛良斌　汕头大学长江新闻与传播学院
何志武　华中科技大学新闻与信息传播学院
郭小平　华中科技大学新闻与信息传播学院
郑中原　武汉大学新闻与传播学院
张　萱　湖北大学新闻传播学院
董天策　重庆大学新闻学院
张　放　四川大学新闻学院

王志锋　《人民日报》新闻研究部
夏康健　《人民日报》新闻研究部
马兴宇　《光明日报》新闻研究部

王　丽　北京市社会科学院传媒研究所
杨思远　河北省社会科学院
张　芸　河北省社会科学院新闻与传播学研究所
吴阿娟　天津社会科学院舆情研究所
毕宏音　天津社会科学院舆情研究所
方金友　安徽省社会科学院新闻与传播研究所
方家华　安徽省中特研究会

赵　铁　厦门大学
郑树东　厦门大学新闻传播学院
黄合水　厦门大学新闻传播学院
阎立峰　厦门大学新闻传播学院
黄　辉　厦门大学新闻传播学院
陈嫣如　厦门大学新闻传播学院
谢清果　厦门大学新闻传播学院
朱至刚　厦门大学新闻传播学院

苏俊斌　厦门大学新闻传播学院
孙慧英　厦门大学新闻传播学院
殷　琦　厦门大学新闻传播学院
史冬冬　厦门大学新闻传播学院
宫　贺　厦门大学新闻传播学院
吴琳琳　厦门大学新闻传播学院
黄　勇　厦门大学新闻传播学院

唐绪军　中国社会科学院新闻与传播研究所
钱莲生　中国社会科学院新闻与传播研究所
殷　乐　中国社会科学院新闻与传播研究所
刘瑞生　中国社会科学院新闻与传播研究所
沙　垚　中国社会科学院新闻与传播研究所
叶　俊　中国社会科学院新闻与传播研究所
牛　天　中国社会科学院新闻与传播研究所
彭莎莉　中国社会科学出版社

撰稿：沙　垚（中国社会科学院新闻与传播研究所）
叶　俊（中国社会科学院新闻与传播研究所）
牛　天（中国社会科学院新闻与传播研究所）

《中国新闻传播学年鉴·2018》撰稿人及供稿单位名录

第一篇　历史回眸

20 世纪以来中国编辑出版学科发展历程回顾

撰稿：河南大学新闻与传播学院教授　李建伟

河南大学新闻与传播学院硕士生　林　璐

20 世纪以来中国新闻传播教育发展历程回顾

撰稿：上海大学新闻与传播学院教授　李建新

第二篇　研究综述

学科综述

中国新闻学研究 2017 年综述

撰稿：中国社会科学院新闻与传播研究所研究员　宋小卫

中国应用新闻学研究 2017 年综述

撰稿：中山大学传播与设计学院教授　张志安

中山大学传播与设计学院科研秘书　江晓雅

中国新闻传播史研究 2017 年综述

撰稿：中国人民大学新闻学院教授　邓绍根

暨南大学新闻与传播学院博士生　张文婷

暨南大学新闻与传播学院博士生　李兴博

中国广播研究 2017 年综述

撰稿：中国社会科学院新闻与传播研究所　殷　乐

中国社会科学院研究生院博士生　郭　倩

中国电视研究 2017 年综述

撰稿：中国社会科学院新闻与传播研究所　殷　乐

中国社会科学院研究生院博士生　高慧敏

中国传播学研究 2017 年综述

撰稿：中国人民大学新闻学院教授　刘海龙

暨南大学新闻与传播学院讲师　方　惠

中国新媒体研究 2017 年综述

撰稿：云南民族大学文学与传媒学院讲师　苏　涛

清华大学新闻与传播学院教授　彭　兰

中国传媒经济学研究 2017 年综述

撰稿：南京大学新闻传播学院教授　丁和根

南京大学新闻传播学院博士生　田　莺

中国广告学研究 2017 年综述

撰稿：中国社会科学院新闻与传播研究所副研究员　王凤翔

中国编辑出版学研究 2017 年综述

撰稿：河南大学新闻与传播学院教授　李建伟

河南大学新闻与传播学院硕士生　林　璐

专题综述

马克思主义新闻观研究 2017 年综述

撰稿：中国社会科学院新闻与传播研究所助理研究员　叶　俊

媒介法规研究 2017 年综述

撰稿：南京师范大学新闻与传播学院副教授　邹　举

南京师范大学新闻与传播学院教授　顾理平

政治传播研究 2017 年综述

撰稿：中国社会科学院大学媒体学院教授　何　晶

中国社会科学院大学媒体学院 2017 级研究生　武　文

中国社会科学院大学媒体学院 2017 级研究生　王美华

公共传播研究 2017 年综述

撰稿：郑州大学新闻与传播学院教授　张淑华

郑州大学新闻与传播学院副教授　邓元兵

微传播研究 2017 年综述

撰稿：安徽省社会科学院新闻与传播研究所研究员　方金友

中国舆情研究 2017 年综述

主持：天津社会科学院舆情研究所研究员　王来华

撰稿：天津社会科学院舆情研究所研究员　毕宏音

作者：湖南理工学院新闻与传播学院　陈　勇

中国古代官报人史考

作者：辽宁大学新闻与传播学院　魏海岩
辽宁大学新闻与传播学院　宋　妍
武汉大学新闻与传播学院　刘诗萌

技术创新与专业坚守：新闻传播教育何去何从？

作者：清华大学新闻与传播学院　陈昌凤

从“和平宣传”到孙逸仙“伦敦被难”：兴中会与清廷使节的舆论斗争（1896—1898）

作者：暨南大学新闻与传播学院　陈英程

探求转型之路：国际传媒集团的变革与回归

作者：中国人民大学新闻学院　韩晓宁
中国人民大学新闻学院　王　军

后真相与政治的未来

作者：北京大学新闻与传播学院　胡　泳

媒体发展态势与新闻传播教育改革

作者：香港城市大学媒体与传播系　李喜根

舆论监督：概念辨析与重新认识

作者：中国社会科学院信息情报院　李延枫

网络社会治理中的政府舆情管理

作者：天津师范大学新闻传播学院　孙瑞祥
天津师范大学新闻传播学院　张传香

新浪社会新闻传播中的“情绪偏好”效应与特征研究
——基于新浪社会新闻的网络挖掘与实证分析

作者：同济大学艺术与传媒学院　徐　翔

当前我国马克思主义新闻观的核心观念及其基本关系

作者：中国人民大学新闻学院　杨保军

网络社会中的“媒介化”问题：理论、实践与展望

作者：武汉大学新闻与传播学院　周　翔
四川外国语大学新闻传播学院　李　镓

广告舆论虚伪本质的批判分析

作者：南京林业大学人文学院　陈相雨

跨文明交流、对话式文明与人类命运共同体的构建

作者：中国人民大学新闻学院　贾文山
中国人民大学新闻学院　江灏锋
衡阳师范学院　赵立敏

迭代生产与关系建构：社交媒体中的国家形象塑造机制

作者：中国人民大学新闻学院　王　斌
中国人民大学新闻学院　戴梦瑜

社会治理与公民隐私权的冲突
——从超级全景监狱理论看公共视频监控

作者：南京师范大学新闻与传播学院　顾理平
南京师范大学新闻与传播学院　王飔濛

虚拟社会安全阀：树洞类 UGC 平台的宣泄功能研究

作者：四川大学文学与新闻学院　蒋晓丽
四川大学文学与新闻学院　杨　珊

作为社会抗争的假新闻
——美国大选假新闻现象的阐释路径与生成机制

作者：清华大学新闻与传播学院　史安斌
清华大学新闻与传播学院　王沛楠

网络传播重构新闻生产方式：协作、策展与迭代

作者：华南理工大学新闻与传播学院　苏宏元
华南理工大学新闻与传播学院　舒培钰

从群体极化到公众极化：极化研究的进路与转向

作者：武汉大学新闻与传播学院　夏倩芳
武汉大学新闻与传播学院　原永涛

小程序与轻应用：基于场景的社会嵌入与群体互动

作者：北京师范大学新闻传播学院　喻国明
北京师范大学新闻传播学院　梁　爽

网络时代的政治认同：进径与危机

作者：华中科技大学新闻与信息传播学院　张　昆
华中科技大学新闻与信息传播学院　王创业

网络民族主义表达及文化消费景观
——美联航事件、《人民的名义》谈话录

作者：南京大学新闻传播学院　杜骏飞

“后真相时代”社交网络的信任异化现象研究

作者：广东外语外贸大学新闻与传播学院　全　燕

“控制辩证模式”：信息传播新模式的发展与转向

作者：浙江大学传媒与国际文化学院　韦　路
浙江大学传媒与国际文化学院　方振武

社交媒体礼仪：数字关系情境下的伦理方案与效果辨析

作者：暨南大学新闻与传播学院　晏　青
暨南大学新闻与传播学院　支庭荣

全球网络治理多方模式和多边模式比较与中国对策建议

作者：浙江传媒学院　方兴东
互联网实验室分析师　田金强
汕头大学互联网研究院　陈　帅

论融媒体形态演进与智媒时代的开启

作者：鲁东大学文学院　张成良
暨南大学新闻与传播学院　甘险峰

第四篇 论文辑览

第五篇 国际交流

第六篇 学术出版

序跋选粹

话语表达

作者：北京师范大学新闻传播学院教授 喻国明

《数字青年：一种文化研究的新视角》绪论：数字青年的日常生活与文化实践

作者：南京大学新闻传播学院副教授 朱丽丽

知识科学理论、文献计量学与学科发展——评《中国广告学知识生产研究》

作者：湖南师范大学新闻与传播学院教授 蔡骐

书目辑览

2017 年中国新闻传播类书目

整理：中国社会科学院新闻与传播研究所助理研究员 贾金玺

第七篇 高校学术概况

中国传媒大学 2017 年学术发展概况

中国人民大学新闻学院 2017 年学术发展概况

复旦大学新闻学院 2017 年学术发展概况

南京大学新闻传播学院 2017 年学术发展概况

四川大学新闻学院 2017 年学术发展概况

河北大学新闻传播学院 2017 年学术发展概况

武汉大学新闻与传播学院 2017 年学术发展概况

北京大学新闻与传播学院 2017 年学术发展概况

暨南大学新闻与传播学院 2017 年学术发展概况

清华大学新闻与传播学院 2017 年学术发展概况

中山大学传播与设计学院 2017 年学术发展概况

天津师范大学新闻传播学院 2017 年学术发展概况

安徽大学新闻传播学院 2017 年学术发展概况

汕头大学长江新闻与传播学院 2017 年学术发展概况

南京师范大学新闻与传播学院 2017 年学术发展概况

郑州大学新闻与传播学院 2017 年学术发展概况

华南理工大学新闻与传播学院 2017 年学术发展概况

华东师范大学传播学院 2017 年学术发展概况

浙江大学传媒与国际文化学院 2017 年学术发展概况

厦门大学新闻传播学院 2017 年学术发展概况

重庆大学新闻学院 2017 年学术发展概况

华中科技大学新闻与信息传播学院 2017 年学术发展概况

湖北大学新闻传播学院 2017 年学术发展概况

以上概况稿均为相关院（校）提供，执笔人名单详见本刊特约编辑，审稿人名单详见本刊编委

第八篇 研究机构及社团概况

研究机构概况

中国社会科学院新闻与传播研究所 2017 年概况

上海社会科学院新闻研究所 2017 年概况

四川省社会科学院新闻传播研究所 2017 年概况

天津社会科学院舆情研究所 2017 年概况

河北省社会科学院新闻与传播学研究所 2017 年概况

安徽省社会科学院新闻与传播研究所 2017 年概况

北京市社会科学院传媒研究所 2017 年概况

新华社新闻研究所 2017 年概况

人民日报社研究部 2017 年概况

光明日报社新闻研究部 2017 年概况

以上均为相关研究机构提供，执笔人名单详见本刊特约编辑，审稿人名单详见本刊编委

学术社团

中国新闻史学会及其二级学会 2017 年概况

撰稿：中国新闻史学会联席秘书长 邓绍根

第九篇 学术评奖

第二十七届（2016 年度）中国新闻奖（新闻论文）

来源：中华全国新闻工作者协会网站

第十届全国广播影视学术著作评选获奖作品

来源：中国广播电影电视社会组织联合会网站

第五届（2016 年度）全国新闻传播学优秀论文遴选

供稿：中国社会科学院新闻与传播研究所

中国新闻史学会第三届“新闻传播学学会奖”

供稿：中国新闻史学会

首届新闻传播学期刊优秀论文

摘自：《新闻与传播研究》2017 年第 8 期

第十篇 科研项目

项目名录

国家社科基金 2017 年度重大项目立项一览表（新闻学与传播学）

国家社科基金 2017 年度重点项目、一般项目、青年项目立项一览表（新闻学与传播学）

国家社科基金 2017 年度西部项目立项名单（新闻学与传播学）

国家社科基金 2017 年度中华学术外译项目立项名单（新闻学与传播学）

国家社科基金 2017 年度后期资助项目立项名单（新闻学与传播学）

香港城市大学媒体与传播系

香港地区新闻传播学学术期刊及学术出版 2017 年概况

Chinese Journal of Communication（CJOC）2017 年概况

附：2017 年 *Chinese Journal of Communication*（CJOC）总目录

《传播与社会学刊》2017 年概况

附：《传播与社会学刊》2017 年总目录

香港地区新闻传播学人自述

黄懿慧　麦嘉盈　赵丽如

本专辑撰稿：香港浸会大学传理学院博士生 李文舒

审稿：香港浸会大学传理学院新闻系教授 郭中实

台湾地区专辑

台湾地区新闻传播学研究 2017 年综述

附录：2017 年台湾地区主要学术会议

撰稿：厦门大学新闻传播学院副教授　黄裕峯

厦门大学新闻传播学院 2017 级硕士研究生　Ivanka Tkachuk

台湾地区高校新闻传播学院（系）2017 年学术发展概况

台湾政治大学传播学院

世新大学新闻传播学院

铭传大学传播学院

台湾地区新闻传播学人自述

黄肇松　温伟群　臧国仁

本专辑撰稿、组稿：厦门大学新闻传播学院副教授　殷　琦

审稿：厦门大学新闻传播学院副院长、教授 阎立峰

第十五篇　海外特辑

海外新闻学与传播学 2017 年度研究热点扫描

撰稿：美国爱荷华州立大学新闻与传播学院副教授　韩　纲

国际新闻与传播学部分期刊 2017 年热点扫描

整理：中国社会科学院新闻与传播研究所助理研究员　孙　萍

中国社会科学院研究生院博士研究生 蔡　珂

2017 年国际重要新闻传播学学术会议介绍

整理：中国社会科学院新闻与传播研究所助理研究员　孙　萍

附录

《中国新闻传播学年鉴》第三届编辑出版研讨会综述

撰稿：中国社会科学院新闻与传播研究所副研究员　沙　垚

中国社会科学院新闻与传播研究所助理研究员　叶　俊

中国社会科学院新闻与传播研究所助理研究员　牛　天